暮日耀光

张居正与明代中后期政局

韦庆远 著

山西出版传媒集团 山西人民出版社

图书在版编目（CIP）数据

暮日耀光：张居正与明代中后期政局 / 韦庆远著
. —— 太原：山西人民出版社，2023.11
ISBN 978-7-203-12883-0

Ⅰ.①暮… Ⅱ.①韦… Ⅲ.①张居正（1525-1582）
—人物研究 Ⅳ.① K827.48

中国国家版本馆 CIP 数据核字（2023）第 128799 号

暮日耀光：张居正与明代中后期政局

著　　者：韦庆远
责任编辑：王新斐
复　　审：李　鑫
终　　审：梁晋华
装帧设计：陆红强
出 版 者：山西出版传媒集团·山西人民出版社
地　　址：太原市建设南路 21 号
邮　　编：030012
发行营销：0351-4922220　4955996　4956039　4922127（传真）
天猫官网：https://sxrmcbs.tmall.com　电话：0351-4922159
E-mail：sxskcb@163.com　发行部
sxskcb@126.com　总编室
网　　址：www.sxskcb.com
经 销 者：山西出版传媒集团·山西人民出版社
承 印 厂：北京汇林印务有限公司
开　　本：665mm×965mm　1/16
印　　张：54.5
字　　数：800 千字
版　　次：2023 年 11 月　第 1 版
印　　次：2025 年 5 月　第 8 次印刷
书　　号：ISBN 978-7-203-12883-0
定　　价：188.00 元

如有印装质量问题请与本社联系调换

导 读

韦庆远先生其人其书

已故韦庆远先生的大作《张居正与明代中后期政局》出版至今，已有 20 多年了，在本书再版之际，出版社请我为本书的读者撰写一篇导读。事实上，韦先生原书中的《绪论：有关张居正研究的若干问题》和徐泓先生所写《序言》，已将本书的主旨和主要观点进行了清晰的表达，也对本书之前海内外学术界关于张居正其人其事的讨论做了比较系统的梳理，再加上作者流畅的叙述和清楚的逻辑，本无需我在此狗尾续貂，读者自可享受阅读之乐。辞谢未就之下，仅将个人的一点阅读体验与读者诸君分享。

一、我所了解的作者

要想很好地理解一部作品，最好是能多一些对作者的了解，这是大家都认可的道理。当然，对于绝大多数读者而言，不可能像家人、同事、学生那样多地了解一个作者，而学者往往又不会在自己的研究中提及自己，除非像陈寅恪、顾颉刚那样的人物，不仅有众多弟子回忆、后人研究，还有日记存世。好在有李庆新主编《师凿精神：忆记与传习——韦庆远先生诞辰九十周年纪念文集》出版（科学出版社，2019 年），最前有十余篇韦先生弟子与朋友、乡人所写的回忆文章，读者若希望多了解一些本书的作者，可寻来一读。

韦庆远先生生前是中国人民大学档案系（档案系原系 1952 年成立的档案专业，当时韦先生从中国历史教研室调入此处，现为档案学院）的教授，当时档案系里除了韦先生之外，还有刘文源、吴奇衍等好几位老师是研究明清史的，可见那时档案系中还有比较强的历史研究传统，也可见人大清史研究阵容的强大。大约在 20 世纪 70 年代初，已被解散的人大教师陆续从江西余江县的五七干校回京，韦先生一家五口就搬到简称铁一号的张自忠路 3 号（因原来的门牌号是铁狮子胡同 1 号）人大宿舍，开始时住在大门口西侧最靠南的一间平房里。他的长子比我高一年级，次子与我同级，那时正是我小学六年级到初一那个时候，所以很快就玩到一起。其他人大历史教师如王思治、罗明、刘文源的儿子都和我同年级，因为小孩子经常在一起玩，与各自家里的大人也就熟悉了起来。晚年韦先生写的《师凿书室记事》里说，这个书房的名字与他在江西干校时打石头的经历和感悟有关，我也曾在他说的那个大石坑"水晶宫"里做过短暂的小工，那时年纪小，如今回想起来，完全能够理解他的感触。

从那时起直到大学本科毕业，除了在各家和院子里遇到，叫声叔叔阿姨之外，完全与历史无关，到了我硕士阶段攻读明清史，以及此后一直在明清史这个领域里耕耘，才开始读到他们的论文和著作，于是除了"叔叔"的称呼之外，又增加了"老师"这个称呼。从此以后，我与这些父辈的来往反而比他们的子女多了，因为那些老同学几乎全都学的理科，只有我一人是学的历史，所以在这个院子范围内的晚辈中，能和他们偶尔探讨学问的，不是他们的儿子们，反而是我，这对我来说，不能不说是件幸事。

1985 年，我征得顾诚师同意，确定了以明代吏员为题撰写硕士论文，前人中除了日本学者有个别论文之外，只有台湾缪全吉先生有《明代胥吏》一书（嘉新水泥公司文化基金会，1968 年）。偶然机会聊起此事，韦先生说他正好有此书，我大喜过望，因为当时想看到台湾和海外的书很不容易，图书馆里往往也没有，于是就去他家中借了复印。那时他家已搬至与我家同楼，在不同的单元二层，借还书的时候也趁机讨教。韦先生对这个选题大加鼓励，但提醒我这方面的材料过于分散，除了《大诰》三编这类官书外，不易查找。哪里想到30多年过去，大量州县档案被整理出版，学者们也搜集了很多与收税和土地确权有关的地方民间文献，竟让我不敢答应一些出版社希望再版我的《吏与中国传统社会》一书的请求，因为现在可供利用的材料真是太多了！

1987年我硕士毕业后，随即参加了当年8月在哈尔滨举行的国际明史学术研讨会，提交的论文题为《明代吏典制度简说》，即硕士论文中的一部分。我所在的小组权威学者云集，最引人注目的是风靡一时的《万历十五年》的作者黄仁宇，一身西装，戴着茶色墨镜或变色眼镜，对他在会上的活动，已有前辈明史学者述及。由于该书讨论的是"后张居正时代"，本书并未有针对性地与其直接对话，但其时韦先生已开始为写作本书做准备，不知在会间是否有所交流。我记得小组会上李龙潜先生发言，浓重的广东口音使多数与会者难以分辨其意，韦庆远先生作为广东同乡，则替他逐句翻译。韦先生还略长李先生数岁，但仍主动而自然地承担起这项"服务"工作，其平易谦和的态度给我留下了深刻的印象。

韦先生身材魁梧，中气十足，说话声音洪亮，性格爽朗。与他相比，他的明史界同乡朋友叶显恩、李龙潜、杜婉言、黄启臣诸先生则更具两广人的相貌特征，如果不开口说话，他更像一个北方大汉。但实际上他具有浓重的家乡情结，与明清史学界的粤籍学者关系十分密切，退休后便一劳永逸地搬回广州居住，其间很少再回北京。巧合的是，他在广州的寓所正好与刘志伟、程美宝在一个小区，他们之间便多了相识往还的机会。他在中年与我有20多年住在同一个大院的经历，而在晚年与我的朋友又有十多年同在一个小区生活，似乎真是冥冥中的天意。

韦先生是个风趣而随和的人，开怀大笑时其声远至。他对晚辈也平等待之，并多有提携。在我撰写硕士论文向他讨教期间，他即赠我1984年出版的《档房论史文编》，题签为："世瑜同志；庆远赠，八六年十一月于人大。"该书收录了他关于明清档案以及利用档案研究皇商和清代矿业的文章，我认为他是改革开放前后最早利用内务府档案、朱批奏折、六科题本和史书等档案材料的那批学者之一。我自1990年搬到北师大居住后，每周回家探望父母时偶遇他，他会问我最近在研究什么，或让我去他家一趟，要送我新出版的书，其《明清史辨析》上的题签是："世瑜同志存正。庆远赠，1990.2."他回到广州之后，我只见过他一两次，《明清史续析》就是那时送我的，上面的题签是："世瑜同志雅正。韦庆远持赠，丁亥元宵前夕。"这一年已是2007年，我也已年近半百。韦先生的口吻也越来越客气，大概是不再把我当小孩子了吧。这两书所收文章主要是社会经济史的论文，容后再论。

以上所述，可见韦先生执着、严谨、认真而又平易、开朗、幽默性格之一斑，或可视为其研究领域、作品风格之多样的一个注脚。

二、关于作者的明清史研究

本书是一部典型的明代政治史著作，但早年韦先生的研究主要在社会经济史领域，不过读者不要以为本书与他的早年研究无关。

最早引起学术界注意的，是韦先生于1961年出版的《明代黄册制度》。黄册是明代的一种以户籍为基础的赋役册，早在20世纪三四十年代，梁方仲先生便已开始对包括黄册制度在内的明代赋役制度进行梳理，至此则始有专书出版，随后《历史研究》1962年第3期和日本《东洋史研究》第21卷第4号（1963年）上，分别有王思治和岩见宏撰写的书评。根据梁方仲先生1967年5月为人民大学所写关于韦庆远先生的外调材料，韦先生此书出版前虽必定拜读过梁先生的相关文章，但却是在书写成后才去拜见梁先生并与之相识的。由此材料可知，人大在1966年8月和9月三次来找梁先生外调，可知韦先生当时已被打倒（以我亲身的经历知道，当时人大的外调往往是由对立一派的人员进行的，当时人大的两派，一派叫作"人大三红"，一派叫作"新人大"）。由于当时的特殊语境，比较年轻的读者需要正确理解梁先生在材料中所用语句的政治色彩，就黄册研究本身而言，梁先生既有表扬，也有批评，这对当时只有33岁的年轻学者韦庆远来说也是很正常的。

二人相识之后，梁先生以韦先生为明史学者，故介绍他认识吴晗。事实上，韦先生此后的许多研究集中于清史，直至其学术生涯后期才复归明史。但是，了解这一点是非常重要的，因为在《明代黄册制度》中，他还涉及军户、匠户制度、里甲制度、鱼鳞图册制度等等，认识到其间的相关性，而这些制度上的问题，正是张居正改革想解决的；不能正确认识明初的这些制度，就没法正确理解张居正及其政局。由于梁方仲先生最重要的成果之一就是《一条鞭法》及《释一条鞭法》，韦先生一定理解梁先生的想法，所以便可以在青年韦庆远的《明代黄册制度》与本书之间找到一条逻辑线索。

与此类似的是，韦先生本对社会经济史用力甚勤，至20世纪90年代后则较多转向政治史。《明清史辨析》中收有关于清代"皇当"和"生息银两"的两组文章，是韦先生利用档案进行的开创性研究，特别是前者，也是对清代内务府事务的开创性研究。他认为，康、雍、乾三朝对皇家当铺的管理和经营都非常重视，虽然从中获取利银有限，但设置皇当的目的更在于及时获取金融波动信息，以便适时调节银钱比价和流通，控制金融秩序（类似"央行"的作用），此外，还有利于直接安排宫廷财政，也有助于体现皇帝的恩威。这也可以被看成是"赐本求利"的"生息银两"制度的一种方式，其关键在于背后有最权威的皇家"作保"的本金作为支撑。这揭示了清代皇当不仅是一个营利的所在，而且是具有政治功能的机构，同时也揭示了皇当所属的内务府不仅是皇家的私人部门，同时是具有多种功能的国家事务机构。最近美国出版的一本新著在涉及清代国家财政收入时，既未统计内务府所属部门的收入，也未统计各类旗地收入，认为内务府收入只是供皇帝个人消费的私房钱，这说明作者没有读过韦先生40年前的文章，更未读过赖惠敏多年后的专书。

"生息银两"问题与典当业或前述皇当问题直接相关，应该是韦先生阅读档案时同时注意到的问题，当然"生息银两"不仅用于投资开当。这部分用于钱生钱的银两均来自内帑，由官府负责赢利生息，这是最重要的特征。他发现，由内帑拨付给不同官府人员，投资当铺等生意，赚取的利润在康熙时主要用于鼓励承运铜斤和食盐专卖，雍正时主要用作出差补贴，或用作婚丧或子弟教育等用费，但不得动用本金，等于是为不同的公职人员建立了一个福利基金。这样一种福利基金不仅在全国范围内形成网络，而且具备监管机制。到乾隆时延续前朝政策，但在运作中弊端日益严重。韦先生还专门利用盛京内务府档案对乾隆时期盛京地区"生息银两"的推行进行了个案研究，可以看到这里的运作更具组织性，但运作方式和兴衰过程与它地大致无异。

韦先生研究的"皇当"和"生息银两"问题的官僚资本特征是显而易见的，他也指出这种做法与明清时期的商业化发展具有密切关系。学者们已经发现，在明清时期的民间社会中，各种结社集资生息的组织普遍产生，如清明会捐资或集资生息用于祭祀祖先或济困，宾兴会捐资或集资生息用于赞助举子应试，还有宗族、神明会等等都用这种作为慈善、公益以及商业运作的投资形式。但是，由皇帝亲自安排、各级官员领本经营的国家资本运作，在明朝并未出现，是清朝，特别是满洲人的创举。已有一些经济史学者注意到清朝的皇帝比明朝的皇帝更富有商业性，原因是什么，还没有得到很好的探究，但我相信这必然引向对社会的探索，因为皇帝的算计必定是从社会上学来的，那些为皇帝办差的官员、将领、皇商都可能在其中扮演重要的角色。

在《档房论史文编》中曾收入韦先生的《清代著名皇商范氏的兴衰》一文，其发表年代在1981年，早于他关于"皇当"和"生息银两"的系列论文，且未收于同一书中，但我认为这两个话题恰有逻辑联系。本文简略提到山西介休范氏在明初就已在蒙古地区贸易，后来也长期来往于蒙古和辽东，七世之后便与关外的满洲人建立起良好的关系，成为内务府皇商，顺治时被抬入内务府旗籍，从康熙到乾隆，凭借铜和盐的经营，其势力达到鼎盛。虽然本文的论述重点在清代商业资本的局限性，但也显示了皇商在清朝的影响力。以明朝与清朝相比，虽然自明中叶以降社会上便有明显的商业化趋势，也体现在地方和中央的一系列财政政策改革上，但在皇帝身上并没有体现出某些清朝皇帝那样的商人特性，身边也没有那么多皇商和官商。这种特点也许从他们在关外参与马市贸易时就已存在了。

韦先生有一篇长文，叫《清代奴婢制度》，是与同事吴奇衍、鲁素合写的，应该说是一项很少有人涉及的社会史研究。我猜测是他们在编纂《康雍乾时期城乡人民反抗斗争资料》（中华书局，1979 年）时，由于涉及大量相关资料而衍生出来的研究成果，因为该书的第二章就是"奴婢制度及奴婢反抗斗争"，达 160 多页。这篇文章虽然不可避免地带有特定的时代特点，比如强调阶级斗争和代入某种社会形态的公式，但所研究的主题却是清代非常重要的社会现象。

关于这个问题，前人也有关注，比如谢国桢先生对明清之际江南的"奴变"早有研究；同时期孟昭信也写过题为《从档案资料看清代八旗奴仆》的文章，研究雍正"开豁贱籍"的学者也会涉及这个问题，但总的来说研究的深度不够，对为什么到清代还存在蓄奴现象的解释说服力不强。韦先生等人此文，既包括了八旗奴仆，也包括了汉人的家奴、世仆；无论是奴婢的来源，他们的反抗方式，还是国家缓和冲突的办法，都是将各类人群的例子并举，说明作者力图证明清代存在一种共同的奴婢制度及其情境。我们知道八旗奴仆和汉人社会的蓄奴传统不是一回事，即便在汉人社会中，江南的蓄奴之风与大别山区的世仆、佃仆也不是一回事，但都反映出一种强烈的人身依附关系以及允许这种人身依附关系存在的社会—文化情境。此文给我的启示是，一方面，我们需要在特定的区域历史情境下认识主奴关系的形成、变化和存在机制，不能笼统言之；另一方面，我们也需要了解这种依附关系与早已普遍化了的租佃关系（或合同关系）有何关联，为何能在明清时期仍普遍存在。

《〈庄头家谱〉与清代对旗地的管理》一文，与前述各文均有内在的联系，不仅因为有很多八旗庄头就是奴仆的身份，而且也因为这些文章的主要材料多来自内务府档案,当然,也与韦先生和刘守诒编的《清代的旗地》资料集(中华书局,1989 年)有关。关于八旗庄头的研究,近年来有定宜庄、邱源媛的《近畿五百里:清代畿辅地区的旗地与庄头》和邱源媛的《找寻京郊旗人社会:口述与文献双重视角下的城市边缘群体》两书,可以说,韦先生的文章是开了利用庄头家谱进行旗人研究的先河。从本文可知,庄头家谱是乾隆四十九年经内务府总管奏请由皇帝批准设立的一项制度,与汉人出于敬宗收族的目的而编纂的家族谱不同,是为了保证庄头出缺时有人顶充而由朝廷强制编写的。原来旗人的家谱本有官爵承袭记录的功能,但庄头家谱的编纂则更重承役的需求,从性质上与旗人户口册类似。家谱不记妻子,户口册则记,可能是因为庄头袭充与女性无关,用于这个目的的家谱就不记了。尽管韦先生关于这个问题的研究仅此一文,但却为后人利用庄头家谱进行旗人社会研究提供了新的路径。

以上并未能对韦先生的明清史研究进行全面的评介,主要是揭示了韦先生的前期研究成果主要侧重于清史,又特别集中于社会经济史,与后期转向研究明史,特别是集中于明武宗、穆宗、神宗时期的政治史,形成了比较鲜明的对比。我不是很清楚发生这种转变的原因,私下猜测,可能是因为前期的清代社会经济史研究主要是与他搜集、整理清代档案资料,特别是内务府档案资料工作有关的,那既可能是他的研究兴趣,也可能是当时的工作安排。到了退休回到广东之后,经常阅读第一历史档案馆的清代档案已不太方便,而阅读明代文集、地方志诸书相对容易,特别是如前所述,他早在 20 世纪 80 年代中期以后就有对明中后期政局进行研究的计划,只是因为工作上的安排未能着手写作,这时则有了完成这项计划的机会。

三、在张居正的时代认识张居正

正如作者在本书绪论中着重指出的那样,本书与此前相关论著的不同之处,在于将隆庆、万历时期的诸多改革举措视为一个整体,统称为"隆万大改革"。本书将隆庆朝的六年视为大改革的始创期和奠基期，万历初的十年则为大改革的延续和发展期。对于隆庆朝的内阁纷争，韦先生并不认为仅仅是相互争权逐利的"混斗"，而是意识形态和执政理念的立场冲突。而对张居正执政时期的独揽大权，历来评价不一，本书则主张从张居正施政的具体内容出发，各自分析其利弊得失，追溯其源流因果，从全局角度进行综合评价，从全书的论述来看，作者对张居正"柄政"时期的作为是基本肯定的。此外，本书对张居正与宦官冯保之间的关系、个人是否贪腐等品行问题提出了自己的看法，总的来说是坚持不隐恶、不溢美的原则。可以说，从以上诸方面来看，本书是对此前张居正研究中的一些主要问题进行的系统回应。

在绪论中，韦先生写道："任何人都无法脱离自己所处的时代，都无法一生游离于所处的人际关系连锁之外。愈是重要的历史人物，在其身心上反映出来的时代气息必愈浓重，其对时代的正负面作用必愈巨大和深远。"在今天来看，历史人物无论大小，身上的时代气息都是同样的，不同的只是史料中关于大人物的记录更多而已。不过，一个人与其周围的人际关系网的纠缠，大小人物之间却有天壤之别。张居正自入朝到拜相，就与皇帝脱不了干系，这是升斗小民可望不可即的。在本书中，作者对张居正经历的几位皇帝没有什么好印象，他将嘉靖帝称为"一个擅权执拗的皇帝"，把隆庆帝称为"一个心理变态、庸碌猥琐的皇帝"，而对张居正死时还是青少年的万历皇帝，用了"小时了了"这样的评语，暗含着"大未必佳"这样的看法。有意思的是，恰恰是这三位皇帝统治了中国 100 年，略短于清朝康、雍、乾三朝的 134 年，祖孙三代连续统治时间在整个中国历史上也算是很长的了，在帝制晚期中国，也是国力最强盛的两个时期，这样的不协调不是很值得思考吗？

我在年轻时也写过一本关于明朝皇帝的小书，对明朝的大多数皇帝同样评价不高，到后来研究社会史，就几乎不再关注皇帝，好像时代发生的变化都与皇帝无关，甚至可以将上述问题的答案归结为皇帝的无能，反而有可能为能臣发挥作用提供空间。但是，如果嘉靖皇帝只是"擅权执拗",能臣的空间就不可能大了。一方面，张居正这样对此后历史影响很大的人就是在这个时期走上政治舞台的，而没有早早地泯然众人；另一方面，这一时期以"倭乱"所显示的全球性贸易的影响并没有在中国沿海中断，这都说明存在着某种内在机制，只要不被突发事件打断，就能够发挥作用。中国皇帝的在位期对这种延续性是很重要的，当然也会"成也萧何，败也萧何"。

不少学者都对明代的阁权做过研究，多认为嘉、隆、万三朝是阁权最盛的时期；也有不少社会史研究指出，这时是中国社会经济发生重大转折的时期，若说这二者间无关、甚至是冲突的，似乎不太好理解。本书提到嘉靖帝执着于"议礼"和"崇道"，就前者而言，明史学者较关注嘉靖皇帝对反对派臣僚的打击，而社会史学者则注意到他提拔的拥趸多是起自寒微的东南沿海人士，比如温州人张璁、广东人桂萼、霍韬、方献夫，后起的徐阶虽曾反对议礼，但他是松江人，生于浙南处州的宣平，均受白沙、阳明之学的影响，因此观念比较务实，对社会基层的变革比较敏感。就后者而论，学者们也注意到嘉靖皇帝特别注重改变礼制（如天地分祀等），但社会史研究同时注意到此时在基层社会（包括卫所）重申里社的重建，并配合乡约的建设，以因应明初里甲祖制的衰颓。这并不只是可有可无的礼仪问题，而是上下贯通的社会秩序问题。

到嘉靖后期，虽然阁臣中多有以青词受宠者，但夏言、高拱等也属于务实派，导致了整个嘉靖朝基本上处于因应时代变动的政策调整过程中。若非如此，我们就很难理解自隆庆改元伊始，就立刻出现"隆庆和议"和"隆庆开海"这样的重大转折，否则，我们要么就承认"庸碌猥琐"的隆庆皇帝非常重要，要么就会渲染高拱、张居正这样的英雄创造历史，而忽略了朝野之中已经普遍存在的对时代变革的共识。

韦先生在书中引用了一段材料，颇能说明张居正的"人际关系连锁"，也能间接说明某种时代共识："昔江陵为翰编时，□□逢盐司、关司、屯马司、按察司还朝，即携一酒一榼，强投外教，密询利害扼塞。""翰编"即翰林院编修，盐运使司、税课司、屯田、马政机构多在边地，这些机构的官员对实际情况比较了解，所以张居正初入朝为官时，便主动与交朋友，偷偷打听相关动态。在他主政的时期，首先就是重用一批了解实务的中央和地方官员，本书在论及张居正整饬吏治等各方面改革时也提到了他的诸多人事调整，比如户部的王国光、兵部的谭纶等。

需要注意的是，王国光是山西晋城人，祖籍长子，家族有泽潞商人的传统，后来他又曾任苏州吴江知县，对江南商业经济也有了解，主户部时编《万历会计录》，是隆万时期国家财政转型的设计师。谭纶是抗倭名将，先在浙东、福建转战，对私人海上贸易的情况非常了解，后又调任西南、陕西，并总督蓟辽，所以熟悉边务。对"隆庆和议"的达成立下汗马功劳的王崇古是晋南蒲州人，家族也是晋商，经营两淮盐业，由于晋商与长城内外的走私贸易关系密切，所以王崇古应该最清楚两边的汉人与蒙古人需要什么，故而成为力主达成和议的重要角色。后来被张居正引入内阁的张四维也是蒲州人，其父张允龄是长芦盐商，夫人即王崇古的二姐。

另一位受到张居正重用的两广总督殷正茂，在隆万之际处理两广地区的沿海和山区的社会动荡。殷正茂是徽州歙县人，即徽商的乡人，先后在沿海抗倭和在长城沿线整饬边防的汪道昆和戚继光，前者也是歙县人，后者祖籍安徽凤阳，与著名的"倭寇"首领王直都是同乡。虽然不能说他们都与徽商有多直接的关系，但肯定不会对当时的商业化大潮与边陲地区的开发和动荡的关系完全无感，可以说都是那个剧烈变动的时代的产儿。这些人或早或晚都曾在张居正主政时期处理边事，由于相似的背景，会具有较多的共识，故而成为改革时期的重要实践者。

本书在叙述了张居正用人的得失之后，也重点讨论了学术界始终重视的土地清丈和赋役改革。韦先生提到了前面所说的支持嘉靖帝"议礼"的桂萼的主张，也论及后为张居正重用治水的潘季驯在广东实施的条编之法。我曾在另文中提及福建漳州龙溪人陈烨任大别山区的河南光州知州时，为在这个流动性很强的地方推行一条鞭法，实行自封投柜，称自己是"开漳圣王"陈元光的后裔（传陈元光是唐代光州固始人），在当地建立了祭祀陈元光的广济王庙，以拉近与当地士绅豪强的关系，从此陈元光才普遍为其故里之人所知。这个例子说明，在当时对一条鞭改革褒贬不一的声音中，也有不少基层官员还是支持张居正的。陈烨来自福建沿海地区，著名的"隆庆开海"造就了漳州月港的繁荣，因此那里也是一个流动性很强的地区，故更理解赋役改革对这类地区的意义。

在讨论到张居正与同僚、下属沟通治国方略的时候，韦先生也多次引用了他们之间的来往书信。由于本书以张居正为主角，而收入张居正文集中的书信基本上是张居正所写的，只是间接透露出对方来信的一些信息，因此更多地突出了张居正在各项决策中的重要性和主导性。但这恰恰使我想到，身居庙堂之上的张居正是如何了解全国各地复杂多样的情况，并适时地采取相应的对策呢？我相信，这些与他有较多共识的同僚和下属的来信，应该是他获取信息的重要渠道之一，甚至有些对策就是那些地方官员提出来的。赋役改革的具体做法，本来就是明代中叶不同地方官员在基层实践的结果，最终被张居正采纳并推行于全国的，其他许多举措也完全有可能如此，我们对"江陵柄政"的时代性及其"人际关系连锁"，更应该在这个意义上加以认识。

让我以两个例子来进一步说明张居正及其时代，作为这篇导读的结束。

第一个例子是在"隆庆和议"之后，俺答汗西行，与西藏的达赖喇嘛进行接触，使蒙古信奉藏传佛教。张居正对此非常敏感，通过甘肃巡抚向达赖喇嘛转交他的信件，其中说："渠西行劳苦，既得见佛，宜遵守其训，学好戒杀，竭忠尽力，为朝廷谨守疆场。……所言番人追贡事，此种僧人久失朝贡，本当绝之，兹因渠之请乞，特为允许，但只可照西番例，从陕西入贡。"（《张太岳集》卷30）一方面请达赖喇嘛劝说俺答汗尽快回到原来的游牧地，另一方面也适当地恢复了与西藏地区的茶马贸易。并希望"此后中华、番、虏合为一家，永享太平，垂名万世矣"（《张太岳集》卷31），体现了张居正营造中原王朝与蒙古、青藏高原各族和谐一体的努力，正像魏源在《圣武记》中所评价的那样，清朝也因此受惠。

第二个例子是在万历二年十二月，神宗小皇帝连续数日御文华殿讲读。张居正为了"天下幅员广阔，山川地理形胜，皇上一举目可以坐照"，从而用人得当，故以成祖、仁宗故事，"造为御屏一座。中三扇绘天下疆域之图，左六扇列文官职名，右六扇列武官职名，各为浮帖，以便更换。……其屏即张设于文华殿后、皇上讲读进学之所，以便朝夕省览"。（《明神宗实录》卷32）这段材料在本书中也有提及，但主要是说明张居正的用人，没有指出张居正希望皇帝从小就应该通过地图了解天下形势。实际上从嘉靖朝起中国进入了一个"制图时代"，前面多次提到的桂萼就曾一次给皇帝呈上17幅地图，而且都有说明。这一时期不仅出现了《九边图》《筹海图编》等边防图，还有《蒙古山水地图》《西域土地人物图》《西域略图》等西北人文地图，这应该是16世纪全球化时代开启在中国的反映。

赵世瑜
2023 年 5 月

序 言

一

对于张居正的评价，毁誉互见，瑕瑜不能相掩，是向来一般史家的共通看法。清乾隆年间《四库全书总目·集部·别集存目四·太岳集》有云：

> 神宗初年，居正独持国柄，后毁誉不一，迄无定评。要其振作有为之功，与威福自擅之罪，俱不能相掩。

《明神宗实录》卷一五二，万历十年六月丙午条，在为张居正立传时也说：

> 居正性沉深机警，多智数……及赞政，毅然有独任之志。受顾命于主少国疑之际，遂居首辅，手揽大政，劝上力守（行）祖宗法度，上亦悉心听纳。十年内海寓（内）肃清，四夷詟服，太仓粟可支数年，囧寺积金至四百余万，成君德，抑近幸，严考成，综（核）名实，清邮传，核地亩，询经济之才也。……惜其褊衷多忌，小器易盈，钳制言官，倚信佞幸，方其怙宠夺情时，本根已斲矣。威权震主，祸萌骖乘，何怪乎身死未几，而戮辱随之也。

> 识者谓："居正功在社稷，过在身家。"

然而由于张居正"勇于任事""嫌怨不避""毁誉利害不恤"，因此他死后"持公议者少，惟升沉进退之际，挟旧怨以图报复者为数较多"（孟森《明代史》语）。尤其张居正曾禁书院，与晚明讲学风气相忤，致犯众怒，如东林领袖人物顾宪成即以梅之焕"致思"论张居正，谓"其言可痛"。于是晚明贬张居正者众，而褒之者寡。即如王世贞，虽"心服江陵之功"，但在《嘉靖以来首辅传》后，还是批评他："器满而骄，群小激之，虎负不可下，鱼烂不复顾""没身之后，名秽家灭"。至于明清之际，万斯同还认为张居正的功业"虽曰瑕不掩瑜，而瑕实甚矣"，因为张居正"挟宫闱之势，以骄蹇无礼于其主""凌上无礼"，失去为人臣应该"以敬为上"之道，"大节一失，余无足观"。况且他的改革措施，得罪了整个官僚系统，"设施举措又多未厌众心"，是以招祸，把他当作"奸人之雄"，而持否定之评价。而被谷应泰袭用于《明史纪事本末》"谷应泰曰"的《明史纪事》作者蒋棻更进一步持全盘否定态度，竟痛斥张居正是"倾危峭刻，忘生背死之徒"，说他"包藏祸心，倾危同列，真狗彘不食其余"，甚至将万历中的"矿税之祸"，也说成是"居正之贻患"。

但是在晚明值国家危亡之际，也有不少士人反而感念张居正的功勋及其振衰起敝的任事作风，不再说他不合法制及自居宰相之失，如天启年间举人陈治纪即引时人的评语云：

> 居正受遗辅政，肩劳任怨，日久论定，人益追思。

邹元标也说：

> 江陵功在社稷，过在身家，国尔之议，死而后已。谓之社稷臣，奚愧焉！

迨明亡之后，明遗民鉴于明亡惨痛教训，对张居正的评价更加肯定。如查继佐《罪惟录》即将张居正列入《经济诸臣列传》，一再强调他"功在社稷"，论列其"用人行政""撙节理财"之功，及"数年间法纪大张，弊亦尽剔""五千余里，几无烽火"之效，并说明张居正勇于任事，不任姑息，是"善百世者不顾一时，制万物者不姑息一事"，决非一般"竖儒所能解"。而清廷官修《明史》也赞扬张居正，说他"通识时变，勇于任事。神宗初政，起衰振隳，不可谓非干济才"。

清代后期，国家衰乱之势已萌，有识之士遂表扬张居正，以为改革之榜样。道光朝曾任两江总督、从事两淮盐政改革著有声名的陶澍，就为此将绝版久亡之《江陵全集》，嘱人重校付梓，特撰《重刻张太岳先生全集序》云：

> 明至嘉、隆时，上恬下嬉，气象荼然，江陵张文忠公起而振之。挈领提纲，综核名实。法肃于庙堂之上，而令行于万里之外。其时海内殷阜，号为乂安。

认为"其精神气魄，实能斡旋造化，而学识又足以恢之"，不只是"有明一代所罕觏"，而且是"旷古之奇才"。虽然受到流言"恶声所蒙"，但陶澍认为这些污蔑他的人"岂独昧江陵之功"，而且是"劫于众而相率为违心之谈"。迨清末，国势更危，国人或从事维新变法，或从事国民革命，皆热衷于宣扬民族精神，于历史人物中，选出振衰起敝、开疆拓土之民族英雄，为之立传，以为振奋民心。1911 年，梁启超作《中国六大政治家》，将张居正与管仲、商鞅、诸葛亮、李德裕、王安石同列，以只有政治家张居正为明代的特点；认为近代中国之衰败唯有崇尚法治，始得振衰起隳，富国强兵。

1912 年，民国肇建，国家仍然积弱不振，内忧外患迭起，因此梁启超的主张仍然大为时人所赞同。1934 年，青年党领袖陈启天（翊林）提倡国家主义，对法家人物之倡行改革以富国强兵，特别赞扬，除注《商君书》、写《商鞅评传》外，又写《张居正评传》，阐扬张居正的种种优点：

> 文忠在智力上是个天才家，有善于求学说理，知人晓事的聪明；在思想上表面是个儒家，骨子却是法家，有力求综核名实，信赏必罚的理论；在事业上是个政治家，有认清时势，贯彻主张，任劳任怨，不顾一切的魄力；在军事上是个统帅者，有妥定兵略，善用将领，巩固边防，剿平内乱的计谋；在行政上是个主持者，有确定权责，特予信任，勤加指导，严核实效的办法；在志行上是个持操者，有恳辞爵禄，严拒贿赂，不计毁誉，尽瘁以死的精神。汇合文忠独具的天才、思想、精神和事业，遂成功一个大政治家。

对张居正的缺点几乎完全不提，在陈启天的眼中，张居正几乎是个完人。

抗战期间，全民奋起，团结一致对抗日寇，民族精神高昂。朱东润于抗战末期出版《张居正大传》（开明书店，1945 年），他说：

> 我想从历史陈迹里，看出是不是可以从国家衰亡的边境找到一条重新振作的路。我反复思考，终于想到明代的张居正，这是我写作《张居正大传》的动机。

又说：

> 为什么我要写张居正？因为在 1939 年到达重庆以后，我看到当日的国家大势，没有张居正这样的精神是担负不了的。

朱东润在这本大作中虽不讳言张居正的缺点，但由于是要"把这样的为国为民的人写出来，作为一个范本"，整部作品对张居正肯定的评价占绝大部分。读者看完这本书时，很少有人会记得张居正有什么缺点的。

1949 年以后，朱东润的作品《张居正大传》在海峡两岸都重版过多次，表明张居正同受两岸人民的肯定。而熊十力又作《与友人论张江陵》，极力颂扬张居正，认为他是大思想家、大政治家，"窃叹江陵湮没三百年，非江陵之不幸，实中国之不幸"。在大陆批林批孔、尊法反儒的时代，由于张居正的做法近于法家，而被列为中国古代 26 位法家人物之一，捧为进步的爱国的正面人物，得到肯定的评价。1978 年以后，改革开放，从事改革的历史人物同样得到人们的赞赏，在个人所见的将近 50 篇 1980 年以来出版的论文中，几乎完全看不到对张居正负面的评价，大都是讨论张居正实施的考成法、清丈土地、一条鞭法、整顿驿递与治理黄河等措施与政绩；张居正的历史地位又到了一个新的高峰。这种情形在海峡的这一边——台湾，虽不似彼岸那么热烈，但梁启超、陈启天、朱东润的作品再版多次，在标准本的中学历史教科书中也是作肯定的叙述，完全看不到什么负面的论断。尤其唐新在 1968 年出版《张江陵新传》，更是全面肯定，在他看来，张居正这样的历史伟人是毫无差错的，书中甚至特立《所谓诬蔑亲藩与排挤高拱》一节，认为所谓"附保逐拱""如不是捏造，便是臆测"。而香港的马楚坚也持类似看法，在其《张居正之辅政》一文中，也认为这是"乌有诬蔑之事"，居正是"受不白之冤"。

虽然近代学者多全盘肯定张居正，但钱穆（宾四）教授对张居正却有意见，他在 1952 年出版的《中国历代政治得失》中说：张居正严禁讲学，关闭书院，妨害学术自由是一大缺点。他还认为张居正是权臣；因为按照明朝祖制，内阁是没有预闻政治职权的，张居正只是一内阁大学士，不是政府中的最高领袖，不得以内阁学士而擅自做宰相。为此，徐复观发表《明代内阁制度与张江陵（居正）的权奸问题》，对钱宾四的说法大加抨击，认为明代的大学士就是宰相，何有"自居宰相"之嫌，张居正是一个大政治家，周秦以后，只有王安石可与之相比，"权臣奸臣之论，恐怕太昧于史实了"。

近代以来，对张居正全面肯定的趋势，直到最近才有些改变。黄仁宇在《万历十五年》中，虽肯定张居正的功业，但对他"自信过度，不能谦虚谨慎，不肯对事实做必要的让步"等错误，大加检讨，认为他的"一套偏激的办法，是和全国的读书人作对"。龚鹏程则撰《与熊十力论张江陵》，批驳熊十力的论点，认为"刚鸷忮〔很〕、玩弄权术、排挤异己是张居正的致命伤。这是他性格上的弱点，故人人都承认他的政绩，却人人不喜欢他"。1996年，邱仲麟在台北万象图书公司出版的《争议人物》序列丛书中写了一本《独裁良相张居正》，总结历代史家对张居正的评价，他不满意近代以来史家对张居正"重善讳恶"；遂以"据实追究、不隐恶、不过美"为原则，简要地述说张居正的生平与功业。此书虽是一本小册子，可读性却很高，可惜为所能运用的史料及篇幅所限，难以深入。

二

明清史学界的前辈韦庆远先生，有感于近数十年来关于张居正的传记与研究论文，对张居正"其人其事其器识品格其学术主张""对他所处的时代以及他曾起过的作用，难免仍存在不少分歧"；认为"与其各说各话，不如认真地进行讨论"。韦先生"经过十多年来对张居正有关问题的摸索思考"，终于写成这部70万言的大作——《张居正与明代中后期政局》。这部书，不同于前人作品的最大特点，在于他运用了罕见的丰富史料。一般讨论张居正的著作，差不多集中运用《明史》《明史纪事本末》《张太岳集》《明实录》等较常见的书，很少利用到当代其他相关人士的文集资料。韦先生在写这部大书时，运用的史料极为广泛，除实录、政书等官方出版品外，与张居正同时代有关人士的文集、书信，只要在海峡两岸图书馆中能找得到的，都一一参考。全书引用的私人笔记、文集、书信达150余种；此外又引用以明代为主的地方志达65种。因此能深入许多以前学者所未谈到的细节，平允公正地评价张居正的实际政绩及处事为人，并且还能透漏出近代学者为主观愿望所困的盲点。

过去学者对于隆庆时代内阁成员间的"混斗",一概简单地以权力斗争视之,韦先生虽也不反对这一点,但更进一步从各个人的政纲与学术思想的根源上着眼。书中的第八章第六节、第七节,花了约30页的篇幅,讨论徐阶、李春芳、赵贞吉与高拱、张居正的学术思想及其分歧之处。他认为徐阶、李春芳、赵贞吉等崇尚理学,倡导讲学,"语玄虚,薄事功""舍正学不谈,而以禅理相高",与高拱、张居正之崇尚实学、"痛抑讲学"是对立的;这一分歧导致在面临隆庆初年政局走向的抉择上,徐阶等人坚持保守旧制,高拱、张居正则主张"法以时迁""振弊易变",倡奉改革,以"安民生,饬军政为急"。高拱与张居正这一派终于取得胜利,而能"积极、坚定、审慎而有步骤、有次序、有针对地行变制改革"。把内阁成员间"混斗"缘由的解释,从简单的权力斗争,提升到学术思想分歧的对立,正是这本书过人之处。

对于"江陵柄政"的功过评价,自明代以降,学者评论分歧,但近代以来持肯定态度者为主流。韦先生的书也从第九章到第十七章,以全书的大多数篇幅,具体而深入讨论张居正的改革措施及落实情况,正面叙述其重整吏治,为天下理财,清丈田亩,推行一条鞭法,平南倭北虏的威胁,厉行法治,整理驿递,整治漕运等功绩。与一般学者不同的是,韦先生虽阐扬张居正的正面功绩,却不讳言其柄政的负面影响。在第十八章专论其反对讲学,执行文化专制政策,批判张居正"采取粗暴方法以禁锢思想""是行不通的",是其柄政之"败笔"。对于为后人赞扬之清丈田亩与推行一条鞭法,韦先生利用明清方志及新发现《山西丈地简明文册》等资料,指出清丈田亩政策在各地落实之差异性及弊病。如有些地方丈田"册报多虚""务加额为功""争改为小弓以求田多,或掊克见田以充虚额"等。韦先生举地方志记载的实例,以不偏不倚的立场说明清丈中负面的影响。关于一条鞭法的推行,他述说嘉靖初经隆庆年间全国各地屡行屡止的具体情况,肯定张居正断然推行于全国的功绩,认为精选重用认真贯彻推行一条鞭法的官员,是短期内能够取得大成效的重要因素。韦先生对一条鞭法极为肯定,在第十三章中特立两节,表扬该法对改善民生国计的重大贡献及其历史意义,以梁方仲教授对一条鞭法之研究成果为基础，具体说明该法"确能起到均平赋役负担，压抑豪强，纾解民困，促进工商业发展的作用"，认为"张居正在这方面的决定性贡献，都是不容抹煞的"。韦先生虽未像袁良义《清一条鞭法》（北京大学出版社，1995年）比较具体地说明一条鞭法各地实施的差异性及张居正死后该法失败的原因，但他还是指出"在某些地区也存在过一些不公平甚至不法的问题，使有关地区的黎民受到损失"。足见韦先生研究历史的态度之公允持平。

至于张居正的操守作风的论述，是向来最受争议的，其中尤其对于张居正与高拱的恩仇及所谓"王大臣案"，是争议的焦点。韦先生在这一问题上，用力甚深，他如实地表扬高拱在隆庆改革中的巨大功绩，及高拱与张居正在改革方面的合作关系，发潜德之幽光，是前人论著中少见的。但也指出两人"名望相近则相妒"，演变到朝臣分别依附，营垒对立分派。韦先生特别从张四维的《条麓堂集》中找出张四维写给高拱与张居正的信，曾努力调解双方的关系，未能成功。这段史实久被湮没，韦先生表而出之；使读者对高、张不和的史事，能有进一步的了解，是韦先生大作的另一主要贡献。"壬申政变"，高拱被逐，一般均以其败在张居正、李太后、冯保政治铁三角之下，韦先生则指出高拱的专断，以为"十岁孩儿安能决事"，威胁到皇权，才是关键，真乃一针见血的论断。至于王大臣案，有些学者强为张居正洗刷，以此事乃子虚乌有。韦先生则认为此案虽是冯保主谋炮制的假案，其实张居正不但知情，甚至还参与删补冯保上奏处置高拱的奏疏，这点是不能为张居正回护的。至于张居正压抑迫害诤诛者，多为子孙谋，作风骄奢，甚至涉及苞苴馈遗等事，韦先生也不像近代一些学者巧为之掩饰。他认为张居正的缺失，虽有其时代的背景，但"亦不能完全忽略了个人的责任"。

总体来说，韦先生认为张居正虽有些重大缺失，但对明代是有"无与伦比的伟大建树"的。韦先生写这部大作所持的立场，确如他自己说的：

采取严肃公正的态度……从当时的时代背景出发，充分注意到他们的个人特点，对其政策理论上可取之处，治道方针上可行之处，道德修养上可称之处，曾经有过的建树或缺失，都应给予公平的评估。

因此，《张居正与明代中后期政局》可说是自有为张居正立传以来最深入、最公正、最能"美恶不掩，各从其实"的巨著。

三

韦先生长期从事明清史研究，本人对他景仰已久。第一次读到韦先生的书是 1969 年，那时正是写硕士论文《清代两淮盐场的研究》，由于讨论清代的灶户，追溯到明代制盐的灶户户籍；最近刚仙逝享年近百龄高寿的恩师夏卓如（德义）教授借给我韦先生的《明代黄册制度》，要我参考。书中对明代户籍制度的制定及其演变深入的叙述，使我对于这一六百多年前开始每隔十年实施一次的全国户口、人丁、事产普查制度，有较清晰的了解。对韦先生的为学，景仰之心油然而生。由于当时两岸仍处于对立状态，在台湾读大陆学者的出版品是受到严格管制的，有人甚至因此而坐牢。可是基于学术的良心与对韦先生的景仰，我还是把韦先生的《明代黄册制度》列在硕士论文的"引用书目"中，只是把出版地点的"北京"改成"北平"。后来硕士论文由嘉新水泥文化基金会出版，除了有人曾警告说要小心被告发外，很庆幸没有发生什么事。

1978—1979 年，获哈佛大学哈佛燕京学社的资助，我到哈佛大学做一年的访问研究，在燕京图书馆内陆续读到韦先生的其他论著，知道韦先生熟悉明清档案，对利用档案研究明清历史经验极为丰富。那时研究明清史的同行，除了能利用少数已刊印的"中研院史语所"藏的内阁大库档案《明清史料》外，只有台北故宫博物院藏的《宫中档》《军机处档》《上谕档》等 38 万件，其实这只是整个留存于世间的档案中极少的一部分。1979 年，大陆的人文社会科学学者组团首次访问美国，到了哈佛大学，开启中美学术交流之门。不久，哈佛大学东亚系孔飞力（Philip Kuhn）教授访问北京，传来消息，清朝内务府档案仍然基本保存。后来又听说孔教授把韦先生请到哈佛大学讲学，好是兴奋。可惜当时已经回到台湾，没有机会向韦先生当面请教清代档案中有关盐务档案的情况，颇感懊恼。1985 年，香港大学中文系赵令扬教授召开"明清史国际学术研讨会"，两岸明清史学者在香港第一次面对面交流，才有幸见到这位慈祥和蔼的忠厚长者，承蒙先生不弃，开始我们这段从 1985 年起的忘年之交。虽是初次见面，却似多年未见的老友，谈自己的研究，谈明清史学界的近况，谈近年来的生活，有说不完的话。但当时台湾尚未解除戒严，而两岸通信相当困难；1988 年，台湾解除戒严之后，才开始每隔一段时间与韦先生通信，报告近来研究与生活的概况。

1991 年，卸下台大历史学系主任的担子后，我来到香港，参与香港科技大学的建校工作，创办了人文学部，担任讲座教授兼人文学部主任。恰逢陈捷先老师在台北召开两岸明清史学者的学术研讨会，大陆的同行途经香港，韦先生也在其中，才有机会与韦先生再度会面。其后为筹设香港科技大学人文学部华南研究中心及到广州暨南大学历史系参加李龙潜教授指导的研究生之论文口试，去过广州多次。当时韦先生经常住在广州，因此有多次机会向韦先生当面请教，谈学问、评人物、饮小酒。还有一次请韦先生来香港科大演讲，记得那次韦先生讲的是历史人物的心理分析，很受香港科大师生的欢迎；于是兴起邀韦先生来担任客座教授的念头，韦先生也慨然应允。原想在 1993 年9 月底我离开香港科大前，能亲自安排韦先生前来讲学的生活起居与教学的一应需要，可惜事与愿违，韦先生讲学的事拖延到 1994 年才实现；而我已回台大，未有机会亲聆教益。后来听说韦先生在香港科大讲明清史、讲明清档案与明清史研究，很受香港学生的欢迎，除香港科大人文学部的学生外，香港其他大学的研究生也来听课，很是轰动。香港科技大学的图书馆买了许多大陆与台湾影印出版的档案，如中国社会科学院历史所的《徽州千年文书》，"中研院史语所"与联经出版公司合作的《内阁大库档案》；韦先生在图书馆内放置档案之专用书架旁那间面海的讨论室上课，在清水湾蔚蓝的海景中侃侃而谈，娓娓道来，此情此景令人羡煞。

　　1993年秋回到台湾之后，一直想找机会请韦先生来台北。当时，同门学长张哲郎教授担任台湾政治大学历史系主任，排除万难，毅然邀请韦先生前来讲学，承蒙中华发展基金会资助，先生终于1995年秋来台讲学。韦先生在台北期间，除讲课以外，便埋头做自己的研究。他利用在台北之便，经常到台北中央图书馆作地毯式的搜寻，遍阅馆藏所有与张居正相关人物的文集，找出许多相关的重要史料，开始撰写这本巨著《张居正与明代中后期政局》。承蒙韦先生的关爱，他每写出一部分稿子，我便有机会拜读。1997年8月，在长春参加第八届明史国际学术研讨会，韦先生将厚厚两大本手稿影印本交给我。可是好事多磨，先生的手稿竟在空运回台北的路上遗失了。这份珍贵的手稿原来是随身携带的，无奈在北京机场，内人王芝芝扭伤脚踝，以轮椅推上飞机，一时怕照顾不过来，将稿子改由随机托运；这份宝贵的影印手稿竟因此随着行李在托运中遗失，好是令人惋惜与难过。去年12月初，接到韦先生电话，告以全书完成，打印稿已经寄来，嘱我一定要写一篇序文。承蒙韦先生垂爱，感到非常荣幸，但终觉得自己才疏学浅，难以胜任，尤其自去岁8月起承乏暨南国际大学（南投埔里）的教务长工作；又逢家中多事，每星期在台北、埔里两地奔波，事务繁忙，只能抽空片片段段地读，每以不能一口气读完为憾。

　　韦先生在政大讲学时已嘱咐我为这部大作写序，今又重提，韦先生的盛情，不敢再推辞，只得勉力为之，以附骥尾。只能借叙述历来学者对张居正之研究，以突显韦先生这部巨著在张居正研究史上的地位，并细说受韦先生垂爱之经过，作为两岸史学工作者学术交流之见证。

徐泓

1999年2月10日

于台北台湾大学历史学系

目　录

第九章　隆庆内阁的成就和张居正的作用

第十章　隆万交替与张居正独揽朝纲

第十一章　幼年万历与张居正特殊形式的君臣关系

第二十二章　功罪凭公论，青史有是非

绪　论

有关张居正研究的若干问题

一

张居正是一个有重大争议的历史人物，在其生前或死后，对他的评价一直存在很大的分歧。当其功业最盛之时，即有人疏劾他"威福自己，目无朝廷"❶；在其死败之后，更有人丑诋他为"挟权阉之重柄，藐皇上于冲龄，残害忠良，荼毒海内"❷。明神宗万历皇帝朱翊钧竟然把自己当年的恩师良辅，曾被他一再谀称为"股肱之臣"的张居正斥为巨恶元憝，一再追讨朽骨，坐以大逆，还说什么"本应剖棺戮尸"，一下子将之打入十八层地狱。但即使在朱翊钧仍当朝在位之时，便不断有人肯定居正"有社稷之功"，是"救时之相"，每因时穷势蹙而"倍思江陵"。入清以后，清世祖顺治皇帝也亲自驳斥继续攻击张居正的言论❸。

---

❶《明史》，卷二二九，《刘台传》。

❷ 李植：《言事纪略》，卷一。

❸ 据清初释道忞著《北游录》记载，道忞有一次在顺治面前又讥讽张居正不应揽权擅政，顺治态度鲜明地批评这种说法，说："老和尚罪居正揽权，误矣。彼时主少国疑，使居正不朝纲独握，则道傍筑室，谁秉其成？亦未可以揽权罪居正矣。"

清人傅维麟在其所撰《明书》的列传中，将严嵩和张居正二人并列为"权相"，虽然着重之处有所不同，但亦屡受史家非议，指为败笔。可见，从不同立场和不同角度论张誉张及斥张者始终绵亘不断。张居正问题一直是明史研究中最受重视的问题之一。

进入 20 世纪，有关评价张居正的争论仍然不时起伏，有时还引发过激烈的论战。被公认为学术大师的梁启超赞誉张居正不遗余力，称他是中国有史以来可与管仲、商鞅、诸葛亮、王安石、李德裕并列的六个大政治家之一，明代"政治家只有一张居正"❶。但另一亦被认为是学术大师的钱穆，则对张居正持完全否定的态度，他认为张不应该"以相体自居"，"不应该揽的权而揽，此是权臣，并不是大臣"，"是权臣，是奸臣"❷。两位大师截然相反的看法，无非是数百年来本已存在的对立意见的集中反映。针对钱氏的说法，徐复观教授拍案而起，写出《明代内阁制度与张江陵的权奸问题》一文以批驳之 ❸。其后，不但在史论中，亦有在文学作品中攻击张居正"弄权"的，但也立即遭到强烈的辩驳，有的学者为此而提出"为历史和张居正辩诬"，甚至为"乱诬古人，再提抗议"❹。凡此，都说明致力撩开历史的雾幔，公正地论述张居正功过，尽可能复原历史上真实的完整的张居正，仍然是史学工作者不容推卸的责任。

近数十年来，海峡两岸出版了好几种张居正的传记、年谱，中外史家撰写的数以百计的研究论文，也由于一些已尘封数百年的史料被发掘使用，显然已将对张居正的研究推向纵深发展，做出很多有理有据的分析论说。特别是，对他在政治上和社会经济上推行改革的必要性和取得过的丰硕成果，论者总的认识已渐趋一致。当然，对这样一个重要历史人物其人其事其器识品格其学术主张，对他所处的时代以

❶ 参见梁启超：《中国历史研究法》，《专传的做法》，载《饮冰室合集》，专集，第 6 册。又参见梁氏主编的《中国六大政治家》，1911 年《新民丛报》汇编单行本。

❷ 钱穆：《中国历代政治得失》，1952 年台湾印行单行本，1980 年香港大学重印本。

❸ 参见台湾《湖北文献》第 1 期，1966；徐复观《中国思想史论集》，台湾学生书局，1993。

❹ 参见刘道平文，《艺文志》第 43 期，1969；杜松柏文，《艺文志》第 45 期，1969。

及他曾起过的作用，难免仍存在不少分歧，这是在深入探索过程中必然会出现的。学术研究恍如滔滔东去的大江，后浪紧赶着前浪；学术工作者又恍如参加接力赛跑的运动员，一程接着一程。学术永无穷期，研究永无终极。有争议有分歧，就意味着必须再作努力。与其各说各话，不如认真地进行讨论。笔者驽钝，经过十多年来对张居正有关问题的摸索思考，也逐渐对一些问题形成了自己的认识，故此在这本书中，除对传主的生平、经历，按照其发展顺序加以阐述外，还集中较多的笔墨，针对一些现仍存在的主要分歧问题提出自己的看法。愚者一得，所见也难免偏颇，仅是为了就正于海内外师友。

二

首先，是中国在 16 世纪中期出现的大改革运动，应该定位为"万历初元大改革"，抑是"隆（庆）万（历）大改革"的问题。

张居正（1525—1582）是一个跨越明代中期嘉靖、隆庆、万历三朝的历史人物。他出生和成长于嘉靖朝，建立功业始于隆庆朝，极盛和死败于万历朝初期。如所周知，这半个多世纪风云多变，政局大起大伏，经过正德和嘉靖荒诞昏乱的恶政之后，已经达到了土崩鱼烂、国将不国的边沿，由于张居正（前期也有高拱）大力进行改革，曾经在很大程度上挽回颓势，出现过由乱入治的前景，但因居正的死败，改革事业被彻底摧毁，又转入由治入乱的厄途。

隆庆朝为时短促，明穆宗隆庆皇帝朱载垕在位仅有六年之久（1567—1572），且其人猥琐庸碌，以懒著称，嗣位后迷溺声色，追求奢逸，无心振作，本非有为之君。他"临朝无所事事"，其惰怠苟安的习性，正与朝野有识之士对形势忧深虑切的焦灼成为鲜明对比。但此人也有一个长处，就是能信任内阁大臣，特别是对时任首辅的高拱，以及当时与高拱密切合作的张居正，放手让他们做事。高拱和张居正正好利用了此一空隙，大力推行了一系列改革的举措。隆庆朝之所以能成为一个具有转折性意义的时期，既是受形势严峻所迫，人心思变，非变难以幸存；但亦与高、张二人敢为天下先，敢于揭橥和坚定推行改革有关。

近年发表有关张居正的论著，多有将明代中期出现的大改革运动称为"万历初元改革"，或"十年大改革"，而罕有对早在隆庆时期即已在多方面着手，并且在很大规模上取得了重要成就的改革举措做较充分的论述。准确地说，明中叶的改革实际上是从隆庆三年（1569）高拱复出，其后任内阁首辅，张居正任重要阁员时期开始的。举凡整饬吏治、加强边防、整饬司法刑狱、兴修水利、推行海运、改革中央和地方军政人事制度，重点推行清丈土地和实行一条鞭法、恤商惠商等多种政策方略，都是在这个时期出台，并且立竿见影地取得过成果。特别是，由高张决策，巧妙地利用屡为边防大患的蒙古俺答部贵族家族内的矛盾，利用俺答孙儿把汉那吉来降并予释回作为交换条件，取得俺答同意罢兵，实现封贡开市，并执叛人赵全等来献，为汉蒙民族团结互助揭开了新的一页，"款市事成，西北弛备"，有效地在西线创造出长达数十年边境宁谧的安定局面。凡此种种，都是有确凿的事实可供稽考的。

可以说，隆庆时期实为大改革的始创期，实为其后万历朝进一步的改革奠立基础和确定政策走向的关键性时期。由张居正总揽大权以主持的万历十年改革，基本上是隆庆时期推行改革方案的合理延续和发展。两者之间的承传和衔接关系是非常明显的。也可以说，如果没有在隆庆时期奠定初基，万历时期的改革势难如此迅猛地得到开展。有鉴于此，笔者在本书中将隆庆和万历两朝的改革运动作为一个不同阶段性的整体，总称为隆万大改革。隆庆时期为第一阶段，万历时期为第二阶段。在有关章节中，笔者力图如实地评估高拱和张居正在隆万大改革第一阶段所曾起过的重要积极作用。对于高张两人均能高瞻远瞩，继之以兢业勤奋，具有高识见和大魄力，能够突破传统格局和陈腐规章，敢于批判扬弃，而又能较好地控驭全局，在短短数年之间，为隆庆时期的重大改革创造出丰硕政绩，以及两人在当时确曾存在过相互倾心钦仰、同心协力、共襄大计的关系，都给予应有的肯定。

三

其次，是关于隆庆时期的内阁内部连续出现激烈斗争的性质问题。

推行大规模的改革，必然要触及各阶层各方面人们的利益，也必然要改变某些处理政务的传统程序、工作和思维方式，当然也存在着权益的再分配和相应的人事变动，从而必然会产生许多尖锐的矛盾。这些矛盾不但普遍存在于社会和各级官僚机构之中，而且，也必然更集中地反映到作为中枢主要辅政部门的内阁之内。隆庆朝虽然短短六年，但先后入阁任大学士的却有九人之多，即：徐阶、李春芳、郭朴、高拱、张居正、陈以勤、赵贞吉、殷士儋、高仪。其中，徐、李、高（拱）三人曾先后任首辅，而张居正则是自隆庆嗣位直到去世，一直位居大学士之职，并顺利转入万历内阁的唯一一人。隆庆元年（1567），阁内原有大学士六人，即徐、李、郭、高（拱）、张、陈，由于每个人的背景、经历、识见和利害关系各有不同，阁内风潮便已迭起，阁员之间纵横捭阖，倾轧咬噬不断，人际关系瞬息变易。早在嘉靖皇帝刚咽气，隆庆年号尚未公布之时，高拱、郭朴和徐阶之间，即因起草《嘉靖遗诏》的过程，以及对《遗诏》内容的不同看法点燃起战火，互相嗾使亲近言官上疏揭攻对方，导致高、郭于隆庆初元即被迫求去，但徐阶亦难安于位而在隆庆二年"致仕"回籍。不旋踵，由于高拱在隆庆嗣位前，久在其藩邸任职，备受隆庆器重，又因张居正的斡旋，隆庆三年底便被召还，且破格以大学士兼掌吏部事，受到特殊的重用。而在此前后，著名理学家、原礼部尚书赵贞吉，隆庆的藩邸旧人殷士儋亦被召入阁。新人又带来新的矛盾，并且迅速白热化。矛盾很快就转为以高、张为一方，以赵贞吉为另一方的明争暗斗，终于发展为高、赵的正面冲突，赵贞吉在四年底负气而去。殷士儋亦自认为不堪受高、张排挤，对高拱挥以老拳，几乎在阁内演出全武行，最后落败出阁。至于曾一度接任首辅的李春芳，只知持禄守官，无远虑亦无作为，久已被称为"青词宰相"，素受高、张鄙薄，当徐、赵、郭、殷相继退出后，自知无法再主持阁务，便黯然归隐。陈以勤本来是一个淡泊名利，并不恋栈官场的人，目睹阁内连番爆破，杀伐之声相闻，决定知机抽身，奏请回籍养老。高仪是到隆庆去世前一个月才入阁的，但就职不到三个月便猝逝，不过是一个入出内阁的匆匆过客。于是，经过这样几度斗争和浮沉甄汰，只留下高拱和张居正两位拥有实权的人物。隆庆阶段诸般改革措施，就是由他们二人谋措和推动运行的。

近数十年，对于隆庆内阁的人事变迁和权力转移，有些史家将之概括为"混斗"。窃以为，这样的说法并没有准确地反映出问题的实质。不容讳言，不论徐与高、郭，高、张与赵、殷的斗争，旁及李、陈的无奈求退，高仪的猝死，确实都有着权位争夺、个人恩怨以及意气用事的成分在，但绝不能忽视，很重要的还在于成员之间在政纲上、在意识形态上本来就存在着严肃的冲突。

不同的历史阶段召唤着不同类型的代表性人物。不同的人生经历、思想文化背景，哺育出性格悬殊、政治取向迥异的人物。

以徐阶而言，他"性颖敏，有权略而阴重不泄"[1]。为人处事特长于忍耐深沉，擅于谋略算计，本来是玩弄政治柔术的高手。当嘉靖末叶，他成功地扳倒了权势熏天的严嵩；当国后，标榜"以威福还主上，以政务还诸司，以用舍刑赏还公论"，一时"缇骑省减，诏狱渐虚，任事者亦得以功名终，于是论者翕然推阶为名相"[2]。特别是，在嘉隆交替，"阶草遗诏，凡斋醮、土木、珠宝、织作悉罢；大礼、大狱、言事得罪诸臣悉牵复之。诏下，朝野号恸感激"[3]。应该承认，在上述两个关键时刻，在当时特殊复杂困难的局势下，徐阶是一个能巧为因应而且饶有干才和业绩的人物。李春芳紧相追随襄辅，也做出过自己的贡献。但是，时代在发展，矛盾的性质及其解决对策亦发生变化。进入隆庆朝以后，朝野有识之士面对着自正德、嘉靖以来遗留下来内外交困、危机四伏的烂摊子，已不仅仅满足于适度补漏除弊，而迫切要求更新，各种主张改革的声浪，正如开闸泄洪，波涛直下。徐阶以及李春芳对

---

[1]《明史》，卷二一三，《徐阶传》。

[2]《明史》，卷二一三，《徐阶传》。

[3]《明史》，卷二一三，《徐阶传》。

于这些呼声，先是愕然，后是茫然，甚至还有反感，无法接受急剧的再转折，仍然谨捧着"恢复祖宗成法"的神幡以对付。试读徐、李在下野以前所上的奏疏以及文章函牍，虽偶有诤谏，无非只是"致君尧舜上"的老套，根本没有要触动到原有政治体制和社会经济架构的内容。而与此同时，高拱和张居正则采取截然相反的态度，高拱在其《除八弊疏》，张居正在其《陈六事疏》，都能高屋建瓴，分别提出一系列大破常格，立足于变的方案，坚持变则通，通则兴，绝不应再抱残守缺。笔者在本书的有关章节中，对两者的言论主张做了比较，旨在说明，当时在内阁，确实存在着两种不同政见的对峙，如水火之不相容。当此关系全局兴衰须抉择决策的关键时刻，徐阶以及他的紧密追随者李春芳，已经绝无能力再朝前迈步了，他们先后被挤出内阁，淡出政坛，应是无可避免的。从这个角度而言，谓之为"混斗"，似未能完整地反映出斗争的实质性内容。

内阁成员在意识形态和学术上的对立，亦可视为在政见上分歧的折射。

隆庆时期的内阁，不但在政见上隐约有坚壁深垒在；而且在学术上，亦有旗帜分明的门户和思想理论分野。一方是以徐阶、李春芳、赵贞吉三人为主要代表的、尊奉在南宋学者陆九渊"心学"基础上发展过来的"阳明学派"；而另一方，则是在外表上仍自诩为儒臣，口头上未尝悖离孔孟之道，但实际上服膺并推行战国时期商鞅、申不害、韩非等法家学说的高拱和张居正。两方在意识形态上存在着无法逾越的鸿沟。

首言徐阶。"时新建伯王守仁以讲学倾东南，阶与门人欧阳德同年而善之，遂为王氏学。"[1] 他自入世以来，即以捍卫孔孟儒学为己任，早岁曾因反对时任首辅的张孚敬准备废除孔子"文宣王"称号、摘除其遗像，代之以木主的事，当面严词驳斥孚敬，因而以号称"清华之选"的翰林院编修，被贬为延平府推官。他在延平继续授徒讲学，著

---

[1] 王世贞：《嘉靖以来首辅传》，卷四，《徐阶传》。

有《学则》一书作为讲义，仍大力宣扬"阳明学"。其后，任江西按察副使时，又专门为王守仁建立专祠，进一步推广其学。他主张调和朱熹和陆九渊的哲学分歧，将之合而为一。及至入主枢垣，徐阶以著名理学家而兼为最高级大官僚，每以宋明理学的传人自居，每以能将理学教义原则溶注入实际政治自炫。他还利用执掌的行政权力，大力奖掖甚至亲自主持讲学，一再邀集朝廷各衙署和地方来京官员听讲，经常在官馆、僧舍和道院召开近千人的经旬大会，"以明心见性之空言，代修己治人之实学"，"置四海之困穷不言，而终日讲危微精一之说"❶。徐阶为政，"一味调和""凡事甘草"，以不轻露锋芒，能处逆境，能韬晦深藏，但又能及时转机见称，实亦受其笃信的"识仁""定性""待时"等理论的指导。

曾一度职任内阁首辅的李春芳，不论在政务上或治学上，都是徐阶的忠实追随者。他师事徐阶，是徐阶主持各种讲学活动的积极参加者和襄助者。春芳自早岁即"究心理学"❷，积极参与阳明学分支泰州学派创立人王艮及甘泉学派主将湛若水等人的讲学活动。他自称终身信奉"致良知，认天理"，称之为"六字真诀"❸。

赵贞吉私淑王守仁，他自入仕以来，一直讲学不辍。特别是任国子监司业时，即以《阳明全书》作为指定教本。他是明中期王学的代表性人物之一。其在理学的地位，略逊于徐阶，而高于李春芳，清代学者黄宗羲编纂的《明儒学案》一书，将赵贞吉归入泰州学派，在该书卷三四，有关于他的专门记述。

以上事实说明，在隆庆朝的内阁中，确实存在着以徐阶、李春芳、赵贞吉三大"学者"组成的，以尊奉陆王心学为理念的"同志"，并且在当政期间，大力利用拥有的职权威望以扩大其讲学活动。此在政治上亦有明显的反映，他们三人在阁内坚持保守旧制的治道观点也是如出一辙的。这就必然要激发与实际信奉和推行商、申、韩法家学说的

---

❶〔清〕顾炎武：《亭林余论》，《与潘次耕札》。

❷ 申时行：《大学士李春芳神道碑铭》，见李春芳《赐闲堂集》卷二一附录。

❸ 李春芳：《贻安堂集》，卷四。

高拱、张居正间的冲突。

高拱、张居正一生的事功建立在深厚的学术根基之上。隆万大改革之能出现并取得过显赫的成果，绝不是枝节性的就事论事，零打碎敲的孤立性的个别调整，而是撷取了儒法两大学派的精粹，有所吸收，又有所甄别选汰，构筑成比较系统的变革理论。高拱不仅是一个能干的、有谋略有大魄力的政治家，而且也是一个博学精虑的思想家。他著有《春秋正旨》《问辩录》《日进直讲》《本语》等学术著作。在这些著作中，既尖锐揭驳宋儒对《春秋》经义的穿凿曲解，批判程朱理学的高谈玄论，不切实际，认为"宋儒穷理，务强探力索，故不免强不知为知"❶；对于徐阶等热衷讨论的"朱陆异同"和当时被推崇为显学的阳明心学，高拱更嗤之为"空虚无据"，"徒为空中之楼阁，而卒无所有于身心"❷。他还指出，侈言什么"存天理，灭人欲"，什么"理欲不两立"，无非是别有用心炮制出来的欺人之谈。一切事物都处在不断发展变化之中，所谓"天理"，又焉能具有永恒不可修正不可动摇的绝对神圣性质？至于饮食男女等本来客观合理的人生要求，又何须遏禁？又焉能遏禁？高拱认为，不可能有超脱于人情之外的"天理"，"天理不外于人心，只人心平处便是天理之公"❸，这是与理学末流辈的言论完全对立的。他在著作中，还反复借史论事，从评述历史人物和历史事件中，联系到当时的现实政治问题和丛积的弊端，探求解决之法。高拱钻研学术是为达到经世的目的，主张"法以时迁"，"更法以趋时"❹，体现着一个务实型政治家的追求和理念。

张居正尊崇实学，倡奉变法，他虽然没有留下系统的学术专著，但在其较大量的手书函牍和文章中，已充分地表达出自己的学术见解和政治主张。他认为，政风和学风密不可分，政风源于学风。故此，他对嘉隆时期的学风不正特别反感，一再指出，"近来俗尚浇漓，士鲜

❶《本语》，载中华书局出版《高拱论著四种》，第20页。

❷《问辩录》，载中华书局出版《高拱论著四种》，第112页。

❸《本语》，载中华书局出版《高拱论著四种》，第26页。

❹《问辩录》，载中华书局出版《高拱论著四种》，第163页。

实学"❶，"士习人情，渐落晚宋窠臼"❷。张居正指出，当时的理学家们标榜虚寂，其实是"剽窃仁义"，其谬种流传，不但混淆视听，而且阻碍变革。他主张反其道而行之，一切应从实际出发，重实学，贵实行，办实事，求实功，"人情物理不悉，便是学问不透"❸。根据嘉隆时期的现状，他认为只有适时变法才是唯一的出路，因为"圣人不能违时，振敝易变，与时弛张，亦各务在宜民而已"❹；"法无古今，惟在时之所宜与民之所安耳。时宜之，民安之，虽庸众之所建立，不可废也。戾于时，虽圣哲之所创造，可无从也"❺。立足于变，一以时势和民生利害作为判断的准绳，甚至倡言可以不受"圣贤"和"祖宗成法"的束锢，这是需要很大的理论和政治勇气的，而它却是居正所持治道和学术思想的核心。

隆庆内阁的人际关系异常复杂，而又以张居正和徐阶的关系更为微妙。一方面，两方相处，从未公开出现过任何裂痕，总是互相表示关怀、推崇和器重；但另一方面，在政治纲领和学术方向上，本来就隐藏着泾渭分明的歧异。如所周知，居正之得从一个官阶仅五品的翰林院侍讲，一年多的时间内经过礼部、吏部侍郎，礼部尚书而入阁，实因得到徐阶的大力荐引。徐阶在起草《嘉靖遗诏》时，避开了其他阁僚，而独引居正密议定稿，更说明二人关系非同一般。居正一直对徐阶执弟子礼，自言："不肖受知于老师，天下莫不闻。老师以家国之事托之于不肖，天下亦莫不闻。……滥蒙援拔，不肖亦自以为不世之遇。"❻但如果说，在对嘉靖恶政应如何妥为善后，在嘉隆交替之际应如何避免太大的动荡等问题上，徐张的认识是高度一致的；那么转入隆庆朝，面对新的局面，或厉行改革以辟新路，或修补旧制以求因循时，他们便面临着决定性的抉择，不得不分道扬镳，各行其是了。隆庆二

---

❶《张太岳集》，卷二五，《答文宗谢道长》。
❷《张太岳集》，卷二一，《答少司马杨仁山》。
❸《张太岳集》，卷三五，《答罗近溪宛陵尹》。
❹《张太岳集》，卷二五，《答吴尧山言弘愿济世》。
❺《张太岳集》，卷一六，《辛未公试程策三问之二》。
❻《张太岳集》，卷三四，《答上师相徐存斋并附与诸公书》之一。

年（1568），徐阶无奈辞位并得御准；之后，徐的死敌高拱之被复召入阁并受重用，其实都与张居正的谋划活动有关❶。张居正未因私谊而妨公义，未因师恩而抛弃原则，四百多年来，史家对此多表示能理解并谅解。

高拱复出，与张居正联手掌握了内阁实权，采取一系列改革的措施，两人有过一段亲密合作的阶段。他们一方面大力拨正了治道的方向；另一方面，也毫不留情地肃清徐阶、李春芳、赵贞吉等侈谈玄虚，大搞讲学的影响："新郑高文襄起掌吏部，以与华亭有隙，痛抑讲学"❷；"张江陵不喜讲学名色，盖惩徐华亭末流之弊"❸。

通过整顿学风以纠正政风，是张居正一贯的主张。万历时人沈德符言：

> 宰相以功名著者，自嘉靖末年至今上初年，无过华亭、江陵二公。徐文贞素称姚江（按，指王守仁，王是浙江省余姚县人）弟子，极喜良知之学。一时附丽者，竞依坛坫，旁畅其说。因借以把持郡邑，需索金钱，海内为之侧目。张文忠为徐受业弟子，极恨其事而诽议之，比及当国，遂欲尽灭讲学诸圣，不无矫枉之过。❹

正是由此出发，在高、张主持下，便以隆庆谕批形式，严饬各级官府，禁止官员们再主持或参加讲学，更不准借讲学以钻营逢迎，借立门户

---

❶ 据王世贞《嘉靖以来首辅传》卷六，《高拱传》所载，隆庆二年，徐阶因受朝中言官和宫中宦官多人的联合反对，屡受弹劾，处境困难，"张居正意不欲阶久居上，且与高拱有宿约，以密旨报李芳：'阶欲不任矣，遂许之。'"按，李芳是隆庆御前说话有分量的太监，因得张居正信息，遂促成徐阶下台。又同一资料记载，高拱在隆庆三年的复出，也是张居正"与上左右合起拱于家"的。

❷ 孙钅广《兵部左侍郎许孚远神道碑》，载《国朝献征录》，卷四一。按，高拱是河南省新郑县人，文襄是他的谥号；徐阶是松江华亭人，当时行文习惯，多有以籍贯代替某些著名人物名字的。

❸ 黄景昉：《国史唯疑》，卷六。张居正是湖广荆州江陵县人，时人多称之为张江陵。

❹ 沈德符：《万历野获编》，卷八，《内阁·嫉诟》。

以操赏罚予夺之柄❶。一转移间，崇实抑虚，便蔚成风气，成为对各方面政策进行大幅度调整改革的先导。像这样营垒分明，目标明确，具有原则意义的斗争，实不宜笼统地称之为"混斗"。

四

关于"江陵柄政"时期功过的评估，也存在过重大的分歧。

所谓"江陵柄政"，是指当时及后代史家对于张居正大权独揽主持国政阶段的形容词。称之为"柄政"，还是能比较确切地反映出当时形势的实况和特点的。因为张居正充分利用皇帝幼弱，"以冲龄践祚，举天下大政一以委公"❷的特定时机，以与万历皇帝的生母李太后、得宠宦官司礼监太监冯保结成的政治铁三角为依托，针对万历初年存在最严重、最突出的社会经济政治问题，大兴大革，在短短十年之间（1572—1582，从隆庆六年六月隆庆猝死，张居正接任首辅起，直到万历十年六月张居正去世止），掀起了一个全面深入除弊去朽、振作图强的高潮，并且取得过辉煌的成就。这在中国古代史上是罕见的，在明代更是唯一的一次。对于张居正一生来说，这是最严峻的挑战，最值得大书一笔的阶段；对于明中期史来说，则是最具有关键性意义的转折。"江陵柄政"是作为一个独立的历史阶段而彪炳于史册的。

对于这样一个重要历史阶段的评价，褒贬杂出，这当然是因论者在立场、观点、识见的不同而产生悬殊，亦有因受各个不同时期不同政治气候的影响而改变观点的。张居正死败之初，一时成为被声讨的对象，"江陵柄政"时期的诸般建树，一概被贬斥为罪孽、逆谋。丛狐山貒，落井下石，几可惑人视听。当时只有翰林院侍讲学士于慎行等极少数人敢说几句公道话。慎行说："当其秉政，举朝争颂其功，而不敢言其过；今日既败，举朝争索其罪，而不敢言其功。"❸但这样清醒

---

❶ 参见《明穆宗实录》，卷四三，隆庆四年三月戊辰。
❷ 沈鲤:《张太岳集序》。
❸ 于慎行:《致邱橓书》，转引自《国榷》，卷七二，万历十二年五月丙寅。

的意见，并不能左右当时的舆论，以致张居正受诟蒙冤达三十年之久。直到万历季年，朱翊钧早已借病倦勤，养疴深宫，不问朝政，部分朝士才敢部分地肯定"江陵柄政"时期"海内清宴，蛮夷宾服"❶，"内难不萌，外患不作，北无敌国之扰，南无擅命之雄，五兵朽钝，四民安康"❷的盛况。到明末天启、崇祯时期，更有人正式上疏为张居正讼冤，请求复爵复谥、建祠立碑，回溯当年"中外乂安，海内殷阜，纪纲法度，莫不修明"❸的兴隆升平。这是由于自张居正死败，国势急剧下滑，行将不保，危机迫近眼前，明皇朝的统治处在风雨飘摇之中，才激发人们对"江陵柄政"时期的缅怀，对一代伟人功业的追思。

　　四百多年来，论者对于"江陵柄政"时期的评析，可谓盈篇累牍。几乎所有评论，都能在不同程度上肯定当时的建树，但亦指出其缺失。但是立论的角度和着重点有很大的不同，评骘尺度亦有很大的差异。盛誉者几称之为天人，谓"其精神气魄实能斡旋造化，而学识又足以恢之，洵乎旷古之奇才，不仅有明一代所罕觏也"❹。但对于"江陵柄政"时期，存在的所谓刻核、严急、霸道、好谀等方面的批评也是很尖锐的。谈迁指出，当时存在"钳制言路，倚信佞幸"的问题❺；张廷玉等编纂的《明史》也认为，"居正自夺情后，益偏恣，其所黜陟多由爱憎，左右用人多通贿赂"❻；冯时可则突出谴责张居正"好揽权而喜附己，则于贤者若掷沙遗沈而莫之恤，于佞者若嗜醴悦饧而莫之厌，故一时举措多拂人意"❼。诸如此类的评论，容有偏颇之处，但亦自认为持之有据，后人应以事实来加以检验，吸取其中合理成分，借史为鉴。但是，也确有一些评论是完全悖离事实的，例如清初人谷应泰在其编著的《明史纪事本末》一书中，对张居正本人及"江陵柄政"时期基

---

❶《张太岳集序》。
❷ 吕坤：《书太岳先生文集后》。
❸《明史》，卷二五四，《李日宣传》。
❹ 陶澍：清道光朝重刻《张文忠全集序》。
❺《国榷》，卷七一，万历十年六月丙午。
❻《明史》，卷二一三，《张居正传》。
❼《国榷》，卷七一，万历十年六月丙午。

本上都采取否定的态度，持论十分苛刻，与上引诸论者的看法有着明显的不同。他说"考居正大节，特倾危阶刻，忘生背死之徒耳"，"包藏祸心，倾危同列，真狗彘不食其余"，"居正救时似姚崇，褊磥则似赵普，专政似霍光，刚鸷则类安石。假令天假之年，长辔获骋，则吏道杂而多端，治术疵而不醇，斯岂贞观之房、杜，而元祐之司马乎？"❶特别是，谷氏竟然将万历在中后期大搞矿税以殃民，坐视危亡仍不理国政的责任，也推之为自"江陵柄政"肇其端，说什么"自居正以钱谷为考成，而神宗中叶大启矿税。居正以名法为科条，而神宗末造丛脞万几"❷。简直是将"江陵柄政"视为罪恶的渊薮了。这样的史评，完全不以史实为根据，不仅是顺笔雌黄，肆意颠倒是非，其用意显然是为了迎合清初统治者要求极力抬高皇权，绝不许太阿倒持，授人以柄的政治需要。对此，实难安缄默。

"江陵柄政"为期十年，它是明代中后期或兴或衰的交汇点和分界线，是一场为转移世运而大行改革旋遭夭折的运动。要对"江陵柄政"作出客观公平的评价，较为适宜的方法，是对此期间的主要举措，逐一进行认真的审核，根据事实效果，区分出正负优劣，然后再查考其源流因果，对全局性质作出综合评估，其功罪是非自然明朗，且有说服力。"江陵柄政"所进行的改革，包括从社会基础到上层建筑，其触动的范围涉及吏治、财政、边防、司法、驿递交通、水利河漕，以至文教学术各个方面，确实是一个非常宏伟的系统工程。张居正胸有成竹，统筹全局，对以上各个方面都有策划部署，对每一举措的关键环节，亦均有及时准确的安排指示，此在其文集中都有详细的记载，足供检验。总的说来，"江陵柄政"的大方向是正确的，绝大多数举措也卓有成果。例如，以推行"考成法"为中心，以修订"吏律"为依据，对全国各级官员的职责政绩实行严格的监督，定期进行考核以定黜陟奖惩，用人唯才，不拘资格，因而达到了整饬吏治的目的。当时上下官吏凛然奉法，政令虽万里外，朝下而夕奉行，这是自明初洪武、永

---

❶ 谷应泰：《明史纪事本末》，卷六一，《江陵柄政》。

❷《明史纪事本末》，卷六一，《江陵柄政》。

乐以后未出现过的新气象。其手订的规章制度，甚至在近代人事工作中亦可用为借鉴。又如，在他任内实现了对全国土田的丈量，推行了一条鞭法，节用公帑，严惩中饱，不但在很大程度上达到均平赋役负担的目的，且取得了国库充盈，太仓粟可供十年，太仆金积存四百余万的成绩。张居正为天下理财，彻底扭转了嘉隆时期民穷财绝的窘况。特别是，将民间缴纳实物充赋的办法改为折收银两，废除了世代沿用的两税法，极有利于社会经济的发展，亦开创了中国近代税制的先河。又如，嘉靖和隆庆前期，边防屡次告急，蒙古俺答部的兵锋一再迫近京畿。当时边防三大重镇，即辽东、蓟镇、宣化大同，都常处于被围困攻打、几番失陷的状况之中。张居正根据不同前线的特点，制订出不同的战略部署：辽东因面临小王子部仍不时内犯，乃委任李成梁率重兵镇守，不时出击，痛歼来犯之敌，实行以攻为守的方针；而蓟州则因接连幽燕，负有捍卫首都的重任，乃任用戚继光构筑坚堡深沟，以雄厚军力为后盾，执行以守为攻的战略；在宣化大同方面，则坚决维持与俺答缔订封贡开市的盟约，以保持西线宁谧。张居正出身科甲，但亦晓畅兵机，其运筹帷幄，制订战略，指挥战役，都悉中机宜，实是相而兼帅。"柄政"期间辽东三战皆捷，蓟镇固守无少失，宣化大同贡市繁荣，就是最好的证明。又例如，有鉴于长期法弛刑轻，奸宄横行，他坚持以法治国，强调处乱世用重典，主张以杀止杀，刑期无刑。他主持修订法典，加重量刑标准，并且严督各级司法部门严肃执法，甚至几次顶回万历生母李太后建言行赦的意见。禁戾止暴，惩奸止乱，果然收到罪犯敛迹的效果，为进行大改革创造了必要的安定前提。至于在整顿驿递方面，首先严格限制用驿资格，废除勋贵官吏滥用驿递的特权，然后调整驿站驿路，提高驿官权责，既节省了公帑，又保证了驿运畅通，信息回馈准确快捷，提高了军政效率。大力兴修水利，采纳治水专家潘季驯"以黄济运，以水攻沙"，实行疏导出海，减少灾害的办法，保证了漕河畅顺。凡此种种，都是在张居正亲自督责指导下进行，而在"柄政"时期基本实现的。事实胜于雄辩，指"江陵柄政"时期召祸启乱的说法，是完全站不住脚的。

当然，这并不是说"江陵柄政"时期的诸大举措尽善尽美，在巨大正面的背后也有过一些负面的内容，对此也是不必隐讳的。试认真检核"江陵柄政"时期的政绩，不难发现，各个方面举措的成果不尽相同，既有完全正确的，亦有以瑜为主，瑕不掩瑜的，亦有瑜瑕互见，甚至瑕过于瑜的。譬如，张居正反对理学末流借讲学以炫耀玄虚，要纠正社会士子不务实学的陋习，不但禁止讲学，还取得诏旨封闭了全国书院，甚至强令将各书院的土地房舍等一律没收，或归公或分散与民。他自以为除恶务尽，将书院的物质基础连根挖掉，似乎书院讲学之风便可因而永绝。殊不知，张居正死败不久，各地区的书院就纷纷复设，讲学之风立即死灰复燃，而且因时势影响，迅速发展为抨击政治，月旦人物的舆论中心。此说明"江陵柄政"时期采取粗暴方法以禁锢思想，实行文化专制的办法是行不通的，显然是其时的败笔。甚至在被史家公认为卓有成效，具有时代意义的一些举措中，也间中隐蔽有消极的内容。例如，实现了对全国土田重新丈量和推行一条鞭法，总的说来确能起到均平赋役负担、压抑豪强、苏解民困、促进工商业发展的作用；但亦不能否认，在某些地区，也存在过一些不公平甚至不法的问题，使有关地区的黎民受到损失。笔者为研究此一问题，曾选读过自明万历时期以迄清末约百种地方志书，发现在推行丈田和一条鞭法的过程中，在进度、方法和质量上都有很大的不同。大多数志书俱赞颂此举及时正确，贫弱人户得到实惠，但亦有一部分志书记载着当地的丈田和改制，仍是在官绅勾结、朋比为奸的情况下进行，往往"册报多虚"，"将荒芜不耕之地一概丈报，甚至逐亩加赋，有粮无田"❶，南北两直隶、浙江、湖广、川云贵，都有类似的反映。所以形成这样的偏差，当然与中国幅员广阔，官吏衙役品类不齐，地方豪强冥顽维护既得利益有关，但亦与"居正尚综核，颇以溢额为功；有司争改小弓以求田多，或掊克见田以充虚额"❷有关。其他方面的举措，也存在着诸如此类的问题，我们将在正文中叙说。为达到对"江陵柄政"

---

❶ 崇祯《梧州志》，卷四，《郡事志》。

❷《明史》，卷七七，《食货志》一。

不同侧面都有较深细的了解，本书将用几章的篇幅，对有关问题逐一进行论述。

五

还有对张居正与高拱恩仇中变，所谓王大臣案件，以及对居正某些操守作风问题的评议。

通过隆庆六年和万历初期十年的艰苦奋斗，张居正秉其治道纲领，排除了各方面的困难险阻，创造出一个"内难不萌，外患不作"[❶]，"五兵朽钝，四民乂康"[❷]的兴旺局面，这是极不容易的。绝大多数公论都认为张居正是名符其实的"救时良相"，是 16 世纪后期在中国出现的伟大思想家和政治家，他毕生为之奋斗的改革事业，其实际成果超出北宋由王安石主持的新政变法之上。张居正当之无愧是屹立在历史舞台上不朽的巨人。

但是，不论在当时以及后代，有关张居正对一些问题的处理，旁及个人操守，也有过尖锐的批评和訾议，有些争论甚至延续到现代，成为对张居正研究工作中势难回避的问题。

首先，是关于张居正与高拱关系的逆变。隆庆六年爆发的"壬申政变"，张居正是否曾支持宦官冯保，合力诬陷和驱斥高拱？

对于这一问题，明清两代的史评几乎已有定论。试检阅《明神宗实录》《万历邸抄》《明史》《明书》《明史稿》《明史窃》《明史纪事本末》《明通鉴》《国榷》等书籍，以及为张、高二人作传的王世贞、郭正域等人的著作，无例外都肯定存在过"附保逐拱"的问题，都认为居正确实介入过此事，对高拱的蒙诬被斥应负有一定的责任。诸书和各人的叙述角度、批评程度虽有小异，但总的看法是差不多的，无须赘引。下引《明史》卷二一三《高拱传》的记载，基本上能反映诸家的共识：

---

❶ 吕坤：《书太岳先生文集后》，载《张太岳集》附录。
❷《书太岳先生文集后》，载《张太岳集》附录。

始拱为祭酒，居正为司业，相友善，拱亟称居正才。及是李春芳、陈以勤皆去，拱为首辅，居正肩随之。拱性直而傲，同官殷士儋辈不能堪，居正独退然下之，拱不之察也。冯保者，中人，性黠，次当掌司礼监。拱荐陈洪及孟冲，〔隆庆〕帝从之。保以是怨拱，而居正与保深相结。六年春，帝得疾，大渐，召拱与居正、高仪受顾命而崩。初，帝意专属阁臣，而中官矫遗诏命与冯保共事。

神宗即位，拱以主上幼冲，惩中官专政，条奏请诎司礼权，还之内阁。又命给事中雒遵、程文合疏攻保，而己从中拟旨逐之。拱使人报居正，居正阳诺之，而私以语保。保诉于太后，谓拱擅权不可，太后颔之。明日召群臣入，宣两宫及帝诏，拱意必逐保也，急趋入。比宣诏，则数拱罪而逐之，拱伏地不能起。

在隆庆去世后第六天，便演出了这一场带有戏剧性的转折变化，绝不仅是高拱一人的去就问题，其实是朝廷上层多重恩怨矛盾，各种权、势、术交错的总爆发。万历生母李太后深惧外廷大臣僭权，冯保害怕高拱诎司礼权之议被接纳，自己身命亦将不保。至于高拱和张居正，二人都身任大学士，都有着自己强烈的个性，而且又同具有炽烈的权力欲，在心理素质、性格、修养以至作风等方面，也都存在相互排斥的因素。故此，他们在一度密切合作和相互器重，并取得显著成果的过程中，却日渐"猜防相疚"，矛盾日益激化。到隆庆末期，高、张二人实际上已甚难再和衷共济以共事。一条槽上难拴两头犟驴。当时非高逐张，则张必代高，这已成为潜在的必然趋势。

至于所谓王大臣闯宫弑君案，则是由冯保主谋，在张居正知情并在一定程度参与下炮制出来的假案。事情的原委是，万历元年（1573）正月十九日，万历出视朝，有男子穿着内使服装直入宫门，为守者所执。状奏，下东厂究问。这本来是一般性的常见案件，但当时兼主东厂事的冯保，却阴谋利用此案兴起大狱，一举将高拱置于死地。他首先将两剑一刀指为搜自王大臣身上的凶器，作为图谋刺杀皇帝的物证；然后，又用严刑与诱供相结合的办法，唆使王大臣诬称是受前司礼监陈洪和高拱派遣来行刺的。二十二日上奏，咬定王大臣"挟刃直上，则其造蓄逆谋殆非一日，中间必有主使勾结之人"❶。与此相配合，张居正在两天之后，以元辅身份援引冯保之奏为依据，认为必须追究主使者，并奏请万历"出入警跸，倍宜严备"❷，把气氛烘托得非常恐怖严重。其后发现，冯保在上奏处置高拱的底稿上，竟然有张居正亲笔删改添补之处，其中"历历有据"四字乃是居正手迹❸。这是完全违背当时规定的。因为按照规定，东厂办案，在上奏前严禁与任何人参议；东厂上奏的文件，也严禁向任何人泄露。吏部尚书杨博、左都御史葛守礼等正是利用这些疑点，以及王大臣供词前后矛盾翻覆，朝野臣民议论沸扬等，对张居正分析利害，敦劝他切勿再深陷其中，切勿与冯保"同负恶名"❹。在此一关键时刻，张居正意识到破绽已露，应该及时转舵，乃改口上奏，谓"王大臣妄攀主者……恐诬及善类"❺。其后又奏请迅即将王大臣处决，结案了事。"盖居正初疏，意有所欲中，会廷议汹汹，故有是奏。"❻"时大狱且起，张居正迫于公议，乃从中调剂，狱得无竟。"❼

对于高、张两大臣的失和反目，明清两代史家大都为之扼腕叹息，认为是朝政的大不幸。对于其中是非曲直的认识则不尽一致，"祖文襄则绌文忠，祖文忠则绌文襄"❽。但有一点是很重要的，即对相继出现的"壬申政变"和"王大臣闯宫"两桩突发事件，张居正是否亦曾卷入其中，是否亦应负有一定的责任，包括推崇张居正最力的论者在内，

❶《万历起居注》，万历元年正月二十二日。
❷《明神宗实录》，卷九，万历元年正月癸卯。
❸《国榷》，卷六八，万历元年正月庚子。
❹《明史》，卷二一四，《葛守礼、杨博传》。
❺《明神宗实录》，卷九，万历元年正月己酉。
❻《明神宗实录》，卷九，万历元年正月己酉。
❼《明神宗实录》，卷十，万历元年二月癸酉。
❽ 马之骏：《高文襄公集序》。文襄是高拱的谥号，文忠是张居正的谥号。

并没有什么人出来否认。著有《江陵救时之相论》的林潞，在文中极力论述张居正功业不朽，但亦承认，"逐新郑……罪之大者也"[1]。另有一些人虽不讳言有此情节，但却多方从客观原委着笔，以淡化其责任。例如，张居正的门生、万历末期曾职任内阁大学士兼礼部尚书的沈鲤，他对乃师的功业追慕不已，对其遭遇极抱不平，早在万历四十年（1612），居正问题尚未平反，他即勇于出面为刻印的《张太岳集》作序，并极言应为之"昭雪表彰"；而对于高张两人的冲突，则仅归咎于"宵人从中构之，遂尔隙末"[2]，不敢再深入评析。清初宋学洙在《张文忠遗事》一文中，对高、张相违做了很多考证，谓张之所以参与冯保驱斥高拱，主要是为了保护自己的老师徐阶，似乎情有可原，但亦仅此而已。

到了现代，研究者的论点却有了大变，主要倾向是进一步为张居正辩释，或干脆否认张居正有"附保逐拱"之事；或认为出现如此巨变，责任应在于高拱，与张居正无涉。几本有代表性的学术著作，诸如陈翊林先生在 1936 年出版的《张居正评传》中写道："高拱生性过刚，对于冯保既不留余地，对于文忠也使不能自容。弄到如此地步，不是文忠与冯保俱去职，便只有高拱下野了。"[3] 朱东润先生在 1946 年出版的《张居正大传》中则认为，说张居正通过预先起草《隆庆遗诏》，以让冯保"同顾命"等俱是"以讹传讹"的成见；张在高、冯的激烈斗争中，"采取的方式，只是坐观成败"[4]。并一再为之辩解，说张居正与冯保"没有什么渊源"[5]，不存在参与驱高的问题。唐新先生在 1968 年出版的《张江陵新传》中，主要强调当高、冯斗争最紧张的数天，张居正正奉派前往大峪山卜视隆庆陵寝，不可能有与冯保密谋的机会，故此，谓张居正"附保逐拱"，"如不是捏造，便是臆测"，

---

[1] 转引自康熙《荆州府志》，卷七九。

[2] 《张太岳集序》。

[3] 陈翊林：《张居正评传》，第六章，《柄政时代》上。

[4] 朱东润：《张居正大传》，第七章，《大政变》。

[5] 《张居正大传》，第七章，《大政变》。

便是"穿凿"❶,"律以朋友之道,则高拱负江陵,江陵并没有负高拱。❷
直到近年,马楚坚先生在1994年出版文集收载的《明政由治入乱之
关键》一文中,仍坚持所谓冯张密谋"皆与时空不合","居正既在外,
何能与拱议谋去保事,且阳诸之,而泄之保前,与保谋去拱以自代。
此乃乌有诬蔑之事也。"❸对于前此史籍中对张居正的批评,皆认为不
可信,说是"嫉者日众,竟相互丑诋居正,诬蔑其位之得也,实附冯
保共逐高拱所夺得者。《明史》采传闻而书之,是其失诸征信,不能
别白,而使居正受不白之冤于世。世遂莫能窥其品行之高尚也,惟知
其功业而已"❹。

对于所谓王大臣事件,唐新先生正确地指出,"这是太监导演的恶
剧,目标就是高拱"❺,但又认为,张居正不但未有介入此事,而且其疏
防止"诬及善类","迅速从太监手中,夺过王大臣,使厂卫无法罗织、
扩大其事"❻,应该说是有恩于拱的,等等。

以上诸位师友的看法,很可能是为了要维护张居正作为一代伟人
而兼"完人"的形象,以为如果承认他在一些方面有过失误失律甚至
失德之处,便会从根本上动摇了他辉煌的历史地位。其实这样的担心
和辩解都是多余的。笔者细读了诸位的阐述,似觉得情绪化的因素多,
而根据确凿史实以秉笔论理者少。所谓当冯高斗争最炽烈、决定胜败
去留的关头,张居正并不在京,因而绝无法与冯保密谋,所谓"时空
不合"之说,其实是十分表面和十分牵强的。第一,斗争和谋议已酝
酿多时,岂在乎临爆发前夕的数天?第二,不少史料都说张居正是"引
疾",此正是为进行重大权势斗争时有意避嫌的运作,岂可视而不见?
陈翊林先生在其著作中除充分颂扬张居正不世的功业外,还说:"(居
正)在志行上是个持操者,有恳辞爵禄,严拒贿赂,不计毁誉,尽瘁

---

❶ 唐新:《张江陵新传》,二一,《所谓诬蔑亲藩与排挤高拱》。
❷ 《张江陵新传》,二一,《所谓诬蔑亲藩与排挤高拱》。
❸ 马楚坚:《明政由治入乱之关键》,载《明清边政与治乱》。
❹ 《明政由治入乱之关键》,载《明清边政与治乱》。
❺ 《张江陵新传》,二一,《所谓诬蔑亲藩与排挤高拱》。
❻ 《张江陵新传》,二一,《所谓诬蔑亲藩与排挤高拱》。

以死的精神。"❶ 这种说法显然是过誉。其实，居正在其"柄政"之后，特别在其后期，也确实暴露出一些"志行"上的问题，除了上述曾参与构驱高拱和锻造王大臣假案外，还有诸如过分摧击来诤谏者，多为子孙谋（四个成年儿子中三人高中科甲），作风渐染骄奢，亦间有涉及苞苴馈遗等事，这都是难以为讳的。在被抄家时，抄出黄金万余两、白银十余万两，应该说已是不少的数目，绝非其合法官俸爵禄所能获至的。但唐新先生却说，似此数目，"这对一个当权甚久的首辅而言，似乎太菲薄"，"江陵和他们（指王振、江彬、严嵩之流）比，亦太寒碜了"❷。但笔者认为，绝不能将张居正与王振、江彬、严嵩等奸佞蟊贼相比较，因为他们是完全不同的两种典型人物。更不能因张居正的家财不及王、江、严等贪敛赃款十分之一二，就用以作为张居正拥赀十万为合理合法的依据。当然，居正之所以存在过上述的失律，有其当时深远的历史背景、时代特点，以及社会风气、世俗等原因，但亦不能完全忽略了个人的责任。应该引为遗憾的是，权势易性，富贵移人，对于蔚成一代巨人的张居正亦未能完全避免。历史和人性本来就酿造在错综复杂的演变过程之中，巨人和常人之间是保留着万缕千丝的内在联系和影响的。任何简单化的裁定和脸谱化的描述，都有可能悖离真实。居正不是神，我们不可能，也不应该为某一特定古人搞起造神运动。而且，只要客观公正地审视张居正一生，即使将他有过的失误失律甚至失德的问题总加起来，亦绝不能抵消掉其在明代无与伦比的伟大建树，亦绝不会因而抵消掉其在志行方面许多正确的可贵的作为。历史不会因一眚而遗大德，但亦不应因有大德而回避或掩饰其眚误。史家大端，在善善恶恶，"美恶不掩，各从其实"❸。笔者极愿秉承不诬不谀的原则，能从多层次多侧面以论述本书传主张居正，但在思考和写作过程中，在评估和判断一些复杂聚讼问题时，也存在着害怕掌握不准的困惑，深感功力不逮。目前在本书中提出的一些看法，

---

❶《张居正评传》，第 14 章，《评论》。

❷《张江陵新传》，二〇，《为何抄家》。

❸ 钱大昕：《潜研堂文集》，卷二四，《史记志疑序》。

也仅是为了抛砖引玉，便于倾听师友们的意见而已。

六

任何人都无法脱离自己所处的时代，都无法一生游离于所处的人际关系连锁之外。愈是重要的历史人物，在其身心上反映出来的时代气息必愈浓重，其对时代的正负面作用必愈巨大和深远。任何历史人物都绝不会孤立地存在和进行活动，他无非是这一代人物中的一员，无可避免地要与同一时代的人物，特别是环境地位相近、利害关系密切的人，产生相互影响、映衬、制约和斗争，彼此绝无法分割。故此，必须将有关历史人物的研究，置于当时社会经济政治和思想文化的整体中来审视，置于有关的不同类型、不同政治理念倾向、不同器识和品质素养的人际关系连锁中来审视。

正是从上述论点出发，笔者将本书取名为《张居正与明代中后期政局》。其中的考虑是，当嘉（靖）隆（庆）之际，国脉衰危，几近必亡之势，主要是因张居正十余年坚持不懈的努力，"振纲剔弊，海内披靡"，居然拨乱反治，营造出中兴的曙光。但到其死败，改革事业悉被摧毁，局势又急转由治入乱，步入必亡的绝路。这样的历史大转折，始终是与张居正密切关连的。政局的发展为张居正叱咤风云提供了前提；但其演变，又导引出功败垂成的历史悲剧。历史人物和他所处的时代、政局的关系总是密不可分，总是起着重大的互动作用。在特定的条件下，个人对历史的进程会起到近于决定性的作用，甚至会出现"天下者待一人以安危，而一人又待天下以兴废"[1] 的局面。张居正一生的兴衰成败，实亦近似于此。笔者在论述本书传主张居正各个历史阶段的思虑和运作时，力求从其历史背景、政局动向中找出根据；力求对其为何，又如何扭转历史进程，开创新的局面增加理解。

隆万时期的政治舞台上人物辈出，闪烁着大小群星。许多人都是

---

[1] 王夫之：《读通鉴论》，卷五。

有抱负有个性，甚至是有过作为的。但是大浪淘沙，潮起潮落，在历史洪流急湍直下的过程中，不少曾经光芒耀目的明星竟然迅速殒落，在变化莫测的政局中被毫不留情地淘汰出局。张居正是在极端复杂微妙的人际关系中，从各种纵横捭阖，充满诡谲阴谋、攻讦倾轧、人情爱憎瞬息变化的过程中崛起和执掌政柄的。誉满国中，毁亦满国中。故此，在对张居正进行研究的同时，就必须将与他有过较为密切关系的人物，对各人的政见、禀性、心态、主要事迹，以及与张居正关系前后变化诸方面，认真纳入视野，将之作为一个整体来审视。在这些人物中，上有皇帝、太后，旁及宦阉权竖、外戚、各派言官，特别是与居正曾共事的历届内阁大学士、重要的文武僚佐。有关人物或是代表皇权，是当时最高权力的执掌者，或是曾参与枢机，是直接关系政局演变的参与者；或者曾一度支持赞襄过居正主持的大改革，或是一直对之进行阻挠和攻击；或刚直不阿，石交不渝，或面谀心非，随风向而变色；或有恩或有怨，或恩怨交错。

笔者在本书中，试图在突出主要角色张居正的前提下，对与张居正及其事业有关系的人物，依其关系远近和影响轻重，分别做出详略不同的叙述评估，认为这是要认识张居正其人其事其所处时代不可或缺的。笔者曾拟订过一个约有 60 人的名单，分别立档，试图按此线索，尽可能从有关人物形成的实录、起居注、邸抄等记载中，从他们各自留存的文集、奏疏、函牍、诗文、札记以至传记、墓志铭、神道碑等资料中，探求当时的君臣、宫府、阁部、僚友的关系及其变化，探求它们对张居正和政局的影响，以及张居正的应对态度和方式策略等。有关人物对同一事件的表述说法矛盾不一，对同一问题的看法存在很大歧异，各是其是，各非其非，事实真相被厚幔笼罩，都迫使自己认真思考分析，兼听则明，往往能加深自己对复杂史事的理解，审慎做出判断。即使有些判断终将被推翻，但对本人也是很好的学习。

在这当中，特别是一些与张居正相处较久、相知较深、利害关系较密切的人物，诸如隆庆和万历皇帝、李太后、徐阶、高拱、高仪、李春芳、赵贞吉、张四维、申时行、王锡爵、海瑞、王崇古、方逢时、梁梦龙、朱衡、潘季驯、戚继光、葛守礼、杨博、李幼孜、赵锦、骆问礼等人；以及一贯对张居正持批评反对态度的，诸如刘台、吴中行、傅应祯、王用汲、艾穆、赵用贤、杨四知、李植、江东之、羊可立等人，他们的文集佚稿，都能够从正反方面，从较深细的层次，提供出不少值得注意的事实和问题，具有很高的史料价值，其中一部分已被引载在本书有关章节之内。时序更迭，世事嬗递，历史不是一个封闭体，其真相必将愈辨而愈明，对它的研究也必将是一个深入再深入的过程，特别像对隆万交替这样政局大转折的时代，对张居正这样不世出的重要历史人物。

当然，笔者也注意到，不但对于传主本人，而且对于与传主有关的其他历史人物，都应该采取严肃的公正的态度，都必须从当时的时代背景出发，充分注意到他们的个人特点，对其政策理论上可取之处，治道方针上可行之处，道德修养上可称之处，曾经有过的建树或缺失，都应给予公平的评估。至于对一些利禄熏心，观风变色，对改革事业从本能上仇视和肆意诬蔑的人物，自当别论。

以上，是笔者写作本书时所持的基本观点，它们是统率全书的纲目。如果这篇绪论能对读者诸君在审读本书时提供一些方便，则是笔者深愿的。

韦庆远

1998 年 3 月

于故乡广州师凿书室

第一章

早岁峥嵘

第一节　护卫卒的孙子，起自"苦笃贫家"的神童

张居正（1525—1582），字叔大，号太岳，明朝嘉靖四年（1525），出生在一个世代隶属军籍的不第秀才家庭。他的远祖张关保原是安徽凤阳府定远人，是明太祖朱元璋的同乡，早年参加了由朱元璋领导的反元起义军，随同征战，洪武初年被授为归州府守御千户所千户。归州辖属于湖广行省的荆州府，张氏家族从此便定居于荆州。居正的曾祖父张诚以别支身份移居本州的首邑江陵县。明清史书多有称居正为张江陵的，这是由于当时对著名人物，多有以籍贯作为本人代称的原故。

明代设在地方上统率军队的部门分为都指挥使司、卫、所三级。都指挥使司是一省的领导机关，在它之下再辖管若干个卫和所。每卫设指挥使一人为长官，大体上统兵 5600 人。卫以下再分为五个千户所，每所设千户一人为长官，统兵 1120 人。千户所以下再分为十个百户所，各设百户一人为首领，统兵 112 人。张关保是千户，正五品，可以算是一个中下级军官。明代的军制，武职军官的职位是世袭的，规定由嫡长子袭职，其他子孙则为普通军户，但仍应承担一般军户的

差役义务。明代的户籍制度，是将全国人民按类分户进行管理，不同户类的人丁应对国家承担不同的差役义务。

当时的人户可以大别为四大类，即民户、军户、匠户、灶户。民户当民差，军户服军役，匠户定期定额参与各种劳作，灶户煮制盐斤。籍不许乱，役皆永充，即必须世代承袭祖辈承担的差役，严惩脱免逃役。而对各类户籍人等的管束监视，又以对军籍人户最为严密，稽查最为苛细，借以保证稳定的兵源。祖辈有军籍的，都详细地记载在专门的军籍黄册上，不时进行清点和勾捕逃亡。军籍人丁，除了得到皇帝的特殊恩准或升任至兵部尚书以上高官者外，一律不得转入民籍。每一军户，必须出一丁到所属卫所入伍服役，叫做正军，其他人丁被称为余丁。余丁在家耕作军田或从事其他生理，负担正军的资装等费用；遇到正军逃走或死亡无嗣，本户的余丁即应顺序顶补入伍。为避免兵源枯竭，当时还规定，军户的丁男，每户只准一人应考当生员，军丁一律不准过房出嗣，不许易名改姓，不许入赘民家❶。故此，在营当兵的，因南北对调，军官克扣虐待，固然苦不可言；而在乡的余丁也得承受强制的人身束缚。即使因次房别支移居他处，但其户籍仍必须以原籍籍类为据，不得变动❷。由此看来，张氏家族江陵一支，当然仍属于一般军丁户籍，仍应承担难以脱卸的差役义务。但由于千户官职已由留居归州的本支承袭，江陵张氏已不能享受任何官爵、俸禄或其他优免。居正的祖父张镇是张诚的次子，他是以在分封于荆州的辽王府当护卫卒终其身的❸。众所周知，卒是军中最低贱的成员，护卫卒无非是为王府荷戟护院的小兵。此足说明，移居江陵以后的张家，

❶《明律》，卷二，《吏律》，《职制·官员承袭》条规定："官军军丁有将户内弟侄子孙过房与人，或被官豪势要和买改易姓名者，不分年岁、远近，许其赎取归宗听继。若占恡不发者，所在官司追究治罪。"

❷ 万历《明会典》，卷一九，《户口》一："凡军民医匠阴阳诸色户，许各以原报抄籍为定，不许妄行变乱，违者治罪，仍从原籍。"

❸ 参见《嘉靖以来首辅传》，卷七，《张居正传》；亦见焦竑编：《国朝献征录》，卷一七。又，关于江陵张家仍属军籍，可参考张居正贵显以后，其三弟居易被恩荫为荆州右卫指挥佥事，其第四子简修被恩荫为锦衣卫指挥同知之职，如果民籍达官邀获恩荫子弟，一般是不会赐予本籍卫职的。

其经济和社会地位都处在低层次。张居正入仕以后恒自言"家世寒贱"❶，自称"余少苦笃贫，家靡担石"❷，"非阀阅衣冠之族，乏金张左右之容"❸，等等。所有这些叙述，都是符合实际的。

正因为家世寒贱，迫切要求摆脱窘境，张居正的祖父和父辈都在这方面作过不懈的努力。由于法律允许军户诸子中有一人可应科举，居正的叔祖父张钺就曾刻苦攻读希望通过登第以换取一官半职，可惜最后还只是一名府庠生，无法再高中，郁郁以终。居正的父亲名文明，字治卿，号观澜，对于功名一道更为热衷，弱冠即被补入荆州府学为秀才，又因成绩优秀而被选送进书院肄业。但以后他连续参加了七次乡试，都是名落孙山，至老还是一个不第秀才。张文明尝自叹息曰："吾束发业儒四十年矣，自视非后于人也。今困厄至此，命也夫！"❹正因此，祖及父均将光大门楣的愿望寄托在居正身上，期许他高中成才。因为在当时，得中科名显然是能迅速改变家庭处境的最佳途径。居正自小就是在这个笃信唯有通过读书才能谋取上进的军籍寒士家庭熏陶下成长起来的。

早在幼年，居正就表现得很不平凡。"少颖敏绝伦"❺，智商的发达水平，远远超过同龄的儿童，而且好学聪慧，头脑清晰，反应敏捷。两岁时，他的堂叔父张龙湫曾指着《孟子》一书中"王曰"二字，对他说："小孩子莫要自负，你能认识我所指的'王曰'二字，就算奇怪。"过了几天，龙湫专门对他进行测试，不料居正居然清楚辨识无误。两岁而能识字，而且一经指览即准确牢记，确实罕见。亲友邻里为之惊叹，称为神童。五岁入塾读书，能够很好记诵所学的功课，十岁即粗通六经大义，并已能撰写一些文章❻。十三岁到荆州府应试，受到主考官员的特别看重，名列第一，录取为府学生员，被誉为荆州张

---

❶ 张居正：《张太岳集》，卷三五，《与南学院吴初泉书》。

❷ 《张太岳集》，卷九，《学农园记》。

❸ 《张太岳集》，卷三五，《谢病别徐存斋相公》。

❹ 《张太岳集》，卷一七，《先考观澜公行略》。

❺ 《嘉靖以来首辅传》，卷七，《张居正传》。

❻ 《张太岳集》，卷六，《题吕仙口号》。

秀才。有一个考官指着吕洞宾的图像让他即席赋诗一首，居正不假思索，随即挥笔写出：

> 这个道人黄服蓝巾，分明认得，却记不真。呵呵，原来是醉岳阳、飞洞庭，姓吕的先生。❶

在座的人都为他的才思敏捷表示惊羡。

第二节　备受器识与孳生恩怨

犹在童年时期，张居正由于才华超卓，早负盛名，一再受到来自各方面逾于常格的鼓励和期许。但却料不到，此一童年际遇，却招致了延续数十年的恩恩怨怨。

据居正的儿子张敬修等编撰的《太师张文忠公行实》的记载，张居正童年时期曾受两位地方长官兼师长的特别器识。第一位是在嘉靖十五年（1536）时任荆州知府的李士翱。是年，居正在荆州府参加童生考试。当时规定，主持考取生员（秀才）的工作，是由府县地方官和提督学政官共同负责，由他们共同主持阅卷、评定名次，决定取舍。居正的卷子由于出类拔萃，受到一致的赞赏。李士翱以父母官兼考官的身份召见了居正，看到他年龄幼小，而才思横溢，器宇不凡，十分赏识，对他说了很多鼓励的话，预期居正他日必为"帝者师"。居正幼名白圭，士翱认为这个名字不足以反映其实际才具和前途，便作主命他改名为居正。李士翱爱才心切，还主动向当时的湖广提督学政田顼推荐此一能文童子，田于是也召见居正，并出题《南郡奇童赋》，命居正当场写作，居正"援笔立就，无所点窜"❷。李、田均认为，居正的才华，超迈于汉朝的贾谊、唐朝的李邕等著名人物之上，故欣然置之为

---

❶《张太岳集》，卷六，《题吕仙口号》。

❷ 张敬修等：《太师张文忠公行实》，载《张太岳集》，卷四七，附录。

榜首❶。李士翱其后官至户部尚书，有政绩。居正初出茅庐而受到如此嘉勉，终生不敢有忘。

更令居正感铭于心的，是受到湖广巡抚顾璘的非常知遇。顾璘，字东桥，南京上元人，弘治九年（1496）甲戌科进士。他"少负才名"，与同里陈沂、王韦三人均以能诗善文著称，被称为"金陵三俊"，以后，又加上朱登，号称四大家。顾璘著述颇多，有《浮湘稿》四卷，《山中集》十卷，《凭几集》五卷，《凭几续集》二卷，《息园存稿文》九卷，《息园存稿诗》十四卷。他不但是一个诗人、学者，而且还是一个颇富吏才兼有风骨的官员。在正德年间，他任开封府知府，一再与镇守太监廖堂、王宏和钱宁等忤，被逮下锦衣狱，谪全州知州。入嘉靖朝以后，他又以直谏知名，多次疏请世宗皇帝节用，停止修玄，因而忤上❷。因此，他既是经历过明中叶政治上的污浊风雨，熟谙当时社会和士人情态的高级地方长官，又是仕途中经过了三十余年历炼的直臣循吏。对于张居正来说，他当然是堪为风范的老前辈。

嘉靖十五年（1536），居正在被录取为生员后，即在当年秋天来到省城武昌参加乡试。如果乡试中式，便可以具有举人的资格，进可以入京应进士的考试，退亦可获得缙绅的地位。居正在全省应考的秀才中，是年纪最轻的，想不到在考试期中，顾璘却在众多考生中发现了头角峥嵘、才气逼人的张居正，惊叹为"天授"❸"国器"❹。他们二人的相见并相知，颇有传奇的色彩，据记载：

> 顾璘为楚巡抚时，有一所亲客于荆州，其人以诗册遍求题咏于儒生。时江陵张相方在里塾，塾师题毕，命张亦题之。其人归，

---

❶ 据焦竑编《国朝献征录》卷八九，载李选撰的《荆州府知府中黯李先生元阳行状》一文，则将主考并赏拔张居正的人说成是另一李姓名元阳的知府，谓："……尝试诸生，得太岳张公卷，评曰：此子当为太平宰相，列之六百人之首。及发封，始知为公，时公年方十三岁也。"供参考。

❷ 徐学谟：《徐氏海隅集》，卷四二，《宦蹟列传补遗·顾璘传》。

❸《太师张文忠公行实》，载《张太岳集》，卷四七，附录。

❹《明书》，卷一五〇，《张居正传》。

顾览其所携诗册，至张，大奇之，曰："此异人也，吾不可不物色之。"翌日，即巡荆州，至则询庠士曰：谁为张居正者？时张尚为儒童也，众对无有。有一生，与张同巷，曰："生固知之，是少年书生也。"顾命之至，一见知为伟器，及以一偶句令对之，曰："玉帝行师雷鼓电旗云作队雨箭风刀"，张应声曰："嫦娥织锦星经宿纬月为梭天机地轴。"顾大喜，即解所系金束带赠之，曰："子他日必为首辅，带当以玉，吾带不足赠子，聊以表老夫一时相与之情耳。"明年大比，顾复力荐于监临直指，必录之。❶

上引记载，大体上是可靠的，因为顾张二人，均有自己的亲自记载。顾璘在见到张居正之后，曾有感而作七绝《赠寄张童子合二首》：

（其一）羡尔伯兄来万里，锦囊诗卷烂珠辉。
　　　　今看十岁能长赋，何用从前咤陆机。
（其二）麟子凤雏难可见，碧蹄卌喙定堪夸。
　　　　词源莫倚翻三峡，经笥还须富五车。❷

这两首诗不以文采见工，而以对后学晚辈的殷切爱护和期许的感情为可贵。一个地方大吏对于一个小孩能赏识于童蒙之时，的确不愧为"具知人朗凿"❸，的确不愧为独具慧眼。他多次召见张居正，加以诚挚的教诲和劝勉❹，并力向湖广的各级官员荐引，请他们认真考虑应如何更好地加以培养。据张居正在四十余年后的回忆：

仆昔年十三，大司寇东桥顾公（按，顾璘其后曾任刑部尚书）

---

❶ 朱怀吴：《昭代纪略》，卷五。
❷ 顾璘：《息园存稿诗》，卷一四。
❸ 《徐氏海隅集》，卷四二，《顾璘传》。
❹ 徐复祚《三家邨老委谈》卷三，《顾尚书》条言："华玉尚书名璘……抚湖广，行部所至，首试诸生。时张公居正年方十四，公擢之冠军。……又曰：'他日作相时，无富贵心，无富贵气，则贤相矣。'仍以白金数锭周其父曰：'善视此子。'"可参考。

时为敝省巡抚，一见即许以国士，呼为小友。每与藩、臬诸君言："此子，将相才也。昔张燕公识李鄴侯于童稚，吾庶几云云。"又解束带以相赠，曰："子他日不束此，聊以表吕虔意耳。"一日，留仆共饭，出其少子，今名峻者，指示之曰："此荆州张秀才也。他年当枢要，汝可往见之，必念其为故人之子也。"仆自童幼，岂敢妄意今日，然心感公之知，思以死报。中心藏之，未尝敢忘。❶

顾、张二人邂逅相逢，不意一老一少之间竟结成忘年交，建立成此一生死不渝的金石交谊，为明代历史留下此一段伯乐识才、才怀伯乐的动人佳话。居正对李、顾二人的知遇，一直铭感在心。李、顾相继弃世，居正一再为他们请恤、求荫，并照顾其后人。国士遇我，国士报之。不敢有忘故人旧恩，居正是继承了中国古代士人怀恩必报思想道德传统的。他在荣显之后，曾亲函致李士翱的原籍巡抚，力请为李求一恤典：

前有冒渎：李长白公讳士翱者，昔守荆南，甚有政绩，至今荆人俎豆之。历敭中外，咸著嘉声。清德令名，终身无玷。独以后裔式微，人鲜知者，恤典缺焉。今该科有再录之议，倘荷垂慈，特加表荐，不惟李公结效于冥壤，而区区亦得借报于乞邻矣。❷

为了报答顾璘的知遇，张居正更是尽了心力。万历初年他曾一再通过函请顾的故乡应天巡抚、应天府学司业、南都提督学政、南京翰林院学士、南京都察院都御史、操江巡抚、吏部文选司郎中等人，为顾璘请恤典，求荫子，捐俸资助其子顾峻赴京谒选，甚至调处其遗族叔侄间为遗产争议事体❸，这在张居正一生的交谊活动中，可说是罕见的。他在致上述诸人的信件中，从不讳言自己受顾璘知遇之厚以及感铭的

❶《张太岳集》，卷三五，《与南掌院赵麟阳》。
❷《张太岳集》，卷三五，《答姜巡抚言李公恤典事》。
❸ 详见《张太岳集》，卷三五，《与南党院吴初泉》《与文选李石塘》《答应天巡抚》《与南列卿王公》《与南掌院赵麟阳》《与操江王少方》等书牍，盖上述书牍均是为顾氏祖、父、孙三代的勋名福祉而发的。

深切，如在《与南学院吴初泉》一函中，即坦诚相告：

> 弟家世寒贱，为童子时遇先刑部尚书东桥顾公，其抚楚时拔
> 正于毁齿之时，称为神童。其实，正廑有异才，如古融、粲、勃、
> 泌，足以惊人者，而顾公又当代名流，文章宗匠，乃一见即呼为
> 小友，解束带赠之。临别又出其幼子见嘱，曰：他日以吾子孙相
> 托。乃正徽时厚幸，以有今日，皆顾公赐也。深惟古人一饭之谊，
> 窃慕豫让国士之报，而力不副心。又顾公殁后，颇罹横议，家世
> 遂微，有孙二人，今隶应天府学，其志行固有家风。追惟畴昔期
> 许之言，而二子又幸厕门弟子之数。弟不于此时借公垂盼优录，
> 以少效犬马，恐一旦溘先朝露，即弟终已有负德之恨，无以见东
> 桥公于冥漠矣。……❶

又如为追请恤典事，《与文选李石塘》一函，亦颇能表达公义与私谊的
汇合，言：

> 仆自童稚时受知于东桥顾公，以子孙见托，公所知也。其惠
> 政湖湘，宣劳陵寝，清节伟绩，亦公所知也。今圣皇御极，恩被
> 幽隐。若此公者，虽不与大礼、大狱同科，然其行谊端方，文学
> 醖藉，固江左伟人，先朝耆硕也，而历岁久远，人罕知者，故恤
> 典未及，公评惜焉。幸该科有再举之议，仆冒昧作一书托之少鲁
> 提学（按，指南学院周少鲁），为之表扬，附于公举之末，烦公转
> 致之。倘面会少鲁，致详鄙意，又大快也。❷

甚至为了顾峻在北京等候谒选期间，需要回南京搬取家眷，居正亦为

---

❶ 见《张太岳集》，卷三五。按，吴初泉，名吴遵，初泉是其号，时任南京提督学政。
❷ 《张太岳集》，卷三五，《与文选李石塘》。按，李石塘，名李棠，石塘是其号，时任
吏部文选司郎中。

之张罗，函请操江巡抚王少方"求一站舡载行，其中夫役不谷已捐俸助之。……此子之得荫，执事所知。昨小儿往来途中，皆不敢乘官马，乃独厚于故人之子，情不得已也"❶。他说到，当重见顾峻时，回忆到当年其父携手相托之意，其情其景犹鲜明如同昨日。当年居正与顾峻两人皆在稚龄，如今均已两鬓星霜，年过半百，"不觉唏嘘流涕"。他甚至打算要将朝廷给予自己的荫子名额奏请转赠给顾峻，自言："仆昔在童稚，辱此国士之知，别时以子孙见托，仆驽碌，至今未有报也。"❷

凡此种种，都足以说明，居正对于顾氏，其感念情谊深挚，其照顾细致周到，确实不同一般。当时他以内阁大学士，其后任柄国首辅的地位，权势正如日在中天，而不惜纡尊降贵，一再亲函请托，为之斡旋呼吁，其各项请求当然一一被接纳，居正允称无负于故人，有报于知己了。

还应该指出，当年的顾璘不但识才重才，而且能爱人以德，能够从长远的角度栽育"大器"。对于居正，他认为必应戒骄戒躁，不能急于求成。他既看重居正的禀赋和才华，但又更注意给予必要的历炼，甚至挫折，防止少年早贵，流于傲慢轻浮，必欲培植其基蕴，涵养其沉毅渊重，使之真能肩承重任，无负期许。本来，依据居正当时卓越的考试成绩，又经主考们面见器识，以高第中举，应是意中之事，但顾璘经过审慎斟酌以后，毅然作出暂缓其登榜的决定。此中的苦心，在他对兼任学政的巡按御史冯某说的一番话，具见意义深长：

> 语直指使者冯公曰：张孺子天授，即令早在朝廷，宜亦无不可，然余以为莫若老其才，他日所就当益不可知耳。此使君事也，

---

❶《张太岳集》，卷三五，《与操江王少方》。按，王少方，正名王篆，少方是其号，时任操江御史。

❷《张太岳集》，卷三五，《与南学院周少鲁》。按，周少鲁，名周弘祖，少鲁是其号，时任南京提督学政。

使君其图之。❶

　　这位冯御史果然听从了顾璘的意见，不以姑息爱人，婉言拒绝了其他
考官推荐居正中举的建议。多年以后，顾璘将自己的考虑告诉了居正
本人。对此爱才若渴，蔼然仁者的用心，居正更加感铭。张氏之对顾
氏（以及李氏），故不止限于私恩呵！

　　但是，世情还有另外一方面，张居正在童年时期不但因才器过人
而受推重，而且也因英才见妒，甚至因妒成仇。这是指当时分封在荆
州的宗藩辽王父子（朱致格、朱宪㸼）与张居正家祖孙间结怨的事。

　　张氏家族本属于辽王府版籍，居正的祖父张镇终身又在辽王府服
役，故与辽王家族存在着统率与被统率的关系。明代最早的辽王名朱
植，是明太祖朱元璋第十五个儿子，原被册封于辽东，永乐年间敕命
迁到湖广荆州。朱致格是第五代袭封的辽王，他在嘉靖十六年（1537）
去世，其子宪㸼当时只有十二岁，是和张居正同年出生的。按照明代
皇族宗人府的规定，宪㸼因未达到成丁袭封的年龄，只能以世子身份
就读待袭。王国政事俱由他的母亲毛太妃处理。毛太妃是一个精明能
干的妇女，早在朱致格生前即由她主持藩政，因为"王病不视事，委
政毛妃。妃通书史，沉毅有断，府中严肃，贤闻于天下"❷。谁知正是由
于这位能干母妃的安排，使居正与宪㸼在童年时期直接相处，从而引
发出一场延续数十年的恩怨。

　　本来，朱张两家地位悬殊，一方是贵为宗室大藩，另一方则是在
府前供役使的贱卒，子弟间不可能有什么交往。但问题起因于，居正
在稚龄即享盛名，他的事迹也传闻到毛太妃耳中。太妃望子成龙，正
因宪㸼的顽劣任性而苦恼❸，便想借助居正的勤奋聪慧以惕励自己的劣

---

❶《太师张文忠公行实》，载《张太岳集》，卷四七，附录。

❷ 谈迁：《国榷》，卷五六，嘉靖十六年五月庚寅。

❸《徐氏海隅集》，卷三九，曾记述朱宪㸼的为人荒唐，亦隐指宪㸼与张居正家族之间存
在着仇怨的关系，曰："宪㸼童时即无省省，毛太妃鞠之，一钱不令见也。封国之后，
始阑取无厌矣。居常不冠不栉，国体渐废，逮宵人窜人蛊惑，愈其下流，谤议所由来
矣。亡国之祸，骤起于睚眦间，即噬脐将无及矣。"

子。她精心布置了一场特别的教子场面，强拉居正在其中扮演一个角色，不意因此极大地伤害了宪㷞这个皇孙世子的自尊。他蓄意报复，竟导致居正祖父张镇不幸暴死：

> 太妃闻居正少莘颖，且与王同岁，召而奇之，赐之食；而坐宪㷞其下，且谓：而不才，终当为张生穿鼻。王宪㷞以是惭居正；而会居正登第，召其祖虐之酒，至死。❶

孙子有才，竟祸延祖父，这是居正终生引为愤疚的。他绝想不到，由于毛太妃的召见赐饭和嘉勉，竟招致宪㷞如此强烈的怨、妒和仇恨，以至于借酒杀人以泄愤。当然，他更想不到，朱张两家的深仇大恨此后还会不断恶化，甚至会将私家恩怨与朝政大事混淆一起，竟然在居正身后，成为被抄家清产的理由之一。然而在张镇暴死的当时，也已促使刚在科场得意，新取得举人荣誉的张居正有所警惕，恍然觉察到，原来人生向无毕直坦途，人间的美好和丑恶原来是俱生共长的，而人际之间又存在着如此复杂如此微妙甚至险恶的关系。对于他这个已习惯于受赞扬称誉的荆州才子，无疑是一大棒喝。他既然有志于进入仕途，就必须面对廊庙和官场中的人间百态，面对充斥着谄媚吹捧与虚伪、冷酷、毒辣相渗合的人生。对于有关情节，我们将在下文详述。

第三节　修竹的风格和早年的人生追求

居正富于文采，稚龄即以擅长诗文著称。现存他写的第一首五言绝句，是以竹为题材，成于虚龄十三岁应生员考试时的诗作。诗曰：

> 绿遍潇湘处，疏林玉露寒。

---

❶《嘉靖以来首辅传》，卷七，《张居正传》。

凤毛丛劲节，只上尽头竿。❶

在中国的传统社会中，竹，向来是备受人们钟爱的植物，而且常常被加以人格化，作为高尚、尊严、奋发和生机蓬勃的象征来赞颂。因为这种植物虚中直上，且有疏节奇气。它虚心异众草，劲节逾凡木；群居不倚，独立不惧。既有挺拔、扶疏、凌霜之操，又有孑然屹立，穷年瑟瑟之势；既不畏惧酷暑严寒，又不选择土壤的沃瘠宽狭。偶因灾害或被砍伐，不久必能长发新竿，结成新绿，表现出最顽强的抗争精神和最旺盛的生命力。且竹无弃物，不论笋、竿、叶、籽，甚至被烧成灰烬，俱有着不同的使用价值，均大有裨益于人群。故此，历代许多士人都以竹的节操孤芳和坚忍顽强作为自勉的对象，视之为知己，誉之为畏友。居正自小读书，熟知这些用典，又因湖广多竹，对之惯见习闻，有直接的感知，因而培植出对修竹的喜爱和尊敬。在这首五言绝句中，他抒发出对竹真挚的仰羡和颂赞。若就诗论诗，似嫌浅露，但因出自一个幼童之口，反表现出儿时的坦真。更应注意到，"只上尽头竿"一句，已不止于咏竹，其实也寄托着这个英敏少年奋发进取的志向。他指竹自譬，以竹自励，明显流露出对人生的积极向往和追求。

居正对修竹的挚爱，直到成年并无减退，他常结合自己不同时期的处境，借竹以抒情，多次专门写有咏竹论竹的文字，在《题竹林旧隐卷》一文中侃侃而道：

故竹为微物，而昔之君子贵之，皆意有所惬焉者也。夫外直而中洞，音中律吕者，虚也；发萌陨箨，筠然葱蒨者，文也；严霜下零，众草俱萎，寒色森森，与贞松而并秀者，节也。君子取其虚以宅心，可以宏翕受之德；取其文以饰听，可以焕至德之光；取其节以励行，可以坚独立之操。斯所谓得其神也。❷

---

❶《张太岳集》，卷六，《题竹》。
❷《张太岳集》，卷一七，《题竹林旧隐卷》。

这一番议论，上半以虚、文、节三方面概括竹的特殊品性，言其持高雅之姿，不附和庸俗；赞其遍布苍翠，绿荫人间；颂其屹立寒冬，傲视霜雪。下半则分别阐发人们从修竹中应取得的修养和启迪：用虚存心以进德，用文达意以敬业，用节自律以坚保情操，然后才可称不徒求对修竹的形似，而探得其精髓。这是一篇悬竹为风范，自我勉励修身立志的文章。在他的笔下，竹已经被形象为自我涵养坚定持操的楷模。与他童年时所作的《题竹》一诗相比，其思想认识显然已经进入一个较为成熟的境界，视野远为开阔，论析也更为细致，寓意更为深远了。

与此有密切相关的是，他在嘉靖二十六年（1547）中进士，被选入翰林院为庶吉士，其后又被授编修之职，直到嘉靖三十三年，共留京六年。在此期间，他用了极大的精力以探索当时时局积弊所在，研求解决的对策，甚至还呕心沥血写成有名的奏章《论时政疏》，希望能引起皇帝以及当道诸公的注意。但经世有心，进言无效，怀才欲售而求用无门。居正在此阶段的后期，不论在事业上抑或在政治上都存在着失落的情绪，因此在嘉靖三十三年曾"告病"回荆州老家，闭户山居三年之久。他既未忘情于世外，但又一时无法寻觅到施展抱负的途径。身似闲云，中怀焦灼，其苦闷彷徨是可想而知的。在此关系本人兴废进退的关键时刻，他又写出一篇名为《修竹篇》的五言古体诗，再一次借竹抒发自己的情怀。原诗如下：

孤筱植汶阳，篚笼挺阴崖。
何似侣幽人？结根烟水湄。
修枝拂杳霭，接叶映涟漪。
阴森野气积，戛戛凉飚吹。
朝露缀琼玖，宵月荫参差。
水吟蛟龙蛰，云盘凤鸟仪。
永愿老烟霞，宁知劳岁移？
但畏伶伦子，截此凌宵枝。

裁凿岂不贵，所患乖天恣。

亭皋霜露下，凄其卉草衰。

愿以岁寒操，共君摇落时。❶

骤然看来，这首诗的格调似乎近于低沉，言修竹独处于崖下水畔，且迭遭摧折裁截，但细品之则明显流露着坚忍刚劲的气概。因为丛竹并未因寂寥而失色，亦未因受冷落于僻野而攀附强干粗枝，更未因横遭斫伐而凋零朽萎。逆恶的境遇绝未能戕灭其顽强活泼的生机。即使在阴崖之间，何尝不可以架构绿荫？即使在江水侧畔，又何尝不可以埋扎深根？唯在艰危困顿之时，才更显现出顽强挺拔的本色。诗中说"永愿老烟霞，宁知劳岁移"，"愿以岁寒操，共君摇落时"，似乎甘于淡泊，自愿避世，既不求闻达，又不追求功业，但实际上在字里行间，正隐约反衬出某种潜在的无奈和不平，某种经过巧加掩饰的坚忍。因为蛰伏在深渊的蛟龙到底是蛟龙，暂时藏棲于原野枯林的凤鸟仍然是凤鸟。一旦风生水起，惊蛰雷鸣，它们是必然要翻腾于沧海、翱翔于云霄的。

对于张居正来说，竹有丰富的内涵，他既曾借之抒发过自己童年的自负和豪迈，又曾阐发过中岁对虚、文、节的崇尚以及以此为鹄的人生追求，更表达过处在困境时期坚定的信念和深藏的期待。竹的绰约坚实，既曾伴随他的成长，又曾给过他莫大的精神力量和鼓舞。他多番咏竹颂竹，对竹寄以钦敬和同情，其实也是将本人各个人生阶段的不同处境、心态、憧憬以至感慨嫁接在竹的身上。人和竹虽异体殊根，却有着密切相似相通之处。

问题在于，在俗世红尘，特别是在政坛官场，又特别是在掌权柄政之后，还能够坚守初衷不渝，还能够完全以竹的节操自律吗？

---

❶ 张居正：《张太岳集》，卷一，《修竹篇》。

第四节　荆州，这一片热土

湖广荆州府的首邑江陵县是张居正的故乡。他生于斯长于斯，自从嘉靖四年（1525）出生，直到嘉靖二十六年的二十二年间，除了在嘉靖十九年曾短期到武昌应乡试，二十三年，一度北上到北京参加会试之外，直到二十六年高中进士，选留翰林院当庶吉士以前，他基本上未离开荆州。他是荆州人民的儿子，荆州哺养了他，也栽培了他。他在荆州最早体验人生，也在荆州奋志力学，对国势政局以至世情的了解，应该说都是首先从荆州开始的。因一斑以观全豹，因一隅以见天下。从当时荆州地区出现的许多异常情况，从荆州地区的官贪吏黩，民生憔悴，使他痛切地感觉到国颓民穷，社会危机深重。"贿赂彰，风俗坏"❶，"人狃于宴安，吏率于文法，事总于倭避，兵习惰游"❷，也完全适用于荆州。

江陵，是我国历史文化古城。自古以来即为长江上游的重镇。早在春秋战国时期，楚国有二十多个君王建都于江陵北门外的纪南城，历时411年之久。南北朝及唐末又有十一个帝王在此建都，亦历时一百余年。"江陵，古郢也。秦以名县，汉隶临江国，吴、晋以后郡治皆理江陵，其山川人物之盛，甲于全楚。"❸"夫荆州，天下之冲也；江陵，荆州之腹也。襟带江沔，首尾吴蜀，雄秀甲江南。"❹但也正由于荆州地处南北通衢，是八省物资集散之地，又是著名的鱼米之乡，因此，上自朝廷、藩邸，下至一般官吏豪绅，莫不视为肥荫。到嘉靖中期，荆州已成为全国社会矛盾最集中最尖锐的地区之一。对于这一点，居正是敏锐地观察到了。他痛言：

> 荆州为楚中巨郡，户口蕃殖，狱讼希简，民多安其乡里……

---

❶ 沈炼：《青霞集》，卷一〇，《早正奸臣误国以决征房大计疏》。

❷ 高岱：《鸿猷录》，卷一六，《追戮仇鸾》。

❸ 乾隆《江陵县志》，魏光天序。

❹ 乾隆《江陵县志》，王国洽序。

其继也，醇俗渐漓，网亦少密矣。一变而为宗藩繁盛，觇权挠正，法贷于隐蔽；再变而田赋不均，贫民失业，民苦于兼并；又变而侨户杂居，狡伪权诡，俗坏于偷靡。❶

又言：

吾郡……其弊有二，所从来久矣。其一，宗室岁禄仰给有司，异时诸宗中有号为贫者，数十百人日入公府喧呼横索。欲尽应所求，则民力不给；即不应，辄喧呼丑诋。太守日与是曹酬接不暇，又何假〔暇〕治民事乎？其二，守库藏吏与诸王府中卒养厮隶深相结纳，因缘为奸，凿幸孔以生厉阶，以故俗日以偷，政日以坏。❷

居正所列举的问题，可归结为三大类，即：一、宗藩苛扰；二、赋繁役重而不均；三、流民问题。应该说，他是准确地指出了当时存在于荆州诸种弊端中的最要害，但同时也是从一侧面反映出全国性的严重问题。

首言宗藩苛扰的问题。

明太祖朱元璋建立分封制度，是明代政治上一件大事，对有明一代的政治、经济、军事以及整个社会生活都有着重大长远的影响。这种基于血缘关系而授予皇族子孙以各种政治和经济特权，期望能用以拱卫中央、屏藩皇室的做法，是中国古代典章制度中最陈腐落后的体制之一。朱元璋的本意，原以为设置了遍及全国，而又偏重在边塞关隘重地的朱姓藩封，组成网络，便足以就地监视，有力地牵制异姓将帅以及地方文武势力，防范他们窥测神器，及时戡平反侧，将朱氏天下奠于磐石之安。但实际情况却是朝着相反的方向发展。

---

❶《张太岳集》，卷九，《荆州府题名记》。
❷《张太岳集》，卷八，《赠袁太守入觐奏绩序》。

朱元璋刚弃世，就爆发了建文帝的削藩和以燕王朱棣为首的反削藩，其后又演变为"靖难"战争，皇族内部首先兵戎相见，进行了大规模的拼死厮杀。

朱棣篡位成功以后，由于权势易位，即从反削藩一变为加速削夺和严加限制诸藩王的权力，永乐、洪熙、宣德三朝所执行的对待本宗藩王的政策，基本上是建文朝政策略加修订的翻版。由此说明，明代的宗藩制度自一开始即未起到预期的蔚为屏藩的作用，反而迅速演变为对抗中央甚至发动叛乱的因素，成为朝廷必须首先对付的异己力量。

在经济方面，诸王挟其权势，占有大量庄田、湖泊、店肆、矿山，集中了巨量的财富，严重削弱了中央对全国财政命脉的控制，又阻碍了社会上农业、手工业和商业的正常发展。"湖广庐州之利延袤千里，及额外子湖没官湖多被王府占种，或权豪侵夺"[1]。他们倍收赋税，垄断资源，欺行霸市，骚扰地方，极大地损害人民生计，激化了社会矛盾。

再一方面，明代宗藩的人口增长率是最快的。洪武年间，受封的亲王、郡王、将军等的爵位只有49位，但到张居正出生后不久的嘉靖八年（1529），"宗室载属籍者八千二百三人"[2]，激长了16倍。其后，更快速加倍增长，到隆庆五年（1571），人数即达到2.89万余人，四十二年之间又猛增3倍多。宗室人口的快速繁衍，意味着纯消费寄生阶层的暴增。因为按照祖制规定，这些人不准参加农、工、商业，只能衣租食税，坐享宗禄，一生无所事事，只能一代又一代地孵化出大量名为"天枝"，实为"弃物"的特殊人口，成为社会的累赘。人多了，官家便需按其丁口和爵位等级支给"宗禄"，于是，供"宗禄"开支的经费便直线上升。往往一省的赋税收入，尚不足支付本省的宗禄，官府疲于供应，民间苦于追呼，财政压力日益沉重。

"湖广藩封星罗其间"[3]，其中又以楚王和辽王两支地位最高、势力

---

❶《明世宗实录》，卷二一〇，嘉靖十七年三月戊子。

❷ 郑晓：《今言》，卷二。

❸ 黄佐：《湖广左布政使何公鳌墓志》，载《国朝献征录》，卷八八。

最大、分支最繁。荆州一府，除辽王府外，尚有 10 个郡王府，26 个仪宾府。"荆州，故悍王地也。"❶宗藩们由于亲等名分悬殊，也由于历史上各种原因，在内部也急剧地发生分化，强弱贫富的差距愈来愈大。少数上层宗室，如亲王、郡王等往往富可敌国，而一些疏远的支属，则不得不共蓬而居，分饼而食，有年逾四十而尚无力向宗人府纳贿以取得赐名和指婚，身殁而无钱营葬，甚至乞求于市井，匿名以佣作于民间，被迫流移他乡，饥死道路的。这些末路王孙为苟延生命，唯一合法的收入便是指望官家及时发放宗禄，故"日入公府喧呼横索"❷。

　　荆州人民苦于宗藩之害，而其中又以遭受几代辽王一支的祸害为最甚。"辽王以近属，横甚，其下兵校椎埋圉夺，尤多无赖。"❸与张居正生于同岁的末代辽王朱宪㸅更是集中了纨绔权贵的骄妄、专横、贪婪与道德沦丧。此人娴于文墨，时时作艳曲以鸣得意；"僭侈乱伦，多杀无辜"❹，"淫酗暴横,其国远近皆妒之"❺。他又颇谙于谄媚事上之道，为迎合嘉靖皇帝迷信道家方士，便屡次建醮筑坛以示虔修玄道，一再奏报祥瑞，请枪手精撰颂扬皇德、吁求天佑的青词以进。他锐意丰殖，恣行渔猎于其国。时嘉靖大兴土木，他又赶紧献上巨材大木，巧手匠人。总之，为了邀宠固位，宪㸅在巴结皇上方面确是煞费心力，"时世宗耽玄默，辽王以方士之术得幸"❻。因此，嘉靖对他极为宠信，引为同道，称之为"贤王"，并特别钦赐他"清微忠教真人"的道号，更专门铸颁大于亲王玺的黄金道号印，赐给各式道藏经典、法衣法冠。宪㸅恃此恩宠，更加放肆无忌，成为荆州地区一大霸天。作为荆州地区的子民、辽王府护卫卒的嫡亲孙子，居正对于以辽王为代表的宗藩势力"觖权挠正"，是痛心疾首的。

　　次言赋重役繁而负担不均。

---

❶ 王世贞：《弇州山人四部稿》，卷七六，《湖广右参政掌荆州府事汝泉赵公政绩记》。

❷ 《张太岳集》，卷八，《赠袁太守入觐奏绩序》。

❸ 文徵明：《胡参议王宗传》，载《国朝献征录》，卷四七。

❹ 《明穆宗实录》，卷一三，隆庆元年十月丁亥。

❺ 《嘉靖以来首辅传》，卷七，《张居正传》。

❻ 全祖望：《鲒埼亭集》，外编，卷三四，《江陵行状》。

荆州作为长江边畔的水陆码头，地处要冲，为各级官吏商贾通行之处，故"江陵以丁夫车马为大费"❶。早在成化七年（1471），宪宗皇帝朱见深便下诏在荆州、杭州、芜湖三处设置税课司，专门负责收缴抽分税。所谓抽分税，即凡经由上述三处起运、转运的绵布、绸绫、竹木、粮食、酒醋、鱼腊等物资，均必须按货值抽税。朝廷将三处抽分收入视为新开辟的重要税源，因为"上供器皿工价亦多逋欠，他若赏赉朝贡番夷衣服彩缎动辄数万，皆需抽分所入者补还"❷。税官们"务多得为能，岁岁加益，至以万数"❸；而为饱私囊，更是指一派十，"奸弊百出，商旅怨嗟"❹。荆州为抽分所累，普遍视为本地区最大祸害之一。

　　不仅如此，荆州的赋役负担本已奇重，又一直存在着赋役不均，庶民难以负荷的问题。仅以正项税收及其开支而言，早在成化十年（1474）二月，荆州知府即奏言："所属州县并卫所，支与辽王以下及长史司官禄俸，岁凡三百万贯，而所收户口、食盐并额办课钞止足支三分之一……无所措置"。他连声告急，吁求朝廷"请为区处"❺。而事实上，中央户部正苦于拮据，从未真正给予任何"区处"。正项以外的盘剥更为惨重。顾炎武在《天下郡国利病书》卷七五《湖广》四《田赋》中说道："皇庄之岁入，各王府之禄赋，几与惟正之供埒。其豪点之兼并推剥，淆乱无纪，旺有被襆，而缘南亩者终岁服勤，所获即以待输，而尚虞不足。湖田所淤，复为若辈所籍业，小民曾不得濡足收半穗；有司亦不能履亩而裁其短长，税其羡以补沿江之崩削者；且飞影之窦百出，投献之计百变，当事者即日加意樽编，而额赋取盈，吾惧民之日毙也。"

　　曾担任荆州知府，并深受当地人民爱戴的徐学谟在他所撰《徐氏

❶ 崔铣：《江陵知县朱公讷墓志铭》，载《国朝献征录》，卷八九。

❷ 《明武宗实录》，卷一六六，正德十三年九月癸丑。

❸ 《明宪宗实录》，卷八九，成化七年三月戊寅。

❹ 《明宪宗实录》，卷二六四，成化二十一年四月辛未。

❺ 《明宪宗实录》，卷一二五，成化十年二月壬戌。

海隅集》卷七《条陈里甲供应牍》中，亦痛言：

> 且如江陵一县，因隶府城，地当冲要，本号疲剧，又加以数
> 年采办，公费繁杂，有司不能悉心经理，惟指以苛征，以故吏弊
> 成渊，民穷彻骨，府属州县未有如江陵之甚者。

顾炎武更进一步指出，由于嘉靖皇帝朱厚熜起自荆州府属安陆州，他登帝位后，便将旧藩邸所在抬升为承天府，由此更大大加重了荆州庶民的赋役负担。《天下郡国利病书》卷七五《湖广》四《徭役》言："夫承天系陵寝重地，官多事殷，辞谒者时无停轨，而公费日削，夫马日羸，而供亿日益不给。乃田连阡陌，甲第如云者安享逸豫；而贫者食于官，日夕奔走……如衰不得已而称于富豪，彼则权母以取盈；此则息子而受毙，是坐困之术也。……欲上下不交困，必不得之数已。"

长期以来，荆州的地方财政，一直是寅吃卯粮，挖肉补疮，强迫老百姓加倍缴纳赋银的情况下凑合渡过来的。加以自嘉靖初年起，由于嘉靖皇帝为建宫殿、造陵寝、筑玄坛、修道观等，又大兴土木，一再敕令湖广、四川、贵州三省承担采伐和起运"大木"的任务，专门设有工部采木侍郎、督木都御史等常驻荆州。因工程频兴，故又不断追加需用大木的数量。嘉靖五年（1526），本已在四川取得大木五千余根，板枋配套，但又奉敕再加一倍，造成"公私俱困，民情汹汹"❶。所谓大木，乃是指征用楠、杉等巨大木材，规定每棵必须围幅在一丈五尺以上，长度为六丈四尺以上，全干无疵瘢朽伤的才算及格。这些大木只能生长在深山绝箐人迹不到之处，又必经千百年而后成材。官府催迫伐木人夫冒毒瘴，履蛇虺，深入穷荒而选伐之，又历经岁年才能辗转运到江畔，先付水运再转陆运北上。往往为伐运一木，要经历千人的辛楚，甚至付出百数十人的生命代价，才可以运至工所；但偶因木梢略欠尺寸，或在途中少有磕撞疤伤，督木官员便拒绝收纳，饬

---

❶ 吕本：《工部左侍郎龚公辉墓志铭》，载《国朝献征录》，卷五一。

令重伐重运，并予惩处，有时亦借此以索贿。"世宗营缮益急"，"十五年以前，名为汰省，而经费已六七百万，其后增十数倍，斋宫、秘殿并时而兴，工场二三十处，役匠数万人，军称之，岁费二三百万"❶。湖广作为重点省份，荆州作为总汇之处❷，被分摊到的负担当然是极沉重的。本来，湖广本境极少产有上述规格的巨木，只是由于皇帝专敕钦派，故不能不竭力筹措，所需巨额经费，只好在本省地方财政中搜罗。嘉靖二十一年（1542）正月，"督木都御史潘鉴奏言：'湖广该楠、杉板木一万余根，应费银五十七万两，今仅得七万两，乞将本省未解事例并赃罚、军饷及应解两京料价、锻疋银两、太和山香钱、荆州抽分商税俱留济急用。'诏许之。"❸湖广除了负担巨额征纳大木之外，还要承担来自上游木材的转输护送，提供人伕船舶，而运木官吏，大都"机械百出，巧于取利"❹，故湖广实际支用的经费就更浩大。当时一切军费政费开支均被挤压在采运经费之后，单独突出了采运大木的特殊重要。但是，这种挪移填塞的办法绝难真正解决问题。一因能被挪用的款项终究有限，二因暂许挪用的款项仍必须由本省负责补缴归项。嘉靖二十六年（1547），分摊给湖广的采木费用竟然高达330.4万两❺，大量人力物力财力皆虚耗于此。有人依仗权势，借此暴发横财，但广大人民则呻吟辗转于上述超常的盘剥之下，造成连岁饥馑，民多逃亡。

长期严重困扰荆州人民的，还有流民问题。

所谓流民，其中绝大部分不过是在原籍因兵、匪、旱、涝、虫等灾害，又特别因不堪原籍官府吏役逼粮派役的催迫，地方豪绅土霸的

---

❶《明史》，卷七八，《食货志》二。

❷ 据《明世宗实录》卷四四七，嘉靖三十六年五月癸亥条载，大学士严嵩奏言，为抓紧三省采办大木事宜，"差去大臣专在荆州适中去处总理。"其实，严嵩此奏无非是对当时既成事实的承认，因为在嘉靖十年以后，工部督木侍郎基本上就已常驻荆州，谓荆州为采办大木汇总之处，指此。

❸《明世宗实录》，卷二五七，嘉靖二十一年正月丁亥。

❹ 李元阳：《知州吴君懋墓志铭》，载《国朝献征录》，卷九四。

❺《明史》，卷八二，《食货志》六。

压榨，为摆脱原属里甲户籍的束缚，不得已而抛荒田土，弃置庐舍，告别先人坟茔，扶老携幼以逃离乡井的人群。老弱转死沟壑，贫穷者流徙他乡。"人户逃徭役者曰逃户，年饥或避兵他徙者曰流民"❶。民饥必逃。其所以出于一逃，无非是在饥寒交迫，债负累累的绝境中，为求生苟活而走上"逃移"或"流徙"的道路，无非是为了侥幸取得一个可以糊口栖身的生存空间而已。成千上万贫穷已极的人户含辛茹苦以血泪渲染成的流民图，实际是惨绝人寰的写照。

自成化、正德年间以来，荆州襄阳地区即被称为"流民渊薮"❷。集中涌向荆襄的流民，"皆各处被灾、公私急迫而来者也"❸。他们之所以相继流窜至此，一因"荆襄地方实与陕西、四川、河南四省疆域相接，道路险远，要害去处，无巡检司盘诘，以故流民往往趣之"❹。原来在数省的结合部，总会存在一些统治力量比较薄弱的空隙，流民们正好乘虚而入。二因当时的荆襄地区，尚有一些可耕而未耕的土地，"山林深阻，流民往往群聚其中"❺。当时流入荆襄的，计有来自山东、山西、陕西、江西、四川、河南、南北直隶，以及湖广其他府、州、县的人民，他们分别从事垦荒种植、斫柴伐木、炼灰烧炭、采挖矿产等生计，以换取糊口之资。到成化四年（1468），"四方流民屯聚荆襄者已二三十万"❻。这个数量还不断上升，到嘉靖中叶，更超过了百万。由于楔入了如此众多的人口，必然会在一定程度内打破本地区原有的生活和生产结构，也会与当地原居民发生为争地争水争山的诸种纠纷和冲突。湖广的地方军政长官一直视流民为逃窜而来的人口，深惧其集众作乱，有啸聚哗变之虞，先是强制驱逐，后又在流民中缉捕逃囚逃军逃匠，几度要将所有流民押解回原籍或就地编组里甲，附籍纳赋当差，企图将这些流移人口重新控制在政权管辖之下。流民们为维持生

---

❶《明史》，卷七七，《食货志》一。

❷《明宪宗实录》，卷一九七，成化十五年十一月丙午。

❸《明宪宗实录》，卷七九，成化六年五月辛卯。

❹《明宪宗实录》，卷三六，成化二年十一月癸酉。

❺《明宪宗实录》，卷三六，成化二年十一月癸酉。

❻《明宪宗实录》，卷五〇，成化四年正月甲申。

存，亦不甘再受衙门吏役的压迫敲剥，往往团聚自保，甚至依山据险，以武装实力和官府对峙，直到起兵反抗。

成化初年，即爆发过有名的刘千斤之乱，曾聚众数万人，自称汉王，委署将军、元帅等官，建元德胜。朝廷先命抚宁伯朱永佩靖房将军印，率领官军 1.5 万人"讨荆襄反贼"❶；继又命工部尚书白圭提督荆襄军务；再特敕右都御史项忠驰往总督征剿。所以一再增兵易帅，正说明刘千斤等的势力强大。从成化元年到成化七年，朝廷以近 10 万人的军力才暂时平息了动乱。项忠等肆行滥杀，除斩决枭令"贼首"近千人外，另减死充军的 3.03 万人，"兵刃之加，无分玉石，驱迫不前，即草薙之。死者枕藉山谷，其解去湖、贵充军者，舟行多疫死，弃尸江浒，臭不可闻。怨毒之气，上冲于天"❷。在血腥镇压之后，项忠又将大批流民遣还原籍。但这样的措施只能招致更坚韧更顽强的反抗，因为绝大多数流民已经无家可归，无业可复，更不愿再回原籍，重新投入原有里甲差徭的罗网，"一旦焚其庐，逐其人，又夺其田土，悲哀怨怼无所于归，以故仍集其境"❸，"荆襄间流民屯结如故"❹。而且，已被遣返者相率再来，原尚滞留原籍的又相继加入流民的队伍。成化十八年（1482），"自去冬以来，河南、陕西、山西、北直隶流民扶老携幼入荆襄境内潜奔入山"❺。可见，大规模的烧杀和充军，以及相继出台的剿抚措施，均无助于扭转饥民们流移荆襄的现状。

民不畏死，是任何屠戮高压所不能遏制的。直到嘉靖时期，全国性灾荒饥馑的严重后果，仍然沉重地压在荆襄人民的头上。因流民问题而引发的拉锯战乱，大军压境，也使荆襄之民深蒙刀兵之灾，供应之苦，付出了血泪甚至生命的代价。张居正谓"侨户杂居，狡伪权诡"，言虽含蓄，实内涵着百年以来荆州人民的苦难。

---

❶《明宪宗实录》，卷五〇，成化四年正月甲申。

❷《明宪宗实录》，卷九八，成化七年十一月己未。

❸《明宪宗实录》，卷一五五，成化十二年七月丙午。

❹《明史》，卷一七八，《项忠传》。

❺《明宪宗实录》，卷二二六，成化十六年四月壬子。

作为荆州人民的儿子，张居正对于荆州的关怀和热爱是很自然的，这不仅是由于乡土之情，而且还由于对故土情况的分析和研究，更便于准确地摸清楚全国社会政治的脉搏和民穷财尽的症结所在。他恍似一个有志济世而刚入杏坛的医生，正以他熟悉的荆州作为案例，进行必要的望、闻、问、切，盼望能开出一副对症的药方，提出有效的医疗方案。从上引对荆州社会弊端的言论中，可以看到他已敏锐地观察到此一地区自成化、正德以来业已发生的巨大变动以及难以预测的严重后果。他警觉到荆州存在的矛盾和危机虽然也有地区性的特点，但基本上却是全国性问题的浓缩。对此，他确实怀有深沉的忧思：

> 嗟乎！明兴才百九十年而变已如是，吾安知继今以往，其将变而厌弃今俗，以复古之敦庞简易乎？抑将变而愈甚，以莫知其所终乎？后之治者，非随俗救弊，又将安所施乎？ ❶

大乱之剡，匪伊朝夕。居正逐渐明确认识到，必须在大爆破局势出现之前，赶紧想办法找出对策以控驭局势，才有可能拯救明皇朝免于倾亡，社会免于崩裂。他虽然在文章中寄希望于"后之治者"，但此一治者为谁？谁能肩承"随俗救弊"的重任？很难想象，像他这样殷切忧时忧国的人，能够无动于衷地冷眼旁观，能够甘于诿卸久已引为职责的救世责任。

荆州，这一片热土，它是如此富饶如此壮美，但又是如此深重地承受着苦难和艰危，它的几百万子民正呻吟于宗藩苛扰和赋重役繁而不均的重压下，与广大的流民同为恶浊政治的受害者。或变革改良以维持明祚，或无视怒潮澎湃，坐待这个近于瘫痪腐败政权的覆灭，自矢以天下为己任的张居正，不能不严肃地做出抉择。

荆州以它本身存在的凋敝困窘作为最现实的教本，作为最珍贵的了解现状和启发思考的素材，多年来用以哺育自己的佳子弟，激发他

---

❶《张太岳集》，卷九，《荆州府题名记》。

的忧危之思，激励他的奋起之志，促使他为投身拼搏和腾飞进行必要的锤炼和准备。16世纪中叶的中国，正处在一个兴衰转折，存亡继绝的关头，不少仁人志士相继提出了各种模式的救时方案，不少有才有识有志有为的英俊，接续上台表演。衰乱之世方现英雄本色。这是一个人才辈出的时代，一个政治上非常复杂但又非常活跃的时代。但其中最能叱咤风云，一度振颓起衰，留下重大影响，被称为明代唯一政治家的，却只有张居正 ❶。他将从荆州走向全国，导演出一幕有声有色，足以垂留青史的伟大史剧！

---

❶ 参见梁启超《饮冰室合集》，专集第六册，第六章，《专传的做法》。

第二章

生于忧患

第一节　一个灾难深重的年代，一个擅权执拗的皇帝

张居正出生在嘉靖四年（1525），死于万历十年（1582），享年五十七岁。但他的大半生，即在四十一岁之前，都是在明世宗朱厚熜的统治下，即在嘉靖朝度过的。嘉靖朝历时四十五年，张居正从童蒙到中举成进士，入翰林，从荆州进入全国政治经济文化中心的北京，其后出任职官，对社会忧危，官场冷暖，人际关系的诡谲多变，由知之不多到知之甚深，都是伴随着嘉靖朝自初叶到末叶此一特定阶段经历而来的。他的向往和理念，彷徨、愤慨、忧思，政见主张的孕育和定型，他的初露头角和一度失落，以至毅然投入朝廷上层的斗争，也都是发生在嘉靖时期。

嘉靖皇帝朱厚熜其人，有着突出的性格和个人特点。他因明武宗正德皇帝朱厚照无子，才得以近系宗支的关系、外藩世子的资格被选继帝位。此人并不懒惰，智商亦不低于常人，思想反应也很敏锐，特别是在关系到本人威望和利害的问题上更是如此。他登极以后，从不

放松掌握权柄，而且喜怒莫测，果于杀戮；遇事坚持定见，固执不移；性格多疑，绝不允许逆耳之言或异议存在。他在位期间，曾极端顽固地坚持贯彻执行过两件大事：一是为"议大礼"而"兴大狱"，二是执迷地崇信道教中的方士寻仙一派，虔心修玄并用以支配政治。这两个方面，在当时都被认为是有悖于传统宗法伦理，有悖于为君之道的。

所谓"议大礼"，表面的争议焦点是确定继承皇位名义的问题，实质上是由于嘉靖自认为，本人由外藩入继，以旁支嗣位显得逊色，总想要通过更定礼仪的形式取得朱氏皇统正宗的地位。朱厚熜的父亲朱祐杬本来是明宪宗成化皇帝朱见深的庶子，孝宗弘治皇帝朱祐樘的弟弟，亦即是武宗正德皇帝朱厚照的叔父，成化年间被封为兴王，建藩于湖广德安（以后改名为安陆）。嘉靖皇帝朱厚熜是以厚照堂弟的身份入继大统的。故此，按照传统宗法伦理，朱厚熜理应尊弘治皇帝为皇考，称自己的生父朱祐杬为皇叔父，母亲蒋氏为皇叔母，朱厚熜是作为弘治和正德皇帝的皇位继承人接嗣皇统的。但是，他坚决不同意这样的安排，认为自己应是以成化皇帝嫡孙的资格继统，只承认弘治皇帝是皇伯父，正德皇帝不过是皇兄，无关乎继承。相反，他要称自己的父亲朱祐杬为兴献帝，母亲蒋氏为兴献后，又分别加称为皇考恭穆献皇帝，圣母章圣皇太后，专门建立兴献帝宗庙，祭如太庙，坟墓改称为显陵，藩邸所在的安陆州改名为承天府。又其后，更援照其他已故皇帝尊加谥号的习惯，尊奉朱祐杬为睿宗。由王而考而帝而庙而宗，也就是说，要在成化之后，弘治和正德之前塞进一个追封的死皇帝，如此，则弘治和正德也被摒为旁支了。

这样的做法，立即激发起一场大争论，朝议沸腾，廷臣分裂。以顾命大臣、大学士杨廷和、蒋冕、毛纪等为首的一派坚持反对，他们主要是根据儒家的宗法伦常理论，特别是宋代大儒程颐所阐发的观点，认为为人后者，应该承认所后者为父母，只能称亲生父母为伯、叔父母，否则，就是违反人生的大伦。杨廷和的主张符合当时社会士人的传统认识，所以得到绝大多数臣僚和士大夫的坚决拥护，他们反对以分属小宗的兴王上继成化，代替久已纪年正位、分属大宗的孝宗弘治帝，也反对剥夺武宗正德的世次，指出"以考孝宗而兄武宗，遂使武宗无后。今又以考兴献而伯孝宗，遂使孝宗亦无后"❶。认为这是纲常的大变，是绝难接受的。

另一派则是迎合嘉靖，为其主张找学理根据，充当辩论喉舌的，其中以进士张璁、主事桂萼、员外郎方献夫等为首。他们或新中科名，或本属中下级官吏，都存在投议礼之机以求腾达的不纯用心。他们的主要理论是"继统不继嗣"。不继嗣，当然要保留本生父母的名分，不能认人之父母为父母。而且"子无自绝其父母之义"❷，不能因入嗣帝位而"绝献帝天性之恩"❸。特别是，张璁强调，"陛下尊为万乘，父子之亲，人可得夺之，又可容人之夺之乎？"❹这一类具有挑拨性的语言最能触动嘉靖心弦深处的隐曲，引起共鸣。故此，嘉靖对于表示异议的臣工给予狠狠的打击。凡上书死谏、伏阙跪哭的臣僚，无不遭到贬斥、拷讯、廷杖、逮狱、谪配远荒或箠死殿陛的惩处。嘉靖三年（1524），一次即逮捕伏哭阙门的学士丰熙等142人，另一次又逮捕郎中马理、杨慎等134人，待罪者凡220人❺。嘉靖指斥他们"欺朕冲岁，党同执议，败父子之情，伤君臣之义"❻。甚至连受顾命的重臣杨廷和、蒋冕、毛纪等也相继被斥逐以去。而对那些善于窥测意旨，巧于迎合的人则破格提拔，张璁、桂萼、方献夫等都被拔擢充当重任。

公平地说，大礼议争论本身不过是茶杯里的风波，对立的两派各持一端，其实并没有绝对的是非。捍卫旧传统观点一派似失于迂；而赞成政统立庙一派又难辞于谄佞。其实，真正挑起这场漫长而激烈争论和搏击，造成朝臣分裂为誓不两立营垒的，只是嘉靖本人。他不惜使用杖、逐、谪、杀的野蛮手段以镇压异议者，不惜以国政停罢、朝纲大乱为代价，不惜在刚登位之际便制造出严重的治理危机，以换取

❶《明通鉴》，卷五一，论。

❷《明通鉴》，卷四九，正德十六年七月壬子。

❸《明史》，卷一九六，《张璁传》。

❹《明史》，卷一九六，《张璁传》。

❺沈朝阳：《嘉隆两朝闻见纪》，卷二。

❻《明通鉴》，卷五一，嘉靖三年三月丙戌。

到此一继统不继嗣的名义，和为已故父亲争取到一个皇统谥号和专庙。细考其用心，绝不仅仅是为给本生父母夺取到跻入明代诸帝后正式序列的至尊殊荣；为死人争名分归根到底是为自己争名分，是为满足自己所渴求的天潢嫡裔，正当得位的虚荣心理。

　　争大礼的事件经过争嗣、争考、争帝（后）、争庙、争宗几个阶段，逐步升级，总算在政治压力和暴力打击之下，当今皇上得到了完全的满足。此事从正德十六年（1521）四月，朱厚熜来到北京郊外时拒绝以皇太子身份就位发其端，纠缠到嘉靖十七年（1538）七月为墓中枯骨朱祐杬取得睿宗皇谥落下帷幕，折腾了十七个年头零三个月。

　　嘉靖皇帝的另一大特点，是"好神仙术"。这里所说的神仙术，是指虔迷崇祀道教的一个分支，即摒弃清修，而着力大搞斋醮、符咒、扶乩、祥瑞、烧炼、制合春药、求长生不死等邪术的教派。作为一国之君，嘉靖沉溺邪说邪术，必然对国家社会政治产生极坏的影响。

　　嘉靖自登位之始，即在宫内钦安殿屡事斋醮，焚奏青词，举行一系列既烦且亵的仪式，其特异的精神状态已令群臣惊骇。大学士杨廷和、吏部尚书刘宇等早在嘉靖元年（1522）即为此迭上谏疏，但均被置之不理，这也暴露出新皇帝与朝臣们存在的重大分歧。

　　嘉靖的顽固迷信，有历史的和个人的根源。其父兴王朱祐杬和其母蒋妃都是道教的虔诚信徒，长期以来就在王府中招揽方士，设坛斋醮，并经常带同年纪幼小的厚熜到安陆州内的玄妙观上香参拜，祈福乞寿。故此，嘉靖在这方面的信仰，是自小即在家庭中深深植入的。对于正德皇帝盛年而崩，和他本人之能从外藩世子骤然被宣入继位，黄袍加身，当然也被认为是得自神灵庇佑。故此，他登极后，便"每晨拜天于宫中" ❶，用以申谢上苍恩沐。与此同时，由于他本人体质衰弱多病 ❷，更寄希望于方士们编造的神迹仙方，奢想通过玄修以邀长生，

❶ 邓士龙：《国朝典故》，卷三五，嘉靖七年正月辛卯。

❷〔清〕查继佐：《罪惟录》，帝纪，卷一二，嘉靖六年十二月，嘉靖在给大学士杨一清的一道手诏中即说道："子孙敬事先人，敢以劳解！朕戌弱促喘，穿绕登降，实难如仪。"可见，他年刚弱冠，便已经无力亲拜祖庙。

能以地上帝王之尊同时序入仙班，人间富贵与天廷荣宠两得之。其后，又因纵情色欲，服食方士们用各种秘法炮制的丹药，并把这些名为不老之方实为壮阳春药视为既能无限地满足情欲而又可获长生、更邀仙眷的灵丹妙药。类似的祈求，也必然反映在政治上：既希望永葆穹苍玉帝的庇佑，又不惜采取各种手段以维护和加强自己的统治。因此之故，他就需要不断建醮斋祀以表达对神仙的忠爱虔敬，又不时委托一些方士人等作为神人之间的中介信使，将统治权的稳定和巩固寄托于上苍的支持。他先后宠信的邵元节、陶仲文、段朝用、蓝道行等人都是精选出来的神棍，都是"以符咒、烧炼、扶鸾之术，竟致荣显"的 ❶。这些人分别被封赐予道长、真人、国师、仙翁等称号，拜为礼部尚书，封以伯爵，甚至以一人而兼三孤（少傅、少师、少保），赐金、玉印。嘉靖对他们则言听计从，包括对国政的裁理和重臣的任免升黜等。有一些官员，亦因号称通晓秘术而获不次超擢。例如顾可学，本职不过是浙江的一个参议，因炼成秋石，另一参议盛端明亦以进春药有效，均先后被授予尚书之职；朱隆禧更以一个顺天府府丞擢加礼部侍郎，均连升数级。嘉靖对这些人物不依常格而重用，遂使各式风派骗徒云集阙下，官常大乱。

为表示虔诚，嘉靖又命阁、部大臣以及勋戚人等撰写诸多名目的"青词"以供皇帝祈敬上苍神祇之用。所谓青词，乃是一种使用金墨恭写在特制的青藤纸上，用各种华丽的颂辞禀告玉皇天尊以次诸神，申达虔敬，并祈求庇佑的特殊文件，写成后再按照一定的仪式叩拜焚烧，随着香烟缭绕，据说就能够上告天庭，备案于穹苍，收到消除灾祸并降赐吉祥的效果。嘉靖深信这是邀取天神垂爱的有效渠道，是修玄的重要方式之一，故终生上奏青词不息。许多大臣为曲顺帝意，宁置国家政务于不顾，却将主要时间精力用于精撰这种对偶侈丽、内容空洞穿凿、荒诞不经的祷告文字，嘉靖也将是否能巧于揣测己意，独具心裁出新意，是否精于和勤于撰写这种青词，作为界定臣僚是否忠诚可

---

❶〔清〕赵翼：《廿二史劄记》，卷三四，《成化嘉靖间方伎授官之滥》。

信，是否有能力才干的主要标准。自嘉靖三年（1524）以后，被选入内阁任大学士的人，差不多都是因用心撰写过青词然后得拔用的，诸如杨一清、夏言、严嵩、徐阶、李春芳等人皆是，就算在嘉靖时期尚未入阁的张居正也曾撰写过一定数量的青词。高拱也表示过，愿意为撰写青词效力。当然，这些人品类不一，而且撰制青词的动机也有很大的不同。有些人纯粹是借此以邀宠谋私，另一些人，则是在当时形势下不得不顺从撰写，但却是为了谋得进身之阶，为了取得一立足点，以徐图施展自己的抱负，不得不作这样的曲线迂回。他们都没有超越出这样一个畸形的反常的历史阶段。有关这类人和事的重大区别，我们将在下文论述。

为配合焚奏青词，亦为取得心理上进一步的满足和安慰，嘉靖还十分重视祥瑞。大体上从嘉靖十年（1531）开始，"诸瑞异表贺以为常"，什么白兔、白鹿、白雁、五色龟、灵芝、瑞谷、甘露、仙桃纷纷从全国各地献上来，什么卿云、瑞雪、甘霖，玄修退敌，海神安澜等等的奏报纷至沓来。"玉恩降世增余寿，龟使升霄显尔灵。"❶郑王厚烷献白雀，命荐之宗庙；四川巡抚宋沦献白兔，群臣表贺；河南巡抚吴山献白鹿，亦表贺。甚至连白兔下仔，白龟孵卵，也被渲染为满朝的喜庆，献入太庙。嘉靖为此陶醉，佞人因而得逞。

为表示玄修的诚笃，嘉靖历年来还大兴土木。他将原藩封所在的安陆升格为承天，并将旧王府改建为卿云宫，另在当地建造龙飞殿以享玉帝；在北京加建玄极殿、玉芝宫等，又在西苑督修仁寿宫并遍设玄坛；特在方士陶仲文的故里黄州建设雷坛。据当时入使中国的朝鲜进香使郑百朋嘉靖十四年十一月的记述："中朝……大兴土木之役。其于阙门之内，土木瓦石等物积为丘山，千官由其罅隙出入。……又于阙内，方造延禧、敬圣二宫，以为皇帝祈祷之所，皆穷极奢侈云。"❷"又闻赴役之人，一日三万余人，而皆偿民佣之，故匠人日给银七分，军

---

❶ 张瀚：《松窗梦语》，卷五，《祥瑞记》引嘉靖自作对联。

❷ 吴晗辑：《朝鲜李朝实录中的中国史料》上编，卷二〇，朝鲜中宗三十年，明嘉靖十四年十一月。

人则日给银三分,耗费极矣。"❶翌年二月,该国圣节使金光辙又进一步报告说:"(明朝)九庙之役方张,木石砖甓交积如山,……甓则来自苏州,而一甓输转之功,其价银十两矣。石则出于天水山,木则自泗川〔四川〕连伐而来矣。"❷与此同时,嘉靖还不断以手诏索要大量的龙涎香、猫睛宝石、黄金、珍珠等,也就是说,不惜倾全国的人力物力财力以支撑修玄建筑工程和祀典之用。如此浪费,国力焉能负担?嘉靖十九年(1540)四月,工部尚书温仁和上疏切谏,吁求压缩,曰:

> 二三岁间,内外大工,如宫,如殿,如宇,如坛,如厨库,如陵坟,如碑,共费六百三十四万七千有奇,而承天所请又一百七十余万,今尚工三十余所,藏竭矣,请务其急者❸。

但在嘉靖看来,所有这些供玄修或供享用的浩大工程都是绝不容稍缓或稍减的"急者",是概不许停止的。在温仁和上奏之后,给事中顾存仁、高金、王纳言等人亦一再乞求撙节,想不到反激其怒,竟遭贬谪或遭执讯镇抚司。太仆寺卿杨最指斥那些方士们不过是富贵神仙,是以欺妄取宠的骗子,奏请立予斥逐。嘉靖"大怒,立下诏狱,重杖之,杖未毕而死"❹。当时的局面是:"上经年不视朝,日事斋醮,工作繁兴,严嵩等务为诡谀。"❺嘉靖二十年(1541),御史杨爵拊膺痛哭,上言:

> 今天下大势,如人衰病已极,腹心百骸莫不受患,即欲拯之,无措手地方。且奔竞成俗,赇赂公行,遇灾变而不忧,非祥瑞而致贺。谗谄面谀,流为欺罔。士风人心,颓坏极矣。诤臣拂士日

❶《朝鲜李朝实录中的中国史料》上编,卷二〇,朝鲜中宗三十年,明嘉靖十四年十一月。
❷《朝鲜李朝实录中的中国史料》上编,卷二〇,朝鲜中宗三十一年,明嘉靖十五年四月。
❸《罪惟录》,帝纪,卷一二,嘉靖十九年四月。
❹《明通鉴》,卷五七,嘉靖十九年八月丁丑;《国榷》列在八月戊子条下。
❺《明通鉴》,卷五七,嘉靖二十年二月丙寅。

益远，而快情恣意之事无敢龃龉于其间。此天下之大忧也。❶

杨爵之言深刻沉痛，他对时局官场士风世俗的揭露也是合乎事实的。但嘉靖恩威不测，爵赏刑戮任意，如同对待其他敢于诤谏的人一样，对杨爵也进行了残酷的摧残折磨，借以发泄其怨毒。据记载，嘉靖在读到杨爵的奏疏后，"震怒，立下诏狱榜掠。血肉狼藉，关以五木，死一夕复苏。所司请送法司问罪，上不许，命严锢之。狱卒以圣怒不测，屏其家人，不许纳饮食，屡濒于死"❷。上述一系列偏执护短和狠忍报复的行为，都充分说明，这一个自称虔诚入道，崇仰清虚，礼拜昊天玉帝的皇上，其实是一个地地道道的独夫、暴君。

第二节　哀民生之多艰

张居正出生的时期，明皇朝的统治已经颓势毕露，洪武、永乐的武功超卓、文治辉煌已是遥远的往事；洪熙、宣德的升平亦已成为陈迹。历经英宗正统皇帝朱祁镇信任宦官王振，因轻率玩兵而身为俘虏，酿成土木之变；又经宪宗成化皇帝朱见深纵容宦官汪直设立西厂，酷虐生民；孝宗弘治皇帝朱祐樘虽然比较拘谨无大过，但亦未能振颓起衰，国势仍然下滑；特别是，明武宗正德皇帝朱厚照以顽童而兼浪荡子的态势君临全国，实行豹房专政，更促使朝纲大乱，北虏南倭威胁日迫，国将不国。当此内外交困，危机严重之时，继位的嘉靖皇帝却以"议大礼""兴大狱""崇神仙"等措置来主导政治，更促使各方面矛盾激化，张居正恰好正是在此存亡继绝的时刻来到人间，面临此一大变局。

暴虐腐恶政治的最大受害者是人民。社会民生的稳定或动荡是政权兴衰的主要标志。当居正才一岁之时，即在嘉靖五年（1526），直隶

---

❶ 杨爵：《斛山杨先生遗稿》，卷二。

❷《明史》，卷二〇九，《杨爵传》。

御史张珩即上疏痛陈局势的危急，言：

> 今天下西北困于边储，东南竭于漕运，譬之人身四肢已病，所恃者腹心耳。京师腹心也，顺、永、保、河四府之民，腹心之荣卫也。臣顷按其户口，死徙过半而征徭之旧额犹存；官吏之朘求无已，重以岁比不登，穷民去而为盗，是病且及腹心矣，不可不为之虑也。❶

张珩之言绝非危言耸听，即使在当时被称为全国最富饶地区的江南一带，其困苦灾难，有时亦不下于京师周遭。民不聊生的记载，读之令人酸鼻：

> 嘉靖十七年至二十二年，嘉兴各县荒。二十三年甲辰大荒，平湖、海盐尤甚。乡民力田之外，恒以纺织为生，是岁木棉早槁，杼柚为空，民皆束手待毙。水上浮尸，及途中饥殍，为鸢狗所食者不可胜数。又官粮逋负，苦于催科，田无所售，则拆屋货之苏、湖各邑；不足，即鬻妻女于宁、绍。宁、绍人每以此为业，官府知而不禁也。盖鬻之则妻女去，而父与夫获生，否则均为杖下鬼耳。有就食于野者，草根芝蔓，采撷无遗。或行乞于市，遇货食者，辄抢而奔，比追及，已入口矣。又有数十为群，至人家求食者，或不与，即相凌夺。其无赖者伏草野中，遇人持布入市，即掩击夺之，谓之打布贼。数人为伙，即行劫于路及村落间。日未没，即不敢出，相结防御，通宵不得就寝。❷
>
> 甲辰凶荒之后，邑人行乞者十之三，逋负者十之九。❸

与江南相比，晋、陕关中等地的辛楚艰难就更为沉重。嘉靖二十一年

---

❶《明世宗实录》，卷六二，嘉靖五年二月戊申。

❷ 冯汝弼：《祐山杂说·甲辰荒变》。

❸《祐山杂说·应变操纵》。

（1542），时任陕西提督使的王邦瑞曾巡视咸阳、武功一带，在驿站旅舍的墙壁间，见有人留书，其中有"有儿难卖计应穷"句。原来在江南还有宁波、绍兴人借灾荒而贱买人口，而在晋、陕、宁夏边塞之地，"家家有子皆无钱"，"不惜恩情长弃捐，出门惟伤儿卖难"❶。因为求卖儿女的太多，而有余钱买入人口的太少，以致有儿苦难卖，希冀有人乘己之危而不可得。为了活命，又不得不贱价求鬻，竟至出现"一鹅值二男"的人寰惨况❷。

王邦瑞为官清正，"以廉节著"❸，他巡行所及，目睹心伤，曾以诗纪事：

> 百里人烟绝，平沙入望遥。春深无寸草，风动有惊涛。两税终年纳，千家计日逃。穷民何以答，遮马诉嗷嗷。❹

在他的诗作中，有时也接触到问题的实质，天灾结合人祸，人祸助长天灾。所谓人祸，其实应正名为官祸，"正赋之外百千科"，各级官吏都在贪婪地噬啖着黎民的骨髓，"入城但闻弦管沸，火树银花欲燎空。金尊玉碗皆含泪，肉尽民膏酒尽血"。❺

当时也有人正确地指出，民生的凋敝，社会的动荡，表现的方面虽然多端，但万绪千头，根源总归结于中枢，于朝廷，于君上。上有好者，下有甚焉。不清其本源，而求诸枝叶，是绝难扭转局势的。言：

> 今天下民贫极矣。窃观民所由贫者五：水旱，一也；遇盗贼起者，二也；赋役日繁重，三也；吏贪暴，四也；风俗侈，五也。……救时急务，惟惩贪禁侈而已。俗侈起于京师，吏贪

---

❶ 王邦瑞：《王襄毅公集》，卷三，《旅次驿站作歌一首》。

❷ 《王襄毅公集》，卷三，《春雪行悯时作》。

❸ 《明史》，卷一九九，《王邦瑞传》。

❹ 《王襄毅公集》，卷四，《过沙里伤百姓虚赋作》。

❺ 《王襄毅公集》，卷三，《春雪行悯时作》。

始于上官。今戚里仿大内，大家仿戚里，众庶仿大家，习以成风，传式海内，故京师不禁而欲禁四方，未有能行者也。自守令以上，至于藩臬，又至于卿寺，皆遍相贿赂以求迁补，故不禁上官而禁小臣，法未有能行者也。故谚曰："得诏书，但挂壁。"其此之谓也 **❶**。

煌煌诏书，竟然被视为具文，原因在于，宫廷所在的大内，成为乌烟瘴气的总汇，成为各级佞臣污吏贵戚豪绅贪侈风气的策源地。嘉靖目睹子民们迁徙流离，辗转饥寒于死亡线上，却仍然沉溺于虚无飘渺的神仙境界里，执迷于追求所谓继嗣正宗的虚荣心态中，不惜浪费大量国帑，不惜连续制造血案。以多疑之人，行隔绝之治，此之谓虐政，此之谓不仁！嘉靖虽能以威势镇慑群臣，钳封众口，但绝难取信于天下，甚至在政权内部，在各级官僚中，都早已丧失威望和诚信，此正是这个独夫皇帝的可悲之处。

---

❶ 姚叔祥:《见只编》，卷下。

第三章

科举道路和翰苑生涯

第一节　经世实学与八股时文的冲突——
参加会试的一次挫折

嘉靖十九年（1540），张居正到省城武昌参加乡试，高中举人，但他在二十三年入京参加会试，却没有被取录为进士。对于一个在府考和乡试中均以极优异成绩备受赞赏的青年才俊来说，本以为再捷春闱是不成问题的，而结果却是名落孙山，当然是一个不小的挫折。

张居正对于自己所以落榜，多年来是有过认真思考的。直到晚年，他对自己的幼子懋修还说到这一点，认为本人当年赴考失败，落魄回乡，是由于他自己"童稚登科，冒窃盛名，妄谓屈、宋、班、马，了不异人。区区一第，垂手可得，乃弃其本业，而驰骛古典。比及三年，新功未完，旧业已芜。今追忆当时所为，适足以发笑而自点耳。甲辰下第，然后揣己量力，复寻前辙，昼作夜思，殚精毕力，幸而艺成，然亦仅得一第止耳，犹未能掉鞅文场，夺标艺院也"。❶

---

❶《张太岳集》，卷三五，《示季子懋修》。

这一段自述，对了解张居正从嘉靖二十三年落第到二十六年登科一段时期的思想动向，是比较具体和真切的。居正本人以十三岁稚龄入府学为生员，即俗称秀才，当时即因才华横溢受主考和地方长官的逾格器重，"荆州张秀才"的名声大著；十六岁又在乡试高中，成为最年轻而又被誉为最有才具的举人。龙门跃入，声价顿增，此刻的居正一时心骄气盈，应该是合乎情理而易于理解的。至于他将应会试失败的原因，仅归结为"弃其本业，而驰骛古典"，则似是遁词，只说对了一半。"弃其本业"是真实的，"驰骛古典"则不尽然。

按照当时的规定，举子的所谓"本业"，乃是指准备应考再高一级考试的科目而言。明代的科举制度，主要是沿袭宋、元的旧制而略作更动，向更加程式化的方向发展。试士之法，指定以四书（《大学》《论语》《孟子》《中庸》）五经（《易经》《尚书》《诗经》《春秋》《礼记》）作为范围，由考官裁取这些儒家经典中的个别文句作为题目，要求应试者写作文章以阐发本题的义理，当时称为经义，内容必须符合官方认可的注解，所谓为古人立言。明代更限定，应试者必须遵照一定的文体来进行写作，当时称为"时文""制义"或"制艺"。每篇文章由破题、承题、起讲、入手、起股、中股、后股、束股八个部分组成。破题两句，是用来点破本题的要义，承题是接着破题的意义而进一步阐明，起讲是引入议论的开始，入手是转入正题，从起股到束股才是正式议论，又以中股为全文重心，以束股为全文结论。在这四股中，都应各有两股排比对偶的文句，合共八股，故被称为八股文，又称八比。在文章中，如有被认为违反了宋儒朱熹所著的《四书集注》等书，便要被斥为违式背制，黜为落卷，故此，考卷必须恪遵上述死板的形式体裁，绝不许自由发挥，只能在空洞的陈言滥语中玩弄辞藻，堆砌成篇。这是一种最有效束缚士人思想，扼杀独立思维，因而成为有力维护现存统治秩序的工具。但它终究只是士人们用以猎取功名的敲门砖而已。一旦敲开了乡、会试的大门，便自然被弃如敝屣。

居正自幼启蒙，当然也以这些传统的正规经籍及其制义作为唯一的示范，也确曾寒窗苦攻，故此，才可能少年中举，并受知于士林。

但，他本来是不世出之才，不羁之具，生性关心社会民生，是绝不会满足于寻章觅句，沉溺于备考范文之中的。他在中举以后确实有过对古典文学以至佛家禅学的爱好，但对他最具吸引力的，乃是思考现实政治，分析各种突出的社会问题。而成为他主要考虑的，是如何致君泽民，如何准确估量当前的时局窘困以及谋求摆脱之法，为此，他便着重于讲究经世致用的实学。正因此，他才会带着某种厌倦的情绪"弃其本业"。他在给儿子张懋修的信中，批评懋修"忽染一种狂气，不量力而慕古，好矜己而自足，顿失邯郸之步，遂至匍匐而归"❶。这其实正是四十年前，他本人心意情态以至境遇的回溯。

问题在于，经过了四十年，当年一度名落孙山的父亲已经位极人臣，权柄在握，而且在一度落第以后，便赶快"复寻前辙，昼作夜思，殚精毕力"，以攻习曾经弃置不屑的制义，因而取得了功名。重提覆辙是为了叮嘱儿辈莫重走自己的曲折道路，或有助于填平两代之间的代沟。但从居正一度科场失利而又再得意的历程中，亦可以看到，敲门砖虽然毫无实用而且面目可憎，但在当时却是绝对"有用"而且难以代替的。因为没有会试一第，就绝难进入高层次的官场，仕途就必然会受到极大的限制，更遑言跻上枢垣，柄政以实现抱负？居正在这方面亦不得不弃之然后复寻之，不得不殚精毕力以力求之，原因正在于此。

中国多少代知识分子在灯前窗下皓首穷经，耗费半生甚至终生的时间精力以揣摩钻研这种无用之学，无非是因为它与功名富贵密切联系在一起，无非是因为这是当时最主要的有望能显亲扬名的出路，故此，自甘情愿地投入帝王彀中。专制统治的意识网罗编织得如此周密，传统的惰力又是如此强大，即使其后成为一代巨人的张居正也莫能自外，他也必须通过这条狭窄道路并用力敲开横亘在前面的扉门，才能跻上政治舞台，扮演自己的角色！

---

❶《张太岳集》，卷三五，《示季子懋修》。

第二节 身在翰苑，忧思天下

居正在嘉靖二十六年（1547）丁未科中了二甲进士，被选送入翰林院当庶吉士。所谓庶吉士，就是在会试之后，由朝廷在二三甲进士中挑选一些"文学优等及善书"❶，而又比较年轻，有造就前途的人进入翰林院继续深造。至于一甲的进士一共只有三名，即所谓状元、榜眼、探花，高中后即在翰林院授官，状元授修撰，榜眼、探花授编修，不必经过庶吉士这一阶梯。翰林院是当时国家最高级的文化学术著述中心，负责掌管草撰制诰等官式文件，以及掌修国史，"以考议制度，详正文书，备天子顾问"，"凡经筵日讲，纂修实录、玉牒、史志诸书，编纂六曹章奏，皆奉敕而统承之"，"大政事、大典礼，集诸臣会议，则与诸司参决其可否"，"凡天文、地理、宗潢、礼乐、兵刑诸大政，及诏敕书檄，批答王言，皆簿而记之，以备实录。国家有纂修著作之书，则分掌考辑撰述之事"❷。很显然，所有这些业务，都是与朝廷的诸种中心活动，许多重要工作联系在一起，而非一个纯学术的清谈馆。按品秩，翰林院不过是一个五品衙门，尚不如一个地方上的府级单位，但其特殊重要性，却不是其他同品级的衙门所能比拟或代替的。为完成以上工作，就必须精研国家的典章制度，熟悉时政，钻研朝廷以及诸司历年活动中形成的各种重要历史档案的内容。

庶吉士在翰林院中以学习为主，无官品，一般三年左右，经过考试，即告结业，谓之"散馆"。散馆之后，即可分授职务，或留院任编修（正七品）、检讨（从七品）等史官；或出院任御史、给事中（正七品）等所谓监察风宪之官。进士而能入翰林，经过庶吉士阶段，一般都会得到较快的拔擢，且因在院内能得到亲炙鸿儒、接近权要的机会，又能饱览史料邸报，参加某些重要会议，很便于对时事政治有具体深入的了解，这对于刚来自民间的年轻进士来说，无疑是进入了一个崭新的知识和活动的领域。能被选中当庶吉士，被认为

❶《明史》，卷七三，《职官志》二，翰林院。
❷《明史》，卷七三，《职官志》二，翰林院。

是一个非常难得的历练和上升的机会。当时社会公认庶吉士是科举的拔尖人才，他们之中，必有人成为未来阁部大臣的人选，因而目之为"储相"。

张居正在当庶吉士时，"徐阶辈皆器重之"❶，因而已经崭露头角。

嘉靖二十八年（1549），翰林院庶吉士"散馆"，张居正被留院任编修，直到嘉靖三十八年，他的编制一直是在翰林院内，职衔一直是七品衔的编修。虽然他曾于嘉靖三十三年至三十六年回到江陵老家山居"养疾"，但仍保留此一职衔，回京后复职。担任这一清秩，竟连续十年之久。

对于张居正来说，这是一段增广知识，扩大视野，自律砥砺，深蕴厚积，渐趋成熟的重要时期，也是其政见纲举目张，渐成系统的重要时期。

当然，新科进士以及被选充庶吉士的人，也是一个品流复杂的群体。有些人不过是当朝权贵的子弟姻娅，"以其故厕入翰林"❷；有些人则急于宦禄，总盼望早日"散馆"，早日做官，在翰林院里只是采取混日子的态度；另一些人更不肖，不过借翰林院为立足点，在首都四处钻营，总想巴结上一二豪门，倚仗为后台以求飞黄腾达，"自为庶吉士日，奔走权要，交通贿遗，时人有不读书，管闲事之诮"❸。还有一些人则诗酒自娱，呻章吟句，志愿充当操觚染翰的骚客。凡此种种，都是居正所不愿为或不屑为的。他在《翰林院读书说》一文中回忆自己当庶吉士的生活和感受，借一位"玉堂夫子"之口，申述了自己的志愿和追求，人生道路的选择，明确认为作为庶吉士，必应"敦本务实"，"以耿耿之身，任天下之重，预养其所有为"❹。强调学必贵乎致用，"盖学不究乎性命不可以言学，道不兼乎经济不可以利用。故通天地人，而后可以谓之儒也。造化之运，人物之纪，皆赖吾人为之辅相；

❶《明史》，卷二一三，《张居正传》。

❷ 张时彻：《张尚书邦奇传》，载《国朝献征录》，卷四二。

❸ 徐学谟：《世庙识余录》，卷一六。

❹《张太岳集》，卷一五，《翰林院读书说》。

纲纪风俗，整齐人道，皆赖吾人为之经纶；内而中国，外而九夷八蛮，皆赖吾人为之继述。"❶ 而且，处在政事蜩螗，人心嚣散之时，他却坚持必须崇尚实学，注重力行，主张不可趋附潮流，随风颠倒，而应志存远大，因为"根本固者华实必茂，源流深者光澜必章，是以君子处其实不处其华，治其内不治其外。夫恢皇王之绪，明道德之归，研性命之奥，穷经纬之蕴，实所望于尔诸君也"❷。张居正这一番议论，在当时众庶吉士中可谓庸中佼佼，比较透彻地表达出自己治学处事的原则，颇有众人皆醉我独醒，愿以天下为己任的气概。他断然指斥那些目光短浅，耽于游戏文字，或习惯于依草附木，不择手段以谋取荣显，擅长于谋取一己私利私禄，而不恤社会沉沦、民生多艰的官迷禄蠹，认为这些人不过是"占毕之儒"，"测浅者不可以图深，见小者不可以虑大"，是绝不能引之为同心，偕之以同道的。

居正坐言起行，他在翰林院的日子极不清闲，他在认真地进行着艰苦的探索。

与张居正同科中进士，又同被选入翰林院为庶吉士，以后成为著名历史学家的王世贞，曾回忆居正当年在翰林院的表现，认为与其他人有重大区别之处，言：

> 是时为嘉靖之丁未、戊申间（嘉靖二十六、二十七年，1547—1548），诸进士多谈诗为古文，以西京、开元相砥砺，而居正独夷然不屑也。与人多默默潜求国家典故与政务之要切者。❸

对于居正此一特点，明末清初文人林潞做了补充记述，言：

> 江陵官翰苑日，即已志在公辅，户口、扼塞、山川形势、人

---

❶《张太岳集》，卷一五，《翰林院读书说》。
❷《张太岳集》，卷一五，《翰林院读书说》。
❸《嘉靖以来首辅传》，卷七，《张居正传》，又载见《国朝献征录》，卷一七。

民强弱，一一条列。**❶**

另一明末文士王思任的记述就更为具体形象：

> 昔江陵为翰编时，□□逢盐司、关司、屯马司、按察司还朝，即携一酒一榼，强投外教，密询利害扼塞。归寓以后，篝灯细书，其精意如此。**❷**

以上不同的记载，都说明在进入翰林院以后的张居正，一直以无限执着的精神来了解时事政治，着力收集一切可能到手的原始资料。他锲而不舍，不耻下问，不拒绝做具体的工作，对了解得来的事实材料，一一分类条列，然后进行深入的思考。此时他已具备着一个务实型政治家的雏形和素质。他其后主持进行的大规模改革，实得益于在翰林院时期对国情形势的掌握，以及对存在问题症结的探索。操切民瘼，关心国运，深入思考，充分准备，为张居正他日建树宏伟事业奠下坚实的基础。

第三节　激切进言，痛论时政

张居正了解的情况愈是深入愈是具体，就愈骇然于形势的严峻。时人有些议论，也使他受到极大的震撼："灾害日兴，盗贼日炽，财力日竭，天下之民困苦已极。"**❸**以言民生，则"民间既入粮税矣，又杂泛差徭；既应里甲矣，又收解大户；既充驿传矣，又柴薪马丁；既出民壮矣，又军饷边需；既四司料价矣，又买解大木。为名不一而足，

---

❶ 林潞：《江陵救时之相论》，载光绪《荆州府志》，卷七九；又载《清经世文编》，卷一四。

❷ 王思任：《与周延儒书》，载《荷牐丛谈》，卷三。

❸ 王守仁：《谏迎佛疏》，载《明文海》，卷五〇。

为派不时而有"❶。以言吏治，则各层衙门各级官吏，绝大部分都贪婪残刻，千方百计巧设陋规，以对黎民百姓肆行盘剥，"称头、火耗、使用、起解之类，不可胜述"❷。这些老猾官痞们为保住和加大乌纱帽，有时也装腔作势地说些抚字爱民的话作为口头禅，但实际上则行同狗彘，"以言不出口为淳厚，推奸避事为老成，圆巧委曲为善处，迁就苟容为行志，柔媚卑逊为谦谨，虚默高谈为清流，论及时事为沽名，忧及民隐为越分，官上位以矫亢刻削为风裁，官下位以逢迎希合为称职，趋爵位以奔竞、辨诪为才能，纵货贿以侈大、延纳为豪杰"❸。以言边防，则北虏铁骑纵横，海寇乘潮往返，"有封疆守备之责者，坐视狂虏深入屠杀生民，曾不发一矢以向贼"❹。

面对着如此百孔千疮，内忧外患，全局濒于瓦解的局面，居正确实忧心如焚，他始而迷惘彷徨，继而又不忍坐视糜烂。他明知时势险恶，但也清晰地认识到，要重振明皇朝的纲纪声威，要改善亿万黎庶的窘境，绝非易事。因为前述的许多严重问题，归根结底，其纽结都在于作为国家首脑、最高统治权力的总代表者皇帝本人萎靡不振，昏惯荒唐，遂使全副国家机器失去有效的驾驭制衡，百弊丛生。在体制上，皇权是纲，纲不举则目不张，故要扭转局势，绝不能回避开皇帝本人存在的问题，而"不避犯颜之诛以直谏"❺，则不但要具有挺身犯难以作危切之言的勇气，还要有充分事实根据的说理。

嘉靖二十八年（1549），张居正刚结束了在翰林院庶吉士的学习，被任命为该院七品清衔的编修，年方二十五岁。他在经过深入考虑之后，单独具衔给嘉靖皇帝上了一道《论时政疏》❻。这是一篇充分反映当时时局特点，针对性很强的重要的政见书，是一篇充溢着作者忧国忧时激情和对明皇朝怀抱无限忠忧的陈情表，是中国古代士人

❶ 赵贞吉：《赵文肃公文集》，卷八，《三畿九弊三势疏》。
❷ 《赵文肃公文集》，卷八，《三畿九弊三势疏》。
❸ 《赵文肃公文集》，卷八，《议边事书》。
❹ 茅坤：《茅鹿门先生文集》，卷一六，《条上李汲泉中丞论海寇事宜》。
❺ 《张太岳集》，卷一五，《论时政疏》。
❻ 《张太岳集》，卷一五，《论时政疏》。

忧患意识传统的继承和发扬。这一道奏疏和他在二十年后（隆庆二年，1568）上的《陈六事疏》，向来被认为是系统表达张居正政见和治术的两大纲领性文件，对于研究嘉隆政事和张氏生平，均具有重要的价值。

《论时政疏》开宗明义指出，为解脱当前危局，实已处于刻不容缓的关头，具有紧急抢救的性质，"臣窃惟今之事势，血气壅阏之病一，而臃肿痿痹之病五，失今不治，后虽疗之，恐不易为力矣"❶。

所谓"血气壅阏之病"，指的完全是嘉靖本人的不勤政、不纳谏，不亲近臣工：

> 今陛下即位以来，二十八年矣。……乃今阴阳不调，灾异数见，四夷未宾，边尘屡警，犹不能不勤宵旰之忧者，意奉职者未得其人欤？抑上下之志犹有未通耳？今群臣百僚，不得望陛下之清光已八九年……自古圣帝明王，未有不亲近文学侍从之臣，而能独治者也。今陛下所与居者，独宦官宫妾耳。夫宦官宫妾，岂复有怀当时之忧，为宗社之虑者乎？今大小臣工，虽有怀当时之忧，为宗社之虑者，而远隔于尊严之下，悬想于于穆之中，逡巡嗫口，而不敢尽其愚。……而至今无一人举当时之急务以为言者，无已，则毛举数事以塞责。夫以刑罚驱之，而犹不敢言，若是者何？雷霆之威不可干，神明之尊不可测，陛下虚己好谏之诚，未尽暴著于臣下故也。是以大臣虽欲有所建明，而未易进；小臣虽欲有所献纳，而未敢言。由是观之，血气可谓壅阏而不通矣，是以臃肿痿痹之病乘间而生❷。

很显然，臃肿痿痹之病的根源在于壅阏不通，而壅阏不通的总阻塞乃在于皇帝。居正之吁求于嘉靖的，是希望他痛自摒弃幽居深宫，隔绝臣民的态度，进而振奋乾纲，去壅排阏，做一个有为之君，"上下交，

---

❶《张太岳集》，卷一五，《论时政疏》。
❷《张太岳集》，卷一五，《论时政疏》。

而后能成和同之治"❶。他继又指出，当前臃肿痿痹的现象，主要表现在以下五个方面："曰宗室骄恣，曰庶官瘝旷，曰吏治因循，曰边备不修，曰财用大匮，其他为圣明之累者不可以悉举，而五者其尤大较著者也。"❷

试对以上五个方面问题的严重性及其影响的恶劣等进行观察和分析，就不难看到，由它们组合成的乃是一幅衰败没落的总体图景。嘉靖中期的宗藩问题，主要表现不是存在称兵叛乱，而在于迎合嘉靖的迷信癖好，借以取得宠信和谋取私利，扩大了皇家宗室之间，宗室与一般官民之间的矛盾，进一步污染社会，苛虐百姓，"乃今一二宗藩，不思师法祖训，制节谨度，以承天休，而舍侯王之尊，竞求真人之号，招集方术、逋逃之人，惑民耳目。斯皆外求亲媚于主上，以张其势，而内实奸贪淫虐，凌轹有司，朘刻小民，以纵其欲"。❸事实也正是如此。当时最受嘉靖皇帝宠信厚幸，引为宗室楷模的，其实只是一些精选的坏蛋，诸如辽王宪㸔、徽王厚爝，都是因能巧用心计，精于揣摩皇帝意图，一再以勤于修玄，竞献瑞祥，而受到显擢和表彰的。辽王被诏封为清微忠教真人，徽王被诏封为太清辅元宣化真人，均赐金玉印。凭此殊遇，他们不但将斋醮乌烟熏遍封藩所在的湖广和河南，而且仗此以胁持和诬陷官民，恃此以聚敛。居正在奏疏中将之列为五害之首，吁请对这些家伙"少创之"❹，乃是因为这些亲王挟皇族的权威，地位尊而礼遇隆，隐然成为一省一地的大恶霸，其作恶能量之大，对社会殃害之深，实非一般勋贵官僚所能比拟的。

至于"庶官瘝旷"和"吏治因循"，都反映出国家机器的正常运行濒于瘫痪。这方面的问题，表现在有才不用，用人不当，升黜不公，赏罚任意，"今国家于人才，素未常〔尝〕留意以蓄养之，而使之又不当其器。一言议及，辄见逐去。及至缺乏，又不得已轮资逐格而叙进

---

❶《张太岳集》，卷一五，《论时政疏》。
❷《张太岳集》，卷一五，《论时政疏》。
❸《张太岳集》，卷一五，《论时政疏》。
❹《张太岳集》，卷一五，《论时政疏》。

之。所进或颇不逮所去。今朝廷济济，虽不可谓无人，然亦岂无抱异才而隐伏者乎？亦岂无罹微玷而永废者乎？"**❶** 得人与否，关系国运之兴替，国家机器之是否仍具有效能。嘉靖当时人事吏治的特点，是凭一己的爱憎以定取舍，顺谀者破格升擢，而犯颜敢谏者则断然予以杖、徒、谪、杀，如是焉能"养之素则不乏，使之器则得宜"**❷**？更重要的是，上行下效，必然导致官风不正，邪佞横行。"迩来考课不严，名实不核。守令之于监司，奔走承顺而已。簿书期会为急务，承望风旨为精敏……至或举劾参差，毁誉不定。贿多者崇阶，巧宦者秩进。……以此成风，正直之道塞，势利之俗成，民之利病，俗之污隆，孰有留意者乎？"**❸** 由此可见，文武官场的因循腐败已经遍及全国，各级衙门都充斥着一批又一批大大小小的禄蠹官瘝，敷衍守职，贪贿舞弊成风，恍似扩散中的癌症细胞，正在吞噬着明政权的肌体。居正主张大力加以整顿，因为此敝不痛予割除，要扭转明皇朝颓朽下滑之势，是绝不可能的。

居正所说的"边备不修"，指的是北方九边各军事重镇，以及东南沿海要塞，实际上都处在将帅无韬略、士兵无斗志、防务废弛、被动挨打的态势。试以张居正上疏之前的五年期间为例，嘉靖二十二年（1543），蒙古鞑靼族大首领俺答挥军入塞，犯延绥；二十三年，又两次侵入，直指大同；小王子则攻入万全右卫，掠蔚州，至于通州，北京宣布戒严；二十四年，俺答再犯大同；二十五年，犯宣府、延安、庆阳、宁夏；二十六年，海寇犯宁波、台州；二十七年，把都儿寇广宁，俺答先后犯大同、宣府，深入永宁、怀来、隆庆等近畿之地**❹**。而当此兵凶战危，敌氛猖獗之际，明方却拿不出有效的应敌制胜方策，以致"虏骄日久，迩来尤甚，或当宣、大，或入内地，小入则小利，大入则大利。边围之臣，皆务一切幸而不为大害，则欣然而喜，无复

---

❶《张太岳集》，卷一五，《论时政疏》。
❷《张太岳集》，卷一五，《论时政疏》。
❸《张太岳集》，卷一五，《论时政疏》。
❹《明史》，卷一八，《世宗本纪》二。

有为万世之虑,建难胜之策者"❶。这种意存侥幸,但求不至大败而丢官的状况,实际上是对来犯之敌的纵容和鼓励。长此下去,其灾难性的后果是不堪设想的。

至于"财用大匮"的具体情况,嘉靖朝以来的诸般浪费,在本书第二章第三节已有论述。总之,这样无限制无节制的苛取滥用,不但要导致财政崩溃,而且必然会引发社会的大动荡。居正痛言:"今国赋所出,仰给东南。然民力有限,应办无穷,而王朝之费,又数十倍于国初之时。大官之供,岁累巨万;中贵征索,谿壑难盈。司农屡屡告乏。夫以天下奉一人之身,虽至过费,何遂空乏乎? 则所以耗之者,非一端故也。"❷ 他指出,财源枯竭而耗用无已,势将罗掘俱穷,难以为继。

在《论时政疏》中,张居正虽然力言这五方面弊害之"尤大较著",及其危害的深重,但却一直认为,凡此种种,都不过是病象,而非病源,不是必应产生和存在的本质性的问题。他并不讳言,病根在于最高统治者,在于皇帝,因为唯有"当今圣上",才真正掌握着决策的全权。他谏曰:

> 五者之弊,非一日矣。然臣以为此特臃肿痿痹之病耳,非大患也。如使一身之中,血气升降而流通,则此数者,可以一治而愈。夫惟有所壅阏而不通,则虽有铖石药物无所用。伏愿陛下览否泰之原,通上下之志,广开献纳之门,亲近辅弼之佐,使群臣百僚,皆得一望清光,而通其思虑,君臣之际,晓然无所关格。然后以此五者,分职而责成之,则人思效其所长,而积弊除矣。何五者之足怪乎? ❸

---

❶《张太岳集》,卷一五,《论时政疏》。
❷《张太岳集》,卷一五,《论时政疏》。
❸《张太岳集》,卷一五,《论时政疏》。

疏末，居正实际上对嘉靖提出了寓意深长的忠告：

> 臣闻扁鹊见（蔡）桓公曰："君有疾，不治将深。"桓公不悦
> 也。再见又言之，三见望之而走矣。人病未深，固宜早治，不然，
> 臣恐扁鹊望之而走也。❶

在嘉靖中期群臣递上的谏章中，张居正的《论时政疏》，在措词上不能算是最尖锐的一篇，但却是最全面和最充分说理的一篇。他没有采取情绪化的过分激切愤慨之言，有意回避开一些诸如迷信玄修，宫婢弑主，一年前冤死内阁首辅重臣夏言和三边总督曾铣，严嵩开始专权等敏感性的事件，比较注意掌握分寸和希望收到感悟皇帝的效果。另外，他在诸上谏臣僚中秩位最低，年纪最轻，且非如御史、给事中等风宪之官负有言责，乃以翰林院编修的清秩而为瞻顾全局的忧危之言，无非是出自对明帝国的忠忱和对民生疾苦的关切。在对"五弊"的分别论析中，充分表现出他从来讲究学以致用，从来不做一个甘于闭户读圣贤书的自了汉。这些论述，都是他苦心了解现状和辛勤探索的凝聚。最可贵的是，他在全疏中自始至终紧紧抓住壅阏不通此一核心要害，围绕着当今皇帝的失德失职此一主题而立论，主次分明，论据确凿，而殷挚寄厚望于皇上的幡然觉悟，企盼他能自知其疾而及早就医治疗。敢于触及忌讳，敢于批逆鳞，此亦表露出居正当时朝气蓬勃、英锐奋进的气概。所可惜的是，他这篇呕心沥血以撰就的奏疏，呈上之后便被"留中"，如同石沉大海，可说毫无效果。嘉靖皇帝不过是另一个讳疾忌医的蔡桓公。张居正的一片忠忱，却被轻蔑地扔掷在流水之中了。

---

❶《张太岳集》，卷一五，《论时政疏》。

第四节　对嘉靖其人和嘉靖朝政事的反思

当嘉靖去世后，张居正很快便被拔擢入内阁，其后，又上升为首辅，柄国政，掌重权。痛定思痛，在他历年撰写的文章函牍中，不乏对嘉靖其人及其政事的回溯和反思。应该说，他对嘉靖朝前事是持完全否定态度的，简直视之为一场噩梦，一次浩劫。这不是一般的臧否人物，褒贬时局，而是明确无误地表示，君臣两人在道德价值观念和治国方针等方面，均存在着根本性的分歧。

首先是对嘉靖的暴戾性格和变态心理的反思。张居正多次写道："肃祖恩威靡恒终始"❶，"世宗在位久，以威严驭下，虽素所亲任辅旧，往往被谴斥"❷。"世宗晚年，诸大典礼，即辅臣有不及知者"❸。"嘉靖间，肃皇帝以威严驭下，大狱数起，群臣言事忤旨，辄逮系锦衣讯治，或杖之于廷，有立毙者；而当事者亦以鸷击为能，侦伺校卒，猛若乳虎，一旦不如意，所夷灭不可胜道，京师为之重足。"❹"肃皇帝之雄察，即亲信勋〔旧〕，罕能保终者。"❺"嘉靖中，疆场多故，肃皇帝以威断驭下，本兵督臣大者诛，小者斥，未尝三岁不更置也。"❻

以上贬斥之词，实已将居正对嘉靖其人其事的反感表达无遗，亦已对嘉靖擅权专制、多疑嗜杀、反复无常的嘴脸勾勒如绘，跃然纸上。

居正有时还借别人的事迹言行，以衬托出嘉靖的固执酷虐。例如，嘉靖二十九年（1550）八月，蒙古俺答率大军入犯，攻古北口，击溃明蓟镇守军，大掠通州，直薄北京城下，攻陷畿辅州县。嘉靖被迫宣布戒严，急召诸路兵马入援，好不容易才解围退兵，是所谓庚戌之变。事后，嘉靖不但不自省荒怠军政之失，反而大吹"修玄

❶《张太岳集》，卷一二，《成国公朱希忠神道碑》。
❷《张太岳集》，卷一二，《成国公朱希忠神道碑》。
❸《张太岳集》，卷一二，《成国公朱希忠神道碑》。
❹《张太岳集》，卷一二，《后军都督府左都督朱希孝神道碑》。
❺《张太岳集》，卷一二，《后军都督府左都督朱希孝神道碑》。
❻《张太岳集》，卷一二，《后军都督府左都督朱希孝神道碑》。

退敌"；不但不严惩怯敌败绩的平虏大将军仇鸾等，反而推诿罪过于力请早筹战守的兵部尚书丁汝夔、巡抚侍郎杨守谦，借他们二人的人头以遮羞卸责。张居正对于这样是非不分、功罪不明的做法是愤懑不平的。他在隆庆三年（1569）二月为已故佥都御史吴维岳而作的墓志铭中写道：

> 庚戌，虏穿塞直犯郊圻，先帝怒收尚书（丁汝夔）下吏，趣具狱，将诛之。公（指吴维岳）从容言，尚书无大罪，拟从末减。上不从，竟诛尚书。当是时，廷中均称吴郎长者也。❶

他重提此十九年前旧事，不仅在于平反丁汝夔的冤案，也不仅在于表彰吴维岳的直言清操，而且在于再一次将嘉靖这位先皇帝执拗拒谏、轻率杀戮的恶行曝光。按，当庚戌结案之时，吴维岳的职任不过是刑部一员外郎，仅是一个秩居从五品的部属官员，其发言地位是很有限的。居正在为其撰写墓志铭时突出地叙说此事，显然是借吴氏之口以披露事实真相，以吴的"长者"形象比照嘉靖应负诛杀无辜的责任而已。

最集中表明居正对嘉靖评价意见的，还有下引两段评议：

其一，在《与王敬所论大政书》中说：

> 尝谓世庙以大有为之君，而当时诸臣不能佐下风，徒取仪文制度纷更一番，末以修玄结局。❷

这样的说法也需要作一番解读。表面上，他将嘉靖不能有所作为，推卸给"当时诸臣"负责，但细考之，"取仪文制度纷更"的始作俑者，实实在在只能是嘉靖本人，至于"末以修玄结局"，此点更非"大行皇帝"莫属，执迷不悟修玄至死，作为此一迷信现象的最高代表者，难

---

❶《张太岳集》，卷一三，《都察院右佥都御史霁寰吴公墓志铭》。

❷《张太岳集》，卷二五。

道还有别人吗？

其二，他在《答福建巡抚耿楚侗言致理安民书》中，更是对嘉靖已将明朝统治推向覆亡边缘，以及社会民生濒临崩解的危殆形势，做了扼要的揭明，曰：

> 盖治理之道，莫要于安民。究观前代，孰不以百姓安乐而阜康，闾阎愁苦而危乱者。当嘉靖中年，商贾在位，货财上流，百姓嗷嗷，莫必其命。此时景象，有异于汉唐之末世乎？❶

不论从社会经济、政治、风俗伦理各个方面，将嘉靖中后期譬为汉末和唐末，应该说都是有道理的。大明皇朝正处在"忽喇喇似大厦倾"的状况中。这是一个阴霾密布，近于窒息的时代，又是一个面临变局的时代。凡此种种，都必然激发起这个胸怀大志，而在政治上早熟而敏感的青年的迷惘、苦恼和深思。假如说，在全国上下喧嚣"大礼议"和遍设玄坛的初期，他还处在童稚之龄，但到嘉靖十五年（1536），随着他考中秀才，进入府学，见闻渐多，接触领域渐广，对于这两场闹得沸沸扬扬，且与现实政局息息相关的活剧，其孰是孰非，有无必要，难免会做出自己的判断。二十六年，他成进士、入翰林，在北京就职。北京位处全国政治文化重地，又是时局矛盾的漩涡中心。翰苑绝非世外桃源，社会民生的风声雨声，政海中的潮起潮落，阵阵都激荡着这位忧国忧民的年轻庶吉士的胸臆。他既不愿避身世外，甘为自了汉以终老；又不甘皓首穷经，终身为章句之儒；更不屑随波逐流，逢君之恶，碌碌官场以换取富贵荣身；但他又不愿因一时激情而硬拼，但图刚烈。他深知，仁人志士的舍身死谏，绝不会因此便能唤醒嘉靖皇帝的良知。沉着地面对现状，清醒地分析和评估现状，认真思考并等待时机以改变腐恶的局面，才是张居正当时苦心焦虑和谋划之处。他迫切希望有所建树有所作为，但一个新科进士，一个在学庶吉士（其后

---

❶《张太岳集》，卷三二。

是翰林院编修），正所谓一介书生，人微言轻，即使经世有心，但匡扶无力。加以时光流逝，岁月蹉跎，不觉人近中年。风雨如磐，险局莫测，应如何着眼着手，确实极费踌躇。

第四章

政治上的失落和彷徨

第一节　失意于污秽混浊的官场

张居正自登进士第，入翰林院以后，因其勤奋和才具，受到了时任掌院之职的翰林院学士徐阶等人的器重，连任职在裕王朱载垕府中的大宦官李芳等有事亦向他请教，逐渐有了盛誉。

由于他一贯关心实际政治，故更敏锐地感受到社会政治危机的严重，政坛上的风波险恶，人际关系的诡谲微妙，不能不审慎忖度，如何才能站稳脚跟，善处其间，再徐图展布。

当时最受嘉靖皇帝宠信，权倾一时，特别贪婪好货，而又树党专恣，一再掀起恶风恶浪的，是内阁大学士严嵩。

严嵩（1480—1566），字介溪，江西分宜人，弘治十八年（1505）进士，被选入翰林院为庶吉士，散馆后任编修。严嵩之所以能逐步跻进权力的中心，并长期窃踞高位，并不是偶然的。唯大奸能极伪，且因其有才而足济恶。严嵩具有观测政治气候的特殊触角，且能迅速适度地变色改态，总以能媚上邀宠为前提。严嵩本人文学修养甚高，为文"极简洁，无萎靡之病"❶，用以撰写青词，自能邀得殊赏；他平常待人接物，亦会装作谦抑下士，极能制造假象，曾在忍耐二字下过很大的功夫，善于以柔克刚，不到要害或火候未到，绝不轻易动手。以醇谨为媚术，以青词结主知。性格狡狠工心计，但深藏不露，警敏狡诡，机肠满腹，故此欺骗性也很大。他"初入词垣，谒告返里，居钤山之东堂，读书屏居者七年，而又倾心折节，交结胜流如杨用修辈，相与结合，名满天下"❷。他精心揣摩嘉靖的心理而巧为迎合，甚至不惜编造各种弥天大谎以阿谀取宠。例如，他在嘉靖七年（1528），以礼部侍郎的身份奉派到湖广祭告显陵（嘉靖之父朱祐杬的陵墓），回京后便立刻递上一道充满假话的奏疏，胡说："臣恭上宝册及奉安神床，皆应时雨霁。又，石产枣阳，群鹤集绕；碑入汉江，河流骤涨。请命辅臣撰文刻石，以纪天眷。"❸他深知，所有这些神仙庇佑，天意呈祥，都是当今皇上梦寐以求的，编造出这一套"天眷"，正是投其所好，取其欢心。果然，"帝大悦"❹。诸如此类的吹拍把戏，他是玩弄得非常精工纯熟的，因此奠立下仕途畅顺的基础，由是，"升吏部左侍郎，进南京礼部尚书，改吏部"❺，从此更扶摇直上。不久，又升转北京礼、吏等部尚书，"益务为佞悦"❻。他充分利用礼部负责礼仪的职权以献媚。嘉靖

❶〔清〕李慈铭：《越缦堂日记》，庚集，末页。

❷《列朝诗选》，丁集，卷一一，严嵩。按，钤山是严嵩家乡分宜县的名山，严嵩曾在此筑室读书，日后更以钤山名其文集。杨用修，是杨慎的别字。杨慎，四川新都人，是正德嘉靖间的内阁首辅杨廷和的儿子，廷和因谏阻议大礼及事斋醮，被削职为民。杨慎本人是正德六年（1511）的状元，任翰林院修撰，为人博学多才，"明世记诵之博，著作之富，推慎为第一"。（《明史》，卷一九二，本传）但他本人亦因反对议大礼，一再带头反对张璁、桂萼等人的主张，并率众在宫门外哭谏，被廷杖并谪戍云南。杨慎是严嵩的科举前辈，文坛领袖，严嵩曲意向他交好，显然有依草附木，借以攀援，来抬高自己身价的意思。杨慎被迫害远戍之后，严嵩仍然对之时加音问馈赠。严嵩的文集《钤山堂集》也是请杨慎为其校订的。严嵩后为内阁首揆，炙手可热，但对杨慎一再请求解除戍籍，恩恤回乡养老，并未给予什么实际援手，杨慎终于在嘉靖三十八年，即在被发配三十五年之后，含恨殁于戍所。

❸《明史》，卷三〇八，《严嵩传》。

❹《明史》，卷三〇八，《严嵩传》。

❺《明史》，卷三〇八，《严嵩传》。

❻《明史》，卷三〇八，《严嵩传》。

坚持将其父从兴献皇帝再称宗入庙，嵩乃"条画礼仪甚备"❶；又为配合嘉靖恭上皇天上帝尊号，献奉宝册的活动，再一次编造出什么"庆云见，祥瑞现，上帝嘉纳号册"的鬼话，炮制成《庆云颂》和《大礼告成颂》等一大批文章以宣扬玄恩皇德、神人交欢的盛况。由此取得更大的宠遇，嘉靖二十一年（1542）遂拜武英殿大学士，入内阁预机务，仍兼礼部尚书。"时嵩年六十余矣，精爽溢发，不异少壮。朝夕直西苑板房，未尝一归洗沐，帝益谓嵩勤"❷。其实，这样卖气力无非是为了进一步邀宠和揽权，"嵩无他才略，惟一意媚上，窃权罔利"❸。嘉靖和严嵩的政治品格有许多方面是可以互补的，"帝以刚，嵩以柔；帝以骄，嵩以谨；帝以英察，嵩以朴诚；帝以独断，嵩以孤立"，故"竟称鱼水"❹。当时，宗藩请恤乞封，中央和地方官吏谋取升迁，有人犯法求徇私免罪，都必须走严嵩的门路，献上厚贿。

严嵩之子世蕃，仗父之势先后任尚宝少卿、太常寺卿、工部侍郎，"横行公卿间"。其人亦有歪才，"帝所下手诏，语多不可晓，惟世蕃一览了然，答语无不中"；常穷一夜之力写成弹疏，即能置政敌于死地；其奇贪极侈，耽于女乐，蓄养亡命，较乃翁更为露骨，"剽悍阴贼，席父宠，招权利无厌"❺。时人呼之为"小丞相"，是有明一代勋贵子弟中揽掌实际权力最高，臭名最昭著的。

严氏父子为巩固权位，乃遍引私人于要地，大将军仇鸾、大臣赵文华、鄢懋卿、胡宗宪等，均仰其鼻息以行事，结为党羽；吏部文选司郎中万寀、兵部职方司郎中方祥，被称为文武管家，严氏用之以操纵人事❻。其实，所谓文选、武选，不过是钱选、权选。对于权势相近，认为有碍于自己前途的，或不顺从己意的臣僚，则视为异己，借端倾陷，甚至故意制造冤案以驱斥或杀戮之。例如，原首辅翟銮虽才具较

---

❶《明史》，卷三〇八，《严嵩传》。

❷ 吕毖：《明朝小史》，《嘉靖纪》。

❸《明史》，卷三〇八，《严嵩传》。

❹《明史纪事本末》，卷五四，《严嵩用事》。

❺《国榷》，卷五八，嘉靖二十三年八月甲午。

❻《明朝小史》，《嘉靖纪》。

短，但为人淳朴，"当国，颇以温厚忤上意，而严嵩阴挤之"❶，"嫉銮位出己上，故嗾言官论劾"❷。翟銮终被罢去。又如，吏部尚书熊浃为人耿直，不卖严氏的账，"时严嵩擅权，诸曹受请嘱如外府，独浃持不肯行"❸，严嵩乃借熊浃谏止仙箕之事触嘉靖之怒，拟旨将之除名为民，仍派官校押解回里。他摸准嘉靖多疑专断、果于刑杀的特点，经常借嘉靖之手以毁害他人，甚至狠予锄灭：

> 因事激帝怒，戕害人以成其私。张经、李天宠、王忬之死，嵩皆有力焉。前后劾嵩、世蕃者谢瑜、叶经、童汉臣、赵锦、王宗茂、何维柏、王晔、陈垲、厉汝进、沈錬、徐学诗、杨继盛、周铁、吴时来、张翀、董传策皆被谴。经、錬因他过置之死，继盛附张经疏尾杀之。他所不悦，假迁除考察以斥者甚众，皆未尝有迹也。❹

暗加毒手而灭迹，借皇命公务以杀人，此比操刀刃而谋害者更为狠毒。当时，以严嵩父子为首的势力已成为腐败邪恶的代表，成为朝野戟指詈骂和讽刺的对象，京师之民往往借编唱歌谣以泄恨。例如俺答兵围北京之时，严嵩不但"漫无御备之策"，反而"尚有乘时之索"，城内外便遍唱"臊子在门前，宰相还要钱"的民谣。在廷臣中，特别在比较年轻的中低级官员中，有不少人激于义愤，挺身而出，相继上疏论劾严氏累累罪恶。试读《明史》卷二〇五至二一〇整整六卷，即汇集了不少弹劾严嵩父子的章疏，恍如一部选编的批严文件专题汇编，其论斥的集中，事实的确凿，文词的激烈，在正史中实为罕见。可以说，从嘉靖十五年（1536）他被任为礼部尚书起，以迄四十一年失宠落职的二十六年间，对严嵩的弹劾一直未断，足见人心未泯，是非有难以

---

❶《国榷》，卷五八，嘉靖二十三年八月甲午。

❷《国榷》，卷五八，徐学谟语。

❸《国榷》，卷五八，嘉靖二十四年十一月壬午。

❹《明史》，卷三〇八，《严嵩传》。

完全混淆颠倒者。

弹劾严嵩的高潮比较集中在嘉靖二十八九年及其以后，这是因为严氏贪污纳贿、卖官鬻爵、杀害忠良等秽行已经较充分暴露，普遍引起公愤的缘故。

嘉靖二十九年，俺答犯京师，锦衣卫经历沈炼愤国中无人，仇耻未雪，挺身倡言拒贡并备战反击。有人鄙视他官职卑微而发激昂之论，问："汝为何官？"炼曰："锦衣卫经历沈炼也。大臣不言，故小吏言之。"❶由于沈炼激切之言，准贡之论只好暂时罢议。及至俺答退兵，沈炼认定酿成国耻之责首在执政的严嵩，指出："嵩贵幸用事，边臣争致贿遗，及失事惧罪，益辇金贿嵩，贿日以重。"正因此之故，造成边备空虚，人无守土之心，士懈战斗之志，焉能不遇敌即溃，屡战而屡败？炼"慷慨骂詈，流涕交颐"以上疏，极言"今大学士嵩，贪婪之性疾入膏肓，愚顽之心顽于铁石。当主忧臣辱之时，不闻延访贤豪，咨询方略，惟与子世蕃规图自便。忠谋则多方沮之，谀谄则曲意引之。要贿鬻官，沽恩结客"❷。沈炼在疏中还列举了严嵩揽权好货，打击言官，恃宠害政等十大罪，恳请予以查究罢斥。

与此同时，刑部郎中徐学诗亦愤然响应，奏曰："大奸柄国，乱之本也。乱本不除，能攘外患哉？"他所说的大奸，点名直指严嵩，认为内政腐败乃是导致外敌入侵的诱因，因为严嵩"内结权贵，外比群小。文武迁除，率邀厚贿，致此辈掊克军民，酿成寇患"❸。所以不除此元凶巨慝，一切战备将无从谈起。

嘉靖三十一年（1552），御史王宗茂积愤难平，拜官甫三月，即不顾身殉家毁之危，毅然疏劾严嵩父子八大罪状❹。

三十二年，兵部郎中杨继盛不顾严嵩对他的加意拉拢，一岁四迁其官，在兵部任职才一个月，即具奏激烈弹劾严嵩。上疏前，他斋戒

---

❶《明史》，卷二〇九，《沈炼传》。

❷《明史》，卷二〇九，《沈炼传》。

❸《明史》，卷二〇九，《徐学诗传》。

❹ 王宗茂：《纠劾误国辅臣疏》，载《明经世文编》，卷二九六。

三日，以示无畏无悔，坚决笃诚，怀必死之心，申报国之志。他也列举出严嵩父子孙三代及亲属人等的种种罪恶，归纳为"十罪五奸"❶。同年，南京监察御史赵锦虽远在云南清军，但亦驰疏劾严"权奸乱政"，持论严谨，措词尖锐，亦是当时传诵四方的讨严檄文：

> 今大学士嵩又以佞奸之雄，继之怙宠张威，窃权纵欲，事无巨细，罔不自专。人有违忤，必中以祸，百司望风惕息。天下事未闻朝廷，先以闻政府。白事之官，班候于其门；请求之赂，辐辏于其室。铨司黜陟，本兵用舍，莫不承意旨。边臣失事，率肢削军资纳赇嵩所，无功可以受赏，有罪可以逭诛。至宗藩之袭封，文武大臣之赠谥，其迟速予夺，一视赂之厚薄。以至希宠干进之徒，妄自贬损。称号不伦，廉耻扫地，有臣不忍言者。
>
> 嵩窥伺逢迎之巧，似乎忠勤，谄谀侧媚之态，似乎恭顺。引植私人，布列要地，伺诸臣之动静，而先发以制之，故败露者少。厚赂左右亲信之人，凡陛下动静意向，无不先得，故称旨者多。或伺圣意所注，因而行之，以成其私；或乘事机所会，从而鼓之，以肆其毒。
>
> ……自嵩辅政以来，惟恩怨是酬，惟货贿是敛。群臣惮阴中之祸，而忠言不敢直陈；四方习贪墨之风，而闾阎日以愁困。❷

赵锦在疏末吁请立即惩斥严嵩，申明法纪，借此以整饬朝纲，以抗御强敌。但严酷的政治现实却是，皇权决定一切。嘉靖明知，严嵩的所作所为，实由于得到皇帝的偏爱和庇护，加以和战大计的决定，亦是由他本人亲自拍板定案的，揭严实亦必触及自己的短处和痛处，故他

---

❶ 《明史》，卷二〇九，《杨继盛传》。

❷ 《明史》，卷二一〇，《赵锦传》。按，赵锦为人有风骨，他在严嵩擅权时，尖锐批评严嵩，因而受迫害。其后，在万历初年张居正当权时，又在一些问题上有忤张居正，被罢官。但在居正殁后被革爵夺荫抄家时，却挺身为居正说公道话，谏止籍产，进行营救，"人以是称锦长者"（见本传）。

一方面"慰谕嵩备至"，另一方面，则"蓄怒以待言者"❶。赵锦和沈炼、徐学诗、王宗茂、杨继盛等人一样，均被扣以"欺君谤上"诸如此类的罪名，特派缇骑到云南逮回赵锦，将之下诏狱拷讯，斥为民。当时，凡指摘朝政失德，以及弹劾严嵩为首诸奸佞逢君之恶的，"重者显戮，次者长系，最幸者贬斥，未有苟全者"❷，恐怖气氛笼罩着全国。"当时直言极谏之士，死阘扉，毙杖下，弃尸西市，谪戍瘴乡者比比"❸。

　　劾严诸疏分别列举的八大罪、十大罪，其内容大体重复，此亦可见嫉恶之心相同，对严主要罪孽具有共识。应该充分肯定的一点是，当时"批鳞碎首者接踵而不可遏"❹，"斥逐罪死甘之如饴"❺，"蒙难时处之泰然，足使顽懦知所兴起"❻。这是因为，即使在嘉靖野蛮高压之下，中国士人恪守的传统道德原则还在起作用，临难不苟免，正邪不两立，不惜以死殉社稷，不畏斧钺之诛而以强谏的形式体现忠节。《明史》称以上诸人及他们的同志为"直臣"，正是因为他们既不屑随波逐流，同流合污，又不甘以缄默保位持禄，作蝇营苟且的庸人，更不屑作"狎客""佞人""豪门之犬"。

　　张居正与沈炼、徐学诗、王宗茂、杨继盛、赵锦等属于同一时代的人，在功名科第和当时的官爵地位亦大体相埒，均属少壮之年的新进之士。沈炼是嘉靖十七年（1538）戊戌科及第，比张居正早三科；徐学诗和赵锦则在二十三年乙巳科中榜，比张居正早一科；王宗茂、杨继盛二人与张居正则是嘉靖二十六年戊申科的同年。他们正当盛年而处在衰世，"位卑不敢忘忧国"。徐、杨不过是司员，王、赵仅为普通御史，沈炼更只是一个经历，但他们目睹以严氏为首诸人窃持政权，蔽翳朝纲，难免热血沸腾，心潮汹涌，亟思有所作为，庶几不负平生

---

❶《明史》，卷二一〇，《赵锦传》。

❷《明史》，卷二〇九，赞。参见《嘉靖以来首辅传》卷四，《严嵩传》。

❸ 黄汝良：《野纪矇搜》，卷一一。

❹《明史》，卷二〇九，赞。参见《嘉靖以来首辅传》卷四，《严嵩传》。

❺《明史》，卷二一〇，赞。

❻《明史》，卷二〇九，赞。参见《嘉靖以来首辅传》卷四，《严嵩传》。

立志和所学，于是各有表现。但又必须看到，张居正在嘉靖中期的活动方式和表现，却与沈、徐、王、杨、赵诸人有同有异。居正作为一个极为关心时局政治，且在了解和掌握具体实况方面下过大功夫，辨析能力又极强的人，对于时势艰危的焦点所在及其根源当然是晓然于心的，他朝夕焦灼忧思的内容与沈、徐、王、杨、赵等亦应是相同的，但他采取的对策却与他们有所不同。

在嘉靖二十八年（1549）上的《论时政疏》中，虽然已明确指出当前时局弊端的主要所在，但却是比较侧重于说理，冷静具体分析多于情绪化的激情，而且有意回避开已成众矢之的的严嵩问题，也注意不过分刺激嘉靖，避免和最高权力的执掌者发生正面的冲突。在由其儿子张敬修等搜集汇编的《张太岳集》，以及由田桢所编的《张文忠公全集》中均分别收载有他与严嵩之间的应酬文字及应严要求代拟的文章❶，从中可见，张在当时不但未有流露出对严的反感，反而有所敷衍，不惜善颂善祷，务去其疑猜，以待机于将来。

例如，他的《寿严少师三十韵》是祝寿之作，文长三百零五字，其中确有吹嘘奉承之处，诸如称严嵩"握斗调元化，持衡佐上玄。声名悬日月，剑履逼星缠"，以及"已属经纶手，兼司风雅权。春华霏藻翰，宫锦丽瑶编"，"所希垂不朽，勋业在凌烟"之类❷。在嘉靖三十一年作的《祝元旦表一》中，竟然歌颂嘉靖其人以及其时为"治功超乎前古，乾清坤宁；仁泽遍于寰区，民康物阜"。在三十二年的《贺元旦表五》，更说什么"国常泰，年屡丰，玄机默运；外威严，内顺治，神武丕扬"❸。如此等等。

单独从文字表面来看，这都是一些堆砌而成、不痛不痒的苍白篇章，无任何价值可言；而从张居正一方面曾痛斥嘉靖中年不啻汉唐末世，百姓嗷嗷，曾痛论当时存在的壅阏痿痹诸大弊病，力言如不及时

---

❶ 例如，在《张太岳集》卷六《寿严少师三十韵》及《张文忠公全集》卷一三，有七篇贺元旦表，都是在嘉靖三十一和三十二年受严之命代拟向嘉靖祝贺元旦的。

❷《张太岳集》，卷六。

❸《张文忠公全集》奏疏，卷一三。

抢救，将使名医扁鹊亦望之而走的深切忧危认识❶，而另一方面又连续撰就上引的庸俗的吹拍文字，看来又似乎太不协调；难道这两者之间可以作出令人信服的解释，找出统一它们之间的内在联系吗？

这必须从当时的政治局势和人际关系极端复杂的角度来寻觅答案，不能单从表面现象作简单化的对比。面对当时魑魅横行、民生憔悴、国将不国的现实，朝臣和士人中必然出现明显的分化，有那么一小部分人利欲熏心、插标求售，不惜采用密告陷害、致人于死的恶劣手段，以达到投靠权奸、迎合昏皇的目的。

有一些事件，有关人的阴狠卑鄙，是非一般人所能想象的。嘉靖十年（1531），出现过一件喧闹一时的宫廷阴谋大案：太常寺卿彭泽为猎取官缺，竟然伪造文书，杜撰事实，欺骗并出卖同年好友，无中生有地诬陷另一候缺者，可谓机关用尽，企图借别人的颈血以铺垫自己升官的阶梯。事迹曲折复杂，有关人物包括嘉靖、夏言、张孚敬、徐缙、薛侃和彭泽等人均形象生动，在这场重狱大案的漩涡中的表现，各如其身份地位和品质性格。沈朝阳撰的《嘉隆两朝闻见纪》卷二，曾详细记载此案的始末，文字虽较冗长，但读之确使人悚然，掩卷发人深思，今引载于下：

> （嘉靖十年七月）诏谪太常卿彭泽戍边，行人司正薛侃削籍，大学士张孚敬罢。初，吏部侍郎徐缙，为国子生詹恪所讦，彭泽欲得缙位，乃伪为缙手书，具黄精白蟆遗孚敬，以激怒之。孚敬疑缙，泽复劝孚敬劾缙，去之。吏部果以泽名上。上欲以缺属夏言，故不允泽代。泽遂思以陷言。会薛侃欲选建储贰，草疏云："祖宗分封宗室，留亲王一人司香，名曰守城王，乞查旧典，择贤而亲者，迎取入京。"泽、侃同年也，过而见之，乞携归细阅，将为一得助。侃信而与之。泽持以白孚敬曰："此侃疏，乃言所草也。将上矣。"孚敬愕然，密以上闻。泽绐侃曰："相君见疏草，深叹

---

❶ 参见本书第三章第三节《激切进言，痛论时政》。

忠爱可行。"侃尚犹豫未上。孚敬复诘泽。泽坐趋侃上之。孚敬复密疏出言画。上大怒，命逮系侃。是时，上御文华殿。召孚敬问状，对如密疏。次召言，以侃疏示之，问可否？言对曰："陛下春秋鼎盛，前星方耀，侃议不可行。"上犹疑其诡对也，命出待讯。言出，侃已械至，群臣会鞫，言未知故，犹就列听讯。时刑部尚书许赞、都御史汪铉，方被论杜门。孚敬趣令出。孚敬首诘侃曰："孰使尔为此？"侃曰："我自为之，岂受人使耶？"孚敬曰："闻夏言主此，胡不吐实？"侃曰："言虽同年，久不通刺，此疏彭泽白相君，相君以为可而后上，何复乃尔？"汪铉从旁大言曰："言实主之，何得云无？吾与尔矢诸神祠。"言不胜诬，击案大詈曰："奸贼尔主此画，反陷忠良耶？吾与尔面奏之。"孚敬怒，趋入左掖门。言排闼随之，偕至文华殿。阍者不纳，孚敬不得已，入阁具奏。言亦就史馆草疏，俱上。顷之，命逮言诏狱，谕勿拷掠。侃讯迫，但言："夏言实不预知，见此草者，惟欧阳德，黄宗明及吾弟侨耳。"给事中孙应奎、叶洪、曹汴面斥孚敬憸壬，疏劾之。孚敬乃奏逮德、宗明、侨、应奎、洪、汴，俱下狱同讯。明日复鞫侃，五毒备之。侃曰："必欲扳夏言，当释我系，矢诸天则可。"诸莅讯者，缩不敢言，独户部尚书许瓒、大理丞周凤鸣论言无罪。是日狱仍未决。又明日甲寅，慧出东井。上知言冤，乃命司礼太监张佐出讯，而令孚敬坐阁中，勿至讯所。比会讯，彭泽见孚敬不至，不敢复诬言。侃对簿曰："锻炼罗织，非圣朝美事，万死万死，唯侃为之耳，圣上之明，不免□□傅所误；薛侃之愚，宜乎为彭泽所卖也。"佐等以闻。晡时，命释言、德、宗明等。

这一场大风波，因夏言、薛侃等坚持实情，未为屈挠，亦因彭泽一再制造伪疏假情节破绽百出，张孚敬理屈辞穷，终得以申雪。但沉冤未白，殁不瞑目的受害者何止千百倍，只是史书未尽载而已。

当然，我们必须看到，人间自有正气在。在阴森可怖的环境中，仍有另外一部分人，他们目睹时艰，拍案而起，挺身痛斥君愦臣奸，不惜洒一腔热血，以尽忠殉国，上文说到的诸如沈鍊、徐学诗、王宗茂、杨继盛、赵锦诸君子，都是在嘉靖三十年前后涌现出来的杰出代表人物。他们正气凛然，在邪佞当道、万马齐喑之际，甘冒斧钺之诛，发出警世之言，敢与以嘉靖为后台、以严嵩为总代表的恶浊势力做一硬拼，其人其事其言均有极大的感染力，振聋发聩，在青史中永远闪烁着耀眼的光芒，允称不朽。

但是，政治是最实际的力量和策略的较量。自古以来，凡一切排除万难以图振作，着力和革除弊陋以缓解危机，进行整顿和改革的政治活动家都是有志之士，但并非一切忘身捐躯、慷慨敢言的志士仁人都是成功的政治家。必须注意到，在嘉靖前中期，确实还存在另一部分人，他们一般尚未掌权，但也疾首痛心于当前的黑暗腐败、昏皇无道，亟思有以扭转之，却未有挺身而出，冒死批鳞，戟指奸恶。他们或在翰苑，或居言路，或任下僚，由于审时度势，认为率尔发动必败的冲击，不过为诏狱增一囚犯，为刑杖之下多一冤魂而已，故此心中明亮而态度缓和，集中精力以研求经世方略，强忍待时，企盼时机成熟然后谋有用于将来。这种暂安缄默，不愿孤注一掷，不图一时解气和辉耀，亦允称为有见识有谋略的举措。

当然，张居正作为一代名臣，却曾经撰写青词及以文字诗酒示好于严嵩，确实是难以洗刷的污垢，是重要的败笔。但试泛观嘉靖朝中诸卓有作为，且实际上是严嵩死敌的人，如夏言，他在任礼部侍郎和尚书时所撰著的《南宫奏稿》，其实不过是参赞大礼及精撰青词的汇编；徐阶则以善草青词得赏识，且数度在政坛上遭受危厄时，都曾借助致力青词以幸免；甚至以直爽刚直为性格特点的高拱，亦曾求进撰写青词班子。以上三人均曾先后为首辅，亦均以功业称（详见本书有关章节），而在夏言的《桂洲文集》，徐阶的《世经堂集》《少湖先生文集》，高拱的《高文襄公集》中，均散见有捧扬严嵩的文字。可见在嘉靖极端专制暴虐之下，在十分反常的政治气氛中，已经造成了人性的严重扭曲。所以在审读这一类文字时，必须将之置于嘉靖朝这样一个特定的时期中，参考作者的全面表现，因时因事，做具体的区别和分析。有些人为了保存自己，为了能在政坛中继续存在，甚至是为了俟机扭转局面，最后制胜严嵩，有时曾有意制造模糊，做一些违心之言，甚至违心之事，似是可以理解的。

当时的张居正似可以归入这一部分人物之中。居正性格内向多思，有大抱负而劲气中敛，遇事能熟筹利害然后发动。王世贞为他作传，指出其人"沉深有城府，莫能测也"❶。寥寥一笔，实勾勒出他个性的一个重要特点。《明史》主编张廷玉在张居正的传记中照录入这九个字，可见具有同感。综观居正生平，每当重大关掖之时，往往能忍人之不能忍，但又能发人之不敢发。在时机未成熟时，颇能养晦韬光；但一旦条件具备，又能奋然出击，该出手时就出手。这在当时十分复杂险恶的政治环境和人际关系中，作为一个封建时代务实型的政治谋略家，在其攫取权力的曲折过程中，可能自认为是必要的抉择。

第二节　接触到险恶起伏的政潮和对夏（言）严（嵩）斗争的思考

张居正插足实际政治环境，是从进入翰林院开始的。与他在故乡研读圣经贤传、名臣懿行时的理解完全不同，他入京后的所见所闻，竟是另外一个截然有别的境界。冠冕堂皇的文告与卑鄙龌龊共存，爱国忧时的高尚情操与阴谋倾陷并列。朝局多变，政争不择手段。昨日袍笏当权的，明天可能变为阶下之囚，甚至是待决之犯；嘉谋谠议，一转眼便被斥为邪言谬论，黑白混淆，是非不时易位。朝廷中央连续出现集中各种阴谋和残狠的斗争。廊庙中间，其实是施用阴谋诡略、明暗手段以互相咬噬的战场。更加以，嘉靖皇帝操纵于上，遂使搏斗更加火炽。

内阁是内讧的中心。

---

❶《嘉靖以来首辅传》，卷七，《张居正传》。

居正人翰林院的第二年，就发生了震动全国的处死原内阁首席大学士夏言的大事。将内阁首辅斩首于西市，这是明代自设立内阁以来未有的巨变。夏言之死，是他和严嵩长期反复斗争的结果。严嵩以外宽内狠战胜了骄盈刚愎的夏言，为其跃登皇帝之下最高掌权执政地位拔除了一个大钉子，但国家亦因此被引向更深重的苦难。

夏言（1482—1548），字公瑾，江西贵溪人。正德十二年（1517）进士，旋任兵科给事中。他"性警敏，善属文，及居言路，謇谔自负"❶。嘉靖登极，他疏言前此"壅蔽已极"，吁请信任内阁大臣，保持施政渠道畅通，禁止奸人借献田王府的名义以兼并人民土地，"不宜谋及袤近"❷。他非常支持当时的首辅杨廷和废除正德时期的弊政，诛逐奸佞，平反冤案诸措施。在兵科给事中任内，曾受杨廷和之命，查勘北直隶八府皇庄和皇亲勋戚宦官等的非法占地，共夺还民产二万余顷，认为"维新之政，莫有大于此者"❸。他甚至提出将皇庄、皇店、皇盐等尽予撤除的主张。他敢于劾弹宦官赵霖、贵戚建昌侯张延龄等，连上七疏，"诸疏率謇谔，为人传诵"❹。

夏言为人锋芒毕露，以年轻新进，奋勉以尽言职。

时当正嘉交替，人心亟思变革之际，他的言论风采和实干作风，在朝野获得良好的声誉，被普遍认为是干才，亦曾受过嘉靖的赏识。由此，便挟其政绩以跻上中枢的政治舞台。登第未二十年，即被擢拔为翰林院掌院学士，礼部尚书加少傅兼太子太傅，授武英殿大学士仍兼礼部尚书，参机务。初时首辅为李时，李的为人拘谨有余而才干不足，故内阁政务实多由夏言策划。不久，因李时去世，夏言遂为首辅。嘉靖十八年（1539），又加少师、上柱国。明世人臣加上柱国的，仅有夏言一人。由此可见，夏言早年宦途通顺，实一时无两。他亦颇善窥测嘉靖的意图，任礼部尚书时曾大力为制礼乐、定仪式以效劳，初期

---

❶《明史》，卷一九六，《夏言传》。

❷《明史》，卷一九六，《夏言传》。

❸ 夏言：《夏桂洲文集》，卷一二，《奉敕勘报皇庄及功臣田土疏》。

❹《明史》，卷一九六，《夏言传》。

亦在写作青词方面认真下了功夫，甚当帝意，所以能巩固宠任。但亦因此，更助长了夏言的"威福自由，无所忌惮"❶。他不但对群臣颐指气使，表现专横，后期对嘉靖的某些诏旨亦敢怠慢，"面谀退诽"，流露出对嘉靖一些过分作为的不满，有时还在执行上作变通或打折扣，因而被严嵩等人利用为可攻之隙。总的说来，夏言是一个有胆识并富于事业心，较为坦率耿直，且有作为的大臣。

夏、严矛盾种因不止一端。夏的功名科第晚于严十二年，而受拔擢入阁则早于严六年，且在内阁中又居严之上，常以部属视严，故此，历来为严所深妒痛恶。严将他当作是自己进一步提高权位的主要障碍，一心要排夏以去，夺其首辅之位。严嵩深知，以夏言的业绩威望，特别是受到皇帝的信任，要将之一蹶挤倒绝非易事，故他采取了外示柔佞奉承，暗中处心积虑，诋毁谗害以中伤的手段。特别是，他全神注视着嘉靖与夏言君臣关系的微小变动，着意影射离间。

长期以来，严嵩"伪为逊让"，对夏"如子之奉严君，唯诺趋承，无复僚友之体"❷。他在嘉靖面前，又处处表现出善于体会意图，柔顺阿附，遵旨勤勉，除君主意旨外别无个人见解，企图以承欢夺宠，并反衬出夏言的骄倨和怠慢。他深知嘉靖此人，"恶下擅权，又恶下瞰名"❸，虽幽居深宫但从不放弃权柄，特多猜疑而又专断，非常重视君位尊严，乃针对夏言有时进密疏不尽遵格式，有时违制擅乘肩舆出入西苑斋宫，有时奉诏修撰青词却以旧作搪塞，或潦草充数等事招致嘉靖的不满，乘而间之；更唆使同党疏揭夏言阴私，自己则倍加勤勉谨慎以示敬畏，精心撰制青词以伺候。

夏言逐渐察觉到严嵩的暗算，亦鄙视其为人，对其广纳贿赂和植党树势等都非常不满，经常以冷语讽斥之，有时聚会亦不交一言。严嵩却能强颜忍受，从未以受凌辱为不堪，反而表现出对夏更加畏惮尊敬，甚至不惜纡尊降贵，亲赴夏的官邸跪呈请柬邀宴，一再赋诗歌颂

---

❶ 徐学聚：《国朝典汇》，卷二二，《朝臣考》下。

❷ 《万历野获编》，卷八，《计陷》。

❸ 冯时可：《大学士王锡爵行状》，载《王文肃公荣哀录》，卷一四。

夏言"亲佐唐尧致太平","有千年社稷之功",等等❶。严嵩这类人，素来是不以肉麻为可耻、不以虚伪为可憎的。

严嵩极擅长于在小节上下慢功夫，以达到预期的大目的。凡遇到皇帝派来的小宦官，他例必亲自接待，以礼延坐，殷切问好，和蔼晤谈，临行，又纳金钱于其袖中以买好。于是，这些宦官便伺机在嘉靖面前为他说好话。而夏言对于此辈，总是不屑接理，挥之使去，因而招致这些御前亲信宦竖们的反感而屡进恶言。

特别是，对皇帝将修玄供仙置于国事之上，夏言逐渐不加掩饰地流露出不满，更使他与嘉靖之间的隔阂加深。嘉靖执迷入道，常脱下帝王的冠冕袍服而改穿道袍，还赐给大臣及勋戚等以竹叶束发巾制作的黄色道冠，以皮帛制作的道士式靴鞋，示意让他们用以代替朝服。夏言指此不是大臣法服，有失体统，故拒不戴用，仍坚持穿用乌纱圆领绣有一品徽号图案的朝服入见。而严嵩却视此为表达忠顺的机会，每逢召见，定必戴用这些御赐的道冠道袍道靴，并且故意在道冠之上再外罩一层轻纱，以加重虔诚恭敬玄修的气氛，表示其喜好和信仰与皇帝完全一致，并申表感激恩遇之情。这样的反差，愈益激发起嘉靖爱憎迥异的感情，认为夏言欺谤不敬，不尊重玄道亦即不尊重神道皇道，因而逐渐疏远而厌恶之，并将许多重要的政务都转交给严嵩。严看准火候，认为时机已经成熟，便直接在嘉靖面前发动对夏言的攻击，"顿首雨泣，愬言见凌状……振暴其短"❷。最后，又借夏言支持陕西总督曾铣请复河套之议忤帝意，力言复套失误的责任在夏言"强君胁众"，激成嘉靖下诏将夏、曾二人斩首。

所谓复套之议，乃是建议将自正统年间即被蒙古俺答部侵占的河套地方收复过来，因为河套地方是结连塞内外的军事要地，"北虏"据有河套，既便于入掠陕、甘、关中；更利于直捣宣府、大同，进犯北京，形成对明方长期的威胁。弘治和正德君臣，都曾作过使用军事力量收复河套的努力，但均失败。曾铣长于用兵，历任军职，且屡立战

---

❶ 严嵩:《钤山堂集》，卷一三，《贺桂翁阁老新第落成》。

❷《明史》，卷一九六，《夏言传》。

功，为人又富有韬略，矢志收复河套，以解除来自西北边陲的压力，故奏请率兵复套。夏言认为可行，即密疏推荐，主之甚力。当时，严嵩附同夏、曾之见，嘉靖亦下诏嘉勉，并拨给专款二十万两。但不久，嘉靖又听纳反对复套诸臣之言，态度遽变。严嵩更是一反前见，极言套不可复，且诬陷夏言背着嘉靖私拟支持曾铣复套的诏旨，又诬曾铣有掩败不奏，克扣军饷巨万诸罪。就在诬陷绝无佐证的情况下，嘉靖竟因夏言屡次忤己意，有怨谤语，降旨立将夏言、曾铣斩首❶。夏言是明代唯一被公开斩首的首辅，其赍志以殁，不仅是个人的沉冤，更说明嘉靖此人的狭隘寡恩，反复无常，只有在这样特定的政治气候下，严嵩以柔佞取宠、借刀杀人的阴谋才有得逞的可能。"言死，嵩祸及天下。"❷

张居正入仕，正处在夏严斗争的最高潮，时内阁内讧已达到了爆炸性的公开决裂阶段。作为一个政坛新进，一个与政潮急转尚未发生关联的旁观者，对于宦海的惊风骇浪，对于世情险恶，不能不感到震撼和警惕。当此舆论惶棘，人心动荡之际，敏感多思如居正，在界定是非问题上，当然有自己的判断，当然会考虑到应如何善于自处。

他三缄其口，对于夏严的复杂恩怨以及导致的悲剧，保持着沉默。

张居正绝不是迟钝麻木，更不会是无动于衷。他审慎地警觉着，自己当前应该多观察、多了解、多思考、多分析，而不是轻率表态。在回溯刚告逝去的事变时，他恍然意识到，当前的政情绝不是内讧的终结，而仅是一个回合的结束，同时又是一个新回合的开始。现实的政治血腥是如此浓重地笼罩着历史的阴影。自嘉靖朝以来，内阁之内的烽烟从未停息，曾任内阁主要辅臣的人，罕有能保存始终，顺畅任职而又未经坎坷，保持荣誉而退位的。在正嘉交替之际，受顾命而定

---

❶ 又据邓士龙著：《国朝典故》，卷三六，言严嵩在嘉靖下决心诛杀夏言之事，起到极坏的煽促作用，曰："言……与严嵩同乡，以声势相轧。言罢归，嵩尽斥其党。及复用，乃在嵩上，亦斥去嵩党。然嵩柔佞心险，内啣之，而貌敬之益甚，言益以气凌焉。及言因河套事失上意，会有蜚语流禁中者，或曰亦嵩所播，或曰嵩以灾异密疏，引汉诛翟方进故事，上意遂决。"可参考。

❷ 《明史》，卷一九六，《夏言传》。

策立大计，一手摒除正德诸种蠹政，奠定嘉靖新秩序的杨廷和及其同僚蒋冕、毛纪，先后均被迫休致，廷和竟被夺职为民，追削官荫，子婿等均被流放谪戍。张璁、桂萼、方献夫等虽均以参赞"大礼"得宠，在坚持继统不继嗣之论及抨击杨廷和等方面都立有口舌之功，因而先后被破格擢登高位，入阁预机务，但一直比较孤立而受訾议，不久之后亦或死或退，并未立稳脚跟。正德时期的老臣谢迁、杨一清亦一度被召还任用，但所见所议均不受采纳，席未暇暖即被罢去。夏言、严嵩二人，是嘉靖中期最显眼的大学士，夏言恃才能，严嵩用谄媚，相继上台又相互倾轧，暂以严胜夏败而结束。但严嵩独掌朝纲的基础也不是很强固的，因其贪苟专宠而树敌滋多。居正朦胧地预感到，斗争尚未有穷期，帷幕远未有落下，内阁的内讧将以更为持久激烈、更为复杂微妙的形式继续发展。而作为有志于在政治舞台上施展的张居正，也势难长期作为旁观者，真正置身于局外。

第三节　善处于严（嵩）徐（阶）斗争之间

夏严斗争的烽烟未息，严徐之争又接踵上演。

徐阶（1503—1583），字子升，号存斋，松江府华亭县人。嘉靖二年（1523），年方二十便在会试中高中甲榜第三名，授翰林院编修。阶"为人短小白皙，善容止。性颖敏，有权略，而阴重不泄"[1]。他及第后谒见当时的首辅杨廷和，杨"见而独异之，指以语其僚曰：此少年名位不下我辈"[2]。徐阶深沉而有主见，少壮时处事亦有英锐之气，曾以反对张璁迎合嘉靖尊道绌儒，拟取消孔子至圣先师文宣王的尊号，撤去其塑像改为木主一事，疏陈异议，并面折正在当权的张璁，激烈辩论之后长揖而去，"以尊孔子首抗天子，排上相，中外称之"[3]，由是名声

---

[1]《明史》，卷二一三，《徐阶传》。
[2]《嘉靖以来首辅传》，卷五，《徐阶传》。又载《国朝献征录》，卷一六。
[3]《嘉靖以来首辅传》，卷五，《徐阶传》。又载《国朝献征录》，卷一六。

大噪。但亦因此之故，他竟被逐出翰林院，改派为延平府推官。以被目为清华之选的翰林院编修，而被斥为佐贰微员，显然是属于侮辱性的使用。但徐阶并未因此而消沉气馁，反而咬牙立志，振作尽职。当时知道内情的人，"意其自禁地出为小官，即不内鄙薄，有故事，可以优游养重"。但阶独不然，他不肯因挫折而自弃，曰：

> "官大小非王臣耶？且盘根错节，所以砺我不浅。"乃单车驰之郡。至则连摄郡事，清夙系囚三百。更输银法，毋落猾吏手。毁淫祠，创乡社学，焚其所授邓析书，而韵宋儒之格言，以授之使诵习。又画莫捕获尤溪之剧盗百二十人，尽扫其窟穴。三载迁黄州府同知。当发，乡父老吏民祖饯倾道，勒去思之文于石。道擢浙江按察佥事，提调学校，阶益勤于职，岁周行郡邑必遍，大要以正文体，端士习为先。既唱〔？〕诸生第，人人为语，所以报甲乙，故即见斥者得自鸣而折之，不得已而施棰楚，示惨然色，诸生人人退自快服。三载，进江西按察副使，乃视学政，所操舍一如视浙江时而加详密。……前后两省所造就成进士为名臣者不可指数。❶

从上述比较坎坷的经历中，可以看到，徐阶此人能处逆境而不失志，受到无理斥贬仍能创立治绩，有其坚强定见的一面❷。加以十年地方政权的工作，也锻炼了他的吏才，取得行政经验。这样重新一步一台阶地再按步上升，对他日后再入中朝，最后久任辅相，取严嵩而代之，都是大有帮助的。

　　徐阶经过历练之后回朝，得到夏言的器重和提掖。由于卓有政绩，

---

❶《嘉靖以来首辅传》，卷五，《徐阶传》。又载《国朝献征录》，卷一六。

❷ 黄景昉在《国史唯疑》卷一说："今人处谪宦，邑邑不乐。观徐文贞延平诗云：'俗朴到庭文牒少，山深入馔蕨薇鲜。精光风雨腾双剑，香火春秋礼四贤。'自注：'予往岁谪延平县，乐其土俗，有移家之约。尝于道南祠下累石为坛，又与其乡大夫郑给事某，黄参政某游最欢。'窥此老襟度超然，包涵八荒气象。"

亦能撰写精当的青词，逐渐受赏识于嘉靖，经常被召入无逸殿单独面对，视之为近臣，有一段时期，对阶的宠信远超过他的身份。阶时任吏部侍郎，但所受赏赐却往往相当于大学士。曾被"廷推（为）吏部尚书，（帝）不听，不欲阶去左右也"❶。

徐阶回京以后的宦途也不是完全顺利的。第一，严嵩此人"怙宠弄权，猜害同列"❷，他及其党羽对于徐阶的迅速上升深怀妒惎；第二，"（夏）言尝荐阶，嵩以是忌之"❸，视之为潜在的危害；第三，在御前会议一些重大军机时，徐的计虑往往超出严之上，得到嘉靖的称许和朝野的好评。严嵩逐渐意识到，徐阶将极可能取代自己的地位。特别是在嘉靖二十九年（1550），对俺答围城之役，二人见解针锋相对，更明显分出短长优劣：

> 俺答纵所房内官杨增持番书入城求贡，上以其书示大学士严嵩、李本，礼部尚书徐阶，因召对于西苑。上曰："今事势如此，奈何？"嵩曰："此抢食贼耳，不足患。"阶曰："今房在城不杀人放火，岂可言是抢食？正须议所以御之之策。"上顾阶曰："卿言是。"因问："房求贡书安在？"嵩出诸袖中。上曰："此事何以应之？"嵩曰："此礼部事。"阶曰："事虽在臣，然须皇上主张。"上曰："正须大家商量。"阶曰："今房驻兵近郊，而我战守之备一无所有。宜权许以款房，第恐将来要求无厌耳。"上曰："苟利社稷，皮币珠玉非所爱。"阶曰："止于皮币珠玉则可矣，万一有不能从者则奈何？"上悚然曰："卿可谓远虑，然则当何如？"阶请以计疑之，言："其书皆汉文，朝廷疑而不信，且无临城胁贡之礼。可退出大边外，另遣使赍番文，因大同守臣为奏，事乃可以。如此

---

❶《明史》，卷二一三，《徐阶传》。又《明书》，卷一三二，《吕本传》，较具体地说到当时徐阶地位危险的方面，"时严嵩久贵，为上所亲礼……诸司亡不披靡。巨珰勋臣，缇骑大帅，靡不托姻娅相结纳，顾以徐阶地逼，百方批根之，阶惴惴不自保。"

❷《明史》，卷二一三，《徐阶传》。又《明书》，卷一三二，《吕本传》。

❸《明史》，卷二一三，《徐阶传》。又《明书》，卷一三二，《吕本传》。

往反之间，四方援兵皆至，我战守有备矣。"上首肯❶。

上引记载，比较鲜明地反映出在兵临城下，所谓"戎马饮于郊坰，腥膻闻于城阙"❷，大敌当前之时，嘉靖、严嵩、徐阶君臣三人所持的不同态度和心态表现。严嵩一贯是以纵敌饱掠换取苟安为对策，而徐阶虽尚未入阁，以礼部尚书之职列席参议，但却侃侃而道，条分缕析，指明利害，实际上是针对严嵩之见而否定之，并胸有成竹地提出缓兵备战的奇计作为退虏解围之策。正因其"万一有不能从者则奈何"一语，使嘉靖"悚然"，知道俺答的索求不会仅限于财帛，且将会胁及带根本性的统治地位问题，因此才会接纳徐阶的主张。此一当面交锋，使严嵩窘态毕露，而仇视徐阶之心愈炽。

徐阶深知，无武备则不足以言文事，绝不能徒恃一时用计，或承受屈辱，纵任其抢掠以作为缓兵解围之计。他一再疏请调兵遣将，加强武备，以攻为守，其中包括立即赦出因"罪"在囚或处在闲散的善战将领，授予兵权以应敌；又请武装京城内外精壮以充实营伍，不能徒寄希望于"既不习战，见贼必走"❸的勋贵和京军。极言：

> 当兹紧急之际，不敢过避出位之罪，辄昧上闻。臣惟今日之事，兵将为急。顾京师之兵素不习战，而诸勋贵虽号为将领，实不知兵，何益缓急。臣访得见监刑部将官戴纶、李珍、麻隆、曹镇、欧阳安，皆历任边疆，颇著谋勇。伏乞敕下兵部查明张达等事例，释而用之，仍各量与兵万人或数千人，使各以己意操练，居则自守一方，出则自当一面。彼蒙殊恩，必肯出力。庶于万分，少有补助。其他在外缘事，素有名声将官如时陈、周益昌、刘大章，虽去京师路远，若一体救宥，召之以来，计终必有用。

❶《国朝典故》，卷三七，嘉靖二十九年八月壬午。
❷《国朝典故》，卷三七，嘉靖二十九年八月甲申，徐阶《上俺答求贡议》。
❸ 徐阶：《世经堂集》，卷二，《御虏事宜疏·释罪帅保关厢》，又载《明经世文编》，卷二四五。

又言：

> 至于城内城外之民，有壮健知武艺者，即行收募为兵，则行伍可充，而彼亦幸有归着，不至倡乱。❶

徐阶这些建议显然是与严嵩的意见完全冲突的。它以是否具备实战能力作为选用将领的标准，又着眼于调动蕴藏在广大人民群众中敌忾同仇的抗战意志和力量，其后的事态发展，证明都是适时和有效的。

时人邓士龙对徐阶此举评价甚高，曰：

> 国家有事，得人为上。当时嵩党皆败坏无耻者。幸祖宗德泽深厚，皇上深信徐阶。俺答临城，动中机宜，社稷赖以无事。于时武臣如戴纶、麻隆等，文臣如何栋、聂豹等，皆得显其才勇，可以立功。使任其拘挛之见，或以为有罪而弃之，或以为忤直而沮之，则戴纶无以救仇鸾，而何栋且无以处朵颜矣！况今宁夏、倭奴两角，可不法徐阶乎？❷

由于知人能用，取得一定战果，部分地扭转劣势，作为主谋的徐阶由是声名更噪，《明经世文编》的编者在《御房事宜疏》写了一条注文，谓"公此疏甚得圣心，从此柄用矣"❸。可见徐阶以一礼部尚书划策压倒了内阁众辅，"上自是边疆有警，必咨询阶"。❹此更令严嵩愤懑不怿。

---

❶《世经堂集》，卷二，《御房事宜疏·释罪帅保关厢》，又载《明经世文编》，卷二四五。
❷《国朝典故》，卷三七，按语。按，嘉靖二十九年八月底，严嵩奏荐为大将的仇鸾，率军在京郊昌平附近受俺答伏兵追击，不战而溃，伤亡千余人，仇鸾几为俘虏，幸经甫出狱的神将戴纶挥军救援，始免于难。原任都御史何栋亦因戴纶等的小胜，在谈判中得处在较有利的地位，这是邓士龙论议的背景。
❸《世经堂集》，卷二，《御房事宜疏·释罪帅保关厢》，又载《明经世文编》，卷二四五。
❹ 尹守衡：《明史窃》，卷四一九，《徐阶》。

徐阶对待严嵩，不像沈錬、杨继盛、赵锦等率直弹劾，也从未扣以八大罪、十大罪的帽子，而且特别警觉不能触及皇帝本人，这是与直谏诸君子在态度、方法上大有不同的。但，自嘉靖二十九年（1550）八九月间北京危城苦困之后，徐阶在个别奏章中亦略有影射严嵩之处，如谓俺答多次求贡，本"宜因其款顺而纳之"，即应采取安抚为手段，而以战备为后盾，但"庙堂不为之主议，反戮其使以挑之"❶。这样既轻率激其怒，而又弛战守之备以纵其焰的做法，显然是自取其辱。及至情势紧急，才仓皇调入各镇之兵，但"一切苟且之政以敛财供养，而民愈困；乃执政者犹泄泄沓沓，致海内骚动"❷。这里说高踞"庙堂"之上的，"执政"之纲的，舍严嵩之外尚有其谁？可见，在嘉靖二十九年以后，严徐的矛盾便逐渐趋于表面化。

在用什么人掌握兵权方面，严、徐的意见更是针锋相对。严嵩一度极力拉拢并建议重用边关悍帅咸宁侯仇鸾。仇鸾此人野心很大，又善钻营，从来顿兵不战，待敌饱掠之后，再尾随杀民以冒功。严嵩与仇鸾之间实际上是互相勾结、互相利用、各遂其私的关系。仇倚严作为后台和保护伞，严则恃仇作为自己的武装实力和后援。对此，徐阶曾有针对性地提出警告：

> 臣切惟防秋固重，而久安之计尤当慎图。祖宗时京边之兵未有统于一将者，且战守异术，人鲜全才。若分其事权，择长而使，则目前既足有济，日后亦可无虞。❸

徐阶建议解除仇鸾兵权的意见，无疑是正确的，因为仇鸾自率军进入京畿，便拥兵自重，"顾益纵肆，要请无已"❹。尤其是，他挂大将军印，

---

❶《国朝典故》，卷三七，嘉靖二十九年八月甲申，《上俺答求贡议》。
❷《国朝典故》，卷三七，嘉靖二十九年八月甲申，《上俺答求贡议》。
❸《世经堂集》，卷二，《请处兵将疏·择总戎》。又载《明经世文编》，卷二四四。
❹《嘉靖以来首辅传》，卷五，《徐阶传》，又载《国朝献征录》，卷一六。

可以发令调遣各军，随时都有可能构成对朝廷的威胁。为防止兵变，徐阶亟奏请减少卫卒。其后，乘仇鸾病重，又密奏夺其大将军印，并发其累累罪状。嘉靖纳其言，先夺仇鸾印，再发其罪，籍其家，从而解决了兵权不稳的潜在危机。在这一重要方面，徐阶在与严嵩的斗争中，又胜了一回合❶。

但是，在很长一段时期里，严徐的矛盾并不是直线激化，以爆破的形式出现，而是存在迂回曲折，有疾有徐，而且多经反复，有时亦保持表面缓和，甚至故意做出接近融洽的假象，而在暗中较劲。严向以阴险著，而徐亦是一个运用政治柔术的高手。双方都意识到，决定最终胜负的最高权力完全掌握在嘉靖手上，故此，都全力以赴地争取嘉靖的信任和支持，都在寻觅一切机会和借口以丑化对手，破坏皇帝对对方的依仗和使用。严嵩当然是老于此道的，他极擅于揣摩嘉靖的心态起伏，重要的心理忌讳，有针对性地利用对方言行的漏洞，以之作为要害，乘势发动攻击，务求致敌于死命。从嘉靖二十九年至四十一年（1550—1562）是严徐相持相搏、斗智角力的关键时期，中经几度大小交锋起伏，关系非常复杂微妙。严嵩深知，嘉靖企盼长生，总幻想能永踞帝座；又因早年曾册立为皇太子的载壑早殇，而在仅存的两子，即三子载垕（裕王）和四子载圳（景王）之间，又宠爱载圳，有意废长立幼，故此讳言再立储。严嵩就是把迎合嘉靖意图作为自己投入的政治赌注。而徐阶因恪于传统伦理礼仪，却曾一再上疏请速定储位，又反对废长立幼，在二王婚礼和开讲就学等方面，都主张先裕后景，企盼借此以确立裕王朱载垕的合法继承地位❷。另外，徐阶又曾推托奉诏往邯郸为吕仙祠主持落成斋醮的使命，这也使嘉靖极为不

---

❶ 王世贞在《嘉靖以来首辅传》卷五《徐阶传》中说到在罢斥仇鸾问题上徐严斗法的过程，颇为传神，曰："……会鸾疽发背，不能将，房警沓至，尚嗫嚅不肯吐大将军印。阶密言其不可恃，乞早更置。上叹而答曰：'吾非不知；欲甚彼所为耳。'乃因兵部疏，驰使夺其印。鸾一夕自恨死，死之五日而事败，妻子僇于市，家尽籍。嵩之始见仇鸾败，谓阶同直舍，将以是媒之；而会诇知自阶发而夺印，中夜扶床行，咄咄曰：'吾长于阶二纪，而智何少也。'"

❷ 参见徐阶《世经堂集》卷六，《题请二王冠婚疏》。

悦❶。严嵩认为，诸如此类问题都是可利用来作为倒徐的大把柄。他乘嘉靖愠怒之时，"因谓阶可间也，中伤之百方。一日独召对，语及阶。嵩徐曰：'阶所乏非才，但多二心耳。'盖以其请立太子也。阶危甚，度未可与争，乃谨事嵩，而益精治斋词迎帝意。"❷

当然，徐阶所以"谨事嵩"，显然是在严嵩气焰正高、占有优势的时候，徐阶忖量不宜硬拼，因而以暂时的诎节卑礼、谦抑恭敬，来淡化已经存在的矛盾冲突，目的是以退为进，耐心等待最有利的反击时机，"阳柔附之，而阴倾之"❸。徐阶为打倒自己的政敌，确实是处心积虑，付出了极大的代价，他甚至故意将自己的孙女许配给严嵩的孙子❹，一说还将另一孙女许配给严嵩的同党、当时亦权倾一时的后军都督府左都督、掌锦衣卫事的大特务头子陆炳之子❺，缔结为姻亲，忍将两孙女一生的幸福为代价，以释政敌之疑，争取到制敌于死命的时机。此亦说明，当时严徐斗争的复杂微妙，和在倾轧互噬之间机心的深刻，有非一般黎庶所能想象的。

当严徐鏖斗之时，张居正虽身在翰林院，但作为一个负有盛名的编修，早已为各方所瞩目。徐阶当然十分赏识这位青年才俊，在其门生之中居正最受期许；但"嵩亦器居正"❻，亦亟欲收为己用。处在两大对峙势力之间，又当双方都在积聚党羽、斗智斗力不休之时，居正表现得特别稳健老练：

---

❶《嘉靖以来首辅传》卷五，《徐阶传》记有此事："上信真人陶仲文言，于邯郸建吕仙祠，使阶往落成，为斋醮以祈福。阶心知其非，不敢辞，乃以议祔庙解，既上改议祔庙，俾缓期，阶遂不复请。以至虏人寇，上意亦益懈……而内衔阶，亡所发。"可参考。

❷《明史》，卷二一三，《徐阶传》。

❸《万历野获编》，卷八，《严东楼》。

❹ 徐严联姻，应是事实，因隆庆元年，言官韩楫等受高拱命弹劾徐阶的奏疏，亦引此作为徐阶不德的证据之一，徐阶对此并无答辩或否认。

❺ 有关徐阶与陆炳家联姻一事，可参考《国榷》卷六三，支大纶语。又黄景昉《国史唯疑》卷八亦说到，徐阶与陆炳为儿女亲家，陆炳事败，家被籍没，甚至有人怀疑曾将资产寄放于徐阶处，徐阶的政敌高拱曾打算借此以诛连徐阶。可参考。

❻《明史》，卷二一三，《张居正传》。

> 居正为人……沉深有城府，莫能测也。时严嵩为首辅而忌徐阶，诸善阶者皆避匿；而居正行意自如 ❶。

一直到严嵩在嘉靖四十一年（1562）覆败以前，张居正对严及严派诸人一直采取敷衍周旋的态度，表面上不远不近、不亲不疏，既未攀附其门，涉足其污秽；但亦未有如当时廷臣中诸如杨爵、沈束、沈炼、杨继盛等铮铮铁汉，不惜殉身碎首以痛斥严嵩的奸贪狠暴。当时居正的态度，极其谨慎，不轻易表现出对严嵩的敌意，避免对严派采取对抗的形式。

但绝不能认为，张居正曾有意依严以自重，附严以求荣。对严徐之间的是非，对严嵩的误国殃民，他是有清醒认识的：

> 尝考会试，而其门生自喜客于嵩，能得嵩意，居正众斥之，曰："李树不代桃僵耶？亟去，毋辱吾门。"众少庄，惮之。而有天幸，毋为嵩耳目者。 ❷

这不是一时激动的情绪发泄，而是政治上对严嵩所作所为积愤的真情流露。张居正在严徐之间，显然是倾向于徐阶而深厌于严嵩的。较长时期内的隐忍不发，不但是出于居正个人性格和在处理政争问题上务求谋定然后动的特点，而且是出于与乃师徐阶之间存在着攻守与共、同步进退的策略默契。险恶的政治气氛，往往会塑造出表里不一、难以简单评估的人际关系。

第四节　周旋于政争漩涡之中与对徐阶的期许

张居正自嘉靖二十六年（1547）春天进入翰林院，由庶吉士以至

---

❶《嘉靖以来首辅传》，卷七，《张居正传》，又载《国朝献征录》，卷一七。

❷《嘉靖以来首辅传》，卷七，《张居正传》。

转任编修，到三十三年秋天，已经六年有余。期间，他虽尚处在远离政权核心的位置，但目睹政潮翻腾，官场厮杀，确实产生过低沉失落的情绪。国事蜩螗，但一时又无法预测到它的发展前景；本人经世有心，但又苦于无效力施展的途径，心情是沉重的，不由得有"风尘何扰扰，世途险且倾"❶之叹。

当时北京传唱着著名散曲作家冯惟敏新撰的曲子：

> 乌纱帽，满京城，日日抢，全不在贤愚上。新人换旧人，后浪推前浪，谁是谁非不用讲。❷

文学家可以用文艺的形式以讽刺和鞭挞黑暗的现实，但政治家却必须面对和做出抉择，或者是降志趋附，或决心致力于改变这种现实。

徐阶与张居正的渊源最深。早在嘉靖二十六年（1547），居正为庶吉士时，徐阶恰好以吏部左侍郎兼任翰林院掌院学士，负责教授庶吉士。故此，徐阶名实相副是张居正的授业老师。其后不久，又是徐阶荐引他进入仕宦高层，提供他发挥才智的空间。徐阶有长期的人事经验，擅知人之明，他看到青年张居正不但才华出众，而且极其关心赋役、民生、厄塞以及边防、水利，认为他是一个具有务实政治倾向，具有优秀潜质的好苗子，对他"日讨求国家典故"❸，给予多方鼓励和指导，非常器重。据张居正的儿子回忆，徐阶对张居正的赏识是一贯的：

> （嘉靖）二十六年丁未，太师举进士，选庶吉士，读中秘书。

---

❶《张太岳集》，卷一，《送高廉泉之任》。

❷ 冯惟敏（1511—1590），举人，曾与张居正同应过嘉靖二十六年会试，落第。他的作品题材广泛，内容贴近现实，一反前人咏景言情，往来赠答，吊古伤今，谈禅咏物的路子，其所作散曲反映民生疾苦，揭露社会弊端，特别是对官场腐败，有尖锐的揭露。本文引用的曲牌为《清江引·八不用》。载石绍勋、韦道昌编：《元明散曲选》，第312页。

❸《太师张文忠公行实》，附录在《张太岳集》，卷四七。

二十八年己酉，授翰林院编修。时少师华亭徐公在政府，见太师沉毅渊重，所为文虽旁列子史百家者言，而其学一本之躬行，根极理道。以此，独深相期许，曰："张君，他日即茇臣重国矣。"❶

张居正的儿子们对于徐张关系的记述是比较平实的，并无渲染溢美之处。当严徐长期对峙之时，不论在政见上抑或在感情上，张居正显然都倾斜于徐阶方面。徐阶当时的治道比较开明，言论见解比较符合舆情，行事稳妥持平，在许多问题上能尽力之所及以缓解嘉靖的偏拗，诸如沈束、徐学诗、赵锦、沈炼等"越中四谏"受迫害时，徐曾诚挚地努力营救缓减 ❷，又由于他亦受嘉靖信任，因此朝野中大多数人都将他看作是能抑制严嵩的象征。凡此，都是与居正的主张接近或一致的，居正当时对徐阶的钦仰，正与徐阶对他的器重同步增长。师生二人虽然地位高低悬殊，年龄也相距二十来岁，而且在学术上崇儒抑或重法，在治道上恪遵传统抑或主张改革，以至对程朱和陆王理学的见解上都有所不同，但这些矛盾在嘉靖中晚期并未充分暴露出来；而在俟机反严和矫正嘉靖乱政这一主要方面，师生二人的识见却有高度的一致。徐阶并未因居正的年轻职卑而见外，有许多不宜宣泄在外的衷曲和谋议，都密与居正磋商。可以说，在相当一段时期内，张居正实际上是徐阶在朝政上的主要智囊。

在《张太岳集》卷三四中，收载有张居正历年写给徐阶及其子徐瑶等人的信件三十一封。信中屡讲到奉有来自徐阶的"台翰"，可见两人虽分隔两地，甚至在徐阶失势休致之后，居正仍保持着对徐氏的礼敬和生活上的关心，曾尽力为他解除某些窘困，等等。可见，两人的沟通是未有间断的，私交终生不渝。可惜的是，在张、徐的集子里均罕见徐致张的信函，想或是当时在内容上有不便保存之故。仅从居正致徐函件的一些片段和字句中，即可明白无误地看到，徐张交谊不仅是感情上的相契，而且在嘉靖中晚期此一特定阶段，具有鲜明的政治

---

❶《太师张文忠公行实》，附录在《张太岳集》，卷四七。

❷ 参见张元忭《会稽沈公束墓志铭》，载《国朝献征录》，卷六七。

内容。就交谊来说，居正多次自称"忝列门墙"❶，"以不肖之浅薄，猥辱老师甄陶引拔，致有今日，恩重于丘山，报微于毫末"❷，等等。在政治上，"不肖受知于老师也，天下莫不闻；老师以家国之事托之于不肖也，天下亦莫不闻"。❸"老师手扶日月，照临寰宇，沉机密谋，相与图议于帷幄者，不肖一人而已。"❹

"沉机密谋，相与图议于帷幄"十二个字，不啻勾勒出徐张二人在政见上和政争上曾经有过非同寻常的密切合作。居正喜怒不轻露于颜色，外似有圆融混沌之形，内实恪守贤不肖是非之辨。徐阶在反严斗争中能忍人之不能忍，宁可付出极大的代价以麻痹对方，苦心等待最有利的战机然后挺然猛击，夺取最后的胜利。较长期间保持低姿态，不浪战，不轻发，发求必中，凡此策略的制定和运用，居正都是他的最有力的臂助❺。

但必须说明，徐张两人的政见共识和步调一致，是逐步建立起来的。这是一个逐步接近和加深理解的过程。居正对于徐阶内事逆鳞之君，外有权奸虎视于侧的处境，有一个时期是体会不深的，对于徐阶入阁后，一时未有什么显著作为，曾经表现过懊恼和不耐烦，对于时局曾经有过悲观的估计。他在嘉靖三十三年（1554）曾请假回籍，表面的理由是健康欠佳，其实是政治上消沉，思想无出路的表现。处此险恶百端、前景莫测的环境中，不如暂归养晦。

原来徐阶在嘉靖三十一年春天，被敕派以礼部尚书兼东阁大学士，参机务。对于这一敕命，居正是曾寄予厚望的。作为一个年未满三十的青年，他满怀希望自己的老师能握权执政，能及时采取措施，整顿纲纪，逆转风气，以在艰危污秽重压之下冲开一个缺口，创造出新的气象。但是，现实政治并不如他想象得那么简单。当时的首辅仍是严

---

❶《张太岳集》，卷三四，《答上师相徐存斋并附与诸公书》之六、之七、之一。

❷《张太岳集》，卷三四，《答上师相徐存斋并附与诸公书》之六、之七、之一。

❸《张太岳集》，卷三四，《答上师相徐存斋并附与诸公书》之六、之七、之一。

❹《张太岳集》，卷三四，《答上师相徐存斋并附与诸公书》之六、之七、之一。

❺ 黄景昉《国史唯疑》卷六亦谓："徐华亭鉴贵溪（夏言）、诸诚（翟銮）之败，曲奉分宜（严嵩）。"可见，这都是迫不得已的策略手段。

嵩，阁臣中尚有资深于徐的李本。李本此人无多大才能，但却颇善于做官，他自嘉靖二十八年至四十年（1549—1561），连任内阁大学士达十三年之久。在政潮汹涌、波涛翻覆中能长保平安，能久踞高位，最后以丁忧退职，确实需要有特别的能耐。其实，他保官的要诀，无非是遇到矛盾躲着走，安于缄默，仅以秉承皇帝旨意和仰承首辅鼻息行事，以作为护官之符。在内阁这样的组成人员中，新进的徐阶，一时确实难以展布。但这么一来，却使期望殷切的张居正感到困惑。居正决定请假，在回家前夕，曾写给徐阶一封长达一千三百余字的长函，函中说道：

> 相公……自爱立以来，今且二稔，中间渊谋默运，固非谫识可窥，然纲纪风俗、宏模巨典，犹未见使天下改观而易听者，相公岂欲委顺以俟时乎？❶

这是很坦率地表示出自己的焦灼和急躁，要求迅速改变现状的迫切愿望，对于徐阶先图巩固阵脚，立足于稳妥的意图是不够理解的，居正甚至提出责难，曰：

> ……况今荣进之路险于榛棘，恶直丑正，实繁有徒。相公内抱不群，外欲浑迹，将以俟时，不亦难乎？❷

居正对于自己和徐阶，实际上是采取着双重的要求标准。他认为自己人微言轻，远离权力核心，只好"俟时"以待；但徐阶已入阁参政，则应及时有所作为，在充满诡谲和阴谋、虚伪和权术，趋炎附势的官场，身居上位，责任在身，是不应"浑迹"下去的。这反映着师生两代人对政情及应采取的因应策略，存在不同的见解。徐阶可能认为居正其志虽可嘉，而其见则较幼嫩，近于不切实际；而居正则深以其师

---

❶《张太岳集》，卷三五，《谢病别徐存斋相公》。
❷《张太岳集》，卷三五，《谢病别徐存斋相公》。

过分注意调和而近于怯懦，故此，又进一步建言：

> 盖若披腹心，见情素，伸独断之明，计捐流俗之顾虑，慨然一决其平生。若天启其衷，忠能悟主，即竹帛之名可期也。吾道竟阻，休泰无期，即抗浮云之志，遗世独往，亦一快也。孰与郁郁顾颔而窃叹也[1]。

这是一种比较截然的推理，是一种近乎理想化的愿望，与实际政治中存在着错综复杂矛盾的解决方法是辙轨不同的。徐阶老于宦海，深知"一决""一快"并不能解决问题。"一决"不当，便会陷于覆灭，更谈不到什么"一快"。行阵布局，不能不首重审慎，故在入阁之后，更多着力于观察和考虑，必须以静制动，再图展布。居正则以为不然，论曰：

> 近年以来，主臣之情日隔。朝廷大政，有古匹夫可高论于天子之前者，而今之宰相不敢出一言，何则？顾忌之情胜也。然其失在豢縻人主之爵禄，不能以道自重，而求言之动人主，必不可几乎？顾相公高视玄览，抗志尘埃之夕卜。其于爵禄也，量而后受，宠至不惊。皎然不利之心，上信乎主，下孚于众，则身重于泰山，言信于蓍龟。进则为龙为光，退则为鸿为冥，岂不绰然有余裕哉？[2]

言虽尖刻，但却是出自肺腑的坦诚，是对素所钦仰的师长真挚的期许，殷切希望徐阶挺身奋起，勿以一时的得失和进退为重，勉成一代的相业。有许多话，是他在此一时期，除此函外从未宣泄于众的。居正临将去远，将依依之情凝聚在从政治上对老师的爱护，颇见语重心长：

---

❶《张太岳集》，卷三五，《谢病别徐存斋相公》。
❷《张太岳集》，卷三五，《谢病别徐存斋相公》。

自顷士气颓靡，廉耻道丧，苟苴显于赘雄，倖孔多于亡羊，乞温逐臭，相燗成风，岂可令明主在上，相公在位而习弊至此？❶

函末，又表白道：

自惟受恩深重，苟有效于涓埃，即剖肝裂肤，士所不辞，况恤其他乎？古人之言曰：近而不言为谄，远而不言为怨。今将远矣，不胜感激。瞻望之怀，临发潸然。❷

这一函件对于研究张居正此一阶段的思想动向，以及徐张关系和他们在性格、学养、政见上的同异，乃至将来在政治上难免分道扬镳的潜在因素，都是非常重要的。在这封信中，居正一扫其在官场应酬文字的违心假话，抹去其不得已涂饰的脸谱油彩，对徐阶一吐肺腑之言。函中所表达的诸种论述，不论是否完全切合实际或可行，但却是反映着这位青年编修内心的忧虑和彷徨，对国家社会前途的焦灼关心。实际的形势发展也正是如此。在居正请假回籍前三四年内，局面更是每况愈下，艰危日逼，嘉靖三十年至三十三年（1551—1554），俺答、把都儿、小王子等每年必来犯，沿边要塞相继沦陷，总兵岳懋、李涞，副总兵郭都，指挥王相，指挥金事王恭，参将冯恩、史略……相继战死。浙闽沿海诸郡又连遭倭寇海贼的烧杀掠掳，官兵败溃，告急求援惊闻道路。山东、河南大饥，民相食，河南农民起义军师尚诏部连陷归德及柘城、鹿邑，人心骚乱。而当此之时，嘉靖皇帝却更加紧修玄建坛，建立内府营，操练内侍，谪戍谏臣赵锦等，更以诽谤罪名杖死光禄少卿马从谦等人。在严嵩主持下，"无用之兵，无事之官，无名之支，无益之费，不可胜纪"❸。在这样的情况下，居正热切企望已入阁的徐阶能迅作布置，收立竿之效，但两年未见成果，便继之以沮丧失望，

❶《张太岳集》，卷三五，《谢病别徐存斋相公》。
❷《张太岳集》，卷三五，《谢病别徐存斋相公》。
❸ 屠衡、卜世昌：《皇明通纪述遗》，卷一一。

也是不难理解的。他负气告病求归，正是这种消极情绪的表面化。

但是，也必须看到，张居正一时性的消沉，绝不是自此陷入颓废，更不是放弃了自己拯救世运的素志。他的失望是由于急于求成，他的失落是由于当时还年轻气锐，尚未透悉政途的颠扑艰难，还没有真正理解和掌握在涛惊浪骇的政海中，如何俯仰生存和迂回发展的知识和能力。他称病回籍养疴，更绝不是忘情于政治，摒弃人间烟火。在同一函件中，他谈到自己当时的愿望，乃是竭其智能，充当心目中良相如徐阶者的得力助手，以匡扶治理，因为他自知自己在当时还未具备任何独立的影响和政治实力。他说：

> 假令相公兴周、召之业，使如正者束带立朝，参制作之任，或拾遗左右，备九九之数，虽不能使恶言不至，门人加亲，然进奋短翮飞翔之用，退效杞梁一介之死，正虽至愚，敢不勉乎？❶

这一番话，有力地说明了张居正在请假回籍前夕，丝毫未有放弃进入政坛、施展经纶的宏愿，只是因为时兮不利，暂觉气馁，一时怀有退缩之意而已。由此看来居正患的不是生理上的病，而是政治病、情绪病。所志未酬，不如归去。美不美，故乡土；深不深，故乡情。荆州旧地，江陵故垒，也正在呼唤这个怀有大志大才，而又自认为失意的佳子弟，归来吧，归来吧！

---

❶《张太岳集》，卷三五，《谢病别徐存斋相公》。

第五章

山居未敢忘忧国

第一节　隐晦待时，惆怅南归

嘉靖三十三年（1554）秋天，张居正以因病请假为理由，从北京动身回湖北荆州老家休养。

这是几经犹豫然后做出的决定。

他自中进士以来，在北京就学和任职已有六年之久。在这六年，二千一百多个日夜里，满腔热情、锐气方刚的张居正初步接触到嘉靖中叶的现实政治，也参加了一些实际活动，从而深深感悟到政坛事态绝不是如他刚登第时想象的那么单纯。接踵而来的，是一浪高一浪的政潮，一幕又一幕居心险狠的政争，冥顽难化的政见，颓腐黑暗的官场。所有这些，并不是像他这样有志经世的年轻人所易于理解的。要改变现状，却存在着极大的困难。一种理想落空的失望和惶恐，确曾使居正产生过严重的沮丧。逾常的热衷往往带来分外的失落。尤其是，在如漆阴霾之中尚难以看到一线曙光，张居正深感憔悴和疲惫。

人当失意，往往对故乡故土故人产生更多的怀恋，并将之作为自己希望暂避暴风骇浪的停泊所。荆州，它的风土人物，绕州而过的汉江和沔江的江涛帆影；江陵境内柞溪和灵溪，常年潺潺不断的清泉流水，都是他在外魂牵梦萦的珍藏。他非常热爱这一片哺育自己成长的热土。特别是，萌生南归之念后，其情更殷切：

> 雪裹年华改，青门柳又新。可堪常作客，还对欲行人。驿路啼莺合，汀洲芳草春。数宵有飞梦，先尔到江滨。❶

荆州自古以来，就是产生卓荦人才以及贤达居停的地方。这里英雄儒雅辈出，鸿篇杰构流传。屈原在这里生活和创作了二十多年，宋玉、优孟、莫愁女、陶渊明、庾信、张九龄、李白、杜甫、元稹、白居易、岑参、苏轼、陆游、袁宏道，都在荆州留下过他们的行踪艺迹，都曾羡赞过荆州山河的美好，也曾讴歌过此地历代先民忠烈的业绩，同情过黎庶的疾苦和哀伤。居正自小就非常钦仰这些前辈的功业和风采，特别是将屈原的怀忠未酬，张九龄的名相事业奉为自己的楷模，钦仰他们的风范，精读他们的著作，也曾立志效学他们的某些方面。居正对于荆州，不仅仅视为自己的乡土，而且是以其人物荟萃而自豪，此在他的多篇有关荆州的文章可见。如今赋闲归来，既不必劳神于殿阁时文，又暂时与政局保持距离，会有更多的时间进行反思和自我调节，会更有体会地钻研和倾听古人、今人的论议和衷曲。野人怀土，小草恋山。远离故乡六载，自认为失意的张居正回来了。

在嘉靖三十三年初夏，居正的归计已决，他曾在一首送别诗中预告自己南回的信息：

> 几度思归病未瘳，那堪送子向南州。
> 帝城花满离亭曙，江国春残杜宇愁。
> 旅客独伤魂渺渺，征人长忆路悠悠。
> 先凭一寄南中友，相见犹疑在暮秋。❷

---

❶《张太岳集》，卷三，《送朱文石使楚二首》之二。
❷《张太岳集》，卷五，《送陈见吾考绩南还因寄亲友二首》之二。

按照他当时的身份，而且又是因私事请假，是不能用驿马官舟的，这更便于他行止自由，随意所之。他从北京走旱路，经北直隶、河南入湖北，沿途目睹民生痛苦，社会动乱，自然有许多感慨。到了武昌以后，才雇船经长江入汉江。他舟泊武昌江畔，仰望高耸在蛇山之上的黄鹤楼。楼有盛名，久历沧桑，经过了人间多少盛衰兴亡，多少曾经际会风云的人物已随逝水，早已烟消灰灭，但高楼仍然屹立，似在静待历史再翻新页，似在静待新的人物叱咤登场。居正思绪如潮，吟成七律一首：

> 枫霜芦橘净江烟，锦石游鳞清可怜。
> 贾客帆樯云外见，仙人楼阁镜中悬。
> 九秋槎影横清汉，一笛梅花落远天。
> 无限沧州渔父意，夜深高咏独鸣舷。❶

这首诗似是描绘崇楼和江畔的秋色，远看枫紫橘红，江上寒流湍急，虽有船舶晚航，名楼居高俯视，但仍然深感一片萧飒之气，夹带着心意凄凉。楼高、流急、夜静、人渺，只有作为有心人的渔父中宵不寐，独自吟哦，自讲自说，自吟自唱，任由思路驰骋，百感交集，"无能裁楚赋，空自怅年华"❷。倦游归来，故园父老，是否安康？阎闾比邻，尚还无恙否？

居正决定请假回籍，挈妇将雏，全眷南归，确实有过久住之意。由于未得际遇，中怀抑郁，亦似有受贬谪意。其实，当嘉靖中年，一切有抱负有血性有正义感的人，几乎都遭受过不同的厄运，被囚被杀的大不乏人，受杖受谪的更是排行成列。由于居正深沉不露，其处境应该说是较为平顺的。居正遍数他的前辈和同辈师友、同僚，能够不诣谀阿附而能平安立朝的实如凤毛麟角。但奇怪的是，靠奉承色笑，

---

❶《张太岳集》，卷五，《泊汉江望黄鹤楼》。
❷《张太岳集》，卷三，《初秋回首》之一，摘句。

望风迎合的人虽然升官进禄，但却为舆情所鄙薄，千夫戟指为无耻佞幸；而一些因犯颜直谏而横受折磨的人却得到社会上普遍的同情和赞赏。是非皎然人心，连皇威也难遏禁杜绝。居正不轻流露，但他对受迫害的僚友有着由衷的关怀和钦敬。正当他束装待发之时，翰林院的同事毛青城被谪配云南，居正长亭送行，并赋一诗以赠：

> 客有相如倦，心钦杨子玄。浮名看自薄，谪宦转悠然。别袂分春色，题诗隔暮烟。从未富词翰，到日百蛮传。❶

居正在毛青城临行前致以同情和勉励，虽然也说什么受谪丢官可以更自由自在等慰藉语，但身受重遣，万里投荒，到底是很不幸的，送者行者的心情都非常沉重。朝在同列，暮作配囚，正是当时正邪颠倒、士人丧气的侧影。人人自危，莫测朝夕，也是笼罩在朝官中的心理重压。居正之所以决心南回，此亦是原因之一。

对居正思想上震撼最大的，除了夏言被斩首于西市之外，还有朝廷对杨廷和、杨慎父子的绝情处置。杨廷和和杨慎都是居正在翰林院的前辈。廷和是成化十四年（1478）戊戌科进士，亦经过当庶吉士的历程；杨慎是在正德六年（1511）辛未科高中状元，授翰林修撰。二人入仕后，分别以功业或气节学问著称于时。廷和在正德时期敢于顶撞歪风邪气，立朝谔谔，"为中外所推服"❷，嘉靖初期，赞襄大计，"正德中蠹政厘抉且尽"❸，赫赫有大功勋。但由于皇帝恩威不常，一旦有忤其意，便以一纸诏书，将这位两朝元老、首辅大学士休归故里，后又削职贬斥为民。杨廷和陷于极其窘危的处境，因为许多在正德时期宦途得意，享有各种特权，一贯为非作歹，而被廷和斥逐的人，都在声言要对他报复，而嘉靖亦不断对他公开严词詈斥，指他以"国老""帝师"自居，声色俱厉。他的大儿子状元公杨慎杖谪云南，小儿子兵部

---

❶《张太岳集》，卷三，《送毛青城谪云南》。
❷《明史》，卷二〇九，《杨廷和传》。
❸《明史》，卷二〇九，《杨廷和传》。

主事杨惇和女婿修撰金承勋俱逮下诏狱，而他本人也随时有步夏言后尘的可能。廷和为求自存，在给他两个儿子的信中，竟殷切叮嘱他们"常记三缄口……怕人情翻复波澜"❶，语极沉痛。这是他在沉浮宦海四十余年之后所得的辛酸体会。他像一头败下阵来遍体鳞伤的雄狮，正在俯舔自己的伤痛。人情巨测，世态炎凉，使这位老政治家陷于心灰意冷的境地。杨慎虽然年齿长于居正，科名亦早于居正，但基本上还可算是同一代人。他的才学超卓，经学、文学、史学俱为一时之冠❷。他为偕同同列伏阙反对"大礼"，两次受重杖，又被远谪到云南永昌卫，扶病带伤驰行万里，途中还险被因廷和整顿失职的原锦衣卫人员仇杀，虽幸保性命，但自嘉靖三年（1524）受谪以来，长戍三十余年，直到居正请假回籍时仍在戍所，屡受凌辱。（按，杨慎是在嘉靖三十八年，以七十二岁高龄殁于永昌卫的。）

居正在翰林院内对杨氏父子的遭遇早已耳熟能详，又曾多次披览杨慎在院时撰写和删定的《武宗实录》稿，既深佩服他事必直书，勉成信史的史德史识，也钦仰他的铮铮风骨，处变不惊，受辱不屈。科第功名，官位爵禄，原来是与毁家杀身的巨大灾难相伴而行，是非的界定，祸福的转移，是可以在一夜之间易位的。"世道方险峻，修名苦难立"❸，居正不觉感慨系之。

胡不归？

不如归去！

第二节　山居六载，寄情山水

张居正从嘉靖三十三年至三十八年（1554—1559），将近六年的

---

❶ 杨廷和：《水仙子》，怀寄京师两儿。

❷《国榷》卷六二，引凌迪知在杨慎去世后作的评语，曰："慎以卓绝之才，弘博之学，谪滇南，端居深省，发愤著书。神荧理解，垂文表义，竟坎壈终其身，哀哉！"

❸《张太岳集》，卷一七，《先考观澜公行略》。

时间，基本上住在故乡。这六个年头，大体上可以分为两大段，即三十三年至三十六年，整整三年是闭门蛰居；三十七年曾一度回北京，也在翰林院销了假，大概是看到情况还不对，不久便再回籍谢客，直到三十八年秋天才复出，再投入政治的漩涡中去。

在居正一生中，这是很不平常的六年。他失意回乡，有过读书自娱，从此避世的思想，但又割舍不了对世运国事的关切，长期陷于矛盾苦闷之中。人在天涯，心悬京华；养疴田园，魂萦廊庙。往往中夜彷徨，眥裂泣下。

这是一个痛苦的过程，但又是一个自省和身心调节的过程，一个经过长久的思想矛盾然后做出抉择的过程。

在他一些言论和活动中，似乎已经有超乎物外，淡泊于仕途，终老于山林，为野鹤闲云以没世的意境。这是他心态的一个方面。他自称"甲寅，不肖以病谢归，前后山居者六年，有终焉之志"❶。又说："吾少有烟霞之想，方其隐居修竹之间，图书自娱，盖自谓与此君终焉。"❷他的儿辈也说到乃翁当年回籍幽居的情况：

> 太师体故羸弱，又倦游。三十三年甲寅，遂上疏请告。既得请，归则卜筑小湖山中，课家僮锸土编茅，筑一室，仅三五椽，种竹半亩，养一癯鹤，终日闭关不启，人无得望见，惟令童子数人事洒扫，煮茶洗药。有时读书，或栖神胎息，内视返观。久之，既神气日益壮，遂下帷，益博极载籍，贯穿百氏，究心当世之务。盖徒以为儒者当如是，其心固谓与泉石益宜，脩然无当世意矣。❸

张敬修等的回忆大体上符合实情，但他们对乃翁的心态的记述，只侧重于归卧不起的方面，而忽略了还有另外的一方面，即出世与入世、遁世与经世的矛盾冲突，不理解自归乡之日起，两者一直交战于乃翁

❶《张太岳集》，卷一七，《先考观澜公行略》。
❷《张太岳集》，卷一七，《题竹林旧隐卷》。
❸《太师张文忠公行实》，附录在《张太岳集》，卷四七。

胸臆之中。

居正富于文采，不但精于撰写政论文章以及述事伸理的章奏，其书牍通过叙私谊以推动政事，亦亲切可读。若研究其心路历程，则首推其在不同时期写的抒情文字，其中相当数量是较能表露其真性情真感受的。在这方面的诗文作品，又以在告病山居六年中所写的最具感染力。诗言志。衰世多诗句，困顿出诗人。因为他正处在思想苦闷的矛盾中，其言由衷，其情也较为真挚，且身居林下，毋须矫揉造作，不必官调官腔。

有一些诗文是反映着他当时因失意引发的厌倦红尘，一度有意摒绝官场的消沉情绪，如：

> 岂是东方隐，沉冥金马门？方同长卿倦，卧病思梁园。蹇予柄微尚，适俗多忧烦。侧身谬通籍，抚心愁触藩。臃肿非世器，缅怀南山原。幽涧有遗藻，白云漏芳荪。山中人不归，众卉森以繁。永愿谢尘累，闲居养营魂。百年贵有适，贵贱宁足论。❶

又如：

> 有欲苦不足，无欲亦无忧。义和振六辔，驹隙无停留。我志在虚寂，苟得非所求。虽居一世间，脱若云烟浮。芙蕖濯清水，沧江飘白鸥。鲁连志存齐，绮皓亦安刘。伟哉古人达，千载想徽猷。❷

再如：

> 江南佳丽地，灵境信隈隩。连峰造天关，石笋插云足。我前拥烟霞，我后映松竹。飞窦洒征衣，山光荡人目。朝采碧涧

---

❶《张太岳集》，卷一，《述怀》。

❷《张太岳集》，卷一，《适志吟》。

藻，夕息清湘曲。侧想素心人，浩歌渺空谷。逸驾如可从，吾当谢簪绂。❶

更如：

> 林深车马不闻喧，寒雨潇潇独掩门。
> 秋草欲迷无亮径，清溪长绕仲长园。
> 苍松偃仰云团盖，白鸟翻飞雪满村。
> 莫漫逢人语幽胜，恐惊樵客问桃源。❷

还有：

> 卜筑兰堂岁月深，地幽偏听结庐心。
> 看山不碍翠微色，近市浑无车马音。
> 直以菑畲开骏业，还将篇籍代籝金。
> 谢家庭树依然在，为报新枝已满林。❸

从这一组诗的内容看来，居正似乎确在追求超逸，希望摆脱政治和人事烦扰的情绪跃然纸上，有意将时间和精力消磨在湖山幽涧之间，与人无争，与世无干，人世两相忘。他的诗寄情于寒泉潭水、沧江白鸥，要在烟霞松竹中自得其乐，取得人世间难以觅到的宽容和慰藉，甘于在默默无闻中，既无声，又无臭地度过此生。这样的思想情结其实也是渊源有自的，在中国古代士人中，往往有显则立于朝，晦则隐于野的思想传统。大自然往往成为他们心目中红尘俗世的对立面，必要时可以作为回避矛盾的一片净土，作为暂避惊风骇浪的安静港湾。张居

---

❶《张太岳集》，卷一，《潇湘道中》。
❷《张太岳集》，卷五，《山居》。
❸《张太岳集》，卷五，《钟山堂》。

正当时的心态也大体如此，组诗所透露的正是这样的隐衷 ❶。

　　还不能忽视，在上引组诗以及居正当时所作的其他诗文中，比较明显地存在着受先秦著名思想家庄周某些方面的影响，他从《庄子》一书中吸取过营养和受到过启示，以充实自己的精神世界。居正有些诗句，近似是从《庄子》某些篇章中脱胎而出，例如，上引《述怀》一诗中"臃肿非世器，缅怀南山原"，有《逍遥游》的折射痕迹；《适志吟》一诗中"我志在虚寂，苟得非所求"，更明显存在《天道·刻意》的闪光。上节引述过的《泊汉江望黄鹤楼》一诗中说的"无限沧州渔父意"，这个渔父正是出典于《庄子·渔父》。所有这些对于我们了解张居正当时的心态，以至他一生的思想发展，都是很有意义的。从总体来说，张居正当然是一个尊儒又崇法的政治家，以儒为体以法为用，构筑成他一生的思想和事业，这是不存在异议的。但又必须看到，人的思想绝不会纯而又纯，它往往是百川合流，多源组合而成的。居正自小除受传统的儒家经典教育外，还博览百家，他自认对佛家禅学和道家老庄之说均有涉猎和体会。

　　张居正并不讳言，他早年即喜读禅学诸书以及庄周的著作。有关庄子方面，他在《成趣园夜宴限韵三首》之三，有句云："赋掩曹王作，精研庄叟书。" ❷ 在《题竹林旧隐卷》一文中，又借友人万子荣之口，对庄子作了推崇，谓："吾闻君子乐其所生，而有情之物，思不忘本，故楚客越吟，庄生爱似，其致一也。" ❸ 等等。在特定时期中，他曾倾向于视俗世如敝屣，渴望在大自然中求取心理平衡，寻找安身立命之所的想法，确实有受佛、道学说感染的地方。当然，这是一个比较复杂

---

❶ 按，据《国朝典故》卷三七的记载，与居正请假回籍同时，"见时事乖异，寄情山水间"的朝臣，尚有原兵部尚书杨守礼等多人，因"严嵩在位，贿赂公行，刑赏失中，忠臣义士闷愤以死者不知凡几矣。……噫，吾人处世，进不得行其志，则退当隐其身。若杨守礼者，山水之游，诗酒之乐，岂遂忘世？盖亦不得已也。"对于张居正借病山居，似亦应从当时这部分士人的特殊心态考虑，并不是孤立的一个人的问题。
❷《张太岳集》，卷三。
❸《张太岳集》，卷一七。

的问题，佛、道两家的学说，对于张居正这样一个具体历史人物来说，在其一生的政治生涯中，也是起过正负不同的重要作用的，我们将在有关章节中再作论述。

但，又必须注意，上引什么"永愿谢尘累"等言词，并不是张居正当时思想的主流。他精心构筑的"兰堂"也绝不会真正成为他从此息影栖身的"梁园"。一切都处在发展变化的过程中。居正之所以为居正，就是因为他从来不是，也不会是一个真正厌闻世事的隐士。

第三节　人在江湖，情系社稷

外表上，居正回籍以后筑园卜居，莳花种树，煮药烹茶，徜徉于山水之间，颇有孽根清净，不食人间烟火的样子。其实，他是人闲心未闲。风声雨声，声声入耳；边事政事，事事关心。"风尘暗沧海，浮云满中州。目极心如惄，顾望但怀愁。"❶

客观上的情况也更加重了居正的忧危之思。自嘉靖三十年起，不但北方的边警日急，而且东南沿海的寇患也在加紧，"北虏南倭，并为国患"❷。而当此干戈频兴战乱未已之际，嘉靖皇帝却专门敕派严嵩的死党、工部右侍郎赵文华率领大队人马，携带各式祭祀仪仗，专门到江南松江祭告海神，将弭患寄托于"神功有赖，海宇肃清"❸。严、赵借祭海退敌，以推卸战败失职之责。此行"益凭宠纳贿，战士解体。征兵半天下，贼势愈盛"❹。"力疲于供帐，廪饷不暇给，又且财尽于逢迎，官评颠倒是非，将士莫必其命"❺对于严嵩及其子世蕃、赵文华，"天下切齿此三人"❻。明朝形势紧急危殆，连朝鲜国国王及其臣僚也一再

---

❶《张太岳集》，卷一，《同汪云溪太守等登怀庚楼》。

❷《国榷》，卷六二，嘉靖三十六年九月，引何乔远语。

❸《国榷》，卷六一，嘉靖三十四年二月辛巳。

❹《国榷》，卷六一，嘉靖三十四年二月辛巳、丙戌。

❺《国榷》，卷六一，嘉靖三十四年二月辛巳、丙戌。

❻《罪惟录》，《帝纪》，卷一二，嘉靖三十五年正月。

进行研究，连续探报称："中原一路之事，诚可寒心。道殣相望，积尸蔽野，盗贼大炽，人民相食，至于白昼杀人而莫之禁。非但此也，鞑子之寇掠，无时不然。上国地方之人，莫保其生……""今皇帝专意醮祭，以祈天命，而不知天下之务"，"凡官爵高下，在银多少；事虽微细，非赂不成。怨仇滔天，显然骂詈"❶。如此等等。

湖广荆州虽然位处腹地，暂无虏寇侵扰之患，但在这几年，也是问题成堆的。嘉靖三十三年（1554），荆州大旱❷，其后数年之内，水旱相仍，江水直冲郡城，高至三丈，浮尸逐浪❸。以湖广为中心的中原地区，"数年以来，民穷财尽，邑无安居之户，里无乐业之家，于是妖言盛行，根盘蒂蔓。……北虏之患有形而中原之患无形，夫无形之患不可以有形治也。"❹

居正由于回籍居乡，对民生愁苦，有了更直接的了解，自言：

> 嘉靖甲寅，以病谢，自念身被沉疴，不能簪笔执简，奉承明之阙，若复驰逐城府，与宾客过从，是重增其戾。乃一切谢屏亲故，即田中辟地数亩，植竹种树，诛茆结庐，以偃息其中。时复周行阡陌，间与田父佣叟测土壤燥湿，较种莳先后，占云望祲，以知岁时之丰凶。每观其被风露炙熇日，终岁仆仆，仅免于饥。岁小不登，即妇子不相眴，而官吏催科急于救燎，寡嫠夜泣，逋寇宵行，未尝不恻然以悲，惕然以恐也。❺

对于一个长期读经应科举，其后又任京官，读中秘书于翰林院的人，

---

❶《朝鲜李朝实录中的中国史料》上编，卷二四，明宗大王十三年，嘉靖三十七年四月壬午，十月癸亥。

❷《明世宗实录》，卷四一四，嘉靖三十三年九月己未；卷四三九，嘉靖三十五年九月己未；卷四四三，嘉靖三十六年正月辛巳。

❸《明世宗实录》，卷四一四，嘉靖三十三年九月己未；卷四三九，嘉靖三十五年九月己未；卷四四三，嘉靖三十六年正月辛巳。

❹《明世宗实录》，卷四八六，嘉靖三十九年七月壬辰。

❺《张太岳集》，卷九，《学农园记》。

亲履阡陌，接近农夫雇工，了解耕耘丰歉，特别是认识到千万被抑压在社会最底层的一般农民的疾苦，引起"恻然"和"惕然"，无疑是一项极有益的补课，一椿极其需要的震动，这对于居正其后掌权执政，亦必产生长远的积极的作用。

他还看到荆州一隅的榷税负担日重，而财源匮乏。要解决当前窘困，不但要节流，而且必须开源，必须对赋役财政政策做重大的调整，言：

> 自顷以来，外筑亭障，缮边塞，以掉骄虏，内有官室营建之费，国家岁用率数百万。天子旰食，公卿心计，常虑不能殚给焉。于是征发繁科，急于救燎，而榷使亦颇鹜益赋，以希意旨，赋或溢于数矣。故余以为，欲物力不屈，则莫若省征发，以厚农而资商；欲民用不困，则莫若轻关市，以厚商而利农。❶

可见，他的重商益农、农商互惠的财政政策思想，实亦受惠于乡居时期对社会实际的深入了解和认真思考酝酿，这是与他在翰林院时修习的功课大有不同的学问，而又是和他在翰林院时，专心查询和条列"户口厄塞，山川形势，人民强弱"的努力相衔接和一致的❷。山居似为避世，但实非厌世，更非弃世。居正入山虽深，但一直情系社稷，所思所行，实际上都是与国脉民命息息相关的。回籍数年，全国形势更加险恶，危机已迫近眉睫，作为血性男儿，居正难道还能继续沉溺于烟霞湖水，还能继续枯守田庐、无动于衷吗？

他在名为《闻警》的诗中说到自己的担忧：

> 初闻胡骑近神州，杀气遥传蓟北秋。
> 间道绝须严斥堠，清时那忍见毡裘？

---

❶《张太岳集》，卷八，《赠水部周汉浦榷竣还朝序》。
❷ 参见王思任《与周延儒书》，载《对荷簏丛谈》，卷三；《江陵救时之相论》，载《清经世文编》，卷一四。

临戎虚负三关险，推毂谁当万里侯？

抱火寝薪非一日，病夫空切杞人忧。❶

诗句表达着深切的忧危之思，恍似抱着干柴卧于烈焰之上，备受煎烤，而又一时无计摆脱其焦躁无奈的痛苦。与此同时，在他给驻防西北边陲好友耿楚侗的一封信中，更备述其心情的沉重，如见肺腑：

> ……长安棋局屡变，江南羽檄旁午，京师十里之外，大盗十百为群，贪风不止，民怨日深，倘有奸人乘一旦之衅，则不可胜讳矣。非得磊落奇伟之士，大破常格，扫除廓清，不足以弭天下之患。顾世虽有此人，未必知，知之，未必用也。中怀郁郁，无所发舒，聊为知己一吐，不足为他人道也。❷

值得注意的是，张居正在这封信中，除了尖锐地指出当时严重的内忧外患局势已濒近崩裂的边缘外，还提出了走出绝境的唯一出路，那就是寄希望于所谓能"大破常格，扫除廓清"的"磊落奇伟之士"，"以弭天下之患"。斯人云谁？当然是那些不忍坐视颠危，立志匡扶社稷，有决心也有能力挽危济倾的志士仁人。天地自有才智，一个时代必然呼唤出本时代出类拔萃的人才。问题在于，有人才而未为人知，未能发挥其作用，此正是志士为之扼腕，仁人为之气沮的所在，亦即能否转换乾坤，化否为泰的要害所在。这是居正在本函中点睛之处。

居正性格可贵之处，在于他的沉毅顽强，敢以天下为己任。他虽然有过一时性的消沉，但从来未因人微言轻而自薄，不会因未逢际遇而自弃，面对艰难而能保持自信，于沉郁中不敢放弃自强不息。一时性的消沉不过是他在成熟过程中必不可少的磨炼，正如优质钢必须经过淬火一样。他在山居时作过一篇名为《宝剑篇》的文章，对一把长期被埋没在污秽泥沼之中，以至于光芒销退，锋刃蒙垢，"鹿庐剥落

---

❶《张太岳集》，卷五，《闻警》。

❷《张太岳集》，卷三五，《答西夏直指耿楚侗》。

苔藓暗，龟藻朦胧土花食"的龙泉宝剑，寄予深切的同情和期望，认为只要一旦剔除污损，它便立即发挥出神奇的作用，且看"提携西向蜀关道，万里烟尘净如扫。山中野魅走栗慄，水底长鲸欲奔倒"。这把熠熠生辉，寒光犀锐的宝剑，不但能震慑魑魅，而且连斩鹏屠鲸都不在话下。很重要的原因是，"握中科斗深深见，匣裹蛟龙夜夜鸣"，由"赤堇之金，若耶之铜，玄鼎烹煎"，经洪炉鼓铸的一代龙泉，是绝不甘永堕丘壑，长埋尘埃之中的。剑鸣鞘内，正是为了引锋一试，立不世之功。在这篇文章里，居正也借物譬人，强调"丈夫礧砢贵如此，何能龌龊混泥滓"❶。宝剑人格化，居正的忧思和愤激，自我评估和策励，也在如椽笔下获得宣泄和升华。

最能透彻地说明张居正在回籍山居期间矛盾心态的，是他当时所作的《七贤咏》及其序文。

所谓七贤，即世称生活于魏晋之际怀才不遇，鄙夷苟合的"竹林七贤"：嵇康、阮籍、山涛、向秀、刘伶、阮咸、王戎七人。他们在西晋时因不屑参与司马懿和曹爽等之间的争权厮杀，又不肯趋炎附势，屈为权力的仆从和吹鼓手，故退而放逸于山林，清谈以混世。历史上许多人骂他们软弱、放荡或误国，而张居正却独具慧眼，认为他们是迫于不得已，是环境使然，退而不同流合污，是对现存暴虐政权的消极抗拒，很有可取之处。他在《七贤咏》的序言中论曰：

> 余读《晋史·七贤传》，慨然想见其为人，常叹以为，微妙之士，贵乎自我；履素之轨，无取同途。故有谤牍盈于一世，而独行者不以为悔；沉机晦于千载，而孤尚者不以为闷。斯皆心有所惬游方之外者也。❷

他对七贤的特立独行，给予不同于流俗的很高的评价：

---

❶《张太岳集》，卷二，《宝剑篇》。
❷《张太岳集》，卷一，《七贤咏》序。

> 夫幽兰之生空谷，非历逸绝景者莫得而采之，而幽兰不以无采而减其臭；和璞之蕴玄岩，非独鉴冥搜者谁得而宝之？而和璞不以无识而掩其光。盖贤者之所为，众人固不测也。❶

居正认为，七贤之所以"或吏隐于廊庙，或泊浮于财利"，他们之所以沉酣恣放，纵诞任率，最主要的原因是不愿意受当时腐恶体制的羁绊束缚。"假令才际清明，遇适其位，上可以亮工弘化，赞兴王之业；下可以流藻垂芬，树不朽之声。岂欲沉沦滓涉，无所短长者哉？"❷这似乎是从根本处为这七位古人辩护，其实是借他们的酒杯浇自己的块垒。张居正所处的时代、身世、处境以及个人禀赋、抱负，与嵇康、阮籍等人当然有很大的不同。但在抑郁山居时期的张居正，却很易于对他们无法用世而有避世的言行产生同情，引为同调，所以他才会说："余窃高七子之节，因以暇日叙述遗事，各为短咏，以抒其幽致，虽不敢谓独契古心，庶亦不移流俗，亦冀玄览达观君子，有以明余之志焉。"❸ "有以明余之志焉"，正是坦诚地披露出自己心灵深处蕴积而不轻于直告的心绪，是又一点睛之句。原来在大变局的时代中，士人的仕与隐向来是一个严峻的抉择。逝者已矣，七贤的坎坷悲惨命运在身殁一千余年之后，竟令张居正扼腕痛吊，正是因为身处当时境况的张居正，自认为有惺惺相惜之处：

> 嗟乎！大鹏翔于寥廓，斥鴳戏于枋榆钧天之庭，岂工师之所蹑？无航之津，非鼋鲋之所游。世之汩没于腥膻者，固无足道，而小儒曲士自守一节，又乌可以谈尺寸之外哉？❹

这又不啻是夫子自道。鲲鱼游于深渊大洋，传说由鲲变化而成的大鹏

---

❶《张太岳集》，卷一，《七贤咏》序。
❷《张太岳集》，卷一，《七贤咏》序。
❸《张太岳集》，卷一，《七贤咏》。
❹《张太岳集》，卷一，《七贤咏》。

翔翔于高空天际，展翼如垂天之云，转瞬而达数千里，这绝不是小小颙鸟所能仰望或理解的。按这一寓言实出于庄子的《逍遥游》。庄子以极其丰富的想象力，恣纵不羁，不屑苟顺于邪恶的当权势力，对当时自以为有所不为的张居正，有其契合之处。人的思想是有阶段性的。综观张居正一生，亦以休假山居时期，对庄周的学说援引和赞赏最多。但张居正却在另一些重要的方面截然不同于庄周，他有着沉毅奋发的内涵素质，从未有忘情于政治，绝未放弃心存朝廷、力求经世致用的初衷，更不会改变热衷功业的追求。一切淡泊、隐逸、志在山林的想法和做法，都只能是他人生历程中的一段插曲，是在功名难就、失意彷徨心态基础上涌现过的一股支流。人生磋砣，旅程曲折，思想翻覆，总是在自相矛盾、自相碰撞之中作出抉择、再抉择的。

其实，居正经过一段时期的幽居深思和身心休整，面对今后人生取向两条道路的激烈矛盾，其不甘放弃闻达，不甘蛰伏以没世的倾向又逐渐占着上风。嘉靖三十五年（1556）过年，按照中国的传统计算方法，居正已经三十二岁了。年逾而立，正是应当奋发事功的年华，而自己却以山水渔樵为伴，难道真是久长之计吗？他在元旦日写的一首诗，颇能抒发其真实怀抱：

青镜流年惜暗移，江湖潦倒负心期。

被嘲杨子玄犹白，未老安仁鬓已丝。（安仁三十有二始见二毛，余年与之同而发亦点白。）

直北烟云占斗气，隔江梅柳媚春姿。

闲愁底事淹芳序，且尽尊前柏叶卮。 ❶

因年华虚度而神伤，因"江湖潦倒"，事功未立而感慨，未忘情于"直北烟云"，有羡妒于"隔江梅柳"，自愧形拙，此岂是山人风度，隐士情怀？

---

❶《张太岳集》，卷五，《元日感怀》。

张居正无可避免地要重新投身于政坛，重新投入到政治的激流中，奋力泅渡以奔向理想的彼岸。

六年山居生活结束了。

第四节　出山回朝，面对变局

嘉靖三十六年（1557）秋天，张居正曾一度有回京复职之意。当时，他对中枢政局的具体情况还比较隔膜，是继续蛰伏山林，还是重蹈政海，心中是无数的。故此，他是带着忐忑不安的心情踏入北上旅程的。人刚启程，尚在荆州境内，一种略带犹豫又兼前景莫测的复杂情绪便盘回胸际，有诗曰：

> 秋分气已厉，原野莽潇森。我行未越疆，已觉离思深。解辕造山馆，山馆霭沉沉。朝行畏霜露，夕息忆重衾。飘雪出远岫，落叶辞故林。已怆物候变，况惊离别心。违颜旷庭彩，恋侣解明簪。徂途指有余，归鞅杳难寻。引领飞鸿翼，迟尔江上音。❶

骊歌唱罢，意境颇见凄然。看来既有惜别，也有对前景的莫测，他不是为了恢复区区七品的官禄，而是在估评入京以后的形势、处境，和考虑应如何应对，从一个比较超脱的休闲重返紧张复杂，变幻难知的官场，又志在施展抱负，是何等的渺茫和艰巨啊！在渡过汉江时，他击楫而歌：

> 十年此地几经过，未了尘缘奈客何。
> 官柳依依悬雨细，客帆渺渺出烟多。
> 无端世路催行剑，终古浮荣感逝波。

---

❶《张太岳集》，卷一，《宿荆门寄怀郢中知旧》。

潦倒平生江海志，扁舟今日愧渔蓑。❶

早在嘉靖二十六年（1547），他从这里过江上京赴考，其后曾因发妻顾氏去世一度南回，告病回籍又再南回，数度往来，不觉十历春秋。江岸依旧，而人近中年。这一次在比较复杂的情况和心情中又再渡江而北，一叶扁舟载着的是一个心事重重、满怀忧患的过客。微风斜雨，江面迷濛，天色阴晦，催舟轻浪，都只能促使这个过客一心赶路，日夜兼程。究其目的，无非是为了所谓"未了尘缘"。正是这份"尘缘"，让他魂牵梦萦，督责他奋起，鼓舞他锲而不舍，终生不渝。因为这份"尘缘"是关系着国家的兴衰，朝政的隆替，以及人民的安泰，绝不是一般"浮荣"。既然自愿再投身于骇浪激流，就只好与渔蓑自娱的生涯告别了。

但是，回京以后，客观的情况却仍然使居正失望。

他回到翰林院销假后，也曾奉派担任过一些清闲的职务，诸如出差给应袭封的藩王册封之类。但最为他关心的政治大局，却仍然是阴霾弥漫，朝政继续滑向下坡，存在着一种近于窒息的沉重气氛。

首先是当今皇帝不但继续"不御殿"，而且因为年事渐高，健康渐衰，对疾病和死亡的恐惧日甚，猜刻、敏感等老年性的病态心理愈来愈明显。最集中的表现是，对权力更紧握在手，绝不放松，总害怕有人胆敢干扰皇威，为此更果于杀戮贬黜。吏部尚书李默坐诽谤下锦衣卫狱，论死；锦衣卫经历沈炼被处决于宣府；副总兵陈凤斩首于延绥。连严嵩之党"与世蕃比周作恶"、"人畏之如豺虎"❷的工部尚书赵文华，也因盗用工部大木营建私室等败露而被贬为民，"嵩独不怡者累日"❸，但也无可奈何。朝臣偶有失仪，即命杖于端门外，这种以刑杀立威的做法，使举朝更陷于萧森恐怖之中。另一方面，因宫内发生大火，连烧两日，华盖、谨身二殿，奉天、左顺、右顺、午门四门俱毁，嘉靖

---

❶《张太岳集》，卷五，《渡河》。
❷《国朝典故》，卷三七，嘉靖三十六年九月辛亥。
❸《明通鉴》，卷六一，嘉靖三十六年八月丙子。

更认为是"天心示警",于是连下罪己诏,建醮办乾清宫高玄大典,诏广东、福建进龙涎香以虔奉玄修,敕命礼部在全国名山搜罗灵芝,一年之内,即进上千本有奇。不少无耻之徒竞献灵芝,河南巡按御史史昭一次即进五色芝二十八本,蒙优旨嘉奖。原太学生、减死在逃的杀人犯王金,看到四方进来的灵芝积在西苑,便"赂内使窃芝出,聚百八十一本,聚如山,祝寿",名之为"万岁芝山",居然得到厚赐❶。奸佞正与骗子合流,而嘉靖却以采得大量灵芝,而奏告上玄报喜。

为修复宫殿,在西苑建造新阁,催解税银和督运建材之使奔忙道路,"悬大工开纳例",只要交纳一定的银两,便可被授予指挥佥事、千户等世袭职务,这是明代的捐纳制❷。此外,又"诏顺天府采办珍珠四十万颗有奇,广东九十万颗有奇"❸。

最让张居正气短的是,当时"严氏之焰尚炎"❹。他本寄希望于自己的恩师徐阶,以为徐阶入阁已五年,尊为次相,应该已积聚有一定势力,足以与严嵩抗衡,并对朝局有所更新,但到京后观察,情况并非如此。徐阶仍是如同前几年一样,处处以委蛇为主,不敢轻露锋芒,亦不敢与严嵩正面抗争,甚至有人讥讽他为"四面观音"❺、"一味甘草"❻,他亦隐忍不发,好像就是安于因循模棱,颇以"碌碌无奇"为本色❼。居正初期很不理解徐阶的苦心,即未能准确权衡力量对比,特别是嘉靖的向背此一决定性因素,对当前仍保有绝对的影响,对宠深势大的严氏,不但不宜于轻率硬拼,而且还要极力麻痹之。暴君在上,险僚在旁,有必要继续潜忍,耐心等待最好的时机。

这是一个潜在危机激化,种种矛盾隐机待发,而外表上异常沉闷的时期,又是徐阶养望待时,熟筹制胜方略的关键时期。居正亦从很

---

❶《国榷》,卷六二,嘉靖三十六年正月庚戌。

❷《罪惟录》,《帝纪》卷一二,嘉靖三十七年二月。

❸《明通鉴》,卷六一,嘉靖三十六年七月庚午。

❹《国榷》,卷六二,嘉靖三十六年九月,谈迁言。

❺《国史唯疑》,卷六。

❻ 海瑞:《海瑞集》上编,《乞治党邪言官疏》,附录。

❼ 支大纶:《皇明永陵信史》,卷四。

不理解到逐渐有所理解，认识到不但徐阶，而且本人亦应继续保持低姿态的隐晦态势，静以观变，有所准备以应变。因为他自知，当此极端微妙之际，切不宜鲁莽表现，故短时期留京复职之后，又再请假回籍，继续山居，但密切注视事态变化，一直到嘉靖三十八年（1559）秋天。

果然，久处低气压沉郁之后，必将继以风暴雷霆。政治上的热量久经蕴积，亦必然会哄然引爆。严嵩和徐阶之间的相持、保持等距离但又互相戒备的关系，终于失去平衡，产生公开的磨擦以至冲突，而嘉靖对于严徐二人的轻重亲疏态度亦有了重大的改变。徐阶逐渐从逆境转入相对的顺境。

徐阶之撼动严嵩，是经过较长期思虑和谋划的。他认为要推倒严嵩这个庞然巨憝，只能采取逐步加温逐步迫近的办法。而其中最重要的，是在一系列具体政务和事件上，表现出自己的见解高明和才能优异，以取得嘉靖的信任和朝野舆论的拥戴，逐步揭严氏之短，逐步抖露严氏的奸贪柔诈，然后取其位而代之。《明史》对这个过程的叙述要言不繁，说：

> 杨继盛论嵩罪，以二王为征，下锦衣狱。嵩属陆炳究主使者。阶戒炳曰："即不慎，一及皇子，如宗社何？"又为危语动嵩曰："上惟二子，必不忍以谢公，所罪左右耳。公奈何显结宫邸怨也。"嵩慑惧，乃寝。倭蹂东南，帝数以问阶，阶力主发兵。阶又念边卒苦饥，请收畿内麦数十万石，自居庸输宣府，紫荆输大同。帝悦，密传谕行之。杨继盛之劾嵩也，嵩固疑阶。赵锦、王宗茂劾嵩，阶又议薄其罚。及是给事中吴时来、主事董传策、张翀劾嵩不胜，皆下狱。传策，阶里人；时来、翀，阶门生也。嵩遂疏辨，显谓阶主使，帝不听。有所密询，皆舍嵩而之阶。❶

❶《明史》，卷二一三，《徐阶传》。

嘉靖三十七年（1558）三月，吴、董、张同日上疏严词弹劾严嵩的事件，是严徐正面冲突，在御前交锋的开始。据说严嵩曾将徐阶批阅吴时来和张翀的会试试卷封奏，以指实徐阶实为吴等的后台，徐阶巧妙地将锦衣卫左都督陆炳拉到自己这一边，仅以他们三人"相为主使"，发烟瘴卫所远成结案，否定了由徐阶主使的指控。但由于吴等三人的劾章列举事实确凿，赃证俱全，指控有力，内容已喧传海内，嘉靖亦不能不有所考虑。"嵩寻上疏乞罢，上虽慰留之，然自是亦稍厌嵩矣。"❶ 此一役吴等三人虽受到一时性的迫害，但均能幸存性命。徐阶却是唯一的赢家，严嵩则无可奈何地走上了颓败的厄途。

当然，在当时皇权绝对权威的统治下，徐阶亦精心逢迎嘉靖，以夺取决定性的胜利。《明史》对此亦有记载：

> 帝所居永寿宫灾，徙居玉熙殿，隘甚，欲有所营建，以问嵩。嵩请还大内，帝不怿。问阶，阶请以三殿所余材，责尚书雷礼营之，可计月而就。帝悦，如阶议，命阶子尚宝丞璠兼工部主事董其役，十旬而功成。帝即日徙居之，命曰万寿宫。以阶忠，进少师，兼支尚书俸，予一子中书舍人。子璠亦超擢太常少卿。嵩乃日屈。嵩子世蕃贪横淫纵状亦渐闻，阶乃令御史邹应龙劾之。帝勒嵩致仕，擢应龙通政司参议。阶遂代嵩为首辅。❷

在当时特殊而复杂的政治关系中，徐阶在入阁之后长达十年的时期内"雅不与嵩同道"❸，但一直采取"阳柔附之，而阴倾之"的策略。他精心切中嘉靖的心理，迎合其爱憎，选择最合适的时机以离间嘉靖与严嵩的君臣关系。甚至不惜买通得到嘉靖宠信的方士蓝道行，借用扶乩之法，伪造玉帝旨谕以促成嘉靖驱斥严嵩，勒令他下台❹。徐阶为对付

---

❶《明通鉴》，卷六一，嘉靖三十七年三月。

❷《明史》，卷二一三，《徐阶传》。

❸《国朝典故》，卷三七。

❹ 据沈朝阳《皇明嘉隆两朝闻见纪》，卷一一。

权势熏天的严嵩及其党羽，采用低姿态，慢功撼大树，扮猪吃老虎的办法，终于挤倒严嵩，基本上清除了严党，其后又计杀其恶子世蕃（详后），均足以证明，他是一个颇具头脑，熟谙权谋，又是玩弄政治柔术的高手❶。当时，他避威保位，容悦顺从，随事调和等，是在被严重扭曲的君臣和人际关系中，不得已才采取的手段和保护色。

嘉靖三十八年（1559）秋冬之间，严嵩虽暂仍在位，但颓败之势已渐明显；徐阶在名分上虽仍屈为次辅，但实际地位和影响已渐凌驾于嵩之上，政治局势似乎有了明显转机。正是在这样一个重要的转捩性时刻，蛰居在荆州原籍的张居正，怀着某种兴奋和企望，再一次踏入北上的行程。他与徐阶的"沉机密议"，主要是从这一阶段更加深入的。

---

❶《国榷》卷六三，嘉靖四十一年五月壬寅，谈迁言："初，嵩欲螫阶，阶诎节卑礼，又沈几自将，嵩无之何，而阴计挠嵩权者久矣。"

第六章

重新投入政治的漩涡

第一节　徐阶倒严的彻底胜利

　　嘉靖四十一年（1562）春夏之间，进入了徐严斗争的决定性阶段。经过了蓝道行诈为乩语等一系列攻揭之后，严嵩的地位已经大大动摇，嘉靖"心动,欲逐嵩" [1]。五月初,御史邹应龙看准了严氏已难逃倾败的厄运，因上疏专劾严世蕃，其实主要的矛头仍是指向严嵩。邹在疏中列举严氏家族主仆的诸多罪恶，猛烈抨击：

　　　　世蕃父子贪婪无度，掊克日棘，政以贿成，官以赂授。凡四方小吏，莫不竭民脂膏，偿己买官之费，如此则民安得不贫？国安得不竭？天人灾警安得不迭至？ [2]

疏入，嘉靖下诏罢了严嵩的官，命其驰驿回籍。其子世蕃不久亦被判流戍于烟瘴之地的雷州卫，孙儿严鹄、严鸿及仆严年、严冬等均充军

---

[1]《明通鉴》，卷六二，嘉靖四十一年五月壬寅。
[2]《明通鉴》，卷六二，嘉靖四十一年五月壬寅。

边远卫所。在位二十年的权臣严嵩就这样结束了他炙手可热的政治生涯，显赫一时的严氏豪门亦告败落。

但，斗争未有穷期，仍存在着一些可能反复的因素，因为并未堵死严氏翻案的可能，徐阶对此是悚然警惕的。

第一，嘉靖皇帝与严嵩在长达二十年相互济恶的过程中，存在着许多政治上和感情上难以截然割舍的关系。对于嘉靖来说，严嵩卖力修玄，善于窥颜察色，逢合己意，特别是敢于狠毒地锄灭谏诤，代为剪除异己，不失为一条百依百顺的得力老狗，实不忍一旦绝情而烹杀之，即使已宠衰爱弛，仍有意稍加维护，故此，在批示邹应龙的劾章和处置严氏的诏书中，均明显地透露出这种憎爱交集的复杂情绪。诏书文曰：

> 嵩小心忠慎，祗顺天时，力赞玄修，寿君爱国，人所嫉恶，既多年矣。却一念纵爱悖逆丑子，全不管教，言是听，计是行，不思朕优眷。其致仕去，仍令驰驿，有司岁给禄米一百石资用。疏内有名各犯，锦衣卫逮送镇抚司拷讯。应龙尽忠言事，当令特嘉，吏、礼二部其拟官以闻。❶

这是一道态度暧昧的文告，即对严嵩本人仍做了基本的肯定，仅是责备他"一念纵爱悖逆丑子"，于是，将被指控的各种秽行罪恶都扣到严世蕃头上，实际上就是为元恶巨憝的严嵩开脱。再加以在处理上，仍准严嵩驰驿致仕，不过是以退休宰辅的身份回籍安居，既保留着身份声势，更可挟巨大家赀为超级富家翁，随时可运用其残余的政治资本和雄厚财力以谋复位掌权。因为在当时，一切沉浮荣辱都掌控在君主一人手中，只要能转移嘉靖的观感，再度起用严嵩并不是绝不可能的。

嘉靖对于严嵩余情未断，表现得很明显，"严嵩既得罪，上追思

---

❶《明世宗实录》，卷五〇九，嘉靖四十一年五月壬寅。

其赞玄功，意忽忽不乐"❶。因为严嵩在外是为权奸，而在皇帝面前则是一时难以代替的弄臣。骤然驱斥以去，嘉靖恍然若有所失，感到难以言状的空虚。几乎与罢斥严嵩的同时，他甚至一度谕示要退位，专门在西内祈求长生，经徐阶等苦谏才罢。他对于群臣继续揭控严嵩，请求追究其罪责的言论极为反感，因为严嵩父子的所作所为，其中相当部分是秉承皇命或得到皇帝首肯，然后定案或施行的。嘉靖与严嵩在一定意义上说来，是穿着连裆裤，休戚与共的。过分深揭严嵩，难免触及皇威，或易于引发对皇上德行有亏的联想，故此，他竟断然下谕："今严嵩已退，伊子已伏罪，敢有再言者，同邹应龙俱斩。"❷刚因揭劾严嵩被嘉奖升官的邹应龙，而今却因同一问题入为应斩之列，正反映出嘉靖在处置严嵩问题上的自我心理碰撞。这是又一个潜伏着可能反复的危险信号。不论徐阶抑或严嵩，都必然能意识到其内涵的严重意义。

第二，严嵩父子及其党羽果然都行动起来了。长期以来已摸透了嘉靖喜怒不常的矛盾性格，而且极其熟悉官场势利，尚还保存着许多通向御前渠道，政治上非常敏感的严嵩父子，"知上意已动，乃密赂上左右各千万金，令发（蓝）道行阴事，于是道行遂得罪"。❸因为他们深知，如果能揭穿蓝道行伪造玉帝乩语的事，就等于解脱开嘉靖奉玄除奸的心理死结，并可追究徐阶合谋蒙骗君上，犯有弥天大罪，不但可以釜底抽薪，而且可以反败为胜，达到报仇复位的目的。蓝道行的被逮入狱，正是为实现此一谋划的第一步。因为当时严氏的死党刑部侍郎叶镗、鄢懋卿，大理寺卿万寀等仍在位，都仍掌握审判实权。他们千方百计诱逼蓝道行招供扶乩之语乃与徐阶共谋，幸而蓝道行颇有风骨，一直坚持："除贪官自是皇上本意，纠贪罪自是御史本职，何与徐阁老事？"❹至死不移初供，严党之计无法得逞，徐阶才免于危。

---

❶《明通鉴》，卷六二，嘉靖四十一年五月丙午。
❷《明通鉴》，卷六二，嘉靖四十一年五月丙午。
❸《明通鉴》，卷六二，嘉靖四十一年五月丙午。
❹《明史纪事本末》，卷五四，《严嵩用事》。

除此之外，严嵩的其他活动也是中藏祸心，为其翻案复辟预作准备的。这些活动不但未因受驱斥而终止，反而更为加紧。他五月离京，驰驿回到南昌已是八月，恰逢嘉靖的生辰，便邀集道士们大事建醮为皇上祝寿祈福，表示未忘恩遇，忠忱不二。他沿途及回籍后一再上奏问安，祝颂皇仁无疆，玄修顺畅。又专门礼请所谓善于召鹤的道士蓝田玉来召鹤以示吉祥，取其符箓并附以亲自精撰的祈鹤文以献。总之，投其所好，殷勤周到，仍如畴昔，只希冀再获欢心，重得宠任。事实上，也确曾收到过一些表面性的效果。嘉靖在批阅颂文法秘之后，曾对严嵩降诏奖勉，并赐给银两彩缎等物。这不但助长了严嵩父子及其党羽们的气焰，同时也给刚任首辅席未暇暖的徐阶连续敲响了警钟：严氏虽告失势，但皇帝的意图多变莫测，严派势力尚盘根错节，以各种形式出现的反扑活动十分猖獗，如不彻底锄灭，则后患无穷。

徐阶为巩固倒严的胜利，首先是坚决而又逐步地通过言官奏请将严氏的党羽撤职或法办，这包括刑部侍郎叶镗、刑部侍郎兼总理盐政鄢懋卿、大理寺卿万寀、太常寺少卿万虞龙、工部侍郎刘伯跃、南京刑部侍郎何迁、南京通政胡汝霖、南京光禄少卿白启常、原任湖广巡抚张雨、广西按察副使袁应枢、右春坊谕德唐汝楫、南京太常寺卿管南京国子监祭酒事王材等人。这些人"皆严嵩之党,朋比奸赃有据"[1]。有些人地位并不太高，仅为中级官僚，但贪缘幸进，巧售计术，是一些无所不为、无所不至的恶棍，他们构筑成严氏控驭政局的网络。严嵩擅权手段的特点之一，是不避亲眷，精选一些品格最坏的人类渣滓倚为腹心，用为爪牙。"（刘）伯跃女适嵩之甥，（袁）应枢则嵩婿也。（何）迁抚江右，厚敛以遗嵩父子。（胡）汝霖、（张）雨贪肆，倚嵩庇之。（白）启常匿丧迁光禄，为世蕃狎客，至以粉墨涂面博其欢笑。（唐）汝楫以父龙故媚嵩及第，嵩亦以儿子畜之，与（王）材俱出入卧房,交通请托。"[2]他们"坐严嵩父子党"[3]，其被斥退或逮治，不但"士

❶《明通鉴》，卷六二，嘉靖四十一年六月。
❷《明通鉴》，卷六二，嘉靖四十一年九月戊戌。
❸《明通鉴》，卷六二，嘉靖四十一年九月戊戌。

论快之",而且也剪除了严氏埋藏在两京和地方上的耳目爪牙,削弱了他们谋求复权的可能。

其次,徐阶深知,严嵩高年,其智虑已明显衰退,精力不继,在受命票拟和撰制青词等方面,多倚靠其子世蕃代为谋划或捉刀。世蕃有歪才而贪狡荒淫,骄横狂妄,当父子在位时,固然气焰熏天,及至挫败,却仍不知收敛。被戍雷州,未至而归,依然广延宾客,收纳亡命,营建崇楼巨厦,炫耀豪奢,显示威势。严嵩持盈固宠有赖于世蕃,而其终难逃彻底覆败的厄运,实亦导因于世蕃。盖严嵩善隐蔽伪装,而世蕃则跋扈毕露,极易于成为集矢之靶,成为总清算严氏祖孙三代累累罪恶的导火线。恰于此时,南京御史林润从袁州推官郭谏臣等处,了解到严世蕃匿居故乡袁州后的种种嚣张气焰,驰疏尽发其罪,指控严世蕃以在逃戍犯身份,竟与其死党罗龙文等乘轩衣蟒,诽谤时政,并以治第为名,集拢勇士四千余人,阴图不轨等。此一迹涉叛逆的问题,果然激发起嘉靖的暴怒,立即下诏逮捕世蕃及罗龙文来京候审。

徐阶充分利用了此一有利形势,他对林润的参劾是大力支持的。严世蕃及罗龙文被捕押解回京后,林润又乘胜追击,再上疏历数严氏的罪恶。此疏理直据足,词锋凌厉,针对性既强,鼓动力亦大,不啻一篇声讨檄文,内言:

> 世蕃罪恶,积非一日。任彭孔为主谋,罗龙文为羽翼,恶子严鹄、严珍为爪牙。占会城厫仓,吞宗藩府第,夺平民房舍;又改厘祝之宫以为家祠,凿穿城之池以象西海。直栏横槛,峻宇雕墙,巍然朝堂之规模也。袁城之中,列为五府:南府居鹄,西府居鸿,东府居绍庆,中府居绍庥,而嵩与世蕃则居相府,招四方之亡命,为护卫之壮丁,森然分封之仪度也。总天下之货宝尽入其家,世蕃已逾天府;诸子各冠东南,虽豪仆严年,谋客彭孔,家资亦称亿万。民穷盗起,职此之由。甚者畜养厮徒,招纳叛卒数十百人,明称官舍,出没江、广,劫掠士民。……而且包藏祸心,阴结典楔,在朝则为宁贤,居乡则为宸濠。以一身而总群奸

之恶，虽赤其族，犹有余辜。严嵩不顾子未赴伍，朦胧请移近卫；既奉明旨，居然藏匿，以国法为不足遵，以公议为不足恤。世蕃稔恶，有司受词数千，尽送父嵩；嵩阅其词而处分之，尚可诿于不知乎？既知之，又纵之，又曲庇之，此臣谓嵩不能无罪也。❶

此疏，固然刀笔纯熟，极言严氏的贪、横、不法，特别是揭出严世蕃曾阴受已被革爵禁锢高墙的伊王朱典楧厚赂，代典楧隐瞒淫暴杀人、伪造密诏诸罪行，比之为正德朝叛王朱宸濠的同谋，更是激发当今皇帝的忌讳，确实起到坐实严氏罪名的作用。但是，终于促成嘉靖断然处死严世蕃，并抄没严嵩家财、削籍为民的，则是出于徐阶的奇计高招。

原因是，严世蕃虽然被逮治下狱，但未终审定案。斗争处在非常复杂激烈、间不容发的状态中。控者和被控者都在竭尽智虑，以谋求有利于己方的判决。世蕃的死罪是否能成立，实关系着严嵩势力是否能被彻底摧倒。徐阶高于一般言官和法司之处，在于他不仅就法言法，而且极善于揣摩嘉靖皇帝的隐秘心理，针对其多疑，"恩威不测"❷ 的个性，"即近幸大臣，触之无少贷者"❸，"果于刑戮"❹ 的作风，认为必须非常重视皇帝对案情的考虑角度，只有极其审慎地在判词中排除去任何与皇权关连有碍的内容，而着重落实其交通外藩、结好倭虏、蓄意谋叛篡位的罪行，才可能击中要害，夺取全胜。

《明通鉴》卷六三，对于徐阶、严世蕃及其党羽、言官、法司以及嘉靖皇帝等五个方面，在案情发展过程中的思虑谋划、心态动向，俱有颇为生动形象的记述，值得一读：

先是，〔林〕润与郭谏臣发世蕃罪，并及冤杀杨继盛、沈炼状。

---

❶《明通鉴》，卷六三，嘉靖四十四年三月辛酉。
❷《国史唯疑》，卷六。
❸《世庙识余录》，卷二〇。
❹ 李维桢：《大泌山房集》，卷一〇，《李文定集序》。

世蕃闻之，抵掌曰："任他燎原火，自有倒海水。"已而聚党窃议，谓："贿字自不可掩，然非上所深恶。惟聚众通倭之说，得讽言官使削去。而故填杨、沈下狱为词，则上必激而怒，上怒，乃可脱也。"谋既定，乃令其党扬言之。

刑部尚书黄光升等亦以为然，如其言具稿诣徐阶议之。阶固已预知，姑问："稿安在？"吏出怀中以进。阅毕，曰："法家断案良佳。"延入内，屏左右语曰："诸君子谓严公子当死乎？生乎？"曰："死不足赎。"曰："然则此案将杀之乎？生之乎？"曰："用杨、沈，正欲抵死。"徐阶曰："别自有说。杨、沈事诚犯天下公恶，然杨以计中上所讳取特旨，沈暗入招中取泛旨，上岂肯自引为过？一入览，疑法司借严氏归过于上，必震怒，在事者皆不免。严公子骑款段出都门矣。"众愕然，请更议。曰："稍迟，事且泄，从中败事者必多，事且变。今当以原疏为主，而阐发聚众本谋。"乃出一稿于袖中，独案"罗龙文与汪直交通，贿世蕃求官；世蕃用日者言，以南昌会地有王气，取以治第，制拟王者；又结宗人典楧，阴伺非常，多聚亡命，南通倭，北通虏，共相响应。"即呼写本吏入，扃户令疾书，用印封识。

而世蕃不知也，窃自喜计行，谓龙文曰："诸人欲以尔我偿杨、沈命，奈何？"龙文不应，执其手耳语曰："且畅饮，不十日，释缧绁善归。上因此念吾父，别有恩命未可知。虽然，先取徐阶首，当无今日，吾父养恶，故至此。今且归，用前计未晚。谁谓阿侬智者？"龙文喜，问故，曰："第俟之。"

已而阶改疏上。上览疏，命法司鞫讯具实以闻。阶因速具疏，言事已勘实，具有显证，请亟正典刑。上从之，命斩世蕃、龙文于市。

二人闻，相抱哭。家人请写遗书谢其父，不能成一字。都人闻之大快，各相约持酒至西市看行刑。❶

---

❶《明通鉴》，卷六三，嘉靖四十四年三月辛酉。

这一段史料反映出，当时徐、严两方的对峙酣斗，并未因严嵩已下野、世蕃被判流戍，党羽多星散而结束。相反，更进入了一种非常紧张多变，主要是在隐蔽状况中进行的特殊阶段。自嘉靖四十一年（1562）五月以迄四十四年三月，严氏疯狂反扑，伺机报复，以及由徐阶主持的除恶务尽的交锋，持续竟达三年之久。即使在世蕃及其死党罗龙文身犯死罪，关押在囚牢之时，犹在负隅顽抗。两方均切对嘉靖皇帝的心理特点而各施谋略，其攻防进退，不啻一幅各持利刃以相搏，各竭思虑以斗智的写实图画。徐阶改疏是决定严、罗就死的决定性因素，世蕃虽自恃狡黠，自以为得计，终因一着之差，难逃身首异处的结局。就其巨贪暴贿、多行不义，当然是死有余辜，但"其坐世蕃大逆，则徐阶意也"❶。疏中甚至谓严世蕃、罗龙文准备"外投日本"❷等等，终以谋叛有据，逆情非常定案。徐阶倒严适应了朝野普遍要求锄除奸恶的强烈愿望，出发于整饬朝纲的需要，虽然他曾迎合修建永寿宫，再利用蓝道行扶乩作的伪谕，又给严世蕃等扣上叛逆之罪以促其死，骤观之，实亦难免于用术施诈之讥，但鉴于这是出于嘉靖晚期朝局极不正常的现实，是客观形势促成而不得已采用的权谋，似又是可以理解和肯定的。四百余年来，众多史家仍认为"阶虽任智数，要为不失其正"❸，"华亭（徐阶）虽任术，庸何伤！"❹

诛杀严世蕃一事，更重要的政治后果是彻底摧毁了严嵩再起的任何可能。嘉靖为处决严世蕃案下的谕旨，已尽改前此对严嵩的眷恋之余意，将嵩本人及诸孙皆黜为民，交有司押管当差，并抄没家产。在

----

❶《明史》，卷三〇八，《严嵩传》。

❷《明史》，卷三〇八，《严世蕃传》

❸《明通鉴》，卷六二，引《三编发明》。

❹《国榷》，卷六四，嘉靖四十四年三月，谈迁评语。又，林时对在《荷牐丛谈》一书《徐华亭饶干济》条中更系统为徐阶辩说，谓："人谓华亭徐文贞公于分宜，盛则柔之，卑巽太甚，然非此必不能一日安其位，将以事明主，拨乱反正，厚其终也。假富贵自污，悠然若蜕，所全者大也，非此不能除奸矣。如林中蟒，穴中蛇，速之则受伤，纵之则贻害，不疾不徐，因物付物，以人巧凑天则，从来君子待小人，未有得法中肯如此者。"可参考。

籍其家时，抄得黄金三万余两，白银二百余万两，其他珍宝服玩所值又数百万两❶，更证实了严嵩窃柄二十年所搜得的巨额财富，足可支国用二三年，此更断绝了嘉靖对他的任何余情。严嵩终于寄食墓舍以死。徐严长期持续的斗争，遂以徐阶的胜利大书上句号。

第二节　徐阶当国后的政局

徐阶在嘉靖四十一年（1562）五月，因严嵩之罢而开始执政。他在主持内阁工作之初，就在直庐内榜示三句话，即"以威福还主上，以政务还诸司，以用舍刑赏还公论"。❷他着重提出这三"还"，实寓有深意，旨在妥善调整君臣之间，阁臣与部、院、寺、监以及地方文武之间，内阁与御史、给事中等风宪之官及朝野舆论之间的关系，用以在当时尚仍相当混乱的政治氛围中立稳脚根，在力所能及的范围内营造出较好的宽松气氛，争取打开局面。这三句话提出以后，"朝士侃侃，得行其意"❸，"九卿科道见之，拱手加额，喜今不似分宜时矣"❹。

其中最为重要的是，必须妥善处理好与嘉靖皇帝的关系，在得其允许的限度内谏阻其放肆，减少朝政的腐败，并尽可能谋求匡正。这是一个难度极大的棘手问题。因为这位当今圣上，"晚年虽不御殿，而批决顾问，日无停晷，虽深居渊默，而张弛操纵，威柄不移"。❺"斋居数十年，图回天下于掌上，中外俨然如临……大张弛、

---

❶ 据《明史》，卷三〇八，《严世蕃传》。又据当时奉敕负责抄籍严氏家产的巡按江西御史成守节奏报的清单，共抄出"黄金三万二千九百六十九两，银二百二十万七千九十两有余，玉杯盘等八百五十七件，玉带二百余束，金镶玳瑁等带百二十余束，金镶珠玉香环等三十余束，金镶壶盘杯箸等二千六百八十余件，龙卵壶五，珍珠冠六十三，甲第六千六百余楹，别宅五十七区，田塘二万七千三百余亩，余玩不可胜计，又寄贷银十八万八千余。"（载《国榷》，卷六四）可参考。
❷《明史》，卷二一三，《徐阶传》。
❸《明史》，卷二一三，《徐阶传》。
❹《明史窃》，卷四九，《徐阶传》。
❺《国榷》，卷六四，《史臣曰》。

大封拜、大诛赏，皆出独断，至不可测度。"❶ 对于这个用人惟疑、视权如命的任性君王，应如何襄辅之、导正之，实费苦心。杨廷和、夏言等前车可鉴。俗谚谓"伴君如伴虎"，更以此君为甚。尤其是，徐阶上台之时，已届嘉靖末期，这位御极已四十余年的皇帝执迷更甚，"晚年求方术益急"❷，竟派遣御史多人分行天下，以访求有道方士及符箓秘书，称为"访仙御史"。"春秋高，恒邑邑不乐"❸。他自认为已享尽人间富贵尊荣，所企盼的，只是"冀得天眷以祈长生"❹。多疑，畏死，固执，紧执权力不放，正是老年昏愦顽症的集中发作。因此在去世前不久，仍为所谓获灵芝和仙药而告庙受贺；另一方面又将激切上疏劝谏的海瑞下锦衣卫狱。徐阶强调"以威福还主上"，正是对症下药以缓减其疑惧，满足其虚荣心，争取其信任，借以换取能在一定程度内有所作为。

徐阶当政以后，特别注意小心恭谨。嘉靖虽然命他无须每日入宫伺候，但他知道其中寓有试探的意思，乃固请入值，"帝或有所委，通夕不假寐，应制之文未尝逾顷刻期"❺。嘉靖多次命他提名阁臣人选，或采用"廷推"，他却强调"必由人君自论，然后足以彰恩自上出，而命自上制也"，"知臣莫若君，臣不敢妄对"，"请断自宸衷"❻。他多次请增添阁臣，力言不敢"自专"，不敢"独处"，更不敢"独相"❼。每逢受召拟旨，他总是声明"不自票拟"❽，请求召集其他大学士共同

---

❶《国榷》，卷六四，李维祯曰。

❷ 见《明通鉴》，卷六二，嘉靖四十一年十一月乙酉；卷六三，嘉靖四十三年五月乙卯。

❸ 见《明通鉴》，卷六二，嘉靖四十一年十一月乙酉；卷六三，嘉靖四十三年五月乙卯。

❹ 见《明通鉴》，卷六二，嘉靖四十一年十一月乙酉；卷六三，嘉靖四十三年五月乙卯。

❺《明史》，卷二一三，《徐阶传》。

❻ 见《世经堂集》，卷二，《答堪任阁臣谕》《答钦简阁臣谕》；卷三，《答按法票拟谕》《答不自票拟谕》等。

❼ 见《世经堂集》，卷二，《答堪任阁臣谕》《答钦简阁臣谕》；卷三，《答按法票拟谕》《答不自票拟谕》等。

❽ 见《世经堂集》，卷二，《答堪任阁臣谕》《答钦简阁臣谕》；卷三，《答按法票拟谕》《答不自票拟谕》等。

斟酌定稿，谓"事同众则公，公则百美基；专则私，私则百弊生"❶。这都是有意表白自己绝无意擅权，绝不敢稍有过犯皇权。诸如此类迹近造作的过分谦抑，其实都是由嘉靖晚期异常的政治气氛迫出来的。但由于徐阶非常谨慎地处理与嘉靖的关系，故所请多邀准。

在知人用人方面，他建议尊重舆情，注重德行，用以区分忠佞，而对于臣僚们一般性的过错，则宜区分是非情节，略予薄责，以示宽容。这些主张，也获得朝野的拥戴。原大学士袁炜因病休致，徐阶屡请增置阁臣，于是严讷、李春芳、郭朴、高拱先后入阁，但事皆决于阶。"当国后，缇骑省减，诏狱渐虚，任事者亦得以功名终。于是论者翕然推阶为名相。"❷

从嘉靖四十三年（1564）年底开始，皇帝即长期生病。究其病因，在生理上，是因为大量服食多种"诡秘不可辨，性极燥热"的丹药❸，造成内火攻心，脉息浮促，病情日重。由此之故，在心理感情上显得特别烦懑脆弱，总害怕寿限已届，不得不撒手人寰，永踞皇位而兼序列仙班的愿望成为泡影，某种老年性的失落感和悲观彷徨情绪日渐增长。他有时忽发奇想，认为自己出生于湖广安陆（承天府），当此重病缠身之际，如果专门再驾往此"原受生地""拜陵取药"❹，必能消灾减疾。因密谕徐阶，嘱准备"南幸"故乡，谓沿途诸王百官可以不必朝迎，因身体虚弱不能乘轿，故改用卧辇抬运，等等。此事在嘉靖四十五年（1566）二月至四月间屡次提出，纠缠了三个月之久，每次均经徐阶婉言劝阻，终因想法和做法都过分无稽怪诞而被劝止。但几乎与此同时，嘉靖又"召徐阶议内禅"❺，也折腾了多时，才收回此议。徐阶当嘉靖末叶，皇帝老病交集、怪癖层出不穷之际出任艰巨，终能做出一些成绩，是颇不容易的。

---

❶《明史》，卷二一三，《徐阶传》。
❷《明史》，卷二一三，《徐阶传》。
❸《罪惟录》，《帝纪》卷一二，嘉靖四十五年十二月。
❹《明世宗实录》，卷五五四，嘉靖四十五年二月甲戌、辛巳；四月丁丑。
❺《明世宗实录》，卷五五四，嘉靖四十五年二月癸亥。

对于一贯拒谏，动辄对言官施以杖、流，甚至大肆杀戮以泄愤的嘉靖，徐阶也做了不少疏导缓解的工作，"务以宽大开帝意"。"帝恶给事、御史抨击过当，欲有所行遣。阶委曲调剂，得轻论。"❶"给事、御史多起废籍，恃阶而强，言多过激。帝不能堪，谕阶等处之。同列欲拟遣，阶曰：'上欲遣，我曹当力争，乃可导之遣乎？'请传谕令省改。"❷言官与内阁的关系相对融洽，是四十年来所仅见的。

第三节　徐阶对海瑞上疏等问题的调息

海瑞，字汝贤，号刚峰，琼山人。任州县官时即以清正廉明、耿直不诹奉上官有声于时，敢于抵制当时官场陋习。嘉靖末叶，他调任户部云南司主事，论其官秩，不过是一个低级京官，论其职责无非是分管一些财政赋役事务，本无涉于大局。但海瑞目睹皇帝久不视朝，妄求长生，而督抚大吏等却争上符瑞以迎合，官场卑污，民生倒悬，又见自杨爵、杨继盛等因言得罪以后，朝臣无敢言时政者，激于义愤，便挺身而出，自市棺木，诀别妻子，遣散童仆，独衔上疏，披肝沥胆以痛论皇帝不德不道不职的罪过，吁请改过。疏言：

> 陛下……富有四海，不曰民之脂膏在是也，而侈兴土木。二十余年不视朝，纲纪弛矣。数行推广事例，名爵滥矣。二王不相见，人以为薄于父子；以猜疑诽谤戮辱臣下，人以为薄于君臣；乐西苑而不返宫，人以为薄于夫妇。天下吏贪将弱，民不聊生，水旱靡时，盗贼滋炽，自陛下登极初年，亦有之而未甚也。今赋役增常，万方则效，陛下破产礼佛日甚，室如悬磬，十余年来极矣。天下因即陛下改元之号，而亿之曰："嘉靖者，言家家皆净而无财用也。"

---

❶《明史》，卷二一三，《徐阶传》。
❷《明史》，卷二一三，《徐阶传》。

……天下之人不直陛下久矣，内外臣工之所知也。……乃醮修相率进香，天桃天药，相率表贺。兴官室，工部极力经营；取香觅宝，户部差求四出。陛下误举，诸臣误顺，无一人为陛下一正言焉。……一意修玄，是陛下心之惑也；过于苛断，是陛下情之偏也。

陛下之误多矣，大端在修醮。修醮所以求长生也。……陶仲文，陛下以师呼之，仲文则既死矣。仲文不能长生，而陛下独何求之？至谓仙桃药丸，怪妄尤甚。……桃言采而得，药人工捣合以成者也。无因而至，桃药有足行耶？……陛下玄修多年矣，一无所得。至今左右奸人，逆陛下悬思妄念，区区桃药导之长生，理之所无，而玄修之无益可知矣。

陛下又将谓悬刑赏以督率臣下……欲诸臣惟予行而莫施也，而责之效忠，付之以翼为明听也，又欲其顺吾玄修、土木之误，是股肱耳目，不为腹心卫也，而自为视听持行之用……无是理也。

陛下诚知玄修无益，臣之改行，民之效尤，天下之不安不治由之，幡然悔悟，日视正朝，与宰辅、九卿、侍从、言官讲求天下利害，洗数十年君道之误，置其身于尧、舜、禹、汤、文、武之上，使其臣亦洗数十年阿君之耻……

君道不正，臣职不明，此天下第一事也。于此不言，更复何言！大臣持禄而外为谀，小臣畏罪而面为顺，陛下诚有不得知而改之行之者，臣每恨焉。是以昧死竭惓惓为陛下一言之。❶

海瑞此疏言人所不敢言，触人所不欲触，侃直痛快，犯颜强谏，直捅当今皇上的最痛处，又是这位皇帝最冥顽执迷之处，必然是激起龙颜大怒。嘉靖病中读到此疏，曾气急败坏地掷之于地，"顾左右曰：'趣

---

❶《海瑞集》，京官时期，《治安疏》。按，《明史》卷二二六《海瑞传》亦摘载此疏，但多经删改，与《海瑞集》有不少歧异，今据《海瑞集》。

执之，无使得遁。'"❶ 当时，"帝恚甚，欲即杀之，阶力救得系"❷，"逮瑞下诏狱，究主使者，寻移刑部论死。狱上，阶力救，奏遂留中"。❸ 以上不同记载都表明，徐阶对于海瑞案件的调息曾起过重要的作用。

对于一系列朝政国务，徐阶也做出过一些贡献。如针对嘉靖"二龙不相见"之惑，坚不肯立嗣，其后又有废长立幼的酝酿，"阶数请立太子"；"景王（载圳）之藩，病薨，阶奏夺景府所占陂田数万顷还之民，楚人大悦"；"帝欲建雩坛及兴都宫殿，阶力止之"；"鄢懋卿骤增盐课四十万金，阶风御史请复故额"；"方士胡大顺等劝帝饵金丹，阶力谏其矫诬状，大顺等寻伏法"❹，等等。

徐阶当国，比较持正，对一些朝政失误曾谋求匡救，也曾出力保存善类，时人称许他"立朝有相度"❺。他对嘉靖皇帝并无助虐济恶，这是与前任严嵩截然不同的；但他一概出之柔和，能谏阻挽救的问题不辞谏阻之挽救弥补之，遇到无力回天的事，则往往曲顺之或绕开之，不敢面折廷争，迹涉圆滑，这与继其后当国的高拱、张居正二人又有很大的不同；他凡事调停，自居中间，模棱因循，不敢激化矛盾，有时态度不够鲜明。因此之故，海瑞在肯定他"不招权，不纳贿"之外，也曾尖锐地批评他"畏威保位""不免于容悦顺从"❻"一味甘草""乡愿"，是"甘草国老"❼。至于他在后期纵容劣弟恶子，在家乡大量兼并民人田土，大量放债牟利等，此处暂不论述。

如何准确地评价徐阶在嘉靖末期的言行作为，似不能孤立地就其人其事而做出论断。任何政治家的功罪都必然反映着他赖以从事活动的时代特点，都不能离开当时社会经济政治的总体环境，都受限制于

---

❶《明史》，卷二二六，《海瑞传》。

❷《明史》，卷二一三，《徐阶传》。

❸《明通鉴》，卷六三，嘉靖四十五年二月癸亥。

❹《明史》，卷二一三，《徐阶传》。

❺《明史》，卷二一三，《徐阶传》。

❻《海瑞集》，上编，京官时期，《乞治党邪言官疏》。

❼《海瑞集》，上编，京官时期，《乞治党邪言官疏》，附录。

特定的政治空间和条件，徐阶亦莫能例外。时处严嵩及其党羽长期窃弄威柄，士民怨愤之后，上有揽权多疑皇帝的统驭，他不能不用宽缓以化解苛暴，不能不以曲顺来释疑邀信，只能在可允许的限度内做一些力所能及的事。

第四节　张居正在嘉靖末期地位的变迁和"应变"准备

张居正是在嘉靖三十八年（1559）秋天回到北京复职的，他半忧半喜地感觉到，时局正在酝酿着重大的变动。

这一变动的主要标志有二：一为嘉靖本人衰病相寻，昏愦狂悖愈甚，逐渐浮现出即将下世的光景。物极必反，这意味着一个灾难时期极可能快将结束；二为以徐阶为一方，以严嵩为另一方的暗斗明争，徐方已经逐渐取得主动，逐渐从劣势转为相对的优势。

这是一个濒将转折的时期，但又是阴霾仍然密布，仍然面临巨大变数的时期。

在当年五月，即在居正尚未动程北返时，徐阶已被敕授兼吏部尚书，加太子太保。吏部是主管文职官员任免考察升黜的重要人事部门，一直被认为居六部之首，尊称为"冢宰""天官"。被任命为吏部尚书的人，一般属于最受皇帝宠信之列。徐阶地位的上升，使居正感到有所依靠，怀有希望。而徐阶，也迫切需要召回张居正作为自己亲密的高级参谋。

事实上，张居正也没有辜负乃师的期许。徐阶在处理与嘉靖之间的君臣关系，谋划对严斗争的策略和部署，以及运筹朝政边防等重大国事诸方面，都是和居正密切磋商然后决定进止的。这在居正其后手写的文章函牍中多有说明，如在万历十年（1582），当他身怀重病，临将去世前夕，犹力疾手撰《少师存斋徐相公八十寿序》一文，文中言："当嘉靖季年，墨臣柄国，吾师所为矫枉以正，矫浊以清者，幸及耳目。"❶ 在《答上师相徐存斋并附与诸公书》之一，更坦言："丙寅之事，老师手扶日月，照临寰宇，沉机密谋相与图议于帷幄者，不肖一人而已。"❷ 完全可以肯定，徐在嘉靖末年，诸多谋议部署，都是反映着徐张两人的共识，是他们"沉机密谋相与图议于帷幄"的结果。丙寅之事，即嘉靖四十五年十二月，朱厚熜崩逝前后的紧急布置，更是关系着全面大局，拟在下节再详论。

徐阶对于居正的使用，更是经过深思熟虑的安排。嘉靖三十九年（1560）春天，便将居正由翰林院编修调升为右春坊右中允，领国子监司业事。这是居正从嘉靖二十九年任编修九年以来的第一次升职。问题不在于从正七品官秩进为从六品，而在于职任上有了实质性的重要改动。编修纯为清华文翰之官，按其本职，只可以坐在冷板凳上寻章觅句，吟风弄月，但却几乎绝缘于实际政治；但右中允便大有不同了，其法定职务是襄管太子奏请、草拟启笺和讲读之事，即可以和储君合法地往来沟通❸。至于领国子监司业事，更是一个具有实在职能，要经常处理大量教务和训导事务的工作。国子监是当时官立的最高学府，司业是仅次于祭酒的重要教职官员，而且是众多在监肄业生徒的当然受业师，其影响是很大的。当时，虽然由于各种原因未立太子，但嘉靖所生八子，除已殁六子外，仅留存二子，长子为裕王载垕，幼子为景王载圳。按照传统的立长原则，载垕理应成为第一位的皇位继承人。将居正任为右中允，实有便于他顺章合理地与载垕交往。果然，不久之后便"迁侍裕邸讲读，王甚贤之，邸中中官亦无不善居正者。而李芳数从问书义，颇及天下事"❹。当时裕王载垕与景王载圳为争立正在进行激烈的斗争。徐阶与大多数朝臣恪遵传统，坚定拥裕；严嵩及其党

---

❶《张太岳集》，卷七。按，张居正的儿子懋修在这篇文章的末尾有一段附言，曰："先公为此文，方病危急且属纩矣，趣懋修亟请许颍阳相公具草，及许先生稿成而全未用，乃力疾自草。及为徐师相请存问疏皆自为之，其尊师之心，将死不衰也。"可参考。

❷《张太岳集》，卷三四。

❸ 参见万历《明会典》，卷二，《右春坊》。

❹《明史》，卷二一三，《张居正传》。

羽为便于控制和利用，则蓄意抑裕扶景，此实亦为徐严斗争的重要侧面之一。徐阶将张居正安放在裕王府，直接成为王府僚佐之一，不但受到朱载垕即不久后的隆庆皇帝"甚贤之"，且与"能持正，见信任"的王府侍从大宦官李芳"颇及天下事"❶，当然有加强拥裕方面势力的意图，是在政治弈局中重要的一着。任居正为国子监司业，俾其能晋身儒林高层，扩大接触面，提高知名度，显然也有培植其资望的意思，为他步上政治大舞台铺垫下扎实的基础。

更重要的是，徐阶还接着委派居正参与重校《永乐大典》及主持修撰《兴都志》的事。《永乐大典》是中国历史上规模最宏大的丛书汇编，重校这一部大书，对于居正拓展知识视野，增强学术修养，当然是有长效远益的。至于主持修撰《兴都志》，在当时则是一桩具有重要政治意义，关系着能否稳定住徐派与嘉靖皇帝之间君臣关系的工作。

所谓兴都，即湖广省的安陆，原为嘉靖皇帝的父亲兴献王朱祐杬封藩之地。嘉靖继位后，因是"龙飞宝域"，便改名为承天；其后，又因朱祐杬被高抬为帝，谥睿宗，故此又尊称之为兴都。兴都的名称，本来就有些不伦不类，它是与嘉靖初年的议大礼兴大狱事件紧密联系在一起的。钦命修撰《兴都志》的政治目的是很明显的，旨在为朱祐杬支系得位之正从历史上提供论据，旨在为四十年前引起过激烈争议的议大礼案，做出合法合理有说服力的证明。故此，按照统治意图编纂一部《兴都志》(又名《承天大志》)，一直是嘉靖皇帝晚年的心头大事。一切稿件都要经过御览审定，就足以说明这一点。

徐阶和另一大学士袁炜同受钦派为修撰《兴都志》的总裁，而徐阶又特别委派张居正担任重要的撰稿工作，显然是意识到此一工作的敏感性质，切不可由于某些文字失误而招惹来不测的风波。他深信居

---

❶《明史》，卷三〇五，《李芳传》。

正能贯彻他以静制动，沉着以观变应变的主张 ❶。

居正参与撰写《兴都志》，确实做了大量的工作。在他的文集中，现仍存有诸如《基命纪》《龙飞纪》《圣孝纪》《大狩纪》《宝谟纪》等多篇文字。就文论文，这些文字都是一些粉饰堆砌，违背事实，悖乎情理的阿谀称颂之词，全部都是败笔。例如，他多次将朱祐杬及其妃蒋氏比拟为周文王和太姒，甚至超过古代的圣帝贤后，"我献皇帝天纵圣哲，日跻诚敬，渊仁厚德，迈于周文；而章圣皇太后明章妇顺，又于太姒徽音有加美焉。" ❷ 又将嘉靖称为"今之帝尧" ❸，如此等等，实际上都是一些肉麻当有趣的文字游戏。对于当年的大礼议及迮兴大狱的问题，更是完全站在嘉靖方面，将累累血污有意淹没在另作特别解释的宗法礼仪道理之中；不但为当年的暴行做全面的辩护，且誉之为圣为明，可谓善颂善祷，曰：

> 惟我皇上……践祚之初，首命廷臣议举尊崇之礼，而当时议者率牵章缝之谬见，执叔季之陋仪，纷纭靡定，时厪睿思，亲赐折衷然后观其会通，协于礼仪。鸿号之称定，则一本之义昭；宗祀之礼成，则严父之教显；卜藏之事谨，则慎终之虑悉；省巡之政举，则时迈之颂兴。……爱敬通于神明，德教形于四海。 ❹

---

❶ 徐阶的顾虑是有根据的，当时虽然严嵩已倒，其子世蕃亦已处斩，但嘉靖愈临近死期，其昏狂颠倒愈甚，除了什么拟内禅，退位以专祈长生，拟南行取气以疗疾，又闹"宫魇"惧怕被杀宫婢冤魂作祟等以外，即使对于严嵩父子的处置亦屡有思想反复，经常"追思嵩赞玄功"。嘉靖四十一年（1562）五月甚至谕示，"严嵩已退，伊子已伏罪，敢有再言者，同邹应龙俱斩。"（《明世宗实录》，卷五〇九）嘉靖四十四年十一月，"巡按山西御史张槚言，'往者严嵩与其逆子世蕃奸恶相济，顷皇上纳言官邹应龙议，悉真之法，而籍其家矣，复显陟应龙以旌其直，一时无不翕然称快。先第先年首发大奸诸臣，如吴时来、董传策、张翀、王宗茂等，或杂列戎行，或流离瘴疠，臣窃痛之，乞赦过录用，以厉直臣之节'。疏入，上大怒，命锦衣卫逮系至京问。"（《明世宗实录》，卷五五二）是可见，在嘉靖朝的最后几年，政治气氛仍然是阴晴莫测、危机四伏的。
❷《张太岳集》，卷一〇，《承天大志纪赞·基命纪》。
❸《张太岳集》，卷一〇，《承天大志纪赞·龙飞纪》。
❹《张太岳集》，卷一〇，《承天大志纪赞·圣孝纪》。

必须将这类文字放在嘉靖末年诸事反常的大背景中进行评价，它的产生，是因为上有好者，也是因为像徐阶、张居正这一类编者作者借以掩饰自己真正的政见和"沉机密谋"，带有自污以自卫的性质。只有维护存在，才有幡然应变的立足点。写作这类文字，当然有玷斯文，但等到风雷惊动，他们是有准备以重大的实际行动来推翻自己的违心之词，以洗刷这些污垢的。

即使是降志辱身以撰写上引的谄谀之文，但有时还会被认为未尽符合君上的奢求，也会受到同列的挑剔。当时与徐阶同任总裁的袁炜，就是其中嗅觉最锐敏，最擅长于以文字乞宠邀幸的无赖，此人"撰青词，最称旨"❶，短短六年中，以一个普通供奉官，被特擢为礼部尚书，加太子少保，入内阁，时人称之为"青词宰相"。此人的"杰作"甚多，诸如在嘉靖三十九年（1560）二月和七月，相继发生过轻微日蚀，他就阿嘉靖之意，上疏言："陛下以父事天，以兄事日，群阴退伏，万象辉华。是以太阳晶明，氛祲销烁，食止一分，与不食同。臣等不胜欣忭。"❷嘉靖所畜的猫死去，他又赶快撰词以进，谓之为"化狮为龙"，"其诡词媚上多类此"❸。这个风派文痞在当了总裁以后，果然死心塌地地大卖气力，对于居正所拟文稿，仍认为调门不够高，不尽符合需要，大加增删，而嘉靖对于居正的拟稿，亦不够满意，足见当时在修撰《兴都志》问题上，是存在着多么微妙敏感的内容。对此，傅维麟在《明书》中的记述，较《明史》更为具体，言：

> 徐阶代严嵩首辅，尽以志事委居正，而其所具稿草，辄为辅臣袁炜所削。及炜卒，阶乃复以居正草进于上，上意不怿，亡迁赏。❹

---

❶《明史》，卷一九三，《袁炜传》。
❷《明书》，卷一五〇，《张居正传》。
❸《明书》，卷一五〇，《张居正传》。
❹《明书》，卷一五〇，《张居正传》。

但是，此时已到嘉靖四十五年暮春，嘉靖病况日益沉重，尸居余气，不过在苟延时日，虽然"不怿"，但已无力再审改处理。人们普遍预感到，从西内传入乾清的丧钟快要敲响了。

第五节　与高拱"相期以相业"

研究张居正的功业恩怨，未有能脱离开高拱的；研究高拱的政治建树和生涯坎坷，未有能不涉及张居正的。高张二人的相契相知以至恩仇中变，实关系着嘉末隆初和隆万交替间的大局。

本节仅限于记述二人在执政前的交往。

高拱，字肃卿，号中玄，河南省新郑人。生于正德七年（1512），卒于万历六年（1578）。他早在十七岁时，即在乡试中夺魁，嘉靖二十年（1541）中进士，选庶吉士，二十二年授编修。

高拱是一个胸怀大志，识见过人，而且精明勤奋的人。他"生而状瑰奇，刻苦学问，通经义，务识大指，为文不好称词藻，而深重有力力" ❶。他一向关心时局政治，对正嘉期间持续失政，吏治废弛，边防溃散，社会凋敝，都有具体的了解，并深思其症结所在和解决之法。朱载垕被封为裕王，分府立邸之初，高拱即受命为侍讲。他一贯竭诚扶助，敷陈剖切，竭尽所能维护载垕的权益，在裕王府任职长达九年之久，被载垕认为是自己身边最可信赖的人物：

> 时分宜、华亭各以计相倾，公无所厚薄。穆宗为裕王，出阁讲学，居外府，公为讲官，反复开道，王目属而心仪之。时人心汹汹，王日怀巨测，两府杂居，谗言肆出，公周旋邸中，竭心尽力，王深倚重之。……在府凡九年，升太常寺卿，管国子监祭酒事。王赐金缯甚厚，哽咽不能别。公虽去讲幄，府中事无大小，

---

❶《嘉靖以来首辅传》，卷六，《高拱传》；又载《国朝献征录》，卷一七。

必令中使往问。一日，思先生甚，亲书"怀贤"二字，遣中使赐至第。无何，又书"忠贞"二字赐之，又书"启发弘多"四字赐之。❶

所谓"两府杂居，谗言肆出"，是指当时裕王载垕和景王载圳为争立，而各有拥护者在进行着的尖锐斗争。高拱在此特定时刻，可说与载垕共度过困厄危难的岁月，建立了非一般亲王与藩邸讲读官所能具有的情谊，这对于他日后在隆庆朝主持国政是大有裨助的。

当时的高拱亦颇知隐晦，未敢过露锋芒，"而嵩、阶亦以其在王邸，异日当得重，相与推毂之，以是亟推迁为翰林院侍读学士。"❷ 不久，又累迁为国子监祭酒、礼部侍郎。

高张的相交，开始于张居正以右中允身份进入裕王府侍读和兼任国子监司业之时。"祭酒、司业，掌国学诸生训导之政令。"❸ 司业是祭酒之下最重要的教官。明初，这两个职务都是精选有学术造诣且有威望的人士担任，其后，则多以翰林官而德才优秀者兼充。

高拱和张居正开始共事，两人都对对方的才华和识见十分钦仰，有惺惺相惜之意。出生在正德七年（1512）的高拱已经年过半百，而且已授职为太常寺卿兼国子监祭酒，而出生在嘉靖四年（1525）的居正年龄尚未到四十，是以右春坊右中允本职兼任国子监司业。其后，在重校《永乐大典》的工作中，拱为总校官，居正为分校官。故此，在相当一个时期内，居正一直是高拱的副手，以兄长事之。在教导监生，勘查和研讨典籍的工作中，特别是在论议朝政得失和抱负展望时，两人的见解十分接近，更加深了理解。

高拱和张居正二人都有志有为，都以国器自命，都自负为有大气魄和胆略，有能力挽狂澜于既倒，扶大厦于将倾。他们共同的地方是

---

❶ 郭正域：《高文襄公拱墓志铭》，载〔清〕康熙笼春堂《高文襄公文集》附录；又载《国朝献征录》，卷一七。

❷ 《嘉靖以来首辅传》，卷六，《高拱传》。

❸ 《明史》，卷七五，《职官志》四，《国子监》。

很多的，在现实政治上，都坚决主张革故鼎新，在一系列问题上进行了大幅度的改革；在学术倾向上，都对宋代理学和在明代泛滥成灾的空言理性，穿凿附会经义，程朱与陆王两派无休止的烦琐论战，持否定批判的态度；都是坚定认为，只有发扬实学，持实心，用实力，行实政，才有可能突破困厄艰危，开拓出新的中兴的局面。正是在这样的政治和思想的基础上，二人缔结相当深厚的同志情谊，"谋断相资，豪杰自命"❶，"相期以相业"❷"其始相得甚欢，如出一口"❸"即丙魏、房杜，未肯多让也"❹。在嘉靖末年，二人都支持过徐阶稳忍以求胜的策略，又大力维护住裕王朱载垕的传嗣地位，更对日后的政局做出前瞻性的预测，粗线条地绘制出日后进行整顿改革的蓝图，为不久以后，两人先后入阁携手合作，奠定了较为坚实的基础。

在 16 世纪中叶，曾经有两位致力于改革的巨人同步迈上中国政治舞台的中央，先后叱咤风云。在隆庆朝和隆（庆）万（历）之交，明皇朝的政治天空上，曾经升起过两颗巨大的光焰夺目的星座，它们各自闪烁着光芒，而且交相辉映，照亮着漆黑如墨的夜空。但是，这两颗各自坚持自己运行轨迹的星辰，却是难免要轰然相碰撞的。

---

❶《张太岳集序》。

❷《明史》，卷二一三，《张居正传》。

❸ 于慎行：《谷山笔麈》，卷五，《相鉴》。

❹《张太岳集序》。

第七章

嘉隆交替与张居正入阁

第一节 一个心理变态、庸碌猥琐的皇帝

在有明一代的皇帝中，明穆宗朱载坖是比较不显眼的，他生于嘉靖十六年（1537）元月二十三日，嘉靖四十五年十二月二十六日继承皇位，翌年改元隆庆，死于隆庆六年（1572）五月二十六日，在位五年半，享年仅三十四岁。

朱载坖之所以不显眼，一因在其执政的全过程中，"临朝无所事事"❶"端拱寡营"❷，本人谈不上有什么鸿猷远略，亦无什么功业建树可纪；二因其个人的素质和表现，不外以庸碌无能，且嗜财好色见称。再加以享祚甚短，又夹在两个长期在位的皇帝中间，其父明世宗朱厚熜，年号嘉靖，在位四十五年；其子明神宗朱翊钧，年号万历，在位四十八年。两长夹一短，更显得隆庆一朝只不过是一个转瞬即逝的过渡；朱载坖也不过是扮演着来去匆匆的过客角色。因此之故，在明史研究中，便往往对隆庆其时其事，对朱载坖其人一掠而过，着墨不多。

---

❶《国榷》，卷六七，引李维祯语。
❷《明史》，卷一九，《穆宗本纪》。

但是，如果上溯正（德）、嘉（靖），下追万（历）泰（昌），则不难发现，短短的隆庆朝，实为明代中后期历史的一大转折。

正德和嘉靖持续六十年的反常统治，不但迫使被统治者无法忍受，也使统治者难以维持原样的统治。

当此存亡继绝之时，统治集团内部一些有识之士，都在苦心孤诣地谋求挽回颓势，挽救已呈现崩解迹象的大明皇朝，诸如徐阶、高拱、张居正等人，都认为必须在用人、行政、理财、边防、军政以至社会风气多方面，进行大幅度的整顿，否则，将绝难幸免于覆亡。虽然他们提出的方案、步骤、着重点各有不同，而且互相倾轧暗算，啮咬不断，各结党羽，掀起多次震撼全国的政争，但在隆万时期，这些人物均各有表现，事实上也收到过相当的效果。笔者认为，从隆庆元年到万历十年（1567—1582），曾经进行过连续十六年之久的大改革运动。这次大改革可分两个阶段，以隆庆六年为界，分为前后两个阶段。隆万大改革运动两个阶段的政策方针、改革的内容、触动社会政治经济的各个层面、所收到的效果，基本上都是相同相近而且具有延续的性质。虽然在进行过程中波澜迭起，风潮不断，内讧不息，但并未因此而改变它的主流方向。撇开隆庆时期的改革，而孤立地言万历改革，显然是不符合历史真实，亦是不公平的。

不论徐阶、高拱、张居正，抑或朝野臣民，都曾热切瞩望于新君，希望朱载垕能大振乾纲，着力于振颓起衰，开创出一个新的时代。可是，朱载垕终究不过是一个扶不起的天子，不但不是创业的君主，也不够称之为能主持中兴的帝王。此人猥琐庸碌，而且登极后还不断倒行逆施，胡作非为，因而抵消了当时来之不易的一部分初步改革的成果，在旧矛盾山积的基础上又添加了一系列新的矛盾。但此人亦有很可取之处，即他对辅弼大臣能专注信用，诸如对前期的徐阶，中后期的高拱，都能做到不疑不猜，放手让他们革弊兴利，乐得自己自在逍遥。各地呈递来的奏章，隆庆本人懒得批阅，怠于会议，一概听任内阁拟旨处理；内阁提出各项有关大政方针的建议，亦一概准行。这样一个庸懦皇帝，客观上亦为徐、高、张得行其策，得遂其谋划提供了条件。在一定意义上说来，隆庆的无能无为，正利于徐、高、张的有能有为，使之得以充分的展布。故此，在朱载垕在位的全过程，一直存在着一个强势的内阁在有谋有断而且有序地运作。

朱载垕人品性格的形成，与其身世经历密切相关。

他虽然是天潢帝胄，贵为皇子，其后又得承皇祚，成为至尊无上的皇帝，但其人生历程，颇多坎坷，身世确有难言之恫。一是他与嘉靖皇帝父子之间的关系一直不正常；二是他继承皇业的地位长期得不到确认，前途叵测，而且屡生危殆。在他三十岁正式登基之前，是在疑惧万状中度过的。

朱载垕是嘉靖皇帝第三子，生母是康嫔杜氏（生育载垕之后，因有子，被晋封为康妃，隆庆元年又追谥为孝恪皇太后）。按照一般常规，他既非正后嫡出，又非长子，本无被立储继位的可能。但命运却对他另有安排。因为嘉靖共生八子，其中长子、五子、六子、七子、八子均早殇。次子载壑生于嘉靖十五年（1536），十八年被册立为皇太子，但却在二十八年猝逝，被谥为庄敬皇太子。自载壑去世后，嘉靖仅余下三子载垕和四子载圳两人。按照长幼有序的原则，又因两子均非嫡出，载垕理所当然作为第一继承人，自应正位东宫，取得储君的身份。载垕亦未尝不为此焦灼热盼。

由于嘉靖皇帝的宗教狂热和固执迷信，在处理家庭关系和国政上，都出现了许多极不正常的情况。特别在中晚年以后，他甚至认为，如果再立储，不啻是树立一个会威慑到本身皇座，影响长生永禄的候补者，也就意味着自己终将出位，终将撒手人寰，地上仙兼永久性帝王的美梦就将破灭。为此，他"讳言立储贰，有涉一字者死"[1]。甚至"惑于二龙不相见之说"[2]，视亲生儿子为危及自己仙籍和皇权的潜在敌人，有意地长期与儿辈隔离，"岁时入问安，不辄见"[3]。

载垕不论在宫闱中抑或分府建藩之后，一直生活在一种畸形的家

---

❶《谷山笔麈》，卷二，《纪述》一。

❷《万历野获编》，卷二，《圣主命名》。

❸《明穆宗实录》，卷一。

庭伦理关系之中，他从来没有得到过来自皇帝老子的父爱。更有甚者，他的生身父亲竟然还百般摧阻他本应享有的母爱。请看：

> 嘉靖三十三年，康妃杜氏薨，则穆宗生母也。礼官请复三年丧，上不许。又引（明太祖）孙贵妃故事（按：孙贵妃于洪武七年去世，朱元璋因她无子主丧，命吴王橚认为慈母，主持治丧事，服斩衰三年。——韦注），亦不从。且以避至尊，不宜重服下谕。大臣遂不敢争。且自穆宗就裕邸后，生不得见，死不得诀，亦可悲矣。❶

这一段记载，读之令人酸鼻。宫廷关系畸变，有非常理所能解释的。

更有甚者，嘉靖由于本人对长生成仙的狂热追求，不仅不愿见儿子，而且对子孙繁衍亦视之为危及本身权益的隐患。载垕在嘉靖四十一年（1563）生了一个儿子，即日后继隆庆为帝的万历皇帝朱翊钧，但由于嘉靖迷惑于所谓二龙不相见的谬论，载垕不敢将此喜信奏报，不敢为儿子请名，不敢按时为之剪去胎发，一直匿养在府内。有一个平日受嘉靖喜欢的宫女乘间奏闻，竟引起嘉靖大怒，"宫中股栗"❷。

于是，嘉靖的子孙便不幸地成为受害者，载垕更是首当其冲，成为被忌恨的主要对象，甚至还祸及其子。裕王府四周布满侦缉逻卒，王府随从侍卫发生的一些琐事，也会立即密报给嘉靖❸。载垕当时"朝夕危惧"，其隐私不便对人言，其处境不可与人言，其恫痛更不敢向人言，因为有父几等于无父，有母实同于无母，生子而讳言得嗣。他必须淡化一切普通伦理，在严重被压抑被疑忌的彷徨恐怖中度过自己的童年、少年以至进入青年时期。当时裕王府邸中的经费相当拮据，一些份应得到的例行赏赐，亦往往被截留不给，有一次，竟一拖三年之久。当此之时，载垕孤身凄息于藩邸之内，低眉丧气以求苟安，其对处境的不满乃是理

---

❶《万历野获编》，卷二，《天家生母不同》。

❷《万历野获编》，卷二，《圣主命名》。

❸ 参见朱国祯《皇明大事记》，卷三八。

所当然的，其对不慈不仁不道的生身皇父的愤懑和恋母情结的增长也是理所当然的。他迫切盼望改变现状，但本身又软弱无力，只能希望嘉靖早日"驾崩"，自己能早日顺序继位。这一切交织着爱与恨，期待与消沉，对掌权的憧憬和对现状的忧危，强烈的孤独感、报复心和悲恸情绪的郁结，都必然引起这位头号贵胄和失意皇子心潮起伏，如蜩如螗，如沸如汤。但情虽难自已，而势又无从对抗，只能强力克制，只能十二万分地加意掩饰和隐瞒自己的真实情绪。他警觉到，任何稍露颜色，任何真实感情的轻微宣泄，都意味着立即招致灭顶之灾。为了保存自己和企盼有朝一日拨云见天，冲出樊笼，自己必须随时随事表示恭顺谦抑，必须牢记紧紧配套着一个假面具，装扮着另外一种面孔，使用另一种腔调来面对复杂险恶的处境。《穆宗实录》卷一，有这样的记载，谓当时的载垕"小心敬畏"，"执子道惟谨，起居出入动遵礼法，居潜邸中十余年，未有游娱弋猎之幸。身履富贵而闾阎微隐，辄尝闻知。禁职左右，未营之市有所求取，宽仁孝敬，天下莫不闻焉"。

毫无疑问，这种"小心敬畏""执子道惟谨""动遵礼法"云云，乃是建立在违背载垕本心，基源于为谋求自保和等待时局大变基础上的伪装，是一种精心涂抹的保护色、一种强自抑制的禁欲假象。思与言、言与行的悖离，既反映着载垕心理和性格被强度扭曲，也反映着宫闱环境的恶浊微妙。

促使载垕"朝夕危惧"的最根本原因，还在于皇位继承地位长期归属未定，而且迭出风险。原来自皇太子载壡英年早逝，到嘉靖去世之时为止，嘉靖一直拒绝再立储位。即使朝野之间吁求立储的呼声从未间断，而且屡次发生朝臣为此被杖被囚被杀的事件，但却从未能稍稍改变嘉靖的固执。其实，除了他一人而外，任何人都知道人寿必将有终，皇位是迟早要交接的。嘉靖的冥顽，反而助长了暗潮翻滚和周期性的动荡。当时，上中层勋贵官僚中，都有人从本身私利出发，企图在皇位继承问题上搞政治投机，"时东宫位号未定，群小多构衅"❶

---

❶《明史》，卷一九三，《陈以勤传》。

而在"群小"之中，又以曾权倾当朝的严嵩、严世蕃父子为最甚，"世蕃念以多树敌，恐嵩一旦老死，不易支，而谓上意摇，或可因而更树，乃多行金左右，谋立景王，庶几异日代嵩执政"。❶

从上述可见，在嘉靖晚年，围绕着皇位继承问题的斗争是极为尖锐的，拥裕拥景的朝臣隐然分为两派，两方勾心斗角，针锋相对。在载垕方面，一因年纪稍大于载圳，符合立长不立幼的传统；二因载垕在藩邸一直以低姿态出现，注意养晦韬光，装扮出谦抑朴实的"好皇子"形象，较取得朝野的好感；三因其邸中的王府官，拥有诸如高拱、张居正、陈以勤、殷士儋等一批对其效忠而且具有胆识的才俊之士，经常给他出高见，并多方面维护他的权益。此外，在严嵩败后接任首辅的徐阶也坚决拥裕，这都是载垕在待位方面具有的优势。但载圳方面的力量亦不容忽视。论年龄身份，两人均非嫡出，封王就邸出阁讲学均同时。载圳出生于嘉靖十六年（1537）二月二十九日，仅比载垕晚了一个月零六天。应该说，除了年纪稍稍小一些以外，两人之间一般的条件是基本相同的。但有两个很重要的方面，则载垕明显不如载圳：第一，载垕的生母杜妃早死，而载圳的母亲卢妃仍健在，且较受宠爱，能在嘉靖面前说上话；第二，即嘉靖在较长时期中，对两子有亲疏之分，在感情上明显倾斜于载圳，"穆宗在裕邸，景王未之国，爱幸日异，奸人谋为废兴"❷。这是由于载圳聪明外露，反应敏捷，有活动能力，而与此相反，载垕则个性迟钝，自小便以"木木"见称。嘉靖不意流露出来的某些偏爱，自然就成为一些内怀野心善观风色的人物下注投机的依据。直到载垕正位而又去世以后，一些最机密的情况才由个别主要知情者披露出来。万历初年，已职任内阁首辅的张居正在给朱翊钧的一篇奏疏中，曾透露出一桩极关重要的史实，即嘉靖确曾一度打算过废长立幼，几乎就要做出抛弃载垕，正式宣布册立载圳的决定。疏言："……是时先帝（按，指隆庆皇帝朱载垕）潜居藩邸，世庙一日忽有疑于先帝，命检成祖之于仁宗故事，（徐）阶为之从容譬

---

❶《嘉靖以来首辅传》，卷四，《严嵩传》。

❷《罪惟录》，《列传》卷之一一下。

解，其疑乃释。此一事惟臣居正一人知之，诸臣皆不得闻也。"❶张居正这一番话，完全与他在嘉隆万之间的身份地位相符合，亦与他和曾长期任内阁大学士、继严嵩之后执掌大政的徐阶的特殊密切关系相符合，应无诬揑。此说明，嘉靖对载垕的恶感，曾经发展到几乎要斥之于传继之列的程度。如果不是载圳就藩后不久即弃世，皇祚除立载垕外已别无选择，如果不是高拱等人的大力维护和徐阶等人的着力缓解，隆庆这个年号能否出现，实属未知之数。

隆庆皇帝是在极为严峻的形势下登上御座的。嘉靖遗留给他的是一个凋萎残破的烂摊子，是非颠倒，内外交困，军心民心俱已涣散，长期淤积下来的军、政、财、文等方面的问题，均急待整理。以言经济财政，则已濒临崩解的边缘。隆庆元年（1567）的库存，仅够三个月的开支❷；以言军事边防，仅以元年一年之内的记载为限：二月，北虏进犯广宁；三月，来攻辽阳，指挥王承德战殁；五月，又引军来攻大同；六月，来攻朔州；七月，攻占得胜堡；九月，陷石州，杀知州王亮，纵掠文水、交城、介休、岢岚；同时，又由界岑口入，大掠昌黎、乐亭、抚宁，敌骑至于滦河，京师宣布戒严，直到十月，因其已饱掠出塞，才宣布解严。为屡次溃败失守，逮捕山西巡抚王维洛，总兵官申维岳，蓟镇巡抚耿随卿，总兵官李世忠，分别下狱论死或谪戍❸。以言官场风气和社会内部矛盾，张居正曾有精辟的论述：

> 自嘉靖以来，当国者政以贿成，吏朘民膏以媚权门，而继秉国者又务一切姑息之政，为逋负渊薮，以成兼并之私。私家日富，公室日贫，国匮民穷，病实在此。❹

当此四方多故，内外交困之时，作为继承大位的皇帝，理应正视

---

❶《张太岳集》，卷四六，《请乞优礼耆硕以光圣治疏》。
❷ 王圻：《续文献通考》，卷三六，《国用考》，隆庆元年。
❸《明史稿》，本纪一五，《穆宗》。
❹《张太岳集》，卷二六，《答应天巡抚宋阳山论均粮足民》。

忧危，着手缓解矛盾，朝乾夕惕地妥慎处理政务，以图突破困难，开拓出新的局面。但是，隆庆皇帝志不在此。他完全辜负了臣民的期许。他的所作所为虽然大异于嘉靖，但却是以不同的形式，扮演着另一个昏愦之君的角色。他不建坛修玄，不信神仙祥瑞，不亲方士，不责成臣下撰作青词，但却是以异乎寻常的懒惰，特别贪财好货，恣意追求淫乐享受，重用宦官，文过饰非的形象步上政治舞台，以另一形式的病态代替嘉靖的病态。

登基之前及其以后，从裕亲王载垕转为隆庆皇帝，随着地位大变，人也大变了。

隆庆的重要特点之一是庸碌懒惰，不务正业。他继承帝位后，"不与大臣接"，"渊嘿宽懿"，"未能振肃乾纲，矫除宿习"❶，这给予朝臣们强烈的恶劣印象。隆庆元年（1567）六月，兵部侍郎邓洪晨上疏坦言：

> 陛下临御将及半载，而灾异叠见如此，岂无所以致之者耶？臣伏见陛下临朝之时，圣容端拱，未尝时赐清问，体察民情；诸司章奏，少经御览；经筵日讲，止袭故常，未尝虚心询访。……号令非一，前后背驰。邪正混淆，用舍犹豫。所谓仁柔不断者，未尽无也。❷

吏部尚书高仪更一再吁求隆庆应临朝视政，批答本章：

> 至于亲览章奏及延访治道二事，则前此台谏言之者不下数十人，本部题覆已经三四次，向以皇上时在谅阴，尚冀有待，而今禫制已满，乃犹未见举行，所以诸臣又复交章陈请。……不可专于恭默。❸

---

❶《明史》，卷一九，《穆宗本纪·赞》。
❷《明穆宗实录》，卷九，隆庆元年六月壬辰。
❸ 高仪：《高文端公奏议》，卷一。

诸臣的连番上疏直揭其荒怠，言词不可谓不激切，但隆庆均以"报闻""寝不行""留中"处之，即不批不答不改。他甚至连每年祭祀祖宗，"孟春享太庙"的仪式也不愿参加，诏命亲贵代行。礼部屡请"亲祭"，亦多"不允"，有时，因不得已或勉强行礼，又身在庙祠之所，却心驰玩乐之场。对这一点，连外国使臣也窃窃私议：

　　　　隆庆皇帝虽或亲祭，才毕，则令洞开宫门，择善走马，一驰入宫，扈从诸臣，一无能及者。陶陶遂遂之意安在哉？ **❶**

虽然群情惊惶，人言啧啧，劝谏之奏似雪片飞来，但隆庆一概置之不理，处以度外，可谓麻木不仁。

　　隆庆在国事朝政方面，虽然形如木偶，但在游幸玩乐，追求色欲物欲财欲等一切享受方面，却是颇为"勤快""多思"的。在其初政，尚在服丧期间，"传闻后宫日为娱乐，游幸无时，嫔御相随，后车充斥，可谓女宠渐盛者" **❷**，其"淫游屡肆"，早已喧传内外。应该说，隆庆的特殊好色，是在登位后才充分暴露出来的，"上初在裕邸，姬御甚稀，自即位以来，稍好内，掖廷充斥矣" **❸**。这里所谓"稍"，当然是委婉之词，"掖廷充斥"还能说是"稍"吗？

　　为充分满足淫乐的需要，隆庆甫御位即一再下诏增选宫女。礼部尚书高仪偕同群臣力阻，谓宫中已积有宫女数千人，不宜再滥收，并恳求恩放"幽在深宫"的多余宫女，任由她们"各归乡井"，因为"长门幽怨，自古所矜" **❹**。隆庆对于此一奏章出奇地迅速批示："隆庆元年

---

❶〔朝鲜〕赵宪：《重华集》，卷一一，载《朝天日记》中。又，在同书同卷中，赵宪也说到隆庆视朝时神不守舍的窘状，言："隆庆之视朝也，引领四顾，且发言甚微，使内官传呼而已。"颇为形象。

❷《明穆宗实录》，卷九，隆庆元年六月癸巳。

❸《国榷》，卷六六，隆庆四年二月甲子。

❹《高文端公奏议》，卷二，《议放宫女疏》。

（1567）六月二十五日具题，二十七日奉圣旨：宫女不多罢！"❶这样的"圣旨"，真令群臣哭笑不得。

由于皇帝屡以多选宫女作为要务，在社会上也引起很大的震荡。隆庆元年二年冬春之间，竟然在江南地区引发一场"拉郎配"的风潮，四百余年来以此为内容的剧目一直成为舞台上的保留节目：

> 隆庆元年十二月，江南一带民间讹言选宫人，女子十二三以上，婚嫁殆尽。虽宦家往往摇动，途中轿相接。贫不能赁轿，则徒步投婿。未聘者无暇采择。且云，每一宫人，令一寡妇伴之。奸民缘以诱惑，官愈禁愈为实，次年二月始息。❷

应该说，这场骚动绝不是无风起浪。人民群众为了保护自己的弱女，除了赶快抢婿嫁女以外，实再难找到其他更有效的抵制办法。

在贪财好货，追求金银珠玉方面，隆庆的欲壑也是难填的。他往往不经内阁，径行指派内使向各部门索钱取物。如：

> 隆庆初，诏内承运库太监崔敏，以户部银六万买金一万两进用。（户部）尚书马森等言："黄金产自云南，所出有限，岁额不过二千，尚多逋者，至于商人，尤难责办。先帝时，曾买金二千，日积月累，仅能足数，不能足色；寻诏停止，以此金贮之太仓。今欲于数日之内，即满一万之数，臣等知其不能。请先进太仓者，督云南丞进年例。又，祖宗时御札，皆司礼监传之阁臣，转示各部院，无司礼监径传者，更望率由旧章，以示崇重命令之意。❸

---

❶《高文端公奏议》，卷二，《议放宫女疏》。

❷ 叶权:《贤博篇》，载中国社会科学院历史研究所编《明史资料丛刊》第一辑。按，有关"拉郎配"的记载甚多，如田艺蘅的《留青日札》，徐复祚的《三家邨老委谈》，崔鸣吾的《纪事》，等等，甚至有具体故事情节的，可见此事在当时江南地区震动之大。《贤博篇》记载较为简明扼要，故采用。

❸ 余继登:《典故纪闻》，卷一八。隆庆在马森的奏章上批示："银两不必发，取见在金进用。"

云南之金一时未能即进，隆庆便下旨命将太仓存金全部送入，连价银也免发了。至于内侍传奉之事，更是不允更改。二千两黄金轻易到手，更刺激了隆庆的贪欲。自此之后，索取金银的诏旨日降，所取之额日增，责办的旨意日峻，甚至不惜开动全副国家机器，以催征催解，为此撤免了不肯驯顺上缴金银的户部长官。隆庆三年（1569）五月，"户部奏，浙江、苏、松等处，岁派内（供），折银百万有奇，近来逋负，乞行催解。上命各抚、按官严限催征，作速完解，违者部臣劾治。"❶四年五月，"户部尚书刘体乾等奏进夏季京库银十七万两，尚欠原额八万两，乞行府、县督征。有旨：切责体乾过期支吾，亟以太仓银补进，夺户部司官俸二月。"❷刘体乾在当时是第一流的理财名家，且为人耿直，终因未肯过事敲剥以奉上，屡忤隆庆的旨意而被罢官。短短数年之间，隆庆从户部、光禄寺、太仓勒取的银两，以及云南、浙江、南直隶等省加额征收的金银，较之常额暴增了数百万两。

在穷奢极侈以满足享乐方面，隆庆的索求更是多种多样。"上自即位以来，岁取太仓银，入承运库供采办，视嘉靖末征求愈急"❸，"买玉买珠，传帖屡下"。隆庆二年（1568）九月，传旨工部，令御用的漆器、龙床、卤簿仪仗等物，每年均要按照登极时的数量款式重新更造。十二月，"谕户部购求各式宝石、珍珠等物，限三日进"❹。三年四月，"诏以内织染局所呈袍服花样，行织造太监李佑取办一千八百六十疋以进"❺。七月，命工部造朝殿挂灯及鳌山灯……一灯之费至三万余金。四年三月，"传旨，命南京加织缎匹至十一万"❻。四月，"谕户部趣贡金及市宝石"❼。其后又规定，广东、云南等岁进宝石珍珠，年以宝石二万

❶《明穆宗实录》，卷三二，隆庆三年五月戊辰。
❷《明穆宗实录》，卷四五，隆庆四年五月癸巳。
❸《明通鉴》，卷六五，隆庆五年十二月辛亥。
❹《明穆宗实录》，卷二七，隆庆二年十二月己亥。
❺《明穆宗实录》，卷二九，隆庆三年二月辛卯。
❻《明穆宗实录》，卷四三，隆庆四年三月壬午。
❼《明穆宗实录》，卷四三，隆庆四年四月乙未。

枚，珍珠八千两为额❶。此外，举凡江西的瓷器、陕西的山绒、江南的丝绵等物，无不大量增额，滥索不已。一些朝臣痛切感到，隆庆如此纵欲挥霍，势必罗掘俱穷，危及统治。隆庆二年正月，吏科给事中石星言："陛下入春以来，为鳌山之乐，纵长夜之饮，极声色之娱……天下将不可救。"❷ 三年四月，工部诸堂官联衔吁陈："自岛夷乱后，江南诸郡十室九空，今料额不充，势须加派，加派不已，民力难堪，弱者死逋，强者死盗，陛下所宜怜也。"❸ 云南道御史詹仰庇、户科都给事中李己、陈吾德是当时被称为每敢言的风宪官，他们的谏疏大胆率直，言人之不敢言："比者左右近习，干请纷纭，买玉市珠，传帖数下，人情惶骇，咸谓诏书不信，无所适从。迩时府库久虚，民生困瘁，司度支者日夕忧危，陛下奈何以玩好故，费数十万赀乎？""窃恐将来效尤，希进欺蔽，不空人之国不已也。"❹ 对于这些逆耳忠言，隆庆一概斥之为"恶言讪上"。为压制异议，他重用锦衣卫和东厂等特务部门，"命厂卫刺部院事"❺。手谕将詹仰庇逮至午门，杖一百，革职为民；李己则除杖一百外，再交刑部狱监候；陈吾德则削籍。隆庆甚至在对言官等用刑时，亲自"御五凤楼，潜察杖者"❻。可见积恨之深。于是，不少忠耿敢言之士，均逃不脱"血溅玉阶，肉飞金陛"的厄运❼。他甚至专门谕示内阁和吏部，命严厉稽查和惩办一切敢批逆鳞的人，谓："自朕即位四年，科道官放肆，欺乱朝纲，其有奸邪不职，卿等严加考察，详实以闻。"❽ 这其实是以考察名义进行甄汰和打击，旨在封钳众人之口。大量事实都说明，当年以谦抑恭让，"动遵礼法"知名的"好皇子"已经一变成为贪婪多欲，而且昏愦暴虐的"当今天子"了。

---

❶《国榷》，卷六七，隆庆六年正月戊午。

❷《国榷》，卷六六，隆庆二年正月戊寅。

❸《明穆宗实录》，卷二九，隆庆三年四月辛卯。

❹《明通鉴》，卷六五，《国榷》卷六六，隆庆四年五月癸酉。

❺《明通鉴》，卷六四，隆庆三年十二月己亥。

❻《明通鉴》，卷六四，引《二申录》。

❼ 陈登原：《国史旧闻》，第三分册，卷四九，《廷杖》。

❽《明穆宗实录》，卷五〇，隆庆四年十月丁巳。

第二节 《嘉靖遗诏》的发布和治道转轨

嘉靖四十五年（1566）十二月十四日中午，久罹重病的世宗皇帝朱厚熜终于咽下了最后一口气。几十年的虔心修玄，无数处斋醮恭祝，多少祥瑞灵丹，并没有推延他的寿算；一应玉帝、天尊、诸神群仙、方士，都救不了他的命。如同一切凡夫俗子一样，皇上"龙髯难攀"，带着他的执迷幻想，怀着对权位的难舍和无奈，撒手人寰了。

嘉靖去世，意味着一个充满虚无飘渺，采用幻听幻觉以主宰国家的大政方针的荒诞时代的结束。

严峻的形势提出迫切的要求，即必须立刻对嘉靖时期各种倒行逆施，进行认真的清算。不如此，就难免祸延后世，无所底止。唯有与之决裂，唯有在捣毁原有恶政的基础上，才有可能除旧布新。这是朝野普遍的愿望，又是身任首辅的徐阶和其大弟子张居正相当时期以来"沉机密议"达成的共识。

《嘉靖遗诏》就是应此需要，在嘉靖死后的第二天，即在十二月十五日一早庄严发布的。

循照惯例，一个皇帝去世，都应该颁发一道遗诏，借以作为新旧皇帝交替的衔接。一般遗诏的内容，无非是对已故皇帝在位政绩的简略回顾，嘉勉嗣位新君勤政爱民等套语，大多数臣民亦视为惯常，很少对之认真诵读推敲。但在四十五年前，即在明武宗正德皇帝去世时，所颁遗诏却非同寻常。众所周知，正德皇帝是个顽童兼浪荡子，在位十五年，恶迹昭彰。他长期匿居豹房，猥弄佞幸，宠信大宦官刘瑾等所谓"八虎"，不时巡幸，当皇帝当腻了，竟然自封为"大庆法王"，又号"威武大将军朱寿"。当时，"骄帅跋扈不恭，剧盗纵横日炽，强藩称乱相望"[1]，"致祸延朝野，狂焰四沸，鼎轴摧折，钩党之狱几起，甘露之变将形"[2]。正德皇帝的胡作非为，已弄得国无宁日，广大臣民相视以目，确有"偕汝俱亡"之痛。对他的死，普遍引为欣幸，当时也

---

[1]《国榷》，卷五一，正德十六年三月丙寅，《雷礼曰》。

[2]《国榷》，卷五一，正德十六年三月丙寅，《谈迁曰》。

存在着政治上改弦易辙的迫切要求，迫切需要公开地对已故皇帝作出公正的评价，具体宣布废除各种最受臣民痛恨的弊政，借以稍平民愤，挽回人心。故此，当时的首辅杨廷和等经过精心斟酌，拟制出一道《正德遗诏》，宣布"罢威武团营，遣还各边军，革京城内外皇店，放豹房番僧及教坊司乐人……释系囚，还四方所献妇女，停不急工役，收宣府行宫金宝还内库"❶，等等。这道《正德遗诏》，曾受到朝野极大的欢迎，京城老少皆踊跃称庆。

历史有时有些巧合。不想继正德之后的嘉靖，自一登位开始，即以另外的新形式推行自己的荒唐主张，其苛暴扰民的程度不亚于正德，而肆毒的过程却三倍之，"明祚中衰，以正德、嘉靖为显著"❷。如今，嘉靖也留下一个烂摊子而"骑鹤西归"了，徐阶的处境恰如四十五年前的杨廷和一样，只能以《正德遗诏》的体裁，用嘉靖本人的名义，以自责的口气，宣告一个令人憎恶时代的结束，诏曰：

朕以宗人，入继大统，获奉宗庙四十五年。深惟享国久长，累朝未有，乃兹不起，夫复何恨！但念朕远奉列圣之家法，近承皇考之身教，一念惓惓，本惟敬天勤民是务。祇缘多病，过求长生，遂致奸人乘机诳惑，祷祀日举，土木岁兴，郊庙之祀不亲，朝讲之仪久废，既违成宪，亦负初心。

迩者，天启朕衷，方图改辙，而遽婴疾病，补过无由，每一追思，惟增愧恨。盖愆成美端，端仗后贤。皇子裕王，仁孝天植，睿智夙成，宜上遵祖训，下顺群情，可即皇帝位，勉修令德，勿过毁伤。

自即位至今，建言得罪诸臣，存者召用，殁者恤录，见监者即先释放复职。方士人等，查照情罪，各正刑章，斋醮、工作、采买等项不经劳民之事，悉皆停止。

于戏！子以继志述事兼善为孝，臣以将顺匡救两尽为忠。当

---

❶ 参见《明武宗实录》，卷一九七，正德十六年三月戊辰。《明史》，卷一六，《武宗本纪》。
❷ 孟森：《明代史》，二五四页。

体至怀，用钦末命。诏告中外，咸使闻知。❶

这一道诏书，是经过徐阶和张居正字斟句酌然后拟定出来的，它在当时具有特殊的意义，它是在大丧之后及时公告的治道信息，是头等重要的弃旧图新的政治宣言书，旨在除暴政，安民心，稳定大局，确定隆庆初政的走向。它既对嘉隆时期各种荒诞作为予以否定，又为继位皇帝的新政勾勒出大体的轮廓，为日后采取的善后措施留下广阔的空间。《嘉靖遗诏》的文词语气虽较委婉，但以拨乱反正作为主导思想却是明确和具体的，在含蓄中仍不失旗帜鲜明。它意味着嘉隆交替将面临大转舵，将出现大变局。社会上对于《嘉靖遗诏》的内容，反映是良好的，"今上初诏，海内喁颂"❷ "朝野闻之，皆号痛感激"❸ "嘉靖遗诏……最为收拾人心机括"❹。

但是，必须看到，《嘉靖遗诏》在逐项除弊方面写得比较具体，但对今后政治转轨的走向则表述得十分模糊，这就必然埋藏着不同政见争论的伏线。加以徐阶在张居正协助下（有人甚至认为，此诏是张居正的手笔，见黄景昉《国史唯疑》，卷七）拟定这份《遗诏》，对为期数十年的重要历史事件的重新评估提供了前提，对先皇在位期间的主要决策和活动重新做了评价，将被颠倒的是非再颠倒过来，几近于全面翻案。在当时，做出这样的急转弯，是要冒一定的风险，需要有很大的政治勇气。因为这样做，不但冒犯了刚咽气的老皇上，而且也必然开罪了所有在嘉靖朝迎合谄媚、邀宠得势的文武大臣、方士之流，甚至还必然会引起未被邀请参与密议定稿的大学士如高拱、郭朴等人的反感，并由此在与高、郭等人之间种下了矛盾的种子。凡大举措大兴废，有拥护者就必有反对者，在人际关系间的反应也必然是参差不

---

❶ 据《明世宗实录》，嘉靖四十五年十二月辛丑。由于文中有错字缺字，故以《国榷》卷六四所载《遗诏》摘要文本作过校正。

❷《国榷》，卷六七，《谈迁曰》。

❸《明通鉴》，卷六三，嘉靖四十五年十二月癸丑。

❹ 转引自《国榷》，卷六五，《王世贞曰》。

齐的。草拟《正德遗诏》和《嘉靖登极诏》的杨廷和曾经如此；草拟《嘉靖遗诏》和《隆庆登极诏》的徐阶亦必然如此 ❶。新矛盾必将代替旧矛盾，斗争决没有穷期。隆庆朝的政局，也必然是处在复杂多变的状态中迂回运行的。

第三节　张居正破格入阁和伸展抱负

张居正从嘉靖二十八年（1549）秋天回到北京复职，因徐阶的提拔及与高拱的交好，得以进入裕王府讲读，职务也从翰林院编修转升为右春坊右中允兼国子监司业，其后又晋升为正五品的翰林院学士。按官秩无非是循资按级升转，但其风采才智已逐渐引起朝野注重，并建立起远超过其官品级别的威望，被公认为一颗正在腾起的政治新星，"中外目属居正，谓必大用矣" ❷。

当时，他在国家大政中起到的重要作用，是协助徐阶为即将到来的新旧皇帝交替所作的应变谋议。这是具有很大危险性而必须保持高度机密的事。徐阶非常欣赏居正的智深勇沉，奥略不轻泄亦不易为人所测度。居正亦自言：

> 今之士大夫冠缨相摩，踵足相接，一时号为交游者盖不少矣。然而未必皆可与之言也，可与之言犹未可与之微言也，可与之微言犹未可与之不言也。❸

这一段话当然有泛指一般人际关系叵测，识人不易，交友宜慎，谈吐

---

❶ 对于杨廷和和徐阶先后拟定两遗诏，应该肯定是两大举措，《明史》，卷二一三，《徐阶传》言："帝崩，阶草遗诏，凡斋醮、土木、珠宝、织作悉罢，大礼、大狱、言事得罪诸臣悉牵复之。诏下，朝野号恸感激，比之杨廷和所拟登极诏书，为世宗始终盛事云。"

❷ 《嘉靖以来首辅传》，卷七，《张居正传》。

❸ 《张太岳集》，卷二一，《答列卿毛介川》。

必宜区分对象，掌握分寸的内容，但此信写于嘉靖末年此一特定的时刻，不能不认为是与当时的政局张弛，面临变局有关。居正作为一个中级官僚，而实际上已经参与了对国家全局的运筹。他在嘉靖去世后，官职的直线上升，并非偶然，这既是酬庸，亦是要倚仗他发挥更大的作用：

> 阶代嵩首辅，倾心委居正。世宗崩，阶草遗诏，引与共谋。寻迁礼部右侍郎兼翰林院学士。月余，与裕邸故讲官陈以勤俱入阁，而居正为吏部左侍郎兼东阁大学士。寻充《世宗实录》总裁，进礼部尚书兼武英殿大学士，加少保兼太子太保，去学士五品仅岁余。时徐阶以宿老居首辅，与李春芳皆折节礼士。居正最后入，独引相体，倨见九卿，无所延纳。间出一语辄中肯，人以是严惮之，重于他相。❶

当时，在内阁为大学士的共有六人，即徐阶、李春芳、郭朴、高拱、陈以勤和居正。徐、李、郭、高四人，都是在嘉靖年间已任阁臣，陈、张虽同时入，但陈为嘉靖二十年辛丑科进士，比居正早两科，居正入翰林院和进裕王邸，亦曾受过以勤的荐举，故此，是居正的前辈。而且，以勤曾在裕王府任讲读官九年，与隆庆皇帝的渊源更深。故此，论年资岁齿，居正在阁僚中是资格最浅、年事最轻的"末相"。但是，他虽属新进，却以见解超卓而表现不凡，其实际声望，甚至凌越于某些前辈阁臣之上。这是他二十年来力学养望、奋发攻苦的结果。锥出囊中，剑拔鞘外，由此转进到他人生历程的新阶段。而且，他跻身显要，刚处在四十二岁的盛年，正是大有可为之时。斩蛟屠龙，披荆去棘，努力任繁务剧，肩承重责，正是居正的素志。他自道：

> 顷者，因缘际会，骤跻崇阶。圣主念甘盘之旧，不弃簪履；

---

❶《明史》，卷二一三，《张居正传》。

元翁垂接引之慈，无遗菅蒯。深惟谫薄，任过其才，夙夜念之，若为称塞。惟当坚平生硁硁之节，竭一念缕缕之忠，期不愧名教，不负于知己耳。❶

又道：

> 仆以浅薄，骤冒非分，日夕惶惶，罔知攸措。思所以酬主恩而慰知己者，惟虚平此心，不敢向人间作好恶耳。❷

这两封信虽然具有答谢祝贺的应酬性质，但更应注意到，居正在信中亦表现出自己的志愿和抱负，稽诸他在日后的表现，是能以一贯实践力行来对待自己的言诺的。

在另一封信中，居正含蓄地透露出，自己入阁后，并不会满足于做一个仅操劳案牍、默守官常的庸官俗吏，而是有志于成为在政绩学术上俱有建树的一代人物，言：

> 仆以谫薄，获依日月之末光，猥从末阶，骤跻三事，束栌作柱，用荷为梁，庸愚之人，犹将嗤之，况高明耆硕如翁者乎？……古人以行谊文章兼显于时者，世不多见。明兴二百余年，名世之辅，专门之彦，凡几作矣，而一代文章犹未能追踪古昔，乃欲责之于椎鲁人，讵能乎？若使以其硁硁小人之守，惓惓纳诲之心，朝夕俟衮职有缺时，用一缕补之，以仰答隆遇，而免于罪戾，或庶几耳。❸

锣鼓听音，意在言外。居正谦抑，自称"硁硁"和"惓惓"，但将之与"名世之辅"和"专门之彦"相对比，其潜在语言当然是"以行谊文章

---

❶《张太岳集》，卷二一，《答中丞洪芳洲》。
❷《张太岳集》，卷二一，《答南中提学御史耿楚侗》。
❸《张太岳集》，卷二一，《答宗伯董浔阳》。

兼显于时"为自期许。对任何人物在不同阶段的言论，必须将之置于其个性品格，置于其一贯的行为活动和言论总体中来理解和评估。居正在隆庆初政中得到的特擢和重用，对他是难得的机遇和激励。他是不会辜负这样的委任和信赖的，必将排除万难，奋勇前行。

第八章

隆庆内阁的矛盾斗争与张居正地位的上升

第一节　嘉隆时期内阁地位的提高和首辅制的形成

明代的中央辅政体制经过多次重大的变迁。建国初期，本沿元旧，设立中书省，由左右丞相"综理机务"。当时的中书省位高权重，吏、户、礼、兵、刑、工六部以及各院、寺、监等，都是中书省辖属的部门，全国各级衙门给皇帝上的奏章，也规定要"先由中书省"，一切以皇帝名义发出的诏令谕旨，也经中书省再下达，俨然是设置在皇帝和国家机关中间的一级权力部门，是必不可少的中转站。任丞相的人，是处于皇帝一人之下，高踞百官之上的有大实权的重臣。应该说，设置中书省这样的部门和丞相这样的职位，实潜藏着皇权与相权的矛盾冲突。中国古代政治制度中，皇权和相权的划分一直不清楚，故此，不断发生过压抑相权以尊崇皇权，一再变更名义，调整职任以限制相权；但也多次发生过权臣强相欺凌懦君幼主，侵犯皇权的事实。朱元璋作为建国雄猜之君，是不可能长期接受沿自元旧的中书省和丞相制度的。洪武十三年（1380），他便以"谋反""通倭"等罪名处死了当时的左丞相胡惟庸，被株连的功臣战将达二万余人，宣布撤销中书省，永远废除了丞相一职。他强调自古以来丞相制度弊端深重，历代曾任丞相的人，多有擅权乱政，甚至篡位弑君的，又指斥本朝曾任丞相的人，如李善长、汪广洋、胡惟庸等人，也是"各不率职，坐视废典"，"构群小黉缘为奸，或枉法以惠罪，或执政以诬贤"❶。曾规定，以后继位的皇帝不许再设丞相，臣下敢请设立的，概处以极刑❷。与此同时，他有意提高六部的官秩和职权，改为直接由皇帝领导指挥；又将原统领军权的大都督府分割为中、左、右、前、后五军都督府，废除了大都督一职，五个都督府亦直接听受皇帝的调遣。这样的变动，实质上就是在行政上，由皇权完全兼并了相权，皇帝其实也是总尚书；在军事系统方面，则是瓜分了臣下的指挥权，皇帝其实又是总都督。一切最高的军政权力都掌握在一人之手。朱元璋意图一劳永逸地解决历史上长期存在的皇权与相权、帅权的矛盾，希望能使本人和后代皇帝的统治永奠于磐石之安。

但是，事态的发展难以尽符个人的主观愿望。首先是，以一人的精力、时间来具体驾驭一个大帝国的运转，事实上是不可能的。朱元璋曾试行过所谓四辅官制度，即专门挑选一些来自田间，"学问赅精，德行敦厚""精通经籍"的"宿儒"到中央来协助皇帝做一些具体工作，诸如代起草和复核一些文件，有时也应召"讲论治道"，所谓"访近臣而求士，得尔诸儒来朝"❸。但是，对于这些人也是保持着高度戒备，规定每人上班一旬，便休班一或二旬，总之，任何一桩军政大事，绝不让四辅官中任何一人自始至终负责处理。还事先警告说："倘心怀异态，无利济之诚，则昊天昭鉴，加以祸淫，又何救焉。"❹为此，在人选上，主要是精选一些"高年笃厚"的人来充任。所谓"高年"，即大都是七八十岁的老人；所谓"笃厚"，即不必具备实际政治经验而又绝无政治野心，且与任何功臣勋贵没有什么牵连的人。但是，这些老朽

---

❶ 朱元璋：《洪武御制全书》，卷二，《废丞相大夫罢中书诏》。

❷ 参见《明史》，卷七二，《职官志》一。

❸ 《洪武御制全书》，卷七，《论王本等职四辅官》。

❹ 《洪武御制全书》，卷七，《论王本等职四辅官》。

儒生虽然无能进行颠覆，却也没有能力有效地起到辅政的作用，不论在阅历见识上抑或体力精力上，都难胜委任，有时还迂腐误事。所以不到两年，便纷纷被撤免或"告病还乡"。这套制度遂以失败告终。

内阁就是继此而兴的辅政制度。初期内阁的职权完全不能和原有的中书省相比拟，内阁学士或大学士更不同于丞相。当时规定，内阁大学士不得设置任何官属僚佐，本人也不过是五品小官，仅能遵命办事，不得干预各衙门的事务，不得参署诏敕，更不得以内阁或个人的名义发布任何指示命令，各部门奏事也不许关白内阁。可见，当时的内阁完全是一个辅助性的办事机构，所谓大学士也不过是一些文书工作人员而已。与四辅官相比，无非是他们的年事较轻，尚能胜任撰稿抄写等工作，他们的职任纯是事务性而非政务性的，"职卑位微"，"帝方自操威柄，学士鲜所参决"❶。

到明成祖朱棣统治时期，内阁及其大学士的实际职权便已发生明显的实质性变化。朱棣从实际政务需要出发，采取一种渐进的过渡形式以修正其父手订的中央辅政体制。他在篡位胜利之后，立即在全国范围内精选了解缙、胡广、杨荣、杨士奇、胡俨、金幼孜、黄淮七位年轻有才能的士人进入内阁，并对他们放手重用，在诸如有关和战、立储、用人、征调或蠲免赋役等重大军国政务上，都征求他们的意见，有意识地吸收他们参与论议国家的核心机密，五次御驾亲征，杨荣、金幼孜均充任重要的随行参谋，杨士奇则职任留守，辅导太子主持政务。终朱棣当政的永乐时代二十二年间，内阁学士的品秩虽然一直仍是正五品的官阶，但实际上，他们所起的作用，已非官拜二品的六部尚书所能比拟，甚至对于六部的要政，也可以在御前参加高层次的商讨审议，由皇帝裁定后，谕令六部遵行。

到了仁宗朱高炽洪熙时期，和宣宗朱瞻基宣德时期以后，情况又发生进一步的变化，内阁的地位和作用更有了进一步的提高。因为朱高炽和朱瞻基在位时，甚至在英宗朱祁镇统治的早期，朱棣时期任用

---

❶《明史》，卷一三七，《安然传》。

的内阁大学士如杨士奇、杨荣、杨溥等，即俗称的"三杨"都还在位，并以前朝旧臣元老的地位和熟谙政务的身份辅政，年轻皇帝缺乏治理经验，不得不听取和尊重他们的意见，不能不把很多政务交给内阁处理，内阁大学士的发言地位和裁决政务的权力无可避免地逐渐提高。"迨仁、宣朝，大学士以太子经师恩，累加至三孤，望益尊。而宣宗内柄无大小，悉下大学士杨士奇等参可否。"❶

有一段时期，内阁制度是能较正常运行的，无论在君臣抑或同僚关系上，都尚较协调。诸如在仁宣时期以至英宗朱祁镇正统年间初期，被称为"三杨"的杨士奇、杨荣、杨溥；在英宗后期天顺年间的李贤、吕原、彭时；孝宗朱祐樘弘治时期的徐溥、刘健、李东阳、谢迁等，这样的内阁成员群体中，一般尚能以国事为重，能够出自公心以辅政，有时对于在位皇帝的不谨言行和任性，也还能起到谏阻劝正的制约作用。当然，这也决定于在位皇帝的人品素质，和是否具有纳谏迁善的雅量。自永乐至正统初期约六十年间，是明代内阁制度较稳定运转，有裨益于治道的时期，明代前期一度出现过的"仁宣盛世"，是与内阁制度起过的积极作用有关的。甚至到以荒淫浪荡著名的武宗朱厚照正德时期，也形成过以杨廷和、梁储、蒋冕、毛纪等人的内阁组合，曾同心合力谏阻朱厚照的胡作非为，抵制过他一些极端狂悖反常的措置，多少减缓了社会和政治危机，在非常艰难困蹶的情况下，勉强维持大局。这个时期的内阁和大学士，虽然也经受过不少挫折和困难，但其地位仍在持续上升，大学士的官阶逐渐晋升为正一品，六部尚书有事得请示大学士，实际上又演变为内阁的属吏，基本上恢复了中书省统率各部、寺、院、监的体制，内阁大学士已经俨然如同汉唐的宰相，仅是不居丞相名衔而已。

---

❶《明史》，卷七二，《职官志》一。按，三孤，即太子保、傅、师的荣衔。又，同书同卷又谓："仁宗以杨士奇、杨荣东宫旧臣，升士奇为礼部侍郎兼华盖殿大学士，荣为太常卿兼谨身殿大学士，阁职渐崇。其后，士奇、荣等皆迁尚书职……六部承奉意旨，而阁权益重。"

有关三杨的地位和作用等问题，请参阅拙文：《明初的三杨和儒家政治》，载拙集《明清史新析》，第1—57页。

从上述的演变过程中，可以很清晰地说明三点：第一，作为辅佐皇权以实现统治的部门和人员，不论是称为中书省抑或内阁，也不论被委任为丞相或贬降为学士、大学士，都是在当时体制内有存在的客观需要，不是任何一个"英明神武"之君所能撤废的。第二，内阁制度本身职、权、责、利四者的嬗变，又是因时因事因人（包括君与臣）而发展的，其中的差异幅度很大。曾先后担任过内阁大学士的人物，在明代政治史和政治制度史上都占有过相当的地位。第三，由于在历史上形成的原因，由于"祖制"难违，也由于各届皇帝便于驾驭，内阁制度一直没有取得法定的独立的地位。它自始至终，只能作为皇权的附属物存在和运行。内阁与皇权虽然存在诸多矛盾，有时还非常尖锐，但总未能摆脱皇权的重压。

在嘉靖和隆庆时期，这些特点表现得更加突出。

"嘉靖以后，（内阁大学士）朝位班次，俱列六部之上。"❶ 这是内阁在礼节仪式上取得较正规高层位置的标志。事实上，当时内阁大学士群体之内，其权势地位也拉开了很大的差距，已严格按照高低顺序，井然有序地有着首辅、次辅、群辅之分。所谓首辅，即内阁的首席大学士，俨然是内阁的主官；次辅，一般被视为内阁的副主官，但亦因人因时而异。至于群辅，大多数仅是处在襄助主官的地位。当时的政事，由首辅主理，次辅以下，若属吏充位。皇帝召对或下达敕谕，亦以首辅为主要对象。重要政事的票拟，必执掌在首辅之手，次辅以下不敢起草，"嗣后首辅之与次辅，虽同在禁地，而权势迥然不侔。"❷

内阁首辅制的出现，有各方面的原因：

第一，源出于正德和嘉靖交替时期的特殊历史背景。朱厚熜以外藩世子，又年未弱冠而入继大统，其得位又是由原正德末期的内阁大学士杨廷和、梁储、蒋冕、毛纪等人议定而册立的。在厚熜未抵北京以前，廷和等已以《遗诏》形式推行了一系列重要部署，诸如驱斥番

---

❶《明史》，卷七二，《职官志》一。

❷《廿二史劄记》，卷三三，《明内阁首辅之权最重》。

僧、放遣妇女、封撤豹房、收宣府金宝、捕杀江彬等，对前朝政事做了相当彻底的除弊清理。当此交关转折之间，廷和不论在定策决计和应变部署，推行新政诸方面，所起的作用都特别突出，亦无可避免地需要集中一部分权力，表现出明快果断，有气魄❶。朱厚熜之能顺利继位，实与此有关。然后，廷和又以《登极诏》的形式颁布蠲免恩赦各事，进一步收拾人心，为新君奠立威望。故此，朱厚熜在最早阶段，基本上是在既定方针之下，做一个现成皇帝。以杨廷和为首辅的内阁一度掌握过重权。

第二，基于皇帝的崇尚和爱憎，内阁成员被分出亲疏。不少人是因一时受宠，而直线上升，取得首辅的高位并拥有过大权的。如杨廷和因反对"大礼"而被迫罢政，其后又被贬斥为民。嘉靖为了清除杨廷和等的势力，先是令迎合"大礼议"的张璁（孚敬）入直文渊阁，并特许兼署都察院事，后又相继任命吏部尚书桂萼以本官兼武英殿大学士入参机务，另一大学士方献夫其后亦兼掌吏部，公开打破了阁臣不得兼领铨政或掌都察院的传统，因为吏部主管文官人事升黜，都察院负责纠察官邪，以前都认为不宜于由大学士兼任。于是，当时的内阁都是一些"希合帝指"，主张"统为重，嗣为轻"❷的人物组成。特别是，张璁晋为首辅，"自恃其能，恃宠不让"❸，俨然成为阁内一霸。嘉靖期间，上不次用人，朝士多骤贵，往往凌前辈，每出其上。如初元时，张璁劾罢杨廷和得志，既而与杨一清、费宏辈同事，又百端侮辱之，迫使他们不安于位。至于张璁本人则恃"圣眷深重，虽屡斥而屡召，不及祸也"❹。到中后期，又以是否积极参赞玄修作为用人的主要标准，"嘉靖中年，帝专事玄修，词臣率供奉青词。工者立超擢，

❶ 具见《明史》，卷一九〇，《杨廷和传》。又，当决定帝位继承人选时，以杨廷和为首的内阁关门密议之后，迅即奏请太后裁定，连吏部尚书王琼等九卿亦不得干预。这曾引起王琼的不满和质问，廷和等亦置之不理，说明当时内阁首辅曾起过重要作用。

❷《明史》，卷一九六，《桂萼传》。

❸《明史》，卷一九六，《张璁传》。

❹《万历野获编补遗》，卷二，《后辈侮前辈》。

卒至入阁。时谓李春芳、严讷、郭朴及（袁）炜为'青词宰相'"❶。其实，何止李、严、郭、袁等人，连先后为首辅，知名度远过于李、严等的夏言、严嵩、徐阶等人，也无例外是以"精治青词"起家，利用赞玄求得帝眷或谋自保的。以"素柔媚"、庸碌无能为特点的顾鼎臣，亦"以青词结主知"，居然充位为大学士❷。这是在反常政局下出现的反常情况。

至于隆庆朝内阁的组成人员，以及首辅的人选，也显然反映着诸臣和皇帝之间存在的渊源和密切关系。隆庆朝先后入阁的共有徐阶、李春芳、高拱、张居正、郭朴、陈以勤、殷士儋、赵贞吉、高仪，共九人。徐阶在嘉靖后期，多次甘冒风险为朱载垕力争储位，甚至为因"请立太子"问题遭受到嘉靖的反感和政敌的攻击，隆庆对徐阶的忠忱当然不存在任何怀疑；至于高拱、陈以勤、张居正、殷士儋四人，本来就是朱载垕当裕王时的王府官，曾经共渡患难，故此，也一直得到信任而不移。

嘉靖以来，内阁地位的提高和首辅制的形成，一直受到史家的重视，王世贞说"局体自是大变"❸。应该看到，这个时期先后曾任首辅的杨廷和、张璁、夏言、严嵩、徐阶、李春芳、高拱等人，除李春芳一人外，其他各人都在在任期间各有表现，都显示出自己的个人特点、才能、治道倾向以至人品素质，其功过一直受到当时和后代的重视。这显然是由于首辅制的形成，给这些人物留下了较为宽广的活动空间，容许他们能有所施展。紧继他们之后的，在万历前期曾连任首辅十年的张居正，更是利用此一地位，推行重大的改革。傅维麟氏编著的《明书》，专门辟有"权相"一目，其中入选的仅有严嵩和张居正二人。傅氏对于严张两人的评价大有不同，但认为他们均曾掌有过并运用过重大的权柄，故此将他们列为明代仅有的两位"权相"。"权相"出于嘉靖时期及其稍后，应该说，也是与首辅主宰阁务的条件有关。

---

❶《明史》，卷一九三，《袁炜传》。

❷《明史》，卷一九三，《顾鼎臣传》。

❸ 王世贞：《觚不觚录》。

但，绝不能认为，自嘉靖以来内阁地位的提高和首辅制的形成，是由于皇权的衰替，或是由于皇帝的谦让。事实并非如此。这种情况的出现，是当时特定历史背景的产物。骤然拔擢往往会带来突然的贬斥谴责；过分宠幸往往会继之以勒令休致甚至杀戮。因为主宰任何辅臣荣辱祸福甚至生死的，只能是皇帝。至高无上，不容任何侵犯的权力，只能是皇权。嘉靖、隆庆以至万历皇帝之所以能容许阁权适度提高，一是由于需要，二是格于形势，而非有意识地放权。相反，阁臣，特别是其中的首辅就任后，由于得近帝扉，得到裁理部分国务玄务的授权，有时还会自作主张，因而引起皇帝的猜疑，由敏感发展为憎恶，引发君臣间在政见和权力的碰撞。每当宠衰爱弛或政见对峙之时，丧权失位狼狈落败的必是辅臣，重者受诛夷，轻者被窜谪勒休。嘉靖帝"张弛操纵，威柄不移"❶"皇威四讫"❷。在新君即位前，曾"总朝政几四十日"，被不少史家誉为"有经济之远略""诛大奸、决大策""扶危定倾，功在社稷"的杨廷和，最后不但被迫休致，而且被削职为民，子和婿均被戍，嘉靖还说，"法当戮市"❸。因"委曲当帝意"，曾受特擢殊宠的张璁，也屡经沉浮，四进四出于内阁，有时一出一进只差一个月，如嘉靖八年（1529）八月，被谕落职，但九月，却又被召回当首辅，最后却以失意致仕告终❹。一度备受青睐的夏言，亦是四进四出内阁的人物，其间随意性很大，如嘉靖十八年（1539）正月，晋特进光禄大夫上柱国少师，五月，即以少保兼尚书致仕。未行，突诏下，复少傅兼太子太傅礼部尚书武英殿大学士再入阁。二十年八月落职，十月，又被授少傅兼太子太师礼部尚书武英殿大学士复入阁。二十一年三月，"勋阶兼官悉如旧"，七月，却借口发生日蚀，说是"夏言以臣欺凌君上"的天象，于是以"仰承天戒"为名，将这个素有傲气的首辅革职闲住。二十五年，夏言最后一次被召

❶《国榷》，卷六四，嘉靖四十五年十二月辛丑，《史臣曰》。
❷《国榷》，卷六四，嘉靖四十五年十二月辛丑，《谈迁曰》。
❸《明史》，卷一九〇，《杨廷和传》。
❹《明史》，卷一九六，《张璁传》。

入阁，却因赞同曾铣"复套"之议，竟被"弃市"❶。长期怙宠弄权、最肆威福的严嵩，最后亦以子被处斩，家被籍没，本人贫潦以死告终。徐阶一向小心缜密，但亦多次被疑猜自危，不得不曲意委蛇以自保❷。高拱在隆庆朝多有建树，权倾一时，但亦因骄盈自信，树敌过多，更由于敢顶撞刚嗣位的万历皇帝朱翊钧，和他当权的母亲李太后，被冯保和张居正合谋离间，发动突然袭击，而丧权失位，仓皇去国。以上触目惊心的事实说明，此一时期内阁地位的提高和首辅制的形成，仅仅是更高度集权和专制皇权的补充，绝对不允许构成对皇权的任何威胁。皇权和相权在此一时期，正在进行着前所未有的，十分复杂微妙，但又充满矛盾和冲突的调整。它确实为一些有抱负和有才能，甚至是有野心的阁臣们提供出一个又一个难得的机遇。但与此同时，又挖掘出一个又一个充满名利诱饵而深不可测的陷阱。自有内阁以来，潜伏在内阁阁臣特别是它的首辅中的危机，从未有逾于此一时期的。张璁有感而言，"从来内阁之臣，鲜有能善终者。"❸ 叶向高也说，"阁臣承恩遇，善始终者能有几人！"❹ 充分认识这一点，对于理解隆庆和万历时期的衔接和转折，对于理解张居正柄政的背景条件和

---

❶《皇明诏令》，卷二一，《日食罢免辅臣敕》；《明史》，卷一九六，《夏言传》。又关于嘉靖用人恩威不测，特别对于内阁首辅，采取恩宠拔擢与贬革屠戮两手交替使用的做法，王世贞氏在《弇山堂别集》，卷四，《四入内阁》条，曾有记述，言："嘉靖六年，张文忠孚敬（按，张璁后改名为张孚敬）入为礼书、文渊阁学，八年以少傅、谨身殿学为次揆，归；至天津召入，十年以少傅、谨身殿学为首揆，归；十一年复入，其年以华盖殿学归；十二年复入，加少师。十六年，夏文愍言以少傅、武英殿学入，十八年以少师首揆罢；至张家湾，以少傅召入，二十年复以少师致仕；候圣诞行，月余，自居第以少傅召入，二十一年归；二十五年召，以少师入。二公凡四拜相。张公后再召皆中道返，盖六被命矣。"

❷ 徐阶在嘉靖末年为首辅，一方面要十分小心伺候暴君，求免于罹祸；另一方面也希望在力所能及的范围稍为缓和社会的紧张，略苏民生的窘困。此在他的个人函牍中多有流露。例如，他在《复朱两崖》函中说："别兄日久，此中可愧可叹可忧可惧之事亦日益增。顾积阴冥迷，非薄力所能抉；浊流奔放，非寸胶所能澄。徒积岁年，竟无补益。每上怀古人，中念良友，下计后世，辄悚然惕然，流汗浃背。中夜跃起，对食投箸，思振衣奋挺，言远故园，更触谗锋，辗转生谤，畏避陷阱，旋复中止。"（载《世经堂集》，卷二三）

❸《明世宗实录》，卷一〇六，嘉靖八年十月丁卯。

❹《明神宗实录》，卷四五三，万历三十六年四月甲寅。

前后变化，都是很重要的。

第二节　隆庆内阁与"九相"的浮沉

隆庆皇帝上台，沿用了嘉靖时期的内阁体制，也保持着它实际的职权范围。事实上，历经数十年形成的既定规模并不是能轻易更动的。而且，对于素以端拱南面不亲朝政为个性特点的隆庆帝，也缺乏大事更新的能力和魄力。加以当时的内阁亦未曾形成对皇权的威胁，实无更张的必要。原在嘉靖晚年已任职内阁的人员中，首辅徐阶，向以拥裕抑景著称，其对新帝的忠忱绝无问题；李春芳虽以青词得位，又无大能耐，但为人一向恭谨温和，不介入政争；高拱本来就是隆庆在藩邸时最亲信的心腹；与高拱同时入阁的郭朴，既是高拱的同乡，遇事又唯高拱的马首是瞻；隆庆登基后，先后补充的大学士中，陈以勤、张居正、殷士儋三人都是原裕王府的讲读官，与隆庆夙有渊源，且一贯为维护其储位权益尽心尽力；赵贞吉素称干才、有学问，他任日讲官时即受到隆庆的亲自赏识；高仪久任礼部尚书，隆庆登基典礼及改订嘉靖朝诸祀典，皆由他斟酌议定，而且他是在隆庆六年（1572）四月才因高拱的推荐而入阁的，一个多月后，隆庆即去世，未在任内起多大的作用。以上的九人内阁班子，承担着隆庆朝中枢辅政的责任。阁揆如徐阶、高拱，以及当时尚任一般阁员的张居正，均能有所展布，建立事功，享有"救时良相"的美誉。隆庆其人有一个突出的优长之处，即"穆皇委政台阁"❶，故终隆庆一朝，一直有一个强势内阁在正常主政，有人谓之"丞相政治"。隆庆以昏懦之君，但能采纳一系列措施，废除了"先朝政令不便者"；又在人事制度、行政效率、边防和战、赋役改制以及通海运等重大问题上进行了大兴大革，为隆万大改革奠下初基，显出了"柄臣用事之效"❷。

---

❶ 邹德溥：《舒庆僖公化传》，载《国朝献征录》，卷四五。

❷ 孟森：《明代史》，第四章第四节，《隆庆朝政治》。

试对上述徐、李、高、郭、陈、张、赵、殷、高（仪）九人的生平言行活动进行分析，可以得出一个为众所公认的结论，即"九相"中并无奸佞之人，大体上都可归入正人之列。但又必须看到，不是由正人组成的群体便可以齐心合力以共事，可以协作无间。隆庆朝确实有一个强势内阁在正常动作，但内阁成员的组成及其关系又是异常复杂的。融洽与倾轧，协同与争拗，政见分歧和意气用事，学术见解与政治的互动连锁，权位利害的冲突，等等，都交缠在一起。再加上个人恩怨，阁内阁外以门生故吏为基础形成的派系门户之分，遂使内阁成为内讧互斗之场，阳谋与阴谋层出不穷，纵横捭阖，波谲云诡。在短短五年半之中，一再进行改组又改组。有人青云直上，揽权自重；有人被迫辞官告退，淡出政治漩涡。报复反报复，指控反指控，始终未断。而在如此缠斗的过程中，却又存在间歇性的相对稳定，不同时期的首辅仍得以有效展布，未因冲突而过分影响内阁的运转，并取得了一定的成效，这在政治史和政治制度史中确实是罕见的。

嘉靖以后，内阁权力一再加重，而"密勿之地，易生嫌隙"，加上首辅和次辅、群辅之间地位权力的悬殊，更易引起排挤或取代之心。"嘉靖以来之首辅,莫不由倾轧排挤而得之"❶。内阁大学士之间的关系，往往是"内相猜若水火"，各有防范戒备，各有拉帮结派，又各有制敌致胜之谋。这样的风气传统，到隆庆朝并无少减，"柄臣相轧，门户渐开，而帝未能振肃乾纲，矫除积习"❷。

"嘉靖以来，首、次辅相搆不绝"❸，是客观存在的事实，但在论析隆庆朝"九相"之间存在的政争和倾轧，又必须分出主次和是非。

如所周知，隆庆朝的内阁大学士中，地位最显赫，对当时政局起过最大作用的，是徐阶、高拱、张居正三人，稍次为赵贞吉，陷入倾轧斗争最深的亦此四人。其余五人，李春芳虽一度职任首揆，实无重要表现，唯唯诺诺，庸碌守位，不过扮演着一个"伴食宰相"的角色。

---

❶ 邓之诚：《中华二千年史》，卷五上，（六）《明代之政治》，（乙）《嘉靖以后之首辅》。

❷《明史》，卷一九，《穆宗本纪》。

❸《中华二千年史》，卷五上，（六）《明代之政治》，（乙）《嘉靖以后之首辅》。

陈以勤淡泊名利，知机高蹈，及早自拔于官场；郭朴、殷士儋二人旋入旋出，其实是阁中的过客；高仪最后入，仅置身于隆庆时期的末梢，无关大局。更应注意的是，在这段时期及隆万交替之际，阁内先后发生过三次重大斗争，即在隆庆元年（1567）爆发的徐阶与高拱之斗；四年爆发的高拱与赵贞吉之斗；六年，朱载垕"驾崩"，随即爆发的由司礼监宦官冯保与张居正联手，并倚李太后为后台的倒高之斗。对这三次震撼朝野，关系全局的内阁大内讧，以及直接有关的徐、高、张、赵、郭等人的是非曲直和胜负得失，我们拟在下文论述。本节拟先将在历次内斗中直接关系较少的李春芳、陈以勤、殷士儋三人的为人和政见主张，他们在内阁内的地位和作用等作一简介，旨在扫清外围，便于集中评述主要事件和主要人物。

原次辅，在徐阶退休后转为首辅的李春芳，兴化人，曾高中嘉靖二十六年（1547）丁未科的一甲第一名，即俗称状元，随即简入西苑撰写青词，"大被帝眷"，是嘉靖帝御前最受欣赏的文人之一。他除善作青词外，便是安分按班以做官，无棱角，无锋芒，不轻树敌，故此官途平顺，一再得到破格提拔。谈迁曾批评他"政在徐阶则媚徐，政在高拱则让高,盖深于老氏之术者"❶此言并非过分苛刻。他以庸碌为特长并因此邀得皇帝的特别宠眷。"世宗眷侍直诸臣厚，凡迁除皆出特旨。春芳自学士至柄政，凡六迁，未尝一由廷推。"❷而他精心撰制青词，堆砌辞藻，不过视为职业，并非真正相信玄道；一旦宣布撤废青词，亦能随大流，弃之如敝屣。嘉靖四十四年（1565），徐阶看中他性格温和、言论持平、易于相处，故推荐他入阁。他在内阁内，"每事必推阶，阶亦雅重之"❸。应该说，在嘉末隆初的内阁诸臣中，李春芳是最能紧跟徐阶，并协助徐在拨乱反正当中做了一些工作的：

时首揆则华亭徐文贞公，承分宜后，公与之协心戮力，振颓

---

❶《国榷》，卷六七，万历五年五月，《谈迁曰》。
❷《明史》，卷一九三，《李春芳传》。
❸《明史》，卷一九三，《李春芳传》。

纲，塞幸路，抑躁竞，奖贞廉……丙寅（嘉靖四十五年），改兼吏部尚书。是冬，肃皇帝升遐，公与文贞公受末命，翼戴庄皇帝登大宝，用遗诏在宥天下，恤录言事被谴诸臣，取诸左道为荧惑者置之法，尽洗疵政，与天下更始。❶

当然，也应该看到，在隆庆初元的内阁中，已隐然存在着两种治国方案的对峙，徐阶、李春芳、陈以勤三人是主张在革除嘉靖乱政之后，一切以安静为主，在各方面恢复"祖宗成法"，希望以休养生息的办法，争取回复到"仁宣之治"的时代。这种愿望与现实之间是很不协调的。事实上，经过正统至嘉靖末的百余年社会经济和政治的空前大动荡，"天下事势如沉疴积痿"❷，根本不存在以休养生息恢复元气的条件。高拱和张居正则是主张在政治、经济、边防以至文化学术各方面，都进行较大幅度的改革，郭朴亦附和此说。将隆庆朝内阁内讧不断的原因，仅归结为权力的争夺和个人恩怨，显然是不全面的，也应该从政策和治道分歧这一层面来观察。李春芳的学生、万历后期亦曾职任内阁大学士的于慎行，曾为其师的文集撰写序言，序文中不意透露出根本矛盾的所在，言：

> 当嘉靖末，一二秉事之臣袭用严峻以奉威灵，天下凛凛，莫知所措，盖元气几于斲削矣。自徐文贞公以宽政佐我穆皇，民稍稍恬愉，沐浴德泽。公继其后，博大优柔，和辑中外，天下熙熙，如履华胥而游化日。迨公罢相，继者锐于治功，更操名法之指绳约天下，天下又几重足。❸

于氏美化徐李推行的所谓优柔宽政，厚诋高张的更操名法，以之与严嵩弄权相比拟，其说法的偏颇姑且置于不论，但从中已可清晰地看出

---

❶ 许国：《李文定公墓志铭》，载李春芳《贻安堂集》，卷十。
❷ 王守仁：《阳明先生全书》，卷六，《答储柴墟》。
❸ 于慎行：《太师李文定公集序》，载李春芳《贻安堂集》，卷首。

两种理论观点两种治道主张的分歧和较量。故此，当徐阶被迫退位后，春芳企图继续执行徐阶主持的政策，"益务以安静"❶，这自然受到很大的阻力。不久，就显露出春芳的做法很不切合实际，禁格难行，威望日坠，在朝中和阁中已难求自保，屡屡受到高拱、张居正的批评和蔑视。高张二人均恃才傲物，都视李春芳为庸才，为迂腐，为绊脚石，实际上都有意排斥之，以减少进行改革的阻力。高拱根本未将这个"首辅"放在眼里，张居正更当面抢白他。一次，"春芳叹曰：'徐公尚尔，我安能久，容旦夕乞身耳。'居正遽曰：'如此，庶保令名。'春芳愕然，三疏乞休。"❷

　　春芳的乞休当然是由于形势所迫，他自言，不肯"俯视百僚，紊乱成法"❸；而高张主张改革，又必然要冲击"成法"，故此，矛盾更加激化。"当公柄政时，所与同等二三巨公，皆天下英杰，各有所扶持，不能相下"❹。继张居正之后一度入阁执政的许国，曾回溯到当时内阁内讧的激烈情况，说明春芳已无容身之地，只好黯然下野。言：

> 　　初，公在政府，务退让，推政文贞公。既代文贞公，而诸同事者争欲得政，莫窥公际，以为易与耳。每一疏下，人各有心，断如聚讼，或有憾于文贞公，嗾仇家上书。公慨然曰，异时后先政府者，递相祸也。私心痛之，敢效尤乎？吾在事，终不忍为公所为，吾归矣。❺

如果说，李春芳是在内阁缠斗不息之际，被排挤出阁，落败而去的，那么，陈以勤却是主动摆脱漩涡，洁身以求去。

　　陈以勤，四川南充人，嘉靖二十年（1541）进士。除曾短期在翰

---

❶《明史》，卷一九三，《李春芳传》。
❷《明史》，卷一九三，《李春芳传》。
❸《贻安堂集》，卷一，《二乞休疏》。
❹《太师李文定公集序》，载李春芳《贻安堂集》，卷首。
❺《李文定公墓志铭》，载李春芳《贻安堂集》，卷十。

林院任检讨之职外，较长期在朱载坖的裕王府担任讲官，与隆庆皇帝有过共患难的渊源，且多次出面与严嵩父子斗智，坚决维护朱载坖的储位，"有羽翼功"❶。隆庆登基，他以东宫旧僚资格，被擢为礼部尚书兼文渊阁大学士，入参机务。

陈以勤在"九相"中，为人最淡泊，性格笃诚朴实，是不争权不卷入党争的"惇儒"。他虽然与隆庆帝的关系最深，但"深自晦匿"❷，从不居功炫耀。在入阁后，其政治倾向趋向保守，在奏议中强调必应恪守成宪，曰：

> 治道不必远引前古，其要在于善法当世之成宪而已。……盖祖宗立业，其更事也详，则其防患也深；其谋虑也远，则其立法也密；故子孙承之，自可以世守而无弊。苟非至于大坏，固未易以更变也。
>
> 至后世则不然，或自作聪明，狭小制度；或庸昧寡识，蔑弃典章。卒之国无籍焉，何以为治？洪惟我太祖肇造鸿基，成祖嗣承大烈，其劳心焦思，垂训立法，以为子孙万世计，至宏远矣。伏愿陛下思贻谋之深，隆继述之孝……尤望恭取祖训，置之座右，细加省览，守而勿失。仍申饬中外诸臣，凡有关于成宪者，一切遵守如故。❸

在当时内阁内，以高拱、张居正为主，正在酝酿和着手进行多方面改革之时，陈以勤上引奏章的内容，以及他主张"一意以求太平为主"❹的政见，显然都是有其针对性的。再加以他在另一奏疏中，又点名批评吏部对某些司员和科道官擢用太骤，也触犯了时兼任吏部尚书的高

---

❶《明史》，卷一九三，《陈以勤传》。

❷《明史》，卷一九三，《陈以勤传》。

❸ 陈以勤：《陈谨始之道以隆圣业疏》，载《明经世文编》，卷三一〇。《文编》编者在此疏之首写有按语谓："此疏，懦者之格言谠论，不可易也。"

❹《陈谨始之道以隆圣业疏》，载《明经世文编》，卷三一〇。

拱❶。这些事实说明，以勤不介入党争，但并不隐讳自己的政见。有人认为，他对于人事制度的批评，"颇于吏部忤新郑怒，故屈其奏不行，因引疾去"❷。其实，这仅是原因之一。最根本的原因是，他倾向保守，对改革有明显保留的政见未受接纳，而又不耐于阁内阁外的多头恶斗：

> 初，以勤之入阁也，徐阶为首辅，而拱方向用，朝士各有所附，交相攻。以勤中立无所比，亦无私人，竟阶与拱去，无訾及之者。及拱再入，与赵贞吉相轧，张居正复中构之。以勤与拱旧僚，贞吉其乡人，而居正则所举士也，度不能为解，恐终不为诸人所容，力引疾求去。❸

以勤"健而引疾，眷而乞休，无却而先遽，未缺而遽止"❹，对他个人来说，可谓是"见机而作"❺，是对政治现实的逃避，亦符合古来儒士"得志则立于朝，不得志则乘桴浮于海"，可仕可隐的传统教义，符合他的人生态度和安危考虑❻。但从内阁内政治力量对比的角度考虑，徐阶、李春芳、陈以勤的辞位，以及不久之后赵贞吉亦负气而去；而高拱复入后晋职首辅，在张居正协助下总揽全权，放手大兴大革，为隆万大

---

❶ 参见陈以勤另一奏章，《披衷献议少神圣政疏》，载《明经世文编》，卷三一〇。

❷ 《国史唯疑》，卷八。

❸ 《明史》，卷一九三，《陈以勤传》。

❹ 许国：《陈公以勤墓志铭》，载《国朝献征录》，卷一七。

❺ 支大纶在《支华平先生集》，卷三言："陈公以勤入阁未几，拂衣言旋。是时内竖窃柄，既不可为，而新郑继至，事多忤戾，见几而作，文端之谓乎？"

❻ 对于陈以勤知止乞休，不热中名利，有不少人认为很得计。黄景昉言，自以勤退位后的内阁，"其后诸公相继沦谢，或得祸，陈独岿然徜徉山水间。"（《国史唯疑》，卷九）许国更具体言及陈以勤的心态和结局，颇有艳羡之情，但却忽视了他功业无成这一点。言："盖公之称曰：'夫酒有阑而骊有极，使主人意倦而客留连，或酌酒骂坐而后去，孰与威仪秩秩，一辞而退者乎？'自公去后，而内江以他事与新郑左；明年兴化以言去；后三年，新郑以罪去；最后，江陵乃败。一纪之间，政府若弈碁然。而公岩居川游以观胜负……诸公先后沦谢，而公白首无恙，优游徜徉于南岷西水之间，如凤翔千仞，而松柏郁然后凋也。"（《陈公以勤墓志铭》，载《国朝献征录》，卷一七。）
按，内江指赵贞吉，兴化指李春芳，新郑指高拱，江陵指张居正。

改革的第一阶段奠定了较为坚实的基础，此皆时势使然。

殷士儋，山东历城人，嘉靖二十六年（1547）进士，他本与高拱、陈以勤、张居正都是裕王府的讲读官，但隆庆继位后，以上三人均早入阁，他仍然只居礼部尚书之位，不能无怨望。自认为是由于高拱与自己的关系疏远，不为援引之故，因此对高拱有成见。以后，他走隆庆身边大宦官陈洪的内线，取中旨入阁，时在隆庆四年（1570）十一月。但当时高拱已任首辅，张居正为其得力臂助，所以殷士儋在内阁内的发言地位和分掌的职务都是微不足道的。高拱看重吏部侍郎张四维，屡加提拔，士儋更怀疑是有意培养四维以代己。张四维的家庭本因经营盐业成巨富，其父有勾结官府营私等前科，御史郜永春等曾连疏弹劾，高拱亦怀疑此是出自士儋指使。又御史赵应龙、都给事中韩楫等一再弹劾士儋进由内宦，反对他参大政。因韩楫是高拱的门生，士儋更认为是高拱唆使他们出面以拆台。高殷二人积怨本深，韩楫的言论正成为其关系公开破裂的导火线：

> 朔望，科道阁揖，士儋诘楫曰："闻科长欲有憾于我，憾则可耳，毋为人使。"既别，拱曰："非故事也。"士儋勃然起曰："若为张少宰抑我，我不敢怒，今者又逐我以登少宰。若逐陈公，再逐赵公，又再逐李公，次逐我，若能长有此座耶？"挥拳击之，不中，中几，其声砉然。❶

在朔望朝会上，两阁臣几乎演出全武行，这在明史是破天荒的一次。殷士儋对高拱要饱以老拳，不能认为仅是一时性的冲动，其实是当时内阁斗争激化，成员急剧分流的反映，是对权力正迅速集中到坚持改革的高拱和张居正之手的反弹。殷士儋在阁仅一年，隆庆五年（1571）十一月即落败而去。他"退居里第，闭关却扫，不谈世故"，从此便淡出于政治层面了。

---

❶ 谈迁：《国榷》，卷六七，隆庆五年十一月己巳。

第三节　徐阶、高拱的角逐与徐阶的败北

一、高拱入阁与徐高关系的恶化

徐阶和高拱俱是在嘉隆之际政坛上的重要人物。他们二人的相互倾轧角逐是隆庆前期最重大的政争之一，对国政朝局均起过重大的影响。短短五六年间，几番胜负反复，涉及的事件和卷入的人数亦多，向来受到史家的重视。高拱是由徐阶推荐入阁的。其人"负经济才"❶，"英锐勃发"❷。自严嵩败后，他的地位迅速上升，嘉靖四十一年（1562），以礼部侍郎身份主持重录《永乐大典》的工作，四十二年迁吏部侍郎，四十三年诏授礼部尚书，四十五年与郭朴同时入阁，时距嘉靖去世仅半年多。

徐阶之所以推荐高拱入阁，基本上是出于两个方面的考虑：第一，高拱在礼部和吏部任职时，即已表现出卓越的才能，"吏事精核"❸，"科场诸弊，百五十年所不能正者，革之殆尽"❹。"每出一语，奸吏股栗，俗弊以清"❺。徐阶欣赏其才华，有意延纳之以为臂助。第二，当时嘉靖皇帝的病势日益沉重，裕王朱载垕作为唯一的皇帝待位人，其继统登基仅为旦夕间事。高拱与载垕之间的长远渊源和深厚情谊，是众所周知的，"阶亦以其在王邸，异日当得重，相与推毂之"❻。及时延用高拱，实亦为结好于储君，有利于不久之后到来的新旧皇帝的交替和衔接。高拱亦以未来新君的代理人自居，入阁后即插手于全面政局，对徐阶的首辅有所干扰。

---

❶ 《明史》，卷二一三，《高拱传》。

❷ 王世贞：《大学士高拱传》，载《嘉靖以来首辅传》，卷六；又载《国朝献征录》，卷一七。

❸ 郭正域：《大学士高拱墓志铭》，载《国朝献征录》，卷一七。按，王世贞为高拱写的传记和郭正域写的《墓志铭》，对一些问题的看法和评价有明显的不同，笔者根据自己的判断酌为选用。

❹ 《大学士高拱墓志铭》，载《国朝献征录》，卷一七。

❺ 《大学士高拱墓志铭》，载《国朝献征录》，卷一七。

❻ 《大学士高拱传》，载《嘉靖以来首辅传》，卷六；又载《国朝献征录》，卷一七。

徐阶自挤迫严嵩下台后，一反严嵩的作为，举措以宽大为主，"当国后，缇骑省减，诏狱渐虚，任事者亦得以功名终"❶。由于当时嘉靖帝抱病渐入膏肓，对政务的干预较为放松，而朝野人心所向，皆热盼宽松安定，故此，徐阶的主张普遍受到欢迎和支持，"若蕴隆焚炽之极而时雨沛也"❷，"朝士侃侃，得行其意"❸。一时被誉为良相。

但是，这些成就，都易于使徐阶俱引为己功，在与内阁诸阁僚关系中，俨然以老大自居。

嘉靖晚期，原与徐阶同在内阁的李春芳和严讷两人，"事阶谨，侧行伛偻，若属吏"❹。而高拱则为人骄亢，自视甚高，他虽然是徐的晚辈❺，但在入阁之前或入阁之后，都不屑师事徐阶，且禀性直爽，对人对事自有主见，他不肯如李春芳、严讷那样遇事唯唯诺诺，而且经常出言不逊，对人对事诸多议论。他对徐阶因倒严而邀得盛誉，及各方面的措置，间中亦有批评，"每谓阶太假言路，为非大臣体，言路亦闻之"❻。

徐高的矛盾可以说是从高拱一入阁即开始萌发，并且迅速激化的。在一些高度微妙的问题上，高常有使徐尴尬之处，如：

> 阁臣入直西苑，自世皇中年始。有事在值，无事在阁。世皇谕群臣曰："阁中政本，可轮一人往。"徐文贞（按，文贞是徐阶的谥号）竟不往，曰："不能离陛下也。"袁文荣（按，文荣是袁炜的谥号）亦不往，曰："不能离陛下也。"公正色问文贞曰："公元老，常直可矣，不才与李（春芳）、郭（朴）两公，愿日轮一人

❶《明史》，卷二一三，《徐阶传》。

❷ 张四维：《条麓堂集》，卷二五，《大学士徐阶神道碑》。

❸《明史》，卷二一三，《徐阶传》。

❹《嘉靖以来首辅传》，卷六，《大学士高拱传》。

❺ 以年龄言，徐阶出生于弘治七年（1494），高拱出生在正德七年（1512），相差十八岁；以科举言，徐为嘉靖二年（1523）癸未科一甲第三名，即俗称探花，高则为嘉靖二十年辛丑科进士，相差六科；以从政言，徐早在嘉靖三十一年即入阁，比高早十四年，且徐早在嘉靖四十一年任首辅，而高当年才刚由国子监祭酒转为侍郎。故此，徐一向以晚辈视高拱，未遑计及他的反感。

❻《嘉靖以来首辅传》，卷六，《大学士高拱传》。

诣阁中，习故事。"文贞拂然不乐。❶

为什么徐阶和袁炜都借口"不能离陛下"，都要赖在西苑御前不离寸步呢？这是在当时反常的政治情况下，各自为了保宠固权守位，为了自我防卫而采取的必要行动。早在夏言和严嵩斗争激烈之时，其后在严徐相猜若水火之际，其胜败关键之一，就是看谁仍能经常亲侍皇帝左右，因为这既便于窥测喜怒，了解皇上的动向信息；又可以随时进言，更便于封杀对己攻击弹劾的反对意见。严嵩、徐阶和袁炜三人都特别重视留在西苑值班，正因为它与本人的政治命运密切相关。李春芳较少树敌，且无大野心，故未因在值抑或在阁问题上过分系怀；而高拱与郭朴是内阁新人，且仅居群辅之位，与历史上的重大恩怨是非关连不大，无虞因未在直而受颠覆，故未以"离陛下"为忧。问题在于，似高拱这样锋芒毕露，并不回避徐阶深层心理中敏感之处，反而当面抢白，当然会令徐阶"拂然不乐"。

诸如此类的问题，使得徐高关系急剧恶化，从彼此猜疑戒备逐渐发展为半公开甚至公开的冲突。根本矛盾之处在于权力的争夺。在高拱及其亲近方面，"阶独柄国，拱心不平"❷，要求对内阁权力重新分配，这是对徐阶自嘉靖四十一年（1562）以来总揽阁权的愤懑和蔑视。在徐阶及其亲近看来，高拱气焰甚盛，争权夺位野心毕露，是断难容忍的。

当时，高层的政争往往是用麾下的言官担任前哨，徐高之争亦是如此。

二、胡应嘉弹劾高拱揭开了徐高斗争的帷幕

嘉靖四十五年（1566）十一月，徐阶的华亭同乡、吏科都给事中胡应嘉首先披挂上阵，"论劾大学士高拱不忠二事：一言高拱拜命之

---

❶《大学士高拱墓志铭》，载《国朝献征录》，卷一七。
❷《大学士高拱墓志铭》，载《国朝献征录》，卷一七。

初，即以直庐为狭隘，移其家属于西安门外，黉夜潜归，殊无夙夜在公之意。二言皇上近稍违和，大小臣工莫不吁天祈佑，冀获康宁，而供〔拱〕乃私运直庐器用于外，似此举动，臣不知何心？"❶

骤然看来，胡应嘉将这两件鸡毛蒜皮的琐事无限上纲，指为"无君"，斥为"不忠"，似乎近于开玩笑。其实，应嘉之所以据此上言，实际上是经过深思熟虑，有明确针对性的。当时正处在嘉靖病势日益沉重，神智恍惚之间。在心理上，一方面极端畏惧死亡；另一方面，又极度猜疑臣下的忠诚，尤以对朝中的宰辅大臣为甚。胡在疏文中指高拒绝守夜，甚至预先疏散用器，岂不是为嘉靖死亡做准备？这都是大犯忌讳的。应嘉之意是要激发嘉靖的暴怒，将高拱驱斥甚至置于死地，其用心不可谓不毒辣。《明世宗实录》的编者较明确地看出此中的关系，指出：

> 疏入，会上病未省，不然，祸且不测。拱自入直撰玄，与大学士徐阶意颇相左，应嘉又阶同乡，拱以是疑阶，谓应嘉有所承望。两人隙衅愈构，互相排根〔恨〕，小人交构其间，几至党祸，实应嘉一疏启之。❷

是可见，胡应嘉之疏虽因嘉靖已处于昏迷弥留状况，来不及审阅处理，未收到预期的杀伤效果，但对徐高关系却已起到高度煽发仇恨，激化矛盾的作用。到隆庆嗣位之后，曾诏示黜胡应嘉为民，而在内阁讨论对他的处分时，高拱、郭朴的意见是从重罢斥，徐阶的意见则倾向从轻贬调，更引起高拱的反感，"意阶右之，谓应嘉欲深文杀我，以是，恨二人切骨"❸。时人亦多有认为胡应嘉的劾高，是"有所授旨，遂以是劾公。……盖以此激怒世皇，为倾公计"❹。

---

❶《明世宗实录》，卷五六五，嘉靖四十五年十一月乙亥。
❷《明世宗实录》，卷五六五，嘉靖四十五年十一月乙亥。
❸《大学士高拱传》，载《嘉靖以来首辅传》，卷六。
❹《大学士高拱墓志铭》，载《国朝献征录》，卷一七。

第二阶段的斗争是上一阶段的延续和扩大。

隆庆朝的最初期，对胡应嘉应如何处理，是徐高两派争论最激烈的焦点。自高拱奏辩后，刚登位的隆庆皇帝严诏斥责胡应嘉，表面上高拱胜了一回合。但诏书的墨迹未干，兵科给事中欧阳一敬即"因论救应嘉语侵拱"，谓：

> 今辅臣拱奸险横恶，无异蔡京，将来必为国巨蠹。……若黜应嘉，则不若黜臣。章下所司。是日，给事中辛自修、监察御史陈联芳等俱交章论救。阶……乃改拟应嘉调用。而拱又疑一敬之疏，谓阶主之。两人之隙深矣。❶

言官们对高拱的轮番袭击，当然是激发徐高关系恶化的重要原因，但切不可忽视，徐阶和高拱在一系列政见上存在着重大的分歧。高拱对于徐阶裁理的政事，有不少是持异议的。例如："登极赏军，自正统元年始。世庙以入继，赏倍之，遂沿为例，司农困不支。高新郑议于四百万中裁其半，徐华亭不可。高任怨，徐专任恩，按此亦相倾轧二端。"❷ 又例如："会有言大臣某者，其人实有望，不当拟去，而首揆重违言者意，乃以揭请上裁。公（高拱）曰：'此端不可开。先帝历年多，通达国体，故请上裁。今上即位甫数日，安得遍知群下贤否，而使上自裁，上或难于裁，有所旁寄，天下大事去矣。"❸ 类似这样的问题，很清楚地反映出徐高二人的个性和处事方针的差异。徐阶久历宦海，稳健圆滑，深知应切戒树众敌，为此，明知内帑空乏，仍要维持加倍赏军之例；又不愿开罪众言官，乃将棘手的问题上交皇帝，"揭请上裁"。高拱则比较率直，敢于正对矛盾，有时发议亦近鲁莽，但其用心则着重于国事。又例如，对于御史、给事中等所谓主持风宪的"言

---

❶《明穆宗实录》，卷三，隆庆元年正月辛巳。

❷《国史唯疑》，卷八。

❸《大学士高拱墓志铭》，载《国朝献征录》，卷一七。

官"，徐阶"为结言路"❶，往往利用他们拥有可以"风闻奏事"的特权，借他们之口"乃为政府行其私"❷。而高拱则主张对言官如同对其他文武官吏一样，应一律加以考察，有时亦利用考察以抑裁对己有异议的人，过分挑剔。又例如，关于是否将理学大师、阳明王学的首创者王守仁从祀孔庙的问题，徐高亦有分歧。徐对王学祗礼崇拜，高则斥之为迂谈。凡此种种，都说明两人不仅有成见积怨，而且在治道方针、个人作风以及学术门户上，均有重大的分歧，碰撞冲突以至于破裂，势在难免❸。

三、围绕《嘉靖遗诏》的酣斗，高徐相继下野

引发起全面冲突的，是关于徐阶主持起草《嘉靖遗诏》的过程，以及对《嘉靖遗诏》部分内容的理解和评价。

关于《嘉靖遗诏》制作过程的曲折，以王世贞的叙述为最详细，言：

> 上大渐，遂崩。当大渐时，阶念上英断类高祖，独斋醮、土木、珠宝、织作不已，民力小困。而一时抗言廷诤得罪者，虽其志若已伸，而未牵复，欲自登极诏发之，不能无疑于改父，而上克终之德未光。时门人张居正为学士，方授经裕邸，夜召与谋，具遗诏草，不以语同列。质明，谒王请入临毕，遂以诏草上，报可。诏下，朝野举手相贺，至有喜极而恸者；同列惘惘若失。❹

王氏这一段记载，说明了四点：第一，《遗诏》是在嘉靖咽气以前，即

❶《国榷》，卷六五，隆庆元年四月丁未，《谈迁曰》。

❷《国榷》，卷六五，隆庆元年四月丁未，《谈迁曰》。

❸ 李延昰《南吴旧话录》卷一〇《雅量》言："华亭柄政，新郑一入枢府，即与争权。隆庆改元，新郑自以御日登极，又性素直率，凡议政体，即从旁可否，华亭积不能平。"

❹《嘉靖以来首辅传》，卷六，《大学士高拱传》。

已进行认真酝酿的；第二，《遗诏》论点的推敲成熟，是徐阶和当时身份仅为翰林学士的张居正连夜秘密商定并起草成文的；第三，《遗诏》受到朝野的普遍欢迎；第四，起草并颁布如此重要的文告，未按一般程序通过阁议，反而将阁僚们完全排斥在外，及至诏下，他们才知道一切已成定局，难免"惘惘若失"。

问题主要出在第四点上，它导致内阁阁僚之间公开的分裂，并极大地激化了徐阶与高拱、郭朴之间的矛盾。

公平地说，借嘉靖去世的时机，公开否定了已为祸数十年的乱政，是顺时势合人心的，也为隆庆御位铺垫好政治基础。《嘉靖遗诏》受到全国普遍的欢迎接受，就足以证明此点。徐阶之所以在极秘密的方式下酝酿和完成起草工作，在当时也是有其必要的。因为遗诏的内容，无异是采取特殊的方式对嘉靖进行"鞭尸"，稍一不慎，或者得不到隆庆的理解和同意，说不定会被扣上"大不敬"的罪名，罹上无妄之灾。兹事体大，通过阁议，一则难以立时取得共识，二则亦害怕泄露于外，徒增混乱。但另一方面，在阁僚之中，虽然李春芳一向唯徐阶的马首是瞻，陈以勤为人淡泊谦退，对颁布《嘉靖遗诏》的内容和方式都未有异言，但对性格骄亢、自视甚高而且自尊心极强的高拱，以及性格倔强的郭朴，反映就大有不同了。遗诏刚颁下，"同列皆惘惘若失，而朴尤椎，时语人：'徐公谤先帝，可斩也。'拱亦与相应和。"❶

高拱和郭朴相交甚密，在内阁中本来就与徐阶的关系比较疏远，对徐"于礼稍倨"，加以"两人皆河南，为乡曲。而拱以朴早贵，事推之；朴念拱侍经裕邸，冀得其力。两人相与欢甚，阶微闻之，不怿"❷。因早有隔阂，又经胡应嘉的挑动，遂借遗诏问题大造文章：

> 龙驭上宾，华亭公于袖中出草诏，欲以遗命尽反先政。公（指高拱）谓语太峻，与安阳公（指郭朴，河南安阳人）对案相向，曰："先帝英主，四十五年所行非尽不善也。上，亲子，非他人也。

---

❶《嘉靖以来首辅传》，卷六，《大学士高拱传》。

❷《嘉靖以来首辅传》，卷六，《大学士高拱传》。

三十登庸，非幼小也。乃明于上前扬先帝之罪以示天下，如先帝何？且醮事先帝几欲止矣。紫皇殿事谁为之？土木之事，一丈一尺皆彼父子视方略，而尽为先帝罪乎？诡随于生前，而诋訾于身后，吾不忍也。"相视泪下，语稍闻外廷，而忌者侧目矣。❶

高拱这一番言论当然有很浓厚意气用事的因素在。为嘉靖开脱，从两代皇帝父子亲谊立论，用以贬斥遗诏，都是与绝大多数人的意愿违忤的。嘉靖的所作所为，实已达到了千夫所指、偕汝俱亡的地步。高拱未尝不知道这一点。项庄舞剑，意在沛公。其所有带煽动性的言词，实在锋刃所向，都是指向遗诏的作者徐阶。果然，翻出徐阶前此顺承嘉靖，积极参与赞玄拜醮修殿等事，加以"诡随于生前，而诋訾于身后"的恶名，无非是旧怨新愤的集中倾泻，是意图作为倒徐的一步骤。战端因此而扩大，阁内矛盾已公开暴露于朝臣之前，徐高关系亦到了水火不相容的地步。遗诏问题引发的斗争一直延续到隆庆朝后期，贯彻在徐高斗争的全过程中。

徐阶是富有内战经验的高手，他当然不能容忍阁内存在着高拱和郭朴联合组成的公然对立的势力。当此两方已剑拔弩张之际，徐阶仍采取以静制动、后发制人的战略，部署言官以充前阵，选择有利时机予以反击。当时，朝中和阁内出现的许多问题，都带有徐高相峙对抗的敏感气氛❷。时在隆庆元年（1567）元月辛巳，又爆发一场更火炽的斗争，竟导致高拱被迫辞官，其过程是：

> 都给事中胡应嘉以数言得用，转横。而会吏部、都察院考察庶僚，应嘉亦参与焉。既得旨，复论救给事中郑钦、胡维新。非故事，于法当罚惩。而阶时已示公同列，使轮直笔而己酌之。时郭朴当执笔，曰："应嘉小臣也，上甫即位而敢越法，无人臣礼，

---

❶《大学士高拱墓志铭》，载《国朝献征录》，卷一七。

❷ 许国在《大学士陈公以勤墓志铭》中，说到徐高两派相对立的情况，言："时华亭徐公当国，而新郑用事，两家门客乘其隙章交相攻，朝士或左右祖。"

宜削籍。"阶度朴为拱报仇，而傍睨拱，则已怒目攘臂，乃不复言，而削应嘉籍为编氓。命既下，诸给事、御史合疏请留应嘉，其语有所侵摘。阶乃与春芳等具疏谓："应嘉论救考察非法，所以拟斥；给事、御史谓上初即位，宜开言路，广德意，所以请留。臣等欲守前说，则涉违众而无以彰陛下恩；欲从后奏，则涉徇人而不能持陛下法，因两拟去留以请。"中旨薄应嘉罪，调外。而当阶具疏时，拱故不言，而目属郭朴复力持之，几失色。于是言路意应嘉谪出拱指，群上疏攻之。上以拱辅臣，且故尝受经，不听。归而言路益攻之不已。拱恚甚……乘忿抗疏至与言者辩，而交相詈。❶

在对胡应嘉的处分应轻应重的问题上，高郭不避嫌疑而感情用事，恰好是示人以隙，集众怒于己身；徐阶则反其道而行之，乘敌之隙，再巧为运用，直将高拱推于炉火之上，本人隐居第二线，而默许言官辈勇袭猛击，坐收战果。谈迁敏锐地看出此中机括，从双方的攻防战略中透视出潜在的实质，此大师之独具史眼也。他说：

> 上甫即位，遽谴言路，何以杜将来之口？安阳不解事，其右新郑，适所以喙之也。华亭元宰，初不出一语，阴饵拱于丛棘之上，诚智老而猾矣。❷

果然，内讧越深入，徐阶借重言官以为前锋的策略收到越来越大的效果，而高、郭则陷入被动的劣势亦越加明显。当高拱看出此点，为时已晚，他曾"大怒，面訾阶结言路必逐己而后快"❸，徐阶"遂引疾不视事，四上疏乞骸骨"❹以为反制。适于此时，高拱的门生御史齐康祖高

---

❶《嘉靖以来首辅传》，卷六，《大学士高拱传》。
❷《国榷》，卷六五，隆庆元年正月辛巳。
❸《明史窃》，卷七一，《徐赵张列传》，第四十九。
❹《明穆宗实录》，卷七，隆庆元年四月己丑、辛卯、乙巳。

攻徐，更激起众言官的愤怒，纷纷上疏要求罢斥高拱。兵科都给事中欧阳一敬、工科给事中李贞元、南京吏科给事中岑用宾、南京广东道御史李复聘、湖广道御史尹校等都口径一致，指高拱"专擅国柄""刚愎褊急""反指言官为党"等等❶，"九卿大臣、南北科道纷然劾拱，甚者称为大凶恶。寺丞何以尚请剑诛拱"。在密集攻击之下，高拱只得亦引疾求退。高退，徐阶才复出视事，算是在本阶段中暂胜了一回合。但其中尚埋藏有局势发生反复的危机：

> 穆考初政，新郑以藩邸之旧，即欲自用，华亭积不堪，因百计逐之。自太宰杨公（指吏部尚书杨博）、御史大夫王公（指都察院左都御史王廷）及六官之长各率其属上疏，至台省庶官交章论奏，凡二十八疏，大略保华亭之功，劾新郑之罪，以为不可一日使处朝廷。穆考甚眷新郑，及见论者甚众，不得已策罢之。❷

从能纠合百官而且发动凌厉攻势，可见徐阶在隆庆朝最初期仍拥有极其强大的政治能量。驱斥高拱之后不久，又迫使郭朴请辞。但是徐阶未能改变隆庆对高拱的长远情谊和好感，相反，他本人与隆庆的关系却迅速逆转，这就为徐阶的暂胜而终归覆败，高拱的暂败而终将再起留下伏笔。

时人对于高拱骄亢任意气，是多有非议的，但与此同时，对于徐阶拉拢言官，制造舆论以丑诋并驱斥政敌的做法，亦有人"颇以阶为甚"❸。另有人则说："拱清洁峭直，家如寒士，而言者过为捃击，则言者之过也。"❹

世事如棋。徐阶以及附徐倒高的官僚们万万没有想到，当倒高驱郭的胜利欢呼声犹在耳际，徐阶本人即面临不得不"自请休致"

---

❶ 许重熙：《隆庆注略》，卷六。

❷ 于慎行：《谷山笔麈》，卷五，《臣品》。

❸《谷山笔麈》，卷五，《臣品》。

❹《国榷》，卷六五，隆庆元年五月丁丑，《支大纶语》。

的困境。

造成这样的形势逆转，有三方面的主要原因：

首先是徐阶与隆庆皇帝的关系逐渐恶化，宠信度逐步减低。照说，徐阶在嘉靖时期一贯维护朱载垕的皇储地位，在嘉靖去世后，又及时推出遗诏以扭转局势，稳定了政局，为隆庆朝的肇始奠定初基，他与隆庆皇帝的关系理应融洽无间，其首辅地位理应十分稳固。但，事实并不完全这样。

> 徐文贞在世庙中得旨多温，穆庙中得旨多咈，固缘老臣执奏，动忤圣怀，亦时异势殊，无盛筵不散之理。❶

黄景昉氏对于隆庆与徐阶君臣关系恶转的观察，基本上是符合实际的。当时，在隆庆面前，有两股强大的势力在相持相争，即言官与宦官。徐阶是明显站在言官方面而力主压抑宦官势力的，被视为言官们的政治后台，"给事、御史多起废籍，恃阶而强，言多过激，帝不能堪"❷ "事无大小，好与上强争"❸。而对隆庆纵容宦官，重用他们坐团营、掌兵权、修内校场诸事，徐阶更是连续亲自上疏与科道们相呼应。试翻阅徐的文集，从隆庆元年（1567）二三月间开始，徐阶即上过《请允科道止幸旧邸疏》《请允科道奏开讲读疏》《进拟科道谏止内臣坐营票帖》《请允御史奏止内教场操练疏》等直接支持科道官的奏议；他还密集上过诸如《止建寿宫》《止上幸海子》《止驾诣天寿山》《论太和山提督内臣敕书》《进修省等传帖》等本章❹。"阶所持净，多宫禁事，行者十八九，中官多侧目"❺。应该说，从治政之道来说，徐

---

❶《国史唯疑》，卷八。

❷《明史》，卷二一三，《徐阶传》。

❸《明史窃》，卷四九，《徐阶传》。

❹ 均见《世经堂集》，卷四。又，据《世经堂集》，卷二四，徐阶在《复杨朋石》的信中，也深入谈到自己的苦闷和失望，言："此间中官之势日盛，近虽沮得团营一节，不知将来又当有何等谋为，且不知其时，仆仍能沮之否？中心切切，惟切求去耳。"

❺《明史》，卷二一三，《徐阶传》。

阶及科道们厚爱于新君，热盼他切勿从另一角度再蹈先皇的覆辙，符合"臣死谏"之义。徐阶以"国师"自居，一反其在嘉靖朝柔软曲从之态，本以为在隆庆朝可以从正面上致君泽民，本以为可以得到新皇帝支持，"图议国事，稍更弦辙，以新上治理"❶。但是，他既未正确估计自己的实在影响力，更没有真正从实质上理解隆庆其人，隆庆奇懒、多欲、拒谏、任性，对他这个"先朝元辅，国之大老"，也同样容不得有任何违忤的意见和言词。隆庆元年（1567）七月，"谕内阁，以科道欺肆，宜处之"❷，实际上是要对科道门进行整肃，经徐阶婉转劝止；九月，徐阶又支持科道谏阻内官坐团营，惹得隆庆大怒，一改平时乐于"倦勤"，懒于批答章奏的习惯，竟然为此事手谕内阁，实质上是质问徐阶：

> 朕着内臣坐营，科道官也说，你每也这等说，怎么主意不遵，你每说来。❸

在君臣关系陷于如此尴尬的低潮之下，在格君无术的苦恼中，徐阶只好再三"乞休"❹。值得注意的是，对于年资深、声望重且在嘉隆之交做出过重大贡献的徐阶，隆庆在批准他退休时，还故意贬低其待遇，仅"赐驰驿"；经李春芳等力请"加恩"，才答应年赐夫廪，发一玺书以褒美，勉强保留着形式上的礼遇❺。为嘉隆父子两代竭智尽力效劳了四十余年的徐阶，只好黯然南归了。

---

❶ 王世贞：《世经堂集》序。

❷ 《国榷》，卷六五，隆庆元年七月甲寅。

❸ 引自《世经堂集》，卷四，隆庆元年九月《缴内臣坐营谕》。

❹ 徐阶在求去之际，曾写过一些诗，如《上疏乞休呈馆阁诸君子》："封章晓上乞归休，长跪缄题盥手修。衰病讵能忘社稷，迂疏原合老林丘。正筹国事同家事，敢以身谋误主谋？愿得此心天鉴取，早容襄笠返沧州。"又如《乞休不允》："一春归计又成虚，奏章空裁二十余。窃禄畏看支俸籍，劳生羞读锇形书。孤灯照雨嗟难曙，短翼凌风叹不如。强饮浊醪求暂睡，梦魂偏到旧山居。"（均载《世经堂集》，卷三六）这些诗都显然带着灰色和酸意，流露出他的伤心和隐痛。

❺ 参看《明史》，卷二一三，《徐阶传》；《嘉靖以来首辅传》，卷五，《大学士徐阶传》。

其次，徐阶之不得不退出政坛，还由于他的施政理念，所奉行的方针纲领，已经不能满足嘉隆交替之际时势发展的需要。

当时的形势是极其严峻的，"士习人情，渐落晚宋窠臼"❶ "奈何人心玩愒已久，溺于故常"❷。以言民生，则"天下吏贪将弱，民不聊生，水旱靡时，盗贼滋炽""赋役增常""室如悬磬"❸。以言边防，则新帝登基的贺仪甫毕，而在隆庆元年夏秋，北虏俺答部即挥军直薄大同、井坪、朔州、雁门，"边军俱衅""诸将不扼险""相望不敢前"，遂至石州陷落，"男女死者数万人"❹。闽浙沿海，倭寇亦来扰不断。以言财政，户部尚书马森奏报，北南直隶、山东、浙江，俱有抗粮骚动。故当时的状况是，乱象已成，而乱机尚未大露；民间乱心已起，而乱人未首倡。火焰四起，仅是尚未燎原而已。处此内外交困、危机四伏之局，任何抱残守缺，因循旧制旧法，是绝不可能转危为安，化弱为强的。必须大破大立，才可能革故鼎新，开拓新局。正如张居正说的，"若不稍加改易，恐无以新天下之耳目"❺。又必须如高拱所主张的，"有能自立而脱去旧习者，必赏必进；其仍旧习者，必罚必退"❻。惟有立足于变，着手于改，才有可能将已濒于垂危的明政权抢救过来，使已面临崩溃的社会回复稳定。而改制变法以缓解危局的想法和做法，正是徐阶所欠缺的。

不同的历史阶段召唤不同的代表性人物。不同的文化背景、政治经历，哺养出性格悬殊，政治取向迥异的人物。

徐阶与高拱、张居正之间，正是存在这样重大的差异。

徐阶以其特具的忍耐和深沉，擅长谋略算计，成功地扳倒了一度权势熏天的严嵩；又在嘉靖末期，精心委曲调剂，处理好与昏愦疑猜的皇帝，门户纷立的朝臣，以及怀有各种见解，特言论以干政的科道

---

❶《张太岳集》，卷二一，《答少司马杨二山》。

❷《张太岳集》，卷二一，《与中丞孙淮海》。

❸《海瑞集》，上编，京官时期，《治安疏》。

❹《国榷》，卷六五，隆庆元年九月乙卯、己未、壬戌、庚午。

❺《张太岳集》，卷三六，《陈六事疏》。

❻《南宫奏牍》，卷一，《挽颓习以崇圣治疏》。

官们的关系；他以温和宽松化解暴戾；高举祖宗的神幡，以恢复旧制旧法、保存善类为号召，着手改变嘉靖毫无章法可循的荒唐怪诞做法，确曾收到过较好的效果，一时邀得盛誉，被目为"良相"，受到普遍的赞扬。因为"祖宗成法"，总比正德、嘉靖以来的无法无天为好。人们在辗转呻吟于暴虐统治之时，往往会对旧日的相对安定，产生出过分的恋栈和向往，甚至给予美化，而淡忘了前人在昔日的苦辛。在较坏与更坏之间，人们往往会乐于选择前者。

但是，转入隆庆时期，徐阶已经绝无能力再朝前迈步了。

这并不是说徐阶没有忧危意识，不是的。让徐阶忧心忡忡之处是很多的，但却是较集中在新皇帝是否能恪遵帝范懿德，是否能恢宏前徽，追绍二祖之功业，即热切要求皇上能循规蹈矩，勉力作为传说中的尧舜之君。上文引述他在隆庆初政短短的一年多时间内，连续上了不下十多篇劝谏疏文，即充分证明了这一点。问题不在于是否应连续上谏以忤犯皇帝威严，而在于他乞休得准以前，在其言行活动中仍然是紧守着恢复祖宗成宪的老套子。《世经堂集》基本上没有倡议或同意进行改革的内容。时代多变，历史的行进急剧迅速，即使在隆庆元年、二年，要求追理屯牧占田，要求均平赋役，要求开海运、开新河、革漕弊，甚至要求"大破常格"以整顿边防，不惜改易边疆将帅，惩贪奖廉以严伸纪律等等的呼声已不绝如缕。在长期禁制之后，各种主张改革的声音，正如开闸泄洪，汹涌而出。在当时，善改则兴，善革则进，善变则存，已经蔚然成为不可抗拒的潮流，而作为朝中大老的徐阶，却是对此反应迟钝，他对时代的呼声先是茫然，后是愕然，甚至还有反感。大浪淘沙，不进则沉。故此，他的被挤出内阁、淡出政坛又是无可避免的。

再次，徐阶在隆庆二年（1568）七月被罢职，显然也与前一年五月驱高的余焰复燃有关。

当年徐阶借手科道迫高自退，高拱的支持者并不慑服。而且积怨所在，一旦气温变化，便会发出轰隆巨震。有人看到徐阶的帝眷渐衰，上言多未被采纳，便发难反击：

户科左给事中张齐上疏劾大学士徐阶不职状，其略言：阶事世宗皇帝十八年，神仙土木皆阶所赞成。及世宗崩，乃手草遗诏，历数其过。阶与严嵩处十五年，缔交连姻，曾无一言相忤，及严氏败，卒背而攻之。阶为人臣不忠，与人交不信，大节已久亏矣。比者，各边告急，皇上屡屡宣谕，阶略不省闻，惟务养交固宠，擅作威福，天下惟知有阶，不知有陛下，臣谨昧死以闻。❶

张齐之言，不啻是高拱言论的另一版本，在内容上显然有罗织之处，因为徐阶在嘉靖末年屈顺逆鳞之君，敷衍严嵩以图后发制敌，其中委曲，已获大多数人的谅解。但翻出这些陈账，其中亦有触及徐阶隐痛之处。对一些不明真相的人，亦颇具煽动力。把这些事件再公开于朝堂，对徐阶当然亦具一定的伤害力。隆庆虽然驳回了张齐的劾疏，并给以薄惩，调外任用，但张齐之劾徐，对于隆庆却是正中下怀，因为它可以促使徐阶的坚决求去，亦便于自己顺水推舟，批准徐阶罢职退休。果然，不几天，恩准徐阶驰驿回籍的谕旨便颁发下来了。

四、高拱复出和对徐阶的处置

徐阶下台，内阁的风浪并未因而止息，代替徐阶为首辅的李春芳，不过是一个庸阘无能的老官僚，陈以勤则是一个正派的自了汉，他们两人都缺乏才具和气魄，实在无法控驭全局❷。居正虽已初具声名，但秩在"末相"，暂仍无法施展。当此过渡之际，因礼部尚书赵贞吉入阁，兼任文渊阁大学士，内阁又处于重新组合的状况。贞吉，嘉靖十一年（1532）进士，先后担任过国子监祭酒、吏部侍郎、礼部尚书

---

❶《明穆宗实录》，卷二二，隆庆二年七月甲子。

❷ 谈迁论及徐去李代，政务难有起色的情况，谓："当日首辅，华亭之后，兴化代柄，虽皆宿齿，好折节礼士，于经国实用奚当哉！"（载《国榷》，卷六五，隆庆二年八月丙午）兴化是李春芳的籍贯。

等职，为人富自信心而有主见，处事果断有魄力，但亦不免于固执骄傲。他自恃老资格，目中无人，"贞吉故有伉直声……既入，多所纷更。欲创革兵制，与兵部尚书霍冀异，使言官噪而逐之。又缘孽吏部尚书杨博于（宦官）陈洪，复逐之，中外侧目。" ❶。

应该说，高拱的仆而又起，出阁一年便再入阁，是具备着若干主客观条件的。其中最为重要的一点，是隆庆皇帝对他的特殊器重宠信，并未因曾有言官的密集攻击和年前的罢归而稍衰，高拱落职回里后，"上思公不置" ❷。其次，作为他的主要对立面的徐阶已经失势并淡出政治舞台，大大减少了复出的阻力。第三，由于大宦官李芳为之上下疏通，内阁中的张居正又极力进行斡旋，高拱遂于隆庆三年（1569）年底，被宣召回京重新入阁，并破格以大学士身份兼署吏部事。

高拱果于恩怨，有仇必报，是朝士们熟知的。他的再出，当然引起很大的震撼，特别是对于曾开罪过他的人，更是惶恐顾虑。首攻高拱，引发成为轩然大波的胡应嘉，本在公出途中，闻拱再起，"一夕自恨死" ❸。为徐阶当打手最卖力的欧阳一敬本已由给事中晋升为太仆寺少卿，陈赞亦由给事中晋升为太常寺少卿，都自请告疾辞官，"一敬至在道忧死" ❹。先后任刑部尚书的王廷和毛恺亦即日请辞。当时物情汹汹，咸畏政局大反复，都想象高拱必将一一清算报复。

高拱确实有尽反徐阶之政，借端以对徐阶进行报复的表现。其中，又集中在两个问题上，一为否定徐阶主持起草《嘉靖遗诏》的主要内容；二为同意并支持地方官对徐氏家庭在家乡大量兼并土地田产、横行乡里的追究和清退。这两个问题的性质有所不同，高拱应负的道德责任亦有所不同，应该具体分析。

首先讨论对于《嘉靖遗诏》主要内容的异议。

隆庆四年九月，高拱上了一道名为《正纲常定国是以仰裨圣政》

---

❶《明书》，卷一五〇，《张居正传》。

❷《大学士高拱墓志铭》，载《国朝献征录》，卷一七。

❸《大学士高拱传》，载《嘉靖朝以来首辅传》，卷六。

❹《大学士高拱传》，载《嘉靖朝以来首辅传》，卷六。

的奏疏，提出对嘉靖初年因议大礼兴大狱受迫害各官不应尽予复职和封荫，并为嘉靖的所作所为辩解，要求部分修改隆庆《登极诏》中有关恩恤录荫的规定，改变对嘉靖朝政事的部分评价。这等于是对当年定策的徐阶发动全面的攻击。疏言：

> 皇上嗣登宝位，志隆继述，所谓不改父之政，其本心也。而当时议事之臣，不以忠孝事君，务行私臆。乃假托诏旨，凡先帝所去大礼大狱得罪诸臣悉起用之，不次超擢，立至公卿；其已死者悉为赠官荫子。
>
> 夫大礼，先帝亲定，所以立万世君臣之极也。献皇尊号已正，《明伦大典》颁示天下久矣。今议礼得罪者悉从褒显，将使显皇在庙之灵，何以为享？先帝在天之灵，何以为心？皇上岁时祭献，何以对越二圣？则岂非欺误之甚者乎？
>
> 至于大狱及建言得罪诸臣，岂无一人当其罪者，乃不论有罪无罪，贤与不肖，但先帝所去，悉褒显之，则无乃以仇视先帝欤？
>
> 今上，先帝之亲子；议事者，固先帝之臣，遗诸皇上者，乃明于上前所为如此，是自悖君臣之义，而伤主上父子之恩，非所为训于天下也。臣每私心痛恨，至于流涕。❶

高拱否定《遗诏》，当然是他与郭朴在该诏初颁时，即持反对态度的延续。但应该指出，他们之从一开始即采取对立的异议的立场，又是与未能被邀参与密议有关，是自以为受冷落受歧视情绪的反弹。《遗诏》的积极内容，在于毅然宣布一个荒唐时代的结束，也是徐阶一生业绩聚焦之处，这是非任何人所能漠视或蔑视的。正如海瑞给徐阶的一封信中所评价的那样：

> 即今《遗诏》，培国脉，回元气，反四十多年之误而正之。伊、

---

❶ 高拱：《掌铨题稿》，卷一，这道疏文亦载于《明穆宗实录》，卷四九，隆庆四年九月辛未。少数文字有出入，今从《掌铨题稿》。

霍力量，旋乾转坤。见与于天下，非偶然也。然公以身任天下重，天下亦以天下重责之。❶

海瑞这一番话，不论对其事或其人都是公正的。《遗诏》确实起过巨大的拨乱反正作用。如非借《遗诏》以定策，徐阶或将以"十面观音""一味甘草"的形象定论，甚或被归入"奸佞"的行列而难以辩解。

对于这样关系全局的极其严肃的问题，高拱敢于发难，将已翻之案重新再翻过来，显然也是对形势有过自己的估量。

首先，他摸透了隆庆在遗诏问题上的复杂心理及其前后变化。对于他的生身父亲嘉靖皇帝，隆庆由于早年受过难以言状的屈辱待遇，当然是积怨甚深的。嘉靖去世之初，他完全同意徐阶主持草拟的《遗诏》，一因现实的需要，二为伸吐本人长期淤积的愤懑。但问题还有另外的一面，即他的帝位乃是继承自嘉靖，是朱明皇统系列的一环。要巩固自己皇位的绝对合法性，就必须加意维护包括嘉靖在内的皇统尊严，故此，对嘉靖政治的谴责只能限制在一定时段和一定限度，因为逾越这个限度，就必然会给在位皇帝的威望和实际统治带来不利的影响。而且，隆庆因自己嗣位后的言行活动屡受谏净非议，亦深惧他日有人利用自己未来的遗诏以鞭尸。由于有这样的顾虑和惶恐，便促使隆庆从支持《嘉靖遗诏》的立场上逐步倒退，从隆庆二年（1568）年中开始，即绝口不再指责嘉靖及其荒唐弊政，并深以为讳。他逐渐发觉，曾被自己认为不慈不仁不道的父亲，原来又是和本人有着如此密不可分的共同利益，有必要为这位死皇帝维护必要的威信。拨乱反正必须适可而止。这是一种埋藏得很深的心理活动和政治态度，并且随着时光的消逝逐步发展为隆庆思想的主流，从旧时代的受害者和批判者，蜕变成为旧时代的辩护士，其间的距离仅有半步之遥，是不存在任何不可逾越鸿沟的。故此，当高拱递上全面否定《嘉靖遗诏》的疏文时，隆庆居然表示赞赏和"嘉纳"：

❶ 海瑞：《海瑞集》下编，书牍类，《启阁老徐存翁》。

疏入，上曰：大礼断自皇考，可垂万世。谏者本属有罪，其他建言被谴，亦岂皆无罪者？乃今不加甄别，尽尽恤录，何以仰慰在天之灵？览卿奏，具见忠恂，诸陈乞并罢。吏部仍通行晓谕，自后有借例市恩，归过先帝者，重论不宥。❶

由于隆庆这样一百八十度的态度转变，显然对于主持起草和贯彻执行《遗诏》的徐阶，是相当沉重的打击，高拱基本上达到了借题发挥以对徐阶报复的效果。

徐阶是以主持起草和推行《遗诏》内容得邀盛誉的。高拱首先集中火力以揭诋《遗诏》，乃是采取挥戈直入，击其要害的策略。"阁臣高拱衔故相徐阶，欲中以危法，追疏阶假托《遗诏》，凡启用先帝罪臣，明系仇主，宜有以治之。"❷一时气势汹汹，徐阶及其徒党皆受到镇慑，人人自危。

与揭诋《遗诏》的同时，为了配合主攻方面，高拱又从司法审判的角度提出，在徐阶主政时期，对被指控为因进药导致嘉靖死亡的方士王金等，按子弑父律论死一案为违法，为罪名不当，是故意诬蔑嘉靖，陷隆庆于不孝不义之地，要求更改判决，为嘉靖昭雪。

高拱高擎着嘉靖的神主牌，以为"先帝"洗刷诬蔑作号召，俨然义愤填膺地执言，确实在朝野间刮起一阵超强度的台风。按照《明律》，所谓"以子杀父"，属于"恶逆"，列为"十恶"之一，但有着严格界定的范围，仅限于"殴及谋杀祖父母、父母，夫之祖父母、父母；杀伯叔父母、姑、兄、姊、外祖父母及夫者"❸。按此律条，将王金等进药事件定性为子杀父，并据此以判刑，显然是混淆了性质，罪刑不当。但高拱意不在此，仅是用此以为攻揭徐阶的重磅弹药。他在隆庆四年（1570）九月初六日递上再翻《嘉靖遗诏》已翻之案的奏章，在获得谕

---

❶《明穆宗实录》，卷四九，隆庆四年九月辛未。

❷《罪惟录》，《列传》卷一一下，《赵贞吉》。

❸《大明律》，《十恶》。《嘉靖问刑条例》与此同。

旨首肯之后，紧接着，又在当月二十六日递上名为《辩大冤明大法以正国法》的疏文❶，当又得到隆庆的支持❷。在二十日之间，发动了两次猛袭，且又均邀到皇帝明谕赞许，确实使当年的"议事者"难以招架。按照法制观点，高拱为王金改判的意见是站得住脚的，但其用心则主要在政治上回报三年前被徐阶驱斥的一箭之仇。于慎行说："新郑正王金之罪……盖大体所关，不可易也。"❸谈迁更指出："拱议虽可采，意摘徐阶也。"❹两说皆持平公正，鞭辟入里。隆庆四年掀起的大风潮无非是元年徐高斗争的继续。

高拱有准备地发动这两次声势浩大的攻击，其目的当然是要对徐阶"中以危法"，但事态发展的结果，他只取得了不完全的胜利。隆庆虽然由于现实的政治原因，同意部分地否定《嘉靖遗诏》，且表态为其父辩护，用以维护皇统的尊严，但并不等于他确实在感情上真正改变了对嘉靖的认识，消泯了数十年来的隔阂。故此，他在这一场风波中的举措仅限于发表两道支持高拱意见的谕旨，饬停了继续恤录，着令对王金等进行改判，而没有对徐阶及其附从者给予任何处分。"拱再出，专与阶修隙，所论皆欲以中阶，赖上仁柔，弗之竟也。"❺

权力孵育权势，权势又往往支配着官场中的人情变动。由于徐高关系胜负迅速易位，此点表露得更加明显。趋炎附势之徒，落井下石之辈，观风转舵之流，往往都在权势转易之际，纷纷插标自售，做出淋漓尽致的表演，竞相拍卖其灵魂和人格。"隆庆初元，高中元（中元为高拱别号）以次揆聚劾去，是次应天遂出《颜渊问为邦》一章，以放郑为言，盖媚徐华亭也。"❻"方高新郑失势，举朝咸附华亭，诋疵高

❶ 载《高文襄公集》，卷八。

❷ 隆庆在收阅高拱的《辩大冤明大法以正国法疏》后，当即谕示三法司会同各官重判，并下诏曰："我皇考圣神睿智，荷天笃佑，寿考正终，享国享年乃自古帝王所罕及者，何尝轻用方药，却乃委罪于人。兹事既会鞫明白，其宣付史馆纪录，垂示万世。金等既有别罪，依拟更论具奏。"（载《明穆宗实录》卷四九，隆庆四年九月辛卯。）

❸《国榷》，卷六五，隆庆四年九月辛卯。

❹《国榷》，卷六五，隆庆四年九月辛卯。

❺《明通鉴》，卷六五，隆庆四年九月。

❻《万历野获编》，卷一五，《出题有他意》。

不绝口。噫！岂知未数年即有翻覆之局哉！于是夙昔颂华亭者复改附高。……闻道长安如弈棋，信非虚语。"❶ "宦途真市道哉！阶柄用皆助以逐拱，拱复起而反刃阶矣。"❷

当时，许多曾趋附奉承徐阶无微不至的人物，而今却在极力搜罗徐阶的罪证，纷纷举劾以反噬，用以洗刷与徐阶的关系，并谋博取高拱的谅解❸。此类鬣狗式的风派人物，总是紧随在健壮猛兽之后而分啖其残食；一旦猛兽已衰朽或战败受伤，它们也会绝不留情地狂袭自己的恩主，咬断其喉管而分食其遗骸，再寻觅和追随新的健壮猛兽。徐高均为智者，但亦均有不明智之处，盖他们二人均殚精耗力以针对自己的对手，不惜为此招纳党附以充护卫或打手。讵料情势一变，率先反噬，以献媚新当权者的，却正是此类深谙内情而又善于窥测风向的鬣狗辈也。

对徐阶大量侵占民田及诸子不法问题的查究，亦是徐高斗争的重要内容之一。

徐阶本人老而务得，在任时虽未闻以入贿聚财，但已假借权势兼事经营增殖，因而受到訾议❹。而最受非议的，是他的家族在故乡华亭大量兼并土地，"有田二十四万亩。子弟家奴暴横乡里，一方病之，如

---

❶《国史唯疑》，卷八。

❷《国榷》，卷六五，隆庆元年五月，《支大纶曰》。

❸《明穆宗实录》卷五七，隆庆五年五月己卯条载："革汉阳府知府孙克弘职，闲住。克弘者，前大学士徐阶同邑人也。尝遣其家人孙伍至京师，或妄传为阶所使。给事中韩楫、宋之韩相与计，欲寻端批报以中阶。伍寄宿民家，两人奄至其卧内，袭执之，大索资装，求阶事为左验，而伍所持独克弘所与亲故书，他无所获。乃更引他事，谓阶子瑶等侵盗本府起解钱粮，各坐以不法，并尽捕阶家人留居京师者，杂拷治之。御史王元宾受楫等指，穷竟其事，执伍等送法司。因奏克弘贪缘升迁，当罢黜状，并极言诋阶。于是，克弘坐斥，而喜事干进之徒，益务踪迹阶事为奇货矣。"可为一例。

❹ 隆万时人，后曾入阁为大学士的于慎行曾谓："华亭相在位，多蓄织妇，岁计所积，与市为贾。公仪休之所不为也。往闻一内使言华亭在位时，松江赋皆入里第，吏以空牒入都，取金于相邸。相公召工倾金，以七铢为一两，司农不能辨也。人以相君家巨万，非有所取直，善俯仰居积，工计然之策耳。愚谓倾泻县官赋金，此非所谓聚敛之臣也，以大臣之义处之，谓何如哉。"（载《谷山笔麈》，卷四，《相鉴》。）

坐水火"。❶

　　徐阶以曾任首辅的身份而兼为本籍首富，掊克里闾，甘为乡人疾首指恶而不恤，实际上是自置身于险地：

　　　　阶家居，其友人王畿规之曰："田至二十万，盍损诸。"阶唯唯。既而子姓共短畿曰："是且蛱民财，为作说客耳。"阶亦唯唯。畿复诘之。阶曰："小儿辈意殊不尔。"畿曰："子何溺儿女，子言不能以父制命哉？行见子之及于祸也。"❷

　　果然，隆庆三年（1569）六月，海瑞被任为应天巡抚。到任后，便将整治的锋芒首先指向肆意兼并民田，侵夺平民财产，横暴于乡里的乡官缙绅。他"素疾大户兼并，力摧豪强，抚穷弱，贫民田入于富室者，率夺还之。"❸他秉持着"遇孱弱贫瘵则抚，遇势豪强暴则摧"❹的精神，自言："法之所到，不知其为阁老尚书家也。"❺

　　整治一经展开，必然会集中到徐阶家族。海瑞"巡历松江，告乡官夺产者几万人"❻，而其中，又必以徐氏为首要。海瑞秉公要求徐阶退出相当一部分攘夺而来的田产，"若不退之过半，民风刁险可得而止之耶？为富不仁，有损无益，可为后车之鉴。"❼

　　徐阶在压力下，曾经退出一小部分田产，企图搪塞了事。因为数额不足，故海瑞又再亲函徐阶，请他主动退出应有的数量，遭到拒绝❽。于是乃对徐家严肃处置，以扫除整治的障碍：

---

❶ 伍袁萃：《林居漫录》，卷一。

❷ 《明史窃》，卷四九，《徐阶传》。

❸ 《明史》，卷二二六，《海瑞传》。

❹ 翁恕：《忠介海公祠碑记》。

❺ 《海瑞集》，上编，应天巡抚时期，《督抚公约》。

❻ 《海瑞集》，下编，书牍类，《复李石麓阁老》。

❼ 《海瑞集》，下编，书牍类，《复李石麓阁老》。

❽ 参见《海瑞集》下编，书牍类，《复徐存斋相公》。

徐阶家居，诸子故不束其下，围夺田舍，瑞痛裁之，讦讼蜩
起，诸子下请室，阶大不堪。❶

是时吴中贵人无逾华亭相。（瑞）按问其家，无少贷。而弟侍
郎陟武断残民，辄逮治如律。尽夺还其侵田。自是士大夫之名贪
暴者，多窜迹远郡以避，小民始忻忻有更生之望矣。❷

但是，海瑞主持限令乡官退还侵田的措置，却遭到当地劣绅势豪的顽
强抗拒，坚持不退或少退，甚至"腹诽唇稽，竟以夺富民田中公"，指
斥他"庇奸民，鱼肉缙绅，沽名乱政"❸。徐阶三子甚至策动言官控诉
海瑞诸多谬误，"合千金贿给事中去之"，"千金能去一抚臣，则钱亦神
矣"❹。到隆庆三年（1569）年底，退还侵田的措置竟成胶着，朝中亦
有人认为海瑞在江南"人地不宜"，提出撤免其职务。海瑞曾经在一些
函牍中表露自己的愤慨，说："事与心背，奈之何，奈之何！百凡经理，
垂成中止，可惜，可惜！"❺

高拱在隆庆三年十二月再出，正当海瑞致力清除以徐氏为总代表
的乡官占产面临失败，江南绅民矛盾突出之时。大量史实载明，高拱
是在海瑞遭受挫折，在隆庆四年二月被迫去职之后，继续坚持进行清
查的。对于应该如何处理当时的局势，高拱有两封带指示性的信件，
发给苏松巡抚朱大器，言：

夫海君所行，谓其尽善，非也。而遂谓其尽不善，亦非也。若
于其过激不近人情处，不加调停，固不可；若并其痛惩积弊，为民
作主处，悉去之，尤不可矣。天下之事，创始甚难，承终则易。海
君当极弊之余，奋不顾身，创为剔刷之举，此乃事之所难，其招怨

<hr />

❶《国榷》，卷六六，隆庆四年二月癸亥。
❷ 李贽：《续藏书》，卷二三，《海忠介公传》。
❸ 王国宪：《海忠介公年谱》，隆庆四年。
❹《海忠介公年谱》，隆庆四年。
❺《海瑞集》，下编，书牍类，《复余斗南御史》。

而不能安，势也。若在今日，则是前人为之，而但因之耳。怨在他人，而已享成功，此天之所以资公也。如以为戒，而尽反其为，则仍滋弊窦而失百姓之心，岂惟非国家之利，亦非公之利矣。❶

在另一信中，对今后应否继续清追势豪侵产，表示出更为明确的态度，言：

苏松田粮不明，小民受累已极。若不一申白，徒为容隐，则民困何时苏也。今宜将田地粮石尽行查出，要见在民纳粮者若干，其为势豪侵占而小民赔纳者若干，势豪为谁，并名下地亩，逐一开出，奏闻下部议处，庶可有厘正之期。不然，民困愈极，而事有他出，非所以为安也。❷

这两封信言简意赅，大体上可以看出，他对当时备受指斥詈骂的海瑞，是采取着体谅和保护的态度；对海瑞在应天巡抚任内为保济贫庶而推行的催追势豪还产的成果，基本上是肯定和保存下来，并在适当调整之后继续进行下去。而要执行这样的政策，就势必要与徐氏等势豪力量发生激烈的冲突。后代有不少史家，将之归结为高拱对徐阶的报复。《明史》卷二一三，徐阶、高拱、张居正三传均据此立论。如在《徐阶传》中言，"拱再出，扼阶不遗余力。郡邑有司希拱旨，争齮龁阶，尽夺其田，戍其三子。"《高拱传》则说："阶子弟颇横乡里。拱以前知府蔡国熙为监司，簿录其诸子，皆编戍。所以扼阶者，无不至。"《张居正传》更谓："拱衔阶甚，嗾言路追论不已，阶诸子多坐罪。"甚至有人说："时新郑以首揆掌铨，海为其所用也。……新郑方倚海为股肱，以龁华亭。"❸ 其他绝大多数史籍的说法，多与《明史》的口径相同。

---

❶《高文襄公集》，卷七，《政府书答》，《答苏松朱巡抚》之一。
❷《高文襄公集》，卷七，《政府书答》，《答苏松朱巡抚》之二。
❸《万历野获编》，卷二二，《海忠介被纠》。

这样的论说有偏颇之处。

首先，它无视追催江南乡官退还田宅一事，早在高拱重新掌权前半年已经很有声势地展开，乡官与反乡官，退田与反退田的斗争已经在很大规模内激烈进行。当高拱在隆庆三年（1569）十二月复职之时，江南的斗争既欲罢不能，又难以深入；以徐氏为代表的豪绅势力嚣张，海瑞被罢官已成定局（他是在隆庆四年二月离任的）。谓高拱倚重海瑞以压抑徐阶，在时空上均不相符。其次，在夺还被侵占田产问题上，存在着不容抹煞的正邪是非之分。勿庸讳言，以"颇快恩怨"，被指为有仇必报的高拱，他大憾于徐阶，失势而又得势后，存在报复心理是极可能的，但不能因他在海瑞受挫折后仍继续推动清退，便指为纯粹出于报复。

高拱确在主政后，对于江南清查退田事宜以及引起的大量诉讼案件，仍饬令地方官继续认真查究，并将前苏州知府蔡国熙起复于家，任命为苏松兵备副使，将松江地方黎庶对徐氏的诉状交给蔡国熙处理，加强了彻底清查的力度。时人朱怀吴关于蔡国熙清查徐阶家族不法问题的记述，虽亦是着重在从高拱搞报复的角度立论，但尚能将事件的发展梗概说清楚。他说：

> 徐阶去，高拱衔之不已。乃使给事中张博等论阶三子罪行，巡按御史逮。而起其门人前苏州太守蔡国熙于家，复其官，旋擢为苏松兵备，属之狱。而阶之仇复上书诬阶父子事，并下抚按，悉以委国熙。
>
> 国熙故为苏守，廉洁有惠政。时阶方在政府，而奴之贾于苏者横，国熙以法外穷治。御史闻而不善，国熙不自得，乞休，家居久。国熙乃穷治其事，且募能言阶三子及家人者有赏。于是，阶之故人子前府同知袁福徵、诸生莫是龙，皆以憾为谤书。……于是，凡生平略阶之三子者，有所负进而多责偿者，皆前挟金不已，而奸驵小人至无故而挟之，亦得所欲去。……国熙所具狱，戍其长子璠、次子琨，诋其少子瑛，家人之坐戍者十余人，没其

田六万亩于官。**❶**

徐府作为缙绅首户的威风被扫落，自然会在社会中引起很大的震撼。当时，许多曾受凌虐欺诈的老百姓纷纷起来要求申冤索赔。有人要求理论旧事，讨回公道；有人则要求立即赔退钱粮；官府的票传又连连不断。徐阶确曾为此苦恼不堪，几度企图自杀，因家人劝阻未遂。"华亭子孙牵衣号泣。华亭应曰：'吾方逃死，安能相活。'即跳西湖避之。"**❷**有人来找蔡为徐说情，蔡回答说："凡吾所为者，皆为相公地也。不如是，相公不安。"**❸**与海瑞前一时期的说法相同。

在海瑞催查乡官退还侵占田宅的基础上，再加强力度，以继续追查，不能谓之为枉法。任用被公认为"廉洁有惠政"的蔡国熙负责其事，亦不能谓之为徇私。适度惩戒徐阶三个横暴乡里的恶子，亦不能归结为诬陷。故此，将高拱复职后对徐阶家族的查处，完全（或主要）说是出于报复，似有不当。谓高拱出于公义而挟有私怨，庶或近之。史家对此，亦有较为客观的评论：

> 华亭在事既久，家产又多，子弟奴仆难道无得罪上官乡里处，又与高中玄隙末。归田之后，蔡春台（蔡国熙别号）备兵苏松，性素强直，一番扰攘自然不免。其归过于高于蔡，又或归之海忠介……皆揣摩之谈，不足信也。**❹**徐华亭晚家居，厄于蔡国熙辈，三子皆系狱论戍，此自群小阿奉政府为报怨图，未必尽高新郑意。高虽粗褊，而意气颇磊落，观所予吴中当道书可见。**❺**

以常规常法处置曾久任首辅的徐阶家族，这在当时是骇人听闻的，加以

---

❶《昭代纪略》，卷五。
❷《谷山笔麈》，卷四，《相鉴》。
❸《谷山笔麈》，卷四，《相鉴》。
❹《昭代纪略》，卷五。
❺《国史唯疑》，卷八。

因此而波及的社会层面又较广阔，亦有为一般朝士所难以理解之处。徐阶的门人故吏甚多，对海、高、蔡等的措置，本来多有异议，认为过甚。对于高拱来说，这样的舆论动态，未尝不是一种反映传统观念的压力。

在研究本阶段徐高斗争的特点时，必须注意到，高拱在查处徐阶子弟罪恶的问题上，前后的态度亦有变化，大体上也是逐渐朝着宽缓的方向发展。现存有高为此事写给徐阶的三封信，以及为缓息此事给地方抚按和有关人士的多封信件，均是极力表白本人无报复旧怨之意的。此类函件当是写在隆庆五年（1571）下半年或六年年初，反映着当时作者态度的软化和徐案的临将结束。

高拱在一封复给徐阶的信中说：

> 仆观古人，有以国家之事为急，而不暇计其私嫌者，心窃慕之。今以仆之不肖，乃荷圣主眷知，肩当重任，诚日夜竭其心力，图所以报称者之不暇，安敢复以小嫌在念，弄天子之威福以求快其私哉！用以托章大理者达意门下，盖出实心，非为狡也。
>
> 且近时，人亦有不乐彼此之遂平者，仍为未解之说。其意以为，称仆未解，则可以贾怨而收恩。若明言无他，则就中无可作为矣。此意仆已识破，故一切不理，付之罔闻，久当自消灭也。愿公亦付之罔闻，则彼无所施计矣。❶

在另一封信中，高拱更告以已驳回地方官的原拟判决，饬将徐的子弟概予开释，并再申修好之意，言：

> 仆不肖，昔在馆阁，不能奉顺公意，遂致参商，狼籍以去。暨公谢政，仆乃召还，佥谓必且报复也，而仆实无纤芥介怀，遂明告天下以不敢报复之意，天下之人固亦有谅之者。
>
> 然人情难测，各有攸存。或怨公者，则欲仆阴为报复之实；

❶《高文襄公集》，卷七，《政府书答》，《答存斋徐相公》。

或怨仆者，则假仆不忘报复之名；或欲收功于仆，则云将甘心于公；或欲收功于公，则云有所调停于仆；然而皆非也。仆之意，盖未得甚明也。

古云，无征不信。比者，地方官奏公家不法事至，仆实恻然。谓公以元辅家居，岂宜遂有此也。且兔死狐悲，不无伤类之痛。会其中有于法未合者，仆遂力驳其事，悉从开释，亦既行之矣。则仆不敢报复之意，亦既有征，可收信于天下矣。盖虽未敢废朝廷之法，以德报怨；实未敢借朝廷之法，以怨报怨也。❶

在高的文集中，还可以看到他当时为处理此案，给地方负责官员的信件。

其一，为《与苏松刘巡按》，言：

存翁三子者，仆已奉托宽假，近乃闻兵道拘提三人，皆已出官，甚为恻然。仆素性质直，语悉由中，固非内藏怨而外为门面之辞者。观昨顾绍在京搬弄是非，已执送法司问罪发遣去讫，则仆之本情可见也。兹特略便布意，必望执事作一宽处，稍存体面，勿使此公垂老受辱苦辛，乃仆至愿也。❷

其二，为《与苏松蔡兵备》，言：

存老令郎事，仆前已有书巡按处寝之矣。近闻执事发行追逮甚急，仆意乃不如此。此老系辅臣家居，且老而目见其三子皆抵罪，于体面颇不好看，愿执事特宽。此老昔仇仆，而仆今反为之者，非矫情也。仆方为国持衡，天下之事，自当以天下之公理处之，岂复计其私哉！❸

---

❶《高文襄公集》，卷七，《政府书答》，《与存斋徐相公》之一。
❷《高文襄公集》，卷七，《政府书答》。
❸《高文襄公集》，卷七，《政府书答》。

其三，为《答苏松刘巡按》，言：

> 承谕徐宅事，具见委曲处分，情法两尽之意。但此老尚在，而遂使其三子蒙辜，于心实有所不忍者，故愿特开释之。来奏已拟驳另勘。虽于原议有违，然愚心可鉴，谅必不以为罪也。❶

他在与其他人的通信中，也一再说到，"华亭之事，一切忘却。即有反侧，当令自销，正不必与较也"。❷又谓"黄粱已熟，大梦已醒"，等等。从这些材料看来，这些形成于隆庆五年（1571）下半年以至六年上半年的文件，仍处在高拱职任首辅兼吏部尚书，权势正显赫之时。当时内阁中仅有高拱、张居正两位大学士，两人均有平息徐案之意，且各有笔札留存，是可证明，徐阶家属侵占乡里田宅的案件，在此时期，已经基本上趋于从宽结束。《明史·高拱传》及一些史料，多谓只因隆庆去世，高拱去位，徐案才得转圜之说，是有欠准确的。

高拱之所以在后期亦主张对徐案采取宽松处理，并为此对有关各方都做了相应布置，原因亦是多方面的。首先，他挟有报复徐阶的用心，可说已收到预期的效果，徐阶被追查大量侵占民财一事已经喧嚣全国，声名尽毁，成为人所共知的丑闻。以徐阶的身份，三子被逮戍，本人面受乡里訾诟，几度寻死，甚至不得不屈身降志，亲函向自己当年的对手和属员乞哀求怜。事势至此，高拱可谓所求已遂，更何必定要置此声名狼藉的失势衰翁于死地？更进一步说，如果徐阶因此而死，又势必激发起对之同情的逆反心理，引起反弹，必将大大有损于高拱正处在上升中的权势和形象，不利其柄政。高拱权衡利害，深知与其以刻薄狠暴，徒快恩怨知名，不如以宽厚温和，恢宏大度得众。故此，采取适可而止的态度，是符合其根本的政治利益的。

更重要的是，当时的高张内阁，正在积极酝酿推行以一条鞭法为

---

❶《高文襄公集》，卷七，《政府书答》。

❷《高文襄公集》，卷七，《政府书答》，《答友人》。

中心的均平赋役的措施，包括在江南一些地区进行试点；而当时乡里庶民以及奴仆佃户等哄闹于乡官门庭，伸冤泄愤，这种带情绪性的斗争，在高张看来并不可能真正达到核实户丁田财，均平负担，杜绝兼并投靠和诡寄飞洒诸弊的目的。为保证一条鞭法的稳步推行，亦有对催追乡官侵占一事适当降温，而将之纳入较全面正规的改革的必要。徐案之在隆庆末期基本结束，就是在这样的背景下实现的。

第四节　高拱与赵贞吉的斗争及阁权归高拱

赵贞吉，字孟静，号大洲，四川省内江人。嘉靖十四年（1535）中进士。为人具才略胆识，有伉直声，但性格刚愎自负，有时意气用事，不能容人亦难以容于人。

高赵矛盾及其冲突，是隆庆朝统治高层最重要的内讧之一。他们的矛盾开始于在一系列政事上的分歧和论争，最终发展为权位的争夺和火并。他们的激烈争执，上连到当今皇帝隆庆，下波及于众官僚佐，涉及的范围极广，已成不可两立之势。高拱之所以能握胜筹，赵贞吉之不得不落败而退，其间张居正确实起过重要作用。

赵贞吉在隆庆三年（1569）入阁任大学士之前，已沉浮于官场三十余年。他曾有过辉煌的政绩，但也经历过坎坷的道路。

贞吉从政之后，最有声有色，受到朝野赞羡的，是他力斥和议，主战俺答，单骑犒军退敌的壮举。嘉靖二十九年（1550）八月，俺答率大军间道从黄榆沟入侵，分掠北京郊县密云、怀柔、三河、昌平，屯营于白河东，距京城才二十里。当此危急之际，"时事卒起，请武库兵，阉人例索千金。京兵俱游惰不习，卒驱之出，泣下。（仇）鸾军无纪律，往往掠村落间，故虏益横"❶。许多战将，如总兵高秉元，都指挥柏昂、徐镛等都拥兵不动。特别是当权的首辅严嵩和兵部尚

---

❶《国榷》，卷五九，嘉靖二十九年八月丁丑，壬午。

书丁汝夔竟然说："都门咫尺地，胜负难掩，饱虏欲，当自去耳。"因"下令勿轻战。诸将皆观望不前。侦骑率望风而返，其于战之虚实远近，茫如也"❶。

当此存亡关键之时，时任国子监司业的赵贞吉却挺身而出，慷慨执言，坚决反对接受屈辱性的和议，自愿身赴前线，策励众官兵奋勇抗御来犯之敌：

> 俺答薄都城，谩书求贡。诏百官廷议，贞吉奋袖大言曰："城下之盟，《春秋》耻之。既许贡则必入城，倘要索无已，奈何？"徐阶曰："君必有良策。"贞吉曰："为今之计，请至尊速御正殿，下诏引咎。录周尚文功以励边帅，出沈束于狱以开言路，轻损军之令，重赏功之格，遣官宣谕诸将，监督力战，退敌易易耳。"时帝遣中使觇廷臣，日中莫发一语，闻贞吉言，心壮之，谕严嵩曰："贞吉言是，第不当及周尚文、沈束事耳。"召入左顺门，令手疏便宜。立擢左谕德兼监察御史，奉敕宣谕诸军。给白金五万两，听随宜劳赏。
>
> 初，贞吉廷议罢，盛气谒严嵩，嵩辞不见，贞吉怒叱门者。适赵文华至，贞吉复叱之。嵩大恨。及撰敕，不令督战，以轻其权，且不与一卒随行。时敌骑充斥，贞吉驰入诸将营，散金犒士，宣谕德意，明日即复命。❷

贞吉以单骑出城，"持节宣慰诸路勤王兵，所至涕泣。谕以忠义，将士莫不感厉思奋。虏闻，稍移营北遁"。❸他当时还鼓励军民人自为战，宣布凡阵斩虏首一级者，立赏白银一百两，将官等有畏敌观望，坐失战机的，亦许指名参劾。凡此都收到一时性的效果。但却没有料到，

---

❶《国榷》，卷五九，嘉靖二十九年八月丁丑，壬午。
❷《明史》，卷一九三，《赵贞吉传》。按，周尚文为嘉靖前期重要边帅，数御强敌，身受重伤，因受谗言被褫夺官职；沈束为著名的敢于直谏的御史，因言得罪，被囚禁。
❸ 高启愚：《赵文肃公文集序》。

他的力斥和议虽得军民之心，却大大开罪了严嵩。严氏黠猾阴狠，故意在撰敕时即布下陷阱，不给予贞吉任何实权，限制其发挥真正的作用，使贞吉只能做一个匆匆来去的宣慰使，不可能在军事指挥上起到任何作用。加以嘉靖此人喜怒无常，反而指责贞吉"漫无区画，徒为尚文、束游说。下之诏狱，杖于廷。"❶ 收回了两天前特擢给贞吉的官职，将他贬降到广西偏僻县份荔波任典史。但贞吉坚决主战并亲赴前敌的言行，却已传遍南北，名声大噪。

其后十余年，贞吉因其才能，又逐步以佐贰微员的身份，累进南京吏部主事，升户部侍郎。但宦途仍不平顺，又因在督饷练兵等问题上顶撞严嵩，再被斥逐罢官 ❷。直到隆庆继位后，才被起用，隆庆三年（1569）八月，命以南京礼部尚书，转入内阁。

贞吉是带着自己的倔强个性和整顿朝政的抱负，进入内阁的。当时内阁的首辅是李春芳，群辅有陈以勤、张居正。这本来就是一个矛盾丛积、各有背景和打算的群体。赵贞吉又以老资格自居，因他本人是嘉靖十四年（1535）进士，而居首辅之位的李春芳和张居正不过是二十六年，陈以勤亦不过是二十年的进士。当时讲究功名科次，赵贞吉作为科举前辈却屈居群辅之末，但本人又急于推行自己的政见，并以晚辈后学看待先已入阁的同僚，矛盾定然急剧发展。

贞吉在隆庆三年八月二十二受命入阁之日，即声言，自己"不能为人作桃李之私，又不敢背公养笼罩之誉。徒恃悻直，终蹈危机。"❸ 次日，在讲筵中又面奏曰："近日朝廷纪纲、边防、政务多有废弛。臣欲舍身任事，未免招怨。伏望皇上与臣作主张，容臣得以尽力。臣誓不

---

❶《明史》，卷一九三，《赵贞吉传》。

❷ 赵贞吉在隆庆三年八月被起用为内阁大学士时，曾上疏言及自己过去的遭遇："庚戌之秋，狂虏犯顺，臣力沮群奸和贡之议，遂为所搆。仰赖先帝圣明，察臣孤忠，罪止降用。至辛酉之秋，复蒙先帝收录，升臣户部右侍郎。到任一月，恶臣者暗令言官逐臣回籍。家食已久，年力衰矣，已绝仕进之望矣。"（载《赵文肃公文集》，卷八，《文钞》）此即当时人称赵贞吉"十年二逐"，又是他在同一疏文中，自称"青衫去国，白头回朝"的过程。

❸《赵文肃公文集》，卷八，《自陈疏》。

敢有负任使。"❶ 这种对内阁前此政务采取基本否定的评价，以及恳求皇帝撑腰，以便"舍身任事"的态势，也必然会引起原内阁成员的强烈反感。

到九月，因对边境战事的处理问题，他上疏控告了有关边关的将帅，朝廷中的兵科、兵部，以至内阁其他大学士的状，曰：

> 九月内，闻虏入大同，大肆杀掠。总督陈其握兵观望于怀来、宣府之间，总兵赵岢弃镇，远避于应州方域之境，巡抚李秋、副将麻锦等皆闭门锁堡以自全。夫高位重禄之臣，有封疆守备之责者，坐视狂虏深入，屠杀生民，曾不能发一矢以向贼，其心固已忍，其罪亦已重矣。然又于旬日之后，虏骑尚未退尽，乃辄敢上夸功献捷之疏，以欺罔天听，是诚何心哉！人臣之罪，宁复有大于此者乎？

> 当有巡按直隶御史燕儒宦历陈该镇文武之臣失事之由，及地方残伤之状以闻。又该刑科给事中查铎、云南道监察御史王圻劾陈赵岢掩败为功，扶同欺罔之罪，一时朝廷之上，公论赖之稍明。

> 奈何该科、该部，袭守近年旧套。在科，则为漫然两可、避匿之参；在部，则为肆然庇护、再查之覆。蒙皇上发下内阁，令臣等看详拟票。……大同巡按所奏，科道所劾，公论也；当事之臣，请赂不行，持法不废，清议也。守祖法，定国是，张公论，畏清议，非我辈其谁哉？……于时阁臣不以臣言为然，臣亦隐忍不敢渎闻者，以为俟其再查，果如奏劾所论，则请正其罪，未晚也。今该巡按燕儒宦覆查失事罪状益加详著，况未经再查之先，大同失事之情弊已昭布人人之耳目，而不可掩矣。今兵部题覆，仍循回护之方；阁臣拟票，尚存姑息之意。臣备员密勿，与参谋断，但自顾才识俱出诸臣之下，欲争论而力不能。徒抱学古之愚，终鲜匡时之智，故怀惭而思退矣。❷

---

❶《赵文肃公文集》，卷八，《乞解辅赞重任疏》。
❷《赵文肃公文集》，卷八，《论边事疏》。

赵贞吉这一次告御状，可谓有事实有根据，侃侃言来，切中要害。当时上下相蒙蔽，但求得因循苟且之安，不敢触及编织得密密麻麻、纵横交错的关系网，不敢捅破已扩散于内外的脓疮，这正是当时官僚政治的沉疴痼疾。兵部之庇护失职违纪的边将，恰与当时的兵部尚书、老官僚霍冀有关，他累受边将的厚贿，焉能执军律以肃纪；内阁拟票中居然无视丧师失地之败，黎庶惨罹屠戮之痛，意以"将才难得题覆"❶，也是与执笔的首辅李春芳，但知软懦圆融以处好各实力派的关系，用以保住自己的宰辅地位有关。上述票拟文字，可谓"文如其人"。但是，庸主隆庆对于内阁内的处理分歧，言官与边将、科、部的争议，却不敢明确表态，仅是"姑两解之"❷，但求回避矛盾，但求了而了，功罪是非当然也被泯然匿灭了。贞吉之疏虽然在理，其敢于披露事实真相，要求严肃法纪的精神亦可嘉，但也表露出，他虽然入仕近四十年，但实际尚未谙知当时为官之道，依然是书生本色。他一举而树众敌，其在内阁内部，必然因孤立而受排挤。谓"同事者忌其英伟，复阳慕而阴挤之，使不得久于其位"❸，亦属实情。

如果说，李春芳向以能包容隐忍、不争闲气见称，陈以勤本来是一蔼然长者，他们对于赵贞吉的锋芒毕露，都未有表露出公开不满的话，那么，自视甚高，自认为经纶满腹，正有待于大施展的张居正，其反应却是迥然有别的，他绝不能接受赵贞吉对他的藐视，认为是一种难堪的侮辱。

> 赵文肃意轻江陵，每语，恒曰："非而少年所解。"或论及经、史、玄、禅，笑曰："妙理何易谈，而但知韩、柳文耳。"❹

---

❶ 胡直：《赵文肃公贞吉传》，载《国朝献征录》，卷一七。
❷ 《赵文肃公贞吉传》，载《国朝献征录》，卷一七。
❸ 高启愚：《赵文肃公文集序》。
❹ 《国史唯疑》，卷六。

《明史》卷二一三《张居正传》说："居正与故所善掌司礼者李芳谋，召用（高）拱，俾领吏部，以扼贞吉，而夺春芳政。"居正此一连环计算，是将高拱抬出来，并推向第一线，用以压制赵贞吉，俟机接代李春芳首辅的权位，为高张携手执政铺平道路。

随着高拱在隆庆三年（1569）十二月重新入阁，以武英殿大学士兼署吏部事，排名仅在李春芳之后，位居"次辅"，高赵的矛盾冲突遂亦正式揭开了帷幕。

在一定意义上说来，高赵的斗争也可以说是徐高斗争的继续。徐赵之间本有长远渊源。嘉靖二十九年（1550），赵贞吉之得钦派视师京畿前线，本是徐阶的荐引。四十年，由南京吏部主事（正六品），特擢为北京户部右侍郎（正三品），破格连升五级，亦是徐阶出主意提拔的❶。徐赵之间，在学术上本有密切的联系，互相钦仰（详见下节）。故此，在徐高斗争中，赵贞吉是右徐左高的。入阁不久，在应如何拟票处理有关《嘉靖遗诏》的遗留问题上，赵高在阁内几起当面冲突，赵亦挺身保护了徐阶❷。此为高赵矛盾的爆发点。

其后，高赵又为应如何判处已故后军左都督、掌锦衣卫事陆炳罪行的问题发生分歧。这一件旧案，从表面上看，是对嘉靖朝头号特务头子陆炳在任期间所犯罪恶的清算，实质上也是针对已失势家居的徐阶，因为徐阶本是陆炳的姻亲，而陆炳去世后，社会上又纷传徐阶数子竟欺孤灭寡，掠取去陆家巨额家财的丑事。赵贞吉传记的作者胡直认为，为此一事更激成高赵之间的深仇。曰：

---

❶《赵文肃公文集》卷二一，《再答徐少湖阁老书》言："顷京中友识书至，备述我翁近日拔处不肖之意，诚如覆焘者之德也。夫物芸芸而欲报造物者之功，则亦大径庭矣。故仆于门下，久不知所为谢，以此也。"可参考。

❷据胡直所撰《赵文肃公贞吉传》说："时阁臣高拱尤衔故相徐公，欲中以重法。疏言：'当时议事臣假托《遗诏》，凡先帝所去，如大狱及建言得罪诸臣，悉用超擢，死者赠官荫子，无乃仇视先帝，为无君之事。'阁中拟票，将如请。……公拂衣起曰：'若是，则将如宋时奸党碑矣。'拱色变，强留公，乃共改票，止于吏部，通行晓谕而已。又因公言去大狱字，拱以是迄不得逞于徐公。"（载《国朝献征录》卷一七）

> 拱……又以故锦衣陆炳为徐婚家，已嗾张御史追劾炳，而刑部以炳一品爵，例在应议列，当请敕三法司集议定之。奏下阁中拟票。是日公（按，指赵贞吉）当秉笔，而自（都察）院至阁远，拱迳公久不至，至，又不忍遽书，拱遂代书，径拟以削爵没产。自是，拱与公势不两立，第厝火未发尔。❶

对陆炳判处削爵没产，应该说是刑罪相当的。但出于拱手而夺去贞吉秉笔的权责，且因陆案关连徐案，徐阶与赵贞吉之间又存在着深厚的渊源，贞吉非常反对高拱借从严判处陆炳以牵累徐阶；又认为高拱借侵己之权以发泄对徐氏的报复，是别有用心。因此之故，情况遂发生了性质的变化。成见愈深，所谓"势不两立"之局于是出现。

促使矛盾激化的，是赵贞吉在一篇名为《三畿九弊三势疏》中，对内阁票拟是否能完整准确反映皇帝意旨，是否有徇私作弊之处，提出质疑，其针对性无疑是指向执掌实权的主要辅臣，疏言：

> 票拟亲裁，为慎于出入之几……更因此知大权不可下移。凡章奏要须面议，批答亦须亲笔。即令票拟，亦须令议尽天下之公，仍择其是者，细究利弊所在，明白的确，然后施行。如悉委于下而无所取裁，臣恐左右便嬖，孰非任私受贿，百计千挠秉笔者。使皆执正不从，则嫌怨易生；稍从事于转挽，则事体非宜。设辅臣不皆得人，则偏听独任，御下蔽上，党同成私而不觉者，亦可虑也。❷

贞吉实际上是要限制以高拱为首，以高张联手为基干的内阁权力，并首先对票拟进行严格的监督审核。因为从明英宗正统年间以来，内阁大学士逐渐掌握实权，主要表现在被授予票拟的权力，对一切章奏可

---

❶《赵文肃公贞吉传》，载《国朝献征录》，卷一七。
❷《赵文肃公文集》，卷八。按，此疏亦收入《明经世文编》，卷二五四，《文编》的作者对此疏的评价甚高，谓："公此一疏，不但事理明邑，文笔亦复高劲，不减贾太傅诸篇。"

以提出初步的处理意见。在大多数情况下，这些票拟意见自然会成为皇帝诏谕御批的毛胚。当皇帝怠政时，更是如此。所谓大学士无丞相之名，而有丞相之实，亦主要指此。自明世宗嘉靖朝，首辅制逐步确立后，情况更加明显。夏言、严嵩、徐阶等都充分运用过手上的票拟权，用以推行自己的政见主张。隆庆以懒著称，一贯不亲裁国政，是以辅臣的票拟往往直接转化成为皇帝的旨谕。贞吉要求皇帝收回此一授权，并力陈其中陋弊多端，这对于正力谋扩张权力以有所作为的高、张，当然是十分恼火的。

引发高、赵全面和公开冲突的，是关于考察科、道问题的分歧，以及在进行考察过程中，两方的倾轧活动。当时，高拱以大学士兼署吏部，掌握住人事大权；赵贞吉则以大学士兼署都察院，拥有纠劾百司、维护风纪的重责，且二人都是受隆庆特别赏识，特敕委以重任的。"二人品格猷望，称一时名硕" ❶。因各有所恃，而且又都性格刚强，面对着特别寓有敏感性的考察科道问题，矛盾便一触即发，全面破裂之局亦难以避免。

其实，真正决定考察科道，因而引发出举朝震动的高赵火并的，乃是"当今圣上"隆庆皇帝。

考察科道有着深刻的政治内容，它反映着当时君臣之间，内阁阁僚之内，众多言官门户之别等久已积累的矛盾和对立。

为什么隆庆"旨从中出"，决心要借考察名义以整肃给事中、御史辈呢？

> 先是，御史叶梦熊因论受降，引宋郭药师、张毅事为喻，遂忤旨。而自郑履淳、詹仰庇、李已、陈吾德等数以言事得罪，上颇恶之，乃有是命。 ❷

隆庆命考察科道给内阁的谕旨，并未掩饰本人因拒谏而生的震怒，曰：

---

❶《野纪蒐搜》，卷一二。
❷《明通鉴》，卷六五，隆庆四年十月壬戌。

朝觐在迩，纠劾要公。自朕即位四年，科道官一向放肆，欺乱朝纲。有奸邪不职，卿等严加考察，仔细来说。❶

这样明显出于狭隘泄愤心理的所谓"考察"，实无异于示意对一切敢言直谏之士进行强制的压抑和打击。

赵贞吉在最初阶段是反对这样做的，曾上疏谏阻，言：

近因御史叶（梦熊）奏论边事，言辞躁妄，上干圣怒，以至严谕。臣闻之不胜惊惧。切思叶（梦熊）已蒙皇上薄示降罚，足以惩一戒百矣。今又因此一人，遂波及于诸臣，并及前四年之诸臣，一时众心汹汹，人人自危。臣抱此私忧，故不敢默也。

臣查得自皇上登极以来，科道诸臣近二百人，中间岂无赤心报国，忠直敢言之士？今一概以放肆欺乱奸邪不职罪之，其罪不容于死矣。臣恐考察之日，所司奉承德意，过于严切，未免忠邪并黜，玉石俱焚，则将来言路壅塞，士气销阻，有伤国家安静和平之福，其关系非小也。

臣猥以疏庸，谬承委托。当此众心惶乱之时，治忽将分之际，岂敢惜身保位，结舌而不言哉？……我祖宗之制，设立科道，许其风闻言事，或是或不是，尚有执政诸臣酌量可否，取自上裁。纵有不当，亦止各受罚责，以为惩戒而已。未闻群数百人而尽加考察，一网打尽，以蹈汉、唐、宋之弊者也。❷

与赵贞吉相反，高拱则是倾向于行考察。就高拱个人而言，他在隆庆元年（1567）被迫狼狈辞官，乃是陷于徐阶唆使言官轮番弹劾围攻之故，对科道中有些人久积有仇怨，亟谋借考察以泄私愤。故此，当上

---

❶ 转引自《赵文肃公文集》，卷八，《乞止考察科道疏》。
❷《赵文肃公文集》，卷八，《乞止考察科道疏》。

引贞吉谏止考察之疏发出后，"拱闻，即上揭，谓有成命，竟不可止"❶。再就高拱本人的治道思想而言，他是主张除三品以上高官，可用"自陈"的形式，由皇帝亲自甄鉴以定去留外，其他一切官员，包括"科道纠劾不公之例"❷，均应有考绩黜幽之典，必须接受定时或不定时的考察。他指一些科道官，不过是"公室之豺狼，私门之鹰犬而已"❸。隆庆决定坚持考察，并在四年三月如期举行。

考察科道，是对所有职任御史、给事中的人，从人品、政绩、言行各方面进行评价，并决定应否归入贬斥之列。对于具体的人和事，由于司考察者的评判标准各有不同，更由于有恩怨存乎其间，故处理的意见亦大相径庭。高拱和赵贞吉因兼部院，都成为主要的主持人，在讨论时，不断发生冲突，例如：

> 有给事中吴时来者，故尝劾嵩父子，谪戍起用，守伉直，不附拱者也。拱锐欲去之，公（指赵贞吉）独不可，争至日中。拱知公不可夺，竟从公。故台省名士得全者众。然拱益恨公刺骨。❹

因意见分歧而激化矛盾，又因矛盾激化而发展为意气用事，各以斥去对方所厚之人为泄愤报复。考察大权遂成为党同伐异的工具。"及考察，拱欲去贞吉所厚者，贞吉亦持拱所厚以解。于是斥者二十七人，而拱所恶者咸与。"❺

经过为考察科道引发的一系列冲突，阁内已俨然存在两敌国。高拱的门生吏科都给事中韩楫率先上疏，劾斥赵贞吉在考察科道中使情任性，扣以"庸横辅臣"的帽子，指赵"大负简任，恳乞速赐罢斥，以清政本，以重巨典"❻，等等。这无异是一纸宣战书，迫使隆庆在留高

❶ 《赵文肃公贞吉传》，载《国朝献征录》，卷一七。

❷ 高拱：《本语》。

❸ 《本语》。

❹ 《赵文肃公贞吉传》，载《国朝献征录》，卷一七。

❺ 《明史》，卷一九三，《赵贞吉传》。

❻ 转引自《赵文肃公文集》，卷八，《乞致仕疏》。

抑或留赵问题作一抉择。按，韩楫自隆庆元年（1567）以来，一直是高拱的主要代言人和打手，反徐驱赵倒殷，可说无役不与。贞吉为此上疏自辩，疏中亦反击高拱，言：

> 人臣庸则不能横，横非庸臣之所能也。往蒙特旨掌院事，不敢辞者，以高拱内阁近臣，入参密勿，外立铨选，权任大重。皇上委臣弹压之司，非欲节其权耶？今经十月，仅考察相左，其他坏乱选法，纵肆大恶，昭然在人耳目，尚噤口不能一言，有负任使如此，臣真庸臣也。若拱者然后可谓横也。臣放归后，令拱还内阁，毋久专大权。❶

高拱对于赵的疏文，亦作了答辩，一则否认韩楫弹劾赵出于本人的唆使；二则对所谓"坏乱选法，纵肆大恶"等进行辩解，认为是无稽之谈；三则自请罢免以谢贞吉❷。疏上，奉圣旨："卿辅政忠勤，掌铨公正，朕所眷倚，岂可引嫌求退？宜即出安心供职。不允所辞，吏部知道。"❸这是无保留地留高弃赵的明确表示，赵贞吉闻旨之后，自知大势已去，只好沮丧而狼狈地"致仕回乡"。谓高拱排挤赵贞吉，不如说是隆庆与高拱联手以驱斥之。

其实，赵贞吉在高赵斗争中必然落败，乃是注定的。姑不论隆庆与高拱君臣间存在着深挚而长远的渊源，隆庆对高拱的宠信可说至死不渝，高拱亦自矢忠心不移以报答恩遇。疏不间亲。特别是，考察科道之事本来就是出自隆庆，用以作为堵口止谏，压抑言官的手段，而高由于多种原因，对此是由衷拥护，坚决执行的。赵则因反对而未被接纳，仅因职任所在才参与主持此事，是被动奉行的。例如吴时来之事，此人早岁以与张翀、董传策等同日劾奏严嵩，受刑不屈，被谪戍

---

❶ 转引自《国榷》，卷六六，隆庆四年十一月乙酉。按，此疏全文收在《赵文肃公文集》，卷八。

❷《高文襄公集》，卷三，《恳祈天恩特赐罢斥以全臣节疏》。

❸《高文襄公集》，卷三，《恳祈天恩特赐罢斥以全臣节疏》。

烟瘴。隆庆初，被召还，任工科给事中，又连疏劾罢佥都御史刘秉仁，连及内宦李芳，又直言谏诤隆庆勿临朝缄默，形同傀儡。他对高拱也不卖账，对吏部的工作多所非议。凡此，都自然为隆庆君臣所不悦。贞吉为他力争免斥，实亦忤及皇帝及当权辅臣，必然增加隆庆的恶感。贞吉反击韩楫之词，虽然叙述在理，词锋凌厉，但其铩羽而归，已无待筮卜了。

赵贞吉在隆庆三年（1569）八月被召入阁，四年十一月致仕，在任仅一年零三个月。在此期间，他是做了不少工作的。他所上的奏疏不但坦直敢言，而且针对性强。对隆庆初年社会的凋敝，民生的痛苦，对当时萎靡不振，譬若"越绵不团而软"的官风士风，特别是对当今皇上的崇奢好逸，宠信宦官的坏习，内监辈插手重要政务人事，朋比党结，等等，都能据实揭露，并力请隆庆采取紧急果断的措施，纳谏改过，朝乾夕惕，加强忧患意识，致力勤政❶。就当时内阁诸臣所上奏疏的内容言，以激切率直，敢于触及皇帝痛处短处，敢于对包括李芳、陈洪、冯保在内的大宦官实权势力进行批判的，当首推赵贞吉。在一些具体问题上，贞吉也敢于提出自己的意见。例如在有关军队营伍问题上，他有鉴于嘉靖中期括内外兵籍授之仇鸾的危险，也痛感到京营兵战斗力日削，曾上言请恢复洪、永旧制，采用分营统兵之法，欲将在京部队划分为左右前中后五营，各择将领统率，定期派文臣巡核，视其训练素质以定赏罚，使辇毂之下，常有数万精兵可用，避免再重蹈嘉靖二十九年（1551）俺答率大军围城，而战守无策的覆辙❷。此议虽曾得到英国公张溶等人的赞同，但要剥夺目前掌军将帅的兵权，要模仿五军都督府的旧制重新划分军队编制，在当时是窒碍难行的。

史家对于高拱、赵贞吉，认为二人均怀匡济之志，亦各具有卓识和才干，但终以决裂结局，常为之扼腕遗憾。当赵贞吉被斥退回里时，

---

❶ 参见《赵文肃公文集》，卷八，《三畿九弊三势疏》。

❷ 参见《赵文肃公文集》，卷八，《论营制疏》。

"时论惜焉"。❶

第五节　张居正在内阁内讧中的角色与高张并相

当徐高斗争的第一阶段逐步升温的时候，张居正仍仅是一个翰林院侍读学士，按其位阶，与内阁大学士之间存在着好几级距离，且他与徐阶和高拱两人，均保持着良好的关系，故此，对阁内的讧斗持缄默不介入的态度。但在入阁后，由于对国事朝政的见解倾向于高拱的改革主张，对胡应嘉及众言官攻击高拱的言论具有反感，对于徐阶用术以驱斥高、郭，也不以为然。"居正素善拱，见其状，不平，往请于徐阶，不听。一日，阶咨事，居正曰：'某今日进一语，明日为中伤矣。'"❷由此可见，在内阁讧斗异常火爆的关头，人际关系亦随而迅速移动。作为阁臣之一，主要由于政见接近，居正正在逐渐向高拱一方倾斜。

明清的史学家多认为徐阶紧接高拱告休之后便下台，与张居正有直接的关系。此说最早创自王世贞，但谈迁、尹守衡等俱持同一看法❸。世贞言：

> 阶再上疏乞归，而张居正意不欲阶久居上，且与高拱有宿约，以密旨报李芳：阶欲不任矣，遂许之。❹

张高是否有"宿约"，居正又是否秘密通报得宠大宦官李芳以向隆庆进言，此类暧昧之事，实难掌握佐证，不知王世贞何所据而云然。至于所谓"张居正意不欲阶久居上"，窃认为这主要不是阁内地位的排列，而在于张徐之间在隆庆新政的一系列方针政策问题上存在着根本性的

---

❶《罪惟录·列传》，卷一一下，《赵贞吉》。

❷《国榷》，卷六五，隆庆元年五月丁丑。

❸ 参见《国榷》，卷六五，隆庆二年七月丙寅；《明史窃》，卷四九，《徐阶传》。

❹《大学士高拱传》，载《国朝献征录》，卷六。

分歧，至演变为乐于徐阶的去位。试稽考一下，徐阶是在隆庆二年（1568）七月辞职的，八月，居正即递上反映他建议进行全面改革的政纲性奏章《陈六事疏》，得到了隆庆皇帝的嘉纳和部分大臣的赞许，有助于拨正朝政的大方向。居正对于《陈六事疏》的内容是经过长期酝酿，斟酌周详然后提出的。之所以不在徐阶在位时递上，而偏在徐阶甫出阁门之后立即上奏，当然不是偶然的巧合，而是为了避免在政见上与徐阶迎头碰撞，也为了减少阻力。这一点，从居正在隆庆二年秋冬至三年年初的几封信件中可以得到旁证：

其一，在《答中丞梁鸣泉》信中说：

> 近来士习人情，似觉稍异于昔。浮议渐省，实意渐孚，鄙人疏发其端，而太宰公助之。太平之休，庶几可望。❶

其二，在《答御史顾公日唯》的信中说：

> 近来士习人情，似觉稍异于昔。李石翁宽和沉静，斡握机衡。仆亦竭其驽钝，以共相疏附。《诗》所谓"伯氏吹埙，仲氏吹篪"者，或庶几焉。❷

其三，在《答蓟抚刘北川》的信中，更说道：

> 蓟镇有沉痼之疾，非旦夕可疗者。……顾前此为浮议所眩，使当事者不得展其所长，私心每愤恨之。数月以来，觉士习人情稍异于昔，实意潜孚，浮言渐熄。来教所谓牵制讥诮者，自今可无虑矣。❸

---

❶《张太岳集》，卷二一。太宰公指吏部尚书杨博。
❷《张太岳集》，卷二一。李石翁，指李春芳，字石麓，时任首辅。
❸《张太岳集》，卷二一。北川，是刘应节的别号。

其四，在《答少司马杨二山》的信中，居正更将徐阶去后的新气象与前此做了对比。瞻望前景，增加了信心：

> 今遇清明之朝，当改弦之会，而不相与励翼协力，共图实事，犹欲守故辙，骛虚词，则是天下之事，终无可为之时矣。来教谓自今祗论事功以为黜陟，凡称清称高谈玄及议论无实者，一切斥之不顾，旨哉！旨哉言乎！ ❶

这几封信虽然措词用字还比较隐晦，但仍可看出，张居正系统地提出改革的倡议，以及初步付之实践，几乎是紧随着徐阶下野的脚步而发出的。他在信中屡言的"士习人情，似觉稍异于昔"，这个"昔"，显然是指徐阶当政之时。他甚至认为，在软弱无主见，即可谓"宽和沉静"的李春芳领导下，比"有权略，而阴重不泄"❷的徐阶当政之时还较易发挥作用。他力攻的"浮议""虚词""谈玄""议论无实"等，既是指向徒托空论，不切实际的"祖宗成法"，亦是指向当时以徐阶为总代表的理学家们聚徒讲学之风❸。

居正之于徐阶，论公则受其一再荐引提拔，论私则谊属恩师，两人的关系一直是极密切的。徐阶在嘉隆之际，独引居正参与定策密议；下台之前，交托家国重事；回乡之后，遭受追索侵占田产风暴及查究诸子不法，有赖于居正调解，居正亦曾给予尽可能的维护❹。但是，所

---

❶《张太岳集》，卷二一。二山是杨巍的别号。

❷《明史》，卷二一三，《徐阶传》。

❸ 关于张居正、高拱与徐阶、李春芳、赵贞吉等在推崇理学与反对理学，提倡讲学和反对讲学的分歧与斗争，将在本章第六、第七节叙述。

❹ 徐阶回籍受厄，张居正确曾尽力维护，使徐免受过分的冲击。高拱复出，居正就敦劝他"忘怨布公"；为缓解退田及徐阶三子的被逮捕法办的问题，居正曾一再给先后任应天巡抚的海瑞、朱东园及苏松兵备副使蔡国熙等写信，请从国家全局出发，对徐案及早平息。他曾给徐阶本人及其弟、子以及友人等先后写过三十三封信，表示最大的关怀，"仆受太翁老师厚恩，未有以报，凡力所能为者，自不待嘱"。他亦一再督劝徐的子弟今后注意"益加敛戢，以缓退祉"。这些信件均载在《张太岳集》卷三四，盖治道虽已分途，而前盟旧雨，未能置之脑后也。

有这些恩遇情谊，都不可能消除在新的形势下必然出现的、在政策治道上难以弥合的分歧，和在权力归属问题上难以妥协推让的矛盾。

徐阶去后，张居正倡议改革虽较受重视，但位居首辅的李春芳软懦无能，难挑重担；再加以赵贞吉思想保守而又以老资格自居，常视张居正为后学晚辈，有时甚至面讥居正为"浅学"，对于进行改革的意见，更是坚拒不纳。为了贯彻推行共同政见，也为了合力清除阁中的异见者，居正乃大力斡旋活动，再召高拱入阁：

> 居正与故所善掌司礼者李芳谋，召用拱，俾领吏部，以扼贞吉，而夺春芳政。拱至，益与居正善。春芳寻引去，（陈）以勤亦自引，而贞吉、殷士儋皆为所构罢，独居正与拱在，两人相亲密。❶

张居正对隆庆中期的内阁大改组，曾起过很重要的作用。甚至有人认为，"同列李春芳、陈以勤、赵贞吉、殷士儋之见逐，虽发之自高拱，而其机皆出居正。"❷

在高拱与赵贞吉正面互讦的激烈斗争中，张居正也确曾深深卷入其中。史学家支大纶言：

> 赵贞吉雄才直节，志在国家，使与高拱同心一德以究所施，天下不足平也。奈拱既激昂任气，自以无前；而贞吉复以气亢之，遂致忿争，固豪杰之常态。而小人伺瑕投隙，妄肆攻击，使君子不安其位，尼父所为恶利口之覆邦家者。❸

支氏所指"伺瑕投隙，妄肆攻击"的人，竟是张居正。他说：

> 高公拱与赵公贞吉相引重，意气款密，然拱将快意于所郄，

---

❶《明史》，卷二一三，《张居正传》。
❷《明书》，卷一五〇，《张居正传》。
❸《支华平先生集》，卷三八。

而贞吉喜因事致功，不能无生得先。而张居正钩致其隐，文斗其中，以徼渔人之利。会察日，二人至振矜大询云。❶

支氏之言当然有偏激，撇开高赵二人在政见和学术上本来存在根深蒂固的矛盾，又加以人际关系中的恩怨渊源迥异，而且二刚相克，他们由碰撞而冲突，因冲突而决裂的走向是有其所以然的。将赵、高关系，甚或连隆庆朝"政府若弈棋然"❷的责任，都归责于居正，显然不够公平。但亦应看到，在隆庆朝短短的五年零五个月期间，在内阁大学士之间，交叉式的连环斗争从未间断过，不论在频繁或在激烈微妙程度方面，都属史所罕见，而张居正确实在其间起过重要的，有时是关键性的作用。《明穆宗实录》记载的事实，《明史》《明书》《明史稿》《明通鉴》《国榷》等的评说，均持之有据，实不能为贤者讳。

在隆庆朝内阁的持续斗争中，能始终保位，并且不断上升的，只有张居正一人。沈德符论曰：

> 穆宗初政，在揆地者凡六人，江陵张公为末相。次揆新郑高公（拱），既与首揆华亭徐公（阶）失欢，南北言路连章攻之。张故徐门生，为之调停其间，怂恿高避位。三揆安阳郭公（朴），为（高）公同乡厚善，亦非徐所喜，张亦佐徐逐之。未几，徐首揆被言，张又与大珰李芳谋令归里。兴化李公（春芳）代徐为政，益为张所轻，乃市恩于高，起之家，且兼掌吏部；而次揆南充陈公（以勤），与兴化俱为张与高所厌，相继逐矣。其最后入阁者内江赵公（贞吉），历城殷公（士儋）。赵有时誉，时时凌高、张二公，出其上。殷人在下中，且与高隙，张既乘间挤去。赵亦与高争权，张合策排之行。至穆宗凭几，仅高张二人受遗，而仁和高公（仪）入不两月，悒悒不得志，卒于位。盖隆庆一朝，首尾六年，与江陵同事者凡八人，皆以计次第见逐。新郑公初为刎颈交，究不免

---

❶《支华平先生集》，卷三八。

❷ 许国：《许文穆公全集·志》，卷一四。

严谴。此公才术，故非前后诸公所及。❶

于慎行亦言：

> 隆庆（三年）己巳，上特旨相内江赵公贞吉。内江素豪直自用，
> 又为上所识拔，江陵恐其逼也，谋召新郑，而内监陈洪者，又新郑
> 里人，于是以太宰召还。庚午，新郑入。其年，罢内江。已而，南
> 充陈以勤自去。其明年辛未，罢淮南李公春芳，又罢历下殷公士儋。
> 于是，新郑以首相行太宰事，江陵并相，有诏不再卜云。❷

　　事实表明，张居正在当时波诡云谲、微妙多变的斗争中，在上层
官僚的融洽和决裂的交替中，在每次激烈搏斗和决定成败的重大战役
中，都能够站稳自己的脚跟，屡战不殆，极精明地选择好对自己收益
最大、风险最小的策略。在诸大学士中，他始终屹然未动，并且一直
维持着上升的势头；而其他人或见机知止，或落败归里，甚至郁郁以
终，都难以持盈保泰，保位固宠。而且，他在内阁斗争的重大关键战
役中，诸如徐高之斗、高赵之斗，实际上都是积极的参与者，但一直
极小心地避免出头参加正面的交锋，他总是能善于估算形势变幻，妥
为斟酌得失，以本身的利害为准绳，毅然做出纵横捭阖的处置。唯其
如此，居正才能在激荡的阁潮中，成为唯一的赢家，亦为他顺利地在
万历朝独裁柄政铺垫好道路。

　　对于这样的过程和结果，似不能主要在某一个人的品德方面求取
结论。权位的交错、政见的分歧，一旦达到难以调和的地步，就必然
会无情地撕毁一切师徒和亲密同僚的情谊。人际关系往往有反复，人
间恩怨往往会异位。相契相知一下子便会翻转成为相疾害和相忌恨。
何况，封建宫廷政治和官僚政治，本无固定共守的法则，本无必须笃
守的诚信可言。

----

❶《万历野获编·补遗》，卷二，《隆庆七相之去》。
❷《谷山笔麈》，卷四，《相鉴》。

第六节　阁员学术分歧在政治上的反映

一、徐阶遵奉"朱陆合一"学说与其主张保守调和的政见

既往史家对隆庆朝内阁之内此起彼伏、纵横交错而又持续不断的斗争，多称之为"混斗"。从现象看来，九个大学士中，除高仪一人因最后入，仅赶上隆庆朝的最末梢，未直接卷入斗争外，其余八人或积极参战，或因知机而避战；或幸而取胜，或遭遇狙击，或仆而又起，或起而又仆。但总是因阁内关系极复杂、矛盾极尖锐而影响升黜和安危。称之为"混斗"，似乎名实相副。但如果再往深一层次考虑，透过眼花缭乱、纵横捭阖的攻防战守，又可以发现，在政治上，隐约有坚壁深垒；在学术上，亦有阵线分明的门户和思想理论的对立。而政治和学术的分歧和激化，又必然汇合成为两股相激相荡、积不能容的冲突力量。至于个人间的恩怨变异，具体政见的争论，等等，无非是此一主要矛盾的派生物而已。

在学术上，隆庆内阁内存在着以徐阶、李春芳、赵贞吉三人为主要代表的，遵奉阳明学派的一方，与外表上自诩为儒臣，实际上乃服膺申韩法家学说的高拱和张居正为另一方的对立。学术上的分歧，必然要反映到政治上来，并在一定条件下成为指导政治的力量。每当时局艰危，历史面临转捩的关头，在治国方针大计和政策抉择等根本性问题，亟需作出决定时，异端的思想理论往往难以宽容共处，其矛盾即使仍较隐蔽，但却必然是日趋激烈而难以调和。徐、李、赵之被排斥出局，很重要的原因正在于此。

陆王心学是从北宋的程颐和南宋朱熹理学的基础上分化出来的。朱熹与陆九渊、王守仁都讲心性理气等形而上学的学问，但在探求义理的途径上，两者却有所不同。朱熹以"道问学"为主，而陆九渊则以"尊德性"为主❶。其实，"朱熹并非不重德性，而陆九渊亦非反对问

---

❶ 黄宗羲在《宋元学案·象山学案》中说："先生（指陆九渊，号象山先生）之学，以'尊德性'为宗……同时，紫阳（朱熹之号）之学，则以'道问学'为主。"

学,二者仅不过是在治学方法方面略有偏重。"❶他们都是从孔孟的儒家学理出发,从不同的角度展开自己的思想体系,将纲常名教归结为宇宙的本质,论证封建统治秩序的天然合理和永恒不败。南宋和元、明的君主都认为程朱理学大有利于自己的统治,将之确立为官方哲学和科举考试命题的依据。因为程朱都认为,以封建纲常伦理构成的"理",是超乎一切人间生活和客观事物的最高准则,是天地间的至理,是必须恪守勿违的。朱熹说:"圣人千言万语,只是教人存天理,灭人欲。"❷程颐及其兄程颢则号召人们必须绝对服从封建的伦理教条,说"饿死事极小,失节事极大"❸。这种学说只能教导人们盲目地忠于君父,心甘情愿地安于做顺民的地位,是悖乎人情的。陆九渊对程朱理学有所怀疑,认为持论过于极端,且学说支离,因而提出"吾心即宇宙","心即理也"的观点。及至明嘉靖年间的王守仁更不满于程朱理学的蔑视人情,以理抑情,进一步发展了陆九渊的"心学"。《明史》记述其由朱入陆和创造新理论的过程:

> 年十七谒上饶娄谅,与朱子格物大指。还家,日端坐,讲读五经,不苟言笑。游九华归,筑室阳明洞中。泛滥二氏学,数年无所得。谪龙阳,穷荒无书,日绎旧闻。忽悟格物致知,当自求诸心,不当求诸事物,喟然曰:"道在是矣。"遂笃信不移。其为教,专以致良知为主。谓宋周(敦颐)、程二子后,惟象山陆氏简易直捷,有以接孟氏之传。而朱子《集注》《或问》之类,乃中年未定之说。学者翕然从之,世遂有"阳明学"云。❹

---

❶ 王家俭:《晚明的实学思潮》,载台湾《汉学研究》,第七卷,第二期。

❷《朱子语类》,卷一二。

❸《二程遗书》,卷二二。

❹《明史》,卷一九五,《王守仁传》。按,"阳明学"自一开始,即引起不同的看法,王世贞在《新建伯王守仁传》中说:"守仁……从游者日众,始教人静坐,以存天理,去人欲为实功。缙绅之士非笃信其说,则怪之以为迂僻不堪用。"(载《国朝献征录》,卷九)这样的分歧,不但普遍存在于社会,甚至在内阁中亦是旗帜分明地对立着的。

由此可见，以"阳明学"作为重要组成部分的"陆王心学"，从嘉靖中后期开始，便蔚成显学。《明史》卷二八二《儒林传》言：

> 宗守仁者，曰姚江之学，别立宗旨，显与朱子背驰，门徒遍天下，流传逾百年，其教大行，其弊滋甚。嘉、隆而后，笃信程、朱，不迁异说者，无复几人矣。

徐阶、李春芳、赵贞吉正是生活于"阳明学"处在日丽中天的时期，他们的理论信仰都与陆王心学的熏陶有密切关系。

首言徐阶。

> 阶性颖敏，读书为古文辞，倾身以事贤豪长者，时故新建伯王守仁以讲学倾东南，阶与其门人欧阳德同年而善之，遂为王氏学。❶

徐阶是笃信"陆王心学"能阐发孔孟儒学的真谛，因而坚定"为王氏学"的。他以捍卫孔孟之道自许，早年，甚至不惜为此与任首辅的张孚敬当面抗争，不惜顶撞嘉靖皇帝：

> 时，上好更定礼制，欲绌孔子王号，去像为木主，于笾豆礼乐皆有所抑损，而首揆张孚敬缘上指，而发之下儒臣议，相顾慑耆，亡异同者。阶独条其三不必五不可状，甚辨。疏上，报闻。
>
> 孚敬坐朝堂，召阶，盛气诘之。阶徐理前说，且曰："高皇帝尽革岳渎号，而独不革孔子者，何也？"孚敬邅曰："高帝少时作，何可据。"阶曰："高帝定天下，而后议礼，宁少耶？果尔，明公之议四郊，何以力据高帝少作？"孚敬颇尽赤，曰："尔谓塑像应古礼不？"阶曰："塑像非古，然既已肖而师事之，何忍毁也。"

---

❶《嘉靖以来首辅传》，卷五，《徐阶传》。

孚敬曰："程氏不云乎，一毫发不似吾亲，可以亲名之乎？"阶曰："有一毫发而似吾亲，毁诸可乎？且明公能尽必列圣之御容无毫发不似乎哉？即何以处之？"孚敬语塞。怒曰："若叛我！"阶正色曰："叛者，生于附者也。阶故未尝附明公，何得言叛。"长揖出。

于是，上亦缘孚敬意，为或问以难阶，而斥之外，为延平府推官。阶既以尊孔子，首抗天子，排上相，中外称之。❶

徐阶对于王守仁的推重是一贯的。他后来任江西按察副使时，"以新建伯故有大功江西，为祠祀之，而大推明其学"❷。而所谓"有大功江西"，其一是指守仁在正德十一年至十二年（1516—1517）任右佥都御史，巡抚江西南部时，曾成功地镇压当地起而反抗明朝暴政的农民，血洗山寨，先后俘斩二万余人，并设计诱杀了来降的头目仲容等人。其二是指正德十四年，因宁王宸濠据南昌反，守仁传檄宣布宸濠罪状，饬令江西各属发兵勤王，经水陆苦战三十五天，擒获宸濠，戡平叛乱。最后，为防范谗毁，他打通了与大宦官张永的关系，并为迎合正德皇帝企图借擒获宸濠事件以炫耀武功的野心，守仁竟然不顾事实，抹煞了江西诸地方官兵及勤王部队的战功，"乃易前奏，言奉威武大将军方略讨平叛乱，而尽入诸嬖幸名"❸。由此可见，王守仁的"致良知"，其实遇事亦可从权变而昧良知；自称"平心中贼难"，其实有时亦在纵庇"心中贼"；"知行合一"，也表现在有时可以言悖于行。但有一点是颠扑不破的，即为了维护皇权专制统治，必须坚决果断地戡平任何对立的势力，甚至不惜采用血洗的手段。

徐阶在政治上也是处处以王守仁为法，他阿迎嘉靖，恍似守仁的屈从正德；他精心敷衍严嵩，酷肖守仁的示好于江彬、许泰。他们在政治上都以能忍、能处逆境，又能知机善处、能韬晦深藏见称，当然，他们心中都有一定之规，有自己理应恪守的"致君泽民"原则，但有

---

❶《嘉靖以来首辅传》，卷五，《徐阶传》。
❷《嘉靖以来首辅传》，卷五，《徐阶传》。
❸《明史》，卷一九五，《王守仁传》。

时也无奈地放弃或部分放弃了自己的原则。学术主张和政治实践之间存在的矛盾，在他们两人身上都有明显的体现。

徐阶在政治上着力调和，"一味甘草"，在学术上也有充分的反映。"朱陆异同"，是宋明理学已争论了四百年的老问题。朱熹和陆九渊在治学的方法论上，在对宇宙人生理念的立论和取据上，确实存在着不容混淆的区别，但徐阶却极力辩说，企图合朱陆为一，言：

> 周衰迄于宋季千有余年，晦庵（朱熹别号）象山（陆九渊别号）两夫子出，相与切磋论难，以得夫真似之辩。❶

又言：

> 故尊德性者，君子之所主以为问学者也；问学者，君子之所由以尊德性者也。舍问学而求尊德性，则德性不可得尊；舍尊德性而求问学，则亦不复有所谓问学之事。此尊德性、道问学所以为一，而非可以存养格致分属并言者也。❷

徐阶将他在延平讲学时编写的讲义，和与同道师友的论学通信，合编为一书，取名为《学则》。他自信，编写《学则》的主要原因之一，即为论说朱陆相同而无异。言：

> 古之学出于一，而后世之学析而为二。是故，古之道问学以尊德性，而后世欲舍尊德性以别求所谓道问学之事。……阶不敏，窃为此惧。日与多士论两夫子之同出于一者，使向往焉。既又恐其听之未审也，因取两夫子言之尤吃紧者，得书七十有八、铭三、讲义一、论二、语录二十有四，合为一编以授之，而名之曰《学则》。
> 呜呼！两夫子之学，自其生存以及今日，未有定论，而阶独

---

❶ 徐阶：《学则·序》。

❷《学则·辨》。

比而同之。阶之为此，诚可谓不自量。然学者苟按此以观两夫子之学，则可以谅阶之非妄。而即是以致学焉，亦庶乎其不诡于圣人矣。❶

《学则》一书，是徐阶崇尚宋代理学的代表作。他极力推崇程颐、朱熹等官方哲学权威的言论，学着朱熹的腔调，说什么"天理人欲消长之几，不敢不着力"❷；"近看孟子见人即道性善，称尧舜，此是第一义，若于此看得透，信得及，直下便是圣贤，更无一毫人欲之私"❸；"今之学者之病，最是先学作文干禄，使心不宁静，不暇深究义理，故于古今之学、义利之间，不复能察其界限分别之际，而无以知其轻重取舍之宜"❹。凡此，俱是本乎理学教义，调门都是很高的，此或是徐阶在被贬谪在延平时，正在失意，愤切追求理念境界时的言论。但与他被重召入朝参政，更进而入主枢垣时的言行活动相对照，则可看到即使被称为"救时良相"时，亦绝非"无一毫人欲之私"。在混浊官场中，往往亦未再坚持"义利之辨"。在权位争夺和政治殊死搏斗中，亦颇擅长于使用权术机谋。晚年务得更是颠倒了义利的界限。如果说，理学家多为疏阔之言，自欺欺人之论，言行往往相悖，知行难得合一，那么徐阶亦莫能外。论学与从政，本为两端，其章法与评价标准亦不相同。徐阶以著名理学家的身份而兼为最高级大官僚，晋身显贵之后又不放弃讲学论道，在讲坛和在官场，俱扮演着重要角色，遂必身陷于双重矛盾之中❺。黄宗羲在其所著《明儒学案》卷二七《文贞徐存斋先生阶》

---

❶《学则·序》。

❷《学则》，卷一，《答何叔京》。

❸《学则》，卷一，《答梁文叔》。

❹《学则》，卷一，《答宋泽之》。

❺ 黄景昉在其所著《国史唯疑》卷六中，有一段综论徐阶人生三大阶段的得失和比较，持论发人深思。言："大约徐文贞为词林重于宗伯，为宗伯重于辅政。词林以争圣像谪；宗伯以请册储、议祧庙，几遇祸。意气既张，声望亦美。至辅政后，二端既无所用之。况严主在上，恺僚在前，内图自亲，外嫌自表，势不得不少忍隐求济。斋醮土木从是侈矣。却妙在《遗诏》一著，曲终奏雅，亦天意有以成之。不然，其异于阿世曲学之儒也者，几希！"此数行书，实勾勒出徐阶一生际遇得失的轮廓，读之作深长叹息焉。

中，对于徐阶假道学的嘴脸，有过深入辟里的论述，言："先生之去分宜，诚有功于天下，然纯以机巧用事。……故无论先生田连阡陌，乡论雌黄，即其立朝大节观之，纯无儒者气象，陷于霸术而不自知者也。诸儒徒以其主张讲学，许之知道，此是回护门面之见也。"

徐阶一生，一贯重视讲学，鼓励开设书院授徒，每以宋明理学的传道者自居，每以能将理学教义的原则注入实际政治而自炫。他有时甚至在僧舍中开讲❶。"隆庆丁卯、戊辰间，徐阶当国，集诸部臣，手书《识仁》《定性》二书，与诸士商度"❷。徐阶挟首辅的权柄，邀集中央朝廷和在京地方官都来听讲，这在明史中是罕见的。当时的次辅李春芳亦在听讲之列，记述说：

> 京师同志之会，每三年一大举，天下之述职暨与计偕者咸兴焉。元辅存斋先生实主其盟。今年复大举于灵济宫，合内外凡数百人。先生以常直不克出，乃遣其子尚宝扬卿君以往，复以册书《明道先生定性书》，及《学者须先识仁》二篇，命与会者讽咏而商榷之。既各出所见就正先生，先生一一批示，皆直指性天仁体，群疑涣释。众谓宜镂梓以广其传，俾四方学者皆得以览观而兴起焉。予曰："诚不可以已也。"何也？世道之隆替系人心，人心之邪正系学术。……先生指二书以教人，其旨渊哉！先生秉钧方三载，而人心丕变，士风吏治翕然改图，斡乾转坤，真若反掌，学之有益于世也如此。❸

李春芳这一段话，反映出灵济宫的聚会，规模是很大的，且与行政系列密相结合，官味甚浓。时当嘉隆交替之际，全国正处于纷扰动荡的多事之秋，徐阶何以有此闲情？乃是因为他笃信宣扬理学，正可以为

---

❶ 孙承泽：《春明梦余录》，卷五六，《首善书院》。按丁卯年为嘉靖四十五年，戊辰为隆庆元年，孙氏此处有误。

❷《春明梦余录》，卷五六，《首善书院》。

❸《贻安堂集》，卷五，《存斋先生教言序》。

众多来述职的官员树立"识仁""定性"的共识，以期成为现任掌权者的忠实支持力量。这样的讲学，其实是政治的附庸。但谁也不会相信，讲学真能支配政治的运行和促进良知的发展，真能做到"人心丕变，士风吏治翕然改图"，居然能"斡乾转坤，真若反掌"。李春芳的文章，无非是表达一种愿望，一篇廉价的谀佞之词而已。

而在迷信讲学具有神奇功效方面，徐阶的固执几近于冥顽，竟说："凡天下未平治，虽若在位君子之责，然其病痛，乃在平居讲学不正不精，聪明才识一向就功利词章浪用浪费，为力滋苦，为蔽滋甚，竟使所建立一无足观。"❶ 这是一种倒果为因的说法。曾高中嘉靖二十年（1541）辛丑科状元，以尊崇实学、高风节著称的陆树声曾批评当时的讲学活动为不切实际，批判的锋芒隐指向其同乡徐阶，言：

> 近来一种讲学者高谈玄论，究其归宿，茫无据依，大都臆度之路熟，实地之理疏。只于知崇上寻求，而不知从礼卑处体究。徒令人凌躐高远，长浮虚之习，是所谓履平地而说相轮，处井干而谈海若者也。❷

陆树声的批评，可说击中了要害。从另一侧面看，也可说明中期的理学已经走入绝路，只有倚恃当权人物的支持和倡导，才可能造成一时性的喧嚣声势，但也正由于多由官方包办，使一些趋炎附势之徒视为登庸的捷径，随声附和以作为求赏识和拔擢的坦途。不少风派人物，本不知理学为何物，本来绝无信仰，但亦呢喃理学，借以插标自售。谈迁斥之曰："华亭讲学为天下倡，世群而效之。学社棋置，舍官寺而语玄虚，薄事功而课名理，下至巨奸元盗，窃入而影附焉。"❸

这样的讲学，当然在朝野间引起很大的争论。这些争论，也必然会反映到高层官僚以至内阁中来，形成尖锐的矛盾。隆庆朝大学士陈

---

❶ 徐阶：《少湖文集》，卷五，《寄刘平嵩给谏》。
❷ 陆树声：《陆文定公集》，附录，《清暑笔谈》。
❸ 《国榷》，卷六六，隆庆四年三月戊辰。

以勤的儿子陈于陛，其后亦曾任万历朝的大学士，他对嘉靖之间借讲学以争权乱政一事，曾有精到的看法，曰：

> 学问只当平居讲明，朋友切磋，至于招延党与，朝廷之上，公然设会，徽名乱政，罪之尤者。今之讲学，舍正学不谈，而以禅理相高，浸成晋代之风，司国论者其惩之。❶

至于高拱和张居正，他们既不信仰宋明理学的基本教义，也反对以宣扬"阳明学"为中心的讲学活动。讲学与反讲学，笃信抑或批判自二程、朱熹以至陆九渊、王守仁的理学思想，便成为隆庆朝内阁内斗争的焦点之一。"三年，新郑高文襄起掌吏部，以与华亭有隙，痛抑讲学"❷。"张江陵不喜讲学名色，盖惩徐华亭末流之弊"❸。万历时人沈德符曾论述张居正与徐阶在这方面的明显分歧，言：

> 宰相以功名著者，自嘉靖末年至今上初年，无过华亭、江陵二公。徐文贞素称姚江（按，指王守仁，他是浙江省余姚县人）弟子，极喜良知之学。一时附丽之者，竞依坛坫，旁畅其说，因借以把持郡邑，需索金钱，海内为之侧目。张文忠为徐受业弟子，极恨其事而诽议之，比及当国，遂欲尽灭讲学诸圣，不无矫枉之过。❹

到隆庆四年（1570）三月，即在高拱被重召入阁后不久，高张携手执政的初期，便发生了禁止各省官员主持讲学，并以此作为选用人才依据的事：

---

❶ 陈于陛：《意见》（不分卷），《讲学》。
❷ 孙𨥫：《兵部左侍郎许孚远神道碑》，载《国朝献征录》，卷四一。
❸ 《国史唯疑》，卷六。
❹ 《万历野获编》，卷八，《内阁·嫉诣》。

礼科给事中胡槚言："督学宪臣聚徒讲学，本为儒者之事，乃其徒遂缘是而诡辞饰貌以猎进。至有一语相合，以为曾唯而优之禀饩；一见如愚，以为颜子而贡之大廷者。徒以长竞进之风，而其中实无所得也。夫孔孟聚徒，彼其时固未有赏罚予夺之柄也。操赏罚予夺之柄而立为门户，岂持宪执法之体哉？"部覆："请如槚言，戒谕督学宪臣，务敦崇实行，毋倡为浮说以滋奸伪。"从之。❶

不难看到，从徐阶主持内阁时的广泛邀集官员以开讲，从上而下侈谈玄虚，至高张开始控制内阁实权，一律饬止官员推广浮说。

三年之间，这方面的风向已经大变，崇实抑虚，已经蔚成风气。这是隆庆中后期，对各方面的政务进行大幅度调整改革的思想理论前提。而以高张为一方，和以徐、李、赵为另一方，在学术以至治道上的分歧，必然会更趋深化，这不是任何人力所能调和的。❷

二、李春芳、赵贞吉在"浙中王学"的地位及其政治实践

隆庆朝曾一度职任内阁首辅的李春芳，和曾任内阁辅臣兼署都察院事的赵贞吉，都是陆王心学的坚定信奉者。在政治上，又与多年任首辅兼为理学权威的徐阶存在着深远的渊源。

李春芳自早岁即"究心理学"❸。嘉靖十年（1531），他才二十一岁，即"与计偕上春官。归诣海陵王艮、东城林春讲性学。已，复师事湛

---

❶《明穆宗实录》，卷四三，隆庆四年三月戊辰。

❷ 徐阶在隆庆二年上半年《与万履菴、洪芳洲诸同志书》中，仍继续为集会讲学的活动辩护，为门徒打气，言："闻诸兄为会于此，仆适上疏乞休，不能造领教。然念幸托同志之末，又不宜寂无一言以请正左右。窃惟吾人之为学，所以自成其身，譬诸饮食衣服，所以自求饱暖，非为人而为之也。近闻讲学之士，颇为人所非笑，不知诸兄于此颇有因而隳沮焉者否欤？亦有因而忿怼焉者否欤？夫隳沮者，是自绝其饮食衣服，忍饥寒以悦人者也，固非也。忿怼者，是舍其饮食衣服之事欤，犯饥寒以与人斗争者也，亦非也。"（载《世经堂集》，卷三四）。

❸ 申时行：《赐闲堂集》，卷二一，《大学士李春芳神道碑铭》。

公若水、欧阳公德。无何，湛归，欧阳门客日益众，谈议锋出，质言盈庭，公徐以片语剽剥，各适其意。欧阳大奇之，自以不如也。"❶

按，王艮是王守仁的学生，其学术思想亦深受王守仁的影响，但他"不泥传注"，主张草莽匹夫也应该关心社会，关心国家大事。他的哲学思想是以陆王心学为理论前提，但有所发展。在政治思想上，主张以提高教养来代替刑法，期望"刑措不用"。在经济上，主张"务本而节用"，崇尚远古低消费而分配相对平均的模式，认为这就近于实行"王道"❷。这种理论在嘉隆社会已陷入严重纷扰，贫富悬殊，矛盾毕现，而又严格区分宗法等级，存在和保护各种特权的情况下，是近于无法实现的乌托邦想象。王艮的学术被称为"浙中王学"，他创立了泰州学派，又被近人称之为"王学左派"。湛若水主张随处体认天理，与王守仁的致良知学说，有共通之处，但他认为，要达到"致良知"，亦必须营造出一定的客观环境，不能随心所欲，对王学做过重要的补充。欧阳德亦是王守仁学说的信奉者，但他认为良知应规定范围，受一定界说的限制。在当时的理学讲坛上，王艮、湛若水、欧阳德都是其中之健者，但均未超出"侈言心性"的范围。年青的李春芳积极参与他们的活动，对其后的政治生涯是产生过重要影响的❸。

赵贞吉是王守仁的私淑弟子，"年十五，读王文成（按，文成是守仁的谥号）公《传习录》，惊曰：'予固疑物理之远于本也。今获所归

---

❶ 王锡爵：《太师李文定公春芳传》，载《国朝献征录》，卷一六。

❷ 参见赵贞吉：《王公艮墓铭》，载《王心斋全集》，卷五。

❸ 李春芳在《甘泉湛先生文集叙》一文中，言："自孔孟既没，微言寝绝，迨汉晋诸儒溺意词章，言愈烦而道愈漓。有宋嗣兴，濂、洛辈出。周（敦颐）之纯心，程（颐）之定性，其旨归于揭斯道之真诠，觉斯民之矇瞆，非有二也。我明熙洽二百余年，人心丕变，文教大兴。白沙陈（献章）公身任斯道，倡明正学，溯濂洛以接洙泗，为一代儒宗。吾师甘泉湛先生早游其门，独得其传，乃与阳明王公日相讲明绝学，振作斯文。而王公语人，则曰致良知。先生语人，则曰随处体认天理。夫道在人心，昭明洞达，靡所不贯，靡所不烛。舍天理，非良知；舍随处体认，非致良知。盖道一言一而教亦一也。余尝亲炙门墙，面聆教敕。忆自诸饶别，羁迹仕版，仪型日远，趋步无由，惟奉六字心诀，日与周旋焉，盖将终身焉。"（载《贻安堂集》，卷四）

248

矣。'白二亲往从，不许，遂遍诵六经以求之。"❶其后中进士，入翰林，积迁为国子监司业，一直在教学和治学工作中积极宣扬阳明学理：

> 当此时，天下士高者固守物理，纷若射覆，一闻知本之学，反加诋訾，其于圣门性道之旨，盖莽如也。公慨然曰："学之不明，由性不明也。"进谕六馆士，首揭中庸性道教为训。大意以天命本然，即良知也。此万事之母，百行之主。习识虽蔽，不能灭其明；习气虽累，不能害其真；是天之所命，不容人伪焉者也。……为道孔子曰："性相近，习相远。"夫以万有之习，日驰骛以求胜其欲，则天下之日入于乱，不难矣。于是有圣哲出，皆欲反己澌之习，以修道而复性也。为教诸士，闻者慺然。有立志决习以求复恒者，若濯而新。❷

贞吉虽然浮沉宦海近四十年，最后官拜内阁大学士兼署都察院事，但一直讲学不辍，宣扬阳明之学不辍。他是明中期王学的代表性人物之一。其在理学的地位，略逊于徐阶，而高于李春芳。黄宗羲编撰的《明儒学案》，将贞吉归入泰州学派，在该书卷三四有关于他的专门评述。

这就说明，在隆庆朝的内阁中，确实存在着由徐阶、李春芳、赵贞吉三大巨头组成的，以尊奉陆王心学为理念的"同志"。试稽考他们三人先后在阁内的政见表现，亦是十分相近的，与实际信奉和推行申韩法家学说的高拱、张居正隐然对垒。

李春芳和赵贞吉，对于徐阶都十分钦敬。李春芳在嘉靖二十六年（1547）举进士第一，入翰林院任修撰。时徐阶正受命兼课庶吉士。春芳身为状元，已职任修撰，但他一直秉承教诲，敬称徐阶为师。称誉徐阶"究心理学，充然有得"❸。及至同在内阁，亦一切唯徐阶之马首是瞻。他称誉徐阶类似北宋的司马光，因为司马光能恪守传统，力挫王

---

❶《赵文肃公贞吉传》，载《国朝献征录》，卷一七。
❷《赵文肃公贞吉传》，载《国朝献征录》，卷一七。
❸《贻安堂集》，卷四，《师相徐存翁一品九年考绩序》。

安石的变法。对于徐阶以理学大家而兼首辅，也是钦赞不已的，言：

> 昔孔孟抱匡济之志，栖栖齐、鲁、宋、卫之间，曾不得一试以终其身。周、程、张、朱，学孔孟之学者也，间或登朝，曾未数月而退。公遇神明之主，受心膂之托，宣布道化，润泽黎庶，岂非斯世之大幸乎！ ❶

赵贞吉对于徐阶的钦佩和期许，亦不下于李春芳，他在《与徐少湖阁老书》中，具体表达了这一点，言：

> 今春唐子应德来会白下，与论本朝知学之相自门下始。盖经纶康济，前辈不无，而孔孟一脉之绪，知其说可举而措之天下者，尠矣。
>
> 自宋以来，讲学明道者皆在末位，而门下适当名世之运，质邻上智，体尚中行，心镜内朗，机神外圆。庄周谓有德有才，殆近之矣。举其说而措之天下，其不在今乎？
>
> 夫会万物而为一身者，圣人之德也。散一身而为万物者，圣人之才也。才与德备者，道之周也。故周于道者，天不能害，地不能杀，而世不能乱也。今方隅多警，而才用每空。天下嚣然，恐卒然之变起，而莫之救也。独君子以为必不然者，非恃有道之在高位乎哉！ ❷

值得注意的是，李赵都是将徐阶的学术地位和政治地位结合起来立论，都是把他作为孔、孟、程、朱、陆、王之后再出的"贤者"，甚至类近于"圣人"，将世道国运的前途寄托在徐的身上。但是，嘉隆之交时事的急剧变化，将完全出乎他们意料之外。徐阶真能久安其位，能推行其政，真能恃其理念以扭转人心士风，真能"宣布道化，润泽黎庶"吗？

---

❶《贻安堂集》，卷四，《师相徐存翁一品九年考绩序》。
❷《赵文肃公文集》，卷二一。

事实严酷地答复曰：否。

徐阶对于隆庆初年实处于或兴或灭，或变法以图强，或因循以待毙的大转折时期，救危扶倾的时机稍纵即逝的时代特点，可谓熟视无睹。当时已不存在任何恢复太祖、太宗旧制的主客观可能，徐阶从不敢言因时改制，绝不敢突破原有政治体制的框架，绝不敢轻于触动社会经济的结构，他是无力在恪守传统和因时变法中做出正确抉择，无力逾越此一界限的。由此决定了他从嘉隆之间，曾作为拨乱反正的推动者、弄潮儿，转瞬便落后于形势，成了出局的观潮派。历史潮流急湍而迅猛，大浪淘沙，即使连善谈心学，老于官场，曾有显赫声名的徐相国，亦莫能自外。徐阶常以两句话作为家教，所谓"无竞之地，可以远忌；无恩之身，可以远谤。"❶此或是他告别政治和官场之后的体会之言，但在他一生中，何尝"无竞"，何尝致力避恩？事实上，也一直没有摆脱过忌和谤。高谈理学者的言论，往往是与他本身的行为活动相抵触的。

李春芳和赵贞吉的政治态度，以及先后被排斥出阁，大体亦与徐阶相同。春芳本来缺乏独立思考能力，对形势的急转嗅觉迟钝，且亦无任何担风险的魄力和勇气。他以"状元魁首"而兼"青词宰相"，无非是因人成事，按部就班，入阁后便对徐阶亦步亦趋；徐阶亦因其在学术上、政治上均无棱角无锋芒而加倚重。此人在任次辅和首辅时，其特点就是无特点，"要归于和平安静，与天下休息，未尝为殊尤瑰异，有所更张"❷。李春芳可以在强干首辅之下列名相职，但绝无能力胜任为转型期的首辅。故此，他在徐阶去职后便感受到难以承荷的压力，最后只好知机求退。他屡次受言官疏劾，斥之为庸碌尸位。春芳答辩曰："臣幼学圣贤之道，志切君亲之伦。自叨鼎辅，每惧覆𫗧。惟念治道去其太甚，不必纷更；臣道止于代终，不敢恣肆。"❸又说："乃诋臣为庸琐阘茸，将欲臣俯视百僚紊乱成法，然后可以为贤乎？"类

---

❶《明书》，卷一三一，《徐阶传》。

❷《太师李文定公文集序》。

❸《贻安堂集》，卷一，《再乞休疏》。

似的言论，其实是处于软弱地位的自我辩护。正反映出，他在隆庆中期，当由高拱和张居正主持的大改革风云初动之际，所持的是顽固抗拒态度。腐朽已极的"治道"，焉能不去其太甚？已逆于社会发展潮流的"成法"，焉能不打乱而重新修订之？此正是内阁内两种势力最重要的分歧和对垒所在，亦是李氏在徐阶之后，不得不踉跄出阁的主因。

赵贞吉的性格和作风，与李春芳有很大的不同。其人"峭直鲠介，不阿随"❶，富有主见，而且敢言肯干。但他强烈要求用恢复旧制的办法，来收拾当时残破之局，事实上是行不通的。他经常强调"守祖法，定国是"❷，而没有清醒地认识到，二百年前制定的"祖法"，早已因时代和条件的变异，大多已成为具文了。他自恃是理学名家、科举前辈，有时盛气凌人。贞吉可以侃侃论道，但不适宜于在官场立足。此不仅因其思想不合时宜，实亦由于其恶劣的人际关系。到隆庆四年（1570）十一月，便终因与高拱互讼，而负气求休。他罢官回乡，杜门著述，准备括古今之学，写成两部大书，内篇叫作《经世通》，外篇叫作《出世通》。他"讲学即不讳言禅"❸，准备将陆王心学与佛学理论融通起来。最后作为明中期的理学代表人物之一而告终。

如果我们细心观察隆庆时期内阁内诸重要人物的思想言论和政见主张，不难发现，其政见举措与学术流派之间，有着非常密切的关系。以此两者为主线，则浮现在表面的个人恩怨，意见哄闹，互相攻讦，以及关系疏近，等等，似亦易于找到根源和答案。当然，这并不是就排除了权位争夺在他们关系中起过的特殊重要作用。陆王的"心本""修治心术"理论，认为"宇宙便是吾心，吾心即是宇宙"❹。既然把人的意识——心，说成是第一性的，本原的，支配一切的，那么在各信奉者之间，就必然存在着大幅度的不同理解，存在着广阔的主观

---

❶ 李乐：《续见闻杂记》，卷一〇。

❷ 《赵文肃公文集》，卷八，《论边事疏》。

❸ 钱穆：《宋明理学概述》，《中期明学·赵贞吉》。又言："宋明理学大传统在辟佛，尤其在辟佛学中之禅。纵有喜近禅学的，但以儒学正统而公开自认为禅者，则似乎贞吉以前还没有过。"可参考。

❹ 《象山全集》，卷二二，《杂说》。

能动因素，更因每人所处的地位、禀赋、器质和学养不同，故而在意识观念上也必然有所不同。而徐、李、赵在抵制激进变法改革的态度虽然相同，但反对的着重点和所持的应对方法则是不一样的。此所以李春芳之不尽同于徐阶，而赵贞吉又不尽同于徐、李也。

第七节　高拱、张居正的实学思想和对理学末流的批判

一、高拱弘扬实学和对宋明理学的系统批判

高拱、张居正一生的事功是建立在深厚的学术根基之上的。隆万大改革绝不是枝节性的就事论事，零打碎敲的孤立性的个别调整，而是在撷取了儒法两大学派的精华，有所吸收，有所扬弃，构筑成比较系统的改制变法理论的基础上，针对隆万之间的社会经济、吏治、刑法、边防和士风文教各方面的实际，毅然进行的改革运动。为较全面地阐明此一运动的兴起、主要内容、成就和缺失、终归于失败的主客观原因，不能不对共同领导改革运动隆庆阶段的高张二人，对在万历阶段独自柄政的张居正，从思想理论上进行必要的探索。

当然，高张的政治理论思想有同有异，故又有必要分别评述之。

首先论高拱。

牟钟鉴先生说："高拱不仅是一位能干的有谋略的政治家，而且也是一位博学精虑的思想家。这是徐阶和张居正都不及的。这一点常被后世学者所忽略。"❶对于此一论断，笔者深有同感。由于高拱"志不尽舒，才不尽酬"❷，执政时期又较短，故其功业恒为张居正的盛名所掩。正如隆庆阶段确是实实在在地为万历阶段奠定下扎实的改革初基，但亦多受忽略。有些著作，甚至在叙述此一时期历史时，但言张居正主

---

❶ 牟钟鉴：《高拱的实政论及其理论基础》，载陈鼓应、葛荣晋主编：《明清实学思潮史》，第九章，齐鲁书社，1989。

❷ 《高文襄公拱墓志铭》，载《国朝献征录》，卷一七。

持的万历十年大改革，而对隆庆时期高张联手领导和取得的丰硕成果不置一词，显然是悖离了历史的真实。牟氏以及其他师友根据确凿的史料，进行深入细致的研究，对高氏在学术上和功业上的重大成就给予公平的评价，发潜德幽光，恢复历史原来面貌，笔者对此十分钦仰，并甚愿有以补充之。高氏以实学思想抨击理学末流，用以为隆庆阶段改革树立南针，开阔视野，规范工作，本应受到应有的肯定。北京中华书局 1993 年出版的《高拱论著四种》的《点校说明》中，介绍了高拱学术著作、学术思想的主要倾向：

　　（高拱的）学术著作，主要有《本语》《春秋正旨》《问辨录》和《日进直讲》。《春秋正旨》一卷，是高拱针对宋代大儒胡安国、程伊川等人对《春秋》经义的穿凿附会，推原经意，订其谬误。表现了高拱对宋代理学持否定批判的态度。《四库全书总目提要》称，《春秋正旨》"其言皆明白正大，足破说《春秋》者之痼疾。卷帙虽少，要其大义凛然，多得经意，固迥出诸儒之上矣。"《问辨录》五卷，是高拱针对朱熹《四书章句集注》中的疑义，逐条辩驳，以求"圣人遗言之真诠"，是明显表现高拱学术思想倾向的代表作。《四库全书总目提要》称，《问辨录》"皆确有所见，足以备参考而广见闻。"《日进直讲》五卷，包括《大学》《中庸》各一卷，《论语》三卷，是根据高拱任裕王侍讲期间的讲稿整理出来的。此书先训解字词，后敷陈大意，再逐段串讲，甚得言外之意。但《论语》只讲到《宪问篇》为止。《本语》三卷，是高拱晚年的学术笔记。此书采用语录体，详细地记述了高拱对各种问题的基本见解，可以说是高拱一生学术思想的概括和总结。它的内容涉及面较宽，既有对程、朱理学的批判，又有对传统思想的评介；既评述历史人物和历史事件，又谈论现实的政治和弊端。《四库全书总目提要》评价《本语》，"辨诘先儒之失，抉摘传注之误，词气纵横，亦其刚很之余习，然颇有剖析精当之处"，"论时事，率切中明季之弊"。

这段文字清楚地勾勒出了高拱在学术理论上的轮廓。

首先，高拱对宋明理学采取旗帜鲜明的批判立场，言："宋儒穷理，务强探力索，故不免强不知以为知。"❶ 他认为这种牵强附会，以偏概全的毛病，在宋代理学开山大师之一的程颐（伊川）的言行中，就表现得很突出："后儒信道之笃者，莫如伊川先生，然每事好硬说硬做，故于圣人融洽处，未之能得。"❷ "伊川注《春秋》，用功多，然太着力却有穿凿。"❸ "学者穷理，正须虚心平气，以得精微之旨。若有意深求，定然执着；强为贯通，必至牵合；过为分析，不免破碎，得其理者鲜矣。"❹ 这不仅是在方法论上提出异议，而且是对程颐在治学根本原则上的否定。对于吵嚷了数百年的所谓"朱陆异同"和当时恍如日丽中天的阳明心学，高拱也认为无非是在文字概念上推理，以空论对空谈，穿凿牵拘，曲说以穷理。这种用引申又引申的做法，终只能陷于"空虚无据"，"徒为空中之楼阁，而卒无所有于身心"的绝地❺。"却只说谁家尊德性，谁家道问学，谁家知行合一，彼可此否，纷纷无已，只斗口语，到底成个甚？"❻ 他对于程、朱、陆、王这些大儒们的言论，认为无例外地应该采取有分析有批判，必要时敢于驳正的态度。他从正面指出："道问学即是尊德性，博文即是约礼，明善即是诚身。盖知即是行，未有知而不行者，不行不可以为知也。"❼ 这就是他对诸理学家主要学说的概括性回答。

高拱更反对宋儒朱熹将"天理"和"人欲"截然对立起来的学说。朱熹所说的"天理"，其实是将封建政治制度和名教纲常高捧为永恒至上的、神圣不可侵犯的真理，而将饮食男女等物质生活和生理要求，

---

❶《本语》，载《高拱论著四种》，20 页、9 页，中华书局，1993。

❷《本语》，载《高拱论著四种》，20 页、9 页。

❸《本语》，载《高拱论著四种》，20 页、9 页。

❹《本语》，载《高拱论著四种》，24 页、25 页。

❺《问辨录》，载《高拱论著四种》，112 页、117 页。

❻《本语》，载《高拱论著四种》，24 页、25 页。

❼《本语》，载《高拱论著四种》，24 页、25 页。

一概贬称之为"人欲"，提出"存天理，灭人欲"的理论❶。这是一种鼓吹僧侣主义、禁欲主义和宣化顺民的理论。其实，"天理"既是人所塑造的，为什么就不可以因时改变？"人欲"既是正常和正当的要求，又焉能硬加压抑而消灭之？高拱的学说远比朱熹平实，而且合乎情理。他认为"天理不外于人心，只人心平处便是天理之公"❷。又说："天理不外于人情。然圣人以人情为天理，而后儒远人情以为天理。"❸"夫事有本情而人有本心，出吾本心以发事之本情，则议道而道不睽，作之于事，可推四海而准，通千古而不谬。何者？天理、人情固如是也。"❹为迎合巩固统治秩序而炮制出来的空论，与为解决国计民生而研讨的实学，此亦分歧的一端。不相信"天理"不可修正不可动摇，承认"人欲"的客观合理存在，并予正确引导和满足之，乃是务实型政治家的道义责任。

高拱对朱熹学说的批判也是锐利的，可说击中要害，言：

> 理欲不两立，人心无二用，克己即是复礼，岂一边克己，又一边复礼乎？遏人欲即是存天理，岂一边存天理，又一边遏人欲乎？又即如所言，分而为二，则戒惧不遏人欲乎？谨独不存天理乎？支离甚矣。固知分言之、对言之，皆未当也。❺

作为隆万大改革前一阶段的主要领导人，高拱的主导思想是，承认变动，主张变制，坚持通过变革以求治。他认为，"达者，变通不拘之谓，善继善述是也"❻。他理解的"善继善述"，绝不是拘泥于前辈"圣贤"的片言只字，固守个别已经为时代发展淘汰掉的过时言论，"时势

---

❶《朱子语类》，卷一二。
❷《本语》，载《高拱论著四种》，26 页。
❸《本语·序》，载《高拱论著四种》，3 页。
❹《本语·序》，载《高拱论著四种》，3 页。
❺《问辨录》，载《高拱论著四种》，103 页。
❻《问辨录》，载《高拱论著四种》，109 页。

不同，尤有所变而通之，扩而达之，故为达孝也"❶。在这方面，他确实有着过人的理论勇气。他倡言：

> 不惟先王之所欲为，所已为者，为之承之；虽其所不及为，不得为者，亦皆为之承之。不惟所不及为，不得为者，为之承之，虽其所已为，有时异势殊不宜于今者，亦皆为之，变通之，斟酌损益，务得其理，推行扩充，务使幽明、上下、亲疏、贵贱无不周洽，而无非所以仰体先人之意，是谓"善继人之志，善述人之事"者也。夫继述之谓孝，继述而善焉之谓达，非通称之说也。❷

> 是故事以位异，则易事以当位；法以时迁，则更法以趋时。❸

这些论点，与历史上主张变法的前辈政治家的言论何其相似！"治权则势重，治道则事赢。"❹"守法而弗变则悖，悖乱不可以持国。"❺"因循苟且逸豫而无为，可以侥幸一时，而不可以旷日持久。"❻高拱以及张居正，正是体会到这些先驱者的睿智和胆识，吸取历史的教训，而又结合隆庆时期的现状，熔铸成自己的理论观点，用以推行改革运动的。

二、张居正强调整顿学风和主张以学术作为经世之具

张居正对于宋明理学，特别是对其末流空谈心性，侈言空寂至为厌恶。他尊崇实学，倡奉变革，与高拱是高度一致的。但居正也有与高拱不同之处，即他并没有留下系统的论学专著，只是在其较大量的

---

❶《问辨录》，载《高拱论著四种》，109 页。
❷《问辨录》，载《高拱论著四种》，109 页。
❸《问辨录》，载《高拱论著四种》，163 页。
❹《管子·揆度》。
❺《吕氏春秋·察今》。
❻ 王安石：《上时政疏》。

函牍和单篇文章中，表达出自己的学术见解和政治主张。

首先，居正对于当时风靡朝野的空疏学风极为反感，认为若不扭转这种歪风，则无从言振作，言改革，痛言"近来俗尚浇漓，士鲜实学"❶，"比来士习人情，渐落晚宋窠臼"❷。他之所以在许多场合引宋末的往事为戒，乃是因为当时国家积弱，而士论高嚣，未见有扶危济倾的实策，反而泛滥着摇惑众听，莫衷一是的空论。而嘉隆之间，此种恶习沉渣泛起，竟亦养成风气。居正指出其危害，绝不仅限于学术，而是关乎民生国运，言：

> 迂阔虚谈之士，动引晚宋衰乱之政，以抑损上德，矫扞文罔。……哺糟拾余，无裨实用，徒以惠奸宄，贼良民耳。❸

经多年的观察和切身体验，居正对于理学末流之辈哗声取宠，言行悖离，对社会业已产生的恶劣影响，是深有认识的：

> 夫昔之为同志者，仆亦尝周旋其间，听其议论矣。然窥其微处，则皆以聚党贾誉，行径捷举。所称道德之说，虚而无当，庄子所谓"其嗌言若哇"，佛氏所谓"虾蟆禅"耳。而其徒侣众盛，异趋为事。大者摇撼朝廷，爽乱名实，小者匿蔽丑秽，趋利逃名。嘉隆之间，深被其祸，今犹未殄。此主持世教者所深忧也。❹

他又进一步指出：

> 仆以为近时学者，皆不务实得于己，而独于言语名色中求之，故其说屡变而愈淆。夫虚故能应，寂故能感。……惟不务实得于

❶《张太岳集》，卷二五，《答文宗谢道长》。
❷《张太岳集》，卷二一，《答少司马杨二山》。
❸《张太岳集》，卷三二，《答福建巡抚耿楚侗言致理安民》。
❹《张太岳集》，卷二九，《答南司成屠平石论为学》。

己，不知事理之如一，同出之异名，而徒兀然嗒然，以求所谓虚寂者，宜其大而无当，窒而不通矣。❶

对于当时阳明心学的信徒们，将"动静无心，内外两忘"作为涵养的基本功夫，以所谓"沉心解悟"作为探析一切人、事、物的途径，居正是持怀疑和否定态度的，认为不切实际，言：

> 近时论学者，或言行颇不相覆。仆便谓其言尽不足信，是以孤了迄于无闻。窃谓学欲信心冥解，若但从人歌哭，直释氏所谓阅尽他宝，终非己分耳。❷

"信心冥解"，是王门心学信徒们视为修养的精髓之一，将"心"看作是宇宙万物的本原，是绝对排除不了主观因素的。议论风生，但对彼此的行为活动毫无约束力，不过是等于谈玄而已，对人对己都有害无益。故此，居正反其道而行之，一贯主张重实学，贵实行，办实事，求实功。"人情物理不悉,便是学问不透"❸。他认为真正的学问只能是经世致用的学问：

> 学问既知头脑，须窥实际。欲见实际，非至琐细，至猥俗，至纷纠处，不得稳贴，如火力猛迫，金体乃现。❹

这就是说，一切学说言论，都必须经得起实际的检验。其评价的标准，又首先在"人情物理"，在是否有裨实用，是否有益于国计民生。"圣贤之学，始于好恶之微，而究于平治天下"❺。这是居正与理学末流之

---

❶《张太岳集》，卷二二，《答楚学道胡卢山论学》。
❷《张太岳集》，卷三五，《答聂司马双江》。
❸《张太岳集》，卷三五，《答罗近溪宛陵尹》。
❹《张太岳集》，卷三五，《答罗近溪宛陵尹》。
❺《张太岳集》，卷七，《翰林为师相高公六十寿序》。

辈的根本分歧所在，他本人亦从未隐讳此点，"但孤所为，皆欲身体力行，以是虚谈者无容耳❶"。

所谓"经世之学"，是以"安民生，饬军政为急"❷。居正曾畅言自己从政的宗旨，并着重阐明学术与政治的密切连锁关系，言：

> 忆昔仆初入政府，欲举行一二事。吴旺湖与人言曰："吾辈谓张公柄用，当行帝王之道。今观其议论，不过富国强兵而已。殊使人失望。"仆闻而笑曰："旺湖过誉我矣！吾安能使国富兵强哉？"孔子论政，开口便说"足食足兵"；舜命十二牧曰："食哉惟时"；周公《立政》："其克诘尔戎兵"，何尝不欲国之富且强哉？
>
> 后世学术不明，高谈无实。剽窃仁义，谓之王道；才涉富强，便云霸术。不知王霸之辨，义利之间，在心不在迹，奚必仁义之为王，富强之为霸也。仆自秉政以来，除密勿敷陈，培养冲德外，其播之命令者，实不外此二事。今已七八年矣，而闾里愁叹之声，尚犹未息；仓卒意外之变，尚或难支，焉在其为富且强哉！公今不以仆为卑陋，而留心于此，诚生民之福也。第须一一核实考成，乃可有效。若徒腾之文告而已，实意且化为虚文矣。❸

不讳言以致国家于富强为职志，公开摒弃侈言重义轻利，高唱"仁义"而无视国弱民贫的废话，理直气壮地驳斥各式腐儒们各种流俗迂见，坚定地推行各方面的改革，正是张居正有别于其他庸官俗吏和腐学迂儒之处，也正是他之所以能取得伟大成绩的地方。加以处在衰敝积弱已极之时，求富求强乃是当务之急。面对诸如正德、嘉靖这样的暴戾之君，隆庆这样的庸懦之主，更焉有可能由他们来主持"帝王之道"？

---

❶《张太岳集》，卷七，《翰林为师相高公六十寿序》。《张太岳集》，卷三一，《答宪长周友山讲学》。

❷《张太岳集》，卷三一，《答福建巡抚耿楚侗谈王霸之辩》。

❸《张太岳集》，卷三一，《答福建巡抚耿楚侗谈王霸之辩》。

故此，在居正执政的全过程中，虽然屡遭谗诬污蔑，但他总能神清意定，咬牙立志，绝不动摇谋取富强的初衷，此正是受益于一贯主张崇实黜虚的学养。他自言：

> 二十年前，曾有一弘愿：愿以其身为蓐荐，使人寝处其上，溲溺之，垢秽之，吾无间焉。此亦吴子所知。有欲割吾耳鼻，我亦欢喜施与，况诋毁而已乎！❶

如同中国历史上一切进行过重大改革的前辈一样，张居正也主张适时变法，主张法后王。他这样的思想，是根深源远的。早在嘉靖三十四年（1555），他年刚而立，正在家乡养病时，就发挥过振敝易变以求治的理论，言：

> 圣人不能违时。振敝易变，与时弛张，亦各务在宜民而已。居今之时，用曩之治，欲因常袭故以希治平，譬以乡饮之礼理军市也，亦必不可几矣。是风俗之变也。
>
> 嗟乎！明兴才百九十年，而变已如是。吾安知继今以往，其将变而厌弃今俗，以复古之敦庞简易乎？抑将变而愈甚，以至于莫知其所终乎？后之治者，非随俗救弊，又将安所施乎？❷

回顾历史，展望时局发展前景，这一位胸怀大志，但正在韬晦乡居的青年学者，正在苦索冥思。从阴霾密布的昏暗中，蓦然发现一线明亮，局势还存有生机，那就是立足于变，随俗救弊。他乡居三年，确切体认到，必须顺变以求安，用变以求治，此乃是居正在渐趋成熟过程中的重大收获之一。

果然，在事隔十六年，即在隆庆五年（1571），居正已从当年在假的翰林院编修，累迁为内阁大学士，并与高拱共同主持着初期阶段的

---

❶《张太岳集》，卷二五，《答吴尧山言弘愿济世》。
❷《张太岳集》，卷九，《荆州府题名记》。

改革，他对于因时变法的理论和实践，有了更深刻更全面的理解，言：

> 法无古今，惟其时之所宜，与民之所安耳。时宜之，民安之，虽庸众之所建立，不可废也。戾于时，拂于民，虽圣哲之所创造，可无从也。后王之法，其民之耳而目之也久矣。久则有司之籍详，而众人之智熟，道之而易从，令之而易喻，故曰："法后王可也。" ❶

当然，作为一个已经身居显位，已经参与掌权执政的人物，居正不可能为变而变，不可能唯变是从。变法是有原则的，必须以国计民生的利害作为衡量的标准。变法是一项很严肃、很慎重的大举措：

> 法不可以轻变也，亦不可以苟因也。苟因，则承敝袭舛，有颓靡不振之虞，此不事事之过也；轻变，则厌故喜新，有更张无序之患，此太多事之过也。二者，法之所禁也，而且犯之，又何暇责其能行法哉！去二者之过，而一求诸实，法斯行矣。 ❷

积极、坚定、审慎而有步骤有次序有针对性地进行变制改革，是隆万时期大改革运动取得重大成果的原因之一。张居正又将之概括为四个方面必须注意的内容，曰：

> 毋不事事，毋泰多事。祛积习以作颓靡，振纪纲以正风俗，省议论以定国是，核名实以行赏罚，则法行如流，而事功辐辏矣。若曰："此汉事耳，吾且为唐、虞，为三代"，则荀卿所谓"俗儒"也。 ❸

试综观张居正从隆庆元年至万历十年（1567—1582）的治道方针，应

---

❶《张太岳集》，卷一六，《辛未会试程策三问》之二。
❷《张太岳集》，卷一六，《辛未会试程策三问》之二。
❸《张太岳集》，卷一六，《辛未会试程策三问》之二。

该说是恪遵这四个方面的内容以行事，而且是行之有效的。

在研究张居正的学术和政治思想时，很可能会碰到一个问题，即四百多年以来，史家多言居正用申韩法家以治国，稽之其在执政时各方面的措置，此说亦能成立。但细读居正的全部留存稿，又从未见他本人有任何推介或颂扬法家学说的文字。相反，且一再力言自己一向秉承的是孔孟之教，不敢违背"圣贤之学"。这可能是由于当时朝野内外都嫉视法家，对其严峻执法和较大幅度地进行变革都存有顾虑和误解，而对孔孟儒学却存在着传统的根深蒂固的认同，居正或为照顾到这样的偏颇成见，故虽多用申韩之法而避其名，援用儒家教义但根据己意加以诠释和引申，借儒为己用，是所谓外儒而内法，此或是他为减少阻力而采取的策略运用。明代的学人亦有说道："治天下必用申韩，守天下必用黄老。"❶ 其在斯乎？

---

❶ ［清］刘献廷:《广阳杂记》，卷一，引蔡瞻岷语。

第九章

隆庆内阁的成就和张居正的作用

第一节　两个纲领性文件的提出

嘉隆交替，是明代中期历史一大转折。嘉靖末期，局势已经走入绝路，各种弊端山积。朝野不少人已经意识到，当今皇上不升天，政局绝难有转圜的余地。人们在屏息等待这位地上神仙的丧钟，视之为可能带来转机的佳音。及至隆庆嗣位，却出现了以隆庆的弛纵政务代替嘉靖的专权擅政，以征歌逐色代替执迷修玄的局面。隆庆初年，许多重大的历史事件被重新进行评价和平反，许多功罪是非被再颠倒，但是许多新旧矛盾又都涌现出来。当此新君昏懒，议论纷腾，矛盾交错之时，却仍能在间隙中创造出某些转机，进行过一些有成效的重大改革，确实是不容易的事。这些成效的取得，显然是与一些卓越人物的积极思虑谋划有关，而其中，高拱与张居正又是这类人物中的佼佼者。"隆万间，所称最名相二：曰高新郑公文襄，张江陵公文忠。两公钟异姿，膺殊宠，履鼎贵之位，竖震世之勋，皆大略相同。"❶ 他们二

---

❶《高文襄公集序》。

人先后领导了当时持续十六年之久的，包括政治、经济、军事、司法、文化风俗等方面的改革运动，我们称之为隆万大改革。

他们在主持内阁，推行改革之前曾先后提出了自己的带有纲领性的政见主张，即高拱的《除八弊疏》和张居正的《陈六事疏》。两份疏文都是作者在认真考察朝政腐弊的症结所在，深思熟虑地研求其解决方法之后提出来的。《除八弊疏》是在嘉靖去世前夕，高拱任礼部尚书时起草的，由于嘉靖的去世而未及上奏，后来收入他的《南宫奏牍》之中。《陈六事疏》是张居正在隆庆二年（1568）八月上奏的。居正时为吏部左侍郎、东阁大学士，入阁已一年多。此时虽然经过皇位交接，嘉靖时代已经结束，但新建立的隆庆朝仍然面临着一系列艰巨而棘手的问题，"近来风俗人情积习生弊，有颓靡不振之渐，有壅重难返之几，若不稍加改易，恐无以新天下之耳目，一天下之心志。"❶ 其所以特别强调"稍加改易"，是因为经过元年和二年上半年贯彻执行《嘉靖遗诏》的内容，举凡斋醮、土木、方士等悉罢；在人事上，应罢斥应抚恤应起用者亦大体上告一段落。但这些都不过是粗线条地清除腐朽的旧基础、旧影响的工作，随着旧矛盾的淡化，新的矛盾就更突显出来，必须权衡全局，提出在《嘉靖遗诏》中未能包括的，适用于新时期需要的新纲领新要点，即所谓六事。否则，天下之耳目无以新，天下之心志亦难以一，而不通识时变，不改其当改，易其应易，亦无从新无从一。这就是张居正及时提出《陈六事疏》的主因。

两份疏文都特别强调不能再墨守成规，必须以变处变，其论据和论点都是十分接近的，是他们两人日后执政分别据以制定和推行各种方针政策的张本，也是两人在执政前同心互敬，"相期以相业"，在执政后一度密切协作的思想基础。从这两道疏文的内容，可以窥视到隆万政局的走向，也可以摸到当时内阁的某些主要成员的一致和分歧、融洽和对立的契机。

本章着重评述张居正的《陈六事疏》，也适当介绍高拱的《除八弊

---

❶《张太岳集》，卷三六，《陈六事疏》。

疏》。这是由于张疏草成在隆庆新君已嗣位一年之后，局势已大体明朗，有条件提出一些具前瞻性的设想，故疏文内容较为丰富全面；而高疏则起草于嘉靖去世前夕，且因嘉靖崩逝而未奏上，在当时政治阴霾密布、前景莫测的情况下，疏文只能集中于除弊。当然，高拱条列必须扫除的八弊，也是抓住了明中叶官僚政治最主要最恶劣的方面，高在执政后，也是首先针对此八弊痛加割治，然后在此一基础上再树立新猷的。

一、张居正《陈六事疏》论析

张居正《陈六事疏》❶中的六事是指：省议论、振纪纲、重诏令、核名实、固邦本、饬武备。疏文在每一事项下，又都有详细的论说，应该说是切中当时的要务。这篇疏文的主要精神和措置，不但针对着嘉隆交替之际，而且一直贯彻到其后柄政的全过程之中，是在明皇朝统治系统中进行自我调节的纲领性依据，也是张居正准备进行改革的理论构想，"江陵相业，见于六事。按其言征之，靡不犁然举也。"❷

任何一种变革性的社会实践，都需要一种理论和精神力量来统率，《陈六事疏》正是张居正提出的理论和精神力量的概括，是他认为必须狠抓不懈的六个关键性的环节。他认为，这六项事件是相辅相成的有机整体，排除了其中任何一项，其他五项亦必支离崩散，故此，这道疏文的起首处便开宗明义地说明：

> 臣闻帝王之治天下，有大本，有急务。正心修身建极以为臣民之表率者，图治之大本也；审机度势，更化宜民者，救时之急

---

❶《张太岳集》，卷三六，《陈六事疏》。此疏在黄宗羲编的《明文海》卷五七中全文引载，名为《直陈时政切要疏》，似更近于投递时用的疏名，但未署作者名字。黄氏似在明末天启和崇祯之间开始编辑《明文海》，而张居正直到崇祯二年（1630）才开始逐步平反，故此不敢将本疏的作者姓名署入。
❷《国榷》，卷六五，《谈迁曰》。

务也。大本虽立，而不能更化以善治，譬之琴瑟不调，不解而更张之，不可鼓也。**❶**

六事均关系某一重要方面，以下将分别论述之。

首言"省议论"。疏言：

> 臣窃见顷年以来，朝廷之间议论太多，或一事而甲可乙否，或一人而朝由暮跖，或前后不觉背驰，或毁誉自为矛盾，是非淆于唇吻，用舍决于爱憎，政多纷更，事无统纪。又每见督、抚等官，初到地方，即例有条陈一疏，或漫言数事，或更置数官。文藻竞工，览者每为所眩，不曰此人有才，即曰此人任事。其实莅任之始，地方利病，岂尽周知？属官贤否，岂能洞察？不过采听于众口耳。读其辞藻，虽若烂然；究其指归，茫未有效。比其久也，或并其自言而忘之矣。即如昨年，皇上以虏贼内犯，特敕廷臣，集议防虏之策。当其时，众言盈廷，群策毕举，今又将一年矣，其所言者，果尽举行否乎？其所行者，果有实效否乎？又如蓟镇之事，初建议者曰"吾欲云云"，当事者亦曰"吾欲云云"；曾几何时，而将不相能，士哗于伍，异论繁兴，讹言踵至，于是，议罢练兵者又纷纷矣。臣窃以为，事无全利，亦无全害，人有所长，亦有所短，要在权利害之多寡，酌长短之所宜，委任责成，庶克有济。今始则计虑未详，既以人言而遽行，终则执守靡定，又以人言而遽止。加以爱恶交攻，意见横出，逸言微中，飞语流传，寻之莫究其端，听者不胜其眩。是以人怀疑贰，动见诪张，虚旷岁时，成功难睹。语曰："多指乱视，多言乱听。"此最当今大患也。
>
> 伏望皇上，自今以后励精治理，主宰化机，扫无用之虚词，求躬行之实效。欲为一事，须审之于初，务求停当。及计虑已审，

---

❶《张太岳集》，卷三六，《陈六事疏》。

即断而行之，如唐宪宗之讨淮蔡，虽百方阻之，而终不为之摇。欲用一人，须慎之于始，务求相应。既得其人，则信而任之，如魏文侯之用乐羊，虽谤书盈箧，而终不为之动。再乞天语叮咛，部院等衙门今后各宜仰体朝廷省事尚实之意，一切章奏务从简切，是非可否，明白直陈，毋得彼此推诿，徒托空言。其大小臣工，亦各宜秉公持正，以诚行直道相与，以修职业为务，反薄归厚，尚质省文，庶治理可兴，而风俗可变也。

居正之所以将"省议论"列为六事之首，这是他对当时的社会风气，特别是官场百态进行认真观察得来的深刻感受。明代中叶以后的官风，可说已集历代官僚政治腐陋之大成：虚浮轻躁，急功近利，华而不实，言行悖离，哗众取宠，众议纷纭，莫衷一是，久已成为"最当今大患"。居正痛切地认为，在廊庙和各级文武衙门中，充斥着一大批官棍衙蠹，这些人久已沉浮于官海，熟谙于在什么场合，对什么人，在什么气氛下说什么话、做什么事。骤然看来，似是慷慨激昂，忠荩之态可掬；词锋凌厉，亦颇觉气势逼人；辞藻华丽，遣词用句具见匠心。但最根本的缺失是不切实际，徒恃笔墨口舌，不过是为一己骗取炫耀的本钱，谋取政治资本的增殖。更有甚者，言非由衷，事未熟虑，仅为迎合当道，揣摩朝廷或上级的意旨而发。是以风向一变，便立刻改换脸谱，翻异前言，昨日"披胆沥诚"而道者，恰为今日"义愤填膺"以抨击的话题。遇有风向再变，又必自认为再摸准脉搏，争先表态，依旧"一腔血诚"。此类风派人物，总以能敏锐感应政治气候的变化而随时变色为自得，早将为人的基本道德和操守准则置于思虑之外，"是非淆于唇吻，用舍决于爱憎"。这些表态议论，是专为说给在位的当权者听的，是为轮番求售于历次政争中的胜利者而发的，不但无益于国事，且必误导舆论，戕毒苍生。

更有一类官僚，下车伊始，例放空炮，滥唱高调，侃侃而道，似乎经纶满腹，成竹在胸，颇以爱民抚字为怀，但三把火余焰未尽，其颟顸贪暴的丑态即暴露无遗。下车之言，恍如隔世。众多官僚履新就任的说词，本官从未准备付之实践，从未打算兑现。自始至终，不过是矫揉造作的演唱一场。对于这种官场"花架子""嘴把式"和"笔把式"，居正是痛心疾首的。"繁称文辞，天下不治；舌敝耳聋，不见成功"❶。

空论浮议，不问实效，不仅见于宋季，亦猖獗于明中叶。以之裁定国事，判断利害，必然是议而难决，决而难行，行而难果，表面看来似乎热沸盈天，其实只能增加混乱，"辞多类非而是，多类是而非"❷。对议论不加分析不加鉴别，徒然酿造出原可避免的巨大损失。发言盈廷，谁也不负其后果责任。是以居正主张听言能察，"听言不可不察，不察则善不善不分。善不善不分，乱莫大焉"❸。居正不但从历史的教训中得到启悟，从古代法家的著作中吸取到营养，更特别针对当时的现状：防虏之策议论未定，而俺答已破关入塞；军卫之制屡更，而营伍却哗散于战阵。似此惨痛事实，理应认真记取。

居正还充分估计到，在各种堂皇的议论背后，往往都隐藏着一些不足为外人道的阴私诡谋，掩盖着某些极为复杂的人际关系和派系门户利害，甚至有些权势争夺和爱憎恩怨往往都会首先在议论中宣泄，甚或利用议论以制造舆论，用以作为政争的手段。这也是中国自古以来的官场常态，是多发性的常见病。

居正之所以将"省议论"放在最重要的地位，又是与他一贯的政治思想密切相关的。居正强调"一号令"❹，主张"审度时宜，虑定而动"❺，其实是法家主张的明代版。管仲曾说："蜚蓬之问，明主不听也；无度之言，明主不许也"❻。认为这种"不听""不许"，乃是"明主"正确运用权威的必要表现，是由乱入治的必要措置。故此，坚持"威不

---

❶《战国策·秦策》。

❷ 吕不韦：《吕氏春秋·察传》。

❸《吕氏春秋·听言》。

❹《明史》，卷二一三，《张居正传》。

❺《张太岳集》，卷二四，《答吴环洲策黄酋》。

❻《管子·形势解》。

两错，政不二门"❶。居正如同他的法家前辈一样，主张为治不在多言，更不能政出多门；权力必须集中，否则，其政必衰。

在《陈六事疏》中占第二位的，是"振纪纲"。居正力言：

> 臣窃见近年以来，纪纲不肃，法度不行，上下务为姑息，百事悉从委徇，以模棱两可谓之调停，以委曲迁就谓之善处。法之所加，唯在于微贱，而强梗者虽坏法干纪，而莫之谁何。礼之所制，反在于朝廷，而为下者，或越理犯分而恬不知畏。陵替之风渐成，指臂之效难使。贾谊所谓跣躄者，深可虑也。……故情可顺而不可徇，法宜严而不宜猛。伏望皇上奋乾刚之断，普离照之明，张法纪以肃群工，揽权纲而贞百度。刑赏予夺一归之公道，而不必曲徇乎私情；政教号令，必断于宸衷，而毋致纷更于浮议。法所当加，虽贵近不宥；事有所枉，虽疏贱必申。……庶体统正，朝廷尊，而下有法守矣。❷

以上论说，以严肃纪纲为主旨，体现出居正为政的根本，即"尊主权，课吏职，信赏罚，一号令"❸。其所以特别强调"尊主权"，是由于在当时君主专制，皇权至上的体制下，要推行任何大兴大革，都必须倚仗皇权的无上权威，必须取得皇帝的理解、信任和支持，否则，便一切无从着手，无法奏效。中国历史上的大改革家大政治家，诸如管仲、商鞅、韩非、王安石，都总是要高举着国王或皇帝的幡旗，恃仗国王或皇帝的号令以推行自己政纲的，他们总仰望出现"有道明君"，能够采纳自己的方略，作为自己的后盾。"凡治乱之情，皆道上始"❹。"君不肖，则国危而民乱；君圣贤，则国安而民治"❺。而君主之是否有道，

---

❶《管子·明法》。

❷《张太岳集》，卷三六，《陈六事疏》。

❸《明史》，卷二一三，《张居正传》。

❹《管子·禁藏》。

❺《六韬·盈虚》。

在于他的举措是否符合社会的要求，是否能正确地信人用人，在于"法必明，令必行"❶，纪纲严正，信赏必罚。张居正吁求隆庆严肃执行纪纲，特别强调应不分尊贵与微贱，均必须服从法纪，这才是有效提高皇威，履行皇权的体现。

当然，他提出"振纪纲"，亦有着鲜明而迫切的时代背景和针对性。经过嘉靖朝数十年的专制摧残，能持正谔谔的敢言之士，多已罹无妄之灾，而个别清廉自守的官员却往往受到排挤、讽刺和打击，甚至贫病困厄以终❷。这种极不正常的状况，使官风士风俱陷于严重的堕落腐败，是非功罪完全颠倒，"败军之将可以不死，赃吏巨万仅得罢官"❸。张居正上《陈六事疏》不久，被选入内阁且素有直言敢为称誉的赵贞吉，也曾痛论这方面的问题，可以视为是对《陈六事疏》的呼应和补充。他说："国家之事，最重者在边防。欲整理边防，在正朝廷纪纲耳。"❹ 他认为，只有做到"请略不行，持法不变"❺，国事才会有起色。

当时，京内外大小官员，绝大部分都依借权势以贪污受贿，实行权钱交换。每逢朝觐之年，即为京官"收租"之年，各外官至期盛辇金帛以奉京官，上下相率以为利。御史、给事中，虽号称为朝廷耳目之官，执掌风宪，其实也多受贿，花费千金，即能买通他们递上符合私意、枉法徇情或攻讦良善的奏疏。有些言官投靠某一大吏名下，作为反映其意见的喉舌，搏击政敌的利器，被称为"豪门吠犬"。故此，在朝班和各级官衙中，实充斥着诸如此类的鼯狸鼹鼠，虺蛇蝮蝎。头戴冠冕，身披官服，实为民贼。由这样的人物来掌权裁政理事，又焉有遵奉纪纲可言？纪纲不立，又焉有革新政治的可能？居正提出的

---

❶《商君书·画策》。

❷《国朝献征录》卷九三，载有王世懋撰写的《杞县令龚君起凤墓志》，其中说到："嘉隆间，吾乡有廉吏，曰龚君起凤。龚君廉，天下莫不闻，然官不逾县令而斥，斥而病且死，死而几不能棺，棺十余年而弗克葬。里之人至相戒曰：'欲为清，视龚卿。'"龚起凤的遭遇和下场，是当时勤职守法而清廉官员悲惨经历的写照。

❸ 顾炎武：《日知录集释》（外七种）上，卷一三，《除贪》，引于慎行语。

❹《赵文肃公文集》，卷八，《自陈疏》。

❺《赵文肃公文集》，卷八，《自陈疏》。

"法所当加，虽贵近不宥；事有所枉，虽疏贱必申"，其实不过是韩非"法不阿贵，绳不挠曲"❶，"刑过不避大臣，赏善不遗匹夫"❷理论的延伸。不论韩非、商鞅、王安石，抑或张居正，他们在发动改革的时候，总是要照顾到"微贱"者阶层，以至匹夫匹妇的利益；总是声称要制裁"强梗"者，以取得社会上更广泛的同情；总是呼唤社会正义，反对特权，以作为制定政策的出发点。

第三议是"重诏令"。这不仅是为了恢复皇权威望，而且是为了以诏令推动全副国家机器的有效运转，务期达到令行禁止的目的。在本议中，既建议严厉责成各级官僚衙署重视和认真执行诏令，也含蓄地要求皇帝应该郑重地使用诏令，注意自律。他说：

> 臣看得旧规：凡各衙门章奏，奉旨有"某部看了来说"者，必是紧关事情，重大机务。有"某部知道"者，虽若稍缓，亦必合行事务，或关系各地方民情利病，该衙门自宜参酌缓急，次第题覆。至于发自圣衷，特降敕谕者，又与泛常不同，尤宜上紧奉行，事乃无壅。盖天子之号令，譬之风霆，若风不能动而霆不能击，则造化之机滞，而乾坤之用息矣。

> 臣窃见近日以来，朝廷诏旨多废格不行，抄到各部概行停阁。或已题奉钦依，一切视为故纸，禁之不止，令之不从。至于应勘应报，奉旨行下者，各地方官尤属迟慢，有查勘一事而十余年不完者。文卷委积，多至沉埋；干证之人，半在鬼录；年月既远，事多失真；遂使漏网终逃。国有不伸之法，覆盆自若；人怀不白之冤，是非何由而明？赏罚何由而当？

> 伏望敕下部院等衙门，凡大小事务，既奉明旨，须数日之内，即行题覆。若事理了然，明白易见者，即宜据理剖断，毋但诿之抚、按议处，以致耽延。其有合行议勘闻奏者，亦要酌量事情缓急，道里远近，严立限期，责令上紧奏报，该部置立号簿，登记

---

❶《韩非子·有度》。
❷《韩非子·有度》。

272

注销。如有违限，不行奏报者，坐以违制之罪，吏部即以此考其勤惰，以为贤否。然后人思尽职，而事无壅滞也。❶

诏令文书具体反映皇帝的统治意图，直接体现皇帝权威，在理论上，对所有臣僚士庶俱有强制服从和遵守执行的功能，应该是不容漠视曲解，不得敷衍延搁，更不许阳奉阴违或打折扣的。可是当时的情况是"朝廷诏旨多废格不行"，其所以如此，大致有两方面的原因：

第一，是长达六十年以来，正德和嘉靖两个皇帝曾颁发过一系列"内降""中旨"，相当一部分只反映着他们的任性妄为和倒行逆施，诏令内容极端荒唐谬误，无法取信于人，也实在无法认真贯彻执行。诸如正德诏授自己为"大庆法王""总督军务大将军总兵官镇国公朱寿"，诏禁全国官民食用猪肉，以避朱、猪同音的忌讳。又如嘉靖手谕礼部，强调"擒叛销氛，俱朕祷玄之功"之类，外表上似乎皇言赫赫，实际上所表达的不过是发昏的胡话，完全是"乱命"。臣工们不得不随口称颂，实际上是口是腹诽，视为笑料。这样的诏令，焉有真正威望可言？焉能受到认真的重视？隆庆御极两年，又曾相继颁下苛责言路、屡索金银珠宝、多收宫人的诏书，实际上也是自我贬损，自毁威信。更有甚者，隆庆惟知"拱默"，既不亲裁章奏，又不主理政事，一切交由"阁臣拟令代答，以致人心生玩，甚非事体"❷。在这样的情况下，诏令之不受尊重，乃是势有固然的。

第二，是由于当时官僚政治的积弊已深，官司猥多，浮冗严重，职、权、责、利四者之间，或重叠不明，或互相牵制，互相抵消。勇于任事、勤于职守的反多招怨得罪，而敷衍塞责，但善于事上者，却捞取到循吏能员的好名声，不次得到升擢。对于诏令，官场中亦摸索出一套软磨慢拖、阳奉阴违的对策，"每见旨意之下，内外多不尊奉，如勘功罪，不惟公私难知，而且动至经年之久；征钱粮，不惟期限屡违，而且寂无一字之报；禁私馈，则潜行于昏夜以售欺；劾贪肆，则

---

❶《张太岳集》，卷三六，《陈六事疏》。

❷ 高拱：《纶扉奏稿》，卷二，《特陈紧切事宜以仰裨新政疏》。

聊及于孤寒以塞责，敢于抗违明旨，是主权未尊也。"❶

诏令变成具文，"钦此钦遵"流为形式，国家机器陷于瘫痪，一切政令陷于停滞，实质上是皇权贬值，君令不彰，"斯大乱之道也"。张居正殷切期望隆庆皇帝能发奋振作、纲举目张，一扫久已存在于诏书运行中的歪风，建立有庄严有威望，能切合实际，能有效率地推动全国政务，取得良好效果的诏令制度，为深入整顿改革创造条件。

第四议是"核名实"。所谓"核名实"，即循名责实，主要是指用人方针而言。任何革新举措，无不需要优选人才以同心协作。优选人才，应具备才具、器识、品格三方面的条件，缺一不可。按此条件严核精选而重用，是事业有成的必要保证。居正论曰：

> 臣每见朝廷欲用一人，当事者辄有乏才之叹。窃以为，古今人才不甚相远，人主操用舍予夺之权以奔走天下之士，何求而不得，而曰"世无才焉"，臣不信也。惟名实之不核，拣择之不精，所用非其所急，所取非其所求，则上之爵赏不重，而人怀侥幸之心；牛骥以并驾而俱疲，工拙以混吹而莫辨，才恶得而不乏，事恶得而有济哉？

> 臣请略言其概：夫器必试而后知其利钝，马必驾而后知其驽良，今用人则不然。称人之才，不必试之以事；任之以事，不必更考其成。及至偾事之时，又未必明正其罪。椎鲁少文者，以无用见讥；而大言无当者，以虚声窃誉；偊僮优直者，以忤时难合；而脂韦逢迎者，以巧宦易容。其才虽可用也，或以卑微而轻忽之；其才本无取也，或以名高而尊礼之；或因一事之善，而终身借之以为资；或以一动之差，而众口訾之以为病。加以官不久任，事不责成，更调太繁，迁转太骤，资格太拘，毁誉失实。且近来又有一种风尚，士大夫务为声称，舍其职业而出位是思，建白条陈，连篇累牍，至核其本等职业反属茫昧。主钱谷者，不对出纳之数；

---

❶《国榷》，卷六四，嘉靖四十二年十一月壬辰，引徐阶言。

司刑名者，未谙律例之文。官守既失，事何由举？凡此，皆所谓名与实爽者也。

故臣妄以为，世不患无才，患无用之道。如得其道，则举天下之士唯上之所欲为，无不应者。臣愿皇上慎重名器，爱惜爵赏，用人必考其终，授任必求其当，有功于国家，即千金之赏，通侯之印，亦不宜吝；无功国家，虽鼙笑之微，敝袴之贱，亦勿轻予。

仍乞敕下吏部，严考课之法，审名实之归，遵照祖宗旧制，凡京官及外官三六年考满，毋得概引复职，滥给恩典；须明白开具"称职""平常""不称职"，以为殿最。若其功过未大显著，未可遽行黜陟者，乞将诰敕勋阶等项酌量裁与，稍加差等，以示激劝。至于用舍进退，一以功实为准，毋徒眩于声名，毋尽拘于资格，毋摇之以毁誉，毋杂之以爱憎，毋以一事概其平生，毋以一眚掩其大节。在京各衙佐贰官，须量其才器之所宜者授之，平居则使之讲究职业，赞佐长官。如长官有缺，即以佐贰代之，不必另索。其属官有谙练故事，尽心官守者，九年任满，亦照吏部升授京职，高者即转本衙门堂上官、小九卿堂官，品级相同者，不必更相调用。各处巡抚官，果于地方相宜，久者或就彼加秩，不必又迁他省。布、按二司官，如参议久者，即可升参政，佥事久者即可升副使，不必互转数易，以滋劳扰。如此，则人有专职，事可责成，而人才不患其缺矣。❶

居正"核名实"一议，其实是认真总结历史经验，又长期细心观察吏治得失，反复研求整顿人事工作的精辟理论，其中有事实、有论据、有方案，提出一整套用人识人的原则。士必先器识然后才具，但又不可以重用无才的庸夫俗吏。因人因才因职守特点而用，有常规有必要有破格，那就必须对原有典章制度进行必要的修正调整。"核名实"一议，实为居正日后柄政时推行"考成法"的张本。

---

❶《张太岳集》，卷三六，《陈六事疏》。

居正一直对当时官场人事制度中名实相悖，贤劣混淆，任用非人，而亦未尽其用的严重情况，视为政局颓废最重要的表现之一。至于在大小官吏中，普遍存在圆、猾、怠、贪、苟、酷的风气，以奔走逢迎为要务，以善于揣测上意、八面玲珑为才能的恶劣表现，居正更认为必须坚决扫荡之。但他明知，出现这样的情况并非偶然。冰冻三尺，非一日之寒，而历史的沉淀，又非以最坚定的魄力和勇气，绝难摇撼而根除之。若不从此着手，又实无从改革人事制度。居正有感而言：

> 明兴二百余年矣，人乐于因循，事趋于苦窳。又近年以来，习尚尤靡，至使是非毁誉纷纷无所归究。牛骥以并驾而俱疲，工拙以混吹而莫辨。议论蜂兴，实绩罔效，所谓怠则张而相之之时也。❶

要区别牛与骥，要辨认出"混吹"于官场的拙者，就必须"自今只论事功以为黜陟"❷。除了在《陈六事疏》以外，居正不论在柄政之前抑其以后，总是在公私各场合，大力鼓吹"天下之才，与天下用之"❸"国家欲兴起事功，非有重赏必罚，必不可振"❹。总而言之，就是以效率和效果作为升黜进退人才的标准。赏罚严明，奖惩并用。奖赏宜厚，惩戒宜严，知人宜明，用人宜专。不以虚声浮名为准，不以高谈阔论为贵，不以科举功名作为主要的用舍依据，不分亲疏，不计恩怨。对于那些庸碌无能之辈，不能因其资深有奥援而留位；对于那些狡黠自私，善于揣摩，惟上惟官，精于钻营的谀幸之徒，更必须坚决斥退之。

其实，就"核名实"一议的精神实质而言，并不是全面的创新，

---

❶《张太岳集》，卷二五，《与李太仆渐庵论治体》。

❷《张太岳集》，卷二一，《答少司马杨二山》。按，《张文忠公集》《书牍》卷一，引文中"黜陟"二字为"殿最"。

❸《张太岳集》，卷二五，《答总宪张岷嵝言公用舍》。

❹《张太岳集》，卷二三，《答总宪凌洋山言边地种树设险》。

而仅是对中国自古以来优秀人事工作理论的继承与发展。诸如，"任人以事，存亡治乱之机也"❶"任人之长，不强其短，任人之工，不强其拙"❷"赏则必多，威则必严"❸"用赏贵信，用刑贵正"❹，如此等等。所有这些理论都是行之有效，屡试不爽的。但历代的史实又证明，它又是知之易而行之难，长久坚持更难。因为当权者往往为一己的偏执和爱憎任性，喜谀恶直，而率先破坏这些原则，或鄙弃之如敝屣，或嫉视之为妨碍纠结私党擅权夺利的障碍，以致有过不罪，无功受赏。"赏僭则利及小人，刑滥则害及君子"❺。功过不明，必然导致奸佞当道；吏道不肃，演变成为政治腐败的温床。张居正正是痛见当时"考课不精，吏治日敝"❻的严重情况，认为只有"核名实"，才可能扭转歪风。

第五议是"固邦本"。所谓"邦本"，是指人民生活是否安定，社会秩序是否稳定而言。管仲就说过："霸王之所始也，以人为本。本治则国固，本乱则国危。"❼古代一些政治家和政论家都强调，"制国有常，而利民为本"❽。人本学说是中国古代政治哲学中最可贵的精粹之一。许多卓越的政治人物都极力要把国家、君主和人民的相互关系摆在一个合适的位置上，保持较为稳妥的平衡。大量的历史教训也提出，"民心无常，惟惠是怀"❾。在芸芸众生的心目中，其实都有一把分寸清晰的尺度，都有着自己的善恶标准，对于苛暴贪虐政治普遍具有强烈的反抗意识。水能载舟，亦能覆舟。一旦民不聊生，就能够爆发出无坚不摧的反抗力量。多少次暴君授首，多少顶皇冠落地，都不过起于斩木伐

❶《韩非子·八说》。

❷《晏子春秋·内篇·问上》。

❸《商君书·外内》。

❹《鬼谷子·符言》。

❺《荀子·致士》。

❻《张太岳集》，卷二一，《答中丞谷近沧》。

❼《管子·霸言》。

❽《战国策·赵策》。

❾《南齐书》，卷一，《高帝本纪》。

竿的嗤嗤黎民。故此，"暴其民，甚则身弑国亡，不甚则身危国削"❶。亦正因此，聪明的统治者总是标榜"惠康小民""爱民如伤"，呼吁君主要敛民有节，使民有度，总企图缓解君民之间的矛盾冲突，不惜为此在统治体制内部，以及方法手段各方面，一再进行自我调整。张居正就是明代中期这一类型政治家最卓越的代表。他大声疾呼："致理之要，惟在于安民。安民之道，在察其疾苦而已。"❷疏言：

> 臣闻，帝王之治，欲攘外者必先安内。《书》曰："民为邦本，本固邦宁。"自古虽极治之时，不能无夷狄盗贼之患，唯百姓安乐，家给人足，则虽有外患，而邦本深固，自可无虞。唯是百姓愁苦思乱，民不聊生，然后夷狄盗贼乘之而起。盖安民可与行义，而危民易与为非，其势然也。

> 恭维皇上嗣登大宝，首下蠲恤之诏，黎元忻忻，方切更生。独昨岁以元年蠲赋一半，国用不足，又边费重大，内帑空乏，不得已差四御史分道督赋，三都御史清理屯盐，皆一时权宜以佐国用之急，而人遂有苦其搜括者。臣近日访之外论，皆称不便。缘各御史差出，目睹百姓穷苦，亦无别法清查，止将官库所储尽行催解，以致各省库藏空虚，水旱灾伤，视民之死而不能赈；两广用兵，供饷百出而不能支，是国用未充，而元气已耗矣。

> 臣窃以为，矫枉者必过其正。当民穷财尽之时，若不痛加省节，恐不能救也。伏望皇上轸念民穷，加惠邦本，于凡不急工程，无益征办，一切停免，敦尚俭素，以为天下先。仍乞敕下吏部，慎选良吏牧养小民，其守令贤否殿最，惟以守己端洁，实心爱民，乃与上考称职，不次擢用。若但善事上官，干理簿书，而无实政及于百姓者，虽有才能干局，止与中考。其贪污显著者，严限追赃，押发各边，自行输纳，完日发遣发落，不但惩贪，亦可以为实边之一助。再乞敕下户部，悉心讲求财用之所以日匮者，其弊

---

❶《孟子·离娄章句上》。
❷《张太岳集》，卷三六，《陈六事疏》。

278

何在？今欲措理，其道何由？今风俗侈靡，官民服舍俱无限制。外之豪强兼并，赋役不均，花分诡寄，恃顽不纳，田粮偏累小民。内之官府造作，侵欺冒破；奸徒罔利，有名无实。各衙门在官钱粮，漫无稽查；假公济私，官吏滋弊。凡此，皆耗财病民之大者。若求其害财者而去之，则亦何必索之于穷困之民，以自耗国家之元气乎？❶

在这里，张居正将邦本之是否巩固，主要放在财政经济和民生方面。因为皇帝挟无上的权威，用国家名义向人民征调的赋役是否适度，人民是否难胜负荷，负担是否均平，征收来的钱粮财富的分配和使用是否合理，均直接影响到国家的财政状况、社会的稳定程度和君民关系，直接关系到统治阶层的安危。

在"固邦本"一议中，张居正首先对当前财政状况的严峻困窘，做了恰如其分的说明，希望引起隆庆皇帝的警惕和关切。事实上，明代自正统年间以来，财政状况即直线下滑，统治阶层的贪婪欲求日炽，而在征、解、收、纳、用各个环节俱是腐败日增，人民负担沉重和赋役不均，久已成为朝野议论的中心话题。"成化以前，民间自两税马草以外，不过岁给官师厮役而已。弘治以后，中外坐派岁增十倍。凡吏于其上者，率货视其下，公私之所求，眈眈然鸟鸢之攫肉，必获乃已。奈之何不贫且逃也。于是丁不足以出差，而地于是乎加赋矣。刬地赋力差，豪民巧为规避，与老书黠吏反复相勾，甚或隐射飞寄，不可栉梳。"❷ 这样的恶性循环，到正德、嘉靖以后，为应各种额外开支，更是开动全副国家机器，驱使各级衙门官吏以百端征派，竭泽而渔。当时，"长吏考课，唯问钱粮"❸"有司惟以催科为殿最，其余不过虚应故事"❹。无权无势的小民百姓，只好鬻妻卖子，转徙于沟壑。"今民贫吏

---

❶ 《张太岳集》，卷三六，《陈六事疏》。

❷ 嘉靖《真定府志》，卷一二，《籍赋》。

❸ 《明史》，卷二五八，《华允诚传》。

❹ 任源祥：《鹤鸣堂文集》，卷一，《职官议》。

慢，而催征之令太数。夫良民奉法而供赋以为常；敝民梗化，而逋赋亦以为常。"❶ 及至隆庆嗣位，相继颁行《嘉靖遗诏》和《隆庆登极诏》，宣布蠲恤诸事，确曾在朝野间掀发起一时性的兴奋，期望新君行新政，能够崇俭戒奢，节用安民。但是，《嘉靖遗诏》和《隆庆登极诏》的墨迹未干，这位新皇上却"为鳌山之乐，纵长夜之饮，极声色之娱"❷，敕取金宝，增加织造，"内批"严旨不断，甚至专门派遣御史，分赴全国以"清库""欲罄天下库藏输内府以济旦夕之用"❸。户部尚书马森在隆庆元年（1567）二月，曾应诏复奏，说明当时的财政已陷于"时诎计穷"的境地，历言开支倍增，收入大减，各级环节层层侵蚀的窘况：

> 屯田十亏其七八，盐法十折其四五，民运十逋其二三，悉以年例补之。在各边，则士马不加于昔，而所费则几倍于先；在太仓，则输纳不益于前，而所出则几倍于旧。如是，则边境安得不告急？而京师安得不告匮？❹

他继续说：

> 今日催征急矣，搜刮穷矣，事例开矣，四方之民力竭矣，各处之库藏空矣。时势至此，即神运鬼输，亦难为谋。臣以为生财未若节财，多取不如俭用。❺

马森作为全国财务主管，对社会经济和国帑库存，当然了然于胸，上引的疏文正是根据实情，而又出于肺腑的危言。居正"固邦本"之议，其立论和出发点，与马森都是相同，而互相呼应的。但，居正是从更

---

❶《典故纪闻》，卷一八。
❷《明通鉴》，卷六四，隆庆二年元月己卯，《吏科给事中石星言》。
❸《明通鉴》，卷六四，隆庆二年六月，《兵科给事中魏时亮言》。
❹《明穆宗实录》，卷一五，隆庆元年十二月戊戌。
❺《明穆宗实录》，卷一五，隆庆元年十二月戊戌。

高的角度阐述所见，将财政状况和民生休戚、社稷安危联结在一起，提出"危民易与为非"的警告，并且提供出一些理顺当时财务，安定社会民生的具体建议，故此，比马森的奏疏更具远瞩。

居正《陈六事疏》的末一议为"饬武备"。"饬武备"问题之所以突出，是因为数十年来北虏南倭的周期性侵扰，久已严重地威胁到明皇朝的安全，不但沿海和边陲人民生计受到摧残，而且蒙古俺答所部不止一次挥军直迫京畿，明朝被迫宣布首都戒严，文武勋贵甚至有弃职离家而逃窜者。人心惶惶，闻虏色变。隆庆元年（1567）九月初，俺答精锐六万骑又挥军来掠，直达滦河。及至十月中旬才掠饱出塞，"计损我人畜数十万"❶。可见，居正是在军情火急，兵凶战危之时，倡言"饬武备"的。疏言：

> 臣惟当今之事，其可虑者，莫重于边防。庙堂之上，所当日夜图画者，亦莫急于边防。迩年以来，虏患日深，边事久废。比者，屡蒙圣谕，严饬边臣，人心思奋……
>
> 今之上策，莫如自治，而其机要所在，惟在皇上赫然奋发，先定圣志。圣志定，而怀忠蕴谋之士得效于前矣。今谈者皆曰："吾兵不多，食不足，将帅不得其人。"臣以为，此三者皆不足患也。夫兵不患少而患弱，今军伍虽缺而粮籍具存。若能按籍征求，清查影占，随宜募补，着实训练，何患无兵？捐无用不急之费，并其财力以抚养战斗之士，何患无财？悬重赏以劝有功，宽文法以伸将权，则忠勇之夫孰不思奋，又何患于无将？臣之所患，独患中国无奋励激发之志，因循怠玩，姑务偷安，则虽有兵食良将，亦恐不能有为耳……
>
> 至于目前自守之策，莫要于选择边吏，团练乡兵，并守墩堡，令民收保，时简精锐，出其空虚以制之。虏即入犯，亦可不至太失矣。此数者，昨虽已经阁部议行，臣愚犹恐人心玩愒，日久尚

---

❶《国榷》，卷六五，隆庆元年十月丙戌。

以虚文塞责。伏乞敕下兵部，申饬各边督抚，务将前事着实举行。俟秋防毕日，严查有无实效，大行赏罚，庶沿边诸郡在在有备，而虏不敢窥也。

再照祖宗时，京营之兵数十万，今虽不足，尚可得八九万人，若使训练有方，亦岂尽皆无用？但士习骄惰，法令难行，虽春秋操练，徒具文耳。臣考之古礼及我祖宗故事，俱有大阅之礼，以习武事而戒不虞。今京城内外，守备单弱，臣常以为忧。伏乞敕下戎政大臣申严军政，设法训练，每岁或间岁季冬农隙之时，恭请圣驾亲临校阅，一以试将士之能否，一以观军士之勇怯。有技艺精熟者，分别赏赉；老弱不堪者，即行汰易。如此，不惟使辇毂之下，常有数万精兵，得居重驭轻之道，且此一举动，传之远近，皆知皇上加意武备，整饬戎事，亦足以伐狂虏之谋，销未萌之患，诚转弱为强之道也。❶

在"饬武备"一议中，居正既强调边防形势的严峻，更突出指明，最致命的危害在于内部，在于畏敌怯战、苟且偷安、荒嬉自欺的心理。正是这种失败情绪，导致夸大敌焰，未战先溃的后果。所谓兵不多，食不足，将帅不得其人等，其实都是可以通过改革整顿加以改观的，是有条件变劣势为优势，力挫来侵之敌，解除来自北虏百年威胁的。他认为，加强国防力量的关键，首先在于痛惩腐败，肃清长期以来存在于军事系统的诸多积弊。例如，各级将官都吃空额，按籍有名，营伍无兵；精壮逃没，疲弱充数；临时乌合，绝无训练；军费半入私囊，战斗之士几成饿莩；城堡失修，防御怠废，致虏骑得以纵横驰骋，如入无人之境；而又军令不明，指挥不专，责任不清；狡黠退缩之将，对敌以追呼迎送为能事，任其饱掠然后告捷；敢死悍战之士，纵然勇烈捐躯，殁于战阵，但却被横加浪战失机的罪名，祸延妻孥，俱成解极边，等等。因此，居正强调，边事仍有可为，但必须彻底改变上述

---

❶《张太岳集》，卷三六，《陈六事疏》。

的陈规陋习和腐败风气，致力于充实营伍，选将练兵，伸张将权，集中财力，严肃军令，才有可能开拓出不患无兵、不患无财、不患无将的局面，才能营造出士饱马腾、人思奋战的气势，才有可能摆脱被动挨打的处境，转为攻守自如、正确料敌、有效御敌、有力歼敌的主动地位。他在疏文中提出有关强固边防、积极奋战诸建议，大体上是适合时宜，符合需要，与当时坚决主战的将领，如戚继光、谭纶、俞大猷等人的谋划是基本一致的。

但应指出，在"饬武备"一议中，有请隆庆每年或隔年在北京亲自校阅军队，即所谓行"大阅"之礼。此事在当时即曾引起异议，南京刑科给事中骆问礼立即上疏反对，"张居正请大阅，问礼谓非要务，而请帝日亲万几，详览奏章"❶。其他臣僚，亦啧有烦言。

事实上，这一建议的效果也是不好的。隆庆此人秉性懒惰但喜好虚荣。他如同正德皇帝一样，喜爱"戎服出郊"，以炫威武❷。对于张居正的《陈六事疏》，他最高兴接纳并立即饬命实行的，就是"亲临校阅"这一点。居正在隆庆二年（1568）八月上疏，皇上在翌年五月即下诏，着兵部、五军都督府、京营等部门筹备大阅，同年九月举行。届时，除京营各军兵种排演阵法外，还要召集京边将领及公、侯、伯、锦衣卫等官考验骑射，视等第予奖罚。这是一件徒具形式的事，因为调集十余万军兵，整治校场，装备甲胄弓矢军械，勋贵等练习骑射，都是耗财费时而失事的。那一天，隆庆"戎服登坛""祭旗拜纛"，先后分阅自公侯伯以至千把总而下军兵武艺，然后奏武臣之曲，吹嘘"龙旗照耀虎豹营，六师云拥甲胄明"❸。虽然搞的是一套假把式的军事游戏，但隆庆帝却自我陶醉，认为此乃"我武维扬""称朕张皇六师至意"，是"皇威丕振"的表现❹。以虚假的雄武来掩盖怯懦，以故作声势

---

❶《明史》，卷二一五，《骆问礼传》。

❷《涌幢小品》卷二，《戎服出郊》条载："穆庙立值南郊，以戎服出，盖上喜习武，服此自便，非登郊坛者。群臣具谏，徐〔阶〕文贞止之，进密揭。上笑曰，此服原非见上帝者，何虑之过？"

❸《明穆宗实录》，卷三七，隆庆三年九月辛卯。

❹《明穆宗实录》，卷三七，隆庆三年九月辛卯。

来粉饰渺小，也是隆庆虚矫心态的表现。

其后的史家，对于居正建议"大阅"一事，多有非议。朱国祯说：

> 国朝圣驾大阅，惟隆庆三年（1569）一举，其说发于张太岳，计费不下二百万，海内因传欲复河套。其实，穆庙欲驰骋自快，非修故事，亦非幸边功也。❶

沈德符亦说："自是而内校场习射等事起矣。此公善于逢君如此。"❷朱、沈的批评有过苛之处，大阅诚浪费，但谓为此而用了二百万，可能有夸大。将隆庆在内校场命内官习武，亦归过于居正，似亦有无限上纲之嫌。至于居正是否在《陈六事疏》中亦间有用术，亦夹带着一些投皇上之好的内容，则难以因疑似而下断语。反正，从事实效果言，"大阅"议无疑是一败笔。

《陈六事疏》确实存在上述的负面瑕疵，但绝不能因此而否定它的重要价值。

《陈六事疏》比较全面地论述了隆庆初元的形势，从六个方面指出了严重存在的社会和政治军事危机，并提出了针对性很强的对策，它既统筹全面，又条分缕析，分项目分阶段提出破解死结，收拾残局的具体方案。这篇奏疏所议论所主张的各点，立足于"审几度势，更化宜民"，明显地秉承管、商、申、韩因时济变，以法治国的理论，而又结合实际，用以剖析和疗治明代自正嘉以来罹患的沉疴顽疾，层针密缕，丝丝入扣，并无雕琢。《国朝典故》的作者、万历后期的国子监祭酒邓士龙，对《陈六事疏》曾有深刻地分析，言："读居正一疏，即贾谊之策何以加焉。然不言自用，而自用之机已露；不言操切，而操切之权已形。"❸邓氏之论，切合居正上疏的本意，他当时虽然已入阁为大学士，但绝未满足于此，他热切希望能再上层楼，秉国之钧，按照自

---

❶《涌幢小品》，卷二，《大阅》。
❷《万历野获编补遗》，卷一，《穆宗仁俭》。
❸《国朝典故》，卷三八，隆庆二年八月丙午。

己的理想和谋划，重整乾坤。

《陈六事疏》在递上后，因其议论精辟，见解犀利，也曾引起过一阵重视。隆庆御笔批示："览卿奏，俱深切时务，具见谋国忠恳。该部院看议行。"❶不久之后，各部院大臣也便纷纷上奏，无非都是根据《陈六事疏》的精神，加以阐发引申。都御史王廷将"振纪纲""重诏令"两议细分为八点；户部尚书马森对"固邦本"一议，言财用之应经理者十点；兵部尚书霍冀对关于"饬武备"问题，又列为议兵、议将、议团练乡兵、议修守城堡、议整饬京营，等等。各省的总督、巡抚、巡按等官，亦多有结合本省区的具体情况，按《陈六事疏》的精神来提出各种意见和建议。所有这些议论，虽然绝大多数仅停留于议论，但起码说明居正建言的精神已在朝议中引起了较为广泛的注意，而且在一定程度内起到转移风气的作用。居正在不止一封书信中讲道："近来士习人情，纪纲法度，似觉稍异于昔，实自小疏发之。"❷其所以异于往昔的主要标志，是"浮议渐省，实意渐孚"❸。即朝廷上下相当一部分人已痛感到，与其坐而空论，不如着手研究一些实际问题，找出其症结所在，分出主次缓急，有准备有步骤地逐一解决之。居正深知，以任何个人的力量，要挽狂澜于既倒，扶大厦于将倾，都是绝难胜任的。他切盼《陈六事疏》能激发众意，凝聚同心，汇合成为一股实际的主张改革的力量，用以整齐步伐，抢救已濒于危殆的明皇朝统治，将之重奠于磐石之安。唯其如此，就绝不能满足于一时的喧腾称誉，而要求从实干中出实效。他在一封信中历陈肺腑，言：

> 往者冒昧，妄有所陈，诚激于时弊，不得已也。公不以为狂且愚而辱赏许之，感甚，感甚。《诗》不云乎："唱予和予。"仆既唱之矣，尚赖中外诸贤同心共和，庶克有济。不然，将并鄙言亦

---

❶《张太岳集》，卷三六，《陈六事疏》附圣旨。
❷ 参见《张太岳集》，卷二一，《答奉常罗月岩》《答宪长宋阳山》《答中丞梁鸣泉》《答御史顾公日唯》诸函。
❸《张太岳集》，卷二一，《答中丞梁鸣泉》。

属之议论矣。❶

当然，按照《陈六事疏》的设想，一一付诸实施，必然会触犯到习惯势力和许多既得利益阶层的权益，必然会遭受到来自各方面或明或暗的非议、毁谤和阻挠。居正自言，自上奏之日，"然忌我者亦自此始矣"❷。自古以来，任何重大的改革事业，总是要从改变某些现存的政治经济格局，调整某些利害关系，转移某些社会风气入手的。当社会结构因进行改革而部分转型之时，有得益者便必有受损者，有支持者便必有反对者。改革事业自发动之始，思想理论上的对峙加剧和政争走向激化，都是必然的表现。改革的全过程，定然是榛莽遍途，陷阱四布，斗争此起彼伏的。

二、高拱《除八弊疏》论析

高拱是在嘉靖四十三年（1564）六月被任为礼部尚书，直到四十五年四月由高仪接任。礼部，当时俗称为南宫。夏言和严嵩在任礼部尚书时，各著有《南宫奏稿》，其内容多为赞玄颂圣和青词的汇集，而高拱任此职时虽亦著有《南宫奏牍》一书，但其中却收有《除八弊疏》（又名《挽颓习以崇圣治疏》），是一篇充满忧危意识，关切实际政治的文稿，这是高拱与夏、严有所不同的地方。"礼曹故自词臣往，不习吏事，弊孔丛杂；公（指高拱）吏事精核，每出一语，奸吏股栗，俗弊以清。"❸《除八弊疏》是高拱任礼部尚书时主要的疏奏，表示他未受礼部仅主管礼仪、祭祀、宴飨、贡举等职任范围的限制，而集思竭虑于全局性的问题。

疏文首先揭明，时局艰危，必须荡涤长期淤积下来的各种腐恶的习惯势力。他说：

---

❶《张太岳集》，卷二一，《答广西熊巡抚》。

❷《张太岳集》，卷二一，《答奉常罗月岩》。

❸《高文襄拱墓志铭》，载《国朝献征录》，卷一七。

臣窃闻之人曰：方今时势，内则吏治之不修，外则诸边之不靖。以兵则不强，而以财则不充，此天下之大患也。而臣则以为不然。夫吏治不修，非不可以饬也；诸边不靖，非不可以攘也；兵不强而财不充，非不可以振且理也。然所以为之寡效者，乃由于积习之不善。则夫积习之不善者，是固夫天下之大患也。何则？彼者，此之鉴，彼为之而不禁，则此得据之以为辞。前者，后之因，前行而无疑，则后即袭之以为例。及其耳目纯熟，上下相安，则反以为理所当然，虽辩说无以喻其意，虽刑禁无以挽其靡，有难于卒变者矣。❶

对于"积习"的为害天下，习惯势力的顽强牢固，高拱是有充分估计的。他明知，任何陋规恶习一经形成为风气，被强加于社会之上而又受到承认以后，要将之荡涤纠正，是存在很大难度的。但吏浊兵弱财匮均根源于此，又绝不能视若无睹，再养痈为患，坐待沉沦。故此，必须"饬"之"攘"之而且"振而理"之。事在人为。积重难返而当返，难于卒变而应变。这就是本疏文的主旨。

对于"积习"，贵在具体分析。沉疴痼疾，亦必须望闻问切，找出病源，然后才能有针对性地施以药石，争取脱离险境，转羸弱为健硕。高拱亦是一个以国手自居的人。他判断，当时"天下之大患"，主要表现在官场中八个方面的弊病上，"以臣工之八弊流习于天下，非惟不可以救患，而患之所起实乃由之"❷。故坚决主张，对"八弊"，必须申讨而清除之。他所说的八弊是：

其一，执法不公：

自通变之说兴，而转移之计得。欲有所为，则游意于法之外，而得倚法以为奸。欲有所避，则匿情于法之内，而反借法以

---

❶ 高拱：《南宫奏牍》，卷一，《挽颓习以崇圣治疏》。

❷ 《南宫奏牍》，卷一，《挽颓习以崇圣治疏》。

求解。爱之者，罪虽大，而强为之一辞；恶之者，罪虽微而深探其意。讵为张汤轻重其心，实有州犁高下之手。是曰坏法之习，其流一也。

其二，普遍贪贿：

名节者，士君子所以自立，而不可一日坏者也。自苟苴之效彰，而廉隅之道丧。名之所在，则阳用其名而阴违其实，甚则名与实兼违；利之所在，则阴用其实而阳违其名，甚则实与名兼用之。进身者以贿为礼，鬻官者以货准才……是曰赎货之习，其流二也。

其三，深文刻薄：

曲求小节，务在深文。事有当然，故抑滞留难以为得；赋有完数，必剥民多羡以为能；罪不原其情，而以深文为公；过不察其实，而以多讦为直。是曰刻薄之习，其流三也。

其四，争妒：

各为异同，互相彼此。事出于己，虽甚不善，而必要其成；事出于人，虽甚善，而每幸其败。如弗败也，犹将强猎其功；苟无成也，必且曲嫁其祸。是曰争妒之习，其流四也。

其五，推诿误事：

今也一日之事，动滞数年；一人之事，动经数手。去无程限，来不责退，苟有数嫌，遂成永避。常使薰莸同器，功罪并途。漏网终逃，国有不伸之法；覆盆自苦，人怀不白之冤。是曰推诿之习，其流五也。

其六，党比掣肘：

　　今也武则非文，文则非武。出诸科甲则群向之，甚至以罪为功；非出诸科甲则群抑之，甚至以功为罪。常使多助者昂，寡助者低。昂者志骄，每袭取而鲜实；低者气沮，多躐堕而恬污。是曰党比之习，其流六也。

其七，因循塞责：

　　以因循为心，以鲁莽为计，无事则不为远虑，而聊徇故事，图侥幸于目前；有事则颠顿仓皇，而不度可否，徒撮拾以塞责。名为救时，而适增其扰；名为兴利，而益重其害。是曰苟且之习，其流七也。

其八，浮言议论：

　　议论多则成功少，而乃彼之所是，此之所谓非也。甲之所否，乙之所谓可也。事应立，而忽夺其成；谋未施，而已泄其计。苍黄翻覆，丛杂纷纭，谈者各饰其非，而听者不胜其眩。是曰浮言之习，其流八也。❶

　　高拱是经多年的访寻体察，才列举出上述"八弊"的。他认为必须区分清浊，辨别善恶，切不可因"八弊"已蔓延成风，因而少存迁就姑息。对"八弊"酿成的危害和恶劣影响，必须保持清醒的估计，"八弊"不除，则一切崇俭去奢、倡廉防腐、仁政恤民，等等，都不过

---

❶《南宫奏牍》，卷一，《挽颓习以崇圣治疏》。

是欺人之谈。他指出：

> 由兹八者，士气以之不振，公论以之不明。其习既成于下，则良法美意必为之淤遏于上，如霖之遇飚，虽为惠甚溥，而不得以泽于田；如水之遇障，虽激之使溢，而不得以济于渠。若是而徒诿曰修、攘、强、裕之无策，岂不谬乎？ ❶

其实，高拱所列出的"八弊"，都不是明代政治的特产，它们都是古已有之，并且是已贻大祸害于历朝历代，向来为贤者所口诛而笔伐的。早在先秦之前，商鞅即提出必以法治国，不能以权侵法，以私害法❷。荀子反对"聚敛"，认为是危身亡国之道❸。晏子斥谄谀❹，管子非朋党❺。凡此种种，都说明徇私枉法、贪污纳贿，以及奸佞当权、妒功毁贤、拉帮结派以谋私，是有政权以来即已存在，并屡屡恶性发展的。历史上，国君的好佞信谗、揽权喜奢，便成了助长和纵容腐恶的保护伞；城狐社鼠，"多以主所好事君"❻，往往演变成君臣相济恶的局面。明代中叶的情况正是如此。仅以高拱上疏前后发生的重大事件而言，嘉靖四十四年（1565）八月，巡按江西御史成守节、杜润等奏报查抄严嵩在江西原籍的家产，计查获黄金3.29万余两，白银202.7万余两，其他金玉珠宝、田塘宅第的数目均骇人听闻，开列出一张长长的清单；直隶巡按御史孙丕扬亦奏报，查抄严嵩在北京以珍宝、古图书字画等为主的财产，价亦不赀❼。严党赵文华、罗龙文、胡宗宪等亦家财巨大，大体上是随其官爵高低而等次。四十五年二月，三法司奉诏拟定户部主事海瑞去年十月上《治安策》之罪。海瑞的疏文坦率忠戆，天下莫

---

❶ 《南宫奏牍》，卷一，《挽颓习以崇圣治疏》。

❷ 参见《商君书》，《君臣》《修权》《慎法》等篇。

❸ 参见《荀子·王制》。

❹ 参见《晏子春秋·内篇问下》。

❺ 参见《管子·主政九败解》。

❻ 《商君书·修权》。

❼ 参见田艺蘅《留青日札摘抄》四，《严嵩》。

不钦佩其耿直和勇气，但主持此事的刑部尚书黄光升，"希指重拟"，竟比附子骂父律，认为应处海瑞以绞刑。司法部门援引所谓子骂父律，已先后处死了直言敢谏的杨继盛、杨爵等人，今黄光升又拟借此以置海瑞于死地，其实是为献媚皇帝而蹂躏法律，企图以直臣的颈血染红自己的帽顶❶。诸如此类的异常事件，都说明高拱的疏文是有针对性，有激而发的。他在疏中又痛切而言：

> 今也恬熙已久而巧伪滋，巧伪久而趋向忒，始既以人移俗，既乃以俗移人。转相渐摩，沦胥以靡，以沿袭为圣法，以诬诳为恒谈。父诏其子，兄勉诸弟，惟恐不能化而入也。其染无迹，其变无穷，遂使天下之病，寻之莫识其端，而言之不得其故，此则甚可忧者矣。何则？人之受病有形，则可循方而理，若乃膏肓之痼难以语人，则起居之常，犹若其旧，则是积之甚久，受之甚深，此卢扁所以惶惶，而夫人犹为无恙者也。是以医者有抉肠涤胃之方，而善治者有剔蠹厘奸之术，是在圣明加意而已。❷

高拱认为，当时的局势确实很严重，但最危险之处不在于是否有病，也不在于是否病入沉疴，而在于麻木不仁，安于故常，视"八弊"为当然，这就必然陷于万劫不复，无法昭苏的地步。故此，他主张与这样的习惯势力决裂，不惜使用"抉肠涤胃之方""剔蠹厘奸之术"，以扭转形势，改变风气。在这方面，他表现出很大的气魄和信心，认为国事仍有可为：

> 夫舞文无救，所以一法守也；贪婪无救，所以清污俗也。于是崇忠厚，则刻薄者消；奖公直，则争妒者息；核课程，则推诿

---

❶ 参见《国榷》卷六四，嘉靖四十五年二月癸亥，支大纶曰和谈迁曰。支大纶指斥黄光升为揣摩上意的小人，谈迁则感慨而言："夫司寇操三尺以生死人，第论罪之当否，宁顾上喜怒哉！"

❷《南宫奏牍》，卷一，《挽颓习以崇圣治疏》。

者黜；公用舍，则党比者除；审功罪，则苟且无所容；核事实，则浮言无所售。譬诸人之一身荣卫自足，苟除其大蠹，而徐调其元气，则不惟弱可转强，而调之既久，延长之道固在斯矣。

又言：

有能自立而脱去旧习者，必赏必进；其仍旧习事，必罚必退。使人皆回心向道，而不敢有梗化者奸乎其间，则八弊庶乎其可除矣。八弊除，百事自举。❶

高拱开出的根除"八弊"的处方，是比较原则的，当他执政以后，确曾采取过一系列具体的措施，以贯彻实现其经世医国的方案，我们将在下文有关章节中叙述。他以"除弊"立论，要求改变旧制旧俗中不利于国计民生的方面，"通其变，天下无弊法"❷"事穷而更为，法弊而改制"❸。这是他致力于改革的思想先导。

高拱《除八弊疏》，在揭露嘉靖末叶廊庙和各级官吏中的积弊方面，较之张居正《陈六事疏》更为具体深入，但在营造新局面的建议方面，则不如张疏条分缕析，全局在胸。但两份疏文在当时都具有重要的意义，特别是联系到高张二人不日都要跃登政治舞台的中央叱咤风云，扮演重要的角色，这两份完成于嘉末或隆初的带纲领性的文件，就显得更具分量。

风雨如晦，鸡鸣不已。时当形势转换之际，位处内阁枢要之地，高、张两人都迫切期望实现抱负，施展才猷，他们必将奋发前驱，揭开隆万大改革的帷幕。

---

❶《南宫奏牍》，卷一，《挽颓习以崇圣治疏》。
❷ ［隋］王通：《中说·周公篇》。
❸《淮南子·泰族》。

第二节　张居正在隆庆前期的地位和作用

隆庆嗣位，张居正从一个官秩仅五品的翰林院侍读学士一再越级提升为礼部尚书兼武英殿大学士，加少保兼太子太保。"仅岁余而至一品，其登进之速，虽张（璁）桂（萼）不能过也。"❶其时，张居正仅虚龄四十三岁，正是年力精壮而又渐臻成熟的盛年。他自言"因缘际会，骤陟崇阶"❷，决心"坚平生硁硁之节，竭一念缕缕之忠，期不愧于名教，不负于知己"❸。他这一番说话是真诚的。对于一个夙有大抱负的人，面临不世的机遇，必然要奋发努力以求展布。

张居正在隆庆时期内阁中的地位、处境和作用，大体上可以分为两个阶段，第一阶段从入阁以迄隆庆三年（1569）年底，高拱复入之前；第二阶段从隆庆四年初以至六年中叶。

第一阶段，是居正以新进身份，在阁内外非常错综复杂的情况下，运用杰出的才能见识，做出了实在的政绩，迅速打开局面，取得威望的时期。

隆庆元年、二年的内阁，相继爆发了高拱、郭朴与徐阶之间的白热斗争。先是徐阶发动言官等对高、郭猛烈攻击，先后挤之以去。不久徐阶亦难安于位，黯然致仕。阁中仅剩下李春芳、陈以勤和张居正三位大学士。春芳庸碌无魄力，以勤"虽慨然有意澄清，而亦不务为激诡束湿之政"❹。故从隆庆二年七月，徐阶下台之后，以至三年八月赵贞吉入阁之前，在李、陈、张三驾马车中，张居正实际上扮演着最重要的角色，他"最后拜，独谓辅相体当尊重，于朝堂倨见九卿；他亦无所延纳，而间出一语辄中的。人以是愈畏惮之，重于他相矣。"❺

居正入阁的第一阶段，其工作重点，在巩固边防。

---

❶《嘉靖以来首辅传》，卷七，《张公居正传》。
❷《张太岳集》，卷二一，《答中丞洪芳洲》。
❸《张太岳集》，卷二一，《答中丞洪芳洲》。
❹ 王锡爵：《王文肃公文草》，卷七，《陈文端公墓表》。
❺《嘉靖以来首辅传》，卷七，《张公居正传》。

在隆庆初年，国家政事中最迫切待处理，而直接威胁到明皇朝安危的，莫如北虏南倭。因为在整个嘉靖时期，曾多次受到鞑靼族俺答等部铁骑直逼京畿的威胁，不得已而宣诏勤王；东南沿海，则倭舰直闯淮阳，闽浙粤俱受蹂躏，但总未能有效抗击。到隆庆元年九月，俺答、黄台吉、土蛮分道来犯。俺答在汉奸赵全的教唆下，舍蓟门而攻山西，寇大同、井坪、朔州，"六万骑入，边军俱衂"❶；进军至岚县，"诸将不扼险，遂长驱而入"❷。明方派来的援军，"皆相望，不敢前"❸。与此相呼应，黄台吉窥宣府，土蛮逼滦河，并告急❹。隆庆慌忙命总督王之诰全力保护昌平皇陵，置其他要塞于不问。俺答遂乘虚陷石州，掠雁门，进入陕西。土蛮则入扰昌黎、乐亭、抚宁、卢龙，形成对北京的半月形包围圈。到十月，因各方勤王兵云集京郊，自保定至通州一线，防御力量增强，俺答始出塞，"计损我人畜数十万"❺。土蛮亦东出义院口，会大雾迷失道，大量兵马堕棒棰崖中，明军延绥游击张臣等"诸将乃趋割其首而还"❻，冒称军功。当此兵凶战危之际，隆庆皇帝手足无措，竟然要用派宦官监营的办法来维持军纪，督促作战，因内阁缴回谕旨才告罢。这一切事实说明，隆庆初期的边防形势是极为严峻的。其中的问题不在于敌之强悍能战，而在于明方兵将的疲弱怯惧，纪纲不振，积弊难返。时人分析说：

> 边事之坏极矣。其大者有五：功罪不实，一也；赏罚不明，二也；刍粮不得实惠，三也；按□修边冒破，四也；文移牵制失事机，五也。而功罪不实为大。功罪不实，则迹涉欺罔，而士萌幸心，豪杰解体矣。❼

---

❶《国榷》，卷六五，隆庆元年九月乙卯、壬戌、癸亥、庚午、壬申，十月丙戌。
❷《国榷》，卷六五，隆庆元年九月乙卯、壬戌、癸亥、庚午、壬申，十月丙戌。
❸《国榷》，卷六五，隆庆元年九月乙卯、壬戌、癸亥、庚午、壬申，十月丙戌。
❹《国榷》，卷六五，隆庆元年九月乙卯、壬戌、癸亥、庚午、壬申，十月丙戌。
❺《国榷》，卷六五，隆庆元年九月乙卯、壬戌、癸亥、庚午、壬申，十月丙戌。
❻《明通鉴》，卷六四，隆庆元年九月。
❼ 乔世宁：《丘隅意见》，卷一。

事实正是如此。所以居正在入阁后，必须将整饬和加强边防问题，放在最首要的地位上。他迫切要求在弊端山积的状况中打开一条出路，要求将《陈六事疏》中"饬武备"一议，转化为具体的部署。而其中最为重要的，是核实功罪，严明赏罚。正因此，当时内阁拟旨执法是相当严肃的。对上述战役负有责任的文武官员，一一受到应有的惩处。俺答、土蛮等退兵才十多天，朝廷即下令逮捕山西巡抚王继洛，蓟镇巡抚耿随卿，总兵官申维岳、李世忠，保定都司吴光裕，永平游击齐进忠等人入狱，交付审判。申维岳因顿兵不战，延误军机，判处死刑；王继洛疏于防守，谪戍；总督王之诰亦免职❶。

十一月，内阁在廷议御虏之后，居正又上疏力言，此后边防重务，必须认真责实效、定责任、明战守、申军令。其中，对申军令一条规定特别严厉具体：

> 主将之所以制偏裨与所以练卒伍者，亡他，号令严耳。今自总兵下，临阵不能儆一卒，而副（总兵）、参（将）、游（击）、守（备），原受总兵节制，兹各领兵三千，亡异寮寀，如此，令安能行也。宜立定例，凡领兵官，亡论副、参、游、守临阵，但部卒退缩者，许即斩首以徇。其领兵官退缩，把总以下，许总兵及副总、参、游，亦即斩首以徇，呈总督奏闻；参、游、副总，许总兵官具罪状呈总督奏请。❷

授予临阵各级将领一定诛杀和揭奏之权，目的在于改变畏懦怯战、功罪不分的状况，扭转不久前仍发生的不扼险、不接战、望风而溃的必败之局。当时，阁内之能果断而迅速地执法以绳，并立即在军中颁行逐级监战的军令，当然与一向主张"严纲纪"的张居正密切相关。

---

❶《国榷》，卷六五，隆庆元年十月丙申、己酉。

❷《国榷》，卷六五，隆庆元年十一月辛酉。按，此疏为内阁公疏，但其内容与张居正其他奏疏高度一致，似可判断为出自张居正的手笔。

当然，在当时的情况下，要从严执法，要改变军队行之已久的条令法规，甚至要革新从兵部以至沿边的体制，绝不是容易的事。

这方面的阻力，首先出现在以兵部尚书霍冀为首的大臣和将领之间。

霍冀，进士出身，历任清军御史、宁夏巡抚、兵部左侍郎、兵部尚书。他自入仕以来，所有职务几乎都与军事边防有关。但他本人思想陈旧保守，又有贪庸之名，对前线将领较多庇纵迁就，有时又因私见而有功不赏，应罚不罚。他墨守成规，敷衍塞责，但求保官持禄，对于一切更新改革的意见，俱采取软磨硬顶的抗拒态度，因而亦符合一些乐于因循人士的利益。张居正（以及后来的赵贞吉）对于霍冀的老猾作风，一直是有异议的；而霍冀对于张居正的意见，有时亦故意反其道以行。居正在一些函牍中表达出对霍冀挠阻新政的愤慨。

隆庆二年（1568），广东海盗侵扰福建，饱掠后遁出远洋，但当地将领却掩败为胜，声言所部力战退敌。对于这样假捏冒功的事，霍冀作为主管军政的兵部尚书（俗称本兵），不但不作核实，反而因错就错，给予褒扬奖赏。居正对此非常不满，决定纠正处理。在给据实反映情况的闽中巡抚涂泽民的信件中，他严正指出：

> 广贼倡狂，蔓延闽地。当事者张皇奏捷，本兵据揭题覆，遽行赏赉，俱为大谬。辱示大疏，读之使人愤恨。顷该科亦以为言，向后当别有处分也。❶

稍后，张居正再函涂泽民，再一次表示支持对实情的揭露，并鼓励他切不可因浮言议论和受到有关人的记恨攻击而沮丧：

> 闽中捷报，在蒋伯清失事之先，言者不察，道为訾诟。比来公议甚明，朝廷方精核名实，以劝有功。即谤书盈箧，终不为动

---

❶《张太岳集》，卷二一，《答涂巡抚》。

也。愿公自信，毋虑。❶

霍冀不但赏其不当赏，而且，又不赏其当赏。这就必然造成功罪不分，是非难明，灭将士奋御前敌之心，长倭过冒功的歪风。隆庆二年（1568）十一月，宣府总兵马芳奇袭俺答于长水海子，又败之于鞍子山。三年正月，大同总兵赵岢败俺答于弘赐堡。这是多年未有过的主动出击，但亦招妒功忌能者的诬蔑，霍冀竟又屈从浮议，驳回宣府巡抚王遴为马、赵请功的意见，这对勇悍敢战的将士实为一大挫折。

居正的看法与霍冀截然不同，他要求兵部再作复议，不容抹煞战功。在给大同巡抚刘佑的信中坦率陈言：

> 近来边臣，人思奋励，而宣、大二镇督抚将领，尤为得人。仆以浅薄，谬膺重寄，其于该镇之事，苦心积虑，虽寝食未能忘也。奈何人心不同，议论不一，如马、赵二帅去岁出塞之功，实数年仅见，即破格优赏，岂足为过？而人犹有议其功微赏厚者，本兵遂惛缩疑畏，而不敢为之主。其掩春防之功，抑王公之请，咸以是耳。
>
> 一二年来，言者率云"责实"。"责实"矣，而又不明赏罚以励之，则人孰肯冒死犯难，为国家用哉？辱教，容与本兵议之。❷

几乎与此同时，辽阳副总兵李成梁，率军突袭俺答别部于夹河山城，歼敌百六十有奇。但又是这位"本兵"，竟勒不予赏，后经居正坚持，才改为给李成梁以功进秩一等。居正给辽东巡抚魏学曾的信中论及此事：

---

❶《张太岳集》，卷二一，《答涂巡抚》。蒋伯清事，不详。
❷《张太岳集》，卷二一，《与蓟镇巡抚》。据张舜征、吴量恺两先生的考证，此件原标题似有误。刘佑当时应是大同巡抚。参见张、吴二位主编的《张居正集》第 2 册，65 页，湖北人民出版社，1994。

遏虏之功，大于斩获。往者本兵淆于群议，功赏不明，乃仆辈亦有过焉，惶愧，惶愧。兹者，斩馘至百数十级，近年以来所仅见者，文吏又可以法绳之耶？俟核勘至，当请旨优录，兹先行薄赉矣。❶

一个内阁大学士而对现任兵部尚书一再指责，并一再纠正其已作处置的案件，在明代是不多见的。张居正对于霍冀并无私怨私憾，但却是反映着两种治军施政思想的对立。当时在上中层官僚中，流行着一种"溺于故常，务为姑息以悦下"❷的庸俗风气，公文来，公文去，照转照批，以文牍代替政治。另外，"世间一种幸灾乐祸之人，妒人有功，阻人成事，好为异说，以淆乱国是。又幸天下之有事，而欲以信其言。"❸霍冀正是这两种思想倾向的综合代表，是一种但在意为官，而忽视办事质量效果的官僚。他混淆功罪的事也绝不止为张居正上述提出异议和力争纠正的数端❹。张居正则是要求下大力整顿"考课不精，吏治日蔽"❺的现象，借以扭转边防弛备，屡战屡败的现状。当此情况初见起色之时，焉能容霍冀这样的官僚挠阻于其间？"顾前此为浮议所眩，使当事者不得展其所长，私心每愤恨之"❻。居正尖锐地指出问题的实质，"纪功之差……甚非事体，非公心也"❼。他在不止一个场合都表示，"方今干蛊之时，非加意综核，不足以振敝维风。"❽

问题的严重之处，不仅在于一个霍冀，而在于遇事因循旧套，但

---

❶《张太岳集》，卷二一，《与魏巡抚》。

❷《张太岳集》，卷二一，《答中丞谷近沧》。

❸《张太岳集》，卷二一，《答总督谭二华论任事筹边》。

❹《明通鉴》卷六四，隆庆三年九月丙子条载："俺达犯大同，掠山阴、应州、怀仁、浑源等处。时总督陈其学以捷闻，为御史燕如宦所发，兵部仅议贬秩，辅臣赵贞吉争之，事竟已。"此又为一例。

❺《张太岳集》，卷二一，《答蓟抚刘北川》。

❻《张太岳集》，卷二一，《答蓟抚刘北川》。

❼《张太岳集》，卷二一，《答王巡按》。

❽《张太岳集》，卷二一，《答中丞谷近沧》。另，在《答总督谭二华论任事筹边》一信中，也说过相同的话，个别文字稍有改易。

求敷衍应付的作风，在官场上已经习惯成自然，甚至在内阁中亦有其影响。霍冀一些处置方案，虽然明显悖于事实，但有时竟亦能得到内阁中李春芳和陈以勤的朦胧认同。居正要勘实改正，确有一定难度，是需要付出更大政治勇气的。例如，为勒予李成梁授勋赏赐一事，即经过下述过程：

> 诸镇斩捕首虏几二百级，自来出塞之功，未有如是之奇者，宜破格录叙，以风诸将。而人所见，乃有大不然者。其时仆偶以病出沐，不获与议，径从薄赉。然公论皆以为未允，俟勘疏至，尚当有处也。❶

仅因偶尔病休未能参加讨论，会上所作决定便与己意大相径庭，需要大费周折然后才勉强转回正轨，可见居正在入阁的头三年，虽然崭露头角，俨然重臣，但却不能认为，他已经迈上康庄，可以如意展布。阁内外政见的歧异，人际关系的复杂，风云翻覆，他往往是在冲缺隙缝中坚持自己的正确主张，是沿着一条坎坷不平的道路摸索前行的。

人生并无坦途。

当时的张居正，可说是成就感与忧危意识相偕来，奋力功名与沮丧挫折的情绪相交织。试细读他当时与一些知交的函牍，不难了解到他的复杂处境和感慨，不难了解到这位骤膺要职，矢意任重致远，而又有"高处不胜寒"者的心路历程。他在致施笃臣的信中倾诉：

> 至于道之通塞，有命存焉，决非人所能为也。今人心叵测，时事艰难。遇事则委难于人，事平则抑人以扬己，诚有如来谕者。至于居上位者，一有为国家任事之心，尤不免于人之相议。嗟乎！此正仆之茹苦而不以告人者也。❷

---

❶《张太岳集》，卷二一，《答督抚王鉴川》。

❷《张太岳集》，卷二一，《答施兵宪》。

在困顿中办事和处人艰难，但在顺利中办事和处人亦不易。在失败挫折时不免会遭到轻蔑，但在成功胜利中遭受嫉忌挤陷更令人愤懑不快，这是历来使冒险犯难奋勇前驱者为之寒心，亦使志士为之扼腕而长叹息的。居正当然不能例外。他在答复南京户部尚书张华峰（守直）的信中，曾告以肺腑之言，并流露出一时性的灰心失望：

> 仆以孤直，不能徇俗取容。谬当鼎轴，为众所忌。……而拙直之性，又不能浮沉和光，以保荣禄。惟当引去，庶可逭责耳。❶

"木秀于林，风必摧之"，此不但是自然现象，而且也适用于人间，更切合于官场。最令居正愤慨的是，庸碌无能而居上位，不了解实情的人，却往往爱固执己见，用以表示自己的存在价值。隆庆三年（1569）十二月，内阁决定调大同总兵赵岢到宣府，而换宣府总兵马芳去大同。此举对于熟悉原驻地地形、要塞、风土人情、敌方虚实和官兵互信等方面，都是不利的。居正一连给辽东巡抚方逢时写了两封信，表达自己的异议和无奈，言：

> 二帅更换，原非鄙意，但议者以彼中镇巡颇不相能，欲借以曲处之耳。❷

为了迁就一个巡按御史，而轻率调动知兵能战的勇将，使两者均处于生疏之地，必然大大削弱战斗力，可是，居正对此无力更正，"适借东藩，又移西镇，诸老之意，仆不能违"。❸

　　凡此，都说明在内阁之内，未能专任责成以支持建功立业。"诸老"有时亦不守拙，甚至亦有私心私意用事于其间。特别是，因赵贞吉入阁，自视极高，遇事固执有定见，居正更陷于时感窘困的处境。

---

❶《张太岳集》，卷二一，《答南司徒张华峰》。

❷《张太岳集》，卷二一，《答辽抚方金湖》（其一）。

❸《张太岳集》，卷二一，《答辽抚方金湖》（其二）。

当然，根据张居正沉毅坚强的性格特点，他的茹苦气馁，甚至"引去"的想法，只能是一时的思想支流。对于理应坚持的重大问题，他还是要咬紧牙关坚持到底，寸步不让，并不会因"诸老"及"本兵"的阻挠而轻易放弃的。

张居正在入阁头三年，确实是以抓边防军政作为工作重点，并且取得明显的效果。但绝不能认为，他在隆庆前期的成就仅止于此。他是一个称职的大学士，其视野和举措涉及当时各方面的全国性政务，诸如，着手整顿闽粤浙之间的驿运❶；指示吏部裁减湖广施州兵备道等"剩员"，意图逐步解决"官多民扰，供亿费烦"的问题❷；抓水利疏浚，谋漕运畅通，并减少水患灾害❸；严饬各省提督学道，在选送贡生方面，"但求得俊，不必取盈"，对各府起送到省的，必须"严加甄别"❹；建议对各级官吏进行考课，为严肃吏治，扫除官场积习进行必要的准备。凡此荦荦大端，不但说明了张居正确实是一个精明干练、有大才能、勤于职守、勇于进取的务实型政治家，而且亦可看到他在隆庆后期协助高拱，以至万历时期独自"柄政"的政纲要领和方针轮廓。宝刀初试，已毕见其锋刃锐利。

第三节　高拱、张居正的知人和用人

隆庆三年（1569）年底，高拱应召复入内阁，从此张居正便襄助高拱执掌内阁政务，开始他在隆庆内阁中第二阶段的角色作用。不久之后，陈以勤、李春芳相继致仕；赵贞吉被高拱挤走；殷士儋入阁才一年，亦落败而退。历与居正唱反调的兵部尚书霍冀亦早因反对改革营制，与赵贞吉互讼，被罢职。经过这一系列重大的人事变动，内阁

---

❶ 参见《张太岳集》，卷二一，《答浙抚谷近沧》。
❷《张太岳集》，卷二一，《答湖广雷巡按》。
❸ 参见《张太岳集》，卷二一，《答河道巡抚翁见海》。
❹《张太岳集》，卷二一，《答督学曾确庵》。

阁务实际上便由高拱和张居正二人全面掌握。二人的政见大方向基本相同，且有早期缔结相知相敬的友谊，"两人益相密"❶，曾经在相当一段时期内协作无间，将隆庆时期的改革引上快速发展的轨道。

他们首先着力于整饬吏治，审慎用人。

吏治是否清明，人事制度是否健全，一直是政权隆替的主要标志之一。明初，经过太祖朱元璋和成祖朱棣的一再调整，制定了一套比较系统的人事典章制度，对文武各部门以及各级官吏的职、权、责、利等都做了具体的划分。特别是，朱元璋采取剥皮实草、剁指断肢、带镣铐办事、抄家籍产等办法以严惩贪墨惰懒，一时国家机关的运行井然有序，大多数官吏能畏法奉公，这是明初盛世能够出现的重要原因之一。

但是，自明英宗朱祁镇正统年间以后，由于宠信宦官，纵容贪黩，随着国势走向下坡，官场风气亦迅速恶化。及至武宗朱厚照的正德时期，世宗朱厚熜的嘉靖时期，为君不正，政令多乖，国家机器恍如一座业已自内部蛀空的大厦，梁栋倾斜，墙壁圮坼。奸佞由是横行，魑魅魍魉俱顶戴冠冕以临民治事，贪贿公行，纪纲堕地。到了嘉隆之际，已经积重难返。当时"是非违于利害，事机蔽于嫌疑，执守夺于权势，出入乘于喜愠，深文起于矜名，厚诬失于偏听"❷，非用霹雳手段，动大手术以行割治，实已难纠正。

隆庆初期的官场风气，实际上仍是正、嘉时期的继续。上下大小各级衙门，仍然是由一些只知贪婪固宠，桀骜不驯的官棍官痞当位。这些人久厕官场，利欲熏心，擅长于逢迎钻营，从不以民瘼在心。他们既不畏公议，又鲜知廉耻，但以本人的宦况和财运作为处人办事的权衡。夏言、严嵩当权时，则媚迎夏、严；徐阶主政时，则讴歌徐阶；高拱复位，则奉承高拱。惟现实权势是攀，视政潮风向而变调。头顶顺风仪，身藏诸般脸谱，随时变色改态，向不知羞耻为何物。"以言不出口为淳厚，推奸避事为老成，圆巧委曲为善处，迁就苟容为行志，柔媚卑逊为谦谨，虚默高谈为清流；论及时事为沽名；忧及民隐为越分。居上位以矫亢刻

❶《丘隅意见》，卷一。

❷《丘隅意见》，卷一。

削为风裁，官下位以逢迎希合为称职。趋爵位以奔竞、辨谀为才能；纵货贿以侈大、延纳为豪俊。世变江河，愈趋愈下。"❶

所有这些弊端，其实根子都在朝廷、内阁和主管吏治人事的吏部，所谓上梁不正下梁歪，而且上行下效，弊上加弊。有人指出：

> 近时上官鲜综核之法，下吏多苟简之政。议者谓官不久任是矣，然未究其本也。何也？久任之法在上不在下，在近不在远。今自卿寺以上，阅官如传舍，缺一官必补一官，循其资品以递相迁补。若是，则久任法安可行乎？❷

高拱和张居正二人都深刻体会到，不首先厘清吏治，不扬弃若干已过时的陈腐规章，而代以符合现实需要的新规章，不坚决淘汰掉那些老朽贪婪诸般恶迹之员，代之以英锐敢干有为有守之士，则一切改革都徒为空谈。高拱言："国家用人，欲其修政，而非徒綦以禄也。"❸又揭明改革的目的，是"务使人得展其蕴，而事得举其实，冀收治平之效"❹。认为，如不明定章程，以对官吏严加管束考核，则是"纵豺狼于当路，觅狐鼠以塞责，此人心所为不服也"❺。张居正也力言："国家欲兴起事功，非有重赏必罚，终不可振。"❻又言，为政之要，在"正功罪，明赏罚，惩奸核实"❼。

张居正在入阁的头三年，虽然也有过一些荐举贤才❽，议裁"剩员"❾，以及斥责不明赏罚的言论❿，但一因其注意力较集中于边防，

---

❶《赵文肃公文集》，卷八，《三畿九弊三势疏》。

❷《丘隅意见》，卷一。

❸《高文襄公集》，卷九，《议处荫官及远方府守疏》。

❹《高文襄公集》，卷七，《答张给事》。

❺《高文襄公集》，卷九，《公考察以励众职疏》。

❻《张太岳集》，卷二三，《答总宪凌洋山言边地种树设险》。

❼《张太岳集》，卷二三，《答边镇督抚》。

❽ 参见《张太岳集》，卷二一，《答欧少卿》。

❾ 参见《张太岳集》，卷二一，《与湖广巡抚》《答湖广雷巡按》。

❿ 参见《张太岳集》，卷二一，《与蓟镇巡抚》。

二因处在"末相"之地位，尚未能对吏治人事制度进行通盘的修订，故其效果还是有限的。但自高拱复入，并兼掌吏部之后，在以高为主、张为辅的推动下，吏治人事制度的改革遂打开新的局面。

高拱复入内阁并兼署吏部事，可说是得到特殊的重用，为有明一代所罕见❶。他受任后，亦确实有谋能断，发挥出卓越的行政领导才能。在选官用人、改革制度方面都做出了很大的成绩。当时，他身肩重责，"慨然以天下为己任。凡晨理阁事，午视部事。人谓公门无片楮，公曰：'是奚足哉？大臣以体国为忠，以匡国是为美，区区小廉细节耳，宁足多乎？'"❷从此一时期到隆庆去世前，是他一生政治生涯中最辉煌的时期，可说是攀登上功名事业的巅峰，确实在明代中期的历史上刻下了一道不容磨灭的印记。

高拱自知，兼署吏部尚书是不世之遇，他亦切望在此任内有以报隆庆特达之知，"陛下既以铨务用臣，则臣自当以铨务图报"❸。他在短短两年半的时间内，亲自拟写了大量有关吏政的章奏和批示，今存《掌铨题稿》二十四卷，即为此类文书的汇集。在其中，他针对隆庆时期吏治的现状，吸取历朝历代，特别是明朝建国以来有关得失教训，对人事工作的各个环节，逐一重新进行检验，当兴当革，雷厉执行。

吏政工作的对象是人。任何职务都是要由具体的人来承担的。选用是否得当，是否人尽其才、才尽其用是关系吏政成败的关键。而对全国大小官员的人品、才具、专长等的了解是否确当，占有的资料是否全面，又必然是能否正确举罢升黜的根据。为此，高拱特别注意调查研究，饬命吏部衙门各司官认真搜集情况：

> 集四司官各授之册，曰：铨曹职在知人。人，不易知也。幸

---

❶ 沈德符《万历野获编》卷七，《辅臣掌吏部》条言："内阁辅臣主看详、票拟而已。若兼领铨选，则为真宰相，犯高皇帝禁矣。……驯至穆宗三年，高新郑以故官起掌吏部，初犹谓其止得铨柄耳。及抵任，则自以己意胁首揆李兴化。条旨云：'不妨部务，入阁办事。'比进首揆，犹长天曹，首尾共三年，则明兴所仅见也。"

❷ 《高文襄公拱墓志铭》，载《国朝献征录》，卷一七。

❸ 《明穆宗实录》，卷五六，隆庆五年四月己酉。

诸公早计之：某也有德，某也有才，书诸册；某也不德，某也不才，书诸册；某也所自见，某也得之何人，书诸册。皆亲封记之，月终以复于予，予且以此见诸君贤。每岁所得，凡百八十余册以为参验，故贤否不淆，黜陟允当。❶

他认为："用人必先养人，苟无以养之于先，则其用之亦苟而已。……仆诚欲养于未用之先，以辨其才；乃用于既养之后，以充其任。"❷ 这里所说的养，其实是包括培育、考察的意思，避免滥荐滥用，减少失误的内容。正因此，高拱在任内，一再上疏请起用有能力和有操守的人才，如对已休致的吏部尚书杨博、礼部尚书高仪，均奏请重新召用；对现任工部尚书，但擅长水利的朱衡，则请不拘常规，请以尚书本职兼左副都御史衔前去督理河工，并发专敕以加重其威权；对于虽在病中的名将谭纶，仍留兵部尚书之任，宁可俟其病痊之日再视事，而不轻用不够称职之人。其他如侍郎陆树声、杨巍，浙江左布政使王宗沐等，都因各具专长，请加升用。事后证明，高拱推荐起用的数十官员，称职率是很高的❸。另外，对于犯有贪贿枉法的官员则坚决予以撤职查究❹，

---

❶ 林时对：《荷牐丛谈》，卷二。
❷ 《高文襄公集》，卷七，《答张给事》。
❸ 《明史》卷二二二，《张学颜传》言："隆庆五年二月，辽抚李秋免，大学士高拱欲用[张]学颜，或疑之。拱曰：'张生卓荦倜傥，人未之识也，置诸盘错，利器当见。'侍郎魏学曾后至，拱迎问曰：'辽抚谁可者？'学曾思良久，曰：'张学颜可。'拱喜曰：'得之矣。'遂以其名上，进右佥都御史，巡抚辽东。"按，张学颜当时仅为蓟州兵备副使，骤提为辽抚，是属于破格使用。事后证明，学颜在辽东，剿抚俱有功，其后历任户部、兵部尚书，又曾谏阻万历兴内操，成为张居正得力臂助之一。此可见高拱知人一例。
❹ 例如，隆庆五年中，福建巡按御史杜化中参劾福建游击将军署都指挥金事金科克减钦赏银两；朱珏侵削军饷，又任性刑毙无辜，恣意淫各不法，被革了任。但，"金科、朱珏二犯，既经论劾之后，自度王法不贷，日夜惶惧，莫知所出，遂遣人携二千金潜入京师，请总兵戚继光贿于兵部左侍郎谷中虚之门以救济……维时，中虚利其重宝，经营布置，扶助主张，复奏行巡抚衙门，以图解脱。"高拱于是奏请将谷中虚、金科、朱珏等一律依法查办。此案因牵涉前坐镇闽海，今移任辽蓟的名将戚继光转托谷中虚通融，高拱亦专疏劾弹戚继光，未因其战绩卓著而枉法。两疏均载《掌铨题稿》，卷二四。

对于年已衰颓，但仍恋栈官职的人，则勒令退休❶。高拱在《掌铨题稿》中留存的奏疏和批示，竟有及于蕞尔州县官的奖惩去留的，可见他处事之勤，工作深入。

张居正在当时的内阁中，虽然没有分管人事工作，但他在这方面的看法和做法，基本上和高拱相同，有着密切的配合。他亦认为，当此历史转换之时，必须从社会各个层面延揽人才，不计前此是否受谤受贬，不以是否已休致甚至被斥为民等为界限，"欲招隐遗于茬轴，贲束帛于邱园"❷"搜遗佚于岩穴，以共图治理"❸。他总是劝导那些在嘉靖末期受过打击，或不愿厕身污浊官场的正派人士，切莫"一蹶而不振"，不可"淹留林壑"，殷切希望这些有才具的人"惠然肯来"❹。其爱才求才之心，屡见于他在隆庆时期的书札。

当然，居正的求才是为了延揽到得力的、品德高尚的人手，故此，他强调必"以操守为先。廉且能，上也；即不能兼，且先取廉者"❺。广泛招请而重用，与严以驭吏并不矛盾，这是两方面原则的统一。他一再申明此点，其中之一言：

> 《书》称，敬敷五教在宽。所谓宽者，殆以人之才质，有昏明强弱之不同，须涵育熏陶，从容引接，使贤者俯而就焉，不肖者企而及焉，如是而已。今人不解宽义，一切务为姑息弛纵，贾誉于众，以致士习骄侈，风俗日坏。间有一二力欲挽之，则又崇饰虚谈，自开邪径，所谓以肉驱蝇，负薪救火也。❻

---

❶ 例如，广西按察使丁湛，在三十八岁时中嘉靖八年进士，到隆庆四年已七十九岁，但仍恋职不请休，高拱乃批示："丁湛……衰疲已甚，岂能厘奸决狱，总宪一方？"着即退职回籍。有关批示亦载《掌铨题稿》，卷二四。

❷ 《张太岳集》，卷二二，《寄太史吴后庵》。

❸ 《张太岳集》，卷二一，《答欧少卿》。

❹ 《张太岳集》，卷二一，《答欧少卿》。

❺ 《张太岳集》，卷二二，《答两广李蟠峰》。

❻ 《张太岳集》，卷二三，《答南学院周乾明》。

居正用人，贵在实效，故十分注意用当其人、人尽其才、才得其效。故此，他对于重要的差使，在选人方面都十分审慎斟酌，甚至不惜更改主管部尚书大臣的决定。例如，隆庆五年（1571）年初，要派遣一人出塞为封赠俺答使，刚接任兵部尚书的杨博任人未当，居正乃直接函致位居前线的宣大山西总督王崇古，予以变动，以减免失误，言：

> 封虏使者，本兵依违久之不能决，竟遣一参将行。其人年少轻率，恐不可使之见虏酋，第令捧敕至幕府，另选边吏充使可也。副之者，鸿胪署丞王勋，颇谙夷语，能辩番文，可备驱使，惟裁而用之。❶

此表现出居正在用人方面考虑得周详，能以国事为重，未因杨博与他本人交谊素笃，而特予迁就，与他一贯处事有魄力而果断的作风是一致的。

居正于隆庆中后期，在处理重大人事问题上，和高拱一样均着重实效，坚持原则，但又有权变，从下述三件大事中可以概见：

其一，是继续保护和重用戚继光。继光为将，号令严，赏罚信，士卒无敢不用命。不论在浙、闽御倭，或在辽、锦抗虏，均卓立战功，不愧干城之选。但其人操守存在缺失，确有过纳贿及行贿之事，与袍泽同僚之间又往往逞能争功，在当时确实异议颇多，高拱亦曾一度严词劾奏❷。后因居正的疏解，才保留住其职位，弃瑕留任。以后，在军事上甚得其力，"继光在镇十六年，边备修饬，蓟门宴然。继之者，踵其成法，数十年得无事"❸。应该说，戚继光是瑜过于瑕、瑕不掩瑜

---

❶《张太岳集》，卷二二，《答督抚鉴川》。

❷ 隆庆五年中，因戚继光经手为已革军官金科、朱珏向兵部侍郎谷中虚行贿一案，高拱上奏劾戚，词颇严峻，曰："参照总理练兵事务兼镇守蓟州等处总兵戚继光，宦成而志已怠，守坏而名亦损，纳污含垢，不恤公议之重；临财苟得，徒求私橐之盈。言虽高于秋昊，行实卑于污地。"（载《掌铨题稿》，卷二十四）

❸《明史》，卷二一二，《戚继光传》。

的难得将才。但他之得以发挥重大作用，实"赖当国大臣徐阶、高拱、张居正先后倚任之。居正尤事与商榷，欲为继光难者，辄徙之去"❶。关于张居正对戚继光的赏拔、重用、保护和严加督责教诲，在本节暂不展开。

其二，是对于如何对待另一有大争议的人物，原巡抚广西、后提督两广军务的殷正茂。

殷正茂亦一干才而兼勇将，他虽然是进士出身，但熟谙军机韬略。隆庆三年（1569）冬，率军平定广西古田僮族首领韦银豹、黄朝猛的反叛。银豹家族自弘治中期即称兵对抗明朝的统治，屡败官军，攻陷城池，而又屡降屡叛，朝廷认为是南方最棘手的问题之一。而正茂之能得授重任，领大军以奏功，实因高拱与张居正的识拔，力排众议而倚任之，支持他成就大功。盖正茂亦为瑜瑕兼备的人物。《明史》卷二二二，本传言：

> 正茂在广时，任法严，道将以下奉行惟谨。然性贪，岁受属吏金万计。初征古田，大学士高拱曰："吾捐百万金予正茂，纵乾没者半，然事可立办。"时以拱为善用人。

高拱在此一问题上表现出有大魄力，能用大手笔以果断处理大问题，故在当时受到时论的肯定，但其中的具体磋商，说服异见以定议，实赖居正不懈的努力。盖未用正茂之初，即已有强大的阻挠；及至功成之后，攻击之声仍不断于耳。居正为稳定正茂，鼓励其继续立功，致书与言：

> 积寇荡平，黎庶安堵，此不世之功也。乃呶呶者犹有事后之议，虽圣明远瞩，功罪不淆，然亦足乱人意。
>
> 近来人心不古，好生异议，以其媢嫉之心，而持其庸众之见，

❶《明史》，卷二一二，《戚继光传》。

惟欲偏徇己私，不顾国家便否。……古田密迩会省，蕞尔小丑敢戮天子之命吏，不容不讨。众皆曰："剧贼据险，兵力所不能加，即欲除之，非集数省之兵，费五六十万不可。"仆曰："不然，吾知殷公必能办此，诸君但观其破之。"此……皆大违众议，而仆独以身任其事，主上用仆之策，幸而时中矣。乃异议者，犹欲搜求破绽，阻毁成功，以快私指。嗟呼！人臣为国家忠计，可如是乎？ ❶

他在另外的信中，仍然鼓励殷正茂勇敢任事，安定南疆。当时，"粤中群盗"攻陷神电卫，乃敦促殷正茂负责戡平之，言：

广事之坏，已非一日，今欲振之，必宽文法，假便宜乃可。近来议者纷纷，然朝廷既以阃外托公，公自择例宜行之，期于地方安宁而已。虽弹章盈公车，终不为摇也。❷

治乱国，用重典。广固乱国也，其势非用兵威以震荡之，奸宄不畏，良民无依。……愿公安志审画，毋自退阻。❸

要令余毒尽销，士民安堵，则忌吻浮议，不摧自破矣。❹

不论张居正，抑或高拱，对于殷正茂夙有贪名，当然是了然于胸的。但事有轻重缓急，韦银豹等以及"粤中群盗"之乱，所关系者重。韦氏割据已逾七十年，而"群盗"已经兵连惠州、潮州及琼州，广东已失其半，此所谓心膂之患，不能不急采对策。故此，在特殊紧急的情况下，不能不从权，视正茂个人节操，相对为轻，当时又确无任何人可代替之而操胜券者。政治上用人，有时有不得已的权衡机变，骤看似乎放弃原则，但实际上对于国家的根本利益却是有大利害在。高拱

---

❶《张太岳集》，卷二三，《答两广殷石汀论平古田事》。
❷《张太岳集》，卷二四，《答两广殷总督》。
❸《张太岳集》，卷二五，《答两广殷石汀计剿广寇》。
❹《张太岳集》，卷二三，《答两广殷石汀》。

和张居正在使用殷正茂问题上正是从这样的角度考虑的。

其三，是大力保护前湖广荆州府知府，后任湖广按察副使的徐学谟。徐学谟是一个清廉耿直的地方官。嘉靖四十三年（1564），他在荆州知府任内，恰好嘉靖的幼子景王载圳就藩湖广。这个景亲王素以放荡贪婪著称，他甫到藩所，即大量兼并沿鄱阳湖畔的良田达数千顷，又看中荆州府属的沙市，要求将该地所有田亩尽输入王府，转为藩产。学谟坚决不从，缠讼到巡抚、巡按，以至户部，最后以每年输金于王府，了结此事。当地人受学谟之惠，称之为"强项令"，有人甚至称沙市为徐市❶。但为此，学谟以结怨于湖广某些为巴结亲王，并企图从中谋取私利的官员，不久便被调离荆州。隆庆二年（1568），且因检举辽王宪㸅的事入狱，后虽平反，但某些官员对他仍怀恨未息，历年都罗织罪名以控告他。隆庆五年，前任湖广巡按御史雷稽古又重提此事，居正乃挺身而出，为之解围并昭雪。在给巡按御史陈于陛的信中说：

> 徐宪副昔守敝郡，甚有政绩，而恃其才守，屡憎于人。雷院之论，盖误听人言，非有私恶也。襄汉士民，自有公论，愿公博访而审听之❷。
>
> 徐君平日心行，仆固未能深知，若在荆、襄，则诚未可议也❸。

---

❶ 《国榷》，卷六四，嘉靖四十三年二月壬子条载：徐学谟为顶住景王勒索，曾写了一道名为《议商税银解景府作沙市岁课牍》的呈文，说："看得荆州为吴蜀之门户，沙市乃江陵之腹心。府治环聚朱门，既乏编户；四郊悉成旷土，原少人烟。惟该市稍集经商人民，俱系附郭，八省所通，百需攸萃，若民数一归王籍，则差徭不属有司；若税地既课房租，则正赋必当蠲免。地方何所倚赖？官吏亦为其文。况昔年荆门既割，本府已无后门，目今沙市复去，空城谁与为守？……但既奉明旨，查拨之数，自难径自除免。相应酌议抵给。查得沙市总计人户五千户，以户起课，大约每户岁该出银一钱，总共岁该银五百两。……为今之计，合无俯从，于前项银内，每年扣出银五百两，抵作该市户课之数，递年定限八月内，差人依期解赴景府长史司交割，取获批回附卷，其花名佃数，不必攒造赍府，其该府长史司每年亦不必差人向民间催讨。仍刊入总会文册，永为定规。"（载《徐氏海隅集》卷八。）

❷ 《张太岳集》，卷二四，《答楚按院陈燕野》。

❸ 《张太岳集》，卷二三，《答宪长施恒斋》。

居正自言，他之所以一再为徐学谟说公道话，乃是出于固守"知贤不敢蔽，是非不敢枉"❶的人事原则，以维护正气，奖励直道，抑制诬害廉能的歪风。

第四节　高拱对人事制度的整顿改革

高拱是有明一代最有魄力、最有识见、最敢于改革旧制，而又能妥慎制定符合实际需要新规制的吏部尚书。他在任职的两年半中，所谋划和推行的新法，实为明代人事制度掀开新的一页。今分述之：

一、对军事领导体制和边防将官选任制度的突破性改革

明朝自洪（武）、永（乐）以来，在中央设立吏、户、礼、兵、刑、工六部，以分管人事、民政财政、礼仪、军事、法律和工程等方面的政务。六部各设尚书一人为本部正首长，再设左、右侍郎各一人为副首长。一尚二侍久已成为定制，二百年来从未有人提出过修改。但高拱认为，针对正统年间土木之变以来，北虏南倭侵扰日亟的情况，必须对军事边防的领导体制进行大胆的改变。他就任两个多月后，便陆续呈上了名为《议处本兵及边方督抚兵备之臣以裨安攘大计疏》《边情紧急议处当事大臣疏》《推补兵部右侍郎并分布事宜疏》《议处本兵司属以裨边务疏》《议处边方有司以固疆圉疏》《议决边方久缺正官疏》❷。这六道疏文系统地表达出高拱为加强明军的攻防战力，拟对中央和边方的人事配置和权限，做较大幅度的调整。

首先，是对兵部首长一级。高拱认为，作为最高军事行政首长的

---

❶《张太岳集》，卷二三，《答宪长徐太室》。

❷ 这六道疏文均收入《掌铨题稿》，又载在《高文襄公集》，卷八，以及高拱另一著作《防边纪事》，其中第一、四、五三疏均被选入《明经世文编》，卷三〇一。

兵部尚书必须得人，而且必须有所储备，言：

> 臣惟兵部尚书，即古大司马之职，所以统六师、平邦国，安危所系，任至重也。况二三十年来边关多事，调度为难，则其任尤重。所宜多需其才，用之不竭，然后可以济事，而乃遇有员缺，皇皇求索，不得其人，岂果世之乏才欤？良由养之不豫，是以不能卒得于临时也。❶

不但为了解决随时有称职的兵部尚书可用，还要解决好部臣与边帅的密切沟通和互相补充。他建议打破传统的"一尚二侍"的旧有体制，请特准在兵部内加设侍郎二人，即改为"一尚四侍"，用以因应事机，满足防务的需要。其理由是：

> 臣观兵部侍郎，正如别部额设二员，盖边关无事之时，则然也。近年既称边关多事，而官则如旧。或间添一员协理戎政，然又时用宪臣，侍郎亦非定员，则所谓定员者止二人而已。而二人者皆协理部事，不得随时出入。或欲巡阅边事，未免假借于他官；或遇边防总督员缺，未免那移于他处。假借他官，则非其本职，不便行事；那移他处，则补于东又缺于西。……门廷紧急之事，无人为御。臣不意国家如此大事，而乃苟且以处至此也。
>
> 臣愚诚中夜以思，谓宜于兵部添设侍郎二员，同额设侍郎协理部事。平日则练习本兵政务，或欲巡阅边务，即以一人往，既便行事，又不烦于假借。或遇边方总督员缺，即以一人往，既可朝发夕至，又不费于那移。迨其出入中外，阅历既深，凡本兵政务，与夫边关险隘、虏情缓急、将领贤否、士马强弱，皆已晓畅谙熟，方略素定，遇有尚书员缺，即以其尤深者补之。如此，而犹称用乏，必不然也。❷

---

❶《高文襄公集》，卷八，《议处本兵及边方督抚兵备之臣以裨安攘大计疏》。
❷《高文襄公集》，卷八，《议处本兵及边方督抚兵备之臣以裨安攘大计疏》。

这一方案的提出，在当时确实是一创举。第一，它要求在实战中，在军事业务中锻炼和培养高级领导人才。增设的兵部侍郎，既可以在兵部衙门工作，又可以巡阅边务，甚至随时可以侍郎的资格出任边方总督，内外互调，是部官而又兼边帅。这就必然有助于熟悉边关部署、防务、战况、敌我军事力量对比，以及边将的人品素质和实在指挥能力，一改过去在高层闭衙谈兵的状况。第二，既培养有能胜任部务，又熟悉边情，具有韬略的侍郎，兵部尚书有缺，自不必再"皇皇求索"人选。

高拱又认为，要对军事领导部门进行较彻底的整顿，不但应注意对尚书、侍郎等"堂上官"的培养和使用，还要推广及于部内的中级人员和边疆军事人才。这一部分人又是尚书、侍郎次一级的候补梯队，负担着重要的具体工作并从中得到历练，切不可忽视。他说：

> 兵乃专门之学，非人人皆可能者。若用非其才，固不能济；若养之不素，虽有其才，犹无济也。
>
> 臣愚谓储养本兵大臣，即当自兵部司属始。盖兵部司属，皆与闻军旅之事，而乃不择其人，泛然以用，又往往迁为他官。不得其人，既未必可用；而又迁为他官，则人无固志，视为传舍，不肯专心于所职。如此者，非惟无以备他日之用，而目下承行，亦有不当者矣。今宜特高其选，而以有智谋才力者充之，使其专官于此，练习事务，不复他迁，而又议其升格。如边方兵备缺，即以兵部司属补；边方巡抚缺，即以边方兵备补；边方总督缺，即以边方巡抚补。而总督与在部侍郎时出时入，以候尚书之缺。……其他官中有特出之才能知兵事者，又间取一二以补不足。如此，而犹称乏用，必不然也。❶

❶《高文襄公集》，卷八，《议处本兵及边方督抚兵备之臣以裨安攘大计疏》。

这里提出，对兵部的司官必须精选择用，而又给以久任，以利于培养专门的兵学人才。部内的郎中、员外郎、主事等都是经手办事的人物，他们办事的质量、效率，对前敌情况的判断，实连系着瞬息万变的战局，有时甚至能影响胜负。故此对他们的晋升提拔，也宜通过内外互调的途径来解决，部员可以转为边将，边将又可以转为部臣。如此几度轮换，则有关官员既谙知国家军事典章和兵部办事规程，又熟悉边塞兵机，具有实战能力；内外既无隔阂，又少扯皮，官员的素质俱有提高，必然大大加强作战的能力。

高拱的战略思想，还表现在，特别注意选拔生长在边塞地区的人士进入兵部工作，俾能熟悉各前沿地区的风土人情、地理厄塞，易于准确分析战报，做出正确指挥，成为尚书侍郎的有力资讯臂助。此一举措，亦是历来武选人事制度闻所未闻的。他说：

> 方今边徼用兵之处，惟是蓟辽、宣大、延绥、宁夏、甘肃，南则闽、广。是数处者，风土不一，事体各异。每遇有事，本兵处分，止凭奏报之词，别无据证，以故常不得其的确。
>
> 臣愚谓宜于是数处之人，择其有才力、知兵事者，每处多则二人，少则一人，使为本兵司属。彼生于其地，身家之处既无不周，至如山川之险易，将领之贤否，与夫奏报之虚实，功罪之真伪，皆其所知，便可一问而得。以是为参伍之资，处分或无不当。……伏望圣明裁定，敕下臣等施行，仍乞著为令甲，永远遵守，俾是数处之人，在兵部者后先继续，不至间断，其于边务，所裨必多矣。❶

高拱又认为，对于守边备战的文武官吏，必须给予特殊的优惠，在升擢方面应做出特别的规定，言：

---

❶《高文襄公集》，卷八，《议处本兵司属以裨边务疏》。

劝惩不明，何以尽人力？体悉不周，何以尽人心？臣见边方之臣，涉历沙漠，是何等苦寒；出入锋镝，是何等艰险；百责萃于前，是何等担当；显罚绳于后，是何等危惧。其为情苦，视腹里之官，奚啻十倍，而乃与之同论俸资，同议升擢，甚者，且或后焉。此功臣所以灰心，烈士为之太息者也。诚宜特示优厚，有功，则加以不测之恩；有缺，则进以不次之擢。使其功名常在人先，他官不得与之同论俸资。脱或推奸误事，则律以法；脱或任职不称，则左其官，使其功名常在人后，尚不得与他官同论俸资。夫称职者常先，则人必欣于进取；不称职者常后，则人必惧于蹭蹬。如是，而犹不尽力，必不然也。❶

以厚赏重罚作为鞭策的手段，用以鼓舞边关官佐奋力战阵，较诸前此赏罚不明、功罪不清、不体恤边关将士劳苦的混乱情况，当然是一大进步，必能收立竿见影之效。

高拱还针对前此在配备边方官吏时，总是将一些或犯有罪过，或出身不正，在腹里地区无法安插的冗剩之员，"发配"到边地任职。或视之为"弃物"，或等同于惩罚。这样做的结果，必然是官渎将疲，苟且混事，无心边防民政，急图摆脱。他认为，如不扭转此种风气，边疆实难固守。疏言：

> 臣惟蓟、辽、山、陕沿边有司，虽是牧民之官，实有疆场之责。……乃官其地者，非杂流，则迁谪；非迁谪，则多才力不堪之人。谓以劣处之也。彼其用之腹里，尚然困效，又何有于边方？待之既薄，志意矙沮，又何望于展布？是以善政无闻，而郡邑之狼狈为甚，皆是用人不当所致。盖徒以地苦其人，而曾不顾人之苦其地也；盖徒以边方为远地，而曾不思远地安，然后内地得以安也。

---

❶《高文襄公集》，卷八，《议处本兵及边方督抚兵备之臣以裨安攘大计疏》。

今边方既系紧要，而地方又皆狼狈，则尤宜以贤者处之。合无今后，各边有司必择年力精强，才气超迈者除补。或查治有成绩，兼通武事者，调用而又议其赏罚。有能保惠困穷俾皆乐业者，以三年为率，比内地之官加等升迁。有能捍患御敌，特著奇绩者，以军功论，不次擢用。如其才略恢弘，可当大任，即由此为兵备为巡抚为总督，无不可者。惟以治效为准，不必论其出身资格。若乃用之不效，无益地方者，降三级别用。若乃观望推诿，以致误事者，轻则罢黜，重则军法治罪。夫既开功名之路以歆之于前，则不肯不尽其心；又有严罚以绳之于后，则不敢不尽其力。庶乎修职者多，而边方有赖也。❶

以上，是对高拱在军事方面的人事调整理论和实践的简要介绍。应该说，高拱在这一方面是有创造和有建树的。其后，能和俺答达成封贡和议（详本章第五节），显然也和明方的军事部署渐趋健全，边疆将帅官佐的配备渐趋得当有关。当然，决不能忽视其中一个重要的因素，即高拱连上六疏，而每一疏都得到隆庆从速批准，甚至还附带着给予肯定性的鼓励奖勉❷。此固然与高拱和隆庆之间本来存在长远深厚的历史渊源有关，但亦与高氏其人任事之勇、思虑之密、料而能中、中而有效有关。《明经世文编》收载高氏六疏中的三疏，编者陈子龙、徐孚远在疏文之上加注曰："此论经久可行""心思可谓周密"。又曰："文襄留心戎务如此，真勘定之才也。"这在该《文编》收载的大量明臣边政奏议中，给予如此高度评价，是不多见的。林时对在其所著《荷牐丛谈》卷二《高文襄储本兵议》一文的结语，称誉高拱此议"真大臣谋国之良谟"。此均可见后人对他这方面建树的高度评价。

---

❶《高文襄公集》，卷八，《议处边方有司以固疆圉疏》。

❷ 例如，高拱所上《议处本兵及边方督抚兵备之臣以裨安攘大计疏》，是在隆庆四年二月二十五日题，二十七日即奉"圣旨"，曰："兵事至重，人才难得，必博求预蓄，乃可济用。览卿奏，处画周悉，具见为国忠献。都依议行。"（载《高文襄公集》，卷八。）

二、以政绩而不以科举资格作为任官主要依据和加强对官吏的考察

明代沿袭前代旧制，早在建国前的吴元年（1367），朱元璋就下诏筹备开科举，"使中外文臣皆由科举而进，非科举者毋得与官"❶。但到洪武六年（1373），他就深感到使用科举以登进人才的办法，存在着不切实用的缺憾，"既而谓所取多后生少年，能以所学措诸行事者寡，乃但令有司察举贤才，而罢科举不用"。❷不过，实在又拿不出另一套既能笼络天下士子，又具有表面公平意义的取士用人制度，洪武十五年（1382）又下令恢复科举制度。京师及各省三年一次举行乡试，被录取者为举人，翌年会试于北京，被录取者为进士。进士被视为当时全国士子的精英，中式后即可任官，而且升擢最速，"明制，科目为盛，卿相皆由此出"❸。举人、贡生，以及没有功名而被称为杂流者，又等而次之。明朝的人事制度，虽仍说是三途并用，但三途的宽狭迥异，前途的发展更有天渊之别。在每个级别间，都存在着难以逾越的鸿沟。

高拱认为，这种以一试定终身，在人事制度上存在着实际不公平且无实效的状况，是极不利于发掘人才潜质，调动其积极性，发挥其主观能动作用的，且人为地迁就一些虽有科名高第，但无实学无干才的迁蠢腐儒，例置于高位之上，亦只能贻害政务，贻误苍生。他兼署吏部后，决心改变此二百年来的陋规陈弊，痛言：

> 国家之用人，皆欲其砥砺名节，建立事功，以共成熙平之治，非徒以一日之短长，遂为终身定例，而故有所抑滞于其间也。
>
> 今布列中外，自州县正官而上，大较皆科目之人。而科目分数，进士居其三，举人居其七。所谓进士、举人者，亦惟假此为网罗之具，以观其他日之何如，而非谓此必贤于彼也。

---

❶《明史》，卷七〇，《选举志》二。
❷《明史》，卷七〇，《选举志》二。
❸《明史》，卷六九，《选举志》一。

进士偏重，而举人甚轻，至于今则极矣。其系进士出身者，则众向之，甚至以罪为功；其系举人出身者，则众薄之，甚至以功为罪。上司之相临，同列之相与，炎凉盈面，可鄙可羞之甚，而皆不自顾也。至于保荐，则进士未必皆贤，而十有其九；举人未必皆不贤，而十曾无其一也。至于升迁，则进士治绩之最下者，犹胜于举人治绩之最上者也。即幸有一二与进士同升，然要其后日，则进士之俸少而升官又高；举人之俸多而升官又劣也。若夫京堂之选，则惟进士得之，而举人不复有矣。其偏如此，遂使进士气常盈，举人气常怯。盈者日骄，每袭取而寡实；怯者日沮，率躐堕而恬污。……若是，而欲望其有为，胡可得哉？及其不能有为，则又曰，此辈果不堪用，然不知乃用人之偏所致，而非其本体果皆如此也。

夫崇尚进士，才三分耳，而又使之骄；弃却举人已七分矣，而皆使之沮，则天下之善政，谁与为之，而民生奚由得安也。❶

高拱此疏，论人才因科目出身资格不同而分等级，因等级而分成贵贱，在士人中人为地塑制成为不同的高低层次，终将对国家和社会产生极大的消极作用。疏文洋洋洒洒，内容说理充分，将此一矛盾充分揭露出来，确是隆庆以前论析此一问题的文章中最为犀锐的。事实也正是如此。科举制度自唐、宋以迄明前期，已经陈陈相因，其活力已渐褪尽，制艺试士，无非是将旧篇腐句，盗袭相仍，重新拼凑炒作，于是格律变而益精，风尚穷而益变。所谓根柢经史，无非是割裂篇章，取为己用；所谓论策，无非是观风看势，掇拾时论余唾以迎合当道；高头讲章，无非是用作博取荣华富贵的敲门砖；不少豪杰之士，槁项没齿，皓首穷经，无非是冀经一试以求跃登龙门。有人幸而得中，而英光锐气，早已消磨殆尽。"故论者谓有明一代无学问，非无学问也，

---

❶《高文襄公集》，卷九，《议处科目人才以兴治道疏》。此处说的"俸"，是指年资，而非指薪俸。

举业累之也。"❶ "明自正德、嘉靖以后，人才虽未衰，然或不能究其用，或不尽衷于道。盖其时科第重而朋党兴，居风气中而能卓然不惑者寡矣。"❷ 高拱作为进士出身的人，深知其中积弊，在他兼任吏部尚书，掌握人事任免大权之后，能逆抗当时被视为固然的风气，并提出改革的方案，确有可贵之处。他还继续提出大胆的破格建议：

> 臣以为，欲兴治道，宜破拘挛之说，以开功名之路。凡举人就选者，初只以资格授官。授官之后，则惟考其政绩，而不必问其出身。进士而优，则先之；苟未必优即后于举人，无妨也。举人而劣，则后之；苟未必劣，即先于进士，无妨也。吏部自行体访，但系贤能，一例升取，不得复有所低昂。仍行都察院转行各抚、按官，务除去旧套，但系贤能，一例保荐，亦不得复有所低昂。如举人官未经保荐，而升取数多者，抚、按官以不及论。其既升取之后，又惟论其政绩，一例推转。举人之俸不必加深，进士之官不必加美。若果才德出众，则一例升为京堂，即上至部卿，无不可者。如此，则拘挛之说破，而功名之路开，有非至不肖者，必不甘于自弃也。❸

高拱的奏请，很快就得到隆庆皇帝的批准和支持❹。也正因此，可以看到在隆庆中期开始，有关人事制度发生了某些实质性的变化。任官以实绩实效为主，不以资格出身为依据的做法，甚至曾一度推行到地方衙门中没有什么科目功名的经历、照磨、县丞、主簿、典史等首领和佐贰官，以及吏员等，这是宣德以后所未见的：

---

❶ [清]《薛福成选集》，《代李伯相重锲洨滨遗书序》。
❷ 《薛福成选集》，《代李伯相重锲洨滨遗书序》。
❸ 《高文襄公集》，卷九，《议处科目人才以兴治道疏》。
❹ 隆庆在高拱所上的《议处科目人才以兴治道疏》下旨道："祖宗用人，原不拘资格，近来偏重太甚，以致人无实用，事功不兴。览卿奏，具见经济宏猷，于治道人才大有神益。依议着实举行。吏部知道。"（载《高文襄公集》，卷九；此一旨意，亦载《明穆宗实录》，卷五八，隆庆五年六月乙卯。）

隆庆四年（1570）十一月，吏部题准，府首领与州县佐贰官，有才能卓异，可备任使者，不拘出身资格，一体荐扬超擢。❶

抚、按今后不拘岁贡、纳粟、吏员，但年壮才卓，堪为一方保障者，访实具奏超擢。❷

当然，要程实效，据实绩以行升黜，就必须对所有在任官员的实际表现有具体的了解，有公正的评价，然后才能严明赏罚，使用得人。为此，就必须健全考察制度，打破历年来存在于这方面的腐败。高拱首先指出，考察因循徇私，乃是当时官僚政治的集中表现之一：

查得历年考察调黜官员，多循以往定数，甚至掇拾暧昧之事以充之。且虑数有不足，乃将半载以前被劾官员不行题覆，临期凑补，此皆本部累年之积弊也。

考察之典，所以惩汰官邪，风示有位，所关至为重大。而数十年来，每遇考察，其惩汰之数，大较前后不相上下，以是袭为故常。其数既足，虽有不肖者，姑置勿论；其数不足，虽无不肖者，强索为充，可谓谬矣。乃其称为不肖者，又多苛求隐细，苟应故事；而所谓大奸大恶者，或有所不敢问，而佯若不知；或有所不能识，而反称高品。纵豺狼于当路，觅狐鼠以塞责，此人心所为不服也。又于考察半载之先，抚、按论劾者俱不题覆，留作明春之数。夫不善之人，面目未露，犹或有侥幸之心，少存顾忌。若面目已露，明知必去，则将无所不至矣。而乃留之在位半载之间，民何以堪？此尤不通之甚者也。❸

为考察而考察，打苍蝇不打老虎，凑定数以塞责，因爱憎而定优劣，

---

❶《嘉隆新例》，卷一。
❷《嘉隆新例》，卷一。
❸《高文襄公集》，卷九，《公考察以励众职疏》。

此是历来考察工作的常见病、多发症。但亦因此，考察不但未能扶正去邪，反而成为各级当权官僚拉帮结派、排斥异己的工具，成为残民害政的方便借口。为此，高拱奏请规定：

> 今后纠劾庶官，务要遵照事例：拟为民者，必述其贪酷之实；拟闲住者，必述其不谨罢软之实；拟致仕者，必述其老疾之实；拟降调改教者，必述其行止未亏，才尚可用，而止不宜于繁剧有司之实；其应提问者，不得止论罢官；其已经降调者，不得再论不及。如有仍前任意轻重，议拟背驰者，听本部参奏究治。❶

高拱在任期间，还奏准扩大了考察的范围。既往受考察官员的下限，仅到知州、知县为止，其他首领官及佐贰官俱未列入，高拱认为，既对此类微末官员准予荐扬超擢，则权利与义务必应对等。且首领官及佐贰官人等在地方亦临民治事，俨然官长，有时为非作歹，更有过于州县官的。将人事考察制度扩大到此一层次，正是为了申张纲纪的作用，亦为隆庆中期吏政改革不可忽视的一环：

> （隆庆四年三月丙戌）吏部言，各处抚、按参劾故事，止施于州县正官，而不及佐贰、教职，中间虽有不肖彰闻者，远则必待三年黜落，近则改升正官，俱属宽纵，不足以示惩。请下都察院行各抚、按，所属佐贰以下罪过显著者，遵旨逮问，差薄者革任闲住，每季具题，以备复奏。报可。❷

宽科目资格之限，严考察的稽查，一切重实践，程实功，是高拱主持吏部工作时所推行的人事政策。与此相配合，他还主张，对马政盐政等官员不得再予歧视，不得再用罪废之员滥竽职务，不得再视此

---

❶ 《高文襄公集》，卷九，《公考察以励众职疏》。
❷ 《明穆宗实录》，卷四三。

两部门为"闲局"❶；对于因父兄显赫而得荫授职的官员,应加强督教考核,视其实在才德而酌用❷；对于官员的地区回避制度,亦可作弹性处置,卑微之官,如学官、司教、仓官、驿官、闸坝官等,俱得在本省隔府地方任职,不必一定安排在异省❸。如此等等。总而言之,高拱倡议和推行的人事政策,是隆庆朝进行政治改革中相当重要的一环,其理论和实践,对后代也是有参考意义的。

第五节 促成俺答封贡的实现

一、隆庆初期,明与鞑靼诸部的攻防对峙

明代中叶,北方的边防已经大坏。来侵的鞑靼诸部中,又以俺答部为最强大。俺答,是蒙古族著名首领也先的裔孙,他"部落十余万众,明盔甲者三万有奇,马四倍之,牛羊十倍之"❹。鞑靼诸部大都听其约束。自嘉靖初期以来,俺答连年入侵,西窥太原,东闯辽左,深入到上党、长平,甚至度紫荆、逼居庸,入古北口而犯北京。"胡营据河湾,驼马牧山后"❺。"频年战骨未曾收,居者劳劳戍者愁。骄虏秋高时寇边,西风一动劳宸忧"❻。

为防御北虏,明朝在沿边,先后设有辽东、宣府、大同、延绥、宁夏、甘肃、蓟州、山西、陕西九镇,各派总督、巡抚率领,并派巡按御史以监临之,是谓九边。到隆庆朝初期,由于鞑靼各部加紧入侵,边警频传,张居正等为加强边防,除调派名将王崇古、方逢时、谭纶、李成梁、戚继光等统领大军于前线外,又大量增加各边的兵力。

❶ 参见《高文襄公集》,卷九,《议处马政盐政官员以责实效疏》。
❷ 参见《高文襄公集》,卷九,《议处荫官及远方府守疏》。
❸ 参见《高文襄公集》,卷九,《议处卑官地方以顺人情疏》。
❹ 刘绍恤:《云中降虏传》。
❺ 王崇古:《公余漫稿》,卷一,《大河吟西夏作》。
❻《公余漫稿》,卷一,《秋风行送刘带川分宪榆林》。

如蓟州镇，原额官兵 78621 人，增至 107813 人；宣府镇，原额官兵126395 人，增至 151452 人；大同镇原额官兵 54154 人，增至 135778人；固原镇原额官兵 28830 人，增至 71918 人❶。其他如甘肃、宁夏、榆林、山西、辽东各镇亦大略如此。但，大量增加了兵员，不一定就是能守能战，御敌于边外，歼敌于域内，而国家财政已不胜负担了。请看：

> 隆庆时，穆宗问户部，九边年例军饷、太仓岁发及各省办纳之数。尚书刘体乾言："……防守士马，各镇原自有主兵。一镇之兵，足以守一镇之地。后主兵不可守，增以募兵，募兵不已，增以客兵。调集多于往时，而坐食者愈众矣。其合用刍粮，各镇原自有屯田，一军之田，足以赡一军之用。后屯粮不足，加以民粮，民粮不足，加以盐粮，盐粮不足，加以京运。馈饷者溢于常额，而横费者滋甚矣。府库空而国计诎，田野耗而民不支。今日缺乏之时，供边之费，固其大者。"❷

边费直线上升，其幅度是惊人的。嘉靖初年每年计关支国帑 59 万两，二十八年（1549）即增至 221 万两；三十八年至 240 余万两；四十三年至 251 万两。及至隆庆四年（1570），时任户部尚书的张守直言，又激增至 280 余万两。"边臣日请增兵,本兵日请给饷"❸。但是，"士马岂皆实数？刍饷岂尽皆实用耶？"❹时任内阁大学士的张居正，对于边饷不支、国家财政入不敷出的窘况，亦深切忧虑，在给总理九边盐、屯事务庞尚鹏的信中说道：

> 今边费日增，计每岁所入之数，尚少银百四十余万两。民力

---

❶ 参见《春明梦余录》，卷四二，《九边》。
❷《典故纪闻》，卷一八。
❸《典故纪闻》，卷一八。
❹《典故纪闻》，卷一八。

已竭，费出无由；日夜忧之，不知所出，奈何奈何！ ❶

问题严重之处，不仅在于财政困蹶，而更在于前方官兵战志未坚，战力未充；后方则众官议论纷纭，横挑鼻子竖挑眼，使任事者难以定谋划策，令人气短。隆庆四年夏天，张居正给总督宣、大、山西军务的王崇古信中说道："虏马南牧，自春涉夏，诱我遁逃，扰我稿事。彼能多方以误我，而我竟不能出奇以制之，边将可谓无人矣。" ❷ 居正鼓励王崇古"预缉雄策，以副明主倚重之意" ❸。他在给总督蓟辽、保定军务的谭纶的信中也剀切而言："今议者谓蓟人疲于工作，决不能战。公诚督励诸将，鼓率士气，并力一决，即呶呶之口，不攻自息。" ❹ 这似有激将之意，但实际上是要求王崇古、谭纶以及方逢时、戚继光等将领发奋为雄，以实在战绩改变视听和扭转局势。

但是，几十年形成的怯战畏敌情绪，朝士长于口舌而短于决策，更兼嫉能忌功、军政腐败等恶劣风气，并不是朝夕之间可以改变的。居正在为加强边防而推行各种措施的过程，面临着巨大的阻力：

> 声容盛而武备衰，议论多而成功少，宋之所以不竟也。不图今日复见此事。仆不度德量力，欲一起而振之。而力不从心，动见龃龉。茹董怀冰，有难以言控者。唯当鞠躬尽瘁，以答主知而已。其济与否，诚不可逆睹也。 ❺

---

❶ 《张太岳集》，卷二一，《与应天庞巡抚》。其实，巨额的边防费用中，相当一部分是虚耗于边关将帅的奢侈浪费，用以应酬北京或上级派来的监阅人员。据《国史唯疑》卷八言："往遣科臣阅边，费不赀。观钟羽正疏云：'阅臣经过，有司丰酒食，饰厨传，铺张器玩，如戚继光一镇，奇花排设至二百金，他可知矣。行者又多携伶人游客酣歌览胜，伐鼓飞觞，各厌饫归，边事那得不坏。'"可供参考。
❷ 《张太岳集》，卷二二，《答蓟镇抚院王鉴川》。
❸ 《张太岳集》，卷二二，《答蓟镇抚院王鉴川》。
❹ 《张太岳集》，卷二二，《答蓟镇总督谭二华言边事》。
❺ 《张太岳集》，卷二二，《答藩伯施恒斋》。

譬如，居正入阁后不久，接纳谭纶等的建议，在蓟镇前沿，按一定距离，并参照地形，普遍设立敌台，台内驻兵，平日负责瞭望观察，战时互相接应，既利于坚守，又便于出击。此事于隆庆三年（1569）秋后施工，到四年春已基本告成，但此时兵部覆兵科的公文，却谓尚要交督抚再议。"大工垂成，奈何终止？既不可止，又何议为？徒使任事者疑畏而自阻耳！"❶居正无限感慨地说：

> 台工之议，始终以为可行，确然而不摇者，惟区区一人而已。……但今人任事者少，识事者尤少。任事者，真见其事理之当为，而置是非毁誉于不顾。不识事者，未睹利害之所在，而喜为款言臆说以炫名。两者相与，宜其说之哓哓而不可止也。世事如此，可叹可虑。❷

这个问题，虽因张居正的态度坚决，兵部未再坚持停工复议的意见。但从此一端，亦可看到，居正在隆庆初叶，虽然被破格擢登辅臣之位，但其着力推行各种富国强兵的举措，是在面对着各种阻挠和横议中进行的。

居正清醒地估计到，当时敌我力量对比悬殊，特别是明方本身存在着各种积习陋弊，存在着许多不利因素。与其讳疾而忌医，不如痛下针灸，以化弱为强，转劣势为优势。他对蓟镇地区两方对峙的形势做过比较精辟的分析，言：

> 此中事情，与关西稍异。虏强，一也。云中北直虏庭，板升叛逆，倚虏为患，二也。士无斗志，惟务贿免，三也。卒惰而玩，将令不行，四也。密迩畿甸，畏避情深，小入，则大虏势以为解脱之地；小胜，则张虚声以邀式遏之功；积习故套，牢不可破，

---

❶《张太岳集》，卷二二，《答蓟镇督抚计边镇台工》。
❷《张太岳集》，卷二二，《答蓟镇督抚计边镇台工》。

五也。❶

应该说，这五个方面的问题，不仅存在于蓟镇，其他各边实际上亦大同而小异。又不仅对敌形势有上述诸多不利，而且因边防紧急，调遣前来应援的部队亦无战斗力，"以京师骄脆之卒，使之乘障远戍，恐不堪用"。❷更不仅此也，在明军将领之间，即使属于被居正称许，目为敢战能战、倚之为干城的名将，亦有不纯私心。如在谭纶与方逢时之间，王崇古与戚继光之间，便有彼此争功，互相嫉妒，甚至彼此诋毁之事。例如隆庆四年（1570），因明方经过整顿和重新部署备战，使来犯的俺答部队受挫而退，报捷京师，却引起谭、方之间的争功，各不谦让。张居正为此向两方劝解，以调处纷争，教导他们应互相尊重，甚至指导应如何撰写奏章，由争功推过改为推功任过，一以顾全大局，二亦保存袍泽之谊，以共同对敌，可谓用心良苦。所有这一切都是为了凝聚力量，以夺取胜利。

当时，方逢时任宣大总督，谭纶任蓟辽总督，本应互为犄角，且因宣大的牵制敌军，蓟辽才得展军威。但谭却据为己功，方因而不服，上疏强调本身贡献，而对蓟辽战功则予贬低。居正一方面妥为处置方逢时的疏文，另又对方谭双方两为解说。在与谭纶的信中谆谆教导。函曰：

> 宣大之说，妄诞狂肆，见者无不笑之。其意不过妒蓟人之戒备却虏，欲邀以为功。不知疆场宁谧，国家无事，人臣并受其福，奚必功之自己出耶？其疏不复下部，径批量赏，盖恐部覆又滋口说也。公于此，但宜付之不知，置之勿论。若与之辩析，则又一某矣。

---

❶《张太岳集》，卷二二，《答蓟镇抚院王鉴川论蓟边五患》。按，居正函内所说的"云中"，是指大同。所指"板升叛逆"，是指在嘉靖中后期，汉人丘富、赵全等投奔俺答，为其出谋划策，骚扰明方边境。因赵全据古丰州地，招纳数万逃亡者，举武力，构宫殿，垦水田，号曰板升。赵全叛反对明方的巨大危害，以及板升被摧毁的情况，详在本章第六节。

❷《张太岳集》，卷二二，《答北边抚院孟丽麓》。

事宁之后，可上一疏，言今秋虏情，据宣大初报十分重大，边臣恐惧无措，躬履戎行，昼夜戒备。赖天威远詟，庙堂指画，西镇之强兵猛将，既有以振其先声；内地之足饷守要，又有以破其阴计。是以丑虏畏阻，自行解散。在我无亡矢遗镞之费，而在彼有奔走约会之劳。臣等待罪边疆，幸免愆戾，云云。不惟不与之争功，反推以与之，彼当嚼舌愧死矣。❶

此函，不但表明居正在处理内部关系及控驭全局，确具有高度的领导艺术，且实际上是把着谭纶之手，为谭继上的疏文立下基调，以至遣词用字，务求妥协。如此周详细致地解决问题，在当时辅臣中，实为不可多得。

应该承认，到隆庆四年（1570）夏天，明虏双方对峙的形势已经有了显著的变化。明方初步扭转了被动挨打、遇战多败的局面，有时还能主动出击。六月，"总督右都御史王之诰赴花马池，檄宁夏总兵牛秉忠由小松山出塞，延绥总兵雷龙出西红山，陕西总兵吕经出收麦湖，俱捣虏巢，斩首一百六十有奇。延绥之功为最。"❷ 八月，"虏犯锦州，（辽东总兵官王）治道自广宁援之，虏退。闻其屯莲花山，出塞袭斩四十级。"❸ 再在同月，又有上文所说的谭纶与方逢时联手解蓟镇之围等役，都是近年罕有的捷报。其所以能取得这样的战果，主要原因有二：一为自隆庆三年十二月，高拱复入内阁后，立即着手改革了自中央到边防的各级军事部门人事制度，对边防将帅相继做了必要的调动。二即为张居正在阁三年多以来的精心谋划，"年来困于蓟议，心焉如捣"❹ "今东患在属夷，西患在板升。二患不除，我终无安枕之日"❺。他一再警告边将们，"虏情叵测，无恃其不来，恃吾有以待

---

❶《张太岳集》，卷二二，《与蓟辽总督谭二华论遏虏争功》。
❷《国榷》，卷六六，隆庆四年六月丙寅。
❸《国榷》，卷六六，隆庆四年八月戊申。
❹《张太岳集》，卷二二，《答蓟镇总督谭二华言边事》。
❺《张太岳集》，卷二二，《与蓟辽总督谋俺答板升之始》。

之"。❶认为防边用兵，不但要整顿和加强军队战斗力，更要提高战略智谋，先声伐谋，屈兵不战，方为上策。观其亲自遥控指挥了隆庆四年（1570）八月在蓟镇进行的攻防战，不论在部署兵力，分饬各将承担任务，估算战况发展等方面，都有指挥若定、料而能中、为相兼帅的气度❷。

一个月之后，俺答之孙把汉那吉来降，高张二人是在军务调整已初有成效，取得初捷，已拥有一定实力地位的基础上，再巧用谋略，以椽笔巨手，书写出自汉、唐以来未有过的集纳降、封贡、开市于一炉，取得三十年西北方边塞和平的大文章。这不但是明史中光辉的一页，亦是汉、蒙民族和睦相处，化干戈为玉帛，销剑为犁的楷模。

二、高张对于把汉那吉来降的对策和措置

隆庆四年九月十九日，在宣、大前线出现了一桩突发事件，那就是蒙古鞑靼俺答汗的孙子把汉那吉率妻儿及奶公等八人来降。把汉那吉突然来降，是因为他和祖父俺答争夺"三娘子"为妻而引起火并。三娘子原已受聘为把汉之妻，因其貌美，俺答竟夺为己妻，把汉那吉在盛怒之下，遂愤而叩关降明。这是鞑靼上层爆发的重大矛盾。宣大总督王崇古，闻信即盛陈兵卫以延把汉入，询问其来降之意，优给衣

---

❶《张太岳集》，卷二二，《与蓟镇巡抚》。

❷ 关于张居正亦具有很高军事指挥能力，分见于他在隆万时期撰写的奏疏和函牍中。下引他在隆庆四年八月《答蓟镇抚院刘北川言分将当虏》一函的片段，较充分表现出他在这方面以战为守的才具，言："顷得谭公（按，指时任蓟镇总督的谭纶）书，言各路措画已定，戒备甚严，谅保无虞。但闻虏欲分道入犯，则我之势力自分。曹、墙、古、石（按，指蓟北沿长城一带关隘之曹家寨、墙子岭、古北口、石城匣诸处），谭公已自任之；马、大付之戚帅（按，指马兰峪关，大安口交由戚继光负责）；燕河以东（按，燕河，即燕河城，为长城边上城堡之一，在今河北省抚宁县西北），愿公当之。胡守仁南人，恐威力不足以制诸将，须公亲驻边隘，督励将士，乃能有功。拒之不入，此为上策；即不幸而入，亦望思为可战之具，因地合营，悬赏励士，乘间龁击，彼亦安能狂逞哉！蓟事经营数年，视此一举，望公留意。"（载《张太岳集》，卷二二。）

食而羁留之。边关众将有建议即斩把汉之首以挫敌焰者，崇古坚决驳斥此议，力言：

> 此胡地奸耳。斩之何益？虏自内讧，天以把汉假我。吾救之，藉以苅胡尘，安知非止戈之秋乎？❶

崇古的意见是富有策略性的。分化敌方营垒，扩大其内部矛盾，收纳其部分力量以为己用，是不战而胜的高明战略。他根据当前敌情，对把汉那吉来降之后，可能出现的几种情况分别做了估计，并提出不同的对策。应该说，其后封贡开市等的成功，最早的策划创自王崇古，他偕方逢时联衔上的疏文，实为明方因应此事的张本。疏曰：

> 俺答横行塞外几五十年，威制诸部，侵扰边围。今神厌凶德，骨肉离叛，千里来降，宜给宅舍，授官职，丰饩廪服用，以悦其心；严禁出入，以虞其诈。若俺答临边索取，则因与为市，责令缚送板升诸逆，还被掠人口，然后以礼遣归，策之上也。
>
> 若遂桀骜称兵，不可理喻，则明示欲杀，以挠其志。彼望生还，必惧我制其死命，志夺气沮，不敢大逞，然后徐行吾计，策之中也。
>
> 若弃而不求，则当厚加资养，结以恩信，其部众继降者，处之塞下，即令把汉统领，略如汉制属国居乌桓之例。他日俺答死，子辛爱必有其众，因加把汉名号，令收集余众，自为一部。辛爱必忿争，彼两族相持，则两利俱存。若互相仇杀，则按兵称助，彼无暇侵陵，我遂得休息，又一策也。
>
> 若循旧例，安置海滨，使俺答日南望侵扰不已；又或给配诸将，使之随营立功，彼素骄贵，不受驱策驾驭，苟乖必滋怨望，顿生飏去之心，终贻反噬之祸，均为无策。❷

---

❶《云中降虏传》。
❷《明史稿》，列传一〇〇，《王崇古传》。

王崇古，字鉴川，出身于山西商贾巨族家庭，嘉靖二十年（1541）进士，但他入仕后，主要担任军职。早年，在东南沿海任兵备副使，曾因出海追歼来犯倭寇立有军功。嘉靖四十三年调迁宁夏巡抚。他"喜谈兵，具知诸边厄塞，身历行阵，修战守，纳降附，数出兵捣巢。寇屡残他镇，宁夏独完"❶，显示出他具有优异的韬略才能。隆庆四年（1570）正月，因高拱、张居正的力荐，任命他担任防虏最要冲的宣大山西总督。他到任后，严申军纪，革除边疆守将"贿寇求和或反为用"，普遍冒功，暗于敌情，而"军中动静敌辄知"❷的积弊。他禁止边兵轻出浪战，特别注意"纵其素通寇者深入为间"❸，因而能较详尽地了解鞑靼各部，特别是俺答部的兵力配置、战略战术特点，俺答本人暨其家族、将佐头目的人品性格、心态动向。对于陷虏军民，又执行不究既往，欢迎来归的政策。明确宣布，有能率众投降或自拔者，都加以优抚安置。仅隆庆四年一年之内，来降者即逾二千人。崇古与任大同巡抚的方逢时有着很好的合作共事关系。方逢时，亦为嘉靖二十年进士，是崇古的科举同年。他的从政生涯亦是以率军防边御敌为主。他到大同任所后，在对待北虏诸部的攻防战守策略上，与崇古具有共识；在军政工作中，能够很好地协作和配合。"逢时才略明练，处置边事皆协机宜。其功名与崇古相亚，称方王云。"❹上文引用二人联衔上的疏文，其中提出的上、中、下三策，乃是他们久历戎行，并对俺答及其家族部属具有真知灼见的对策。历史事实将证明，他们的策略考虑，将转化为强大的战斗力量。

当然，边帅卓有识见的正确建策，还必须得到朝廷的批准和内阁的支持，才可能被确定为官方的政策，才可能真正得到推行。当时的良好机遇是，内阁之内有高拱和张居正在。他们二人都头脑清醒，具

❶《明史稿》，列传一〇〇，《王崇古传》。
❷《明史稿》，列传一〇〇，《王崇古传》。
❸《明史稿》，列传一〇〇，《王崇古传》。
❹《明史稿》，列传一〇〇，《方逢时传》。

有高瞻远瞩的策略眼光。

高拱和张居正收阅崇古和逢时的来揭后，敏锐地看出，此事非比寻常。高拱给王崇古复信说："虏酋款塞，盖数百年所无者。……此中国利机处。"❶张居正在信中也明确指出："顾此事关系至重，制虏之机，实在于此。"❷高、张都一致同意王、方的建策，认为必应巧为利用并扩大俺答内部的冲突，必须抓住战机，据以赢得军事政治上的大利益。

特别值得注意的是，高拱和张居正在答复王崇古的最早函件中，都郑重提出，切应吸取明朝过去在处理俺答家族纠纷问题上，所曾存在过的严重失误和失败教训，断不可重蹈覆辙。他们所指的是在嘉靖三十六年（1557），俺答儿子辛爱之妾桃松寨来降，明方朝廷及边将等俱不知利用此一事件，反而在辛爱兴兵威胁之下，兵部尚书许纶及宣大总督杨顺等惊惶失措，处置前后反复，杨顺甚至虚报情况，最后竟骗遣桃松寨及其所私部目收令哥等出塞西走，阴告辛爱执而杀之❸。此事不但坐失良机，而且大损国威，使俺答各部更视为明朝软弱懦脆，自此犯边勒索更加猖獗。高拱在信中说："中国桃松寨之事可鉴。"❹张居正更说："往年桃松寨事，庙堂处置失宜，人笑之，至今

---

❶《高文襄公集》，卷二五，《伏戎纪事》。

❷《张太岳集》，卷二二，《与抚院王鉴川访俺答为后来入贡之始》。

❸《国榷》卷六二，嘉靖三十六年十一月丁丑条载："虏酋辛爱妾桃松寨来逃。桃松寨以私部目收令哥，惧诛，相率入大同新平堡求降。总督杨顺诩为奇功，致之阙下。辛爱，俺答子，士马雄冠诸部，最凶狡，因骑索之，纵掠大同左右卫。云，不得，患不止。巡抚御史朱芨言，'强虏耻失妾，益咆哮，后将何备？'虏益兵围右卫，顺大恐，言虏愿以叛人赵全、丘富等易妲妇。兵部信之，于是遣桃松寨、收令哥等还。行至白登，顺令人诱收令哥、桃松寨自西阳河夜逸，西出塞，导辛爱追僇之。虏薄顺等无能，散牧威平间，攻围右卫益急。

"徐学谟曰：桃松寨一女子耳，何以张中国之威？即拒而勿纳可也。即缚桃松寨，还之辛爱以结其心亦可也。奈何守者既纳之，而杨顺顾自诩为奇功，则边衅之启，所由来矣。顺本龌龊小人，难属大事，固无足怪，而是时庙堂亦漫无区处，令丑虏狎视朝廷，亦可耻也。"

❹《高文襄公集》，卷二五，《伏戎纪事》。

齿冷。"❶历史的沉痛教训,亦促使高张更果断更坚决地处理把汉来降的问题。

高张对于把汉那吉来降问题的处置,大体上可以分为几个阶段,每一阶段又采取适当的策略以对付之。

首先,是对把汉那吉的利用价值做出正确的评估。高拱闻信后,即对边方来人进行认真地了解:

> 予问:"老酋(按,指掩答)动静若何?待孙意若何?"曰:"老酋爱其孙甚,而其妻之爱之也,更甚。老酋畏其妻,昨那吉之来以老酋故,其妻以柴木击之曰:'即中国要汝头,吾当与之,吾只要吾孙也。'"予喜曰:"得策矣。"❷

所谓"得策",即决定将把汉那吉视为奇货,视为解决当前与俺答关系的关键性的重要筹码。高张乃分别谕示王崇古,完全支持崇古及方逢时的建议,"可只宜将把汉那吉厚其服食供用,使过所望,而歆艳吾中国之富贵,而吾又开诚信以深结其心。"❸"但那吉数人置之镇城,宜加防范,毋令与外人相通;厚其给赐,毋使复萌归念。"❹高张的意见是,从长远来说,是示恩于把汉那吉,授予中国名号,必要时,可"封之以官,使归领其众","为吾中国属夷,世受赏赍,皆得以名号强于沙漠"。对当前来说,则可充分利用俺答夫妇爱孙之心,"执此以为挠制之具"❺,迫其接受明方提出的赎还条件,力争达成协议,"吾中国乃得以日修战备,而享数十年之安"❻。其次,为有力保证以上战略意图的实现,高张一致认为,只能从实力地位出发,能战然后能和,故一再指示前沿各边将,"(俺答)果拥兵来索,吾只严兵以待"。"第策励将士

---

❶《张太岳集》,卷二二,《答鉴川策俺答之始》。

❷《高文襄公集》,卷二五,《伏戎纪事》。

❸《高文襄公集》,卷二五,《伏戎纪事》。

❹《张太岳集》,卷二二,《答鉴川策俺答之始》。

❺《高文襄公集》,卷二五,《伏戎纪事》。

❻《高文襄公集》,卷二五,《伏戎纪事》。

坚壁清野，扼险守要以待之"❶。"但并堡坚守，勿轻与战。即彼示弱见短，亦勿乘之。多行间谍以疑其心，或遣精骑出他道，捣其巢穴，使之野无所掠"❷。与此同时，又派人在阵前传话，谕告俺答说："那吉来降，吾知为汝孙也，乃厚待之如此，汝不感德，尚敢言钦？汝若早有汝孙之见，慕义来降，则所待又岂止于汝孙乎？而今乃拥兵以来，能无愧耶？"❸其目的在于缓解俺答的敌意，动摇他的信心，争取他走向谈判的道路。

传话说理当然不能够代替刀枪。只有在战场上再挫折其兵锋，堵塞住俺答企图以武力索还把汉那吉的幻想，才可能达成和议。武备与文事本来是相辅而行，互为支持的。时任兵备使，并参与战和全过程的刘应箕追述当时俺答用兵未逞的情况：

> 无何，俺答、黄台吉拥众堡下，索那吉甚急。其时，不识彼中事情，未有以应之也。俺答乃挑其精锐人马近万，由镇羌堡入捣云中，直抵宣府，欲获一将领与余易（把汉那吉）。总督移檄宣府总兵赵岢，领兵至带刀岭，与虏遇。时余以事旋自宣府，道遇岢，驰入其壁觇之：岢与大战，败其前锋，斩骁虏之首六。虏惮之，遂卷兵，由故道至镇羌堡而出。自是，稍稍有乞怜意。❹

由此说明，只有经过圈禁那吉以挠制俺答，反复说明道理，以开启出路，更在战场上报捷以显示实力，然后才可能真正进入谈判。谈判亦是两方斗智角力，针锋相对的过程。在明方主动派使前去要求谈判的初期，俺答连杀金国、侯金两使人，并倨不允谈。其后，"巡抚部下鲍崇德者请往，乃遣之。崇德小字官保，旧役虏中，与虏最狎，是以毅

---

❶《张太岳集》，卷二二，《答鉴川策俺答之始》。
❷《张太岳集》，卷二二，《再答鉴川策俺答》。
❸《高文襄公集》，卷二五，《伏戎纪事》。
❹ 刘应箕：《款塞始末》。

然请往，遂定其事"❶。

鲍崇德通晓鞑靼族语言风俗，又摸透了俺答对和战举棋不定，对其孙儿深怀舔犊之情，已知难以用武力达到释回把汉的目的，又害怕孙儿受害的心态，故有备而直入房营。见俺答，"备述朝廷不杀伊孙之仁，给赐冠服之恩，而责问伊令黄台吉入犯之罪，及告以赵全等叛逆犯法，搆乱伊父子祖孙之情，并许以执叛纳款，可得伊孙之理。开示顺逆，晓譬祸福"。❷俺答栗于形势不利，且焦灼于把汉的安危，便逐渐为鲍崇德的言词所打动，于是：

> 屏去左右，语崇德曰："我本意要进贡来，都是丘富、赵全到边，哄我该坐天下，教我攻掘城堡，连年用兵。两下厮杀，不得安生。今天使我孙投顺南朝，乃不杀又加官，又赏衣服，恩厚若此。……若果肯与我孙，我愿执献赵全等赎罪。我今年老，若天朝封我一王子，掌管北边，各酋长谁敢不服？再与我些锅布等物为生，我永不敢犯边抢杀，年年进贡。将来我的位儿，就是把汉那吉的。他受天朝恩厚，不敢不服。"❸

随后，俺答便派两人为使，与鲍崇德同入宣府，表达愿意逮解汉奸赵全等人，用以交换把汉那吉。从诛杀明使到派遣房使，从称兵勒取到愿意礼请送还，这当然是极大的转变。据此，高拱便主持奏报，请求隆庆批准。到十一月十三日，即得旨谕允，完全同意高、张的谋议，授给把汉那吉指挥使、其奶公阿力哥正千户的官衔，并"丰其饩廪，华其服用，以悦其心"❹，一以期长远收为我用；一以示范于诸房目，加强内附向化之心，这是在当时社会条件下的政治攻心战略。果然，俺答便在十九日将赵全、李自馨、猛谷、王赵龙、刘四、马西川、

---

❶《款塞始末》。
❷《款塞始末》。
❸《款塞始末》。
❹《云中降房传》。

吕西川、吕小老等八名"板升"叛乱集团头目缚送前来，而明方则在二十一日遣还把汉那吉。当时，把汉那吉身穿明方三品官服绯袍金带，褐盖朱旗，仪仗鼓吹以出关归去。明方还正告俺答："那吉是我天朝官人，不比寻常，着俺答好生看待，不许作贱他。"❶俺答一一答应。"老酋既得孙，而又见荣耀乃如此，相持感泣。"❷应该说，在针对虏方家族关系，充分利用把汉那吉的身份价值，以取得和议，并接受擒缚来献的叛逆，高、张、王、方在这一阶段的策略运用是十分成功的。

在送还人质和收逮叛逆告一段落后，是否进一步议定"封贡"的问题便提上了议程。高拱一直将遣返、收叛、封贡、开市四者作为互相衔接的组成部分。礼送把汉、逮回赵全等，已为汉蒙民族之间建立和睦友好关系奠定了初基，但只有实现封贡和开市，才可能持久地巩固和平互利相处的基础。他将遣返和收叛作为事件的上节，将封贡和开市作为下节，"然须有下节，则上节方为完美"❸。力争善始善终、一以贯之地完成上下全部环节。

所谓"封贡"，即是在释回把汉那吉，俺答在边关撤兵的基础上，双方再缔立更长远更巩固的和睦关系。一方面，由明方以"天朝上国"的地位授予俺答一定的封号；另一方面，则由俺答表示"归附内向，自比属国"❹，每年进贡马匹若干。明方并允准每年在得胜堡地方开市贸易，以布匹、绸缎、铁锅、茶叶等售给俺答方面，并购回对方的马匹，亦可折价交换实物。

这样组织物资交流，调剂有无余缺，显然有利于双方经济发展，有利于汉蒙民族间的和睦互信。以经济杠杆保证和议的持久有效和巩固，应该说是积极有力的。高拱和张居正，以及边关将帅王崇古、方逢时等均坚决主张接受封贡和开市，改变数十年来军事对峙、屠掠难

---

❶《款塞始末》。

❷《款塞始末》。

❸《高文襄公集》，卷二五，《伏戎纪事》。

❹《款塞始末》。

遏的危局 ❶。

　　但是，从考虑释放把汉那吉，以至研究封贡、开市等问题的过程中，朝议的意见极其分歧，"奏至，朝议纷然。"特别是，主管军务的兵部尚书、侍郎都采取消极的态度，甚至横加阻挠。"时众论汹汹，本兵（按，指兵部尚书郭乾）阘懦惴栗，不敢出语。又有少司马者（按，指兵部侍郎谷中虚）从旁尼之，恐之以祸，俾勿从议；迄不定。"❷更有甚者，御史叶梦熊、饶仁侃、武尚贤等人先后上疏反对受降。"尚书（郭）乾谓：'马市先帝明禁，不宜许。'给事中章端甫'请敕崇古无邀近功，忽远虑。'"❸在讨论是否应批准封贡和开市的廷议上，更是哗声一片，"定国公徐文璧、侍郎张四维以下二十二人以为可许；英国公张溶、尚书张守直以下十七人以为不可许；尚书许衡等五人言封贡便，互市不便。独佥都御史李棠极言当许状。"❹而巡按直隶监察御史姚继可更专门具题本，"奏劾督、抚、总、副等官"❺，集中攻击巡抚方逢时"狃寇纵掠"，更诬告逢时与虏使帖木舍在城楼密谈，"又授谍者，指以侵犯宣府地方"❻。实际上就是指方逢时等通敌背叛，罪犯必死之条。姚

---

❶ 首倡受降封贡和开市的王崇古，以及他的外甥、时任吏部侍郎的张四维，都出身于山西巨商家庭。崇古之父王瑶，伯父王现，长兄王崇义，都是多年经营汉蒙边境贸易的大商人；而张四维的父亲张允龄、叔父张遐龄、弟弟张四教，除从事边境贸易外，并兼盐业（参见山西省社会科学院所藏《王氏族谱》）。这样的家庭背景，使他们熟知当时当地的社会经济和贸易实况，明了明蒙开市通商，是两方经济互补的迫切要求和发展的必然趋势，它不但能满足俺答诸部销售剩余牲畜，换取各种生活必需品的愿望，同时亦符合内地商业开拓边疆市场的需要。但亦因此之故，王崇古和张四维都曾受到过部分官僚和言官的猛烈抨击。"御史郜永春视盐河东，言盐法之坏由势要横行，大商专利，指四维、崇古为势要。"（《明史》，卷二一九，《张四维传》）郜永春辈但知恪守华夷之分，坚持民族隔离的陈规传统，而绝不理解经济的发展是必然无可抗拒地要冲决此一过时樊篱的。

❷《高文襄公集》，卷二五，《伏戎纪事》。

❸《明史稿》，列传一〇〇，《王崇古传》。

❹《明史稿》，列传一〇〇，《王崇古传》。

❺《高文襄公集》，卷二五，《伏戎纪事》。

❻《高文襄公集》，卷二五，《伏戎纪事》。

继可要求先将方逢时罢斥审究 ❶。由此可见，主要以内阁和边关将帅为一方，以兵部主官和言官为另一方，在受降、封贡、开市等一系列问题上的对立是何等尖锐。再加以勋贵朝宦等亦存在着很大的分歧。在这样的混乱情况下，内阁的关键作用，就显得更为重要。高拱和张居正在这一方面，表现得十分坚定，绝不动摇。他们机智地命中书官查调出明成祖朱棣册封忠顺、忠义王的历史档案，"其间敕谕之谆详，赉锡之隆厚，纤悉皆备" ❷。派人将档案送给郭乾、谷中虚及持反对意见的官员查看。果然，抬出先皇的神幡，有时能起到封嘴的作用。高拱更针对姚继可的弹章，以之为靶，力加驳斥。疏曰：

> 为照方逢时年力精强，才猷敏练，边方允赖，舆论共推。今指其款曲于虏营，非有证据之实；嫁祸患于宣镇，亦无知见之人。况虏酋执叛乞降之时，正抚臣临机设策之日。夷情既不可尽泄，秘计亦难以自明。但当要其后效何如耳。果于事无成，自难逭其罪；如于国有益，自难掩其功。今事未就而预责之，何以能得其成？若谋未谐而辄易之，又孰当善其后？合候命下，行令方逢时照旧安心供职，务要协赞总督，奋励将士，期收五利，以图万全。固不可偏泥己见，有疏未然之防；亦不可惑沮人言，坐失垂成之绩。通待事完日奏请，取自上裁。庶人心不摇，边事有济。❸

张居正对于姚继可的诬劾，亦采取坚决抵制的态度。他给王崇古写信，

---

❶ 姚继可弹劾方逢时等的题本说："隆庆四年十月初一日，虏贼二万余骑，自平虏地方入境，杀虏人畜。巡抚大同方逢时，登城见贼势逼近镇城，乃慌忙无计，谋出下策，随差旗牌龚善、通事土忽智直入虏营，见黄台吉说称：'我大师（按，应为太师，或大帅）叫这边差一人去城上答话。'黄酋差贼帖木舍来说。逢时引至城楼顶上，密行译审，犒赏送回。又授谍者，指以侵犯宣府地方。黄酋果起营侵犯洪州一带。其各镇巡按领等官，有临敌而侥幸苟免者，有畏敌而观望不进者。事迹昭然，通应并究。"（转引自《伏戎纪事》）可参考。

❷ 《高文襄公集》，卷二五，《伏戎纪事》。高拱所言"其收五利"，详见下文所引张居正《答王鉴川计贡市利害》一疏。可见，当时高张对贡市得失的认识是高度一致的。

❸ 《张太岳集》，卷二五，《伏戎纪事》。

嘱转致方逢时，切勿因此类蜚言而气短，更不可因此而误大计，言：

> 姚子之言甚妄，恐金湖（方逢时别号）闻之，意或灰阻，愿公曲加慰勉。此事关系甚重，倘处置少失，虽离地方，责亦难诿，况未必得去乎。事机所在，间不容发。尊见既定，断而行之，勿自掣肘。彼虽有言，庙议已决，无足恤也。❶

所谓"庙议已决"，乃是指对于是否接受封贡和开市的问题，在御前进行讨论的情况。时因方逢时为丁内艰去职，由兵备使刘应箕署理巡抚事。应箕因而参加廷议，他详细记述了隆庆全面支持内阁及边帅受贡开市之议的过程，言：

> 时朝议汹汹不定，余乃抗言："虏情不伪，封贡可行。"议尚哓哓也。一日，庄皇御经筵。讲毕，大学士李公春芳、高公拱出奏其事，时在经筵者共闻。庄皇曰："此事情重大，边臣必知之悉。今边臣既说干得，卿等同心干理，便多费些钱粮也罢。"丝纶一出，朝论帖然。封贡之议遂定。❷

隆庆一锤定音，乃是他挟皇权以裁定。郭乾、谷中虚以至姚继可等代表着保守主张的异议由是被压下去。贡市之得以成功，在当时实非赖皇帝的支持不可。而隆庆在此一事件中，表现出对高张无保留的信赖。

高拱和张居正所以在贡市问题上坚持开市纳贡，乃是奠基在对隆庆中期明蒙双方形势微妙变化的正确估算，立足于当时双方经济贸易互补的实际需要，亦根据斗争长远利益的策略考虑，而审慎做出的决策。当时，持异议者多谓讲和示弱，马市起衅，亦有引汉之和亲、宋之献纳为惕戒者。但情移势易，蒙方亦苦于数十年的征战，颇欲休息，且甚欲通过正常贸易以获得在生产生活各方面的必要供应，为马匹牲

---

❶《张太岳集》，卷二二，《与王鉴川计送归那吉事》。

❷《款塞始末》。

畜谋取稳定销售的渠道，以期取得拥兵压境、大肆屠掠所未能得到的利益。且明方近期在边策防务俱有改观，枢垣有高张之定策，临边有王（崇古）、谭（纶）、方（逢时）、戚（继光）等的戒备，举兵突袭已难得逞。更在把汉那吉事件之后，气氛趋向祥和。故不论主观抑或客观条件，接受贡市的时机均已基本成熟。

上文摘引高拱在反对劾惩方逢时的疏文中，说到"期收五利"。"五利"云何，张居正有具体的论析，言：

> 且此事有五利焉：虏既通贡，逻骑自稀，边鄙不耸，稽人成功，一利也。防守有暇，可以修复屯田，蓄吾士马之力。岁无调援，可省行粮数十百万，二利也。土蛮、吉能，每借俺答以为声势，俺酋既服，则二虏不敢轻动，东可以制土蛮，西可以服吉能，三利也。赵全等既戮，板升众心已离。吾因与虏约，有愿还者，必勿阻之。彼既无勾引之利，而又知虏之不足恃，则数万之众，皆可渐次招来，曹州之地可虚矣，四利也。彼父子祖孙，情乖意阻，虏运将衰，其兆已见。老酋死，家族必分；不死，必有冒顿、呼韩之变。我得因其机而行吾之计，五利也。
>
> 凡此五利，皆古之谋臣策士所为祷祀而求者也。而今之议者，独以边将不得捣巢，家丁不得赶马，计私家之害，忘公室之利，遂失此机会，不为国家审图。故仆以为为此言者，不惟不忠，盖亦不智甚矣。❶

居正条分缕析，详细说出坚持贡市动议的有理有利，可谓深中肯綮。这是对形势现状及其发展前景清醒的评估，而非一时偏颇的冲动。当时决定，每年俺答来贡之便，官为开集市场，使与边民贸易，互通有无，但贡使不准入京，不得借入贡为名骚扰地方。对于市场交易的品种数量，亦作了适当的限制和约束，例如对于可以翻铸为兵器的铁锅，改用广铁为主，因广东铁质较为脆软，难以改铸为兵刃。其他火药硝磺等，都在

---

❶《张太岳集》，卷二二，《答王鉴川计贡利害》。

严禁之列。至于缯絮衣袴等为虏方群众所需要的，则一般不限数量。每次开市以三数天为限，届期即撤市罢集，仍由边兵戒备，以防不虞。

隆庆四年（1570）十二月，明朝册封俺答为顺义王，赐金印蟒衣，外加币帛礼文。对其弟侄子姓亦各授官给赏。与此同时，宣布首次开市。开市之日，不但俺答部族驱赶马匹来市求售，邻近各族亦有来参加贸易的。市场议价，上马每匹十二两，中马十两，下马七两，双方均认为公平。开市，对于两方社会经济民生俱有大利，其积极效应是很明显的。据记载：

> 崇古乃广召商贩，听令贸易。布、帛、菽、粟、皮革，远自江、淮、湖、广，辐辏塞下。因收其税，以充犒赏。其大小部长，则官给金缯，岁市马各有数。崇古仍岁诣弘赐堡宣谕威德，诸部罗拜，无敢哗者。自是，边境休息，东起延、永，西抵嘉峪七镇，数千里军民乐业，不用兵革。岁省费十三。❶

蒙古族众亦逐渐从切身利害上，体会到开市的互补和两利性质。有一次，俺答子辛爱又企图扰边，明方边将告诫之说，若如此，便罢贡闭关停市。俺答即对辛爱曰："宣、大，我市场也。戒勿动。"❷正因此故，九边诸镇，自隆庆四年年底开始，"款市事成，西北弛备"❸"隆万间，中土安平，不见兵革"❹。当时，"九边生齿日繁，守备日固，田野日辟，商贾日通，边民始知有生之乐"❺。似此相对稳定的升平，大约保持了三十年之久。所以，隆庆朝达成的封贡开市，应该说是很有成绩的。近人邓之诚教授高度评价此点，说："高拱以招致俺答一事为最成功，

---

❶《明史稿》，列传一〇〇，《王崇古传》。又《国榷》卷六七，引冯时可言："自饵虏后，中国所费三十万，所省征调费不啻百万。由上谷至河湟万里，居如堵，行如家，举沙碛而黍苗之矣。"亦是充分肯定了这方面的成功。

❷《明史稿》，列传一〇〇，《吴兑传》。

❸《万历野获编》，卷一七，《武臣好文》。

❹《罪惟录》，《列传》卷之一一下，《梁梦龙传》。

❺方逢时：《论谙达（俺答）贡市疏》，载 [清]《御选明臣奏议》，卷二九。

虽成于王崇古，而主持者则拱也。隆、万以后，鞑靼扰边之患遂减。"❶
此说当然不谬，但却颇有疏略于大力襄助高拱以成事的张居正，理应
据实补充，以成信史。

第六节　取得擒斩汉奸赵全和瓦解板升叛乱势力的胜利

赵全等的叛乱有长期的发展过程。嘉靖初年，白莲教头领吕明镇
自称吕老祖，偕其徒丘富、赵全等在山、陕之间传教，蛊惑乡众授习
法术，被地方官查缉，吕明镇伏诛，丘富和赵全遂率领其党众千余人
投顺俺答，求取庇护，并矢愿担任进攻内地的急先锋。俺答当然乐用
他们作为入侵内地的向导和参谋，因将他们安置于靠近边境的古丰州
地区（今内蒙古呼和浩特市附近）。丘富死，赵全便代领其众，在该地
"屋居田作，招集中国亡命，杂夷房居之，众数万人，名曰板升（鞑靼
语，房屋的意思）。俺答授全等为酋长，数引房入犯"❷。

赵全等的势力逐渐坐大，其重要党羽有李自馨、刘四、赵龙、周
元、张彦文等。他们在俺答部中所起的作用亦日趋重要，隐然成为俺
答的谋主、前锋，起到俺答部无法起到的恶劣作用：

> 自是，亡命之徒先后以事版去者，悉投板升，故板升多华人。
> 全魁梧机诈，善画策。自馨谙文字，周元善医药，刘四骁勇敢斗，
> 余亦各以其长为房用。
>
> 房初无远略，董董遣间入边窥探积聚，小村疃掩取之，稍有
> 所获即引去，不敢逼我城堡。全等叛后，房日熟攻取之术，围困
> 掩袭，往往而具。沿边无坚城完堡，藉使我军固守。房诈亦复百

---

❶《中华二千年史》，卷五，《明代之政治》，《高拱》。
❷《野纪瞍搜》卷一二。按，《野纪瞍搜》认为首先倡术的吕明镇已被官方诛杀，但《云
　中降房传》则认为首先倡术的吕老祖亦降房，与赵全一同被押解回来，然后处死，今
　从《野纪瞍搜》。

出，避实攻虚，声西击东，诸镇疲于奔命矣，几皆全等为之。

全有众万人，马五万，牛羊三万，粟二万余斛。自馨有众六千，元有众三千，马牛羊称是。余各不下千人。俺答每大举，必先至板升，主全家，置酒高会，计定乃行。全为俺答建九楹之殿于方城所，自居室潜拟宫阙，穷极奢侈。窥窃内地为外府，岁以为常。往年，俺答陷石隰，杀掠甚惨，全且为虏计，曰："自此塞雁门，扼居庸，据云中、上谷，效石晋故事，则南北之势成矣。"其凶狡大逆不道故如此。❶

所谓"石隰之役"，又称"汾石之祸"，乃是指在隆庆元年（1567）九月，俺答率大军攻打大同及朔州等地，赵全为俺答献上转移主攻方向，以扩大战果之计，曰："蓟门台垣甚固，而选兵多锐，晋中兵弱，亭障稀。石隰间多肥羚良铁，可致也。彼藉救宣、大，未易卒来。且千里人马俱罢，我以全制其敝，必得所欲矣。"❷此一避重就轻，集中兵力以猛袭明军防守空虚腹地之策，果然毒辣，它既能掠取到大量战略物资，又可尽情蹂躏当地几无防御能力的边民。对于仓猝来援的明军，更可乘其疲弱，聚而歼之。这样的战略运用，也确实只有十分熟谙边区地形厄塞和明方军力部署的汉奸才能提出来。俺答欣然接受了赵全之策，便亲领六万骑兵急袭石州，又分犯涞水、交城、平阳、介休，然后东向雁门，沿途且行且掠，不分兵民，一概屠戮。到十月初，"俺答始出塞，计损我人畜数十万"❸。在此役中，果如赵全所料，明军诸将多见敌即溃，不敢扼险，不敢应战，"相望不敢前"❹。俺答得以长驱直入，饱掠而归。赵全等教唆俺答以屠杀自己的同胞，是负有累累血债的。"边民苦诸逆日久"❺，几欲食赵全之肉，寝其皮，以为万千死难同胞报仇

---

❶《云中降虏传》。

❷ 转引自《国榷》，卷六五，隆庆元年九月乙卯。

❸《国榷》，卷六五，隆庆元年九月乙卯；十月丙戌。

❹《国榷》，卷六五，隆庆元年九月乙卯；十月丙戌。

❺《云中降虏传》。

雪恨。自嘉靖三十年（1551）以后，明朝廷"屡降明诏，购能擒斩者，爵通侯，赏万金"❶。隆庆元年（1567），亦重新颁诏悬重赏缉捕，但亦无任何实效❷。故此，"时边事孔棘，中外藉藉，以板升为忧"❸。

张居正在内阁中，一直负责处理有关如何解决板升的问题，在隆庆三年（1569）和四年，都着手过策反赵全部属，企图利用俺答部内贵族与板升汉奸依附势力之间的矛盾，以分化瓦解敌方营垒。当然，他是怀着"受降如受敌"的警惕，谨慎以行事的❹。居正也清醒地认识到，对于赵全等为首的板升叛乱集团，因为已养成势力，匿聚境外甘为俺答爪牙，又依靠俺答为后盾，一时要拔除掉，是存在着许多实际障碍的，实所谓剿抚两难。他在《与蓟镇督抚》的信中痛切言及此点：

> 西北边患，无大于板升者。朝廷宵旰西顾，屡厪谕问。仆辈谬膺重寄，主忧臣辱，不敢不以为虑。但审彼量己，图之甚艰。又前奉翰教，谓道远隔河，难于进取。妙算盖筹之已熟，即赵帅（按指大同总兵赵岢）亦自谓难图，故不敢复言取之之计。❺

❶ 《云中降虏传》。

❷ 明朝与赵全匪帮及其头目之间，间中亦有在暗底下谈判招降之事。隆庆三年，板升集团第二号首领李自馨，亦曾与明方大同总兵赵岢联系来降。赵岢密报朝廷，张居正曾对赵岢面授机宜。其后，又写信给蓟镇督抚，言："独招降一节，元年诏书，如李自馨等，明许其归顺。又本兵题准赏格，及近日见行事例，皆布之遐迩，传之虏中，非所谓始祸而开衅也。昨偶因赵帅以李自馨手帖见寄，窃以为自馨等来归之意，其诚伪固未可知，但朝廷有诏招降，则又不可谩然不为之所，故面付赵帅，使密图之。且戒之曰：'受降如受敌，不可轻忽'，盖正恐其轻举妄动，而堕奸人之计也。"（载《张太岳集》，卷二二）按，由于各种原因，招降李自馨并未成功。

❸ 《明穆宗实录》，卷五二，隆庆四年十一月癸未。

❹ 隆庆四年春夏之间，张居正也企图利用当时板升大饥，行招降之计。他在《与蓟辽总督谋俺答板升之始》一函中曾说过："外板升一事，望公密切图之。去岁谋之，业已六七分就矣。而为大同守所坏，殊为可恨。今之视昔，则又不同。俺酋老矣，其子台吉，尝切齿此辈，欲尽屠之。乘其危惧之时，招之易耳。此一机也，彼中荒旱大饥，人思南归，此又一机也。"（载《张太岳集》，卷二二）但这一次招降的活动也是失败的。故亦可见，在把汉那吉来降之后，高拱、张居正坚决要求俺答将首恶汉奸赵全、李自馨等交出以换回其孙儿，不再考虑招降板升诸叛逆之事。盖因赵李等均为狡黠难制之徒，不可言诚信悦服来归的。

❺ 《张太岳集》，卷二二。

正因此，当把汉那吉来降，王崇古提出必以俺答缚交赵全、李自馨等首恶分子，作为释回把汉的先决条件，便立即得到以高拱、张居正为主的内阁成员的支持，并谕令，必按此以为谈判的方针。

当然，要俺答交出长久倚为心腹的赵全等是很不容易的。而赵全等闻知信息，亦断无束手就缚之理。困兽犹斗，何况仍握有一部分军事实力的板升诸头目。赵全等采取的对策是，一方面大力怂恿俺答兴大兵以内犯，企图以武力迫使明朝释回把汉那吉。"为俺答计曰：'把汉既羁南朝，求之何可得。唯将各部兵马调集，多备牛羊，驮载食物，进入内地。分吾众为三，更番而战。被兵既久，中国必困，把汉可得矣。'"❶俺答一度听信过赵全用兵施压之计，命令其子辛爱率兵二万骑侵入弘赐堡；又令其侄永邵进攻威远堡；本人则率大军犯平卤城。王崇古和方逢时收到各方战报，立即看出这种以战迫和，或希冀俘虏明方一重要将领以作为交换把汉的做法，"此必赵全计也"❷。于是，命令各镇严阵以待，不准轻率浪战，务求把握战机，迎头痛击，使俺答等三路入犯之敌，均无功而返，赵全借扩大战端以谋自保之策因而不逞。赵全看到形势不利，又曾经采取过两面的做法，"尝投书逢时，言悔祸思汉，欲复归中国"❸。这实际上是做出姿态散布幻想，以麻痹方逢时等，使明方放缓擒交他们的要求，以便拖延时日，再图后举。方逢时洞悉其用心，乃将赵全来信示知俺答，"俺答大惊，有执全意"❹。此外，王崇古和方逢时又充分地利用了俺答部内的矛盾，"哈台吉、五奴柱，故俺答亲臣，自全等信任二十余年，反居其下，心悁悁不平，多为我耳目。全等被执，遂掠其有而分焉"❺。在解除俺答的疑虑之后，便密商议定，由俺答先擒捕赵全、李自馨、孟谷王、赵龙、刘四、马西川、吕西川、吕小老等八人，押解前来，明方便立即礼遣把汉那吉交回俺

---

❶《云中降虏传》。

❷《明史稿》，列传一〇〇，《方逢时传》。

❸《明史稿》，列传一〇〇，《方逢时传》。

❹《明史稿》，列传一〇〇，《方逢时传》。

❺《云中降虏传》。

答。甚至在把汉未回之前，王崇古便专门命守备范宗儒，以其嫡子苑国及弟宗伟、宗伊三人作为人质，派遣留在俺答营内，以减少俺答的疑虑，保证双方交换的顺利进行❶。

在收押赵全等之后，王崇古和方逢时即将其连同先获的张彦文，共九人，槛送北京。隆庆四年（1570）十二月二十二日人犯押到，时距同年九月十九日把汉来降之日，恰为三个月零三天❷。

高拱亲自审问了赵全等人，并反复考虑，应该如何处理这一伙汉奸叛徒，以为国家谋取得最大的利益。他本人曾记载下自己的考虑、审判的过程和结果，其中涉及各方面的关系和运作，读之饶有意义：

（赵全等）方送法司时，予邀同官至射所面审之。七人者皆无言，惟赵全、李自馨有言。而李自馨者，故生员也。乃数言不能明者，全一言即明之，果骁黠异常。予问全曰："我要奏皇上，宽汝死，令汝报效，能否？"曰："能。"予曰："汝为俺答腹心年久，安保无他。"全曰："小的在虏用事多年，也曾替他掠地攻城，使他大得志。又每以衣服、饮食、器用、珍奇之物，常常供奉。我孝顺他可谓至矣。乃今为他一个孩子，将我绑缚而来，不如蒿草，无恩至此，我恨不得食其肉，尚可与见面乎？"予曰："汝能用多少人马？"全曰："兵贵精，而不贵多；将在谋，而不在勇。兵多累赘，不如用少，轻捷耳。"予曰："汝且去。"遂送刑部狱中。

予因思曰，虏得吾人，即用之，知吾虚实而入犯，每得利。吾得虏人，乃即杀之，反为彼灭口，非计。今诚宜奏于上，姑缓全等死，豢以美食好衣，而明告之曰："上欲用汝报效，然无便用之理。必是汝等尽说虏情，各献破虏计，待汝言果效，乃始用之也。"于是，但有虏情，即以问之，则吾可以得虏中虚实，而即以制之，不有愈于夜不收侦探无实者乎？

因又思曰："中朝议尚汹汹，封贡事尚未行，今刑章未正，为

❶《昭代纪略》，卷四。

❷《高文襄公集》，卷二五，《伏戎纪事》。

此出奇事，恐又惹纷乱，有防后着，不如已之。而活口幸在，乃不得一尽虏情，亦可惜也。于是，选伶俐晓事卫经历九人，使入狱中，人守一囚，隔别不得相通。日饮之酒，而谓之曰："高爷要上本，饶汝死，令汝立功。汝须吐实献谋。言果有验，乃可用之。不然，汝负大罪，可便用耶？"因问以虏之所长者何？所短者何？其所幸中国者何？所畏中国者何？其将领几人？是何姓名、年纪各若干？所领人马各若干？某强某弱？某与某同心？某与某有隙？其所计欲如何？中国如何可以制伏？以及纤悉动静，皆问之。日各书一纸来。于是，九人者如令行之，囚甚悦，各尽其说。每日暮，九人者各送揭帖至，得虏情甚悉。至今封存焉。❶

经过高拱等的精心布置，明朝从赵全等人处取得了充分的情报信息，然后由隆庆亲临，主持了受俘典礼，下谕即将赵全等九名叛逆头目磔诛市，并传首九边。应该说，从把汉那吉来降之日始，在高拱和张居正主持之下运筹帷幄，完成了封贡、开市、处决叛逆、摧毁板升内侵据点的工作，明方一直处在主动的优势地位，既能高瞻远瞩以制胜，又能细致周详地巧为部署，寓战于守，寓守于和，"外示羁縻，内修战守，使虏为我制，不可受制于虏"❷。一时"虏酋内附，逆贼伏诛，边境叛宁"❸。

由于正确处理了赵全等人的问题，叛附鞑靼各部的汉人纷纷南归投诚，到隆庆五年（1571）六月，极少数仍冥顽负隅的赵全余党，如赵宗山等十三人，亦由俺答擒绑来献❹。从赵全等人处取得的情报信息，在相当一段时期内，对于明方是大有用处的。直到万历前期，即在张

❶《高文襄公集》，卷二五，《伏戎纪事》。按，夜不收，是当时通行的军中用语，指各军将帅密派前往敌阵或其边缘，以刺探军情，取得信息的谍报人员。

❷《张太岳集》，卷二四，《答宣大巡抚计处黄、把二虏》。

❸《张太岳集》，卷二二，《答王鉴川》。

❹ 关于进一步分化瓦解赵全家属和余党的事，高拱和张居正一直重视，张居正在《与王鉴川计四事四要》一函中言："赵全等妻子党羽，尚在虏中，宜于互市之时，阴察贼情，知其主名，可招则招之，不可则擒之。庶逆党可消，后患可弭。"（载《张太岳集》，卷二二）

居正柄政的全过程，明方对于鞑靼各部之间的兴衰起伏，以及它们之间的和战，对俺答及其子黄台吉，其弟昆都力哈（即老把都），鞑靼在河套部首领吉能的动态，都能及时掌握，并做出正确的判断。除了在宣、大开市外，又相继在陕西三边互市。或以计，或以礼，或临以兵，"多行间谍以疑其心，时用利饵以中其欲"❶。西北沿线数十年的宁谧，并不是一蹴而就，并不是坐待而安享，而是在斗智角力，不断调查研究，不断调整政策中换取而来的。

还必须附带说到，当时主要的威胁确实是来自北边和西北的蒙古鞑靼部，但解除了这方面的压力，并不是就全部解决了其他边防和内地叛乱的问题。隆庆中后期，在高拱和张居正联手主持下，还先后用总兵李成梁击败鞑靼另部、不接受封贡的土蛮于辽东卓山；指令殷正茂成功地镇压了广西古田僮族首领韦银豹、黄朝猛的反明势力；其后，又平定了广东叛军曾一本、蓝一清、赖元爵等的叛乱；再用计诛杀了仇视明朝统治的贵州水西土司首领安国亨，另立比较温驯的人物为土司。总之，治乱世，用重典，剿抚兼施，在此期间，几乎削平了散处各方的反侧力量。短短期间，取得了如此巨大的成绩，实在是不容易的。张居正在隆庆六年（1572）正月，曾以欣然的口气形容说："东师奏凯，西虏款关"❷，意即指李成梁出师告捷，而宣大、陕西的封贡开市又成功。高拱则更具体地说："西虏稽颡称臣，东虏投戈授首，贵夷袭服，岭寇底宁。"❸这两段话虽然都有自炫之意。但也确实反映出，当时在西北、西南和东南边防沿线，都取得了百年未见的相对安定，各方面工作经过初步整顿，都有了起色，部分地阻遏了国势的下滑。

---

❶《张太岳集》，卷二三，《答宣大巡抚吴环洲策黄酋》。

❷《张太岳集》，卷二四，《答总宪孙华山》。

❸《高文襄公集》，卷二五，《边略序》。

第七节　高拱、张居正的重商思想

　　中国社会自古以来，即存在"重本抑末"的传统理论。反映在统治政策上，就是将农业视为社会生产和生活最根本的事业；将广大的农民，作为赋税和徭役的主要承担者，赖以维持统治的经济基础。为此，就必须尽一切可能以保持农业生产的稳定，加强对农业人口的控制，严格限制农业人口流动或改营工商业。到明代初年，不但继续执行此一传统政策，而且更加强调。朱元璋经常说："农桑，衣食之本。"❶"朕本农夫,深知稼穑艰难。"❷早在称帝之前,他就认为自己的政权，是奠基在广大农民的支持和供给之上的："军国之费，所资不少，皆出于民。若使之不得尽力田亩，则国家资用，何所赖焉。"❸为此，他总是把经营工商业看成是发展农业的对立物，认为要发展农业，就必须压抑工商业，"朕思足食在于禁末作"❹。甚至还一度模仿西汉初年的做法，"下令农民之家，许穿细纱绢布。商贾之家，止许穿布。农民之家,但有一人为商贾者,亦不许穿细纱。"❺朱元璋还曾企图以国家政权的强制权力，采用严刑峻法以打击工商业活动。洪武二十二年（1389）下令："做买卖的发边远充军府军卫"❻；二十四年更进一步严令："若有不务耕种，专事末作者，是为游民，则逮捕之。"❼但是，西汉初年类似的规定既以失效结束，明初的翻版当然也难以持久执行。

　　所有这些贬商、困商、抑商的言论和法令，其实都是未真切了解到，任何生产事业都绝不可能孤立地存在和发达的。即使以农业而言，其在耕作过程中，不论在农具、种籽、畜力等方面，都很难完全拒绝通过市场以满足需求；有时，有些产品也有必要进入流通领域销售出

---

❶《洪武御制文集》，卷一,《农桑学校诏》。

❷《洪武御制文集》，卷一,《免两浙秋粮诏》。

❸《明太祖实录》，卷一六，丙午年正月辛卯。

❹《明太祖实录》，卷一七五，洪武十八年九月戊子。

❺ 徐光启：《农政全书》，卷三，《国朝重农考》。

❻ 顾起元：《客座赘语》，卷一〇。

❼《明太祖实录》，卷二〇八，洪武二十四年三月癸亥。

去。以一家一户为生产单位，以自给自足为消费原则的小农经济，事实上，也从来没有绝对与工商业绝缘。历代历行抑商政策的实质，无非是通过压制商人的社会地位和控制从商的人数，以便于将农民固着在土地之上，借以维护小农业生产作为社会的基础，有保证地为统治者提供赋税和劳役而已。"耕稼劝，则农业崇，而弃本逐末者不得纵。由是，赋税可均而国用可足"❶。此正是制定和执行"抑商"政策的中心目的。但是，明代前中期的统治者如同他们的前辈一样，没有考虑到：第一，商品经济的发达、工商业的繁荣，是社会发展的必然规律，不是任何政治权力所能遏制的。第二，农业和工商业之间，本来就存在着相辅相成的依存关系，片面"抑商"，不但未能达到保持农业生产力的目的，也无法解决国家财政困难和岁荒民乱，农民大量逃移的问题。

特别是，从 15 世纪后期到 16 世纪中期，即在明代弘（治）正（德）之交到隆（庆）万（历）之交的阶段，由于农业生产力的提高，促进了商业和手工业的发展，城乡的商品经济比重大增，商业资本增殖迅速，商人经营的范围迅速扩大：北至真定、永平、顺平，"南北舟车，并集于天津，下直沽渔阳"；南达两粤云贵，"食不待贾，而贾恒集"；东则齐鲁闽越，"多贾治生不待危身取给，若岁时无丰，食饮被服不足自通"；西到巴蜀汉中关外，"往来贸易，莫不得其所欲"❷。

随着生产的发展，社会分工的扩大，南北都出现了一些以经营工商业驰名的城镇，成为商品集散和手工业制作的中心，诸如北京、天津、武汉、芜湖、苏州、杭州、松江、广州、佛山等。城市中也形成了包括行商坐贾、作坊主等在内的比较富裕的工商业者，并且日渐成为一支不可忽视的社会力量。农业人口转移为工商业从业人员的数量

---

❶ 周忱：《与行在户部诸公书》，载《明经世文编》，卷二二。

❷ 张翰：《松窗梦语》，卷四，《商贾记》。明代中后期，工商业经营销售网络遍布全国。隆庆四年黄汴所撰的《一统路程图记》一书，对当时的物产出处、聚散市镇、行旅途径、门摊课税等均有详细的记载，是当时行商坐贾的必读手册。天启六年程春宇著的《士商类要》，更备载了有关商人从业的必备常识，诸如有关市场动态、各地区风俗人情、贸易习惯、经营管理知识等。这些书籍的出版，显然是为满足当时工商业人士的实用需要。两书均附载在杨正泰氏所著《明代驿站考》一书之内。

也急增，何良俊以正德之前和正德之后作为分界比较，说："昔日逐末之人尚少，今去农而改业为工商者，三倍于前矣。"❶ 不少土地主也逐步将资金投向工商业，"富者缩资而趋末"❷，"逐末者多衣冠之族"❸。以徽商、晋商、闽商、粤商等为名号的商帮亦逐渐形成，并在一定地区或一定行业中，居有举足轻重的地位。

但必须看到，工商业在社会经济中比重的增加，工商业者和从业人员的扩大，绝不意味着因此便能动摇官方一贯执行的抑商政策，就能改变某些人仍然冥顽地歧视工商业，贬之为末业的态度。

明代中期工商业的发展，是在种种压力和摧残下艰难成长起来的。

首先，凡要在城市取得合法经营工商业的人，必须先到官府登记，取得批准，才可以"占市籍"。如果未获准"占市籍"，而擅自经营工商业的，就属于违法，可以按照游民处理，会被驱逐或被拘捕。所以要专门立有"市籍"，一方面，是为了加强对工商业者的控制和限制；另一方面，则用以作为对占籍者征调各种繁重差役的依据。嘉靖时，一些工商业户，"占籍未及数年，富者必贫，贫者必转徙"❹。不少人只好被迫逃籍。

其次，是必须缴纳不断增加的商税。

明代开征商业税的名目本来就很多，而且税则愈来愈烦，税额愈来愈高。开店铺的有市肆门摊税；一应塌房、库房、店舍、停储客商货物的栈房，必须每日纳钞；驴骡车受雇装载货物，出入京城或其他城市的，每辆亦必须缴纳车马税。水陆通道，各设关卡税监，按照路程远近、装载货物多少，分别征收船料税、条税、门税、关税。其他诸如鱼课、酒醋税、牙税、香税、头匹税、落地税等，难以尽录。政府在工商业税收方面的盘剥数量直线上升，例如芜湖榷司从宣德到正德七八十年间，所收缴的税银竟激增为九倍❺。到隆庆元年（1567），北

❶ 何良俊：《四友斋丛说》，卷一三。
❷ 《明世宗实录》，卷五四五，嘉靖四十四年四月丙戌。
❸ 万历《东昌府志》，卷二，《风俗》。
❹ 《明世宗实录》，卷三〇六，嘉靖二十四年十二月，《南京礼科给事中游震言》。
❺ 《古今图书集成·食货典》卷二三，《杂税部》引张秉清《芜湖榷司题名记》言："榷取之课始不过四千两，渐增为一万、二万，而（正德时）及三万七千有奇。"

京九门税收，也是"倍征横索，弊孔滋多"❶。

虐商更甚的，还在于规定城市的工商业店铺，一般应轮流担当"铺行之役"。所谓铺行之役，就是负责无偿或低价供应官府需要的物资。官方名义上说仅是委托承买，实质上是肆无忌惮地进行掠夺。对此，顾起元揭露说：

> 铺行之役，不论军民，但卖物则当行。大者，如科举之供应，与接王选妃之大礼，而各衙门所须之物，如光禄（寺）之供办，国学之祭祀，户部之草料，无不供役焉。初令各行，自以物输于官，而官给其值，未遂为厉也。第一入衙门，则胥徒便视为奇货，掯抑需索，无所不有。又找价不时给，或给不偿本。既有亏折之苦，又有奔迓之劳，于是人始以市物于官为厉。❷

最早的时候，还仅是一些有采购物资职任的衙门和官役，对商铺进行敲剥，其后，凡带有官字号的部门和人员，虽无此项事权，也纷纷出票命皂隶买物，责令商铺"当行"。有仅付半值的，也有白取而不付值的。更有不但白取，而且借此而敲诈的。一些御史、给事中等所谓风宪之官，更是恃倚威风，随便索取。往往指定名色、品种、数量以索取货物，但却先不给值亦不取货，仅在票上开具"至本衙交纳"字样。店员持货物送入衙门，管收纳的人便指斥货物质量不好，拒收，并责十板发出。命再送，又再打板子退回。经此一索一送一打一退，店铺东伙们知道官役们不过是借采购名义以勒索，于是凡见持票来定购货物的，不如出钱买免，干脆送上若干金钱了事。官役们往往持一票便可敲诈数十家商铺，偿其大欲❸。

---

❶《续文献通考》，卷一八，《征榷》一。又，在嘉靖后期，曾任荆州知府、湖广布政使的徐学谟亦极言不宜以重税虐商，言："城市之户，原无田亩产业，止靠开张铺面。既已编当徭役之差，安能复堪间架之税？"（载《徐氏海隅集》，卷八，《议商税银解景府作沙市岁课牍》。）

❷《客座赘语》，卷二。

❸ 参见《四友斋丛说》，卷十二。

不仅在城市开肆设铺的商人饱受剥削，那些以运输贩卖，将余补缺的行商，也受到沿途钞关官吏人役的粗暴勒索，使当时正处在发展中的工商业受到严重的摧残。弘治时期曾任礼部尚书，以"博综经世之务""军国弊政剔抉无遗"❶著称的倪岳，即曾上疏历陈商旅之苦。疏言：

> 照得山东临清州，直隶淮安、扬州、苏州府，浙江杭州府，江西九江府等处，俱系客商船只辐辏之处。……近年以来，改委户部官员出理课钞，其间贤否不齐，往往以增货为能事，以严划为风力。筹算至骨，不遗锱铢。常法之外，又行巧立名色，肆意诛求。船只往返过期者，指为罪状，辄加科罚。商客资本稍多者，称为殷富，又行劝借。有本课该银十两，科罚劝借至二十两者。少有不从，轻则痛行笞责，重则坐以他事，连船拆毁。客商船只，号哭水次，见者兴怜。
>
> 夫增课为国，虽称聚敛，犹是有名。其科罚劝借者，或倚称修理公廨，或倚称打造坐船，率皆借名入己，无可查盘。况此等官员，既出部委，各处巡抚官视为宾客，巡按官待以颉顽，是以肆无忌惮，莫敢谁何！以致近年客商惧怕征求，多至卖船弃业。❷

倪岳还指出，不仅户部派驻各地钞关的官吏欲壑难填，而且，工部派驻各地设立抽分厂的官吏人等，亦是贪念大炽。这些人如狼似虎，嗜利好财，不论官员、胥吏、差役，甚至官亲人等，俱是一丘之貉。他揭言：

> 窃惟抑末固为政之理，而通商亦富国之术。苟使官司肆为侵克，遂致道路渐成愁怨，伤和致沴，岂王政之所宜哉？照得旧制，天下商贾辐集之处，各设税课司衙门，立法抽税，具有成法。惟南京、龙江、大胜港，原设抽分竹木局，抽分竹木柴炭等项，有三分取一，十分取二，三十分取二者。取之至轻，用之至节，远近

---

❶《明史》，卷一八三，《倪岳传》。
❷ 倪岳：《青谿漫稿》，卷二，《会议灾异陈言疏》。

辐辏，上下便益。近年工部奏准，于浙江杭州府、湖广荆州府、直隶芜湖县设置抽分衙门，遣差部官管理。不惟地方接连，重复抽税，而其人贤否不齐，宽严异法，但知增课以逞己能，不恤侵克以为民病。甚者，器皿货物，不该抽分之物，一概任意勒借留难。所得财物，无可稽考，因而侵渔入己，难保必无。❶

由此可见，不论地方上的衙署吏胥，抑或是由户部、工部分别派遣而来的官员，无不视商人为任由宰割的羔羊，是可以予取予携的肥腯。商人负担日重，不但难以牟利，有时还会蚀尽本钱，甚至负债累累。在当今皇上"万岁"的管治下，荷承着"万税"的痛苦。请看：

河西务大小货船，船户有船料矣，商人又有船银，进店有商税，出店有正税。张家湾发卖货物，河西务有四处正条船矣，到湾又有商税。百里之内，辖者三官，一货之来，榷者数税。所利几何而堪此？❷

重税病商，其必然的恶果是迫使刚发展起来的工商业陷于萎缩。嘉靖三十三年（1554），张居正正在家乡荆州养晦，借病休之机以沉思国事。荆州恰好是由工部派员设置抽分衙门的地方之一，居正目睹到由此而导致荆州地区的商旅萧条，不觉有感而言："荆州榷税，视他处最少。居吴楚上游，舟楫鳞萃，称会区焉。乃后稍稍寥寂，商旅罕至矣。"❸

张居正清醒地看到，要扭转"商旅罕至"的不景气，只有从整顿榷税制度，肃清巧立名目以增课，减少重复征税，严禁滥肆罚借入手，只有严申甲令，革除积弊，抑平物价，减除中饱，限定额，才有可能舒畅物资交流，保证工商业的存在和发展，促进贸易繁荣。他在一篇文章里，充分申述了自己认为农商必应相互倚赖，农与商虽然职业分

❶《青谿漫稿》，卷二，《会议灾异陈言疏》。
❷《古今图书集成·食货典》，卷二三，《杂税部·艺文》引萧彦《商税议》。
❸《张太岳集》，卷八，《赠水部周汉浦榷竣还朝序》。

工不同，但异业而同心，都是社会生活不可缺少的，都能够对社会做出不同的贡献。他提出了"厚农而资商""厚商而利农"的经济观点，并通过与工部派来的榷税使周汉浦探讨"始所建榷及后稍异"的原因，进一步阐明道理，畅言：

> 古之为国者，使商通有无，农力本稼，商不得通有无以利农，则农病；农不得力本稼以资商，则商病。故商农之势，常若权衡。然至于病，乃无以济也。❶

他认为，国家适时适量地征收工商业税，是完全必要的，"计其贮积，稍取奇羡，以佐公家之急"，但必须"多者不过数万，少者仅万余，亦不必取盈焉"❷。有节制地分润商利，注意培育商力，亦所以扶持农业，厚积国力。但是，正、嘉以来的情况并非如此。筹算及至骨髓，不遗锱铢。上至中央朝廷、宫廷皇室，政府的户部、工部，下到各省、府、州、县的官吏胥役，都向商人伸手，大小管道分别唆吸钱财。公私交征，黄台之瓜，何堪再摘？于是，商业遂陷于重困矣：

> 自顷以来，外筑亭障，缮边塞，以扞骄虏，内有宫室营建之费，国家岁用率数百万。天子旰食，公卿心计，常虑不能殚给焉。于是征发繁科，急于救燎，而榷使亦颇骛益赋，以希意旨，赋或溢于数矣。❸

这种杀鸡取卵的短视行为，实际上是自堵税源、破坏财政平衡的愚蠢做法。与明中叶以来商品经济日益发展的趋势更是背道而驰。居正强调，不能无视农商之间相辅相成的辩证关系，不能忽视商力所能承担的限度，故此，必须在榷税制度上做较大幅度的调整，而又首先要求

---

❶《张太岳集》，卷八，《赠水部周汉浦榷竣还朝序》。
❷《张太岳集》，卷八，《赠水部周汉浦榷竣还朝序》。
❸《张太岳集》，卷八，《赠水部周汉浦榷竣还朝序》。

当权者有所克制。言：

> 故余以为欲物力不屈，则莫若省征发，以厚农而资商；欲民用不困，则莫若轻关市，以厚商而利农。❶

居正在文章里，还从历史上有关"重农抑商"，抑或"重农亦重商"的著名争论中吸取教益。他景仰西汉时期桑弘羊公开申述重商观点的勇气，肯定商业经济也是社会主要财富来源之一的论点。当然，在明中叶以来商品经济蓬勃发展的历史条件下，张居正关于农商之间荣枯相因的论断，较之桑弘羊当年仅为重商辩解的理论，更为深刻和更为全面。针对嘉靖中后期，社会经济已陷入极度困敝的现状，他力主惟不病商始可以裕国，应该"汰浮溢而不骛厚入，节漏费而不开利源。不幸而至于匮乏，犹当计度久远，以植国本，厚元元也"❷。

张居正写作这篇文章时尚在壮年，且正处于幽居反思之时，以在野之身，深入探讨国家的财政经济大计，提出了"厚农资商"的观点。这一观点既继承着中国历史上某些先进经济理论的精粹，又有极强的现实针对性，是从全国特别是荆州地区的榷税和农商关系存在的问题中提炼出来的，它构成居正毕生经济改革理论和制定经济政策的重要组成部分，是他在日后大力改革赋役制度，推行一条鞭法的思想基础。

试从明代嘉隆以前经济思想史的角度来稽考。在此之前，虽然已有一些官僚兼学者提出过重商恤商的言论，如上文引述过的倪岳，及弘正之间的著名文士李梦阳等❸，但能将农商关系做出透彻说明的，应以张居正为创始。由此亦可见，居正高瞻远瞩，实有高出其同时代人的地方。

---

❶ 《张太岳集》，卷八，《赠水部周汉浦榷竣还朝序》。
❷ 《张太岳集》，卷八，《赠水部周汉浦榷竣还朝序》。
❸ 李梦阳在《空同先生文集》，卷四四，《故王文显墓志铭》一文中，曾将商人和商业作了很高的评价，言："夫商与士异术而同心，故善商者，处货财之场而修高明之行，是故虽利而不污。"

真正能站在执政地位，将重商恤商见解转变为全国性的实际经济政策的，是高拱。

高拱在隆庆三年（1569）十二月重新入阁，到四年三月，即专门上了《议处商人钱法以苏京邑民困疏》。这篇疏文以具体的事实材料，反映商人的愁苦和商业的窘困，并奏请隆庆皇帝采取有力措施，颁下明诏，革除宿弊，是在明代经济史上一篇重要的文献。

高拱首先历陈商人的厄困，所遭受的敲诈盘剥。言：

> 臣奉召至京，两月有余，见得闾巷小民十分凋散。有素称数万之家，而至于卖子女者；有房屋盈街，折毁一空者；有潜身于此，旋复逃躲于彼者；有散之四方，转徙沟壑者；有丧家无归，号哭于道者；有剃发为僧者；有计无所出，自缢投井而死者；而富室不复有矣。
>
> 臣惊问其故，则曰："商人之为累也。"臣又问："朝廷买物，俱照时估。商人不过领银代纳，如何辄致贫累？"则曰："非朝廷之价值亏人也。商人使用甚大。如上纳钱粮，该是百两者，使用即有六七十两，少亦不下四五十两，是已有四五六七分之赔矣。即得领银，亦既受累，乃经年累岁不得关支。小民家无余赀，所上钱粮，多是揭贷势豪之物。一年不得还，则有一年之利，积至数年，何可纪算。及至领银之时，又不能便得，但系经管衙门，一应胥役人等必须打点周匝，才得领出。所得未及一两，而先已有十余两之费，小民如何支撑？所以派及一家，即倾一家。其未派及者，各为辗转避逃之计。人心汹汹，不得宁居也。❶

高拱所言，不啻是一篇为商人代撰的陈情表、申诉书。而其所据俱有确凿事实。官僚政治的最大受害者，往往是在社会中无权无势的弱者阶层，当时的商人即为其中的群体之一。衙门的官吏胥役，俱可以对

---

❶《高文襄公集》，卷三，《纶扉外编》。

商人颐指气使，而商人只能忍气吞声以逆来顺受。商人有求于官吏胥役，而官吏胥役便可借此以横索讹诈。官为刀俎，商为鱼肉。官和商是处于完全不对等的地位上，以进行交收买卖接纳钱粮货物的。于是，人间许多极不公平，甚至惨绝人寰的事件因而发生，而"十分凋敝"的局面必顺应而出现。高拱可贵之处，不但在于他的关怀民瘼，能具体而准确地掌握实情，更在于他作为现职大学士兼吏部尚书，高踞在当时国家官僚机器的最上端，却能痛揭疮疤，为那些备受欺凌、被压在权力底层的商人呼号。他继而从明皇朝根本统治利益的角度，主张惩贪革弊，解除商困，痛言：

> 夫至尊所居根本之地，必得百姓富庶，人心乃安，而缓急亦可有赖。祖宗取天下富家填实京师，盖为此也。其在今日，独奈何凋敝至此乎？
>
> 先朝公用钱粮，俱是招商买办。有所上纳，即与价值，是以国用既不匮乏，而商又得利。今价照时估，曾未亏小民之一钱，比之先朝，固非节缩加少也，而民不沾惠乃反凋敝若此。虽屡经题奏议处，宽恤目前，然弊源所在，未行剔刷，终无救于困厄，恐凋敝日甚一日，辇毂之下，所宜深虑，必不可谓其无所处而任之也。
>
> 臣愿陛下特敕各该衙门，备查先朝官民如何两便，其法安在，题请而行。其商人上纳钱粮，便当给与价值。即使银两不敷，亦须那移处给，不得迟延。更须痛厘夙弊，不得仍有使用打点之费。就中尚有隐情，亦须明言，一切惩革，不得复尔含糊，则庶乎商人无苦，而京邑之民可有宁居矣。❶

高拱在这篇疏文中，还着重论述到建立健全钱币制度的重要性，因为它对于安定民生和便利商民，都是至关重要的。针对嘉靖时期钱法大

---

❶《高文襄公集》，卷三，《纶扉外编》，《议处商人钱法以苏京邑民困疏》。

乱，变更频仍❶，高拱提出，必须扭转这种"愈变更愈纷乱，愈禁约愈惊惶，铺面不敢开，买卖不得行，而嗷嗷为甚"❷的状况。主张"惟钱法之行，当从民便。……如此，则人心自定。人心既定，钱法自通，而买卖可行，斯各得以为朝夕矣"❸。在这方面，高拱深刻意识到，恤商利商，必须与国家的货币政策，社会的金融状况结合起来。银钱比价可以因市场需要而有浮动，但决不能以一纸诏令，随心所欲地在全国规定一个僵硬的比价。

高拱为商人、商业谋解困兴利的疏文，虽然比张居正在嘉靖三十三年（1554）讨论榷税问题的文章晚了十六年，但两人所持的基本论点是高度一致的。其不同之处在于，张在当时仅是在野议论，而高则是以执政的地位，对有关商业问题正式提出兴革方案，其影响和效果当然不尽相同。高拱上疏后不久，即得到隆庆皇帝的支持："奉圣旨：览卿奏，具见为国恤民之意。钱法委宜听从民便，再不必立法纷扰。商人一事，该部亟议以闻。"❹于是，高拱和张居正便可以"口衔天宪"，挟皇上的权威，以推行"厚农资商"的政策。这一政策，一直贯彻执行至万历初年"江陵柄政"的全过程。

必须注意到，自高拱上疏和得到隆庆批准以后，当时确实出现过一些新气象。例如：

> （隆庆四年六月庚申）工部覆大学士高拱所陈恤商事。言贫商困累，惟多给预支银可以拯之，乞将年例钱粮办纳之数，以难易定其多寡，以迟速定其先后，多者预支十分之四，递减至一分。

---

❶ 据《续文献通考》卷一八，《钱币考》的记载，"嘉靖三年，令户部给榜，谕京城内外买卖人等：今后只用好钱，每银一钱七十文；低钱，每银一钱一百四十文。着缉事衙门及五城御史缉访违犯之人，发人烟去处枷号示众。"又，"四年令宣课分司，收税每钞一贯折银三厘；每钱七文折银一分。查明应纳课程，收送内府承运库，以备光禄寺等衙门买办应用。""好钱""低钱"，并无明确分标准，而稍一错收错用，便要"枷号示众"。这样的轮番变动，最受害的只能是"京城内外买卖人等"。

❷《高文襄公集》，卷三，《纶扉外编》，《议处商人钱法以苏京邑民困疏》。

❸《高文襄公集》，卷三，《纶扉外编》，《议处商人钱法以苏京邑民困疏》。

❹《明穆宗实录》，卷四四，隆庆四年四月癸丑。

半年之内全给，一年以外先给其半。诏可。❶

又例如：

> 隆庆四年（1570）题准：通州等抽分五局，除商贩竹木板枋等项照旧抽分外，其驮运木炭柴草，俱免抽税。❷
>
> 隆庆五年四月，诏免林衡署果户房号税。初，永乐时，有果户三千余，后渐逃窜，仅存七百余户，嘉靖间复征其房号。至是，果户高税等奏恳贫难，上亦悯之，故有是命。❸
>
> 又，工部吴时来请停差中官之榷木真定者，以其事属之府佐。得旨允行。❹

甚至因在西北方实现了开市贸易，不但推动了市场商业流通，而且能开辟税源，大有裨益于国家财政，能部分满足本来十分紧窘的边疆军政费用的需要：

> 自隆庆五年，北虏款贡以来，始立市场。每年互市，缎布买自江南，皮张易之湖广。彼时督抚以各部夷人众多，互市钱粮有限，乃为广召四方商贩，使之自相贸易，是为民市之始。间有商税，即以充在市文武将吏一切廪饩、军丁犒赏之费。❺

以上事实有力地说明了，明代自弘治以来断续出现，并逐渐高涨的重商恤商思想，历经六七十年的酝酿，是在隆庆中后期才被朝廷认可，并对原有的病商扼商政策做了较大幅度调整的。直到这个时期，

---

❶《明穆宗实录》，卷四六。
❷《续文献通考》，卷二九，《征榷考·杂征中·课钞》。
❸《续文献通考》，卷三〇，《征榷考·杂征下·杂课》。
❹《续文献通考》，卷三〇，《征榷考·杂征下·杂课》。
❺ 梅国桢：《请罢榷税疏》，载《明经世文编》，卷四五二。

官方才比较清醒地认识到，扶助商业使之繁荣兴旺，货畅其流，对社会民生以及充实国力，都具有重大的意义 ❶。当然，也必须看到，明中叶以后的赋役制度、户籍制度已经到了山穷水尽，本身既颠错混乱，难作稽考的凭据；而且已经和当时的社会分工和商品经济不断发展的总趋势背道而驰。要使用这些过时的腐朽绳索捆绑住日新月异的社会生活，限制它的变化，必然是徒费心机。事实上，当时城市镇墟工商业正在突破传统的高压而茁壮成长，并不断从农村搜购原料和吸收劳动力，同时亦将一些生产资料和消费商品提供给农村。部分地主将土地投资转为工商业投资，部分农民弃本就末，力图在城镇工商业、运输业中谋取枝栖，这已经是无可逆转的潮流。在农村由丈量土地、调整负担，到逐步推行重新编征赋役的一条鞭法，与在城镇制定和推行资商重商的政策，本来就是隆万经济大改革的两翼。只有从宏观的大视野角度来观察，才可能从本质上理解高拱和张居正等重商主张的原委，理解这样的政策，之所以在隆庆中后期到万历初期能以朝廷法令推行的原因。

---

❶ 郭正域在《大学士高文襄公拱墓志铭》中，概括地介绍了高拱与俺答开市贸易中，对明方极为有利的经济和政治利益，言："虏既贪我财物，虏中妇女亦贪我缯帛，惟恐罢市，我得伸缩而制之。诸为为贡市费者，即取诸囊日幕府出征之费，不及半耳。虏得我金钱，非尽携以归也，我之群商又因而为利。而我数十年所全百万之命，所省百万之费，可按籍而求，屈指而论也。盖汉人五饵之策，公实用之矣。"（载《国朝献征录》，卷一七）

第十章

隆万交替与张居正独揽朝纲

第一节　隆庆末叶高拱张居正矛盾的激化

高拱和张居正在隆庆内阁中的密切协作，取得了显著的成就，为隆万大改革奠定了基础。但是，权力地位既是建立事业不可缺的凭借和动力，又是滋长野心和排他欲望的诱发剂和温床。它促人努力奋进，又激发起人们相互戒备和敌意的卑劣情操。在封建社会，统治阶级的强有力人物往往难逃脱一个规律，就是唯我独尊，唯权力独揽。只乐意与驯顺遵命者为侣，而难以容忍威望能力相埒、权位相当者并驾而齐驱。他们总信奉着，在权力游戏中唯一的规则，就是没有规则。凡使他人成为强有力者便是意味着自己的毁灭。卧榻之旁，岂容别人鼾睡！

高拱和张居正都是历史的巨人，但都摆脱不了这样的规律。

隆万间，所称最名相二，曰：高新郑公文襄，张江陵公文忠。两公钟异姿，膺殊宠，履鼎贵之位，竖震世之勋，皆大略相埒。第不幸而以相倾之材，处相轧之势。以故，袒文襄则绌文忠，袒

文忠则绌文襄，然有识者恒致叹两贤之厄，何渠不涣柄凿而塌篪之，要皆豪杰之致也。❶

对于高张二人"猜防相衅"，谈迁引李腾芳的评论说：

> 新郑、江陵两公，皆负不世出之才，绝人之识，本以忠诚不二之心，遭时遇主，欲尽破世人悠悠之习，而措天下于至治。其所就虽皆不克终，然其设施，亦已不可泯矣。独怪两人始相得甚欢，卒于相抵。人称丙魏、房杜同心是矣。然韩郑公富魏公龃龉特甚。由是言之，两公之相忤，亦可以相贬也。❷

根据现已掌握的史料，高张二人关系恶化，大体上是起自隆庆五年（1571）中后期，主要并不表现在对重大政策部署的分歧，也未见于对用人褒贬的不一，而是由于相猜相忌而互为戒备。两方皆因已取得巨大成绩而滋长自我陶醉，不同程度上存在骄盈自满，而以下僚门生清客等混合组成的诏媚者又煽风鼓拨于其间，遂至矛盾日渐激化，形成水火。所有诸端矛盾，其实又集中在权位的倾轧和争夺上。

当然，高张关系恩仇中变，又是自嘉靖以来，数十年间久已演变成为习惯的内阁内讧的反映。张璁、桂萼之与杨廷和、蒋冕、毛纪，严嵩之与夏言，徐阶之与严嵩，高拱之与徐阶，高拱、张居正之与李春芳、赵贞吉，任何一段都是经历过惊心动魄，结合阳谋与阴谋的苦斗。后之接任首辅者，无例外地必是以挤倒前任然后得之。半个世纪以来内阁的历史发展，极易于使在位者视之为危地，引申出必须竭尽全力，甚至不择手段以锄灭一切潜在的对手；必须提高警惕，甚至不择手段以维护和加强自己的权位。但与此同时，也极易使一些已身居次辅或群辅，但怀有觊觎首揆职位的人，视现任者为阻碍自己迁升的绊脚石，影响自己在政途上顺利发展的潜在敌人，非挤垮或拔除之，

---

❶《高文襄公集序》。
❷《国榷》，卷六八。

势难偿晋身首辅的愿望。念念不忘一个权字。内阁诸前辈的阴魂，总难免经常徘徊于现任者的身旁，纠缠于他们的脑际。前事可鉴，前事足戒。高张矛盾的急剧恶化，既是嘉靖以来内阁内高层连续讧斗的继续，但亦与前此历次斗争有明显不同之处，即他们两人在执政方针和学术思想上均具有高度一致，协力同心携手战阵亦已取得过卓越的业绩，而且意气相投，"三十年生死之交"❶，照理说是应该具备继续和衷共事，奠定改革大业基础的。可惜的是，权位的吸引力竟远过于此，权力欲往往误导人物，情绪淹没了理性和良知，终于演变成为隆万间原可避免的政治悲剧。四百余年来史家面对此一惊心动魄的史实，莫不为之扼腕而痛惜。政坛上，人、人性、人际关系的微妙多变，诡谲冷酷，原不是能以一般常理可解释的。

高拱与张居正交恶，已逐渐为朝臣所共知。人们担心"柄臣相轧，门户渐开"❷。两方近幸的人，都有职任御史、给事中等所谓风宪之官的，这些人身为言官，具有闻风奏事，可以弹劾各级官吏的权力。其中一部分人，向来就是投附某一权门，甘为"吠犬"，充当着发难搏击、排斥异己的工具，成为各次权力斗争的前哨打手，权门的代言人。他们善于观察政治风向，敏锐地发现并利用大臣关系中的缝隙，窥其所向而攻其所忌。"假风闻言事之权，杀人媚人之毒"❸。高张倾轧，也是沿着这条老路子发展的。

高拱其人，气量较狭窄，"性强直自遂，颇快恩怨"❹。他复出，当年助徐阶以驱斥之的人，俱为之落胆。其后，他又通过考察科道，以"素行不检""浮躁""才力不及"等名义，降斥贬退了有忤于己的给事中岑用宾、陈瓒，御史周弘祖、顾廷对等多人。与此同时，又培植自己的学生程文、韩楫、宋之韩、雒遵等人作为喉舌。

张居正亦无例外。不过，他当时并未掌握全权，仅以次辅身份在

---

❶《张太岳集》，卷三四，《答参军高梅庵》。

❷《明史》，卷一九，《穆宗本纪·赞》。

❸《国榷》，卷六七，隆庆五年二月辛丑，引支大纶语。

❹《明史》，卷二一三，《高拱传》。

阁，既未当舆论之冲，又未大结怨于科道，行事比较审慎隐蔽，非到关键之时、要害之处，绝不伸手。"拱甚狷浅，居正已弄于股掌中矣" ❶。

嘉靖信方士，隆庆宠宦官，这是嘉隆最高层政治的特点和不同之处。方士和宦官都曾在不同时期分别起过某些特殊的重要作用。高张在裕王府任讲官时，都与大宦官李芳投契。李芳在隆庆前期在国政朝事上都具有较高的发言地位。继李芳任司礼监的陈洪、孟冲二人又俱是由高拱向隆庆力荐然后得以任职的。张居正则与长期伺候李贵妃和朱翊钧母子（即日后的李太后和万历皇帝），并与得到特殊宠任的冯保最为莫逆。高张在宫廷之内都各结有心腹嬖近之人，倚为信息来源甚至为政治后台。他们二人得以先后上台执政以及其后的荣辱沉浮，两人之间关系的反复变易，都和宫廷之内某些"中贵人"的得用和失宠密切相关。

权力地位的逼近有时就是爆发矛盾甚至是关系破裂的先兆。"名望相近则相妒" ❷，许多人际悲剧都是缘此而生的。高拱和张居正二人都身任大学士，都有着自己强烈的个性和抱负，而且又同具有炽烈的权力欲，在心理素质、个性、修养以至作风各方面，也都存在着相互排斥的因素。故此，他们在一度密切合作和相互器重，并取得辉煌成果的同时，也滋长着相互猜疑、嫉忌和戒备防范。当整饬吏治已见成效，封贡开市取得成功，试行丈田已为均平赋役做好准备，恤商惠商获得好评时，这些成果也使两个主持人的关系面临着严峻考验。必须注意到，在隆庆中后期，某些具体事实已引起了微妙的心理变化。诸如，在隆庆心目中，高拱是唯一的、不可替代的可靠首辅，对其评价之高，超逾一般 ❸。在当今皇上心目中，张居正只不过是高拱得力的副手而已，

---

❶《明史窃》，卷四九，《张居正》。

❷ 吕坤：《呻吟语》，卷六。

❸ 隆庆六年五月十二日，即在明穆宗朱载垕去世前十一天，隆庆皇帝颁赐给高拱一道敕文，对高的人品、学识、能力、功勋等，均作了极高的评价，称高拱为"振今豪杰之才，稽古圣贤之学。养气极其刚大，为众人所不能为；析理入于渊微，发前哲所未发。精忠贯日，贞介绝尘。讦谋为百辟之师，风采系万民之望。……盖有不世之略，乃可建不世之勋。然必非常之人，斯克济非常之事。"（载《高文襄公集》，卷二，《东里高氏世恩录》）以君主对臣下的评鉴，罕有如此的。

既不能望高项背，更不允许跨越于高之上。这样的气氛，一方面使高日渐自我陶醉，愈来愈骄傲独断，"不能藏蓄需忍，有所忤，触之立碎，每张目怒视，恶声继之，即左右皆为之辟易。既渐得志，则婴视百僚，朝登暮削，唯意之师，亡敢有抗者"。❶ 高拱本人一直以副手视张居正，他只容许张居正以副手的身份在内阁驯顺协理，此焉能为以管仲、诸葛亮自比，自负为经国干济之才的张氏所乐于接受？在隆庆五年（1571）秋冬，以及六年年初，居正在不意中，也一再流露出某些重大政事硕果乃由己出的自炫，隐然有与高拱并肩甚至争一高下之意，此又焉能为高氏所乐闻并接受？隆庆五年暮秋，张居正在《答关中宪使李义河述时政》一函中，颇有将封贡互市的实现，完全居为己功之意。函中申言：

> 边事近稍次第。贾谊欲以三表五饵制单于，盖古之谋臣策士，所以劳心筹虑，敝口游谈，冀望而不可得者，正在于此。今我不烦一士，不役一兵，坐而得之，此天赞我也。奈何今人为宋儒之说，沁人心脾，与之语此，如咶乌附，异议纷纷，几至颠踬。赖主上纳用愚计，幸而时中。然为国家谋则忠，自为谋则愚矣。计然三策，今始售一，向后未卜利钝何如。辱教云云，固知豪杰所见，自与凡人殊也。❷

李义河，即李幼滋，此人为居正挚友。在居正一生若干重大关键时期，幼滋的意见均能左右之。居正在这封信中，将封贡开市的成功，归结为"纳用愚计"，是不尽符合事实的。自比为春秋时期越国的大谋略家、范蠡的老师计然，且谓三策始用其一，也是很不谦虚的，徒然

---

❶《嘉靖以来首辅传》，卷六，《高拱传》。对于高拱的骄横失众，敛怨于人，时任刑部尚书的葛守礼曾致函劝说，谓："公秉政，人有不自安者，皆观望。诸所爱憎，愿皆勿存形迹，惟以旷然太公处之。无疏无密，则人始不得而议矣。同寅和衷，尤当念便。敢附此区区，惟尊照谅。"（载《葛端肃公文集》，卷一四）对于这些诤言，当时高拱是听不进耳的。

❷《张太岳集》，卷二三。

被作为高氏门客进谗挑拨的借口。又如在隆庆六年正月，写给原南京都御史孙植（华山）的一封复信中谓："仆数年图画边事，苦心积虑，冒险涉嫌，惟公知之，他人不能尽谅也。""兹赖祖宗之灵，主上威德所及，东师奏凯，西虏款关，区区一念报国赤忠，庶几得以少见矣。"❶诸如此类言词，都必然会引起高拱及其徒众的反感。

果然，进入隆庆六年二三月间，双方以言官为前哨的对垒攻击便开始了。高拱的得意门生、吏科左给事中宋之韩首先发难，倡率另外两个给事中贾待问、匡铎连续上疏，攻击与张居正关系密切、曾为居正会试座主的礼部尚书潘晟徇私失职，迫其致仕，"搏击取胜，时论不与"❷。

与此同时，对高拱的旁敲侧击和正式弹劾，也相继出现了三波高潮，两派展开了正面交锋。

首先是，"御史汪惟元上疏讥刺时事，谓执政之臣不当为操切，报恩仇。拱召而詈之，亟补按察佥事以出"。❸

紧接着，尚宝司卿刘奋庸上疏言五事，内有两事乃针对高拱独揽大权而言，其中之一是请皇帝收回已放的权柄，太阿不可付人，谓："先帝英明果断，恩威莫测，皇上曾出独断否乎？人才用舍，果尽协于公论，而无敢自快其恩仇欤？臣勿敢知也。愿凡庶府建白，阁臣票拟，特留清览，时出独断。"❹其二是请皇帝留心章奏，"恐险邪权势之党转成其奸"。❺刘奋庸虽然是高拱的同乡，又是裕王府讲读的旧同事，但对高拱的骄盈素有反感，经常与高拱面折顶撞。奋庸疏上，高派门人指他因久未迁升，心怀怏怏，是为发泄私人愤懑而作。

又紧接着，是户科给事中曹大埜上疏，"论大学士高拱大不忠十事"。曹大埜的疏文虽然冗长慷慨，但基本上是诬陷之词。疏中毛举旧

---

❶《张太岳集》，卷二四。

❷《国榷》，卷六七，隆庆六年三月乙巳。

❸《嘉靖以来首辅传》，卷六，《高拱传》。

❹《国榷》，卷六七，隆庆六年三月戊申。

❺《国榷》，卷六七，隆庆六年三月戊申。

事细故，过分上纲，却缺乏有理有据的确凿事实支持。诸如他说：

> 前者圣体违和，拱言笑自若，且过姻家曹金饮酒作乐，不忠一也。东宫出阁讲学，拱只于三八日叩头而出，自尊无人臣礼，不忠二也。自拱复用，昔日言拱罪如岑用宾等降黜殆尽，善类一空，不忠三也。副使曹金，其子女姻家也，无一才能，超升至刑部侍郎；给事中韩楫，亲昵门生也，历俸未久，以承指超升通政使，不忠四也。科道乃陛下耳目，拱每当选授，即于部堂戒谕，不得言大臣过失，不忠五也。结言官为腹心，凡陛下微有取用，辄交章上奏，至拱罪恶，皆隐讳不言，不忠六也。久掌吏部，凡黜陟去留，不恤清议，引用匪人，排斥善类，甚于严嵩，不忠七也。副使董文寀馈六百金即升河南参政，吏侍张四维馈八百金，即取入东宫侍班，招权纳贿，赃私大露，不忠八也。原任经历沈炼论劾严嵩，谪发保安州；杨顺、路楷阿意诬炼通虏，无辜见杀，比顺、楷论死，拱受贿为出脱，不忠九也。操江吴时来，先朝抗论严嵩，所谓忠臣也，拱以私恨借小事黜之；大学士徐阶，受先帝顾命，一代元老也，拱以私恨多方害之，必欲置之死地；太监陈洪之闲住，出自宸断，拱与洪密讽言官为报复；俺答归顺，圣威所致，拱乃扬言于众，攘为己功，不忠十也。❶

高拱对于曹大埜的劾疏，当即做了辩说回奏。除所谓侍病不敬，入觐东宫不勤等俱为牵强入罪之词外，至于俺答款顺，本为朝野共知之事，高拱之功亦为隆庆及朝臣所公认；兼署吏部事，本出自隆庆之意，在有关人事任免方面，每事均经奏准，且亦属吏部尚书的正常职权，谓高拱借人事权以纳贿，曹大埜提不出任何确凿证据；涉及沈炼、徐阶、吴时来，以及处决杨顺、路楷等问题，皆为久已公开处理的旧事。高

---

❶ 转引自《野纪蒐搜》，卷一二。按，曹大埜原疏全文收载在《明穆宗实录》，卷六八，隆庆六年三月己酉，但疏文过于冗长，而黄汝良的摘要，比较简练而能保持其原意主旨，故引用。

拱的辩疏❶，是于事有据而且比较在理的，他因曹大埜的指名弹劾，故自请罢免。隆庆除立即将曹大埜谪外，还对高拱诚挚慰留，高度肯定他的人品和政绩，批示曰："卿忠清公慎，朕所深知。妄言者已处分矣，宜安心辅政，以副眷倚。不允所辞。"❷但此一风波引发的矛盾并未平息。

曹大埜出面劾高，本身不过是一场闹剧。但必须看到，此举有特殊的背景。当时，隆庆的健康已经出现了严重的问题。隆庆六年（1572）正月下旬，他因有疾，曾在宫服药疗养一个多月。到闰二月十二日，出御皇极门时突然发病，一度危殆，曾召高拱、张居正等入乾清宫言及身后事，内阁辅臣等曾轮番值宿于西阙门直庐，预防不测❸。稍后，虽转危为安，亦曾召见阁臣，但病入沉疴，实已难久在人世。有心人对于皇帝一旦辞世，必然会引起政治震撼俱有所准备，特别是思虑缜密深沉的张居正更是如此。三月二十三日，即在距隆庆去世前仅两个月稍多一点，便发生了曹大埜专门上书弹劾高拱，并请将之罢斥之事，这显然是"国丧"发生前的部署准备，亦是一个旨在测知朝野动向的气球。汪惟之、刘奋庸、曹大埜事件相继出现并不是偶然的，它的必然后果是促使高张的矛盾趋于表面化和白热化。"言官先后抗章极论拱，拱意居正实使之，面斥居正数，居正色赧谢。"❹

人际之间的关系，彼此一有了猜疑戒备，往往就会将本来不是问题的问题当作问题，本来是微不足道的小问题视为大问题。高张关系亦是如此。门生故吏清客辈更往往乘隙而利用之。《明书》言高张关系的恶化，大体也是按此规律发展的：

　　　　客乃搆于拱，谓居正纳〔徐〕阶子三万金贿，不足信也。拱

---

❶《明穆宗实录》，卷六八，隆庆六年三月庚戌。
❷《明穆宗实录》，卷六八，隆庆六年三月庚戌。
❸ 参见高拱《病榻遗言》，卷一，《顾命纪事》。
❹《罪惟录》，《列传》卷之一一下，《张居正》。

无子，而居正多子。一日，戏谓居正曰："造物者胡不均，而公独多子。"居正曰："多子多费，甚为衣食忧。"拱忽正色曰："有徐氏三万金，何忧衣食也。"居正色变，指天而誓，词甚苦。拱徐曰："外人言之，我何知。"以故两自疑。而拱之客谓间可乘也，日稍稍以居正过闻拱。而都给事中宋之韩遂具疏且论居正。草成，而居正知之，走见拱，而盛气言曰："公不念香火盟，而忍逐我耶？"拱错愕，出不意，曰："谁敢论公者？"居正曰："公之门人宋之韩，已具草矣。"拱曰："果有此，亟呼而止之。"居正曰："公发之，安能止之。"拱曰："请出之外，以明我心。"晨入部，以某省参政补之。而其疑居正益甚。❶

由于高张都高踞相位，二人的相猜相攻，必然演变为朝政的大事，许多大臣言官都卷进了这场倾轧斗争之中。汪、刘、曹相继攻高不逞，隆庆表态坚决保高之后，朝廷间便掀起一阵誉高留高并斥言者的风潮，刘奋庸、曹大埜亦被谪斥于外。高拱上疏求退，"兵部尚书杨博等，给事中雒遵等，御史唐炼等，各倡疏留拱。识者诮之。"❷类似隆庆二年（1568）五月，徐阶被论时的闹剧又在重复上演，官场趋炎附势，几成定律，此时不过老戏新唱而已。请看：

> 方高新郑失势，举朝咸附华亭，诋疵高不绝口。噫，岂知未数年，即有翻覆之局哉！于是夙昔颂华亭者复改附高。至刘奋庸、曹大埜之疏，群目为邪党，抵死推排。闻道长安如弈棋，信非虚语。❸

官场的道德标准，从来都远低于社会标准。顺风转舵是一切官痞们持盈保泰的看家本事之一。依附当权者，谀谄高层权力斗争中强势的或

---

❶《嘉靖以来首辅传》，卷七，《张居正传》。

❷《国榷》，卷六七，隆庆六年三月。

❸《国史唯疑》。

已胜利的一方，尽力攻击弱势的或已失败的另一方，向来是这类风派人物擅长的邀功伎俩。每当风潮转折之际，正是此辈登场表演，卖俏求宠之时。请看：

> 吏科都给事中涂梦桂劾刘奋庸怨望，宜斥。工科左给事中程文劾曹大埜设谋倾陷，宜远窜。下部，高拱请宽宥，不许。谪大埜乾州判官，奋庸兴国知州。士论以梦桂、文为耻。而大埜亦张居正所指也。❶

可见，以高拱和张居正分别为主体的派系倾轧，已经多次交锋，营垒对立分明，政治气氛灼炽。山雨欲来风满楼，唯待划破长空的一声惊雷，加以引爆而已。

第二节　朝臣角逐与宦官矛盾的交错盟合

隆庆五年（1571）以至隆庆六年上半年之间，政府高层内部关系日趋紧张，已渐成公开的秘密。其严重性还在于，外朝以内阁为中心的倾轧活动，已与宫内掌权宦官矛盾斗争交结在一起。其中的关键人物之一，是自隆庆元年以来即担任司礼监秉笔太监的冯保。

冯保，北直隶真定府人。其人曾受经史训练，且有应接策应之才，平素爱交结朝臣文士，胜任秉笔职务❷。他随从隆庆自裕王府入宫当差，曾长期在万历皇帝朱翊钧的生母李贵妃（其后的李太后）身边服役，

---

❶ 《国榷》，卷六七，隆庆六年四月丁巳。又，据《明史稿·列传》九四，《刘奋庸传》载："奋庸谪官两月，会神宗即位，遂擢山西提学佥事，再迁陕西提学副使，以病乞归，卒。大埜，巴县人，其劾拱，张居正实伎之。万历中，累迁右副都御史，巡抚江西，以贪劾免。"居正柄政，便即擢用劾揭高拱最力的刘、曹二人，其间关系是颇值思考的。

❷ 刘若愚：《酌中志》，卷五，《三朝典礼之臣略》。

深得李太后及幼年朱翊钧的信任。翊钧当时曾亲切地称呼他为"大伴"或"冯伴伴"。

由于隆庆宠信宦官，所以宫内的大太监在隆庆朝往往能起重大的作用。其中，李芳为人耿直，曾多次谏阻隆庆的好奢和任性，高拱和张居正都一度和他相交甚密。李芳失宠被贬斥后，陈洪曾一度走红，相传不少大官僚的被升擢或再起，是走他的内线。此外，还有孟冲和冯保。孟冲主要是在生活上为隆庆征集享乐用品，而冯保则在政治上具有野心。冯保在隆庆朝时虽尚未能掌握大权，但与张居正关系密切，已经常共同在暗底下对时局进行评估分析，并有所策划。他因长期担任司礼监秉笔太监，而一再受高拱的扼制，未能升任为掌印太监❶，深恨高拱：

> 初，司礼之首珰缺，时冯保以次当进，而偶有不得意于上，拱亦素畏之，乃缘上意，荐陈洪。洪，故长御用者也，例不当司礼而得之，保恨洪因并恨拱。洪因而力为拱内主，然其人不甚识书，久之，以忤旨罢出外。而孟冲，长尚膳者也，与司礼远，而以割烹当上意，拱复荐之，而保居次如故，其恨拱次骨，拱亦觉之。❷

当隆庆病危时，张居正与冯保乃密谋应变之策，此亦增加高拱的疑忌：

> ……居正察知上色若黄叶，而骨立神朽，虑有叵测，为处分十余条，札而封之，使小吏持以投冯保。即有报拱者，急使吏迹

---

❶ 按，据《明史》卷七四，《职官》三，《宦官》条载，明代宫廷之内设置有一个庞大的宦官机构，即所谓十二监四司八局。其中，以司礼监的权限最大，与外朝政事的关系最密切，因为它负有对经内阁票拟的章奏再作"批红"的职责，而且还兼掌有特种镇压部门东厂的权力。司礼监的长官为掌印太监，次为秉笔太监。一般在掌印出缺时，多由秉笔升任。冯保因高拱的作梗，未能递升，且陈洪本为御用监掌印，孟冲更不过是御膳监掌印，竟超越其位，冯故而愤懑不平。

❷ 《嘉靖以来首辅传》，卷六，《高拱传》。

之，则已入矣。拱亦不知为何语，第恚甚。至阁，面诘居正曰："昨密封之谓何？天下事不以属我曹，而属之内竖，何也？"居正面发赤，不能答，干笑而已。徐而曰："吾日与饮食通，公安能一切瞰我？"拱浅，谓实然，不复置臆。❶

当此局势严峻，高张两方控弦待发之际，朝臣中亦有一些人引以为最大的隐忧，深惧万一演成全面决裂，局势将难以收拾。时任吏部左侍郎而与高张二人均有良好交谊的张四维，正出差在外，他曾在此一关键时刻，给高拱写了九封信，给张居正写了六封信。这些信件的重心在于调处两位大佬之间业已非常紧张的关系，企图化解可能出现的无法控驭的危机。他在致高拱的信件中一再劝说：

> 今翁与岳翁夙投心契，非一日矣。乃兹并任鼎铉，实天开此一代之治，非偶然者。二翁之交，胶漆金石，不足比拟。……二翁相得，社稷苍生无穷之幸，保此终始，历久益亲，将丙、魏、房、杜让相业矣。所过计者，二翁识量作用不同，此可彼否，无害一德。第取与翁张，人情各有所便，而窥伺者又多方传致离析之。丝发有端，恐渐成形迹，则天下事其可为者几希！❷

在曹大埜劾高拱的奏疏见于邸报后，张四维鉴于事态已朝公开化发展，又连忙给高拱写了两封信，一是表达安慰之意，二是切盼事态不可扩

---

❶《嘉靖以来首辅传》，卷七，《张居正传》。又，高拱在下野后，在其所著《病榻遗言·矛盾原由》中，对此事的叙述与王世贞所记有所不同。高拱自称在曹大埜弹劾高拱被驳回后，言官等曾酝酿分别具本揭明居正指使曹大埜诬陷高拱，请予治罪，居正曾面见高拱请罪请恕等。史家多认为，这是高拱挟私愤、带情绪之言，且无佐证，仅可作为参考。但从王世贞以及高拱本人的回忆记述中，起码已可肯定一点，即在隆庆重病垂危之时，正高张二人矛盾濒临全面破裂的边缘，壬申政变的爆发绝非偶然。

❷《条麓堂集》，卷一七，《寄高相公九之一》。按，张四维是当时蓟辽总督王崇古的外甥，函中所言"家舅"，是指王崇古。丁卯是指隆庆元年高拱第一次被斥逐事。内江是指原籍四川内江的赵贞吉。

大，并认为指使曹大埜上疏的似是已退休的赵贞吉和宦官中某些人，实意是为现仍在职的张居正洗脱，避免爆发高张全面冲突的可怕后果。其中一函言：

> 顷自家舅所得邸报，见狂夫流言，披倡无忌，殊增愤懑。我翁心事勋业，已轩揭天地，薄海内外共所闻见。视丁卯蓄德未曜时何啻千里，而彼狂乃欲变乱白黑耶？可恨，可恨。鸱鹗之鸣，蚍蜉之撼，不足为台端涴，希勿介蒂。……夫以台端精忠谋国，冲虚好贤，士论明甚，乃彼狂敢为此言者，实以无似，不允公议，遂借隙以行其私耳。……无乃内江、阉党，今犹有存者耶？ ❶

张四维在高张大决裂未出现以前，重点是做高拱方面的工作，他抱着抽薪灭火的态度，企图扑灭渐成燎原的火焰。故此，他除上疏斥责曹大埜别有用心，有意制造混乱，企图混水摸鱼，以谋私利外，又续写一函给高拱，再言：

> 曹疏固孟浪，观其词指，其处心积虑深矣。……事机多端，伏希审伺杜渐，销泯于无迹，斯善道也。都中人情时态不知何似？更望扩示大公兼爱，彼此屏除疑忌，用安反侧。但使吾无间然，则彼之哓哓不足病也。 ❷

但事态进一步的发展，却是高张的对立日趋尖锐。即使在隆庆在位的情况下，亦存在两方火并的可能。四维借赵贞吉为靶以释高张之疑的说法，实在缺乏公信力。他在其后的函件中，遂不讳言曹大埜等的劾疏有可能与高张紧张关系的现状有关，但仍切望能从国家大局着眼，留有转圜的余地和复修旧好的可能，恳言：

---

❶《条麓堂集》，卷一七，《寄高相公九之三》。
❷《条麓堂集》，卷一七，《寄高相公九之三》。

仆旋领台翰，其间就里云云，求之不得，其说寝食俱废。天下事须有不如意处，其好处乃可坚久，若十分如意，必有外忧。杜元凯所以欲释吴也。元佑之世，朝多君子，然洛蜀分党，卒贻绍述之衅，议者至今为诸君子病之。翁远识宏度，幸深察焉，无为熙丰群小所利也。

此事，某在远，不得其详大段。翁与岳翁同道同心，知契非一日，岂茫然之说所能遽间？然二翁局面不同，作用不同，故取人亦异。人各欲为知己者图厚，则必有生枝节处。在二翁生保其无他肠也，况事真伪久必辨白，望台端大观，付之不理，徐观其后，何如？……纵使其事有端，亦须置之度外。……况今国家之事，倚重二翁，天下士方冀幸太平功业，庶几三代者。幸舍小嫌存大计也。❶

乃至隆庆皇帝去世前夕，由曹大埜等点燃的火花，竟渐演变成熊熊烈焰，引发成为朝士的公开对垒。高拱当时曾一再复信给张四维，申述自己的意见。可惜，在《高文襄公集》中，特别在他论述与张居正矛盾关系发展过程的《病榻遗言》中，均未收入此类"密示""台翰"原文。此或因高拱去世于万历六年（1578），而《病榻遗言》则写于万历四五年之间，当时张居正的权势正如日在中天，且张四维亦已入阁任大学士。高拱虽然在《病榻遗言》一书中，假借"荆人"之名，对张居正进行了全面的揭露攻击，充分发泄出对张居正的愤懑情绪，但尽量少涉及张四维与己秘密通信的内容，似亦具有保护张四维之意。从史学的角度言，今存张四维致高拱的多封函件，确是极重要的史料。但高拱给四维的有关信件已被有意淹没，不能不认为是一大遗憾。试读下文摘引张四维给高拱的另一封信，似是在隆庆六年（1572）四月底或五月上半月写成，实已倾吐了急救危机的沉痛之言：

---

❶《条麓堂集》，卷一七，《寄高相公九之五》。这是张四维在收到高拱为高张关系而写的复信后，再给高拱写的信，仍力申希望双方克制猜疑敌意、和衷为国的意见。

承密示，具悉深指。生在远，不知其详，知台谕必有主谓也。但以区区私见揣度，则二翁相得非一朝夕。自去岁，觉意见有不合处。……曹人或承望风旨，未必有所指授。愿台慈付之不较，骤然以前日交好接，如无其事，则久当自明；或有其微，亦必咋舌，内讼之不暇矣，此善道也。慎无再动声色，恐嫌衅滋不可解。且人情愤愤，台慈犹力为收拾，矧由于己者，是在一加意而已。忧心悄悄，临楮不能自已，伏维台慈赐鉴。幸甚。❶

张四维为挽回高张关系，避免大决裂，因而在与高拱连续紧急通信的同时，亦与张居正有过密切的函牍往还。在四维致居正的信件中，仍是以敦劝和解为主要内容。其中一信写在曹大埜劾高疏文刚公布在邸报之时，言：

> 顷者，事端骤起……嗟夫！群小害正，姜菲成锦，盖自古患之矣。今二翁同心，翊宣元化，天下已骎骎向理，假之岁月，太平之业端可坐致，迺心膂之间，不免有挠惑若此，古人所以嫉彼谗人，欲投畀豺虎有北而不恤也。
>
> 玄翁弘毅疏宕，是以不免于轻信而骤发，然性故明达，而与翁相信又深，未有旬日不悟，悟而不悔者。伏望台明念天下之重而略小嫌，敦久要之好而无失其故。蔺相如，战国策士耳，知秦之重赵，由己与廉颇，甘受廉之侮而不报。今天下事倚重于二翁者，岂特秦赵轻重哉？❷

在收到张居正有关此事的复信后，张四维又再申和为贵之见，切望张居正能以国事为重，在相互理解和谅解的基础上，保持与高拱的友谊和合作共事的关系，恳切而言：

---

❶《条麓堂集》，卷一七，《寄高相公九之六》。
❷《条麓堂集》，卷一七，《寄张相公六之一》。

承示玄翁近况，前于邸报见一二事固已疑之，旋有曹疏，谓经此蹉跌，必益敬信，明台更易弦辙也。兹闻台谕：房杜、张陈之说，使人骇讶，不能收舌。大段玄老机事不密，泛与轻信，故尝为小人所罔。与翁同道同心且三十年，所谓金石胶漆，非物可间。虽惑于簧鼓，暂时蔽乱，旋当融释耳。元佑君子满朝，乃洛蜀分党，竟致绍述之祸，此前事殷鉴。周公大圣，三叔流言，宜也；而召公亦且疑之，公不以为嫌，拳拳以国家新造，彼已不可释去，慰留召公，卒奠周室。大臣急公家而忘身嫌，固若此。今国家之事倚重二翁，天下士倾耳向风，思见太平之盛，若中有抵牾，岂但太平难致，将且立见败端。翁与国同休戚，且素知玄老心者，宁可不委曲周旋，如周公之与召公，以求济大事哉？❶

乃至高张关系进一步恶化，矛盾已难掩饰，但张四维仍期望能化暴戾为祥和，并切盼张居正能采取主动和解，"欢然如昔"。进言：

二翁同心，天下事方骎骎向治，不意遽生嫌衅，在远骤闻，寝食不安，故底叩愚臆，不觉饶舌。既发，殊有悚仄，深以获戾为惧。兹承手示，略其粗戆，不加罪谴，具窥相度汪涵，并包万汇，且仰且幸。但有秋杪欲归之谕，令人彷徨无措，宁死不愿我翁出此言也。

玄翁与翁廿年交友，真肝胆相照者，一旦忽尔睽疑，鬼车涂豕，变幻可异。然同心既久，生意张弧。脱弧在反手间，遇雨之吉，甚不远也。惟翁沉几伟鉴，自管机政来，凡消疑定倾，经数四矣。震撼纷错，外嚣内溃，人所畏惧，疑避莫敢涉手。公不动声色，徐观其机而善应之，卒之夷然。就平生诚心服神悦，以为史传少俪，顾今日乃不能处一相知之友，暂时疑隔间耶？伏望自信不疑，一切形迹语言置之不较，待其悔悟。世有纤人，好窥

---

❶《条麓堂集》，卷一七，《寄张相公六之三》。

人意，向撰弄是非者，谅不能逃台鉴，愿逆加杜塞，勿使得关其说。……幸甚，幸甚。❶

此信当亦是写在隆庆六年（1572）四月底或五月上半月之间，与致高拱第六函的时期相同或极相近。它不但间接透露出，张居正不愿再与高拱共事，曾有过求退位以归的想法，反映出不共立的情绪。也反映出张四维似已认定，当时解决高张关系问题的纽结，张居正实处在主导的方面。从信件中，可以很清楚地看到，张居正为高张关系问题，也是有过不止一封信答复四维，并较具体地申述过自己的意见。但极为遗憾的是，这些信件在《张太岳集》或其他版本的张居正文集中，均无收载。这或者是由于，不久之后便发生了以驱斥高拱为中心的壬申政变，《张太岳集》或其他张居正文集的编者，忌讳这些信件的内容，易于被诠释为壬申政变的导火线或具有因果关系，因而割弃；亦可能在张居正生前，即已将此类极富敏感性的文稿销毁掉，以回避开张高关系紧张与壬申政变间的内在联系。在现在的张居正遗稿中，于隆庆末年涉及与高拱关系的文字，仅有隆庆六年（1572）春夏间给原礼部尚书潘晟一函。即使在这封罕有的流露本人情绪的信件中，措词亦极隐晦❷，盖因张氏一直强调，本人与高拱被驱斥一事截然无关，且曾尽力为之缓解及救援，这一点下文还要详述。

张居正给潘晟的信件中流露出，在高拱尚在当权之时，当二人矛盾激炽之际，自己静以俟命，对去就前途莫测的无奈。一向缜密能自制的居正，只有对视为极可信靠的潘晟才能够透露自己潜藏深层的心态，亦可窥见在隆庆末日，内阁内外，骇风恶浪，正在翻腾。

除张四维之外，当时刚被补充入阁为大学士，隆庆崩逝后，成为

---

❶ 《条麓堂集》，卷一七，《寄张相公六之四》。

❷ 在《张太岳集》卷二四，《答宗伯潘水帘》的信中，张居正曾透露出自己与高拱互不信任，互相猜忌的不安和不满。言："辱别谕，一一领悉。白首相知犹按剑也，况他人乎？然义命之学，窃尝闻之矣。自检平生，不敢有一事负国家，不敢有一念负于天下贤士大夫。至于去就，有命存焉，惟静以俟之而已。猥辱至爱，中心藏之。"按，潘水帘，即潘晟。

三位顾命大臣之一的高仪，亦极以高拱和张居正的关系异常为忧虑。他在入阁后不久，即发现阁内的气氛和情况，都远比他原来想象的复杂和险恶❶。

　　但是，久积必发，其发必烈。当政治上的暴风骤雨猛然袭来，任何善良愿望和忧思都必然显得如此脆弱和如此无措。任何防止和弥合裂痕的吁求，在权位和权威的拼夺中，终必将被摒弃殆尽。权位攘夺是如此无情地撕裂友谊和同道信守，如此波谲云诡，如此变幻莫测。史家不能不严肃地正视此一冷酷的事实。

第三节 《隆庆遗诏》与高拱被逐

　　隆庆六年（1572）五月二十六日，皇帝陛下终于"龙髯难攀"，去世于乾清宫内。

　　与隆庆咽气的同时，在朝廷最高层立即爆发一场巨大的政治风暴。这场风暴来得极其迅骤狂烈，它掀翻了宫中朝中原来的人事架构，部分篡改了隆庆临终的安排，颠倒了原有的名位顺序，重新拟定出功罪是非的标准。所有这些突兀爆发的事变，出乎一般人意料之外，但又是隆庆末期宫中朝中尖锐矛盾的必然延续。

　　与"国丧"低沉哀乐和鸣的，是为争夺主宰权力的高亢战歌。

　　由于隆庆皇帝盛年凋萎，而皇太子朱翊钧当时才虚龄十岁，难以主持国政，存在着皇权传继的危机。隆庆自六年正月下旬即患重病，自知不起，他本人对此也非常焦虑。闰二月十二日，他急召内阁首辅高拱和大学士张居正入觐，执握高拱之手而言："我祖宗二百年天下，

---

❶ 高拱《病榻遗言·矛盾原由》记述言："高（仪）入阁数日，私语予曰：'荆人谲狠，乃一至此哉！不入，安得见其情态。'"此一记载，或渗有高拱主观的情绪，但从壬申政变爆发前后高仪抗拒由李太后垂帘，以及不满冯保与张居正联手驱斥高拱，本人气愤猝死等情况看来，高仪在入阁后，栗于情况复杂而艰于应对，是确实存在的。

以至今日，国有长君，社稷之福，争奈东宫小哩！"❶据高拱的回忆，他"连语数次，一语一顿足"❷。可见，他在辞世以前，是视此为最大的忧虑。为此，不论隆庆本人，皇太子朱翊钧的生母李贵妃，朝中的宰辅大臣以及宫内掌权人物，对于出现不测，都是有充分精神准备的，而且对于后事安排，特别是对于权位谁属的问题，亦各有根源于本身利害的打算和谋划。

隆庆在去世前一日，即在五月二十五日，"上疾大渐"❸，急召内阁辅臣高拱、张居正和高仪三人，到乾清宫受顾命。这是关系国家最高权力交接和受顾命辅佐形式的大事，故此，隆庆的原配陈皇后、李贵妃以及皇太子朱翊钧本人，均侍立在病榻之旁。隆庆"凭几执拱手，顾皇后言：'以天下累先生。'""且复谕，属拱等后事事与冯保等商榷而行。俄而上晏驾。"❹这是对高拱等托孤的最后遗嘱。但，正是在这样生离死别、凄伤欲绝的场合中，却暗藏着对最高权力交接的重大攘夺。

关键之处，在于大太监冯保是否"同受顾命"。

据高拱回忆，当天托孤时，隆庆本人"已昏迷不省"❺，是由冯保以白纸揭帖，将预先拟好的《遗诏》稿分别交给朱翊钧和高拱的。

给皇太子的遗诏写道：

> 遗诏，与皇太子：朕不豫，皇帝你做，一应礼仪自有该部题请而行。你要依三辅臣，并司礼监辅导，进学修德，用贤使能，无事怠荒，保守帝业。❻

---

❶ 高拱：《病榻遗言·顾命纪事》。

❷《病榻遗言·顾命纪事》。

❸ 何乔远：《名山藏》，卷二九，《典谟纪·穆宗》。又，《明穆宗实录》，卷七〇，隆庆六年五月己酉。

❹《嘉靖以来首辅传》，卷六，《高拱传》。

❺《病榻遗言·顾命纪事》。又，《明穆宗实录》卷七〇，隆庆六年五月己酉条亦言："是时，上疾已亟，口虽不能言，而熟视诸臣，颔之，嘱托甚至。"故由冯保交出的《遗诏》稿，是否出于隆庆本人意旨，是大有可疑的。

❻《病榻遗言·顾命纪事》。

给顾命大臣的遗诏写道：

> 朕嗣祖宗大统，方今六年。偶得此疾，遽不能起，有负先皇付托。东官幼小，朕今付之卿等三臣，同司礼监同心辅佐，遵守祖制，保固皇图。卿等功在社稷，万世不泯。❶

这两份遗诏，在当时即引起外廷大臣和朝野舆论不少非议，因为自有明建国，历届皇帝传授，从未有委托司礼监"协心辅佐"的，普遍认为，此并非出于隆庆生前的本意。其后，由于很快就出现了以驱斥高拱为重心的壬申政变，更有不少人认为，将司礼监拉入"顾命""协心辅佐"的，实为李太后、张居正、冯保组成政治铁三角的依据和伏笔，是酿成壬申政变的前导。

明代和清代的官私史家，对于隆庆临终委派冯保"顾命""协心辅佐"一事，基本上是持否定态度的。万历时期官修的《明穆宗实录》，即断然将遗诏中"同司礼监同心辅佐"一句删掉❷。《明通鉴》引载《遗诏》，其剪裁与《实录》完全相同❸。《明史》则更进一步指出，是"中官矫遗诏命与冯保共事"❹。《明史纪事本末》同意矫诏之说，但更指明是冯保所为，"时太监冯保居中用事，矫传大行遗诏云：'阁臣与司礼监同受顾命。'廷臣闻之俱骇。"❺其他史籍的论说亦大同小异。总而言之，是视此为违背祖制传统，是在政治上一桩反常的措置。

特别要指出，在五月二十五日托孤宣诏那一天，由冯保交付白纸揭帖写成的《遗诏》稿时，当时的司礼监掌印太监仍是孟冲，冯保仅任秉笔。但次日卯刻，隆庆去世，仅在一个时辰以后，即在巳刻，便

❶《明穆宗实录》，卷七七，隆庆六年五月己酉。

❷《明穆宗实录》，卷七七，隆庆六年五月己酉。

❸《明通鉴》，卷六五，隆庆六年五月己酉。

❹《明史》，卷二一三，《高拱传》。

❺《明史纪事本末》，卷六一，《江陵柄政》。

传诏"斥司礼监孟冲,而以保代之"❶。这显然表明,前一天宣读的《遗诏》稿中的"同司礼监同心辅佐"之语,乃是预为冯保量身裁造的。礼科给事中陆树德对此愤然抗疏,言:

> 先帝甫崩,忽传冯保掌司礼监,果先帝意,何不传示数日前,乃在弥留后?果陛下意,则哀痛方深,万几未御,何暇念中官?❷

陆树德观察入微,其眼光锐利,进言亦有勇气,但他未完全意识到,这是一桩巨大政治谋划的一个环节,即万历皇帝生母李贵妃、张居正与冯保,为牢固掌握统治权力,排斥以高拱为总代表的异己势力而采取的重要措施。但,此必大大激化矛盾,"由是拱谋逐保益急"❸。《明通鉴》附录《考异》的作者认为,前一日,先以《遗诏》形式笼统宣布"同司礼监同心辅佐",但不提冯保的名字,旨在暂时麻痹高拱等人,勉强取得认可,到翌日皇帝"驾崩"之后,迅即任命冯保以代孟冲,当此国丧噩耗刚颁之际,广大臣僚亦难以群起抗争,易于取得事实上的承认,其中实有周密谋划部署存焉。指出:

> 遗诏系居正所草,时但浑言司礼监而不著其人,拱不悟其意,而以为孟冲,故不复深诘。及次日传遗诏,斥孟冲而以保代,拱始悟居正之奸,因有"宦官安得受顾命"之语。史家言居正之密为处分者以此,盖已预为冯保地矣。❹

笔者以为,谓此事为"矫遗诏",是无可争论的事实。试观隆庆自元月下旬发病,直至五月下旬去世,其中经过四个多月(因二月有闰)。其考虑安排后事,亦始于闰二月上中旬,距其去世,亦有三个月之久。

---

❶《明通鉴》,卷六五,隆庆六年五月庚戌。
❷《明史》,卷二二七,《陆树德传》。
❸《明通鉴》,卷六五,隆庆六年五月庚戌。
❹《明通鉴》,卷六五,隆庆六年五月庚戌附《考异》。

按《实录》逐日记载，从未有委托宦官同顾命，"同心辅佐"的意图。而且，他在闰二月十二日紧急召见高拱、张居正两辅臣时，还有过"甚事不是内官坏了"❶的叹息。据此看来，在五月二十五日颁布《遗诏》中责成司礼监"同心辅佐"之语，是否出于其本意，是大可怀疑的，指为"矫诏"，是有根据的。

但，《明史》等认为，矫遗诏是出自中官一说，却亦有武断失实之处。宦官冯保在此夺权斗争中，虽然已扮演着一个重要角色，他内受李贵妃宠信，外受张居正支持，在隆庆去世前夕"密为处分"等，俱是事实，但谓他当时已具备"矫诏"的能力和胆量，似亦不可能。矫诏是由即将转为太后的李贵妃、陈皇后、张居正与冯保共同议定，然后拍板定案，有步骤分阶段宣布的。没有李、陈两太后的认可，遗诏是矫不起来的❷。

矫遗诏，重用冯保，是当时局势发展的一个重要方面，它的出现绝非偶然。

当时形势的特点是，国遭大丧，嗣君稚小，内阁的讧争已濒临爆破点，而且与宫内的矛盾息息相连。再加以隆庆辞世，主要阁臣眷宠移位，而即将晋位为太后的李贵妃又颇有主见，敢于决断。隆庆逝世，朱翊钧幼年继位，纪年万历。当时在皇室内部，必然产生出一种特殊的困惑和惶惧心理，即主少国疑，总担心不能有效控制局势，总害怕小皇帝的权威遭受轻蔑和损害。而在这方面，李贵妃忧危之虑更为深切。

李贵妃，出身于北直隶漷县一个平民家庭，在裕王府以"都人"入侍，生育了翊钧。她曾伴随继位前的朱载垕经历过一段忧郁蛰伏的逆境，特别是，不得不忍受本人生子而得不到皇祖认可，甚至髫龄未名、身份不定的屈辱。作为母亲，其隐痛是深沉而又无从伸诉的。她

---

❶ 转引自高拱《病榻遗言·顾命纪事》。

❷ 《明通鉴》卷六五，隆庆六年五月庚戌条有言："帝崩以卯刻，忽巳刻，斥司礼监孟冲，而以保代之。盖保言于两宫，遂矫遗诏命之也。"由此可见，中官是没有独立矫诏力量的。

在王府和宫闱生活中，还目睹耳闻嘉隆两朝君道不彰、君德不明、纪纲不振、朝政颓萎的种种实事。隆庆嗣位后不知自爱，日堕下流，终至英年殒逝，也给她带来很大的刺激❶。隆庆去世，以孤儿寡妇接掌最高权力，心理上承受的压力更大，疑忌更多，总怕大权旁落，更怕权臣欺蒙幼主，偷移权力作威福，甚至窥测神器。心理上的敏感往往易于发展为过分的戒备，使人处于某种神经性的紧张之中。正因为她母子生活在深宫之内，"惟恐外廷之擅"❷，为免受蒙蔽，亦为便于监视和制约以内阁为中心的外朝臣僚，其中又以受顾命的重臣为重点，她亟需在这中间楔入一个便于迅速反馈信息，并能忠实传达和秉承自己意图以行事的人，而长期侍奉李贵妃母子，一向被视为"肺腑内臣"❸的冯保，便很自然成为首选的人物。"盖两宫抱虚名于内，势必任大珰"❹。再加以冯保等有意制造高拱已权重震主的威胁，遂宁可违背祖制，利用隆庆垂危的关键时刻，破格矫诏任用冯保"同受顾命"。冯保在一日之间，被任命为司礼监掌印，兼掌东厂，又"同受顾命"，这是有明一代的宦官从未有过的。冯保位高权重，对其后的政局自然发生重大的影响。

其实，这一斗争在隆庆去世前夕已表面化。"始大行疾笃，促召阁臣至恭默室北。张居正吏姚旷趋奔于前，持密函。高拱问谁何？曰：'与冯司礼。'拱问：'何所言？'居正色动，遽曰：'遗诏事。'拱默然。既而曰：'我当国，事当首裁，何所私而内之也。'"❺高张的正面交锋恍如药线点燃，唯缺轰然一爆而已。及至宣布冯保"同受顾命"之诏，局势遂难以控制。

当时，对于这样的任命，"廷臣闻之甚骇，谓阉人不预顾命，且诏

❶ 参阅拙集《明清史新析》内载《论隆庆》（第58—86页）《论万历早年》（第194页）两文。
❷《国榷》，卷六八，隆庆六年六月，《史臣曰》。
❸《罪惟录》，《列传》卷之一一下，《张居正传》。
❹《国榷》，卷六八，隆庆六年六月，《谈迁曰》。
❺《国榷》，卷六八，隆庆六年五月辛亥。

授上，保安得自攘也"❶。作为首席顾命大臣的高拱对此更为反感，自补任冯保为司礼监之诏出，他便领悟到其中潜藏着冯张联手在政治上夺权的谋划。一时间，以是否承认冯保"同受顾命"，以及如何应对冯保"同受顾命"为内容的公开斗争，便拉开了决一死战的帷幕。

首先，高拱旗帜鲜明地否认冯保"同受顾命"的合法性和正当性，将其批揭的矛头径直指向张、冯。曰：

> 嗟乎！自古有国以来，曾未有宦官受顾命之事。居正欲凭借冯保内外盘踞，窥伺朝廷，盗窃国柄，故以顾命与司礼监，而次日即传冯保掌司礼监印，大权悉以归之，而托其为主于内，以蔽主上，威百僚，使人莫敢我何。其欺先皇之既崩，欺今上之在幼，乱祖宗二百年之法度，为国家自古以来未有之大事。嘻！亦忍心哉！亦大胆哉！❷

紧接着，在万历登极的当天，高拱即抓紧上了一份名为《特陈紧切事宜以仰裨新政疏》❸。这篇疏文的中心内容是吁求皇帝及时视朝，亲览章奏，自主裁决政务，对一切重要政事俱直接批交内阁，而非转由司礼监处理，"伏乞皇上一应章奏俱发内阁看详，拟票上进。若不当上意，仍发内阁再详拟上；若有未经发拟，径自内批者，容臣等执奏明白方可施行，庶事得停当，而亦可免假借之弊。""今后伏望皇上命司礼监除民本外，其余一应章奏俱发内阁看详，庶事体归一，而奸弊亦

---

❶《病榻遗言·顾命纪事》。

❷《病榻遗言·顾命纪事》。

❸《病榻遗言·矛盾原由》。按，高拱这份疏文，除收入《病榻遗言》及《高文襄公集》卷三外，《明经世文编》卷三〇二、《春明梦余录》卷二三等均有引载，少数文字语气有出入，可能是他在下野待罪之时，将一些过分情绪化的文字稍作删节之故。

又，这份疏文是以内阁公本的形式上奏的。作为内阁阁臣之一的高仪虽基本同意，但顾虑操之过急，曾劝高拱稍缓；另一阁臣张居正则本为矫诏事的主要策谋者之一，当然不会同意对"紧切事宜"的各种看法和建议。故此，此疏仅能视为完全出于高拱的主意。

无所逃矣。"❶ 在这份疏文中，高拱还要求小皇帝定期召见阁臣，"讲究天下之事"，俾"事得精详，情无壅蔽，不惟睿聪日启，亦且权不下移"。他还明白表示，反对擅将章奏"留中"，要求"有传奉中旨，所司按法复奏，由老臣折衷之，以复百官总己之义，以远内臣之嫌，释外臣之惑"❷ 等等。在这份疏文中，高拱既着重言"免假借之弊"，又言务烛"奸弊"，去"间隔"，是明确无误地要求严格限制司礼监的权限，显然是在矫诏下达之后，有针对性的愤然抗争。如果按高拱的意见去做，冯保得来的"同受顾命"，就只能变成空洞无实际的虚词，这是与李贵妃、冯保和张居正精心策划的本意完全对撞的。特别是，他口口声声以"老臣"自居，对已"留中"的章奏仍要求再交出，对已有"中旨"的仍要求再准复奏复议，并由他以首辅身份重新"折衷"。所有这些内容，显然已触及权柄归谁掌握的根本性问题，所指的已被认为不仅限于司礼监，而且隐然涉及屹立在司礼监背后的宫廷权力。至于要求免除"留中"，复议"中旨"等，实质上却是为确保阁权而企图限制皇权。凡此，更是与李贵妃对当前权力架构的设计和已采取的部署相悖的。高拱本人可能自以为是出于对大明皇朝根本统治利益的忠忧，当然也由于他对业已存在的复杂政治形势缺乏足够的清醒估计，他的坦率陈言，却严重触犯了宫廷内的"惟恐外廷之擅""专权之疑"。翌日，高拱的奏疏即被发回，内仅批："朕知道了，遵祖制"七个字。很显然，此即对高的具体建议不予考虑，断然驳回。但在隆庆朝习惯于握权自重而又好胜倔强的高拱，并不因奏疏已被驳回而甘缄默，次日又将原疏再次奏上，要求重新复议。高拱并以强硬的口气再次申言："皇上登极之日，正中外人心观望之际，臣等第一条奏即未发票，即未蒙明白允行，恐失人心之望。用是臣等不敢将本送科，仍用封上，并补本再进。伏望皇上鉴察，发下臣等拟票。臣等如有差错，自有公论，

---

❶《病榻遗言·矛盾原由》。又载《高文襄公集》卷三、《明经世文编》卷三〇二、《春明梦余录》卷二三，文字略有出入。

❷《病榻遗言·矛盾原由》。又载《高文襄公集》卷三、《明经世文编》卷三〇二、《春明梦余录》卷二三，文字略有出入。

自有祖宗法度，其孰能容？"❶

与此同时，高拱又发动了一批言官，诸如六科都给事中程文、雒遵、陆树德等人，十三道御史刘良弼等人，分别密集上疏，指名道姓地纠弹冯保，斥之为"大奸""巨憨""无君不道"，直陈"司礼岂辅导之任，内官岂顾命之臣"？要求将冯保"付之法司，究其僭横情罪，处置法典"等等。甚至提出，"如有巧进邪说，曲为保救者，亦望圣明察之"❷，这是明显地指向与冯保结盟的张居正。高拱以及一些朝臣们，是企图使用舆论朝议的声势以向李贵妃母子施加压力，企图迫使他们抛出冯保，拆散张冯的联盟，取消遗诏中有关同受顾命部分。这就将问题推向更尖锐、更激化的方向，颇有摊牌分胜负的气氛。本来，根据祖制传统和吸取前此政治得失教训，反对"矫旨"，反对宦官干政，俱不失为持正之论，但不讲究策略步骤，果而自用，贸然采取上述情绪化的鲁莽行动，却只能促使万历母子更深信冯保等辈精心构制的谗言，坚定认为自己的疑忌有理，认定在外朝中确实存在一个以高拱为首的，胆敢侵犯朝廷权威的官僚群体，非予严厉制裁不可。《明经世文编》卷三〇二选载了高拱所拟的疏文，承认高氏的言论具有合理的内容和重大影响，反映了相当一部分臣工的共识。但在疏后又加上了一条按语，谓"此疏为新郑去国之本"。盖亦指明，万历母子与高拱关系破裂的症结仍在于一个"权"字。高拱被逐已成定局了。

第四节　以构陷高拱为中心的壬申政变

一、壬申政变的发生及其引爆的政治危机

高拱自以为自己持论正确，又以朝臣多支持为恃，高估了本人在

---

❶《病榻遗言·矛盾原由》。

❷《病榻遗言·矛盾原由》。程、雒、陆、刘诸疏，均附载在《病榻遗言·矛盾原由》之后。

386

隆庆朝原据有的崇高地位和影响，低估了李贵妃以一女流而具有的坚毅果断、敢于担当的性格❶。他更没有充分估计到，张居正和冯保之间，将之挤迫下野，在宫中府中全面夺权的密谋秘议，早已酝酿成熟，"矫诏"任用冯保无非是公开的第一步。特别是，高拱虽浮沉宦海三十年，但"粗直无修饰"❷，非常缺乏缜密，往往陷于思虑片面和轻信。即如在与张冯联盟的关键性斗争中，他甚至还天真地幻想可以在"君国大义"的前提下，将张居正从中分化出来，转为倒冯的臂助，"彼方割刃，此犹坦腹"❸，轻率地将要害性的策略部署事先透露于居正。居正即密报冯保，嘱妥为准备，并"因计授保"❹，从而更加速了倒高的进程，加大了攻高的力度，终使高拱猝不及防，陷于彻底覆没的境地，壬申政变于是爆发。

所谓"壬申政变"，是指隆庆六年（岁次壬申，1572），当隆庆皇帝刚去世，其子朱翊钧继位后第六天，便下诏驱斥原首辅高拱，改由张居正主持内阁政务，从而引发政局大变的事件。此一事件是高张互讧的结局，又是"江陵柄政"的开端，具有重要的历史意义。

冯保老谋深算，又非常熟知宫廷内以李贵妃为主的忧危顾虑心理，对于太阿外移、皇权受侵有高度的戒备。当高拱上的《特陈紧切事宜以仰裨新政疏》被以内批形式退回时，"拱得旨，曰：'安有十岁天子而能自裁乎？'内臣还报，保失色，故谬其词激上曰：'高先生云十岁孩儿安能决事？'上怒，入告两宫，皆讶之。……十岁儿之说，酿毒不可解。"❺

针对皇室的特殊过敏心理，着意挑动万历母子将高拱置于政敌的地位，倍加憎恨，又激发其狭隘的报复心理，显然是为了营造出发动政变的必要气氛。而高拱虽身堕陷阱之中，但仍懵懵然以为势犹可为。

---

❶《明史》卷一一四，《孝定李太后传》说她"后性严明"，颇传神地说明其人的特点。

❷《昭代纪略》，卷五。

❸《大学士高文襄公墓志铭》，载《国朝献征录》，卷一七。

❹《国榷》，卷六八，隆庆六年六月己巳。

❺《国榷》，卷六八，隆庆六年六月丁卯。

他设想可以发动朝臣群起声讨冯保；而另一顾命大臣高仪忠诚笃实，久已反对母妃擅权和重用宦官 ❶；至于张居正，纵然不出力协助，亦必会保持中立。故自认为以当朝国老之尊，外加众多朝臣之力，挟祖宗遗训和政治伦理为据，击倒一区区内竖，当无疑义。讵料事态的发展，完全出乎他的意外。朱怀吴在《昭代纪略》卷五中，对此一过程记述较为详细：

> 高拱素不快于中人冯保。穆庙崩，保居中用事，拱欲去之，使其门人给事、御史为疏以劾保。时张居正当遣视山陵，不出。拱使所厚语居正曰："当与公共此不世功"，因语云云。居正阳笑曰："小事耳，何足言不世功。"而密遣人报保，保得为备。乃言于皇后、贵妃曰："拱欺太子幼冲，欲迎立其乡周王以为功，而已得国公爵矣。"又多布金于两宫左右，俾言之。皇后与贵妃皆错愕。保乃抑给事、御史疏不遽达，而拟旨逐拱，责其专擅，令即日归田里。以次日，诏群臣入听宣诏，拱犹谓此必逐冯保也，使使约居正入朝。居正前知之，而称腹疾，故徐徐进。至奉天门，中官出三宫诏，皆启而授鸿胪使宣，则逐拱。拱面如死灰，汗陡下如雨，伏不能起，居正傍掖之起，使两吏扶出。

在隆庆去世后第六天，便发生了这一带有戏剧性的转折事件，其实是朝廷上层多种恩怨矛盾，各种权、势、术交错作用的结果。此非高拱一人去就的问题，而是意味隆庆垂危嘱托的部分被推翻，意味着朝廷权力的大变，不少朝臣将相继被贬退；意味着"江陵柄政"的开始，张居正、李太后、冯保政治铁三角的形成。但也意味着，在政治

---

❶ 据莫睿《高文端公奏议》后序，高仪曾极力反对母妃主政，言："穆庙晏驾，冯珰为垂帘之议，江陵附和其间，文端公慨慷厉声曰：'……我朝向来无是事，祖训昭然，谁敢为此？'江陵默然，此议遂寝。"此事似出在高拱已被驱逐，而在议论新体制之时，张冯或有抬出太后临朝以弹压异议，以顺利接管权力之意，但因难取得共识而罢。于是乃采取构成李、张、冯政治联盟，而以张居正主政的形式。高仪抗拒垂帘一事未见于其他史料，似难孤证定案，仅供参考。

和思想上一道深刻的裂痕将长期存在，即张居正的人品素质，成为四百年来屡受訾议的主要问题之一。

驱逐高拱的诏书，是以隆庆的陈皇后、万历的生母李贵妃及万历本人联名发出的。其用语之严峻，已不留任何余地。文曰：

> 皇后懿旨，皇贵妃令旨，皇帝圣旨：说与内阁、五府、六部等衙门官员：大行皇帝宾天先一日，召内阁三臣在御榻前，同我母子三人亲受遗嘱，说东宫年少，要他们辅佐。今有大学士高拱专权擅政，把朝廷威福都强夺自专，通不许皇帝主管，不知他要何为？我母子三人惊惧不宁。高拱便着回籍闲住，不许停留。你每大臣受国厚恩，当思竭忠报主，如何只阿附权臣，蔑视幼主？姑且不究。今后都要洗心涤虑，用心办事，如有这等的，处以典刑。❶

正因为万历母子对高拱采取了彻底决绝的态度，一日之间，风云突变，本来长期最得隆庆亲信，受执手托孤，贵为元辅，首位顾命大臣的高拱，便只得交出一切权柄，卸去一切华衮威仪，青巾布袍，狼狈离京。"今上（万历）御极六日，顾命元臣以片言遣罢，如叱一奴。"❷ "于是缇骑兵卒踉跄迫逐，拱傲骡遄行，囊箧夺攘无遗。大臣去国，盖未闻狼籍至此者。"❸ 史家支华平曾痛论说："高拱当鼎革之日，居保济之任，开诚布公，周防曲虑，不阿私党，即古之社稷臣，何以加焉。不幸比

<hr>

❶ 这一份由三宫联衔发出的驱高诏旨，在《病榻遗言·矛盾原由》；《明神宗实录》卷二，隆庆六年六月庚午；《国榷》卷六八；《弇山堂别集》卷一五等著作中俱有收载，个别文字有不同，此处从《病榻遗言》。

❷《谷山笔麈》，卷六，《阁伶》。

❸《明史窃》，卷四九，《高拱》。高拱之被绝情革斥，朝野中均有一些人表示同情，少数人甚至甘冒不测，在都门泣送。诗人稽元甫在他的《白鹤园集》中收有《立秋日卢沟桥送新郑少师相公》一诗，曰："单车去国路悠悠，绿树鸣蝉又早秋。燕市伤心供帐薄，凤城回首暮云留。徒闻后骑喧乘传，不见群众疏请留。三载布衣门下客，送君垂泪过卢沟。"可参考。

之匪人，反面横噬，狼狈出走，资斧尽丧，亦足悲矣。"❶ 当驱斥高拱的诏旨下达后，张居正确实立即上了一道为高拱缓额请宥，请求挽留在位的奏疏，自称惊闻驱斥，"臣不胜战惧，不胜惶忧"，并一再为高拱评功摆好，"看得高拱历事三朝三十余年，小心谨慎，未尝有过。虽其议论侃直，外貌威严，而中实过于谨畏，临事兢慎如恐弗胜。……每惟先帝付托之重，国家忧患之殷，日夜兢兢，惟以不克负荷为惧，岂敢有一毫专权之心哉！"甚至表示，愿与高拱同罪，情愿"与拱一体罢斥"。云云者者。这篇奏疏虽然字斟句酌，务求得体，力图表达出情怀挚切，坦荡无私，但总表现出言非由衷，近于造作，明眼人早就看到，居正"耻居拱下，阴与保结为生死交，方思所以倾拱"❷。其所以大肆张扬吁请求宥，公开表示要挽留高拱，其实不外是为了避嫌和掩盖久已存在与高的矛盾，为了淡化朝野对己不利的猜测和谴责，为了给自己即将代替高拱充任首辅铺垫道路而已。之后，居正又力请给予高拱驰驿回籍，并获准。对于已被击倒在地的对手，给予一些表面的抚慰和宽容，并在正式场合大加渲染，公开为其说话，甚至不惜声称"甘与同罪"，这种自我炒作的高姿态，无非是传统政治手法的运用而已❸。

居正"履虎尾而不使咥人""深沉有城府，莫能测也"❹。其能有效控驭复杂局势，洞识并善于利用各方面矛盾，"专权之疑，深中帝

---

❶《国榷》，卷六八，隆庆六年五月庚午，引支大纶语。

❷ 文秉：《定陵注略》，卷一，《逼逐高拱》。

❸ 张居正在隆庆六年七月，即驱斥高拱刚告一段落时，曾在给宣大总督王崇古的一封信件中，透露出他对高拱的严重不满，但又极力洗脱自己曾与冯保合谋排挤倾陷高拱之事。不过在字里行间，仍透露出若干真实情绪，与其在公开场合的论调迥不相同。言："主少国疑，艰难之会，正宜内积悃诚，调和宫壶，外事延接，收揽物情，乃可以扶危定倾。而玄老一切皆易其道，又昵比谗佞，弃绝石交，语之忠告，不惟不纳，反致疑怒，竟至于此，岂非天哉！当其时，人情汹汹，祸且不测，仆犹冒死为之营诉，为之请驿，谨得解脱，然国体士气，所损多矣。嗟乎，自古谗人乱国，可胜痛哉！"此函载于《张太岳集》，卷二四，是居正坦言对高拱不满的唯一史料，可用以旁证他们之间关系的逐渐恶化。玄老，即高拱，别号中元，或中玄。

❹《明史》，卷二一三，《张居正传》。

心"❶，纵横捭阖以制胜，但又力求形迹不露，确实是深谙政治上倾轧游戏的精髓。但是，时人和后世的史家，仍多有对其逐拱夺权一事不予谅解，并给予批评的。另一顾命大臣高仪，性格内向，不趋势利，"及拱为张居正所逐，仪已病，太息而已。未几卒"❷。有言是气愤而死的。吏部左侍郎魏学曾更是公开质问居正，为高拱鸣不平，其事迹在当时极为突出：

> 穆宗崩，大学士高拱欲去冯保，属言官论劾。（魏）学曾投书大学士张居正曰："外人皆言公与保有谋，遗诏亦出公手。今日之事，不宜复护此阉。"居正怒。及拱被逐，举朝失色。学曾独大言曰："上践祚伊始，辄逐顾命大臣，且诏出何人，不可不明示百官。"要诸大臣诣居正邸争之。诸大臣多不往，居正亦辞以疾。自是益忤，出为南京右都御史，未上。给事中宗弘暹希居正指，劾之。诏以故官候调，学曾遂归。❸

魏学曾当高拱的覆败已成定局，"仆婢多逃，资斧尽丧"❹，在廊庙之内众叛亲离，落井下石成风之际，独敢严正表态，甚至不惜丢官职掼纱帽以伸直言。对于已成为唯一留存的顾命大臣，受殊宠而稳握国柄的张居正，竟敢于提出公开质问，的确是不可多得的。魏学曾言人之不敢言，可说是一士谔谔，亦为后世研究这一段突兀而错综复杂的事件，留下了具有相当重要价值的历史资料，有助于从多角度研求此一异常事件的背景和真相。

高拱自被羞辱和罢归田里，由于郁郁不得志，在万历六年（1578）病逝。当时张居正任首辅，为他请恤典，讵料万历皇帝仍牢记六年前

---

❶《国榷》，卷六八，隆庆六年六月庚午，《史臣曰》。

❷《明史》，卷一九三，《高仪传》。

❸《明史》，卷二二八，《魏学曾传》。《国史唯疑》亦简略载有魏学曾为高拱问题公开质问张居正一事，谓其"义形于色，慷慨有大臣风"。

❹《定陵注略》，卷一，《逼逐新郑》。

冯保诬陷高拱所谓"十岁孩儿"之说，初不允予恤，其后才勉强给以原官"半葬"之礼。可见直到高拱辞世，朝廷对他仍是积怨甚深和故意表示冷遇。

与魏学曾的当众质询，明确表态反对驱逐高拱的做法不同，时任吏部右侍郎的张四维，在政变危机紧急但尚未爆发之际，曾多次致函高拱和张居正，企图为调解两人关系做最后的努力（事实已见上文）。当他惊闻万历母子诏逐高拱之时，正从外地公毕回京，途次北直隶的获鹿，便立即取道前往高拱回河南新郑必经的邯郸，与正在仓皇颓丧的高拱晤面，并致以慰问，叮嘱谨慎珍摄。此举在当时是要稍冒风险的。据其后亦任内阁大学士的许国记述：

> 公初在词林，与新郑、江陵二公为莫逆交。二公继在政府有隙。新郑去国，而公适赴召命，从获鹿取道，会新郑于栾城（今石家庄市栾城区）。江陵公知之，迎谓公曰："上方震怒，安得私见罪人。"公曰："畴昔事高公，犹今事公也。一亲一疏，谓交道何？"江陵嘿然。❶

张四维未因势利而转移交谊，此点向为时人所称道。他从邯郸回京后，犹能不避嫌疑，连续写了好几封信给高拱，敦劝他务必严谨言行，韬晦待时，盖亦因在京接近枢要，得知陷阱尚深，危险犹未过去也。函言：

> 栾城拜别，北行匆匆如失，迄今且匝月矣。都中人情事体，俨如革代。不忍见，不忍言……
> 岳翁与翁金石夙契，一旦决裂，中心殊有惭沮，无耐群小不

---

❶ 许国：《大学士凤磐张公墓志铭》，载《许文穆公全集·志》，卷一四。又，王锡爵撰《大学士张公四维墓表》，亦言及四维折道往会高拱之事（载《国朝献征录》，卷一七），事实相同，而文字有小异。许国与王锡爵均为当时人，且亦先后入阁任大学士，均认为四维此行出于一般人情冷暖之外，"敦厚雅素，洵为难得"。

得志于翁者百端捏造，殊足愤悒。……前奉台谕，薄游名山川，极为高致，今则未可。且闭门谢客，绝口勿言时事，以需时月，何如？❶

在另一函中，张四维更进一步透露出，敌对方面对于高拱绝未放松，仅在待隙而发。他又再次提醒高拱必须清醒冷静，善处逆境，切勿鲁莽轻言，授人以柄，以期平安度过仍迫在眼前的严重危机。言：

蒙谕，杜门谢客，行法俟命，极为遵养时晦善道。区区私念，则以朋奸窥伺方密，而人情面背难保，虽乡邻相语，亦幸勿及时事，庶无隙可乘耳。❷

从张四维的信中，实可嗅觉到烽火余焰尚未熄灭，且有随时借风复燃之势。自驱斥高拱诏下，高氏狼狈归里，但有关政治形势仍然十分险恶。盖敌对方面亦知高拱此人有仇必报，其狭隘的报复观念特别强烈。亦知朝野间对驱高事有异议者不少，"未有新郑之知江陵，与江陵逐之之狠者"❸ "大权骤握必危，高位久居必跌"❹。高拱本人有能量有威望，且曾有过仆而又起、起而大搞反攻倒算之前事。更引起冯保等深惧，万一高拱又再起，有责任者将难免灭族之灾，故深萌赶尽杀绝、以除后患之念。磨刀霍霍，仅在等待合适的时机和题目，作为引发进一步打击的原由而已。故此，不久之后便制造出所谓王大臣案件，又掀起了一阵腥风恶浪。斗争尚未有穷期，殆亦张四维不幸而料及。

---

❶《条麓堂集》，卷一七，《寄高相公九之六》。
❷《条麓堂集》，卷一七，《寄高相公九之七》。
❸《皇明大事记》，卷三八，《阁臣》。
❹《皇明大事记》，卷三八，《阁臣》。

二、所谓"王大臣案"与壬申政变的终了

所谓王大臣阴谋闯宫弑君大案，是由冯保主谋，在张居正知情，并在一定程度参与下炮制而成的假案。事情的原委是，万历元年（1573）正月十九日，"是日早，乘舆出乾清宫门，有男子伪着内使巾服，由西阶下，直趋而前，为守者所执，索其衣中，得刀剑各一具，缚两腋下。诘之，但道其姓名为王大臣，系〔南〕直隶常州府武进县人，余无所言"。❶应该说，这本来是一般性的常见案件，因为当时确有一些闲杂人等利用守卫官兵搜检不严，冒穿内使服装混入宫内，朝入暮出，甚至竟有人匿宿在宫内偏僻处。这些人中，有些是出于好奇，希望偷瞻宫阙；有些是与宫内某内侍有亲友关系，借此以探视；甚至有些是希图在宫内盗窃或捡拾一些财物。不论在此之前或在此之后，此类事件都常有发生，《实录》亦多有记载。对其处理，无非是由厂卫以及五城兵马司讯明，杖责充军了事。但这次却正当新君嗣位不久，又特别是冯张与高结怨，余怒与余悸交织，于是阴谋利用此一事件进一步兴起大狱，意图一举将高拱置于死地，以除后患。

王大臣，原名章龙，曾向总兵戚继光麾下投军，未遂，长期流落在北京，也曾在某宦官家充役，乘便偷窃内使巾服混入宫内，恰逢万历驾出，战栗犯跸，因而被捕。他初供来自戚继光处，张居正认为戚氏当时正握重兵，地在危疑，不宜株连而贻误军国大局，禁其妄指。冯保兼领东厂，奉旨负责审讯此案。他首先采取刑吓与诱供的方式，唆使王大臣诬咬前司礼监陈洪为主使者，继又逼诱他供认是由高拱派来入宫行刺皇帝的。冯保派遣自己的家奴名辛儒者，故意给予王大臣蟒绮冠服，并附送两剑一刀，在刀剑柄首上嵌镶有猫睛异宝的饰物作为赃证，以说明王大臣的案情非同一般，送系东厂狱中。又令辛儒教

---

❶《万历起居注》，万历元年正月十九日。又，王世贞在《嘉靖以来首辅传》卷六，《大学士高拱传》中，认为所谓从王大臣身上搜检出来的刀剑，是冯保"置刃其袖"，有意栽赃以诬其有意行刺。此说较有可能，因其后证明，王大臣者，不过一流浪汉，窃内使巾帽以混入宫内，谓其预藏刀剑，实在不近情理。

唆大臣编造伪供，"屏语大臣曰：'第言高阁老怨望，使汝来刺，愿先首免罪，即官汝锦衣，赏千金。不然，重榜掠死矣。'因使儒界大臣金，美饮食之，即令诬拱家奴同谋。"❶经过这样一番布置，便撒下了陷高氏于族诛的网罗。

与此相配合，张居正在三天之后，即在正月二十二日，亦上了一道题奏。在这份奏本上，他也将所谓王大臣闯宫图谋弑君事件渲染得非常严重，首先表示对此"不胜惊惧，不胜震骇"，并且认为是与"星象示异"有关，继又着重强调：

> 臣等窃详，宫廷之内，侍卫严谨。若非平昔曾行之人，则道路生疏，岂能一径便到。观其挟刃直上，则其造蓄逆谋，殆非一日。中间又必有主使勾引之人；据其所供，姓名、籍贯恐亦非真。伏乞敕下缉事问刑衙门仔细究问，多方缉访，务得下落，永绝祸本。❷

张居正此奏，断然肯定王大臣闯宫绝非孤立的个人犯罪事件，而认定是重大弑君阴谋的一部分，更特别提出务必多方缉访"主使勾引之人"，以"永绝祸本"。这显然是为了将事件扩大化，亦为支持冯保在东厂正在锻造中的诬陷高拱的冤案，与之相呼应和配合。张居正这份奏疏显示出一种笼罩恐怖气氛的政治动向，意味着要借王大臣事件广事株连，制造大案，而主要的打击锋芒又明显是指向高拱。这份奏疏流传于外，造成人心汹惶，朝局又陷于动荡之中。

与此同时，冯保已根据对王大臣逼诱而得来的伪供，以东厂"厂帖"形式逮捕陈洪，并派遣厂校数人飞速前去河南省新郑县，对高拱全家严密监视，并逮捕其家中仆役，气氛紧张。"先使四缇骑诣新郑，颐指县官备拱之逸，县官即发卒围拱第。家人悉窃其金宝鸟兽窜。拱欲自经不得，乃出见缇骑，问：'将何为？'缇骑曰：'非有逮也，恐惊

---

❶《国榷》，卷六八，万历元年正月庚子。

❷《万历起居注》，万历元年正月二十二日。

公，而使慰之耳.' 拱乃稍稍自安。"❶

但必须看到，冯张联手企图制造血腥大案，以锄灭政敌的图谋，由于情节过分离奇荒诞，且手段过分毒辣，在朝野舆论中反映不佳，异议很大。科道官等更为不平，纷纷上疏要求彻查此事，务必究明真相。特别是刑科诸给事中，以责在执法，更不愿分担枉法杀戮顾命大臣的责任，互相议论说："此事关我刑科，若无一言，遂使国家有此一事，吾辈何以见人！"❷ 于是写好奏疏，要求将王大臣案移交法司审理，不宜由东厂擅权专办。他们曾同赴朝房向张居正申理由。张居正竭力阻止他们上奏，告诉他们此事已定案，无法更改。科道官又连续求谒见，有时由朝至暮，但均未获见。御史钟继英难再忍耐，便独衔上疏暗指此案内有蹊跷。张居正虽仍采取压抑的办法，票拟谕旨，"令回话"，但亦因异议蜂起而忐忑不安。

不仅议论纷纭，多有不利于冯张的猜测和反感情绪，而且，冯张在炮制此一冤假案件过程中，亦不慎留有重大破绽，因此被迫中途将案件结束。此事突发而骤灭，终归于平息，其实是经过许多迂回曲折，存在着一系列权谋术数和人心法理的较量。

谈迁对于此案的过程关节，有关人物的态度以及利害关系，抓住重点给予叙述：

> ……居正前疏传中外，中外藉藉，谓且逮拱。居正乃密谋吏部尚书杨博。博曰："事大，迫之恐起大狱。高公虽粗暴，天日在上，万不为也。"居正色不怿。会大理少卿李幼滋，以居正乡人，私语居正："果行之，污及万世矣。"张答曰："吾忧之甚，何谓我为。"居正禁科道不得有言，而御史钟继英疏暗指之。居正怒，拟旨诘问。左都御史葛守礼拉杨博过居正，居正曰："东厂狱具矣。同谋人至，即疏处之。"守礼曰："守礼敢附乱臣党耶？愿以百口保高公。"居正默不应，杨博力为解，居正仍如故。守礼因历数先时

---

❶《嘉靖以来首辅传》，卷六，《高拱传》。

❷《病榻遗言·毒害深谋》。

如贵溪、分宜、华亭、新郑递相倾轧，相名坐损，可鉴也。居正愤曰："二公意我甘心高公耶？"奋入内，取一东厂揭帖示博曰："是何与我？"而揭中居正手定四字"历历有据"，而居正忘之。守礼识居正笔，笑而袖之。居正觉曰："彼法理不谙，我为易数字耳。"守礼曰："此事密，不即上闻，先政府耶？吾两人非谓公甘心新郑，以回天非公不能。"居正悟，揖谢曰："苟可效，敢不任。"❶

这里点出，张居正之所以急忙转轶，乃是由于百密一疏，一时不察，将保存在自己手中的东厂揭帖出示给杨、葛，而揭帖中还有本人手笔"历历有据"等文字。这在当时，是犯了故违成宪、欺君犯上的大罪。原来东厂和锦衣卫等特种缉捕部门，一直是严格规定由皇帝直接控驭的。奉敕主管厂卫工作的特务头子们，只对皇帝负责，只准将所办的案件直接奏报，在办案过程中绝不准将案情透露给任何人。任何勋贵重臣，包括内阁首辅在内，非经特许，亦概不准过问任何案件的内情，不得调阅任何有关文件。当时兼摄东厂的是冯保，他因为与张居正的特殊密切关系，而且在王大臣案中又紧相配合，是以将绝密的揭帖私下交给居正参详，居正竟又在稿子上亲笔批写了文字，其私交私阅私批，显已铁铸难移。如果闹开来，可说犯了天条。不但那些原已普遍怀有不平的科道官必然群请揭查，因一大案引发另一大案，更可能引起宫廷内李太后母子的疑心，被认为是厂阁勾连，甘违严律，以共同欺骗君上，不但会尽失信任，亦有可能罹上更甚于高拱的不测之祸，从高案发展为张冯之案。正是由于身处被动和受到来自各方的压力，居正才会转弯改辙，对高案的处理才会急转直下❷。

居正改变主意后，乃请教杨博，应如何善后。杨博对他说："公患

---

❶《国榷》，卷六八，万历元年正月庚子。

❷《国榷》，卷六八，万历元年正月庚子。又，当时，除了科道官等对张居正处置王大臣案有不满外，与张居正有亲密关系的人亦纷纷劝阻。除李幼滋外，居正的进士同年、原太常寺少卿陆光祖也驰书警告居正："此事关于治道甚重，望翁竭力挽救。万一不能保存旧相，翁虽苦心，无以白于天下后世。不肖忧之至切，夜不能寝，念与翁道义深交，敢僭昧驰告，非为旧相也。"见陆氏《陆庄简公遗稿》，卷五，《与张太岳相公书》。

不任耳。任何难,任须世臣乃可共。"居正因奏上:"命冯保与葛守礼、左都督朱希孝会讯。"❶

杨博之所以建议奏请委派世爵及刑部长官参与审判,显然是为了防止冯保控制东厂擅权独断,随意制造冤假案件。之所以着重提出请世爵参加会审,乃是因为这些世袭贵族们一般都和厂卫保持距离,对朝中党争多抱超然的态度,且地位崇高,能受到朝廷的尊重。于是,张居正乃奏上,请命冯保与葛守礼、锦衣卫左都督朱希孝三人会同审讯王大臣一案。

葛守礼是现任刑部尚书,代表法司,他本人是坚决反对诬陷高拱指使弑君,反对锻造冤假案件的。朱希孝是辅佐朱棣取得"靖难"胜利的著名功臣朱能的第五代孙,其兄朱希忠袭封成国公,本人任锦衣卫衙门左都督,是著名勋臣,又居特种缉捕武臣之首,其发言地位很高,当然是参加会审的理想人选。由于对审讯法庭重新改组,冯保通过东厂全权垄断案情的阴谋便告失败。

但朱希孝亦已知闻冯张原打算借此诛灭高氏,而朝官多有不平的信息,栗于冯张的权势和清议的高昂,怕被塞在夹缝中两边不讨好,甚至会招致灾难,他受命后惶遽恐惧,竟致啼泣。为此急忙走谒张居正请示,居正命他去找吏部尚书杨博。杨博对他妥为宽慰解释,并告以解开此事纠结的办法,曰:"'欲借公全朝廷宰相体耳,何忍陷公?'因示以指。"❷希孝乃遵命而行。

值得重视的是,张居正在正月二十八日又为王大臣案上了另一份奏疏,其立论的重点,已放在防止案犯"妄攀主者"上,力言"闻厂卫连日推求此事,本犯展转支吾,未得情罪。臣以为宜稍缓其狱。盖人情急则闭匿愈深,久而怠弛,真情自露,彼时明正法典,乃足以快神人之愤。若推求过急,恐诬及善类,有伤天地和气。"❸试将此疏与上文所引居正在同月二十二日所上,要求多方缉访"主使勾引之人"的

---

❶《国榷》,卷六八,万历元年正月庚子。
❷《国榷》,卷六八,万历元年正月庚子。
❸《万历起居注》,万历元年正月二十八日。

奏疏相比较，就会发现其立论和倾向性都截然不同。六日之间，态度何以迥异若此，殊值深味。应该说，杨博、葛守礼充分说理，分析利害的说词，以及东厂揭帖"历历有据"的被识破，当然都是起到决定性作用的。但还应指出一点，即居正为人城府虽深，但在关键时刻仍能保持清醒，能够节制，知机善处而不执迷，是其优长之处。他更"密为书，令拱切勿惊死，已又为私书安之"❶。既知无法置其于死地，不如示以关切，以留有转圜的余地。

由于朱希孝、葛守礼奉诏参加审判，王大臣案的本来原委便逐渐明朗。朱希孝依照杨博授予的点子，派遣校尉秘密询问王大臣何自来，又为什么曾诬咬高拱为主谋者，大臣一一说出是受冯保派遣来的辛儒的教唆。并说出，辛儒曾以官爵和财利为诱饵，指使他编造伪供的经过。希孝又命将由新郑逮捕而来，原被王大臣指为与之联系的高府仆役，杂于众人之中，令大臣辨认，大臣无法认出。以上情况，都使希孝以及其他参与审讯人员心中有数。有些人为本身他日祸福计，亦不愿再紧随冯保。其中，"东厂理刑白一清谓保初问官二千户曰：'……高公顾命大臣，强我辈诬之，他日能免诛夷耶？'皆曰：'冯公已具案，而张阁老手窜四字。'一清曰：'东厂机密重情，安得送阁改乎？'"❷甚至连宫内年已七十岁的老太监殷某，以及管事太监张宏等也看出此案内有蹊跷，因而冒死对万历说："高公不可枉。"❸凡此，都使得以诬陷结案窒碍难行。

乃至开庭之时，按照当时的审讯程序，在讯问前，应先将犯人行杖十五。王大臣受杖后，大呼："故许我富贵，何杂治也。"❹此亦让他略有醒悟，冯保、辛儒之所许诺予金千两、官千户等，不过是诱之入阱以噬人的欺骗之词，自己终究难幸逃一死。他愤而供出实情，使审问无法继续进行，被迫中止。冯保作为主审官之一，竟被指斥为主唆者，狼狈不堪：

---

❶《万历邸抄》，万历元年春正月庚子。
❷《国榷》，卷六八，万历元年正月庚子。
❸《国榷》，卷六八，万历元年正月庚子。
❹《国榷》，卷六八，万历元年正月庚子。

> 冯保即问："谁主使者？"大臣仰视曰："尔使我，乃问也。"
> 保气夺，强再问："尔言高阁老，何也？"曰："汝教我，我岂识高
> 阁老？"希孝复诘其蟒绔刀剑，曰："冯家奴辛儒所予。"保益惧。
> 希孝曰："尔欲污狱吏耶？"遂罢。❶

案件已经无法再审问下去，冯保也惧怕王大臣再说出什么隐情，于是
以生漆酒灌饮大臣，使之哑暗，令承审人员无法取得真供，然后才转
交刑部。张居正乃顺势以阑入宫禁罪，奏请将之斩首。"此即冯珰所为
不道而欲诛之以灭其迹者。"❷。这一桩由冯保主谋，张居正一度参与，
然后又由居正用王大臣一人的鲜血以灭口，掩盖着内中各方面的牵涉
和诡秘，正是他老练知机和有节制之处，"时大狱且起，张居正迫于公
议，狱得无竟"❸。这样急刹车，不但使高拱一族以及许多朝臣幸免夷
戮，也为万历初政消溶了一场几乎酝酿成熟的大冤案，既保护了冯保，
同时也保住了张居正自己。

王大臣案反映出，它既是上年六月驱逐高拱的继续，是壬申政变
的余波，但又是这一场政变的终结。这是由于，此一事件的酿造者为
了急于达到锄灭政敌，消除日后隐患的目的，策划得过于粗糙，以致
在要害处存在明显破绽而不自觉；而事件又过于骇人听闻，令人难以
轻易置信，相当一部分朝臣和言官未敢轻率附和，更罕有人敢于出头
支持，大多采取缄默观望，但求自保的态度；少数人如杨博、葛守礼、
魏学曾、钟继英，东厂理刑官白一清，张居正的同乡亲信李幼滋，同
年陆光祖等，都从不同角度劝导停释。事件直到非罢不可，被迫叫停
的时候，冯保和张居正均已付出了不轻的代价。"由是举朝皆恶保，而
不肖者多因之以进"❹。"王大臣一事，高中玄（拱）谓张太岳（居正）

---

❶《国榷》，卷六八，万历元年正月庚子。

❷《万历邸抄》，万历元年正月庚子。

❸《明神宗实录》，卷一〇，万历元年二月癸酉。

❹《明通鉴》，卷六六，万历元年正月。

欲借此陷害灭族，太岳又自鸣其救解之功。"❶。居正在案件平息之后，于一些信函中，顿忘自己在不久之前力请追缉"勾引主使之人"的言论，反而努力渲染本人一贯反对穷治株连的主张，将扑灭凶焰收为己功。他在《答汪司马南溟》一信中，侈言：

> 比来一夫作祟，几至燎原，幸主上明圣，而左右近习，亦皆素谅仆之悃诚，得以潜折祸萌，导迎善气。二三子以言乱政，实朝廷纪纲所系，所谓芝兰当路，不得不锄者。知我罪我，其在是乎？❷

在《答司马万两溪》的信中，更以磊落光明自炫，不满朝臣士大夫对自己不信任的猜测，言：

> 顷者内狱之起，众情汹汹，独公以为朝有人焉，无足虑者。此足以见公知我之深也。今士大夫亲见仆行事，无一人知及于此者，而公乃在外得之。人之识见，相去岂不远哉！❸

对历史上一些政治人物的言论表白，有时只能从侧面，甚至应从反面来理解，并结合其发出言论表白前后的总体背景来认识。对于张居正在处理王大臣案件善后问题上的自我评述，亦应作如是观❹。

---

❶《涌幢小品》，卷九，《阁臣相构》。

❷《张太岳集》，卷二五。

❸《张太岳集》，卷二五。

❹ 黄景昉在《国史唯疑》一书中，认为速杀王大臣以灭口一事，与张居正实有关连，说："王大臣狱，江陵为杨博、葛守礼所持，以达冯珰，业悔之。讯日，比部郎郑汝璧密令携大臣暗处，剪其舌，或云瘖之，临期无一言，趣弃市。江陵由此才汝璧，改仪部，复改考功。"此说与张自述迥异，可供参考。

又，关于王大臣案的锻造和了结，就连有些外国人也多有怀疑。万历二年八月，朝鲜国派遣来明朝的使臣许筠，在其所著《荷谷先生朝天记》，就说过："夫王大臣之事颇诡秘，似由内官引进，道路之言，皆指太监辈。而方其断罪也，朦胧处决，不为别白核寻之计。只杀其人以灭迹，其事匿矣。今当国辅臣不得辞其责。"可见此事，当时闹得沸沸扬扬，已传播中外。居正之亟于辩解表白者，亦因此故。

王大臣案件戏剧性的停息，亦可视为是上年壬申政变的结束，因为不论冯保还是张居正，经过这一番暴露，一时已无可能再对高拱发动什么新的突然袭击了。高拱被罢官隐退之后，锋镝余生，集中精力以整理主政时的存稿，撰写《本语》《春秋正旨》《问辨录》等学术著作，亦在此一方面做出了卓越的贡献。他虽失意于政坛，但能为后代留下一些重要史料，并对明季理学末流进行较系统的辨析批判，不失为有失有得。他早遭贬退，但幸而获得寿终正寝，这在嘉靖以来诸首辅中未算最倒霉的。

史家事后的评议，往往比当时当事人较为客观和全面。高拱与张居正，不论在政见和学术见解上，一直同多于异，未见有重大分歧，二人俱有不世出的抱负、胆识和才具，但却挣不脱"同美相妒，同贵相害，同利相忌"❶的人性弱点。权位碰撞，利害分合，导致了恩仇变异，几乎铸成历史的大悲剧，几乎导致张居正犯上一生难以磨灭的大疚错。读史至此，不能不为之掩卷而沉思。史学大师谈迁比较公平地评价张居正在王大臣事件中的大失误，意味深长地说：

> 江陵修怨，令新郑放逐足矣，必借王大臣之狱，果证其罪，九族为轻。噫！宰相坐废，或不无怨望，间见一二。若怀奸蹈险，犯天下之大不韪，如专、聂之事，于古未闻也，而谓新郑甘之乎？江陵深机，只自见其愚耳。权保本阉人，求快一时，曾何足论。江陵号察相，不与汶汶等。械阱猝发，中不自制；殳罹谗构，阖室累系。天且以枉高氏者枉张氏也。❷

自诩为沉机深稳，自以为能挟皇权以自重，一举击败高拱的张居正，确曾踌躇满志。但他当时尚不理解，皇权对于一切擅权的臣僚，都是绝不能容忍的，它是一台迟早必将其卷入齿轮内的绞肉机。任何人专

---

❶《太公兵法》，上卷。

❷《国榷》，卷六八，万历元年正月，《谈迁曰》。

擅权力,都必然触犯皇权的大忌。"阁臣之相攻击者,贤于相和"❶。"山峭者崩,泽满者溢"❷,高拱摔跤的地方,不久之后,居正亦会重蹈其覆辙,设械阱者必陷于械阱;为殁罢谗搆者亦必受害于殁罢谗搆。古人谓:不暇自哀,而人哀之,此之谓欤?

第五节　张居正接任首辅与李、张、冯政治铁三角的形成

一、张居正得以当权的主客观因素

隆庆朝所谓"仕路稍清",仅是相对而言。一因其历年较短,由高拱、张居正联手推行的各方面的整顿和改革仅处于起步阶段,有待于经受检验和巩固;二因两个带头人恩仇易位,渐成水火,派系之分已开其端,党争正在抵消已取得的成果,且有一发不可收拾之势。张居正说:"自隆庆以来,议论滋多,国是靡定,纪纲倒植,名实混淆。"❸此一说法虽有偏颇,但也反映出,隆庆时期仅是历史的过渡,当此整个政权走向衰落但尚未完全崩坏,进行了初步的改革但成效犹未大彰的特定时期,要避免继续因循以沉沦毁灭,只有进一步坚定地对国家的规章制度,以及社会经济、吏治人事、边防、司法、文教等主要的政策,进行认真的大幅度的整顿,才有可能缓解已迫在眉睫的危机,将明皇朝的统治重奠于磐石之安。

隆万交替,正是面临着危机与改革交错,崩解与振兴并存的关键转折时期。时代在呼唤着某一(或某些)具有高瞻远瞩和坚定从事改革的人物登上政坛核心,以其卓越识见、坚毅魄力和强有力的组织指挥才能,集中意志和力量,领导进行一场大改革运动。

---

❶ 申时行语,转引自《国榷》,卷六八。申时行在张居正任首辅时,被提拔为内阁大学士。

❷ 《素书》,《安礼章第六》。

❸ 《张太岳集》,卷二八,《答奉常陆五台论治体用刚》。

当时，对进行改革的必要性认识明确，而且韬略在胸，在政坛上威望较高，政绩较隆，最堪成为大改革领导人选的有两位，即高拱和张居正。高拱既已被驱斥，领导大改革的重责理所当然落在张居正肩上。

　　隆万之际爆发的政治大风暴，对宫中阁中朝中一应的重要人物，都是一次严峻的包括政见、心理、品格的检验。这是一场以身家声名和政治前途为注的大赌博，其中最大的赢家是张居正。但必须看到，张居正之能操得胜券绝非偶然。与对手高拱相比，居正劲气内敛，处事多经周详谋虑，极能克制情绪，因机对策。他精谙政治牌理，但又往往不按牌理出牌，既能突发一击，但在关键时刻，又能灵活转舵。这是居正在政治生涯中常立于不败之地，能制敌取胜的重要特点之一。他虽然参与驱高但却推出冯保为正面主攻手；卷入锻造王大臣案件，但一看到苗头不顺，便立即敏锐地急刹车，迅速结案而不留后患。在进行谋取扩大权位的每一个步骤和环节中，他都表现得有章法、有分寸和有节制。而所有这些方面，几乎都是高拱所短缺的。以思虑周密，沉忍干练，处事条理有序，张均优越于高。高是一个偏重于情绪型的人物，性格直爽而近于鲁莽，敢作敢为而缺少审慎，喜怒形于色而胸襟狭窄，睚眦必报，爱憎分明，但往往计较私怨。特别是，有时谋划流于粗率而又轻泄于人，处理人际关系时不恤树敌。凡此，都是政坛上致命的短处。而且，在隆庆末期，高拱的志骄气盈已充分流露，而张居正则犹处在强自克制，保持表面谦抑的态势。张居正最为成功的一点，是能谨慎稳当地处理好与宫廷和内阁的关系，能够及时掌握时机，调动一切有利因素，化阻力为助力，以取得必要的集中权力，来进行全面的改革。应该承认，在主持隆万大改革的第二阶段，即在万历初期主政方面，张居正的条件是比高拱更全面一些和更成熟一些。

　　当然，隆万交替所出现的异常变动，对于张居正得以柄政并充分展布，实在也是一个罕有的机遇。人生无常又有常。历史有其偶然性，但有些偶然性又会凝聚转化为必然。机遇，对于许多伟大人物，往往会成为他一生否泰、功业是否有成的转折点。如果不是隆庆帝盛年崩逝，由于他对高拱的宠信极专，高氏又具有魄力，富有作为和已取得显著政绩，衡诸常理，内阁首辅的位置一时实不可能落到居正的头上；当时如已爆发出高张的公开决裂和斗争，胜负之数实难预卜；如果高拱不是在隆万交替之际，悍然发难直指张冯（保），加深宫廷的疑忌和反感，又因错误估计形势和恃能骄躁而被驱斥，三位顾命大臣中另一人高仪又在数天内暴卒，致居正成为唯一硕存的顾命大臣；特别是，如果当时李太后不是难以"垂帘"，万历不是因年幼一时无法直接亲政，居正亦不易顺利地独掌朝纲达十年之久，有充分的时间和空间以发挥其识见和才略。

或有论者认为，笔者在本书中既已指出，张居正在隆万之际曾搞过政治投机，既先与冯保合谋以诬陷高拱，又在一定程度内参与过锻造王大臣冤案，可见德行有玷，其夺得政柄过程中实亦渗有使用权术的成分在，何以在本书其他章节中又对其忧国忠忱以及识见功业、才能素质等，俱给予高度的评价？窃以为，对于历史上，特别是对政治性的人物，似不能要求其均为完人。在当时的政治生活中，人与人之间的勾心斗角，为争权夺利相互倾轧是惯闻常见的。政坛之上，得位掌权往往与运用阴谋权术结伴偕行。求道德的纯洁完善于官场，实无异于砂中觅金。张居正不但在隆万交替之际曾使用权术，而且在其柄政之后亦颇精谙于用术。我们既不能因张居正的功业不朽而隐讳其德行有玷，但亦不能因其德行有玷而抹煞掉他曾创造出的极不平凡的改革业绩，曾发挥过巨大的历史作用。张居正是屹立在16世纪中后期的历史巨人，但同时又是一个也具有私心私利私欲的自然人。他没有，也不可能超凡脱俗，但亦不能因此便否定他作为有明一代最伟大政治家的卓犖勋业。同时，在全面检核张居正的思想意识、行为活动时，也不能忽视当时的历史环境和历史条件，其中包括政治体制、社会风气和传统的影响。

二、李张冯政治铁三角的形成和运行

众所公认，张居正之能在壬申政变中取得胜利，并能在柄政时期有效地驾驭局势，放开手脚逐步推行改革，并取得显著的成果，很主要的原因之一，是他能洞察机先，知时识度，能巧妙地援结当时举足轻重的大宦官、司礼监冯保，在相当时期内稳定地保有李太后的专注信任，宫中阁中连成一体，有效地影响（甚至操纵）着年幼的万历皇帝。强有力的内阁相权，在相当时期内几乎能够代表皇权，挟皇权的无上权力以发号施令，威临天下，畅行无阻。当时万历皇帝尚还幼小（在万历六年皇帝"大婚"以前），以李太后为后台，以张居正为主宰，有冯保支持并连结于其间的最高政治架构，曾经实际上决定着万历初元朝政的取向、政策的厘定和推行，规章制度的修订和解释，重要职官的升黜任免，甚至对小皇帝的辅导教育等一切重要国政和宫廷要事。这是一套在当时政治生活中运行协调、步伐一致的三驾马车，亦可视为基础牢实的李、张、冯政治铁三角。

李太后暂踞着政治权威的最高点，这首先是由于她是万历皇帝朱翊钧的生母。明制，宫廷内的规矩极严，儿子虽贵为皇帝，觐见太后时仍必须早晚问安，跪下答话，站立侍食。还由于，李太后在朱翊钧出生后，直到翊钧的祖父嘉靖皇帝去世之前，曾偕同翊钧共度过一段饱受歧视的艰难岁月，翊钧一直对母亲深怀感激爱戴之情，亦深畏其威严。更由于，李太后本人"性严明"❶，有政治识见，且能担当决断。她熟读书史，能吸收历史上宫廷往事的教训，本人文化层次较高，明代文华殿高悬着大书"学二帝三王治天下大经大法"的匾额，就是她的"法书"❷。她虽然是北直隶漷县人，但自小生活于京郊宛平，其父李伟本来是一个瓦匠，到李太后在隆庆二年（1568）被封为贵妃时，才将日常使用的工具瓦刀灰桶等收藏起来。李太后出身贫寒，熟知民间困苦，以"都人"身份入侍时为裕王、尚在失意中的朱载垕，生育朱

---

❶《明史》，卷一一四，《孝定李太后传》。

❷ 刘若愚：《明宫史》，《金集·宫殿规制》。

翊钧前后又多经坎坷，乃至青年守寡，故此，殷切盼望儿子能振作有为，勉为圣君，切不可重蹈乃祖乃翁的荒唐或庸懦覆辙。她在隆庆皇帝临终前召见内阁大臣、宣读遗嘱时，便在帷中叮嘱大臣们："江山社稷要紧，先生每务尽忠为国。"❶其着眼点首先放在国家大事上。正因此，她对小皇帝的教导督责极严：

> 帝或不读书，即召使长跪。每御讲筵入，尝令效讲臣进讲于前。遇朝期，五更至帝寝所，呼曰："帝起。"敕左右掖帝坐，取水为盥面，挈之登辇以出。❷

万历嗣位以后，李太后对他的督管更加严格周详：

> 太后……因于暖阁中设二榻，东西相向，圣母、皇上对榻而寝。凡宫人三十岁以下者俱不许供事左右。每日朝讲后，即还侍圣母，非奉慈旨，不得一出殿门。饮膳起居，咸有节度。小或违越，即面加谴诃，以是皇上临御以来，动无过举。❸

根据《明神宗实录》和《万历起居注》的记载，李太后对于万历少年时期曾偶尔出现过的游荡荒逸或喜怒任性，一有发现，即严加申斥处罚。"故上宫中起居，罔有不钦"❹。

这样严格地管教已身跻九五之尊的皇帝，在历史上实属罕见。李太后允称是万历的慈亲兼严母，从而由她制定的重用张居正主持国是的决策，亦得以在相当时期内保持稳定，"万历初政，委任居正，综核

---

❶《万历起居注》，张居正在万历六年正月二十一日所上疏文中的回忆。又，高拱在《病榻遗言·顾命纪事》中也有类似记述。

❷《明史》，卷一一四，《孝定李太后传》。

❸《万历起居注》，万历六年正月二十一日。

❹《谷山笔麈》，卷二，《纪述》一。

名实，几于富强，后之力居多。"❶

必须看到，在张居正这一方面，也非常注意结好于宫闱，尽可能迎合李太后母以子贵、名分当尊的虚荣心理，并尽可能审慎和妥帖地处理好一切与李太后有关的事务。首先是关于议定徽号的问题，张居正巧妙地通过阁议上奏，使李太后取得与隆庆正室陈皇后同等的尊荣地位，用以表示自己的善意和忠忱。

原来明朝的祖制规定，嗣位皇帝如尚有先帝正室皇后在的，皇后被尊称为太后，生母只称皇太妃，礼仪均下皇太后一等。到弘治朝，改为二人均可称太后，但正室嫡母的徽号应比生母增加两个字，以示仍有等差。万历登基，立即面临议定两宫皇太后徽号的问题。作为结好的一大步骤，张居正大力促成原李贵妃与陈皇后同时同等级并尊为皇太后，"谓礼部曰：'故事中宫加二字，既同为太后，多二字何妨。'侍郎王希烈署部篆，曰：'诺。'于是两宫并尊。"❷ 史学家沈德符曾正确地指出其中的妙用，言：

> 我朝列帝非后出者，比临御时，多不并尊。……隆庆六年（1572），今上六月即位。……江陵奉上面谕，欲并尊两宫，且于生母贵妃更加二字徽号，盖故反其词，以遏止阁臣，使不得执奏也。于是江陵与礼臣议，两宫并进为皇太后，而于嫡母陈加"仁圣"，生母李加"慈圣"，各二字徽号，而体貌俱无少别矣。……时江陵公方欲内诏慈圣，以为固权也。❸

不吝惜两字虚荣，而换取到政治上很大的实惠，这当然是很合算的。张居正深知，在若干年内，万历还得听命于母亲，李太后的实际权力，

---

❶《明史》，卷一一四，《孝定李太后传》。又，王世贞在其撰著的《嘉靖以来首辅传》卷七，《张居正传》中，曾精辟地指出，当时李太后拥有最高权威，但实际负责治道的则为张居正，言："慈圣徙居乾清宫抚视上，主持国秉，而倚冯保为重，又与保俱德居正，中外大柄，悉以责之。"

❷《国榷》，卷六八，隆庆六年七月己亥，引于慎行曰。

❸《万历野获编》，卷三，《圣母并尊》。

暂时还高于万历。争取到李太后的信任，实际上就是获得最高权力以作为自己的后台。他充分理解李太后的顾虑和望子成龙的殷切感情，故此，在刚上台时绝不涉及宫府之间权责的划分矛盾，而是特别强调"幼主当阳"❶"宫府一体，上下一心"❷，宣扬当此"主少国疑之会，正宜内积悃诚，调和宫壶；外事延接，收揽物情，乃可扶危定倾"❸。对于涉及李太后本身或其家族亲近声誉和利益的事，尤其注意慎重处理，务求得体。李太后的父亲李伟被封为武清伯，张居正对他的一些过分的陈请，如要求拨给公帑以营建府第、自造生茔等，都在规制以外酌为提高拨款数额。对于长期侍奉李太后，深受李太后信任，亦颇能在太后前说话的廉慎夫人徐氏，也特别升封为佑圣夫人，对其从子锦衣卫千户徐鸿破格升任为锦衣卫指挥佥事，"以侍圣母劳也"❹。李太后对娘家父兄的管束也比较严，"外家或子弟陈乞，命进圬刀示之，曰：'当时藉此为活，今极富贵，犹患不足耶？'"❺万历五年（1577）十一月间，发现皇亲武清伯李伟"揽纳内库钱粮，乾没官价"，在给散京营军士的冬衣布料中偷工减料，引起军士哄闹的重大事件。李太后知道后，"使中官传谕辅臣，若按验得实，即尽法处治，不私外家"。张居正在处理此一案件时，一方面查明情况，重发新制的军衣以平息众怒，革退内库官三十余人，分别予以惩治。另一方面，又巧为李伟开脱，奏报"诸奸恶已有主名，实不由（李）伟"，并借此称赞，"圣母此举至公无私，中外臣民莫不仰诵。"❻诸如此类事件，都说明张居正为保持与李太后间的融洽关系，在一些比较次要的问题上，是特别小心地妥为处置的。

张居正还成功地把高拱公开反对的"中旨"和"留中""内批"，转化为大有利于自己推行整顿和改革的工具。他不但从不强求万历母

---

❶《张太岳集》，卷二六，《与南台长言不干外政》。

❷《张太岳集》，卷二四，《答王鉴川》。

❸《张太岳集》，卷二四，《答王鉴川》。

❹《国榷》，卷六八，隆庆六年八月乙卯。

❺ 谈迁：《枣林杂俎》，《李伟》。

❻《万历起居注》，万历五年十月十四日。

子放弃"中旨""留中"和"内批"等，反而顺其既成之局而善为运用之，使上述几项久被指为垢病的处理章奏文件的做法，间接成为贯彻自己意图的有力杠杆，必要时可以抬出皇命，挟皇威以镇慑百僚。他经常绕过专责管理承转御前文书的通政使司，未经六曹商议，而进"内阁密揭"，直接取得"中旨"和"内批"，甚至利用"留中"而搁置一些不同意见。"转移圣意，全恃此一线。外廷千言，不如禁密片语"❶"彼时臣主如一人，忤者立见奇祸。"❷

张居正特别重视与冯保的关系。他并不因为冯保是万历母子跟前最受宠信的宦官而加疑妒，也绝不侵夺冯保在宫闱之内已取得的信任和权力，反而着力结好之，认真驭控之，利用为内线，借用其权势来加强自己的力量，以有助于推行改革。张冯关系是一种典型的相互利用的关系。"江陵之得国，以大珰冯保力，海内能讼之。"❸"冯恃执政，则言路不忧；张恃中涓，则主恩罔替。"❹对于李贵妃矫诏命冯保"同受顾命"一事，居正在外表上虽然保持缄默，似乎置身事外，但实际上却是积极赞同和参与策划，因为这无异是大大加强了自己的实力。在他当权的全过程中，冯保一直是他沟通和调处宫内外关系的重要渠道。冯保亦一贯支持张居正的各项施政措施，"居正固有才，其所以得委任专国柄者，由保为之左右也"❺居正本人亦从政治的角度高度评价冯保所曾起过的积极作用，言："上以冲龄践祚，中外宁谧，宫府清晏，盖公之力为多。"❻冯保在许多方面配合和支持了张居正，居正自言："余每对便殿，从容语及国家事，有关于君德治道者，公必导上曰：'先生忠臣，先帝简托以辅上者，宜审听之。'"❼在相当长的一个时期内，张在外廷，冯在宫内，实存在着一种密相呼应的运作。另一

❶《万历野获编》，卷七，《内阁密揭》。

❷《万历野获编》，卷七，《内阁密揭》。

❸《万历野获编》，卷九，《江陵始终宦官》。

❹ 蒋棻：《明史纪事》，《江陵柄政》。

❺《明史》，卷三〇五，《冯保传》。

❻《张太岳集》，卷九，《司礼监太监冯公预作寿藏记》。

❼《张太岳集》，卷九，《司礼监太监冯公预作寿藏记》。

方面，居正又善于通过冯保以挟制和约束其他宦官❶，在推行内外政令时，"中贵人无敢有一毫阻挠"❷，亦是他能成功地取得和保持权力的保证之一。

对于冯保其人，似亦不能一概予以否定。其在驱高及炮制王大臣案的所作所为，诚然是毒辣和恶劣的。《明史》本传谓此人"性贪""横肆""黠猾"，亦俱为事实，但他能持久地坚定支持张居正艰难以赴地进行改革事业，亦不无微劳可录。他曾力劝外廷勿进白莲、白燕，以"主上冲年，不可以异物启玩好"❸。承李太后之命，对幼年万历监管也很严，允称尽职。"又能约束其子弟不敢肆恶，都人亦以是称之"❹。冯保当然不同于王振、刘瑾和汪直之流，是一个瑕瑜互见比较复杂的人物，在宦官中是另一比较特殊的典型。

李、张、冯三角政治架构，实际上控驭着万历初年的政局，有力地推进着当时各方面改革措施的进行，曾经起过不容忽视的重大作用。它是在隆万交替、政情复杂多变之际形成的，而其发挥出重大社会政治作用则主要是在万历初叶。这是一个在特定时期和特定条件下组合而成的特殊结构。要研究万历新政以及张居正主持的改革运动，实不能离开李太后和冯保，实不能漠视他们实际上存在着的政治结盟。当然，所谓李、张、冯政治铁三角的"铁"，也是相对而言的。李张之间、李冯之间、张冯之间，缔盟的出发点各有不同，而且也都存在着

❶ 比较突出的一例是，万历二年十二月壬寅，"户科给事中赵参鲁论南京守备少监张进酤酒禁地，追辱科臣王颐，谪外。进醉横，其长业榜之数十，请旨逮系。参鲁又激论，张居正谓欺幼主不道，谪外，意以悦冯保也。保德之。居正稍说其裁抑内党，毋预六曹事，毋轻衔命出。"（《国榷》，卷六九）此一事件，赵参鲁职为言官，据实参劾违法宦官，本来与"欺幼主不道"根本不涉，居正是以牺牲一个给事中赵参鲁，以换取冯保对其他宦官的管束。

❷《明史纪事》，《江陵柄政》。

❸《明史》，卷三〇五，《冯保传》。又《万历起居注》，万历三年四月九日条载："司设监掌监事太监曹宪等奏，年例合用内承运等库钱粮造办宫中帷帐茵褥等物，辅臣居正等拟旨：'令会同司礼监查议裁减，不必拘定旧例。'太监冯保因进言：'阁臣所拟，无非为国家忠计，今百姓贫苦，钱粮缺乏，诸事诚宜减省。'上以为然。"由此可见，冯保在一些问题上是能够与张居正较好配合，有时是能起到良好作用的。

❹《明史》，卷三〇五，《冯保传》。

时好时坏和一定程度的相疑相猜，大同小异的歧视，但总的说来，万历六年（1578）万历皇帝朱翊钧大婚之前，三者总的关系是协调和稳定的，在维护和辅导万历皇帝"勉为圣君"的大前提下是一致的。

即使在万历初年，由李、张、冯三人联手控驭明朝国政的问题，已经引起国内外朝野的注意。当时由朝鲜国派来担任朝天使的官员，一再将此事对朝鲜国王做了奏报，大体上是认为，由于皇帝年幼未能亲政，由李太后暂时主持，并责成张居正总理国事是实有其必要。但由于传统上对宦官干政的戒心和反感，对于冯保参与其间，则多有贬词。明朝国内舆论对此亦由于不理解而多有非议。万历元年，朝鲜国朝天使赵宪来华，途经辽东边界，遇到一个居乡的举人王之符，在王的寓所议论到明朝中央执政的人事架构。王之符慷慨而言："上年幼冲，勤于书字，又勤经筵矣，但不能亲政。张阁老居正虽欲秉公处事，而冯太监保专制弄权，科道官或有封章，皆未能遂其志，此为可忧耳。" ❶王之符的说话，是朝野普遍认识的反映。

李、张、冯联手控驭国政的格局及其发挥的功能，前后也有变化。自朱翊钧加冠大婚，李太后退出乾清宫，移住慈宁宫之后，她本人在国政上的裁夺地位便明显减退；成年后的万历也不愿意总是俯仰由人，甘为傀偶，逆反情绪亦在潜滋暗长；张、冯的骄盈亦多有暴露，非议渐炽；而随着改革的深入，触及社会和政治上的老大难问题亦愈多，来自各方面的阻挠势力正在集结。新的权力争夺和较量，正在加紧酝酿，并已有所表现。凡此，都必然会引发对原来的李、张、冯政治铁三角的冲击。

---

❶〔朝鲜〕赵宪：《朝天日记》中，载《重峰集》，卷一一〇。

第十一章

幼年万历与张居正特殊形式的君臣关系

第一节　幼年万历身份地位和心理的巨大变化

　　万历皇帝朱翊钧在其儿时，曾经历过一段异常坎坷尴尬的人生历程，其身份地位曾受到过不应有的巨大侮辱和损害，有过非同一般的大落大起。这完全是由于当时皇族的亲缘关系被人为地扭曲，由于他的嫡亲祖父嘉靖皇帝朱厚熜的反常心态，以及宫闱内为争宠夺位形成的险恶形势造成的。

　　万历出生之时，恰是嘉靖皇帝迷信玄道最狂热的时期，又是他父亲裕亲王朱载坖正在失宠、前途未卜的时期。他的出生，正好触犯上嘉靖皇帝执迷相信"二龙不相见"的忌讳，受到皇祖父毫不掩饰的深入骨髓的憎恶。身为嫡亲皇长孙，皇位第二顺序候补者，却不得将出生信息奏闻，不得命名，不许庆贺，不准编写入玉牒皇谱，直到嘉靖"成仙西去"之前，他只是一个匿养在裕王府的无名小厮，不具有任何正式身份的"厌物"。当时，这个可怜的小皇孙，实际上是生长在一种特殊的难以捉摸的暧昧环境之中，其地位亦贵亦贱，其前景不明不晦。当然，当时他还在稚龄，还不可能真正理解自己正站在至尊至贵和至卑至贱的岔口，还不可能意识到自己正处在安危祸福的分界点上。他当时也无法体会到，在皇室宫闱之内，其中宗法伦理关系的失序，实有过异于常人常理之处，有着独特的冷酷无情和罕见的暴虐性质。矛盾百出，危机四伏，伴随着这个皇长孙度过自己不平凡的童年。

但随着嘉靖去世，隆庆登基，便立即给儿童时期的万历带来了身份地位的根本性变化。

隆庆元年（1567）正月，朱载垕刚加冕为帝，即给自己已经五岁的儿子举行了命名典礼，赐名翊钧。这个名字是经隆庆君臣精心选用的：按照中国传统的文字字义解释，翊，意即翊赞、翊卫，也意味着小心翼翼和恭敬❶。钧，具有居于穹苍中央的意义，即所谓"钧天"，更重要的还在于，钧也指承担国家政务重任、掌握国家大权的人。很显然，这是通过选字命名，为这个皇长孙曾遭受过的不公平待遇委婉而严肃地表示不平，是对嘉靖执拗偏见的间接矫正。隆庆二年三月，又举行了隆重的册立朱翊钧为皇太子的仪式。在册立诏书中，庄严宣告翊钧"正位东宫""上以奉九庙神灵之统,下以慰兆人翊戴之心"❷。诏文中还把这个不久之前的"厌物"，吹捧为"英姿岐凝，睿质温文，仁孝之德夙成,中外之情允属"❸。于是乎,朱翊钧便恍似秃毛鸡雏跳上枝头变凤凰，从被重压在最低层一跃登上接近政权金字塔的最顶端，居然被美化成为资质卓异，品学兼优，神人同钦共戴，是天命所归的候补皇帝，是在一人之下、万人之上的储贰之君了。

处此情境的朱翊钧，好似从一场噩梦中震醒过来，又急转进入另一天地迥异、似幻还真、匪夷所思的境界，没完没了地接受叩拜、祝贺和颂扬；高踞在东宫御座上傲视殿前列队成排、摆设有序的仪仗，威武雄壮手持金瓜斧钺以拱卫自己的锦衣官兵、大汉将军；为伺候本人起居作息的大小宦官和宫女，俯伏在地给自己进行辅导的翰林讲读官；朝觐时震耳欲聋地山呼千岁的文武大臣。凡此种种，都令他目眩

---

❶《汉书·礼乐志》谓："附而不骄，正心翊翊。"
❷《明穆宗实录》，卷一八，隆庆二年三月辛酉。
❸《明穆宗实录》，卷一八，隆庆二年三月辛酉。

色摇。大落大起是如此突然，其变幅又是如此巨大。他懵懵然被解脱了前此的困境，又身不由己地被推上另一舞台，扮演着迥异于前的特型角色，底蕴何在？原因何在？在他幼小的心灵中也必然会引起思索。关键之处在于嘉隆交替及因此而引起的权力转移。他是从茫然、愕然，然后欣然接受自己身份地位巨变的。根据直觉感受，他乐于享有并且不难适应这种骤降的殊荣。

更值得重视的是，上述变动对于朱翊钧思想意识方面有深远的影响，哪怕他本人由于年幼，对于襁褓时期的旧事无法有清晰的切身记忆和体会，但身为皇孙，却被剥夺尽起码的权益，而被迫匿养长达数年之久，此事在宫内外都是备受关注而被认为骇人听闻的。翊钧的母亲、深知其中酸苦的李贵妃——万历嗣位以后的李太后，以及近侍人等，是肯定会在翊钧贵显之后，将他本人以至裕王一支所曾受过的压抑和歧视，其前后原委经过告诉他，甚至以此作为对他进行规导教诲的材料，启发他十分珍惜和加意维护得来不易的至尊地位，无比重视和牢记掌握权力的重要性。当一切尊荣富贵逼人而来，各式谄媚吹捧轮番奏演之时，对于一个本来无声无息的幼童来说，确实是他人生历程中的崭新现象，必然会在他原来的心理层次中迸发出一种急转弯的亢奋，自然会迫使他一再进行大幅度的心理调整，用以适应两极变动的客观事实和人际关系，从而产生新的感知和心态，锻造出有异于前，又不同于一般常人的独特性格：从某种比较单纯的怯懦自卑一变为虚骄和过敏相糅合的过度自尊；对人处事总怀着某种潜在的防范和敌意；高度警戒和防卫任何可能再受到的侮辱和损害；报复性特强，对来自任何方面被怀疑有碍于自己尊严和利益的思想行为，都满怀愤懑，总要伺机予以猛烈的反击，索要加倍的补偿；但有时又颇善于暂时掩饰自己真正的爱憎感情，等待最有利最合适的发作时机。由于身份骤升，也助长了某种执拗性的自信。这些心理状态，在当时可能还处在萌芽期和相对模糊的状况之中，朱翊钧本人甚至还未具有对此进行理性概括和体认的能力，但作为一种正在滋长的潜在意识，却肯定是存在着的。其后的大量事实将证明，它们是如此强烈地支配着万历皇帝的终生。

第二节　万历皇帝"小时了了"

童年的万历本来是一个聪明早慧，又颇有才情，比较明白事理的孩子。《明史》卷二〇，《神宗本纪一》载：

> 隆庆二年（1568）立为皇太子，时方六岁。性岐嶷，穆宗尝驰马宫中，谏曰："陛下天下主，独骑而驰，宁无衔橛忧。"穆宗喜，下马劳之。
>
> 陈皇后病居别宫，每晨随贵妃候起居。后闻履声辄喜，为强起，取经书问之，无不响答，贵妃亦喜。

他在刚嗣位之初，便亲自处理了两件事，应该说都是比较得体的。《明神宗实录》卷一又记载：

> 十岁时，穆宗恭妃遣人持金壶闯出宫门，遗其家，为门者所奏。诏令以百金授妃，曰："即家贫，以此给赐，先帝赐器，不可出也。"

又载：

> 文华殿角门柱础，忽有"天下太平"字迹，拭之不灭，辅臣以为瑞，请上临视。上见之不怪，曰："此伪也。"从来天书之伪，善惑人主，而上以冲龄，独断其非。

或有疑曰，这些官方记载，无非是史臣谀君之言，不足为信，但若参以当时一些有机会接近他，甚至有意对其登基后的表现进行了解的中外人士反映，特别是从他嗣位初期三四年内的言行活动进行观察，都可以得出这样的印象，即童年时期的万历不失为了了，他曾经比较注意学习，也一度关心治理国政，起码够上一个中上质禀的稚龄皇帝。

当时外藩专门进行的情报工作也证明了这一点。隆庆皇帝在隆庆六年（1572）五月去世，作为主要藩属的朝鲜国王李昖，在六月即派千秋使金添庆等人来北京吊唁，其重要任务之一就是详细了解有关明朝新帝的情况。当年十月，金添庆回国，对李昖禀告说：

> 皇帝性禀英明……别无垂帘摄政之事。先朝废斥之臣多被召用，民情欣幸，以为年虽幼冲，非隆庆之比云。❶

到万历正式举行登基大典，朝鲜又专派贺登极使朴淳来华，顺便更具体地了解新帝的表现和动向。使者回国后禀告说：

> 皇上年方十岁，圣质英睿，自四岁已能读书。以方在谅阴，未安于逐日视事，故礼部奏准每旬内三、六、九日视朝，仍诣文华殿御经筵。《四书》《近思录》《性理大全》皆已毕读，自近日始讲《左传》。百司奏帖，亲自历览，取笔批之，大小臣工，莫不称庆。慈殿〔圣〕太后虽不权同听政，而事皆禀裁，实多内赞之力。仁圣太后不为干预。凡公事出纳司礼监掌之。奏禀之后，誊送一本于阁老仍为可否。太监冯保掌出纳，或云窃弄威柄。❷

应该承认，朴淳的报告是相当详细，而且大体上接近事实的，可见他们对于万历本人、明朝宫廷生活和朝政诸方面，都进行过相当认真扎实的调查研究：既看到童年万历初期表现与隆庆大有不同，又看到李太后对国政的实际影响，以及冯保势力的抬头，但总的说来，对万历本人的反映是好的。这些记载的内容，均表明万历是曾经以一个较为清新和良好的形象开始其政治生涯的。

但又必须看到，幼年的万历曾生活和成长在一个充满矛盾、十分复杂崎岖的境遇之中。嗣位前后的地位骤变，运际迫人，已如上述。

---

❶《朝鲜李朝实录中的中国史料》，上编，卷二五，朝鲜宣祖五年，明隆庆六年十月戊辰。

❷《朝鲜李朝实录中的中国史料》，上编，卷二五，朝鲜宣祖六年，明万历元年正月戊戌。

但即使在继登大宝之后，他的人生道路仍然是颠簸和多变的。

少年皇帝万历一直处于两种截然对立的帝王类型，两种相互排斥的人生取向，两种不同生活道路的激烈斗争拉锯之中，摇摆于其间。

一方面，他自一出生即受到李氏慈母的督导抚育，这是一个独具识见而教子从严的母亲。她在儿子懂事之初，就亲自管束他刻苦攻读，写字诵文，勉励他振奋为人，极力要将他从朱明皇室的百年腐败中抢拔出来，督责他切勿重蹈其他堕落皇孙的覆辙。特别在万历称帝以后，李太后在这方面的殷切焦灼表现得更为强烈，她毅然使用予夺之权，以迅雷突击的手段，全面改组了内阁的组成架构，大幅度改变了隆庆临终前夕的人事安排，在宫内府内各建立起一套为自己信赖和强有力的辅政班子，重用张居正和冯保以内外夹辅万历，成功地实现了对高拱以及宦官陈洪、孟冲的"收权"。她苦心孤诣谋划出来的重大措置，其中心目的既是防微杜渐以拔除一切不利于万历在位的因素，从最高层入手以拱卫皇权的不受侵犯，同时，也是略带强制地导引万历勉为圣君。张居正和冯保之敢于对万历采取一系列严格的辅导和督责措施，乃是秉承李太后的意图，并恃有她无保留的支持，在初期也确实因此而取得过显著的成效。

还必须充分肯定，万历在童年和少年时期，智商的发达程度和处置政务的能力，都是不低的。他当时头脑清晰，考虑问题细致精到，审阅章奏认真，善于发现存在的矛盾和破绽。以下选录几件他在万历三年（1575）和四年，虚龄十三四岁时亲自批办的案例以说明之：

例一，《明神宗实录》卷三七，万历三年四月癸巳条载：

> 吏部疏，拟调大名副使陶大顺于湖广。大顺，由兵部职方司郎中升未逾月。至是，上见其名即识之，语辅臣曰："是数日前方见其领敕，今遽拟升转，何也？"辅臣张居正等对曰："大顺乃故讲官大临之兄，大临故未几，而大顺子司丞允淳又故，皆未克葬。大顺因大名去乡远，例不得过家，故以情告吏部，部议量改附近，以便还葬，盖以原官调补，非升也。"上颔之。

例二,《万历起居注》,万历三年十月十九日条载:

　　上视朝。……直隶巡按御史暴孟奇、张宪翔等各一本奏报审决重囚事,乃万历二年十一月奏进者。上览而怪之,曰:"今北直隶巡按已非孟奇、宪翔矣,何奏本仍是二臣名?又中间日月差谬,何也?"命文书官持疏到内阁,问其所以。少顷,辅臣张居正等入侍奏事,上又面询之,曰:"今年已有旨免刑,何真定巡按又报决囚?且本后称万历二年十一月,何也?"居正等对言:"臣等适阅所奏,乃去年差刑部主事刘体道会同关内关外巡按御史暴孟奇、张宪翔处决囚犯,事完,即具本付刘体道亲赍覆命,非二臣差人来奏者也。"上曰:"即如是,何故至今始封进?"居正又对言:"旧时刑部司属多借审决差便道回籍,科臣于精微批定限率休假至一年,所乃相沿宿弊。此奏盖去年二月御史付之刘体道亲赍,而体道持疏回籍,今以限满复命,故始封进耳。"上曰:"岂有北直隶地坊[方]去年决囚,今年始复命者,宜令该科参看。"次日,奉圣旨:"北直隶地方去年决囚,今年奏报,有是事体否?着该科参看来说。"寻,该科参上。奉圣旨:"刘体道着都察院提了问。差官审决期限,着法司定拟来说。"已,都察院本上,命谪体道外任。盖上于章奏无不亲览,其精察如此。

例三,《万历起居注》,万历四年(1576)四月二十七日条载:

　　上御文华殿讲读。时,操江御史王篆奏报获盗。上览其疏,指谓辅臣张居正等曰:是疏称"去岁十二月盗劫淮府建昌王,夺其印,而江西守臣匿不以闻,何也?"居正等退,因叹上之圣明,其留心章奏如此。寻,有旨:"这贼情重大,该地方官员如何通不以闻?吏、兵二部参看了来说。"

例四,《万历起居注》,万历元年二月三日条载:

> 是日,大学士张居正等奏事文华殿。上曰:昨日经筵,讲《大学》的讲官差了一字,朕欲面正之,恐惧惭。

例五,《万历起居注》,万历四年八月二十一日条载:

> 辅臣张居正等题,伏蒙发下两京并各省试录共九本,该文书官口传圣旨:"这试录中有称臣者,有不称臣者;所刊文论有一篇有二篇者;其抬头字样,如天命、社稷、明诏等项,有大抬者,有二抬者,何故参差不一,令臣等看详。钦此。"内一一俱有御笔红点,仰见皇上留心文教,甚盛心也。

类似这样的案例,还有若干件,分载于实录、邸抄、起居注等史料文献中。从这些案例可以看到,处在少年时期的万历,确曾一度比较勤政,比较认真地履行过皇帝的职任,能够精到准确地发现并提出问题,不但具有较强的判断能力,往往还能在追查底蕴清楚之后,迅速发出明确的谕旨,做出合乎情理的处理,大体上能做到是非明白,宽严合适。对于一个甫登帝位的少年来说,这是很不容易的。他不但了了于胸,而且察察为明。较大量确凿的史料记载也表明,万历当时实表现出一定的聪慧精明,不但有朝乾夕惕、孜孜求治的志向,而且也有实际的"治绩"。是以当时朝野内外,都对这位新君寄予过殷切的厚望。

如果上文所列举的言论风采和行为活动,真能代表着万历完整的心理性格,真能全面反映着他的人生取向,真能恪守不渝地成为指导他其后生活道路的轨辙,那么,万历本人的历史地位,万历朝以及明代后期的历史就可能是另外一个样子了。

切不可忽视了还有另外一个方面。万历自小也是浸泡在王府和皇宫特定的糜烂环境之中,耳濡目染的都是他的多代祖先,特别是乃祖乃父不同形式的怪诞荒唐、奢侈懒怠、放荡任性的行为和逸闻。许多被人们斥为荒谬，但却浓姿杂彩、温馨缤纷的官能享受和享乐款式，对于已身居皇太子又转为皇帝的少年万历来说，倒有着很大的诱惑力，甚至难免将乃祖乃父不伦不类的作为，视为是显炫皇家气派和至尊身份的必然和必要。尤其是，不论在《遗诏》和朝议中如何受到非议，而世宗肃皇帝和穆宗庄皇帝，仍然被美谥为"英毅圣神"或"显文光武"❶。他们享尽人生的荣华风光，然后"大行不返"，撒手人寰，各留下一铺烂摊子，但一样享受着宗庙的香烟祭祀，而大明的江山居然尚未变色，薪火相传，朱氏的天下似乎还固比金汤，无虞于被推翻被颠覆。在万历的内心深处，难免萌育着对穷奢极欲纵情享受的向往，潜埋着嘉靖和隆庆的遗传影响。乃祖乃父的幽灵经常在他身边徘徊，在耳畔指引示范。宫廷和朝廷现存的规制，也现成开辟有沿着祖父和父亲老路前行的方便途径。当然，最主要的还在于，万历本人在上述两种帝王类型和两种生活道路的激烈碰撞和争夺之中，将做出何去何从的抉择。

第三节　君臣关系的蜜月期

在隆庆去世之前，张居正与当时的皇太子朱翊钧没有个别的接触机会，朱翊钧亦只以众辅臣中的一人视之，其地位实处于高拱之下。但在壬申政变驱斥高拱之后，居正以联合冯保揭露高拱"擅政专制朝廷""蔑视幼主"立有殊功，又因另一辅臣高仪猝死，成为唯一的受顾命并取得宫廷完全信任的大臣，其地位骤然上升，有举足轻重之势。正是隆万之间突兀多变的政潮，将张居正推上万历初元政坛的最中心位置，史称"江陵柄政"的时代开始了。

万历皇帝登极后第六天罢免高拱，第九天（六月十九日）即特别召见张居正。这是居正以顾命大臣兼内阁元辅的身份第一次觐见万历

---

❶《明史》，卷一七，《世宗本纪》；卷一九，《穆宗本纪》。

皇帝。这一次君臣相见，具有授受治权的性质，完全是政治性的。一方面，是皇帝表达了对张居正的高度信任和倚重，授予领导朝政的大权，一再说："凡事要先生尽心辅佐""皇考屡称先生忠臣。"❶甚至因张居正刚从卜营隆庆陵墓归来，途中受暑热，而特加叮嘱："国家事重，先生只在阁调理，不必给假"❷。毫无保留地表达对居正的信赖和殷切期许。张居正在受到逾于常格的嘉勉之后，一再表示"感激涕零，不能仰视"。并说，蒙万历单独召见是一大盛事，"先帝临御六年，渊穆听政，屡经群臣奏覆，俱未蒙赐允"❸。自己得此殊遇，誓当肩任艰巨，竭忠效力。奏言：

> 臣叨受先帝厚恩，亲承顾命，敢不竭力尽忠，以图报称！方今国家要务，惟在遵守祖制，不必纷纷更改。至于讲学亲贤，爱民节用，又君道所当先者，伏望圣明留意。❹

居正这一番陈词显然是在召见前事先准备并有过认真斟酌的，其所以特别强调"惟在遵守祖制，不必纷纷更改"，乃是为了避免引起万历、特别是李太后的疑虑。当此风云巨变犹未平息之际，过早提出修订或酌改旧制的主张，过早提出经本人深思酝酿成型的改革纲领，极易引起"主上方十龄，两宫抱虚名于内"❺的敏感。当时居正甫膺重任，地位尚未巩固，自以先求稳当为宜。而且，所谓"祖制"云云，本来就是斑杂陆奇的，二百年来十一位"先皇"颁发的诏谕条法，多有自相矛盾、前后背谬之处，大可取其所需，利用旧躯壳，注入新精神，逐步将改革的政纲纳入"恪守祖制"的框架之内，收到避免疑忌，减少阻力的效果。所以，"惟在遵守祖制"云云，应是策略性的运用，而非

---

❶《明神宗实录》，卷二，隆庆六年六月癸酉。万历对张居正的嘉勉语言亦在居正随后呈递的《谢召见疏》引述。该疏载在《张太岳集》，卷三七。

❷《明神宗实录》，卷二，隆庆六年六月癸酉。又载《张太岳集》，卷三七《谢召见疏》。

❸《张太岳集》，卷三七，《谢召见疏》。

❹《明神宗实录》，卷二，隆庆六年六月癸酉。又载《张太岳集》，卷三七《谢召见疏》。

❺《国榷》，卷六八，隆庆六年六月庚午，《谈迁曰》。

政策导向的规范。

为此，张居正紧接着又递上了一份情词挚切的《谢召见疏》，更剀明具体地表白自己的忠忱，以及对稚龄皇帝的期望，言：

> 臣闻古所称为辅弼大臣者，在于赞成君德，乂安海内，责任甚巨，固非臣愚所能称塞上意。而人臣之道，必秉公为国，不恤其私，乃谓之忠。臣少受父师之训，于此一字讲明甚熟。迨登仕籍以来，业业操持，未尝有堕。今伏荷皇上天语谆谆，恩若父子，自非木石，能不奋励！臣之区区，但当矢坚素履，馨竭猷为，为祖宗谨守成宪，不敢以臆见纷更；为国家爱养人才，不敢以私意用舍。此臣忠皇上之职分也。仍望皇上思祖宗缔造之艰，念皇考顾遗之重，继今益讲学勤政，亲贤远奸，使宫府一体，上下一心，以成雍熙悠久之治。❶

这一篇奏疏是对被召见时口头陈奏的补充和充实，它非常精到地在维护皇室尊荣和服膺皇权至高无上，与恪守臣子职分之间构造出一个结合点，取得稳当的平衡。特别是，这是居正受任以来，第一次提出"宫府一体"的执政指导思想，此正是李太后母子最为关注最为热盼的事。居正有针对性地强调这一点，无疑是发出一个释疑免忌的重要信号，是一剂有意让后宫安心的清凉药。因此，奏章送上后，"上又善之"❷。

张居正为达到集中权力于内阁，用以实现大力推行改革的目的，所采取的策略步骤，截然不同于高拱。他是宁可使用比较温和、比较迂回的办法，而摒弃顶撞哄闹的方式，极力表达善意和忠忱以换取信任和支持。他深知在当时的体制下，如果得不到皇权的信任和支持，内阁必将无可作为，本人亦难久安于位。他在这篇奏章中，对年仅十岁的小皇帝谀称为"恩若父子"，正是以"子臣"身份对"君父"而言。事实证明，居正采取沥述忠诚和以臣仆自居的低姿态，在政治上

❶《张太岳集》，卷三七，《谢召见疏》。
❷《国榷》，卷六八，隆庆六年六月癸酉。

是很成功的，从此，在张居正和万历之间，便进入了历时六七年之久的政治蜜月期。

居正和万历在这一段时期内相互间的诚挚关怀，在历代君臣关系中是极其罕见的。

主要由于年幼，还比较单纯，万历对于李太后、张居正和冯保联手对他的严格督教，似乎还自认为是分之所宜，初期并无反感。他确实曾以尊敬和钦佩师长的朴素感情对待张居正，甚至对之执弟子礼，不敢摆皇帝架子。他曾亲笔降手敕给张居正，谓："朕以冲幼，赖先生为师，朝夕纳诲，以匡不逮。"❶经常当面说："凡事尚赖先生辅导。"❷"国家之事，孰不赖先生辅理？"❸等等。当时，"上以师臣待居正，所赐御札皆不名，称先生，或称元辅。"❹其所以如此，当然也由于经过张居正的大力整顿，国势的颓败很快得以扭转，各方面的工作渐有起色，朝廷威望亦日渐增强，此正与万历在成长中的帝王荣誉感和亟谋提高皇帝权威的要求相适应，反映着君臣之间利益的一致性。是时，在边陲地区取得的一些军事胜利，万历也无不首先归功于居正。万历三年（1575）八月，辽东督抚奏报擒获了叛乱头目王杲，杀伤敌骑四五百人，被称为"辽东大捷"，万历当面嘉勉居正，谓："此皆先生运筹之功。"❺继又手谕曰："辽东大捷，诚为罕有，实元辅预授秘计，始能成功。"❻万历五年春夏之间，总督两广军务凌云翼率军十五万人，镇压了粤北瑶、僮等少数民族的反抗活动，斩杀一万六千余人，俘虏二万三千余人，自称取得"岭东大捷"（或称"广东大捷"）。五月，奏报至京，论功行赏，万历亦认为主要是由于张居正与内阁辅臣们运筹

❶《万历起居注》，万历五年十月八日。

❷《万历起居注》，万历二年十月十七日。

❸《万历起居注》，万历三年四月十四日。

❹《明史窃》，卷四九，《张居正》。

❺《万历起居注》，万历三年八月二十九日。

❻《万历起居注》，万历三年九月十八日。又见《张太岳集》卷三八，《辽东大捷辞恩荫疏》。

帷幄，决胜于千里之外所致❶。将一应军功均推戴为居正的业绩，显然有溢美之处，但亦反映出，当时的万历，是几无保留地倾心于乃师的忠忱，极为赞赏居正所已取得的辉煌成果。

在生活的特殊照顾和荣誉的逾格给予方面，万历对于张居正也是殷勤和慷慨的。万历元年四月，张居正有子早殇，万历亲切面慰之曰："闻先生子故烦恼，先生宜以国事为重，勿过于伤怀。"❷居正偶患腹痛，"上知之，手调辣汤一器以赐"❸。另一次，万历在文华殿讲读，居正因偶患小疾请假，"上遣中官问疾，仍命太医院使徐伟诊视，又手封药一裹，命中官守候服毕复命。"❹居正对此当然是感激已极的，病愈后奏言："臣犬马贱躯，偶婴疾患，至于上勤圣母、皇上慈悯，方病而命医赐药，唯恐其不愈；既痊而遣慰赏金，又喜其速疗。……虽天地之高厚，父母之鞠育，未足为喻也。"❺

当时，万历对于张居正的信任和倚重，一度是几无保留的。居正在北京的邸第建筑楼堂，万历亲赐楼名为"捧日"，所谓"捧日"者，以大力辅佐"幼主当阳"也；堂名"纯忠"，肯定其绝对忠诚也❻。"仍赐御笔大字二幅，一曰'社稷之臣'，一曰'股肱之佐'"。对句一联曰："志秉纯忠，正气垂之百世；功昭捧日，休光播于万年。"❼并谓："卿勋德并茂，朕亲撰堂楼额名以赐，用示褒嘉，未足以尽酬眷之意。"❽这样高度的赞誉颂扬一个臣子，不但在万历朝为唯一，在有明一代亦未见。万历不止一次说，居正"有非常之才，立非常之功"❾。甚至

---

❶ 《万历起居注》，万历五年五月二十二日。又，《张太岳集》卷三八，《广东奏捷辞免加恩疏》引万历为此下的谕旨曰："岭东积寇荡平，皆卿等赞谋庙堂，致无遗策，功当首论。"可参见。

❷ 《万历起居注》，万历元年四月十日。

❸ 《万历起居注》，万历二年五月八日。

❹ 《万历起居注》，万历三年七月十七日。

❺ 《万历起居注》，万历三年七月十九日。

❻ 参见《万历起居注》，万历元年六月十六日。

❼ 参见《万历起居注》，万历元年六月十六日。

❽ 参见《万历起居注》，万历元年六月十六日。

❾ 《万历起居注》，万历四年八月对张居正一品九年考满的批语。

还指天誓日地说："先生精忠大勋，朕言不能述，官不能酬，惟我祖宗列圣必垂鉴之，阴佑先生子孙，世世与国咸休也。"❶当张居正推荐张四维入内阁，万历竟然加批上"随元辅等在内阁办事"数字❷。如此地突出元辅张居正一人的特别显要地位，也是前此历届皇帝任用内阁大学士所未有过的。万历对于张居正，数年之间，连续使用诸如上述极端的赞颂词藻，初时似还不是完全出于拉拢，还不是矫揉虚伪，其中确有一个少年皇帝比较真纯的景仰感情在。当时，甚至连实际上执掌着最高权力的李太后，有时在一些问题上，也不能不曲从张居正。以李太后和万历皇帝为主体的宫廷势力，在相当时期内，曾给予张居正逾于常格的特殊信任和支持，是居正赖以部署多方面重大改革措施的坚定后盾。

当然，也必须看到，李太后母子对于张居正的隆礼殊宠，主要还是基于对国运朝政的重视，并不是私恩偏爱。张居正亦因此更激发起鞠躬尽瘁的忠忱，认为自己幸逢千年难得的君臣知遇，是施展抱负，以振颓起衰的绝好良机。他说："盖闻君臣大义，分无所逃，时乎，时乎！难以再得。"❸他多次言及自己"捐糜不足言报"❹，不惜粉身碎骨以效忠，"皇上宠臣以宾师不名之礼，待臣以手足腹心之托，相亲相倚，依然蔼然，无论分义所当尽，即其恩款之深洽，亦自有不能解其心者。"❺又说："士而知己，许身尚不为难；臣之受恩，捐躯岂足云报。"❻应该说，他当时这样的感情和意念，确也是比较真挚和坚定的。君臣而兼师生，相知而又相期许，正是中国士人千百年来梦寐以求的理想境界。特别在当时，居正、万历之间尚未存在什么利害的矛盾冲突，尚未发生什么重大的政见分歧，在此基础上曾共同营造出一种密切融洽的气氛，为万历初政一度开拓出成就赫然的兴旺局面。万历中后期，

---

❶《万历起居注》，万历四年八月对张居正一品九年考满的批语。

❷《万历起居注》，万历三年八月十一日。

❸《张太岳集》，卷二五，《与王继津论君臣之义》。

❹《张太岳集》，卷三〇，《答应天巡抚胡雅斋言内府清汰铺垫》。

❺《张太岳集》，卷三九，《被言乞休疏》。

❻《张太岳集》，卷三八，《谢恩责父母疏》。

曾任礼部尚书、内阁大学士的于慎行，曾记述当时万历与张居正之间在政治和生活上的亲切无间，言：

> 江陵相君柄政，上眷顾殊绝，古今无两。每日御讲筵，讲臣出就直庐，午漏，相君以侍书入。在文华后殿东偏，张一小幄，相君、司礼侍立，造膝密语，于此见之。上顾相君有所欲语，正字即却走出殿门，少刻，闻语止乃入。……又盛暑御讲，上先就相君立处，命内使摇扇殿角，试其凉暄。隆冬进讲，以毡一片，铺丹地上，恐相君立处寒也。❶

于氏在万历初年，职任日讲官，上述情况当为他本人的目睹或亲自闻悉，其可信性是没有疑问的。因细微而见轮廓，这是一幅何等温馨蔼祥的君臣讲读和议政图卷呵！

第四节　张居正为"致君尧舜上"的努力

张居正一直十分重视幼年皇帝的文化知识学习，而又特别着重于陶冶德性和对统治知识经验教训的系统吸收。他坚定认为，即使天潢帝胄，亦必应学而知之，学而通之，必须通过后天的培养训练，才可能无愧皇裔，有望成为朝野的表率。对于幼年皇帝以及未御位前的皇太子，因一身关系社稷的安危，更必须加倍注重。

早在隆庆在位之时，居正对于皇太子朱翊钧的学习问题，就表示出特殊的关注，甚至不惜为此而对隆庆的教育方针提出异议。原来在隆庆四年（1570），朱翊钧虚龄八岁之时，礼部和礼科即题请"东宫出阁讲学"，但隆庆担心自己的宝贝儿子过于劳累，批示"年十龄来奏"❷。张居正对此不以为然，他代表内阁起草疏文，针对隆庆的观点，

---

❶《谷山笔麈》，卷二，《纪述》一。
❷《张太岳集》，卷三六，《请皇太子出阁讲学疏》。

申述："窃闻孔子有云：'爱之能勿劳乎？劳之正所以成其爱也。'远稽古礼，近考古制，皆以八岁就学。盖人生八岁，则知识渐长，情窦渐开，养之以正，则日就规矩；养之不正，则日就放逸，所关至重也。"❶又强调说，身为皇太子的朱翊钧"今已八龄，非襁褓矣。正聪明初发之时，理欲互胜之际"，正是"作圣之基以豫养而成，天下之本以早教而端""若必待十龄，去此尚有二年之远，中间倘所见所闻少有不正，则关系匪轻。早一日则有一日培养之益；迟一年则少一年进修之功"❷。可见，张居正是将皇太子亦视同一般的少年儿童，其品格器识与人生道路的发展，都与对他的培养教育的是否及时和得当有着密切的关连。此议虽未得到隆庆皇帝接纳，奏疏"留中"，但张居正对"天下之本"应及时学习的焦灼关心，已情溢于词。是以当隆庆刚咽气，犹在治丧期中，居正对于业已十龄，又继位为帝的朱翊钧，便急不可待地提出加紧学习的要求。

按照明朝的体制规定，幼年皇帝的正规学习形式，称为"开日讲"和"御经筵"。

所谓"开日讲"，即由指定的侍讲、侍读等官员和大学士等每三日轮流讲课一次。所谓"御经筵"，也就是更具规模更郑重的讲读，内阁大学士、六部尚书、勋臣等均应参加，由国子监祭酒及翰林院左右春坊学士等重要学者主讲。幼年皇帝通过这种形式的学习，得以掌握基本的文化知识，特别是"有关于治道君德"的学问❸。

隆庆六年（1572）八月初八日，时距隆庆去世才两个月又十三天，张居正即上了一道名为《乞崇圣学以隆圣治》的奏疏，强调"培养君德，开导圣学乃当今第一要务"，认为"自古帝王虽具神圣之资，尤以务学为急。我祖宗列圣加意典学，经筵、日讲具有成宪，用能恢弘治

---

❶《张太岳集》，卷三六，《请皇太子出阁讲学疏》。
❷《张太岳集》，卷三六，《请皇太子出阁讲学疏》。
❸《张太岳集》，卷三七，《乞崇圣学以隆圣治疏》。又载《明神宗实录》，卷四，隆庆六年八月辛酉。

理,坐致升平。"❶明确地将加强学习与巩固统治两者密切联系起来。又为防止有人借口甫经国丧,隆庆皇帝的殡葬事宜尚未结束,提出不宜过早举行典学仪式的主张,他搬出了弘治十八年(1505)五月,明孝宗朱祐樘去世,正德皇帝朱厚照嗣位,当时的内阁大学士刘健、李东阳、谢迁等人便决定即开日讲,至次年二月开始御经筵的旧事,主张按此先例,在八月中旬即为万历皇帝开办日讲,建立正规的学习制度。

随后,张居正又亲自拟定了开日讲的日程、课程、仪注,以及与处理朝政的结合等方面的安排。认为,当皇帝尚在幼冲之年,应以学习为主,"若论有益于身心,有裨于治道,则视朝又不如勤学之为实务也。"❷具体安排是,逢三、六、九日视朝,其余的日子俱在文华殿讲读,"非大寒大暑不辍讲习之功"❸。也就是说,每月仅有九天全天办政事,而有二十天以上则着重学习。为此,又在《拟日讲仪注疏中》开列若干条,对小皇帝每天的功课安排、作息时间等均有具体规定:在课程方面,要求每逢开日讲之日,早课为听讲《大学》和《尚书》的若干篇章,先诵读《大学》有关篇章十遍,再诵读《尚书》的有关篇章亦十遍。午课为听讲《资治通鉴纲要》的若干卷节,着重了解和理解前代的兴亡事实和经验教训,目的是"以史为鉴戒"。在早课和午课讲读之后,张居正和其他大学士还要见缝插针,进一步讲解。即使在逢三、六、九日视朝的日子,虽暂免讲读,但仍要求小皇帝退朝后在宫中将讲读过的经书认真温习,并按书法法帖练习写字。而且,在早课和午课空隙之间,还要加进一节"览本"的内容,即由司礼监将各衙门上的章奏进上"御览"。这些章奏虽然多是已经由张居正为首的内阁处理过,提出了处理意见的"票拟",甚至起草了谕敕的初稿,其所以要特别送览,看来并不是为了请示,听候皇帝"御批"裁定,而

---

❶《张太岳集》,卷三七,《乞崇圣学以隆圣治疏》。又载《明神宗实录》,卷四,隆庆六年八月辛酉。

❷《张太岳集》,卷三七,《请酌定朝讲日期疏》。又载《明神宗实录》,卷四,隆庆六年八月壬戌。

❸《张太岳集》,卷三七,《请酌定朝讲日期疏》。又载《明神宗实录》,卷四,隆庆六年八月壬戌。

主要目的乃在于"庶皇上睿明日开,国家政务久之自然熟练"❶。在作息安排方面又规定,"每日定以日出时请皇上早膳,毕,出御讲读"❷;如果因天气突变,风雪过甚而辍读,则应专门"传旨暂免"❸。

从所有这些规定可以看到,张居正对于小皇帝的学习是抓得非常紧的。自此之后,小皇帝的日讲学习,都严格地按规定进行。甚至在万历元年(1573)新年刚过,即在正月初五日,就专门传谕,提前从初七起恢复日讲。本来,按照前朝旧例,新春节假是到正月二十一日才起讲的。这固然是由于张居正的督导,但亦可见"上于假内即御讲帏,可谓好学之笃矣"❹。

到正月初十日,张居正又专门上疏,请即开始"御经筵""庶劝讲之礼既不废于公庭,造膝之言又日陈于左右。圣功已密而益密,圣德日新而又新。"❺

为开始"御经筵",举行了高规格的仪式,任命了一长串勋贵、内阁大学士、六部尚书、都御史、国子监祭酒、翰林学士等为知经筵官、同知经筵官、侍讲侍读官、写讲章并起止官、侍班官、侍仪官、鸣赞官、序班官、执事官等等。礼部请先期设御座于文华殿,经筵就在这里举行。中间设御案于殿之东稍北,又设讲案于殿之东稍南。是日,由司礼监太监先陈所讲四书、经、史各一册于御案,另一份置于讲官之讲案,讲官各撰讲章(讲义),置于册内。皇帝升座,知经筵官率其他各官于丹陛上五拜三叩首,然后开讲,可谓隆重。当然,起着实质性主持作用的还是张居正。他职居知经筵官,负责奏请二月初二日"初御经筵"❻。

---

❶《张太岳集》,卷三七,《拟日讲仪注疏》。又载《明神宗实录》,卷四,隆庆六年八月丙寅。

❷《张太岳集》,卷三七,《拟日讲仪注疏》。又载《明神宗实录》,卷四,隆庆六年八月丙寅。

❸《张太岳集》,卷三七,《拟日讲仪注疏》。又载《明神宗实录》,卷四,隆庆六年八月丙寅。

❹《万历起居注》,万历元年正月初五日。

❺《张太岳集》,卷三八,《请开经筵疏》。又载《万历起居注》,万历元年正月初十日。

❻ 据《万历起居注》,万历元年正月初十日和二月初二日的记载。

自此之后，万历在大婚之前，基本上能按照规定定期御经筵。但应指出，经筵的场面虽然远逾于日讲，但实际的学习效果则不如日讲能具体讲解、质疑和解答。这两种相辅相成的学习形式，为幼年皇帝万历熟悉基本的儒家教义、历史殷鉴和文化知识奠定了基础。

皇帝日讲、御经筵的内容，自然是围绕着培养当今皇上成为"尧舜之君"这个中心来进行。教材则离不开作为历朝历代国家统治伦理教科书的儒家经典，而张居正又特别突出《大学》和《尚书》中的《尧典》《舜典》。张居正在一篇专门上的奏章中，着重论述了他精心选择儒家基本经典作为御用教材，并进讲轻重和先后安排的考虑。他说：

> 臣等窃惟《大学》一书，乃圣贤修己治人之要道，《尚书》《尧典》《舜典》又千圣相传治天下之大经大法，比之他书最为切要。前者，讲官进讲皆逐句细解，虽字句文义颇为详尽，然一篇旨趣，尚欠发明，恐于圣心未有启发。查得日讲旧规，三日一次温讲，合无待《大学》《舜典》讲完之日，令讲官陶大临等通前温讲一遍。每章长者分为数条，短者作一次通讲。……以后，《中庸》《论语》及《大禹谟》诸篇，俱如此例，但不必拘定三日，惟有关于治道君德者，句解之后，再加通讲。若无甚关系者，则不温可也。如此，似于圣学少有补益。❶

除了通过日讲和经筵，以督导万历修习儒家经典以及《资治通鉴》等以外，张居正还主持编纂了一些特殊的辅助性教材，有针对性地对万历进行有关历代治乱兴亡及其原因的教育，敦促他从中吸取应有的教训，"以是知人主欲长治而无乱，其道无他，但取古人已然之迹而反己内观，则得失之效昭然可睹矣"❷。

为此，他早在隆庆六年（1572）十二月，便委派讲官马自强等人

---

❶《万历起居注》，万历元年正月十二日。

❷《张太岳集》，卷三八，《进〈帝鉴图说〉疏》。又载《明神宗实录》，卷八，隆庆六年十二月己。

专门选集历代帝王中得失成败而具有典型意义的史事，编辑成书，每人配以一传，每事配以一图，再加注浅白讲解，取名为《帝鉴图说》❶，目的是以形象的形式让万历"视其善者，取以为师，从之如不及；视其恶者，用以为戒，畏之如探汤。每兴一念，行一事，即稽古以验今，因人而自考"❷。

《帝鉴图说》在选材内容上是屡经斟酌，然后精选成书的，"谨自尧舜以来有天下之君，撮其善可为法者八十一事，恶可为戒者三十六事"❸"条目仅止百余，而上下数千载理乱之源，庶几略备"❹。以"善"作为导引的规范，以"恶"作为善的对立面，两者对比鲜明，显然是为了收到劝惩的作用。在进呈《帝鉴图说》之后的一段时期，万历确曾留意阅读，有时亦能联系到当前的政事；张居正也往往利用讲解《帝鉴图说》的机会，借史以譬今，据史以论今，将一些重大政见，附会到历史事迹上，以便于解决当前的实际问题，求得君臣的共识。这样的例子是不少的，例如在万历元年（1573）三月初四日：

> 上御文华殿讲读。辅臣张居正进讲《帝鉴图》汉文帝劳军细柳事。既反复开说，因奏曰："古人说，天下虽安，忘战必危。如今天下承平日久，武备废弛，将官受制于文吏，不啻奴隶。夫平日既不能养其锋锐之气，临敌何以责其有折冲之勇？自今望皇上留意武备。将官忠勇可用者须稍假权柄，使之得以展布，庶几临敌号令严肃，士卒用命。今士大夫有识者皆曰："我祖宗用刀尖上挣来的天下，今日被笔尖儿上坏了。"且文武并用，乃长久之术。

---

❶《帝鉴图说》一书，在台北"中央"图书馆善本部有藏本，印刷精美，图像清晰，是当时使用最佳条件刻印而成的图书。

❷《张太岳集》，卷三八，《进〈帝鉴图说〉疏》。又载《明神宗实录》，卷八，隆庆六年十二月己巳。

❸《张太岳集》，卷三八，《进〈帝鉴图说〉疏》。又载《明神宗实录》，卷八，隆庆六年十二月己巳。

❹《张太岳集》，卷三八，《进〈帝鉴图说〉疏》。又载《明神宗实录》，卷八，隆庆六年十二月己巳。

俗语说："文官把笔安天下，武将提戈定太平。"上曰："然。"因嗟叹久之。❶

张居正实际上是用汉文帝刘恒劳军细柳一段史事为由头，引发出当前必须整军经武，以防御边患，振作国威，而为此，又必须改变重文轻武的陋习，必须适当重用武将的一番大议论。他侃侃言来，但深入浅出，符合少年皇帝的接受能力。可见《帝鉴图说》所载虽俱为历史的陈迹，但却往往发挥着现实的作用。

又例如，对《帝鉴图说》的讲解，往往也收到"启悟上知"的效果。万历元年（1573）十月初八日：

> 上御文华殿讲读。是日，辅臣居正进讲《帝鉴图》宋仁宗不喜珠饰。上曰："国之所宝在于贤臣，珠玉之类饥不可食，宝之何用！"居正因反复言："古者，明君贵五谷而贱金玉，盖以五谷养人，故圣王贵之。金玉虽贵，饥不可食，寒不可衣，而铢两之间，为价不赀，徒费民财，不适于用。故《书》言：'不作无益害有益，不贵异物贱用物。'良以此耳。"上曰："然。彼宫中妇女只好妆饰，朕于岁时赏赐，每每节省。宫人皆言：'用得爷爷多少。'朕云：'今库中所积几何？'"居正因顿首曰："皇上之言及此，社稷生灵之福也。"❷

在这里，《帝鉴图说》又起到倡廉节俭的教育作用，比空洞的说教更易收效。

直到万历三年，张居正与万历之间围绕《帝鉴图说》的讨论，一直未辍。有些议论是比较有深度的，万历有时亦对居正披露出某些内心的考虑，例如是年三月初四日：

---

❶《万历起居注》，万历元年三月初四日。引文原为《帝鉴图》，未有"说"字。

❷《万历起居注》，万历元年十月初八日。

上御文华殿讲读。上览《帝鉴图说》，至强项令董宣事，嘉叹久之，顾谓辅臣张居正等："彼公主也，尚不可私庇一奴如此，外戚家何可不守法。今戚里间，朕以慈闱故，多有委曲调停处，渠宁讵知。" ❶

万历所说的，是指对李太后的父亲武清伯李伟倚恃贵戚身份，过多陈请赏赐，又屡有不法的情事，因读《帝鉴图说》而触及此事，亦可见《帝鉴图说》作为一种特殊的御用教材，曾在相当时期内起过鉴戒的作用。

张居正以前代帝王的得失为鉴，但并不限于前朝的君主。他曾经刻意利用明朝开国皇帝——太祖朱元璋在登位之后，手写自传体碑文《皇陵碑》的内容，以教导万历体念创业艰难，守成非易，理应履薄临深，朝乾夕惕，戒逸戒奢，勤于朝政和关心闾阎疾苦。突出《皇陵碑》以作为培植君主德行的教材，此在洪武以后，实为罕有的一次。

明太祖朱元璋出生于元末战乱之际的贫苦家庭，曾经过乞讨和入寺为托钵僧的痛苦生活。最后领导红巾军，驱逐蒙元势力，建立了大明皇朝。朱元璋与前代一些创业帝王相比，是从不伪造自己拥有什么尊贵血缘，亦从不编造什么神赐天授以就大位的谎言，而坦率地承认自己出身于最低层，是历经了各种险阻忧危，才缔造出明封建帝国。他晚年手撰的《皇陵碑》，就是使用近于口语的韵文形式，记述本人历经坎坷的苦难历程。朱元璋写作的主要目的，是用以教育儿孙辈，特别是后代的嗣位皇帝必须"慎终追远""报本反始"，切勿忘记祖宗百战艰危以创造基业的意思。

朱元璋在碑文中，毫不讳言自己的父母死于战乱灾荒，甚至身后竟无葬身之地，日后无从认坟拜祭的苦况，"殡无棺椁，被体恶裳，浮掩三尺，奠何肴浆"；也说到自己为充饥糊口而投入皇觉寺为僧，后因寺荒人散而托钵游荡于四方，彷徨孤苦，以乞讨为生：

---

❶《万历起居注》，万历三年三月初四日。

> 众各为计，云水飘扬。我何作为，百无所长。依亲自辱，仰
> 天茫茫。既非可倚，侣影相将。突朝烟而急进，暮投古寺以趋跄。
> 仰穷崖崔巍而倚碧，听猿啼夜月而凄凉。魂悠悠而觅父母无有，
> 志落魄而央佯。西风鹤唳，俄淅沥以飞霜。身如蓬逐风而不止，
> 心滚滚乎沸汤。

他甚至坦然承认，自己投奔红巾军是几经踌躇、迫于无奈的选择，是被卷进反元洪流的，他并不夸大自己当时的觉悟程度，以及对元末暴政本质的认识：

> 住方三载，而又雄者跳梁。初起汝、颍，次及凤阳之南厢。
> 未几陷城，深高城隍。拒守不去，号令彰彰。友人寄书，云及趋
> 降。既忧且惧，无可筹详。旁有觉者，将欲声扬。当此之际，逼
> 迫而无已，试与知者相商。乃告之曰：果束手以待罪，亦奋臂而
> 相戕。知者为我画计，且祷阴以默相。如其言往，卜去守之何祥。
> 神乃阴阴乎有警，其气郁郁乎洋洋。卜逃卜守则不吉，将就凶而
> 不妨。❶

朱元璋在碑文中缕缕道来，骤读之似乎是倾说悲情，如泣如诉，一字一泪；但仔细思考品味之，则会感悟到英雄出于平凡的悲凉激越。惟因困顿磨炼出大豪杰，能缔造大事业。碑文的主调实质上是奋励激越的，文字中挟有回忆、感慨和继往开来的期许。正因为所叙述的都是真情实事，唯其真实，故倍感亲切；唯其有亲切感，故其感染力也特大。对于一般臣民固然如此，对于继统嗣位的后代帝王，理应感受更深。

张居正正是针对此点，进言：

❶《明太祖文集》，卷一四，《御制皇陵碑》。《全明文》卷一，亦收载有此文，个别文字有出入，今从《全明文》。

臣谨恭录圣祖《皇陵碑》及《御制文集》进览，以见我圣祖创业之艰难，圣谟之弘远，伏望皇上览而仰法焉。……臣窃以为，我圣祖以天之心为心，故能创造洪业，传之皇上，在皇上今以圣祖之心为心，乃能永保洪业，传之无穷。❶

幼年万历在读过《皇陵碑》后，一时也颇有感动，对张居正说："先生所进《皇陵碑》，朕览之数过，不胜感痛。"❷翌日，又说："朕不敢不勉行法祖。"❸应该说，张居正进览《皇陵碑》，是曾经收到过一定效果的。

不仅对于明太祖朱元璋的遗稿，张居正曾经注意运用，即使对于朱氏其他皇帝在位时形成的历史档案，他亦有选择地挑出一定数量，以作为"培养君德"的实物教材。居正在内阁和其他部门中，仔细检出万历祖父明世宗嘉靖皇帝朱厚熜亲笔撰写的"圣谕"六十三件，"御制文"四十四件，"圣旨"并票帖七十件；又挑选出朱厚熜从嘉靖十年至二十年间（1531—1541）经亲自批示过的题奏本章六十五件，先后送给万历阅读，请万历从乃祖遗墨中学习"致理之方"。盖因为嘉靖皇帝在其早期，尚比较能亲裁政务，察察为明。居正特别选择这个时期的御制文或经御批档案以进呈，无非是为了期望万历仿效乃祖此一点，真正履行皇帝的职任。

张居正在讲说《帝鉴图说》时，有时亦未回避朱明皇朝某些"先皇"的失德怠政或好奢崇侈，敢于在当今皇帝面前揭开其祖其父的"疮疤"，意在给在位皇帝敲响警钟。例如：他曾借进讲之便，批评嘉靖皇帝先勤后怠，日堕荒唐，为德不终，最后以修玄结局。史载：

（万历四年三月戊戌）上御文华殿，论《帝鉴图说》唐玄宗于

---

❶《万历起居注》，万历二年十月十七日。
❷《万历起居注》，万历二年十月十七日。
❸《万历起居注》，万历二年十月十七日。

勤政殿宴宠安禄山事。上曰："楼名甚佳，而佚乐，何也？"张四维曰："玄宗开元之治，有三代风，至天宝荒佚，致播迁之祸。初，张九龄知安禄山有反相，欲因事诛之，玄宗不听。后幸蜀，思九龄先见，遣人至岭南祭之。"上曰："即如此，悔无及矣。"张居正曰："无论往代，我世宗皇帝初年，西苑建无逸殿，省耕劝农，末年崇尚玄修，不复临幸。治平之业，亦寝不如初。昨讲《大宝箴》云，民怀其始，未保其终，亦是此义。"上嘉纳之。❶

对于万历的亲老子隆庆皇帝，张居正内心上是贬鄙多于尊崇，他甚至在万历面前批评隆庆习尚华靡，追求物质享受，多制袍服，"一御辄易"❷，建议万历引此为戒，谓："御服之供，所费甚巨，皆取之民。皇上能节一衣，则民间有数十人受其衣者；若轻用一衣，则民间有数十人受其寒者，不可不念也。"❸这样坦率地批评皇上的祖父和父亲，在当时的君臣关系中是极罕见的，未尝不可以列入"大不敬"之条，受贬斥之辱，甚至蹈杀身之危。但在万历初年，在张居正和幼年皇帝之间，这却是造膝密语的肺腑之言，万历对于张居正批评乃翁乃祖的意见，亦"深然之"❹，可见张居正精选的辅助教材均起到了生动深刻的教育效果。

以上紧凑和周密的安排，说明张居正出于对明皇朝的忠忱。为了缓解濒于崩解的统治危机，营造中兴的局势，为了不负隆庆先帝"顾托之恩"，他将儒家传统的忠君爱国，拯转世运的宏愿集中在辅导万历成为圣君的理想上。他不惜一切办法以"开悟上心"，以"弼成圣德"❺，正是因为爱之殷，而望之切，督之严，而期之远大。

又必须看到，教与学本来就是矛盾的统一，外因必须通过内因才

❶《国榷》，卷六九，万历四年三月戊戌。此一次应对的谈话内容亦见于《明神宗实录》，卷四八，与《国榷》所记一致。但《国榷》所记比较简明，故采用。

❷《万历起居注》，万历四年十二月二日。

❸《万历起居注》，万历四年十二月二日。

❹《万历起居注》，万历四年十二月二日。

❺《张太岳集》，卷三一，《答南列卿陈我度》。

能起作用。在相当一个时期内，幼年皇帝万历确实有过奋志力学的志愿，并有过努力攻苦的实际表现❶。事实表明，张居正不但是一个有作为和有建树的政治家，而且是一个诲君不倦、循循善诱的严师❷。而幼年的万历，也曾经是一个当之无愧的好学生。

应该说，在万历登基后的最早期，即在万历三四年之前，他是比较心悦诚服地接受由李、张、冯联合组成的辅导监管的，有追踪前代圣帝贤王，勉力成为中兴之主的意愿。

他曾经致力于学习，除了定时参加经筵、日讲等皇家讲授经典治道的课程外，在髫年即工八分书。为此，太监孙隆曾专造一种名为"清谨堂墨"的墨以备他御用。该墨款式精致，乌润浓亮而运笔酣畅❸。他极喜赐给大臣戚属等御书墨宝，"好为大书"，"笔力遒劲，体格庄严，虽前代人主善书者，无以复逾"❹。

万历不但本人曾有志于学，居然还写出过《劝学诗》以嘉勉天下的士子。诗曰："斗大黄金印，天高白玉堂，不因书万卷，那得近君王。"❺口气很大，颇有点帝王霸气，正反映出当时万历在这方面信心充沛和志向不凡。

稽考史籍，万历刚坐上皇位时，其精神状态是比较健康向上的，其言论行为尚有可采之处。例如万历元年（1573）十一月：

---

❶ 关于万历曾经刻苦学习并颇善于运用实际这一点，张居正在许多私人通信中都说到过。例如，在《与河道万巡抚论河漕兼及时政》一函中，曾说："主上锐意学问，隆寒不辍，造膝咨访，史不殚书。"（载《张太岳集》，卷二四）又如，在《寄赵大洲相公》一函中，曾说："主德日新，精勤问学，宫府清宴，方内乂安。"（载《张太岳集》，卷二七）。再如，在《答山东抚院李渐庵言吏治河漕》一函中，更说到："今主上年虽幼冲，已知注心邦本。"（载《张太岳集》，卷二七）等等。其余类似的评论尚多，似非谀美之言。

❷ 据于慎行《谷山笔麈》卷二《纪述》二所载："丁丑，行在讲筵。一日，讲官进讲《论语》，至色勃如也，读作入声。主上读为背字。江陵从旁厉声曰，当作勃字。上为之悚然而惊，同列相顾失色。"可作参考。

❸ 史梦兰：《全史宫词》，《明补遗》。

❹《明神宗实录》，卷三三，万历二年闰十二月丁亥。

❺《列朝诗集》，乾集上，《明神宗显皇帝》。

> 张居正侍上文华殿，语及宫人张秋菊失火事。上曰："此光帝宫人，潜邸内人，圣母欲笞之五十，朕曰杖三十，下安乐堂矣。"居正言其罪当。上曰："然法有可宽，亦有不可宽。"对曰："诚如圣谕。诸葛亮云，宫中府中，俱为一体。陟罚臧否，不宜异同，正此之谓。"❶

又例如：

> 左右中官言，上在宫中，惟以看书写字为事，更无他慕。每见史书王莽、吕太后、武则天、萧太后，即以手指骂之。上因语及讲官所讲秦始皇销兵事，言："始皇甚愚，木棍岂不能伤人乎？"❷

在这里可以看到一个智慧初开，但很能将侍讲读官的讲授转化为自己语言的小皇帝，在当时尚愿意以之作为指导自己的行动。指骂古代所谓奸恶之人，形似幼稚，但亦可见当时万历对是非善恶标准的界定，与张居正的认识是基本一致的。

原来，明王朝专为皇帝学习设置的日讲和经筵制度，早已流为形式。偶尔举行，讲者无非是重复一些迂腐陈言，听者也仅是作为应景的敷衍。由于经筵之后例有盛宴，侍讲侍读以及他们的随从人等，正好借此饱食一顿，当时习惯，称之为"吃经筵"。虽届御经筵之期，但皇帝往往又传免，内官戏称之为"经了筵"❸。张居正主政后突出的措置之一，就是对这一套频于僵死的学习形式，进行大力的整顿，注入了新的内容和活力，发挥其功能，使之恢复成为胜任培养幼年皇帝的有效机制。根据《万居起居注》按年月排比的逐日记载，居正几乎每次日讲和经筵都亲自参加，随事导迪，又总是在教学之外，结合实际以

---

❶《国榷》，卷六八，万历元年十一月辛巳。

❷《万历起居注》，万历元年十月初八日。

❸ 杨士聪：《玉堂荟记》（不分卷）。

奏报政事，和万历一起商议裁定。故此，这一阶段的日讲和经筵，实际上已经演变成为一种特殊形式的朝会，起到教学和议政相结合的双重功能。这一方面反映出，张居正为了辅导万历遵循正轨，致君尧舜上，确实是尽心竭虑，不惮劳，不避怨，从多方面多角度勉尽为师之责；而当时的万历皇帝，亦曾从善如流，尊敬并遵从元辅兼师傅的督导。君臣之间的政治蜜月，在教与学之间亦明显地表现出来，此亦为万历初政得以顺畅推行改革，并收有显著成效的原因之一。

如果这一对君臣而兼师生亲密无间、融洽协和的关系能贯彻始终，能如切如磋，弗离弗弃，同心谋国，恩仇不致中变，治道不致翻更，万历朝中后期的历史岂不是会变成另一个样子吗？

第十二章

"江陵柄政"首重整饬吏治

第一节 "江陵柄政"的主要内容

"江陵柄政",是时人和后代史家对于张居正大权独揽主持国政阶段的形容词。应该说,称之为"柄政",能比较确切地反映出当时政治形势的实况和特点。因为张居正充分利用皇帝幼弱,"以冲龄践祚,举天下大政一以委公"❶的特定时机,内挟宫廷的高度信任,以与李太后、冯保结成的政治铁三角为依托,用早年写成的《论时政疏》和《陈六事疏》作为施政纲领,针对万历初元存在最严重、最突出的社会经济和政治诸问题,进行了大兴大革。在短短十年之间,掀起了一个除弊去朽、振作图强的高潮,并取得过辉煌的成就,这在中国古代历史上是罕见的,在明代历史上更是唯一的一次。"江陵柄政",是作为一个独立的历史阶段而彪炳于史册的。

但是,必须看到,居正虽然骤跻高位,手握重权,而面临的内外形势仍然非常严峻。他自己说:"当主少国疑之时,以藐然之躯,横当

---

❶《张太岳集序》。

天下之变。"❶ 著名学者吕坤于万历四十年（1612），即在张居正已身死覆败，被革爵抄家，而尚未被平反之时，即对张居正受命于艰危动荡之际的处境做过扼要的回溯，谓：

> 当是时，两宫有并后之尊，诸珰操得肆之权，外戚有夤缘之藉，宣大值那吉之入，两广兴怀远之师，海内多颓靡之政，当斯任者，顾不难欤？先生念顾命之重，受圣主之知，以六合重担荷之两肩；以四海欣戚会为一体，无所诿托，毅然任之。……以一身系社稷安危。❷

吕坤的说法基本上符合实际。事实说明，居正必须面对新的复杂形势，在隆庆后期已取得改革初步成果的基础上，向着更深层次，在更广泛的范围，使用更大力度，将改革进行下去。居正还清醒地看到，自己的上台，主要是依靠宫廷的信任和在驱斥高拱斗争中的胜利，朝野均瞩目于他，看他会如何应对和采取什么举措，以突破困局。一方面，长期积淀下来的问题堆积如山，隆庆后期的改革因时间短促，仅能触及问题的表面，远未达到较彻底的解决；第二方面，他本人得掌大权，并不等于已取得真正的公信力。特别是，在驱斥高拱的问题上，不少人对问题的实质尚多疑惑，有人认为此不过是高层官僚的相互排挤倾轧。王大臣事件虽然在表面上已告平息，但在部院大臣和言官中均有人半公开地认为居正和冯保所为实属过分。指此事"奉行过严，人心惶惑"，甚至认为此事的发生和扑灭是由于"大臣知罪不可逃，驾词罗织"❸。凡此种种，都引起居正高度的惕惧，自称"受事以来，日夕兢业"❹，对于联冯驱高的问题，也多方予以辩解澄清，极力辩称自己是保

---

❶《张太岳集》，卷二五，《答李中溪有道尊师》。
❷ 吕坤：《书太岳先生文集后》，载《张太岳集附录》。
❸ 转引自《国榷》，卷六八，万历元年二月己巳。
❹《张太岳集》，卷二四，《与南刑部谢泰东》。

高最力、为高得免不测最尽力的周旋者，"不恤百口为之昭雪"❶。更有甚者，居正亦完全估计到，在采取任何重大改革步骤时，都必然会遭到来自各方面的刁难、反对和阻力。因为每一项重大的改革措施，都必然会触犯到一些特权阶层已攫取到手的既得利益。为此，他既必须精审地选择好进行改革的重点，毅然贯彻推行之；又必须注意瓦解敌对性的政治势力，化解矛盾；更必须有准备地面对和应付来自各方面对改革的抵制、抗拒和攻击。由此看来，"江陵柄政"并不是在鼓笙和奏、众意咸同的情势下揭开序幕，相反，它是在认识分歧，利害冲突，历史上遗留有积怨旧憾，面对各种阻力的情况下逐步展开的。

"江陵柄政"阶段应该从隆庆六年（1572）六月，即明穆宗朱载垕猝死，明神宗朱翊钧登基，居正成为唯一留存的顾命大臣，接掌内阁全权，被授予大政权柄开始，一直延续到万历十年（1582）六月张居正去世为止。为期恰好十周年。

这是一个对明代中后期历史具有决定意义的十年，也是一场为转移世运而进行大改革，旋又被迫停息的十年，它是明代中后期或兴或衰的交汇点和分途站。张居正在这十年中紧紧把握着罕有的机遇，期望通过一次重大的全面性的政治改革，以达到缓解社会矛盾，消除业已四伏的危机，争取拨乱反治。他在这十年中叱咤风云，屹立在当时政局最冲要的突出地位，担任着主要的角色。他成竹在胸，毅然开局，在隆庆后期已进行初步改革的基础上，更有重点有步骤地提出系统的改革方案。此一方案的组成部分亦即"江陵柄政"的主要内容。

有关"江陵柄政"时期的重大举措，大体上可以粗分为以下七个方面，即：

一、整饬吏治，调整人事任免，以之作为进行改革的突破口；

二、在全国范围内重新丈量土地，推行一条鞭法，作为均平赋役，解决社会经济和民生问题的基础；

三、进一步巩固边防，保持北疆安宁，肃清东南"倭寇"的侵扰；

---

❶《张太岳集》，卷二五，《答总宪张崛峥言公用舍》。

戡平内地的反抗活动；

四、大力整顿司法纪律，反对法弛刑轻，坚持违法必究，"刑期无刑"；

五、全面整顿驿运，革除积弊，保持信息灵通，指挥便捷；

六、大力兴修水利，消除水灾，保证作为国家财政经济命脉的漕运畅通和民生安泰；

七、为"整顿士风，统一舆情"，削减科举录取名额和贡、监生人数，查禁书院和讲学。

以上七个方面是张居正主政时期，诸多措置中的荦荦大者。它们组成了"江陵柄政"的主要内容，虽然着重点各有不同，但它们之间存在着十分密切的内在联系，是不可分割的整体。唯有经过认真的吏治整饬和人事调整，才有可能建立可以依靠的力量；唯有从社会经济层面上解除民生桎梏，改革才有实质的积极意义；唯有保持边圉安宁，大规模的改革才能着手；唯有严厉执行法治，整顿驿递、水利河漕，才有可能一扫正统年间以来的百年污浊，才能扫除改革的人为阻力，使国力增长，人民得到实际的利益。如此等等。对于诸大举措中的一些方面，当时及后来一直存在着不同的评价，存在着针锋相对的激烈辩难。笔者以为，对于"江陵柄政"阶段的诸大举措，必须放在当时的具体历史条件中，置于隆万之际社会经济政治的总体中，才能做出比较公允的评价，对其正负面做出比较符合实际的论断。事实上，张居正虽然当之无愧地是在 16 世纪中期出现的最重要的人物，是一个名实相符的伟大政治改革家，但他绝不是超人，他亦无可避免地有过错误判断和工作中的失误，如同平常人一样有过矫情和偏私，甚至有时亦未能完全摒弃权术，所有这些，都会或明或晦地在他的十年活动和某些举措中有所表露。七大举措总的大方向应该说是正确的，但每个方面的成果亦不尽相同：既有完全正确的，亦有以瑜为主，瑕不掩瑜的，还有瑜瑕互见的，情况比较复杂。为对"江陵柄政"做出应有的估价，似宜对居正推行以上七个方面举措的动因和效果，正负面影响，以及四百年来的聚讼意见，分别做出有根据的具体分析和判断。

第二节 以整饬吏治作为推动全面改革的杠杆

张居正要着手进行全面性的大改革，而他面对的却是各级官吏素质低劣，官场上纲纪废弛、臃肿腐败、运转不灵，又专事残民以逞的烂摊子。当国者或"政以贿成"，或"务一切姑息之政"❶。他深切感受到，如不大力整肃吏治，坚决进行人事改革，则一切改革将无从进行。万历元年（1573），张居正给提督两广军务殷正茂的信中，畅论整饬吏治为治国的根本，是当政者首要的任务，说："为国之法似理身，元气欲固，神气欲扬。广中患不在盗贼，而患吏治之不清，纪纲之不振，故元气日耗，神气日索。数年之前，论者谓朝廷已无广东矣。自公一振之，而倾者安，黠者戮，炎州以宁。岂易地易民哉，元气渐固，神气始畅耳。"❷因此，他向万历皇帝力陈："欲安民又必加意于牧民之官。"❸并且尖锐地指出当时官场的实况："虚文矫饰旧习尚存，剥下奉上以希声誉，奔走趋承以求荐举，征发期会以完簿书，苟且草率以逭罪责；其实心爱民，视官事如家事，视百姓如子弟者，实不多见。"❹

明中叶以来吏治败坏的重要标志，一曰冗，二曰贪，三曰风气因循姑息、萎靡腐败。

首言冗。

> 洪武年间军职二万八千有奇，成化五年军职八万二千有奇。成化迄今（指隆庆时期），不知增几倍。洪武初年，锦衣卫官二百五员，今一千七百余员，此禄俸所以不足也。❺

除了军职人员以外，皇家宗室享受宗禄的人数也急剧上升。这些

---

❶《张太岳集》，卷二六，《答应天巡抚宋阳山论均粮足民》。
❷《张太岳集》，卷二五，《与殷石汀论吏治》。
❸《张太岳集》，卷四〇，《请择有司蠲逋赋以安民生疏》。
❹《张太岳集》，卷四〇，《请择有司蠲逋赋以安民生疏》。
❺《国朝典汇》，卷三五，《按语》。

不工不农不商不士的纯寄生虫，其孵化的速度是惊人的。太祖朱元璋共生有二十六个儿子，讵料二百余年间，竟猛增到十万丁口以上。与此配套的是，文武官兵、生员、吏胥、衙役等的数量亦恶性膨胀，即使在正德时期，俸粮的支应已非国力所能负担，财政遂陷于大困。时人痛言：

> 文官二万四百，武官十万，卫、所七百七十二，旗军八十九万六千，廪膳生员三万五千八百，吏五万五千，其禄俸粮约数千万。天下夏秋税粮大约二千六百六十八万四千石，出多入少，故王府欠缺禄米，卫所缺月粮，各边缺军饷，各省缺俸廪。今宗室凡五万余，文武官益冗，兵益窜名役占，徒烦抽补召募，名数日增而实用日减。加以冗费无经，财安得不尽，司农告匮，有以致也。❶

这些官员勋贵以及兵丁、吏胥、衙役、生员人等，恍如一群大小不等的蝗虫，齐头并进地蚀食国帑公库，亏空愈来愈大，应支愈来愈困难，可说罗掘俱穷。朝官外吏中有识之士，均认为必须急谋解决，否则，将无法渡过危机。隆庆时期，上有高拱、张居正的苦心谋划，下有若干较为清醒的官吏言官的呼吁，他们一致认为，与其拖欠禄俸，日受催讨，不如坚决裁官革吏以省俸节支。总督陕西都御史王崇古，御史潘民谟、房楠、王君赏等分别上疏，激切请裁减冗官冗禄，严查冒滥官爵，以及军册上的空额虚名。嘉、隆间著名的财政专家，在两朝中历任户部尚书的刘体乾，更是坚决反对使用追宿逋增加赋额以供挹注的办法，认为只有裁官才是唯一可行的正道："多一官则多一官之费，祖宗之土地户口赋税今犹昔也，至于耗费，独乃百之，有不杇然告匮者哉！"❷

百年以来因"冗"成灾，而数十年来普遍要求裁冗员、节冗费的

---

❶《国朝典汇》，卷三五。

❷《明史稿》，卷九三，《刘体乾传》。

呼声日高，此乃是张居正坚决进行整肃的思想先导。

再言贪。

由上而下普遍而严重的纳贿贪婪，是明中叶以来吏治败坏的另一重要标志。

大宦官恃势索贿，积累有巨额的财富，久已为官民垢病。当权的宰辅以及地方文武官吏也不甘寂寞，绝大多数亦出手攫取，实际上存在着一场上行下效，利用职权牟取财富的竞赛。嘉靖中后期的严嵩、严世蕃父子，被公认为富可敌国的第一豪门，他们公开卖官鬻爵，按职论价，"凡文武官迁擢，不论可否，但衡金之多寡而畀之"❶。"户部岁发边饷，本以赡军，自嵩辅政，朝出度支之门，暮入奸臣之府，输边者四，馈嵩者六"❷。"盖嵩好利，天下皆尚贪；嵩好谀，天下皆尚谀。源之弗洁，流何以澄"❸，"将弁惟贿嵩，不得不朘削士卒；有司惟贿嵩，不得不掊克百姓"❹。

大体上以嘉靖朝为界，官场上的普遍贪墨更有恶性的发展。据《明史》卷二八一《循吏传》的记载，嘉靖之前因清正廉明列入该传的有一百多人，而在为期长达四十五年的嘉靖朝，够得上被称为循吏的仅有徐九思等三人。官场恶浊亦必然直接污染社会风气，使道德准绳和价值观念亦发生急变："正、嘉之前，仕之空囊而归者，闾里相慰劳，啧啧高之；反之则不相过。嘉、隆以后，仕之归也，不问人品，第问怀金多少为轻重。相与姗笑痴牧者，必其清白无长物也。"❺隆庆时期，有一巡按御史在参劾一官员的奏稿中，指控此人"一目已盲，未盲者兼为阿堵所遮；七窍已迷，未迷者止有孔方一线。"❻其言虽稍涉刻薄，但亦肖近这些官迷兼财迷的丑恶形象。万历二年（1574），朝鲜国派遣朝天使赵宪来华报聘，赵氏在他的日记中详细记载着他在来回途次，

❶《明史》，卷三〇九，《杨继盛传》。

❷《明史》，卷三〇九，《杨继盛传》。

❸《明史》，卷二一〇，《张翀传》。

❹《明史》，卷三〇九，《杨继盛传》。

❺ 万历《新会县志》，卷二，《风俗》。

❻《涌幢小品》，卷三。

一再受到沿途镇抚、都司、通事等官的敲诈勒索，边塞各级官役亦无不伸手以"侵索远人""各求下程"，甚至到了北京，礼部的主管司官亦向他勒索"人情"，如不满足，即不允代为改正国王宗系的怪事❶。这一系列京内外官吏，不但不顾人格，且亦不顾国格，真可谓廉耻道丧！

因循姑息，苟安于位，亦是一种障碍改革的腐蚀剂。

当时不少官员不问救时，但求自肥；不知恤民，但谋私利；不求有功，但求无过；浑浑噩噩以应卯保官，如聋如聩，得过且过；只谋跼位待升，不敢稍有棱角，不敢少露锋芒，极力回避矛盾；多摆排场，少惹是非。唯上、唯官、唯利、唯禄，官场上下，混迹有成批衙蠹、官油子，弥漫着敷衍虚饰的庸俗作风：

> 近世士大夫有四字诀，自谓救时良方，不知其乃膏肓之疾也。进退人才，用"调停"二字；区画时政，用"作用"二字。此非圣贤之教也。夫贤则进，否则舍，何假调停？政可则行，不可则止，何烦作用？君子以调停为名，而小人之朋比者托焉。君子以作用为才，而小人之弥缝者借焉。四字不除，太平不可兴也。❷

由于当时姑息敷衍已形成为风气，"败军之将可以不死，赃吏巨万仅得罢官，而小小刑名反有凝脂之密，是轻重胥失之矣。"❸"法不立，诛不必"❹，则国家无威信可言，无功罪是非可辨，其病毒必将扩散于全躯，难以挽救。

敷衍姑息另一方面的必然表现，是官官相护，竞事铺张排场。"是时天下郡县争为媚谄，所在张金鼓，饰舆马，伏谒道旁，唯诺必谨，得不呵责，顿首幸甚。百姓利病，率不为陈，甚至匿水旱不以闻，惟

---

❶《重峰集》，卷一〇，万历二年六月二十四日至三年八月五日。

❷《谷山笔麈》，卷一六，《琐言》。

❸《日知录集释》（外七种）上，卷一三，《除贪》。

❹《日知录集释》（外七种）上，卷一三，《除贪》。

恐失名誉。其苟且暮夜，益溃滥不可言。"❶甚至连朝鲜国奉使来华的官员，也对明朝官僚们的讲究排场，引为诧异。万历二年（1574）十一月，朝天使赵宪道经北直隶丰润，恰好目睹到一桩官场怪事，"兵备御史巡到于此，蓟州官员以远迎而来，永平官员以远送而来，城中官员无着足处"❷。区区一名御史，身为辨民瘼、察官邪的风宪官，但其官架子十足，威仪骇众，劳扰官民致于如此，可谓神气活现，而丰润、蓟州、永平三地官员，竟不惜率带官属，长途跋涉以远迎远送，骚扰及于半个北直隶，正是当时官风不正、吏治腐败的一侧面。

张居正主政之后，对上述歪风邪气狠下决心予以整肃，并且努力以身作则。他自言："自仆在事以来，内外隔绝，幸门尽堵。朝房接受公谒，门巷间可张罗，亦无敢有以间语潜言入于仆之耳者。"❸"一念为国之公，实无所作。故自当事以来，谆谆以此意告之铨曹：无问是谁亲故乡党，无计从来所作眚过，但能办国家事，有礼于君者，即举而录之。……今部署已定，以后仍当综核名实，一一而吹之。第恐人乐混同，必有以为刻核者。然非是，无以考成绩而亮天工也。"❹他之所以如此郑重其事，是因为不如此不足以破因循而振颓风：

> 况仆以草茅孤介，拥十龄幼主立于天下臣民之上。国威未振，人有侮心，若不稍加淬励，举祖宗故事以觉寤迷蒙，针砭沉痼，则庶事日隳，奸宄窥间，后欲振之，不可得矣。
>
> 故自仆受事以来，一切付之于大公。虚心鉴物，正己肃下。法所宜加，贵近不宥；才有可用，孤远不遗。……虽怨诽有所弗恤也。❺

---

❶ 石珤：《开封府知府卫瑛传》，载《国朝献征录》，卷九三。

❷ [朝鲜] 赵宪：《朝天日记》。

❸ 《张太岳集》，卷二五，《答蓟镇巡抚言优假将官》。

❹ 《张太岳集》，卷二五，《答同卿李渐庵论用人才》。

❺ 《张太岳集》，卷二五，《与李太仆渐庵论治体》。

由于张居正大力整饬吏治，去邪扶正，革除各种陋规恶习，做到"课吏职，信赏罚"**❶**，在人事方面又开始进行调整，致使官场的风气有了很大改变，朝廷和内阁的威望有了明显的提高，初步收到了令行禁止的效果，如臂之能使指，上命可以迅速地在全国贯彻推行。从而为改革的全面推行发挥了杠杆的作用。

然而百年痼疾决不可以求治于一日之功。居正在万历二年（1574）初，对于这方面的成果有过比较清醒的评估，他叮嘱有关人员："近来吏治颇为清肃。惟司牧者不以民事为重，好为虚文相诳，计日待迁，此习竟不可易。惟公与监司留意焉。"**❷** 这一段话一方面肯定了整饬已初见成果；另一方面也反映出要根除百年积弊，仍有待于进行持续不懈的努力。

第三节　以戒谕和考察百官作为整饬吏治的起步

张居正整顿吏治的主要举措包括两个不可分割的方面，一方面是对中央和地方各级文武官员班子逐一加以甄汰，该擢该黜该用该革，迅速做出调整。"两京大小九卿及各属有冗滥者，裁之"，总计"汰冗员什二三"**❸**。另一方面则是对于留用或新任官员，进行严格的考察和严肃的纪律教育，目的在于"式序在位，欲剔瑕蠹以新化理"**❹**，振官箴以明责任，行奖惩以分优劣，斥退冗官冗吏和不职失职人员以消痈肿，肃贪倡廉以转移官场风气，期望重新建立一套比较精干和有效率，又能贯彻推行改革的政务系统。

他首先通过以皇帝名义发布谕旨，以饬令"自陈"的方式，对中央各部门的高级官员进行考察，以定去留。所谓"自陈"，原是中国古

---

❶《明史》，卷二一三，《张居正传》。

❷《张太岳集》，卷二五，《答赵汝泉》。

❸《嘉靖以来首辅传》，卷七，《张居正传》。

❹《张太岳集》，卷三七，《遵谕自陈不职疏》。

代人事行政制度中一种行之有素的办法，即在一定时期或有特殊需要的情况下，谕令一定品级范围的官员各自向皇帝"检讨"自己的工作。实际上，凡参加"自陈"的官员总是自承不职，自请罢免的。在这个基础上，皇帝或当权的宰辅大臣就便于顺水推舟，策免掉那些不胜任使的或忤上失宠的人员，让这些人或"休致"，或"冠带闲住"，甚或"斥革为民"。这是一种通盘性划一进行，而又较有礼貌地甄汰高层官员的办法。居正于隆庆六年（1572）七月初六日，即在隆庆皇帝去世刚四十天，万历皇帝登基才二十五天，他本人被授以重任只有十七天之后，所谓席未暇暖之时，便代替万历皇帝起草给吏部、都察院一道有关饬令"自陈"的谕旨，足见其对吏治问题的重视和迫切感。文曰：

> 朕初嗣大位，欲简汰众职，图新治理。两京六部等衙门四品以上官，俱著自陈，去留取自上裁。钦此。❶

当然，当时所谓"去留取自上裁"，年在幼冲的万历是绝不可能一一亲自裁定的，只能由张居正全权定夺。

饬令"自陈"的谕旨墨迹未干，居正又在七月中旬上疏，请求颁发专门谕旨以戒谕群臣，认为此是推行新政所必须，是对饬令自陈的配合，疏曰：

> 兹者，大小臣工自陈考察，俱已竣事，一时朝政始觉更新。但人心陷溺已久，宿垢未能尽除，若不特行戒谕，明示以正大光明之路，则众心无所适从，化理何由而致？臣等谨拟敕谕一道，具稿呈览，伏乞圣明裁定发下，写完用宝，于本月十六日早朝，特召吏部官捧出，集百官于午门外，宣谕施行。❷

根据张居正的建议，戒谕群臣的谕旨，是在很大范围内郑重宣布的。

---

❶ 转引自《张太岳集》，卷三七，《遵谕自陈不职疏》。
❷ 《张太岳集》，卷三七，《请戒谕群臣疏》。

它既不是在议政殿堂上宣讲，又不是以行文方式层层下达，而是召集人数在数千人以上的中央级各部、院、寺、监大小官员，一概在午门外凛然听读，目的是为达到赫振威权，对所有官员提出严肃警告，让他们了解朝廷严饬风纪、整顿官常的决心，切不可视为官样文章，轻为尝试。谕旨语气严峻，说理充分，既严肃地指出吏治积弊的要害所在，官场丑态的主要表现，又给官员们指明出路，"广导诸众生，令速成菩提" ❶，是一篇针对性极强，震撼性极大的重要文告。谕曰：

> 近岁以来，士习浇漓，官方刊缺。钻窥隙窦，巧为躐取之媒；鼓煽朋侪，公事挤排之术。诋老成恬退为无用，谓谗佞便捷为有才。爱恶横生，恩仇交错，遂使朝廷威福之柄，徒为人臣酬报之资。
>
> 朕初承大统，深烛病源，亟欲芟除。念兹始御，铦钮或及于芝兰，密网恐惊乎鸾凤，用去太甚，薄示戒惩，余皆曲赐矜原，与之更始。《书》不云乎："无偏无党，王道荡荡；无党无偏，王道平平。"自今以后，其精白乃心，恪恭乃职。毋怀私以罔上，毋持禄以养交，毋依阿洟沨以随时，毋嘤沓谮讪以乱政。任辅弼者，当协恭和衷；典铨衡者，当虚心鉴物；有官守者，或内或外，各分猷念；有言责者，公是公非，各奋谠直。大臣有正色立朝之风，小臣有退食自公之节，于是朝清政肃，道泰时康，尔等亦皆垂功名于竹帛，绵禄荫于子孙，顾不美哉？
>
> 若沉溺故常，胶守塗辙，朝廷为必可背，法守为必可干，则我祖宗宪典甚严，朕不敢赦。❷

这道谕旨文词并茂，但威焰逼人，它虽然首先是向京中朝官宣读的，但其戒谕对象，则是遍及全国内外大小的全体官员。张居正企图通过此一道谕旨，对全国官吏发出革故鼎新的明确信号，传达转移风气的

---

❶《妙法莲华经》，《达婆达多品》第一二。
❷《国榷》，卷六八，隆庆六年七月己亥。

决心。谕中有说理申斥，亦有期许勉励，恍以口念菩提，而手持戒刀，矢言必将以法治国，从严治吏。理谕不足，必以参革刑狱随之。他热盼通过去邪扶正，健全官僚架构，能将业已基根摧朽、梁柱倾斜、墙壁圮坼、杂秽充积的明皇朝大厦，重奠于磐石之安，恢复一个严明清正的治道。如此谆谆教导，又如此庄历威严的示官文告，明代自洪武以来，已未睹于皇家谕敕中几近二百年了。它恍如电光晃曜，雷声远震，使内外百官都受到震慑，知道它的分量。居正接任未足一个月，即已发动对腐败官场的认真整肃，的确出手不凡。当时，许多官僚们都知道，此道谕旨，"大学士张居正所草也。""诏下，百官惕然。"❶

第四节　启迪万历，首重选贤任能

张居正在其整个政治生涯中，一直十分重视人的作用。他深知治国之道，用人为要。一切正确的决策及其贯彻推行，都必须依靠一大批忠诚负责并富有才具的人来完成。没有人才或有了人才而未能善用，所谓改革，必然流为清谈空论。他一直主张，应认真总结和吸收历代用人的正反两方面的经验教训，主张任人唯贤，唯才是举；以才为资，以德为帅，循名责实，"取其所长，皆为国器"❷。由于当时最高的用人权柄，在理论上只能掌握在皇帝的手上，故部署人事，首先必须与万历皇帝取得共识，将自己的意见转化成为皇帝的意见，再反馈回来由自己主持执行。从长远考虑，他也特别注意对幼年的万历灌输选贤任能的理论知识。

张居正首先疏请万历皇帝仿照明太祖朱元璋的做法，大力奖励廉能官员。

万历二年（1574）正月十二日，居正在疏文中畅言："我太祖高皇帝每遇各地方官来京奏事，常召见赐食，访问民间疾苦，虽县丞典史，

---

❶《国榷》，卷六八，隆庆六年七月己亥。
❷《张太岳集》，卷二九，《答总宪张岷崃言用人》。

有廉能爱民者，亦特差行人赍敕奖励，或封内醪金币以赉之……故二百余年，重熙累洽，兴致太平，实由于此。"❶居正抬出老祖宗的陈年旧事，并颇有夸大其词，无非是为敦促万历充分注意吏治在国政中所占的特殊重要地位，亦为培养他在行使黜陟之权时开一个好头，并借此树立起一个有为之君的形象。所有这一切都是事先做好安排的。果然，在上疏六天之后，即在同月十八日，"上御会极门，引见朝觐廉能官浙江布政使谢鹏举等二十员，面奖之曰：'你每都是好官，回去还要用心供职，替朕爱养百姓，在外的都传与他每知道。'仍各赏银两表里钞锭，赐之酒馔。"❷

一切如仪。万历成功地扮演了体现"虞舜咨牧养民之心""圣祖综核吏治之轨"的角色，而实际的策划和导演者当然是张居正。在当时，此一召见地方廉能官员并破格面加奖赏的做法，确实被认为是一代盛事。

随后，又恢复了在御座旁摆放《职官书屏》的做法，以辅导万历对全国文武官吏任免情况的了解和掌握。

原来在朝会御座两侧陈列《职官书屏》的做法，最早是由唐太宗李世民创设的，他为了解全国州郡刺史守将们的姓名、贯址、到职和离任日期，命书写于屏风，"坐卧观览"，再结合从多方面了解到的政绩表现，用以决定对有关官吏的拔擢和降贬。明成祖朱棣登位后，亦一度在武英殿用屏风书写中外官姓名履历，以供用人行政的参考。但其后因继立之君多昏愦失政，此一举措便逐渐废弛了。张居正认为此举实有助于"开发圣聪""此明君所以总条贯而御人群之要道也"❸。为

---

❶《万历起居注》，万历二年元月十二日。

❷《万历起居注》，万历二年元月十八日。又，《国榷》卷六九，万历二年元月甲午条的记载，与《起居注》略有差异，谓："上御皇极门，引见朝觐廉能官浙江左右布政谢鹏举等二十五人，面加奖励，各赐金币钞宴。大理知府史诩不至，下狱。贪酷保定知府贾淇等十八人，命下法司。"据《国榷》的记述，此次召见面对，是有奖有惩的；既有廉能官员，亦有贪酷不法之徒，并随即分别发落。有鉴于《起居注》是原始史料，故在正文引用，而《国榷》之条，则作注参考。

❸《万历起居注》，万历二年十二月十二日。

454

此，在万历二年（1574）十二月便专门疏请恢复此一制度，言：

> 谨属吏部尚书张瀚、兵部尚书谭纶，备查两京及在外文武职官，府部而下，知府以上，各姓名籍贯及出身资格，造为御屏一座，中三扇绘天下疆域之图，左六扇列文官职名，右六扇列武官职名，各为浮帖以便更换。每十日，该部将升迁调改各官开送内阁，臣等令中书官写换一遍。其屏即张设于文华殿后皇上讲读进字之所，以便朝夕省览。如某衙门缺某官，该部推举某人，即知其人原系某官，今果堪此任否？某地方有事，即知某人见任此地，今能办此事否？臣等日侍左右，即可亲赐询问，细加商榷。臣等若有所知，亦得面尽其愚，以俟圣断。一指顾间而四方道里险易，百司职务繁简，一时官员贤否，举莫逃于圣鉴之下，不惟提纲挈要，便于观览，且使居官守职者，皆知姓名常在朝廷左右；所行之事，皆得达于宸聪。其贤者将兢兢焉，争自淬励，以求见知于上；不才者亦将凛凛焉，畏上之知而不敢为非。皇上独运神智，坐以照之，垂拱而天下治矣。❶

经精心设计的《职官书屏》自此便日夕陈列在文华殿显目之处，随事因人更改，终居正执政时期未有变动。居正将唐太宗、明成祖曾经采用的办法加以具体化，而且巧妙地把自己赞襄大政，实际上控制人事大权的事实衬托于其中，借以能更合法地"出纳皇言"，更顺利地推行自己"尊主权，课吏职，信赏罚，一号令"❷的一贯主张。他确实是真诚地期望并且竭尽全力以辅导万历尽快地熟悉政务，确实能效学唐宗明祖，"励精图治，以勉为圣君"的。

---

❶《万历起居注》，万历二年十二月十二日。
❷《明史》，卷二一三，《张居正传》。

第五节　调整中枢人事，健全朝廷班底

　　隆万交替之际，张居正因受宫廷特达之知，由他控制的内阁一时成为推行政令的中心。他已经成为实实在在的国家首脑，时人称他本人为"独相"或"元辅"。居正深知，内阁仅留有一位大学士是不符合原来体制的，迟早要补充进若干人。但他又高度警惕到，为贯彻实现自己的政见主张，亦为吸取嘉隆以来，内阁成为内讧之场的历史教训，尤其是，不久前曾更番上演过的次辅驱斥甚至唆杀首辅的往事，给他留下极为深刻的印记，使他真切地感到亲密的同僚，也往往会成为潜在的对手和致命的敌人。因此，他必须极为审慎地精择入阁的人选，除具备必要的行政经验和才能外，还必须能完全听命于己，不存在争位夺权的野心，必须是有利于巩固而不是有害于自己既得的权力地位。基于此，他在万历登位后，即疏荐原礼部尚书吕调阳兼文渊阁大学士；万历三年（1575），又支持张四维晋礼部尚书兼东阁大学士。张、吕、张体制维持到万历六年，因吕调阳以病回籍，居正才又做主补充马自强、申时行二人入阁，而马自强接任刚半年便病卒，内阁大学士便由张居正、张四维和申时行三人组成，直到万历十年六月，张居正病逝前夕为止。张居正之所以精选这几个人作为助理，一因这几个人在外表上似乎都无突出个性，亦无棱角锋芒；二因这几个人均由自己力荐引进，可以不虞反侧。他一直高度警惕，并在执政之始，就注意防止嘉隆时期一再上演的"柄臣相轧，门户渐开"❶局面的出现。试细析之，吕调阳之当选，并非由于精明干练，"始，内阁臣高仪不久卒，居正以吕调阳弱，荐代之，调阳与居正行同而年差长，然秩尚卑，居正引之，加恩至保、傅。"❷吕在内阁"数寝疾不出"❸，从来不敢与居正持异议。至于张四维，虽向受高拱赏识，但与居正亦一直保持良好的关系，入阁后以属吏自居，"四维由居正进，谨事之，不敢相可否，随其后拜赐

---

❶《明通鉴》，卷六五，《赞》。

❷《嘉靖以来首辅传》，卷七，《张居正传》。

❸《明史》，卷二一九，《马自强传》。

进官而已"❶。马自强在任礼部尚书时有人望，为人拘谨持正，他是在张居正回湖北江陵葬父前夕被推入阁的，但在职期间，"亦不能有为"❷。申时行"以文字结知于居正，蕴藉不立崖异，居正安之"❸，因是而得被推介。由此可见，"江陵柄政"时期由张居正全面控制的内阁，首辅、次辅、群辅的等级差异，权势差异都是明显森严的。张居正，而且只有张居正才是在内阁中能决策拍板、独挑大轴的主角，吕、张、马、申等，不过是略高于龙套的配角而已。因此，"江陵柄政"时期的内阁班子，在张居正强力控制之下，内部架构大体稳定，其运行是比较正常和有效率的。居正是一个胜任的政府首脑，他的气魄、才具和高瞻远瞩的识见，都足以在在位时完全镇慑住其他大学士，使他们俯首听命，接受驱策，步调一致，无保留地贯彻推行居正的意图。这是当时的内阁能胜荷重任，在推行诸项改革中发挥过重大作用，取得过一连串成绩的原因之一。

但是，人和人性有其复杂微妙的方面，个人过分垄断权力和突出专断，必然会引起同僚的逆反心理。吕、张等人"曲事居正""依阿自守"，仅是格于形势的假象，不敢流露异见并不等于心悦诚服。"江陵柄政"时期的内阁，虽然表面一致，但内部矛盾亦在潜滋暗长，这是张居正在位之时并未察觉到的，但一俟温度合适，终究会以不同形式暴露出来。对此，我们将在下文论述。

不仅对于内阁成员，在中央部、寺一级大吏，张居正上台之后，也做了很大幅度的调整。

明代设吏、户、礼、兵、刑、工六部，作为中央一级分管文官人事吏治、财政赋役户籍、礼仪文教、武官人事及边防军饷、司法行政和工程营造水利等的行政管理领导部门。六部在国家机关中具有十分重要的地位。洪武年间废中书省，甚至还曾一度将六部收归皇帝直接统率，其后因设立了内阁，而且阁权日重，六部才在实际上受内阁管

---

❶《明史》，卷二一九，《张四维传》。

❷《明史》，卷二一九，《马自强传》。

❸《明史》，卷二一八，《申时行传》。

辖。到张居正主持内阁时，六部的正副首长尚书和侍郎，凡事都必须请示首辅，张居正亦将六部作为重要工具以分别推行政令。故此，他刚上台柄政，便立即着手安排六部的人事任免。隆庆六年（1572）七月，即在他刚开始掌权的当月，就果断地一口气重新任免了其中四个部的尚书，即户部以王国光代替张守直；礼部以陆树声代替吕调阳；兵部以谭纶代替杨博；刑部以王以诰代替刘自强❶。应该说，这几个人都是较合适的人选，但并不是每个人都是最佳人选。这几个人的被选中，确实也有人际关系的考虑在内，总的说来，他们多能在随即展开的改革事业中做出自己的积极贡献❷。同月，又调动了部侍郎级的官员多人❸。居正之所以急于对这些带关键性的职位进行调整，显然是由于要提高经过整顿的阁、部效能，取得中枢主要部门的一致和配合，以从速开展工作。以这样的速度和幅度对部一级人事做大调整，在前任诸首辅中是未曾见过的。中枢重要人事调整的过程，也是张居正政治地位急速上升的过程，是他已高踞朝政权力高峰的标志，也是他已能够牢固地控驭政策走向的重要表现。

❶ 参见《明史》卷一一二，《七卿年表》二。又参见《明通鉴》，卷六五，隆庆六年七月。

❷ 当然，张居正对于新提拔的各部尚书，是要求他们听命于己，不容稍有忤异的。例如，由南京国子监祭酒调升礼部尚书的陆树声，即因无法完全接受指挥，于任职五个月后负气而去。按，树声为嘉靖二十三年会试第一，是居正的科举前辈，且素有清誉，为儒林器重。"初，树声屡辞朝命，中外高其风节。遇要职，必首举树声，唯恐其不至。张居正当国，以得树声为重，用后进礼先谒之。树声相对穆然，意若不甚接者，居正失望去。"（《明史》，卷二一六，《本传》）

❸ 据《国榷》卷六八，隆庆六年七月癸卯和丁未、庚戌三条材料所载，张居正刚上台，立即以相当大的幅度更调了侍郎一级的官员，计有：刑部右侍郎曹金改兵部右侍郎兼右金都御史，巡抚陕西；前户部左侍郎赵孔昭为兵部左侍郎兼右金都御史，巡抚山西；南京户部侍郎毕鉴为刑部右侍郎；户部右侍郎郭朝宾总督仓场；吏部左侍郎魏学曾为南京都察院右都御史；前礼部左侍郎万士和原官署南京国子监事；吏部右侍郎刘光济为左侍郎；礼部右侍郎诸大绶改吏部；户部右侍郎陈缵为左侍郎；前兵部右侍郎粟承禄为南京户部右侍郎，提督粮储。这十位侍郎级官员的调动，涉及吏、户、礼、刑、兵五部，其中绝大部分都被派充任监察、粮储、教育、司法、边防等实职，主要是为了加强有关部门的工作。

第六节　创立和推行“考成法”

张居正对吏治人事制度的重大改革，体现在万历元年（1573）十一月奏准建立和贯彻推行的“考成法”。根据考成法对各级政府部门实行严格的综核检查，对各级大小官吏实行严肃的考察，使从中央到地方任何机关部门，都是在有监督有管束的状况下履行其职能，行使其权责；任何官员的公务活动，亦必一一有记录可凭，政绩可考，优劣可核，并据此接受稽查。人有专任，案有专责，事有时效，起讫清楚，处理过程和结果清晰，一切都在规章制度的范围内运作，不许敷衍塞责，亦不得拖沓搁置，漫无稽察，甚至不了了之。“考成法”是居正针对正、嘉以来的官场积弊，经较长期审慎思索然后形成的，既是他本人在隆庆二年（1568）所上《陈六事疏》中《重诏令》部分的具体体现，又是他柄握大权之后整饬吏治的制度化建议。“考成法”的获准实行，保证了明朝国家机器的健全和正常运行，对于万历初期长达十年的各项大改革，起到强有力的推动和保证作用。

万历元年十一月初四日，居正正式提出了“考成法”的具体方案，拜疏陈言：

> 天下之事，不难于立法，而难于法之必行；不难于听言，而难于言之必效。近年以来，章奏繁多，各衙门题覆殆无虚日，然敷奏虽勤，而实效盖尠。上之督之者虽谆谆，而下之听之者恒藐藐。请申明祖宗成宪，凡六部、都察院遇各章奏或题奉明旨，或覆奉钦依，转行各衙门，俱先酌量道里远近，事情缓急，立定程限，置立文簿存照，仍另造文册二本，一送该科注销，一送内阁查考。其各抚、按官奉行事理，有稽迟延阁者，该部举之；各部、院注销文册，有容隐欺蔽者，科臣举之；六科缴本，其奏有容隐欺蔽者，臣等举之。如此，月有考，岁有稽，不惟使声必中实，事可责成，即建言立法者，亦虑其终之图效，不敢不慎其始矣。

> 致治之要，无渝于此。❶

上奏的当天，即奉到谕旨，批示完全同意，着令立即遵照执行，旨中还做出指示，说：

> 卿等说的是。事不考成，何由底绩？这所奏都依议行。其节年未完事件，系紧要的，着该部另立期限责令完销；若不系钱粮紧要及年远难完的，明白奏请开除，毋费文移烦扰。❷

御批出奇地迅速下达，可以看到奏疏受到特别的重视。但从御批的具体指示中，又显然可以看出，奏件和御批实际上都出于一人之手。显然是由作为大学士、首辅的张居正起草并领衔递上奏疏，而又由作为皇帝代理人的张居正再以极快速度起草并颁发下"圣旨"。事实上，要冲垮重重阻力，大刀阔斧地推行改革，确实也需要集中必要的权力。

"考成法"最精粹的内容之一，即是从制度上规定，大幅度地提高内阁的行政责任和监察责任，通过吏、户、礼、兵、刑、工六科对吏、户、礼、兵、刑、工六部实行严密的监察。六科本来就是为与六部相对应而设置的，各科设有都给事中、左右给事中、给事中若干人，按六部的业务进行对口监察。都给事中和给事中等人仅为正七品或从七品的低级官吏，但被赋予的职权则很重大，"掌侍从，规谏、补阙、拾遗、稽察六部百司之事。凡制敕宣行，大事覆奏，小事署而颁之；有失，封还执奏。凡内外所上章疏下，分类抄出，参署付部，驳正其违误。"❸ 于是六部的一应具体工作，均应受各该科的审查检核。这样做，

---

❶《明神宗实录》，卷一九，万历元年十一月庚辰。按，张居正此奏件的全文，载在《张太岳集》，卷三八，《请稽查章奏随事考成以修实政疏》；又载在《万历起居注》，万历元年十一月四日。《明神宗实录》的摘录较能扼其要点，故采用。

❷《万历起居注》，万历元年十一月四日。

❸《明史》，卷一七四，《职官志》三。

既达到对中央主要行政部门加强监控的效果，及时调节国家机器的运转，又增加了工作的严谨性，以期尽可能减少失误。六科给事中可以奉敕审理或兼理一定的事务，诸如充任使臣、参加重大刑狱案件的鞫问等；也可以"风闻奏事"，而不一定负核实的责任；并且具有单独上奏言事，履行监督弹劾百官之权。六科给事中官品较低（一度调高，亦仅为正、从六品），但可以指名弹劾上至大学士，以及军中将帅，甚至亲、郡王勋贵，下至州县官，这是中国封建政治制度中以内驭外，以轻制重，以疏监亲，以贱察贵在统治中的妙用。

较长时期以来，六部官员"无敢抗科参而自行者"[1]，正是因为畏其威势。六科给事中身为"言官""谏官"，亦可以上疏对皇帝的倦勤失德提出劝谏。故此，当时的六科给事中和御史们的弹奏往往成为政局和舆论的导向。但自正德、嘉靖以来，六科给事中对于六部的正常职务监察，逐渐流于形式，并随着政治形势的发展，发生急剧的分流。一部分人目睹时艰，不满昏君阉珰权奸以及贪官污吏的倒行逆施，能够舍身忘危，对各方面的腐蚀现象进行激切地揭露和抨击，有些人甚至不惜以生命和颈血来维护职责和人格的尊严；但更多的给事中，或成为阁部臣的附庸，同流合污以沾余润；甚至甘为权奸的鹰犬，充当他们的打手和辩护士。在历次内阁大学士互斗中，都必有各派的给事中和御史充当前锋斥堠的角色，有些人甚至卷入很深，成为某一权门的侍从卫士，为派系争夺权力出死力，互相噬咬不绝。

居正当权，当然不乐意这样的情况重演。他在建议创立和推行"考成法"的奏疏中，一方面要求充分恢复六科的原有职任，并进一步提高之，规定各部、院的奏章和所奉的御批旨谕，一律要制成文册，分送给六科和内阁。六科即据此进行审阅查核，"各部、院注销文册，有容隐欺蔽者，科臣举之"[2]。另一方面，又规定六科的一切监察核查活动，必应接受内阁的再监督和再核查，"六科缴本，其奏有容隐欺

---

❶ 顾炎武：《日知录》，卷九，《封驳》。
❷《明神宗实录》，卷一九，万历元年十一月庚辰。

蔽者，臣等举之"❶。这不啻是宣布，内阁乃是六科的顶头上峰，是对监察者的监察，实际上是改变了过去六科直接向皇帝负责的旧制。这样，既加强了对六科的使用，充分发挥其职能，又着力加强了内阁对六科的控驭和管辖，空前地集中大权于内阁，此正是"江陵柄政"的核心。

"考成法"的实施，也大大地加强了对各级政府的管理，提高了职能部门的行政效率。因为事专责成，一环扣一环，一级管一级，一切工作都要接受上级和监察部门的稽查考核，以实在政绩评定优劣功过，务期功过赏罚分明。例如吏部，必须"预先虚心访核各有司官贤否，惟以安静宜民者为最；其沿袭旧套，虚文矫饰者，虽浮誉素隆，亦列下考。抚、按以此核属官之贤否，吏部以此别抚、按之品流，朝廷以此观吏部之藻鉴。若抚、按官不能悉心甄别，而以旧套了事，则抚、按官为不称职矣，吏部宜秉公汰黜之；吏部不能悉心精核，而以旧套了事，则吏部为不称职矣，朝廷宜秉公更置之。"❷ 又例如兵部，万历二年（1574），在批复大同总督王崇古请修建边墙以固防务的禀文中，明确限定，在五年之内，必须修好大同沿边墙垣；三年之内，必须修好浑源右卫工程；两年之内，必须保证广灵、威远加修的城堡、墩台交付使用。否则，将按"考成法"予以黜斥记过。当时，以尚书谭纶为首的兵部，是遵谕推行"考成法"最有成效的部门。万历元年十二月，"兵部奏行查未结事件，立限奏报，仍置青册送阁、科，按候注销，于是各部院率凛凛效之。"❸对于全国各机关部门，都责令它们按期照规定上报，绝不迁就。居正在一封信中明确表示："考成一事，前奉明旨，督责甚严，幸一一如期完

---

❶《明史窃》卷四九，《张居正传》有言："居正既当国，中外想望其风采。居正一意以其初日所陈六事力行之，首则重考成于部、院、六科及外抚、按。凡所奉行章奏，各以大小缓急为期限。抚、按不如限，部劾之；部不如限，科劾之；六科不如限，则听参于内阁。一日万几，即欲以一日行之，而毋令废搁。内外官复重久任，责成功。郡国守相有异等，进廷陛慰劳之。六曹积有功能，拜卿寺，转台省。积谷不如数，不得升迁，此其用人行政之大凡也。"

❷《万历起居注》，万历四年七月六日，张居正奏言。

❸《国榷》，卷六八，万历元年十二月丁卯。

报，有势不能完者，不妨明奏改限。"❶ 如此立限考事，以事责人，信赏必罚，果然一扫纪纲不肃，法度不行，功过不明等腐朽风气。"考成之法一立，数十年废弛丛积之政，渐次修举"❷。绝大多数官吏都感受到考成的压力，不敢不注意自律，不敢不勤慎奉公，"自是不敢饰非，政体为肃"❸。原来已近于瘫痪的国家机构便迅速转入有效的运转，"虽万里之外，朝下而夕奉行"❹。著名史学家谈迁，对于推行"考成法"的积极效果，也给予充分的肯定，认为是张居正重大功业之一：

> 江陵立考成法，以为制治之本。向者因循玩愒，至是始中外淬砺，莫敢有偷心焉。要详兼举，张弛共贯，宰相一身，周流天下，不过如此，遂无遁情矣。❺

居正本人对于因行"考成法"而取得的实在政绩，亦颇引为自慰。首先表现在整顿赋税方面，他屡次说道："考成一事，行之数年，自可不加赋而上用足。"❻ 又说："近年以来，正赋不亏，府库充实，皆以考成法行，征解如期之故。"❼ 这样的自我评估，应该说是平实有据的。

第七节　修改和充实吏治律例

"考成法"不是孤立存在和单独发挥作用的，它之能取得重大成效，尚有其他措施的配合，特别是在修订和补充有关吏治法律条例方

---

❶《张太岳集》，卷二六，《答总宪廖春泉》。

❷《明神宗实录》，卷七一，万历六年三月。

❸《明史》，卷二一三，《张居正传》。

❹《明史》，卷二一三，《张居正传》。

❺《国榷》，卷六八，万历元年六月丙子。按，谈迁在这里谓考成法的始创，是在万历元年六月，误；按《万历起居注》的记载，应为万历元年十一月庚午才对，因《起居注》较之《国榷》，在史源上为优先可靠。

❻《张太岳集》，卷二七，《答山东抚按李渐庵言吏治河漕》。

❼《明神宗实录》，卷一一一，万历九年三月。

面，以居正为首的内阁做了不少工作，使相关的律令趋于完善。

居正柄政时期，对国家法律条例的增订是较多的，他企图通过法律的惩治功能，贯彻改革的意图，对官僚群体绳之以法，绝不允许以私害公，以权侵法。这种"以法御天下"的思想，无例外地贯彻于各方面的改革政策之中。他坚定相信，"法者天下之度量，而人主之准绳也。"❶认为只有设置必要的度量和准绳，才可能集中成千上万官吏人等的意志，凝聚为统一的力量，才有共同遵奉的公是公非，因为"刑生力，力生强，强生威"❷。当然，法律条例的颁行，在不同时代和形势下，又必有不同的要求，只有符合当前社会和民生的需要，才能成为善法；如果逆社会的潮流而动，违背民生利益，便必为恶法。法例的颁行，又必须考虑其实际可行性，即社会的接受程度，不能强人之所不能，禁人之所必犯，否则，所立之法必不能持久，必不能得到认真的执行。故此，居正又主张，法应变则变，但又必须采取妥慎郑重的态度做切实的改变和增补，切不可轻率从事。对这两方面的辩证关系，他曾做系统的论述：

> 法不可以轻变也，亦不可以苟因也。苟因则承敝袭舛，有颓靡不振之虞，此不事事之过也。轻变则厌故喜新，有更张无序之患，此太多事之过也。二者，法之所禁也，而且犯之，又何暇责其能行法哉？去二者之过，而一求诸实，法斯行矣。
>
> 夫法制无常，近民为要。古今异势，便俗为宜。……法无古今，惟其时之所宜，与民之所安耳。时宜之，民安之，虽庸众之所建立，不可废也；戾于时，拂于民，虽圣哲之所创造，可无从也。❸

隆万交替，是进一步深入改革的关键时期。形势呼唤着改制变法，而又首先必须坚决排除各种人事的和人为的阻力，拔除各种人心病态

---

❶《淮南子·主术》。

❷《商君书·去强》。

❸《张太岳集》，卷一六，《辛未会试程策》。

误区，为众僚百官痛下棒喝，然后再齐之以法，严考其成，以保证诸改革措置的顺利进行。居正因此撰文论道：

> 法之不行也，人不力也。不议人而议法，何益？下流壅则上溢，上源窒则下枯。决其壅，疏其窒，而法行矣。
>
> 今之为法壅者，其病有四，愚请颂言而毋讳，可乎？夫天下之治，始乎严常卒乎弛；而人之情，始乎奋常卒乎怠。今固已怠矣，干蛊之道，如塞漏舟；而今且泄泄然，以为毋扰耳。一令下，曰："何烦苛也。"一事兴，曰："何操切也。"相与务为无所事事之老成，而崇尚夫坐啸画诺之惇大，以此求理，不亦难乎？此病在积习者一也。
>
> 天下之势，上常重而下常轻，则运之为易。今法之所行，常在于卑寡；势之所阻，常在于众强。下挟其众，而威乎上；上恐见议，而畏乎下。陵替之风渐成，指臂之势难使，此病在纪纲者二也。
>
> 夫多指乱视，多言乱听。言贵定也。今或一事未建，而论者盈庭；一利未兴，而议者踵至，是以任事者多却顾之虞，而善宦者工遁藏之术，此病在议论者三也。
>
> 夫屡省考成，所以兴事也。故采其名，必稽其实；作于始，必考其终，则人无隐衷，而事可底绩。今一制之立，若曰著为令矣，曾不崇朝而遽闻停罢；一令之施，若曰布海内矣，而畿辅之内，且格不行。利害不究其归，而赏罚莫必其后，此病在名实者四也。
>
> 四者之弊，熟于人之耳目，而入于人之心志，非一日矣。今不祛四者之弊，以决其壅，疏其窒，而欲法之行，虽日更制而月易令，何益乎？ ❶

---

❶《张太岳集》，卷一六，《辛未会试程策》。

这篇文章是在隆庆五年（1571）写成的，时距隆庆去世和居正接掌大权仅一年左右，正处在隆万大改革风云初动，原先隐藏着各方面的矛盾都充分暴露出来的关键时期。居正在文章中所指出的，诸如保守惰怠、纪纲废弛、议论杂出、名实不符等四大弊，便被认定是沉疴顽疾，必须予以锄除，否则，一切改制变法都不过是徒作粉饰。而要真正祛而弃之，又只有首先从严格整饬吏治入手，因为一切改革，都必须通过众僚百官以推行。官吏们既是大改革的执行者，又是大改革的对象。"法之不行也，人不力也。不议人而议法，何益？"

在一再做透彻说理的同时，张居正亲自主持对有关吏治的法律条例做了重要修订和充实。

法律是体现当权者意志的锐利武器。请看：

为支持言官们对各级官吏的检核，保证监察的权威，"万历元年九月，吏部题准：内外臣工有不奉法修职者，一经科道指实参论，即当引咎自省。如有妄辩渎扰者，本部从重议拟谴斥"。❶

为保证在职官员能胜所任，又规定必须通过考察以严行淘汰，"万历二年（1574）十一月吏部题准：巡按御史……按临考察官吏之时，令各官执引赴院，拣选年力精壮，令其起送。其有目盲足跛年老尪羸不堪者，行各州县给帖闲住，免其杂差，原给文引收候复命之日，造册一并查考"。❷

为保证被授职官员按照限期到任，也为了避免有衙无官、政务停摆的窘局，故严格规定，对于逾期违限赴任的人，一律给予严格的制裁，"万历三年五月，吏部题准：今后赴任违限，方面、佐贰大小官员……违限半年以上者，送部别用；一年以上者，革职为民；半年以下者，止照律例问罪发落，五品以上照旧奏夺，六品以下官应该提问起送革职者，径自照例施行，不必渎奏"。❸

为加强边防，对在沿边任职的高级文武官员的升授，按照特殊的

---

❶《嘉隆新例附万历（新例）》，卷一。
❷《嘉隆新例附万历（新例）》，卷一。
❸《嘉隆新例附万历（新例）》，卷一。

政策做出规定，但又必须核实其实在边防前线任职的时限，不准冒滥。"万历四年（1576）四月吏部题准：以后各边金都、副都，及以侍郎、都御史、尚书出镇总督，三、六年考满，查果历边俸，有安攘奇功，曾经钦赏，其应得恩典照例题请升授。如带有别俸，必须边俸居三分之二，本部查其功次具奏。至于山、陕、保定三边，与边俸不及三分之二，或地方虽无失事，亦无军功者，止照常题请复职。若未及考满，先以别项军功，蒙恩相等者，不得复议加增，俱临时酌量拟叙。"❶对于各级地方官的政绩，必经认真考察，给予公正的评价，"在外三、六年考满官员，除方面照旧赴京，有事地方照旧保留外，其府、州、县正官免其赴京，抚、按核实具奏。守令考满，俱要合干上司考注称职、平常、不称职三等报部，其考词亦要直书，仍候抚、按具奏。"❷

如果说，以上的规定仅是因时立例，那么，在居正主政期间着手修订的《万历问刑条例》，对于整顿吏治问题则有着更严格的系统规定，其主导的精神仍然是驭吏从严，执法从重。

《万历问刑条例》（以下简称《条例》）是明代最为重要的法典之一。它是在万历十三年四月，由当时的刑部尚书舒化整理成书，然后奏请批准颁行的。此时虽然已是在张居正去世并覆败三年之后，但细考《条例》的内容，乃是从万历初年开始，逐渐参照旧律旧例，又根据实际社会和政治生活出现的问题，对旧律旧例进行删并增改而成的。据黄彰健教授的研究，《条例》收载的规定共有 382 款，内 191 款是因袭旧律旧例的，而经修改增删的，亦有 191 款❸，在修改和增删的条款中，对官吏的管束惩处都有从严从重的明显倾向。《条例》以万历初政时期所定的新例为张本，转化为《条例》正式条款，形成更为严谨和具体的法律文字，从"以例辅律"，演进为"因例为律"。在居正当政的时期，有关《条例》拟定的条款，确曾被雷厉执行。有关《名例》《吏例》诸款，曾经是整饬官场风气的有力武器。例如，关于人事任用

---

❶《嘉隆新例附万历（新例）》，卷一。

❷《嘉隆新例附万历（新例）》，卷一。

❸ 黄彰健:《明代律例汇编》序。

权的规定：

凡除授官员，须从朝廷选用。若大臣专擅选用者，斩。若大臣亲戚，非奉特旨，不许除授官职，违者，罪亦如之。❶

关于限制冗员，防止滥设官吏方面：

凡内外各衙门，官有额定员数，而多余添设者，当该官吏，一人杖一百，每三人加一等。

若吏典、知印、承差、祗候、禁子、弓兵人等，额外滥充者，杖一百迁徙。容留一人，正官笞二十；首领官笞三十；吏笞四十。每三人各加一等。❷

关于严申纲纪方面：

文职官吏、举人、监生、生员、冠带官、义官、知印、承差、阴阳生、医生，但有职役者，犯赃犯奸，并一应行止有亏，俱发为民。❸

凡有司官吏，不得于见任处所，置买田宅。违者，笞五十，解任，田宅入官。❹

关于惩治贪赃的刑罚更为严峻：

凡监临主守，将系官钱粮等物，私自借用，或转借与人者，

---

❶《万历问刑条例》，《吏律》附例，第二条。
❷《万历问刑条例》，《吏律》附例，第五条。
❸《万历问刑条例》，《名例律》附例，第八条第一款。
❹《万历问刑条例》，《户律》附例，第二十条。

虽有文字，并计赃，以监守自盗论。❶

　　凡监临主守，自盗仓库钱粮等物，不分首从，并赃论罪。（并赃，谓如十人节次共盗官钱四十贯，虽人分四贯入己，通算作一处，其十人各得四十贯，罪皆斩；若十人共盗五贯，皆杖一百之类。）并于右小臂膊上，刺盗官"钱""粮""物"三字。❷

　　凡犯侵欺枉法充军追赃人犯，所在官司务严限监并，至一年以上，先将正犯发遣，仍拘的亲家属监追。❸

以上条例，有些虽是因袭旧律旧例而来，或仅小加修改，不过，这些前此留存的法例，长期以来并未得到认真的执行，但到居正主政时，却是严格按律执法，作为审判案件的量刑标准。当时对于官吏自盗或犯赃，其计赃方法和判刑都较民间盗窃犯罪远为苛重，是公开的同罪不同罚❹。如上文所引《刑律》附例第十一条的规定，是"不分首从，并赃论罪"，即具有官吏身份的人，不论共同犯罪人数多少，每人得赃多少，都一律以赃款总数计算并科刑，有仅分得数贯钱文而被判斩决的。当时规定，官员得赃一贯以下，杖八十；五贯，即杖一百；二十贯，杖一百，流二千里；四十贯，即斩决❺。骤然看之，可能有罪轻刑重之感，但如果从当时官场普遍严重贪渎、权钱交易已成风气的现状看，法弛刑轻，已不足引起官吏们的警戒。相反，"禁罚威严，则简慢

---

❶《万历问刑条例》，《户律》附例，第五十三条。

❷《万历问刑条例》，《刑律》附例，第十一条。

❸《万历问刑条例》，《名例律》附例，第二十三条第一款。

❹ 即使按照同一《万历问刑条例》的规定，官员和"常人"，也是同罪不同刑的。例如，"（沿边沿海的监守官员）盗粮四十石、草八百束、银二十两、钱帛等物值银二十两以上；常人盗粮八十石、草一千六百束、银四十两、钱帛等物值银四十两以上，俱问发边卫永远充军。"（《条例》，《刑律》附例，第十一条第一款）可见，对官吏的量刑恰为"常人"的加倍。又，一般结伙行窃的小偷，各分得若干贼赃，被捕后判刑，一般也不会"并赃问罪"，不会将全案被盗窃钱物总数作为对每人的判罪依据，仅按其本人所得判刑，这也是与官吏有区别之处。

❺《万历问刑条例》，《刑律》附例，第十一条。

之人整齐"❶。张居正早在隆庆二年（1568）上的《陈六事疏》中就说过："法所当加，虽贵近不宥"❷。从某种意义说来，他主张加以严惩法办，打击锋芒主要指向的，正是这些"贵近"。他坚定相信，"刑罚不足畏，则暴人轻犯禁"❸，只有"使吏非法无以守，则虽巧不得为奸"❹。因为"法不阿贵，绳不挠曲"❺，正是自古以来，法家及其服膺者的一贯主张。

第八节　奖勤罚怠，倡廉惩贪

张居正一贯主张严明纲纪，奖惩并用，力求做到赏有常格，罚有准则。他一再申明，"赏罚明当，乃足劝惩，未有无功幸赏而可以鼓舞人心者"❻。万历二年（1574），发生了蓟镇边军擅自袭杀近边蒙古族官兵的事。居正闻报后十分震怒，当即指示必须严明军纪："顷墩军袭杀属夷，情甚可恶，宜即枭首，以泄属夷之忿，杜将来之患。……其同恶之人，亦宜以军法处之。"❼

张居正刚上台执政，便通过考察，对全国官吏进行较大幅度的调整。隆庆六年（1572）八月，即根据云南抚按和兵科的弹劾，将世代被封在云南，多行不法，俨然为土皇帝的黔国公沐朝弼逮捕入京，交法司审讯。同月，奏准下谕察处南京吏部主事蔡忠等三十一人；将北京前吏部主事许孚远降贬为两淮运司判官；前吏部左侍郎魏学曾，因被劾有贪贿徇私，先命调南京，其后因赃证确实，革职。九月，江油知县赵佐，因侵帑二千余金，判处死刑；河南、陕西按察佥事夏易、

❶《管子·八观》。
❷《张太岳集》，卷三六，《陈六事疏》。
❸《管子·正世》。
❹《商君书·赏刑》。
❺《韩非子·有度》
❻《张太岳集》，卷三一，《答总宪吴近溪》。
❼《张太岳集》，卷二六，《答督抚刘百川》。

范爱众因贪虐，削籍。十月，随州知州周行，墨甚，削籍再法办，张居正因此事以万历名义谕吏部，"奏报贪吏毋倭纵"。万历元年（1573）正月，湖广总兵、平江伯陈王谟因任漕运总督时损失粮食五百万，撤职查办。九月，南京兵部郎中张明化，为其族兄张云打官司的事，向礼部侍郎董传策贿送白银一百两，二人均被劾撤职。十二月，巡抚大同右金都御史刘应箕因侵吞公帑被撤职；前光禄寺尚膳监王朝用有苛索庖人之罪，被劾下法司，并因此牵连光禄寺卿路王道，亦被调职，等等❶。当时为荡涤官场积弊，曾以急风疾雨的方式查察并撤免了相当一部分官员，对于个别有争议的人物，则进行了复查勘明❷。

值得注意的是，张居正在奖勤罚惰、倡廉惩贪以澄清吏治的过程中，充分发挥监察系统的作用，他责成各省巡按御史对本省区各级官员的人品和治绩随时奏报，并提出劾荐意见，经核实后即予提升或斥降撤职、法办等处分，其考察范围上至各该省的巡抚、布政使和按察使、都指挥使、总兵，下到府、州、县的正佐和武职的参将、游击、守备等官。据朝鲜国使臣权近和赵宪二人在自己的日记中所记，仅在万历三年（1575）六、七、八月，他们在中国的邸报中，便发现由各省巡按奏报前来，并经批准定案的案件有 18 件，涉及的文武官员共80 人❸。这说明，当时执行考成法确是雷厉风行，各级官员俱不能幸逃于严格考察之外。另一方面，明朝行此一重大举措，已引起邻国人士的密切注意。权近和赵宪不嫌烦琐地对此逐一记录着每一椿案件属何地何官，因何事受何人推荐或弹劾，吏、兵等部又如何做出批示处理等主要情节，可说不厌其详，当然是用以作为重要情报和参考资料。迄今为止，在中国史籍中尚未发现有相同的记载。

居正十分重视发挥巡抚、巡按等监察官员的特别功能，但亦一直

---

❶ 隆庆六年八月起至万历元年十二月止的贬黜和法办官员诸事，根据《国榷》卷六八，又参照了《明神宗实录》，卷四、五、六、八、九的记载。

❷《国榷》卷六八，万历元年正月辛亥条载，"罢陕西左布政使冯舜渔。时巡按肖廪荐之，拟擢巡抚延绥，而巡按陈文焕又劾其贪，故吏部谓勘明方服也。"

❸《重峰集》，卷一二。

对他们从严要求。"凡御史犯罪，加三等。有赃，从重论。"❶事实上，张居正上台之始，即对抚、按官以及给事中等监察官班子，进行过持续认真的整顿和改组，不断进行甄别汰黜。这样做很主要的动因之一，是要建立一套能贯彻推行改革要求，能认真进行纠察官邪，发现贤才的风宪官队伍。极力提高这部分官员的素质，责成他们深入到州县或卫所等基层，履行考察和监察的职能，以之与整饬吏治、进行人事调整相配合。

张居正在奖勤罚怠、倡廉惩贪的过程中，坚决打破以资格视人用人的旧套，唯视功效，不问资格，勤廉者必奖，懒贪者必惩，决不以科举功名资格为转移。下引案例，很能说明他的态度：

> 上御文华殿讲读。山东抚、按官劾奏昌邑知县孙鸣凤平日赃私狼籍，巧取百方，比升都察院经历，将行犹盗库私金六百余两，藏之私宅，管库吏役守宅号哭，鸣凤方以半夜潜纳库中。及行至道上，仍索长夫折乾，并搜吏皂所携路费以充囊橐。上览奏怒甚……曰："昨览疏，此人乃进士出身，何以无籍如此？"居正对曰："渠正恃进士出身，故敢放肆。若是举人、岁贡，必有畏忌，当不至此。以后皇上用人，唯当视其功能，不必问其资格。若肯为国家效力，以清慎自持者，纵使人地素微，亦宜甄奖。朝廷高爵厚禄，正当付此等人。若贪赃枉法，殃及百姓者，资格虽高，亦不可宥。"上深以为然。❷

根据科举先后、名次高低按序用人，在当时本已被公认为老套，因为据称这是最能堵塞争议奔竞的标准，似乎极为公平。但这样的公平，实际上掩盖着事实上的极不公平。科目考试，从四书、五经命题，应试者作文阐明其中义理，既不许发挥自由思想，更不得针砭时政。应试高中的士子，大多数无非是熟读程墨时文等辅考资料，玩弄词藻，

---

❶《明史》，卷七三，《职官志》二。
❷《万历起居注》，万历四年十月二十四日。

照样模仿而已。故新科进士中，多为热中宦途的禄蠹，或为唯知呢喃圣贤书、茫然不晓世务政情的冬烘。真正有实学真才，而又具有器识抱负的仅是极少数。一经朝考得中，便具备了做官的资格，但不等于同时也具备了临民治事的才能，其政绩更不能与他们的上榜名次成正比。故此，进士做官优先，升擢优先，按照名次分配优差美缺，历来都是受到非议的，因为它不能选拔到真才，"倜傥跅弛之士，其不谐尺绳于科目，受羁束于铨曹者，少得以自达。"❶

但是，这个老套却很难改变。隆庆后期，高拱曾大力主张纠正，但尚未能在全国范围内贯彻。真正全面贯彻，是在万历初年，张居正执政时实现的。原因是职司铨叙和任官的吏部，以及有权委派和调配官职的各级主官，最便捷的方法，就是按科举资格作为委任的准绳。一旦摒弃了这条准绳，便觉难措手足，亦不敢承担由此产生的后果责任。资格应破，是公议所在，是历经确凿事实反复证明了的，但极不易破，"非明则不知破，非公则不能破，非置是非利害于度外则不敢破也。大匠之用准绳不束于准绳而后可耳"❷居正在这方面的一系列言行，有力地证明着，他当之无愧地是一个敢破并能破用人资格的"大匠"。

作为独揽大权的一朝元辅，张居正可贵之处还在于，他的治理视线常着重到府州县级别的基层政权，对有关官员的任用，坚持贯彻重实绩、破资格的精神。他认为，在整套国家机器中，中枢只能制定和推行政策，对全局实施驾驭督导的功能，但真正推行改革和安抚百姓的，则要落实在基层政权及其官佐身上。"窃闻致理之要，在于安民。欲民之安，责在守令"❸。他还认为，府、州、县级政权的是否取得成绩，也不仅在于担任主官的知府、知州、知县，亦必须看到各级衙门的佐贰官、首领官、属官甚至吏胥，以及辖区内的低层士子，如贡生等，有时也能起到重要的作用。必须具备慧眼，从这些人中选识人才，绝不能因为这些人出身资格低微，职任卑下，而轻率抹煞掉他们的才

---

❶《春明梦余录》，卷三四，《吏部》。

❷《春明梦余录》，卷三四，《吏部》。

❸《张太岳集》，卷二七，《答山东抚院李渐庵言吏治河漕》。

能和劳绩，相反，更应加意旌表之，拔擢重用之。

其实，一府或一州县的政事繁杂，是一个小而全的一级政权，断非主官一人所能亲理，佐贰官、首领官、属官等虽为下僚，但都分管着粮赋、刑狱、清军、农田、水利、文移等公事，亦属不可或缺，而直接关系到本府、州、县的治绩。他们当中亦多有富于经验能干实事之人，甚至是处理地方政务的好手、老手。但明中叶以来，由于人事制度的限制，这些人受提拔的机会甚微，绝大多数都沉溺为下僚以终生。居正当权，即力为扭转此种风气，力图为他们提供晋升的机会，以为风劝。明末著名学者孙承泽详细记述了这方面的事迹，言：

> 张文忠居正疏：各衙门佐贰官，须量其才器之所宜者授之。平居则使之讲究职业，赞佐长官。如长官有缺，即以佐贰代之，不必另索。属官有谙练政事，尽心官守者，九年任满，亦照吏部升授京职，高者即转本衙门堂上官、小九卿堂上官。品级相同者，不必更相调补。……如此，则人有专职，事可责成，而人才亦不患其缺失矣。❶

为挖掘原来隐藏于基层的人才潜力，居正确实是做了不少工作的。他自称，"仆生平好推毂天下贤者。及待罪政府，有进贤之责，而势又易以引入，故所推毂尤众。有拔自沉沦小吏，登诸八座，比肩事主者矣。"❷

事实确是这样。

清人李延昰在《南吴旧话录》卷下，记载有张居正重用有才有守的佐贰微员，支持之取得突出成绩，并破格擢升的事例："曹子锐，名珙，号芹泉，华亭人，为郡掾，历丞、倅，不私一钱。江陵柄政，喜拔用下僚，闻公名，心异之，特升两河运副，以浚高家堰功，使万艘毕集。堰长八十里，当黄河下流，最号难治，而公经理一月，费帑金

❶《春明梦余录》，卷三四，《吏部》。
❷《张太岳集》，卷三二，《答张巡抚濠滨言士称知己》。

四十万，河流遂安。擢运司同知。"又许重熙在《万历注略》卷七，记载万历四年九月，"山东巡抚李世达奏荐州县佐贰官杨果、赵歧等。诏：有才堪治民者，即升知县。抚按选才保举，照之。"

对于在实际工作中表现卓异，而缺乏资格的人，居正总是从优奖拔，首重其实政实效。万历六年（1578）夏天，任命水利专家潘季驯主治黄、淮两河工程，经季驯率同在事人等的艰苦努力，到七年冬，即告工竣。季驯报请提升有功人员，居正在复函中，着重提出，必须对取得突出成绩而出身低微的人员，如贡生、吏员等超级拔擢，言：

> 河工效劳诸君，奉旨加恩……请加级升补，一切从优：如五州同，三为贡行（生），二为吏员；部拟三司首领，仆皆特与府判；他俱类此。盖不如是，不足以劝有功，而励任事之臣也。……国家爵禄，以待有功。有功之人，不但宜加以爵禄，还须时时在念，不可忘也。❶

按，贡生在当时的宦途上本存在着不成文的限制，以此低档次的学历，能出任从六品的州同，实已为异数。至于吏员，从明初洪武到宣德时期，确有以吏出身而充任要职的，但其后因重科举，崇资格，吏员的出路遂急剧式微。此两吏员随同潘季驯治水，并被提升为州同，在当时也是罕见的事。居正还改变吏部的原议，将原拟为从六品的三司首领官者，一律晋升为正六品的府通判。这样的做法，既反映出居正处事的果断和气魄，亦反映着与大改革同步的，在人事制度认识上的重大转变❷。这样的事例是很多的。例如，他以元辅之尊，有时亦亲自为被称为七品芝麻官的知县辨别冤曲，为之平反，并亲自致函策励。万历六年，在《答宜都知县许印峰》一信中说道："近访知执事前在闽中为群党搆陷，诚为诬枉。昨已致书两院（指湖广巡抚和巡按御史），为

---

❶《张太岳集》，卷三二，《答河道潘印川》。
❷ 张居正为政，一贯主张重中枢而不轻基层，重守令而不轻佐贰，不以资格限制用才。这一思想在大改革中更是贯彻不渝。

执事昭雪。今尹宜都之政，宜从荐录，以雪沈诬。幸益坚雅操，以需大用，未可以暂蹶自阻也。"❶

第九节　在整饬吏治中存在的恩怨问题

张居正在掌权之后，确实反复表白过自己用人一秉大公，"用天下贤者，效之于上"❷"内不任爱憎之私，外不轻信毁誉之说"❸。如此等等。

对于历史上政治人物的言论，必须以其实际行动来检验。

使用和依靠什么人，防范和排斥什么人，往往是权力斗争的一翼。

首先，对于高拱当权时备受重用、威望素隆的文武大臣，诸如张四维、王崇古、方逢时、杨博、张佳胤等，居正花了很大气力争取他们效忠新权，继续留任。他有时致力解释绝无害高之心，洗刷舆论的疑责；有时表示绝不因对方曾受高的赏识重用而介意；有时又将一些人曾被打击贬谪归咎于"前宰"，愿意担当为之主持公道的角色，等等。所有这些方面的努力，在隆庆六年（1572）到万历元年（1573）之间，张居正在致有关人士的函牍中多有谈及。譬如，在万历元年初，他致函右金都御史巡抚应天的张佳胤，函曰："自公在郎署时，仆已知公。频年引荐，实出鄙意。不知者乃谓仆因前宰之推用为介，误矣。天下之贤，与天下用之，何必出于己。且仆与前宰素厚，顷者不恤百口为之昭雪。区区用舍之间，又何足为嫌哉？蔡人即吾人，况前宰非蔡人，而公又吾人也？何嫌何疑之有？愿努力勋名，以副素望。"❹又譬如，在隆庆六年七月，张居正奏请重新起用早于隆庆四年六月被罢斥的原户部尚书刘体乾为南京兵部尚书，并致函体乾，曰："惟公昔在计

❶《张太岳集》，卷三〇。

❷《张太岳集》，卷二五，《与王继津论君臣之义》。

❸《张太岳集》，卷三一，《答南列卿陈我度》。

❹《张太岳集》，卷二五，《答总宪张崛峡言公用舍》。

曹，以守正不悦于时宰，致忤于中贵，士论每为惋愤。兹当朝政更新，首蒙简用，从人望也。"❶与此同时，又奏请起用原任贵州巡抚曾被撤职、后任应天府府尹又被论劾降级的杜拯，升任南京太仆寺卿，并致函杜曰："惟公以直节见忤于时，经纶久卷，兹膺简擢，允协舆情。况属清明之朝，尤君子汇征之日，望益展弘猷，以副鄙愿。"❷

张居正在人事配备上，曾有针对性地对付高拱主政时留存的势力，利用高拱时代遗留下来的问题作为攻击的箭垛。例如，将刘体乾和杜拯在隆庆时期曾先后受过诬陷打击的事，在函牍中归责于"时宰"，应该说是既缺乏事实根据，亦颇违背宽容和公正的。首先，隆庆四年（1570），勒令刘体乾休致之时，内阁三相为李春芳、高拱与张居正，至于六年处分杜拯之际，内阁中则仅有高、张二人在位。而居正自元年入阁之始，其影响和作用实际上便一直高过于群辅，且很快就掌握了进退官员的实权，居正绝非可以俯仰从人，随班坐食，漠视用人权柄者❸。说刘体乾的去职和杜拯的受斥降，是居正本人完全不知情或持有与"时宰"不同的意见，是不可信的。其次，刘体乾本来是嘉隆之际最著声名的理财专家，且为人正直，他在隆庆四年的被迫休致，完全是因为隆庆皇帝几次诏取巨额太仓银供内用，又几次诏"市珍珠黄绿玉诸物"，而遭他谏拒，致"积忤帝意"而被夺官的，《明穆宗实录》与《明史》本传，均有详细记载。以此诬之为"不悦于时宰"，实属明显的歪曲，因为除张的函件以外，未见有任何其他史料可资佐证。至于杜拯，其任贵州巡抚时被撤职，本因"玩寇殃

---

❶《张太岳集》，卷二四，《答司马刘清渠》。

❷《张太岳集》，卷二四，《答杜晴江》。

❸ 孙矿在《吏部尚书陈有年行状》中说到张居正这方面的一贯特点，颇精辟。言："至江陵而始自为真相，视（吏）部如庙也。然江陵有术，每往请者，必不自言，必使请者曲迎其意。有不合，亦姑阳应之；或其人大龃龉，乃讽鹰鹯击焉。不则，遂攘之为恩。其见擢者，亦竟不知为不出江陵意也。又素留心人才，腹中富有，所品骘，每在司铨者上。往请者，欲诎之良难，故其柄常若独操者。先时掌选者常告余曰：'隆庆戊辰（二年）、己巳（三年），时盖三相，江陵末也，然凡有大除授，多待江陵而决。'余曰：'岂以其势方张乎？'曰：'不然。此公有断而鉴明，所论多中的，故每每从之。夫能长百人者，必才兼百人者也，岂不然哉！'"（载《国朝献征录》，卷二五）

民"的揭劾，似乎是公务性的失误，至于其如何"以直节忤于时"，亦乏任何可据的事实记载，只能存疑。再其次，刘体乾本人曾任南京、北京的户部尚书，从未涉及军事，居正摒弃其财政专长，起用之为南京兵部尚书清闲之职，而且也仅在一年多以后即让致仕，无非是"从人望"的权宜安置。杜拯被起升为无马可管的马政长官南京太仆寺卿，亦不外是对这类失意之人加以抚慰，以闲职虚衔暂为笼络，借以在权力急剧转移之际，尽可能减少阻力，为"江陵柄政"最初期稳定统治秩序而已。

为严密控制人事任免，张居正精心选用吏部尚书。按，吏部本居六部之首，《周礼》称之为"天官冢宰"，突出了它的重要性。明代因袭传统，吏部尚书是位居宰辅之下的第一位重臣，"视五部为特重"❶。万历元年（1573）九月十二日，原吏部尚书杨博"引疾"求去。看来，杨博确实有疾，但其疾主要不在健康，而是患有政治病。博不愿久居此位，而居正亦不乐其长期留任此职。杨博是嘉靖八年（1529）进士，早在嘉靖二十五年即擢任右佥都御史、巡抚甘肃；三十四年任兵部尚书，加少保；四十二年任吏部尚书，其后，又以吏部尚书理兵部事，进少师兼太子太师。应该说，杨博名副其实是张居正的前辈。特别是，他在严嵩权势如日中天之时，曾极力抵制严嵩；而处在徐阶、高拱、张居正互斗的漩涡中，却能挺然自立，不依附任何一方，亦坚不卷入无多大是非的纠缠中，"拱柄国时欲中徐阶危祸，博造拱力为解。拱亦心动，事获已。其后张居正逐拱，将周内其罪，博毅然争之。及王大臣狱兴，居正与冯保将借以杀拱。博语居正曰：'高公虽粗暴，天日在上，安得有此？'居正面发赤。"❷冯保和张居正诬陷高拱的事，最后是因杨博与都御史葛守礼的力持和机智说理，促使居正惕然清醒，采取急煞车而得平息的，时人均称誉杨博为长者。但是，他知道这一段阴谋斗争的要害底蕴太多了，而且本人又在其间起过关键性的特殊作用，居正对杨难免警觉戒备，而杨亦自知，实不宜再与居正共列朝班，继

---

❶《明史》，卷七二，《职官志》一。

❷《明史稿》，《列传》九三，《杨博传》。

续留任吏部尚书之职。事实上，居正在内阁和六部用人，多不选用精明强项，特别不用资历勋名过隆的人。他十年柄政，六部的历届尚书科举资格和事功均未有过于杨博者。

杨博休致后第三天，朝议有关吏部尚书的继任人选问题，在御前讨论的过程，亦极有值得注意之处：

> 九月十四日辛卯，上御文华殿讲读。先是吏部尚书缺，有旨推公正者二三人。铨曹以都察院掌院都御史葛守礼、工部尚书朱衡、南京工部尚书张瀚名上。是日，辅臣张居正等侍上于文华殿奏事，上以部疏示之曰："此三人孰可？"居正因历言三人官履之详。上曰："葛固端人，但年近衰；于朱则有贬词。"又问"用瀚何如？"居正顿首曰："上得之矣。瀚品格甚高，文学政事兼长，实堪此任。且出其不意，拔之于疏远之中，彼之图报，必当万倍于恒情矣。"上曰："然。"遂点用瀚。❶

这一段对话颇形象具体，倾向性鲜明，但仍有未见于奏语的潜台词值得玩味。

居正的非葛贬朱而钟情张瀚，最根本的原因，是为了牢固地控驭吏部，以稳定地掌握住人事大权。但，对葛与朱，则另有个人的考虑。

葛守礼亦是跨越嘉、隆、万三朝的资深官员，他也是嘉靖八年（1529）进士，在地方上，历任河南、山西、陕西按察使、布政使、巡抚等职；在中央朝廷，则先后在兵、礼、吏、户、刑五部任主事、侍郎、尚书，都察院左都御史等要职，有丰富的行政经验。守礼以廉明知名，且为人有个性，处事有见地，不屑附和迎合，不肯唯上唯官。他在赋役改革方面，却是相当保守，早在隆庆初期，即上疏反对正在各省试行的一条鞭法，故此，与张居正在财政政策上存在有重大的分

---

❶《万历起居注》，万历元年九月十四日。又载《明神宗实录》，卷一七，万历元年九月辛卯。

歧❶。居正之所以未按当时铨叙顺序，不同意排名首位的葛守礼接掌吏部，则显然是因为深知对葛难以驾驭，而且葛守礼曾与杨博联合反对借王大臣事以炮制高拱阴谋弑君谋叛冤案，且掌握有冯保与张居正违法密谋的确证❷。故此，张居正为维护本人权势，绝不能置高亢如守礼者于卧榻之旁。

朱衡是嘉靖十一年进士，从任州县官入仕，历在江西、福建、山东任提学副使、布政使等职，先后在刑、工、礼等部任侍郎、尚书。朱衡的业绩以治水有成而著名。他针对隆庆皇帝奢侈多欲，在工部尚书任内一再持争力谏，坚决要求停止逾制营建，减少采购奢侈用物，以裁抑浮费，在当时，不失为勇于任事、敢于直言的正派大臣。但"衡性强直，遇事不挠，不为张居正所喜"❸。这是因为，在大政方针及具体政务上，朱衡所见恒与居正相左，且持之甚坚，一再发生争执顶撞。给事中林景旸等一再奏弹朱衡"外为疆直，中实刚愎"❹，其实是反映着居正的意见。故此，在朝议吏部尚书人选时，居正强烈地表示出对他的不满，将他淘汰出局，也是意中之事。

朱衡与张居正矛盾冲突之所以发展，一因朱衡对新帝嗣位后立即进行大改革有保留意见，二因他在工部尚书位上，一贯不甚听居正指挥、按居正的意图办事。更重要的还在于，他反对借王大臣案以罗织，主张依法速判速了。凡此，都是与居正对着干的。居正之贬朱衡，固有排除进行大改革阻力的考虑在，但亦有私怨私利作用于其中。于慎行在《朱衡行状》中，对这两个方面都有具体的叙述，说："时新郑去国，江陵贵用事。一日，谓公：'某被顾命辅理，责任至重，何以相规？'公曰：'主上冲年践祚，今日要在调护圣躬，爱养元元，如其振作，请俟他日。'江陵曰：'公不知也。上以大事托我，不敢以因循姑息上负圣明，且人心玩愒日久，修明法制，正以庇养生民，奚相悖

---

❶ 有关问题，参见本书第十三章第七节，《嘉靖初年到隆庆时期一条鞭法的屡试屡止》。
❷ 参见本书第十章第四节，《以构陷高拱为中心的壬申政变》。
❸《明史》，卷二二三，《朱衡传》。
❹ 于慎行：《工部尚书朱衡行状》，载《国朝献征录》，卷五〇。

乎？'不怪而罢。"❶ 又说："会有王大臣之狱连及新郑，公谓江陵：'一妄男子阑入禁门，一卫士之力耳。'会内廷以狱下金吾，公谓都督朱（希孝）：'此狱正须速成。若罗织不已，它日必有烦言，谁执其咎？'朱公亦悟，趣具狱上，寘大臣于法，群议遂止。"❷ 朱衡之不能入选，及不久后被劾罢，原因乃在于此❸。

这一次任用吏部尚书的过程暴露出，即使在柄政初期，居正用人，主要以是否有利于本人集中权力和顺畅运用权力作为衡量的标准。同时也暴露出，如同历史上许多有强烈权位欲，有不世抱负的政治强人一样，居正也犯有难以接受逆耳之言，不能容忍忤己之人的通病。"瀚资望浅，忽见擢，举朝益趋事居正。"❹

其实，明代后期的舆论，对"居正恶守礼戆，厌衡骄，故特拔瀚"❺ 的做法是啧有烦言的：

> 葛守礼始不从华亭以攻新郑，中不从新郑厄华亭。及王大臣狱起，又宁拂江陵，终全新郑。立朝本正直忠厚，其斯人欤？方吏部尚书缺，序当葛。江陵曰："葛公正人也，然少通变。"越次用张瀚，属强辞，安见葛不宜是选？❻

张瀚本人从来未有人事工作的经历，就任吏部尚书后，又栗于元辅的威望权势，"进退大臣率奉居正指。即出己意，舆论多不协。以是

---

❶《工部尚书朱衡行状》，载《国朝献征录》，卷五〇。
❷《工部尚书朱衡行状》，载《国朝献征录》，卷五〇。
❸《国榷》卷六九，万历二年五月癸巳条，记述有朱衡被劾罢归的内幕，以及因朱衡问题波及其他人的情况："工部尚书朱衡被劾乞休，许之，加太子太保。初，张居正恶衡，语李幼滋曰：'朱镇山老奸，笼络台省，谁能测其隐者？'中书舍人乔承华，结张氏苍头游七，闻之，夜告兵科给事中蔡汝贤。汝贤曰：'劾人媚人，岂丈夫事。'即诣给事中林景旸，林即日草奏。时林例推金事，即束吏部无外，寻转礼科都给事中，汝贤出四川参议。"
❹《明史》，卷二二五，《张瀚传》。
❺《明史》，卷二二五，《张瀚传》。
❻《国史唯疑》，卷八。

为御史郑准、王希元所劾。居正顾之厚，不纳也。"❶

王希元等劾论张瀚的政绩不佳，曾举出一些颇出人意外的事例，而通过弹瀚而暗指居正，内云：

> 山东佥事郭良被劾调简，移广东，是以广东简于山东也；广西佥事霍与瑕考察不及，补江西，是以江西简于广西也。阅此，知铨曹高下惟意，从来远然。希元竟以是外迁。❷

一直到万历五年（1577）九月，张居正因父丧，发生所谓"夺情"事件以前，张居正一直对于口碑甚坏的张瀚，采取坚决支持和保护的态度。万历二年，因南北言官纷纷奏论张瀚不职之事，居正便出面严加驳斥，甚至抬出皇言御笔以堵塞人口，并暗指劾奏张瀚乃是因有人在背后指使，曰：

> 太宰（按，此指吏部尚书）之清贞简靖，非时辈人也。仆与主上面相商榷，亲奉御笔点用，仆即叩头贺曰："皇上圣明，不遗退远如此，为人臣者，孰不思竭力以图报乎？第以渠素未留心铨事，又值文选君（按，此指吏部文选司郎中）迁暗而不达于事理，致有一二错误，然皆小事，于大节未有失也。而遂群起而攻之，使之不获一展。……奈何务欲伤诋之也。
>
> 闻有一二大臣，觊铨台而不得者，播其说于南中，听者不察，轻事置喙，而不知仆之苦于调维也。❸

固执护短，本非当权执政者所宜，但从为保证顺畅控制用人大权，与

---

❶ 《明史》，卷二二五，《张瀚传》。
❷ 《国史唯疑》，卷八。又，《国榷》卷六九，万历二年五月甲戌条，亦言张瀚不职，固受论劾，一度请辞的事，曰："吏部尚书张瀚乞休，不允。先是，改各部主事为御史，刑部主事侯尧封除官浃月，与焉。吏科张楚城言其骤也。"
❸ 《张太岳集》，卷二六，《与南台长言中贵不干外政》。

其用方严豪迈、不为己下的葛、朱，不如选择柔慎驯顺而绌于才能的张瀚。张瀚曾经在张居正的权力天平上，承当着一枚轻重就手、指挥如意的砝码角色 ❶。

张居正在用人问题上，确实存在着以关系远近、意见同异而分亲疏的表现，以下两个事例颇能说明问题：

例一，原太仆寺少卿李幼滋是居正的密友和高参，此人"讲学博名，每见居正语移日，树党援引，时一进逆耳语示忠告，阴谋夺情，出则作伉直声。"❷ 终居正当权的十年，李幼滋并无任何事功可记，仅是以清客地位追随居正左右，但对于重大人事任免或政事裁决，能起到重要的参议作用。张居正在隆庆六年（1572）九月，首先将他从太仆寺少卿转为大理寺右少卿；十月，即转为左少卿；万历元年（1573）三月，又再转为太仆寺卿。半年三迁，其后，又擢升之为户部侍郎、工部尚书。

例二，与此相反，在嘉靖末年及隆庆时期，一直以敢言直谏，曾力诋严嵩，因而被逮捕"械行万里"，在锦衣卫狱惨被拷讯，而又拒服友人为减少其痛苦而馈赠的蚺蛇胆，向以"直臣"、铮铮一铁汉见称的原刑部尚书赵锦，却因不肯依附，并对居正为政有所议论，竟被排斥摈逐。"时江陵相秉国，欲引公为助，而公□然无所依阿。时或风议朝政得失，语稍稍闻江陵，江陵衔之，阴令所厚劾公，公遂致仕。"❸

李幼滋和赵锦在当时都是世所瞩目的人物。赵锦因其风骨更是名噪一时，受到朝野的特别尊敬。居正对两人迥然不同的处置，理所当然受到有识人士的非议，亦是难以掩饰的自我暴露。一旦风云有变，必定成为受攻击的题目。

---

❶ 但到万历五年九月，却因张居正丧父未遵礼教奔丧，仍留在内阁任上守制办事，张瀚对此不肯苟同，拒绝上章挽留居正，居正大怒，即示意多人借他事劾罢之，勒令致仕。此既可见居正性格中专断骄纵的另一侧面；亦可看到两张关系亦处于不断发展变化的过程中，因顺逆而改易爱憎。张瀚虽在吏部业务上柔顺听命，但在传统礼教伦理方面，却比较坚执，因而失宠丢官。

❷ 《国榷》，卷七〇，万历五年十月辛丑。

❸ 朱赓：《刑部尚书赵锦墓志铭》，载《国朝献征录》，卷四五。

居正为巩固自己刚取得的独揽大权的地位，在上台不久，即对中枢各部、院、寺、司的官员进行甄审沙汰，其中又着重在对御史、给事中等所谓言官逐一鉴别，留者留，斥者斥，贬者贬。他深知，在当时的体制下，御史、给事中掌有单衔上奏和弹劾百官的职能，有时能够对时局起到特殊的作用。尤其是，高拱本人虽已被摈逐回籍闲住，但高的门生故吏仍遍布各部门。即如在隆庆猝逝，万历上台的交接期间，高拱弹劾冯保的疏文一上，言官中的宋之谦、程文等十余人便立即跟进，弹章纷沓而来，一时造成若不诛逐冯保，清除阉宦势力，即国无宁日的声势❶。这些人官职虽卑，但能量很大，加以高拱本人虽落败，但高派与张冯派的对垒依然存在，而且愤懑仇视的情绪更加浓烈。高派诸人对于冯张辣手倒高的行径，仍普遍抱有不平之气。一旦气氛逆转，必然会纠合成为反对张冯的可畏力量。居正栗惕于此，故抢在机先，于本人正式上台后的第十七天，即在隆庆六年（1572）七月初六日，便通过京察的形式，对高拱的亲信进行较彻底的清洗：

> 斥吏部员外郎穆文熙，都给事中宋之谦、程文等三十三人；吏部主事许孚远，御史李纯朴、杜化中、胡峻德、盛时选、刘日睿、张集，左右给事中涂梦桂、杨镕、周美、张博等五十三人调外。又，光禄寺丞张齐、何以尚，尚宝司卿成钟声调外；司丞陈懿德闲住。高拱之党略尽。❷

是时，"一榜所黜皆高党"❸，足见这一次的京察，其中的派系色彩是很浓厚的，其实是张冯联合与高斗争的继续。与此同时，清洗的飓风，也刮及一些较高层次的官员："太常少卿吕霍调南京，巡抚甘肃右都御史杨锦调外，南京工部尚书陈绍儒、礼部右侍郎欧阳诰、巡抚陕西右

❶ 参见高拱《病榻遗言》附载的宋之谦等十余道劾冯疏文。

❷《国榷》，卷六八，隆庆六年七月己丑。

❸ 孙矿：《兵部左侍郎许孚远神道碑》，载《国朝献征录》，卷四一。

□都御史温如璋、巡抚山西右□都御史杨采闲住。"❶

这一次清洗大概进行了半年多，到万历元年（1573）春天才大体告一段落。二月，对高拱门下最具声名的刑科给事中雒遵、云南道御史景嵩等亦借故予以谪降；另外，重新选用了一些翰林院庶吉士、推官等新进补充为各科给事中、御史、试御史等，才算基本上完成了重组言官班子的工作❷。

居正在执政之初，立即进行了大幅度的人事调整，对原部、院、寺、司中的各级官员，都分别大贬大斥大升调，动了大手术，"扬人如掖，摧人如掷，天下从风而靡"❸，不论在声势，抑或在规模上，都远远超过严嵩和高拱等刚上台之时。

必须肯定，张居正操切人事，挟雷霆万钧之势，用霹雳手段，在极短期内对原有官僚群体，进行认真的考察和洗刷，其主流是为了革除冗官秕政，振纲剔弊，这是他要推行各方面大改革所必要的部署，盖"用人与行政，两者相扶以治"❹。不讲究用人，则一切政纲理想，无非是镜花水月式的空言。严考成、核名实、用贤能、拔下僚、惩贪墨、杜幸进，凡此等等，都是正确和及时的。万历十年大改革之所以能取得震烁一时的成就，与居正对吏治的严加整饬，以大魄力大胆识调整人事密切相关。人事大调整的过程，也是居正地位急剧上升的过程，同时也是他大力加固权力基础的过程。

但在检阅张居正在人事大调整的各个环节和过程中，也不能忽视其中亦存在一些历来受訾议的问题：

其一是张居正在个人作风上存在着"褊衷多忌""倚信佞幸"❺的毛

❶《国榷》，卷六八，隆庆六年七月丙申。

❷ 对于洗刷下来而无明显罪名的原给事中、御史等，一般都调配到地方上任卑职，如陕西道御史胡峻德任滁州判官，户科左给事中张博为邠阳县丞，右给事中涂梦桂为濬县丞，雒遵和景嵩分别到外省布政使司任照磨，等等。一则分散了这些人，不容他们再聚合；二则，身份属于佐贰微员，本无直接上疏的权利，剥夺了他们的发言权，且必须受各该省州、县官的监管。

❸《兵部左侍郎许孚远神道碑》，载《国朝献征录》，卷四一。

❹《读通鉴论》，卷一一。

❺《国榷》，卷七一，《谈迁曰》。

病。"好揽权而喜附己，则于贤者若掷沙遗沉而莫之恤，于佞者若嗜醴悦飶而莫之厌。"❶ 有时表现为以个人爱憎而定升贬去留，甚至对雄谔有才的人诿避而不用，或罢归田里，或敷衍于闲曹；喜好擢拔拘谨驯顺的人，甚至重用亲信，"江陵作相，九列公卿半系楚人"❷，如对于首先发难诬陷高拱的曹大埜，不但迅速从谪所召回，并不次越级超擢，先后任尚宝司丞、太仆寺卿、江西巡抚。居正实以为，这样用人可资倚靠而无虞反侧，更有利于严防有侵凌本人威权的人物或事件出现。这方面的毛病在隆万之交人事大调整中已见端倪，其后更有恶性发展，成了居正身后被追论最集中的问题之一。

其二是对于前此政敌及其门下，以至一些持异议者"摧击过当"❸。这在初期，主要是指对被怀疑为前首辅高拱的同党而言。居正掌权之后，半是朦胧半是清醒地警惕到，虽从高拱手中夺权胜利，并得跻登高位，但其中实潜藏着巨大的危机。刚逝去的历史事实促使他惕惧惶恐：夏言与严嵩，严嵩与徐阶，徐阶与高拱的斗争都是屡经反复的。夏言仆而又起，对严嵩曾备加凌辱；严嵩颓而又兴，终置夏言于死命；徐阶长期柔曲忍受，几陷于危，其后历经艰维，才取得对严氏斗争的胜利；徐阶驱斥高拱，高拱复出又挤逐徐阶并清算之，几乎要了徐阶的老命。凡此，都是居正刚坐上元辅宝座，在席未暇暖之际，便发动了对高派势力大扫荡，对一切不附己者大清理的原因。在封建社会高层官僚争权夺利的殊死斗争中，向来不存在什么真正的诚信和宽容。为夺得或保持权位，有关人物宁可付出高昂的道德代价。官场的竞逐，权势的攻防攘夺，当权者往往不惜对对手使用各种阴谋中伤的摧残手段。而且为了壮大声势，又必然要拉帮结派，以人划线，具有着异乎常情的残酷和火爆气息，此正是明代中期内阁内讧表现出来的重要特点之一。历届得位的首辅，随着地位的上升，其自我防卫心态亦俱高并长，以至发展为某种近乎病态的过敏表现。过分的自我防卫和戒备，

---

❶《国榷》，卷七一，《冯时可曰》。
❷ 王士性：《广志绎》，卷四。
❸《国榷》，卷七一，《毛寿登曰》。

往往会变成为对别人的凌辱虐待。这是一种精神病毒，而权位愈高的人，感染这种病毒的可能性愈大。居正虽然在整饬吏治和对人事制度改革等方面，曾做出过重大的贡献，但他仍未能摆脱当时政治传统风气的羁绊，未能超凡脱俗以消溶恩怨，并未真正彻底做到唯德唯能以持平用人。他对被认为是高派或敢于抗拒其意旨的官员的清洗贬谪，确实有过分之处；而对个别善于谄媚之人则特加重用，由此，使一部分怀德者退位，有能者丧气，未能人尽其才、才尽其用，而个别佞幸者则得以久窃高位。从长远的角度看，此必然会对他本人的声誉和业绩，对当时正在蓬勃进行中的改革事业，产生负面的影响。

第十三章

为天下理财

第一节　开源节流，扭转"国匮库竭"困境

张居正从整饬吏治入手，以建立可资依靠的架构和取得必要的人才，但更主要的则是落实在挽回濒临崩解的国家财政，改善民生方面。他深切理解到，经济与政治不可分，"保民为立国之本""唯百姓安乐，家给人足，则虽有外患而邦本深固，自可无虞。唯是百姓愁苦思乱，民不聊生，然后夷狄盗贼乘之而起。盖安民可与行义，而危民易与为非，其势然也"。**❶**

在柄政之初，他面对着的是极其严峻的经济形势。

早在隆庆元年（1567）十二月，户部尚书马森即急切而言："今日催征急矣，搜刮穷矣，事例开矣，四方之民力竭矣，各处之库藏空矣，时势至此，即神运鬼输亦难为谋"**❷**。可是，隆庆却塞耳不闻，讹索如故。高拱和张居正虽然在内阁主政，亦一再劝谏，无奈其言谆谆，其听藐藐。终隆庆之世，并未能真正扭转经济下滑的颓势。

---

❶《张太岳集》，卷三六，《陈六事疏》。
❷《明穆宗实录》，卷一五，隆庆元年十二月。

张居正当权之后，首先是大力削减宫廷的浪费开支，视此为节流的大端。

隆庆皇帝去世之前，曾诏命云南进宝石二万枚，命广东采珍珠八千两，江西烧造瓷器十余万件。万历嗣位，居正均奏请停办。是时，万历皇帝幼小，贪念未萌，因而居正之议得到采纳，三省民困少苏。"内承运库太监崔敏请买金珠，张居正封还敏疏，事遂寝"❶。

张居正并不满足于一时一事的奏阻或取缔，而是希望永远杜禁自嘉、隆以来形成的，诸如遣派宦官出外督造或督办宫廷用品等事。早在隆庆六年（1572）八月，他利用隆庆《遗诏》的内容，指示工部立即取回"督造内臣"，并停止再派。当时有一个在隆庆时得宠的太监赵玢正在苏杭督织贡品，拒不肯撤回，工部即点名弹劾之，并着令立即回京。疏言：

> "太监赵玢当遵成命，惶悚就道。所派在机钱粮，当交所在官司，听彼支销；辄敢擅自议处，欲使攒织完日，自行起解。且玢侵盗作弊，迟误工程，前被御史论劾，蒙先帝洪恩，令策励供职。今即无停止取回之诏，亦当解任自新，以昭皇上之法。况纶音既出，国典斯存，乃敢肆行扰奏。皇上临御以来，中外臣工罔不振肃自靖，玢独不畏明命乎？乞令玢到期回京。如有稽迟，听臣等参治。"从之。❷

部臣口气如此坚定强硬，而又迅即得到用皇帝名义"从之"的批示，使宦官的抗拒归于失败，这确实是一种崭新气象。它意味着，国家的实际最高权力已经转移到内阁元辅张居正的手里。居正对宫廷财经纪律的整顿能得以畅行，当然又是与李太后的支持，甚至是与冯保配合，对所属宦官严加管束等分不开的。李张冯三角政治联盟在整顿财经秩序方面，一时也起过积极的作用。

---

❶《明史》，卷八二，《食货志》六。
❷《明神宗实录》，卷四，隆庆六年八月乙亥。

在削减冗费方面，居正继续取得了显著的成效。光禄寺在各部、寺中，向来是最富饶而又是浪费最大的部门，因为它承担着办理朝廷宴会筵席供应的职任，又凭借有特殊的规定，经费由各省每年以专款解送，帑藏较为充盈，但冗耗冒滥亦极为突出。嘉靖和隆庆皇帝都曾多次下诏调用光禄寺的存帑入宫作为私用，故光禄寺又成为皇帝予取予携的小金库，成为藏污纳垢之所。宫中朝中的漏洞实连成一线。居正掌权之后，一面奏请立即停止再向光禄寺调用款项，一面派御史清查该寺账目，大力节省开支，消除浪费。自此之后，该寺"费用益为减省，库积渐觉充裕"❶。该寺原使用的器皿，本规定每年由工部造送八千四百件，南京工部造送三千六百件，共一万二千件，但仍常称不敷，一再题请添造，实际上其中大多数均被寺内官吏和宫中宦官偷换变卖。经整顿后，光禄寺奏报，万历元年（1573）正月至十一月，"所用不足五千件，比之往年减省大半。经管内使仰承德意，发出甚多，俱堪再用。今库贮器皿共一万五千四百余件，收存完好，尽彀供应。且库房充满，无复贮处。乞将明年分器皿量造二千件送用，其余一万件俱暂停止"❷。这一来，便节省了六分之五，迥异于过去的滥造滥用。这是六十余年来所未见的。甚至对于李太后因笃信佛教，要求增建寺庵庙宇，扩大僧尼人数的主张，居正历次都予以谏阻，并削减去其中大部分。当万历皇帝年岁稍长，好奢贪婪的毛病逐渐滋长，又再派出督造内臣，开始向户部、光禄寺和太仓索取银两，但几乎每次也都受到张居正的强谏或婉拒。"万历七年，苏、松水灾，给事中顾九思等请取回织造内臣，帝不听。大学士张居正力陈年饥民疲，不堪催督，乃许之。"❸居正要求宫廷"善行当为天下先"❹，率先节约，并健全财政规章，减少对社会的苛扰。

在开源方面，着重在严格纪律，严惩中饱拖欠，将应收的赋粮，

❶《明神宗实录》，卷八，隆庆六年十二月戊寅。

❷《明神宗实录》，卷一九，万历元年十一月壬寅。

❸《明史》，卷八二，《食货志》六。

❹《明神宗实录》，卷一九，万历元年十一月壬寅。

尽数如期收储入库。

张居正深切了解，当时国家财政的窘困，一在于需索过多，征调过频；二在于各级官吏的贪壑难填。地方各级官员莫不视每年征收夏税秋粮的机会为利窟，千方百计地侵盗中饱；钱粮收缴到手，又拖延起运上缴，遂使庶民缴纳超额之粮，而国家难收额内之赋。国匮民穷，但却养肥了各级经手的官僚吏胥衙役人等。故此，如何使该收的都能收上来，便成为解决财政危机的急著；杜绝中饱，勿使"惟正之供"落入"贪吏之囊橐"，便成为足国裕民的关键。早在隆庆六年（1572）十二月，户科都给事中贾三近即奏言：

> 国有常赋，民有正输。迩年以来，逋负数多，其弊不在于催科之拙，而苦于就中朘削之多端；不专于征解之艰，而阻于额外需求之过甚。乞敕行各抚、按，严督所属，凡拖欠钱粮，刻期催解。有管粮官员索取常例，扣除余价，及催收人役乘机侵盗者，不时缉治。掌印官失于防简（似应为"防闲"），并首鼠侵克，一体参处。仍行各该地方，一应京库钱粮亲自查验起解，不得滥恶，苟且充数。应解人役，佥素有身家殷实上户，毋令巨猾积棍混肆包揽。至于交纳，应委精力司官一员，会同巡视科、道，逐一拣查，果无滥恶，方与进入。如该库内外人等，有仍前妄行需索，鞭挞凌轹，迫苦解役，致损国课，听臣等据实参奏。❶

贾三近的奏疏，要求在收、运、解、纳各个环节都要加强督促检查，革除各种陋规，以保证国家正常的财政收入，正符合张居正的意图，故此，"疏下户部覆行"❷。

居正的意图，很快就转化为强制性的现行法例。万历元年（1573）三月，经户部题奏，并得"钦依"批示：

---

❶《明神宗实录》，卷八，隆庆六年十二月己卯。

❷《明神宗实录》，卷八，隆庆六年十二月己卯。

以后州县见征、起运各项钱粮，俱要当年尽收完报。以前年分拖欠带征者，每年限完二分。如掌印管粮官催征怠玩，即以带征应完二分，并见征年分全数总计以十分为率：未完二分以上住俸督催；四分以上降俸二级戴罪督催。其住俸降俸等官，虽遇行取升迁，俱不准起送，通候完至九分以上，住俸者方准开俸。……未完六分以上，各降二级，起送吏部调用。未完八分以上，俱革职为民。❶

与此同时，又规定各省、府、州、县，上解钱粮的数额，必须与户部所存账册相符，又必须如实反映出本地区本年度灾伤丰歉的情况，不许虚捏，更不许从中舞弊。官员调职，必须将钱粮交盘清楚，方许离任。否则，亦依法严惩。万历元年五月，户部题：

各司、府、州、县掌印管粮等官，将岁运钱粮，遵照祖制册籍，详开某府某州县，例该上纳夏税、秋粮、马草，起、存、本、折等项实在总撒数目，差吏赍送。限上年终到部会计，发去分派。开有灾伤、那补及新增之数，随地丰歉酌处。更查旧册轻重，今册有无那移。若系作弊，即行改正。将派定等则预先榜示通衢，各给由帖，使小民通知。敢有豪猾增改则例及官司不能觉察者，抚、按访实参究，以变乱成法处治。❷

又，有关官吏收解钱粮，如有违限未足的，在《万历问刑条例》户律第四十七条，有更为具体严厉的惩治规定，足见当时对必须如额如期收纳赋粮的严重关切："凡收夏税，于五月十五日开仓，七月终齐足。秋粮，十月初一日开仓，十二月终齐足。如早收支处，预先收受者，不拘此律。若夏税违限至八月终，秋粮违限至次年正月终不足者，其提调部粮官、吏典、分催里长、欠粮人户，各以十分为率：一分不

❶《嘉隆新例（附万历）》，卷二。
❷《嘉隆新例（附万历）》，卷二。

足者，杖六十。每一分，加一等。罪止杖一百。受财者，计赃以枉法从重论。若违限一年之上不足者，人户里长，杖一百，迁徙。提调部粮官、吏典，处绞。"此对成化以来的原有规定，做了大幅度的加重。按，旧法既未有对欠解钱粮的官、吏、里（长）、民一律重杖，更未有对责任官吏竟至处死刑的。还规定，监收官员必须对收解税粮的全过程负有完全责任。如有发生侵占、盗窃、挪换粮款等弊端，首先查究监收官员，并视情节轻重，给予不同的法律惩处。万历元年（1573）八月，公布新例：

> 以后，但有人犯侵盗，值银千两以上，监收官住俸提问，俟追完侵银，方准开支。五千两以上，监收官降一级调用，兵备、督粮官参究住俸，亦俟追完，方准开支。一万两以上，监收官革职为民，兵备、督粮官调用。三万两以上，监收官坐赃问遣，督粮官罢斥为民，虽升迁去任，并得追论。❶

当时对清理钱粮积弊，是采取着重责成各级监守人员守法杜弊的办法，其立法之重，刑罚之严，均逾于常律。《万历问刑条例》之《户律》第五十三条明文规定："凡监临主守，将系官钱粮等物，私自借用，或转借与人者，虽有文字，并计赃，以监守自盗论。其非监守之人借者，以常人盗仓库钱粮论。"❷对于直接参与诓骗或倾换官银、包揽收解税粮以牟取非法利益的人，新例还规定，一律"用锦衣卫一百二十斤大枷，于户部门首枷号两个月，满日发遣"❸。其实，对这些奸恶之徒，用如此沉重枷锁示众达两个月之久，其仍能苟存生命者实稀！创立这条新例的本意，无非是对这些人物处以变相死刑，把他们"发遣"到阴曹地狱去罢了。

张居正坚持，治乱政必用重刑，而重刑的打击锋芒，又必须指向

---

❶《嘉隆新例（附万历）》，卷二。

❷《嘉隆新例（附万历）》，卷二。

❸《嘉隆新例（附万历）》，卷二。

贪婪成性、舞弊成风的各级官吏。这些人有职有权，可以凭借职权以行私，广大庶民辗转呻吟于贪官恶吏之手，膏血已尽，尚背亏课之名，"盖缘各有司官不能约己省事，无名之征求过多，以致民力殚竭，反不能完公家之赋。……有司官惧于降罚，遂不分缓急，一概严刑追并。其甚者，又以资贪吏之囊橐，以致百姓嗷嗷，愁叹盈间，咸谓朝廷催科太急，不得安生"❶。"黎元穷困，赋重差繁，邦本之虞"❷。故此，他在理财方面，强调治财先治人，立法首在惩贪，"杜绝贿门，痛惩贪墨，所以救贿政之弊也。查刷宿弊，清理逋欠，严治侵渔揽纳之奸，所以砭姑息之政也"❸。肃贪倡廉以足民，清理逋负以足国，本来就存在互为因果的辩证关系。

居正深切认识到，要解决当前财政的严重困窘，不在于加赋，而在于大力杜绝中饱以足额。"方今言理财者，其说纷纷，皆未知设法以督完正供之为便也。"❹事实证明，他的估计和对策都是正确的。严厉整饬官常就能出钱出粮，而无须再加重对民间的盘剥，厚敛民怨。当时，在张居正铁腕指挥之下，众官百吏皆凛然奉法。在极短期间，万历初期的国家财政即有很大的好转，额赋毕达，国储日裕。早在万历二年（1574）夏初，他便以乐观而审慎的语气说：

> 今计太仓之粟，一千三百余万石，可支五六年。鄙意欲俟十年以上，当别有处分，今固未敢言也。❺

这样立竿见影，一反掌便扭转了财经凋敝的局面，并非有鬼输神运之功，关键在敢于严申纪律，大行刑赏以贯彻法令。

时人对此的成效是有口皆碑的，因为它不但解除了仓廪匮乏，

---

❶《张太岳集》，卷四〇，《请择有司蠲逋赋以安民生疏》。
❷《张太岳集》，卷二六，《答总宪廖春泉》。
❸《张太岳集》，卷二六，《答应天巡抚宋阳山论均粮足民》。
❹《张太岳集》，卷二六，《答总宪李渐庵》。
❺《张太岳集》，卷二六，《答河漕王敬所》。

开销不继的危机，而且还为进一步的财政改革——以粮食本色转变为以银两折色作为纳赋计算单位，创造了条件。黄景昉高度评价这一点，言：

> 万历四年，以京通仓米业足支七八年，准改折。次年，漕粮十分之三得银九十万有奇，扣留运军行粮、料价等银复十余万，盛哉！视迩来，何啻盈虚消息之异。❶

关于将漕粮中的一部分改为折收银两，这是一项重要改革。前此，个别时期虽也曾试行过，但一直是旋起旋停，因为储备不足乃是经久性的矛盾。张居正是在全国财政基本好转，仓储充溢的时刻奏请改折的，故此具备较为充实的条件，且为其后推行一条鞭法时赋粮改折收银的做法做好准备。它采取因地制宜的办法，充分注意到中央仓储粮银比例的调剂，和地方饶瘠不同，视输粮抑或折银孰更方便的实际情况，而做灵活处理，与前此的试行有所不同。他曾为此奏言："至于漕运粮米，先年亦有改折之例。今查京通仓米足支七八年，而太仓银库所积尚少，合无比照先年事例，将万历五年漕粮量行改折十分之三，分派粮多及灾伤地方征纳。夫粮重折轻，既足以宽民力，而银库所入，又藉以少充，是足国裕民，一举而两得矣。"❷

张居正整顿财政的另一重要措施，是严格限制勋臣贵族、地方豪强的欺隐田粮。明代中叶，国家钱粮收不到手，除了官吏的贪吞拖欠等情弊外，很重要的还由于各级勋臣贵族恃势拒纳差粮；或额外多占田土，概以钦赐勋田庄产名义，不肯入册承担义务。自宣德（1426—1435）、正统（1436—1449）以来，勋贵、豪强欺隐之弊即日趋严重，到隆万之际，已成为侵蚀国家经济的顽恶痼疾，财政上的一大漏洞。对此百年腐败，万历初年亦采取过坚定的限制和取缔措施，并在法律上形成为专门条款，主要有：

---

❶《国史唯疑》，卷九。
❷《张太岳集》，卷四〇，《请择有司蠲逋赋以安民生疏》。

凡宗室置买田产，恃强不纳差粮者，有司查实，将管庄人等问罪。仍计算应纳差粮多寡，抵扣禄米。若有司阿纵不举者，听抚、按官参奏重治。❶

　　凡功臣之家，除拨赐公田外，但有田土，从管庄人尽数报官，入籍纳粮当差。违者，一亩至三亩，杖六十。每三亩，加一等。罪止杖一百，徒三年，罪坐管庄之人，其田入官。所隐税粮，依数复纳。若里长及有司官吏，踏勘不实，及知而不举者，与同罪。❷

　　各处势豪大户，无故恃顽，不纳本户秋粮，五十石以上，问罪，监追完日，发附近；二百石以上，发边卫，俱充军。如三月之内，能完纳者，照常发落。❸

　　各处势豪大户，敢有不行运赴官仓，逼军私兑者，比照不纳秋粮事例，问拟充军。如掌印管粮官，不即申达区处，纵容迟误，一百石以上者，提问，住俸一年。二百石以上者，提问，降二级。三百石以上者，比照罢软事例罢黜。❹

　　自正统年间以来制定颁行的法例中，对于勋贵豪强人等偷漏国赋，有关官员或畏势不敢催讨，或勾结纵庇以分肥的情弊，虽然也有过一些限制和惩罚的规定，但从未有认真而持久地奉法执行。而且有关律例，也没有万历初年规定的那么严厉和具体。问题不在于是否有法可依，而在于是否有法必依，是否违法必究，不避权势，敢于碰硬。张居正为天下理财，可贵之处也在于敢向这些既得利益阶层发动挑战，敢于绳之以法，蔑视他们已窃用百余年、视为习惯的当然特权。

　　不仅对于前朝留下的老勋贵，散处四方的豪强，甚至对于自己依

❶《万历问刑条例》，《户律》，第十六条，第一款。
❷《万历问刑条例》，《户律》，第十八条。
❸《万历问刑条例》，《户律》，第四十七条，第一款。
❹《万历问刑条例》，《户律》，第四十七条，第二款。

附为政治后台的李太后的父亲，即万历皇帝的外祖父、武清伯李伟请拨国帑修造坟茔一事，居正亦坚持只能按照旧有规章，由工部估价，发银二万两，不得超支。其后，虽经皇帝口传旨意："该部折价太薄，从厚拟来，钦此。"❶居正仍然不买账，为此专门上了一道名为《请裁抑外戚疏》，针对万历的旨意，恳切陈言，说明对李伟修坟的开支，不宜"从厚"，拒绝重新拟定增拨款项，言：

> 圣母与皇上必须破例处之，此臣等所以悚惧而不敢擅拟者也。夫孝在无违，而必事之以礼；恩虽无穷，而必裁之以义。贵戚之家不患不富，患不知节。富而循礼，富乃可久。越分之恩，非所以厚之也。踰涯之请，非所以自保也。❷

此疏敢于把当时号称外戚第一家，"当朝国丈"的过分要求顶回去，坚持"裁抑"，确是难能可贵的。李太后在接阅谏章后，能够乐于接受，表示"不私外家"，指示撤回以万历名义发出的有关谕旨，亦表现出明智。

张居正通过以上几个方面的果断努力，在两三年间实现了国家财政状况的基本好转，达到了开源节流的初步成果，应该说是成效昭著的。谈迁曾高度评价这一点，谓："江陵志在富强。当积弛之后，钱谷阴耗不可问，力振其弊，务责实效，中外凛凛，毋敢以虚数支塞。"❸

当然，也必须看到，张居正在隆万之交所采取的上述几方面整顿财政的措置，都带有明显的应急性质，疏塞杜漏，主要是要渡过当前的经济危机，督引走上正轨。百尺冰渊还刚刚解冻。在宫廷和国家机关系统的部分变化，不过是推行改革的序幕。要在更广阔的范围和更深层次上调整全国绝大多数人户的权利义务和利害关系，要消除二百年历史积淀下来的不均和不公，要化暴戾为祥和，要为他矢志效忠的

---

❶《张太岳集》，卷三九，《请裁抑外戚疏》。
❷《张太岳集》，卷三九，《请裁抑外戚疏》。
❸《国榷》，卷六八，万历元年十二月，《谈迁曰》。

明皇朝奠定长治久安的基础，还必须再加大力度，做出更坚韧更艰巨的努力。

第二节　面对严重赋役不均的社会经济现状

在 16 世纪后期的中国，仍然是以小农经济为主体的社会架构。这种架构的特点是，绝大多数人口以农业为生，主要的生产资料是土地。以皇帝为最高代表的封建主对土地的所有制和对农民人身的不完全占有制，构成为社会经济和政治的基础。国家通过各级官府定期向农民征收农业土地税，即所谓赋；与此同时，又规定全国年在十六以上，六十以下的男子，必须定期定额提供无偿的劳动，即所谓役。正因此，明皇朝自其建国开始，就力图将尽可能多的土地、人户丁口控制在自己的手里，借以保证税源和服役的劳动力。赋役能否顺利征调到手，历来是封建国家国力强弱、国势兴衰的重要标志之一。人民能否承受征集赋役的数量，负担是否公平，又历来是社会秩序是否稳定，统治是否巩固的重要标志之一。当时各级官府的主要任务之一，就是管理好辖区的土地和户口，毋令流散漏脱，以保证供应赋役的需要 ❶。

但是，与明皇朝的国力由盛入衰，统治能力由强趋弱同步，它所能实际控制的土地和户丁的数额亦急剧下降，已经发展为日益严重的社会和统治危机。早在嘉靖八年（1529），时为詹事府詹事的霍韬即上疏陈言：

> 窃见洪武初年，天下田土八百四十九万六千顷有奇，弘治十五年（1502）存额四百二十二万八千顷有奇，失额四百二十六万八千顷有奇，是宇内额田存者半失者半也，则赋税何从出，国计何从足耶？……由洪武迄弘治百四十年耳，天下额

---

❶ 参阅拙著《明代黄册制度》，第二章第一节，《黄册制度的社会基础及明初对户政的整顿》，中华书局，1961。

田是减强半，再数百年减失不知又何如也。❶

不仅土田如此。嘉靖时期人丁的流失情况也是触目惊心的。著名学者罗洪先曾以江西省吉水和永丰两县的情况为例说：

> 吉水成丁男子一十四万二千二百零七丁，犹永丰一十一万有零，盖洪武初年之原额也。嘉靖年间，（吉水）止有九万七百一十丁，而永丰则减为五万八千八百有零。……自贻伊戚，夫复何言！❷

霍韬列举田亩流失的数字不一定很准确，罗洪先所言江西一隅的情况也不一定能完全反映出全国人丁锐减的程度，但他们都表达出，对土田和人口直线流失的深切忧虑。

当时的论者几乎一致看到，这样急剧而大幅度的流失，绝不是由于自然条件的变易或人口繁衍的不正常所致。相反，完全是由于人为的原因，它反映着明中叶以来赋役制度已经乱了套，也反映着社会贫富的差距正在异常地拉大，享有特权和已攫取到既得利益阶层的贪欲无厌止地增长，而蚩蚩小民则备受欺凌和盘剥。土地和人口流失，乃是社会危机激化的信号。大量册内的土地到哪里去了？它们原缴纳的税粮由谁负担？许多人已因脱免而不必再服徭役，这部分差役义务又落到什么人头上？这都不能不引起有心人的深思和惶惧。

万历二年（1574）十二月，顺天府府尹施笃曾指出：

> 今地亩人丁日渐减少，且额外增役有加无已。细访其故：或富豪并吞地土，或势要强占户丁，或飞洒于诡寄，或漏网于影射，有司坐视，莫敢谁何，遂使闾阎小民甘心抛荒田产，逃移四方，

---

❶ 转引自《明世宗实录》，卷一〇二，嘉靖八年六月癸酉。
❷ 罗洪先：《念庵文集》，卷二，《与台省诸公论核丁》。

又何怪乎丁粮渐减而赋役愈重耶？ **❶**

顺天府是天子脚下的京畿地区，照理说，一般飞洒影射诡寄的问题应该比较少，应该较受约束，而事实上却大谬不然。以顺天府属首县之一的宛平县来说，嘉靖末年，官田和民田共有三千四百二十七顷余，但到了万历早年，就只剩下二千九百三十五顷余，原来这数百顷的土地，都被皇帝以"赏赐"的形式拨归宠臣贵戚，甚至大宦官，一笔予以勾销了。时任宛平县知县的沈榜沉痛而言：

> 乃嘉、隆至今，曾几何时，宛地遽少额六百余顷，既已莫为之问，而耳目所睹记，七年之间所除七十余顷，又奉有宪令，即欲诘问，可乎？……若已赏者不返，而未来者咸取便焉，其势不尽有宛平不止也。**❷**

不仅田亩如此，宛平县的丁数也是迅速下滑，而且名实不副，仍在籍之丁即使册上有名，但大半已不知去向，或转徙他乡，或早入鬼录，按册则有丁，服役则无人。沈榜又道：

> 宛平旧册成丁三万八千……据（新）册，宛平见差丁数，仅当旧册成丁三分之一，实之损也何如？藉令此见在者实有是数，已非古损户口之义，而况今所谓一万四千者，率多逃绝不堪，名存实亡，有司者犹然求足其数，此户不足，求之彼户；此甲不足，求之彼甲。是则实之损也，损之又损，保障可如是耶？……乃今宛地二千八百余顷，半不属之间阎编氓，而人丁更至一万四千，吾不知此丁之所食者果何土乎？……吾不知此见在名存实亡之丁，何以供有地无丁之役？窃恐地亩愈减，丁差愈重，逃绝更多，户

---

❶《明神宗实录》，卷二，万历二年十二月丙辰。
❷ 沈榜：《宛署杂记》，山字，《地亩》。

口渐耗，异时有司者欲彼此甲乙，求足丁数不能也。**❶**

沈榜的忧心忡忡，是认识到对土地和人丁的侵蚀，已经严重削弱了明皇朝的统治基础。无土无民，赖谁供应和支撑住这套庞大冗杂的国家机器，用什么来供养此为数达数百万的皇、侯以及大小文武官吏士兵人等，"今以京兆土著之民，居京师首善之地，而版图所献，仅仅此数。……然则户口名实之辨，可勿知所损益乎哉！"**❷**他虽然仅是一个蕞尔小知县，但职在亲民，又身居全国政治经济中心的北京城，从宛平看全国，因一斑以窥全豹，不难引起栗然惶恐的感觉，心所谓危，担心明日大难。不但被统治阶级无法存活，即使统治阶级也难以再照旧统治下去了。

负担缴纳赋税的田亩虽然锐减，但作为国家"惟正之供"的皇粮国税却丝毫不能少交；应调服役的人丁虽然半数已逃移隐匿，但朝廷和各级官府催征徭役的数量却翻番日增，"征敛无度，赋役繁苛。民间每遇编徭，辄蹙额相告，如或点充库子及斗级等役，即倾覆之期，可计日而待。"**❸**

农民不但要负担登载在赋役册上的国税公役，而且还要缴纳各种名色的临时摊派。原有的赋役因已转归由少数贫寒人户承当，本来已酷似扣套在农民头上的两副镣铐，至于不受监督和限制的附加杂派以及征收官吏和地痞的勒索浮收，更驱使贫弱人民鬻儿卖妇，罄家破产：

> 岁征岁派亦既有常数矣，乃时时加派杂料，名色纷如。据称奉藩檄，无从究知。吏书神鬼其间，通里役为奸利，巧者规免就减，愚者重征特困。**❹**

---

❶《宛署杂记》，山字，《人丁》。

❷《宛署杂记》，山字，《人丁》。

❸ 万历《南海县志》，卷一一，《外传》，引庞尚鹏《分军户疏》。

❹ 嘉靖《永嘉县志》，卷三，《食货·赋役》。

当时摊派的名目,可谓无奇不有:"今之正役索费百端,有以灯油钱名之者,有以柴炭钱名之者,有以下程钱名之者,有以折乾钱名之者,有以管饭钱名之者,有以银朱钱名之者,有以募马钱名之者,有以支应钱名之者,加以里老之利害,而民困不可言矣。杂役则出入于里胥之手,贫者无资以求于彼,则有贫之实而不得贫之名;富者操其赢以市之,则无富之名而有富之实。……况兼边鄙多事,或派之以买马,或派之以籴粮买草,遂致村墟成空,忍闻仳离之叹。呜呼,弊也久矣!"❶

以上的事实,有力地表明"富者或享无税之田,而贫者多空输无田之税"❷,"贫者益贫,富者益富"❸的情况,早已经超出一般财政问题的范围,而成为关乎明皇朝统治全局的根本问题。大官僚申时行也承认,"郡县所以不治,由赋役不均,而以豪右病闾左也。"❹统治阶级内不少具有较清醒头脑的人士都逐渐认识到,"世道之不平者,民心之不平也。民心之不平者,贫富之不均也。贫富之不均者,徭役之不均也"。❺著名史学家焦竑更提出了"为患在民"❻的卓见。当然,申时行并不会真正厚爱于"闾左""视民如伤",但他从社会存在的急剧分化和矛盾激化中,看到赋役不均的恶性发展,必然会引发出难以遏止的动荡,必然会冲击到明皇朝根本性的统治利益。赋役问题既然密切关系到千家万户的切身利害,而严重的不均又必然萌发普遍的不平。不平则鸣,不平则易为乱。如何妥善解决赋役不均的问题,已经成为隆万之际首要的社会政治问题,这是众论咸同的。

---

❶ 顾炎武:《天下郡国利病书》,卷四六,《山西》二。

❷ 《丘隅意见》(不分卷)。

❸ 《天下郡国利病书》,卷九一,《福建》一。

❹ 《赐闲堂集》,卷二二,《翰林院编修沈弘光墓表》。

❺ 王文禄:《百陵学山》,《策枢》三,《均役》。

❻ 《国朝献征录》卷五一,《工部郎中茅公国缙传》附旧史子曰:"今天下多事矣。说者东忧倭,北忧虏,余独以为患在民。江之北,山之东,河之南,无岁不水旱,民不聊生,易与为乱,此腹心咽喉地也,视倭、虏,孰为缓急?"

第三节　着手处理里甲、经催、投靠、优免四大问题

　　张居正一贯主张，只有"民安"，才能使"邦固"。他也明确地看到，社会上之所以负担不平均，病根子在于官方的偏私贪黩与浑噩无能，但求窃禄保位，得财聚敛，不管民生疾苦。他对于当前的形势亦抱有无穷的忧虑，害怕人民群众迫于饥寒，一旦揭竿而起，势将难以收拾，"夫乱非一日之积也。上失其道，民散于下，贪吏虐政又从而驱迫之，于是不逞之徒乘间而起，堤防一决，虽有智者，无如之何矣。"❶他经过深长考虑，坚定地认为，隆万时期社会的畸形病态，乃是较长时期以来自上而下腐败恶政的产物，不探本溯源，实难刬除病因，予以根治。若要解开赋役严重不均的死结，绝不能单纯从经济层面上，只就不均论不均，而必须同时进行政治上的整肃，认真建立和健全各种制度，下大决心，行大措置，才能清除积弊，限制甚至剥除大小豪强的不法利益。他所理解的"姑息"，并不是仅指一般性的因循保守、苟且塞责而言，其实着重于批判有人借行宽缓之道以委蛇庇纵，保护特权，亦为谋取私利以自肥。万历二年（1574），他在答复应天巡抚宋仪望的一封长信中，曾痛斥所指的姑息之政，并提出兼用行政权力和调整财经政策两手，实行本标兼治的救时药方，言：

　　　　仆窃以为贿政之弊易治也，姑息之弊难治也。何也？政之贿，惟惩贪而已。至于姑息之政，倚法为私，割上肥己，即如公言："豪家田至七万顷，粮至二万，又不以时纳。"夫古者大国公田三万亩，而今且百倍于古大国之数，能几万顷，而国不贫？故仆今约己敦素，杜绝贿门，痛惩贪墨，所以救贿政之弊也。查刷宿弊，清理逋欠，严治侵渔揽纳之奸，所以砭姑息之政也。上损则下益，私门闭则公室强。故惩贪吏者，所以足民也；理逋负者，所以足国也。❷

---

❶《张太岳集》，卷一八，《杂著》。
❷《张太岳集》，卷二六，《答应天巡抚宋阳山论均粮足民》。

为消除乱源，就不能不冒开罪于豪强等腐恶势力的风险，不能不剥夺剥夺者，还给民间以起码的公道。在政权内部肃贪与在社会上打击豪强，本来是同一事物的两个方面。居正在这两方面都采取过果断明决的措施。他侃侃而言：

> 夫民之亡且乱者，咸以贪吏剥下，而上不加恤，豪强兼并，而民贫失所故也。今为侵欺隐占者，权豪也，非细民也；而吾法之所施者，奸人也，非良民也。清隐占，则小民免包赔之累，而得守其本业；惩贪墨，则间阎无剥削之扰，而得以安其田里。如是，民且将户而祝之，何以逃亡乎？公（指宋仪望）博综载籍，究观古今治乱兴亡之故，曾有官清民安，田赋均平而致乱者乎？ ❶

当然，要疗治沉疴之疾，不但要摸清病源，还必须认真观察并确定病情的主要表现，从而有针对性开出对症的处方。张居正认为，严重赋役不均，乃是由于"里甲、经催、投靠、优免四者" ❷，指之为积弊丛集，病毒滋生之处。今试析言之。

首言"里甲"问题。

明代的里甲制度，首先是一种役制组织。它是在明初对全国人口进行核查的基础上编组起来的。规定以一百一十户为一里，推丁粮多者十户为里长，其余百户分为十甲，每甲十户，推一人为甲首。朝廷应用里甲组织来编管人户，征发赋役，目的是把劳动人手纳入里甲之内，对每户的人丁事产及其增减变迁，一一登载入赋役黄册，每十年重新核实登记。当时里甲不仅是一种役制组织，同时还是一种半政权性质的供应赋粮及应差办事的最底层管理单位，"凡其一里之中，一年之内，所以追征钱粮，勾摄公事，与夫祭祀鬼神，接应宾旅，官府

---

❶《张太岳集》，卷二六，《答应天巡抚宋阳山论均粮足民》。

❷《张太岳集》，卷二七，《答应天巡抚宋阳山》。

有所征求，民间有所争斗，皆在见役者所司。"❶ 实际上就是要通过里甲这一层组织来培植税源，保证差役的供应，加强对全国人户的控制和管理。

但从正统（1436—1449）、景泰（1450—1456）以后，与整个政治和社会经济日益颓败相一致，里甲制度也遭受到严重的冲击。这表现在两个方面：一为因赋重而造成普遍逋欠，因役重而导致比户逃亡。里甲所辖的人户往往不能足数。在相当一部分地区，都出现"里甲寥落，户口萧条"❷"里无全甲，甲无全户"❸ 的现象。嘉靖时期，江南某些地区，"有一里仅存四五甲者，有一甲止存一二口者"❹。有些地方官府，由于大部分里甲缺额严重，徒存空壳，只好用裁并里甲的办法来适应现状，"海门县旧额三十七里，今归并一十四里"❺。"清河旧四十里，近因灾困差累，人户逃亡，至嘉靖四十一年（1562），抚、按题并二十里"❻。但不容忽视的是，里甲虽然裁并，人户虽然大减，但"役作不减，差税频增，用是民生日蹙而县事日罢"❼。

第二个方面是，既有一些里长甲首因不堪赔垫，陷于倾家荡产；但亦另有一些里长甲首竟然演变成为敲剥压迫老百姓的前哨鹰犬，"里正疲于徭税，偷薄狼戾，先自里正倡之也。其徒至有钱粮不认父子之谣"。❽ 著名清官海瑞曾严厉指斥有些里长借经办征调赋役之机，与衙门的官员吏胥等扶同勾结，共同为非作歹。猫鼠同眠，以鼠哺猫，联手戕害人民：

（里长）凭势作威，当大役而有壮丁之重派，应卯酉而有连累

---

❶ 丘濬：《大学衍义补》，卷三一，《治国平天下之要》。

❷ 《陕西通志》，卷八六，引马懋才：《备陈灾变疏》。

❸ 万历《白水县志》卷一，《里甲》。

❹ 《天下郡国利病书》，卷三三，《江南》二一，引《凤阳府志》。

❺ 嘉靖《通州志》，卷三，《里役》。

❻ 嘉靖《清河县志》，卷一，《里甲》。

❼ 万历《白水县志》，卷一，《里甲》。

❽ 王夫之：《噩梦》。

之诛求，或混扶甲首以显售其奸诡之谋，或妄开甲干，以阴行其贿略之术。有钱者遍为回护，善柔者不行扶持。事兼利己则同甲首作弊以欺府、县，事止利己则假府、县名色而剥甲首，百计取钱，无心抚恤，致使村野萧条，甲首流离。剥其子以厚其身，竭泽而渔，明年尚有鱼乎！ ❶

正因为里甲制度已经残缺不堪，已基本上丧失了如实编组和管辖人户，经手征调赋役的功能，而相当一部分里甲长又乘此之隙，上瞒下欺，甚至与奸胥劣吏等沆瀣一气，共同压榨贫弱。明初创设里甲制度的原因之一本来是"以免民间出差之扰"❷，但中叶以后却多演变成为直接扰民的工具；明初创设里甲制度的另一原因本来是为了"均平赋役"，但中叶以后却演变成为科派不公，苦累百姓的一环节，成为赋役严重不均的渊薮。居正清醒地看到，若要对赋役制度进行较彻底的改革，非对里甲的现状动大手术不可。

次言"经催"问题。

所谓经催，是指收缴钱粮之后，逐级往上交纳解运的手续和过程。此间亦多被官吏们视为"利薮"，是刁难和讹诈小民的绝好时机，"征发之烦，病孔百出，怨讟聚兴"❸。每年收纳夏麦秋粮之时，实即群魔乱舞，民怨沸腾之时，请看：

> 每遇输纳，各里多以肩担抵仓，而积年攒典、斗级、揽头多方勒揸，巧索酒食、行概、席底诸费。稍不如意，即诬以米色不堪，而卫、所等官听其拨置，妄加箠楚，甚至守候旬月，不为交收。诸役进退维谷，不得不任其科派，每石至费一两有奇。米既入仓，恣挽水谷，给发官军，则又有起筹、酒席之名，有朱墨公费之目，每石实数不能六斗，值银不能六钱。其贫军无聊，每每

❶《海瑞集》上编，淳安知县时期，《里长参评》。
❷〔清〕康熙《嘉兴府志》，卷二二，《田赋》二。
❸《支华平先生集》，卷一七，《议处仓粮折色》。

先期称贷于附仓之豪，每石得银一钱有奇，即以粮票送抵。征散之日，各豪赍票坐索高价，每石亦逾一两有奇，是以一石计之，小民所费逾一两，官军所得仅二钱，而饱饫鬼蜮狐鼠之腹者殆八钱矣。军民两病，莫此为甚。❶

又请看：

> 府、州、县总书书手，通同贪污官吏，上下之间关节相通，造作奸弊，无所不至。或私雕印信，诈领钱粮；或依仿判笔，套写花押；或将上司坐派，增减数目；或将府、州、县案卷，追改年月；或将宥免重复科征；或将暂征概作岁办，或总数与撒数不合；或官簿与底簿不同；或将已征在官支调侵分；或将私收入己，申报民欠；或将官田改作民田；或将肥荡改作瘦荡；或将蠲粮□卖别区；或将正粮洒派细户。其太甚者，城廓附近田涂，虚报坍江坍河坍海；膏腴常捻地土，捏作板荒抛荒积荒。每年粮额亏欠以千万计，负累概州县善良人户包补。日积月久，坐致困穷，奸顽得计。或有田无粮，或不耕而食，新旧要结，永享富乐。……加以催科不守旧法，抚字不下仁恩，贪暴诛求，豪强兼并，是以民农流亡，抛弃田土。❷

上引两段材料都比较冗长，但史料价值很高，它们一方面既是当时钱粮征解的过程，官吏豪强无所不入地向贫弱小民讹诈盘剥的状况的如实记录；另一方面，又有力揭露这些人物如何千方百计隐瞒收入，如何吞食国帑民膏以自肥，然后再将一切亏空加倍转嫁到贫弱人户头上的丑恶行径，指出社会的凋敝，民生的痛苦，"经催"不善实亦为重要原因之一。这两段材料的作者都有过行政经验，而且都是非常关切民瘼国计，且敢直抒胸臆的有心人。第一段材料的作者是万历时期著名

---

❶ 《支华平先生集》，卷一七，《议处仓粮折色》。
❷ 顾鼎臣：《顾文康公疏草》，卷一，《陈愚见划积弊以裨新政疏》。

的史学家兼政论家支大纶；第二段材料的作者，是在嘉靖前期曾力主清理隐田隐粮，强调必须进行赋役改革的礼部尚书顾鼎臣。支、顾二人披露的事实，反映着嘉、万时期舆论群情的普遍认识。张居正将"经催"问题列为必须整顿的重要内容之一，实为集中体现着当时的民情和愿望。

再论"投靠"问题。

所谓"投靠"，应该是指两个方面的内容：第一方面，是在土地田亩方面，有财有势的地主，通过所谓飞洒、诡寄、花分、挂虚等方式，将自己的土地登记在别人名下，规免应承的税粮负担。"中州地半入藩府"❶"惟余芳草王孙路，不入朱门帝子家"❷，这不啻是描绘嘉隆时期贵族疯狂兼并土地的诗史。第二方面，是指一些应服徭役的人丁，为逃避沉重的徭役，被迫投靠到势豪户下，成为豪门庇荫下的家丁、义男、庄户等等，从此在黄册登载的编户人丁日削，而仍能应差服役的劳动力日减。不论是田额或丁额的流失，都必然导致赋役更趋不均，社会危机更趋严重。

张居正对于土地田亩的大量减额是十分忧虑的，对此一异常现象导致的恶果亦非常关切。他身死之后，其后裔等人在《太师张文忠公行实》一文中详细说道：

> 先是高皇帝时，天下土田八百五十万顷，岁久伪滋，编户末民无所得衣食，其势必易常产，令豪民得以为奸，以故田赋之弊孔百出，而其大者曰飞诡，曰影射，曰养号，曰挂虚，曰过都，曰受献，久久相沿，引为故业。于是豪民有田无粮，而穷民特以力薄，莫可如何，始受其病矣。及县官责收十一，贫民絮子妻不能输纳，则其势不得不行摊派。盖自浮粮所在多有，而天下尽受其病矣。然民愁无聊，亡逃山林转为盗贼，则其势又不得不请减额。……减额日以益多，而国家又受其病矣。太师日夜忧劳，念

---

❶ 陈继儒：《眉公笔记》引莫中江句。
❷ 李攀龙：七言律诗《平江句》，转引自 [清] 陈田《明诗纪事》，已签。

欲为君国子民计，非清丈不可。❶

由此可见，张居正一直是将如何处理好赋役均平的问题，作为他的财政经济政策最重点，视为自己进行全面改革的核心方面之一❷，其后出台的清丈田地和统一推行一条鞭法，乃是在当前赋役严重混乱和不公的背景下提出来的。这些问题，我们将在以后的章节中展开讨论。

　　不论飞诡、影射、养号、挂虚、那移、寄庄等等舞弊名目如何繁多，具体手法如何不同，但在性质上都是弄虚作假。这些弄虚作假，又都是围绕着一个共同的目的，那就是地主富户们用尽一切方法来把自己应该负担的赋役推洒到别人身上去。形式上的多种多样，只说明他们在这方面是如何地竭尽智虑以求得逞，只说明这个问题具有严重的社会意义。隆庆四年（1570），海瑞在应天巡抚任内，即曾下大决心要纠正土地占有上名实不副，权利与义务脱节的畸形现象，大力摧折豪强，"严厉以治，下令受献（田亩）者悉退还，或许赎回"❸，掀起过"退田"的高潮；但仅行之数月，便受到"势豪腹诽唇稽，竟以夺富民田中公"❹。个别甘为势豪鹰犬的给事中竟然横控海瑞为"庇奸民，鱼肉缙绅，沽名乱政"❺。坚定强项如海瑞，终亦只能悻悻而退，壮志难酬。由此说明，要廓清宿弊，特别是要动真格的剥夺势豪大户的不法利益，必然会遭受到他们及其代言人的顽固抗拒和恶毒栽诬。均平赋税以裕

───────────────

❶《张太岳集》，卷四七，《附录》，《太师张文忠公行实》。

❷ 早在万历元年正月，张居正即请以皇帝"圣旨"的形式颁布，着令"各巡按、屯田御史，凡巡历至处，即查所属地方王府、公、侯，钦赐子粒地土原赐顷亩，调取金册磨对，果与不同，即系侵占投献，速改民田入籍，一体纳粮当差。间有庄田，虽系钦赐，而远支承继，不系嫡派。佃户虽系原隶，而人丁数多，酌议具奏处分。"（载《嘉隆新例附万历》，卷二）由此可见，张居正要求清核田亩，其重点乃是指向各级勋戚贵族。其所以早在万历元年正月即请颁旨执行，一因首先清算勋贵侵占和接受投献，可以使众多豪强地主有所栗惧；另一方面，王府公侯受赐的土地多为大幅连片的，而且作为原始资料的受赐档案齐全，这类人户的谱系又较清楚，对之核对稽查，较之对千家万户被侵占和被迫投献田产的核对，远为容易。

❸《明史》，卷二二六，《海瑞传》。

❹ 王弘海：《海忠介公传》，载《海瑞集》附录。

❺ 梁云龙：《海忠介公行状》，载《海瑞集》附录。

民生，是一场十分激烈十分复杂的斗争，它被议论了数十年，但言之非艰而行之维艰。

如果说，对土地田亩的"投靠"稽查和纠正不易，那么，对于人丁的被豪强兼并，承担供应徭役的劳动力的大量流失，要进行稽查和纠正，就更加困难了。正德以后，明朝政府实际上对全国的户口人丁数额已逐渐失去控制。顾炎武曾指出：

> 国初……每十年一造〔黄〕册，其丁口添减，田产开除，皆照现额，法已密矣。但岁久人玩，弊端渐生。或有户无人（花分之弊），或有人无户（诡寄之弊），或载丁不实（谓已成丁而受其贿则隐不上册）。其户口之或多或寡，不足凭也。❶

农业人口的流失，当然原因很多，有因受不了横征暴敛而被迫逃亡，成为"逃户""流民"，或"转死沟壑"，或"逃亡山林，转为盗贼"的；亦有因城镇工商业发展，辗转流入城市，转业为工匠店伙的；甚至有为僧为道，遁入空门，以避重徭的。但最重要的去向之一，则是被豪强之户以各种手段和方式兼并入户。"势要强占户丁"❷，在国家则为已沉没无迹的人口；在豪强则为无偿或廉价可供驱役的劳动人手。其中，有些人是为逃避充当"破家粮长"等重役，而被迫投靠权势之家，以求庇护的❸。亦有因顶偿高利债务而被劫夺的。成化年间，礼部题报，据江西吉安府县民反映：

> 方今天下为小民之害者，莫〔甚〕于豪强之徒，挟其富盛之势，又有伴当为爪牙，以取其威被。贫民佃其田者，虽凶灾水旱，

---

❶《天下郡国利病书》，卷二四，《江南》一二，《宜兴县志》。引文中圆括号内的注文，是原来就有的。

❷《明神宗实录》，卷四二，万历二年十一月丙辰，《顺天府府尹施笃言》。

❸ 叶权《贤博编》言："苏、松、嘉、湖，东南上郡。但有力之家，买田不收其税粮，中下之户投靠仕宦以规避。"

亦不免被其勒取全租……或挟要其子女以为驱使。❶

宣德年间，著名的循吏，曾任应天巡抚的周忱就曾指出，豪门兼并，实为人丁流失的最大端，且说明，这样的"投靠"，乃是建立在被迫无奈的基础之上，是走投无路的选择：

> 乃所谓大户苞荫者，其豪富之家，或以私债准折人丁，或以威力强夺人子。赐之姓而目为义男者有之，更其名而命为仆隶者有之。凡此之人，既得其役属，不复更其粮差。甘心倚附，莫敢谁何。由是豪家之役属日增，而南亩之农夫日以减矣。❷

嘉靖末年，曾任南京翰林院孔目的著名文士何良俊也指出，江南地区的缙绅之流，兼并人丁的数量正在直线急升，"自四五十年来，赋税日增，徭役日重，民命不堪，遂皆迁业。昔日乡官家人亦不甚多，今去农而为乡官家人者，已十倍于前矣。"❸"十倍于前"，是一个可怕的数字，它反映出，分散在全国各地的势豪之户，正在毫不容情地与明朝政府争夺劳力资源，并且已取得了令一些有识者骇然震栗的"成果"。有心人担心土田日削，户丁日减，国将不国，"民不土著，土崩瓦解之势矣，可不为之寒心哉？"❹张居正之将"投靠"列为社会病因之一，正反映着他在这方面的忧危思虑。

末论"优免"问题。

所谓"优免"，在明初洪武年间，主要是用以对民间高龄老人及守寡"节妇"等的体恤照顾。"凡优免差役，洪武元年诏，民年七十以上者，许一子侍养，免杂泛差役。二年，令凡民间年八十之上，止有一子，若系有田产，应当差役者，许令雇人代替出官；无田产者，许存

---

❶ 戴金：《皇明条法事类纂》，卷一五，《户部类·多收钱粮》。
❷ 《与行在户部诸公书》，载《昭代经济言》，卷二。
❸ 《四友斋丛说》，卷一三。
❹ 《四友斋丛说》，卷一三。

侍丁，与免杂役。三年，凡民间寡妇，三十以前夫亡守志，至五十以后不改节者，旌表门闾，除免本家差役。"❶至对于官员人等，本来是放在次要的地位，"官员亡故者，免其家徭役三年"❷"随朝官员，除本户合纳税粮外，其余一应杂泛差役尽免。又，各处功臣之家，户有田土，除合纳粮草夫役，其余粮长、里长、水马驿夫尽免。"❸可见，当时对官员和功臣等的优免是极有限度的，仅限于本户应出的杂泛差役，并未蠲免其正项钱粮。至于科举功名得中者是否可邀优免，则从洪武到正德的正式法典中全未提及，直到嘉靖九年（1530），才准许灶户户籍中，"内有举人、监生、生员，省祭吏役，照有司事体，一体优免。"❹当时的高官，诸如历届大学士、六部尚书，曾邀赐保、傅荣衔的人以礼退休，在诏书中亦只写明岁拨夫役四或六名供差使。朱元璋在位时，甚至对于公侯世禄之家，亦不容许其纵容家内佃户、仆役等不服分内的差役，违者，处以极刑。❺

　　但是，这样严厉的措施，随着岁月的流逝，纲纪的松弛，特别是赋役制度的败坏，已经完全变成具文了。在任或已退休的官员均以官威唬人，被称为官户。在任的权势显赫，而回籍居乡的自封为缙绅，不交赋，不应役，已经习惯成为风气，甚至恃此以包揽图利。士子一旦取得功名，亦俨然以新贵自居，务求享受到实际上的特惠优免。他们分头蚕食着国家的钱粮，尽可能攫取和扩大特权，而推卸任何义务。经过百余年的演变，这一部分人的既得利益，竟然逐渐得到朝廷和社会中统治阶层的默认。到明世宗嘉靖皇帝在位时，仅谋对优免的范围和数量略加限制，已不敢言恢复洪武旧制。据万历《明会典》卷二〇

---

❶ 万历《明会典》，卷二〇，《赋役》。

❷ 万历《明会典》，卷二〇，《赋役》。

❸ 万历《明会典》，卷二〇，《赋役》。

❹ 万历《明会典》，卷二〇，《赋役》。

❺《大诰三编》，《公侯佃户第三》载："公侯世禄佃田人户，往往不肯与民一例当差。此诰一出，今后一切杂泛差役，一体应当。敢有不当者，全家迁发化外。管庄人阻当，管庄人处斩。有司听从嘱托分付，一体处斩。……其管庄人倚恃公侯之家，上谩朝廷，下谩本官，假以各官佃户为由，擅隐当差人民入己者，处斩。的不虚示。"可参考。

《赋役》载，嘉靖二十四年，"议定优免则例：京官一品，免粮三十石，人丁三十丁；二品，免粮二十四石，人丁二十四丁；三品，免粮二十石，人丁二十丁；四品，免粮十六石，人丁十六丁；五品，免粮十四石，人丁十四丁；六品，免粮十二石，人丁十二丁；七品，免粮十石，人丁十丁；八品，免粮八石，人丁八丁；九品，免粮六石，人丁六丁。内官内使亦如之。外官各减一半。教官、监生、举人、生员，各免粮二石，人丁二丁。杂职省祭官、承差、知印、吏典，各免粮一石，人丁一丁。以礼致仕者，免十分之七；闲住者，免一半；其犯赃革职者，不在优免之例。如户内丁粮不及数者，止免实在之数。丁多粮少，不许以丁准粮；丁少粮多，不许以粮准丁。俱以本官自己丁粮照数优免，但有分门分户，疏远旁族，不得一概混免。"上述规定，应该说已经是相当宽纵的了，是对优免已泛滥及于整个官场的认可，故此立法批准。据此，全国各级文武官加上阉宦内使，俱能享受到等级不同的优待。其蠲免的钱粮和丁役数目，总加起来实骇人听闻。当然，此一规章，尚寓有限制之意，如不准丁粮互相顶充，不许包揽疏远房族混入户内享受优免等，"聊以救弊云尔"❶。由此说明，正嘉之间，优免过度的问题，已引起了明朝政府的充分注意。但是，自嘉靖中期以迄隆万之间，优免的范围和虚耗的人力物力，又有了急剧的增长，嘉靖二十四年（1545）的议定，很快就被全面突破。据曾任内阁大学士、原籍浙江余姚县的吕本说，余姚之所以"赋役两困"，其原因之一，乃在于"邑多贵客，科第优免过当"❷。当时的情况正如他所说的那样：

> 迩士人一通籍，辄拥膏腴累千百，而烦役不及，又而诡覆他人田。议徭之日，又且为它素封者请。❸

---

❶ 万历《余姚县志》，卷一○，《食货志》上。
❷ 《明书》，卷一三二，《吕本传》。又万历《余姚县志》，卷一○，《食货志》上言："其后优免冒滥，以田准丁，遂滋诡寄之弊。"此说与吕本之见相同。
❸ 魏学伊：《茅詹集》，《两汉名吏纪序》。

当时的科举制度不但与有关人的仕宦前途密切相关，而且也与其经济地位有着直接的联系。一当秀才，便可冠冕傲人，不服徭差；一当举人，便扔掉了穷字；中了进士，更成就了富贵，名利两得之。

> 常见青衿子，朝不谋夕；一叨乡荐便无穷举人；及登甲科，遂钟鸣鼎食，肥马轻裘，非数百万则数十万，试思此胡为乎来哉？嗟嗟！……彼且身无赋，产无徭，田无粮，物无税，且庇护奸民之赋、徭、粮税，其入之正未艾也。❶

由于优免制的滥用，享受特权的官绅和一般庶民的权利义务地位悬殊，利害亦必然发生冲突，因为官绅的优免多一分，则庶民的负担便加重一分。以官绅地主为一方，又以广大黎庶为另一方，实际上已成为当时阶级对抗的主要形式。在江南科名鼎盛，入仕和休致的官员众多，这方面的矛盾就表现得更为明显。当时江南许多州县，诸如苏州、杭州、嘉定、湖州等及其所属，竟然将官（绅）户与民户分别绘制里图，即将一县的田地分编，列入儒宦图的，即可不应差徭，不纳钱粮。问题还不仅限于此，官绅们不但脱免了本户的赋役，还恃势广纳依附投靠，"听所亲厚推收诡寄，少者不下十石，多者三四十石，乃或至于百石。原有产米在户者，后且收添，又于同姓兄弟先已别籍异居者，亦各并收入户，以图全户优免。或受其托以市恩，或取其津贴以罔利。……势焰者官府固闻风免差，势退者亦能多方攀援以图全免。或一年之内而免数户，或十年之内而免数年"❷。所有这些分内的和分外的优免，都在日增月长，不断膨胀，遂使土地愈来愈集中到官绅豪富手里，贫民虽无立锥之地，但亦难逃重赋重役。

万历二年（1574），朝鲜国朝天使许筿在路过北直隶丰润县时，有一户农民莫违忠曾向他详谈了当地有关赋役负担的具体情况，以及本户因是某官的"族人"，而获优免服役的问题。这是一椿实地调查的个

---

❶ 陈启新：《陈三大病根疏》，载《明季北略》，卷一二。
❷ 聂豹：《双江聂先生文集》，卷一，《应诏陈言以弭灾疏》。

案材料，是在我国史籍中未曾见过的。谓：

> （万历二年七月二十九日辛丑）晴。是日车辆多未至者，不得
> 已停行焉。余乘昏与莫违忠共坐，问中朝税敛多寡之数。违忠答
> 曰："一顷为百亩。凡耕一顷田者，岁中最丰则纳银七八两，不稔
> 则二三两。此外，又有杂役，如出牛驴、酿官酒、养苑马之类，
> 色目繁多，贫者则至典子卖女以偿之。大率耕一顷者，有年则收
> 二百斛，次则百余斛，其在饥岁，则得六十余斛，中人十口之家
> 才可以自给。而今者赋役极重，一顷之出，不足应县官之所需，
> 故民胥怨咨焉。"余曰："你亦苦此役乎？"违忠曰："余则在族人
> 官下，故不为此等差役云。"盖中朝凡在官者，力足以庇其族，此
> 所以富益富，而贫益贫也，诚可痛悯。❶

有些地区曾议行过限制官绅享受优免的数量。苏松一度规定，"凡
一品免田万亩，二品以下渐杀，至郎署免田三千亩。其法虽照品递减，
大都优京而薄外，下至贽郎、孝廉皆量免。"❷海盐县有科举功名人士
的优免定额为：进士免田三千亩，举人一千五百亩，秀才以下再递减，
监生免田六十亩，生员免田四十亩，异途出仕免田三十亩，等等❸。凡
当官的或已得功名，进入仕途的人，俱能享受到一般人梦想不及的特
殊利益，一品官免田万亩之赋役，足顶中人之户百家的负担，连一个
普通监生、生员，也合法拥有数十亩免税役之田。这些规定，事实上，
已远远超过嘉靖二十四年（1545）规章限定的数倍、数十倍。可以认
为，从嘉靖中后期开始，优免的滥恶正在加速膨胀。但，即使有这样
的优惠标准，也难餍贪壑，实际上，权势之家并不甘于受限制，"吴士

---

❶〔朝鲜〕许篈：《荷谷先生朝天记》。
❷ 沈瓒：《近事丛残》，卷四。按，此为万历中后期的规定，当时张居正已死，并失势，
   此一数额反映出张败落后，一度被严加削减的优免数量，又在急剧增长。
❸ 天启《海盐县图经》，卷六，《食货》二之下。

久安于免役，一旦驱之应役，多以体面不雅，及无家干代力为辞"❶。要在豺狼口中夺回已得之血肉，要削减既得利益阶层久已享有而被视为固然的特权，真是谈何容易！

更有甚者，权势富豪大户挟优免之权，不但完全脱免了赋役差徭，而且还多利用此一身份牟取更多更大的利益，除已享受免役外，另索取"私役"，有不少人还要向当地府州县讨取皂隶、轿夫、直伞等各色夫役，要求地方衙门出赀代雇人役以供其役使。松江府退职的缙绅乡宦，即曾提出，应给每户供应七八人❷。这是随优免制而来的孳生物，也是行使特权的另一形式。四川有些权势大户，甚至在每年春种大忙时，要所在州县衙门征派人夫为之"栽田"，并有所倚恃地称之为"旧规"。李元阳撰《西安府同知朱公光霁墓志铭》载有一段十分生动的记事："朱光霁……（嘉靖十五年）迁知绵州。州多势家，私役州民，乃其常俗。公至，悉除之。一日，有称尚书府家人征州夫栽田者。公曰：'公田乎？私田乎？'其人曰：'虽私田，旧规也。'公揭律令示之，其人不悟，而索愈固。公呼吏开狱门，出罪囚使领曰：'此数百指，可为栽田用矣。'其人曰：'恐不可。'公曰：'吾亦以为不可。'闻者哄然。"❸

从上述大量的事实，可以清晰地看出，张居正从整顿里甲、经催、投靠、优免四方面，以之作为均平赋役的入手处，确实是抓住了要害。他自言："优免核，则投靠减；投靠减，则赋役自均。"❹他委派能够很好领会意图，并且富有才干，能坚定推行均平赋役诸措施的宋仪望，于万历二年（1574）春，以右佥都御史巡抚应天❺，首先在全国财赋最集中、诸种弊端最严重的江南地区试行整顿，不论选人和选地，都是适宜的。当然，居正亦深切理解，要整顿上述四个方面的积弊，确实

---

❶《近事丛残》，卷四。

❷ 参见《四友斋丛说》，卷三五。

❸ 载《国朝献征录》，卷九四。

❹《张太岳集》，卷二八，《答应天巡抚宋阳山》。

❺《明史稿》，《列传》一〇六，《宋仪望传》。

存在着很大的难度。如里甲与经催之弊，实际上已遍及全国，涉及的面极广，关系的人极多，只有通过整饬各级主管官吏，严厉责成他们监管好辖内里甲和经催各环节，"清查重处"，才有可能达成"振弊维新之会"❶。不使用峻法严刑，实难惩戒官司积棍与奸胥猾吏,使之接受约束。最为棘手的还在于，要制止投靠，裁革额外优免，就必然要开罪于绝大多数在位当权的和已退休回籍的官绅豪强，以及遍处各地的地主富户，这些人物俱已结成群伙，上下内外勾结，组合成为未可轻视的社会力量，要削减甚至废除他们已长期攫取到手的特权，势必引起顽强的抗拒和反噬。居正是明知此中存在巨大风险，然后才挺然接受挑战的。他认为必须知难而进，因为"事极必变，势穷斯通"❷，只有"汰其太甚，而无至于跷蹊横决，而不可收拾"❸。果然，宋仪望刚履任，便遭受到来自各方面的非议和攻击。毁谤的矛头不但对着宋，而且也明显地指向张居正，南京户科给事中余懋学等即为这方面的舆论代表❹。居正有多封信件答复宋仪望的请示，一再鼓励他应秉持素志，坚持整顿改革，切勿因受到重大阻力而气馁退缩，自己愿意作为他的坚强后盾，言：

> 近来彼中人不独侧目于丈（指宋仪望），且推本于仆，造为横议，欲以摇撼国是。如南余（指余懋学）云云，意皆有所由来，故不得不一创之。今上意已定，正论不摇，丈宜自审画，无为山鬼所惑❺。

在另一信中他更直抒怀抱，并表示，凭借皇权的信赖，坚决运用手中的权力，以镇慑异见，绝不畏惧可能遭到的任何中伤，必将平赋役的

---

❶《张太岳集》，卷二七，《答陇右大参李翼轩》。

❷《张太岳集》，卷二八，《答应天巡抚宋阳山》。

❸《张太岳集》，卷二八，《答应天巡抚宋阳山》。

❹《明史》卷二三五，《余懋学传》谓："时居正方务综核，而懋学疏与之忤，斥为民，永不叙录。"

❺《张太岳集》，卷二八，《答应天巡抚宋阳山》。

事业进行到底。言：

> 异时，宰相不为国家忠虑，徇情容私，甚者辇千万金入其室，即为人穿鼻矣。今主上幼冲，仆以一身当天下之重，不难破家以利国，陨首以求济，岂区区浮议可得而摇夺者乎！公第任法行之，有敢挠公法，伤任事之臣者，国典具存，必不容贷。❶

正是由于张居正的旗帜鲜明，态度坚定，再加以指示及时具体，由宋仪望主持的以整顿里甲、经催，裁革投靠，限制优免为内容的平均赋役工作，很快就在江南地区取得成效，而且迅速推广到浙江、福建、山东诸省，渐及于全国，一场震撼大地的赋役大改革，便于万历初年揭开了序幕。居正对于京内外相继出现的阻挠、非议和诬陷，一直采取断然反击的态度，一再授权各省长官，可以采用严厉刑法，以严惩散处各地的官衙积棍和奸胥猾吏，严格管束各该地的不法豪富；对于朝中仍持异议的，或斥逐，或下诏狱，穷治党与❷。他自言："为民除害，宜如鹰鹯之逐鸟雀，又何畏焉。"❸

第四节　从正德到隆庆丈田的屡行屡败

万历四年（1576）以前，张居正平均赋役的措置，着重在狠抓上节所述的对里甲、经催、投靠、优免四个环节的整顿，并已收到过较为显著的效果。但应该看到，以上措置虽然重要，但终究带有治标的性质。在以农业生产为主的社会中，土地田亩是最主要的生产资料，对田亩的占有、使用、收益和负担是否公平合理，实际上是当时阶级

---

❶《张太岳集》，卷二六，《答应天巡抚宋阳山论均粮足民》。

❷ 参见《明史》，卷二二九，《傅应桢传》。

❸《张太岳集》，卷二七，《答应天抚院王古林》，按，王古林，正名王元敬，古林为其别号。本信的题衔有误，当时的应天巡抚是宋仪望，非王元敬。

关系和阶级矛盾的主要方面，是国计民生能否宁谧的关键所在。张居正在执政初期，大力整顿上述四个方面的问题，无疑有其必要性，但它们仅能触及浮现在社会核心问题的表面层次，并未能从根本上解决与土地田亩密切相关的利害损益问题。"徭役往往有不均之叹，何也？盖无以清其源……欲清其源，先正其田"❶。所谓"正其田"，也就是说，要力求如实地登载和掌握全国所有耕地的占有和使用情况，按照地亩的面积宽狭、地力肥瘠和收获数量，公平地负担赋役，就必须对全国的耕地进行尽可能精确的丈量。从万历五、六年开始，张居正均平赋役的工作重点，便逐步转移到丈田和推行一条鞭法方面。这两方面的工作是交错进行的，而各省府州县要行条鞭，又都必须在丈量告竣的基础上进行，"丈量以清其源，条编以均其派"❷。应该指出，在推行一条鞭以前，即已有不少人提出过丈田的动议，有些地方官也曾在辖区内试行过丈量，但当时仅将此一举措，视为独立的除弊解困的良法，其后，才逐步纳入推行一条鞭的范畴之内，将两者汇合起来。

其实，推行普遍丈量田地，早在正德时期便已经开始，并曾一度得到过朝廷的认可。正德十六年（1521），巡按江西御史唐龙曾疏请丈田，并历陈其必要性，可视为要求丈量田亩的先声。言：

> 乞求守、巡官分诣地方，严督州、县，将境内飞诡田粮，弊深者挨田丈量，轻者挨户清理。究首尾之因，度广狭之则，定高下之科，分肥沃硗瘠之等，均壅淤开垦之数，各将原粮填入原田，付归原户。……以后因户推田，因粮编差，户与田有一定之额，粮与差无两避之患，庶几弊革利兴，一劳永逸。赋役自此可充，户口自此可复，息盗止讼，未必无少补焉。❸

唐龙这篇奏章，主张"挨田丈量"和"挨户清理"，以核实原始资料入

---

❶ 嘉靖《海宁县志》，卷二，《徭役》。
❷ 万历《汉阳府志》，卷五，《食货志》附《条编略》。
❸ 唐龙：《请均田役疏》，载《御选明臣奏议》，卷一六。

手，据以作为扫除积陋重垢的手段，在道理上未尝不可行，但他忽视了很重要的一点，即主客观的条件是否成熟，是否具备实际的可行性。唐龙要求行丈田的奏章，虽然"疏入，帝命下部议行"❶，而正德十六年（1521）正是明朝多事之时，武宗正德皇帝朱厚照在是年三月暴崩于豹房，遗诏以远在安陆的堂弟厚熜继位，暂时由内阁首席大学士杨廷和主持政务，廷和着重在罢团营、遣边军、革皇店、撤豹房和行宫，执讯江彬等怵恶分子，本无暇顾及调整赋役事务。

及至厚熜抵京就位，不旋踵又出台了以辩论"大礼议"为中心的激烈政争，廷和处境日益困难。上引"下部议行"的御命，很可能是廷和代为票拟下达的，但却难有任何后续的支持措施。至于主管财政赋役诸务的户部，正德在位时的尚书为杨潭，此人颇事巴结，逢君之恶，原非关心民瘼有作为的人。正德去世，原任户部尚书孙交复职，在当时环境下，亦无从举措。故此，唐龙请丈量田亩的呼吁，实际上只是一纸虚文。

不过，在正德末年，确实已有局部地区，由地方官主持进行过小规模的丈田的工作。例如，山东东平府知府叶天球，就曾"行鱼鳞图以量田，得实地万有千余顷。令凡田有粮，凡粮有田，册藏于官，帖给于民，其沙卤恶地听民自理，于是，归业者千余户，岁亦大熟，累年逋税，不督皆完"❷。又例如，原任东昌府知府后升任山东按察司副使的王臬也进行过类似的丈量工作。据其子王樵的记述，臬有鉴于"东昌土旷人稀……田税初无定则，而豪猾因得以上下其手，富者种无粮之地，贫者纳无地之粮，先君因民具奏，奉命为之丈量。先君生长南方，洞知量田之弊，全由委任不得其人，故本以利民，而民先见其扰，或反有因而为奸者，而民重受其害也。选于所属，得知县张四维，分任其事，而躬亲按校之，周一州七县，未尝费公私一缗，而宿弊顿清。均田之后，熟地或三四亩纳粮一亩，荒地或数十亩纳粮一亩，四方逃

<hr>

❶《请均田役疏》，载《御选明臣奏议》，卷一六。

❷ 吕柟：《四川布政司左参政叶天球墓志铭》，载《国朝献征录》，卷九八。

移者闻风复业。"❶类似的个案还有一些，它雄辩地说明了，用丈量之法，以所得确凿田数来稽定粮数，确实曾稀疏地在一些地区试行过，也确实能使当地藏匿瞒漏，肆行飞洒诡寄者有所收敛，对于均平赋役是对症的药石。

到了嘉靖时期，官民之间要求丈田的呼声更加高涨，因为普遍认为，行丈田，除了能起到在民与民之间均平负担的作用外，还能够通过丈量核实，蠲豁虚田浮粮，借以调整中央与地方之间，官与民之间的利害冲突：

> 嘉靖初，海门知县陈诲上疏言："海门临江枕海，三面风涛，额有田地十坍八九，虽经历年奏勘，多拘原额，不蒙开除，致使僻海穷民不沾圣化，包赔年久，愈加靠累。一遇征收，啼哭载道。"
>
> "窃维乘除消长，理数自然。若新垦者既合增科，则坍没者亦应除豁。今以既没之地，征先存之赋；剜有限之肉，应无穷之差，势诚危急。若不早为蠲豁，恐穷迫之下，致生他变。……"时光化民张孜等，亦以浮粮困累，诣阙奏请均丈田亩。❷

当时，试行丈田，并已收到实效的，较集中在江南，这里也是赋役弊端最为集中的地区。在高层能比较尖锐地提出问题，并认为必须通过丈量以革除积弊的，是嘉靖初年曾任礼部尚书，后入阁充当大学士的顾鼎臣。此人是一个有争议的人物，因为他最早撰青词结主知，所撰《步虚词》七章及设斋醮祷坛应行事宜，均受时人鄙视。但他"悯东南赋役失均，屡陈其弊，帝为饬抚、按"❸。故撇开其庸俗无聊，谄媚奉迎以求显宠的行径，亦另有政绩可述，似应一分为二，未可以瑕掩瑜。

顾鼎臣早在嘉靖六年（1527），即对任职江南的总督、巡抚等高官

---

❶ 王樵：《山东副使王臬传》，载《国朝献征录》卷九五。按，引文中说的知县张四维，并非在万历时曾任内阁首辅的张四维。后者在嘉靖三十二年才中进士，亦未在山东当过知县。

❷ 《天下郡国利病书》，卷二八，《江南》一六，《扬州府》。

❸ 《明史》，卷一九三，《顾鼎臣传》。

通报在赋役方面存在的严重问题，并商请严肃处观，但却未引起这些地方官的任何重视，他自言其过程，曰：

> 今天下税粮，军国经费，大半出于东南。苏、松、常、镇、嘉、湖、杭诸府，每年均输、起运、存留不下数百万，而粮长、书手、奸胥、豪右通同作弊，影射侵分，每年亦不下十余万。臣生长□方，目击弊蠹，每一兴思，辄叹诧愤塞。故往岁回籍省墓之时，曾言于抚臣曰："百姓种了田地，出赋税以供给朝廷，此正理也；年成灾荒，朝廷蠲免百姓几分税粮，此至恩也。今七府地方，每年有十余万钱粮，朝廷也不得，百姓也不得，却是中间一辈奸人影射侵分，以致奸蠹日肥，民生坐困，是可忍，孰不可忍？"臣意，彼有总督粮储、巡抚地方之责，一闻此言，当即时愤激，根究因由，惩□厘正，斯为职分，却乃瞪目直视，不发一言，后竟置之不理。察其所存，惟日望高都秩享，翱翔中朝，本无意于国计民生。❶

顾鼎臣为此向嘉靖告了当地官员一状，而且也得到"御批"："着谕知有关衙门转行各府、州、县。"但经过四年之久，却"未曾查理出欺隐田一亩，粮一石"❷。由此说明，要真正通过认真丈量以剔除中饱，揭查腐败，不但必然会剥损到"奸蠹"们的利益，也影响到官员们的官声和宦途，这些老猾官僚宁可得过且过，讳疾忌医，守位待迁，而不敢亦不愿"得罪于巨室"，不敢亦不愿轻率触动现存的格局。鼎臣因得宠幸，有进言的方便，再次奏言此事，也曾再次"钦奉圣旨：'这奏内事情应行的，着巡抚、都御史斟酌处置，着实举行'"。但即使如此，却仍然"未闻有守令一人遵奉举行，查出虚捏坍荒田地一亩，清出飞走欺隐税粮一石者"。对丈田清赋的强大阻力，甚至连煌煌"圣旨"也不起作用。

直到嘉靖十五年（1536）以后，因新任应天巡抚欧阳铎早年即有

---

❶ 顾鼎臣：《顾文康公疏草》，卷一，《申末议以裨国计拯民命疏》。
❷ 《顾文康公疏草》，卷一，《申末议以裨国计拯民命疏》。

均徭的主张❶，他又完全赞同顾鼎臣的建议，才坚决恪遵嘉靖皇帝六年和九年的"御批"办事，大力进行核田均赋。他洞悉当时赋役不均的现状，看到它已经多次激起以抗赋拒役为中心的民变，这种状况不改变，必将危及明皇朝统治的严重恶果。在他履任应天之后，又发现当时的情况较之其他地区更为严峻，"苏、松田不甚相悬。下者亩五升，上者至二十倍"。因而采取措施，"令赋最重者减耗米，派轻赍；最轻者征本色，增耗米。阴轻重之，赋乃均。诸推收田，从圩不从户，诡寄无所容。州县荒田四千四百余顷，岁勒民偿赋，铎以所清漏赋及他奇羡补之。……民皆称便。"❷

欧阳铎能够毅然在全国财赋中心地区的应天十府，相对拉平了原来悬殊甚大的负担，清出大量荒田漏赋，在当时确实是做了一件大好事。❸

在应天各府的丈田清赋工作中，又以苏州府的成绩最为优异。时任苏州知府是王仪，为人廉谨，有干才，是欧阳铎的主要助手。"时巡抚欧阳铎均田赋，仪佐之，以治苏者推行于旁郎。"❹他就任后，"至则叹曰：'苏赋当天下十二，而田赋涽无可考，何以定赋？'乃履亩丈之，使县各为籍。以八事定田赋，以三条核税课，徭役、杂办维均。治为知府第一"。❺可见，履亩丈田，乃是王仪核定田赋税课的基础。顾鼎臣对于王仪的治绩，曾在奏章中突出上闻，言：

> 近年止有苏州知府王仪，不畏强御，尽心竭力，督率州县正佐官员，清查坍荒虚实，并产去粮存各项积弊，已有端绪，间阎

---

❶《明史》，卷二〇三，《欧阳铎传》。据记载，欧阳铎早年曾任福州知府，议均徭曰："郡多士大夫，其士大夫又多田产。民有产者无几耳，而徭则尽责于民。请分民半役。"

❷《明史》，卷二〇三，《欧阳铎传》。

❸《国史唯疑》卷六载："欧阳铎抚应天，均苏、松田赋，顾文康（鼎臣）贻书曰：'公行法，吾家增赋千石，然为百贫家，家减十石矣。'此近世士大夫所不肯出口者，顾亦难及。"

❹《明史》，卷二〇三，《王仪传》

❺《明史》，卷二〇三，《王仪传》。

田野闻之，欣欣若更生，其流散四方穷民亦有相率复业者矣。❶

彻底丈田，必然推动赋役制度带根本性的改革，为推行一条鞭法创造出必要的条件。在嘉靖十七年（1538），顾鼎臣入阁，欧阳铎仍巡抚应天，王仪留任苏州，更为推行清丈和筹划改行条鞭，由上而下提供有力的人事条件，"至吴中田赋利弊，（鼎臣）与中丞石岗欧公（按，即欧阳铎）、刺史肃庵王公（按，即王仪）往复订定条鞭均徭，请旨允行"。❷王仪本人亦"请立法编签粮解，照田多寡为轻重，凡大小差役，总计其均徭数目，一条鞭征，充费雇办，役累悉除"❸。应该说，当时应天丈田清赋工作的展开，已为一条鞭法描绘出雏形。

由顾、欧阳、王诸氏合力在应天推行丈量田亩，虽然曾取得过一时的轰动效应，为全国有识人士所瞩目，但它并未能得到巩固和持久执行，最后仍以夭折告终。顾鼎臣对于此一挫折的原因和后果，曾有析论：

> 奈何本府（按，指苏州府）官户大户、奸猾里书，扶同作弊，及计买民田，不收原额税粮者，切虑一旦查理明白，不利于己，百般讪谤，以挠其成，遂使癃残待尽之氓，暂喜而仍忧；逃亡归业之户，既来而复去。……❹

❶《顾文康公疏草》，卷一，《申末议以裨国计拯民命疏》。又，万历《嘉定县志》卷五，《田赋》详细记载着该县："旧有虚存正米一万八千九十石一斗六升一合二勺，又有有粮无田，有田无粮，并无征田荡共一千七百七顷一十三亩五分一厘六毫，计米二万三千八百石一合二勺，统计之积米四万一千八百九十石一斗六升二合二勺，俱挂额内，无从处补，递年于加耗内均包。清查后改正。科粮田一千六十二顷四十五亩二分，计米二万一千七百一十七石五斗四升一合，俱算入会计。其余无征虚粮田六百八十顷六十八亩三分一厘六毫，计米二万一百七十二石六斗二升一合二勺，尚存案牍，作正催征。"

❷ 顾咸建（顾鼎臣的曾孙）：《顾文康公疏草》，卷末，《跋》。

❸〔清〕乾隆《江南通志》，卷七六，《食货志·徭役》；参见霍韬：《渭厓文集》，卷七，《与知府王仪书》。

❹《顾文康公疏草》，卷一，《申末议以裨国计拯民命疏》。

清丈与反清丈，均赋与反均赋，它们之间的矛盾是如此尖锐和激烈。道长魔高，斗争多有反复。应天试行丈量，总体来说，是因势豪大户的反扑和继续舞弊而终归于失败，但也不是任何成果亦无残存。人类社会业已取得的任何积极成果，是绝难由于反动复辟，而尽归泯灭的。这一次较大规模的清丈，不但传留下重要的影响，在个别地区，则仍保留着部分成果，对此，应给予正确的评估。例如嘉定县："本县僻处海滨，土瘠赋重，奸弊重生，自嘉靖十五年清丈以后，而田额稍定。"❶

嘉靖中后期，要求丈田以均赋的呼声，仍不绝如缕，在一些地区，由个别地方长官主持，也进行过均丈的努力。例如，嘉靖三十三年（1554），"先是直隶、陕西、河南人数上疏言赋不均为吾民病，乞从度田"。宜阳县知县卫某挺身而起，言："夫海内言民瘼者，莫不以田赋不均为切害，至论利民亦莫不以均田赋为实惠。"❷他在辖区内"下令度田"，"所刻《平赋录》具载经理之详，与量度审定之法，极其周悉"，"父老百姓……皆翕然称便，谓惠政永久也"❸。可惜这位县太爷的名字和著作均难稽查，但在当地由他主持进行过"度田"，并取得过一定成效，则是有文献可征的。

几乎与此同时，时任应天按察副使的温如玉，也曾"委能吏丈亩，里毋伏田，田无伏赋，赋而不田者，蠲之；田而不赋者，益之"❹。但应该指出，嘉靖中后期的丈田试验，不论在规模和影响上，均无一能超过欧阳铎、王仪等当年在苏州的努力，但其后劲不继，人去政息，终归于旋兴旋灭，则又雷同。

迄嘉隆之际，著名清官海瑞曾在嘉靖三十七年，出任浙江淳安县知县；四十二年任江西兴国县知县；隆庆三年（1569），升右佥都御史巡抚应天十府。在上述诸任中，海瑞都锐意兴革，裁抑豪强，清剔浮

---

❶ 万历《嘉定县志》，《凡例》。
❷《王襄毅公集》，卷下，《宜阳平赋录》。
❸《王襄毅公集》，卷下，《宜阳平赋录》。
❹ 万历《嘉定县志》，《凡例》。

粮，厘奸去弊，所至如秋霜烈日，不畏权势。他特别强调运用丈田以制裁兼并，"故其令疲邑，抚三吴，皆用清丈，无俾苦乐不相等，为生养安殖至计"。❶ 在清丈的基础上，他勒令曾以各种方式夺取民田地亩者一律悉数退田，"贫民田入于富室者，率夺还之"❷。海瑞高度评价丈田的积极作用，说："一丈田而百弊清矣，士君子为部民久长之计，无过于此。"❸ 又说："丈田之举，无一人不喜曰：'二百年来复睹朝廷今日均平之美矣。'"❹ 他认为，"小民虚粮，大抵豪家虚田使然"❺。不查清并勾销虚田，茕茕小民将无从摆脱虚粮的负荷，将永无息肩苏生之日。故此，他言出必行，丈田从未少懈，先后编撰了《均徭册式》《丈田则例》等文件以指导工作，务求定均徭，节民财，便输纳，对丈量的程序，计算的方法，徭银（粮）损益过割的手续，参加丈量人员的管理，等等，都有详细周到的规定。这两份文件可以说是集中了隆庆初年以前，有关丈田工作的经验和教训，从中也可以见到海瑞持志的坚定和用心的专精。

从正德末年的唐龙，到隆庆初年的海瑞，都不失为关心国计民瘼的有心人，这几届在职官员，都曾为丈田作过呼吁和努力，欧阳铎和海瑞并曾付之实践，表现出很大的决心。但历经半个世纪的几起几伏，却未能取得过真正的成效，试行于一隅，尚且再衰三竭，更遑言推广于全国！每次都经受不起豪强加里胥地痞等联合势力的反攻倒算，终于败下阵来，一度夺取回来的民田又被重新收回到权势富户的手里，虚田虚粮如旧，民生倒悬如旧，小民数十年不平之愤如旧。连以刚强坚毅著声于时的海瑞亦愤慨至极地说："奈之何！奈之何！"❻ 但，如果认真思考，出现这样的反复和逆转，又绝不是偶然的。客观上，既得利益的特权阶层上下串同，已集结成极为顽固而且强大有力的腐恶势

❶ 黄秉石：《海忠介公传》，载《海瑞集》，《附录》。
❷《明史》，卷二二六，《海瑞传》。
❸《海瑞集》，下编，《书牍类》，《奉分巡道唐敬亭》。
❹《海瑞集》，下编，《书牍类》，《又复唐敬亭》。
❺《海瑞集》，上编，《应天巡抚时期》，《督抚条约》。
❻《海瑞集》，下编，《书牍类》，《复吴悟斋操江都院》。

力，他们分散于朝野，上可直通廊庙，左右朝议；下可深入乡里，操纵基层，并且熟谙权计阴谋，能够敏锐地利用改革的空隙和一时性的失误，适时组织反扑，这是欧阳铎和海瑞等未有充分估计到的。另外，特别在主观上，不论顾鼎臣抑或欧阳铎，以及海瑞，他们从未掌握过全局性的高度集中的权力，在关键性的时机和关键性的环节上，往往受到对方营垒的抵制和反对破坏，最后陷于被动。他们从未有过足使"百僚皆惕息"的权威，更从未有"虽万里外，朝下而夕奉行"❶的施政能力。在两方对垒的较量中，难免屈处下风。他们致力丈田的胆识和努力，虽已垂诸史册，成为可贵的先声，但在当时，确实也未取得巩固的实效。

丈田，并且将之与行一条鞭法紧密结合起来，在全国范围内进行中国赋役史上另一次大改革的任务，历史地落在张居正的肩上。

第五节　万历初年在全国推行的丈田运动

张居正对于在全国范围内重新丈量田亩的必要性，一直具有明确的认识，并且怀有在自己手中完成的强烈愿望，他称丈田"此举实均天下大政"❷，视之为"剔刷宿弊，为国家建经久之策"❸。但是，他亦深知，兹事体大，决非一蹴可就，更不能粗率鲁莽地轻易发动，必须努力创造出必要的先决基础，在主客观条件比较成熟的前提下，才可以全面铺开，期在必胜。在万历三年（1575）前后，他首先集中力量整饬里甲、经催、投靠、优免等宿弊，也就是为全面丈田，进行赋役制度改革做准备。

从万历六年开始，在张居正的主持下，首先在福建进行清丈的试点。其所以选择福建，一因福建滨临海岸，山多田少，嘉隆以来，民

---

❶《明史》，卷二一三，《张居正传》。

❷《张太岳集》，卷三二，《答江西巡抚王又池》。

❸《张太岳集》，卷三一，《答福建巡抚耿楚侗言治术》。

变蜂起，倭患不断，而且赋役不均的问题相当突出，"闽素称难治"❶，通过丈田以缓和矛盾，有其迫切性。二因自居正执政以来，先后推荐任福建巡抚的庞尚鹏（万历四年至六年中任职）、耿定向（万历六年中至八年年初任职，因父丧守制）、劳堪等三人，都是坚定主张丈量，并能认真督责进行的地方大吏，有可依靠以取得成功的力量。万历六年，耿定向到任不久，即上疏建议立即在福建开展丈田清赋。张居正马上复信表示支持，说："丈田、赈饥、驿传诸议，读之再三，心决然如有所获，盖治理之道，莫成于安民。"❷他还充分估计到，耿在福建行丈田，必然会遭受到来自各方面的阻挠和攻击，会面临各式各样的困难，故此，他再致长函以策励之，勖以无畏险阻，必将丈量一事进行到底。函云：

> 丈田一事，揆之人情，必云不便，但此中未闻有阻议者，或有之，亦不敢闻于仆之耳。苟利社稷，死生以之，仆比来唯守此二言，虽以此蒙垢致怨，而于国家实为少裨，愿公之自信，而无畏于浮言也。❸

当然，居正也主张谋定而动，慎重初战，将丈量工作奠立在谨慎扎实的基础之上。他指示耿定向说："丈地亩，清浮粮，为闽人立经久计，须详审精核，不宜草草。"❹

为使福建的丈田工作，取得更堂堂正正的名义和最高层的表态支持，使耿定向能更放手地工作，居正还运用手中掌握票拟的权力，以谕旨的形式发布朝廷的指示：

> 以福建田粮不均，偏累小民，命抚、按着实清丈，明白

---

❶《张太岳集》，卷三一，《答福建巡抚耿楚侗言治术》。
❷《张太岳集》，卷三二，《答福建巡抚耿楚侗言致理安民》。
❸《张太岳集》，卷三一，《答福建巡抚耿楚侗谈王霸之辩》。
❹《张太岳集》，卷二一，《答福建巡抚耿楚侗》。

具奏。❶

由此可见，福建的丈田工作，一直是在张居正的支持和指导下进行的。到万历八年（1580），该省的土地丈量工作基本告成，"福建清丈田粮事竣，抚臣劳堪以闻，（户）部覆谓宜刊定成书，并造入黄册，使奸豪者不得变乱。上可其奏。"❷ 这一次的试点成功，使张居正受到很大的鼓舞，大大提高了他的信心，促成了他立即在全国开展丈量的进一步部署。据其后裔在所撰的《太师张文忠公行实》中的记述：

> "太师日夜忧劳，念欲为君国子民计，非清丈不可，然其意怀未发也。会御史中丞劳公，奉诏荒度闽田，闽人以为便。太师遂与张公、申公、大司徒张公议，请以其意诏行诸路，所在强宗豪民，敢有挠法者，若潞城、饶阳公族等者，皆请下明诏切责。以故天下奉行惟谨，凡庄田、屯田、民田、职田、养廉田、荡地、牧地，皆就疆理，无有隐奸。❸

劳堪的奏报，内阁另两位大学士张四维、申时行，以及户部尚书张学颜的附议，对立即在全国范围内进一步开展丈田取得了一致的见解，可谓众谋咸同。八年，户部又根据诏旨和阁议，拟定出清丈田粮八项原则，再以诏旨的形式颁行于全国。八项原则是：

　　一、明清丈之例。谓额失者丈，全者免。
　　一、议应委之官。以各布政使总领之，分守兵备分领之，府、州、县官则专管本境。
　　一、复坐派之额。谓田有官、民、屯数等，粮有上中下数则，宜逐一查勘，使不得诡混。

---

❶《明神宗实录》，卷八一，万历六年十一月乙亥。
❷《明神宗实录》，卷一〇四，万历八年九月庚辰。
❸《太师张文忠公行实》，附载在《张太岳集》，卷四七。

一、复本征之粮。如民种屯地者，即纳屯粮，军种民地者，即纳民粮。

一、严欺隐之罪。有自首历年诡占及开垦未报者，免罪。首报不实者，连坐。豪右隐占者，发遣重处。

一、定清丈之期。

一、行清丈磨算之法。

一、处纸札供应之费。

上依其议，令各抚、按官悉心查核，着实举行，毋得苟且了事，反滋劳扰。❶

这八项原则，应该说是提纲挈领，充分吸收了福建丈量试点所取得的经验，是从实际中来，而又能有效地用于实践的。试析言之：居正行丈田，本意是"既不减额，亦不益赋"❷，故此，第一项原则，是规定清丈的对象，针对当时全国各地普遍而严重的田亩失额，谋取恢复旧有的数量。第二项是明确规定执行清丈官员的职责。各省布政使的职任本来就是专管省一级的财政民政，责成其主管丈田事务，正与其职、权、责相符。由于田土有民田（含庄田等）、军屯田两大类之分，因此有必要责成分守兵备等武官参与其事，再饬令府、州、县行政长官，分别负责本辖区内的清丈任务，纳入考成，务使责有攸归，充分发挥各级文武官员的作用。第三至第五项，是通过清丈以扫除在田地类别、等则等方面人为制造的混乱，查处诡寄、飞洒、欺隐等诸多积弊，并且奖励自首改正，严惩怙恶顽抗的势豪。第六至第八项，是规定丈量的限期、计算的方法和经费开支等，作为清丈运动能够健全发展的保证。应该说，这八项原则规定，是考虑得比较周全，政策界限比较清楚，措置比较有力的。

有必要指出，与福建的清丈试点工作加紧进行的同时，在其他一些省份，对一些拥有特权的勋贵人户土地的丈量核实，也已经开始进

---

❶《明神宗实录》，卷一〇六，万历八年十一月丙子。

❷《太师张文忠公行实》，附载在《张太岳集》，卷四七。

行，亦为全面丈田做好准备。例如，万历七年（1579），即曾颁旨："清查南北直隶、山东、陕西各勋戚庄田有无溢额、脱漏、诡借，差官履亩丈量。"❶ 由此说明，全国性的清丈工作是在有通盘考虑、有步骤地逐步推开的。

丈田既以清查隐占、裁革非法利益为目的，这就必然引起权贵、豪绅和富户的强烈反对，因为丈量愈彻底，贫弱之户得以免除的苛派愈多，则豪富的利益特权被剥夺必愈甚，"丈田之法，缩此伸彼，利东害西"❷。故此，他们千方百计以逃避抗拒也是必然的。在清丈过程中，甚至有人仍敢借清丈之机勾结或胁迫负责官员，继续顽固地袒护其利益，"豪家势多出有司上，有司惧挠成议，不但不尽丈，且以余粮送入其家"。❸ 对于此一情况，居正采取了严正坚定的态度。他在给山东巡抚何起鸣的信中即指出，"清丈之议，在小民实被其惠，而于宦豪之家殊为不便"❹，他鼓励何起鸣以及其他省份的巡抚，切勿"摇于众论"，绝不能"有初无终"❺，并表示，"豪右挠法，致使官民两困，仆甚患之。……而人心玩愒日久，一旦绳骤以法，人遂不堪，谤议四起，然仆终不为动，任之愈力。"❻ "清丈事，实百年旷举，宜及仆在位，务为一了百当。"❼

对于豪势之家的负隅顽抗，居正坚定地支持地方官按律办事，执法以绳。万历八年（1580），山东在清丈过程中，遇到原在"靖难之役"立有殊功的阳武侯薛禄后裔仍然要求保留额外优免的事件，山东巡抚杨俊民据以上报，表示难以定夺。居正当即复信，明确表示，不应有任何迁就：

---

❶《明神宗实录》，卷八八，万历七年六月辛卯。
❷ 邹元标：《敷陈吏治民瘼恳乞及时修举疏》，载《明经世文编》，卷四四六。
❸《敷陈吏治民瘼恳乞及时修举疏》，载《明经世文编》，卷四四六。
❹《张太岳集》，卷三三，《答山东巡抚何来山》。
❺《张太岳集》，卷三三，《答山东巡抚何来山》。
❻《张太岳集》，卷二九，《答应天巡抚胡雅斋言严治为善爱》。
❼《张太岳集》，卷三三，《答山东巡抚何来山》。

承询阳武（侯）优免事，查律，功臣家除拨赐公田外，但有
田土，尽数报官，纳粮当差。是功臣田土，系钦赐者，粮且不纳，
而况于差！锡之土田，恩数已渥，岂文武官论品优免者可比。若
自置田土，自当与齐民一体办纳粮差，不在优免之数也。近据南
直隶册开诸勋臣地土，除赐田外，其余尽数查出，不准优免，似
与律意相合。❶

对于号称"天潢贵胄"的朱姓宗室贵族，但有恃势阻挠丈田并闹事
的，居正亦取到万历皇帝的同意，捧出"皇谕"，予以惩戒。万历九年
（1581），对山西几个宗室勋贵的从重处理，不但是对有关人等的惩戒，
亦是借一儆百，对全国豪强大户普遍下一大棒喝。这是当时轰动一时
的大事，《明神宗实录》详载此事件的经过及其处理结果：

　　（万历九年五月庚午），巡抚大同贾应元、巡按茹宗舜疏劾饶
阳王府镇国中尉廷壤，潞城王府奉国将军俊㭰、镇国中尉充炗等。
先是，以阻挠丈地，奉旨戒饬，已而充炗病故，俊㭰等称赴阙陈
情，擅出镇城，项插黄旗，书"阑当者斩"。潞城王充煜坐视群宗
出城若罔闻知；太平王鼎铉不行参奏，长史王明辅、署教授胡官
辅导失职，乞分别处治。户科给事中郝维乔等亦具疏参纠，因言
该省委官，宜遵奉明旨，将应查地土，依法查核。及称：宗室置
种军民地土，不特代府为然，乞通行天下王府，各严谕宗室，凡
置买田土，俱听抚、按官查勘明白，照例纳粮，止许佃户耕种，
不许私出城郭。礼部复议上请。上以各宗擅出封城，猖狂无礼，
俊㭰革为庶人，充鲲、充□、充鲈各革禄米，充煜罚禄米半年。
仍敕各该抚、按，丈田均粮，但有抗违阻挠，不分宗室官宦军民，
据法奏来重处。❷

❶《张太岳集》，卷三三，《答山东巡抚杨本庵》。
❷《明神宗实录》，卷一二二。

果断地拔除了这些皇家贵族阻挠丈量的钉子，当然大大减少了阻力。当时，大部分官员凛于严命，在领会皇帝和元辅意旨之下，对清丈工作是抓得很紧的，有人亦对清丈工作的复杂烦琐，牵涉到利害关系人数众多，应如何准确界定和如何巩固成果等，提出过不少合理可行的建议。居正对于各地区上至抚按下至州县官反映上来的建议无不审慎地考虑斟酌，详细地答复和指示，并予嘉勉，列入考功，丰富了他原来的设想❶。但仍有少数官员采取敷衍塞责、潦草从事的态度，居正对这类人一有发觉，便予警告和纲纪处分，诸如松江知府阎邦宁、池州知府郭四维、安庆知府叶梦雄、徽州掌印同知李好问，均因清丈不力或存在明显偏差，而受到罚停俸、戴罪管事等处分。

正是由于张居正亲自裁理各省有关丈田的事务，排除来自各方面的干扰和阻挠，才在数年之间，基本上完成了全国清丈的工作。万历十年（1582），京畿、保定、蓟辽、山西、大同、宣府、应天、浙江、两广、凤阳、淮安、山东、河南、湖广、四川、陕西，陆续奏报清丈告竣；十一年，宁夏、甘肃、云南亦报告结束。至此，这一自洪武、永乐之后，第一次，亦是明代中后期仅有的一次，通过重新丈量以核定赋役的大工程，遂告胜利完成。据统计，通过清丈，全国十三布政司和南北两直隶，和大同、蓟州、宣府、辽东等边镇，共新增地亩 1828542.73 顷，约占万历六年全国地亩总额 7013976 顷的 26%。这

---

❶《明神宗实录》，卷一一六，载："（万历九年九月己卯）巡按直隶监察御史王国上屯田六议：一议军卫额粮。谓屯地有老粮、新增之殊，征收遂有本折轻重之异。然人情避重就轻，不免移新遮旧，宜逐一清丈，将两项本折搭派，以免偏累。一议达官地土。谓降夷瞻田，具有额数，二百年来户绝者没于豪右，户著者买占民田，宜取国初老册清丈，照品给之，如先朝永不起科例，其有逾额数多者，照地当差。一议查参期限。谓屯田完欠，久立查察宪单，向每隔一年始行，致未征者耽延，已完者侵费拖欠愈甚，自万历十年为始，每岁定于次年三月查参。一议丈后余地。谓屯田荒芜尚多，丈后不无续垦，若概拘例停止，是弃良田也，宜听民开垦，酌量起科，以补荒年蠲免额项。一议经收。谓屯牧一应钱粮，旧以管屯官征收私贮，干没难于查考，宜令卫经历兼之。一议冗员。谓京卫一设管屯，即有军伴烦费，今后惟额多者照旧。凡米豆不满百石，银不足百两者，管屯官悉行裁革。户部复其可行，允之。"

一数字表明，万历清丈的成果是相当巨大的 ❶。其突出的特点，一是在全国范围内进行，二是较为彻底，这是以前历次试行未能做到的。

第六节　万历清丈的过程、特点和评价

一、万历清丈的起讫及其发展过程

关于全国开展清丈的起讫时间，史籍记载不一。其开始，有说是万历六年，也有说是七年或八年的；其结束，有说是万历九年、十年或十一年的。国内外学者近来亦多有提出自己的看法。笔者以为，对清丈的酝酿、发议、决策和全面铺开，有其发展的过程。它是在不断补充完善，逐渐形成规章制度的状况下向全国推行的。对于史料，应区分是中央朝廷级的抑或是地方性的材料。以中国幅员的广阔，东西南北、腹里边陲情况差异，故在田亩土地计量和原已存在的赋役供输办法，亦大有不同，各地进行丈量的具体运作和进度自必参差有异，难以划一。论其在全国范围正式推行，似宜以中央朝廷颁布的诏旨为主；言各地的起讫，只好参考地方性资料，顾炎武氏的《天下郡国利病书》各篇，各地的地方志，对此都有具体的记载。

据笔者的初步排比，起议在全国范围内普遍地查核赋税，实开始于万历四年（1576）。据《丝纶录》记述：

> 万历四年七月二十四日，户部一本，钦奉圣谕事。奉圣旨：这钱粮逋欠的，原罪小民，都是势豪特顽，奸猾侵欺，以致亏损常赋，今朝廷既于例外施恩，各抚、按官却要严督有司，仔细查人户等则，使小民得沾实惠。❷

---

❶ 参见张海瀛《张居正改革与山西万历清丈研究》，130 页，山西人民出版社，1993。

❷ 周永春编：《丝纶录》，卷三，《户部》（明刊本，日本东京，内阁文库本），转引自川胜守《中国封建国家的支配构造》，285 页，东京大学出版会，1980。

有鉴于钱粮逋欠的严重，诏令着认真清查，其用意是不难理解的，但仅从"细查人户等则"入手，必然是绝无成效。因为每户人丁的数量，拥有田产的多少，其旧有、新收、开除、实在的情况，只有从稽考赋役黄册入手，方有结果。但万历时期的黄册，早已不能反映每户人丁事产的实况，"天下大造黄册，率皆誊写旧本，无一实数"。❶ 有人讽刺黄册所载是"人多百岁之老，产竟世守之业"❷"在册不过纸上之捏，在户尤皆空中之影"❸。试想，使用这种"混抄混记"的册籍，如何可以达到准确清楚，"使小民得沾实惠"的目的？"人户等则"既已紊乱不堪，于是便有从丈地着手的考虑。

根据现有文献记载，由张居正建议，请敕令在全国丈田（又称度田、料田），最早应在万历五年（1577）十一月。《国榷》卷七〇，有如下文字可证：

> 是月……张居正请料田，凡庄田、屯田、民田、职田、荡地、牧地，皆就疆理，无有隐奸。其挠法者，下诏切责，天下奉行凛凛焉。

"令天下度田"，这是一件了不起的大决策，对全国各种不同类别的生产用地一一丈量，更是一项为整顿社会经济所从事的巨大工程。此事涉及的面太广，有切身利害冲突关系的人太多，故当年嘉靖皇帝不敢轻为尝试，"御史郭弘化等亦请通行丈量，以杜包赔兼并之弊。帝恐纷扰，不从。"❹ 万历皇帝是在张居正力请之下，然后才诏令进行的。

于是，又有万历六年（1578），采纳由张居正拟定的关于限期通行

---

❶ 黄建中：《为册务旁挠可虑法纪申饬当严事题本》，载《后湖志》，卷一〇。

❷ 欧阳调律：《为申严黄册事题本》，载《后湖志》，卷一〇。

❸ 唐龙：《均田役疏》，载《昭代经济言》，卷三。

❹《明史》，卷七八，《食货志》二。

丈量的方案，亦以诏旨颁行：

> 六年，阁臣张居正以田赋失额，小民多存虚粮，致累里甲赔
> 跛，从言官疏。奉旨：令二直隶、十三布政司、府、州、县通行
> 丈量，限三年之内完丈，造册缴报。于是失额田粮一切扫除，至
> 今民赖其利。❶

由此可见，福建丈田的试点，山东、江西、南北两直隶等的相继开展，
都是在中央朝廷有了决策，发布了诏令之后进行的，都是因张居正的
建议而遵奉执行的。《太师张文忠公行实》谓因福建在万历八年丈田成
功，张居正"请以其意诏行诸路"的说法，表达得不够准确，应该理
解为促使张居正及内阁同僚张四维、申时行等更进一步加强决心，更
进一步加紧督责进行；不能认为"张居正是在万历八年九至十月间，
才下定决心在全国范围内开展清丈的"，也不是"由于福建地方丈量之
成功，所以张居正才有确行全国丈量之意志"，更不能认为，"从福建
传来丈田完成的信息，促使张居正把丈田均税提到议事日程"。以上诸
论点，似宜斟酌。

事实上，万历全国性丈田的进行和起讫，基本上是如同《续文献
通考》所记，从万历六年铺开，遵照"限三年之内完丈"的规定，在
九年秋冬大体告成的。试想，如果到八年九月福建清丈田粮事竣，然
后再"诏行诸路"，是绝不可能仅在一年之内完成此一重大任务的。

当然，福建先行一步，首先完成清丈，也确实为在全国深入开展
丈量，提供出可贵的经验。万历八年（1580）十一月，户部吸取了福
建的经验，奉旨条拟，并颁布全国执行的《清丈田粮八款》，是全国丈
量工作进一步完善，有章可循的重要标志，已详于上节所述。

确定万历清丈的准确开始时间，不能忽视各省不少府、州、县，
俱是在万历七、八年之间已开始进行丈量的事实，诸如，在万历七年

---

❶《续文献通考》，卷三，《田赋考》。

六月，对南北直隶、山东、陕西勋戚庄田均"履亩丈量"❶；江西安溪等县则是在万历七年开始的❷；至于浙江嘉兴府所属七县❸，另永康县❹都是在八年进行，其实都是在福建奏报丈田完竣之前或同时开始，似均不能认为是因为福建的成功才提上议事日程的。

清丈开始时间，所以会造成错觉，原因之一，是明皇朝为推行清丈，自万历五年十一月至九年，一再颁行诏旨，几乎所有诏旨的内容都大体重复；而措词又比较含糊，缺乏明确的时空观念，所谓"丈地均粮，屡奉明旨"❺。例如，直到万历九年四月，在《万历邸抄》中仍有"行丈量法，大均天下田赋"的记载，骤然一看，似乎此时正要开始，而实际上，却是已临近结束之期，仅是为了督促善始善终，妥为扫尾而已。

二、万历清丈的特点

嘉、隆时期，虽有部分地区，由地方官主持，进行过一些清查侵隐土地的丈量工作，但它们只能是限于局部的，而且旋兴旋止，无法坚持到底；而清查的对象也仅限于某些特定地亩❻，主要针对某些勋贵权势之家过分侵夺的土地，要求他们适当承担赋税。有时，为弥补本地区亏欠的税额和缓和矛盾，也会适当调剂贫富，均平负担。但所有

---

❶《明神宗实录》，卷八八，万历七年六月。

❷ 参见《支华平先生集》，卷一七，《丈田示》。

❸ 万历《嘉兴府志》，卷五，《赋役》。

❹〔清〕康熙《永康县志》，卷三，《贡赋篇》。

❺《明神宗实录》，卷一一六，万历九年九月。

❻ 万历《明会典》卷一七，《田土》载："万历二年奏准，仁寿、清宁、未央三宫庄田，坐落顺天、河间等府，每年额征子粒银三万七千八百三两五钱九分零。……前项官庄田地，俱系斋腴，每亩止征课银三分或二分。坐落各该地方亩数，逐一丈量，将清查出田土，改正过姓名、佃种地亩、应纳子粒，备细造册奏缴。"这一条材料是很重要的，它不但说明，万历初年的丈田，首先是从皇庄官田入手的；而且还说明，租赋折银，并不是行一条鞭法后才首创，是原先在个别地区和某些特种庄园已经存在过，谓之"银差"。一条鞭法仅是将之推广以通行于全国而已。

这样的丈量，不论在规模和目的上，都与万历初期由张居正主持的全国性丈量有很大的不同。韩国学者金钟博先生对此有扼要的说明：

> 自嘉靖年间实行土地丈量以后，至万历九年（1581），张居正实行之于全国，此为中国历史上的重大事件。嘉靖、隆庆时期的土地丈量，与张居正实行的土地丈量之间，有几个问题要注意。两者之丈量方法，大体上是相同的，但经丈量而推进改革之主体，则完全不同。嘉靖、隆庆时期的丈量对象，都是官豪大户的大地主阶层，乃为改革田赋制度之担当者，但张居正之丈量土地，是在国家的改革政策与理论之下，为达成预期的目标所展开的工作。嘉靖、隆庆时期之丈量，是（针对）各地方上的大户地主阶层之改革，而万历年间则是国家政策上全国性的丈量。❶

正因为万历清丈是着眼于全盘性的考虑，而非一时一地性的堵塞漏洞，故此，在决定政策时，首先，是为解除虚粮虐民的痛苦，"所为均赋者，用苏民瘼，非尽地利，求增税也"❷。"不期增额"，是与通过整顿，主要仅为充裕国家财政收入的做法有很大的不同。据张海瀛教授所著《张居正改革与山西万区清丈研究》一书（山西人民出版社，1993年出版），引用了万历十年（1582），由当时的山西巡抚辛应乾主编的《山西丈地简明文册》的记载，经过清丈，较着力地处理了山西省"有粮无地"和"有地无粮"的问题。计查出了王进朝等人虽然并不占有土地，但却要承担节年缴纳税粮37059石2斗3升7合的负担，清丈之后，便豁除了上述极不合理的重负。与此相反，在清丈中查出郑景芳等人通过各种办法欺隐，而从不交纳税粮的地亩共计5182顷3分。山西的清丈结果不见得完全彻底，但它还是朝着"抑豪强，苏民瘼"的方向努力，亦在相当程度上，有助于实现民"不加赋而上用足"的

---

❶〔韩国〕金钟博：《明末万历时张居正之土地丈量》，载《祥明女子大学论文集》，第十七辑，1997。

❷ 朱健：《古今治平略》，卷一，《国朝田赋》。

政治理念。

全国丈量是作为均平赋役，充裕国家财政，为进一步大改革做准备的重要手段。故此，在未丈之前，应雷厉风行地限期完成；而在已丈之后，又务求在规章制度上加以维护巩固，有必要制定和颁行一些配套的法令，例如：

> 万历九年议准，勋戚庄田，五服递减。勋臣止于二百顷，已无容议。惟戚臣，如始封本身为一世，子为二世，孙为三世，曾孙为四世，曾孙之子为五世。以今见在官品为始，以今见留地数为准。系二世者，分为三次递减；系三世者，分为二次递减；至五世，止留一百顷为世业。如正派已绝，爵级已革，不论地亩多寡，止留五顷，给旁枝看守坟茔之人。
>
> 又题准，勋戚庄田，有司照例每亩征银三分，解部验给。如有纵容家人下乡占种民地，及私自征收，多勒租银者，听屯田御史参究。❶

颁行上述规定的目的，是要在清丈成果的基础上，对一贯横行霸道、贪婪无厌的勋臣贵族，特别是对外戚们的占田给予限制。不但限田，而且还要逐代减田，其严厉的程度，是前所未见的。它充分反映着张居正尊崇"法不阿贵，绳不挠曲"❷"不辨亲疏，不异贵贱，一致于法"❸的法家思想；亦如他自己早年所言："法制无常，近民为要，古今异势，便俗为宜"❹的主张。上述规定虽然陈义甚高，但又确实存在着理想化的倾向，对现存袭封已二代三代的"椒房贵戚"，丈其田，征其税，已经引起喧嚣一片。抽分隐瞒，丑诋诬蔑以抗拒者已屡见不鲜，不少勋贵富豪，正在窥测风向，伺机反扑，斗争的最后胜负，犹在未卜之无，

---

❶ 万历《明会典》，卷一七，《田土》。

❷《韩非子·有度》。

❸〔宋〕李觏：《刑禁》之四。

❹《张太岳集》，卷一六，《辛未会试程策》。

更遑言能否施行于其后的第四代第五代？人存政举，人亡政息，丈田问题，亦难脱免于此一封建社会政治斗争的普遍规律。

三、对于万历清丈的评价

对于这一问题，时人议论不一。有称为"最是善政"[1]的；亦有充分肯定其积极作用，认为"田政既清，他政自举"的[2]。但普遍反映，有不少地方，经过丈量，田清而税均，在很大程度上，查出了余地，开发了荒地，勾销了虚粮，照亩升科，缓和了负担不公的情况。山东是"粮悉照旧，往日荒地包赔者，以余地均减"[3]。江西则是"六十六州县官塘地，原额外丈出地，免另行升科，即将抵补该省节年小民包赔虚粮"[4]。甚至连边远的蓟辽地区，也"议以多余之地，补先额之粮"[5]。浙江义乌的记载更为详细，谓"万历初，用辅臣议，行丈量法，大均天下之田。于是，知县范俊履亩清丈，是时法严，令其人习步算而赋均，民间虚粮赔累之弊尽汰"[6]。所有这些评论，都有力地表明，万历清丈的政策方向是正确的，对解除贫弱痛苦，苏活民生，确曾经取得过比较显著的成效[7]。从国家财政的角度看，全国丈量也为缓解财政危机，宽裕国计，做出过积极的贡献。在丈田之后，到万历十二年（1584），户部尚书王遴奏报"太仓粟可支七年，银亦可支二年"[8]。足见丈田清赋，确能立竿见影，扭亏为盈。

但必须注意到，在当时确有相当数量的舆论，甚至在后来编纂出版的不少地方志书中，对丈田在各地进行中出现的偏差弊端，曾有不

---

❶ 陆容：《菽园杂记》，卷七。

❷ 焦竑：《焦氏笔乘》，卷一七，《丈量》。

❸ 《明神宗实录》，卷一一六，万历九年九月乙亥。

❹ 《明神宗实录》，卷一一九，万历九年十月己亥。

❺ 《明神宗实录》，卷一二一，万历十年二月丁酉。

❻ 〔清〕雍正《义乌县志》，卷八，《田赋》。

❼ 对万历丈田的积极作用，本节曾参考了韩国学者金钟博所著《明末万历时张居正之土地丈量》一文，载《祥明女子大学论文集》，第十七辑。

❽ 《明神宗实录》，卷一五六，万历十二年十二月。

少批评，甚至有恶诋之为"殃民""滋弊"的否定意见❶。对此，应做出具体的分析。

首先，有些人是因本人本户已攫有大量土地，拥有巨额的优免特权，是作为既得特殊利益的代言人，为捍卫本阶层的不法权益而发出的恶意抨击。这种出自阶级本能的喧叫，不但出于万历清丈之后，而且早在庞尚鹏、欧阳铎、王仪等在江南初行丈量之时，即已甚嚣尘上。嘉靖中期，时任礼部侍郎的徐阶即为其中突出的代表。徐氏家族本为松江首富，当时亦是徐阶本人入仕二十余年之后，开始在家乡大量兼并土地，放手积累财富之时，故此，他对欧阳铎和王仪主持的清丈甚为反感，专门写有《与抚按论均粮》一文，系统申述自己从根本上反对的意见，此文开篇即明确表示："近闻郡中为均粮之举，百姓骚然病之。当此凶岁，流离载途，劫夺时作，谓当静以绥之，不知何急而重以此也？"❷

在文章中，徐阶极力要说明，松江地区赋粮负担悬殊，高者一亩五斗甚至七斗，而低者仅五升，具有所谓合理性。他强调一些自然的原因，如田土有肥瘠不同，田则有上中下之分，甚至根据他的折算，有时缴纳高粮赋之户，其实际收益居然还优于仅缴纳五升低租赋之户，轻描淡写地抹煞掉客观上存在的人为制造虚粮，以转嫁负担于贫弱小民的因素，否认此类非法剥削是促成民穷国匮、社会动荡的重要根源，企图以空洞的肃贪许诺，抵制业已兴起的均赋要求。言：

> 仆闻正德以前，粮未尝减于洪武之旧，而其民富庶安乐；正德以后，粮亦未尝溢于洪武之额，而其民愁叹困穷，然则为利民之图者，无亦务贪残之去乎，不当专归咎于粮也。
>
> 且夫谓均粮而粮可轻也，今五斗减而五升增，是朝三暮四，狙公之计耳，而得谓之轻乎？
>
> 又况乎今之均粮也，上乡亩四斗六升，中乡亩三斗二升，下

---

❶《明史》，卷二二〇，《毕锵传》。
❷《世经堂集》，卷二二，《与抚按论均粮》。

乡亩一斗八升，并昔之所谓五升者不复见乎？即其所谓五升者，三倍而取之乎？所谓上中下三乡者，其以田之肥瘠，租之多寡为等乎？则如前所均可矣。如其不然，其无乃求以利之，而反以病之，将使东乡之下田弃而不敢耕，而逋赋无所取乎？若是，仆未见其可也。❶

徐阶上述言论的论据其实是很脆弱的，而且颇带有诡辩的色彩。"五斗减而五升增"，正是进行均粮的必要调节，亦即均平负担的目的所在。"所谓五升者不复见"，乃是因为经过近二百年的演变，纳五升轻赋的，多已是富豪大户恃势取得的优惠，绝非指瘠瘦下田耕作者的真正负担而言；相反，承负五斗甚至七斗重赋的，亦多非拥有或耕作上则良田的人户，而是那些被强行洒派到头上的蚩蚩小民，他们一直世代呻吟辗转于重赋之下。清丈均粮的锋芒所向，小民得受实惠；而痛心疾首，指之以为病的，则多为不甘因此而受到损失的势豪。徐阶颠倒黑白地否定清丈均粮的积极意义，谓："诚使有当于义，有利于民，冒而为之犹可也。今揆诸物理既不顺，质之舆情又不协，独举圣祖之制而擅更焉，殆非所以为人臣训也。"❷ 所谓物理，所谓舆情，其实都是因不同利害和立场，而形成截然的不同观念。试以徐阶的言论作为样板，就不难清晰地看到，在清丈的全过程中，攻讦抨击再加以丑化的浪潮一直未断，都是当时阶级利益冲突的直接反映。徐阶作为当时发言地位最高，且"论说"最全面，持之最力，确实不愧是嘉靖中后期反对丈田运动，在政权内部的总代表。对于当时全国，特别是江南地区风云初涌的丈田运动，当然起着十分恶劣的摧蚀作用。他及其家族，积怨于乡人，亦未尝与此无关。

当然，也必须看到，在清丈过程中，也确实出现过一些偏差，有些地方官吏甚至借清丈除弊之机以行新的舞弊，以拯民于水火为名而陷溺小民，将好事办成坏事。因为相当一部分州县的清丈实权，仍然

---

❶《世经堂集》，卷二二，《与抚按论均粮》。
❷《世经堂集》，卷二二，《与抚按论均粮》。

542

操在原任官吏之手，他们之中，有些人或是敷衍塞责，或是借以此谋私利，"河南丈田，册报多虚"❶，"获嘉知县张一心，报垦田户俱抄旧册"❷。另外一些地方，则仍受地方乡官缙绅的操纵，或官绅勾结，朋比为奸，"豪奸巨室，大肆欺隐，代书算做了一场大卖买。"❸ 这是由于，沿丘履亩以丈量，本来就是一桩极其具体烦琐的工作，其中又必须经过许多环节，使用若干人员，即使州县官奉公无私，而且亲临现场以督导，有时亦难以将吏役的舞弊——觉察。吕坤有感而言：

> 均丈之法，亦多端矣。……即使掌印官步步追随，尺尺量度，左手操笔，右手执算，不能清一区。姑以平原之地言之：弹绳之紧松，区角之斜正，地势之高卑，宅园之阻碍，持尺者之前却，操笔者之增减，执算者之含糊，报数者之多寡，分区者之出没，平原之地，已自难精。况夫山岭之崎岖，段落之细碎，形体之参差，而以一令之耳目，斗百种之奸顽，未有不穷者。❹

但是，有一点是绝不能忽视的，那就是以张居正为代表掌握的朝廷中枢，在诏令全国清丈的时候，虽然也一再声言但求恢复地亩原额数，但实际上却是追求溢额，要求清出更多的纳赋耕地。《明史》卷七七《食货志》一，有这样的记载：

> 万历六年（1578），帝用大学士张居正议，天下田亩通行丈量，限三载竣事。用开方法，以经围乘除，畸零截补。于是豪猾不得欺隐，里甲免赔累，而小民无虚粮。总计田数七百一万三千九百七十六顷，视弘治时赢三百万顷。然居正尚综核，颇以溢额为功。有司争改小弓以求田多，或掊克见田以充虚

❶《国榷》，卷七一，万历十年四月癸巳。
❷《国榷》，卷七一，万历九年七月乙丑。
❸ 李乐：《见闻杂记》，卷八之二九。
❹ 吕坤：《实政录》，卷四，《民务》。

额。北直隶、湖广、大同、宣府遂先后按溢额田增赋云。

其实，这一阵追求溢额的不正之风，何止仅波及北直及湖广、宣、大，可以说是无省不然。"江南丈田，原额四十五万一千五百八十顷五十余亩，多余九千五百四十余顷；各卫、所屯田九千八百九十九顷。"❶ "浙江丈出田一万六千一百十二顷十七亩，军田三十四顷五亩有差。"❷ "丈出贵州额外民田十四万二千三百十四亩，屯田一万七千一百八十一亩。"❸ "广西丈出官民田七百六十八顷八十七亩。"❹ "江西丈田，原额外丈出六万一千四百五十九顷五十四亩。"❺ 如此等等。

上有好者，下有甚焉。当时各省的抚、按、两司，无不以超额清出田亩作为报功邀宠之具，于是层层加码，不管二百年来自然生态的变动，也不管有些地区屡经兵燹风水旱涝为灾，昔日良田已成荒壤，甚至已被冲塌湮没的事实，一概丈报升科。广西省梧州的情况是较为典型的：

> 清丈之议，稽脱漏，惩欺隐，将以利民耳。乃梧郡屡经寇盗，民逃田荒，欲复旧额，将荒芜不耕之地一概丈报，甚至逐亩加赋，有粮无田。……时因清丈荒米重累，百姓苦之。❻

浙江省浦江县的情况亦类似：

> 时江陵柄政，有丈量之役。浦江山县硗确，间有开垦，工倍于买，且沙砾之区，一遇旱干，仍为赤土。今升科无遗，于是民

❶《国榷》，卷七一，万历十年七月辛酉。
❷《国榷》，卷七一，万历十年七月己卯。
❸《国榷》，卷七一，万历十年七月癸亥。
❹《国榷》，卷七一，万历十年七月癸亥。
❺《国榷》，卷七一，万历九年十二月己亥。
❻ 崇祯《梧州志》，卷四，《郡事志》。

无隙地种桑麻矣。❶

"事有愈密而愈疏者"❷，因为它只能产生反效果。过分要求溢额，适足以抵消掉清丈的部分成果。山东省滕县的做法正是这样：

> 江陵相行丈地法，执事者欲邀福于相公，多生枝节。其所开宅舍、园圃，高下游沙、平阪、山石、泻卤诸名色，以令乡鄙之民。乡鄙之民实朕，不啻对胡越而言侏僂，此为里书立弊薮，奚止三窟也。❸

果然，滕县衙门内的胥吏书役，正好钻此空隙，半公开地弄虚作假，上级只好装聋扮哑，不敢稍加纠正。该县"旧俗相沿，以二百四十步为一亩，以三尺五寸为一步"❹，但为了满足溢额，乃公然在清丈时改三尺二寸为一步，于是，一亩之田便一变为一亩又一分多❺。这种以缩短弓步为手法的丈量游戏，当时曾在一些地区风行，已经成为公开的秘密。浙江的嘉善、平湖等县，俱奉命"缩弓二寸"❻"水涯草堙，尽出虚弓；古冢荒塍，悉从实税"❼。史学家谈迁是浙江省海宁县人，他结合本籍的"缩弓"实况，对张居正提出过中肯的批评：

> 江陵严细，时俱迎合，各省丈田，务加额为功。吾邑用弓，缩原额六寸，至今仍之，想各省亦然。虽垦荒在内，而专于加额，未始无王成之伪也。❽

---

❶〔清〕康熙《浦江县志》，卷四，《户田》。

❷《实政录》，卷四，《民务》。

❸《天下郡国利病书》，卷三八，《山东》四。

❹《天下郡国利病书》，卷三八，《山东》四。

❺《天下郡国利病书》，卷三八，《山东》四。

❻ 参见〔清〕光绪《嘉善县志》，卷一〇，《土田》。光绪《平湖县志》，卷六，《食货》上，《田赋》。

❼ 崔嘉祥：《崔鸣吾纪事》。

❽《国榷》，卷七一，万历九年十二月，《谈迁曰》。

列举上述在清丈中出现的负面影响，并未因此而否定在全国普行清丈的必要性，和作为主流的积极贡献。但所有这些都是客观存在的严酷事实，是不应该绕开或忽略的，因为从中可以引起许多有益的教训。当事者当权者一或蔽于私见，在决策或行政上掺杂有个人权位威望的考虑，往往就会缺乏应有的清醒。导引出别人的迷途，却陷进了自己的误区，甚至固执偏见，知错不改，形似精明而实在糊涂。权力是一把两刃利剑，唯谦抑审慎者才能善用之。居正在这一方面是有欠缺的。

第七节　嘉靖初年到隆庆时期一条鞭法的屡试屡止

一条鞭法的推行，是中国古代赋役制度变革的一个重要里程碑，它开始了国家征收田赋从以收纳实物为主，到以收纳货币为主的转变；它又实际上结束了自从唐代中叶以来所行的"两税制"，即要求农民每年定期缴纳夏税麦、秋粮米的古老制度。一条鞭法（或称一条编法）的出现及其基本上在全国推行，曾有力地促进了当时中国商品经济的发展，"为田赋史上一绝大枢纽"，"可以说是现代田赋制度的开始"❶。

明中叶以后的赋役制度破绽百出，已经到了非变不可的地步。它由于严重紊乱而造成赋役负担不均，差距愈来愈大，促使阶级矛盾更趋尖锐，社会危机日益激化，已经成为动荡不稳定的主要根源之一。明统治集团内部不少人士也意识到，这样下去势必危及统治、难保江山。将征调赋役的工作进行必要的调整，借以缓和冲突并稳定统治，是某些较有眼光的人物所经常考虑和摸索的课题。在实行一条鞭法以前，有些地方官吏就先后做过一些改革，部分地区试行过诸如"征一法""纲银法""一串铃法""十段锦册""鼠尾册"等办法。一条鞭法正是吸取并发展了以上各法而创立的一种比较全面的赋役改革措施。

---

❶ 梁方仲：《一条鞭法》，载《梁方仲经济史论文集》，第 36 页，中华书局，1989。

关于一条鞭法的具体内容,《明史》卷七八《食货志》二, 有一段比较简要的记载:

> 一条鞭者, 总括一州县之赋役, 量地计丁, 丁粮毕输于官。一岁之役, 官为佥募。力差, 则计其工食之费, 量为增减; 银差, 则计其交纳之费, 加以增耗。凡额办、派办、京库岁需与存留、供亿诸费, 以及土贡方物, 悉并为一条, 皆计亩征银, 折办于官。故谓之一条鞭。

这一记载的内容, 是按一条鞭法推行已经定型的状况表述的。其主要实质是, 将田赋、徭役以及各种杂差和贡纳, 统统并为一条, 折成银两交纳, 并由官收官解。但其实, 一条鞭法从酝酿、试行、夭折停办到再试行, 再夭折停办, 曾经经历了大约半个世纪的岁月, 它是在面临过各种抨击和反对, 遭受过各种挫折, 然后才逐渐完备和逐渐更切合实际。特别是, 由于经过张居正雷厉风行地在全国进行田土清丈, 为之准备了基础性的前提条件; 又由于他掌握有几近于绝对的权威, 拥有 "一号令, 万里之外, 朝下而夕行, 如疾雷迅风, 无所不披靡", 使 "百僚颇惕然"❶ 的能力, 一条鞭法才得以于万历初年, 在全国范围内基本实施。张居正不是一条鞭法的首创者, 但却是最坚决和最有效的推动者和执行人, 他善于在前此倡导者的主张和挫折教训中吸取施政营养, 为 16 世纪中国的赋役大改革奠定基础。

有必要回溯一下在张居正之前, 试行一条鞭法取得过的局部成果, 和屡试屡止的教训。

早在嘉靖九年 (1530), 时任内阁大学士的桂萼即曾主张, "通将一省丁粮, 均派一省徭役", "以一切差银, 不分有无役占, 随田征收"❷。这种将役银摊入田赋的做法, 实已具有赋役合并的趋向, 包含着一条鞭法的基本内核。翌年, 御史傅汉臣正式疏陈:"顷行一条鞭法,

---

❶《嘉靖以来首辅传》, 卷七,《张居正传》。
❷ 桂萼:《请修复旧制以定安民疏》, 载《明经世文编》, 卷一三〇。

十甲丁粮总于一里，各里丁粮总于一县，各州县总于府，各府总于布政司，通将一省丁粮，均派一省徭役。"❶与此同时，提督江西都御史陶谐亦"奏行条鞭法，概算于田，总括众役"❷。之后，在南直隶的宁国、应天、苏州等府，湖广长沙府的安化县，山西平阳、太原二府，广东琼州府的感恩县等，也有由府县等地方官在所辖地区试行条鞭的。这些在不同地区稀疏出现的试行，反映着要求创建新制以代替旧制，用以缓解矛盾和解决财政危机的愿望，但是均因得不到朝廷的认可和上峰的支持，更由于当地豪强的抗拒和攻讦，不久均被迫停罢。

符合社会需要的新生事物，虽然会因遭到来自各方面的强大阻力的摧残，而一时凋零，但它绝不会因此而被最终扼杀。直到嘉靖末年，行一条鞭法的呼声仍然日高一日，试行的力度逐渐加强，而规模亦大有推广。

嘉靖三十八年（1559），巡按广东监察御史潘季驯"行均平里甲法，广人大便。临代去，疏请饬后至者守其法，帝从之。"❸这个所谓均平里甲法，其实，已是条鞭的前身，它已孕育着其后行于全国的一条鞭法的胚胎。他首先着手减少层次，解决徭役的繁苛，"其法先计州县之冲僻，以为用之繁简，令民各随丁力输银于官。每遇供应过客及一切公费，官为发银，使吏胥老人承买，其里长止在官勾摄公务，甲首悉放归农，广人便之。"❹"时承平日久，官吏为奸，征敛无艺，民甚苦之。季驯以通省□门公用，约其出入之数，行司府会议，刻为成书，名《永平录》，一曰岁办，二曰额办，三曰杂办，纲领条目犁然具备。事无大小，皆支官银，毫不复累里甲。"❺有人认为，稍后庞尚鹏在浙江推行条

❶《明神宗实录》，卷一二三，嘉靖十年三月己酉。又载嘉靖《嘉兴府志》，卷一五，《名宦》。

❷ 张萱：《西园闻见录》，卷三二，《赋役》。

❸《明史》，卷二二三，《潘季驯传》。

❹ 潘季驯：《上广东均平里甲议》，载《钦定四库全书》，《潘司空奏疏》，卷一。《学庵类稿》谓："此议已发条鞭法之端，然止行于一方，未能遍及也。"可参考。

❺ 万历《南海县志》，卷三，《政事纪》。

鞭，是积极吸取了季驯在广东的做法，具有明显的传承关系❶。

庞尚鹏是推行一条鞭法的另一重要人物，他在嘉靖四十四年（1565）巡按浙江时，"民苦徭役，为举行一条鞭法"❷，其主旨是："总核一县各办所费及各役工食之数，一切照亩分派，随秋粮带征。分其银为两款：一曰均平银，一曰均徭银。岁入之官，听官自为买办，自为雇役，而里甲之提牌轮办，与力差之承应在官者，尽罢革焉。此杂泛差役改为一条鞭之始。"❸因其简便，能减少中饱，故大受浙江人民的欢迎，"各府俱立生祠祀之"❹。尚鹏调离浙江时，疏请将一条鞭法"通行天下"❺。

潘季驯和庞尚鹏之所以能在广东和浙江推行条鞭法而取得成效，一因经过数十年的反复和比较，一条鞭法针对性强，能立竿见影收纠弊见利之功，已逐渐被认为是救时之良法，形成为不少有见地官员的共识，故此，推行的时机较前成熟。二因潘、庞均为干才循吏，具有远猷魄力，再加以他二人当时均掌有一定的监察权力，能较有效地制裁反动，摧捣阻力。潘季驯刚到广东，便"首逮潮阳令之贪墨者，吏闻多解缓去，风裁肃然"❻。庞尚鹏也是在这一方面采取过强硬措施，"入境首按墨吏与势家横逆者置于法"❼。

在推行一条鞭的过程中，"按治乡官吕希周、严杰、茅坤、潘仲骖子弟僮奴，请夺希周等冠带，诏尽黜为民。尚鹏介直无所倚，所至搏击豪强，吏民震慑。"❽衢州府常山县知县冯治拖沓怠职，不行新法，尚

---

❶ 余寅为潘季驯《留余堂集》写的序言说："南海侍御庞公（按，指庞尚鹏，是广东省南海县人）按浙，一循公矩画施之浙中。浙之尸祝南海公甚盛，吾土实被公明赐哉！公初于浔阳，既江以西，俱以徭编重困，立法苏之，遂颁之诸郡国遵行焉。"可参考。

❷《明史稿》，列传一〇六，《庞尚鹏传》。

❸ 万历《海盐县图经》，卷五，《税粮》。又载崇祯《嘉兴县志》，卷一〇，《食货志》。

❹ 万历《南海县志》，卷三，《政事纪》。

❺ 万历《南海县志》，卷三，《政事纪》。

❻《赐闲堂集》，卷一八，《宫保大司空潘公传》。

❼《两浙均平录》，卷一。

❽《明史稿》，列传一〇六，《庞尚鹏传》。

鹏立罢其官 ❶。可见，推行一条鞭法的过程，一直就是一个重新调整利害得失关系的过程，矛盾斗争激烈，力量大较量的过程。

应天巡抚海瑞因在江南推行一条鞭法，屡经阻挠，最后竟因权势之家贿买御史多人密集参劾，制造舆论，摭拾其作风较为生硬等细节，迫使他罢官回籍一事，很说明斗争的白热化。

在全国推行一条鞭法的曲折过程中，海瑞也是一个应用重笔浓墨书写的人物。他早在任县级职务时，即提出"清查各县之丁粮虚实，各县之人户富贫，将各县实征丁粮并原赋役委官磨算" ❷。在江西任职时，他提出立即在赣州、南安二府推行一条鞭法。又建言："江西钱粮俱入一条鞭法，小民既知一定之数，官亦得通融缓急，应解两便。" ❸其后，因调职未果。到隆庆三年（1569），他任南直隶巡抚都御史，"议条鞭，一切善政，至今黄童白叟皆雅道之。" ❹海瑞开展丈田和行条鞭，是将两者结合起来交错以进行的，锋芒所及，首先指向大乡绅大富户，自言不管对方是什么大学士尚书之家，一律要求退出兼并而来的田地，存留之田亦统统要登入册籍，按亩核算，承担应负责的税粮。正因为海瑞的态度坚决，打击面既广，力度又强，有时也不顾及方法方式，故此，引起京内外相当一部分官绅的惶恐和刻骨仇恨。他们嗾使御史房寰、给事中戴凤翔、钟宇淳等人牵头攻击，指海瑞"迂滞不达政体""沽名乱政"，甚至谓"将激成大变"，一时闹得沸反盈天，卒使海瑞难安其位。张居正时任次揆，对于海瑞的忠介廉直，敢作敢为，是充分理解的，但迫于众议，亦无法强留其在职。隆庆四年（1570）二三月间，他在致海瑞的一封信中表达出自己的矛盾心理，言：

> 三尺法不行于吴久矣，公骤而矫以绳墨，宜其不能堪也。讹

---

❶〔清〕康熙《常山县志》，卷六，《职官》。（抄本，日本宫内省图书寮藏，转引自梁方仲：《一条鞭年表》，载《梁方仲经济史论文集》，499 页。）

❷《海瑞集》，上编，《兴国八议》。

❸《海瑞集》，下编，《复淳安大尹郑应龄》。

❹《海瑞集》，《附录》，顾允成、彭遵古、诸寿贤等《三进士申救疏》。

言沸腾，听者惶惑。仆谬忝钧轴，得与参庙堂之末议，而不能为朝廷奖奉法之臣，摧浮淫之议，有深愧焉。❶

隆庆时期，一方面是一条鞭法的推行范围较广、影响较大；但另一方面，则是反对的声浪亦同步增长。有丑诋之为"抑本利末"，是"农之蠹"，是"劳扰之法"，是"俗有弗宜"，是"一概混征"，断言如行条鞭，必"弊不能去，害不能除"，诸如此类的言论甚嚣尘上。而其中态度最固执，持论攻击最系统，而发言地位亦较高的，则是时任户部尚书的葛守礼。葛守礼是公开要求停止条鞭法，恢复旧赋役制度的代表性人物。隆庆元年，他多次对一条鞭法展开正面的攻击，其中言：

> 畿辅、山东流移日众，以有司变法乱常，起科太重，征派不均。且河南北、山东西，土地硗瘠，正供尚不能给，复重之徭役。工匠及富商大贾，皆以无田免役，而农夫独受其困，此所谓舛也。乞正田赋之规，罢科差之法。又国初征粮，户部定仓库名目及石数价值，通行所司，分派小民，随仓上纳，完欠之数瞭然可稽。近乃定为一条鞭法，计亩征银。不论仓口，不问石数。吏书夤缘为奸，增减洒派，弊端百出。至于收解，乃又变为一串铃法，谓之夥收分解。收者不解，解者不收，收者获积余之赀，解者任赔补之累。夫钱谷必分数明而后稽核审，今混而为一，是为那移者地也。愿敕所司，酌复旧规。❷

葛氏强调南北经济情况不同，骤观之，似亦言之成理，南方土地较为肥沃，田赋本来就较北方为繁重，差徭所占的负担比重较轻，而且经济作物较多，农产品转为商品比较普遍，使用银两作为交换手段亦较为习惯，如此等等，对于转行一条鞭法，当然是比较易于适应而顺畅

---

❶《张太岳集》，卷二二，《答应天巡抚海刚峰》。
❷《明史》，卷二一四，《葛守礼传》。按，葛氏反对条鞭法的系统言论，主要见于《葛端肃公文集》，卷三，《宽农民以重根本疏》。因原疏冗长，不便详引，故采用《明史》本传资料。

的。相比之下，北方地较贫瘠，丁差重于田赋，农户以其生产供给本户消费，基本保留自给自足的状态，商品化的程度甚低，亦较少使用银两，似乎未具备转行条鞭的条件。但葛氏有意忽略其中最重要的一点，即赋役严重不均，是南北皆然的。行一条鞭法的主旨是在均平赋役负担，也是不论对南对北都是同样有利的。某些情况和条件差异，并不足以说明一条鞭法仅便于南而不便于北。万历以后，山东、河南、山西、北直隶等相继推行条鞭，均受到欢迎，足证葛氏有关言论为偏颇。至于所谓行条鞭仅有利于工商，导致"农民之失所""农民独受其困"的说法，更无非是受中国社会上传统"农本"思想的束缚，一直视工商为"末业"，无视当时工商业已蔚成不可抗拒的发展潮流。要求"酌复旧规"，实质上是要开倒车。

值得严重注意的是，隆庆时期，反对一条鞭法的力量相当强大，而且反映着政治上层的政见分歧。张居正虽然已入阁，但他无力改变海瑞被罢官，应天试行条鞭被迫一时中断的现状，仅能表示"有深愧焉"；特别是，葛守礼在隆庆元年（1567）所上全面反对行条鞭法，要求刹车的奏疏，竟然得到采纳，"诏悉举行"。当时居正"忝任末相"，高拱又已被排挤回籍，当权的首辅是一向坚决反对丈田，更不同意行条鞭的徐阶，为隆庆皇帝起草的诏书，当是出自徐阶之手。它反映着，要全面推行一条鞭法，必将面对着非常复杂非常严峻的现实，其尖锐激烈的斗争，不但见于地方豪强与迫切盼求均平赋役的百姓之间，而且也见于在朝官吏中主张改革和坚持保守者之间，甚至连及阁、部上层，由于私利或认识上的不同原因❶，也在对峙不下。看来，只有随着阁、部人事的变易，张居正又从"末相"，逐步上升为"次相"，其后

---

❶ 据笔者的粗浅观察，葛守礼之反对丈田和行条鞭，且成为最有代表性的典型人物之一，外表上确是与徐阶同一腔调（徐阶的系统见解见本书本章第四节），但其出发点似与徐阶有很大的不同。徐阶是以特大地主的身份而反对丈量和行条鞭的，而守礼家本寒素，无为私利谋之处。他的反对条鞭，似是出于认识上偏颇，与受传统治道羁绊较深有关。当此重大国政问题处于或改变或保留的关键时期，阁部大臣间存在不同意见，甚至引发为激烈论辩，应该说是正常的。对反对一条鞭法的代表性人物，似亦应作具体的分析。

又晋为首辅，拥有近于绝对的权力，才可能将在全国推行一条鞭法的理想，付诸实现。

第八节　万历初年一条鞭法在全国的推行

一、一条鞭法在"江陵柄政"中的重要地位

万历初年，由于张居正柄政，一条鞭法在全国主要地区得到了迅速的推行。表现在，改行条鞭的地区大量增加，原先已进行过多年试办的省份，例如浙江、南直隶、福建、广东、江西等，都出现了由点到面，向僻远的州县扩展的旺盛势头；有些先年曾经试行，后因故中止的州县，此时亦纷纷恢复。湖广、北直隶、山东、江西、广西、河南、陕西等省也陆续"通行各州县，奉行条鞭""几无处不条鞭"❶"力行条鞭法，一切赋税,不便于民者尽蠲之"❷。梁方仲教授在其所著的《明代一条鞭年表》一文中，对各省、府、州、县推行条鞭法的年限和主持人，均有详细的记载❸。从这些记载中，可以明确地看到，一条鞭法的扩展速度，其遍及的范围，都是嘉隆时期远不能比拟的。这个时期，是在已取得实际成果的基础上，进入了全面铺开的成熟阶段。创制已历五十年之久的一条鞭法，"嘉靖间数行数止，至万历九年乃尽行之"❹。

一条鞭法之所以能在万历九年（1581）取得全国性的合法地位，能够成为中国古代赋役史上一个鲜明的发展里程碑，张居正当之无愧地是它的奠基人。张居正运用手上掌握的权力，认真总结前人创建垦拓的经验，结合当前形势，经过充分酝酿准备，然后毅然推行。在推行过程中，常以公牍私函，对各省地方大吏进行督促指导，可说指挥

---

❶〔清〕康熙《荔浦县志》，卷二，《赋役志序》。

❷〔清〕雍正《湖广通志》，卷四四，《名宦·荆州府》。

❸ 载《梁方仲经济史论文集》，485—576 页。

❹〔清〕道光《广宁县志》，卷六，《赋役》。

若定。这是他一生功业中最闪烁光辉的项目之一，是"江陵柄政"全过程中，最值得肯定的业绩之一。梁方仲教授曾明确指出："条鞭法到了万历初年发展得甚快。这件事与当时首相张居正锄抑豪强的政策相配合。如果没有张居正的极力支持，条鞭法恐怕不易推动。从这点说，我们认为张氏是推行一条鞭法最有功的人，亦未尝不可。"❶ 林丽月教授亦认为，不能仅就一条鞭言一条鞭，必须将之纳入万历初年的社会经济总体中加以考察和评估。她说："清丈田亩与推行一条鞭法，俱为江陵当国期间经济改革的荦荦大端，对万历初年财政之整顿，贡献极大。"❷ 笔者完全同意梁、林二位对张居正在行条鞭法中所曾起过决定性作用的高度评价。

但亦不能认为，张居正因手握重权，在推行一条鞭法的过程中，便自然会海静无波，顺行无阻。事实并非如此。正因为行条鞭必然涉及朝野各阶层人士的重大切身利益，每个人对此的观察角度和评估尺度又必然有重大的歧异，即使在部、府一级的官员中也不例外。万历五年（1577），即当推行条鞭将进入高潮的关键时期，时任吏部侍郎的杨巍即写信给居正，断言行条鞭"徒利士大夫，而害于小民"❸，意即必须立即刹车停办。居正则认为，必须从国家大局和人民福祉等根本方面权衡，才能正确判断条鞭的有利抑有害，给杨巍复信说：

> 条鞭之法，有极言其便者，有极言其不便者，有言利害参半者。仆思政以人举，法贵宜民，执此例彼，俱非通论。故近拟旨云："果宜于此，任从其便；如其不便，不必强行。"朝廷之意，但欲爱养元元，使之省便耳，未尝为一切之政以困民也。若如公言："徒利士大夫，而害于小民"，是岂上所以恤下厚民者乎？公既灼知其不便，自宜告于抚、按当事者，遵奉近旨罢之。

❶ 梁方仲：《明代一条鞭法的论战》，载《梁方仲经济史论文集》，340 页。
❷ 林丽月：《读〈明史纪事本末·江陵柄政〉——兼论明末清初几种张居正传的史论》，载《台湾师范大学历史学报》，第 24 期。
❸《张太岳集》，卷二九，《答少宰杨二山言条鞭》。

若仆之于天下事，则不敢有一毫成心，可否兴革，顺天下之公而已。❶

居正这封信，不但强调说明了，之所以推行条鞭，是出发于"爱养元元"的本意，对于其利其害，不宜偏于一说。同时也反映出，在万历五六年间，对于在全国不同地区不同情况，如何、何时、是否改行条鞭，曾采取过比较慎重灵活的政策规定，并未强行一刀切，是直到万历九年之后，因主要省区俱已试行取得成效，才诏行在全国范围内普遍推广的。杨巍当时作为一部侍郎，未经阁议批准，实亦未拥有径行有关抚、按、停罢条鞭的权力。居正的信件，无非是依据政策和事实说理，借以纠正杨巍的偏颇，缓解其反对意见而已。

　　同年，在他给时任山东巡抚，都察院副都御史李世达的一封讨论条鞭问题的信件中，更断然表示，为推行一条鞭法，本人不惜付出最大牺牲的决心，痛言：

　　　　条鞭之法，近旨已尽事理……仆今不难破家沉族，以狗公家之务，而一时士大夫乃不为之分谤任怨，以图共济，亦将奈之何哉？计独有力竭而死已矣。❷

正因为明确地看到推行条鞭所具有的重大社会政治价值，亦清醒地看到前景的多艰，层层阻力的巨大，居正才会拿出不惜"破家沉族"的决心，宁愿付出"力竭而死"的代价。这不是一时情绪化的鲁莽，而是智深勇沉的郑重抉择。一条鞭法在张居正心目中的重要性，在"江陵柄政"全过程中所占的特殊分量，在这封信中都表述无遗了。

---

❶《张太岳集》，卷二九，《答少宰杨二山言条鞭》。
❷《张太岳集》，卷二九，《答总宪李渐庵言驿递条编任怨》。

二、精选和重用认真贯彻推行条鞭法的官员

张居正推行条鞭法于全国，其所以能在短期内取得大成效，很重要的还在于，他能知人用人，用人不疑。

万历四年（1576）夏天，他在给湖广巡按向程的一封信中说得很清楚：

> 一条鞭之法，近亦有称其不便者，然仆以为行法在人，又贵在地。此法在南方颇便，既与民宜，因之可也，但须得良有司行之矣。❶

"须得良有司"一语，实指出推行新法的成败关键所在。任何良好的政策，如果没有称职的负责官员坚定正确地执行，终只能是纸上文章，空中幻影。更不必说，当时朝野间对条鞭的议论仍处在纷纭混乱、异见迭出之际，更需要精择慎选，重用得力之人，以事实答复反对意见。

万历四、五、六年，是分别在若干省份大力推行一条鞭法的高潮时期，其成败实关系着此一新法能否为社会所接受，能否得以通行于全国。

万历四年三月，居正特别擢用条鞭法的早期创建人之一，在广东试行成效卓著的潘季驯，委任他为江西巡抚，且授予"兼理军务"的权力，以便于节制该省所有军政官员，特准对"军卫有司官员，敢有贪残，畏缩误事者，文职五品以下，武职三品以下，径自拏问发落"❷。还授权全责裁理民田、官田和军（屯）田事务。他这样做，又显然出于对季驯深有信赖，寄以厚望，盼望他能在江西取得突破，以示范于他省。季驯入赣后，果然不负所托，他率同省内府卫各官"亲临地方，将各原额官军并田地顷亩额数，逐一清勘明白"❸，"以人认地，以地计

---

❶《张太岳集》，卷二八，《答楚按院向明台》。

❷《潘司空奏疏》，卷四，《奉敕疏》，载《钦定四库全书》史部。

❸《潘司空奏疏》，卷四，《报丈勘各卫所屯田疏》，载《钦定四库全书》史部。

田，以田计粮"❶，首先，将积弊百年的军、屯各田彻查清楚，"定军伍鞭役法"❷。然后，即在全省陆续推行条鞭。季驯是一个精明的行政长官，他的工作特点之一是扎实细致，譬如在将驿传等役银两统一编入条鞭的做法就是：

> 委官亲历州县，将原编各驿递夫役文册，吊取到官，逐一磨勘原额旧数若干，消乏若干明白，酌量某人相应，某人丁粮消乏，某人堪以作正，某人堪以作贴。应编者编，应替者替，务要审勘明白，以近就近，从公编造。不许卖富差贫，致民嗟怨。审编之际，里书作弊，最为害人，须要用心稽察。承委官员，如有怠慢误事及审编不公，悉听抚、按衙门，应提问者提问，应参奏者参奏。审编完毕，将编佥过夫役姓名、置造过马驴船车数目，造册奏缴。❸

他在审编过程中，还奏报自己对江西推行条鞭的部署考虑，言："臣愚拟将各项差役逐一校量，通计一岁用银若干，止照丁粮编派，开载各户由帖，立限征收在官，分项解给。……其银一完，则终岁无追呼之扰，而四民各安其业。"❹ 由表入里，一竿插到底，以户为计算单位，以一年为时限，以银两为本位，由官负责收解，可说是把握住一条鞭法的精粹。

同样受张居正重用的庞尚鹏，其浮沉宦海二十余年，始终与推行一条鞭法密不可分。他在嘉靖末年"按浙江，民苦徭役，为举行一条鞭法"❺；隆庆中期，因得罪巡盐都御史鄢永春等，被罢职斥为民；张居正当权后，"万历四年（1576）冬，始以故官抚福建。奏蠲逋饷银，

---

❶《潘司空奏疏》，卷四，《报丈勘各卫所屯田疏》，载《钦定四库全书》史部。

❷ 万恭：《洞阳子再续集》，卷五，《送顾冲吾序》。

❸《督抚江西奏疏》，卷三，《遵照条鞭站银疏》，载《潘司空奏疏》，卷四。

❹《督抚江西奏疏》，卷三，《遵照条鞭站银疏》，载《潘司空奏疏》，卷四。

❺《明史》，卷二二七，《庞尚鹏传》。

推行一条鞭法"❶。及其身后，"浙江、福建暨其乡广东皆以徭轻故德尚鹏，立祠祀"❷。尚鹏是明中叶行一条鞭法的创建者和坚定推行赋役改革的有力人物之一。

张居正起用庞尚鹏于废籍，用之于当时赋役紊乱最甚，倭患又最深的前线福建，可谓慧眼识人。尚鹏以倡导一条鞭法而享誉于时，亦以优良实绩著声于闽土。他著有《庞尚鹏审编事宜》一书，用以作为推行条鞭实践的指导。来到福建之后，立即"酌立条鞭，议行通省"❸。"创为一条鞭之法，题请颁行，郡县遵奉惟谨"❹。从万历四年冬到六年六月，他任福建巡抚为时仅有一年半稍多一些，但在这样短短的期限中，福建省的福州、延平、建宁、邵武、泉州、兴化、汀州等府以及福宁州，都已经改行条鞭，其进度为各省之冠。汀州府宁化县，"本县赋役之法，五变而为条鞭，尚鹏始推广行之"❺。福宁州则是，"民但计其丁米当输几何，不必知其某赋几何，某役几何；至于现役之年，但存其名，而一切公事公费皆不与焉"❻。一条鞭法减轻人民负担，方便人民缴纳的优点，在当时的福建有着很好的体现。

宋仪望是张居正有意安排在赋役不均矛盾最尖锐的应天地区的干员。"万历二年（1574），张居正当国，雅知仪望才，擢右佥都御史，巡抚应天诸府"❼。应天巡抚管辖的区域相当于现在的江苏、安徽大部，历来被称为江南富庶之地，赋税畸重之区，而且贫富差距悬殊，乡官

❶《明史》，卷二二七，《庞尚鹏传》。
❷《明史》，卷二二七，《庞尚鹏传》。
❸ 万历《宁化县志》，卷三。
❹ 万历《惠安县志》，卷一，《田赋条鞭》。
❺〔清〕康熙《宁化县志》，卷五，《赋役志》上。
❻ 万历《福宁州志》，卷七。《天下郡国利病书》，卷九二，福建二，《福宁州纲役》。
❼《明史》，卷二二七，《宋仪望传》。又，顾起元：《客座赘语·坊厢始末》亦有述及宋仪望采取措施以改革赋役制度的事例，言："隆庆改元，抚院阳山宋公加意剔蠹，委通府望沙陶公集议，以为坊长听役在县，人目以为奇货，于是更名为坊夫，悉还正统初法，其买办、借办，祗行雇役，而当头以下诸色目，悉行划革，上下称便。"此可视为仪望行条鞭的初步。但顾起元谓此事在隆庆改元，不确，因在整个隆庆时期，仪望只在福建、四川任职，其受任应天巡抚，应是万历初年的事。

缙绅财雄势大，著名的海瑞有志彻查，但在对抗中亦被挫落职。仪望早年在江南吴县任知县，即曾设法"计役授田"，以缓解该县"输白粮京师，辄破家"❶的问题，对江南情况是熟悉的。他转为御史后，曾不畏权势，先后劾发大将军仇鸾及严嵩党羽胡宗宪、阮鹗等人，又数忤严嵩、严世蕃父子，颇有铁铮之名。居正正是要因其英锐之气与精干之才，用以整顿素被认为棘手的江南财赋问题。居正认为，"吴中事势已极，理必有变"。他叮嘱宋仪望："不可逾汰其太甚，而无至于跆騺横决，而不可收拾。"❷故此，仪望是秉承居正的意图，将自己的工作立足于改革之上。他到任不久，即写信告诉居正，"豪家田至七万顷，粮至二万，又不以时纳。"❸居正复函曰：

> 来翰谓苏、松田赋不均，侵欺拖欠云云，读之使人扼腕。公以大智大勇，诚心任事。当英主综核之始，不于此时剔刷宿弊，为国家建经久之策，更待何人！诸凡谤议，皆所不恤。❹

张居正对于宋仪望期望的殷切和大力支持，可谓跃然纸上。事实上，宋仪望从万历二年至四年任职于应天，一方面大力进行清丈；另一方面，则是结合清丈积极推行条鞭。当时的应天所属，除作为中心地区的苏州、松江、常州、嘉兴、湖州等五府外，连比较边远的滁州、和州、池州等，都开始改行条鞭法，"一应赋役俱以一条鞭例，照田丁均徭银解给"❺"田亩户口详请一条鞭法，积弊以清"❻。宋仪望的措施，无可避免地要损害到当地势家望族的不法利益，因而，备受侧目，被造为横议以攻击诬陷。仪望一度愤然求去，居正表示决不能因此退缩

---

❶《明史》，卷二二七，《宋仪望传》。

❷《张太岳集》，卷二七，《答应天巡抚宋阳山》。

❸《张太岳集》，卷二六，《答应天巡抚宋阳山论均粮足民》。

❹《张太岳集》，卷二六，《答应天巡抚宋阳山论均粮足民》。

❺ 万历《来安县志》，卷三，《赋役》。

❻〔清〕道光《安徽通志》，卷一一三，《职官志·名宦》一一，引《江南通志》。

让步，劝勉他"秉道自信，毋惑流言"❶"无为山鬼所惑"❷。

及至宋仪望的工作告一段落，升任南京大理寺卿之后，张居正仍叮嘱继任应天巡抚的胡执礼，请他继续执行宋仪望整顿赋役的治道方针，务必保持政策的连续性。言：

> 吴中财赋之区，一向苦于赋役不均，豪右挠法，致使官民两困，仆甚患之。往属（宋）阳山公稍为经理，而人心玩愒日久，一旦骤绳以法，人遂不堪，谤议四起，然仆终不为动，任之愈力。今观公所措画，不吐不茹，式和厥中，积岁特顽强梗，咸颊首祗奉约束，盖至是吴人始知有法，而阳山公之经理于始者，赖卒成之矣。❸

正是由于有着潘季驯、庞尚鹏、宋仪望等人，先后在广东、浙江、江西、福建、应天等省区大力推行条鞭，而且均取得明显的效益，到万历四五年间，作为财赋中心的东南一带，一条鞭法确实已经扎下根来，并且初结硕果，为其他地区树立起了一组堪以作为示范的样板。张居正在述及自己推行条鞭的过程时，曾有感而言："天下至大，非一手一足之力所能成。唐虞内有百揆四岳，外有十二牧。十乱同心，周业乃昌。"❹他显然是将潘、庞、宋诸氏，视为万历初期的所谓十二牧之数。在实行一条鞭法的里程碑上，理应勒铭着他们的姓名。

张居正是否仅瞩目于上层官吏的作用呢？是又不然。他对于基层州县一级官员，而能认真贯彻施行条鞭的，亦均奖掖保护备至。例如，万历四年（1576），对于湖广荆州江陵县知县朱正色其人便是如此。正色为万历二年进士，登第后即出任居正故乡江陵县的知县。他初履官场，锐气方刚，推行均平徭差能不避豪贵，故招致许多非议。居正得

---

❶《张太岳集》，卷二八，《答应天巡抚论大政大典》。
❷《张太岳集》，卷二七，《答应天巡抚宋阳山》。
❸《张太岳集》，卷二九，《答应天巡抚胡雅斋言严治为善爱》。
❹《张太岳集》，卷二八，《答总宪李渐庵言驿递条编任怨》。

知，出面给予充分的肯定和赞誉，在给湖广巡按向程的信中，态度鲜明地说：

> 江陵令朱正色均差之议，其中综理精当详密。此君初任，人皆以为刻核，仆独爱其明作，今观其所建立，必为良吏无疑矣。慰甚，慰甚！ ❶

身为元辅，而能垂注于蕞尔七品的绿豆官，不但说明居正工作的深入明细，而且也体现了他在隆庆初年所上《陈六事疏》中说的"不患无才，患无用之之道"的精神。在用人问题上，"不恤亲疏，不恤贵贱，唯诚能之求" ❷，是古有明训呵！

三、依托"皇言"，消除阻力，全面推行一条鞭法

紧握"拟旨"职权，运用皇威以推行，亦是一条鞭法能绕越障碍，迅猛开展的重要原因之一。

在当时，皇帝挟有无上的权威，其意旨具有绝对的最高裁决能力，"皇言曰制"。直到万历初年，朝中大臣和言官对于行一条鞭法是利是弊，还存在着不同的认识，公开反对的和要求大幅度修正的言论不时出现，其中不少甚至采取上疏奏陈的形式，请求万历皇帝作出仲裁决定。有鉴于此，张居正运用自己身任内阁首辅，掌有票拟和拟旨的特别权力，往往在票拟中表达出有明显倾向性的意见，又在拟旨中，以皇帝的身份和口气，将反对意见顶压回去，有力地抵消阻力，保证条鞭法的继续推广。

例如，万历四年（1576）八月和五年正月，户科都给事中光懋一再上奏，从根本上否定一条鞭法，反对将徭役摊入田亩，反对废免里甲征解赋税的职任，更反对人丁因减免负担，可以抛弃农耕而肆业工

---

❶《张太岳集》，卷二八，《答楚按院向明台》。

❷《荀子·王霸》。

商，等等。光懋此人，是隆万交替之际的著名言官，早年曾对明穆宗隆庆皇帝怠懒贪奢进行硬谏，万历年间，又敢于彻查辽东大帅李成梁杀降冒功，而有敢言之名。但他在赋役问题上倾向保守，反对变革，在朝野中亦具有较大的影响。光懋在攻讦一条鞭法的言论中存在着很大的偏颇，其中不乏道听途说的无稽之言，而且颇带情绪化，如谓"近年创立一条鞭法，一概混征。及至起解，随意先后。每遇查盘，有尽一县欠户而皆治罪，尽一户欠粮而皆问赎者"。❶他要求恢复行条鞭前的赋役旧制，所谓"稽籍定役，无与于田，所以少宽民力，驱游惰而归力本也"。❷凡此说法，无非是要将刚兴起的一条鞭法扼杀于摇篮之中。为强调己意，光懋甚至在奏疏中要求将奋力推行条鞭，并已取得显著成绩的山东省东阿县知县白栋查办。光懋在这份奏章中汹汹而言：

> 至嘉靖末年，创立条鞭，不分人户贫富，一例摊派；不论仓口轻重，一并夥收。其将银力二差与户口钞盐并之于地，而丁力反不与焉。商贾享逐末之利，农民丧乐生之意。然其法在江南，犹有称其便者，而最不利于江北，如近日东阿知县白栋行之山东，人心惊惶，欲变地产以避之。请敕有司，赋仍三等，差由户丁。并将白栋记过劣处。❸

光懋将一条鞭法说得一无是处，他指名以东阿知县白栋作为箭垛，也无非是为枪打出头鸟，企图打一儆百，借以遏止当时已逐渐遍及北方各州县的改制潮流。当然，也有迫使朝廷表态的意思。张居正对他的用意是了然于心的。一时，是否"将白栋记过劣处"便成为焦点所在。居正为此拟旨曰：

> 法贵宜民，何分南北？各抚、按悉心计议，因地所宜，听从

❶《明神宗实录》，卷五三，万历四年八月辛未。
❷《明神宗实录》，卷五八，万历五年正月辛亥。
❸《明神宗实录》，卷五八，万历五年正月辛亥。

民便，不许一例强行，白栋照旧策励供职。❶

此一旨意，首言"何分南北"，实即驳斥了光懋的所谓条鞭法"最不便于江北"的说法。所谓"不许一例强行"，其实际锋芒，是指向要求恢复"赋仍三等，差由户丁"的迂论。更重要的，是以旨意着白栋留任"策励供职"，根本不理会什么"记过劣处"的请求。抬出"圣旨"，使历来以强项著名的光懋，亦只好暂时噤口不言了。

白栋为官清正，其人精明能干，他在山东省东阿县全力以赴推行一条鞭法，影响及于外省外县，时人称之为白东阿❷。居正拟旨后，又在与山东巡抚李世达的通信中说及此事，谓："白令，访其在官素有善政，故特旨留之。大疏为之辩雪，殊惬公论。"❸

必要时，运用票拟和拟旨，"口衔天宪"，恃仗皇威以抑制异见，确实是行之有效的办法。万历四年（1576），户部左侍郎李幼滋曾上疏言，条鞭应细分项目，如"秋粮若干，本色若干，折色若干，金花银若干，漕银若干，某项最急，某项次急，某项虽诏下不免。每户各即给与印单一纸，庶几小民观听不迷，输纳亦便。"❹此议虽非从根本上反对条鞭，但烦琐屑碎，实际上仍基本上保留着两税制的框架，并未将各项赋税真正归纳为一编（鞭），而且对丁役的处置，一字未提，最易为复辟旧制提供方便。为此，居正一方面祭起"祖制"的旗幡，强调行条鞭正是遵循太祖高皇帝的本意，又再拟旨严厉纠禁诸如此类的议论。旨曰：

---

❶《明神宗实录》，卷五八，万历五年正月辛亥。

❷ 关于白栋在东阿的治绩及其影响，史籍中屡有记载，足见公道自在人心，光懋所言实为诬告，行条鞭确是宜民之举。万历《东阿县志》，《里甲》载："自邑侯白公定条鞭之法，民始苏息。朱公（应毂，万历九年任）减里甲之费，民亦乐业。此何异于解倒悬而置之衽席之上耶？行之数年，其归业者万有余计。"万历山西《榆次县志》，《赋役》亦言："条鞭之法，始于大理白公栋，创之东阿。后司国计者以为便，遂著为令甲。山陬海澨，罔不尽然，一囊于此法。"可参考。

❸《张太岳集》，卷二九，《答总宪李渐庵言驿递条编任怨》。

❹《明神宗实录》，卷八，万历四年三月丁未。

> 内外诸司，凡事一遵祖宗成法，毋得妄生意见，条陈更改，反滋弊端，违者定以变乱成法论。❶

万历五年秋天，吏科给事中郑秉性上疏条陈赋役问题，更是明目张胆地为旧赋役制度辩护，并公开建议废止正在兴行的条鞭法，回复到旧有的轨道上来，曰：

> 均徭之善者，在十年一编，调停贫富；而其不善者，在于行法之人，放富差贫。条鞭之善者，在于革库子斗级里长支应；而其不善者，在于尽数征银，贫富无等。
>
> 宜分银力二差，审户定则，编上户银差，以至上中户；力差则编下户以至中下户。仍十年一轮，以循我祖宗之旧。❷

按照郑秉性的说法，旧的均徭规章，在制度上本来是完善的，问题仅出现在执法人等素质有些不纯；而一条鞭法则是在制度上存在根本性的缺失，可取之处不过是裁革了一些胥役里甲而已。这种貌似公正的说法，其实是颠倒黑白，混淆是非，旨在袒护旧制，为其开脱；而且不顾事实，对条鞭法妄加贬斥。对此，张居正不屑与之重开辩难，无须受其再干扰，因为对此已经反复讨论几达百年了。他干脆拟旨："条鞭之法，前旨听从民便，原未欲一概通行，不必再议。"❸既然以当今皇上名义谕示"不必再议"，事实上就是截然封杀了反对派的声音。果然，从万历五年秋后，直到张居正去世失势以前，反对者已无法再在章疏中或朝议上，敢于公开对一条鞭法横挑鼻子竖挑眼，其曾鼓噪一时的声浪总算暂时被压下去。这种做法，难免有褊衷操弄、过于专横之讥，但在当时为要树立新的赋役制度，又似乎确有必要。

---

❶《明神宗实录》，卷四八，万历四年三月丁未。
❷《明神宗实录》，卷六九，万历五年十一月甲寅。
❸《明神宗实录》，卷六九，万历五年十一月甲寅。

第九节　推行一条鞭法对改善民生国计的重大贡献

在万历初年，全面推广一条鞭法，总的说来，是对赋役制度中历来为患于民的积弊作了一次大扫除，以新制取代旧制，是符合大多数人民普遍要求的。

一条鞭法的针对性很强，它主要的内容是：第一，审田编役，将赋役中的各项各款，包括里甲、均徭、力差、银差，以及各种名目的苛杂税役都合并起来，归纳为一项，条目简明，要求杜绝（或减少）侵蚀。第二，量出为入，通计一州县的田粮开支数额，通派本州县的赋役，不许额外再追加横索。第三，除漕粮外，基本上改折银两，一则方便征输，二则可以调节国家各级仓廪粮、银的储存。将实物赋税基本上改为货币赋税，是赋税史上一大进步。第四，开始了将户丁的役摊入田赋的趋向，便于防范规避，且有利于工商事业的发展。第五，停止了通过里甲办理征解赋税的办法，改为官收官解，减少了经手层次，便于督责。第六，将原来规定里甲每十年一次轮役，改为每年编派一次，而且可以出钱代役。所有这些规定，都是为了免除重粮重役尽归下则之户，富户反得轻则，甚至逍遥于赋役之外的陋弊，尽可能均平负担，而且使国家的财政收入有切实的保障。正因为具有上述明显的优越性，所以自嘉靖初年以来，在历经近五十年的多次试行，虽遭受过来自各方面的阻力而屡行屡止，但仍具有旺盛的生命力。不论在朝在野，都有相当一部分人认为，它是理顺财政乱局，缓解当时公私交困和严重社会危机的良法：

> 隆、万之世，增额既如故，又多无艺之征，逋粮愈多，规避亦益巧。已解而衍限或至十余年，未征而报收，一县有至十万者。逋欠之多，县各数十万。赖行一条鞭法，无他科扰，民力不大绌。❶

---

❶《明史》，卷七八，《食货志》二。

积极推行条鞭法，曾经受到普遍欢迎。下引分散在湖广、浙江、河南、山东、山西、北直隶的一组材料，有力地说明此点：

万历《承天府志》卷六《徭役》言：

> 明兴以里甲籍民，犹古比闾族党之义，而力征则用宋法，差雇兼焉。迨后条鞭法行，而民始稍苏矣。盖公费节则里甲岁裁；繁简悉则邮传屡更；约束严则纵恣尽戢。

清代康熙《永康县志》卷四《户役》言：

> 嘉靖四十五年（1566），侍御庞公尚鹏按浙，加惠里甲，振刷夙弊，凡公用支应等项俱定数编银，征之于民而用之于官。……万历九年（1581），巡抚吴公、巡按帅公复奏减派，民困渐苏。

康熙《镇江府志》卷六《赋役》言：

> 嘉靖十六年，巡抚欧阳公定赋役册，至隆庆三年（1569）准为画一之制，银力二差俱以一条鞭征银在官，如成化间劝米诸法俱入正科矣。其法诚简便可以永行。

万历《徐州府志》卷三《赋役》言：

> 徐之田多沙淤水泊，而役使则纷纭杂袭，奈之何民不穷且遁哉？近以三等九则之法制赋，以一条鞭法雇役，履亩加税，田租起庸，穷詹稍稍息肩。

《明神宗实录》卷二〇〇更说道：

山西行一条鞭法，将每岁额征税粮、马草酌定银数，分限征收，以省纷纷头绪，致滋里书飞洒之奸。

《天下郡国利病书》卷五三《河南》四，《罗山县》条，有人具体比较行条鞭前后的情况，论述行条鞭之有利民生，要求立为定制，言：

> 隆庆以前，银差以各项征，力差以审户定也。想其时，今日催此项钱，明日催彼项钱，应差人又讨工食，返呼无宁日也。且也，有一番返呼，则有返呼人一番科敛，而民生困矣。知县应存初立为一条鞭法。一条鞭法云者，以各项银差并力差工食合为一处，计银若干数□后，照丁高下，粮多寡，以此银派征之。征毕，则分此以为银差起解，及为官觅力差人之工食也。百姓完此外，无一事矣。法乃宜民哉！所愿官是邑者，因而行之，不复分征，不入库寄，不使豪右人揽收侵欺，则国计民生两裨之矣。

同上书，卷三九《山东》五，《曹县·赋役》断言：

> 条鞭之法既行，曹民始有其身家。当是时，里无追呼，号称极治。

同上书，卷四二，《山东》八，《安邱县》，更有人条分缕析，历言行条鞭对国计民生有十个方面的好处，认为在当时，实无其他办法可以取代：

> 余观条鞭法，非即宋雇役免役者哉！行之有十利：为通轻重苦乐于一邑，十甲之中，则丁粮均而徭户不苦难，一也；法当优免者，不得割他户以私荫，二也；钱输于官，而需索不行，三也；又折阅不赔累，四也；合银力二差，并公私之费，则一人无丛役，五也；去正副二户，则贫富平，六也；且承禀有制，而侵渔无所

穴，七也；官给银于募人，而募人不得反复抑勒，八也；富者得弛担，而贫者无加额，九也；银有定例，则册籍清而诡寄无所容，十也。所谓此法终不可罢者。

针对曾经有人力言一条鞭法绝不宜于在北方推行的论调，有些地方志以本地区的实情实事，说明此论的偏颇。万历《章丘县志》有云：

按条编之法……民自办纳租粮之外，不知城市为何地；官自听谳问俗之余，不知百姓为何状，盖至今十年几矣。间阎殷富，地价腾踊，然则所谓有治人无治法者，岂通论哉？❶

万历《邯郸县志》更言：

条鞭之法，江南诸郡行之已十余年。江北旧称不便，今渐次遍行，乃知此法终不可废，盖合南北而俱利之矣。❷

在明季的史料中，对一条鞭法持肯定性论说的材料，还有很多，由于论点基本相同，故无须赘引。一条鞭法是在张居正进行政治改革和经济改革的基础上，得以在全国普遍推行的，它的推行又反过来巩固和扩展了全面改革的成果，成为"江陵柄政"中不可分割而闪烁着光辉的重要一环。

《明史》卷二二二《张学颜传》说道：

自正（德）、嘉（靖）虚耗之后，至万历十年间，最称富庶。

《明神宗实录》卷一二五，万历十年（1582）六月丙午条，也以具体数字，称誉张居正"力筹富国"的显赫成就，从亏负累累，一转而

❶ 转引自苏同炳：《明代驿递制度》，318 页，中华丛书编审委员会，1969。
❷ 万历《邯郸县志》，卷四，《赋役》。

成为"太仓粟可支十年，闷寺积金，至四百余万"。

《国榷》的作者谈迁，在该书卷七一，对于张居正为天下理财的过人胆识和才具，也给予高度的评价：

> 江陵志在富强，当积弛之后，钱谷阴耗不可问，力振其弊，务责实效，中外凛凛，毋敢以虚数支塞。行之十年，太仓之积，足备数载，则宰相不问钱谷，真迂儒之言也。

《明通鉴》卷六七，对于万历十年朝廷竟有能力蠲免自隆庆元年（1567）以来各省逋负的钱粮一百余万两，认为是改革有成，国力大增的表现，"是时帑藏充盈，国最完富，故有是举"。及至居正去世，该书亦充分肯定其"经纶之才，使天下晏然如覆盂""神宗初政，起衰振隳，纲纪修明，海内殷阜，居正之力也。"

所有这些评论，应该说都是公正的，因为它们都符合客观存在的历史事实。历史有情，只有经得起事实验证的褒贬才能确立。一条鞭法所曾起过的积极作用和巨大影响，张居正在这方面的决定性贡献，都是不容抹煞的。

第十节　改行一条鞭法的历史意义

改行一条鞭法，按田计赋，简化手续，便利于征输；基本上将"本色"转为"折色"，促进国家财政从粮本位向银本位的过渡。凡此种种，不但对于当时的民生国计大有裨益，而且，对整个社会的经济发展和对后代的财政制度，也产生过重大的影响，具有重要的历史意义。

首先，一条鞭法的主要内容已经为当时和后代社会所接受，确立为几个世纪以来，在田赋制度中奉行的基本原则。

有不少地区性的材料证明着这一点。例如，江西省的南昌府：

条鞭之法，其来远矣。吾郡则议始于余姚周中丞（如斗），成于江阴刘中丞（光济）。每年通计丁粮琐条，诸费相提衡论，而视所出颇裕计焉。征银在官，齐以画一，愚民岁输募直，则循循阡亩，安所常业，终身无吏胥之苦毒焉。盖拯之酷烈，登之清台，厚幸矣，厚幸矣。而或者谓官不便，夫张官置吏，所以为民，奈何可使不便在民耶？矧官未必不便也。或又谓岁岁出钱，致令小户逃窜，又云仓库重事，不当徒寄吏胥，又云精兵恐不时给生变，而令对支。凡所纷纷，皆妄言沮法，无事实。今法行二十余年，不闻有此，是浮论左计无稽，不效可睹矣。❶

山东省曹县坚持行条鞭，受到人民群众欢迎，从明末到清初未有动摇，其情节更为生动：

原额均徭，应设官吏坐理，治法甚善，行之既久，寝失初意。每一役出，辄下乡索括金钱，谓之"攒回流"，小民不胜其扰，故有"家有二顷田，头枕衙门暝"之谣。至万历三年，知县王圻任，思为一条鞭法，即古免役。一切照地丁征银，官为雇役，民甚便云。会以谪官，未久转去。于是乡官、学校、里老百姓三千人，赴两院恳代题留任，以终其法，特为展限九月。圻于是自四年始，条议申详之，允行。……至今七八十年，时势虽极多端，而户田、税粮、徭役、里甲、岁办诸政，犹以王圻为准，不能更张易治也，则其法可知已。❷

这些事实都雄辩地说明，任何一种典章制度的出现，及其能否持久存在和扎根成长，必须视其是否能与社会的客观需求相符合。只有顺乎社会经济发展规律，切合绝大多数人民群众的愿望，这样的典章制度才具有生命力。

---

❶ 万历《南昌府志》，卷七，《田赋》。
❷《天下郡国利病书》，卷三九，《山东》五，《曹县》。

一条鞭法正是这样的一种新型的田赋征输制度。它摆脱了已在中国行之千余年的两税制羁绊，改变了传统的做法，为 16 世纪的中国赋役制度提供出一个新的模式和方向。不但有开创之功，而且具有垂之久远的力量。

现代学者中，最早明确这一点，能够从历史发展的动态角度来评析一条鞭法的，是已故的梁方仲教授。他早在 1936 年即撰文指出：

> 从公元 16 世纪，我国明代嘉靖万历间开始施行的一条鞭法，为田赋史上一绝大枢纽。它的设立，可以说是现代田赋制度的开始。自从一条鞭法施行以后，田赋的缴纳才以银子为主体，打破二三千年来的实物田赋制度。这里包含的意义，不仅限于田赋制度的本身，其实乃代表一般社会经济状况的各个方面。……一条鞭法还有种种在赋法与役法上的变迁，与一向的田赋制度不同。从此便形成了近代以至现代田赋制度上主要的结构。❶

到了 20 世纪 50 年代初，梁教授又进一步阐明自己的论点，说：

> 两税法在明代施行了一百六十余年的光景，到了明代中叶，因种种关系，无法维持，渐为一条鞭法所替代。自此以后，直到清代，民国，我国四百余年间的田赋制度，大体上仍是继承着一条鞭法的系统，主要的变革甚少。所以我们要研究现代的田赋制度，至迟不得不从一条鞭法下手。❷

梁教授的观察和论断，为我们打开了认识一条鞭法重大历史意义的视野。他不拘限于仅就条鞭论条鞭，也不将视野仅停留在当时所行条鞭

---

❶ 梁方仲：《一条鞭法》，原载《中国近代经济史研究集刊》，第四卷第一期。又载《梁方仲经济史论文集》，36 页，中华书局，1989。

❷ 梁方仲：《明代一条鞭法的论战》，原载《社会经济研究》，1951 年第 1 期。又载《梁方仲经济史论文集》，301—302 页。

上。万历中后期开始，因受社会政治大气候的影响，一条鞭法遭受到来自各方面的诬毁破坏而部分变质，他并不因此便轻下失败的结论，而是从行条鞭之前与之后做认真比较，以前瞻性的发展眼光，对一条鞭法的历史作用做出高度的评价。当然，他在论述一条鞭法之所以能在万历初年得以普遍推行，也从未忽视过人的能动作用，他强调称誉张居正为对此"最有功之人"。将历史与发展前景相衔接，将有关时、地、人综合起来考析，是梁氏研究工作的特点和优点之一。前辈学者的风范，为后学树立起可贵的楷模。

其次，改行条鞭法大大削弱了农民对封建国家和地主阶级的人身依附关系，促进了社会分工和工商业的发展。

一条鞭法将赋役合为一编，以田亩作为计算负担的基本单位，"以一县之役课一县之田"❶"计地而差"❷，而且将力差改为银差，一切正杂徭役均由官府雇役担任，这些规定，必然猛烈地冲击着自明初以来制定的户口管理制度，特别是关于"人户以籍为定""役皆永充"的僵硬做法。

明朝统治者如同前此历朝历代的统治者一样，是要利用户籍制度来实现对全国直接生产者的严格管理，加强对他们的人身控制和奴役，通过编定里甲以分派徭役就是重要的表现之一。但是，不准人口流动，限制全国各类人户世代不许变更其经济地位，永远不准从事其他职业，将绝大多数人丁牢固拴锁在土地上，实际上是行不通的。最迟自宣德年间（1426—1435）开始，农村人口的脱漏逃亡即日趋严重，由明皇朝直接控制的户口数额逐步下降。如洪武二十六年（1393），根据黄册户口数字的统计，全国已达 10652870 户、60545812 口。但百年之后，到弘治四年（1491），入册的反减至 9113446 户、53281158 口 ❸。弘治之后，户丁逃散，以避繁差重役的情况愈来愈严重，朝廷虽多次进行清查，要求将逃逸人民重新拉回到土地上来，重新置于朝廷的严格控

---

❶ 万历《武进县志》，卷三，《里徭》。

❷ 《葛端肃公文集》，卷三，《宽农民以重根本疏》。

❸ 依据万历《明会典》，卷一九，《户口总数》。

制之下，但总是事与愿违，无法刹住这一趋势。

改行一条鞭法，客观上必然更助长了这种趋势，因为对于仍留居农村的劳动力来说，"计亩征银"之外，便不必再应服徭役；如果田无一陇，则便是与田赋无关，自然卸免了世代以来被久压在头上的重负。至于业已脱离乡井，或已转事其他职业的人，更是于法有据地完全摆脱了农田赋役的负担，实亦自我解除了户籍枷锁的束缚。

对于顽固要求维护农村原有秩序，坚持"重本抑末"传统教义，捍卫势豪特权利益的人来说，在一条鞭法诸凡措施中，对此尤有反感。他们对于有一部分人获免力差徭银，改纳工商税款，可以合法流动，表示出极大的愤懑，质问说："有积镪堆困，权子母而出之，而其家无田，不名一差；有操艇江湖，转盐积币，而其家无田，不名一差；有专卖屯种，肥膏至数千亩，而家无'民田'，不名一差；有四方逋逃，作过犯科，而第宅连云，舆马豪侈，借资冠盖，出入荣宠，其家无田，不名一差。此其人，或子孙鼎盛，或奴仆拥翼，而谓之无丁可乎？谓之寡丁可乎？"❶ 有时，甚至毫不掩饰自己为保存富户特权利益的本性，不甘心接受照田编差的改革，"或问近日审编均徭，以田土为主，其法如何？曰：此非祖宗之法也，盖流俗相传之误也。……今舍人丁而论田土，盖失其本矣。……舍户丁而计田土，故寄庄人户有躲差之弊，欲革其弊，盖求其本乎？……上户丁少者量出门银亦可也。岂必尽取所有，使之尽与小民之贫者相若，然后为快乎？"❷

其实，所谓"商贾享逐末之利，农民丧乐生之意"等云云，本质上都是要保留乡绅对小民的盘剥和压榨，将历史的车轮往后拖。在嘉、隆、万时期，传统的重农抑商国策正在受到社会实践愈来愈迅猛的冲击，城市工商业的发展正在要求从广大农村吸收若干劳动力，以至部分经营者，"工商皆本"的思想观念已逐渐浸润着人心，正在迅速改变着人们的认识，弃农从商，弃农为工，不论行商坐贾，船户矿工，作坊工匠，俱已被认为"本业"，俱已"不再复归田里"。这样的流动和

---

❶ 李腾芳：《李文庄公全集》，卷五，《征丁议》。

❷ 何塘：《何文定公全集》，卷八，《均徭私论》。

转移，正是中国近古社会已迈出前进步伐的明显证据。计亩征银，将"本色"改为"折色"，以银差代替粮差，同样是时代进步的重要标志。万历以后，遍及中国东南西北城镇数量的增加和规模的扩大，生产、运输和服务性诸种不同性质工商行业的蓬勃发展，显然都与改行一条鞭法有密切的关系。葛守礼、何塘、光懋、李腾芳等对一条鞭法的攻击，虽然是反映着他们对改制之势不可挡的抗拒和无奈，但却也是从反面衬托出改行条鞭符合历史发展潮流的强大优势，具有历久弥新、历久弥坚、足以经受得起历史考验的旺盛生命力。

第十四章

申严军政，发挥卓越的军事指挥才能

第一节　亦相亦帅，掌握战和全局

张居正执政之初，全国的边防军事态势仍然相当复杂。自从隆庆五年（1571），他协同高拱主持了对蒙古鞑靼部大首领俺答汗的"封贡"以后，西北疆的形势确实有了很大的缓和，汉蒙民族间的关系亦有了相当的好转，在当时的"九边"中，自宣府、大同、山西以迄延绥、固原、宁夏、甘肃，沿着长城数千里，一时"边陲宁谧"。俺答被册封为顺义王，以开市贸易纳贡代替百余年来"掠县破州，荼毒生灵"[1] 的厮杀。但是，俺答并不能代表鞑靼全体，其内部各贵族之间的势力消长不一，对明朝的态度亦极不一致。辽蓟之间，仍经常战云密布，金鼓杀伐之声相闻。"虽夷卤詟服之日，尤宜防范"[2]。

自嘉靖中后期开始，以日本的武士、浪人等为首要，纠合中国沿海的各种叛乱势力，诸如海盗、商枭、土豪、地痞等组成的"倭寇"

---

[1] 魏时亮：《题为圣明加意房防，恭陈大计一十八议疏》，载《明经世文编》，卷三七〇。

[2] 张学颜：《贡夷怨望乞赐议处疏》，载《明经世文编》，卷三六三。

海上武装集团，经常登岸攻城掠地、杀官戮民，山东、南直（江苏、安徽）、浙江、福建、广东等地都备受蹂躏，成为东南一大患。倭寇的特点是内外勾结，两股邪恶势力合流，"倭患之炽，其原不在于外，中原之雄咸为之谋主也；土著之奸人，为之响导也；穷民，为之役使也。有是三者，然后能深入长驱，唯所适而莫之遏"。❶直到万历初年，海上倭寇，仍屡有"联舟突犯"的事件发生。而在闽、粤、桂滨海区域，中国海盗林凤等的活动亦非常猖獗，占领岛屿，不时内犯。

至于在两广和川、云、贵边远山区，少数民族人民因不堪官吏苛急，纷纷起来反抗，其酋长首领，各称雄长，结寨自保，甚至侵扰汉族聚居地区，其规模连州跨郡，参与的人数有时达到数十万人。在江、浙等富庶之区，兵变、民变，亦屡有所闻。

针对以上严峻情况，张居正不能不认真采用有力的措施以谋巩卫边防，戡平内乱。在这方面，居正一贯重视战地的地形地物，风土人情，认真分析形势和战机，讲究"因利而制权"❷"先胜而后求战"❸。总的说来，就是务必做到知己知彼，不打无准备的仗。早从年轻时期开始，他便特别留意全国边防态势以及战守攻备之方，御敌致胜之策，在掌握情况和确定应对决策等方面，都有充分的准备，胸有韬略。明末清初人林潞对此有高度的评价，言：

> 江陵官翰苑日，即已志在公辅，户口厄塞，山川形势，人民强弱，一一条列。一旦柄国，辅十龄天子，措意边防，纲缪牖户，非特相也，江陵盖以相而兼将。付托得人，将帅效命，假之以事权，凛之以三尺，藏数十万甲兵于胸中，而指挥于数千里之外，进退疾徐，洞若观火，故能奠安中夏，垂及十年。❹

---

❶ 章焕：《御倭疏》，载《明经世文编》，卷二七二。
❷《孙子·计篇》。
❸《孙子·计篇》。
❹《江陵救时之相论》，载《清经世文编》，卷一四。

林氏的话是符合实际的。隆庆二年（1568），张居正刚入阁，即在上奏的《陈六事疏》中，将《饬武备》作为解决时政困蹶，开拓新局面的六大关键性问题之一，力言："当今之事，可虑者莫重于边防；庙堂之上，所当图画者亦莫急于边防。"❶ 当他掌握全权以后，在不少场合都自言："仆日夜惟边事为忧"❷ "顷侍上于便殿，以言及边事。……仆于此兢兢，卧未能安枕也。"❸ "仆内奉宸衷，外忧边境，一日之内，神游九塞，盖不啻一再至而已。"❹ "南北夷虏之势不同，其处之之道亦异。"❺ 这一切都说明，整军经武，运用军事力量以保证全面改革政策的实施，一直是"江陵柄政"时期最为重要的措置之一。试阅《张太岳集》卷二一至卷三三，居正为军政文教各方面工作而与京内外僚属们的 780 余封函牍中，直接有关防御虏倭及调动军力以裁平内乱的，即有近 120 件，其中包括密示方略、剖析敌情、遣兵任将、执行军律军令等多方面的重要问题。这说明张居正实际上已履行着军事统帅的职权责任。而且，他正是通过与前沿将帅的密切通信，既能随时掌握到瞬息万变的攻防战备实况，又便于直接而迅速地安排部署，下达机宜。❻

张居正对于较大量使用亲笔函札以与边关将帅沟通，纳公义于私谊，不拘泥于官文书套式，以实际效率为优先，都是从军政的根本利益考虑出发的。万历四年（1576），他给时奉敕派在山西阅视边务的王宗沐的信件中就说道："辱示边务诸款，皆切中机宜，事竣，亦不妨条议上闻也。又承别谕云云，谨逐条手复，纳还记室，不另具复，以示

---

❶ 《张太岳集》，卷三六，《陈六事疏》。

❷ 《张太岳集》，卷二一，《答督抚王鉴川》。

❸ 《张太岳集》，卷二五，《与王鉴川言竞业边事》。

❹ 《张太岳集》，卷二七，《答吴环洲论边臣任事》。

❺ 《张太岳集》，卷二八，《答云南巡抚何莱山论夷情》。

❻ 杨士聪在《玉堂荟记》卷下说："功业之盛，莫如神庙初年。江陵柄政，一切机宜，皆从书札得之，今江陵集中可考而知也。外而督抚，内而各部，无一刻不痛痒相关。凡奏疏所不能及者，竿牍往来，罔非至计。盖奏疏拘而书札畅；奏疏板而书札活；奏疏仅可一二，而书札不嫌于再三；奏疏或虑泄漏，而书札他人无从见。功业之盛，所自来矣。"

不敢泄。此后有要务，请手翰密示，口授非宜。"❶ 从张居正这封短札中可以看到，王宗沐与他的通信是在阅视过程中，事尚未竣之前进行的，俟正式条议上闻时，事已告竣，亦无从具体指示了。此外，又说到，此为便于保密。均可见函牍之与奏疏揭帖等官文书，在使用上是有区别的。

张居正柄政十年，可以说，其中没有任何一年不是在战况频传，军书旁午中度过的。但总的趋势是，经过居正的帷幄运谋，边患日趋减缓，明朝的统治迅速恢复稳定，他毕生抱负的兵强国富渐见实现。百余年以来，明朝积弱挨打，疆场日亟的颓败局面得以扭转。根据当时的国力权衡，居正在统兵驭将的实践中，逐渐形成了自己的战略方针：即对于北方鞑靼各部加以区别对待和分化瓦解，执行从实力地位出发的积极防御方针，以抚为主，以战为辅。对于仍然来犯的倭寇，则采取清除附倭内奸，对来犯者以迎头痛击，"不俟登岸而遏之于外洋"❷的办法。对于遍及两广、川、云、贵的少数民族武装反抗，以及一些海盗匪帮，则实行坚决镇压，推行以剿为先，以抚为善后的方针。所有这些，都详见于他对每一战役或每一事件的详细指示当中。如果从战略指挥的角度观察，居正是基本上能做到谋定而动，动而能战。绝大多数指示判断正确，号令及时，因而取得显著战果。《孙子》强调慎察然后战❸，曹操将选将、量敌、度地、料卒、远近、险易等作为指挥六要领❹，对于这些古兵家的军事学精粹，张居正是大体上能领会而灵活运用的。

---

❶《张太岳集》，卷二八，《答王敬所》。
❷《张太岳集》，卷二七，《答浙抚谢松屏言防倭》《答应天抚院宋阳山言防倭》。
❸《孙子·计篇》。
❹ 曹操:《孙子·计篇》注。

第二节　区别鞑靼各部，采取"东制西怀"的战略部署

百余年来，蒙古鞑靼部落屡次发动大规模入扰，成为明朝北方的大患。嘉隆间兵力最雄厚的俺答汗就抚求贡，遵守约束，且交还叛国头子赵全等人，是张居正参与决策取得的重大军事政治成就。作为受封为顺义王的俺答，在其有生之年，因既得名号，又时受赏赐，更因在开贡市中取得巨大收益，确实未有再对明朝大动干戈。但是，鞑靼各分支部落甚多，"顺义亦不能尽缚诸酋手足"[1]。其中土蛮族崛起于辽东一带，有时被称为东虏；踞于延绥与宁夏之间的，被称为套虏；与蓟州接壤的福余、泰宁、朵颜三卫，虽然在明初即称内附，但仍叛服不常。甚至连俺答的长子黄台吉，其弟昆都，虽然在隆庆五年（1571）俱已受封为都督同知等职，但"俺答既已帖服，黄酋素不附之"[2]。"昆都老而谲，数年以来，东纠土蛮，西合俺酋，皆此人为之"[3]。这些部落之间时分时合，有时勾结起来共同向明朝耀武讹索，甚至联兵入犯；但有时又互相抢掠杀戮，甚至各挟明朝以自重，分别要求"款顺"封王。当时的塞外草原，实不啻是一个具体而微的小型"战国"。

针对以上情况，居正决定从实力地位出发，对鞑靼诸部采取严加区别，充分利用矛盾，及时分化瓦解，必要时痛加剿讨，"戕其渠魁，赦其胁从"[4]的对策。

首先是对待俺答，即顺义王本人及其所部坚持以抚为主的羁縻之策。

关于俺答，张居正判断此人能够基本上保持纳贡就封的态度，"盖度彼既感吾放麑之恩，而又适惬其平生之愿，芳饵入口，不能自脱"[5]"彼既惬其素志，又啖吾厚利，故奉令惟谨"[6]。为此，居正认为，

---

❶《张太岳集》，卷三一，《答宣大巡抚》。

❷《张太岳集》，卷二四，《答督抚王鉴川计处黄昆二房》。

❸《张太岳集》，卷二四，《答督抚王鉴川计处黄昆二房》。

❹《张太岳集》，卷二八，《答总督杨晴川》。

❺《张太岳集》，卷二九，《与张心斋计不许东房款贡》。

❻《张太岳集》，卷三三，《答辽东巡抚周乐轩》。

应该对俺答"坚守恩信，益务以德怀之"❶"彼素效顺中国，父子俱蒙恩赉，其德我也亦厚，宜急以计结之，俾为外援"❷。十余年以来，居正对于俺答，一直表示着关心和尊重，对其有关开市地点、规模等，大都俯从所请，并且厚予赐赏。对赐给及作为交换用的绸缎、铁锅、茶叶等物，居正常亲自检视，保证其数量质量❸。当然，这绝不仅是以一些物质利益为饵，而是希望巩固和好，并为俺答以外的各部树立榜样。对于俺答挟明以自重，而且贪婪之念日炽，有时亦在边境闹磨擦抢掠，居正也一直保持警惕戒备。俺答提出的过分要求，居正大都严词拒绝。遇有侵扰事件发生，更立即严令封关闭市，"绝贼酋抚赏，谕令缚献首恶"❹。一旦"夷酋既已悔罪乞哀，宜开其自新之路"❺，便即复关开市，恢复赏赐。交替使用宽严两手，"务使之畏威怀德……此辈不得不羁縻而用之，但须审察顺义（王）之情，以为制驭之术耳"❻。历年来，居正对于俺答其人的动态，诸如他的处境、与家族内外各部的和战，各部的军力升降，对明朝态度的细微变化，都掌握有详细情报。总的说来，张居正通过利用矛盾，妥为控制俺答以分化鞑靼各部❼，顺利解决在两方交界处发生的各种纠纷，稳定蓟州及其以西一线的边陲，是很成功的。俺答在此期间，曾一再给明朝送上有关土蛮等部的重要军政情报，

---

❶《张太岳集》，卷二九，《答边镇巡抚》。

❷《张太岳集》，卷二八，《答辽东巡抚张心斋》。

❸《张太岳集》，卷二六，《答蓟镇吴环洲》一信中，张居正给当时任宣府巡抚的吴兑说道："盖蓟镇近日抚赏，视昔不同，皆仆为之处画，其缎布等物，皆美好堪用者，到即给赏。……须得诸夷守约，彼此相安，则蓟患永纾，而西虏之贡市益坚矣。"这可以看到，居正确实事必躬亲，对安抚俺答的具体事务，也一一安排妥善。

❹《张太岳集》，卷二八，《答蓟辽总督杨晴川》。

❺《张太岳集》，卷二七，《答蓟镇总督方金湖》。

❻《张太岳集》，卷二六，《答蓟镇王巡抚》。

❼《张太岳集》，卷二六，《答方金湖》一信中，曾说道："近闻虏酋（按，此指俺答）与察罕搆隙日深，此正吾用奇之日，使之祸结而不可解，则蓟、辽之间可以安枕，而西镇（按，指宣府、大同）之贡市愈坚矣。宜多方以间之。"

对明方将帅在辽蓟前线的克敌致胜,曾起过重大的作用❶。明方在辽东与土蛮等部的战争中,俺答部基本上能保持中立,有时还给明军以假道的方便,甚至通过调动部队,从侧翼牵制土蛮。对于汉奸赵全等仍留在板升地区的余孽,但有继续作恶或新叛逃的,俺答亦多能遵守盟约,按照张居正的勒令,将之擒拿送回❷。

其次,对于俺答家族中力量最为强大,而又跋扈猖獗的两支,即黄台吉及昆都两部,因其时服时叛,居正乃以又拉又打的两手对付之。

居正对此两人的势力能量、策略意图、个人特点,早在隆庆六年(1572)年末,即有比较清晰的估算,故能有针对性地提出操纵对应之策。他在给宣大总督王崇古的一封信中,充分阐述过自己的对策考虑,言:

> 黄酋骄悍,诚为难驯;然刚躁寡谋,部下多怨,且其子父不和,势难独逞。将来疆场小衅或不能无,然使处置有方,亦终当归吾羁绁也。昆都老而谲……比之黄酋,反为难制。然俺答既已帖服,黄酋素不附之。昨已令蓟人散布流言于边外云:"昆都与吾有约,将合兵以击土蛮。"虏性多疑,必相猜忌,则此酋亦孤立,无能为也。如再言封王事,可以好语款之云:"俺答汝兄,伦序为长;且首发归顺之端,又执吾叛人,奉吾约束,朝廷嘉其悃诚,故厚赉而王之。汝频年为患,于中国未有尺寸功,何得遂与汝兄等?……汝若能依汝兄之言,遵奉约束,坚守盟誓,二三年后,

---

❶ 《张太岳集》,卷二九,《答宣大王巡抚言蓟边要务》说:"近日俺答报土虏东犯,其言不虚。"又在同书卷三二,《答总兵戚南塘授击土蛮之策》说:"前顺义(王)部下酋长,密报土蛮入犯消息,即驰语蓟、辽军门戒备。数日以来,繁息沓至,西酋所报不虚矣。"

❷ 《张太岳集》,卷二八,《答山西崔巡抚计纳叛招之策》一信中,张居正在万历四年,曾指示山西巡抚崔镛与俺答交涉,索回叛逃之人,曰:"向者款贡,曾与之约云:……自纳贡以后,我不受彼之降虏,彼勿纳我之叛人。……今彼既与我一家,好恶同之。我之叛人,亦彼所恶,万一此事闻之朝廷,必以彼王为背盟约,纳叛人,王虽欲输诚款,朝廷亦将不信,则两家大事,从此坏矣。王如晓事,宜将此人及其党与,执送军门,朝廷必鉴王之诚款,和好益坚,赐赉愈厚,何为纳此无用之人,听其妖妄之说,而坏已成之功,失永久之利哉!"

当与汝奏闻朝廷，一体封王加赉。若欲借此事以启衅，则我惟有一战耳。"渠闻此言，必不敢动。量此孤虏，以上谷一镇之兵当之，东连云朔，彼虽入亦不足畏也。❶

这封信料敌清晰，不啻是一份准确的敌情估计书兼为备战谋和的周密战略计划。终居正有生之年，黄台吉和昆都的表现，大体上没有超出居正估计的范围，未有出太大的乱子。居正一手持开市封贡以为利饵，另一手则以加强军事力量作为镇慑。有时"尽革诸夷之赏，以孤其党"❷；有时又适当放宽，"大体虏有求，在彼不必其尽从，而在我尚求为可继"，稳握为"操纵之机"❸。总而言之，"顺者抚，逆者剿；逆而又顺，则又抚之；顺而又逆，则又剿之。临机观变，何常之有？"❹这种坚持既定方针而又与灵活策应相结合的战略运用，是不仅适用于对付黄台吉和昆都两部的。

张居正之所以耗费大量精神物力以安抚并驭控掩答所部，是为了集中主要军力以对付崛起好战，对边疆已形成新威胁的土蛮等部，避免两线作战，腹背受敌。他的设想是，在蓟州坚守，而在辽东与宣府之间必要时则发动攻势，使蓟、辽、宣、大的军力连成一气，协调攻防，互相支援策应，期以重挫土蛮及朵颜等三卫不断扰边的凶焰，所谓"内修战守，外探虏情，东制西怀，自有妙用"❺。

所谓"东制"，是指对"东虏"施以制裁或遏制。当时边防的危重点是在辽东，"今全虏之祸，咸中于辽"❻。因为万历初年的军事形势，迥异于嘉靖中后期以至隆庆初期，由于俺答受抚，西线的烽火已大体熄灭，而东线则金鼓轰鸣，战争正处在剧烈胶着之中。时人指称为"东虏"的，就是指辽东阵前的土蛮等部。所谓"西怀"，是指对西边

❶《张太岳集》，卷二四，《答督抚王鉴川计处黄昆二虏》。
❷《张太岳集》，卷二八，《答总督柏靖川计处属夷》。
❸《张太岳集》，卷二六，《答方金湖》。
❹《张太岳集》，卷二九，《答甘肃巡抚侯掖川计套虏》。
❺《张太岳集》，卷二五，《答吴环洲》。
❻《张太岳集》，卷二八，《答总督张心斋计战守边将》。

俺答部的怀柔和安抚。这是因为原活跃于蓟镇、宣、大之间的俺答部已接受安抚，重要之处，在维护和好。与此同时，则特别重视蓟镇作为京畿门户的地形特点，绝不允许虏骑再为突入，绝不许嘉靖二十九年（1551）和隆庆元年（1567）俺答大举入寇，直薄北京郊外，分掠畿甸州县，京师戒严的旧事重演。"大抵蓟镇之势，与他镇不同，其论功伐，亦当有异。盖此地原非边镇，切近陵寝，故在他镇以战为守，此地以守为守；在他镇以能杀贼为功，而此地以贼不入为功，其势居然也。"❶

为贯彻此一战略意图，张居正委任能征善战的总兵官戚继光，率部镇守蓟州至山海关一线，其主要责任就是卫戍京师，保证朝廷和中枢的安全和正常运转，责成他"今日之事，但当以拒守为主，贼不得入，即为上功。蓟门无事，则足下之事已毕"，必须"坚壁以待之，毋轻与战"❷。这样的部署，正是"西怀"的体现。

当然，张居正郑重制订的"东制西怀"战略，其"西怀"部分，也绝不是消极的一时性考虑，而是立足于对敌方状况及其发展趋向，具有深切了解和估计的慎重决策。隆庆末年和万历头几年，居正是企图通过安抚俺答，并尽可能利用俺答的配合以制驭黄台吉、昆都等部，谋取蓟州一线的相对宁谧；但在万历八九年以后，由于俺答西征受重挫，且衰病颓唐，居正则又认真考虑筹谋对付俺答身后的变局，主要是以静观动，待其内变，然后俟机谋取巩卫边防的更大利益。此在万历十年春，即当俺答去世不久，居正在写给大同巡抚贾应元的一封信中表述得十分清楚，他说：

> 今日之事，惟当镇静处之，随机应之，勿过于张惶，轻意举动，致令众情惶惑，兴起事端也。……
> 俺酋未死数年之前，仆已逆虑及此。……虏中无主，方畏我之闭头拒绝，而敢有他变？但争王争印，必有一番扰乱，在我惟

---

❶《张太岳集》，卷二八，《答阅边部文川言战守功阀》。
❷《张太岳集》，卷三二，《答总兵戚南塘授击土蛮之策》。

当沉机处静，以俟其自定。有来控者，悉抚以好语，使人人皆以孟尝君为亲己，然后视其胜者，因而与之，不宜强为主持，致滋仇怨也。❶

这样的考虑，具有长远性的前瞻性质，不是仅沉溺于当前已取得暂告缓和的局面，而是放眼于瞬息发生的形势变化❷。作为一军之帅，既需要有预见，更必要有预谋。能观敌之变，乘敌之隙，才可能不战而胜，所谓"无所不备，则无所不寡"❸，也就是古兵家常说的"上兵伐谋"❹啊！

在本节最后，还必须对张居正"东制西怀"战略思想做进一步的阐述。它的必要性和事实根据何在？其可行性又如何？能取得预期的效果否？张居正在一封信中，做了全面的肯定回答。他畅言：

今东虏于我，非有平生恩款之素也，非有那吉纳降之事也，非有执叛谢过之诚也；侵盗我内地，虔刘我人民，其迫胁无礼如此，堂堂天朝，何畏于彼而曲徇之乎！且西虏以求之恳而后得之，故每自挟以为重；今若轻许于东，则彼亦将忽而狎视之，他日且别有请乞以厚要于我，启衅渝盟，必自此始。是威亵于东，而惠竭于西也。故在今日，宜且故难之，以深钓其欲，而益坚西虏之心。异日者，东虏之敢大举深入，以西虏为之助也。今东虏有求而不获，则西虏以我之重之也，亦挟厚赏以自重，必不从东虏矣。东虏不得西虏之助，则嫌隙愈构，而其势愈孤，而吾以全力制之，纵彼侵盗，必不能为大患。是我一举而树德于西，耀威于东，计无便于此者矣。❺

❶《张太岳集》，卷三三，《答大同巡抚贾春宇计俺酋死言边事》。
❷ 早在万历元年，张居正给时任蓟辽总督的吴兑一封信中即已说道："朝廷建安攘长策，非苟图旦夕之安而已。"（载《张太岳集》，卷二五，《答督抚吴环洲》。
❸《孙子·虚实篇》。
❹《孙子·谋攻篇》。
❺《张太岳集》，卷二九，《与张心斋计不许东虏款贡》。

这一封写在万历五年（1577）的信件，纵横捭阖，用计用间，严格区别，集中力量以对付首要之敌，大体上规范着明朝与蒙古鞑靼东西两支派之间的三角关系。"宣大以西，桴鼓凝尘。又用戚继光于蓟镇，一切用兵兴建，惟继光之言是听。又用大帅李成梁于辽东，敢战深入，当时九边晏如，庶几黄龙地节之时矣。"❶有武备始足以言文事，亦唯有能有效捍卫边陲，始足以保证改革的顺利进行。张居正不但擅长于文治，而且还建立有军事上的殊勋，两者交相辉映，为万历初政释放出异彩。

第三节　穷剿海盗，遏止"倭寇"侵扰

"倭寇"之得名，是因为中国历代史书称日本为"倭奴国"，而自明初洪武年间开始，又因日本上自诸侯显爵，下及浪人、武士等，都曾一再用武装船队，侵扰中国的山东、浙江、福建、广东等省的滨海州县，烧杀掳掠，故时人称之为"倭寇"。倭寇之为患中国，虽自明初已启其端，但破陷地区最广，掠劫破坏财富最多，杀伤人命最甚，则较集中在从嘉靖二十五年（1546）开始，历经隆庆朝，以迄万历初年这一时期，至张居正执政时才基本被遏制住。在这三十余年中，明皇朝为对付倭寇，一再调兵遣将，临阵易帅，甚至一再贬斥诛杀大臣将领，而广大人民更是重受其害，在血与火的交炽中，在生与死的搏斗中，"海寇旁午，几无宁日"。

特别是，倭寇问题自一开始，就不是一个单纯的外患问题。早在明太祖朱元璋在位之时，"诸豪亡命，往往纠岛人入寇"❷"洪熙时，黄岩民周来保、龙岩民钟普福困于徭役，叛入倭。倭每来寇，为之乡

---

❶ 侯玄汸:《月蝉笔露》，卷下。

❷《明史》，卷三二二，《外国》三，《日本》。

导"❶。这些人往往在大队倭兵登岸之前,先入境侦伺,探明明方虚实,供给倭方各种重要情报。在成化、正德期间,倭方派来的使臣及随军通事等俱为汉人,其中最著名的有名宋素卿者,竟能攀上得宠大宦官刘瑾、赖恩等人的关系,居然被赐飞鱼服,明令赦免"通番"罪,以正使名义,与明方进行交涉❷。故此,所谓"海寇",实际上包括两部分人,其中的日本武士、浪人、冒险者,《明实录》《明史》等史书往往称之为"真倭";而由于各种原因加进倭寇行列的,往往被称为"新倭"❸,"大抵真倭十之三,从倭者十之七"❹。真倭与从倭者混合编组,协同行动。真倭利用从倭者熟悉地理和社会情况的优点;从倭者挟真倭的船炮声势,屡为大患。

到嘉靖以后,大股海盗的头子,几乎全部都有着与倭寇勾结或合股的背景,"大奸若汪直、徐海、陈东、麻叶辈素窟其中,以内地不得逞,悉逸海岛为主谋。倭听指挥,诱之入寇。海中巨盗,遂袭倭服饰、旗号,并分艘掠内地,无不大利,故倭患日剧。"❺"汪直之踞海岛也,与其党王激、叶宗满、谢和、王清溪等,各挟倭寇为雄。朝廷至悬伯爵、万金之赏以购之,迄不能致。"❻从嘉靖末年至隆庆末年,在广东和福建沿海横行最甚,自称为海上枭雄的海盗头子吴平与其党曾一本,

---

❶《明史》,卷三二二,《外国》三,《日本》。

❷ 参见《明史》,卷三二二,《外国》三,《日本》。

❸《明史》卷三二二《外国》三《日本》言:"其各岛倭岁常侵掠,滨海奸民又往往勾之。"《明通鉴》卷六二,嘉靖三十九年条载,"是岁,福建之倭流劫各州县,加以奸民乘间迭起,遂有大埔之窖贼,南湾之水贼,尤溪之山贼,龙岩之矿贼,南靖、永定之流贼,无不蜂起。"同书同卷,嘉靖四十年七月条载,福建巡按御史李廷龙言:"山贼四起,与福、兴、漳、泉残倭,声势相倚,自建宁以北,福宁以南,无处不为盗薮。"均可参考。

❹ 参见《明史》,卷三二二,《外国》三,《日本》。

❺ 参见《明史》,卷三二二,《外国》三,《日本》。

❻ 参见《明史》卷二一二《俞大猷传》。又,《明通鉴》卷六五载:"初,曾一本之乱,粤中诸盗蜂起,率借倭为助。于是,倭分道犯化州、石城,陷锦囊所,杀千户黄隆。至是,又陷神电卫,大掠吴川、阳江、茂名、海丰、新宁、惠来诸县。于是惠、潮间山贼蓝一清、赖元爵为首,与其党黄民太、卓子望、曾仕龙等各据险结寨,连地八百余里,党数万人。"

也是倚靠当时活动于广东潮、汕、惠州沿海的倭寇相为犄角，才能与明将俞大猷、戚继光等拉锯激战，相持达数年之久。吴平溃败后，曾一本代领其众，既降又叛，叛而又降，充分利用某些地方文武官吏的贪婪怯懦，有时以贿赂开路，有时又以兵力威逼，与另一股海盗林凤匪帮，成为东南沿海两大患。当时，倭中有盗，盗中有倭，或言倭即是盗，盗离不开倭。

张居正是在隆庆元年（1567）入阁参政的。当时东南沿海的军事形势是，因日本国内王侯分裂，政治陷于混乱，而大股倭寇在连年征战中也迭受阻击，对中国境内的侵扰有所收敛，但以国内海盗集团为主的扰乱却较前更为猖獗。曾一本、林凤等仍保持与残倭的勾结和配合，不时率领强大武装船队，登岸发动突然袭击❶。隆庆二年三月，曾一本部猛扑粤西雷州，明军参将魏宗翰、王如澄、缪印率舟师截击，大败。曾一本俘缪印及把总俞尚志等人而去，官兵死者八百余人。又犯，战数日，守备李茂材中炮死，官军再败。六月，曾一本围攻省会广州，杀知县刘师颜。七月，又回师西走，进犯廉州❷。三年三月，曾一本进犯粤东惠州，攻陷军事重要据点碣石卫，裨将周云翔杀参将耿宗之叛变，投靠曾一本，开沿海武职戍官附敌的先例。因急调江西诸军往援，惠州之围始解。曾一本从海道转扰福建。

这样严重的事件，当然震动枢垣。张居正亦从这个时期开始，承担了军事指挥的重任。他首先正确地分析敌情，认为"海贼挟倭奴为患，闽中之讯，欲率我师"❸。然后，又对明方连遭败绩的原因，作了言简意赅的论述："将领利于养寇，奸民乐于从贼，此逋寇所以得游魂海

---

❶ 参见《明史》卷二一二《俞大猷传》。

❷ 曾一本在隆庆二年连犯广东各地的情况，参考了张舜徽、吴量恺两先生主编的《张居正集》第二册，第十四页的注文。

❸《张太岳集》，卷二一，《答闽抚涂任斋》。张居正一直是将剿盗与防倭两方面的问题，作为密切相关的事件统一考虑的。他在《答浙抚谢松屏言防倭》（载《张太岳集》，卷二七）一信中也说道："（倭寇）一旦联舟入犯，必有勾引之奸。"故他总是主张必须肃清内奸，始足以言抗防倭寇。

上也。"❶ 为此，他坚定认为，如不严申军纪，提高战力，就绝不能改变到处受攻挨打的被动局面。他在给广东巡抚熊桴的信中着重申明此点，并表示当在内阁大学士的职任上，促成此一必要的转变，说："积弊之余，非破格整顿，恐不能济。有当言者，宜即疏闻，仆当从中力赞之也。"❷ 到底应该如何着手，他在另一封给时任两广总督张瀚的信中，有具体的论述和指示，言：

> 广事不意披猖至此，诸将所领兵船亦不甚少，乃见贼不一交锋，辄望风奔北，何耶？将不得人，军令不振，虽有兵食，成功亦难。故絷四败将于阙下，不重惩之，无以示警。诸凡调处兵食事宜，似宜少破常格，乃克有济。❸

不论对南抑或对北，张居正一贯主张罚必当罪，惩处宜严，"刑赏予夺一归之公道"❹。他曾指示："失事官军不必提问，径付军门处治。"❺ 这就是说，要授予阵前将帅以执行予夺诛杀的全权。只有"秉持公论，振扬风纪"❻，才可能变怯阵为敢战，化涣散为坚强，也才可能迫使倭与盗均因受打击而有所畏惮。"治乱国，用重典。广固乱国也，其势非用兵威以震荡之，奸宄不畏，良民无依。"❼ "用兵次第，

---

❶《张太岳集》，卷二一，《答两广总督刘带川》。

❷《张太岳集》，卷二一，《与广西巡抚》。按，张舜徽、吴量恺主编的《张居正集》第二册第四十二页的注文，认为原件衔有误，不是写给广西巡抚，而应是写给广东巡抚的。现从张、吴两先生意见。

❸《张太岳集》，卷二一，《答两广督抚张元洲》。与此相配合，当时内阁拟旨处理广东败阵之事，也是从刑必当罪的角度着眼的。《明穆宗实录》隆庆二年七月："切责总督张瀚，令亟率镇、巡等官悉力剿贼，以安地方。总兵俞大猷、郭成，姑令住俸立功赎罪。参将魏宗瀚、王如澄，把总俞尚志、朱相下巡按御史，逮絷至京问。"四败将即魏、王、俞、朱也。

❹《张太岳集》，卷三六，《陈六事疏》。

❺《张太岳集》，卷二一，《与蓟辽督抚王鉴川》。

❻《张太岳集》，卷三六，《陈六事疏》。

❼《张太岳集》，卷二四，《答两广殷石汀计剿广寇》。

则宜以海寇为先。"❶

正因为经过严厉的整饬，再加以握有票拟大权作后盾，张居正又通过本人亲笔函牍对前线督抚将帅作具体启发指示，于是明方军威大震。隆庆三年（1569）八月，俞大猷和福建总兵官李锡联兵迎战曾一本于海上，广东总兵郭成又从侧翼夹击，经鏖战后生擒了曾一本。五年，倭与"粤中诸盗"攻入广东西部的电白县神电卫，旋即被击退，歼其首恶。另一盗帮巨枭林凤因屡受追击，亦遁逃远洋，轻易不敢再登岸索战，一时"海寇息警"❷，闽、粤、浙、鲁沿线基本上恢复了宁谧❸。隆庆朝为时不足六年，但却是遏止倭寇侵扰、穷剿海盗取得重要战果的关键时期。居正妥善运用枢垣权力和个人威望，是起过很大作用的。❹

张居正并不以已在沿海取得一些重要的军事胜利为满足，而是能够从更长远的角度考虑问题，妥谋长治久安之策。他说：

> 窃以为灭贼固难，善后尤难。盖广之劬勤非一日矣。数年以来，忧在曾贼耳，未遑他图也。今鲸丑虽已就戮，而奸民反侧者

---

❶ 《张太岳集》，卷二一，《答闽抚熊兆潭》。据张舜徽、吴量恺两先生的考证，此件题衔有误，"闽抚"是"粤抚"之误。参见他们主编的《张居正集》，第二册，130 页。

❷ 《张太岳集》，卷二七，《答应天抚院宋阳山言防倭》。

❸ 万历二年和三年，仍有小股倭寇入扰广东和浙江，甚至声言"越惠、潮而犯岭西"，"联舟突犯"的情况，但其声势已远不如前。居正不懈地加强战备，坚持"一战而胜之，不俟登岸而遏之于外洋"的方针。对于已逃逸出洋的海盗，仍然穷追猛打，不容他们再度集结，经喘息休整后再卷土重来。特别是对与曾一本齐名的林凤部众，居正继续部署擒拿归案。在《答殷石汀计剿海寇》一信中说："林贼既失巢穴，飘泊海上，必不能久，宜与闽中约会图之。闽抚刘君（尧海）有智计，勇于任事，必能助公共擒此贼也。"穷寇宜追，除恶务尽，扑灭余烬，不许死灰复燃，果然收到预期的效果。

❹ 我们所以说张居正在隆、万之间戡平倭寇与海盗侵扰，曾起过重大的作用，一因现存数量不少的有关案牍，充分反映出，他确曾肩负起全面领导闽、粤、浙、鲁防倭剿盗的指挥重任；二因不能忽视，居正在隆庆内阁"九相"中，只有他是自隆庆元年正月至隆庆去世前一直任职，并且地位不断上升的唯一人。居正实际上处于主持政务的地位，故《明穆宗实录》所载有关剿抚海寇的诏旨，多是出自居正之手，体现着他的战略部署和运筹，其作用是他人无法比拟的。

尚怀观望；山寇陆梁者伺我疲劳。海防久废，法纪未张；吏不恤民，驱而为盗，此皆酿祸之根，未可遽谓宁帖也。

为今之计，似宜乘战胜之余威，藉兵饷之少裕，急将海防事宜严加整饬。……今宜选谙习舟师，分任责成。……区画已定，然后简汰有司，一意拊辑。所谓乘威之后以行惠，则惠尊而民悦，此数世之利。若狃于一胜，遂谓无事，而姑息以求安，窃恐乱本不除，余毒再作。❶

居正之所以不陶醉于一时的战绩，不溺惑于表面的安宁，是因为他正确地认识到，吏治日敝，民生倒悬，乃是培植动乱的土壤，"盖数年以来，广盗之起，始皆贪吏利其贿以致滋蔓"。❷他举广西怀远县官迫民反的事件为实例，"此事若非县令苛急，贼亦未必遽叛。事之未形，一夫制之有余；祸端已搆，数万人取之不克。至兵连祸结，师老财费，使朝廷壅南顾之忧，疆场有不讨之贼。彼激乱启衅者死，何足恤哉！"❸这个被张居正认为死有余辜的"激乱启衅者"，即为原怀远知县马希武，是贪酷官吏一典型。居正强调，"乘威之后以行惠"，正是说要在使用强大暴力扫荡之后，必须随之以对官吏的严加考课，尽可能荡涤官场的污浊陋习，关注民生疾苦，用以适当缓和官民关系。与其扬汤止沸，不如釜底抽薪。"民，善之则畜也，不善则仇也"❹，是史有明鉴的。以人为本，历来是中国古代伟大政治家遵奉的治道原则，"本治则国固，本乱则国危"❺。居正也清楚地认识到，"致理之道，莫要于安民。……民安邦固，即有水旱盗贼、敌国外侮之虏，而人心爱戴乎上，无土崩瓦解之势，则久安长治之术也。"❻他在扑灭东南沿海海寇问题上，采取军政配合，内外兼治，剿抚兼施的办法，基本上收到预期的效果。

❶《张太岳集》，卷二一，《答两广总督熊近湖论广寇》。
❷《张太岳集》，卷二二，《答两广李蟠峰》。
❸《张太岳集》，卷二五，《答巡抚郭华溪》。
❹《吕氏春秋·适威》。
❺《管子·霸言》。
❻《张太岳集》，卷四〇，《请择有司蠲逋赋以安民生疏》。

第四节　对少数民族反抗活动的血腥镇压

正德、嘉靖以来，国内的阶级矛盾和民族矛盾都更趋激化，而其中，又以东南和西南少数民族因不堪官吏暴虐和汉族豪强侵凌，因而接连爆发武装反抗的事件为甚。

到隆万之间，广西古田僮族首领黄朝选、韦银豹等率族众十余万人踞山结寨，不时袭击官军，攻打城池；瑶族则以酋长杨公满为首，占领沿江两岸，"掠荔浦、平乐，执永安知州杨惟执，杀指挥胡翰、千户周濂、土舍岑文及兵民无算"❶。与此同时，"迁江、来宾诸僮据右江，东掠三水、清远诸县，遂入南宁、平南、武宣、来宾，杀土吏黄胜及其子四人，又杀明经、诸生王朝经、周松、李茂、姜集等。"❷当时，桂、粤的动乱实际已连成一片。广东东部的潮、惠地区，"山险木深，贼首蓝一清、赖元爵与其党马祖昌、黄民太、曾廷凤、黄鸣时、曾万璋、李仲山、卓子望、叶景清、曾仕龙等各据险结砦，连地八百余里，党数万人。"❸德庆州的罗旁山脉，延袤七百里，瑶族首领潘积善亦集众与官兵对垒，不时进出，"阻深箐剽掠"❹。四川的都掌蛮自称为三国时期孟获的后裔，历代与汉族政权和官吏军民都有对峙抗争，"至隆庆时，其酋阿大、可二、方三等据九丝山，僭称王，剽远近。其山修广而四隅峭仄，东北则鸡冠岭、都都寨、凌霄峰，鼎峙相连，峻壁皆数千仞。有阿苟者，居凌霄城，为贼耳目，威仪出入如王者"❺。云南"自嘉靖以来，屡婴多故"❻，霑益土知州安世鼎去世后，由其妻安素仪署理州事，因无子而过继族亲安乐为子并继位的事，引发出族内房亲各勾结明方不同地方军政势力，互相烧杀，有时亦将战火蔓延至于内地；贵州贵竹土司安国亨谋杀故宣慰使安万铨之子安信，篡其位，明方贵

---

❶《明通鉴》，卷六六，万历元年二月甲戌。

❷《明通鉴》，卷六六，万历元年二月甲戌。

❸《明史》，卷二一二，《张元勋传》。

❹《明史》，卷二二二，《凌云翼传》。

❺《明通鉴》，卷六六，万历元年九月丙戌。

❻《张太岳集》，卷二七，《答滇抚王毅庵论夷情戒多事》。

州巡抚王铮率大军进讨，大败于水西。凡此诸端，都说明境内一些少数民族地区相继爆发出较大规模的军事动乱。星星之火，遂成燎原。

民族之间存在一些矛盾，本来是历史上遗留下来的。掌有政权，并且占人口绝大多数的汉族官员中一些人，对于相邻而居的少数民族，往往以先进和正统自居，挟其军政以及经济文化技术等方面的优势，鄙指少数民族为夷为蛮。一方面，千方百计以兼并其膏沃土地，逐步将少数民族挤逼于穷箐峻岭之域。另一方面，众多贪黩官吏以及地方豪强，又通过苛捐杂税、不等价贸易等方式以进行盘剥，有时又故意搆煽其内部矛盾，挑动其互相仇杀；或勾结少数民族中某些高层土司酋长等头面人物掠卖其人口，侵夺其山林房舍牲畜。小则搆讼，大则用兵，因此结怨起衅，竟有演变为累代的血仇。少数民族或迫于饥寒，或出于愤懑，亦有为贪图内地城乡繁华和物质财富，常有向汉族聚居地区侵扰剽掠，甚至发展为攻城略地的事件。

张居正当权之际，正处于粤、桂、滇、黔等省区少数民族不断称兵举事，而明方又正在集结大军，分别进行剿洗的高潮时期。隆庆五年（1571）五六月间，提督两广军务的殷正茂奏请集土、汉兵十万进剿广西古田、八寨的僮族反抗族众，经激战十余日，发炮仰攻，连破僮寨数十处，斩获八千四百有奇，生擒韦银豹，并奉诏磔之。万历元年（1573）一至四月，殷正茂又派遣总兵李锡、参将王世科统领大兵，并调派浙江鸟铳手、湖广钩刀手及狼兵数万人配合作战，进攻广西柳州怀远县瑶众，以水军截击于浔江，对崖壁峭岭，则用火攻，共攻陷瑶寨二百一十四处，斩获一万二千级。同年九月，四川巡抚曾省吾，派遣总兵官刘显等，调集土、汉兵共十四万往讨都掌蛮，双方拉锯攻守，相持了一个月之久，最后，刘显采用诱降和偷袭的办法，乘其无备，分途斩关突入，擒杀都掌蛮的首领三十六人，俘斩四千六百余人，追获酋长阿二于贵州大盘山。万历五年（1577）二至五月，新任两广总督凌云翼率大军十余万人，令总兵官张元勋、李锡等在前方指挥作战，以进剿广东德庆州的罗旁瑶，苦战了四个月，才攻陷巢寨五百六十，俘斩招降四万二千八百有奇。战役之后，凌云翼奏请将德

592

庆州的泷水县改名为罗定州，意即谓罗旁瑶已被平定。万历八年，原已归降的广西八寨僮族诸寨再次揭旗反抗，巡抚张任等统兵再剿，斩首一万六千九百有奇❶。凡此突出事件，都说明当时战况的激烈，使用兵力数量的巨大，杀伤人数的众多，甚至超过了在辽东前线对土蛮等族的交战。❷

张居正对于东南和西南少数民族的叛反和用兵征讨，一直视为最重大的军政工作之一，"积寇荡平，黎庶安堵，此不世之功也。"❸他对于北方的鞑靼土蛮等族的入扰，与南方瑶、僮等族的反抗起衅，基本上是同等看待的，都是主张使用军事打击作为主要的手段，"或明出以示兵威，或掩袭以攻不备"❹。而在具体作战中，又强调针对特点，制订战略战术，他曾指示机宜说：

> 大抵西之番族，广之瑶、僮，事体略同。狐鼠鼪鼬，潜伏坳林，穴居险阻，非可以力胜者也。制御之法，惟当选任谋勇将士，修险阻，明烽燧；责成近边熟番，远为哨备，厚其赏给；约束沿边军人，无容勾引番人交易图利。有警务先觉预备，奋勇追逐，必令挫折，则熟番皆畏威怀德，而生番自不敢犯。❺

对于起来反抗的少数民族族众，张居正颇有嗜杀的倾向，"天戈所向，歼殄无遗"❻。基于此一精神，他曾亲函主持两广军事的总督殷正茂，为之敞开了杀戒，言：

---

❶ 有关隆庆之间，相继举大兵以征剿少数民族反抗族众的过程，据《明通鉴》卷六五、六六、六七的记载，又参考了《明史》卷二二二，殷正茂、凌云翼；卷二一二，刘显、李锡、张元勋等人的传记写成。其中俘斩数量，记载不一，今从《明通鉴》。

❷ 按，在北方蓟辽前线，往往斩敌首数百级，即称为大捷，详见下节。

❸《张太岳集》，卷二三，《答两广殷古汀论古田事》。

❹《张太岳集》，卷二七，《答三边总督论番情》。

❺《张太岳集》，卷二七，《答三边总督论番情》。

❻《张太岳集》，卷二五，《与曾确庵计平都蛮善后事》。

> 今当申严将令，调益生兵，大事芟除，见贼即杀，勿复问其向背。诸文武将吏有不用命者，宜照敕书，悉以军法从事，斩首以徇。❶

当时的殷正茂正在统率由粤、浙、湖广以及狼兵等组成的特种部队，以猛烈火力攻杀凭险据岭以对抗的广西怀远瑶民，得居正指示信，不啻火上浇油。不久，居正另一函又重申此意：

> 兵机在呼吸之间，便有变态，安可预度？然大率盗贼奸宄，惟当慑吾之威，罕能怀吾之德。如机有可乘，一鼓而歼之，虽被虏坐镇之人，亦不足惜也。抚贼声不可传远，宜以密用。前喻岭贼如蔓草，难以尽拔，唯旋生旋除之耳。❷

这种矢言斩草除根，要一举而收荡平之功，"不问其向背""虽被虏坐镇之人，亦不足惜"的指示，对于殷正茂等人执行的滥杀血洗方针，当然是起到支持和助长的恶劣作用。张居正在这些指示性函件中，体现着封建统治者一贯视"蛮""夷"为异类的偏见和狰狞，是地主阶级当权派阶级本能的反映。限于当时的历史条件和认识水平，张居正这样的作为，可能自认为是谋取所谓长治久安的需要，是履行统治的正道。但是，历史的事实必须接受历史的裁判。隆庆时期和万历初期，相继发生的对僮、瑶、都掌蛮等少数民族同胞的过火屠戮，张居正是负有一定责任的。

---

❶《张太岳集》，卷二五，《与殷石汀经略广贼》。
❷《张太岳集》，卷二五，《答殷石汀》。

第五节　慎选善用，充分发挥戚继光、李成梁等人的将帅之才

隆、万之际，东南西北俱有边患，境内外烽烟四起。而在此之前，明皇朝战备废弛，险隘不守，兵马失额，军无纪律。正德和嘉靖皇帝又缺乏战守长策，决策忽战忽和，用人忽宠忽疑。蓟州前线，十七年间，易大将十人，率以罪去，总督王忬、杨选并坐失律而受诛。隆庆接统，张居正入阁之始，正当边关屡败之后，虏焰嚣张，军心涣散之时。在隆庆时期，他协助高拱运筹，已完成了允许俺答纳贡这样的大事，并开始整饬军纪，调整人事，加强战备，而初见成效。到万历初期，转由居正独揽军事上的最高指挥权力，为巩固边防，投入了大量的精力。他与边塞各地的主要将领，俱保持着密切的联系，不论在战略决策，战役指挥，调配和使用兵力，都有具体详细的指示，可谓运筹于庙堂之上，决胜于千里之外。而张居正主持军政工作最主要的特点之一，是十分重视选将与用将。他深知将领是一军的司令，是战士的表率，在战争中起到非常重要的作用。故此，他在实战中十分注意考察，精心挑选一些具有优异军事素质，多谋善断，而又骁勇善战的将官，授予他们地区性或战役性的指挥大权，留其久任，放置于敌我必争的要害关塞，倚重而信任之，委曲而保存之，在各方面创造必要的条件，让他们总领师干，勇于进取立功。故此，在隆庆和万历初期，虽然是兵凶战危，但却是逐步将军事形势从危殆转趋稳定，从被动变为主动，抗御虏倭均卓有成效。

当时，在边陲四方，都闪烁着一些历经战火洗炼，立有汗马功劳的将星，诸如俞大猷、谭纶、吴兑、刘显、王崇古、方逢时、殷正茂、凌云翼、戚继光、李成梁等人。以上各人勋业有成，固然与其本人具备的韬略武功和旺盛的战斗意志密切相关，但亦与张居正的部署使用适当，奖罚指示具体及时不可分。《明史》卷二二二，《赞》曰：

> 谭纶、王崇古诸人，受任岩疆，练达兵备，可与余子俊、秦纮先后比踪。考其时，盖张居正当国，究心于军谋边琐。书疏往

复，洞瞩机要，委任责成，使得展布，是以各尽其材，事克有济。观于此，而居正之功不可泯也。❶

《明史》认为诸将之得建功业，与张居正的柄政掌权存在着密不可分的依存关系，无疑是立论有据的。

张居正在其文集中，收载有致谭纶、吴兑、刘显、王崇古、方逢时、殷正茂、凌云翼、戚继光等诸人数量不等的函牍，累数万言，这是研究他的军事思想和驭将用人之道非常珍贵的历史资料。虽未见有直接写给李成梁的信件，但他在致其他人的信件中，却多处表示出对李的特殊关怀和爱护，并针对当时边防积习及李的个人特点，对有关问题妥为处置。因为戚继光和李成梁在边防上的作用，较之其他将领显得更为重要，而两人又各有明显不足之处，居正爱殷望切，对他二人的调理督责就比对其他人更为深细。张居正主持和取得的军政成就，实亦与戚、李密不可分。后人曾总评其事，言：

> 居正……尤留心边事。初与高拱合策以抚俺答，宣大以西，桴鼓凝尘。又用戚继光于蓟镇，一切用兵兴建，惟继光之言是听。又用大帅李成梁于辽东，敢战深入，当时九边晏如，庶几黄龙地节之时矣。❷

戚继光，字元敬，号南塘，山东登州卫人。世袭指挥佥事，用荐备倭山东，改浙江参将，赴援福建，擢福建副总兵官，晋都督同知。他曾大破倭寇于台州，后又歼之于福建。继光治军严，且钻研兵法，在浙东时曾创制鸳鸯阵，即将步骑兵力左右对称配置，便于互相支援和对敌夹击。有鉴于卫所军户兵丁多是被迫勾补入伍，缺乏战斗意志

---

❶ 按，余子俊（1429—1489），秦纮（1426—1505）二人均为景泰进士，在成化和弘治年间，都任过户部或兵部尚书，二人均以廉干知兵著名，先后出督大同，总制三边军务，主张沿边筑墙建堡，募死士，造战车，以积极防御北虏，为世所称。
❷《月蝉笔露》，卷下。

的人，甚至是以老弱充数，因此，继光所部改为在浙江内地招募朴实健壮的农家子弟为志愿兵，严加训练使成劲旅，人称戚家军。张居正入阁后，调继光北上，总理蓟州、昌平、保定三镇练兵事，旋改为总兵官，寻以功进左都督，加太子太保，晋太保。"元敬自束发而从军者逾三十年，南歼倭，北劲胡，横草之功勒于五熟之釜，遂位师保，极人臣。三十年之间，未尝一日不披坚执锐，与士卒共命于矢石之间。"❶"戚继光用兵，威名震寰宇"❷"飙发电举，屡摧大寇"❸。他不但以武功著，而且擅长文学，《列朝诗集》有收载其诗作，并附有跋言："少保少折节为儒，通晓经术，军中篝灯读书，每至夜分。戎事少闲，登山临海，缓带赋诗。……其诗多感激用壮，抑塞偾张之词，君子读而悲其志焉。"将军横槊亦能诗❹，可称允文允武，是不可多得的人才。

但是，金无足赤。《明史》谓戚继光与俞大猷相比，则"操行不如"。这里所说的"操行不如"，一则指其在军前奢侈浪费，好宾客排场，向有不廉之名❺；二则指其不善于处理与上级和僚佐之间的人际关系，特别爱计较名位衔头、接应礼仪尊卑、坐位席次高低，常有恃功骄傲、盛气凌人之处。

张居正对于戚继光的长处和短处都有深切了解。从隆庆二年（1568），居正作主从御倭前线调戚北上，责成他肩负巩固京畿的重任

---

❶ 戚继光：《止止堂集》王世贞序。

❷《明史》，卷二一二，《赞》。

❸《明史》，卷二一二，《戚继光传》。

❹ 戚继光的诗集，名为《横槊稿》。

❺ 清人陈田在其辑撰的《明诗纪事》庚签卷二四，曾对戚继光这方面的情况有所论述，"史称隆庆后，款市既成，烽燧少警，辇下视镇帅为外府。山人杂流，乞郤士尺牍往者，无不餍所欲。蓟镇戚继光有诗名，尤好延文士，倾赏结纳，取足军府。……一时风会所尚，诸边物力为耗，识者叹焉。"但当时亦有人为戚的豪奢和交往结纳辩护，认为是有不得已之处。林之盛言："余尝行边，一老弁语余曰：此中大将最苦，要人以为金窟，文人以为墨庄，不得不相加遗，否则，孰肯翼之而孰游扬之？又安能悬斗大印而掳老上？"（《国榷》，卷七二，万历十一年二月戊子附）故戚继光这方面的缺点，是与当时官场风气不可分的。

开始，一直到居正辞世之前的十五年间，居正对继光的重用、保护和督责教诲，可说从未有间断。他认为："世必有非常之人，然后有非常之事；有非常之事，然后有非常之功。"❶他是以非常之人视戚，而又以非常之功期望于戚的。他又认为，对于卓异边才，"即有瘢额，犹可驱策而用之"❷，不可因其小瑕而弃其大瑜。这是张居正在有关戚继光问题上一贯坚持的原则。

张居正对待与戚继光有关问题的态度，大体可归纳二类：一为努力代为疏通，为戚缓减嫌忌，消除被摒弃贬斥甚至被诛杀的危险，保护之以为国用。二为直接对戚本人的一再谆谆教诲。

先言其一。

隆庆五年（1571），张居正曾在致湖广巡抚汪道昆的信中说到，戚继光与谭纶二人在"数年间大忤时宰意，几欲杀之，仆委曲保全，今始脱诸水火"❸。姑不论要杀戚、谭之议能否成为事实，但已可看到，戚继光在宦途中确曾遭遇过几乎灭顶的大风险，端赖张居正给以援手方脱离险境，然后又加以重用。

隆庆二年调戚继光北上，诏以都督同知总理蓟州、昌平、保定三镇练兵事，自总兵以下，悉听节制。但戚继光却认为，总理名位虽高，但实际的指挥权力有限，他认为创设总理一职，诸将视为赘疣，自己有职无权，不可能如意展布。加以兵部还一度上疏，拟加巡关御史以监军名义督察戚的练兵，继光对此更加反感，认为是不必要的掣肘，一度情绪低沉。居正一方面及时调整了戚的职务，改任蓟镇总兵，俾其掌握实在兵权；另一方面，又驳回了派巡关御史监军之议，俾戚可

---

❶《张太岳集》，卷二，《答总督方金湖》。

❷《张太岳集》，卷二五，《答蓟镇巡抚言优假将官》。

❸《张太岳集》，卷二三，《与楚抚院汪南明》。信中没有说到，要杀戚继光和谭纶的"时宰"是谁。笔者考虑，此信写于隆庆五年，数年前事，当是指隆庆元年，戚未奉调北上以前。当时内阁内徐阶、高拱、张居正均在位，但敢于提出诛杀大将的，似只有高拱。又戚继光在《止止堂集·横槊稿》下亦说到，谭纶"奉内诏，入典禁兵，未几，病免，避新郑也。"这个新郑，就是高拱。似可说明，谭、戚与高拱的关系已势同水火。然否？仅供参考。

专责练兵，不受言官的阻挠干预。为此事，他写了许多封信给时任蓟辽总督的谭纶，因为谭纶当时是戚的顶头上司，前在闽、浙又一直与继光并肩作战，相知最深，时人称为"谭戚"，谭又是力主委付继光以练兵重任的人。其中一函曰：

> 近日处分戚帅，诚出下策，然非得已也。……且事权归一，法令易行。兵不远索，浮议自省。假之以便宜，需之以岁月，蓟镇之事亦未必不可振也。但以总理体面，比之镇守为优。今既易衔，则上下承接自有常分，用之虽重，而礼则少损矣。昨本兵题覆，虑不及此。不知公议疏中，亦可为一处否？如不可处，则于常礼之处，少加优借以鼓舞之。
>
> 又本兵疏，以巡关御史监军，此言大误。盖戚帅之请监军，谓于本镇之外，别练兵五万也。今既为镇守，有地方之责，则巡关御史，何事不可督察，又何必更为监军名色以挠之哉！公于议疏中，幸婉词以破其说。❶

稍后，居正又密函谭纶，再作补充，言：

> 戚帅以总理改总兵，诚为贬损。缘渠当仆以书相问之时，不急以此意告我，而本兵又仓卒题覆，故处之未尽其宜，然及今尚可为也。望公于议疏中委曲为言，不但体面降抑，为下所轻；且督抚标兵，皆欲付之训练，若不兼总理，何以行便？乞特致一书阁中二公，及虞坡、思斋，仆得从中赞之，更易为力也。倘得如意，当于敕书中增之，其关防当改铸矣。❷

---

❶《张太岳集》，卷二一，《与蓟辽总督谭二华》之一，之二。阁中二公，是指同时与居正在内阁的李春芳、陈以勤二人。虞坡是吏部尚书杨博的号，思斋是兵部尚书霍冀的号。

❷《张太岳集》，卷二一，《与蓟辽总督谭二华》之一，之二。

居正授意谭纶出面，争取改变兵部简单地将戚从总理改任为总兵，而未考虑其实际权限范围的做法，故此，请谭先以总督身份向大学士李春芳、陈以勤，吏部尚书杨博，兵部尚书霍冀等妥为说辞，然后再由自己在阁内大力促成采用特旨，破例授戚继光为蓟州镇总兵官兼总理练兵事务，这样，戚既拥有镇守的实权，又可继续保持统领三镇练兵，节制其他两总兵的职任，避免降黜之疑，从而解除继光的心病。谭纶遵照居正的指授方案上疏及致函有关大佬，几经周折，此事才总算摆平了。张居正为此煞费心力，当然不仅是为了满足戚的一己名位之思；实际上，如不给予与职、权、责任相称的待遇，继光亦确有难施展布之处。居正的爱戚重戚，为国惜才，为国用才，于此可见一斑。❶

　　事实证明了居正的用心和委曲措置是正确的。继光履新任后，蓟镇前线的防务即大为改观。他巡行塞上，首先在沿边境二千里分界线上修建坚固敌台一千二百座，每台高五丈，分三层，各驻兵百人，铠仗糗粮具备。平时则睥睨四达，密切监视敌情变化；战时则互为响应，调动灵活便捷，能迅速组成攻守兼擅的野战军，无庸再在远方派遣援兵。他亲自训练的浙兵，以纪律严明著称，"浙兵三千至，陈郊外。天大雨，自朝至日昃，植立不动。边军大骇，自是始知军令。"❷针对敌人擅骑术，以冲刺见长的情况，继光又议立车营，战时结成方阵，再配合使用拒马器和火器，用以遏阻敌骑冲突。继光能与士卒同甘苦，得士心，将兵皆愿效命。每当时局紧张，战端将起之际，继光往往亲撰誓师文告，自誓"谬为主帅，以御虏为职，死绥为分……必不至效昔年旧套，畏首畏尾，幸守无事，而不宣力角虏"，要求各级将兵"履戒严之秋，申告誓之恳。势弗容已，义实攸关，务期协力同心，以报朝

<hr>

❶《张太岳集》，卷二一，《与蓟辽总督》，是张居正为调整戚继光职权事的另一函。此函是在问题已基本上获得解决之后，写给谭纶的，并请谭纶对戚继光转致厚望，曰："蓟中事，公所指画，咸极精当，本兵一一题覆。初亦有一二异同之论，仆据事理譬解之，今皆帖然矣。戚帅复总理，不载议中，谅公有难言者，已据部疏，拟特旨行之。即有言者，无足虑矣。但乞谕意戚帅，努力功名，以答群望，仆亦与有光焉。"
❷《明史》，卷二一二，《戚继光传》。

廷，以不负此生"❶。每当战后，他又必亲自抚恤伤残，奠祭阵亡将士，哀思诚挚，全军泣下。戚继光亲自撰写的有关动员作战、申明军纪、追悼战侣的文告，均收载在其文集中，充溢着严肃、真挚和亲切之情，完全不同于当时其他将领的唯上唯官，满腔空洞套话。戚亲撰的文告，甚至连外国人读后亦感叹不已。❷

正因此，"继光在镇十六年，边备修饬，蓟门晏然""蓟门军容遂为诸边冠"❸。这证明了张居正赏拔奖掖继光于万千武将之中，可称慧眼识人。谈迁谓："江陵能尽人之才，真戚氏于蓟、永间，殆无北顾之忧。"❹是哉此言！

次谈其二。

张居正对于戚继光傲上好胜、气量狭窄、过分计较礼仪规格的毛病，一直采取谆谆教导和批评规劝的态度，寓关怀于针砭，不失为严肃。隆庆六年（1572），朝廷派兵部左侍郎汪道昆巡视蓟、辽军务；万历二年（1574），又派郜光先为阅视大臣。戚继光在他们到达之前，均向张居正询问有关接待礼节，实际上是不愿以属下地位参谒。对此，居正一方面事先与汪、郜都打了招呼，请他们对戚特予优容；另一方面，又先后去信，叮嘱继光"足下自处，又且务崇谦抑，毋自启侮"❺。

---

❶《止止堂集》,《横槊稿》下。

❷ 万历二年七月，朝鲜国使臣赵宪被派来华，停宿于戚继光的驻地永平府，言："景晦以府总兵官戚继光三文帖来示：出师时祭海、岳、隍、纛等神文，及祭战亡将士，及曾为麾下而立功之人之文，及记其师临难善处之辞也。忠诚甚笃，文字兼美，真间世名将也。山东登州人。蓟门人曰：'戚公曾任南方边帅，时适有倭寇与战之时，戚公以其子为偏将而失律，仗义斩之，卒胜于敌，与岳公无异。今镇北方，善谋善御，有急必援，房不敢犯。"（《朝天日记》，载《重峰集》，卷一一，万历二年七月二十三日）按，赵宪此言，足见戚当时在国内外已享盛誉，但临阵斩子戚印之说虽中国神史笔记亦有类似记载，而传说于社会，但戚本人的文告从未有涉及此事，应是以讹传讹，是不真实的。

❸《明史》，卷二一二，《戚继光传》。按，这里说的十六年，是指从隆庆二年（1568）至万历十一年（1583），实际上，自万历十年六月张居正去世后，戚继光的地位即不稳，"时议其党张居正"，不久即被调镇广东，又被劾论追究，终被罢职。张戚互相支持，共建功业，实际上只有十五年。

❹《张太岳集》，卷二四，《与戚总兵》。

❺《张太岳集》，卷二四，《与戚总兵》。

"窃意今日，当以钦命为重，不在兵衔之有无。谦以自处，见者自然悦而敬之。"❶继光总算遵照了居正的指示，以总理身份觐见汪、郧，避免了无谓的顶撞。

最能体现居正对继光的关心期许和劝戒的，是在万历六年三月，他在动身回湖广江陵老家葬父前夕，专门写了一封长信给继光，告诫他务必注意妥善处理好与蓟辽总督梁梦龙的关系；要平等对待南北各军，切不可有所偏袒；应汰逐那些混迹边疆军府的游士；更要审慎对待边境少数民族，正确使用恩威两手。曰：

> 蓟事已悉托之鸣泉公（梁梦龙号），渠乃孤之门生，最厚，谅不相负。自被总督新命，听其议论，观其意向，便视蓟如家。士大夫有短足下者，即力为辩护，可以知其用意之厚矣。
>
> 愿足下自处，务从谦抑。凡事关利害，宜宜直披情愫，虚心商榷而行。勿定执己见，勿心口异同，与人争体面，讲闲气；南北军情，务须调适，法行一概，勿得偏重；凡浮蠹冗食之人，悉宜除汰，蓄之无用，徒招物议；其处置属夷一节，不可视为细事。务宜恩威互用，使之知畏且怀，为我外藩可也。边疆事重，不敢须臾少忘。顷奉上谕，凡机密重务，许以不时奏闻。阃外之事，部署已定，幸足下倍加审慎，勿以孤之暂去，而遂易虑也。❷

这封信平白晓畅，真挚诚笃，读之恍如家人父子语。它既出于公义，但亦洋溢着深厚私谊，既严肃又亲切，可以说是张戚知遇的凝聚。是当时一般宰辅辈给前线将领书简中罕见的。戚继光得以建立的显赫勋功，实与张居正的倚任和督责不可分。

如果说，张居正之对于戚继光，大体上类如严正父兄对于偶沾有陋习的佳子弟；但对于另一骁将李成梁，则主要是善用其勇，但严加防范和挫折其杀降冒功、虚报军情、贪婪贿赂，贵极而骄纵跋扈，广

---

❶《张太岳集》，卷二八，《答总兵戚南塘》。
❷《张太岳集》，卷三〇，《答蓟镇总兵戚南塘计边事》。

事结纳诸劣行。

李成梁，朝鲜裔人，四代前即内附明朝，世授铁岭卫指挥佥事。他生于辽东，长于辽东，从军作战于辽东，对当地地形关塞、鞑靼族土蛮部的内情虚实，攻防策应之方，都有深入的掌握，且其本人"英毅骁健，有大将才"❶，屡建殊功。从隆庆元年（1567）起，他便开始崭露头角，初以援救被土蛮围攻的永平府有功；继又迎击并斩酋目张摆失等于塞下。四年，辛爱大人，总兵官王治道战死，辽东全面告急。前此十年之间，已死殷尚质、杨照、王治道三大将，当此军民惶恐之际，成梁坐镇辽阳，"大修戒备，甄拔将校，收召四方健儿，给以厚饩，用为选锋。军声始振"❷。成梁不但扭转了辽东前线的军事劣势，还迭挫来犯之敌。五年五月，成梁先是率部夹击来犯之土蛮于卓山，断其首尾，斩首五百八十余级；然后，又夜出塞二百里，捣破土蛮重要巢穴劈山营，斩首四百三十级；其所部又擒斩长期为患的巨酋、建州都指挥王杲，毁其营垒。类似战功不一，打了不少漂亮仗。成梁亦因积功而地位不断上升，加太保，世荫本卫指挥使，封宁远伯，已稳然成为捍卫辽东的干城，有力地遏止了土蛮等部多年纵横出入、掳掠随意的状况。其子如松、如柏等亦久历戎行，能够独当战阵，分别立有勋功。李氏家族在辽东，已积成手握重兵，举足轻重的巨大势力，"宁远伯李成梁父子威名素著，诸子家丁，骁勇惯战。贼降夷杂种，出入边徼，心轻中国，独惮李氏耳"。❸

张居正与李成梁是同时代人，甚至几乎是同一时期跃登军政舞台的。居正自隆庆元年（1567）入阁参理国政，其后又上升为元辅，掌握军政全权，有关辽东的防务部署，战略机宜，成梁及其所部的动态，一直在其直接监控之下。对于李成梁的卓著战功，以及一时实无法取代的地位，居正当然是充分理解的。但对于李成梁诸种违法乱纪的劣

---

❶《明史》，卷二三八，《李成梁传》。

❷《明史》，卷二三八，《李成梁传》。

❸〔清〕钱谦益：《牧斋初学集》，卷六四，《副都御史梅公神道碑铭》。

行 ❶，他亦从未松懈警惕，保持着清醒的判断并力求予以适宜的措置。在他看来，择人不能不任势 ❷，从战略和全国大局得失考虑，有时亦不能不稍为从权。甚至不能不稍为贬让纲纪和道德原则，对现状稍作迁就。如何对待骄将悍帅的过分不法，一直是困扰历代政治家的老大难问题。居正亦是如此，他力图在这两相矛盾的方面取得必要的平衡。为此苦心孤诣，在其有关函牍中均清晰可见。

张居正在北方的战略方针，是以蓟镇和辽东作为两大据点，用戚继光于蓟镇，用李成梁于辽东，部署两员主将于兵家必争之要地，互为犄角。蓟镇以固守为功，用以拱卫首都；辽东则可攻可守，用以抗歼土蛮。隆庆初年以来，居正即按此方针指挥边事。

万历七年（1579）秋天，在给大同巡抚贾应元的信中说道："先报土蛮大举犯边，即驰语该镇戒备，坚壁清野。李帅持重勿出，使戚帅选锐出关应援，而自以重兵驻一片石（今河北省抚宁县境内），伺间出奇邀击。近报贼犯宁前（今辽宁省绥中县境内），见我兵云集，即望风而遁……自此辽蓟声援相通，二将协和，势若常蛇。" ❸ 很明显，张居正是将蓟、辽视为两翼，而寄殷切期望于戚、李二将，倚之为左右手的。

但是，李成梁屡有令张居正大失望之处。万历三年五月，成梁以不实情报上告辽东巡抚张学颜，张学颜又据此飞奏，说"虏寇猖獗"，鞑靼土蛮部率二十余万骑兵入犯，前锋已到近边大凌，"请兵请粮急于

---

❶ 关于李成梁桀骜不驯、违法犯禁的行为作风，《明史》本传有具体的记载，言："成梁镇辽二十二年，先后奏大捷者十，帝辄祭告郊庙，受廷臣贺，蟒衣金缯岁赐稠叠。边帅武功之盛，二百年来未有也。其始锐意封拜，师出必捷，威震绝域。已而位望益隆，子弟尽列崇阶，仆隶无不荣显。贵极而骄，奢侈无度。军赀、马价、盐课、市赏，岁干没不赀，全辽商民之利尽笼入己。……而其战功率在塞外，易为缘饰。若敌入内地，则以坚壁清野为词，拥兵观望；甚或掩败为功，杀良民冒级。阁、部共为蒙蔽，督、抚、监司稍忤意，辄排去之，不得举其法。……既而物议沸腾，御史朱应毂、给事中任应徵、佥事李琯交章抨击。事颇有迹，卒赖奥援，反诘责言者。"

❷ 参见《孙子·势篇》。

❸ 《张太岳集》，卷三一，《答大同巡抚贾春宇计辽蓟协为声援》。

星火"❶。此事非同小可,连万历皇帝亦深为震惊,以之询问张居正"虏势如何?"居正对于这些虚假情报,具有冷静镇定的判断,而且做了万全的部署。他答复万历说:"臣等窃料此虏冒暑拥众,犯非其时,近暑雨连作,弓解马疲,势不能逞。且蓟镇人马已出关应援,保无他虞,可不烦圣虑也。"❷五天以后,万历又表示,为辽东告急事"朕心日夕悬虑"❸。其实当时情况已经明朗,居正一方面急派人着宣府巡抚吴兑勘查实情;另一方面又飞檄蓟州总兵戚继光加强战备,并着戚即揭报前方动态。吴、戚均报来,所谓土蛮大兵压境之说纯为捏造。居正为此向万历奏明,这是边将故传讹讯以哗众,用以自高身价,又为报功取酬埋下伏笔,性质特别恶劣;兵部闻报张皇,既不核实,又不妥谋对策,未以失职引疚,均必须以严旨申斥。针对李成梁等虚报重大军情,制造混乱,居正认为必须从根本上加以整饬,言:

今据蓟镇总兵官戚继光揭称:"诸酋久已解散,时下正议犒兵。"及臣等使人于宣府密探西虏青把都动静,则本酋一向在巢住牧,未尝东行。辽东所报,皆属夷诳赏之言,绝无影响。数日以来,更不闻消息矣。

臣等因此反切忧虑:夫兵家之要,必知彼己,审虚实,而后可以待敌,可以取胜。今无端听一讹传之言,遽尔仓皇失措,至于上动九重之忧,下骇四方之听,则是彼己虚实茫然不知,徒借听于传闻耳,其与风声鹤唳、草木皆兵者何异?似此举措,岂能应敌?且近日虏情狡诈,万一彼常以虚声恐我,使我惊惶疲困于奔命,久之懈弛不备,然后卒然而至,措手不及,是在彼反得先声后实,多方以误之之策,而在我顾犯不知彼己,百战百败之道。他日边臣失事,必由于此。故臣等不以虏不来为喜,而深以边臣之不知虏情为虑也。

---

❶《万历起居注》,万历三年五月二十日、二十五日。
❷《万历起居注》,万历三年五月二十日、二十五日。
❸《万历起居注》,万历三年五月二十日、二十五日。

兵部以居中调度为职，尤贵审察机宜，沉谋果断，乃能折冲樽俎，坐而制胜。今一闻奏报，遂尔张惶；事已之后，又寂无一语，徒使君父日焦劳于上，以忧四方，而该部以题覆公牍，遂谓足了本兵之事耳。臣等谓宜特谕该部，诘以虏情虚实之由，使之知警。……不可不一儆戒之也。**❶**

　　张居正这一翻说词，可说淋漓尽至，其主题远远超出对又一次虚报重大军情问题的揭露，而实痛指此中关系到整个军事体制习以为常的虚假瞒骗等腐败，"虏酋假虚声以要赏，边将信讹传以希功"**❷**，正是当时边防的陋弊，其必然的恶果是导致丧师辱国。时任辽东巡抚的张学颜，任兵部尚书的杨博，本来都是张居正比较倚重的人，但张居正并未因此而稍加宽纵，他随即代万历皇帝起草了一道语气严峻的"圣谕"，对张、杨、李成梁等的"苟欲快意，不为后图"**❸**的歪风邪行，一一进行申斥。推源起始，最早虚报军情的，只能是来自戍守前线的李成梁，张居正的严肃处理，首先是对他一大棒喝。

　　万历六年（1578）三月，又发生李成梁所部杀降冒功的事。原来明朝军制的纪功方法，是要参战将士在战役之后呈验斩杀敌人的首级，按数量计功给赏。但自正统以来，这样的核计办法已经暴露出不少问题，有些将士钻制度的空子，临战不敢对敌，却于战后纵兵斩杀平民，改结发辫以冒充"虏首"邀功；甚至有在平日预先俘囚对方老弱，留待战时杀之以献首级**❹**。这种腐败风气弥漫于军中已百年，但到万历初期，因李成梁的有意纵容，居然发展为成批掩杀，用以为首报"大捷"的根据。当时，有鞑靼别部因得罪土蛮，七八百人携带牛羊群东奔，

---

❶《万历起居注》，万历三年五月二十五日。

❷《张太岳集》，卷二五，《答吴环洲》。

❸《张太岳集》，卷二五，《答吴环洲》。

❹ 嘉靖时期，为疏劾严嵩而受迫害致死的沈炼，曾有诗痛斥此种杀俘冒功的事，曰："割生献馘古来无，解道功成万骨枯。白草黄沙风雨夜，冤魂多少觅头颅。"（《青霞集》，《感怀》）又曰："塞上烟尘一万重，霍家营阵自从容。健儿夜半偷胡马，留作秋来夺获功。"（《青霞集》，《边词》之三）。

准备向明朝投降。但李成梁部游击陶承馨不问青红皂白，命令军队冲杀，斩首四百七十级，收掠其牛羊群。李成梁不但隐瞒了实情，反而虚捏战况，奏称取得了"长定堡大捷"。捷报送达北京时，因张居正已请假回江陵葬亲，万历皇帝懵懵然为此告谢郊庙，大行赏赉，李成梁被加荫为世袭指挥佥事。但是，如此大事，终未能完全掩盖，而且敌骑来犯，焉有率带大批牛羊之理？亦焉有坐待掩杀割首之理？万历派人将捷报送到江陵，张居正经思考分析之后，认为大有可疑，对于再给予李成梁厚荫之事亦有所保留，他一方面函嘱蓟辽督抚及巡按御史等核实查究；另一方面又给时任兵部尚书的方逢时写信，提出疑点和问题，言：

> 辽左之功，信为奇特。
>
> 但细观塘报，前项虏人有得罪土蛮，欲过河住牧等语。虽其言未可尽信，然据报，彼既携七八百骑，诈谋入犯，必有准备；我偏师一出，即望风奔溃，骈首就戮，曾未见抗螳臂以当车辙者。其所获牛、羊等项，殆类住牧家当，与入犯形势不同。此中情状，大有可疑。或实投奔之虏，边将疑其有诈，不加详审，遂从而歼之耳。今奉圣谕特奖，势固难已。但功罪赏罚，劝惩所系，万一所获非入犯之人，而冒得厚赏，将开边将要功之隙，阻外夷向化之心，其所关系，非细故也。
>
> 且李成梁节被宠赉，已不为薄。异时边将以功荫子未有世袭者，而渠每荫必世，又皆三品以上大官，今再欲加厚，惟有封爵耳。祖宗旧例，武臣必身临行阵，斩将搴旗，以功中率乃得封。今据所报，彼固未尝领兵当敌，如往者战平虏，擒王杲也。昔唯赏荫，今乃加封，厚薄亦非其伦也。❶

居正对于所谓"长定堡大捷"，虽然"心切疑之"，并曾为此事"具一

---

❶《张太岳集》，卷三〇，《答本兵方金湖言边功宜详核》。

密疏入告"❶。但是，当时他请假在家乡，及至回朝，万历封赏的谕旨已经下达，他虽然在给蓟辽总督梁梦龙、巡抚周咏的信中浩叹："赏罚劝惩所系，乖谬如此，殊为可恨""何当事诸公之不审处，一至于此也。"❷但也实在难以追回并改正"圣谕"，"长定堡大捷"之案并没有被推翻；李成梁的世袭亦成为既成事实；"借人头颇说征战"❸，一时也难以彻底纠正。

当然，政治是最实际的力量较量和计算。张居正虽然有疑并有所憎恶于李成梁的诸多不法，但对于这位手握雄师，威震辽东，亦确曾迭立过战功，有力阻遏住土蛮等入侵的军头，亦不敢过分触动，更谈不到操刀一割。张居正在强调功罪必应"量其虚实大小，以为予夺厚薄"❹的同时，对于李成梁本人，似乎亦注意到稍留例外和注意宽容，"李帅之功，揭诸日月，懋赏重赉，不待言矣。长定即全属虚妄，朝廷亦必以功疑宥之，不加深治。"❺经此之后，李成梁有一段时期比较注意收敛。事实证明，委曲用过，以恩辅威，似亦是将将之一法。同年十二月，鞑靼泰宁部长速把亥、炒花，连同土蛮、黄台吉等，联兵三万余进攻辽东东昌堡，前锋进及耀州。李成梁一方面部署诸将分防要害，不许任何敌骑突入；另一方面，又采取围魏救赵之计，出塞二百余里，直捣圜山，大获全胜，取得了名实相符的"东昌堡大捷"。居正闻捷大喜，致信辽东巡抚周咏，请转告嘉勉之意，言：

> 李帅用奇出捣，使贼狼狈而返，乃孙膑走大梁之计。比前长定之捷，杀降以要功者不侔矣。功懋懋赏，国家自有彝典。诸公运筹决胜，功岂容泯？少选，当请旨加恩，不敢蔽也。❻

---

❶《张太岳集》，卷三〇，《答边镇督抚》。但他在信中所言的密疏，在《实录》等史料中均未见。

❷《张太岳集》，卷三〇，《答辽东安巡按》。

❸ 俞彦：《战雏南》，收载在陈田辑撰的《明诗纪事》，庚签，卷二〇。

❹《张太岳集》，卷三〇，《答辽东安巡按》。

❺《张太岳集》，卷三〇，《答辽东安巡按》。

❻《张太岳集》，卷三〇，《答辽东周巡抚》。

教诲之，儆戒之，鞭策仍重用之，适当时候又嘉勉而恩结之，是张居正对待李成梁这样具有特殊背景将领的办法，居正在这些方面驭将策略的运用，应该说都是比较纯熟的。例如，他在万历四年（1576）给辽东巡抚张学颜的信中言："公幸时时谕意李帅，大将贵能勇能怯，见可知难，乃可以立大功。勉之，慎之。为国任事之臣，仆视之如子弟，既奖率之，又宝爱之，惟恐伤也。"❶ 六年，在给辽东巡抚周咏的信中更说道："李帅去年曾馈我以厚礼，虽当即谢却，然恐鳞翼或有差池。且不肖于渠，奖提爱护，意固不为不厚，然以为国家，非敢有一毫市德望报之心也。渠诚以国士自待，唯当殚忠竭力以报国家，即所以酬知己，不在礼文交际之间也。渠不知鄙意，以为有所疏外。会间，幸一譬晓之，以安其心，坚其意。"❷ 或言，张居正对戚继光的督责教诲出自诚笃；而对于李成梁交替使用恩威两手，稍近于用术。这既是由于两人的成长背景、禀性表现、素质器识均有很大的不同，不能不针对其各自特点，采取不同方法以控驭而使用之。秉持原则而又允许保留必要的灵活，其中实有妙用在。"夫举贤用能者，不时日而利；明法审令者，不卜筮而吉；贵功养劳者，不祷祠而福。"❸ 隆万之际，军事形势明显好转，与张居正的善于将将密切相关，与他精巧细致地做人的工作密切相关，此正是他卓越军事指挥才能的重要组成部分。

---

❶《张太岳集》，卷二八，《答总督张心斋计战守边将》。

❷《张太岳集》，卷三〇，《答辽东周巡抚》。

❸《孙子·计篇》，《尉缭子曰》。

第十五章

厉行法治，刑期无刑

第一节　明中叶以来的法弛刑滥

法律是统治阶级意志的集中体现，是维护其统治利益和统治秩序的主要工具。一个国家的盛衰，往往可观察其法制是健全抑或弛废，便得其大概。"自古乱亡之国，必先坏其法制，而后乱从之。"❶这久已在历代兴亡的历史中得到验证。

明代的法制史也有力地说明了这一点。建国之初，朱元璋"惩元末吏治纵弛，民生凋敝，重绳贪吏，置之严典。……一时守令畏法，洁己爱民，以当上指。吏治焕然丕变矣"。❷但是，有一段时间，元璋曾对犯赃罪者，不问数额多寡，一律处死，甚至借端杀戮，大兴党狱。这种取快于一时的审判，有时是出于情绪性的爱憎，有时又不问罪刑是否相当，均难以奉为守则。暴法等同无法。元璋在晚年，虽然颁行了画一的法律，令子孙世守之，但又僵硬地规定，不许群臣稍议更改，否则，即处以变乱祖制的罪名，岂知时移世易，是绝没有任何一成不

---

❶〔宋〕欧阳修：《新五代史》，卷四六，《王建立传论》。

❷《明史》，卷二八一，《循吏传序》。

变的法律，可以永恒适用于不断演变中的国势民情的。"时已徙矣，而法不徙，以此为治，岂不难哉？"❶ 正因为洪武时期制订的法律"不足以尽情伪之变"，因循日久，渐成具文，有律几同无律。"于是因律起例，因例生例，例愈纷而弊愈无穷"❷。特别是到正统、成化年间以后，"钦恤之意微，侦伺之风炽。巨恶大憝，案如山积，而旨从中下，纵之不问；或本无死理，而片纸付诏狱，为祸尤烈"❸。

明代中央一级掌管司法事务的，原规定是刑部、都察院和大理寺，即所谓"三法司"。"刑部受天下刑名，都察院纠察，大理寺驳正"❹。也就是说，归属中央审判的案件应先由刑部主审，再由都察院详议平允，又送大理寺审复，然后再达成一致的判决意见，奏请皇帝最后审定。如有异议，亦可奏闻。这样规定的目的，本来是为了慎重刑狱，使三法司互相牵制，又防止互相推诿，无所责成。但这样架构重叠，职权交错，也往往会形成互相踢皮球，徒留制约的形式，并未能有力地保证执法准确和司法公平。

特别是，君主专制政体决定了君主的权力凌驾于国家规章之上，司法权必然要依附并服从于君权。皇帝可以不通过主管司法部门，而使用非司法系统和人员干预或径行审判，由皇帝直接指挥和控制，置法律于度外。在明代，表现最突出的，就是有意设立和倚重诸如东厂、西厂、内行厂和锦衣卫等特种缉捕部门，它们都可以奉旨捕押人犯，受理各种案件。锦衣卫号称"诏狱"，"天下重罪逮至京者，收系狱中，数更大狱，多所断治，所诛杀为多"❺。厂，俱是委派宦官主持，经常根据御旨而参与或主办重案，或仅在形式上与三法司官会审，"凡大审录，赍敕张盖于大理寺，为三尺坛，中坐，三法司左右坐，御史、郎中以下捧牍立唯诺，趋走惟谨。三法司视成案，有所出入轻重，俱视

---

❶《吕氏春秋·察今》。
❷《明史》，卷九三，《刑法志》一。
❸《明史》，卷九三，《刑法志》一。
❹《明史》，卷九四，《刑法志》二。
❺《明史》，卷九五，《刑法志》三。

中官意，不敢忤也。"❶ 东厂、西厂均设有掌刑千户、理刑百户，统领厂役而缉捕人犯，自成系统，可以自行审决。不论罪之轻重，"皆决杖、永远戍边，或枷项发遣"，法司无权过问，形成"缉执于宦寺之门，锻炼于武夫之手，裁决于内降之旨"❷ 的局面。朝廷颁行的法律，竟由皇帝率先抛弃而破坏之。

对于这种极不正常的情况及其恶劣影响，一般官民是侧目而视，敢怒而不敢言，且亦深惧一旦陷入网罗，必招致家破人亡的奇祸。但亦有人敢于提请纠正以顺民情的。嘉靖初年，刑部主事霍韬以为乘废弃正德皇帝朱厚照诸多恶政之机，亦应适当裁压卫厂的专横，疏言：

> 天下军卫一体也。锦衣等卫独称亲军，备禁近也。锦衣复兼刑狱，不亦甚乎？天下刑狱，付三法司足矣，锦衣卫复横挠之，越介胄之职，侵刀笔之权，不亦甚乎？
>
> 士夫有罪，下之刑曹，辱矣。顾使官校当众执之，脱冠裳以就锁阶，屈体貌以听武夫。朝列清班，暮幽汗狱，刚气由此渐灭尽矣，不亦甚乎？
>
> 使有重罪，或废或诛可也，乃暮脱汗狱，朝立清班，解下拘挛，便披冕服，而武夫悍卒指之曰："某也，吾得辱之矣；某也，吾得辱之矣。"小人遂无忌惮，君子遂昧良心，豪杰所以多山林之思，变故所以鲜节概之士也。❸

与此同时，大理寺卿刘玉也上疏论述刑狱的冤抑不公、司法的黑暗腐败，认为是与派由锦衣卫等"观刑会问"的做法密不可分："观刑之中，惟意出入。百司视勘，不究其所当究。刑每滥于无辜，不问其所当问。罪常讹于非情，苛碎烦扰，长宄兴奸，俾良善无控诉之门，狙诈得横行之路，以求实理为怪异，以论旧章为狂愚，遂使祖宗良法，

---

❶《明史》，卷九五，《刑法志》三。

❷《明史》，卷九五，《刑法志》三。

❸ 转引自《续文献通考》，卷一六八，《刑考·刑制下》。

废坏殆尽，臣等有难尽言者。"❶

　　刘玉又指出，当时的司法部门也人为地酿造了许多冤狱，草菅人命，但求粗率结案，不问案情真相，不按法定程序办事，已经积成风气，言：

> 　　访得刑部近年以来，问理刑狱，多便己私，不体朝廷钦恤之意。每遇强窃盗及人命重囚，不问虚实，辄加严刑苦讯。又有经本寺审允，题奉钦依处决者，分付狱官，私行谋死，诈称病故，不得明正典刑。及未成招，死者枕籍于狱，虽经御史及锦衣卫官相视，不过虚应故事。本寺所审者，止据见在人犯，病故者例不查考，以致该部肆行无忌。问官缘此得省文移，提牢官员缘此便于防守，而以人命之重，如拉犬彘，习以为常，甚伤天地之和，召灾致变，未必不由于此。❷

刘玉对于刑部办事黑暗的揭露，当然也反映着三法司中大理寺与刑部职权划分的矛盾，但更重要的是透露出如此骇人听闻的，故意置人犯于死地的恶劣做法。作为最高的司法行政机关，实已成为伤天害理，酿造冤案的总汇。不论霍韬或刘玉，本抱奢望于嘉靖新政，以为会对包括司法工作在内的诸多积弊毅然做出整顿，但他们这样的幻想不久后便归于破灭，因为新皇帝从未留意于此，他迷溺修玄，集中精力以议"大礼"，何暇顾及狱室冤魂！嘉靖在位的四十五年，确实比较不重视宦官，厂的势力气焰确实略有刹减，但又更加强了对锦衣卫的宠信重用，"诏狱"的凶焰恐怖更过于前朝。宿弊难祛，颓风易靡。嘉靖一朝的法制黑暗，仍然每下愈况。"法司问事，多有淹滞日久，牵累平人。"狱囚因受凌辱，曲死者多，"以致尸肉溃烂，臭秽熏蒸"，而巡城御史及兵马司衙门又往往"听人嘱托"，将无辜之人牵连入狱，"牵累

---

❶ 转引自《续文献通考》，卷一六八，《刑考·刑制下》。
❷ 转引自《续文献通考》，卷一六八，《刑考·刑制下》。

贫民，动经旬月，甚至倾家荡产，鬻卖子女，始得完结"❶。另一方面，在京师和各地，大小地痞讼棍肆行活动，勾结官吏，制造假案，搜用伪证，以陷害善良、赚人财货。北京名之为"撞太岁"，江苏称之为"卖厅角"，江西号为"树背张风"❷。凡此种种，都是寄生于司法黑暗肌体上的蛊虫蟊贼。

隆庆三年（1569），刑部尚书毛恺吁请肃清长期淤积的司法腐败，疏言：

> 今灾异频仍，由刑狱冤滥所致，其弊有六：曰滥词，曰滥拘，曰滥禁，曰滥刑，曰滥拟，曰滥罚。六者皆足以殃民生，召灾异，宜严饬内外诸司禁革，犯者以轻重黜罢。❸

事实表明，不触及司法制度这一死角，不荡涤此一已淤积百年的污垢，隆万大改革要顺利进行是绝不可能的。

第二节　法一律恒，有法必依

张居正一直将厉行法治作为执政的主要环节之一。在当时，他一方面要面对律例繁杂，官吏得以随意轻重，借法谋私，迫害无辜的现状，迫切要求对百余年历次颁行的律、例、条法等进行清理，"修明旧典，刊定章程"，以确立统一遵守和执行的准绳。"法以画一可守，令以坚信而不移。"❹另一方面，他又必须在坚决取缔滥用苛酷刑戮的同时，着重纠正法弛刑轻的偏向和慈悲悯世，放弃镇压邪恶的法律功

---

❶《续文献通考》，卷一六八，《刑考·刑制下》引刘玉《论刑狱疏》。
❷ 参见《菽园杂记》，卷一四。
❸《明穆宗实录》，卷三七，隆庆三年九月甲戌。《续文献通考》，卷一七一，《刑考·赎刑》谓"其弊有五"，无"滥禁"。今从《实录》。
❹《张太岳集》，卷四三，《请裁定宗藩事例疏》。

能的片面观点，因为宽大不可无边，"治国使众莫如法，禁淫止暴莫如刑"❶。

研究张居正的法律思想理论，不能不与明代中后期的法制史相结合，因为自隆庆时期以至万历初期的十余年间，曾经掀起过一阵改革司法的高潮，包括对前此一切有关刑名诉讼的诏谕、会典、条例、事例等进行过较为彻底的厘定，且颁行新例以代替已失时效或内容彼此矛盾的旧例，精选并严格督责职任司法的官吏，企图建立一套较为符合律文本意，又适合当前需要而切实可行的定律，以共同遵守。

隆庆元年（1567），巡按湖广监察御史陈省编刊《大明律例》三十卷，是试图对前此颁行条例的初步整理。

五年四月，刑科都给事中王之垣等上疏，明确提出要对历来颁行的事例等重加筛选审定，以供全国遵照执行。疏曰：

> "律解不一，理官所执互殊，请以《大明律》诸家注解，折衷定论，纂辑成书，参以续定事例，列附条例之后，刊布中外，以明法守。仍乞申饬中外百司及今科进士，各熟读讲求。"刑部覆奏，从之。❷

王之垣等的建议虽因穆宗朱载垕猝死，而未能在隆庆时期得到贯彻推行，但其影响是很大的。万历初年有关朝议，莫不以此作为立论依据。万历十三年（1585），刑部尚书舒化在其《重修问刑条例题稿》中，曾系统回溯万历以来要求重新修订法例的过程。诸如万历二年七月，刑科给事中乌升等题请"恳乞严敕当事法臣，早完刑书"；三年，刑科都给事中光懋更疏言，请将"嘉靖三十四年（1555）以后节次所奉诏令钦依，但与刑名有关事例，送至刑部，以便修纂"。其所以断自嘉靖三十四年，乃是因为该年曾由刑部尚书何鳌主持续修过问刑条例的原故。到万历六年二月，刑部尚书严清札委郎中沈九畴等，"将各条例及

❶《管子·明法解》。
❷《明穆宗实录》，卷五六，隆庆五年四月辛亥。

《大明令》《大明会典》，累朝诏敕，宗藩军政条例，漕运议单，并节年各衙门题准事例，凡有关于刑名者，均查明本律，参酌校勘，誊写三十余部，咨请各部院堂上官及六科，公同酌议。"直到十三年四月，在舒化以刑部尚书身份领衔进呈的《重修问刑条例题稿》中，才比较集中地汇陈修订旧例，调节轻重的成果，认为确有大幅度进行删并增改之处。例如：

> 强盗伤人者，与杀人者，其情自异，难同枭示之条。私卖军器，比出境者，其罪既同，原无各斩之律；人命出辜限，而通拟抵偿，恐多冤狱；略卖至三犯，而照前发遣，未足惩奸。冒籍生员，非买文顶替之比，何以俱发口外？卖放军犯，有终身永远之别，岂容一概代当？

如此等等。故此，舒化在《重修问刑条例题稿》中提出，原问刑条例共 382 款中，只有 191 款仍可因袭沿用；另 191 款则必须删并或增改，恰好各占一半。对陈年旧例这样大加斫改，是前此历次修订所未有过的。它明确规定，"条例颁布之后，一切旧刻事例，未经今次载入，如比附律条等项，悉行停寝"。也就是一笔勾销了。按，舒化所上的《重修问刑条例题稿》虽成文于张居正身后，但它是依据万历嗣位以来，居正手揽大权的十年间，多番提出并已参酌研究得来的成果，应该说，它基本上是"江陵柄政"的产物 ❶。

与此同时，很值得注意的是万历六七年间，由保定巡抚张卤编纂的《嘉隆新例附万历（新例）》一书，该书收例截至万历六年（1578）七月，其中收载的新例，多与隆万间整饬吏治、整顿财政密切相关，是直接为当时正在蓬勃开展的多方面大改革服务的。是可见，法律与总体政治实不可分。为满足一定的政治需求，必然呼唤产生与之相适

---

❶ 关于隆万间迭次修订法例的问题，笔者参考了黄彰健教授编著的《明代律例汇编·序》，很受启发。但对于其与"江陵柄政"的密切关系，则只是反映笔者的一隅之见。如有舛错之处，应由笔者负责。

应的律令法例。政治变革牵动法例变化，法例变化又反过来推动政治变革。张居正力言："法无古今，惟其时之所宜与民之所安耳。"❶ 正是这样的意思。

厘正了法例，尚不能说已具备了实现法治的条件，它只是提供出一个可能的前提。张居正指出："天下之事，不难于立法，而难于法之必行；不难于听言，而难于言之必效。"❷ 因为如果经过反复斟酌，审慎议定和颁行的条文法例，仅停留在文书案牍上，不付之实际执行，是绝难取信于民的。"令已布，而罚不及，则是教民不听。"❸ 徒然作为点缀粉饰之用的良法，其负面作用实与恶法相同。故此，居正认为，立法的目的乃在于行法；法治的真缔贵在立法宜慎，执法宜明，有法必依，违法必究。而要实现这一点，又关键在善于用人。他侃侃而言："车之不前也，马不力也，不策马而策车何益？法之不行也，人不力也，不议人而议法，何益？"❹

居正治道优长处之一，是能够因才制使，用得其人。他自言："才者，材也。养之贵素，使之贵器。"❺ 试观他在万历初年所先后选任的刑部尚书，诸如王之诰、刘应节、严清等，都是有才能见识，耿直廉介，而且熟谙刑名法令，热衷改革的人。王之诰被称为"直臣"，虽对张居正，亦敢顶撞"规切"❻；刘应节不阿权贵，他任刑部尚书时，"锦衣冯邦宁者，太监保从子，道遇不引避，应节叱下之"❼。严清从万历六年（1578）五月到十一年七月在刑部尚书任上，率属大力清理各种政书典令的有关法制事务的内容，甄汰其冗杂重复或自相矛盾和过时的部分，筛留其尚切合实用的部分，汇编成书，为当时的司法改革奠下基础。尤其是，严清以乐于清贫，极其廉介著

❶《张太岳集》，卷三八，《请稽查章奏随事考成以修实政疏》。

❷《管子·法法》。

❸《管子·法法》。

❹《张太岳集》，卷一六，《辛未会试程策三问》。

❺《张太岳集》，卷一五，《论时政疏》。

❻《明史》，卷二二〇，《王之诰传》。

❼《明史》，卷二二〇，《刘应节传》。

称，"初拜尚书，不能具服色，束素犀带以朝""居正既卒，籍冯保家，得廷臣馈遗籍，独无清名"❶。用这样的人物主理全国司法行政政务，允称得人。

当时，对于受命执法的人员，也根据"考成法"做出特别严格的规定：

> 万历三年议准，各审录官量地远近，严立程限，分为四等：出京之后，北直隶限三个月；山东、山西、陕西、河南，限四个月；江南、江北、浙江、江西、福建、湖广，限五个月；四川、两广、云、贵，限六个月。入境以辞朝日为始，复命以出境日为始。俱先具不违揭帖送部查考。如违前限，从重参究。堂上官仍不时体访，如有不谙刑名，行事乖方者，即行参奏降黜。❷
>
> 五年，令各审录官候一省事完之日，通查前后所奏，已经复议、依准、改驳件数多寡，通行考核。若刑名未谙，改驳数多者，照旧例参究降黜。❸

规定出差办案人员的行程期限，对他们履行职责进行密切监督，因其工作质量逐细考核，要求这些人熟练而准确地依法量刑判案，凡此种种，对于推行法治当然都是必要的。当时甚至规定，审录案件，有须援引案例时，必须书明全例，不许捏头去尾，断章取义，各取所需；判决文书必须分列首从，区分轻重，避免重蹈"滥词""滥拟"，导致"滥刑"等冤假错案。对于司法官员而有恃权纳贿营私的，视为知法犯法，一律加重惩处❹。

为有效推行法治，张居正非常重视甄审和任用有执法才能的官员。当时，曾试行过着令部分御史以原官试职理刑，本意是让其从司法工

---

❶《明史》，卷二二四，《严清传》。
❷《续文献通考》，卷一七〇，《刑考·谳审下》；卷一七一，《刑考·赎刑·赦宥·宽恤》。
❸《续文献通考》，卷一七〇，《刑考·谳审下》；卷一七一，《刑考·赎刑·赦宥·宽恤》。
❹《续文献通考》，卷一七〇，《刑考·谳审下》；卷一七一，《刑考·赎刑·赦宥·宽恤》。

作实践中得到历练，以便从中选拔出高素质的、能胜任审判的官员。但实际的效果并不理想，"近来居是官者，不知本职所在，舍其当务，而漫求他事以塞责……不知法律为何物，而反以吏为师"❶。居正与都御史陈瓒为纠正这种情况，乃召集这些人员当堂考试，内容一以司法业务为主。居正还亲自"取其试卷观之，一一亲批，其所殿最，咸以招拟为准，不论章奏之通否。盖章奏议论，人人能之，若招拟刑名，则非平素究心于此者，不可以虚言饰也"❷。身为元辅，亲自参与专为这部分人员设置的司法业务考试，不惮阅卷评判之劳，这是历任首辅所未见的。

伴随以上各重要环节的整顿，万历初年的法治遂迈开了重要的一步。

第三节　"治乱国，用重典""严治为善爱"

"治乱国，用重典"❸，这是张居正痛对百余年来或法弛人涣，或滥用苛酷，强梁者横行于城邑，贫弱者饮泣于原野，全国动乱四起，失序失控均已表面化的衰乱局面而得出的基本认识。有鉴于此，他认为必须重振纲纪，以法治国。"刑罚世轻世重"❹。隆万之际，处在或崩解或起颓振衰的关键时期，唯有用重典，处严罚，才能扭转危局。因为唯有罚严才能使令行乱止，大局才有可为。否则，"奸宄不畏，良民无依"❺，只能坐待危亡。

"严治为善爱"❻，这是张居正对中国古代法家治道精髓的继承和发展。他认为法治与德化是相辅相成的，必须发挥法律的威慑力量，

---

❶《张太岳集》，卷二八，《答南总宪吴尧山言法律章奏》。
❷《张太岳集》，卷二八，《答南总宪吴尧山言法律章奏》。
❸《张太岳集》，卷二四，《答两广殷石汀计剿广寇》。
❹《书·吕刑》。
❺《张太岳集》，卷二四，《答两广殷石汀计剿广寇》。
❻《张太岳集》，卷二九，《答应天巡抚胡雅斋言严治为善爱》。

才可能保证道德的感化；礼刑并用，必须强调使用法律作为达到礼治（或称德治）的必要手段。无法治则绝无什么礼治，因为"刑罚不足畏，则暴人轻犯禁"❶。"禁奸止过，莫若重刑；刑重而必得，则民不敢试，故国无刑民。"❷ 严治，其实也是对包括有犯过错人等的爱护，使之警惕而向善。礼和法是殊途而同归的，"君臣上下贵贱皆从法，此谓为大治"❸。法弛刑轻，国必不宁，必然导致以刑致刑的恶果；法肃刑严，却可以达到刑狱清简的境地。法必明，令必行，是张居正法治思想的中心。他一再强调，必须坚决"弹压奸宄，拊绥善良""盖闻圣王杀以止杀，刑期无刑，不闻纵释有罪以为仁也。"❹

"法在必行，奸无所赦"❺，是居正的一贯主张。他在万历五年（1577）给福建巡抚庞尚鹏的一封信中曾较充分地阐述过自己的体会，道：

> 诸葛孔明云："法行而后知恩"，正此之谓。今人不达于治理，动以姑息疏纵为德，及罹于辟，然后从而罪之，是罔民也。仆秉政之初，人亦有以为严急少恩者。然今数年之间，吏斤斤奉法循职，庶务修举，贤者得以效其功能，不肖者亦免于罪戾，不蹈刑辟。其所成就者几何？安全者几何？故曰："小仁，大仁之贼也。"子产铸刑书，制田里，政尚威猛，而孔子称之曰："惠人也。"则圣贤之意断可识矣。❻

张居正坚持自己以法治国的理念，因为在他看来，赦非善政，无原则的赦免徒然祖护了罪恶累累的歹徒恶棍，使之幸逃于法网，而使无辜

---

❶《管子·正世》。
❷《商君书·赏刑》。
❸《管子·任法》。
❹《张太岳集》，卷二九，《答宪长周友山言弭盗非全在不欲》。
❺《张太岳集》，卷二九，《答宪长周友山言弭盗非全在不欲》。
❻《张太岳集》，卷二九，《答闽抚庞惺庵》。

受害者冤苦无诉，此是取乱之道，"刑罚不中，则民无所措手足"。❶ 故此，他坚持认为，罪必受刑，刑必当罪，甚至不惜一而再地驳回太后和皇帝的意见。

> （万历二年，1574）九月十日。是岁刑部请决囚，慈圣太后以上冲年，宜省刑教，仍欲停刑。上以问辅臣张居正，对曰："此圣母好生之心，敢不将顺，但上即位以来，停刑者再矣。天道有春生而无秋杀，何以成岁功？君道有德惠而无刑威，何以成治理？且稂莠不除，反害嘉谷；凶恶不去，反累良民。"上曰："然。朕当徐为圣母言之。"上入奏太后，太后曰："吾闻语云，半由天子半由臣。张先生言是，第从之耳。"乃照例行刑。❷

但是，事情还有反复。仅在一个月之后，即在十月十二日，罪囚犹未处决之时，李太后又一次提出停刑之议，于是在宫闱与朝议之间、在君臣之间又展开了一番更深入的辩难。笃信我佛慈航、悲悯众生的李太后，与坚决严申法纪的张居正又在杀或不杀的问题上，出现了分歧。居正进一步系统地阐述自己的观点：

> 上御文华殿讲读。法司奏审录罪囚，请旨处决。上面谕辅臣："圣母不忍行刑，今岁暂宜停止。"辅臣张居正奏："皇上奉若天道，统治万民。今天之德虽曰好生，然春夏与秋冬并运而后能成岁功，雨露与霜雪互施而后能行化育，故人君法天，以赏善罚恶不可偏废。若有罪不诛，纵恶不除，是有春夏而无秋冬，有雨露而无雪霜，天地之造化滞矣。
>
> 且古人云："救者，小人之幸，君子之不幸。"今看审录揭帖，各囚所犯皆情罪深重：有以子杀父母者，有杀非死罪二三人者，有强盗行劫，杀人得财者，其他违条犯禁，坑人性命，破人家产

❶《论语·子路》。
❷《万历起居注》，万历二年九月十日辛巳。

者，又不可胜数。若以犯罪之人为可怜悯，则被其杀害、遭其恶虐者，又独何辜而不为偿抵之乎？……佛氏虽以慈悲为教，然其徒常言善恶皆有果报，为恶之人悉堕地狱，有刀山剑树礁舂炮烙等刑，比之王法，万分惨刻，安在其为慈悲不杀乎？

　　……至嘉靖中年后，世宗奉玄，又好祥瑞，每遇国家有吉祥事，即停止行刑；其决不待时者，一概监至秋后，故今每岁审录重囚至四百余人，盖积岁免刑之故也。彼之所犯，万无生理，淹禁牢狱，徒费关防。纵释有罪，无以惩恶，甚非事体。臣窃以为，宜如祖宗旧制，每岁照常一行。若恐滥及无辜，则唯宜申饬法司，当鞫问之时，用心详审，毋致冤抑。若既经三审五奏，审录无冤，则又不宜徒事姑息而至于失刑也。❶

居正这一番长篇奏对，实不啻给小皇帝，也间接给李太后上了一堂有关治道和法纪的功课。他不但提出法乃天下之公器，恍如自然界的春秋有序，寒暑相因，必须妥当运用以为国之权衡，世之准绳。舍法而任情，实乃纵恶而抑善，自酿乱源，是明智的统治者绝不应采取的。在这篇奏对中，他纠正了某些崇佛者对禅理的错误理解，妄以为在任何情况下不开杀戒是为慈悲，这其实是对善良无辜受害者的残忍。他又一次在当今皇上面前批评其祖父嘉靖皇帝的疵政，认为其奉玄好瑞，在司法方面也产生着严重的恶果，贻毒于后人。这样有针对性的滔滔议论，除了张居正以外，可说无任何另一人敢于如此坦率陈词，敢于对李太后母子的一再谕示顶撞回去。李太后在听到万历的转奏后，虽然表示收回成命，对张居正的意见"黾勉俯从"❷，但并不意味着放弃自己颁赦免决的原意。对于是否停刑问题，宫廷之见，与以张居正为首

---

❶《万历起居注》，万历二年十月十二日癸丑。
❷《万历起居注》，万历二年十月十二日癸丑。

辅的内阁之间，仍发生过多次分歧 ❶。

当然，从这些针锋相对的反复辩难中；从张居正严申法纪，坚持按时决囚的意见，每次都得到宫廷无奈地接受的事实中，可以看到，当时居正的威望犹处在日丽中天之时，君臣间还处在融洽无间的政治蜜月期间，类似的歧见和矛盾，终于都在李太后屈从的情况下得到解决。是又可见，万历初年之能逐渐推行法治，是与张居正已据有的特殊身份及其所起的特殊作用分不开的。

第四节　明刑执法，注意慎刑

从严执法，也必然会引发对官僚政治的冲击。原来当时负有监察和司法工作责任的官吏，总是从本身的宦途得失考虑，但求为官一任，无风无波，可以顺序升迁。地方出了人命盗案，往往匿不上报，或者讳盗为窃，以死作伤，总怕届限未获真犯，受到牵累和处分，为此甚至故意纵容盗贼，大事化小，小事化了。但求外表上太平无事，换得宦途通顺，哪管黎庶受害，善良遭殃！特别是，肩承督导一省区司法和主办重大案件的巡抚、巡按御史等官，最不愿意在任期任所出事，尤其是害怕出大事，总是以隐瞒推诿，欺上瞒下为能事。遇有贼情，"彼中抚按，皆坚执以为乌有，必不挈贼" ❷。更有骇人听闻之事，居正严厉指出：

> 近闻大江南北，盗贼纵横，有司皆匿不以闻。镇江之事，远
> 近皆知。且闻南郡已获真贼，而抚按官亦竟置之不闻。丹阳运官

---

❶ 例如，在万历五年九月十四日，李太后因明年是万历大婚喜庆之年，着司礼监孙得胜口传圣谕，着令停刑；万历七年九月十日，由万历出面，命文书官田义口传圣旨，着免行刑，等等。但每次都是因张居正重申意见，坚请太后和皇帝收回原议，最终仍决定依法行刑。详细内容收载于各该日期的《万历起居注》，居正的论点大同小异，不赘引。

❷ 《张太岳集》，卷三三，《答河漕凌洋山》。

被劫，而以侵欺之罪，坐于运官，寔之重典。此习不祛，将来盗贼愈滋，官司莫之取诘，必酿成元末大患，此区区所深忧也。❶

对于人民迫于饥寒，而聚众求赈哄闹，巡按御史未能及时镇压，居正更认为是大失职守，必须予以惩治制裁。万历八年（1580），居正为镇江群众闹事一案，给南京都御史王蔚写信道：

镇江以数百恶少，攘背横行，非有潢池弄兵，间左揭竿之变也。当时两御史亲临其地，衣绣持斧，兵卫森列，能擒治首恶数人，即众皆披靡鸟兽散矣。乃坐视其横肆，不为之所；反为之发官帑，弛栅栏，以苟幸无事。独归咎于府佐，将令稔恶者益无惮耳。如闻江北诸郡，皆有此风，故借此一警之。❷

坚决主张对求赈闹事人民进行血腥镇压，以之与真正蹂躏良民的盗贼同科，当然是出于地主阶级疑惧残狠的本能，但张居正却固执认为，这俱是皇法所不容的。张居正对于此两者不加区别地混为一谈，都视为是萌酿大动乱的初步，主张"盗者必获，获而必诛"❸；要求抚按和各级地方官"宜如鹰鹯之逐鸟雀"❹"将盗是务除"❺"尽法处之，不可纵也"❻。为此，他一再严词申斥，甚至断然黜免那些被认为软弱姑息、怯懦无能，甚至只知为一己利害谋算，"徇私害公"的抚按官，追究他们的法律责任。认为只有从整饬着手，才能从根本上改变官贼合流、猫鼠同眠的局面，才能有效地镇慑住当时已遍及南北的抗粮、抗税和求

❶《张太岳集》，卷三三，《答按院张公简》。居正在函中所谓"镇江之事"及"南都已获真贼"，是指在万历八年秋天，蔡明抢劫居民贺氏，并在南京被擒获一案。

❷《张太岳集》，卷三二，《答按院王公蔚》。

❸《张太岳集》，卷二八，《答总宪吴公》。

❹《张太岳集》，卷二七，《答应天抚院王古林》。

❺《张太岳集》，卷二七，《答应天抚院王古林》。

❻《张太岳集》，卷三一，《答河漕姜按院》。

赈风潮，才能达到"法纪渐张，根本渐固"❶的目的。

对于历史上的法家，以至明代的张居正，往往有人对他们以法御天下的理想，以及重律令、果刑罚的做法，存在一些误解，总以为诛杀刑狱是他们履行治道的唯一手段，总习惯指斥之为"酷刻"，造成"赭衣满道，囹圄成市"的恐怖景象。其实，法家之所以严于刑罚，疾于法令，其终极的目的，正是为了最大限度地减少刑罚。"禁奸止过，莫若重刑；刑重而必得，则民不敢试，故国无刑民。"❷张居正服膺法家的理论，并在执政后操切而力行之，也是为了大力树立法律权威，以求在最大限度内消除犯罪。"法以画一可守，令以坚信而不移。"❸界定罪与非罪的标准，区别刑与非刑的不同，正是为了以严格断刑执法来威慑邪恶。"火烈，民望而畏之，故鲜死焉；水懦弱，民狎而玩之，则多死焉。"❹

作为法家理论的服膺者，居正一向主张以法治国，即郑重立法，以法作为准绳，认真执法，上下严格遵守。在执法过程中，既不能失出亦不能失入，不容许畸轻畸重，随意伸缩。绝不能以苛暴残刻等同于重视法纪。

张居正反对在施政中采用残暴酷烈的镇压手段。

他自入仕以来，即熟知嘉靖朝重用厂卫，奖励告密，并法外加刑、蔑视法制的大量事实。嘉靖皇帝长期蛰居西内修玄，但绝不肯稍为放松权柄，对所有臣工子民皆持猜疑嫉视的态度，加以严密监伺，随意用刑，一再"诏许六部历事监生发廷臣奸弊……于是无赖子率持朝士阴事，索赀财，妄拘事端入奏，诸司为慑息"❺"自锦衣镇抚之司专理诏狱，而法司几同虚设"❻"将必开罗织之门，逞机阱之术，祸贻善类，使人人重足累息"❼。

---

❶《张太岳集》，卷二八，《答河道吴公桂芳》。

❷《商君书·赏刑》。

❸《张太岳集》，卷四三，《请裁定宗藩事例疏》。

❹《左传》，昭公二十年。

❺《明史》，卷一八六，《许进传》。

❻《明史》，卷一九二，《刘济传》。

❼《明史》，卷二二〇，《舒化传》。

试细读张居正的文集，不难发现，他对于嘉靖皇帝上述的做法非常反感，并力图矫正。他一再在文字上明确指出："世宗在位久，以威严驭下，虽素所亲任辅旧，往往被遣斥"❶"肃皇帝之雄察，即亲信勋，罕能保终者"❷"肃祖恩威，靡恒终始"❸"嘉靖中，疆场多故，肃皇帝以威断驭下，本兵、总臣，大者诛，小者斥，未尝终三岁不更置也"❹如此等等。以一个已当权的内阁首辅，而对去世不久的先皇，如此一再加以指斥性的批评，历来是人所不敢，历史上亦不多见的。以下一段材料更是具体点明问题的要害，指出嘉靖的做法只能是正常治道的逆流，绝无裨于吏治：

> 嘉靖间，肃皇帝以威严驭下，大狱数起，群言事忤旨，辄逮系锦衣讯治，或杖之于廷，有立毙者。而当事者亦以鸷击为能，侦伺校卒猛若乳虎，一旦不如意，所夷灭不可胜道，京师为之重足。❺

张居正以法家宗旨，反对非法暴刑，正是坚定要维护法家"准绳不可以不正"❻"明刑而不滥乎所恨"❼的理念；也是体现着法家重法明刑，不容假借的真谛，因为"喜怒无度，严诛无数，臣下振恐，不知所错（措），则人反其故。不酳（悟），则法数日衰而国失固。"❽他对已故嘉靖皇帝的反复批判，是以法家理论和客观事实作为根据的，而且认为对当前吏治有着重要的现实意义。综观居正执政的全过程，一直重视法司，而将锦衣卫和东厂均置于自己控驭之下，厂卫人员未敢过为肆恶，他本人亦基本上能奉法唯谨。

❶《张太岳集》，卷一二，《成国公朱公神道碑》。
❷《张太岳集》，卷一二，《锦衣卫左都督忠僖朱公神道碑》。"亲信勋"下似有缺字，今从原书。
❸《张太岳集》，卷一二，《成国公朱公神道碑》。
❹《张太岳集》，卷一二，《吏部尚书襄毅杨公墓志铭》。
❺《张太岳集》，卷一二，《锦衣卫左都督忠僖朱公神道碑》。
❻〔汉〕董仲舒：《春秋繁露·五行五事》。
❼〔晋〕葛洪：《抱朴子·臣节》。
❽《管子·七臣七主》。

张居正反对滥赦，主张及时行刑。但与此同时，也反对滥刑，主张慎重。每年终审，经他裁定，奏请处决人犯的数目是很有限的。万历初年，京内外上报请处死刑的重囚，有时一省多达一千余人，但经三法司复审和刑科复核，往往汰减其大半；到内阁，往往又再减免其大半。例如，万历四年（1576），实际批准行刑的只有54人。到五年，刑科报上，该处予凌迟、斩、绞的犯人共有277名，但经张居正等仔细审详各犯招由，俱各情罪深重，节经累年多官会审情真，通应处决，但最后只将"情罪尤重者，量行处决"●，才下令杀了37名●。其他各年，也类多如此。在他柄政的十年间，经他审定，然后奏请正法的人犯，最多一年也只有二百余人，应该说是偏低的。由此可见，应杀和实杀的数额，有着很大的差别。中央三法司和刑科的复审复核，是比较慎重的。张居正的强调明刑执法，真正的用意并不在于以多杀人见胜，似乎着重威慑的成分为多，而尽可能不蹈历史上滥刑嗜杀的覆辙。

　　万历初年，实际处决人犯的数目所以有限，与张居正慎刑罚的思想密切相关。张居正一直主张执法宜慎重，量刑应得当，此在他的一些言论和举措中，有较多的反映。例如，早在隆庆六年（1572）春天，即在他柄握大政前夕，曾复函给刚就任南京刑部尚书的谢泰东，阐明执法的原则是公正持平，切不可矫情任性，曰：

　　　　南中人情狡伪，诏狱繁兴，拟议失中，致伤和气，诚如尊教。丈留意于此，即泽流寰宇矣。处天下事，非至虚至平，不得其理。而诏狱民之司命，所系尤重。顷见今之持法者，类以三尺行己意耳。嗟夫！天子犹不敢以己意生杀人，况人臣乎？●

又例如，明朝的制度规定，凡一省有死囚过百人的，应专门派御史前

● 《万历起居注》，万历五年九月十六日。
● 《万历起居注》，万历五年九月十六日。
● 《张太岳集》，卷二四，《答南司寇谢泰东论刑狱》。

去复审，时称之为审决御史，掌有纠查并改正各省经本省抚、按和提刑按察使司已判、待判案件的大权。万历八年（1580），奉差到江南审决的御史帅祥，曾致函居正，请示对一些疑难积案的处理原则，居正复信给他，着重指示，应慎重刑罪，毋使枉滥。言：

> 承问新旧强犯，应决应辩者，遵旨从事，无容别议。惟中间人非善良，而赃属影响，事起株连者，诚难便决。宜再加详鞫，另作一疏，开其可生可死之迹，欲杀不忍之状，请旨裁夺。或照恤刑例，饶死充军；或姑照旧监候，以俟日久，或得真情云云。则积年重辟，可以开销，然亦不可多也。❶

居正的指示表示出高度慎重，但不失为严肃。他要求对每一重囚案件，特别是对界于可杀可不杀的人犯，必须先认真弄清案情，然后再作定夺；对于案情复杂，存有疑问而一时难以判断的，宁可先将人犯羁押以待证，不忙于草率处决。这是与既往的笼统停刑有着本质区别的。对于赃证不全不实，或受株连的人，则主张"罪疑惟轻"，开其可生之路，如此等等。此不但说明居正的精谙刑名，具有较高的法学素养；而且也说明，他对冤、假、错案高度的防备和警惕，纠正不遗余力。因为"刑罚不中，则民无所措手足"❷。由此精神出发，他在万机待理之际，仍亲自过问一些已经抚按定案，甚至是已经奉旨判决，但随后发觉其为诬枉的案件，支持翻案。例如，在万历八年，有湖广黄州举人翟九思，因被控聚众殴辱地方州县官，奉旨问发口外。但，翟本人上疏辩解，地方舆论亦有认为冤枉的。居正专门为此致函湖广巡抚王之垣，支持对翟案重新处理，言"……事关两院会行，而公以其事奉旨，特难于翻案。窃谓法行而当，人心乃服。一夫不获，时予之辜。若果冤枉，宜从辩豁。仆亦不敢固执前旨，致令天下有冤民也。幸会按院

---

❶《张太岳集》，卷三二，《答审决江南帅御史》。
❷《论语·子路》。

审处之。"❶

又例如，万历九年，运官李焜押运官物在丹阳江上遇劫，当地知府某为逃避罪责，竟故意隐匿盗情，反诬指是由于李焜盗窃侵欺被劫。主办此案的巡按苏松御史误信知府的诬陷，便上疏对李焜论劾，并按律将之判处死刑。应天巡按御史张简发现案情不实，定案草率，于是致函居正揭发。居正经了解实情后，一方面复函给张简，另又致函继任应天巡抚孙光祐，指示应对此案重新审定，对李焜蒙冤应予平反更正。并指出，对当时较普遍存在于一些地方官中间，为逃避己责，而嫁祸于人的案件，必须严肃查处。他给张简的复信说："辱示运官被劫事。顷苏、松按院，已直将本官论劾。若不得大疏存此说，则覆盆之冤，谁与雪之？该府素善隐匿盗情，陷人于死，而规脱己责，有人心者不为也。抚、按、地方，凡事当一秉虚心，不宜有所偏私，致乖理法。近日顺德府唐山盗情，与德安王宫失火，皆以地方官欲避罪责，致使数十人破家亡躯。皆不谷知之，力与申雪，始获生全。今当并行漕运衙门，虚心勘问，庶无枉纵也。"❷

在朝议中抗言力争执法从严，全力反对法弛刑废，但在司法实践中，对于判刑处罚，特别是在处决人犯方面却表现得极为审慎。两者之间，形似矛盾，其实是统一的。张居正正确理解法家学说的真谛，它仅是将重刑杀作为一种手段，用以达到"无刑"和"止杀"的目的。判刑的宽严，杀人的多寡，自可随着形势的变化而变化。尤其在已掌握住绝对权威，大力推行法治，奸宄已凛然畏法之后，亦未尝不可以随时之宜与民之所安，着重强调慎刑。居正亦深知，"礼法殊途而同归，赏刑递用而相济"❸，它们是完全可以交替使用和相互补充的。片面强调和执行重刑，排斥教化，甚或诛戮过当，必然会引起社会矛盾激

---

❶《张太岳集》，卷三二，《与楚抚院王见峰》。

❷《张太岳集》，卷三三，《答应天张按院》。有关张居正平反冤假错案的事例，亦可参阅同书同卷，《答应天巡抚孙小溪》《答河漕凌洋山》《答应天巡抚孙小溪言捕盗》等资料。从这些个案中，可以看到张居正既重视刑罚又郑重审判两方面的统一。

❸〔晋〕傅玄：《傅子·法刑》。

化，导致众叛亲离的反效果，因为"刑罚不足以移民，杀戮不足以禁奸"❶,历史上这样的教训是太多了。强调法治不等于多设苦狱多杀人。张居正在司法问题上，因时因事，比较巧妙地使用两手政策，反映着他在治道上的成熟。王霸杂治，德刑并行，在儒法两家，是有着互通和共识之处的。

---

❶《淮南子·主术》。

第十六章

对驿递制度的整顿和改革

第一节　明代的驿递制度及其中叶以后的败坏

我国幅员辽阔，在古代交通工具简陋的情况下，中央朝廷为要掌握和控制全国情况，对各级军政部门迅速和准确地传宣政令、下达指示，实现统率领导的功能；地方各级部门和官吏要向中央及时反馈信息，报告和请示机要；以及官员履任就职、调动休致，输送官用军用物资，等等，无不需要通过驿道以传递。春秋战国时期，由于社会经济发展，政治交往增加，战事频繁，推动了驿递制度的发展，各主要国家都设立了自己的驿道、驿官和驿馆（候馆）。至公元前221年，秦始皇统一中国，更将开筑驰道，划一邮驿和亭燧规格，作为中央集权封建国家实现统治和体现权能的要政，以咸阳为中心的邮驿通向四面八方。自此之后，历经汉、唐、宋、元等主要朝代，驿递制度代有增益，趋向更完备。特别是由蒙古贵族为主统治的元朝，对驿递制度的建设更是不遗余力。当时，称驿站为站赤，站赤的分布构成网络状，遍布于全国，"薄海内外，人迹所至，皆立驿传，使驿往来，如行国中。"❶ "于是四方往来之使，止则有馆舍，顿则有供帐，饥渴则有饮食，而梯航毕达，且加赈恤焉。元之天下，视前代所以为极盛也。"❷

明承元制。明太祖朱元璋在建国之初，即在元代制度的基础上略加修整，建立起自己的驿递制度。在机构方面，根据不同需要，分别设立驿站、递运所、急递铺三种机构。其中又以驿站为主。递运所主管运送物资和上供物品，迎送使客；急递铺专司递送公文；驿站则兼传宣政令，飞报军情，接待四方使客，转运军需等要务。朱元璋十分重视驿递工作，采用多方面的措施以保证其健全运行。有鉴于元末应驿役之民困于差重役繁，"尽百姓之力而劳苦之"❸，多有因服驿役而破家的，乃规定，驿用人役，"先尽各驿附近去处佥点。如果不敷，许于相邻府县点差"❹，且"必以粮富丁多者充之，有司务加存恤，有非理扰害者罪之"❺。官家供给口粮，"皆细计而优储之"❻。洪武八年（1375），还规定了《驿夫免粮则例》，根据驿道的远近险易，分别享有全免或酌免三分之一或三分之二赋税的优惠❼。与此同时，朝廷还严厉规定，不准任何人滥用驿递，即使是开国功臣和皇亲国戚，有犯亦必加严惩。延安侯唐胜宗在朱元璋起兵初期即来归，骁勇善战，屡立战功，建国后被封侯，予世券，但因"擅驰驿骑"，即被夺爵，降为指挥❽。朱元璋的女婿、驸马都尉欧阳伦则因"数遣私人贩茶出境""科民车至数十辆""骚扰驿递，捶辱司吏"❾，被赐死。正因为法严令肃，贵近不宥，明初的驿递运行确实井然有序而且富有效率，"水马驿栉比蔓延，恒处于有余"❿。当时，自首都至十三布政使司，各布政使司至所属

---

❶《元史》，卷一〇一，《兵志·站赤》。
❷《元史》，卷一〇一，《兵志·站赤》。
❸《明太祖实录》，卷七六，洪武五年十月丁酉。
❹《明会典》，卷一四五，《水马驿》上。
❺《明太祖实录》，卷七六，洪武五年十月丁酉。
❻《噩梦·驿递》。
❼《明会要》，卷七五，引王圻考。
❽《明史》，卷一三一，《唐胜宗传》。
❾《明史》，卷一二一，《公主传》。
❿《噩梦·驿递》。

府州县的主要水陆交通，都开辟有驿路，根据其不同重要性和邮递数量，区别为干线、支线、间道、便道。在沿线道所经之处，分别设置有站、所、铺，并根据要冲偏僻，业务繁简和实际需要，分别配备有不同数量的管吏、夫役、车马牛骡和船只。驿站为接待使客，设有供膳宿的馆舍❶，为便于羁管递解路过的犯人，亦多专门设有驿狱。为捍卫边防，兼负责运储粮草械服等军用物资，在辽东、宣府、宁夏等三镇及贵州、四川等用兵之处，还特别设有军驿站。据记载，万历时期，全国共有驿站 1036 处❷，星罗密布，脉络相通。凡此，都可见当时的驿递制度，实对国家行政、军事、司法，以及经济发展，都起过重要的支持作用。正如苏同炳先生所说："凡驿路到达之地，即是意味着国家的政令与军事力量都能到达。"❸

但是，时移势异。特别是，随着明朝政权总体上走向腐败，驿递制度亦急剧废弛和败坏。从制度本身言，由于各驿站钱粮多寡不一，水旱苦乐不均，于是其驿站官职亦有上缺、中缺、下缺之分。所谓上缺，时称为"马递冲处"，不但经手的开支浩大，可以侵渔公帑及克扣夫马工食以自肥，而且，还可以收受商人贿赂，以官有驿马车船代运私货。按，驿丞一官，其实是未入流的微末人员，少数人得授从九品，但有的驿丞竟可岁入数千两❹。当时有人称此类驿站为"逐膻之地"❺。对于上缺，"巧者竭蹶营求"❻，有权势者往往截留以调剂亲近，从不以驿务为重。至于下缺，时亦称为"苦驿""苦缺""边方苦缺"，无非是因为山险难行，地薄费奢，皇差繁重，夫马难讨。驿丞等官，日坐愁

---

❶ 笔者在 1995 年参观现存江苏高邮县的驿站遗址，该站因地处运河侧岸，兼有陆驿和水驿职能，业务繁忙，占地甚广，配置有数量较多的驿马和船只。站内为接待过往官员的馆舍，也颇富丽堂皇。

❷ 参见万历《明会典》，卷一四五、一四六，《兵部·驿传·天下见设水马驿》。

❸ 苏同炳：《明代驿递制度》，第二编，《建置》，15 页。

❹ 《宪章类编》卷二九《驿传》言："按陕西京兆驿支费特烦，其丞数获数千金。良幺固节驿、河间瀛海驿、景州东光驿、肇庆崧台驿、韶州芙蓉驿之类亦次之，大率是马驿冲处。"转引自苏同炳《明代驿递制度》，200—201 页。

❺ 《西园闻见录》，卷七二，引沈世昌语。

❻ 《西园闻见录》，卷七二，引沈世昌语。

城，焉有心思管好驿务？再者，由于社会上户口萎缩，丁多逃移，各驿站佥点夫役极为困难；上级拨交的经费日绌，驿马倒毙、车船朽烂，均无力添置更新。凡此，都促使驿递制度朝着废弛败坏的方向发展，逐渐难以正常运转。更有甚者，当时日益腐败的官场官风，正以各种方式侵蚀和破坏驿政。原来规定，驰驿必须稽程，违限的应受刑责；因公用驿的人数必受限制，滥用者应受治罪；多乘驿马，多支廪给，赍载私物，擅用仪仗乐器等，俱有禁令。故意违制或情节严重，甚至可处死刑❶。但自正统以来，凡此种种，都已经逐渐被视为具文，甚至往往对口犯法，官吏们以多用轿马为享受，为排场，借用、贿买、洗改甚至伪造勘合，勒令地方衙门开具"飞票""纸票"，招摇过道，早已被认为时尚惯习。"山林术士皆得乘传"❷"法当入驿者，十无二三，法不当入者，十每八九"❸。"自京官而及司道州县官，无不借勘合，夫役无不讨火牌。且也私牌私票，横行不绝，几于天壤间，无不驰驿之人矣。"❹不但达官显贵，甚至连微末的佐贰，参、游之官，对驿站也可以随意索取，"马动以六七十匹，夫动以二三百名"❺。似此滥用浪费，不论国帑民力，都实在难以负荷。隆万间著名将领戚继光有感而言："嘉靖间权贵柄国，贿赂大行，络绎相望不绝，而驿始疲，昔费百金者，今费之数千；费千金者，今不啻数万矣。"❻辽宁省档案馆藏有万历五年六月和闰八月的《□□递运所为具报应付"高丽""夷人"递送囚犯等车辆扛夫数目清册》各一份。这两份清册有些日期和页码文字均有脱漏，应该是残本。但仅据这两份残本不完全的记载，当时中央朝廷太仆寺、省一级布政使司、地方军政部门的中下级官员，如郎中、御史、兵备、参将、知州、主簿、通判、序班、佥事等官及其家眷，都可以着令递运所准备车轿及扛抬行李杂物的人夫，每次数量一般是

---

❶ 均参见《明会典》，卷一六七，《兵律·邮驿》。

❷ 万历《汶上县志》，卷四，《驿站》。

❸ 胡缵宗：《愿学编》下。

❹《西园闻见录》，卷七二。

❺《西园闻见录》，卷七二。

❻《止止堂集》，《横槊稿》，卷中。

轿一顶至二顶、扛二台至八台、车数辆至十余辆，用夫二十四名至一百三十八名。仅据《清册》不完整的逐日逐项登记，万历五年六月一个月之间，便已应付此类官差三十一次；闰八月则有十二次。除此之外，该递运所还要多次派人派车转送"入京夷人""递解犯人""递解逃军"，送回已故官、军的灵柩，转运粮食、布花、席子等物资及军用品，此在《清册》中均有具体记载❶。这些具体材料，有力地说明当时驿运的繁忙，以及文武官吏滥用驿力的严重。

更恶劣的还有，官吏人等不但违法用驿，或超过标准多用车、马、轿、夫，有时，竟将这些违法使用的数额作为本分常额，并据以向驿递站、所索取折银以入私囊，称之为折乾，视为自己理所当然应享受的收益：

> 嘉靖七年（1528），知府符锡判韶（州）时，见六邑民病，莫甚于驿传。盖路当冲要，公使络绎，索取折乾，动以五两至十余两者。驿递官吏通同站马夫头假一科十，侵分肥己，习以为常，恬不知戒，而乡落小民哑口吞谷，无从控告。❷

滥用驿力的官吏、社会上的投机腐恶势力，与驿递部门人员内外勾结，串同舞弊，更促使驿递制度加速溃坏。当时，一些商人看中驿道和站所设备的方便，为图节省运费并便于冒称官物而偷漏关税，往往买通驿丞和使客，"阴受贿赂，附带商货""计赂过客，俛求夹带"❸。在这种情况下，正式的驿运往往被阻滞耽延，而滥用者营私者却充斥于途，站所负担过重，低层的夫役疲于奔命，故此"逃移日众，马多欠缺"❹，甚至出现"十夫九逃，十马九缺，十驿九闭"❺的现象。有些

---

❶ 辽宁省档案馆、辽宁省社科院合编：《明代辽东档案汇编》，下册，679—695 页，辽沈书社，1986。

❷ 嘉靖《韶州府志》，卷四，《驿传》。转引自《明代驿递制度》，287 页。

❸ 萧端蒙：《议处驿站六事疏》，载《明经世文编》，卷二八五。

❹ 《议处驿站六事疏》，载《明经世文编》，卷二八五。

❺ 万历《保定府志》，卷二六，《驿传》。

地区，"其财赋丁力，尽竭于驿站而耗之"❶。有些驿夫被迫铤而走险，加入民变的行列。以上足以说明，驿递制度的严重败坏，其消极的影响已经辐射及于社会各个层面，甚至关系到社会和统治的安危。驿递瘫痪，朝廷的信息不灵，又必然大大削弱了对全国控制和指挥的能力，气脉攸关，不能不引起忧国者的严重关切。

第二节　修订法规，严申纲纪，彻底整顿驿递制度

张居正对于驿递制度的崩坏，给以严重的关注。因为举凡重诏令、固邦本、饬武备诸政纲的实现，莫不与重新建立一套健全而有效率的驿递制度密切相关。他担心，驿费的冗滥，会造成国家财政的漏卮；而中央户、兵两部及地方协济银两不能如期足额关支，又将促使驿政瘫痪。他更担心，驿丁夫役等纷纷逃移反抗，会引发成燎原烈焰❷。当然，他也深切理解，驿递的严重问题绝不是孤立发生和存在的，它涉及财政体制和吏治纲纪，以及社会风气各方面的问题，绝不能就驿递言驿递，舍本而逐末。居正一直将整顿和健全驿递制度，纳入全面改革的总体方案之中。

在财政方面，他要求对全国驿递系统，支给必要的经费，保证其正常运行，纠正某些省府州县负责协济交通冲繁地区驿递经费不时给，或给不足额的弊病。由他主持的内阁，在万历初年题请皇帝批准，相继颁行了一些重要规定：

> 万历三年议准，通行各省抚按，将合属驿递编审站银严追尽

---

❶《议处驿站六事疏》，载《明经世文编》，卷二八五。
❷ 隆庆初年，张居正入阁不久，因福建、广东相继发生驿丁骚乱的事件，张居正即致函浙江巡抚谷中虚，叮嘱他："顷闽、粤驿骚，患将及浙。预防之策，兵饷为急。……"（载《张太岳集》，卷二一，《答浙抚谷近沧》）。

完，及时给发，拖欠者查参住俸降级。❶

又题准，北直隶州县协济站银，与京边钱粮一体征解。每季终各驿将未完钱粮州县，开报顺天府，将州县官照例查参。其浙江、江西、苏常等处南马银两，顺天府每年将原派银两造册送部，咨行各抚按官，督令驿传道征解。每年终，巡按御史将完过数目呈院咨部，未完者照例查参。❷

四年题准，各省府南马水夫等银，并所属州县协济，每年共四万余两，顺天府每先一年将数目呈部，查取卫经历并州县首领等官，量其地里远近，银两多寡，差委分投守催，刻期完解，该府贮库，以便给发支用。其积余银两，专备各驿递缓急，不得别项支销。❸

以上规定，严限负责协济冲繁驿道经费的各省、府、州县官，必须及时足额解送银两，不得借故拖欠，有效解决了某些驿递部门长期寅吃卯粮，经费无着的困窘，起到输血复壮的作用。规例中着重于对经北直隶入京一线，更必须保证其经费需要，因为它是朝廷和枢垣所在，故必要确保首脑部门的信息灵通，上情下达，畅通无阻。

还应该注意到，居正对于边关偏僻之处的驿递经费，也给予特殊的重视，不惜增加其经费数额，改变历来就地金派或依靠协济的办法，一概改由国库开支。早在万历三年（1575）就规定：

陕西西安、延安、平凉、庆阳、凤翔、汉中六府驿递，民支改为官支，其编审直等银，应该一倍、一倍半、二倍者，每岁照粮分派，俱要先期完解。如春季分应用者，于上年冬季终解到；夏季分应用者，于本年春季终解到。❹

---

❶《明会典》，卷一四八，《兵部·驿递事例》。
❷《明会典》，卷一四八，《兵部·驿递事例》。
❸《明会典》，卷一四八，《兵部·驿递事例》。
❹《明会典》，卷一四八，《兵部·驿递事例》。

这是一桩非常重要的决定。原来明初洪武时期规定，驿递经费及人力，主要就地佥派富实人户应充。其后，由于全国各地区贫富瘠饶悬殊，特别是京畿沿线输运频繁，人夫车马用量极大，乃有派令某些省府州县分额协济银两的规定。上述六府，属于边陲要地，关塞防线前沿，由于历年兵燹，加以产值有限，绝无力提供驿递足够经费，而其飞报军情，事关国家安危，实具有军驿军邮性质，故此将"民支改为官支"，即动支国帑以保证其有效运行。并且规定，一切费用必须提前一个季度到位。这样的特殊政策，显然是为了捍卫边防而采取的紧急措施。

张居正裁冗节费的理财方针，也同样适用于驿递的有关方面，它是与保证供给并行不悖的。明初洪武、永乐时期所规定的驿道和站、台、铺设置，网点的分布，人员车马的配备，经过二百年的时势变迁，有一部分已经不切合实际了。当年曾经作为军政要途，繁忙一时的驿道，例如永乐时通交趾的驿站，因宣德时放弃安南，已成废路；亦有一些由于各种原因而运量稀少的驿站，实际上已形同虚设。故自嘉靖末年，曾有过裁革合并驿站以减节驿费的措施，但因各级官吏奉行不力，成效不大。到隆庆时期，在高拱、张居正主持下，又进一步进行整顿❶。居正全面柄政之后，更在清厘邮驿、裁省驿费方面，作出更强有力的安排，并采取一系列措施加以落实，表现出很大的魄力。"万历五年议准，各处站银通行减征。共计天下原额站银三百一十三万一百七十三两，免编九十五万二千三百四两，实征二百一十八万七千八百三十二两。"❷按此数目，新的征用数仅保留了原驿费总额的三分之二稍多一点，斫去了近三分之一，即九十余万两，

---

❶ 隆庆年间，对驿递加强管理，采取过一些整顿措施，如"凡南京进贡内臣勘合，隆庆元年题准，先赴南京兵科挂号，到京止将原勘合批文赴科验销，赴部倒换，不许奏扰。其水路马快船只、陆路车辆夫马，俱不许违例奏讨。""五年题准，通不许假托公干名色，或借用别项职名，擅用勘合。"（载《明会典》，卷一四八，《兵部·驿递事例》）事实表明，单是"不许"是未能从根本上动摇百年积弊的。

❷《明会典》，卷一四八，《兵部·驿递事例》。

不能不承认是一个大动作。他所削减的实际上只是历来冒冗开支的滥费，故此，不但没有影响驿递的正常运行，反而在其他相关举措的配合下，驿递工作得到消瘀去肿，从而显示出新的生机和活力，在质量上有了显著的提高。

驿递费用之能大量裁减，实与当时整饬驿传，严禁滥乘，裁减冗费，风气有所澄清密切相关❶。"盖用度节，则里甲无征索之扰；趋谒省，则驿递无供亿之繁。"❷万历四年（1576），居正在答复应天巡抚宋仪望的一封信中，畅言：

> 今驿递一事，在东南不知何如？畿辅诸郡，十减六七，行旅初觉不便，近来亦颇相安，若小民欢呼歌诵，则不啻管弦之沸溢矣。❸

要达到节省驿费，提高驿运效率，除了由上而下的督责外，还必须给予驿递系统官吏一定的权限。驿官位卑势弱，遇到显贵有势力者或上司衙门官佐来索要额外车马轿夫，强求供应珍馐仪仗等事，历来是不敢抗拒

---

❶ 嘉隆万时期著名的循吏兼水利专家潘季驯，一直是主张改革驿递制度的。嘉靖二十九年（1550），他刚入仕，任九江府推官时，对于驿役的征派就试行过以官当代替民当的做法，减免了民间为充驿役所受的困苦。申时行《宫保大司空潘公传》（载《赐闲堂集》，卷八）就说到"浔阳驿当孔道，率以间右给役，公摄县事，悉罢遣之，令输直于官，费省而人不病"。到万历初年，他已官居江西巡抚，对张居正大力削减驿递滥费的决定，更是认真贯彻执行，在万历三年（1575）底上的《遵照条编站银疏》中说："看得驿传夫役，旧系十年一次审编，其编派则有头户贴户之异，其承役则有亲当募当之殊，里胥易于为奸，州县难于稽核。……见奉明旨清查驿递，严革冒滥，支应银两自可减省。该臣等已行驿传道督行各府，委官着实清查，务从节省。"（载《潘司空奏疏》，卷六）

❷ 《张太岳集》，卷二八，《答应天巡抚论大政大典》。又，张居正对于裁节驿递冗滥费用以减轻人民负担，是一贯认真的，而且亲自处理。万历八年，他在给保定巡抚张卤的信中指示说："有站马军，深为民害。今驿传既清，则此类事似在可省。幸省明疏请，亦可推之畿辅诸郡也。"（载《张太岳集》，卷二八）按，站马军，向为驿站征于民户的役目，长期扰害于民。

❸ 《张太岳集》，卷二八，《答应天巡抚论大政大典》。

的，只好委曲吞忍，逾制供应，转而剥取于民 ❶。这种歪风邪气如不改变，则根本无法入手整顿。唯有给驿递系统官员以应有的权力，支持他们合法履行职任，责成他们严格遵守制度，分内应承担的必须妥为办理；遇有额外索要，则可拒绝支应。在有争执纠纷时，可径行申告本省抚按及上级管驿官员，请加纠察处置；抚按如不秉公处理，亦可越级上告。"万历三年（1575）议准，每省驿传官，各给以专敕关防，其在直隶，增入兵备敕内。务要不时往来巡历，清查钱粮，点检舟车，辨察勘合，禁遏牌票。" ❷ 一时"公卿群吏不得乘传，与商旅无别" ❸。

颁发给各省驿传道以专门敕书，此在万历之前，是从来未有的事。采取如此空前的举措以加强驿递系统官员的职权，为他们履行职任护航撑腰，无非是要凭借皇帝专敕的威灵，遏阻官场上久已习惯成自然的歪风。按，驿传道一官，未见于《诸司职掌》和《明会典》等政书，在《明史》中也没列职名，当是因需要而设置的差使，逐渐定制转为职官，其职级地位应该是较低的，可能仍然是辖属于各省兵备道的属官，但却享有凭专敕办事的特殊权力，在明史上也确是罕见的，是一项破格的措施。

还必须注意到，张居正为整顿驿递，曾不惜使用严厉的法律和纪律手段，以制裁权贵、宦官和各级官吏逾制奢求享受，滥用驿传，凌辱驿官，以及驿内外勾结以营私等诸般腐败。万历初年，为此制定的刑罚特别严峻又特别详实具体，而且执行最力。

这些法律条文的惩处锋芒，首先是指向各级用驿的官员以及该管的各级上司，并且责令一切有关人员均应各负连带责任：

---

❶ 嘉靖中期，盐山县丞王邦直在名为《陈愚衷以恤民穷以隆圣治事》的疏文中，说到当时官吏公出的骄奢排场，许多开支都勒索于沿途驿站，然后转嫁于民。言："近年以来，法网疏阔，有司放肆，如上司出巡，廪给自有定制也。今则加之以支应，品味竭水陆之珍，蔬果尽南北之异，是其所费者，皆民之财也。如各官乘马往来自有定法也。今则皆变之以肩舆，倒班代换，而万里可行，裹粮迎候，而经旬不已，是其所用者，皆民之力也。一有庆贺，则糜费不经，帐用美锦，字以泥金，玄缥稠叠，食前方丈，何其汰也。一有巡游，则炫耀太甚，旌旗蔽野，士马如云，画鼗清筲，金银钲果，何其骄也。凡若此类，难以悉举。"（载《明经世文编》，卷二五一）
❷ 《明会典》，卷一四八，《兵部·驿递事例》。
❸ 《明史》，卷二一三，《张居正传》。

640

万历三年令，凡官员人等，非奉公差，不许借行勘合；非系军务，不许擅用金鼓旗号。虽系公差人员，若轿扛夫马过溢本数者，不问是何衙门，俱不许应付。抚按官有违明旨不行清查，兵部该科指实参治。若部科相率欺隐，一体治罪。❶

对违律犯法者的惩罚是很严厉的：

> 凡出使人员，应乘驿船驿马数外多乘一船一马者，杖八十。每一船一马，加一等。若应乘驴而乘马，乃应乘中等下等马而勒要上等马者，杖七十。因而殴伤驿官者，各加一等。❷
>
> 凡指称勋戚、文武大臣、近侍官员、姻党族属家人名目，虚张声势，扰害经过军卫有司驿递衙门，占宿公馆，索取人夫马匹车辆财物等项，及奸徒诈称势要衙门，乘坐黑楼等船只，悬挂牌面，希图免税，诓骗违法者，徒罪以上，俱于所犯地方，枷号一个月，发边卫充军。杖罪以下，枷号一个月发落。❸
>
> 凡出使人员，多支廪给者，计赃以不枉法论。当该官吏与者，减一等。强取者，以枉法论。❹

为堵塞借用、涂改、伪造勘合，以骗取驰驿待遇的漏洞，从万历三年（1575）开始，还加意严密手续，严格制度。规定，凡给出差人员发给的用驿勘合，都要填写实在姓名、职务，不许有任何虚假；又饬令厂卫和五城兵马司严加缉访涂抹或伪造勘合的人犯，并由兵部悬

---

❶《明会典》，卷一四八，《兵部·驿递事例》。

❷《万历问刑条例》，《兵律》，第六十一条。

❸《万历问刑条例》，《兵律》，第六十一条第一款。

❹《万历问刑条例》，《兵律》，第六十二条。按，张居正主政时期，对出差人员途经驿站的待遇有明确规定，而且是低标准的。"万历三年题准，有驿州县过往使官，该驿供送应得廪粮蔬菜，州县止送油烛柴炭，不许重送下程纸劄。如有故违，借此科敛者，听抚按官参究。"（载《明会典》，卷一四八，《驿递事例》）

赏奖给检举揭发的人。勘合分为二联，一联发给出差用驿者本人（称为大票），另一联（称为小票），则预先发给出入京畿驿途必经的良乡、涿州、通州等各驿站，各该驿站对来往使客，只有经比对大小票相同，才予放行。如无小票或数目不同，即收缴勘合，扣留持大票者，并予查究。在每一大票之外，还附置一件行程单（称为长单），随同发给。出差人员从起程以至公干地方，每经过一驿站，均由驿丞等填注来去时日，供应数目等，用印钤盖，回来时缴交兵科备查，有违例者，应指名参究 ❶。制订如此繁密的程序手续，其用意正是为了防弊纠偏，纠正已司空见惯，习为时尚的陋规。由于居正法尚严峻，果于综核，言出必行，有犯必惩，各级官吏凛凛承命，驿政有了很大的振作，一时成为配合全面性改革的重要一环 ❷。

整顿驿递所以能取得显著的成效，显然是与柄政者执法的坚定性有关。张居正在一封信中曾一再表示必不避嫌怨，必敢于面对阻力，以求将整饬驿递工作进行到底，言：

> 近来驿递困敝至极，主上赫然思以厘振之，明旨屡饬，不啻三令五申矣，然犹不信。承教，谓外而方面，内而部属以上凡得遣牌行者，有司不敢不一一应付。若如近旨，但无勘合者，皆不应付，则可尽复祖宗之旧，苏罢困之民。夫有司官卑，岂敢与大

---

❶ 均见《明会典》，卷一四九，《兵部·勘合》。当时还规定，出差人员不得绕道远行，不得超过行程期限，中途无故逗留。有违者，亦受法律的惩处："凡出使驰驿违限，常事一日笞二十。每三日加一等。罪止杖六十。军情重事加三等。因而失误军机者，斩。"（载《万历问刑条例》，《兵律》，第六十条）

❷ 《万历问刑条例》，《兵律》第五十六条规定，"凡（急递）铺兵递送公文，昼夜须行三百里。稽留三刻，笞二十。每三刻，加一等。罪止笞五十。其公文到铺，不问角数多少，须要随即递送，不许等待后来文书。违者，铺司笞二十。……若沉匿公文及拆动元〔原〕封者，一角杖六十。每一角加一等。罪止杖一百。若事干军情机密文书，不拘角数，即杖一百。有所规避者，各从重论。"同一律五十七条："凡在外大小各衙门官，但有人递进呈实封公文至御前，而上司官令人于中途急递铺邀截取回者，不拘远近，从本铺铺司铺兵，赴所在官司告举，随即申呈上司，转达该部，追究得实，斩。其铺司铺兵，容隐不告举者，各杖一百。若已告举，而所在官司不即受理施行者，罪亦如之。"

官相抗？所赖以行法振弊者，全在抚按耳。抚按官狃于故常，牵于私意，而责有司以奉法令、抗大官，势不能也。朝廷欲法之行，惟责之抚按，不责之有司。异日倘有犯者，或别有所闻，则抗命之罪，必当有归。❶

果然，令出法随。万历初年，各级官员或其家眷，因违犯新颁驿递禁令，因而受到严厉处分的不在少数。七年，甘肃巡抚侯东莱之子因擅自驰驿，被革去受荫之官。居正并未因东莱是"边方重赖"的干员，而宽容徇法❷。同年，对内侍勾结外官，串同驿递内不法之徒"通同为奸，侵欺破冒"，亦执法以绳❸。居正一再亲函地当驿道要冲的巡抚，命他们及时奏报来京朝觐官员擅自驰驿的人员及情况，听候参办❹。八年，顺天巡抚张梦鲤稽查出并奏参违反驿递条例的官员十余人，其中苑马寺卿赵某及太原知府等人亦受到应得的处分❺。除此之外，江西布政使吕鸣珂、浙江按察使李承式、四川按察使梁问孟、副使高则益、严州知府杨守仁、淮安知府宋伯华、汉阳知府万钟禄、南宁知府黎大启以及州县官等多人，亦先后因朝觐或公出违法遣牌驰驿受到处分。大体的情况是，布、按两司官多被降三级，知府降六级，州县官则被革职❻。甚至连孔圣人的嫡传后裔，袭封为衍圣公这样的大人物，在有违驿制时，居正亦断然予以申斥。惩治的面这样大，正是为对一向凭恃特权，敢于肆无忌惮，藐视功令的官僚们下一大棒喝。"从来驿传困民无能厘革，而居正当国，士大夫非奉尺一，虽修涂县不得续劳所在干馈。两都大臣，诸方面赴任，至僦民舟车，就旅店食。"❼

万历初年，对驿递制度的整顿能卓有成绩，亦与张居正能够严于

---

❶ 《张太岳集》，卷二九，《答总宪李渐菴言驿递条编任怨》。

❷ 参见《张太岳集》，卷三一，《答贵州巡抚何莱山》之二。

❸ 参见《张太岳集》，卷三一，《答南守备枢使乔诚斋言治差役骚扰》。

❹ 参见《张太岳集》，卷三二，《答保定巡抚张浒东》。

❺ 参见《张太岳集》，卷三二，《答山西徐巡抚》及《答太仆罗闻野》。

❻ 参见《明神宗实录》，卷一〇〇，万历八年五月丁酉；卷一〇三，万历八年八月戊午。

❼ 董其昌：《神庙留中奏疏会要》，卷二五。

律己有关。万历四年（1576），他的儿子懋修回籍参加丙子科乡试，自己雇请车辆就道，不敢干请用驿；同时，居正的父母做寿，他由北京遣派仆人携带礼品回家，亦规定自备马匹，不许沾光驿道。张居正的弟弟居谦在京病逝，张家派人运送居谦的灵柩回湖广原籍，路过保定时，保定巡抚张卤有意巴结，特别发给用驿勘合，居正知道后，便着即将勘合缴回，并写信给张卤，说明"禁例申严，顷有顽仆擅行飞票骑坐官马，即擒送锦衣，榜之至百，其同行者俱发原籍官司重究"。❶居正自称不敢违犯驿递条例。在当时，他本人力言"为政必贵身先"❷，能够做出遵纪守法的表率，对于推动改革，显然是有积极作用的。

第三节　驿役从民当转为官募官当，逐步纳入一条鞭法

明中叶以来，驿递差使在诸种徭役中成为最繁苛最难应办的一种，"民病，莫甚于驿传"❸。应役者，往往倾家荡产，鬻儿卖妇。

驿役佥充的办法，在明初政治大体清明的时期尚可以暂时维持，而一旦吏治失控，赋役混乱，这套做法就显得破绽百出，百弊丛生。因为驿递之役一直是单独征派，视差使的多寡，定征调的轻重和开销的巨细，似有标准而实无标准，只能以满足官吏无厌需求为标准。一方面是拥有权位者的擅饕玉食，轿马金鼓；另一方面则是夫役骡马的困累驰驱，以及漫无底止的赔补。中叶以后的驿递制度最集中地体现着腐败。

伴随社会政治危机的深化，驿递制度本身的缺陷也暴露得愈益明显，并且严重冲击着原来规定的力役亲当规制。例如，在朱元璋建国之初，定都在南京，根据当时的需要和可能，重点佥派江浙地区一些

---

❶《张太岳集》，卷三二，《答保定巡抚张浒东》。

❷《张太岳集》，卷二七，《答应天巡抚宋阳山》之一。

❸ 嘉靖《韶州府志》，卷四，《驿传》。

田产较多的人户充役，称为粮佥马户。此制逐渐固定下来，历经二百年而未变。有些原籍江浙的马户，被遣派到北方的驿站养马，他们既不熟悉当地的风土气候，更不谙马性和饲秣习惯，虽然被迫亲身到驿，却只能出赀雇请当地人代任饲养之职。加以驿站官吏又利用马死而代为买马的机会以牟利，有时甚至故意将马匹虐死，来自江浙的马户只好破产赔补。被佥马户为免远离乡井，抛荒本业，又为逃避重役负累之苦，曾酝酿改亲役为缴付马价银两，送交应役府州县代为雇役应当。两地官府均认为合理可行，雇役制遂逐渐代替了亲当制。

又例如，洪武年间设置驿递系统之初，原是根据民户田粮的数目佥派，大体上是纳粮一百石的出上等马一匹，八十石的出中等马一匹，六十石的出下等马一匹。纳粮数目不及额的，允许几户合并共出一马（连同充任马夫驿丁之役及附同配备的鞍辔铺陈粮秣等开支）。水运驿的船水夫、陆递运所的车、牛、驴等役，也同样可以"众户合粮并为一夫"❶。这样的规定，在初时确有灵活和切合实际之处，其中一户出了人丁应役，称为头役或正役，其他各户只要按照原佥应役的田粮数目折交银粮，就不必亲当力役，当时称为贴役，实际上具有雇役的性质。可见，即使在最早期，在一定程度内以钱物折代力役的情况也是存在的。它可能是驿递役法从民当改为官当，从亲身应役过渡到纳银代役的胚因。

从力役亲当演变为纳银雇役，再归并入一条鞭，是历史发展的必然过程，但它又是一个历经数十年逐步演变然后才得以确立的过程。

其所以是必然的，是因为驿递使用冗滥，差使繁苛，役户破产倾家，相率逃亡，力役已陷于难以维持的境地。其中南方粮佥马户窘困更甚，要求改变这种不合理规制的呼声最高，甚至连政府高层官吏也因关切江南地区的稳定，从正统年间的巡抚尚书周忱、成化年间的巡抚都御史李嗣等人起，都相继提出易银代役的建议，认为此是南北两便之法，故从成化间试行于苏松二府，弘治三年（1490）便经奏准将

---

❶《明太祖实录》，卷二九，洪武元年正月庚子。

改输马价银两的办法通行天下 ❶。

嘉靖初年，从南方的广东和福建一些府县开始，逐渐将本地区有关驿递各役"通行革去，一例征银"。"解府发驿，募夫答应"❷，这些款项，"随粮带征解府，按季给驿供应"❸。当时人称这种做法为"官当"，即由本籍官府包揽承办，以区别于前此民户亲身供役的"民当"。从民当转为官当，"省民之财"❹"民免赔偿"❺，是普遍受到欢迎的，甚至有因为受惠，歌颂之"如出汤火而就衽席"❻。这种做法，逐渐由南而北，到隆庆时期，已基本普及于全国。随粮带征交驿的款项，当时叫作"站银"❼。

但是，也必须看到，"各地对站银的编征方法殊不一致。在若干地区，站银只按原有编派站银的地亩折收价银；在若干地区，则将全县额编的站银均派于全县的地亩。由于这种差异，遂导致各地额征站银的单位数目大为悬殊的情形。"❽

可见，站银制的普遍推行，从基本取代了亲身供役的陈旧办法来说，无疑是顺应社会潮流发展的进步，但它是由分散在各地区的衙门长官主持议定的，由于各地区原来赋役项目分摊的比例不同，也由于长官的意志不一，就必然存在畸轻畸重，苦乐不均的情况。譬如，陕西崇信县，每石站银折合银高达八钱，而湖广安化县每石只收银一分

---

❶ 《明孝宗实录》卷三七，弘治三年四月庚子条载："巡按浙江监察御史陈金奏：浙民有充远驿马头者，多为彼处土人所苦，其弊万端。欲令就本处有司纳马价及工食草料之费，类解彼处有司，定与则例，马驴铺陈各三年一易，马铺陈分上中下三等，上者给银十五两，中十二两，下十两，俾驿官自买。站船每年一小修，三年一大修，十年一造，各以时给价。仍申报所司知之，亦不得令土人自索取。兵部请通行天下，从之。"
❷ 嘉靖《韶州府志》，卷四，《驿传》。
❸ 万历《顺德县志》，卷三，《赋役》。
❹ 嘉靖《韶州府志》，卷四，《驿传》。
❺ 万历《顺德县志》，卷三，《赋役》。
❻ 万历《福州府志》，卷三五，《邮传》。
❼ 在苏同炳先生著的《明代驿递制度》一书第四篇《役法》中选载了较大量嘉、隆、万各省府州县随粮带征站银的资料，可参阅。
❽ 《明代驿递制度》，第四篇，《役法》。

二厘❶，相差竟达六十七倍。有些州县在改征站银以后，仍然负担沉重。例如，南直隶的沛县，万历元年（1573），共编里甲、均徭、民壮、驿传四差银共 12188 两，其中驿传即占了 4421 两。驿传银竟占总徭役银的 36% 强❷；北直隶的赵州，隆庆元年（1567），各项徭役共 12644 两，而驿站银一项即计达 4227 两，占了总役银的 33.4%❸。这说明，在明代驿递制度的发展过程中，改用站银办法，虽然起过不容抹煞的历史作用，但它远未能解决均平徭役的问题。

一条鞭法的实施，较好地解决了站银法未能解决的问题，因为它将包括里甲、均徭、民壮、驿传各役都合并为一条，驿递已不再单列为一项，而各地在推行一条鞭时，又必须对所辖地区诸役负担做出必要的平衡清理，十甲丁粮总于一里，各里丁粮总于一州一县，各州县总于府，各府总于布政司，布政司通将一省丁粮均派一省徭役，然后议定每粮一石审银若干，每丁审银若干，斟酌繁简，通融科派。这就能较好地避免轻重悬殊，实现平均赋役的目的。早在嘉靖末年，时任浙江巡抚的庞尚鹏就建议大力推广一条鞭法，将包括驿站的馆夫等役归并入内。疏言："臣入浙之初，切见有司赋敛烦急，民不堪命，已经议将馆夫、库子改为银差；斗级役满，免其守支；盐捕征银，抵补额课。凡此，皆均徭中之重役，先该臣具疏题请，小民皆欣欣然向臣称便。"❹ 庞尚鹏此一建议，实际上为全面推行一条鞭法铺垫下基石，解除了庶民的窘困，是完全符合民心所向的。"昔年民所大病者，惟耳房、铺陈、库子、馆驿、买办诸役，十九破家，及南海御史庞公大肆振作，痛革此弊。……有大造于东南。"❺

如果说，庞尚鹏的努力，已经泽在东南，那么，其能普及于全国，

---

❶ 参见嘉靖《平凉府志》、嘉靖《安化县志》，转引自《明代驿递制度》，293 页。

❷ 万历《沛县志》，卷八，转引自吕景琳、若亚《略论明代驿传之役》，载《明史研究》第 5 辑，153 页。

❸ 隆庆《赵州志》，卷三，转引自吕景琳、若亚《略论明代驿传之役》，载《明史研究》第 5 辑，153 页。

❹ 庞尚鹏：《题为均徭役以杜偏累以纾民困事》，载《明经世文编》，卷三五七。

❺ 《留青日札》，卷三七，《非民风》。

则是在张居正当国之后。居正挟至高的权威，大力裁节冗滥，革除驿弊，"节驿递而恤民穷"❶。特别是，不但彻底废除了驿役亲当的过时规制，还将一度盛行的站银制度全部纳入条鞭法之内，"官免编审之劳，民受均平之赐"❷。"万历初，诏核乘传之符，而严其禁，百姓裁（才）幸息肩。"❸ 整顿驿递制度，是张居正主持大改革的重要一环。四百余年来，史家论评居正诸功业，未有忽略一条鞭法与驿递改革的密切关系，不是偶然的。

---

❶ 吕坤：《书太岳先生文集后》。

❷ 《题为均徭役以杜偏累以纾民困事》，载《明经世文编》，卷三五七。

❸ 万历《东昌府志》，转引自《明代驿递制度》，336 页。

第十七章

整治漕运和高拱、张居正的分歧

第一节　明代前期漕运的演变

在明代的财政赋役制度中，漕运具有特殊重要的地位，因为它关系着国家的经济命脉，其畅通抑或淤塞停滞，实对国计民生有着直接的重大影响。

所谓漕运，是指修浚专门的河道，建立专门的船队，征调专业的夫役，设立专职的管理机构，制订单行的规章法令，以将定额的粮食定期运输到首都，以供应宫廷和朝廷文武百官和军队的食用需要。特别是明成祖朱棣将首都从南京迁到北京以后，北方官用以及部分民用的食粮，均赖漕运接济，"漕为国家命脉所关，三月不至则君相忧，六月不至则都人啼，一岁不至则国有不可言者。"[1]漕运的重要不言而喻。

为什么会出现这样依靠远途运输以济国命的情况呢？为什么非依赖漕粮的供应才能保证国家机器的顺畅运转呢？

这是与我国自古以来形成的政治格局和经济发展的不平衡密切相

---

[1]《明书》，卷六九，《河漕志》一。

关的。

原来我国古代的经济中心，往往与政治和军事中心相隔离。自秦汉建立中央集权大一统的封建帝国以后，将中央统治权力奠立在黄河以北，诸如定都长安、北京，甚至汴京（开封）的朝代，由于能有效捍卫北疆，且便于号令全国，往往能相对地长治久安，在一定时期内取得过稳定昌盛；而局处江南甚至岭表的政权，则多为柔弱短祚，其军令政令罕能有效驱策华北和西北各部，极少能进而实现统一全国的。北京右拥太行，左临沧海，北连朔漠，南襟河济，山川环卫，形势雄伟，幽燕多出雄兵骁将，足以镇慑四方，历来是建都首选之地，再加以蒙元残余势力虽退守塞北，但复辟之心未死，对明朝的威胁仍在。朱棣北迁，亦未尝不考虑及此。但另一方面，我国的经济发展中心却是逐渐南移，江淮流域农业和工商业的发展水平远远领先于北方，成为承担全国赋税的重点地区，成为自隋唐以来国家政权实现统治的经济基础。隋代开凿从江淮地区到达长安的大运河，对隋、唐、宋等朝代有过很大的贡献。元朝建立后，大都建于今北京，为解决朝廷财政开支和官吏将士俸粮，更增加了从江淮地区调入粮食的数量，年达三百余万石。

朱元璋缔建明皇朝，其最初期因建都在南京，故经济中心和政治中心基本一致，可以就地征调赋税以满足财政需要。为了抗御和扫荡蒙元残余势力，虽然一度采用海运的方法运粮以供应驻防在北塞的大军，但需用的数量，已从元代的三百余万石降减为六七十万石。到洪武三十年（1397），因沿边军屯取得成果，军粮可以自给，便诏停海运。但不久之后，朱棣篡位成功，他在位期间，一直保持着向北方发展的态势，最后并将首都迁到北京，由此便恢复了经济和政治中心南北分隔的状况。他虽然仍少量地使用海道运粮北上，但主要是大力修浚和凿通南北大运河。永乐九年（1411），派工部尚书宋礼重新开凿已淤塞的会通河，十三年，又命平江伯陈瑄打通自淮安至淮河的航道，于是，从杭州到北京的漕河宣告畅通，而运载北上的漕粮亦猛增到每年三百万石。此后，因需求日长而运粮递增，到成化八年（1472）便定岁额为四百万石。

南北漕河长达三千余里（约一千七百公里），途经浙江、南直隶、山东、北直四省。它除了运输指定的漕粮以外，还形成为贯通我国南北的重要交通运输线。每年有粮船一万一千七百余艘，官军丁役十二万余人，以及民商船只往来于其间❶。按照规定，每一漕船许可携带一定数量的货物沿途贸易，不但南方的稻米、丝绸和海产品等可以供应北方；而北方的棉、麦、煤、豆、枣等也便于输运到南方销售。这样，漕河的功能就绝不局限于漕，而具有沟通南北经济大动脉的作用。当时，沿河两岸，兴起了不少工商业城镇，"帆樯如林，百货山积"❷"官船、客船骈集，最称繁盛"❸。隆万间的治水名臣潘季驯有言："我朝建都燕冀，转输运道，实为咽喉。"❹

但是，漕河必赖黄河水的灌注，同时，它又是黄河水宣泄的一条重要渠道。黄河虽给漕河带来充沛的水量，但同时也带来严重的水患。黄河的改道、洪峰、淤塞、泛滥、干涸、溃决等等，无不严重影响着运河的能否正常通航。试从明前期的主要记录来看：洪武二十四年（1392），黄河决于河南阳武，分流冲阻会通河；永乐十四年（1416），黄河决于开封，其主流转徙于安徽潜山，造成漕河因缺水淤塞；弘治二年（1489），黄河两岸皆溃决，诸决口皆淤塞；弘治六年，复决于仪封之黄陵岗，洪水北冲，断阻会通河。嘉靖以后，黄河一有泛滥，即瘫阻漕闸南段运道。自嘉靖五年（1526）以来，黄河于曹县、徐州一带连溃四次，其中有三次冲垮漕闸。到嘉靖末期，"河忽东忽西，靡有定向"❺。因黄、漕灾患日趋严重，屡见重大险情，引起朝野严重关注。万历中期入阁任大学士的王锡爵曾说："国家有二大事，曰边，曰河。……虏有秋可防，而河之之徙决无时。"❻将河害与边患并列，甚至

---

❶《皇明世法录》，卷五四，《漕政·漕船数目》。

❷《临清县志》，卷一一，《经济志·商业》。

❸《古今图书集成》，《方舆汇编·职方典》，卷一三，《顺天府·山川附考》二。

❹ 潘季驯：《两河经略考》，卷四，《恭报两河功成疏》。

❺ 潘季驯：《行水金鉴》，卷二五，《河水》。

❻ 王锡爵：《工部尚书潘公墓志铭》，载《王文肃公文草》，卷八。

认为它比防御边虏更难对付，已经视之为危及心膂的恶疾。

嘉隆之际，由于河备久弛，河患日深，已有燃眉之急的势头。"黄淮水涨，漕河入闸之水，自北往南而流，年年渐增，岁岁为患。"❶一方面，是因水势汹涌，造成粮船大批漂没，漕粮大量漂失，漕卒夫役溺毙至众。另一方面，则是洪峰过后，河床龟裂，漕道淤塞，船只根本无法航行。隆庆元年（1567）、三年和四年，连续发生先冲决后枯淤的情况。其中，又以四年的灾害至为惨重。"是年九月，河决小河口，自宿迁至徐（州）三百（里）皆淤舟，为逆流，漂损至八百艘，溺漕卒千余人，（漂）失米二十二万六千余石"❷，漂失之数约占岁运额的5.7%。《国榷》记载此事谓："河决邳州，自睢宁白浪浅至宿迁小河，淤百八十里，阻漕。"❸为此，将提督漕运总兵镇远侯顾寰罚俸免职，总督漕运侍郎赵孔昭、总理河道侍郎翁大立等俱罚俸❹。情况的严重恶化，引起"朝野震骇，谓几无漕时"❺。"可以认为，隆庆年间，明代漕粮漂流已进入高峰期，漂流粮（每年在）二十万至四十万石之间，达到了明代之最高额，这无疑对北方政治中心的粮食供给产生了严重的影响，这就是当时统治者惊呼'漕政大弛'及'朝野震骇'的一个重要原因。"❻

必应注意到，隆庆朝的政治格局不同于嘉靖朝。当时，负责内阁政务的，主要是高拱和张居正。他们两人都是有大抱负和勇于任事的人，都是目睹时艰而亟谋匡济的人。对于作为国家重政之一的漕运废弛问题，是绝不会坐视的。

❶ 朱国盛:《浚漕筑堤疏》，载《南河志》，卷三。
❷《古今治平略》，卷八，《国朝漕运》。
❸《国榷》，卷六六，隆庆四年九月甲戌。
❹《国榷》，卷六六，隆庆四年十月己酉。
❺《漕乘》，卷六。转引自鲍彦邦《明代漕运研究》，179页，暨南大学出版社，1995。
❻ 鲍彦邦:《明代漕粮漂流的数额、原因及其处置办法》，载《明代漕运研究》，180页。

第二节　高拱与张居正对整治漕运的分歧

自嘉靖末叶以来，对于应如何整治日趋颓败的漕运，借以减少遍及江、浙、鲁、冀的地区性灾害，特别是保证"上方玉食"及时足够的供应，已经成为朝议的焦点之一。是依靠撤换和处分漕官抑或建立和健全制度；是开凿新河抑或仍循故道；是致力于疏导，以水治水抑或筑堤堵截以防洪；是重开海道，海陆兼运抑或仍坚持禁海政策，众说纷纭，提出过各种不同的方案部署。这些方案大多受到过重视甚至试行。嘉靖后期至万历初年，是各种治漕方案互相辩难比较，各自承受实践检验的时期，又是明代整治漕运最为重要的时期之一。当时，涌现出诸如朱衡、潘季驯、翁大立等著名水利专家，他们都肩负过治河通漕的重责，并且都是熟谙水利业务、劳瘁任事和忠于职守的人物。但是，他们之间的学术见解和整治方案却是迥不相同，甚至是对立的。大体说来，朱衡和翁大立是主张使用开辟新河道以代替已多处更翻决口的会通河旧道，再大力疏浚入海口，以保持漕道畅通的办法；而潘季驯则反对此议，认为海口不能以人力修浚，但可以水势冲刷，不如采用堵塞旧河决口，引淮入河而归于海的方案。这两种对峙不下的见解，各有其学理根据，亦各提出己方建议的优点和可行性，因此朝议亦隐然分成两派，朝廷曾一再游移于两者之间。这样的分歧异见，在隆庆内阁的主要人物高拱与张居正之间亦有明显的反映。高、张在治漕方案和是否开放海禁问题上确实存在着政见分歧。

原来，开凿新运道，企图避开黄河水的冲击，将黄河与漕河隔离开来的主张，是早在正德末年和嘉靖初年即受到过朝野重视的。嘉靖七年（1528），曾诏命右副都御史河道总督盛应期负责督导开河工程，后因反对者众，在工程过半之时被革职罢役，开河之议遂寝。直到嘉靖四十四年，因黄河溃决，自山东鱼台县以南到徐州的运道淤塞二百余里❶，乃诏令工部尚书右副都御史朱衡兼理河漕；右佥都御史潘季驯

---

❶ 据张萱：《西园闻见录》，卷八九，《工部三·治水下》，谓淤塞二百余里；但据《明史》，卷二二三，《朱衡传》说是百余里，可能有一部分是处于半淤塞状况。

掌理总河。二人驰往河岸，沿线进行勘查，都认为漕河必须全面整治，但应采取什么方案来整治，则自一开始即存在着尖锐的意见对立。季驯不久亦因丁忧而去，诏委朱衡全面负责。朱亲自督工，严驭吏民，顶住"怨谤四起"，改变过去"以黄避运"的治河观点，沿着盛应期当年工程旧道，在吕孟湖和马有桥等处筑堤，引鲇鱼、薛沙诸水入新渠，避开黄河主流，到嘉靖四十五年（1566）九月宣告竣工启运，名之为南阳新河。新河启用后，一度使漕船自南直隶的沛县至山东的鱼台、南阳顺畅通航❶。"朱衡既开新河，漕渠便利"❷。但可惜，到隆庆元年（1567），因山水骤发，新河即有多处溃决。朱衡认为此是由于新河以一堤捍群流，压力过大之故，他继而采取在险要处多开支河以节蓄和宣泄河水，又在河上建立船闸以作调处，希望可以避免溃决。而且，在人事行政上大力裁汰冗官冗役六千余人，集中人力和经费以供正用。应该说，是取得过一定成绩的。但严酷的事实是，朱衡虽然经过全力以赴的努力，新河不论在线路上还是在载运量上都还不能取代旧河，亦无力真正从根本上控制洪水，避免水患。隆庆元年、三年、四年都发生过新旧两河皆溃决的惨痛情况。开凿新河的利弊如何，可行与否，仍然是一个存在极大争议的问题。当时，曾任总督河务、时任兵部左侍郎的翁大立主张在南阳河之处，再开凿泇河口为运道，认为远避黄河，可为永久之计❸，而时任总理河务的潘季驯则仍主张尽塞决口，恢复旧河道，两方意见对峙不下。

在采取什么方案以整治漕运，是否开凿新河问题上隆庆内阁的主要人物高拱和张居正意见也不一致。而此时高张在治漕方案中表现出的政见分歧，可能又与他们在隆庆五年之后关系的微妙逆转相联系。

高拱在这方面的态度是鲜明的，他以首辅的身份，曾经坚决支持

❶ 参见朱衡《钦奉敕谕恭报河工完成疏》，载《漕河奏议》，卷三。

❷《明史》，卷二二三，《翁大立传》。

❸《国榷》卷六六，隆庆四年九月甲戌条记载："河决邳州，睢宁白浪线至宿迁小河，淤百八十里。翁大立言：'权宜之计，在弃故道而就新冲；经久之策，在开泇河以避洪水。'"可参考。翁大立类似的言论尚多，可参考同书同卷，同年七月壬辰、九月壬申等条。

开新河，并且在隆庆四年（1570），黄河水大决邳州、睢宁之后，主张在山东密县境内凿一条新河，沟通胶莱二水，使漕船能从山东胶州湾沿此水道直达莱州。他在隆庆五年，致函时任山东巡抚的梁梦龙表达了自己的意见，其中说：

> 运道不通，修治已久，劳费无算，而绩效茫然，京师且坐困矣。忧无所出，故有新河之议。计其道里非遥，费亦不多，若得遂成，则二道并行。脱有一道之塞，亦自有一道之通，此万年之利也。
>
> 今措处银两，既有项下，断不用东人之财。而任事之官，亦各有应承之者，且自谓事必可就，不则其罪，亦不用东藩臬之官也。若谓恐有朱张难判，则今之淮胶，商贾通舟久矣，岂必粮船往来而始有朱张乎？愿公赞成其事，不可再为难辞。况此事前人已为之，功且垂成而废，实为可惜，今因旧增拓，当事半而功倍，仆亦计之熟矣。千万其勿阻也。❶

与高拱的信心充沛、急见事功有所不同，张居正却是自一开始，即对开新河的倡议持保留的态度，自言一因担心胶、莱二河的水量不足，难以持续载运漕船；二则考虑到工程艰巨，不易毕致成功。故此，张居正采取了比较迂回的办法以劝阻高拱放弃开新河之议，云：

> 胶莱新河，始即测知其难成，然以其意出于玄翁，未敢遽行阻阁，故借胡掌科一勘。盖以胡固玄翁所亲信，又其人有识见，不随众以为是非，且躬履其地，又非臆料遥度者，取信尤易也。昨观胡掌科揭呈，明白洞切，玄翁见之，亦慨然请停，不必阻之

---

❶《高文襄公集》，卷七，《与梁巡抚论开河》。又，此函亦收入《明经世文编》，卷三〇二。《明经世文编》编者对于函中"恐有朱张难制"句，注曰："朱张者，即元末海运之人也。"供参考。

而自罢。❶

事实的经过，大体是，张居正没有正面反对高拱坚决开凿胶莱新河的决定，而是让高的亲信工科都给事中胡椐出面，根据实地踏勘所得，劝请高拱罢议。高拱在收到胡椐的呈禀后，亦同意了停开新河的意见。他给胡椐的信中表示：

> 新河之议，本出仆意，然非有成心也。今执事查勘详悉，明示不可，不徇仆意，亦可谓无成心矣。愿即题止可也。盖可开则可以济运，所以为国也。不可开则止，以免无利之害，亦所以为国也，而我何与焉。❷

按照高、张与有关官员的书函内容，由高拱倡议主持，经张居正定策阻罢的开胶莱河之议，本来已告一段落，已可结束。阁臣之间，在有关政事存在不同的意见，本来是很正常的事，问题在于议定之后，张居正颇有借此以自炫，并对高拱有影射之处。他在《答河道按院胡玉吾》的函件中，有以此事为二百余年开凿新河史事作一终结定论之意，言：

> 始虑新河水泉难济，忆度之见，不意偶中。辱别揭所云，剀切洞达，深切事理。自胜国以来，二百余年，纷纷之议，今日始决。非执事之卓见高识，不能剖此大疑，了此公案。后之好事者，可以息喙矣。❸

---

❶ 《张太岳集》，卷二三，《答河南巡抚梁鸣泉》。按，题衔"河南巡抚"误。梁鸣泉（梦龙）时任山东巡抚，且所言开胶莱河，亦属山东事。

❷ 《高文襄公集》，卷七，《答胡给事》（运河）。按，据《国榷》卷六七，隆庆五年三月丁卯条载，"复议胶莱运道，户科给事中李贵和言之，命工科给事中胡椐往视"。高拱收回开胶莱新河之议大体在四五月间。

❸ 《张太岳集》，卷二三。

又在《答河南巡抚梁鸣泉》另一函中，更将此事上升到治国纲领的高度，论曰：

> 胶河罢议，不惟宽东土万姓财力，且使数百年谬计一朝开豁，不致复误后人，诚一快也。❶

奇怪的是，仅在发表上述议论四年之后，即在万历三年（1575），张居正已经柄政为首辅之时，他竟从一个坚决反对开胶莱河的人，转变为力持不惜动用"东土百姓财力"，不惜排除各种反对异议以开河的宰相。张居正执政以来，一直十分重视漕运问题，他在隆庆六年（1572）曾给漕运总督王宗沐写信，说："今方内乂安，所可虑者，河漕为要。"❷但，他在这方面认识的变化亦多。按照笔者的排比核对，张居正从隆庆五年至万历四五年之间，在如何整治漕河问题上曾有过三种不同的态度，经历过两次大转弯。隆庆五六年，他是反对高拱主张开凿胶莱新河的，已见前述。但在万历二三年之间，则改变观点，成为最坚决主张开凿胶莱新河的首脑。其后，到万历四五年，又转为坚定支持，并重用潘季驯，执行循故道，堵决口，引水冲沙的整治政策。一个政治活动家，随着形势的变化和本人认知的深入，改变自己前此的认识，改行新的决策，当然也是合乎事理的。下野后的高拱以及一些史家不解的是，何以在不久之前，被张居正贬之为"复误后人"的"谬计"，而今则为其所行；当年支持"谬计"的人被斥为"好事者"，而今支持者又俱被称誉为"忘私徇国之忠"❸？居正在一系列函件中倡导开河，其腔调及论说均远超于当年的高拱。如在《答河道徐凤竹》第一函中说：

> 胶河之可开，凡有心于国家者皆知之。乃竟为浮议所阻者，

---

❶《张太岳集》，卷二七，《答河漕刘百川言开胶河》。
❷《张太岳集》，卷二四，《答河漕总督王敬所》。
❸《张太岳集》，卷二七，《答河漕刘百川言开胶河》。

其端有二：一则山东之人畏兴大役，有科派之扰。又恐漕渠一开，官民船只，乘便别行，则临清一带，商贩自稀，此昔年之说。一则恐漕渠既开，粮运无阻，将轻视河患，而不为之理，此近年之说也。凡此，皆私己之言，非公天下之虑也。今当决计行之，无事再勘。仆尝念此，惟以不得任事之人为虑。昨奉百川公书，公雅不辞劳，审尔，大事济矣。已即面奏于上，特以属公。❶

在《答河漕刘百川言开胶河》的信中，居正亦同样强调，"胶河之可开，凡有心于国家者皆知之"，然后，作出进一步的部署，言：

……又承教，凤竹公肯身任之，尤为难得。今即以属之。渐庵亦曾有书云：开沕口，不若疏胶河。故宜与之会同，且委用属吏，量派夫役，亦必借其力以共济也。至于一应疏凿事宜，及工费多寡，俱俟凤竹公亲履其地，次第条奏。其河道官属钱粮，俱不必与之干涉，以破其弃河不治之说。庶浮言不能兴，大事可就也。❷

按照当时的部署，张居正委派了请开胶莱河最力的南京工部尚书刘应节、工部侍郎徐栻二人负责督导开凿工程，并责成河道所在地的行政长官，山东巡抚李世达"协恭熟计，共济此事"❸，全力支持。在拨用巨额经费，排除一切阻挠意见等方面，居正亦使用首辅的权力，毅然作出处置。在徐栻到达胶州工地任所后，他给徐栻写过好几封信，在人事和经费等方面都给予最大的支持，并一再鼓励他坚定信心，坚持定见，"主之以刚断，持之以必行"，切戒畏难动摇，必须以不屈不挠的

---

❶《张太岳集》，卷二七。徐凤竹，即徐栻，时任工部右侍郎，张居正派他去山东会同巡抚李世达主持开凿胶莱河事。此函为开河事给徐栻的第一函。百川，即时任南京工部尚书的刘应节，号百川。他也是积极主张开新河的。

❷《张太岳集》，卷二七。

❸《张太岳集》，卷二七，《答山东抚院李渐菴言吏治河漕》。

精神魄力完成开河的任务，其中一信言：

> 承华翰，知道从已临东土，无任欣慰。大疏下所司一一覆允。此事甚钜，费必不赀，今欲为国家兴万年之利，宁敢惜费。但齐、鲁之人，甚不乐兴此役，以近旨严切，虽不敢明肆阻挠，乃其心终不以为然。故凡言此事，必几万几十万而后可举者，未可遽信之也。公宜与有心计、诚心为国者熟图之。❶

稍后，居正又给徐栻写了一封长信，不但授予开河全权，并且进一步给他打气，鼓励他排除一切障碍，务必完成"此国之大事"，谆谆而言：

> 胶河已有成议，虽费亦不敢惜。其中疏浚事宜及调用有司等项，俱听便宜处画，一毫不从中制。乃闻近为群议所苦，颇悔昔者建言之为易，审尔，则此事难以望其有成矣。
>
> 仆闻疑事无功，疑行无名。明主方励精图治，询事考成，岂直〔宜〕以未定之议，尝试朝廷哉？神禹大智，犹必亲历四载，遍历九土，至于手足胼胝，而后能成功。方其凿龙门之时，民皆拾瓦砾以击之。盖众庶之情，莫不欲苟安于无事，而保身自便者，孰肯淹留辛苦于泥涂横潦之中，此众议之所以纷纷也。愿公主之以刚断，持之以必行，心乎为国，毕智竭忠，以成不朽之功。凡粘带顾忌，调停人情之说，一切勿怀于中。❷

---

❶ 《张太岳集》，卷二七，《答河道徐凤竹》（之二）。又，在同书同卷，《答河道总督王敬所》一函中，张居正也重复表达了同一观点，言："开河之策，议在必行，但以事体重大，且此中有言其费度在七八百万乃足者，岂其然乎？故请差科臣会勘，徒以息哓哓之口耳。此事，先年诸臣亦知其便利，独以艰大之任，惮于承肩。今公赤忠，身任其责，更复何疑？愿坚持初意，勿夺群言。其中事体，亦须详慎，期在万全无害可也。"可参考。

❷ 《张太岳集》，卷二七，《答河道徐凤竹》（之三）。

居正在同一函中，又教导徐栻必须亲临工程前沿，确定掌握施工实况，及时裁理相继出现的各种问题，切不可高高在上，以臆测遥控处事。对于徐栻一度出现过的畏难动摇情绪，居正更严词批评，曰：

> 又亲历工所，揆虑相度，分任责成。若惮劳不亲细事，徒寄耳目于人，则纷纷之议，将日闻于耳，虽勉强图之，亦具文而已，决不能济也。幸公熟图之。

> 若果未能坚持初意，恐拂众心，则亦宜明告于上，以谢昔建议之为非，而后重负可释耳。此国之大事，不敢不尽其愚，幸惟鉴宥。❶

张居正在万历初年，以极大的毅力和魄力，集中中央和山东地区的人力物力，坚决要将胶莱新河开凿成功，对有关主管官员抓紧驾驭指挥，并适时进行鼓励教诲，有时不惜重任责成以期许之，许诺高爵重位以鼓舞之 ❷，但有时又以不可轻于尝试朝廷，改动前昔建议应责有攸归以责备而鞭策之。居正在这些方面，确实是耗费了大量心力的。其所以如此，是因为他将治理漕河作为自己一生最重要的事功之一。他在《答山东抚院李渐菴言吏治河漕》一信中，曾披露自己对这方面的特殊重视和抱负，言：

> 仆以浅薄，谬膺重寄，主上虚己而任之。……今朝廷大政，幸已略举。惟漕河宗室未得其理。宗室事巨，不敢轻动，尚当有待，漕河则宜及今图之。了此一二大事，仆即纳笏镮，稽首归政，

❶《张太岳集》，卷二七，《答河道徐凤竹》（之三）。

❷ 张居正于万历三年（1575），委任徐栻作为朝廷特使主持开凿胶莱新河任务时，不但一般地鼓励他建立不世之功，而且还开给功成之后可以入阁为大学士的支票，说："夫世必有非常之人，然后有非常之功。然又必遇非常之时，而后其功可成。……今主上英明天启，志欲有为。而公以非常之才，适遭此时，可不努力以建非常之业乎？大功克成，当虚揆席以待。"（《答河道徐凤竹》，第一函，载《张太岳集》，卷二七）以首辅柄政之尊，对一个侍郎许以入阁，这是很罕见的。

乞骸而去矣。❶

从上引几封信件中可以清晰地看到，张居正在这一阶段强调开凿胶莱河，并作了多方面的部署安排，是非常认真的。与开胶莱河的同时，万历二年（1574）至四年上半年，漕政确实有过较大的起色。二年三月上旬船队已顺利过淮，额赋四百余万石全数入库，张居正受到很大的鼓舞。他在《答河漕王敬所》信中欣然表示："今计太仓之粟一千三百余万石，可支五六年。鄙意欲俟十年以上，当别有处分。"❷四年，他在给王敬所另一函中更说道："自公刷新漕政，万艘飞渡，京庾充盈，卓哉伟绩，孰得而掩之？"❸可是，这种片面的乐观很快就为严酷的事实所粉碎，不论开南阳河、洳河以及胶莱河，都不能从根本上解决水害阻漕的问题，当年八月，运河南段和中段多处溃决，"先是二月以后，江北旱，河水断流。至是河决韦家楼，又决沛县缕水堤，丰、曹二县长堤，于是徐、丰、沛、睢宁、金乡、鱼台、单、曹八州县，田庐漶没无算"。❹"河流臸宿迁城"❺，不得不迁县治；"河决崔镇，淮决高家堰，高邮湖决清水汶、丁志等口，淮（安）城几没"❻。在这样紧急的情况下，救灾尚且不遑，尚未竣工的胶莱新河工程也只好停顿。张居正对于应如何有效地整治漕河，不能不另作新的考虑。

第三节　高拱与张居正对恢复海运的分歧

元代北运粮食一直以海运为主，陆运和河运为辅。当时，官方的

---

❶《张太岳集》，卷二七。

❷《张太岳集》，卷二六。

❸《张太岳集》，卷二七。

❹《明通鉴》，卷六六，万历四年八月。

❺《明通鉴》，卷六六，万历四年八月。

❻《明史》，卷八五，《河渠志》三，《运河》上。

运粮海舟，"自浙西抵京不过旬日"❶，年运载量，最高时达到三百余万石，但有时要付出漂覆海舟，溺毙押运兵役的代价。明洪武初年，曾分别饬由山东莱州出海，运输军粮于永平；从南直隶刘家港出海，以供应辽东的军需。到洪武末叶，因北方驻屯军垦种已基本自给，才停海运。到永乐初年，因明成祖朱棣营建北京，准备迁都，又一度恢复海运，从江、浙直运津沽。到永乐十三年（1415），因修复了会通河以通漕，才再罢海运，仅留遮洋一总站，以运输往辽、蓟边镇的粮食、布疋、棉花、钞锭等，从海陆兼运转为以漕河运输为主。

从明初以迄明末崇祯时期，是否应恢复海运的议论一直未息。大体上，在河漕滞困之时，恢复海运之议即大起，亦有认为用海运可省舟省时省费省人役，应该与河漕并行的❷。

"当嘉靖中，廷臣纷纷议复海运"❸。直接的原因是，当时漕河屡告溃决，漕运经常受梗阻，太仓空虚，京师官民待食，人心惶惶。到隆庆时期，几乎每年都有大水害，灾区遍及冀、鲁、江、浙沿线。隆庆五年（1571），"时漕舟敝者几二千，而漂没者又八百艘，盖几无漕"。❹"漕河复大淤于下邳地区，国家仰东南粟，岁不下几百万，乃壅阏不得从漕上，盖中外汹汹焉。"❺时任山东巡抚的梁梦龙为解决窘困之局，乃极论恢复海运的必要，言：

> 海道南自淮安至胶州，北自天津至海仓，岛人商贾所出入。臣遣卒自淮、胶各运米至天津，无不利者。淮安至天津三千三百

❶《明史》，卷八六，《河渠志》四，《海运》。
❷ 参见《明史》卷八六《河渠志》四，引丘濬在其所著《大学衍义补》之说。丘濬大略言："海舟一载千石，可当河舟三，用卒大减。河漕视陆运费省十三，海运视陆省十七，虽有漂溺患，然省牵卒之劳，驳浅之费，投次之守。利害亦相当。宜访素知海道者，讲求勘视。"
❸《明史》，卷八六，《河渠志》四，《海运》。
❹《续文献通考》，卷四〇，《国用考》，《海运始末》。
❺ 梁梦龙：《刻〈海运新考〉后序》。

里，风便两旬可达。舟由近洋岛屿联络，可保无虞。❶

与此同时，山东布政使王宗沐亦是一个水利专家，他不赞同开凿胶莱河之议，"以河决无常，运道终梗，欲复海运"❷，上疏力言复行海运的可行。

梁梦龙和王宗沐的建议，受到内阁的重视。时，李春芳尚在首辅任内，高拱为次辅，张居正为群辅之一，三人均表达了赞同或基本赞同的意见。

春芳认为，"海运者，固国家已试之成事""即河无梗，两运并输，未为失策，而况河患屡作，可不长虑而亟图之乎？"❸

当时，实际上已承担了内阁主要责任的高拱，对于恢复海运，表现出更为积极的态度。他在下野之后，犹极言：

> 国家财赋，仰给东南。漕粮不至，则京师坐困。然漕河甚可
> 虑，年年淤塞，年年修筑，为功促迫，劳费已多，又不的当，而
> 挽运犹阻，此其一也。且一衣带之水，筑之甚难，决之甚易；通
> 之甚难，塞之甚易。意外之防，犹不可忽，此又其一也。
>
> 予昔当国时，念此至深，乃计通海运。非元之海洋中运也，乃
> 边海一道，商贩私往来者。自淮直达京师，一风之便，数日可至。
> 既不患于迟延，而较诸漕河挽运，且省无穷之力，况海运既通，则
> 漕河自可安心修筑，不至迫促而困功。奏功之后，二路并运，脱有
> 一路之阻，亦自有一路之通，京师可以坐俟无忧。且国计既不专恃
> 漕河，则意外之防可弥。所以伐谋者即此，而在此万年之计也。
>
> 于是梁巡抚梦龙、王布政宗沐胥以揭帖报予曰："海边一道，
> 乃商贩私通往来者，自淮抵京更捷。且边海不险，又不费修筑，

---

❶《明通鉴》，卷六五，隆庆六年三月。按，梁梦龙的意见，详见于其所著《海运新考》
　　上、中、下三卷，但文字较分散而冗长，《明通鉴》能扼摘其要点，简练明畅，符合
　　原意，故采用。
❷《明史》，卷二二三，《王宗沐传》。
❸《贻安堂集》，卷四，《海运详考序》。

甚便可行。"予闻甚喜，即令奏上，予力主持行之。❶

　　张居正在隆庆时期，基本上也是支持恢复海运的，但与李春芳，特别是与高拱相比，则有一定的保留。他在写给工科都给事中、奉派兼任巡河御史、负责考查开凿胶莱河可行性的胡槚信中即表示："海运一策，亦不得已而思其次者，尚须淮商直达天津，风洋无阻，乃可图之。仆犹虑海禁一弛，他日更有可忧者耳。"❷稍后，当隆庆六年上半年，居正又在给已转任漕运总督兼凤阳巡抚、正在大力筹办海运事宜的王宗沐信中，再表现出比较审慎的态度，言："辱示大疏，海运事宜处画周悉。今岁果利涉无虞，此后即可渐增其数，裨益国计，诚不浅也。"❸

　　由此可见，恢复海运一事，是在内阁内意见基本一致但又未尽一致的情况下进行的。隆庆六年（1572）三月，经朝议允行，由王宗沐主持，以运船三百艘，装载粮食十二万石，由淮安出洋，沿海岸北上，经一个月的航程抵达天津❹。在试航成功的初时，朝野都赞誉之为"盛事壮猷"，亦均归功于支持此事最力、时已接替李春芳为首辅的高拱。给事中张博、御史李栻等亦均上疏，除请对梁梦龙、王宗沐分别优叙外，更着重赞誉"辅臣赞襄"之明智果断，"盖鉴河漕之失利，遂咨询以启其谋；知海运之可通，则力主以定其议。旷事顿复，大计攸资。"❺

---

❶《高文襄公集》，卷三，《论海运漕河》，亦载《明经世文编》，卷三〇二。《明经世文编》加按语谓："文襄公事事欲为长计，海运若成，其利不细。"可参考。

❷《张太岳集》，卷二三，《答河道按院胡玉吾》。

❸《张太岳集》，卷二四，《答河漕王敬所》。

❹ 王宗沐在《海运志序》中记述此次倡议，并实现了海运漕粮的过程，言："隆庆辛未，余起家复守簿山东，会河漕告病，朝廷遣科臣按视，欲开胶莱以避大海通运，事不就。余曰：'即大海可航，何烦胶莱河也。'叙其说上抚台，以来试之验语闻。会科臣疏上，遂下通运之命，而余亦叨转督漕。身践初议，募舟集粮。时中外尚疑骇，谓不知若何，乃行仅逾月，十二万石悉安行抵岸，而天下臣民始信海道可通矣。开久废以助河漕，安六军之心，销奸萌之志。国家晏燕，大海在左肳，此专利也。一百六十余年来，群臣论著多而未果行，兹遇圣君贤相，英谟立决，而微臣沭适奉庙略，叨奔走，再辟兹途。"

❺ 转引自梁梦龙：《海运新考》，卷下。

当时，对于海运的成功，几乎是异口同声给予肯定，"既免大洋风涛之险，又不烦别议开凿之劳"，认为是"事省功倍"。❶隆庆皇帝在六年五月十二日，亦将"通海运"作为高拱"有不世之略，乃可建不世之勋"的重大政绩之一❷。高拱其时被称为"柱国元辅"，对于海运成功，亦不无沾沾自喜之意，谓："（梁王）二君区画周详，措处停妥，造舡坚好，诸事完备，海运遂通，刻日而至，人皆快之。"❸

可是，隆庆在发布敕文褒扬高拱"精忠贯日，贞介绝尘"❹十多天之后，即告"驾崩"。朝局亦随而大变，高拱被斥逐归里，狼狈去国；而张居正则上升为元辅，开始了"江陵柄国"的历史新阶段。从此，对海运问题的评价遂亦发生重大的变化。事因在此次试行海运，在三百艘运舟中亦有八艘沉没；在十二万石粮食中损失了三千二百石。南京给事中张焕即据此对王宗沐进行弹劾。宗沐上疏求勘❺。万历元年（1573），对于业已装载完妥，准备启程的第二批海运船只，时任首辅的张居正指示："昨已告之计部：每岁一十二万石之外，升合不得有加。"❻不幸这一批运船航行到即墨附近，又因飓风大作，"坏粮运七艘，漂米数千石，溺军丁十五人"❼。都给事中贾三近、御史鲍希颜及山东巡抚傅希挚等俱上疏请停，而张居正亦决定停办海运，时在万历元年春夏之交。他给王宗沐写信宣布了此一决定，说：

> 窃以为今欲河海并举，则当着实料理，岁岁加增。若止欲尝之，则二年之间，道路已熟，何岁以十二万石尝险哉！❽

---

❶ 转引自梁梦龙：《海运新考》，卷下。
❷ 据《高文襄公集》卷二《东里高氏世恩录》所载敕文。
❸ 《高文襄公集》，卷三，《论海运漕河》。
❹ 《高文襄公集》，卷三，《论海运漕河》。
❺ 《明史》，卷二二三，《王宗沐传》。
❻ 《张太岳集》，卷二四，《答巡漕张怀洲》。
❼ 《明史》，卷八六，《河渠志》四，《海运》。
❽ 《张太岳集》，卷二五，《答王敬所》。

不久之后，他便将倡行海运，并主持隆庆六年两次海运漕粮以抵天津的王宗沐，调任为南京刑部侍郎，又派往西北阅视宣、大、山西诸镇边务。隆庆末叶，一度恢复的海运，遂以短寿夭折。

时论对于王宗沐倡行海运的功罪，有不同的评价。黄景昉曰：

> 王宗沐力主海运，议行逾年，偶坏运舟七艘，朝议沛然罢。王原云："事关利害，非若出诸袖中，移诸枕上，可保毫厘无爽者也。"❶

支大纶更为王宗沐叫屈，并对停海运的决定是否正确，表示怀疑。言：

> 山东海运，王公宗沐尝力任之，而卒不济。然王公卓然名世之贤也。中世狃近利而暗远猷，标门户而忘国计。立论者逞攻击之私，主画者多退避之巧，而高贤不究其用矣。语漂溺则河安而海危，语牵挽则海省而河费。若一夫作难而瓜、仪决堤，徐、淮溃河，临、济败闸，则舍海漕，其奚赖焉。❷

陆钶亦言：

> 漕利通而海运罢，胶莱故道亦遂堙废。夫河漕诚利矣，然泉源壅塞，有疏浚之劳；堰闸蓄泄，有供役之烦；徐、吕洪流之泛溢，淮、扬襟喉之厄塞，意外之患，有不可不防者。海运岂可不讲耶？……天下之事，居常者必虑变，择利者必思害，轻重缓急，达其势而已矣。❸

郭子章也说道：

---

❶《国史唯疑》，卷八。
❷《支华平先生集》，卷三八。
❸ 转引自《续文献通考》，卷四〇，《国用考》，《海运始末》。

会通逸矣，而黄河为蓄；海运迅矣，而风涛叵测。……天下未有两利而并存者，当权其重轻焉。❶

所有这些言论，都是在不同程度或不同角度上认为禁停海运是不智的，是明显的政策失误。有人提出，为什么在河运中，往往一次覆舟数百，漂没粮食上十万石、数十万石，而不禁；却对海运中远较轻微的损失，便谓之"尝险"，指为"好功之病"❷，断然予以禁停。支大纶提出一个问题，是颇值史家深思的，他问道："闽南商贾泛大洋，经东海如驰道，奚独于漕运而难之？"❸难道官方正规的军粮船队，在冒险犯难的精神魄力，在勇于对自然界进行斗争的机智果毅，在面对惊风骇浪挑战的沉着应对诸方面，都不如那些"逐末之徒"吗？有人认为，隆庆时期一度开海禁，有利于海内外贸易，"所贸金银，岁无虑数十万"❹。而禁海之议，则是坚持闭关锁国的传统政策，从长远来说，其负面影响是很大的。早在永乐初年，平江伯陈瑄督海运时，就携带各种土仪物产以出洋，沿途进行贸易，甚受欢迎。隆万时期，闽、粤、浙的商人，携货出海，与东洋的吕宋、苏禄诸国，西洋的交趾、占城、逻罗诸国亦广泛进行贸易，对外贸易正呈现迅猛发展的势头，私人下番的现象已无法遏止。嘉靖末年，有某给事中建议，"要将广东、福建、浙江三省尽许开通番舶，照常抽税，以资国用。"❺甚至有人认为，与其以武力御倭，不如改为用商业贸易以抚倭，认为开洋通海是两利的事，"夷物亦中国所需，而苟隔阂华夷之情，吾恐寇抄之祸未已也。"❻当时，开海通洋以贸易已成为时代的要求。如果允许大批船队定期从海上来往南北，客观上必然大有助于东南各省对外海上贸易线的向北延伸，不但

---

❶ 转引自《国榷》，卷六七，隆庆六年三月。

❷《张太岳集》，卷二四，《答巡漕张怀洲》。"好功之病"，是张居正对王宗沐评价语。

❸《支华平先生集》，卷三八。

❹ 周起元：《东西洋考序》。

❺ 冯璋：《通番舶议》，载《明经世文编》，卷二八〇。

❻ 钱薇：《与当道处倭议》，载《明经世文编》，卷二一四。

有利于国内沿海的物资交流，也极有可能促进对外贸易的发展。居正断然饬禁，显然是悖乎时代发展潮流的。

张居正在万历元年（1573）停禁海运，当然是当时政治大气候的产物。如果高拱仍在位任首辅，是绝不可能做出这样的政策决定的。上文说到，张、高在议行海运的最初阶段，即在认识上存在差异，易于因认识的不同，而影响到对决策的抉择。但除此之外，是否亦有人事关系的因素，也反映着高张矛盾的余波呢？明末清初的著名学者孙承泽是倾向于这种看法的。指出：

> 隆庆五年（1571）漕河大决，漕运为梗。忧国计者始起而议海运。……于是海运行。至万历元年，高新郑拱去国，张江陵尽反其所行。户科贾三近奏罢。❶

高拱本人亦将开放与停禁海运的变化，纳入他与张居正恩怨的范围来考虑，亦对因禁海运造成的损失深为扼腕，言：

> 会予去位，当事者务反吾所为，随议罢所造海舟，弃之无用，沿海诸备皆废，可惜也。然此计终难寝，当必有为国谋忠者。
> 议罢海运者，谓偶有六七艘之漂溺也，然昔漕河泛涨冲决时，曾以百万石委之泥沙，讵翅六七艘哉？……今海运不行，海人犹商贩往来无患，独无粮船耳。予闻而三叹，夫不求弊之所在，而徒因噎废食，纵他日必有行时，然又劳费一番矣。❷

这可能是了解隆万交替间高张恩仇剧变一个值得注意的侧面。

---

❶《春明梦余录》，卷四六。
❷《高文襄公集》，卷三，《论海运漕河》。

第四节　修订规章，严厉整饬漕政

明代中叶以后漕运制度的败坏，当然存在着诸如运河受黄、淮两水冲击，堤堭崩决，运道淤涸，风浪漂溺人船等客观情况。但绝不能忽视，上述基本上由于自然灾害引起的问题，在背后亦有人为的因素在。不论在漕政体制和规章制度方面，抑或在执行纲纪方面，长期以来都表现出很不切合实际和严重废弛的问题。因此，从隆庆初元开始，便已着手进行整饬，而到张居正全面柄政时期，则更加强整饬力度，因而有效地扭转了漕政的陋弊。

首先是严肃查处漕运官兵在押运过程中的各种侵贪舞弊行为。当时的漕官漕卒，常有将漕米沿途盗卖，然后故意将船只放失漂没；或虽系漂流，但损失不多，却乘机侵匿，自沉其舟，捏称全部沉没；甚至贿买当地官吏，伪称查勘属实，要求准予报销了事。隆庆时期便规定，遇有上述情况，先将有关官兵逮捕法办，再查抄其原籍家产以作抵偿❶。万历时期法律规定，对犯赃官军，不论得赃多少，一律发边卫充军，再变卖原籍家产抵偿。地方官吏有串同伪造勘查结果的，俱从重判刑。而且还规定，地方官民有能觉察告发并经查实的，均给予银两厚赏❷。隆庆时期又规定，漕总之下分属各卫组成的船帮，对于本卫本帮属下各船，均应负连带责任。遇有灾害漂流，小事由本船各军分摊赔偿，大事先尽本帮，次及本卫，再次及于本总，但不许责令其他卫、帮分赔，目的是分明责任，又避免扩大株连❸。万历时期，更在法律上对各级官佐，如漕运把总、指挥、千百户等官，以及跟官书手、算手等人，但有索要陋规常例，采取各种借口以敲诈兵役人等，科索钱财船料入己的，分别给予降级，带俸差操，直到发边卫充军的处分❹。

其次是加强漕运方面的人事管理。隆庆后期规定：漕运官务必如

---

❶ 参见《明穆宗实录》，卷六五，隆庆六年正月丙子条。

❷ 参见《万历问刑条例》，《户律》，第六十五条第四款。

❸ 参见《明穆宗实录》，卷二四，隆庆二年九月乙亥条。

❹ 参见《万历问刑条例》，《户律》，第六十五条第一款。

期率领船队前进。倘有后期者严罚降黜；河道官务必清浚运道，加固堤堰，以保证船队顺利航行；沿岸自巡抚至州县官必须逐站催督，如有延误，则分别论处。在隆庆五年（1571）八月，因大批漕船未能及时入闸，总督漕运都御史陈玠、漕运总兵官陈王谟、漕运参将顾承勋等三人，俱受到停俸戴罪管事的处分❶。万历六年（1578），居正更亲自指示，将治河不力的淮安府通判王宏化、淮安水利道杨化隆革职，逮捕法办❷。授予河道总督潘季驯撤换和举劾属官的权力。居正柄政之后，迅速对漕运官佐逐级进行考察，并纳入"考成法"以评估其功过。

再次是完善各种管理措施。隆庆六年六月，居正上台未逾月，便采取了一系列健全漕运的措施。其中，为了避开每年三四月间黄河泛滥的汛期，以及七八月间断流的影响，改定了漕运的程限，将运漕船队提前一个月开帮过淮❸。嘉靖时定过淮程限……湖广、江西、浙江三月；万历时改为二月。这是一桩非常明智和及时的决定，这实际上是与汹涌难驭的黄河作竞赛，打一个时间差。果然避实就虚，收到了立竿见影的良好效果。万历元年（1573）四月，总督漕运都御史张宪翔欣然奏报："漕运三百一十万一千五百石一斗，尽数过洪。去岁三月过淮已为早，然尚有闰月，今则二月甫尽，漕政更新，大计修整，宗沐以为明良合德所致也。"❹二年六月,总督漕运副都御史王宗沐更点出此举的实质在于："三月终尽过淮，以一月为黄河逆溯之期，则四月终可悉过洪，不与黄水相值。"❺如果不发生异常的气候水情，不发生要害堤堰的溃决，此一举措自能发挥重大的功效❻。但要做到二月过淮，则收兑、储运、修船、开帮、入库诸环节，俱要提前安排。故此，对于

❶ 参见《明穆宗实录》，卷六〇，隆庆五年八月丙午条。
❷ 参见《张太岳集》，卷三一，《答河道潘印川论河道成功》。
❸ 《国榷》卷六八，隆庆六年六月庚辰条载："申饬漕期，岁十月民输粟，十一月漕卒受粟，十二月发舟，二月过淮，三月过闸，四月抵（张家）湾，从尚书朱衡之议。"
❹ 《明神宗实录》，卷一二，万历元年四月丙子。
❺ 《明神宗实录》，卷二六，万历二年六月丁未。
❻ 《明通鉴》卷六六，万历四年七月丁酉条载："先是，漕舟以河决不时至，已而漕运通。居正以岁赋逾春发；水横盈，非决即涸，乃采漕臣议，督艘卒以孟春兑运毕发，少罹水患。行之久，太仓粟充盈，可支十年。"

漕官以及产粮地和沿线经过的地方官，都更要求惩戒怠惰，督责勉力，不许逾期，不许挂欠，力排堵塞，以保证通畅运行。为此规定，各卫所担任漕运的军官，如能按期按量完成任务的，即可被推荐为运官。又规定，三月底以前过洪的，"以上劳叙荐；四月过者，次之；延至五月后者，议处；因而遇水漂没者，从重拟议"❶。以"过淮先后，稽勤惰"❷，在当时确实起到以实绩稽定漕官功过的作用，从而使漕运有了初步的起色。此时，不但对漕官们责有攸归，而且对于河官亦督责甚严。万历元年三月，当新定过洪入闸规限刚在试行之时，居正在写给时任漕运总督王宗沐的信中即说道："近报漕艘过淮者多，计当不后于去岁，若中道更有阻滞，则责在河道矣。"❸不久之后，他在给总理河道巡按万良的信中又说道："河渠安流，往来利涉，而不能使兑运之期，依限趱发，此责在漕臣矣。"❹总之，不论管河管漕的官员，遇有延误，都要被追究责任，不容卸责。

第四是改变漕运管理体制。当时在漕运体制上，存在一个职权交错、政出多门的问题。那就是，自景泰以来，既设有漕运总督，又另设有河道总督（或称总理河道），本意是让其分别主管输运和修浚。但事实上，漕离不开河，河离不开漕。两方主管官自成系统，往往因为意见不一，职权交错，加上人事胶葛，经常互相扯皮，抵消力量。这样的情况早就存在，而到隆万之间，因对漕运加紧整治，矛盾就更为突出。万历四年（1576），吴桂芳任漕运总督，傅希挚任河道总理，当时淮水为黄河所迫，冲决堤防，兴化、泰州一带被水淹，吴桂芳主张"挽淮入河"，而傅希挚则建议"束水归漕"，各持一见，形成顶牛。河、漕不相容，实难决定要将滔滔黄水引向何去，当年只好坐待河水自退，陷于束手无策的境地。为此，张居正曾分别给吴桂芳和傅希挚二人写信加以调解劝导："窃谓河、漕如左右手，当同心协力，以期共

---

❶《明神宗实录》，卷七，隆庆六年八月己巳。

❷《明神宗实录》，卷七三，万历六年三月壬戌。

❸《张太岳集》，卷二五，《答王敬所》之一。

❹《张太岳集》，卷二五，《与河道万巡按论河漕兼及时政》之一。

济。"❶但这些大道理并未能有效解决吴傅两人的固执己见,漕运的变革方案仍然无法拍板定案。此事拖到万历五年年底,居正才毅然将河道与漕运两个系统合并,主官的职衔为总理河漕,提督军务,兼带都察院右副都御史之衔,这样,既可在河道与漕运两方面有关业务范围内有统率之权,又有权举劾沿线四省的文武官员。授予应有的权柄,解除其掣肘,有利于效力奏功,此正是居正一贯的用人之道、驭人之法。其后的潘季驯身膺此任,能够有职有权,毕竟全功,实与居正的相知相信、坚定支持密切相关。

第五节　采纳潘季驯"束水攻沙"之法,整治漕河取得成效

潘季驯,浙江乌程人,字时良,号印川。嘉靖二十九年(1550)庚戌科进士,先后任九江推官,擢御史,巡抚广东,推行均平里甲法,所至皆有声名。他在嘉靖四十四年,奉敕以大理寺少卿、都察院右佥都御史总理河道,直至万历二十年(1592),"凡四奉治河命,前后二十七年,习知地形险易,增筑设防,置官建闸,下及木石桩埽,综理纤悉"❷。他"白首驰驱"❸,仆仆于黄淮沿线,"不惮劬劳,至呕血负疽,犹力疾视事,矢以身殉河"❹。在长期的实践中,潘季驯对于漕运河道的疏浚防治,对于黄淮水性及其走向特点,对其导引和利用,都积累有深刻的体会。简略言之,即"通漕于河,则治河即以治漕;会河于淮,则治淮即以治河;合河淮而同入于海,则治河淮即以治海",而又以"筑堤束水,借水攻沙为万全第一义。"❺这是从黄、淮、运三河之间的辩证关系,从河与海之间的连系制约,立足于整体,着力于导

❶《张太岳集》,卷二九,《答河漕傅后川》。
❷《明史》,卷二二三,《潘季驯传》。
❸ 王锡爵:《工部尚书印川潘公墓志铭》,载《王文肃公文草》,卷八。
❹ 申时行:《宫保大司空潘公传》,载《赐闲堂集》,卷一八。
❺《工部尚书印川潘公墓志铭》,载《王文肃公文草》,卷八。

引，化弊为利的治河方案，高屋建瓴，与一般的仅着眼于防堵和开凿新河的主张，有很大的不同。季驯著有《河防一览》一书，集中汇聚了他的水利学术思想和整治经验，四百余年来一直受到水利业者的重视，被认为是我国古代水利学的经典著作之一。潘季驯是明代，甚至是中国古代卓有成就的水利专家之一。❶

张居正自执政以来，"惟河漕恒往来于怀"❷，他对于整治漕运从未释怀，而且确实采取过不少措置，参与了大量实际事务，本人亦经历了从反对开新河到力主开新河的认识转变。但应该说，不论是大力经营胶莱，还是严肃整饬纲纪，毅然修订规章，虽然曾有过一时性令他引为欣慰的效果❸，但所有这些措置，都无力从根本上抵御滔滔黄河洪波的咆哮冲击，灾害仍然接踵而至。连续的挫折，特别是胶莱河修而无效，大工难竣，都促使居正在诸多整治河漕论说中进行比较，促使他清醒地对整治的方针大计重新进行审慎的抉择。

值得注意的是，他从万历四年（1576）夏秋开始，逐渐倾向于吴桂芳、潘季驯主张的引淮入河，以水攻沙，以水力清浚河口淤塞的方案。对于十年以来，在朱衡、翁大立与潘季驯之间，傅希挚与吴桂芳之间尖锐对峙的意见分歧和激烈论辩中，逐渐转变为倾向于采纳和支持吴、潘的做法。他在致吴桂芳的几封信中较为明确地表示出自己的意见。例如关于清浚海口问题，他说：

> 夫治水之道，未有不先下流者。年来但讲治水，不求治海，虽费何益？但海口之淤，当必有因，似宜视水必趋之路，决其淤，

---

❶ 清人包世昌在其所著《中衢一勺》一书的第二卷，曾高度评价潘季驯治河学说的卓越和整治黄淮有成的功业，曾说："河自生民以来为患中国，神禹之后数千年，而有潘氏。"可参考。

❷ 《张太岳集》，卷二八，《答河道吴自湖计河漕》。

❸ 隆庆六年（1572）冬，因该年漕运较为通顺，张居正曾以为经过整饬，漕河问题已告基本解决，曾在《答河漕总督王敬所》的信中表示高兴，说："江淮之粟方舟而至，来岁新运又已戒期，计三年之后，京师之粟将不可胜食矣。"（载《张太岳集》，卷二四）其后的事实证明，居正的乐观是缺乏根据的。按，当时王宗沐的职务是漕运总督，《张太岳集》的题衔有误。

疏其窒，虽弃地勿惜，碍众勿论，庶几有成也。**❶**

关于傅、吴的分歧和争议，居正于万历五年之后是作了明确表态的。在淮水应入河抑或应入江，张居正曾一度赞成过导淮入江的主张，但当觉察到入江难有效益，他便改变了自己原来的意见。细致地观察实情，敏锐地发现问题，果断地改弦更张，能够接受新鲜事物，不固执陈见，是张居正主政的优长之处。他告诉吴桂芳说："河流既自复故道，当无俟开浚。承教挽淮入河之策，甚善。"**❷** 又说："淮水既已入河，则导江之说无烦再议。"**❸**

　　到万历六年，居正在给潘季驯的一封信中曾回溯自己排除异见，坚定支持挽淮入河之议的态度，言："前傅后川在河上与吴自湖议，大相矛盾。今在事诸君，多主傅议而非吴言。然天下之事，唯其当而已矣，必此之是与彼之非乎？"**❹**

　　必须肯定，吴桂芳和潘季驯以导淮入河为主干的整治方案，长期以来仅是作为少数人的主张，而且是曾屡受压抑抵制，不被采纳的主张。张居正能够从十年治水，几经曲折挫败的经历中，及时审时度势，重新审定，并转而坚决支持此议，是万历五年以后，整治漕运工作获得较大起色的重要因素之一。该年十二月，张居正决定将河道与漕运两套机构合并，借以减少互相牵制和抵消力量，免了傅希挚之职，升吴桂芳为工部尚书，兼都察院右副都御史，总理河漕，提督军务，集中整治大权于一身，并表示力为撑腰，必"力排众议，居中握算"**❺**，以

---

❶《张太岳集》，卷二八，《答河道吴自湖》之一。按，吴桂芳当时任漕运总督，《张太岳集》题衔有误。

❷《张太岳集》，卷二九，《答河道吴自湖》之二。题衔有误。

❸《张太岳集》，卷二九，《答河道吴自湖》之三。题衔有误。

❹《张太岳集》，卷三〇，《答河道巡抚潘印川计淮黄开塞策》。

❺《张太岳集》，卷三〇，《答河道司空吴自湖言任人任事》。又，《国榷》卷七〇，万历五年十二月己丑条载："总督漕运兵部右侍郎吴桂芳为工部尚书兼右副都御史，总理河漕，提督军务。……时淮河南徙，吏部推桂芳。有旨：迩来当事诸臣意见不同，动多掣肘，致无成功，今专属吴桂芳，暂裁总理河道都御史。"此可见，专属吴桂芳，既反映着整治漕运政策的成熟考虑；也反映出，它是在排除各种反对意见中决定的。

保证成功，是政策转折的重要标志。

吴桂芳，字子实，嘉靖二十三年（1544）甲辰科进士，入仕后历在浙、闽、粤任官，累迁为兵部侍郎，直到万历三年（1575）才奉命参与漕运工作，职任漕运总督兼巡抚凤阳。可能由于新任此职，受陈见约束较少，加以本人善于思考钻研，因而形成了自己的治河观点。他一再疏陈应借淮河水以冲刷黄河，导引入海以消除漕患的建议。为此，屡受同事和言官的奏劾，但桂芳坚持己见，据理声辩，坚信自己意见的合理性和可行性，并多次写信给时任首辅的张居正系统陈述。他"肩巨任事"，在异议横出之际，完成了草湾堤的筑建，又对高邮湖堤进行加固，开始将淮水引入黄河。凡此，都取得居正的信任，得到授权"专属"。可惜的是，桂芳受命不久，即因病去世，赍志以殁。

吴桂芳的治河理论，与潘季驯十分接近。如就提出系统的治河理论而言，吴实迟于潘；但若就促使张居正下决心接纳并委以重任而言，则潘晚于吴。"季驯之再起也，以张居正援"❶，张居正之所以于万历六年夏天，在吴桂芳去世后不久，即推荐潘季驯接任桂芳遗缺，总理河漕，显然是为了保持执行政策的连续性，亦因对季驯的人品才具素有了解❷。

潘季驯接任后，立即投入工作。他在实践中进一步检验和丰富了吴桂芳的做法，在一些部分也做了必要的修改。《明史》本传中言：

> 季驯以故道久湮，虽波复，其深广必不能如今河，议筑崔镇以塞决口，筑遥堤以防溃决。又："淮清河浊，淮弱河强，河水一斗，沙居其六，伏秋则居其八，非极湍急，必至停滞。当借淮之清以刷河之浊，筑高堰束淮入清口，以敌河之强，使二水并流，

---

❶《明史》，卷二二三，《潘季驯传》。

❷ 万历四年（1576），张居正推荐潘季驯为江西巡抚，并致函曰："惟公雅望宏猷，久切倾向。昔者河道之事，鄙心独知其枉，每与太宰公（按指吏部尚书张瀚）评骘海内佚遗之贤，未尝不以公为举首也。"（载《张太岳集》，卷二八，《答河道潘印川》）。

则海口自浚。即桂芳所开草湾亦可不复修治。❶

季驯的治水方针，不在乎取得一时性堵洪通漕的成功，而着眼于"久安长治之策"❷，强调"治河者必先求河水自然之性，而后可施其计"❸。为此，他提出：

> 顾频年以来，无日不以缮堤为事，亦无日不以决堤为患，何哉？卑薄而不能支，迫近而不能容，杂以浮沙而不能久，堤之制未备耳。是以黄决崔镇等口而水多北溃，为无堤也；淮决高家堰、黄浦等口而水多东溃，堤弗固也。乃议者不咎制之未备，而咎筑堤为下策，岂得为通论哉？❹

问题不在于是否应筑堤，而在于为什么要筑堤，如果仅为一时防堵，不从长远之计以求其坚固牢实，则必然是被动地随水势以赶筑，渗漏者补之，溃决者复之，溃而再筑，筑而又溃，将无了期。只有从整体整治的角度对待堤工，"固堤即所以导河，导河即所以浚海"❺，顺其故道，从丰、沛、徐、淮以至海口一千余里，俱建立坚堤固坝，"尽令黄淮全河之水涓滴悉趋于海"❻，才有可能从根本上消除灾患，化害为利。季驯概括地说：

> 海无可浚之理，惟当导河以归之海，则以水治水，即浚河之策也；然河又非可以人力导也，欲顺其性，先惧其溢，惟当缮治堤防，俾无旁决，则水由地中，沙随水去，即导河之策也。❼

---

❶《明史》，卷二二三，《潘季驯传》。
❷ 潘季驯：《两河经略》，卷一，《奉明旨陈愚见议治两河经略以图永利疏》。
❸《两河经略》，卷一，《奉明旨陈愚见议治两河经略以图永利疏》。
❹《两河经略》，卷一，《奉明旨陈愚见议治两河经略以图永利疏》。
❺《两河经略》，卷一，《奉明旨陈愚见议治两河经略以图永利疏》。
❻《两河经略》，卷一，《奉明旨陈愚见议治两河经略以图永利疏》。
❼《两河经略》，卷一，《奉明旨陈愚见议治两河经略以图永利疏》。

要实施这样的方针，必须克服一系列重大的困难。其一是工程浩大，"凡筑土堤丈以亿计，石堤以数千计，塞决口以百计，浚运河以万计，闸坝涵洞之属创以数十计，而高堰之工最巨……"❶ 所需要的经费达八十万两❷。其二是对此方针仍挑剔横议，甚至反对的意见尚多，"今日之事不难治河而难众口"❸。其三是沿线官员有疲沓不用力的，亦有怠惰以消极对抗的，使用他们以统率十万人以上的工役，完成此一跨越数省的大工程，往往不能收称心应手之效。

要克服这些重大困难，必须依赖中枢掌握最高权力者的充分支持。幸而，张居正对于潘季驯的支持几乎是无保留的。他一方面饬户、工二部即拨给应用经费；又授予潘季驯掌有专疏奏劾不法官吏的权力；再从体制上和人事上为潘创造条件和排除阻碍。在他给潘的一封信中，旗帜鲜明地说道：

> 追忆庀事之初，言者蜂起。妒功幸败者，旁摇阴煽，盖不啻筑室道谋而已。仰赖圣明英断，俯纳瞽言，一举而裁河道，使事权不分；再举而逮王、杨，使冥顽褫魄；三举而诎林道之妄言，仆异议之赤帜，使无稽之徒，无所关其说。然后公得以展其宏猷，底于成绩……❹

这一封信的内容，充分体现出居正"喜建竖，能以智数驭下，人多乐为之尽"❺ 的个人特点。具有知人之明，掌握用人之道，"方将招遗佚

---

❶ 申时行：《宫保大司空潘公传》，载《赐闲堂集》，卷一八。

❷ 《两河经略》，卷二，《勘估两河工程乞赐早请钱粮以便兴举疏》。又参见《张太岳集》卷三〇，《答河道巡抚潘印川计淮黄开塞策》。

❸ 《宫保大司空潘公传》，载《赐闲堂集》，卷一八。

❹ 《张太岳集》，卷三一，《答河道潘印川论河道成功》。信中所言"裁河道"，即本节正文所说的漕河合一；"逮王、杨"，即将治河不力的王宏化、杨化隆逮捕法办；"诎林道"，是将潘季驯接任后，仍坚持反对季驯治河主张的御史林绍斥退。

❺ 《明史》，卷二一三，《张居正传》。

于苕轴，宁肯纵鸾鹤于云林？"❶ 表现出一个领导者应有的气魄和素质。至于潘季驯，能够受到居正的理解和支持，能够在面临各种困难复杂的环境中得以展舒怀抱，实现自己多年的治河理念，亦实是他一生中罕有的机遇。故此，他对居正当然怀有感铭伯乐之情，"伏念季驯潦倒余生，谬蒙拔擢，感激图报，不自分量，欲收全河之功，以报殊常之遇。"❷ 在万历初期，基于彻底整治漕运、建设水利的共同愿望，一个当权首辅和一个人品耿直，而且极端执着事业的专门家，分别从不同角度缔建起卓有成效的合作，并结成相知相信的深挚友谊。即使后来在政治风暴突袭而来，政治气候骤变的险恶环境中，作为一个正直官员和学者，潘季驯仍然甘冒掉官受祸的迫害，敢于仗义执言，认为应给张居正一个公平的评价。

由于张居正的支持，更特别由于潘季驯不但胸怀治河全局，又能褥尊降贵，亲自履临治水前线以督导指挥，"以身先之，茇舍为居，腐心蒿目于畚锸间者八阅月"❸，到万历七年（1579）秋天，两河工程即取得阶段性的成功❹。居正知道后驰书表示："大患已除，两工底绩……真为之喜而不寐"❺，其欢欣鼓舞之情，跃然纸上。

---

❶《张太岳集》，卷二五，《答总宪张崐崃》。

❷《两河经略》，卷四，《堤决白》。

❸ 潘季驯：《河防一览说》。

❹《明通鉴》卷六七，万历八年二月戊戌条，对两河工程取得成功，作了很高的评价："是役也，筑高家堰堤六十余里，归仁集堤四十余里，柳浦湾堤东西七十余里，塞崔镇等决口百三十，筑徐、睢、邳、宿、桃、清两岸遥堤五万六千余丈，砀、丰大坝各一道，徐、沛、丰、砀缕堤百四十余里，建崔镇等处减水石坝四座，迁通济闸于甘罗城南。淮、扬间坝堰，无不修筑。凡费帑金五十六万有奇。自后数年，河道无大患。"又引《明鉴》曰："束水攻沙，治河之要法。水不束则不能攻沙，堤不坚则不能束水，其理甚明。……潘季驯主以水治水之说，急缮堤堰，卒以成功，盖能确有定见，不为异议所惑耳。"

❺《张太岳集》，卷三一，《答河道潘印川论河道成功》。

第十八章

敦本务实的学术思想和执行文化专制政策

第一节　在明中叶斑驳陆离的学术思潮中独树一帜

嘉隆万时期，是明代中期历史起伏极大、转折极急的动荡时期；又是社会经济处于逐渐转型，萌芽性的经济因素在蓬勃增长，而原有的生产关系又亟图通过调整以恢复其生命力的过渡时期。政局变幻不常，各方面各类型的代表人物辈出，竞相跻登历史舞台，顽强地申述和要求实施自己的救时纲领。或要求执古以绳今，恢复唐虞三代之制以荡涤沉疴积瘵；或集徒论道，以求"正人心，息邪说"；甚或以狂狷自许，发挥"叛逆"和"异端"精神。应该承认，上述各种思想流派的代表性人物中，不乏积学深思、忧时爱世的卓越人士，他们各挟一家之言，各以不同的讲学或著述形式宣传自己的主张，扩大自己的影响，其终极目的无不是为了构建自认为最理想的社会和政治模式，为了实现自以为最合理的人生和人际关系理想。诸种思想学说嬗变迅速，论战激烈，短兵相接，文学、理学，旁及释道等学错综交织于其间。16 世纪的中国学术思想界，实在是一个具有时代特点的争鸣时期。

张居正学术思想的重点之一，是反对盲目崇古。

早在正德嘉靖时期，由于政治腐败，民生艰困，先后作为一国之君的朱厚照和朱厚熜又各有荒诞无稽之处，秽行流传，使广大士人，从普遍不满发展为绝望。于是有一部分人从古代历史中追溯出虚无飘渺的理想王国，认为唐、虞、三代由于"道以为治"，因此能够"致雍熙悠久之盛"。及至正嘉之交，创立泰州学派的著名学者王艮以陆王心学的哲学思想为理论前提，从平民的角度，提出在考虑和处理问题时，均应以"百姓"为本，从重视"百姓日用之度"，以"安身立命"，做到"人人君子"，认为"圣人之道，无异于百姓日用。凡有异者，皆谓之异端"❶。王艮关心黎庶，发扬平等和爱人的思想，是一位有过重大影响的学者，泰州学派也是明代思想史上一个重要的学派，但是，这种偏重于愿望的学说，立论虽高，却缺乏实现的可能。尤其他所谓"人人君子"的理想世界是以尧舜时代为范本、以无限美化远古的圣人至治作为现实的追求，无疑是不切实际的。王艮是盲目崇古的主要代表人物之一，而且影响巨大。自言："某草莽匹夫，而尧、舜君民之心，未能一日而忘。"❷他在一首诗中表达出自己的热忱向往："一旦春来不自由，遍行天下壮皇州。有朝物化天人和，麟凤归来尧舜秋。"❸但他不理解，在当时各方面矛盾激化、社会频于爆破断裂之际，不但天人难和，麟凤也绝不会归来的。

在政治上，崇古派认为"周公辅政，刑措不用"，既然不存在暴政酷刑，于是就可以重教养，行仁政，人人得所，人人为君子。王艮说："盖刑因恶而用，恶因无教养而生。苟养之有道，教之有方，则衣食足而礼义兴，民自无恶矣，刑将安施乎？"❹如此丰足斯文，如此煦和有序，废弃刑狱，摒除暴力，真是何不乐从？可惜的是，它只是主观虚构的空想，即使在尧、舜、周公时代，也从来没有存在过，更遑言推广于后代？在隆万时期，笃信王艮之说，并加以引申发挥的大有人在。

---

❶《王心斋全集》，卷三，《语录》。
❷《王心斋全集》，卷五，《徐樾别传》。
❸《王心斋全集》，卷四，《鳅鳝赋》。
❹《王心斋全集》，卷四，《王道论》。

盲目崇古思潮已经发展成为当前进行变革的重大阻碍。

张居正旗帜鲜明地斥责那些"好言上古久远之事,以异趋为高;动循衰世苟且之政,以徇情贾誉"❶的人物和议论,指出它的危害极大,因为"守故辙,骛虚词,则是天下之事,终无可为之时矣"❷。"腐儒不达时变,动称三代云云……老儒臭腐之迂谈,必不可用也。"❸

张居正不同意孟轲"法先王"的主张,认为荀卿的"法后王"接近于真理。其实,所谓"法先王",无非是对远古圣贤无保留的顶礼膜拜,以之作为判断是非和行事的模式;所谓"法后王",则是指信奉在历史和现实已经发展变化了的条件下,相继出现的新理论、新思维以及建立起来有异于前代的典章制度。中国古代的法家因为主张变革,向来坚持不受千百年前已经过时旧传统的束缚。商鞅声言:"治世不一道,便国不法古"❹,认为"三代不同礼而王,五霸不同法而霸"❺。韩非则认为,"法与时转则治,治与世宜则有功"❻,"世异则事异,事异则备变"❼。执政者必须着眼于已经变化了的形势,必须以变应变,因为能变则通,通则能久。相反,"守法而弗变则悖,悖乱不可以持国"❽。张居正从这些法家前辈那里吸取丰富的理论营养。如果把张居正的言论和商、韩的说法相比较,必然有何其相似乃尔之感,必然会断然肯定,居正的言论无非是古代法家理论的明代版。当然,他的看法是从明中叶实际的社会政治生活诸矛盾中体察出来的,是在深思熟虑中形成的,明显地表现出自己的时代特点。

张居正有意抬出明太祖高皇帝朱元璋的神幡,高举它来为改革开路,言:

---

❶《张太岳集》,卷二九,《答楚学道金省吾论学政》。

❷《张太岳集》,卷二一,《答少司马杨二山》。

❸《张太岳集》,卷一八,《杂著》。

❹《商君书·更法》。

❺《商君书·更法》。

❻《韩非子·心度》。

❼《韩非子·五蠹》。

❽《吕氏春秋·察今》。

明兴，高皇帝神圣统天，经纬往制，博稽逖采，靡善弗登。若六卿仿夏，公孤绍周，型汉祖之规摹，宪唐宗之律令，仪有宋之家法，采胜国之历元，而随时制宜，因民立政，取之近代者十九，稽之往古者十一，又非徒然也。即如筹商贾，置盐官，则桑、孔之遗意也；论停解，制年格，则崔亮之选除也；两税三限，则杨炎之田赋也；保甲户马，经义取士，则安石之新法也。诸如此类，未可悉数，固前代所谓陋习敝政也，而今皆用之，反以收富强之效，而建升平之业。故善用之，则庸众之法可使与圣哲同功，而况出于圣哲者乎！故善法后王者，莫如高皇帝矣。❶

张居正清醒地认识到，在当时君主专制的体制下，任何改革方案的能够实现，最重要的关键在于取得君主的支持。因为君主集权的程度越高，其在国家政策的方针定向上的影响也越大。张居正的盛誉朱元璋，称之为善于有批判地撷取历代治道方针政策的精华，但又一切根据现实需要而巧为剪裁取舍，俨然是新的最可法的"后王"。他这样做，既有以朱元璋的实际政绩作为依据的因素，但亦有挟太祖高皇帝威灵以启示后裔皇帝和慑服臣民的策略作用。张居正的反对盲目崇古，大力宣扬"法后王"，乃是直接为进行大规模改革奠定思想基础，当时，在各种思潮淆杂混乱之中，他从来不隐瞒自己的观点，总是直抒己见，而且是主动地出击。史学前辈，已故嵇文甫教授在其所著《晚明思想史论》中，称之为"异军突起"的思想家❷，是名实相符的。

第二节 "端正士气"，反对讲学

明代中期讲学之风，初盛于正德后期。阳明心学的开创者王守仁，

---

❶《张太岳集》，卷一六，《辛未会试程策三问》。

❷ 参见《晚明思想史论》，第四章，《异军突起的张居正》，东方出版社，1996。

吸取了大儒陈献章、湛若水等的学术思想，针对朱熹官方哲学"格物致知"的理论，提出以"心本论"来代替朱的"理本论"，强调"心即理"，强调人的主体作用，提倡"致良知""知行合一"，完成了理学向心学的转变，将理学推进入一个新的境界。守仁初期在北京"授徒讲学"，曾被攻击为"立异好名"，但其后信奉者日多，一时风靡士林，其学术遂被称誉为"王学"。再经过他的弟子王畿、王艮等的阐述发展，一时成为显学。但随着讨论的深入，"王学"亦分成不同支派，王艮创建的泰州学派是主要的一支。泰州学派提出了与正统儒学迥不相同的"异端"思想，它反映着平民意识，对当时的社会经济和政局结构、人心风气，都展开尖锐的批判，要求实行"王道"，要求对人对事，都要秉承天理良知，求得公平。王艮这些近乎理想主义的道理，以及他构筑的引人入胜的美好境界，曾经获得中下层群众广泛的支持和信仰。他本人以作"万世师"为抱负，以求取"天下治"为号召，设会讲学，其门徒几遍天下。

应该说，不论王守仁、王畿、王艮以及他们的相当一部分学生，其讲学的目的是为执着自己理念，是为借此以启迪人性，改造社会，通向自认的理想王国。但随着讲学之风日盛，上自师保宰辅公卿，中及疆吏司道牧令，下逮士庶樵陶农役，都有讲者和听讲者，赴会者有时达千人以上，讲期有逾数月未息者。学中有派，派中又有门。王守仁的心学体系逐渐出现分化，歧义纷呈，各是其是，各非其非，甚至早已悖离师门，互相间又不断揭短攻讦。"虽同师孔、孟，同谈性命，而涂辙不同"❶。"宗格物者极诋良知，护良知者复讯格物"❷。不少辩论，无非是咬文嚼字，臆测推理，暴露出理学末流内在的空虚。有一部分讲者，故为惊世骇俗之语以炫奇；亦有矫诬虚伪，口是而心非的。有些讲学者，虽然仍打着兴革儒学的招牌，而实际上，不仅流于释道，更有流于侠者。特别是，有些人从不同立场和角度出发，在讲学中难免讥评时政，裁量公卿，带着浓重的政治色彩。更有甚者，陆续有一

❶〔清〕贾润：《明儒学案序》。

❷〔清〕于准：《明儒学案序》。

些人本无意于学术，或因醉心利禄，企图借参加讲学以跃登龙门；或因附庸风雅，企图借参加讲学以跻入清流。于是鱼龙混杂，品流不一，朝野间有不少人指斥讲学之会为乌合聚集，讲者和听讲者各怀其私欲私念，虚张声势，喧嚣混浊。早在嘉靖后期，已经有人主张对此应加整肃。嘉靖四十三年（1564），虽然当时热衷讲学的是身任首辅的徐阶，内阁中又有李春芳密为呼应，但素有敢言之名的刑科给事中张岳已经上疏，力请"辨诚伪以端士习"，言：

> 今讲学家以富贵功名为鼓舞人心之术，而闻风争附者则先以富贵功名横于胸中。铨衡一缺，则翘首而垂涎；馆局一开，则热中而濡足；司钱谷则慕秩署之清华；典刑名则思兵曹之喧赫；居台谏则羡卿贰之崇高。以为不通其说，不究其术，则无以满其欲而济其私，然后剿窃浮词，谈虚论寂，相饰以智，相轧以势，相尚以艺能，相邀以声誉。初学之士，靡然从之，一入蒲团，皆宛然有圣人面貌，且洋洋独喜，自负曰："吾得为会中人物耳。"……兴会之时，言语色笑变态多端，或觇喜怒于上官，定进退之秘诀；或腾毁誉于多口，发爱憎之神机；或间为坚白异同之谈，各质己私，哓哓不相下。……今群工百执事各有司存，既非奠贽于师弟，又非结契于朋侪，岂宜群萃州处，十五成群以惑众听善乎？❶

几乎与此同时，先后掌南京翰林院和国子监，以风节见高的陆树声，也对当时讲学存在的问题提出否定的意见：

> 近来一种讲学者高谈玄论，究其归宿茫无凭依，大都臆度之路熟，实地之理疏，只于知崇上寻求，而不知从礼卑处体究，徒令人凌躐高远，长浮虚之习，是所谓履平地而说相轮，处井干而谈海若者也。❷

---

❶《明世宗实录》，卷五四一，嘉靖四十三年十二月壬申。
❷《陆文定公集》，附录，《清暑笔谈》。

不论张岳抑是陆树声等，他们都一致认为，学风关系士风，而士风则关系官风。讲学的泛滥已大大助长了门户援引、勾心角逐的歪风，加以清谈误国，不能不加制止，主张惩处取缔的呼声日高："讲学只当平居讲明，朋友切磋，至于招延党与，朝廷之上公然设会，徼名乱政，罪之尤者。今之讲学，舍正学不谈，而以禅理相高，浸成晋代之风，司国论者其惩之。"❶

以上事实说明，到嘉靖后期，推行讲学与主张禁惩讲学者已隐然分成两大营垒，反映两种互相对立的思潮。可见，主张查禁讲学，并不是从张居正开始的。但张居正与其他反对者亦有所不同，很主要的是他自隆庆元年（1567）入阁以后，即逐步掌握大权，可以挟手中的权力实现自己的主张，不是仅停留在论议的层面上。

居正一再强调，自己并不是一概反对讲学，而是反对放纵佻谈，借讲学以招摇谋私。说："今人妄谓孤不喜讲学者，实为大诬。孤今所以上佐明主者，何有一语一事背于尧舜周孔之道？但孤所为皆欲身体力行，以是虚谈者无容耳。"❷

其实，居正对于嘉隆以来的学风，一直是很不满的。早在隆庆二年，他就指出："比来士习人情，渐落晚宋窠臼"❸，四年，又说："仆以为近时学者，皆不务实得于己，而独于言语名色中求之，故其说屡变而愈淆。"❹他认为，当时的理学家所持虚寂之说完全不切实际，仅是纠缠于言语名词之间，议论虽多端，却是窒而不通，华而无实。斥之曰：

---

❶《意见》，《讲学》。又，《国史惟疑》卷八，载有一个官员因狂热讲学，不惜做出损害军政的事："李材巡抚郧阳，大开讲学，至议减两月兵粮，供生徒费；又改参将署为书院，弁伍哄诟，几有脱巾之呼，此岂小过误？讲学之贻害，至是夫？李戍闽在道，犹具威仪行，到处题修身为本四字。"

❷《张太岳集》，卷三〇，《答宪长周友山明讲学》。

❸《张太岳集》，卷三〇，《答少司马杨二山》。

❹《张太岳集》，卷二二，《答楚学道胡庐山论学》。

夫昔之为同志者，仆亦尝周旋其间，听其议论矣。然窥其微处，则皆以聚党贾誉，行径捷举。所称道德之说，虚而无当。庄子所谓其嗌言者若哇，佛氏所谓虾蟆禅耳。而其徒侣众盛，异趋为事。大者摇撼朝廷，爽乱名实；小者匿蔽丑秽，趋利逃名。嘉隆之间，深被其祸，今犹未殄，此主持世教者所深忧也。

明兴二百余年，名卿硕辅，勋业煊赫者，大抵皆直躬劲节，寡言慎行，奉公守法之人，而讲学者每诋之曰："彼虽有所树立，然不知学，皆气质用事耳。"而近时所谓知学，为世所宗仰者，考其所树立，又远出于所诋之下。将令后生小子何所师法耶？ ❶

这一番言论，反映出张居正与当时讲学者在治学宗旨和方法等方面的根本性分歧。居正主张尊崇实学，他所说的实学，是指在维护和加强封建政治体制的前提下，"究于平治天下"的学问❷。具体说，就是"祛积习以作颓靡，振纪纲以正风俗，省议论以定国是，核名实以行赏罚，则法行如流，而事功辐辏矣"❸。按照这样的观点，分项目有目标地革故鼎新，是一种经世实学，是与他的政治实践紧密结合的。一切都要受到事功成败的验证，当然容不得任何浇漓的浮夸，迂阔的空论。他自称"知虚见空谈之无益"❹，斥之为"诚为可厌"❺。已经高踞于执政地位的张居正，对于"轻事诋毁""造为虚谈，逞其胸臆，以挠上之法"❻的讲学活动，已视为阻挠制订和执行统一政策，妨害统一思想形成的大敌，非使用权力以抑制打击之不可。沈德符谓张居正"欲尽灭讲学诸贤"❼的说法，虽然过于绝对，但亦反映出张居正对讲学者流的口诛笔伐，以至使用权力以压抑打击，是不遗余力的。一方面，从现

❶《张太岳集》，卷二九，《答南司成屠平石论为学》。
❷《张太岳集》，卷七，《翰林为师相高公六十寿序》。
❸《张太岳集》，卷一六，《辛未会试程策三问》。
❹《张太岳集》，卷三五，《答西夏直指耿楚侗》。
❺《张太岳集》，卷二二，《答楚学道胡庐山论学》。
❻《张太岳集》，卷二九，《答南司成屠平石论为学》。
❼《万历野获编》，卷八，《嫉诮》。

象看来，自隆庆中叶开始，直到万历十年（1582）居正辞世之前，在铁腕高压之下，讲学活动确实大有收敛，几乎近于万马齐喑。但另一方面，某些思想家的理论观点却仍在继续发展，他们以狂士自居，仍然在京内外聚徒讲学，不断讥切时政，公然对抗，"复非名教之所能羁络矣"❶。居正要以政治统率学术，他们却要求以所谓学术改变政治。两方的对立日益明显，关系急剧恶化，冲突遂不可免。

第三节　执行文化专制政策

执行文化专制政策，是"江陵柄政"的一个重要组成部分。客观上，两种文化学术思潮的碰撞，正因改革的深化而激化，各走极端。另一方面，居正处专擅之位，掌操弄之权，一向"褊衷多忌"，果于"钳制言路""缘饰以儒术，眩曜以智数""以名法为科条"❷，他对异端思想和行为作风，采取断然的高压政策，并非偶然。

枪打出头鸟。居正打击的锋芒，首先指向被称为"狂禅派"的代表人物何心隐、管志道、罗汝芳等。

何心隐，原名梁汝元，其后改姓名为何心隐，江西省吉安州人。他以一个诸生的身份，热烈论评学术与政治。当时吉安有几个著名于时的学士，以传统朱学相高，心隐鄙视而狎侮之，可谓目空一世。他的社会思想具有浓厚的乌托邦色彩，认为《大学》先齐家，只有齐家才能国治，"乃构萃和堂以合族，身理一族之政，冠婚丧祭赋役，一切通其有无。"❸这种渊源于古代所谓行大道、立大公、趋大同的理想，陈义虽高，但要在全国推行，其实是绝对行不通的。他热衷政治，有心计，嫉恶如仇，据说嘉靖四十一年（1562），方士蓝道行以乩术计逐严嵩的事，就是听从心隐授予的密计，再经御史邹应龙及时奏参而成

---

❶《明儒学案》，卷三二，《泰州学案》一。

❷《明史纪事本末》，卷六一，《江陵柄政》。

❸《明儒学案》，卷三二，《泰州学案》一，《何心隐》。

事的。心隐"尝以术去宰相"❶，其后的执政者对他不能无所忌惮。更由于他藐视君臣、父子、夫妇、昆弟等基本伦理，认为凡此都不如朋友一伦的重要。他蔑视权势，吉安州永丰县县令强迫县民缴纳正规赋税以外的"皇木银两"，他写信抨斥，曾受到逮捕入狱的迫害，表示出宁断不弯的倔强精神。对于张居正禁讲学，他更为反感，曾撰长达万言的专文《原学原讲》以驳斥之，并准备"上书阙下"，与张居正当面论辩。更令居正恼火的是，他视禁讲学的功令如无物，"在京师，辟各门会馆，招来四方之士，方技杂流，无不从之"。❷ 及至万历七年（1579），他仍然在湖北孝感聚徒讲学，创立同仁书院以为集会开讲之所。他非常重视建立团体，名之曰会，认为这样的"会"，应该具有双重的功能，一为讲学的组织，另一为社会结构的集体。在这样的"会"中，"老者相与以安，朋友相与以信，少者相与以怀，相与事事于《中庸》其身，于《大学》其家者也"。❸ 如此说来，一切行政里甲、财政赋役、纲常伦理都要从新改塑了，都要纳入于"会"的组织纲领之内了。故此，何心隐便被诬蔑为"妖人""狂狷之徒"，甚至"逆犯"。

何心隐的学术和政治思想，与张居正的统治方针是完全对立的，他亦敏锐地感受到此一点。早在隆庆中期，张居正时任国子监司业，一日，与何心隐相遇于御史耿定向处，"心隐率尔曰：'公居太学，知太学道乎？'江陵为勿闻也者，目摄之曰：'尔意时时欲飞，却飞不起也。'江陵去，心隐舍然若丧，曰：'夫夫也，异日必当国，当国必杀我。'"❹ 何心隐已预见到，他与张居正之间不论在认识上抑或行事上的矛盾绝难以调和，预见到潜在的决裂和杀机。事态的发展表明，他是

---

❶《明儒学案》，卷三二，《泰州学案》一，《何心隐》。

❷《明儒学案》，卷三二，《泰州学案》一，《何心隐》。

❸ 何心隐：《邓自斋说》。

❹《明儒学案》，卷三二，《泰州学案》一，《何心隐》。又，王世贞在《弇州史料》，《后集》卷三五也讲到张何这一次不愉快见面的事，其中说到何心隐对张居正日后所起作用的评估，看法是犀利的。他对耿定向曰："此人能操天下柄。又曰：'分宜欲灭道学而不能，华亭欲兴道学而亦不能，兴灭者，此子也。'谓定向：'子识之，此人当杀我'。"可参考。

不幸而言中了。

万历七年（1579），何心隐正在湖北孝感聚徒讲学，张居正命湖北巡抚陈瑞逮捕之入狱。案未结，而陈瑞调离湖北，改由王之垣任巡抚，乃于同年九月杀之于武昌。临刑，何心隐对王之垣说："公安敢杀我？亦安能杀我？杀我者张居正也。"❶

何心隐是一个有独立见解，而且饶有活动能量，在当时具有相当影响的人。他以布衣倡道，其学术思想对于处在贫危艰苦的群众，具有很大的吸引力，但亦存在先天性的弱点，即完全缺乏实现的可能性。黄宗羲称之为"祖师禅"，这是一种纵横无碍而具有很大鼓动作用的禅，时人称之为"狂禅"。对于这样的人，本不必采取断然杀害的办法来消除其影响，因为任何脱离实际的狂热都是不能持久的，心隐虽然名噪于一时，但绝难按其描绘的蓝图以兑现。杀害了何心隐，并不可能铲除其思想影响，相反，却使其名声更高，甚至成为一部分人的偶像，博取得很大的同情；居正与士人们的矛盾亦趋向激化。李贽曾因另一理学家耿定向未利用本人与张居正交好的关系以救心隐❷，宣布与之绝交❸。他还在《何心隐论》一文中，称誉心隐为"上九之大人"，极力为之鸣冤，痛言：

> 今观其时，武昌上下，人口数万，无一人识公者，无不知公之为冤也。方其揭榜通衢，列公罪状，聚而观者，咸指其诬，至有嘘呼叱咤不欲观焉者，则当日之人心可知矣。由祁门而江西，又由江西而南安，而湖广，沿途三千余里，其不识公之面而知公之心者，三千里皆然也。非惟得罪于张相者，有所憾于张相而云然，虽其深相信以为大有功于社稷者，亦犹然以此举为非是，而

---

❶ 《明儒学案》，卷三二，《泰州学案》一，《何心隐》。

❷ 《明儒学案》，卷三五，《恭简耿天台先生定向》一文中，曾记述此事："何心隐之狱，惟先生与江陵相善，且主杀心隐之李义河，又先生之讲学友也，斯时救之固不难，先生不欲沾手，恐以此犯江陵不说（悦）学之忌。"

❸ 参见李贽《焚书》，卷一，《答耿中丞》。

咸谓杀公以媚张相者之为非人也。则斯道之在人心，真如日月星辰之不可盖覆矣。❶

李贽因在学术见解和个人气质上，俱与何心隐相近，故对何之遇害，表现出特别的沉痛。但他在文中所述，绝大多数人不同意罗织罪名而杀何心隐，则是事实。居正此举，四百余年来一直受到批评，可说其所得远未偿所失。

管志道，号东溟，南直隶太仓人。隆庆五年（1571）中进士，先后在兵部和刑部任主事之职。他的主要学术观点，是"鸠合儒释"，即从多角度将儒学和佛学，甚至道学揉合起来，将儒学的祖师孔子和佛祖、老子等同起来，否认三者在理论上和实践上存在着分歧，认为入世等同出世，崇儒即便是崇佛崇道，可以并行不悖。自言：

> 乾元无首之旨，与华严性海浑无差别。《易》道与天地准，故不期与佛、老之祖合而自合。孔教与二教峙，故不期佛、老之徒争而自争。教理不得不圆，教体不得不方，以仲尼之圆，圆宋儒之方，而使儒不碍释，释不碍儒。以仲尼之方，方近儒之圆，而使儒不滥释，释不滥儒。唐、宋以来，儒者不主孔奴释，则崇释卑孔，皆于乾元性海中自起藩篱，故以乾元统天，一案两破之也。❷

在当时，尊孔孟为圣贤，将儒家学说奉为神圣经典的情况下，管志道这样的理论可说是十足的叛道离经，是正统学术界绝不能接受的。据他所言，则千余年以来有关儒、佛、道三家学说的分歧论辩，无非是人为的误会，是自挖自困的鸿沟。特别是，他不但意图打破儒术一尊的局面，极力抬高佛学和道学的地位，而且对于高踞于精神教主位置的孔子其人，也敢肆无忌惮地"阐幽十事"，给予重新评价，言：

---

❶《焚书》，卷三，《何心隐论》。
❷ 转引自《明儒学案》，卷三二，《泰州学案》一，《管志道》。

孔子任文统，不任道统，一也；居臣道，不居师道，二也；删述六经，从游七十二子，非孔子定局，三也；与夷、惠易地，则为夷、惠，四也；孔子知天命，不专以理，兼通气运，五也；一贯尚属悟门，实之必以行门，六也；敦化通于性海，川流通于行海，七也；孔子曾师老聃，八也；孔子从先进，是黄帝以上，九也；孔子得位，必用桓、文做法，十也。❶

管志道将孔子从"至圣先师"的宝座上拉下来，对其人品、学养、功业都做出新的评价。他塑造的孔子形象，不过是一个经历比较复杂，但相当灵活，能够因时应变的凡人。孔圣人既可以为黄、老，也可以为夷、惠，更可以为桓、文。如此一来，就等于剥夺了孔子拥有的道统和师道的崇高地位，百家就不容贬黜，儒术也就无法独尊了。管志道这样的想法，可算是思想一大解放，却不能为当时社会，特别是不能为业已执掌绝对权力的张居正所接受。居正在他的函牍或诗赋作品中，也间有谈禅论庄之处，但他是要从佛学"我不入地狱，谁入地狱"的献身精神，从《逍遥游》中展翅翱翔于穹苍的大鹏吸取积极的学术营养，用以扩充自己的胸襟，丰富自己的想象，为坚决实现经纶邦国的宏愿服务。他历来以笃信孔孟自炫，而在实践中却大量地将法家的精神注入儒家的框架。对于管志道这样抬高佛老、降低儒学的说法，张居正是不能容忍而必予制裁的。

尤其是，管志道不但蔑视传统的"圣贤"权威，而且也不畏惧现实当道者的权势。对于张居正柄政后诸般措置，也是极不以为然的。学术上的矛盾紧密结合着政治的矛盾。他当刑部主事时，"上疏条九事，以讥切时政，无非欲夺其威福，归之人主。其中有宪纲一条，则言两司与巡方抗礼，国初制也，今之所行，非是。"❷张居正因此"即出

---

❶《明儒学案》，卷三二，《泰州学案》一，《管志道》。

❷《明儒学案》，卷三四，《泰州学案》三，《管志道》。

之为广东金事以难之，使之作法自敝也"❶。不久，御史龚懋贤又承风望旨，上疏弹劾管志道，于是再贬为盐课司提举，然后，又在考察中以老疾之名将他斥退回籍。

罗汝芳在学术思想上一贯与张居正处于对立地位，他也是因学术分歧演变为政治分歧，终被张居正排斥于政权之外的另一典型。

罗汝芳，号近溪，江西南城人。嘉靖三十二年（1553）进士，先后任过太湖知县，入为刑部主事，又出任宁国知府、东昌知府、云南参政等职。他在上述任内都大搞讲学活动。丁忧后起复来京，张居正面询他在守制时所干何事，汝芳答曰："读《论语》《大学》，视昔差有味耳。"江陵默然❷。因为对《论语》《大学》等儒家经典，向来因各人领悟的角度不同，解读也往往迥异，汝芳答复居正的询问，显然是仍坚持自己的独特见解，是以居正默然无语。盖道不同则难以沟通，志不合则罕有共识。

矛盾进一步发展，"万历五年（1577），进表，讲学于广慧寺，朝士多从之者，江陵恶焉。给事中劾其事毕不行，潜住京师。遂勒令致仕。归与门下走安成，下剑江，趋两浙、金陵，往来闽、广，益张皇此学，所至弟子满座。"❸由此可见，罗汝芳并不因张居正之所恶而收敛自己热心讲学的素志，也不以丢掉官职而动摇自己的信念。在万历五年以后，当禁止讲学之风正凌厉之时，他仍然顶风而上，企图在江西联合各府县讲学的组织，建立全省性的讲学会，经过酝酿筹备，领衔发出倡议通告，文曰：

> 江区，赖诸先达讲学立会，在诸郡邑兴起已非一日矣。所少者，通省合并一会。不肖昨吊周巡抚公于省中，获接宗师岩泉徐公，惓惓此意。其时在会诸缙绅共议会于南昌塔寺。归途以告吉安诸缙绅，咸谓省中事体未便，惟永丰地僻路均，且聂泉崖兄力

---

❶《明儒学案》，卷三四，《泰州学案》三，《管志道》。

❷《明儒学案》，卷三四，《泰州学案》三，《参政罗近溪先生汝芳》。

❸《明儒学案》，卷三四，《泰州学案》三，《参政罗近溪先生汝芳》。

任供应（即聂静，王艮门人，曾与董燧等校订《心斋年谱》，付梓行世），兹幸议定，敬报贵邑诸道宗，更相告约。凡缙绅士夫及高尚隐逸，俱以来年二月中旬为始，悉赴永丰，共成合省大会。诚吾明宗社之福，而吾道大明之庆也。伏冀如期早临，不胜恳祷。❶

姑不论此会是否开成，但在当时的气氛中，敢于公然召集全省性的讲学大会，在各省中是唯一的。罗汝芳坚持讲学，顽强地要求宣扬自己及同道者的学术主张，确实具有很大的勇气。他被罢官后遍历东南继续讲学活动，只因张居正在万历十年（1582）去世，才免受更大的迫害。

但细考罗汝芳的学术主张，却如同泰州学派中被称为"狂禅"的其他人物一样，学术源头冗杂。汝芳先事颜钧，谈理学；继拜方士胡清虚为师，研求烧炼飞升之术；再执弟子礼于僧人玄觉，醉心因果，"每见士大夫，辄言三十三天，凭指箕仙，称吕纯阳自终南寄书"❷，有其荒诞的一面。其学理最突出的部分，是主张性善论，宣扬不忍之心，"独以孝弟慈为化民成俗之要"❸，认为只要用"孝弟慈"便可以达到改造家庭以至于改造天下的目的：

> 由一身之孝弟慈而观之一家，一家之中，未尝有一人而不孝弟慈者；由一家之孝弟慈而观之一国，一国之中，未尝有一人而不孝弟慈者；由一国之孝弟慈而观之天下，天下之大，亦未尝有一人而不孝弟慈者。又由缙绅士大夫以推之群黎百姓，缙绅士大夫固是要立身行道，以显亲扬名，光大门户，而尽此孝弟慈矣。而群黎百姓，虽职业之高下不同，而供养父母，抚育子孙，其求尽此孝弟慈，未尝有不同者也。❹

❶ 罗汝芳：《近溪子文集》，卷五，《柬合省同志》。
❷ 杨止庵：《上士习疏》，转引自《明儒学案》，卷三四，《泰州学案》三。
❸ 《明儒学案》，卷三四，《泰州学案》三，《参政罗近溪先生汝芳》。
❹ 《明儒学案》，卷三四附载，《罗汝芳语录》。

罗汝芳所说的由小至大，由贵及贱，无不"孝弟慈"的说法，无疑是一种纯出自愿望的推论，并不符合自古以来人类社会的实况，亦绝不可能成为理想社会的模式，其说脱离实际。正是与此有关，他不区分性质而绝对摒弃暴力，否定以法律作为维护社会秩序的必要功能。他竟认为，任何法律都是残酷的，施用法律以治国既无用处，亦无必要，"刑法把持之效，申、韩躬亲致之，当时已尽趋慕，其后不愈久而愈炽哉！"❶据他看来，完全可以用性善归仁来代替带强制性的法律，说道：

> 某自始入仕途，今计年岁将及五十。窃观五十年来，议律例者，则日密一日；制刑具者，则日严一日；任稽察，施拷讯者，则日猛一日。每当堂阶之下，牢狱之间，睹其血肉之淋漓，未尝不鼻酸额蹙，为之叹曰："此非尽人之子欤？非曩昔依依于父母之怀，恋恋于兄妹之傍者乎？夫岂其皆善于初，而不皆善于今哉？及睹其当疾痛而声必呼父母，觅相依而势必先兄弟，则又信其善于初者，而未必皆不善于今也已。故今谛思吾侪能先明孔、孟之说，则必将信人性之善，信其善而性灵斯贵矣，贵其灵而躯命斯重矣。兹诚转移之机，当汲汲也。隆冬冰雪，一线阳回，消即俄顷。诸君第目前日用，惟见善良，欢欣爱养，则民之顽劣，必思掩藏，上之严峻，亦必稍轻省。谓人情世习终不可移者，恐无是理矣。❷

罗汝芳是一个性善论者，他坚信依靠善良和爱心，便可以改变顽劣，消除犯罪，直到废除刑罚。他甚至认为，讲学和执刑的人都不及犯罪临刑的人，因为前者没有在事前用"性命之学"去教诲和感染后者，是有负于后者的。罗汝芳回避开造成犯罪和出现严刑酷狱的复杂原因，仅以类似宗教徒的虔诚，一厢情愿地来解释和处理人性和人际等诸多

---

❶《明儒学案》，卷三四附载，《罗汝芳语录》。

❷ 转引自《明儒学案》，卷三四附载，《罗汝芳语录》。

问题。殊不知，善于初者不一定善于今。人生百态，并不是一个善字所能概括，也不是仅凭一个善字，便可以消溶"隆冬冰雪"，消除掉一切邪恶犯罪的。据说，他任太湖知县和宁国知府时，在讲学的场所，着令来打官司诉讼的人，在公堂上"敛目观心"以自省；又开支库藏公帑以为馈赠，甚至因同情来投诉求释其在狱之夫的老媪，竟不惜收受贿款以转嘱开释。他在云南任东昌知府时，居然将官印放置在公堂，任由胥吏杂用，如此等等的言行，只能说明他的热衷讲学，无非是固执地宣扬迂腐的幻想；他用这样的态度任职治民，只能是一个滥好人、糊涂官。

当时，以讲学形式，对"江陵柄政"有所非议，甚至公然进行攻讦的，除了上述在泰州学派中有所师承，具有相当社会影响的人以外，在中下层士人中亦大有人在。万历八年（1580），"江西永丰人梁汝元聚徒讲学，讥议朝政。吉水人罗巽亦与之游。汝元扬言：'江陵首辅专制朝政，必当入都昌言逐之。'首辅微闻其言，露意有司，令简柙之。有司承风旨毙之狱。"❶ 这说明，在大改革日益深入，社会许多环节处在转型的关键时期，不论"狂禅派"的代表人物，诸如何心隐、管志道、罗汝芳等也好，名气较低的地方士人如梁汝元、罗巽等也好，都会有所异议和反弹，或提出各种学理以阻挠，或正面进行讥议以攻击。凡此，都是与张居正行法治、严考成、核名实、一号令的政策主张针锋相对的。不论示意扑杀或清洗出局，都是依恃权势和暴力以对待学术上的分歧，都体现着在文化学术上的专制。

张居正执行文化专制政策，很主要的还表现在对全国书院的禁闭上。书院制度，本来有很长远的传统，它创建于唐而盛于宋，元代各路、州、府皆设书院。书院以研习儒家经籍为主，间亦议论时政，历来有不少著名学者讲学于其间，同时也是准备应科举的场所。明中叶以来，因讲学之风大盛，不少书院遂成为讲学的中心；由于时局动荡，社会危机表面化，书院又成为发表各种言论，讥评政治的集中地。"王

---

❶《明神宗实录》，卷九五，万历八年正月己未。

守仁、湛若水之学皆祖陆九渊，而私创书院，附和标榜以号召嗷名之士夫"❶。张居正柄政后，"好以己意见责望天下，欲令打成一片，不计异同"❷，为禁止讲学，因而发展为封闭书院。

如同讲学有流弊一样，遍布全国的书院情况也很复杂，可说品流不一，良莠不齐。早在嘉靖十七年（1538），即曾一度诏毁书院❸，但无法彻底执行，旋禁旋设。更由于徐阶、李春芳当权之后，可以借枢垣为后台，书院不但未禁绝，反有更大的发展。

到万历三年（1575），张居正即复申禁毁书院之议，且因其手握大权，禁毁之令较前更为严峻，措置更为彻底。首先，他使用敕谕的形式，通令全国的提学官，要他们认真取缔"别标门户，聚党空谈"的风气，"不许别创书院，群聚徒党，及号召地方游食无行之徒，空谈废业"。有违犯者，"提学官听巡按御史劾奏，游食人拏问解发"❹。对于广大生员，也颁布了一系列禁令，"其事不干己，辄便出入衙门陈说民情，议论官员贤否者，许该管有司申呈提学官，以行止有亏革退。若纠众扛帮，聚至十人以上骂詈官长，肆行无礼，为首者照例发遣，其余不分人数多少，尽行黜退为民。"❺"其有剽窃异议邪说，炫奇立异者，文虽工弗录。"❻与此配套，同年还规定了减少入学生员人数，大府不得过二十人，大州县不得过十五人，即使仅录取四五名，亦不为少。老病的教官和"历事"已久，无能任职的监生，"准令以礼致仕"，"若卑污无耻，素行不谨者，不必试其文学，即拏送按察司问革"❼。诸如此

---

❶《支华平先生集》，卷三七，引游居敬疏。

❷《意见》，《议论》。

❸《皇明大事记》卷二三，曾记其事："嘉靖十七年五月，申毁天下书院。吏部尚书许讃上言：'近来抚按两司及知府等官，多将朝廷学校废坏不修，别起书院，动费万金，征取各属师儒赴院会讲。初发则一邑治装，及舍则群邑供亿，科扰尤甚。日者南畿各处，已经御史游居敬奏行撤毁，人心称快，而诸路未及，宜尽查革。如有仍建立者，许抚按官据实参劾。'帝以其悉心民隐，即命内外严加禁约，毁其书院。"

❹ 万历《明会典》，卷七八，《学校》，《风宪官提督》。

❺ 万历《明会典》，卷七八，《学校》，《风宪官提督》。

❻ 万历《明会典》，卷七八，《学校》，《风宪官提督》。

❼ 万历《明会典》，卷七八，《学校》，《风宪官提督》。

类的指示和禁令，其实都是围绕着以禁讲学和毁书院为主题，加强对各个层次士人的严厉约束，不惜运用高压手段，使用法律的震慑功能，达到钳制思想言论、强迫就范的目的。

以下达诏旨的形式，通令全国一律禁闭书院，是在万历七年（1579）正月正式宣告的。两京十三布政使司官员凛然奉行，不敢少懈。"先是，原任常州知府施观民，以科敛民财，私创书院，坐罪褫职。而是时士大夫竞讲学，张居正特恶之，尽改各省书院为公廨。凡先后毁应天等府书院六十四处。"❶一时清产查封，驱逐山长，遣散生徒，全国为之震动，有认为此是唐宋以来所未有过的。居正对此督责甚严，万历八年八月，"吏部疏称：各处私创书院，如宣成、梧山等处已改公馆，其田地粮税宜归并里甲征贮府库。奉旨切责抚按迁延草率，仍令核实以报。"❷居正在一些函牍中也表明自己的决心，对书院不但要摘去其招牌，禁止其聚会，还要清查其房舍土地财产，扫数归公，意图永绝其再起的任何可能。早在万历七年秋冬，他便在写给陕西提学李维桢的一封信中，透露出对书院的深恶痛绝。言：

> 承示查改书院，并田粮事，一一明悉。必如是，而后为艾草除根，他日亦不得议复矣。❸

禁闭全国书院一事，虽然能一时遏制住遍及全国的讲学风气，封锁住不同意见的声音，但是，它也严重挫伤了广大在学士子求应科举以入仕的要求，限制了他们钻研学术的积极性，其打击面是很大的。居正此举，实不啻自行扩大了与广大士人之间的鸿沟，闭塞住自己的耳目。当时，即有人提出，以摧折言论的办法来推行文化专制政策实为

---

❶《明通鉴》，卷六七，万历七年正月戊辰。

❷《明神宗实录》，卷一〇二，万历八年八月戊寅。参见《万历邸抄》，万历七年己卯卷。

❸《张太岳集》，卷三一，《答陕西学道李翼轩》。按，从一些地方志中可以看到，当时各地不少书院的田产，纷纷被没收，或充公，或归由官府分配耕田，例如，崇祯《梧州志》卷四，《郡事志》即载，万历八年，"毁书院，田归编户"。

过分，说："夫王（守仁）、湛（若水）之学，即出于（陆）九渊，亦何诡于圣人？生徒聚讲，即有虚谈，岂不愈于商财射利之党？书院即非敕建，亦犹胜于淫祠梵宇之辉煌。"❶ 即使处在禁讲学、毁书院高潮时期的万历八年（1580）年中，南京兵部主事赵世卿便上疏"极论言路当开"，言：

> 近者台谏习为脂韦以希世取宠，事关军国，卷舌无声，徒摭不急之务姑塞言责；延及数年，居然高踞卿贰，诟耀士林矣。然此诸人岂尽集诟无节，忍负陛下哉？亦有所惩而已。……此中才之士所以内自顾恤，宁自同于寒蝉也。❷

甚至有个别地方官，竟然敢于抵制张居正的指示，拒不执行禁毁书院等措置。湛若水的学生、万历七年至十年任四川提学使的郭棐，"及视蜀学，于太岳所行新法，一不肯狥，是以不沙汰生员，不裁抑正贡，不拆毁书院，不变卖学田。此四事，蜀中士大夫人人能言。"❸ 因此，被四川巡抚孙光祐向张居正密报。幸而还未来得及处理，而居正已去世，郭棐因得平安转任为广西右江副使。从赵世卿和郭棐等的言论和表现，可见居正虽然大力推行此项政策，但在万马齐喑的景况下，确实存在着顽强的异议之声。

谈迁并不赞成讲学泛滥，但他亦不同意张居正以封毁书院的办法来处理问题，比较委婉地指出，这样简单粗暴的做法，既不能解决问题，而且对于张居正本人亦必产生很大的负面影响，言：

> 华亭好道学，书院棋置，士大夫希进者争奔走马下，至衣褐带索之徒，摇唇鼓舌而不休。江陵深惩其弊，堤流塞源，亦未为失也。然必概毁之以为快，适增其口。第今后私创者绳之，则游

---

❶《支华平先生集》，卷三七，引游居敬语。
❷《明通鉴》，卷六七，万历八年夏。
❸《广东文征》，卷二一，《郭棐与刘晋川方伯书》。

士无所借径矣。江陵汲汲焉不快不止，说者以蔡京、韩侂胄相目，然欤？非欤？ ❶

谈迁的话似近折衷，却是持平而意义深长。当权者当事者，往往在纠正前人的谬误时，却又走向另一极端。指出了前人的迷途，却又陷入自己的误区。人们在当权的时候，往往缺乏清醒，不理解真理超越一分，即会成为谬误。徐阶借讲学以聚众树势，一直受当时人和史家所非议；张居正断然禁绝一切讲学，封毁全国书院，厉行文化专制政策，亦一直受当时人和史家的谴责，道理就在这里。事实也证明，专门恃持权力以强加给社会的任何政策，从来都是无法持久的。居正刚身死失势，各省的书院便纷纷复建，讲学之风又大盛。《明史》卷二二九《赵用贤传》言，居正死后，"自是朋党论益炽。（吴）中行、（赵）用贤、（李）植、（江）东之创于前，（邹）元标、（赵）南星、（顾）宪成、（高）攀龙继之。言事者益裁量执政，执政日与枝拄，水火薄射，讫于明亡。"以上诸人品流不一，但忧时爱国却是主流。到万历三十一年（1603），以顾宪成、高攀龙为首在无锡恢复了东林书院，针对当时时局的困蹙危急，在院的聚会中多訾议国政，呼号救亡，要求制裁官邪，澄清政治，表现出士人们强烈的社会责任感和忧危之思，所谓"风声雨声，声声入耳；国事家事，事事关心"。天下君子俱以清流归于东林，认为是末世间留存的一股正气，对他们致力于挽回世运的努力寄予厚望。此亦可见，将讲学和书院不加区别地一概斥为罪恶渊薮，一概视为必须掀翻和抛弃的绊脚石，采取高压手段将之封闭禁绝，实际上是行不通，而且是不得人心的。

---

❶《国榷》，卷七〇，万历七年正月戊辰。

第十九章

以夺情事件为中心的反张高潮

第一节　夺情事件发生前夕的斗争

万历五年（1577）九月，张居正的父亲张文明在原籍去世，讣告传到北京，张居正便面临去留的问题。按照传统礼法，官员遭父母丧，要解职回籍守制三年（实为二十七个月），但朝廷可以因国务需要，特准个别人不必解职，可穿着素服办公，仅是不参加喜庆吉礼而已；或在守制尚未满期而应朝廷急召出而任职，谓之夺情。

按照明代的先例，明宣宗朱瞻基宣德年间，曾先后有内阁大学士金幼孜、杨溥因丧守制，被特敕夺情，着即起复视事；宪宗朱见深成化年间，亦曾连下三诏，命首辅李贤夺情任职。以上历次事件，均未引起过太大异议。可是，张居正应该解职守制抑或是夺情在职，却引起了前所未有的大风波。

夺情和反夺情斗争空前酷烈，并不是偶然的。

夺情事件是在很复杂的背景下产生的，它反映着自张居正上台以来，部分官员对他在用人行政以及个人作风等方面的严重不满，借此以进行宣泄报复；也有些人甚至企图借迫他回籍守制三年的机会，削夺其职权，拉他下马。

不满和对抗，其实在夺情之前已见端倪。

早在万历二年（1574）十二月，因南京守备少监张进醉辱给事中王颐，刑科给事中郑岳、浙江道御史麻永吉等联章论劾，未报。户科给事中赵参鲁再上疏将问题指向张进的上司、冯保的亲信申信，要求连带对申信亦给予惩处，实际上是斥责冯保庇纵内官。张居正为巩固与冯保的联盟，竟对赵参鲁严加斥惩，"谓欺幼主不道，谪外，意以悦冯保也。"❶对郑岳、麻永吉等亦各罚俸示警。他的本意是企图牺牲一些科道官以说冯保注意裁抑宦官，却引起了科道官的普遍激愤。

赵参鲁等的案件尚未完全结束，万历三年二月，又发生了南京户科给事中余懋学连续上疏批评张居正的事件。前一年，翰林院飞来白燕一双，而内阁庭院又早开白莲，张居正因作《白燕白莲颂》以献。余懋学以时当夏旱，皇帝刚下诏旨罪己，与百官共图修禳，而居正献瑞颂祥，不是大臣应该做的事，故抗疏责备。此事本已引起居正的不满。而懋学又连续上疏论政，其攻击的锋芒实际上已经是指向张居正的治道。他主张"崇惇大"，认为"政严则苦，法密则扰，非所以培元气存大体也"。❷建议万历皇帝"留心柔克，持大体而略繁文，矜微瑕而宥小眚。纶绰本之和平，而不数下切责之旨；政令依于忠厚，而不专尚刻核之实"❸。特别在"防谀妄"一条，更是明确无误地表达出朝野对张居正、冯保过分颂扬的不满："近该部题覆边功，往往首列阁臣，盛夸督牧，然犹曰运筹宣力，例当叙也。至涿州桥成，该部议功，夸述阁臣、司礼，例虽沿旧，词涉献谀。愿申饬该部……不得辄加赞扬，以长谀佞。"❹余懋学这一番言论，不啻是对张居正所作所为所主张的全面的否定，而且将张居正以及冯保，斥为贪功乐佞喜谄之徒，这是张居正绝不能接受的，因指懋学为忤旨，革职斥为民，永不叙用。

---

❶《国榷》，卷六九，万历二年十二月壬寅。参见《明史》卷二二一，《赵参鲁传》。
❷《国榷》，卷六九，万历三年二月庚辰。参见《明史》卷二三五，《余懋学传》。
❸《国榷》，卷六九，万历三年二月庚辰。参见《明史》卷二三五，《余懋学传》。
❹《国榷》，卷六九，万历三年二月庚辰。参见《明史》卷二三五，《余懋学传》。

对赵参鲁、余懋学等的严厉处置，并未能堵截言路的批评，随即又发生傅应祯上疏进一步批评张居正的事件："张居正当国，应祯其门生也，有所感愤，疏陈重君德、苏民困、开言路三事" [1]。在疏文中，傅应祯不但以王安石在宋代行新政失败的史事讽刺张居正，还为不久前遭受打击的官员们鸣不平，要求予以昭雪复职："近则赵参鲁纠中涓而谪为典史，余懋学陈时政而锢之终身……臣请擢参鲁京职，还懋学故官，为人臣进言者劝。" [2] 张居正阅疏大怒，调旨切责。以其要求翻余懋学等的案，故将傅应祯逮入诏狱拷讯，穷治党与。应祯濒死无所承，乃谪戍定海。当傅案发生后，给事中严用和、御史刘天衢等上疏营救，不听。而应祯在狱中时，给事中徐贞明偕御史李祯、乔岩探狱，亦被锦衣卫余荫告密，三人均坐谪。

张居正的门生，巡按辽东御史刘台，在万历四年（1576）正月，上疏弹劾张居正，要求剥夺其重权，可以说是这一阶段反张活动发展的高峰。疏文摘要如下：

> 大学士张居正擅作威福，蔑祖宗法。如逐大学士高拱去国不容旦夕缓；成国公朱希忠无边围功而赠王爵；引用阁臣张四维及冢卿张瀚不以廷推；斥遣谏官余懋学、傅应祯等几空言路；为一身固宠计，则献白莲白燕以为祥；为子弟科第，则假京堂、巡抚以为报；翰林不亲政事，则创为章奏考成；江陵膏血已枯，而大起违禁宫室。 [3]

刘台点名指事以对张居正进行攻讦，其火力是很猛烈的，可谓已不留任何余地。他还着力于离间万历和张居正的关系，如指居正"威福自己，目无朝廷"，臣民"畏居正者甚于畏陛下，感居正者甚于感陛下"，

---

[1] 《明史》，卷二二九，《傅应祯传》。
[2] 《明史》，卷二二九，《傅应祯传》。
[3] 《明神宗实录》，卷四六，万历四年正月丁巳。

要求"抑损相权,毋俾债事误国"❶。如此等等。综观上述情况可见,从万历二年年底开始以至刘台案发生一年稍多的时间内,攻张的气候一直在升温,以一部分科道人员为代表,对居正的政绩几乎全面否定,隐然存在着一股反对改革的朝官势力;刘台等列举的事实,虽有夸大之处,但亦非纯粹捕风捉影之谈,居正亦间有失检之处,贻为敌对方面攻讦的口实。事态恶化到要逼张下台的程度,已不存在缓解的任何可能。在当时,万历是完全站在维护张居正权势方面的,这是决定对垒双方成败的关键所在。继赵、余的被革职谪戍,傅应祯的下狱杖责再斥为民之后,刘台亦被从辽东任所逮捕入京,下诏狱,廷杖一百,除名为民,其父、弟等家属均被株连入罪。居正继续派人往辽东及刘台家乡江西,进一步追查他擅定赎锾及在里中的隐事,企图再加重其罪,最后将他远戍至广西浔州,致暴卒于戍所。

以上密集发生惊动朝野的矛盾对抗,显示出随着改革的深化,特别是居正独揽大权,以相权代行皇权,已招致部分官员极度的失望和不满,有些人已难再按捺自己的认知,难安缄默,故在势力极端悬殊的情况下,仍发动几乎绝无胜算可能的攻击。这种情况出现在因改革而导致社会经济政治秩序大幅度改组,习惯的权力分配失去平衡的关键时刻,又是不奇怪的。言论出于科道官之口,但同意其意见,同情其遭遇的却有部堂大官在。例如,当时的礼部尚书万士和,对于张居正欲越例赠朱希忠王爵,冯保为方士求官等事,都明确表示反对;余懋学以言事得罪,士和亦言"直臣不当斥"❷,不惜为此积忤居正,最后自行谢病求退。一切事态都表明,山雨欲来,反映不同认识的思潮已经在进行交锋,反张倒张的火花四起,虽然皆旋被扑灭,但如遇到合适的气候条件,它是必会引发燎原巨焰的。

---

❶《明史》,卷二二九,《刘台传》。
❷《明通鉴》,卷六六,万历三年九月。

第二节 夺情事件发展为夺权和反夺权斗争

张居正丧父，面临着守制抑或夺情的问题，从一开始即引起朝廷各方面的密切注意。万历五年（1577）九月二十五日闻讣，二十六日即由内阁次辅吕调阳和张四维奏请援引杨溥、金幼孜、李贤等的前例，请钦准张居正夺情视事。几乎与此同时，御史曾士楚，吏科都给事中陈三谟亦赶忙上疏请留居正❶，各部、院、寺、监官员连续表态，纷纷吁请夺情。都御史陈瓒久已在病休中，还急扶病写信给礼部尚书马自强，"曰：'师相事，宗伯宜倡疏留，勿遗我名。'自强叹曰：'此老不起矣，心先死也。'"❷对同一人同一件丧事，从一开始便在认识上存在着重大的分歧。

万历皇帝在知道张居正丧父之后，立即下诏亲切慰问，请他"抑哀以成大孝"❸，又赏赐给优厚的赙赠。但最初并未有对其去留表态，"其恩逾他相数等，而未有意留之，居正错愕无定见"❹。但到十月上中旬以后，万历逐渐意识到，自己在现时还不能离开张居正的辅佐，为稳定自己的统治，他开始支持夺情，挽留居正，并大力压抑反对夺情者的意见。

张居正曾几上奏疏，要求离职守制，以尽孝思。这样做的目的，一方面是为了试探万历的态度；另一方面，则用以作为堵塞众口的姿态，并为达到夺情留任预为铺垫。

居正的本意是不愿离职的，"自以握权久，恐一旦去，他人且谋己"❺。不久前曾连续发生过的赵参鲁、余懋学、傅应祯、刘台等意图攻张倒张的事件，对他来说，仍然是挥之不去的梦魇。事实也正是如此。居正闻讣后，几天未入阁，便发生了令他产生对日后前途深为顾虑的

---

❶《国榷》卷七〇，万历五年十月乙未条载："御史曾士楚等奏留张居正，报闻。吏科都给事中陈三谟故客张氏，尼于同官，闻居正怒，蒲伏涕泣求解，寻奏留。"

❷ 许重熙：《万历注略》，卷七。

❸《国榷》，卷七〇，万历五年九月己卯。

❹《国榷》，卷七〇，万历五年九月己卯。

❺《明通鉴》，卷六六，万历五年九月己卯。

动态：

> 故事，首辅去位三日，次辅迁坐左，僚属绯而谒。吕调阳虽
> 不迁坐，竟受谒。居正谓："我尚在，不少顾忌，如一出春明门，
> 宁我入乎？"❶

张居正及其亲密者都意识到，是否接受夺情，实质上是是否同意
被夺权的问题。他的重要谋士、户部侍郎李幼滋即首先揭明此点，建
议他必夺情以固位；他的政治同盟者冯保也着重强调此点，认为居正
切不可轻去，否则后果叵测。为促成居正的夺情留任，冯保还积极地
对李太后、万历皇帝和有关朝臣施加影响。

在传统纲常伦理和政治权柄之间，居正面临重要的抉择。

张居正的门客、贡生宋尧愈曾经从居正本身的根本性利害得失出
发，倾向于劝他退位终丧，说："相公留，天下苍生幸甚；相公去，天
下万世幸甚"❷。他认为，居正自柄政以来，迭建重大业绩，"建威立法，
主圣民安……屏危疑而奏速效"❸，功成名遂，可以身退了。宋尧愈亦估
计到，万一解任退位，也极可能发生不测的事件，但认为此是属于次
要的问题，可以用较低的代价避免当代舆情和后世的谴责，其利远过
于弊，言：

> 诚以此时飘然魏阙，服除之后，主上不忘老臣，安车屡命，
> 而后从容进途，以洗汉、唐之陋，复含鼓之风，岂非上臣之盛
> 轨欤？即不幸身去而谤讪风起，先皇之命在耳，两宫之口足征，
> 主上之鉴如日，老臣之迹可按也，亦何借要津利器以防民之口

---

❶《国榷》，卷七〇，万历五年九月己卯。

❷ 转引自《国榷》，卷七〇，万历五年十月丙戌。参见《南吴旧话录》，卷一一，《宋
　孝廉》。

❸ 转引自《国榷》，卷七〇，万历五年十月丙戌。参见《南吴旧话录》，卷一一，《宋
　孝廉》。

戴？故当去而去，即受祸，祸轻；欲去不得去，即祸不及身，其祸重。❶

一贯受张居正提拔重用，与张关系密切的前线将领，蓟镇总兵戚继光、被居正视为"畏友"的原大理寺卿陆光祖等，亦均致函劝居正服丧。

宋尧愈等为张居正个人出处的考虑和分析是较为周密的。但他们不理解，对于张居正来说，他是一个权位欲极强的人，认为既握权便不可弃权。而且，几年来得罪了不少人，自己一旦离开了权位，其祸害绝不会像宋尧愈所说的那么轻松。加以各方面的改革正处在创制开局的阶段，全国性的重头项目仍有待出笼，绝难半道而废。李幼孜指斥宋尧愈等劝请接受去位守制之说为"头巾迂论"，是不符合居正本来意愿的。果然，十月十三日，居正即上奏，表示要"茹忍哀惊"，"在官守制"❷，即日以青衣角带，入阁理政并侍经筵，将守制终丧的意见断然拒绝。

一场政治风暴铺天盖地而来了。

早在张居正表明态度之前两天，即在十月十一日，突然宣布勒令吏部尚书张瀚致仕，侍郎何维柏、陈玠罚俸三个月，该部司官俱罚俸六个月。此事引起举朝惊讶。读者诸君大概还记得，张瀚之得破格被任为掌管人事大权的吏部尚书，完全是由于居正的力荐。他在任数年，对官员的任免升黜，都是秉承居正的意图行事，朝议早将他视为张氏的夹袋人物。但在这次有关居正是应夺情抑应守制的重大争议中，张瀚却坚持了自己的见解，他顶住来自最高层的压力，不肯出面以夺情名义挽留居正，并因此影响着吏部相当一部分重要职官，亦相偕反对夺情。在此之前，冯保曾传中旨谕张瀚带头倡议奏留，而"居正乃阳上疏请守制，而阴以牍风瀚复旨。瀚佯为不喻，谓：'政府奔丧，宜予殊典，礼部事也，何预吏部？'居正复令客说之。不为动。乃传旨责

❶ 转引自《国榷》，卷七〇，万历五年十月丙戌。参见《南吴旧话录》，卷一一，《宋孝廉》。

❷《万历起居注》，万历五年十月十三日。

瀚久不奉诏，无人臣礼，勒致仕"❶。

此事王锡爵的记载更为详细：

> 江陵相夺情事起，公侃侃持正议，不得安厥位矣。……当轴者……尝试为之，微上中旨，属公论留。尔时，举朝荐绅，汲汲狂走，争议希旨奏留，而天下忠臣孝子之气愤满约结而未敢先发，惟耽耽视公为标。而公又甫受特知，为百僚长，匹夫有所感遇，挟生平而索报，即喔咿儿女之私，亦难骤绝，而况重以天子之威灵，有所挟而求者乎？故当其时，为公最难，然公不欲显居其名。当九卿台省会疏且上，密约三尚书排闼见江陵，以微言流涕相感动，而江陵愈不悦，以为公固真负我，遂因事中公以归。❷

从宋尧愈、戚继光、陆光祖，以至张瀚等，不恤原来较为深厚的私交私恩，反复恳劝居正切勿选择夺情留任的道路，一方面可以看到传统的纲常礼教，在当时社会，特别在士大夫阶层中存在着多么重大的影响；亦反映出，这些与居正渊源深、交谊厚的人士对夺情的得失后果，有着与冯保、张居正截然不同的估计。不能认为，所有谏阻夺情的人物，都是怀有敌意的。

可是，张居正断然坚拒了他们的善意，甚至认为，此是"负我"，而给以打击。

形势的发展更趋严峻。在张居正表态在官守制后五天，即十月十八日，居正的门生吴中行，从纲常立论，上奏指称居正拒不奔丧，岂能"讦谟远猷，调元熙载"❸？吁请万历仍饬命居正先回籍守制，然后再特赦召回。中行在上疏的同时，并以副封呈居正，以示出自公心。十九日，翰林院检讨赵用贤亦抗疏陈辞，认为居正此举是自堕勋望，

---

❶《明通鉴》，卷六六，万历五年九月。但，《国榷》卷七〇，却将此事载为十月甲午，即在十月十一日发生的事，此处从《国榷》。

❷《王文肃公文草》，卷六，《张恭懿公神道碑铭》。

❸《明史》，卷二二九，《吴中行传》。

而群臣"哓哓为辅臣请留，背公议而徇私情，蔑至性而创异论"，实"士气之日靡，国是之日淆"❶。用贤也是要求让居正"暂还守制"，然后"刻期赴阙"❷，并未强制他严格遵守礼教，必须三年庐墓。

又明日，刑部主事艾穆和沈思孝二人联衔合疏抗争，诉求进一步升级，他们不是要求居正暂还候召，而是要求居正奔丧终制。疏文中不但诉之纲常，而且对居正柄政以来的作为进行抨击。认为居正擅权，"今之执政者，宰相之天子也"，"位极人臣，反不修匹夫常节"，"居正无商鞅之公与明，而有其惨；无安石之学与行，而有其执"；指斥居正"愎谏误国，媚阉欺君"❸。他们在奏疏中，还着重说明，当时万历已年过十五，接近成年，已经不是"主少国疑"之时，自无须手握重权的元辅大臣再为督导，自应让居正"守道秉礼"以退位守制❹，此无异于建议借此以收权，并罢居正之职。

又次日，观政进士邹元标再上一份措词更为激烈，几乎等于对张居正的人品、学养、政风等进行总揭发总清算的奏疏，要求对居正声罪罢斥。至此，夺情斗争已演变为实实在在的夺权斗争了。疏云：

> 今观居正之于父也，凭棺泪奠，未尽送终之礼；在京守制，尚贪相位之尊，果能正身而正人耶？不能正身而欲正人，为居正计者，不可一日而留矣。皇上留之者，岂以其有利社稷耶？然不知居正之在位也，才虽可为，学术则偏；志虽欲为，自用太甚。❺

邹元标对于张居正的主要政治举措，都采取否定的态度，在疏文中一一论述，摘要如下：

---

❶《明史》，卷二二九，《赵用贤传》。
❷《明史》，卷二二九，《赵用贤传》。
❸ 艾穆：《艾熙亭先生文集》，卷四，《恩谴记》。
❹《艾熙亭先生文集》，卷二，《建言纲常疏》。
❺ 邹元标：《邹忠介公奏疏》，卷一，《论劾辅臣回籍守制疏》。

其设施乖张者，如州县入学，限以十五六人。有司希旨，更
损其数，是进贤未广也。

诸道决囚，亦有定额。所司惧罚，数必取盈。是断刑太滥也。

大臣持禄苟合，小臣畏罪缄默，有今日陈言而明日获谴者。
是言路未通也。

黄河泛滥为灾，民有驾蒿为巢，啜水为餐者，而有司不以闻。
是民隐未周也。其他用深刻之吏，沮豪杰之材，又不可枚数矣。

臣观居正疏言："世有非常之人，然后办非常之事"，若以奔
丧为常事而不屑为者。不知人惟尽此五常之道，然后谓之人。今
有人于此，亲生而不顾，亲死而不奔，犹自号于世曰我非常人也，
世不以为丧心，则以为禽麂，可谓之非常人哉？ ❶

邹元标是当年春天才中的进士，观政刑部，未受官职，其人与朝中派
系倾轧并无直接关连，但他早岁即入王守仁再传弟子胡直的门下，尊
崇王学，醉心讲学。他的学术主张和政治理念，本来就是与张居正的
言行宗旨大相抵触，故他刚入朝便主动介入反夺情的斗争，并发为激
论，反映出当时部分在野士人对张居正的不满和对抗。

至此，因张居正是否"夺情"一事，已引发成朝臣间的大分流，
"卑者蚁附，高者鹜击"❷。

对于上述以吴、赵、艾、邹为代表的谏阻和攻讦，张居正的思想
准备是不足的。在震怒之下，他与冯保商量，准备采用廷杖和谪戍的
办法予以镇压。这是很不得人心的做法❸。当时礼部尚书马自强，翰林
学士兼礼部侍郎王锡爵，都曾亲自到张的寓所力救求解，但居正都坚

---

❶ 《明史》，卷二四三，《邹元标传》。按，邹之奏疏原文，载于《邹忠介公奏疏》卷一，
又载《邹南皋集选》，卷一，原文较为冗长。

❷ 焦竑：《许文穆公集序》。

❸ 张居正决定杖责吴中行、赵用贤，时任翰林院侍讲、修撰等职的赵志皋、张位、于慎
行、张一桂、田一儁、李长春、习孔教、沈懋学等人均上疏谏阻，不听。

决拒绝，甚至以下跪和声言自尽等方式，把他们硬挡回去：

> 是岁，江陵父死，谋夺情视事。编修吴中行、检讨赵用贤疏劾之。先生（按，指王锡爵）忧祸叵测，约秩宗而下数十人诣江陵求解，拒不见。先生径造丧次切责之。江陵不知所对，泣且拜曰："上强留我，而诸子力逐我，我何以处，第有自到而已。"竟入不顾，卒取中旨，廷笞此两人。先生持之大痛，且首倡赆赠，皆人所缩朒不敢前者。❶

由于张居正坚执己见，乃于十月二十二日，杖吴中行、赵用贤各六十；杖艾穆、沈思孝各八十。其所以有所区别，是因为"中行、用贤请令居正奔丧，葬毕还朝，而穆、思孝直请令终制，故居正尤怒"❷。二十四日，复杖邹元标八十。五人受杖后皆加桎梏，置之诏狱，越三日，始釒解发戍。其后，又以京察形式，宣布永不叙用。

在受毒刑后，"中行气息已绝，中书舍人秦柱挟医至，投药一匕，乃苏。舆疾南归，刳去腐肉数十脔，大者盈掌，深至寸，一肢遂空"❸。"用贤体素肥，肉溃落如掌，其妻腊而藏之"❹。其他三人所受伤创亦类似。皆杖疮大发，脓血淋漓，都是使之俯卧门板之上以就戍道的。但是，廷杖谪戍等并不可能真正遏制住异议，艾穆负伤赴戍，在出京门时，当押解官和厂卫数十人之前，"犹厉声大骂江陵、冯保不绝口"❺。

---

❶ 冯时可：《王锡爵行状》，载《王文肃公荣哀录》，卷一四。又〔清〕徐乾学《明史列传》卷七五，《马自强传》载："居正谋夺情，将杖吴中行、赵用贤，自强诣其邸力救，居正怫然，俄长跪，以手撚须曰：'公恕我，公恕我！'自强遂趋出。"
❷ 《明史》，卷二二九，《艾穆传》。
❸ 《明史》，卷二二九，《吴中行传》。又，时任翰林院日讲官的许国，"镌玉杯一，曰：'斑斑者何？卞生泪。英英者何？蔺生气。追追琢琢永成器。'以赠中行。镌犀杯一，曰：'文羊一角，其理沈黝。不惜刻心，宁辞碎首？黄流在中，为君子寿。'以赠用贤。"（载《明史纪事本末》，卷六一，《江陵柄政》）是可见一部分士人的愤慨和对受杖者的同情。
❹ 《明史》，卷二二九，《艾穆传》。
❺ 《艾熙亭先生文集》，卷四，《恩谴记》。

居正采用强暴镇压的办法，并没有收到如期的效果，"是时……人情汹汹，指目居正，至揭谤书于通衢。……由是元标与中行等五人直声震天下"。❶ 在重创吴中行等之后，犹有余姚布衣韩万言继续上疏指摘居正处置不当，被重杖一百，押回原籍❷。直到十一月底，南京浙江道御史朱鸿谟仍然上疏申救在戍的吴中行等，又被革职为民，永不叙用❸。"江陵夺情起复，一时以守制论者，皆从贬斥。"❹ 甚至因为此事，打击面扩大至民间，制造过杀人冤案。宛陵诸生吴仕期，为人侃直负气，对张居正杖责吴中行等人极为不满。当邹元标被廷杖后谪戍都匀，过京口，仕期闻而走数百里迎之江上，握手慷慨。归而作万言书致张居正，力斥其非。居正大恨之。与此同时，芜湖诸生王律又托名海瑞伪撰攻击张居正的疏文，南京操江都御史胡槚为献媚取宠，责令太平府同知龙宗武穷究此事，宗武以严刑拷问王律，逼将吴仕期牵入，两案合为一案。胡、龙将案情上报居正，居正示意杀之。宗武乃将仕期下狱，绝其粮。仕期饿极，啮其衣絮殆尽，仍不死。宗武命以沙囊压其口，杀之❺。王律亦被摧折而死。吴仕期等惨死信息传闻全国，对张居正的威望产生极大的负面影响，官绅多有对吴等表示同情的❻。

从历史和社会效果的角度看，张居正拒绝停职守制，不肯放弃夺情以保住权位，无疑是正确的。因为揆诸事实，隆万大改革中相当一部分重要成果，都是在万历五六年之后陆续取得的，诸如丈田、行一

---

❶《明通鉴》，卷六六，万历五年十月。

❷《国榷》，卷七〇，万历五年十月丁未。

❸《万历起居注》，万历十年十一月二十四日。

❹ 陆光祖：《毫余杂识》。

❺ 参见《明史列传》卷八一，《孙维城传》。

❻ 当时的著名诗人屠隆，是万历五年进士，历任礼部主事、员外郎、郎中等职，曾写有《孤愤篇》（为宛陵吴君仕期作）一诗，诗云："城南萧萧行人断，野风吹沙白草短。狐狸穿土鬼啸霜，天阴夜夜青燐满。义士一丘托山河，何人杀之鹰与犬。奸雄灰灭乃天亡，鹰邪犬邪投烟荒。君魂肃穆灵旗张，我来洒泣酬椒浆，地下同游陈少阳。"（载〔清〕陈田辑撰，《明诗纪事》，己签，卷六）此诗当是写在张居正身死覆败之后，但屠隆以当时人言当时事，却很能反映出舆情的动向。

条鞭法、整顿驿递、修治水利等，皆是荦荦大者。如果居正轻许卸脱职权，在当时情况下，势难再有人能以铁腕驾驭全局，势难有效地抵御住来自各方面反对改革的阻力，势难依照部署，在前此取得初步成果的基础上，再将改革推向纵深发展。这样，一切将会前功尽废，改革运动难免更早地受到夭折，这是昭然若揭的。

为什么以反夺情为中心激发起的反张高潮会一浪高一浪，会具有如此巨大的声势和影响？其原因是多方面的：一因传统的纲常礼教当时仍然是占统治地位的思想，是仍然能够对社会各阶层起着支配作用的意识形态。身为元辅而不奔丧不守制，是公论难以接受的。有些反张者确实是从捍卫纲常的单纯角度卷入其中的。既不能忽视存在于社会的某些堕力的顽强性，也不能轻估有人会借此以煽动。二因随着改革的进展，必然要对人们的经济、政治以至思想学术地位进行必要的调整，由此而有不习惯的，亦有因原有权益受到损害而愤懑不满的，有些人则善于抓住反夺情这样的大好题目，借别人的酒杯，浇自己的块垒，谋求一逞。三因张居正自掌柄大权之后，确有任情骄踞之处，裁抑过甚，有顺昌逆亡的气势。必须将自万历二年以来对赵参鲁、余懋学等人的逆反言行，与夺情事件出现后的反张高潮联系起来，作为一个整体的不同阶段来考察。冰冻三尺，非一日之寒。特别是，自反夺情问题初起之时，居正的处理便过分操切，情绪化的味道极浓。张瀚本为亲近之人，仅因未应诏疏留，何必重加诘责而即勒令休致？吴中行、赵用贤仅疏请先回籍，再召还任职，何必痛予杖责？侍讲张位、赵志皋，修撰习孔教等多人仅为论救吴中行，何必相继迁谪？吴仕期、王律不过是地方上名不见经传的戆书生，何必因其逆耳之言而置之死地？更遑论因"夺情起，物议纷嚣，借星变又考察"❶，几乎清洗掉所有主张守制者。"恶则堕之渊"，应该说是不明智的，徒为反对者用作标榜之资，提高其知名度而已。"刘台诸人，皆以论张居正得罪。罚最重者，名亦最高。"❷这样的反效果，是居正始料不及的。

---

❶《国榷》，卷七〇，万历五年十一月，《谈迁曰》。
❷《明史》，卷二二九，《赞》。

权力如同一柄锋利的双刃剑，锋刃的一面，可以雷厉风行，摧枯拉朽，开创出巨大的勋绩；另一面，则可以飞扬跋扈，恣意专行，伤害无辜，直到伤害自己。

张居正上恃皇帝的支持，下则滥用刑狱贬革的权柄，未两月即将反对派的声浪压了下去，取得了表面的胜利，但其实已付出了沉重的政治和道义代价，加深了潜在的危机。夺情事件是居正人生道路上带关键性的环节和转折之一。他并未从自己的处置不当，激成反制中吸取到应有的教训，"闻谤而不知惧，忿戾怨毒，务快己意"❶。"雅自负不世出，为刘台等所揸，志意渐恍惚，而至是始知天下之不见与，思以威权劫之，益无所顾忌"。❷ 此不啻自酿苦酒，不啻为壮大反对势力营造温床。不暇自哀而人哀之，此之谓欤？

---

❶《明史》，卷二二九，《赞》。
❷《国朝献征录》，卷一七，《张居正传》。

第二十章

屹立在权势的巅峰上

第一节　专权独断，骄盈自用

张居正自"夺情"事件之后，惕然警觉，对于自己公开的和潜在的反对者都为数不少。某些人虽未上疏明白反对，但并非不存在非议❶。尤其对于缄默的大多数，更是摸不到底，他企图"以威权劫之"。故此，便进一步"锢权擅朝"，"所为益横"❷，"江陵夺情之后，而尚书恒自往受教矣"❸。他高踞在权势的巅峰上，意图更加集中权力，将一切反对的意见和活动摒击挫灭，"操群下如束湿，异己者率逐去之"❹。

但事实的发展，却往往适得其反。

---

❶ 王锡爵在《户部尚书木庵杨公墓表》一文中说到，当时任南京国子监司业的杨俊民，虽未公开具疏反对夺情之说，但他在南京却极力阻遏同僚上疏请留张在任的活动，谓："会江陵夺情议起，九列争先具疏留。同僚目公云何？公咄咄起，载手向堂上：'此堂颜彝伦者何？我辈不能惺人犯醒，而忍从旁助其柏浮乎？'议更寝。"（载《明文海》，卷四四八，《墓文》）
❷ 赵南星：《山西右布政使王（述古）公墓志铭》，载《明文海》，卷四五一，《墓文》。
❸《山西右布政使王（述古）公墓志铭》，载《明文海》，卷四五一，《墓文》。
❹《明史》，卷二一八，《申时行传》。

张居正的刚愎，首先反映在对待内阁内部的关系上。在江陵柄政的全过程中，内阁内部的关系都是不正常的。"当是时，政事一决居正。居正无所推让，视同列蔑如也。"❶

张居正在位之时，经他精选然后推荐入内阁共事的，计有四人，即吕调阳、张四维、马自强、申时行。居正挑选同僚的首要条件是，柔顺听命而不敢顶忤，能对他本人保持忠忱。但他绝未估计到，外表柔顺听命而不敢顶忤的人，不一定就完全丧失了个性，放弃了自己的见解。当时，内阁以张居正一人揽权独断，奉居正意旨为意旨，"吕调阳、张四维先后二阁臣，虽共事不敢有所持诤，拱手受成而已"❷。至于居正，"其视四维等，若不屑与称僚寀者"❸。这样的内阁，其实是虚构的高度一致，泡沫性的和衷与共。

试析言之：

吕调阳在隆庆六年（1572）六月，即张居正刚柄大政之时被委任为文渊阁大学士，直到万历六年（1578）七月才告病辞位，是"江陵柄政"前期最重要的阁僚之一。张居正在隆万交替之际，当高拱被逐、高仪猝死、舆情混乱复杂之时，所以专门疏荐吕调阳入阁，主要是因为调阳其人柔弱圆融，无棱角❹，"于人不轻喜怒，事不轻可否"，"树一士惟恐见知，急一人惟恐见德"❺，是一个十分谨慎、内向的人物。但是，居正却忽略了调阳性格的另一面，即富有心计，"生平深沉简谅，内辨而色温"❻，"非专事模棱者"❼。他对于张居正一些措置，一直有着自己的看法和主见，外表虽然恭谨寡言，"然内不甚附之"❽。张居正对于资深的次辅也缺乏应有的尊重，他本人偶因病假未

❶《明史》，卷二一九，《张四维传》。

❷《明史窃》，卷四九，《张居正传》。

❸《嘉靖以来首辅传》，卷七，《张居正传》。

❹ 参见《明通鉴》卷六五，隆庆六年六月壬午。

❺ 吴国伦：《大学士吕公调阳行状》，载《国朝献徵录》，卷一七。

❻《大学士吕公调阳行状》，载《国朝献徵录》，卷一七。

❼《明神宗实录》，卷九七，万历八年三月。

❽《明通鉴》，卷六五，隆庆六年五月壬午。

入阁，销假后，对吕调阳起草的票拟等文件都要从新再拟，并有所责备说："如此何以示远近部院大臣？"❶他因父丧，未入阁数日，闻知调阳曾受僚属贺礼，竟然怒形于色。特别是，在万历六年（1578）三月，朱翊钧同意张居正回籍葬亲，下谕给吕、张二位辅臣，"凡大事，悉待首臣张先生来行"❷，重要战报及政务都要急递到荆州，待张居正处置。当时，"朝廷大政，俱暂停以待"❸，内阁虽有吕调阳和张四维等在职，但无权处事，仅是一个地地道道的看守内阁，"几伴食于三千里外"❹。

正因此，吕调阳虽然在内阁任职六年，但一直无所作为，亦不能有所作为，"恒怏怏不乐"，"惟仰屋叹诧而已"❺。故此，他从万历五年开始，即逐渐萌生退意，先后上了十道奏疏称病，请求退休，甚至坚卧不出，要求内阁上的本章，不要再连署他的名字。自称："沉疴有年，精血久耗，强留在职，频起频仆，何益于事。"❻直到六年七月，张居正回籍葬亲还朝后不久，才得到批准。吕调阳负气而去，其实是不愿再与张居正共事。

张四维的情况比吕调阳更为复杂。"四维倜傥有才智，明习时事"❼，他谙熟官场精窍，且擅长边务，隆庆朝俺答封贡之事，四维曾起过牵针引线的作用。特别是，他"深略内蕴，人莫能窥其际"❽。表面上，他"曲事居正"❾，但有时办事拟旨不如居正意，亦常受申斥。故此"积不能堪"❿，"邑邑不得志"⓫，居正对他亦逐渐厌恶。

❶《嘉靖以来首辅传》，卷七，《张居正传》。
❷《万历起居注》，万历六年五月二十五日。
❸《万历起居注》，万历六年六月初七日。
❹《国史唯疑》，卷八。
❺《嘉靖以来首辅传》，卷七，《张居正传》。
❻《万历起居注》，万历六年七月初六日。
❼《明史》，卷二一九，《张四维传》。
❽ 王锡爵：《大学士张公四维墓表》，载《国朝献征录》，卷一七。
❾《明史》，卷二一九，《张四维传》。
❿《明史》，卷二一九，《张四维传》。
⓫《许文穆公全集》，卷一四，《大学士张公四维墓志铭》。

两张内在关系的紧张，除了在政见上存有潜在的实质性分歧外，还有深远的人事恩怨胶葛在。"居正固与冯保通关，然意忌闻张四维之私结保也，诇喝止之。四维以是恨居正益甚。"❶另一方面，张四维早年即受特知于高拱，其后与高拱和张居正都交往甚密。隆庆六年（1572）五月，发生了冯保联合张居正驱斥高拱，继又企图借所谓王大臣案以杀高的事，张四维对冯张锻造出此一大冤案，是极不以为然的。他在事发之初，曾致力于调解高张矛盾，其后因大势已定，不得已将此事搁置下来，但仍然积愤难平，在感情上明显同情于高拱。据其后入阁为大学士的许国回忆，四维曾多次向他表示"欲白新郑冤"❷；当四维因丁忧离职时，犹叮嘱许国务必完成对高拱平反请恤的事。可见，张四维在张居正殁后，所以力反张的施政，清除其势力和影响，是有其长远渊源的。

马自强是在万历六年（1578）三月入阁的，但十月即病卒，任大学士不过半年，仅是入出内阁的一个匆匆过客。但在当时的气氛下，"阁务皆首臣专之，其次率拱手受成以为常，公独时时从中有所匡正，曰：'吾不能令千秋后居伴食之名。'然意所龃龉，十恒不能伸一二"❸，"不能有为，守位而已"❹。

申时行在万历六年（1578）三月入阁，一直到十九年九月致仕，在阁凡十三年有余，其中，从万历十一年三月即任首辅，主持政务计有八年多。他不但是在张居正极盛时的阁员，又是居正死败之后仍较长期赓续执政的唯一人❺。当此时局转折之际，时行庸碌而善观风随势，能周旋于各种复杂矛盾中，却又能自我保护并获得发展。他蕴蓄深藏，非到看准风向绝不随便暴露己见，不轻易树敌，更绝不顶忤上意，总以当权者的意旨为意旨。在居正掌权时，凡事阿附，故"居正

❶《嘉靖以来首辅传》，卷七，《张居正传》。

❷《许文穆公全集》，卷一四，《大学士张公四维墓志铭》。

❸《王文肃公文草》，卷四，《大学士马自强神道碑》。

❹《明史》，二一九，《马自强传》。

❺ 张居正于万历十年六月去世，张四维继任首辅，但翌年四月即因丁忧去职，为期仅十个月。

素昵时行"❶；但到居正颓败之局已定，他又是千方百计迎合万历，"因人情而顺流，与之更始"❷，"尽取诸司所拟宽条损益之，如省烦苛，缓征徭，恤灾荒，酌邮传，平刑狱，罢工作，一切以宽大行之。"❸ 此所谓"以宽大行之"，无非是将隆万十余年来进行的改革，逐一阉割或腰斩掉而已。他和张四维的一次对话是很形象的，颇能概括地表达出两人的主要政见和心态："江陵病卒，蒲州代之，语公曰：'稂莠之余，要在芟刈。'公应曰：'肃杀之后，必有阳春。'"❹ 不论"芟刈"也好，企盼"阳春"也好，无非都是要大幅度废弃张居正主政时的政策。《明史》卷二一八，《赞》曰："时行诸人，有鸣豫之凶，而无干蛊之略。外畏清议，内固恩宠，依阿自守，掩饰取名，弼谐无闻，循默避事。"可谓确论。

吕、张、马、申四人，都是张居正经过反复筛选考虑，然后选拔入阁，作为自己最重要助理的。但事实表明，四人在政见上本来就与居正潜存着重大的分歧；而且对于居正独揽大权，喜怒任情，颐指僚友若奴隶的作风，都隐藏着很大的反感。当时的内阁，其实只是体现张居正一人的意志，由他一人操纵运作的部门，内部的逆反心理正在潜滋暗长，一旦气候合适，必定会引发为爆破性的风波。形似亲信，实为反侧，居正一死，内阁即开始实行政策转轶便是情理中事。

第二节　乐谀好奢，富贵移人

当夺情事件告一段落，而万历皇帝大婚的典礼又已完成，张居正乃申请回籍葬亲。此行既是葬亲，又是炫耀威权。富贵而还故乡，是

---

❶《明史》，卷二一八，《申时行传》。

❷ 焦竑：《大学士申公时行神道碑》，载《国朝献征录》，卷一七。蒲州，指张四维，因他是山西蒲州人。

❸《大学士申公时行神道碑》，载《国朝献征录》，卷一七。

❹《大学士申公时行神道碑》，载《国朝献征录》，卷一七。

自古以来士人的夙愿。

居正之所以选择在万历六年（1578）春天回籍，是因为经过夺情事件的考验，自认为在宫廷内的地位仍然十分巩固，包括李太后、万历皇帝都支持他对谏诤者的猛烈反击，对他的倚靠信任似乎更重于前。"先是，上所赐札称元辅，或称先生而不名。称先生者独孝庙（按，指弘治帝对刘健、李东阳、谢迁等），然面谕则有之，不以施笔札。至是，始兼称元辅张少师先生，且待以师礼，而居正有奏谢，亦自负以为帝者师，且引赞拜不名之礼，隐然兼肖何、子房而有之。"❶ 他"傲于上而卑于冯保"❷，视与冯保的联盟，为其得以建立功业的基础。相信只要以上两方面不出现裂缝，他暂离京阙，是可以无虞不测的。

另一方面，他在出发之前，也对内阁的人事作了认真的安排。他担心政局风云变幻，害怕在自己离京阶段发生不如己意的变动。对于在野或在朝有可能入阁的人，他一一作了估量。当时，除已在阁的吕调阳、张四维外，在野人士中资望较高的首推前首辅高拱，但鉴于积怨已深，绝不能让高拱再起；另一曾任大学士的殷士儋，多有奥援，也可能乘此间隙而谋复出，不可不防；至于徐阶，年事已高，且在家乡处境不顺，让他回任内阁，较易对付，故此，曾经一度考虑推荐他，但又顾虑，以徐阶的老资格，自己不宜踞其上，有可能要将首辅一席让出，不如少惹麻烦为上。因此，只能从其他人选中奏请增加内阁成员，以填充空缺。万历诏令居正推荐。居正经再三考虑，才决定推荐礼部尚书马自强和吏部右侍郎申时行增补入阁，自认为此两人由自己荐擢高位，不会发生反噬。经过这样周密的安排后，居正才放心南下。

由此可见，张居正于万历六年三月十一日离京，六月十五日回京，离任三个月，来往南北三千里，是在对形势审慎估量和对人事做出妥善部署之后成行的。这是他本人居显位、握重权之后唯一一次重回故乡，距离他在嘉靖三十六年（1557）离开江陵再赴北京到翰林院复职，已经整整十九年了。十九年人事沧桑，他本人的变化也太大了。上次

---

❶《嘉靖以来首辅传》，卷七，《张居正传》。

❷《嘉靖以来首辅传》，卷七，《张居正传》。

重回翰林院的时候，年仅三十三岁，正当壮盛之年，抱着匡时济世的理想，投入急湍的政治漩涡中，历经挣扎和冲刺，凭着卓异的识见和过人的气魄毅力，也由于遇到不世出的机遇，才能取得玉带横腰，跻上当朝极品，逐步实现自己的抱负和治道方针，赫煊一时。如今赋得归来，终生功名蹭蹬，将一切希望寄托于自己能出人头地的老父已经见背，而本人也年过半百，渐近老迈了。所引为欣幸的是，十九年的奋斗已经结出了硕果，在相当意义说来，允称功成名就。居正是带着回忆的感伤和功业有成的踌躇满志重回家乡的。武昌的黄鹤楼仍然屹立江岸，当年暮秋吟咏述志的情景犹鲜明如昔；汉江涛声依旧，激流奔突，浪花翻卷，似是在迎候这位贵极人臣的乡人；山居隐晦时的旧宅犹在，修竹和潺潺流泉还是那样谧静，可是主人的身份地位已经大变，当年自怨自艾，"无能裁楚赋，空自怅年华" [1] 的有心人，而今正在政坛上叱咤风云，恍如日在中天，艳阳喷射。随着身份地位的大变，人的思想作风也大变了。

张居正这一次因葬亲回乡，所受的恩赐和尊礼，在明代是没有先例的。存在决定意识。正是因为这样极不平常的旅行，使他更不自觉地显示出骄奢的气焰和唯我独尊的情绪。

（居正启程）帝及两宫赐赍慰谕有加，诏遣司礼太监张宏供张饯郊外，百僚班送。所过地有司伤厨传，治道路，兵器罗列，禁卫千兵骑而从，前后鼓吹，仪饰尽绘彩，光耀白日。

既毕葬，且还朝。阃帅请居正阅兵。居正服绣蟒以临。礼成，大出金币劳赐加等。时辽东奏捷，帝复归功居正，使使驰谕，俾定爵赏。居正为条列以闻。

居正言母老不能冒炎暑，请俟秋凉上道，于是内阁，两都部、院、寺卿，给事，御史俱上章请趣居正亟还朝。帝遣锦衣指挥翟汝敬驰传往迎，计日以俟，而令中官护太夫人以秋日由水道行。

---

[1] 《张太岳集》，卷三，《初秋四首》之一。

居正所过，守臣率长跪，抚、按大吏越界迎送，身为前驱。居正坐步舆，前重轩，后寝室，傍翼两庑，童子左右侍，用卒三十二舁之。郡邑牙盘上食，水陆过百品，吴中善庖者召募且尽。道经襄阳，襄王出候，要居正宴。故事，虽公侯谒王，执臣礼，居正具宾主而出。过南阳，唐王亦如之。诸抚臣竞以异礼待居正，保定巡抚孟重诏过甚，众羞称之。居正入，重即以兵部侍郎召。居正过良乡，抵郊外，诏遣司礼太监何进宴劳，两宫亦各遣大珰李琦、李用宣谕，赐八宝、金钉川扇、御膳饼果醪醴。百僚复班迎入朝。帝慰劳恳笃，予假十日而后入阁，仍赐白金、彩币、宝钞、羊酒，因引见两宫。❶

溺于骄奢和乐于接受奉迎，本来是一双孪生的兄弟。居正奔丧，除由兵部指派千骑警卫外，又从戚继光蓟门前线，调来精锐的鸟铳、箭手等若干人随行，用壮行色❷。献制巨型步舆以便偃息，并精选善于调制江南食馔的庖者以奉的，是素善巴结上官的真定知府钱普❸。张母来京，沿途所经，皆建席屋，张彩幔，鼓角旗帜鲜明，横过御道，观者如堵。徐州副使林绍竟然亲挽船纤，身为导护❹。巡抚湖广都御史陈瑞闻讣，赶忙来江陵张府吊悼，入门即易白色孝服，脱去官纱帽，改戴麻冕，"加绖伏哭尽哀毕，则请见太夫人。太夫人不出，跪于庭良久。太夫人出，复伏哭前谒致慰，乃坐。太夫人傍有小阉侍，居正所私留以役者也。太夫人睨而谓：'陈君幸一眄睐之。'瑞拱立揖阉曰：'陈瑞安能为公公重，如公公乃能重陈瑞耳。'"❺当时类似的奴颜婢态，千方百计以贡谀献佞的大有人在。居正在掌权之后，逐渐沉溺于奉承吹捧之中，对人对己逐渐失去了应有的清醒，对谄媚者失去了必要的警惕，

---

❶《明史稿》，《列传》九二，《张居正传》。参见焦竑《玉堂丛语》卷八，《汰侈》。

❷ 参见《张太岳集》，卷三〇，《答蓟镇总兵戚南塘计边事》。

❸ 参见郑仲夔《偶记》，卷四。

❹ 参见《明史稿》《列传》九二，《张居正传》。

❺《嘉靖以来首辅传》，卷七，《张居正传》。又载吴廷燮《明督抚年表》万历三至五年。

这是有着较大量资料记载的，有些还很突出。例如，居正的父亲张文明七十寿辰，朝绅各致祝颂之词，居然有人撰文，"称嘉靖初年，上帝南顾荆土，将产异人，以相公寄之封君。或称相公为众父，封君为众父父。众父父者，苍苍是也。"❶这简直就是将张居正尊为上帝嫡传，几乎是天与人归了。要害之处，还不在于是否有众多的谄佞小人，而在于居正对此采取的是默然认可并欣赏的态度。当时有人送一副对联给他，上联是"上相太师，一德辅三朝，功光日月"，下联是"状元榜眼，二难登两第，学冠天人"。"江陵欣然，悬于家之厅事。"❷在用人方面，较为喜欢拔擢亲近顺从的人，"江陵作相，九列公卿半系楚人。"❸有一个荆州同乡刘珠，原是与居正父亲张文明同时被录取为诸生的，数十年科场不利，直到隆庆五年（1571），才由居正主会试取中为进士，时年已过七十。万历三年（1575），居正庆祝五十寿辰，这位老辈竟然撰呈一联，"曰：'欲知座主山齐寿，但看门生雪满头。'居正为一启齿。"❹

　　上有好者，下有甚焉。这样庸俗的歪风蔓延很快，"六曹咸倾心事居正，虽对妻子床第，无不颂居正。士大夫初谀以伊、周五臣，其后至拟之舜尧，居正不为怪，益自任。"❺居正虽精察，但却看不到这样的危害，是导致他身后覆败的原因之一。

　　与此相反，张居正对于奉承不力，礼仪有疏的人却是很计较的❻；对于不来参候而疑其另有他意的人，则更不能宽容。居正回籍葬亲，湖广文武各官俱来会葬送殡，京内外勋贵臣僚俱送来奠祭致哀之仪，独有巡按御史赵应元因候代襄阳，且称有病而未来，居正就很不满。

---

❶《谷山笔麈》，卷四，《相鉴》。

❷ 沈德符：《敝帚轩剩语》，卷下。

❸《广志绎》，卷四。

❹《敝帚轩剩语》，卷下。

❺《明史稿》，《列传》九二，《张居正传》。

❻ 在《张太岳集》卷三〇《答吴道南》一函中，居正对吴说："自去岁罹先人之变，海内相知无不为孤痛侧者。由于门下投分不浅，乃竟无一字，以为必相忘矣。兹奉手书，乃知其故，复以自解。"

佥都御史王篆为迎合居正，乃嗾使都御史陈炌奏劾应元规避，将之除名，斥为民。为是否参加大臣亲属会葬竟斥革巡按，朝野为之诧异，其中又以户部员外郎王用汲最为激愤，上疏反对这样的悖情处理，并对张居正以个人爱憎升黜臣工等，做出严厉的批评。疏曰：

> 御史应元以不会葬，得罪辅臣，遂为都御史炌所论，坐讬疾欺罔削籍，臣窃恨之。夫疾病人所时有，今在廷大小诸臣，曾以病请者何限。……陛下但见炌论劾应元，以为恣情趋避，罪当罢斥。至其意所从来，陛下何由知之？
>
> 如昨岁星变考察，将以弭灾也，而所挫折者，半不附宰臣之人。如翰林习孔教，则以邹元标之故；礼部张程，则以刘台之故；刑部浮躁独多于他部，则以艾穆、沈思孝而推戈；考后劣转赵志皋，又以吴中行、赵用贤而迁怒。盖能得辅臣之心，则虽屡经论列之潘晟，且得以不次蒙恩；苟失辅臣之心，则虽素负才名之张岳，难免以不及论调。臣不意陛下省灾塞咎之举，仅为宰臣酬恩报怨之私。且凡附宰臣者，亦各藉以酬其私，可不为太息矣哉！
>
> 孟子曰："逢君之恶其罪大。"臣谓逢相之恶其罪更大也。……至若辅臣意之所向，不论是否，无敢一言以正其非，且有先意结其欢，望风张其焰者，是臣所谓逢也。今大臣未有不逢相之恶者，炌特其较著者尔。
>
> 夫威福者，陛下所当自出；乾纲者，陛下所当独揽。寄之于人，不谓之旁落，则谓之倒持。政柄一移，积重难返，此又臣所日夜深虑，不独为应元一事已也。❶

王用汲这一篇疏文，不但刺中张居正专擅大权，予夺任情的痛处，而且还指出权应谁属，皇权不能下移的问题。故此，"疏入，居正大怒，欲下狱廷杖，会次辅吕调阳在告，张四维拟削用汲籍，帝从之。居正

---

❶《明史》，卷二二九，《王用汲传》。

以罪轻，移怒四维，厉色待之者累日。"❶

张居正深知，王用汲提出的问题，具有带根本性的严重性质，是旨在动摇皇帝对自己的信任，甚至建议削夺自己的权力地位。万历六年（1578）六月十五日他回到北京，当夜即从邸报中阅读了用汲的奏本摘要，次日又从内阁其他大学士中了解详情，其后，又审读了全疏，"始知用汲之言，阳为论炌，实阴以攻臣也"。❷于是便利用尚未销假，未正式视事之隙，在二十二日急忙上了一封名为《乞鉴别忠邪以定国是疏》，以三千余言的篇幅，对"恬邪小人"王用汲进行全面声讨，并为自己"不胜怀忠奋义愤发激切之至"❸，作了详尽的表白。张居正对于王用汲事件，可谓如临大敌。

张居正在奏疏中以极其强硬的态度逐点驳斥了王用汲的投诉。他首先否认对未来送殡会葬的赵应元有任何打击报复之意，认为陈炌以"托病偷安"罪名纠劾应元，是按规章秉公办事，是完全合理的，堪为表率，"大臣中有执法奉公如陈炌者，悉与主持裁断，俾得以各守其职业"❹。

在将赵应元事件一笔撇过之后，张居正又大摆自己的政绩，以证明无私，并作为驳斥王用汲的根据，言：

> 数年之间，纪纲振举，百司奉职，海内之治庶几小康，此市人田父所共歌颂而欣庆者也。今乃曰人人尽私，事事尽私，又何颠倒是非一至此耶？用汲之言如此也，而意不在此也；其言出于用汲也，而不止于用汲也。……向者刘台为专擅之论，今者用汲造阿附之言……小则使臣冒大嫌而不自安，大则使臣中奇祸而不自保。明主左右既无亲信重臣，孤立于上，然后呼朋引类，藉势

❶《明史》，卷二二九，《王用汲传》。
❷《万历起居注》，万历六年六月二十二日。按，张居正回京，万历诏示赐假十日，张居正是在六月二十六日才上疏奏报假满，开始入阁办事的，见《万历起居注》，万历六年六月二十六日。
❸《万历起居注》，万历六年六月二十二日。
❹《万历起居注》，万历六年六月二十二日。

乘权，恣其所欲，为纷更变乱，不至于倾人国家不已。❶

张居正在这篇奏疏中，更将自己比拟为唐太宗时期的宰相房玄龄，商代成汤时期的贤臣伊尹，殷高宗武丁时期的傅说，曰：

> 成汤圣君也，其于伊尹，乃学焉而后臣之；高宗长主也，拔傅说于胥靡，一旦命总百官，而属之曰：汝为舟楫，汝为霖雨，其倚任之重如此。……明主劳于求贤，而逸于得人，故信任贤臣者，正所谓揽权也，岂必若秦始皇之衡石程书，刚愎自用；隋文帝之猜忌任察，谗害忠良，而后谓之有权耶？若夫庸君闇主，则明不足以知贤，而信不足以使下，虽奉之以太阿之柄，彼亦不能持也。❷

张居正将王用汲对他的弹劾，视为不久前刘台等反张的继续，这却是合乎事实的。朝野中一部分人对张居正的严重不满，并未因刘台等人受到严惩而遏止。居正为贯彻执行改革，有必要集中和保持重权，本来没有疑问，但为计较一己尊荣，纵容陈炌等纠劾仅是未及时送殡的赵应元，导致将之斥革，又激发起王用汲的全面反弹，授人以柄，则是很不明智而且有失人心的。"闻谤而不知惧，恣戾怨毒，务快己意"❸。表面上，王用汲因此被斥为民，但却名震遐迩，被称誉为直道敢言之士，而受伤害最大的，只能是张居正。仅从上引以元辅之尊，赶忙书上三千余字的驳斥文字中，亦隐约透露出骄盈之气。更有甚者，他在奏疏中竟重点论述为君之道，无异在提醒年龄渐长的万历皇帝，仍应将大权授予当今的伊尹和傅说，如果躬亲政治，就难免流为秦始皇、隋文帝之续，成为另一"庸君闇主"。居正有时在函牍中自称为"孤"，或自称为"不谷"，这样的用词，是明代任何其他大臣所不敢僭用的。

---

❶《万历起居注》，万历六年六月二十二日。
❷《万历起居注》，万历六年六月二十二日。
❸《明史》，卷二二九，《赞》。

上表乞休，而曰"拜手稽首归政"，既未受命摄政，何来归政？如此等等，自然也会引起当今皇上的警惕和有成见者的侧目。万历之末有如同前此对刘台、艾穆等人一样，对王用汲亦予以重杖远谪，恐亦存在某种微妙复杂的思考在。如果说，万历五年（1577）爆发的夺情事件及其处理，是正当张居正的权势处于巅峰，其君臣间的政治蜜月也还处在融洽亲密的时期，那么，是不是他归葬回京以后，即开始进入衰退呢？

居正在极盛之时，忽略了事态有可能逆向发展，"仕宦之间，暗触祸机；衽席之上，密涉畏途"❶。屹立在权势巅峰之上，可能亦是危立在险峰之上。高处不胜寒呵！

第三节　三子高中与游七招摇

中国自唐、宋以来，即以科举考试取士，明代更以科举出身为仕宦的正途。科举高中，不但仕途通顺，而且对本人和家族，都是极大的荣耀。

但是，任何一种制度，总是会存在着疏漏和弊端的。自唐宋以来，科举制度经过历朝采用，以之作为选拔人才的主要渠道，其考试科目、录取程序，愈来愈走向程式化。高中之人不一定具有真才，落第之人却不乏实学。朱元璋有鉴于此，曾一度下诏废科举，但又未能寻觅出可以替代的方法，故不久后又恢复之。但弊垢屡见，特别是，与功名官禄关系愈是密切，其人为弊端也必更为突出。"科场弊窦既多，议论频数"❷，这包括考官受贿不公，士子雇请枪手顶名冒替，在考场夹带传抄，在誊录阶段偷换试卷，等等，但其中，最引起非议和鄙视的，则是科举与权势相结合，辅政大臣利用各种关系，采取威逼利诱的手段，以庇护自己的子弟猎取高第。景泰七年（1442），内阁大学士陈循和王

---

❶《焦氏笔乘》，卷二。
❷《明史》，卷七〇，《选举志》。

文二人的儿子都在乡试中下第，陈循和王文恼羞成怒，转而诋毁主考官，引起"台省哗然论其失"❶，景泰帝虽然勉强准许他们的儿子参加会试，"而心薄之"❷。正德三年（1508），大学士焦芳的儿子焦黄中在会试中居二甲之首，芳意犹不足，竟降调参与考务的诸翰林以泄忿❸。嘉靖二十三年（1544）廷试，大学士翟銮两个儿子汝俭、汝孝俱在试中。嘉靖皇帝多了一个心眼，怀疑翟銮事先做了手脚，故意将初拟第一名的改为第三，以初拟第三名放在三甲。及拆卷，原来初拟第三的，果然是翟汝孝。言官大哗，因劾会试考官少詹事江汝璧及诸房考官朋私通贿，且追论顺天乡试考官秦鸣夏、浦应麟阿附翟銮，故意拔高翟汝孝的名次。嘉靖将江汝璧等人逮捕下镇抚司狱。狱具，诏杖汝璧、鸣夏、应麟，一律革职，而勒翟銮父子为民。为惩治科目考试作弊而严惩自大学士以下众官，是明代有名的科场案。由此可见，大官及其子弟在应科举考试时的作为，必为朝野舆论所关注，亦与身为人父的大臣的官声操守直接相关。

张居正自称，"吾家以诗书发迹"❹。其父张文明皓首穷经数十年，仍然是一个潦倒的穷秀才。他本人却是经过"昼作夜思，殚精毕力，幸而艺成"❺，然后才中进士，入翰林，逐步跻上当权的地位。没有当年春闱告捷，就没有主持国政，权倾一时的殊荣。故此，他对于儿辈的功名一直十分重视。

中国宗法制社会的传统存在着很大的惰性。它重视血缘，重视光宗耀祖，封妻荫子，世代传承，永葆显赫富贵。居正也没有能摆脱这种自古相传的庸俗怪圈，也没有从陈循、王文、焦芳、翟銮等人的失

---

❶《明史》，卷七〇，《选举志》。

❷《明史》，卷七〇，《选举志》。

❸ 王崇庆《郧阳府知府马公骙墓志铭》言，正德三年，马骙任刑科都给事中，廷试负责考务，"时宰臣某（按，指焦芳），与逆（刘）瑾结纳，势焰方炽，众观望意旨，欲以其子魁天下，独惮公抗直，莫敢与议。公得泾野吕公卷（按，指吕柟），倡言宜首选，西涯阁老（按，指李东阳）方犹豫，已而泾野竟首选如公言，盖公之补外亦自此始云。"（载《国朝献征录》，卷八九）

❹《张太岳集》，卷三五，《示季子懋修》。

❺《张太岳集》，卷三五，《示季子懋修》。

误中吸取到应有的教训。他对六个儿子，即敬修、嗣修、懋修、简修、允修、静修的教育和安排，仍然是督责他们走"掉鞅文场，夺标艺院"❶的老路，"所以贻则于后人者，自谓不敢后于古之世家名德。固望汝等继志绳武，益加光大，与伊巫之俦并垂史册耳，岂欲但窃一第，以大吾宗哉！"❷

万历二年（1574），他的长子张敬修会试落第，居正非常不高兴，因决定在该年甲戌科不选庶吉士，此事已令士人啧有烦言。到万历五年，长子敬修、次子嗣修同中丁丑科进士，嗣修居然名列一甲第二名，即俗称榜眼，群情引为诧异。到万历八年，三子懋修更高中一甲第一名，即俗称状元。似此一门连续高中，更使舆论哗然。万历十年乡试，"时外论藉藉，谓楚解元必居正子，会居正卒，不果。"❸但居正的孙女婿，吏部侍郎王篆的儿子王之衡还是上榜了❹，这显然与居正的余威仍在有关。当时有人作诗曰："状元榜眼尽归张，岂是文星照楚乡，若是相公身不死，五官必是探花郎。"❺五官者，居正第五子允修也。居正年长三子既已高中，第四子简修由武途出身，已被授为锦衣卫指挥同知，故允修的科目前途也提上了日程。

张居正为儿子高中，确实依恃权势做了不少动作，但亦受到不少抵制。"汤显祖……少善属文，有时名。张居正欲其子及第，罗海内名士以张之。闻显祖及沈懋学名，命诸子延致。显祖谢弗往，懋学遂与居正子嗣修偕及第。"❻史称，作为著名才子的汤显祖，"意气慷慨"，不屑"为私门蔓桃李"，宁可"蹭蹬穷老"❼，绝不沽售文名以附权势，

❶《张太岳集》，卷三五，《示季子懋修》。
❷《张太岳集》，卷三五，《示季子懋修》。
❸《三家邨老委谈》，卷三。
❹ 按，王篆与张居正关系亲密，在历次政潮起伏中，都是坚定站在捍卫居正利益的方面。居正败死，王篆为主要受株连人物之一。张王两家结为姻亲，也是这种密切关系的反映。据徐复祚《三家邨老委谈》说，王之衡是居正的女婿，而张敬修等《太师张文忠公行实》，说是孙女婿，此处从张敬修等之说。
❺《三家邨老委谈》，卷三。
❻《明史》，卷二三〇，《汤显祖传》。
❼《明史》，卷二三〇，《汤显祖传》。

为时人所称誉。另一著名文士兼史学家冯时可也拒绝为居正五公子允修的制义作序，洁身自爱，不肯因涉及逢迎而蒙讥❶。甚至在考官中，亦有沈四明其人，"棱棱自树立"❷，他秉公评阅考卷，将居正二公子嗣修的考卷病赘的段句概予涂抹，副考官阴请之宽容，沈断不肯收回❸。特别是万历八年（1580），敬修、懋修应试的策文，都是请文人何洛文代拟的，这位枪手不久后亦被授礼部侍郎以酬❹，儒林传为丑事，人皆鄙之。

著名清官海瑞当时已休致回籍，但他虽远在海南偏僻之地，亦听到各种非议，毅然写信给内阁次辅、时被钦派为会试总裁的吕调阳，直言：

> 今年春公当会试天下，谅公以公道自持，必不以私徇太嶽（岳）；想太嶽亦以公道自守，必不以私干公也。惟公亮之。❺

海瑞这封短柬，坦率正直，文如其人，内容不激不随，义正辞严。从海瑞蛰居海南，竟然驰书于数千里外，可见有关张居正纵庇诸子猎取功名的事，已引起议论沸腾，传闻广远❻。

张居正私其诸子，依借权势推登高第，为时人所轻蔑，居正本人

---

❶ 《国史唯疑》，卷九。

❷ 《国史唯疑》，卷九。

❸ 《国史唯疑》，卷九。

❹ 《国榷》，卷七一，万历八年三月甲子。又，《国史唯疑》等多种资料亦载此事。

❺ 《海瑞集》，下编，书牍类，《与吕调阳书》。清宣统三年续修《琼山县志》卷一五，《金石声·海忠介石刻补》记："吾乡忠介公刚正之气无往不与俱。此书盖明神宗初年张居正擅权，其子嗣修将就试南宫，物议沸腾，公以讽大学士吕调阳者。……仅五十七字耳，而简严謇直，不激不随……"可参考。

❻ 海瑞这封短柬，到清代嘉庆年间还保存着，海南籍人莫绍德曾将之携回海南镌刻入石，以永其传。又，王国宪氏所撰《海忠介年谱》（收在《海瑞集附录》），将海瑞写这封信的时间订为万历元年，有误。一因万历元年并非会考之年，且当时对张居正为诸子谋取功名一事的议论尚未大起；二因张嗣修是在万历五年丁丑科才应会试的，考前即有浮议四起，故海瑞有感而形于书牍，希望能有助于纠正歪风。此信以断在万历五年写成为宜。

的威望也大受损害。而且，他这样的做法，还起到很坏的带头作用。以居正父子为榜样，"他辅臣吕调阳子兴周，张四维子泰征、甲征，申时行子用懋，皆相继得举。"❶名御史兼史学家支大纶愤激而言："我朝用人，惟藉科举一途，所系岂不甚重，而浸淫既久，百弊丛生。其间以势得之者，内阁辅臣独秉国钧，则颐指如意。"❷大官子弟如此集中高中，沆瀣一气，居正实为始作俑者。万历十一年（1583），御史魏允贞上疏力斥此事，并要求从制度上加以整顿，因而披露："居正诸子得倩人代作，监试官又加意誊株，分别式样，以拟主司圈点批评，诸子后先及第，海内人士，无不愤叹。"❸为此，他建议：

> 自居正三子连登制科，流弊迄今未已。请自今辅臣子弟中式，俟致仕之后始许廷对，庶幸门稍杜。❹

张四维和申时行闻劾震怒，接连上疏为自己和儿子辩解，并均以辞官要挟，万历乃将允贞下都察院，其后，又贬谪为许州判官。但不久，户部员外郎李三才又再上疏，力陈"辅臣子不宜登第，魏允贞言是"❺。也被加以忤旨之罪，贬谪为东昌府推官。诸给事中、御史周邦杰、赵卿等纷纷上疏论救魏、李，风潮并未平息。这一次由魏允贞、李三才发难对辅臣家族的指责，客观上还是收到了一定的效果。"允贞虽谪，然自是辅臣居位，其子无复登第者。"❻

张居正倚恃权势，打通各层关节以为诸子猎取功名，其目的是为子孙奠定晋身的阶梯，为家族世代永享荣宠，在当时实际上已播种下众多的不满。"懋修与嗣修共列史官，每出，则众相指而诅，或作俚谚

❶《明史》，卷二三二，《魏允贞传》。
❷《支华平先生集》，卷一六，《拟论科举事宜》。
❸《万历邸抄》，万历十一年三月。
❹《明史》，卷二三二，《魏允贞传》。
❺《国榷》，卷七二，万历十一年三月壬辰。
❻《明史》，卷二三二，《魏允贞传》。

而黏之宫墙门下。"❶ 可见,高门威焰实难尽堵住悠悠之口。居正助子成龙,孰不知其实是将诸子置在箭垛的位置上。

如果说,谋取诸子高中的问题,在当时已引起人言啧啧,而居正纵容并重用家奴游七,更招致普遍的非议。

游七是张居正引为心腹的家奴,"善伺主喜怒,而窃其权,势倾中外,缙绅争事以兄礼,而猎美官者栉比"❷。甚至公卿辈亦不敢与之抗礼,尊称他为楚滨先生 ❸,"一时侍从台谏,多与结纳,密者称为兄弟。一二大臣亦或赐坐命茶,呼为贤弟。边帅武夫出其门下,不啻平交矣。"❹ 为什么游七以一奴才班头,而居然能声势煊赫若此? 其主要原因有两个方面:

第一,张居正在掌权以后,生活上逐渐溺于奢靡放纵,亦间有追求声色之举,游七此类小人,最善于窥测主人的爱好,"凡江陵所需,百方致之,务悦其心"❺。有些笔记记载,谓游七给居正进春药以纵欲,居正服药后因虚燥脱肛而引发重疾,至于促其短寿。此类事关系暧昧,仅能存疑。但亦足以说明,游七是看准了居正在思想和生活上一些脆弱之处,投其所好,而巧施其伎俩的。

第二,张居正之重用游七,绝不仅限于用以满足生活上的需求,更主要的还是要用之作为与冯保关系中的亲信交通,用以加强宫内外的密切协作,进一步巩固张冯之间的政治联盟。封建权门之下必有狗腿子,亦必然需要一些具有嗅觉灵敏,善于体会意图,殷勤可信,而又能奔走便捷的狗腿子。王世贞氏有点睛之句,曰:

> 冯保有所私门下笔札人徐爵,居正为擢用之至锦衣卫指挥同知,署南镇抚;又使其苍头游七与结为兄弟。居正有所谋,使游

---

❶《嘉靖以来首辅传》,卷七,《张居正传》。

❷ 周元晖:《泾林续记》。

❸〔清〕翟铢庵:《枬庐所闻录》,《跟办》。

❹《谷山笔麈》,卷四,《相鉴》。

❺《泾林续记》。

七入以告徐爵，爵以达冯保。保有所谋亦如之。❶

张居正和冯保是荣枯与共的。而游七和徐爵不过是寄生在权门之下、狗仗人势的一对丑类。一旦冰山颓倒，他们是必将无所遁形的。

第四节　君臣关系的逆转

万历皇帝和张居正的关系，对 16 世纪 80—90 年代的中国历史起过带决定性的影响。他们两人建立过非同寻常的特殊君臣关系，曾经锻造出一度辉煌近似奇迹的成就。但居正刚去世，所谓尸骨未寒之际，便发生了由万历操纵的举朝声讨，斥之为巨奸大恶。这样的突兀演变不但关系着万历初政，而且直接关连着明代后期政局的走向。读史至此，或因改革大业甫奠初基，便横被摧毁而扼腕；或因贤良惨祸，正邪颠倒而愤慨。但是，历史的必然寓于偶然之中。对于在这一阶段充当重要角色的历史人物，对于由他们为主串演的一系列历史事件，对于他们之间关系发展的不同阶段，矛盾冲突的主要焦点所在，仍需要认真地进行探索。

万历和张居正是两个密不可分的历史人物，他们都有着很强的个性和相互迥异而又各自执着的人生道路，不同的理想和追求，不同的治道方针，但隆万之际特定的历史条件下，又曾将他们一度密切地连合起来，相偕步上万历朝的政治历史舞台，各自扮演着自己的角色。

从隆庆六年（1572）六月下旬，张居正被擢升为首辅，一直到万历十年（1582）六月去世，整整十年，是史家所谓"江陵柄政"时期。在此期间，张居正挟皇权以自重，放手进行大兴大革，取得了很大的成就。但应看到，这一次在中国古代后期进行的大改革，乃是在皇帝处在幼年，尚未具有实际执政能力的特定阶段出现的，乃是奠基在以

---

❶《嘉靖以来首辅传》，卷七，《张居正传》。

李太后和万历为代表的明皇室对张居正支持信任的情况下推行的。这一个时期，亦可称为万历皇帝与元辅张居正在政治上的蜜月期，虽然在这个蜜月期中也存在着复杂的矛盾，也经常渗进了苦涩的滋味，其甜蜜与苦涩的比重，前期和后期又大有不同。

纵观这个时期的万历，特别是在万历六年大婚以前，由于年龄幼小，不甚解事，基本上还是一个儿皇帝，他得听命于自己的母亲李太后，而李太后又将主持朝政的大权授予张居正，再使用冯保作为沟通宫府和担任对小皇帝就近护理甚至督管的亲信人。当时实际上存在着一套以李太后为后台，由张居正和冯保共同负责的对当今皇上辅导培养的特殊架构。

当然，似这样以臣诲君、以君谀臣的状况，从本质上说是与君权政治存在着矛盾冲突，因而是绝难持久和巩固的。

情况正是如此。随着年龄的逐渐增长，接触面的逐渐扩大，万历入世渐深，思考问题的角度也日趋复杂，其思想情操、行为活动、生活追求、心理状态也发生着变化，而且，其变幅是很大的。

万历皇帝明显而迅速地向懒惰任性、贪财好货和追求享乐方面下滑，而且与张居正的关系从融洽转向紧张，大体上可以万历六年（1578）二月"大婚"为界。在此之前，在朝政和修身进德的教育等方面，主要负责的是张居正。君臣之间在彼此关系上都还注意克制。在几乎所有文献中，都难以找到他们之间有任何顶撞争执。相反，万历对张居正是嘉奖赏赐不断，一再重申敬重倚任无间；而居正对于万历，也是颂圣之词连篇累牍，对万历业已露头的懒怠好货等，也总是采取婉言劝导的方式。较为坦率的批评或明确指出危害性后果的，则多由自己门下的御史、给事中辈出面。居正的得君及万张关系洽和，在当时是没有任何人有怀疑或异议的。但必须看到，矛盾正在潜滋暗长。万历和张居正对于朝政的发展方向，对于要塑造什么样的皇上和什么样的君臣关系，均有自己的定见。路不同辙，志不同道，总难免有背驰相撞之时。早在大婚之前，张居正对于万历日益放肆和趋向下流，确实已存在着深切的忧虑。

从万历三年八月起，万历即一再下诏，着光禄寺、太仓等征进银两，每次均为十万两；又连下诏，令浙江、南直隶等支取"无碍官银"以加织数万匹计的绸缎绫罗；为准备"大婚"，多次诏示户部拨支巨款以购置金珠宝石等。对于诸如此类的奢侈需索，张居正本人以及科道官等，几乎每次都进行谏阻或请求减少数量，但当时的情况，基本上还处于能控制的范围内。万历有时还能接受他们的谏言，有时也表示"下不为例"，尚未敢恣意乱行。

张居正对于万历的德行和为人逐渐失去信心，集中表现在万历六年（1578）一月底，皇帝"大婚"前夕，他给李太后上了一道寓意深长的密奏。

奏言：今去大婚之期尚半月有余，圣母移御西内，皇上独居乾清，朝夕供事左右，不过官人内使，万一起居欠谨，则九仞之功，亏于一篑，殊为可惜。臣愚，伏请圣母以二月初二日吉日暂还慈宁，次日仍御乾清，与皇上同处，待十九日册后之后，然后定居慈宁。太后从之。❶

一个大臣，从政治角度关心太后和皇帝的寝处安排，形于奏牍，确实是前史所未见。从这道密奏中，不难看到其中有着难以形诸笔墨的潜台词在，因为按照一般常理，皇上"独居乾清"，仅半个月之间，何至于便会"起居欠谨"，竟然要让太后已迁出又迁回，再"守着看管"婚前的十六天？张居正其实是害怕在李太后和万历元配王皇后交接之间出现一个失控的空隙。他逐渐感受到，自己"馨竭忠尽"以辅佐的，乃是一个已经表现出心态复杂、性格乖僻，言行往往悖离，而又放纵多欲的"当今圣上"。

大婚以后，万历皇帝已经是法定的成年人了，"以一身为天地神人之主"❷，而且，事实上也必然导致由李太后、张居正和冯保联合组成的

❶《万历起居注》，万历六年一月。
❷《万历起居注》，万历六年二月初二日，《慈圣李太后谕皇帝》。

734

对他的监管和辅导的松弛。自此之后，便可以较少受限制地自作主张，可以更多地使用"中旨"的形式裁决事件。凡此，都直接冲击着当时由张居正主持的、正在大规模地进行的各项改革。同时，由于李太后不得不逐渐隐退于幕后，于是扶掖谏规的重任就自然地落到张居正身上，这就更突出张居正的作用，从而激化君臣之间本已存在的矛盾和分歧。

果然，婚后第四天，万历便首颁取财之诏，六年二月二十三日，"上谕内阁，朕尊上两宫圣母徽号，内库缺乏银两，卿等传与户部、光禄寺，各十万（两）来用。"❶接着，乘张居正请假回籍治丧之机，又口传谕旨，命每季再增进金花银五万两，全年共增二十万两，以为内库购买猫睛宝石金珠之用。内阁大学士吕调阳等上疏谏阻，不听。吕又上疏，请求"少待旬时，俟臣居正至日定拟"。万历又不准，吕调阳等只好转谕户部，如额"恭进金花银两"❷。

闸门一经打开，欲壑即告难填。自此之后直到居正去世之时，万历每年都要多次勒令献进巨额银两。他不但看中掌管全国财政的户部和积储经费较为宽裕的光禄寺，有时还指名要负责全国马政的太仆寺等，限令从正额经费中挤出一部分以供购买金珠；甚至还曾谕示先行停止修筑关系太行山以东千百万人民生命安全的滹沱河工程，将该项由江南漕粮改折而来的水利专款转解入宫以满足奢侈的需要。此人在讹索财富方面又是颇有心计的，他曾经挖空心思，命内阁转谕工部，从太仓取成本银十四万九千两，购铜加工铸成制钱二万锭，该钱一亿文，以进供上用。张居正等坚拒从命，并指出："今若以赏用缺钱，径行铸造，则是以外府之储取充内库，大失旧制矣。……将来必有大可忧者。"这样，万历才不得已收回此议。

万历九年（1581）十一月，皇帝命增加云南岁进九成黄金，除定额二千两外，再加二千两，户部臣哗然。疏谓："今取金非惟正之供，加派非惠民之政，著以为例，后世何观？节年内府供用渐逾旧制，不

---

❶《万历起居注》，万历六年二月二十三日谕。

❷《万历起居注》，万历六年四月十五日。

可胜纪，今又增买前金以为年例，臣等若阿顺不言，亏皇上节用爱人之德，是上负国恩不忠之甚者，臣等实所不敢，亦所不忍"❶。户部这篇请收回增进滇金的奏疏虽然文情并茂，可惜并不能打动万历，仍"以宫中岁用不敷，命且著加九成金一千两"❷。直到十年五月，此事折腾了半年，仍未得解决，最后才由张居正提出折中的方案，"或如抚、按言，准其输价来京，命户部如数买进，从之。"❸但张居正提出此议时，距离他得重疾仅二十天，距离他去世仅一个月零几天，或可视为张居正苦心规谏以匡扶万历的绝唱。

除了索要巨额金钱以供挥霍，而以张居正为首的大臣们，则不断地和万历进行讨价还价之外，在增补宫内应役宦官，重修荒置多年的宫殿，授给皇亲世袭职衔，调回在苏杭督办织造的太监等问题上，张居正又总是带头谏阻。在一些问题上，君臣之间的矛盾已近于表面化，例如万历七年三月初一日，万历又下谕取用光禄寺十万两银子，张居正针对此事上了一道措词强硬的奏章，内言：

> 财赋有限，费用无穷，积贮空虚，民膏罄竭，不幸有四方水旱之灾，疆场意外之变，可为寒心。此后望我皇上凡百费用，痛加撙节，若再有取用，臣等决不敢奉诏矣。❹

公然提出"决不敢奉诏"，按照当时君臣关系来说，这属于抗旨，可以列入"大不敬"之条，是一般人的奏章所不敢言的。对此，万历当然非常不快，但一时又无可奈何。更有甚者，张居正在同月二十三日，又示意户部将近年财政收支状况写成一份揭帖附在奏疏内送上："伏维圣明，将该部所进揭帖留神一览，加意撙节，务使岁入之数多于所出，

---

❶《明神宗实录》，卷一一八，万历九年十一月丁亥。
❷《明神宗实录》，卷一一八，万历九年十一月丁亥。
❸《国榷》，卷七一，万历十年五月庚午。
❹《明神宗实录》，卷八五，万历七年三月丙午。

以渐复祖宗之旧，庶国用可裕而民力亦赖以少宽矣。"❶这样将底账交出，并敦请"留神一览"的做法，实亦带有施加压力的含意在。居正未尝不知道，他所顶撞和苦谏的，都触及当今皇帝最反感的禁区。他本以为，一片忠忱，有可能"悟解圣意"，并"挽回世运"，殊不知，其实际效果恰好相反。

万历和张居正君臣关系的主要矛盾，是最高权威的归属和最高权力由谁掌握的问题。

年龄渐长的万历绝不愿意再继续当一个空壳皇帝，更不愿意再处于受臣下督责教诲的地位。但在张居正在位的时候，他绝难摆脱既成的监管格局，仍然只能接受自认为受屈辱受侵权的处境。

最突出的事例是，万历八年（1580）十一月，张居正和冯保秉承李太后的意旨，迫使万历严惩受其宠爱的宦官。张居正在这次偶发事件的处理过程中，起着重大的作用，因此，更增加了万历潜藏于内心的愤恨。原来万历最昵用的乾清宫管事太监是孙海、客用二人，他经常偕同二人夜游别宫，小衣窄袖，走马持刀，甚至在醉后杖二内使几毙。冯保入告李太后，李太后召万历长跪受责，并命张居正代拟罪己诏，颁示阁臣。张居正所撰诏书，"词过挹损，帝年已十八，览之内惭，然迫于太后，不得不下。"❷当此万历自认为自尊心大受损害之时，张居正又连上二疏切谏，要求加重对孙海、客用二人的处分，并扩大惩罚的范围，劾去司礼监秉笔太监孙德秀、温太及掌兵杖局周海等人，再令所有内侍俱自陈，听候处理❸。这犹如火上浇油，使万历更加窘困。他迫于压力，只好承认自己"一时昏迷"，表示"朕悔过，并去奸邪"❹，把原将孙海、客用二人降为小火者的御批，改为重罚充当净军，发往南京孝陵种菜；又降旨将原不拟处置的孙德秀等三人斥逐出宫，永不叙用，其余有不符合张居正和冯保心意的左右近习，俱"斥退殆

❶《明神宗实录》，卷八五，万历七年三月丙午。
❷《明史》，卷三〇五，《冯保传》。
❸《万历起居注》，万历八年十一月十二、十四日。
❹《万历起居注》，万历八年十一月十二、十四日。

尽"❶。更有甚者，万历还得言不由衷地对张居正也表示自新服教之意："先生既为辅臣，既知此事，就该谏正，教朕为尧舜之主，先生等也为尧舜之臣。"❷

当时，张居正"威权震主，上虽虚已以听，而内顾不堪"❸。在国家大政方针上，只有张居正才能拍板定案，"帝多曲从之"❹。张居正对万历讲读、视朝、施政以至生活琐事无所不管。如万历自小酷爱书法，居正却近十次口头或具奏，要求万历"宜省览章奏，讲究治理，于字书小学不必求工"，为此还规定"以后日讲，请暂免进字"❺。甚至连在房事问题上应加节制，也成为张居正当面口奏的一项内容❻。张居正爱殷望切，无所不至地希望"致君尧舜上"，但却很少警惕到万历"愤结之日久矣"❼。张居正对于万历是采用把着手教他做皇帝的办法，由自己"摄行天子之事"❽，"自负以为帝者师，且引赞拜不名之礼，隐然兼萧何、子房而有之"❾。有时自比为周公之于成王，有时又自比为诸葛亮之于阿斗。不但未以秉国之钧为限，而且要求过问万历在宫闱之内的生活，谓："臣等又闻汉臣诸葛亮言宫中府中俱为一体，陟罚臧否不宜异同。臣等待罪辅弼，宫中之事皆宜与闻。"❿张居正可能自认为是出于拳拳忠爱，但对于已经成年的万历皇帝来说，却实在是很难堪，也很难真正接受的。万历六年以后到张居正去世之前的君臣关系，可以说是在外表如常，而内中危机日炽的不正常状况中渡过的。中国古代历史一再表明，"臣子执威权未有无祸者"⓫。这个规律，在当时仍然起着决

---

❶《明史》，卷三〇五，《冯保传》。

❷《万历邸抄》，万历八年十一月戊寅。

❸《明通鉴》，卷六七，万历十年六月丙午。

❹《明史》，卷二一三，《张居正传》。

❺《张太岳集》，卷四四，《请敷陈谟烈以裨圣学疏》。

❻《张太岳集》，卷四三，《召见纪事》。

❼ 于慎行：《上月林邱少司寇书》，转引自李诩：《戒庵老人漫笔》，卷八。

❽《明史窃》，卷四九，《张居正传》。

❾《国朝献征录》，卷一七，《张居正传》。

❿《张太岳集》，卷四四，《请处治邪佞内臣疏》。

⓫《四友斋丛说》，卷三一，《崇训》。

定性的作用。万历后期，曾入阁充任大学士的于慎行指出："江陵之所以败，惟在操弄主之权，钤制太过耳。"❶

居正在当时，上有积愤待发之君，旁有心怀叵测的同僚，下有因受所摧折而集聚成为反对势力的言官舆论，更由于，随着各方面改革的深入，剥夺了一大批庸官猾吏、豪强富绅的既得利益，这一部分人都欲得之而甘心。众敌环伺，其实际处境应该说是祸萌四伏，隐患闪烁可见。对此，他本人也是有觉察的，但以其坚强个性和要求再进一步进行整顿改革的信心，绝没有因而表现出畏缩怯懦，更没有谋求缓和或妥协。他断然表示：

> 仆今不难破家沉族以徇公家之务，而一时士大夫乃不为之分谤任怨，以图共济，亦将奈之何哉？计独有力竭而死已矣。❷

又说：

> 怨谤之兴，理所必有。顾明主在上，悬衡以运天下，功罪赏罚奉天而行，虽有谤言，何足畏耶？孤数年以来，所结怨于天下者不少矣。憸夫恶党，显排阴嗾，何尝一日忘于孤哉？念己既已忘家徇国，遑恤其他，虽机穽满前，众镞攒体，孤不畏也，以是能少有建立。❸

再说：

> 至于浮言私议，人情必不能免。虽然，不容何病？不容，然后见君子。不谷弃家忘驱，以徇国家之事，而议者犹或非之。然不谷持之愈力，略不少回，故得少有建立。故得失毁誉关头，若

❶《谷山笔麈》，卷四，《相鉴》。
❷《张太岳集》，卷二九，《答总宪李渐庵言驿递条编任怨》。
❸《张太岳集》，卷三〇，《答河漕按院林云源言为事任怨》。

打不破，天下事无一可为者。❶

　　居正恍似一个殉道者在重申自己不惜献身的誓言。他蔑视非议，睥睨对手，表现出勇者无畏。但是，如果对当时迷离混沌的复杂情况客观地进行分析，居正显然是过于自得和自信，忽略了安危之理和成败之由；忽略了在他鼓劲前行的道路上，确实是机窄满前，内外危端四伏的。

　　张居正对于封建君主集权专制制度实际上缺乏本质性的了解，而寄幻想于好权多疑加以报复性特强，却又极善于掩饰自己内心真正爱憎感情的万历。对于这个青年皇帝已经暴露出来的诸如崇奢好货、游逸怠懒、放肆任性等恶习，他确实是反复进行过不疲倦的防堵和谏争，但也仅限于此。他绝没有想过，十年来苦心孤诣以辅导提掖的"幼主"，竟然会视自己为不共戴天的仇雠，甚至会绝情地对己施用霹雳手段以掀翻在地。居正每每以辅助成王的周公、扶持刘禅的诸葛亮作为榜样，殊不知万历根本不同于周成王，更绝不屑于当阿斗。当各方面的反对势力向其权势、功业和道德人品提出挑战时，张居正还错误地认为万历对自己的支持是无保留和持久无变化的，视之为最大的依靠，所谓"明主在上，悬衡以运天下，功罪赏罚奉天而行，虽有谤言，何足畏耶？"❷殊不知，万历不是张居正笔下的"明主"，根本不可能"悬衡以运天下"；张居正有心补天，但万历绝不肯奉天而行。张居正生前从来没有意识到，他与万历君臣之间，本来潜存着带根本性质的相互排斥和敌对，张居正终于难逃其法家前辈韩非、商鞅等以失败告终的危运，他本人毕生致力的改革事业，不旋踵便被以万历为首要的复辟势力所摧毁，其实也不是偶然的。对于任何会触及其基本体制和特权利益的变动，都必然会被断然锄灭，这是由封建君主集权专制制度的本质所决定的。16世纪，在中国封建社会的漫漫长夜里，还不可能出现揭示着破晓的曙明。

---

❶《张太岳集》，卷三二，《答南学院李公言得失毁誉》。
❷《张太岳集》，卷三〇，《答河漕按院林云源言为事任怨》。

第二十一章

张居正去世与政局大变

第一节　张居正去世前后的微妙局势

万历十年（1582）六月二十日，张居正溘然长逝。

巨星陨落，黄钟息鸣。

一个时代结束了。

早在万历九年上半年，张居正即受病魔缠绕，勉强支撑着执政 ❶，拖到十年二月，病势更见沉重，自言："血气亏损已甚，脾胃虚弱，不思饮食，四肢无力，寸步难移，揆之生理，尚属艰难。" ❷ 似此渐近膏肓，万历皇帝、内阁阁僚，以及冯保等人，对于张居正将不久于人世，都是有思想准备的。同时，也同样估计到，张居正一旦辞世，必然会出现巨大的权力真空和重大的人事调整，必然要对权力进行重新分配，并且，都从自己的角度，谋求在未来政治格局的新组合中力保和扩张

---

❶ 万历九年深秋，张居正在《答司马王鉴川言抱恙勉留》一信中说："贱体入夏即病，荏苒数月，殊觉委顿，今虽眠食稍复，然病根未除。缘弱质谫才，久肩重任，筋力既竭而鞭策不已，遂致颠蹶耳。"（载《张太岳集》，卷三三）。

❷ 《张太岳集》，卷三三，《寄山东巡抚杨本庵》。

自己的权益。特别是进入万历十年春季以后，居正一连四个月养病在家，随时可能发生大变，统治上层人物都在做应变准备，各怀心计。政海表面上似乎风静无波，而在深层里却是潜流翻滚。❶

居正本人当此病入沉疴，自知不起之际，心理活动是十分复杂的。一方面，他未尝没有知止之思，求退之念。早在重病前夕，他就提出过"逊慕留侯"，希望"稽首归政"❷；病后，更"欲今齿发尚健，早弃人间事，从吾初服。非自爱幻躯，盖盈虚消息，天道固宜尔也"❸。为此，他在病中曾经上过多道疏文，奏告自己的症状堪虞，请准退休，自言："元气愈觉虚弱，卧起皆赖人扶，肌体羸瘦，仅存皮骨，傍人见之，亦皆为臣悲怜，及今若不求休退，必然不得生还。"❹"今日精力已竭，强留于此，不过行尸走肉耳。……伏望皇上怜臣十年拮据尽瘁之苦，早赐骸骨，生还乡里。如不即死，将来效用尚有日也。"❺款款道来，似凝血泪，人之将死，其言也哀。

不能认为，居正的上述言词是出于矫饰做作。衰惫至此，恍惚马力已竭，势难再负重任远，奔腾驰骋于原野，如果能安然释肩，当然是一大幸事。但是，他环顾形势，又不觉悚然而惧。一则，生平为之奋斗的改革事业尚处在亟需巩固和发展的关键时刻，实难一下子放手割弃；二则，自夺情事件以来，反张倒张的言论活动迭出，居正深知，敌对势力绝不甘心屈服，并且正在潜聚集结，密切窥伺有利反击的时

---

❶ 在张居正去世之前，朝廷表面的礼遇十分隆重，官僚士夫中绝大多数人亦丝毫没有觉察到正在酝酿着权力交接的严重危机。《明史》卷二一三《张居正传》载："居正病……百官并斋醮为祈祷。南都、秦、晋、楚、豫诸大吏，亡不建醮。"有一些官痞禄蠹，甚至还以为可借此以再邀荣宠，幻想有一日居正病愈，能鉴赏其忠顺，予以拔擢。其中，丑态有不堪入目者。于慎行在其所著《谷山笔麈》卷四《相鉴》言："小人谄态无所不至，古今一揆。……江陵在位，有朱御史者，为人幕之客。江陵卧病，举朝士夫建醮祈祷，御史至于马上首顶香盒，驰诣寺观。已而行部出都，畿辅长吏例致牢饩，即大惊骂曰：'不闻吾为相公斋耶？奈何以肉食馈我？'……嗟夫，佞人也。……甘心若此，人奴厕养，不足为污矣。"
❷ 《张太岳集》，卷三二，《寄有道李中溪言求归未遂》。
❸ 《张太岳集》，卷三三，《答广西宪副吴道南》。
❹ 《张太岳集》，卷四六，《乞骸归里疏》。
❺ 《张太岳集》，卷四六，《再恳生还疏》。

742

机。过去每一次掀起的风潮，都是依靠皇权的支持和使用廷杖谪戍等手段，强力镇压下去的。如果自己一旦交出权势，稍为松弛戒备，各种反对的言行活动必然回潮，甚至纠合成为更浩大的力量，故此不能不防范，也不敢轻率交出权力。求退不得，正是一些擅权人物的共同悲剧。因此，居正人生的最后阶段，是在既殷切吁求交权卸责，却又在紧握着重大权柄不放，直到最后一刻的矛盾情况下度过的。他在重病情况下，仍然坚持卧床拟写并批阅公文，答复函牍，绝不肯将首辅大权交出给其他内阁大学士，现存此一阶段撰写的文件，内容涉及蠲免积逋、整肃朝仪、加强边防、均田粮、核吏治等各个方面，分量很不少 ❶。它既反映出居正鞠躬尽瘁、始终不息的顽强意志，但也反映着在中国封建社会政坛上权高必危的普遍规律。人们一旦掌有过大权柄，有过大作为，必然会树敌，必然会损害到一定阶层和人物的利益，故此，这些人往往难以在交出权力之后而能平安隐退。前车覆辙，令人寒心。张居正瞻前顾后，对于失去权力后的黯淡甚至悲惨的前景，难免也有重大的顾虑。

万历皇帝一直到张居正身死之前，都十分注意掩盖自己对居正，甚至包括冯保在内的强烈厌愤情绪。居正病后，"帝频颁敕谕问疾，大出金帛为医药资" ❷，他从六月初九到十八日，十天之内，连续多次下旨或手敕给居正，文字中对这位师相似乎仍极富眷爱倚重之情，诸如："朕久不见卿，朝夕殊念，方计日待出，如何遽有（求退）此奏。朕览之惕然不宁。" ❸ "卿受皇考顾命，夙夜勤劳，弼成治理，朕方虚己仰成，眷倚甚切，卿何忍遽欲舍朕而去。" ❹ "手敕谕太师张先生：今日闻先生病势不京调理（原文如此），阁务且总大纲，着次辅等办理。先生专养精神省思虑，自然康复，庶慰朕朝夕惓惓之意。" ❺ 这道

---

❶ 参见《张太岳集》卷四五、四六上的诸疏，及卷三二、三三手书的函牍。

❷《明史》，卷二一三，《张居正传》。

❸《万历起居注》，万历十年六月初九日。

❹《万历起居注》，万历十年六月十一日。

❺《万历起居注》，万历十年六月十八日。

手敕下达刚两天，张居正就撒手人寰了。据说，居正"疾久不起，上益忧之，为涕泣不食，常赐内厨馐馔食太师。黄门使者相望道路，都人有感叹泣下者"❶。从这些文词及表现看来，万张师生兼君相亲密互爱，洽和一致的情谊似乎未有任何褪色，谁也料不到，在不久之后，万历便会对这位"翼戴圣明""赞襄圣学"的元辅张先生绝情断义，进行彻底的声讨鞭尸。已成年的万历，是一个颇谙权术而有心计的人，他深知张居正柄政十年，众多文武大臣俱由他推荐拔擢，政局由他掌舵定向，在他去世之前，不宜轻率挑起冲突，深怕投鼠忌器，牵一发而动全身，避免出现难以控驭的混乱局面，不如暂时维持原格局，等待时机的成熟。万历在居正生病直到弥留之际，一直扮演着一个擅长欺骗的虚伪角色。张居正、冯保、张四维、申时行等，都是富有政治经验和手腕的人。他们从不同角度考虑，各有打算，都认为当前最为重要的是安排好以后的政治格局，其中，重中之重的则是挑选好内阁的继任人选。除四维与时行已在任外，张居正便与冯保商定，赶忙在去世前一天，以遗疏形式，密荐前礼部尚书潘晟入阁，并得到万历同意派人召取即驰驿来京任职❷。潘晟是一个老猾官僚，原是居正中进士时的座主，又早在隆庆四年（1570）和万历六年（1578）两度出任礼部尚书，其人庸碌猥琐，且有不廉之名，故两次均受劾罢职，当时已回原籍浙江新昌闲住。但此人颇善巴结，一直对张居正和冯保恭敬驯顺，得到张冯的宠信。居正密荐潘晟入阁，显然是为了利用他在阁内拱卫自己的事业声名，免除身后之忧；而冯保之力荐潘晟，则是希望在张居正死后，潘晟能成为他在政府中新的代理人、政坛上的新盟友。而张四维和申时行并非懵者，他们的嗅觉也很灵敏，立即看穿居正和冯保将潘楔入阁内的用意，是为了对自己的牵制和威胁，乃唆使御史雷士祯、魏允贞、王国，给事中王继光等相继上疏言

---

❶《太师张文忠公行实》，附录在《张太岳集》，卷四七。

❷ 参见《明神宗实录》卷一二五，万历十年六月甲辰、乙巳。

潘不可用 ❶。值得注意的是，雷士祯等人的疏文是在六月二十三日和二十四日连续呈上的，时距张居正上遗疏和死亡仅三四天。他们之敢于公然与遗疏对着干，足见在居正生命终结的同时，其原有的显赫权威亦急剧消退。潘晟原来兴冲冲地要入京拜相，在途中闻悉揭讦的势头甚盛，亦揣测到在劾疏后面有着硬背景，乃急忙具疏推辞，折回新昌候命。张四维以极快的速度拟旨允许，帝即诏可，此事遂成罢论。冯保知情后，虽然顿足大骂："我小恙，遽无我耶？" ❷ 却不知道大风向已经逆转了。潘晟事件是新旧两派当权势力短兵相接的首次交锋。居正和冯保引进潘晟入阁的失败，出现在居正骸骨未寒之际，意味着旧的政治格局正处在瓦解之中。一叶知秋。矛盾并不会因此便告停息，斗争仅揭开了帷幕的一角。地震的前兆已经隐约可闻，政治大风暴即将降临了。

第二节　对张居正、冯保的总清算

张居正去世才三个多月，新旧掌权集团间的矛盾斗争，即逐渐表面化，而且一波接一波，一浪赶一浪，温度愈益提高，最终集矢于张居正。

万历十年（1582）十月十三日，云南道御史杨寅秋奏劾吏部尚书王国光有滥权纳贿，欺君蔑法等罪 ❸；十五日，另一御史曹一夔又上疏弹劾王国光，并及张四维。其实，之所以连续弹劾王国光等，是因为尚以顾命自居的冯保，极不满于张四维排斥潘晟，又积愤于王国光紧随张四维、申时行对旧有政治格局的摧折，仍企图顽抗业已出现的权

---

❶ 《国榷》，卷七一，万历十年六月庚戌条载，雷士祯的疏文说："潘晟久玷清华，不闻亮节，初为礼部尚书，秽德昭著，先帝尝斥之。其再起，舆情共恶，皇上又斥之。今一旦登具瞻之任，恐贪荣幸进者流，有以窥皇上之举动也。幸收回成命，罢遣行人，更择耆硕，以昭平明之治。"

❷ 《明史》，卷三〇五，《冯保传》。

❸ 《国榷》，卷七一，万历十年十月丁酉、己亥。

势移位。"初，张居正荐潘晟，位申时行上，以逼张四维。及晟论罢，冯保大怒曰：'执政无我'，嗾御史劾国光，侵四维。申时行曰：'事迫矣'，谋发保客徐爵等表里奸利状。"❶

政治风向大变，表面上是言官辈打头阵，张四维、申时行跟上，其实真正的风源，乃是当今皇上万历，是他早就派遣宠信宦官张诚在外秘密监视冯保和张居正，又默许朝臣们对冯张连番进行攻击，为自己亲自翻脸作准备。

冯保不甘于自己的权位受侵削，仍幻想如同张居正在位时一样，能继续发号施令，钳束群臣，仍能决定大臣的去留❷，故此还是摆着老架势，咄咄逼人。他绝没有估计到，时移势异，与张居正的联盟既不存在，他已经陷于孤立无援的境地。贸然发动反击，徒然更激化矛盾，为对方提供借口和彻底摧垮其权位的最好时机。

当时形势的特点是，原与张居正靠近的臣僚，多靠拢在冯保门下，希望仍能集聚成为继续左右朝政的力量。另一方面，以张四维和申时行为首的新掌权集团则具有共识，坚定认为，必须彻底搬开冯保，消除张居正的影响，才可能保住和巩固刚跻登的大位和甫到手的权柄。两方对垒，界限鲜明，张申集团逐渐取得了发动攻击的主动。

对张居正和冯保的清算，是从外围开始的，即先徐爵、次冯保，最后集中于张居正。这一方面是为了对万历和舆情的试探；另一方面也是为了先打击对方的软腹部位，阻力和风险都较少，易于取得初战胜利。张四维和申时行都知道，居正柄政十年，功业赫煊，其原有势力雄厚，影响巨大，故一时不敢正面触犯。

徐爵是冯保最亲信的心腹。此人有歪才而多诡计，其秽恶久为朝

---

❶《国榷》，卷七一，万历十年十月丁酉、己亥。

❷ 冯保在万历十年十月，还多少保留有一些残余的影响，他嗾命杨寅秋疏弹王国光，万历曾谕令革王国光职，令冠带闲住，改任梁梦龙为吏部尚书。另一御史郭惟贤曾上疏请乘皇长子诞生，诏赦天下的时机，赦免当年反张受杖遣的吴中行、赵用贤等，并召回复职，冯保闻之大怒，竟将郭惟贤革去御史职，谪降为江山丞。（参见徐乾学《明史列传》卷八一，《郭惟贤传》）他似乎也以这些一时性的胜利为得计，不知道仅是夕阳权力，回光返照而已。

野疾视，对之劾弹并要求法办，是顺应人心的。"保性贪，其私人锦衣卫徐爵、内官张大受，为保、居正交关语言。且数用计使两人相疑，旋复相好，两人皆在爵术中。事与筹画，因恃势招权利，大臣亦多与通。爵夜至禁门，守卫者不敢语，其横如此。"❶ 徐爵是寄生在特殊权力架构下面的重要走卒，而又依附权势攫取到若干与其身份绝不相称的权势，甚至能左右冯保的意向，影响朝议，故其作用远过于居正府中的奴才游七。选择他作为突破口，在斗争策略上是有理有利的。

清算冯保和张居正的各个阶段，都是由御史、给事中等言官出头，率先发难。十二月初七日，山东道监察御史江东之，即根据张四维和申时行的意图，首先向徐爵开火。江东之在奏章中，着重揭出徐爵的老底，指他原是一个在逃的罪犯，"潜逃在京，百计夤缘，滥叨武职"❷ 继又指出，"爵身为锦衣卫之官，未尝一日至锦衣卫之堂"，但却是能随便出入宫禁，在宫内与冯保日夕密议。更有甚者，是他"倚势张威，以恣其弥天之恶。如王国光之欺侮，陛下黜之，爵乃扬言于外曰：'是我言之于冯司礼者'，天子作威之柄，假之以为己之威矣。梁梦龙之谦谨，陛下用之，爵乃扬言于外曰：'是我荐之于冯司礼者'，天子作福之柄，假之以为己之德矣。"❸ 最后，江东之归纳为，"徐爵如鬼如蜮，摇狗尾于貂贵之前；欺天欺人，假虎威于狐媚之后，人心由之不正，节气渐以堕颓，其为国家之害非渺浅也。伏乞圣明大奋乾纲，将徐爵敕下法司。"❹

江东之的奏章，名义上是指劾徐爵，而实际上在字里行间，已经是毫不掩饰地指向冯保，如果万历接受弹章，将徐爵正法，其后继行动必然是追究冯保。既操刀而割狗尾，岂能容貂贵仍窃踞崇阶？

----

❶《明史》，卷三〇五，《冯保传》。又，邹元标撰的《金都御史江东之行状》，其中也着重说到徐爵在张冯关系中的作用，言："江陵柄政，与冯阉表里为奸，两人以徐爵为毂，江陵外言，非爵不入；冯阉内言，非爵不出。"（载江东之：《瑞阳阿集》附录）可参考。

❷ 江东之：《瑞阳阿集》（不分卷），《题为逃犯冒滥显秩，窃弄威权，恳乞圣明亟赐正法事》。

❸ 江东之：《瑞阳阿集》（不分卷），《题为逃犯冒滥显秩，窃弄威权，恳乞圣明亟赐正法事》。

❹ 江东之：《瑞阳阿集》（不分卷），《题为逃犯冒滥显秩，窃弄威权，恳乞圣明亟赐正法事》。

这一次猛烈的火力侦察，迅即收到如期的效果。万历下旨曰：

> 徐爵这厮，充军在逃，乃敢冒滥显秩，窃入禁地，罪犯深重。着锦衣卫拿送镇抚司着实打问来说。❶

随后，万历又将江东之疏文中提到的，经由冯保推荐接替王国光任吏部尚书的梁梦龙革职，下刑部狱。经过这一役，冯保便被剥去华衮，威风尽丧了。

为紧密配合江东之，张四维的门生李植，随又上疏，正面弹劾冯保有十二大罪，当诛。

这所谓的十二大罪，大体上可以分为三大类：

第一类是窃弄威福，僭夺皇权。"保引徐爵晓夜共处直房批阅章奏，凡重大之机务，紧密之军情，未经御览，未经阁票，而爵已先知，泄漏于外矣。……由是奔竞者慕其威灵，巧宦者附其声势，或托先容以谒保，或纳重贿以求通，其门如市，权倾中外。"❷

其次，是控告冯保贪婪奢侈，受贿而成巨富。他列举冯保贪赃事实，诸如，每年由各方进贡入宫的珠玉珍宝约值十余万两，"保拣低者进用，而贵重者尽入私囊。赃罚库累年没逆臣家财奚止数百万两，保悉以假易真，而古器重宝窃为己有。""保私宅所藏，可当天下贡赋一年之入。……保之第宅店房遍满京师，不能悉数。如造寿地于北山口，而壮丽之花园可并西苑，至垒鹰石以成山，璀巍奇巧，西苑之所无也。私第于原籍，规模之华峻，可拟王居，其数五千□百八十四间，名为一藏，又王居之所弗若也。"❸

最后，点睛之笔，是指冯保"密迩辅座，掌握中枢"❹。虽然没有展开，但锋芒所向，明显地已是针对着张居正。辅座云谁？舍张太师莫

---

❶ 附录在江东之《瑞阳阿集》，有关揭劾徐爵的奏疏之后。
❷ 李植：《言事纪略》，卷一，《题为奸险近臣久肆欺罔罪大恶极等事》。
❸《言事纪略》，卷一，《题为奸险近臣久肆欺罔罪大恶极等事》。
❹《言事纪略》，卷一，《题为奸险近臣久肆欺罔罪大恶极等事》。

属。这是司马昭之心，路人皆知的。

李植提出的三大类问题，都是极能打动万历心弦的。首先，万历此人奇懒而又特别好权，对于徐爵以一裨弁而参预机要，居然批阅章奏，他岂甘愿将军国大柄，交付一逃犯之手？其次，冯保聚敛多财，更令万历贪欲大炽，既妒羡而又愤怒；至于李植隐约影射张居正，其目的是有意引火向上，则又是暗合万历的心意，说出了他暂时不好说的话。原来，不论江东之或李植，都不过是摸准气候，闻风起舞，押宝下注的政治赌徒。

> 初，张居正卒，上恶冯保，左右知之，以告御史江东之、李
> 植。未敢即攻保，先论徐爵，果下狱论死，乃攻保。上曰："吾待
> 此疏久矣。"❶

原来万历对冯保和张居正由敬爱转为憎恨，有其发展过程，又与宫中朝中复杂的人事倾轧关系密切相关。"初，中贵张诚见恶于冯保，上不得已斥之外，而使密摘保所为，遂及居正。至是诚复入，悉以两家交结恣横状闻，且谓其珍宝逾于天府。保又以止上郊天及选婚事得罪，左右浸言保过恶。其与四维善者泄之，四维属其门人李植论徐爵擅入宫禁，为保拟旨，挟诈通奸诸违法事。"❷

如此看来，惩办徐爵，揭发冯保，牵出张居正，其主要的风源，无疑是刮自万历，而张四维等则是正中下怀，于是推出江东之、李植等作为前锋打手。万历在收阅李植的奏疏后，不意说出"吾待此疏久矣"的话，正是他郁结已久的内心表白。

果然，万历很快就下旨：

> 冯保欺君蠹国，罪恶深重，本当显戮，念系皇考付托，效劳
> 日久，姑从宽着降奉御，发南京新房闲住，还赏银一千两，衣服

---

❶《国榷》，卷七一，万历十年十二月壬辰。
❷ 许重熙：《宪章外史纪略》，卷八，《万历注略》。

二箱。伊弟侄冯佑等，都着革了职，发原籍为民。❶

上引的谕旨，仅是作为第一步。不久之后，随着对张居正的深入清算，对冯保的处置也逐步加严，从"大伴"改称为"逆保""逆珰"。冯本人及弟冯佑、侄子冯邦宁等先后瘐死，其在宫内的亲近宦官如张大受、周海、何忠等人，或贬为小火者，或发烟瘴永戍。万历十年（1582）十二月，又下诏抄没冯保等人的家产❷，"户部奏进抄没冯保田产，变卖价银一万九千余两，工部奏进抄没保宅价六万九千余两"❸，"金银百余万，珠宝瑰异称是"❹。

如所周知，冯保是张居正通向内廷的主要桥梁，是"内外夹辅"的主要助手，张冯在政治上一体，荣枯一致，是朝野共知的。冯保既倒，张居正必然成为受清算的总对象。

外围既已基本扫清，对张居正的全面清算便接踵开场了。同年十二月十七日，"陕西道监察御史杨四知论故太师张居正十四大罪。大略言其贪滥僭奢，招权树党，忘亲欺君，蔽主殃民。有诏：居正朕虚心委任，宠待甚隆，不思尽忠报国，乃怙宠行私，殊负恩眷。念系皇考付托侍朕冲龄，有十年辅理之功，今已殁，姑贷不究。"❺

所谓"姑贷不究"，无非是策略性的语言，万历对于"忌而畏之"的张居正，还不敢一下子就把事情做绝。这样震动性极大的事，对于全国臣民需要有一个转弯升温的过程，还需要营造出一种浓烈的倒张气氛，对人事也要做出大幅度的调整。自下达这道诏旨之后，朝廷的倾向性已经明朗，于是，点名直指张居正的劾疏纷至沓来。积怨者跃然而起，怀有政治图谋者借机发难。而其中，夸大其词，上纲最高，而又颇具鼓惑作用的，则为张四维的门生李植一疏。李植言道：

---

❶《万历邸抄》，万历十年十二月。
❷《万历起居注》，万历十年十二月八日。
❸《万历邸抄》，万历十一年正月。
❹《明史》，卷三〇五，《冯保传》。
❺《明神宗实录》，卷一三一，万历十年十二月戊戌。

故辅臣张居正，挟权阉之重柄，藐皇上于冲龄，残害忠良，荼毒海内，诸臣所已言者，不敢复赘。如撰昌邑王之传，进放太甲之言，是以伊（尹）、霍（光）自处也；而献受符之镜，迎传命之鼎矣；托龙飞之梦，假甘露之祥，是以篡逆占人也；而诸子巍科，取之如寄；四方珍献，归之若流矣；辽王之淫纵，罪止一身，修其小嫌，而诬以谋反，且并亲王坟地，夺之以窃王气，九庙之灵有所不安矣。朱希忠之爵禄，位已浮动，受其重贿，而与之王封，且谓世宗肃皇帝称其功同靖难，撰文归美，皇祖之旨亦可假捏矣。至若夺情以蔑天常，变法以干国宪，以廷杖慑钳忠谏，以察典禁锢名贤，诸如此类，不可枚举。盖得罪于天地祖宗甚矣。以春秋诛心之法，即斩棺断尸，尚有余罪。……故臣谓，今日处居正者，不在抄没，而在明正其罪。盖必先罪居正，而后抄没之典有名，若徒曰抄没，谓皇上之法何？谓皇上之心何？❶

李植的疏文着力在张居正侵凌皇权，以及收受巨额奇珍重宝上做文章，都是很能切中万历心理隐秘之处的。与此同时，御史江东之、羊可立也连续上疏配合，集中火力以诋毁张居正，否定其十余年来的一切建树，指斥之为逆臣贼子，内容大体上是与李植同声呼应，"由是专知于帝"❷，"三人更相结"❸。这三个人攘臂鼓唇，口诛笔伐以揭攻张居正，并因攻张居正而进一步弹劾吏部尚书杨巍等人"阿附首臣"，私庇张的亲信，排斥异己❹，意图兴起大狱。

由于这三个人冲锋在前，扮演着狠恶咬噬的鬣狗角色，果然得到了万历的青睐，切中万历的阴暗心理：

---

❶《言事纪略》，卷一，《恳乞圣明独断以昭臣鉴以振朝纲事题本》。
❷《明史》，卷二三六，《李植传》；参见李植在《言事纪略》收载的疏文及诏旨。
❸《明史》，卷二三六，《李植传》；参见李植在《言事纪略》收载的疏文及诏旨。
❹ 参见《万历起居注》，万历十二年四月丁未孟夏。

帝追仇居正甚。以大臣阴相庇，独植、东之、可立能发其奸，欲骤贵之，风示廷臣。❶

专门下旨曰：

御史李植、江东之、羊可立尽忠言事，摘发大奸有功，俱着于京堂不次升用。吏部知道。❷

于是，李、江、羊三人俱从从七品的御史连升六级，一跃成为正四品的京堂显职。李植被擢为太仆寺少卿、江东之光禄少卿、羊可立尚宝少卿。插标得售，押宝得中，这三人沾沾自喜，李植甚至"数为人言：'至尊呼我为儿，每观没入宝玩则喜我。'其无忌惮如此。"❸

万历这样做，无异是鼓励廷臣们落井下石，赶快表态，以丑化张居正作为邀功求赏的资本。当年有些千方百计攀附逢迎张居正的人，也纷纷转态反张以求洗脱，"言者目为奇货"❹。工科给事中唐尧卿说："今内党已去，外党犹未尽去"❺，意即既已对冯保在宫内的势力作了清理，自应对张居正在朝中的亲信也要彻底清洗。言官冯露、韩国祯、傅来鹏、魏允贞等连续点名提出，应对前此曾受张居正倚重的臣僚一一黜斥或法办，诸如吏部尚书梁梦龙，刑部尚书潘季驯，南

---

❶《明史》，卷二三六，《李植传》；参见李植在《言事纪略》收载的疏文及诏旨。

❷ 附录在李植《言事纪略》，卷一。

❸《明史》，卷二三六，《李植传》。江东之、李植、羊可立这一类"乘一言之会，超越朝右，日寻戈矛"的风派人物，不久又策划再投万历营造寿宫山陵之机，以风水术士的口气，否定原经万历亲自选定的大峪山"龙穴"，并借机猛烈攻击大学士申时行等，企图借此以再立大功。其本意是企图取得吏部尚书等职，然后拜相入阁，野心昭彰，因而引起王锡爵及广大朝臣的不屑，群起揭攻之。万历亦渐有觉察，在十三年八月下诏斥责此三人，"既欲献忠，胡止怀奸不言，却见大工方兴，故来阻坏吉典，本当重治，姑且罚俸半年"。不久，又革去三人少卿之职。"植、东之、可立自以言事见知，未及三岁而贬"。他们输去了押宝的本钱，便一变成为人所鄙视的过时风派，乏走狗了。

❹《万历野获编》，卷九，《言官论人》。

❺《明神宗实录》，卷一三二，万历十一年二月庚午。

752

京刑部尚书殷正茂，前后任兵部尚书张学颜、吴兑、王国光，礼部尚书徐学谟，工部尚书曾省吾，吏部侍郎王篆，蓟永总督戚继光，陕西总督高文，南京金都御史吕藿，湖广总督陈瑞，湖广巡抚陈省等均予贬免。"居正诸所引用者，先后斥削殆尽。"❶ 这些人当然良莠不同，如陈瑞即以善于拍马著称，王篆亦以善钻营得官，但大多数则是经居正多年培育精选且有军政实绩的人物，如潘是治水专家，殷有才干，而张、吴、王知兵，戚能治军善战，等等。把这些人都先后撤免了，十余年的许多改革工作，遂陷于中断❷。

　　另一重要方面，是在进行人事大清洗的同时"复京省裁革官"❸。在万历发布上述指责居正"怙宠行私"诏旨后的第四天，即在十二月二十一日，科道官孙继先、陈与郊、向日红等便连续上疏，要求对历年来有忤触张居正，遭受廷杖谪戍的官员，一律召回复职，已死者给予恩恤，疏中开列了诸如刘台、吴中行、赵用贤、艾穆、沈思孝、邹元标、余懋学、赵应元、王用汲、傅应祯、朱鸿谟、孟一脉等一系列名单，认为这些人都是"直言敢谏之士"，为他们昭雪是建立"久安长治之功"❹。有关人当年劾奏或疏远张居正，彼此的情况本各有异，有因受传统封建纲常伦理教义严重影响的，亦有因对进行改革有抵触而借夺情等事发为夺权言论活动的，将他们统统召还复官，其现实的政治目的，主要是为了壮大反张的声势和力量。而当年出面对上述人员严加惩治的万历皇帝，竟然全面改了口，诏曰：

　　　　朕一时误听奸言，以致降罚失中，本内有名建言得罪者，俱

---

❶ 《明通鉴》，卷六八，万历十一年三月甲申。

❷ 钱谦益认为当时的人事大换班，必然会对政局产生极其恶劣的负面影响。他说："江陵所用之人，一切抑没。其精强干办之才略，奄然无复存于世。……夫江陵所用之人，良马也；江陵以后所用之人，雄狐也，黠鼠也。江陵能御良马者也；江陵以后，能拳狐鼠而已耳。国家之事，与狐鼠谋之，则良马必将迁延负辕，长鸣而不食……岂能与狐鼠争路乎？江陵以后，人材之升降，此亦国事得失之林也。读斯录者，其亦可三叹已矣。"（载《牧斋初学集》，卷三〇，《少保梁公恤忠录序》。）

❸ 《明神宗实录》，卷一三一，万历十年十二月壬寅。

❹ 《明神宗实录》，卷一三一，万历十年十二月壬寅。

起用。❶

大批罢官、又大批复官，其实都是以对张居正的恩怨爱憎为界限，它是时局大反复的重要表现，是配合全面清算张居正的重要措施。

对张居正的正面攻讦也急剧加温，其中多有论其过于操切专擅，夺情拒谏，处事用人有偏私等，但亦有以向已故权臣朽骨泼污水为快意，编造不实之词以邀新宠的。例如，直隶巡按御史王国检举居正身死之后，曾由其子张敬修亲送名琴七张、夜明珠九颗、珍珠帘五副、黄金三万两、白银十万两以贿冯保❷。但抄家事实表明，冯张两家俱未抄出此项贿资赃物。又例如，御史杨四知追论张居正之贪，谓他家拥有银火盆三百架，诸公子打碎玉碗玉杯数百只❸，不知何人所见，何以为据？又云，居正归葬沿途，五步凿一井，十步盖一庐，更是无稽之谈，既无此需要，又无此可能。更有甚者，御史丁此吕竟提出，礼部侍郎高启愚主持南京乡试，以《舜亦以命禹》为题，其意是为居正劝进受禅❹，企图加以图谋叛逆篡国罪名。万历十一年（1583）九月，云南道试御史羊可立奏言，张居正隐占了废辽王府第田土，请严加查勘。已废辽庄王次妃王氏闻风而动，亦状告张居正"谋陷亲王，强占钦赐祖寝，霸夺产业，势侵金宝"等等❺。当时的流言，说居正曾从辽王府攫夺得上百万两金宝财物，富埒天府。羊可立和王氏的劾告，极大地激发起万历的贪欲。

本来，早在十一年三月，万历已下诏追夺张居正所有官阶，包括上柱国、太师兼太子少师等荣衔，革去其子张简修锦衣卫四品指挥同知之职；同年八月，再夺居正文忠之谥。到十二年四月，基于愤忌未已和强烈的贪婪，竟下旨对张居正抄家籍产。旨曰：

❶《明神宗实录》，卷一三一，万历十年十二月壬寅。
❷《明神宗实录》，卷一三一，万历十年十二月甲午。
❸《万历野获编》，卷九，《言官论人》。
❹《明神宗实录》，卷一四一，万历十一年九月壬午。
❺《明神宗实录》，卷一四八，万历十二年四月乙卯。

张居正侵盗王府金宝，伊父占葬王坟，掘陷人墓，罪犯深重，如何通不究拟？令司礼太监张诚、侍郎丘橓、左给事中杨廷相、锦衣卫都指挥曹应魁前去，会同抚、按官，查照本内王府仓基房屋并湖地洲田及一应财产，都抄没入官，变卖解京。原占坟地，归湘府军校管守；积久税课，追并完纳；还将王氏奏内金银宝玩等物，务根查明白，一并追解。如有漏透容藏者，重治。❶

张诚本来是早已受命侦伺张居正和冯保，并密报两家"恶迹"的人；丘橓为人以"强直好搏击"为特点，且因"张居正恶之，不召"❷，而有积怨。万历钦命这两个人主持抄家查办，显然是要他们穷搜极治，务必落实张居正"罪犯深重"，并为达到追缴入巨额金宝财货的目的。果然，张诚、丘橓一行驰往湖广荆州江陵县，便大力刑讯追赃，广事株连。张诚等将至，荆州守令已先期封锢居正家的宅门，录记其人口，禁止出入探视。及至开门进行查抄时，已有十多人饿死，有些骨骸竟被饿狗咬噬充食且尽。张居正长子礼部主事张敬修因熬刑不过，自缢而死，财产充入内库。直到万历十二年（1584）八月，终于下诏宣布：

　　张居正诬蔑亲藩，侵夺王坟府第，钳制言官，蔽塞朕聪，专权乱政，罔上负恩，谋国不忠，本当剖棺戮尸，念效劳有年，姑免尽法，伊属居易、嗣修、顺、书，都永戍烟瘴。都察院其榜居正罪状于省直。❸

事情发展到这样的地步，对张居正的清算可说已经做到尽头了。万历皇帝将作为臣子的几乎所有的恶迹，都扣到张居正的头上。当年君臣相得，称誉张居正为"股肱良辅""贤臣""对卿功不能酬，言不能尽，

<hr />

❶《明神宗实录》，卷一四八，万历十二年四月乙卯。
❷〔清〕徐乾学：《明史列传》，卷七九，《丘橓传》。
❸《明神宗实录》，卷一五二，万历十二年八月丙辰。

朕当照顾卿之子孙与国同休"等美好的言词和许诺,俱已化为云烟,全部变了调。原来大体从万历六年(1578)开始,皇帝对张居正的感铭恭敬之情已经急剧淡化,憎恶疑忌之心却日增。只是格于形势和畏惧,不得不在表面上仍然喋喋称誉,实际上已经硬化成为一种言不由衷的敷衍台词,一种涂抹着浓厚油彩的做作面具,内里实潜藏着深深的仇恨以至杀机❶。人性的丑恶,往往更集中反映在封建最高统治者身上。其伪善与狰狞,其恩雠易位的彻底和急猛,其背信弃义的程度,往往都是远远超过于常人,大大悖离于常情常理的。万历本以为,数年来淤积的愤忌由此得到了充分的宣泄,将张居正指控为元憨巨恶已经铁铸定案。他"追雠张居正甚"❷,为了彻底摧垮张、冯的势力,消除其影响,甚至企图重翻王大臣案,只因此案本身不过是一出闹剧,且"重究恐骇观听"❸,才不得已而停止。在这方面,他确实是翻脸无情、绝不留余地和不择手段的。清人秦大樽在其所著《消寒诗话》中,指万历对张居正为"寡恩",实是接触到万历性格的本质。近人陈登原教授更进一步指出,万历这样出尔反尔,反复无常,对当年的恩师良相遽施辣手,不但是他本人政治品质的大暴露,而且对于其后的政治,亦遗留下极其恶劣的影响,言:"老母幽囚,弱子投缳,为国任事,结局尔尔。此明世杨嗣昌辈所以多叩头而少裁决欤?此清世曹正镛辈所以多叩头而少说话欤?"❹

但是,万历绝未想到,历史事件一旦出现,就必然要受到分析评判。公道自在人心。当时以及后代的人们完全具有对张居正案分清是非功罪的能力。历史最公平,事实最雄辩。它不会苛责或偏纵任何一个人,哪怕是自称为奉天承运的皇帝,也绝不能幸逃审判。

---

❶《国榷》卷七二,万历十二年八月丙辰,"谈迁曰:上初师事江陵,礼遇优渥,虽(伊)尹、(周公)且无以过也。身没未寒,遽婴大僇。盖检约齮齕,动不自由。慈圣训饬于上,规瑱迫于外,嫌忌日积,乘隙而溃,遂莫可救矣。"

❷《明通鉴》,卷六八,万历十三年四月戊午。

❸《明神宗实录》,卷一三四,万历十一年闰二月乙卯。

❹《国史旧闻》,卷四九,《张居正》。

第三节　万历皇帝原形毕露

如果说，隆万时期为期十多年的大改革运动，曾经扭转了明代自正统年间以来由治入乱的趋势，一度出现过由乱入治的兴旺前景，那么，自张居正死败，大改革运动戛然停顿，各方面政策截然倒退，政局陷入混乱，又进入了由治入乱的恶性循环之中。

大改革的成果得来不易，但将之摧毁却是倏忽间事。万历作为国家首脑，曾经起着主导性的恶劣作用。

张居正死，万历"留意声色游宴"[1]，已经没有什么太可顾忌的了。从这个时期开始，万历在贪奢淫逸的追求上表现更炽烈，胃口更加增，而且方面更广泛，采取的形式手段也多种多样，无奇不有。

首言对金钱的需索。其勒要的对象当然仍以太仓和光禄寺为主，这两个管财部门已经成为皇上予取予携的无底金库。当时，生育皇子有索[2]，谒陵有索[3]，相择寿宫有索[4]，诞生皇女有索[5]，宫中赏赉有索[6]，赏赐随驾护卫人员有索[7]，太后和皇帝生辰有索[8]，皇弟之国就藩有索[9]，皇妹出嫁有索[10]，预建陵寝，更是大索而特索[11]……取钱的理由无奇不有，而索取的次数更加频繁，每次的数量总在二三十万两之数。有时甚至想不出什么理由，干脆宣谕"进银"若干十万两。万历的取财挥霍，从来是不问国力的负担可能，亦不问其政

---

[1]《明通鉴》，卷六八，万历十一年十二月。

[2]《万历邸抄》，万历十年八月十二日。

[3]《万历起居注》，万历十一年闰二月初三日。

[4]《万历起居注》，万历十一年闰二月十一日。

[5]《万历起居注》，万历十一年十二月初一日。

[6]《万历起居注》，万历十一年十二月初一日。

[7]《万历起居注》，万历十二年八月十三日，十四年正月初七日。

[8]《万历邸抄》，万历十六年八月。

[9]《万历邸抄》，万历十六年七月。

[10] 焦竑：《大学士申公时行神道碑》，载《国朝献征录》，卷一七。

[11]《明神宗实录》，卷一六五，万历十三年九月丙戌。

治和社会后果的，"计十余年之积，不足为二年抵补之资"❶。万历十一年（1583）年底，户部尚书王遴即紧急奏上十年和十一年的会计录，十年超支五十四万余两，十一年超支一百七十六万余两，是居正去世才一年半，而透支积计已达二百三十余万两。长此以往，焉能"保其常继而不竭耶？"❷，王遴为此不寒而栗，而万历却绝不因此而有所收敛。"万历中年，户部岁入本折钱粮，总一千四百六十一万有奇，其折色入内库者六百余万，入太仓库者三百六十八万有奇。"❸国家正项收入，其中三分之二竟收入内库，足见万历的贪婪难有止境。除太仓、光禄之外，竟扩大到调取兵部的军需费用，太仆寺贮备买马御边的存银，以至"云南库贮矿课银"❹，直到"皇祖时银"❺。白银不足，又屡要克期增加进奉巨额黄金的数量❻。真可谓不惜竭泽而渔，空库以进。连一向阿顺万历以求自保富贵的大学士申时行也惊呼："太仓之蓄有限，近日之费无穷。……入少出多，势必难继。"❼至于金珠珍宝、异品织物、陶瓷、香料、鱼胶，以及采办大木，等等，所有当时社会中最为高级和时尚的装饰品和消费品，万历几乎是无所不爱，而且大量苛索，必求质量精美。湖北布政使即因"楚贡粗恶"而被罢官，斥为编氓❽。

尤其被指为秕政的是，万历在张居正死后，一度重用宦官，并授予部分兵权。万历十一年（1583）七月，"以内官田玉提督太和山，

---

❶《万历起居注》，万历十一年十二月初一日。

❷《万历起居注》，万历十一年十二月庚戌。

❸ 朱朝瑛：《垒庵杂述》，卷下。

❹《国榷》，卷七二，万历十一年二月庚戌。又见《明神宗实录》卷一七八，万历十四年九月己未条。

❺《万历起居注》，万历十四年八月初八日。

❻《明神宗实录》，卷一五四，万历十三年十月癸亥。

❼《万历起居注》，万历十四年五月十二日。

❽《万历野获编》，卷一，《贡鲊贡茶》。又，《明神宗实录》卷一七二，万历十四年三月丙午条载："工部题：'南方采办竹木等项，即价值所派无几，而道途跋涉，往来络绎，有价止一金，费至数十金者。其于地方为害匪细。乞行停取。……'上览疏嘉纳，但以工作所需及供用难缺者，俟足用之日议处。"当然，"足用之日"是无期的。

兼分守湖广行都司等处地方"。❶十二年二月，命"太监张宏阅视京营"❷。十五年三月，"遣太监张诚阅视京营"，"以司礼监太监黄勋提督太岳太和山兼分守湖广行都司等地方"❸。万历还专门规定，这些职任提督兼分守，奉命阅视最精锐武装京营的太监，均特别给予符验关防旗牌印信，"职贵权重，均敌抚臣"❹。群臣认为这种做法是紊乱政体，"无益于国，而有扰于民"❺，纷纷请求收回成命，但均被坚拒不纳。万历为人，对内外臣仆均不易轻信，即使对心腹宦官也是多宠用而少重用，这几年出乎寻常地授予一些太监部分兵权，似与清算张居正及消除其势力的特殊形势有关，似是为防范权力交替过程中可能出现某些意外而采取的戒备。

从万历十一年（1583）春季开始，万历即积极着手"练兵内廷"，诏开内操，责令兵部取用骟马三千匹，配以兵仗盔甲；责成户部提供巨款以为辎重之需，一次即索取九万余两；又简选太监为各级官佐，抽调精壮宦者为兵员，他本人也亲赴西苑检阅较射，自朝至夕方息❻。此一重大措施，无非是出自两个可能的动机：一为效法正德皇帝亲典禁兵，以示威武；二亦为对时局不测变化的过敏反应。张居正未死，无法充分用权，今束缚已解，乃大用而特用之。但弄兵宫掖之内，"聚三千之众，轻以凶器尝试于清严之地"❼，总是难以得到朝议接受的。刑部主事董基早在十一年即谏请停内操，到十二年，御史刘士忠、郭惟贤、谭希思，给事中张维新、孙世祯等亦连续上奏劝阻，其中，尤以谭希思所言最坦率，谓"用内官提督太和山，是改设官守土之制；选兵内操，是变环卫防御之制，陛下独不念祖宗防微之意乎？"❽对于这

❶《万历邸抄》，万历十一年七月。
❷《万历邸抄》，万历十二年二月。
❸《万历邸抄》，万历十五年三月。
❹ 参见《万历邸抄》及《国榷》所引申时行、欧阳一敬、张鼎思、蔡时鼎等谏语。
❺ 参见《万历邸抄》及《国榷》所引申时行、欧阳一敬、张鼎思、蔡时鼎等谏语。
❻ 参见《万历邸抄》及《国榷》所引申时行、欧阳一敬、张鼎思、蔡时鼎等谏语。
❼《万历邸抄》，万历十二年五月，刑部主事董基奏。按，《明史》认为董基是在十一年提出谏章的，两说录存。
❽《国榷》，卷七二，万历十二年六月癸酉。

些忠荩忧危的诤言，万历竟一律斥之为"忤旨"，盛怒之下，分别将进言者革职、夺俸、谪降、交由都察院究讯❶。

张居正去世，对万历来说，是彻底的大松绑，可以为所欲为了。万历十一年（1583）二月，下谕"采民女三百人，年十五下者"❷。这种选采民女的做法，是对民间社会很大的骚扰。当年五月，福建道御史马允登吁请停采民女，曰："去春选九嫔，寻选潞王婚，今又选宫人，停民间嫁娶，非所以示天下也。"❸由于每隔数年，万历必选取民女数百人，有时甚至规定，上次选退者仍要再次应选，必求取盈原定之数，由此人为地酿成许多悲剧，"始而巧避者多方，继而子母相缢者接踵……未入宫闱，先弃阴司。三百人父母之家，亦岂无希图富贵之心哉？乃今才作生离，便成死别。以民家十数年保抱之弱息，充陛下一朝鞭挞之霆威；以今日惶惶残喘之余生，倏为明日奄奄待尽之冤鬼，言之可为痛哭流涕者也。"❹

万历当时最受臣民非议的，是长期不视朝、不补官、不见廷臣、不理政。大体上从万历十四、十五年以后，他实际上是以病皇帝兼懒皇帝的形象出现的。

作为国家首脑而长期不理朝政，必然使许多军政要务陷于停罢的状况。按照明朝的规制，中央各衙署和地方官员得到升授之后，必须朝觐谢恩请训示，然后才能到职接印。但由于每遇朝期，多从传免，滞留候觐的人愈来愈多，申时行只好奏请，如免朝三次，即可不必等候，改为具本奏知，即可赴任❺。当时，"朝讲久辍，章疏稽留"❻，"内阁不得票拟，外廷无由禀承。……遂至官职迁除，刑章轻重，章疏有关政令之大者，亦皆迟回而后发"❼。大学士王家屏本为丁忧在家守制，

---

❶ 参见《国榷》卷七二，有关各人的奏请及所得惩处。

❷ 《国榷》，卷七二，万历十一年五月庚子。

❸ 《国榷》，卷七二，万历十一年五月庚子。

❹ 《万历邸抄》，万历十九年正月，礼部员外郎于孔兼奏。

❺ 《万历起居注》，万历十七年二月初九日。

❻ 《万历起居注》，万历十七年八月二十六日，申时行奏。

❼ 《万历起居注》，万历十七年八月二十六日，申时行奏。

是奉特诏召回入阁的，但在万历十七年（1589）五月奉旨到职，"已逾三月，尚未一瞻天表，一奉玉音，私心彷徨，良用悚仄"❶。连已入阁九年，自万历十一年即接任首辅的申时行，一共也只见过万历八次，其中有五次还是在参加郊坛等礼仪活动中遥遥见面，在朝门御幄中直接应对的机会仅有三次❷。首辅尚且如此，其他阁僚大臣辈更是咫尺亦等天涯，宫府疏隔，信息难通。吁求面觐不听，诸奏章亦多留中不下。万历的自我封锁，实际上是窒息了国家政治生活的重要生机。当时群议沸腾，有些官员已经怀疑万历常说的"头眩风寒""身体软弱""必须静摄"❸等一套，到底是真是假。万历十四年十月，礼部主事卢洪春率直敢言，上疏给又在称病中的皇帝，"请明示廷臣，若真疾耶？则当以宗社为重，毋务为豫乐以基祸；若非疾也，则当以诏旨为重，毋务为矫饰以起疑。"❹卢洪春这一番言词显然击中了万历的痛处。万历恼羞成怒，下旨道："卢洪春这厮，肆言沽名，诬上惑众，好生悖逆狂妄，着锦衣卫拏在午门前，着实打六十棍，革了职，为民当差，永不叙用。"这道手谕不但反映出万历的狭隘狂躁和报复心强烈，也反映出他坚持怠懒是出于一种绝无克制的冲动。作为一国之君，这样如癫如骇，如聋如哑，难道还能对他寄予任何勤政治国的奢望吗？

第四节　改革夭折，变乱蜂起

一、由上而下取缔改革的逆流

张居正去世，由他主持的改革事业的主要部分，很快便被相继取缔或阉割掉精神实质，仅留躯壳，政局全面倒退，社会政治危机急剧

---

❶《万历起居注》，万历十七年八月二十六日，《申时行奏》。

❷ 申时行：《召对录》序。

❸《召对录》序。

❹《万历起居注》，万历十四年十月初五日。

增长。

应该说，这样急剧地转舵变向，先后任首辅的张四维和申时行，实负有不容推卸的责任。他们是有意识地向这方面引导的。不久前犹为推动改革的内阁，遂一变成摧毁新政的枢垣部门。申时行在张四维身死之后，在为张四维撰写的《神道碑》中，不意流露出二人的"沉谋秘画"。言：

> 自江陵柄国，以刑名一切痛绳海内，其治若束湿，人心嚣然。既没，而亲信用事之人尚据要地，与权珰为表里，相与墨守其遗法，阁中议多龃龉不行。公（指四维）燕居深念，间为余言，此难以显争，而可默夺。今海内厌苦操切久矣，若以意示四方中丞直指，稍以宽大从事，而吾辈无深求刻责，宜可以少安人心。❶

示意于地方大吏改辕换辙，以所谓"宽大"取代"束湿"，隐然作为支持他们复辟的后台，而不必由自己出面发出清算旧辅的言论，此正是张、申"默夺"的精髓所在。

张、申的施政方针，是和张居正在位时的措施对着干的。他们废除考功用人的原则，宽缓用驿的严禁，所谓"省督责，缓征徭，举遗逸，恤灾眚，以养国家元气"❷，其实是全面进行复辟和倒退。对于十余年来行之有效的新政，更是采取连根拔起的态度。"公一秉政，而涤烦苛、锄荒秽，拔根株窟穴之奸于主上之侧。"❸申时行自炫，他曾与张四维在这方面合作无间，且得到万历皇帝的全面支持，谓四维"出诸司所拟宽条，属余损益，凡数十事以进，上欣然命行"❹。这就有力地证明了，当时乌烟瘴气污染长空的反动逆流，原来是皇帝和内阁联手，从上而下掀起来的。"绍述江陵者，以阴柔为和平，以愦眊为老成，尽反

---

❶《赐闲堂集》，卷二〇，《大学士张公四维神道碑》。
❷《赐闲堂集》，卷二〇，《大学士张公四维神道碑》。
❸《赐闲堂集》，卷二〇，《大学士张公四维神道碑》。
❹《赐闲堂集》，卷二〇，《大学士张公四维神道碑》。

其政，以媚天下。"❶

　　史学家谈迁，对于张、申所作所为，及其极为恶劣的社会政治后果，曾尖锐地予以批评：

> 　　蒲州（按，指张四维）之进，由江陵。及代柄，务倾江陵以自见，尽反其所为。所裁冗官秕政，一切复之，博惇大之名，阴行排挤。吴县（按，指申时行）亦踵其故智，使纪纲陵迟，侵渔日恣，吏贪而民玩，将惰而兵骄，国储荡然，基无穷之祸。彼蒲州者，诚江陵之罪人也。❷

对于万历和张、申等不作具体评较，而将居正在位时裁革的官员一概复职，谈迁亦着重指出，此种出自情绪化和谋固权的做法，只显示出万历君臣的鼠目寸光、狭隘和卑鄙。言：

> 　　江陵即刻削，其所裁置，宁无一当者？而必欲尽反之，若穷奇梼杌之不可一日安。呜呼，人各行其臆，未尝酌事之平也。❸

　　纵观历史，任何全面性的政策倒退，陈旧腐朽事物的复辟，总是伴随着动荡纷扰，而激烈的冲突又必然与之俱来。自万历十年（1582）下半年取缔改革的逆流开始出现，明代社会和政坛的危机便持续不断，并且日益恶化。

二、勋贵豪强反攻倒算，人民生活几陷绝境

　　抑制勋贵豪强的法令一旦废弛，这一部分人势必反攻倒算，企图恢复他们久已认为当然的"天堂"，索取更大的特权和利益，而皇亲贵

---

❶《牧斋初学集》，卷三〇，《少保梁公恤忠录序》。
❷《国榷》，卷七二，万历十一年四月壬子。
❸《国榷》，卷七二，万历十一年七月乙酉。

胄，更起着带头的作用。万历十二年，皇帝批准其弟潞王翊镠，在京郊张家湾、土桥等处开设八店招商屯盐，禁止民商贸易，被称为"皇店"，垄断一方。民人因经商蒙祸，往往被加以"阻挠"罪名拿问，在锦衣卫受刑拷后，再送刑部拟罪❶。二十九年，万历的宠姬郑贵妃所生福王常洵就藩河南，奏讨田地四万顷，骚扰半中州，一时引起朝议沸腾。而这个福王在开府之后，就藩以前，就曾奏准在北京崇文门开设官店，"各项客商杂货，俱入官店发卖，不许附近私店擅行停宿"❷，"此一店也，号召百千虎狼，窟穴其中，而择人而食，致使市货壅，行旅散，游手无赖，相聚为奸，而间苍心非，轻语变乱……"❸正因为万历庇纵其劣弟恶子，带头放肆掠夺，遂使已敛迹十余年的地方豪强亦踊跃而起，复施其故技。

豪强之能得逞，当然是与各级官吏的联手和庇纵有关。考成法作废，对官吏的监察制约顿告松弛，各种贿赂馈遗的陋规纷纷恢复，官场中贪风盛行。万历十二年（1584），时任左都御史的丘橓上疏言及当时政坛的污浊，做官已成为发财致富的捷径，其说恍似勾勒出一幅官场现形图，言：

> 下官多以广交为能，或明送于公门，或暗投于原籍；上官又多以不取为拙，或充囊橐以自肥，或括金币以为赂。钱神锢臭，恬不为非，无怪乎廉白之名迹不多见于天下矣。方今国与民俱贫，而官则独富，况以官致富，又以富买官。使汉臣贾谊生今之世，则其触事感时，又不知其当何如为痛哭流涕矣。❹

官之能"独富"，富从何来？无非是不择手段地穷搜猛括，无情地吮吸广大贫弱人户的膏血。万历十四年七月，翰林院侍讲赵用贤上言：

---

❶ 参见吕坤：《辩洪主事参疏公本》，载《去伪斋集》，卷二。
❷ 赵世卿：《三争店税疏》，载《皇明经世文编》，卷四一一。
❸ 《三争店税疏》，载《皇明经世文编》，卷四一一。
❹ 《万历邸抄》，万历十二年正月。

今天下财赋，东南居其半。杭、湖、嘉、兴、苏、松、常、镇，又居东南之六分。而弊在科派无别，隐漏多端。❶

这就是说，经十余年查禁几绝的各种弊端，几乎都一一复现了。当时的贪污舞弊，又大多是豪强贿买官吏衙役，而官吏衙役包庇豪强以进行的。例如，万历二十年，南直隶常州府武进县的总书金某，"一旦欺隐六百余亩，洒派各户，己则阴食其糈，而令一县穷民代之"。❷ 正嘉时期在奏章函牍中常见的陋政，诸如浮收税粮、私加火耗、私征私派、浮收浮加、额外征派等名目，又大量涌现在案牍之中。一些有门路又有势力的地主富户，"黠者工其术于诡寄析分，饶者恣其费于结纳请托。每至审编，弊端如牛毛茧丝，虽廉吏察宰不能根究窟穴。"❸ 地主富户所隐所逃所飞走所埋没赋役的全部缺额，必然是或明或暗或零或整地洒派到贫弱小户的头上。这种赋役不均的现象，在万历中期以后有了更恶性的发展：

豪吏猾胥播弄上下，浆酒藿肉，其门如市。……富户操赢以市于吏，有富之实，无富之名。贫者无资以求于吏，有贫之实，无贫之名。州、县皆然。❹

负担不公必然造成苦乐不均，必然拉大贫富的距离，再益以由皇帝带头的横征暴敛，恍如火上浇油，极大地激化社会矛盾，促使社会危机持续激化。

天灾往往与人为祸患俱来。万历十四年（1586）七月，申时行综合光禄寺丞李祯及大理寺卿孙丕扬等反映的情况，向万历奏告时局的

---

❶《国榷》，卷七二，万历十四年七月己酉。
❷ 赵官等：《后湖志》，卷五，《户部为清理黄册事宜题本》。
❸ 转引自江士杰：《里甲制度考略》，45页，商务印书馆，1935。
❹《天下郡国利病书》，卷四一，《山东》七，《户役科》。

急剧恶化，言：

> 今岁以来，水旱异常，灾伤叠见。畿辅则有真、顺、广、大
> 等府；在河南则有卫辉、彰德、怀庆、河南等府；在山西则有太
> 原、平阳等府；在山东则有济南、青州等府；在陕西则有延安、
> 临洮、庆阳、平凉、巩昌、西安等府，俱以异常旱灾报者。在江
> 西则有吉安、赣州等处；在福建则有汀州等处；在江南则有应天、
> 宁国、苏、松等处；江北则有淮安等处，俱以异常水灾报者。此
> 皆国家奥区，边腹重地，财赋所自出，供役所必资，而横罹灾伤，
> 不幸有流离死亡之患，其势诚亟，其情可哀。❶

从内阁汇集全国的情况，可以看到问题非常严重。可是，万历除说了
几句空话套话之外，不但未见采取任何有力抚恤和节支的措施，反而
对于来进谏言的人给予惩罚。深关固拒，对几乎遍及全国民间灾伤流
离的惨况，了无触动。

与申时行奏告上述严重情况的同时，进言更为激切的官员，往往
还受到惩创：

> 南京给事中孙世祯上言："今欲蠲免，则国用甚急；议赈济，
> 则凤储已匮，惟皇上节俭以先之耳。顷者，承运库买金珠宝玉至
> 十九万金有奇，若少减数万，即可活数万垂死之命。又，锦衣卫
> 指挥郑承宪坟价五千金，独不可少裁乎？"上怒，罚俸。南京御
> 史李一阳亦言之，罚同。❷

全国情况紧急，驱使有些官员甘冒不测之危，继续上言，吁求皇帝有
所节制。前一年曾积极反映情况，时已转任户部侍郎的孙丕扬，在万
历十五年（1587）七月，再一次吁求皇帝体念万千灾民正辗转挣扎于

---

❶《万历起居注》，万历十四年七月十三日。
❷《国榷》，卷七三，万历十四年七月戊申。

死亡线上，指出宫闱的穷奢极侈实与穷黎呻吟待死形成鲜明的对照，痛言：

> 黄河饥民食草木，陕西富平、蒲城、同官诸县至食石，臣恭进二斤，伏候圣览。今海内外困于加派，乞酌定岁用，刊为经国之书；清难裁之冗，息难支之民，天下幸甚！ ❶

可是，言者谆谆，哪怕奉送上仅能稽延旦夕死，用以代替粮食的石头，却丝毫未能打动万历的铁心，情况仍在迅速恶化。二十一年，河南巡按御史陈登云封进饥民所食雁粪 ❷，刑科给事中杨东明绘进河南饥民啃食树皮，以至人相食的图画，"欲上知民饥荒乱，速行蠲赈，以救危亡于旦夕" ❸。讵知道，这些雁粪和饥民图，只不过作为皇上与郑贵妃的谈资，郑贵妃拿出了五千两银子施赈，万历还堂皇地书写成谕示，向全国公布，以昭示贵妃"关怀民瘼"的恩德。

万历二十五年（1597）四月，刑部左侍郎吕坤上了一道《忧危疏》，反映出居正主政时期及其败死以后社会民生的情况大有不同，言及十余年来遍及全国的灾荒饥馑，可谓一字一泪：

> 乃万历十年之后，无岁不告灾伤，一灾动连数省。近日抚按以赈济不可屡求，存留不可终免，起运不可缺乏，军国不可匮诎，故灾伤之报遂稀，催科之严如故，岂不哀民，势不可已也。
>
> 臣久为外吏，熟知民艰。自饥馑以来，官仓空而库竭，民十室而九空。陛下赤子，冻骨皴肌，冬无破絮者居其半；饥肠饿腹，日不再食者居其半。流民未复乡井，弃地尚多荒芜。存者代去者赔粮，生者为死者顶役。破屋颓墙，风雨不蔽；单衣湿地，苦藁

---

❶ 《国榷》，卷七四，万历十五年七月戊子。
❷ 转引自王锡爵《劝请赈济疏》，载《明经世文编》，卷三九五。
❸ 转引自王锡爵《劝请赈济疏》，载《明经世文编》，卷三九五。

不完。儿女啼饥号寒，父母吞声饮泣。君门万里，谁复垂怜！ ❶

陷入几近于绝境的广大人民，势难再忍受下去了。

三、民变迭起，反压迫反兼并反矿税的斗争风起云涌

年岁荒歉，官府的搜括和豪强的压迫又在加剧，人民流离饥饿，社会必然动荡不息，"陕西、山西、河北、直隶，村坊市店，抢掠公行，未至日晡，商旅断绝，此等萧条景象，大有可虞。"❷"道旁刮人肉如屠猪狗，不少避人，人视之亦不以为怪。"❸似此骚动，都是全面动乱即将到来的先声。民变、兵变频繁爆发，则是被压抑在社会最底层，受盘剥最酷烈的人们被迫采取反抗的行动。早在万历十五年（1587），山东巡抚李戴即奏报，在东昌府及东阿、阳谷等州县，"约有二三千人，招集亡命，往来密谋，期以旧岁迎春日据城举事"❹。此役虽被扑灭，但星星之火，已具有燎原之势。

农民的反抗斗争，往往首先集中在要求占有田地和均平赋役负担上。万历年间，广东省揭阳县杨仁宝等，率领大批流民占据山田二十万顷❺。电白县的贫民也纷起"据民田"❻。广西罗旁、岑溪等地农民，"见旁近美田宅，尽夺而有之"，并打出"平田王"的名号❼。江西余干县胡佩三、进贤县曾龙、崇仁县王京五、临川县邹廷七等，各发动群众数百人，抢夺地主和官府的仓廪。湖北蕲黄的刘汝国，"大书划富济贫"，鲜明地表示出阶级对抗的色彩。各地要求平田、平赋、平谷的斗争，其斗争锋芒所向，主要是指向着兼并有大量田产的地主和横

---

❶ 吕坤：《去伪斋集》，卷一。
❷ 《万历起居注》，万历十五年正月十三日。
❸ 康熙《诸城县志》，卷三〇，《大事记》。
❹ 《万历起居注》，万历十五年正月十三日。
❺ 民国《潮州志》，《大事记》。
❻ 道光《高州县志》，卷一二。
❼ 翟九思：《万历武功录》。

征暴敛的官府。

城乡人民的反抗斗争是密切相关连的。豪强地主安居城镇，而依势强占乡民土地，激成大量的"民变""民抄"事件。

万历二十年，浙江湖州居民与四乡农民结合，聚合数千人，"民抄"了官僚地主董份、范应期的家产，"民相集如狂不可禁，董之业辄破十四五，而波及于范"❶。但民愤仍未全平，到万历二十二年（1594），浙江巡按御史彭应参出巡至乌程时，还有群众"遮道陈牒"，控告范应期为富不仁，巧为盘剥的"怨家"，竟达千人❷。

特别是，从万历二十四年起，万历皇帝正式宣布，在全国范围内派出大批宦官为矿监、税使，借开矿、收税为名，大肆收敛财物，"矿不必穴，而税不必商，民间丘陇阡陌皆矿也，官吏农工皆入税之人也。"❸ "自公（按，指张居正）没后未几，而开采频闻，貂珰四出。矿使山泽之征，括自闾里；税使手实之祸，察及鸡豚。乘传列署，纵千百虎豺于通都大邑，遐陬僻澨之内，飞而择肉。以至逮者株连，哗者响应，岌岌乎有土崩瓦解之势。"❹这种不择手段、竭泽而渔的掠夺办法，矿监税使奉旨行事，星火首途，各地抚按官不敢过问，有时甚至还受到密参挟持，有人为此被削职罢官，也有人甘为矿官税使的护驾或帮凶，同恶互济，使之如虎添翼。"视商贾懦者肆为攘夺，没其全赀，负载行李，亦被搜索。又立土商名目，穷乡僻坞，米盐鸡豕，皆令输税"。遇"富家巨族，则诬以盗矿；良田美宅，则指以下有矿脉。

---

❶《近事丛残》。

❷ 参见《明史》卷二三五，《王汝训传》。

❸《明史》，卷二三七，《田大益传》。按，自张居正败死，宦官系统及各地刁民，即纷纷建议开矿，谓为能致大富、发大财，例如"万历十二年，房山县民史锦奏请开矿"，"十六年，中使祠五台山，还言紫荆关外广昌、灵丘有矿砂，可作银冶"，"十八年，易州民周言、张世才复言阜平、房山各产矿砂，请遣官开矿。"（均见《明史》，卷三〇五，《宦官传》；《明史纪事本末》，卷六五，《矿税之弊》）所有这些奏请，都完全符合万历皇帝嗜财如命的心意。到二十四年，因库藏匮竭，营寿宫，建宫殿的开支不继，才正式宣布开采征税。故此，开矿税是经过十余年紧张酝酿和筹备才开锣的。

❹ 沈鲤：《沈文端公集》，卷六，《张文忠公论》。

率役围捕，辱及妇女，甚至断人手足投之江，其酷虐如此"❶。其所以敢于如此蛮横放肆，完全是因为有皇帝作为后台，"所至数激民变，帝率庇不问"❷。"诸所进税，或称遗税，或称节省银，或称罚赎，或称额外赢余。又假买办、孝顺之名，金珠、宝玩、貂皮、名马，杂然进奉，帝以为能"❸。

不少臣民都看到，端坐堂陛之上的当今皇上，乃是这场大灾难的制造者和责任者。万历二十八年（1600）五月，"以折税监得民心"著名的凤阳巡抚李三才，曾痛切陈言：

> 自矿税繁兴，万民失业，朝野嚣然，莫知为计。皇上为斯民主，不惟不衣之，且并其衣而夺之；不惟不食之，且并其食而夺之。征榷之使，急于星火；搜括之令，密如牛毛。今日某矿得银若干，明日又加银若干。今日某处税若干，明日又加税若干。今日某官阻挠矿税拏解，明日某官怠玩矿税罢职。上下相争，惟利是闻。❹

三才继又尖锐地指出，如此倒行逆施的做法，其后果必然是导致天下大乱。为此他发出严重警告：

> 陛下爱珠玉，民亦慕温饱；陛下爱子孙，民亦恋妻孥。奈何陛下欲崇聚财贿，而不使小民享升斗之需；欲绵祚万年，而不使小民适朝夕之乐。自古未有朝廷之政令，天下之情形一至于斯，而可幸无乱者。❺

---

❶《明史》，卷八一，《食货志》五。
❷《明史》，卷八一，《食货志》五。
❸《明史》，卷八一，《食货志》五。
❹《国榷》，卷七八，万历二十八年五月己未。
❺《明史》，卷二三二，《李三才传》。这一段疏文，与《国榷》所记略有不同，今从《明史》。

同年十月，给事中田大益亦极陈矿税大害，言：

> 夫众心不可伤也。今天下上自簪缨，下至耕夫贩妇，茹苦含辛，搤擘侧目而无所控诉者，盖已久矣。一旦土崩势成，家为仇，人为敌，众心齐倡，而海内因以大溃。此所谓"怨极必乱"也。❶

李三才以及田大益等人对于矿税之害，虽然都作出过透彻的评析，恳切呼吁立即罢除天下矿税，但是，是非的论理比不上财迷心窍的贪欲，万历对于"近日章奏，凡及矿税，悉置不省"❷。"上章者虽千万言，大率屏置勿阅"❸。事实表明，以群众暴力戕官驱阉为手段的"民变"，远胜于以章疏哀求的语言。

矿税推行所至，民变亦随之。

万历二十七年（1599）四月，在山东临清，以王朝佐为首，率领州民万人，围攻天津税监兼辖临清宦官马堂，焚烧其衙署；同一年，得宠宦官陈奉在湖广兼领数使，税矿铸钱一手包揽，其人残酷贪婪，诈骗勒索遍及城乡都邑，骚扰不分农工商儒，而且公然掳掠妇女入税监府内，因此"士民怨入骨髓"。他到任刚一年，到二十八年二月，已激发民变十余起，"欲榷沙市税，沙市人群起逐之"❹；他到荆州，对之"恨刺骨"的商人居民数千人，"噪于途，竞掷瓦石击之"，齐赴抚按衙门，"击鼓控诉"，"素所受害士民，涌至万余，放声大哭，一时奋不顾身，甘与陈奉同死"。接着冲入税府，拆垣放火，打伤了陈奉，因地方官调兵防卫，陈奉才幸存性命❺。二十八年（1600）十二月和二十九年正月、三月，武昌、汉阳又先后发生大规模民变。因陈奉发兵放火箭焚民居，杀伤多人，碎其尸，掷诸途；又因逮捕反对矿

---

❶《明史》，卷二三七，《田大益传》。
❷《明通鉴》，卷七二，万历二十八年十月。
❸《定陵注略》，卷五，《军民激变》。
❹《明史》，卷二三七，《华钰传》。
❺《定陵注略》，卷五，《军民激变》。

税的分巡金事冯应京，引起公愤，数万人聚合包围陈奉住所，誓必杀奉。奉逃匿楚王府，群众乃投其党羽十六人（或说六人）于江，并焚毁助虐的巡抚支可大衙署。继此之后，各地区的重大民变接踵爆发，声势愈来愈大，斗争的目标愈益鲜明。二十九年，苏州为反对织造兼管税务太监孙隆的苛扰，以城市机户为主的群众聚集万余人，追杀税官及其爪牙；江西上饶和浮梁县景德镇群众自称"冤民"，在二十九年和三十年，先后三次聚集，要杀税使太监潘相、陆泰，焚烧了御器厂房，陆泰被群殴几毙，潘相鼠窜而逃。此外，辽东、福建、广东也都爆发过近似规模的民变，参加者非常广泛，包括城镇中的手工业工人、工商业者、小商贩，以至诸生、举人、乡官等，可谓众志成城。以上人等，从不同角度出发，对于以万历为总后台的开矿加税，中使横行，无不泣血椎心，表现出极大的愤懑。李三才、田大益等是不幸而言中了，"怨极必乱"，是古今民情的常理。民气不可侮，民心不可玩。遍布四方的民变，正在汇合为一股无可抵御的洪流。诗人叙叔阳在其诗集中写有《税官谣》一首，以记苏州人民敌忾同仇、追杀税监太监孙隆的情况，谣曰："千人奋梃出，万人夹道看。轩尔木，揭尔竿，随我来，杀税官。"❶

更具有深远影响的事件，是在居正失势以后，川、赣、甘、陕各地的流民又大批窜入湖广荆襄和河南南阳等腹地，啸聚山泽，并且武装抗拒官府，劫掠土著之民。流民问题本来是正统年间以来就存在的旧问题，但自隆万大改革开始以来，由于逐步实施均平赋役，抑制豪强，又推行优惠的抚恤附籍及遣送回籍安置的政策，在万历初年，各处因被灾公私急迫等而流离的人口确有所疏导，未有发生重大的骚乱事件。但自万历十一年以后，回籍者难得安居，附籍又受歧视限制，吏治腐败，负担不公的情况变本加厉，再加上旱、涝、风、虫等天灾，流民问题又以更大的规模涌现，人数更多，流动的范围更广，且往往与沿途或流居地的变民、变兵，或失业矿徒相结合，组成为声势浩大

---

❶ 转引自〔清〕陈田《明诗纪事》，庚签，卷二九。

的起义队伍。万历十六年（1588），活动于湖广之停前驿与南直隶枫香驿之间，以刘绍溪为首的队伍；十七年，以刘汝国、余孟新为首，活动于南直隶太湖、宿迁、松江，与湖广黄州接壤山中，屡败官军，引起郡邑戒严的队伍，都有大量流民加入，成为起义的骨干。早在十四年七月，时任首辅的申时行看出了此一问题具有严重震撼统治的性质，曾惶急上陈：

> 窃以今日所急在安抚流移，禁戢攘夺二者。盖河南、陕西之民流移甚矣。扶老携幼，踵接肩摩，千里无烟，僵尸载道……惟恐日夕有变。……今有司惟以簿书期会为急，与百姓痛痒全不相关。空邑而逃，辄委之无奈，其流民所至，但知驱逐，莫有处分，此徒令存者日逃，逃者不返，急之为变耳。
>
> 近闻大名、滑县等处，有奸民窝盗，树旗抢夺者；河南淇县等处，有饥民结聚，公肆抢掠者；山东一路，流民所在成群，商旅忧惶，道路几梗；而山西平陆等处，又以矿徒数千报矣。夫抢夺不已，必至伙劫，伙劫不已，必至叛乱。而地方有司惟务隐匿，莫知亟图，自山西矿徒之外，未有报者。萌芽不剪，将寻斧柯，是安得宴然而已乎？ ❶

从申时行的奏疏中，已经可以看到形势正在急转，试审阅从万历初年至十年上半年前的臣僚奏牍，从未有发出如此紧急告变声浪的。大乱之刻，匪伊朝夕。仅在数年之内，时局变化的广度和深度，都是绝大多数人始料不及的。当今皇帝仍然懵然不觉，恬然不悔，依然故我。他从来未考虑过，自己的皇座正在受到严重的冲击，明皇朝的统治基础已经呈现出崩解的明显征兆了。

---

❶《万历起居注》，万历十四年七月十三日。

四、军政腐败，边防溃决

自张居正死败，兵部和边关镇帅大幅度变动，战备废弛，军纪荡然，军政方面的腐败随即有充分的暴露。

虚报战功，掩败为胜，贿赂公行，苛酷剥削士兵，战斗力严重下降，所有前曾被革除制裁的军中陋规恶习，一一都恢复并且恶性发展起来。早在万历十一年（1583），御史魏允贞就揭露，"辽左战功，尤可骇异。军声则日振于前，生齿则日减于旧。奏报失真，迁叙逾格，赏罚无章，何以能国哉！" ❶二十六年，吏科给事中刘道亨更进一步揭露北方前线将领冒功、掩败、残害百姓的劣迹，言："款贡之始，边官畏'虏'甚于畏法，久之习'虏'，若不尽畏，每年抚赏成而官不加进，喜事者又多敢战之说，故边官往往务以捣巢见奇。捣巢获首功，一则报十，十者报百。秋高马肥，'虏'来报怨，抢一月走二千里，不报也；堕三四十墩台，不报也；杀一堡人民，不报也。朝廷之上宣捷布恩，焉知边民之苦屠戮耶！" ❷

吃空额，冒领兵饷以入私囊，已经成为惯例。各级军官，上至镇帅、总兵、参将、游击，下至千、百总都有"额定"的空额可吃，"九边军额八十六万有奇，将弁率以空名支饷，且多克减，边民屡哗" ❸。而且，兵员的质量也大成问题，"京师十余万兵岁（縻）饷二百余万，大都市井负贩游手而已，一旦有急，能驱使赴敌哉！" ❹

册上有兵，实战无兵，但军官的数量却在激增，不惜以架床叠屋、广设机构的方法以位置更多的官职，满足升官的欲望。万历十九年（1591）闰三月，户部统计说："辽东近日用兵以来，假称捷报，冒功授官者甚多，在蓟镇一边分为四镇，一镇又分三路，设官比原额几

---

❶《明史》，卷二三二，《魏允贞传》。
❷《明神宗实录》，卷三一八，万历二十六年六月己未。
❸《明通鉴》，卷七三，万历三十一年正月。
❹《明通鉴》，卷七三，万历三十四年秋，工科给事中王元翰语。

二十倍。"❶ 似此官多兵少,头重脚轻,患有严重浮肿虚弱症状的军队,焉能御敌于边墙之外?万历十八年,大学士王锡爵痛论军政腐败的严重,言:"吏恬卒玩,无复守战之备,一旦烽火乍惊,鸣镝内响……而震怖忧惶,止办呿呿……武官爵下求安,专藉款关之利;文吏隙中观斗,争谈出塞之功。贾勇不在边境而在朝廷,御寇不以甲兵而以文墨。"❷ 同年,另一辅臣王家屏亦言当时沿边局势已甚危急:"套贼跳梁于陕右,土蛮猖獗于辽西,贡市属国复鸥张虎视于宣大。虚内事外,内已竭而外患未休;剥民供军,民已穷而军食未裕……此臣所以中夜彷徨,饮食俱废,不能自已者也。"❸

何以仅在数年之间,军政的败坏程度至于如此?当年张居正运筹帷幄,制定战略战术,通过函牍和代拟旨意以指挥诸将,决胜于千里之外的情景已不复见,中枢缺乏总主帅,当是军事形势逆转的原因之一。而当年受张居正倚重、屡建殊功的将帅,例如戚继光,亦因当道者的偏见,屡次对其弹劾,解除其兵权,使他悒悒以终❹,这实际上是自毁长城。"江陵当国,谭(纶)、戚(继光)在边,□□帖服,边防条举。……江陵既殁,谭戚亦败,边防溃废,日非一日,国势亦从而鱼烂瓦解。"❺ 从"九边宴如","胡尘不耸者十六年",急转为"边事溃废",显然是与整个政局形势密不可分的,是无情清算张居正,不惜广事株连的直接后遗症。

军政腐败,军内最大的受害者只能是最低层的官兵,层层剥削和战勤劳役,都全部转嫁到他们头上。"羸卒当雄关,茕茕命如丝。饷饩

❶《明神宗实录》,卷二三四,万历十九年闰三月戊辰。

❷ 王锡爵:《论边事疏》,载《御选明臣奏议》,卷三一。

❸ 转引自《明通鉴》卷七三,万历十八年夏。

❹《明史稿》《列传》卷九一,《戚继光传》说:"继光在镇十六年,边备修饬,蓟门宴然。……居正殁半岁,给事中张鼎思言继光不宜于北,当国者遽改之广东,继光悒悒不得志,强一赴。逾年即谢病。给事中张希皋等复劾之,竟罢归。居三年,御史傅光宅疏荐,反夺俸,继光亦遂卒。"参见《四库全书总目提要》,戚继光《纪效新书》的说明。

❺《列朝诗选》,《丁集》,卷一二。

虽有常,粗粝不可炊"❶。似此颠危贫弱,更岂堪连番鞭笞盘剥,而又驱之以效死。迫于无奈,唯有挺起反抗。万历中后期遍及南北各地的兵变,不论就其频繁的程度、变乱的规模,都是前此未有的。万历十一年(1583)四月,广东罗定州东安县营兵三百余人,因不堪重役,且不满参将陈璘勒索诸兵"出金钱二百两",群起鼓噪,驱殴哨官,被陈璘血腥镇压,受害者达百余人❷。万历十二年(1584)八月,广西平乐府营兵,因"稽迟粮饷",亦发动兵变,"杀伤四十余人,执拷乡官王佩瑶等",亦以受镇压结束❸。十三年六月,四川建武所营兵叛变,打伤总兵,"乱卒伏诛"❹。十五年十月,湖广郧阳发生了营兵因不堪重役而发动的哗变❺;十六年三月,陕西神木、孤山两地,相继发生营军因月粮久虚,鼓噪闹事❻;二十年四月,陈州卫军以新行条鞭、条银为指挥李承教侵渔,因乘集队阅兵时,"纠众鼓噪"❼;二十三年,原戚继光所部蓟三协南营兵,"调攻朝鲜,撤还,道石门",群起要求增加月饷。署都督同知、蓟镇总兵官王保"诱令赴演武场,击之,杀数百人,以反闻"❽。王保纵意击杀,虽曾受到揭发,但朝廷却以保定变有功,给予进官荫子❾。

特别值得注意的是,引起兵变的原因,不仅限于索饷或酷刑重役;兵变的动向,不仅限于殴官哗变,而且还与全国人民反抗斗争的核心问题,即反矿税运动相结合。二十七年,太监杨荣奉派来云南开矿收税,"恣行威福,府第僭拟,人呼之千岁",他先后杖毙数千人,"滇人侧目",甚至踞于云南文武官佐之上,随意差遣呵斥,俨然成为太上总督。三十年,"杨荣肆虐激变,滇人不胜愤,火厂房,杀委官张安民"。

❶《止止堂集》,《横槊稿》,《蓟门述》。
❷《万历武功录》,卷三,《罗定东山叛兵列传》;《明通鉴》,卷六八,万历十一年四月。
❸ 参见《明神宗实录》卷一五二、卷一五四。
❹《明通鉴》,卷六八,万历十三年六月壬寅。
❺《定陵注略》,卷七,《郧阳兵变》。
❻《明神宗实录》,卷一九八,万历十六年三月庚午。
❼《明神宗实录》,卷二四七,万历二十年四月壬寅。
❽《明史》,卷二三九,《王保传》。
❾《明史》,卷二三九,《王保传》。

但杨荣并未因此而收敛，万历三十四年（1606）正月，"怒操捕指挥樊明高后期，捕至私第，搒掠数十，至于筋绝，仍囊三木示众"。不久，又勒要管堡指挥贺瑞凤取马四十匹，因数目不敷，将之"捕系"，"尽捕六卫官，人人自危。指挥贺世勋、韩光大遂倡众焚其署，徒党辎重皆烬"❶。参与此举的军民达数千人，放火焚烧了杨荣的府邸，并执而杀之。这一次变乱，不但有士兵参加，而且有指挥一级的军官号召行动，说明对矿税的积愤，已不分军内军外，亦不分官与兵。❷

军队作为最主要的统治机器之一，不断发生兵变，意味着国家的统治功能已经严重削弱，甚至会发展成为倒戈的前奏，有些人对此怀有重忧。万历十六年正月，御史彭而珩目睹危机，有感而言：

> 军丁骄悍，自嘉靖以来云中、辽左、南都、浙江屡屡构变，然皆有深衅而后发，且数十年仅五六见耳。乃今一岁之中见蓟镇，再见粤西，三见勋阳，原无深隙，动辄攘臂，习以为常。积渐之防，不可不护。❸

彭而珩虽然忧深虑切，预见到当前分散爆发的兵变，一旦汇合为燎原烈焰，必将危及明皇朝的根本统治。但是，他没有更全面地看到，当今皇帝病懒奢躁，群臣上恬下嬉，吏治残缺废弛，财政罗掘俱穷，民变蜂起于四方，流民充斥于原野，内政可谓百孔千疮。而特别是，关外满族首领奴尔哈赤部崛起，万历十六年，已陆续征服建州各部，十九年，又收服长白山鸭绿江路诸部，翌年，又臣服了蒙古科尔沁、锡伯、卦勒察诸部，势力大增。二十九年，编组成八旗，编三百人为一牛录以部勒兵马，逐渐有觊觎中原之心，辽沈前线经常兵戈相见，

---

❶《明史》，卷三〇五，《宦官传》；《明史纪事本末》，卷六五，《矿税之弊》；叶向高：《蘧编》，卷九。

❷《明史》，卷三〇五，《宦官传》；《明史纪事本末》，卷六五，《矿税之弊》；叶向高：《蘧编》，卷九。

❸《明神宗实录》，卷一九四，万历十六年正月癸巳。

成为威胁明朝统治的大敌。在此内忧外患交逼之时，乱兵变卒的骚动，无非是明政权正处在解体前夕的一个侧面而已。根本不治，兵变将无了期。崩解中的政权，有它必然的发展逻辑，即它通常总是从本身的内变自溃开始，而又首先表现在政治秩序和政治价值的瓦解，一旦再有外来的冲击，便无可挽救地导致全面解体。万历中后期的政局正是朝着这样的方向急滑。统治机构及其功能的躯壳尚存，但夕阳之照，晨星之光，俱已气息奄奄，势难持久。促使衰亡的因素正在日增月长，"君不似乎人之君，相不似乎君之相"，"拥离散之人心，以当大变，无一而非必亡之势" ❶。清代史家屡有人言："明实亡于万历"，应该说是根据事实作出的正确判断 ❷。

❶《读通鉴论》,《宋论》, 卷八。

❷ 关于以万历时期作为明朝走向衰亡的关键转折时刻，几乎是清代史家的共识，未闻有根本性的异议，甚至清圣祖康熙皇帝爱新觉罗·玄烨亦有类似看法。康熙二十三年（1684）十月，他南巡到南京，论及有明一代兴亡，亦以万历为界线，说："万历以后，政事渐弛，宦寺朋党交相构陷，门户日分而士气浇薄；赋敛日繁，而民心涣散。闯贼以乌合之众，唾手燕京，宗社不守。马、阮以嚣伪之徒，托名恢复，仅快私仇。使有明艰难创造之基业，未三百年而为丘墟，良可悲夫！"（载《清圣祖实录》，卷二七，康熙二十三年十月癸亥）

第二十二章

功罪凭公论，青史有是非

第一节　在清算张居正狂潮中涌现的清醒言论

　　清代乾（隆）嘉（庆）时期著名史学家赵翼曾说过："闲翻青史几悲凉，功罪千秋少尺量。"❶这两句话反映着赵氏有鉴于史事发展和历史人物表现的复杂多样，又往往因时代、立场、观点、方法的不同，众人所见常有歧异，一时难有定评的感慨。

　　但是，如果细读赵氏的主要著作《廿二史劄记》，以及分见于其他各书的史论，他却是非常执着于认真检核史事，非常注重考订比较以严肃评价人物，力图去伪存真，摒诬去谀，是主张仔细尺量千秋功罪的。自言："敢从棋谱论新局，略仿医经载古方"❷，"笑把陈编按时事，层层棋谱在楸枰"❸。清人张维屏称赞赵氏所著《廿二史劄记》"考证精审，持论明通"❹；近人梁启超谓赵氏能属辞比事，用归纳法比较研究，

---

❶ 赵翼：《瓯北集》，卷三一，《咏古》。

❷ 《瓯北集》，卷四一，《再题廿二史劄记》，卷三六。

❸ 《瓯北集》，卷四一，《再题廿二史劄记》，卷三六。

❹ 张维屏：《国朝诗人征略》，卷三八，《赵翼》。

以观盛衰治乱之源，不局促于狭义的解释❶。这些都说明，赵氏说的"功罪千秋少尺量"，只是承认众说难求一致，但绝非认为可以兼并众说而不加以鉴别批判，绝非同意可以含糊囫囵，不分是非，不辨主次，任由历史的迷雾掩盖史事的真实。史学研究应该力求全面和公正。

历史最多情，它对于一切有利于国计民生，有利于人类社会进步的人和事，都会给予应有的肯定和表彰；历史又最无情，它对于一切祸国殃民，逆乎潮流发展，一切奸佞污秽的人物和言行，都将给予态度鲜明的揭露和批判。历史又是最敏锐而明断，它对于社会生活和人物活动的多样复杂性，或前后迥变，或正面与负面兼存，或言行悖离，或主观与客观难求统一，都能够深入辟里，实事求是地还其本来的面目，不为各种主观偏见所左右，其功其过其善其恶其美其丑，都将有恰如其分的评价。"史有溢词，流俗羡焉，君子之所不取。"❷

张居正身后，四百年来对他的评论不绝于史。当他刚被夺谥抄家，榜示"罪状"之时，确实由上而下地掀起过一阵腥风恶雨，怨者纷起，投机者蠢动，亲近者亦亟图洗脱和他的关系，舆情有过一百八十度的大转弯❸。当时，不少人都竞相对之泼污水，唯恐声讨不力，什么"辄坏成法""专权乱政""欺君蔑上""奸欺贪肆""权奸"等诸罪名，甚至"诬以谋逆，祸同赤族"，斥之为"万古之罪人"。但是，所有这种种喧嚣，都不过是出于一时的政治需要，是没有持久生命力的，因为它们违背事实，悖离情理，广大臣民和后代论史者均难接受。

在封建专制的政治史上，失败者往往在当时难有公正的评价。但是，在张居正问题上，即使在喧嚣迫害最厉之时，亦有人秉其良知，甘冒斧钺之诛，顶风而起，说出一些公道话，吁求对张顾念前勋，稍

❶ 参见梁启超《清代学术概论》，86—87 页；《中国历史研究法》，45 页。

❷《读通鉴论》，卷七。

❸ 顾宪成在《重刻怀师录题辞》一文中，曾说到张居正死败前后，因形势急转而出现的人情势利，世态炎凉，言："张江陵，堂堂相君也。其生也，能以人贫，能以人富，能以人贱，能以人贵，公卿百执事侈口诵功德焉。比其死也，人皆快之，为之党者且相与戕身以避之，惟恐影响之不悬，以蒙其累。"（载《明文海》，卷二二三，《序》一四）

宽网罗，非议追讨朽骨的行为，希望能全面地评价和对待张居正。这些人可以左都御史赵锦、翰林院左谕德于慎行、刑部尚书潘季驯、吏部侍郎陆光祖、湖广副使骆问礼等人为代表。他们继承着中国古代士人断事论人务求严正，不逢迎不媚俗的风骨，着眼于社稷苍生全局，留意于千古定评，故敢发逆耳诤言，是当时污浊政治中仅存的一股清醒的正气。

赵锦，早年"为居正所忌，摈弃退处有年"❶，在居正败死后，才被召回任职。他对于张居正，"原其私心，亦岂得尽无怨恨；为国家计，又不得复言其私"❷，表现出一秉大公的恢宏气度。万历十二年（1584）四月，正当辽庄王次妃指控张居正倾陷亲王、强占祖产等甚力，万历皇帝刚下诏对居正抄家籍产的严峻关头，赵锦却毅然上了一道《请矜宥张居正疏》，其疏缕析利害，充分说理。言：

> 居正之家，臣等不敢谓其一无所藏，然比之冯保，万分不侔。初抄没（严）世蕃，命下仓卒，所得犹仅若此。今居正之罪，迁延日久，即有微藏，亦多散灭。今人心愤恨，常言过当，而圣意所向，鲜克自持。万一复有世蕃往日之事，则其所得当不及世蕃万分之一，而其流毒三楚，更有十倍于江西之民者。
>
> 臣等又常见严嵩败后，阁臣多顾念后患，不敢复出为国家任事。居正自以受皇上深知，不复顾念，而毅然引为己任，今复过为惩创，则后之为阁臣者惧矣。故臣等以为，欲无阻将来任事之心，则莫若少宽于既往；欲无流毒于全省无罪之民，则莫若曲贷乎一家。
>
> 臣等又就其罪而观之，其过为操切，垄断富贵，决败名教，以至四海怨腾，而国家元气为之日消者，种种有之，然实未尝别有异志。而其受先帝顾托，翊戴皇上于冲龄，夙夜勤劳，中外宁谧，其功亦有不容于尽泯者。倘蒙俯垂体察，特赐哀矜，不忘敝

---

❶ 赵锦：《请矜宥张居正疏》，载《春明梦余录》，卷四五。
❷ 《请矜宥张居正疏》，载《春明梦余录》，卷四五。

盖敞帷之义，亦足以增光圣德，曲全国体，其为关系岂渺小而已哉！ ❶

时任翰林院左谕德侍讲学士的于慎行，本来曾因同情刘台及谏夺情等事而得罪过张居正，并因此被迫告疾辞官，直到张居正死后，他才复职，但在张居正覆败，丘橓奉命驰往江陵抄家时，他却挺身而出，比较公平地论述居正生平功过，并亲函正在整装待发的丘橓，希望他法外从宽，勿为过甚。❷ 慎行之论居正，是其是而非其非，掌握分寸适当，不愧为真知居正者。函曰：

江陵殚精毕智，勤劳于国家，阴祸深机，结怨于上下。当其柄政，举朝争颂其功，不敢言其过；今日既败，举朝争索其罪，不敢言其功，皆非情实也。

江陵平生，显为名高而阴为厚实，以法绳天下而间结以恩。其深交密戚则有赂，路人则不敢；债帅巨卿，一以当十者则有赂，小吏则不敢；得其门而入者则有赂，外望则不敢，此其所入亦有限矣。且彼以盖世之功自豪，固不甘为污鄙，而以传世之业期其子，又不使滥其交游，其所关通窃借，不过范登、冯昕二三人，而其父弟家居，或以间隙微有所网罗，则所入亦有限矣。若欲根究株连，称塞上命，恐全楚公私重受其累。江陵太夫人年八十，老矣，诸子累然，皆书生不涉世事，籍没之后，必至落魄流离，可为酸楚。望于事宁罪定之日，疏请于上，乞以聚庐之居，恤以

---

❶《请矜宥张居正疏》，载《春明梦余录》，卷四五。

❷《明史》卷二一七，《于慎行传》载："御史刘台以劾张居正被逮，僚友悉避匿，慎行独往视之。及居正夺情，偕同官俱疏谏，吕调阳格之，不得上。居正闻而怒，他日谓慎行曰：'子吾所厚，亦为此耶？'慎行从容对曰：'正以公见厚故耳。'居正怫然。慎行寻以疾归。居正卒，起故官，进左谕德，日讲如故。时居正已败，侍郎丘橓往籍其家，慎行遗书，言居正母老，诸子覆巢之下，颠沛可伤，宜推明主帷盖恩，全大臣簪履之谊。词极恳挚，时论韪之。"

立锥之地，使生者不为棻郤之族，死者不为若敖之馁可矣。❶

　　刑部尚书潘季驯是当年因张居正推荐和支持，在修浚黄、淮两河，推行以水治水取得丰硕成绩的人。他与张居正合作无间，纯是公务而非私谊。张居正被定罪并被抄家，家属戚友多受株连，八旬老母旦暮待死，子孙累囚，阖门刑辱。潘季驯认为罪人不孥，居正之罪亦未至赤族，故在万历十二年（1584）五月，即在查抄正处在高潮之时，上疏乞请宽缓。吏部尚书杨巍等亦与潘季驯持同一见解。他们的意见，既有不忍不恻之念，但亦为了执法持平存大体。季驯等的意见受到了投倒张之机而谋恩宠的江东之、李植、羊可立之流的仇视。李植随即上疏嗥叫，竭力诬蔑季驯"倡言惑众"，"以狗功自居"，"昔为私党，深衔卵翼之恩；今藉恤旧，甘为蹴犬之吠。摇唇鼓舌，大肆谤言"，"不曰居正之产宜抄也，而曰皇上好货贪财；不曰居正之罪宜诛也，而曰皇上损德伤体"等❷。李植等借此大力煽动万历灵魂深处的邪恶和仇恨情绪，要求对季驯罢斥论罪。果然，万历大怒之下，即诏令将季驯削职为民。潘季驯掼掉了一顶乌纱，但却留下了严明正直令人钦仰的风范❸。

　　吏部侍郎陆光祖本来在一系列政见上与张居正有抵触，屡有矛盾，并一度因此而辞官。"张居正以夺情杖言者，光祖遗书规之。及王用汲劾居正，居正将中以危祸，光祖时入为大理卿，力解得免。居正与光祖同年相善，欲援为助，光祖无诡随。及迁工部右侍郎，以议漕粮改折忤居正，御史张一鲲论之，光祖遽引归。"❹他也是在张居正死后，才被召回，转任为吏部侍郎的。若论个人恩怨，他与居正屡有嫌隙在先，但就论人处事，他却采取了明确的保护张居正的公平态度，不惜为此被外调降官。李贽记述此事，亦寓嘉许之意，言：

---

❶ 转引自《国榷》，卷七二，万历十二年四月丙寅。

❷《言事纪略》，卷一，《题为大臣朋奸党逆，诬上欺君，恳乞圣明独断疏》。

❸《明神宗实录》，卷一五一，万历十二年七月己丑。

❹《明史》，卷二二四，《陆光祖传》。

初公与大学士江陵张公居正同年友善。张公在政府，公规讽甚悉，南御史承旨论公，公罢。张公卒，公转少冢宰，时诸后进皆文致江陵罪，公独谓江陵府怨，而非弄权，且拥扈绸缪，其功亦不可没。众恶其异，乃出迁南司空。❶

湖广副使骆问礼是最早对张居正某些政见公开表示异议的人，早在隆庆三年（1569）六月，问礼时任南京刑科给事中，就曾上疏对居正不久前上的《陈六事疏》中的第六项，即建议隆庆皇帝举行大阅兵以饬武备一事表示异议，认为徒费巨款，集合各勋臣武爵及京营兵官"演武"一日，并不能解决任何实际问题，"谓非今时所急"❷，不如"请帝日亲万几，详览奏章"❸。问礼的意见应该说是正确的，仅为迎合隆庆的虚荣心理而搞大阅，不如劝导之以勤政。但是，张居正仍坚持进行，上疏驳斥问礼道："自臣建议后，礼官订仪注，科道条事宜，屡勤章奏，一旦停罢，若四方观听何！"❹因两人的交锋，亦因问礼继续批评时政，遂被降三级，贬谪为楚雄知事。居正死，问礼才屡迁为湖广副使。按说，骆问礼是受过张居正压抑和打击的，但他鉴于居正覆败之后便朝政日非，更坚定认为居正功不可没，前后对照，更认识到张居正柄政时期大方向的正确。痛感斯人败亡，实为难以弥补的损失。他感怀时局，写有《哭张江陵》一诗：

> 宠眷三朝任重身，太平今古几元臣。
>
> 沉沉伏马周墀静，蔚蔚虞罗禹服新。
>
> 方进早除贤范远，祁奚内举圣恩频。

❶《续藏书》，卷一八，《陆光祖传》。
❷《国榷》，卷六六，隆庆三年六月甲申。
❸《明史》，卷二一五，《骆问礼传》。
❹《国榷》，卷六六，隆庆三年六月甲申。

凭云一洒臧孙泪，药石年来味始真。**❶**

上述赵、于、潘、陆、骆五人，都是在清算张居正最高潮时刻或稍后，不约而同地发表出要求公正评价和对待张居正的言论，在当时专制高压的政治氛围中，敢于称誉张居正"夙夜勤劳，中外宁谧"，敢于"谓江陵府怨，而非弄权，且拥扈绸缪，其功亦不可没"，敢于从天灾人祸、财窘政乱的现状中，道出"药石年来味始真"的体会，在当时都是需要有很大勇气的。而事实上，他们之中一些人也为此付出了沉重的代价。其所以能无怨无悔，无非是为了秉持公道，为一士之谔谔，不屑作曲法枉直以阿顺的谀人，不愿做随风摆弄的墙头草。更值得注意的是，五人中，除潘季驯一人因治水有成，在江陵柄政时期较受重用以外，其他四人都是曾经在政见上与居正有过歧异甚至发生过矛盾冲突，直到被摈斥排挤出去的，他们在对方倾败、受到不公平的清算声讨之时，仍能屏除私怨，慷慨尽言，致力于疏壅塞溃，企图挽回狂澜于既倒，应该说是难得可贵的。

还值得注意的是，有一些负责任的官员，虽然没有直接介入对张居正评价和处理问题的争论，但他们根据居正生前死后时局变化的巨大反差，也曾在奏议或言论中作过实事求是的比较，对"江陵柄政"时期"以法制驭天下，朝令夕行"**❷**，"尊主权，强国政"**❸**，表示出怀念和钦仰，而对其后"尽废其复核之政，一切为隳废姑息"**❹**，导致"吏治日污，民生日瘁"**❺**的现状倍感忧惧。早在万历十二年（1584）十二月，即张居正去世才两年半，户部尚书王遴即在奏疏中回溯不久前"太仓粟可支七年，银亦可支二年"**❻**的清明富裕岁月，要求节约诸如滥加赏赐、内操、买办、寿宫、烧造磁器、织造等巨额费用，并

---

❶ 骆问礼：《万一楼集》，卷一二。

❷ 《月蝉笔露》，卷下。

❸ 《列朝诗集》，丁集，卷一一，《张居正传》。

❹ 《列朝诗集》，丁集，卷一一，《申时行传》。

❺ 赵南星：《陈天下四大害疏》，载《御选明臣奏议》，卷三一。

❻ 《明神宗实录》，卷一五六，万历十二年十二月辛酉。

要求恢复严惩贪墨，严禁滥用驿递等规定。他指出："……数年之间，驿困始苏，十年以后，专务宽大，驿递骚扰，不啻嘉、隆"❶，不满复旧倒退，已洋溢于字里行间。稍后，翰林院修撰焦竑也上疏痛言："今四方之财莫不尽取，民力诎矣，而赍用不足。平居无事，犹难自赡；事变之生，复不可测，是敝车羸马，而引丘山之载也。"❷他提出的整顿方案，其实不过是恢复执行"江陵柄政"时期严考功以理财的方略，言：

> 臣欲申明万历八年之令，抚、巡互相勾考，务见诸司听断几何，入赎几何，支消几何，余悉佐太仓之急。一不得以脂膏润屋，一不得以帑藏市恩，漏者听人检举，必法毋贷，庶官邪可清，而国亦少得其助。❸

不论是明白提出对张居正其人处置的异议，抑或是委婉地反映出对居正主政时期政绩的追思，吁求保留其正确的政策，都说明在由万历亲自发动的倒张政变狂潮中，仍有那么一部分人保持着清醒的态度。事实上，万历颁发对张居正的声讨诏旨和榜文，并没有起到如所预期的效果，反而引发起许多人的怀疑和反思；一系列倒行逆施的行动，更会极大地摇撼着他统治下的江山，将明皇朝推向临近危殆的境地。"川不可防，言不可弭。下塞上聋，邦其倾矣。"❹万历之所以被公认为亡国之君，他的悲剧根源，也正在这里。

❶《明神宗实录》，卷一五六，万历十二年十二月辛酉。
❷ 焦竑：《焦氏澹园录》，卷五，《国计议》。
❸《焦氏澹园录》，卷五，《国计议》。
❹ 韩愈：《韩昌黎集》，卷一三，《子产不毁乡校颂》。

第二节 "古今兴废事，掩卷三太息"

本节的标题，引自戚继光的诗作。他在阅读天顺年间被明英宗朱祁镇屈杀的忠臣于谦的纪念文集时悲怆地说："呜呼少保冤，九州目所击。"❶认为忠佞不分，功罪不明，因而掩卷浩叹。其实，何止对于于谦，对于曾信任、赏识和重用自己的张居正之沉冤未雪，他更是深怀感铭，激愤不平，"书空徒咨嗟，谁为吁天笑？不知后世人，视今何如昔！"❷

历史有着自己的困惑。有些史事往往难以遽下定评，但史学的功能，却要求对重要人物和事迹，做出尽可能符合实际的评价，力求不诬不谀，鉴空衡平。四百余年来，对张居正的评论可谓多矣，亦有混沌含糊者。例如，《四库全书总目提要》卷一七七，对张著《太岳集》的提要，谓："神宗之初，居正独执国柄，后人毁誉不一，迄无定评。要其振作有为之功，与其威福自擅之罪，两俱不能相掩。"这种半斤八两、两相调和抵消的说法，实在没有说明什么问题。

应该重视，即使在万历皇帝仍然在位之时，已经涌现出相当数量公开要求公正评价张居正的言论。作者有文人学士、言官，甚至也有当朝的达官显宦。这是一种在对张居正的声讨定罪诏书仍然有效情况下，不约而同地自发的呼声。稽之文献，当时公然撰文称誉居正有奠安社稷之功，指出张案实为冤案，早晚要给予平反昭雪的，已大有人在。到万历末年，实已蔚然成为舆论的主流。

万历四十年（1612），即已公开刊刻了汇集张居正生前手撰的主要章奏、函牍、诗文的《张太岳集》，基本上能反映出居正一生的经历、

---

❶《止止堂集》，《横槊稿》上，《读孤愤集》。按，于谦（1398—1457），正统十四年，明英宗被瓦剌也先俘虏后，他力排南迁之议，坚请固守。景帝朱祁钰立，他又大力整饬兵备，身自督战，率师二十余万，列阵北京九门外，破瓦剌来犯之军，迫其释回祁镇。祁镇既归，被祁钰幽禁于南宫，于谦继续加强戒备，遣兵出关屯守，边境以安。到天顺元年（1457），祁镇复辟，石亨等诬其谋立藩王之子，祁镇亦嫌忌他在非常时期拥立景帝，将之杀害，是为明代重大冤案。

❷《止止堂集》，《横槊稿》上，《读孤愤集》。

学术主张和政见经纶，与君臣、僚佐、友朋以至家属子弟的关系。"太岳张公集若干卷，即公之相业也。"❶ 所以在这个时期刻印出版居正的文集，无非是要以事实来澄清混乱。特别值得注意的是，为该书作序的，是性格"鲠亮"，"遇事秉正不挠"❷ 的前任文渊阁大学士、少保沈鲤，他充分肯定居正拨乱反正、扶危定倾的重大贡献，谓：

> 当时主上以冲龄践祚，举天下大政一一委公。公亦感上恩遇，直以身任之，思欲一切修明祖宗之法，而综核名实，信赏必罚，嫌怨不避，毁誉利害不恤，中外用是凛凛，盖无不奉法之吏，而朝廷亦无格焉而不行之法。十余年间，海宇清宴，蛮夷宾服，不可谓非公之功也。
>
> 顾其先法后情，先国事后身家，任劳任怨以襄成万历十年太平之理，我明相业，指固未易多屈也。❸

沈鲤还透露出，当时已有人直接上奏疏，要求为居正白其冤者，"海内亦渐多思公功，有形之章奏者。可见直道在人心不容泯，是非未有久而不定者"❹。以沈鲤当时的地位，敢于这样披露内阁经办的章奏内容，敢于在文章中希望万历能"踣碑立碑"，能对居正给予"昭雪表彰"❺，是很不平常的。

在《张太岳集》中，还附有素以"刚介峭直"❻ 著称，历任金都御史、刑部侍郎兼为著名学者吕坤写的一篇《书太岳先生文集后》。在文章中，他郑重褒扬张居正"丰功伟绩昭揭宇宙，至今不可磨灭"，"以六合重担荷之两肩，以四海欣戚会为一体，无所诿托，毅然任之。……俾九围之人兢兢辑志，慢肆之士凛凛奉法，横议之士息邪说

---

❶《张太岳集序》。
❷《明史》，卷二一七，《沈鲤传》。
❸《张太岳集序》。
❹《张太岳集序》。
❺《明史》，卷二一七，《沈鲤传》。
❻《明史》，卷二二六，《吕坤传》。

而尊一。事可安常者，不更张以开后衅之端；时当通变者，不因循以养极重之势。维泰山而捧金瓯，俾内难不萌，外患不作，北无敌国之礼，南无擅命之雄，五兵朽钝，四民乂康，此之为功，伊谁功哉？则先生肯任之心，胜任之手，断断之乎其敢任之效也。"❶吕坤还强调认为，"异日必有为之湔白者"❷，对为张居正平反寄以信心和由衷的热望。

　　当然，这些言论的出现并获得普遍的认同，实与万历末年的政局已经鱼烂河枯，国将不国的险恶现实密切有关。人们因担心当前社会元气斩丧将尽而滋长的忧危心理，很容易转化为缅怀当年的稳定富盛，因事思人，因人虑事，而存在着苍生斯人的情结。

　　也是在万历末年，李贽曾断言，居正实"大有助于社稷者"❸。吏科给事中梅之焕更严肃批驳仍在诋毁张居正的人，"时有追论故相张居正者，之焕曰：'使今日有综名实，振纪纲如江陵者，翕訿之徒敢若此耶？'"❹

　　四百年来，对于张居正的评论，一直是热门的话题，道理愈辩而愈明，基本的认识渐趋一致。绝大多数论者都公认张居正是"救时之良相"，是当隆万交替非常时期，肩负转折大局而取有卓越成绩的重臣。有人认为："明只一帝，太祖高皇帝是也；明只一相，张居正是也。"❺更有人认为，"江陵盖以相而兼将……藏数十万甲兵于胸中，而指挥于数千里之外，进退疾徐，洞若观火，故能奠安中夏，垂及十年。"❻所有这些称誉性的肯定，应该说基本上都是正确的。张居正确实是在中国 16 世纪后期出现的一个伟大的思想家和政治家，他毕生致力的改革事业曾经取得过灿烂的辉煌，其实际成果超过宋神宗时由王安石主持的新政变法之上。居正当之无愧地是一代伟人。

---

❶《书太岳先生文集后》。

❷《书太岳先生文集后》。

❸ 李贽：《藏书》，卷三，《何心隐论》。

❹《明史》，卷二四八，《梅之焕传》。

❺《广阳杂记》引蔡瞻岷语。

❻《江陵救时之相论》，载《清经世文编》，卷一四。

但是，笔者也注意到，不少论者在高度评价张居正的政绩成就的同时，也正确地指出，在当时皇权至高无上的专制体制下，他与腐朽皇权的冲突和身后的覆败，又是难以避免的。事态的发展表明，"携持人主，束缚钤制，不得伸缩" ❶，只能是一时的变制，而非常制，必然会引起皇权的反动；"威权震主，祸萌骖乘" ❷，又是在当时政治生活中，最常见的规律。再加上万历皇帝其人的好权好疑忌，其终将受皇权的摧毁又是必然的。历史悲剧往往是由当时的历史条件所注定。居正虽誓称不惜沉族碎家以求理想的实现，竭尽心力以表白自己的忠诚，但却绝难有效地预防或抗御皇权一旦翻脸发动的突然袭击和粉碎性的肆虐。更必须注意到，他在万历时期进行的长达十年的改革，基本上是依靠一己的权力地位和个人的威望魅力以推动的，内阁同僚既多心怀叵测，文武大吏中实心诚意襄助、矢死靡他的亦少，基本上是实行人治方式。一旦人亡就必然政息，很自然会由上而下地掀起反动倒退的逆流。他没有，也不太可能建立起一套坚强的持续贯彻改革方针的体系，保证执行改革政策的连续性；他没有，也无力从根本上清除传统政治积淀的层污重垢，一俟气候合适，这些污垢就沉渣泛起，翻腾浊浪。张居正当然是一个政治强人，但在皇权专制和深远的传统政治面前，则又是处于弱势。在 16 世纪的中国，要对气息奄奄、百年腐败已毒入骨髓的明皇朝输血补氧，要重新健全其统治机能，全面恢复社会的生机，实在是极不容易的事。正如王夫之在《读通鉴论·宋论》中所说的那样："一日而欲挽数千年之波流，一人而欲拯群天下之陷溺，难矣哉！"在这个意义上说来，隆万大改革终归于失败，张居正无力回天，又是可以理解的。

对张居正问题的全面平反，是到明思宗朱由检崇祯十三年（1640）才正式实现的，时距居正去世已经五十八年了。危亡迫近眉睫，君臣上下自然会追思张居正当年手创的兴旺局面，甚至还奢望借助张居正的死魂灵以鼓舞士气民心。所谓"板荡之后，而念老成；播迁之余，

---

❶《国榷》，卷七一，万历十年六月，引于慎行语。

❷《国榷》，卷七一，万历十年六月，《谈迁曰》。

而思耆俊"❶。于是诏复其谥号荣衔,恢复其子孙锦衣袭职,还着将其故宅改建为张文忠公祠。可惜的是,一切都已经无补于实际了。清初有名王启茂者,在拜谒张祠时,写下了一首诗,传诵一时,诗云:

> 袍像俨然故笏残,入门人自肃衣冠。
>
> 半生忧国眉犹锁,一诏旌忠骨已寒。
>
> 恩怨尽时方论定,封疆危日见才难。
>
> 眼前国士君知否? 拜起犹疑拭目看。❷

王启茂的诗作,寓无限的感慨,大体上可反映出有清一代士庶,对张居正所受不公正待遇的唏嘘不平。甚至连清世祖顺治皇帝爱新觉罗·福临也说过:"明相张居正,当主少国疑之日,乾纲若不独擅,天下事便成道傍筑舍。"❸隔代之人,当时势发展已成定局,在尘埃落定之后,往往易有公允之言。

当然,也必须充分注意,四百余年来的论者,包括极力为张居正评功辩冤的人,如上引沈鲤、吕坤、谈迁、于慎行、李贽和清人林潞等在内,也都承认居正在取得和执掌重权的过程中,"其迹不无似慑似少容似专权似纯任霸术"❹,承认他有过失误失检甚至有失德之处。"才大而溢,任重而疏,以忠君爱国之心,而杂以一切吐弃之意,此则太史公责淮阴,不能学道谦让,不矜不伐者也。"❺试综合他们的意见,大体上都较集中在诸如串同冯保构驱高拱,一度参与锻造王大臣案,钳制言路,过分摧击持异见和谏诤者,诸子高中,作风趋向骄奢,亦间有涉及苞苴馈遗等的问题上。这些问题在不同程度上是确实存在过的。但绝大多数的论者都认为此不过是大德之玷,与居正的功业相比,应

---

❶《日知录》,卷一三,《重厚》。

❷ 转引自〔清〕叶廷琯《瓯波渔话》卷四;亦见〔清〕王士祯《池北偶谈》,卷一三。

❸ 释道忞:《北游录》。

❹《张太岳集序》。

❺《江陵救时之相论》,载《清经世文编》,卷一四。

该置于次要的地位，不能因此而从根本上动摇对他总的肯定评价。当然，居正的敛怨受谤，又确实与这些问题有关，不能亦不应代为掩饰或辩解。著名学者支大纶当居正死败之后，曾执笔为祭文，供在居正墓前拜祀时诵读，这篇祭文对死者的功过，所处的时代背景，产生失误失检的背景原因及其后果等，都作出比较持平的论述，言：

> 我朝自皇祖创基垂宪，百务斩斩，革丞相之任，分府部之权，内外臣工奉法惟谨，迄今二百有十年矣。俗以渐靡，法以渐弛，官有秕政，士有回响，天下治几至凌迟。先生受负扆之托，寄四海之命，才笼宇宙，力制府部，用重典以惩玩，排众议以振蛊，三四年间措注良勤，而行法亦少憪矣。
>
> 顾治忌躁扰，俗尚恬嬉，一时士庶相顾错愕，若束湿薪，至有不利社稷之疑。盖自宪、孝以来，方煦之以宽和，优之以平恕，而一旦绳以申商之尺矱也，其不堪宜矣。不然，皇祖之网尝密矣，而吏治烝烝，罔有逸志，今稍一振举，遂有二心，岂真遂痿屗颓靡，而沦胥以坏耶？
>
> 况夺情起复，辱及言臣，昵童仆以纳货，私子姓以崇科，媒陷辽王，涉干威福，不无营窟树翼之心，而激忠臣义士之忿。间有创置，亦多以委任之匪人，奉行之太过，而天下哗然，几蹈熙宁、元丰之辙，此皆先生之不能自解者也。❶

支大纶以重笔浓墨，勾勒出张居正出任的不易，任事的艰难，政绩的卓著，但又严肃地指出他的确存在过不容抹煞的缺欠，有些缺欠应该是可以避免的，这也就是支大纶所谓"先生之不能自解者也"。权位的上升往往会促使理性的下降。溃于内者，必形于外。"舟必漏也而后水

---

❶《支华平先生集》，卷一五，《祭张太岳》。按，祭文中的宪，指明宪宗朱见深（1465—1487 在位）；孝，指明孝宗朱祐樘（1488—1505 在位）。熙宁（1068—1077）、元丰（1078—1085），都是宋神宗赵顼的年号，当时曾进行过由王安石主持的新政变法。

入焉，土必湿也而后苔生焉。"❶ 居正未警惕及此，实在令人扼腕。

张居正存在过的错误或不足，在封建官场上层，是多发性的常见顽疾。相互倾轧，排斥异己，富贵骄人并恃势力以为子孙谋，几乎是绝大多数大官僚的通病，但作为一代卓异的政治家来说，竟亦不慎有所沾染，人们是有理由采用更高的道德标准来给予指摘责难的，它反映着人们对他的爱殷望切。正因为有传统陋俗的感染，权力地位的腐蚀，居正亦未具有完全的免疫力。巨人和常人在器识、品格、才能各个方面，当然有重大的差异，但两者之间并非完全绝缘，其实仍是存在着万缕千丝的联系和渗透。巨人有时亦会蔽于一己之私，亦会善议障塞，而屈从于自己的七情六欲，因为他们也同样生存和活动于当时的社会，往往未能超凡脱俗，因为他们是人而不是神。如果说，对历史人物的丑化和苛求是一种伤害，那么，代其讳恶掩过，对之溢美和过誉也是另一种伤害。清初著名史学家潘耒有两段话是说得非常好的，他说：

> 作史犹治狱也。治狱者，一毫不得其情，则失入失出，而天下有冤民。作史者，一事不核其实，则溢美溢恶，而万世无信史。❷

又说：

> 夫论事与断狱同，直者直，曲者曲，方为爱书；实者实，虚者虚，方为公论。倘不问其是非真伪，而概曰隐恶扬善，则是以徇庇为忠厚，以执法为峭刻也，其可乎？❸

笔者驽钝，虽然一直信奉潘氏的教言，并希图贯彻于本人的研究工作之中，主观上是希望能写出一个比较接近真实的张居正，以及叙述出

---

❶ 刘基：《郁离子·自讳自矜》。
❷ 《遂初堂文集》，卷六，《国史考异序》。
❸ 《遂初堂文集》，卷五，《再与徐虹亭书》。

当时风云际会，人物辈出，大起大落，而又变化急剧的明代中后期政局，但限于功力，实有力不从心之感。目前的本子，仅是反映着笔者现阶段的研究进度和一得之愚，错谬之处一定很多，希望海内外师友能给予批评教正。

1996 年 8 月初稿

1998 年 1 月修订

1998 年 9—12 月再修订于广州师凿书室

张居正与明代中后期政局大事记

嘉靖四年至十四年（1525—1535）　张居正 1 岁至 11 岁

政局

　　居正出生之时，"大礼""大狱"事件刚过最高潮，原首辅杨廷和、大学士蒋冕、毛纪等已相继下台，主张继统不继嗣的张璁、桂萼、方献夫等逐渐执政，嘉靖皇帝牢固地控制着统治权力。

　　四年，南京翰林院侍读严嵩调任北京国子监祭酒。

　　五年，龙虎山道士邵元节被封为真人，入朝直显灵宫。

　　六年，张璁入阁。

　　七年，敕定议礼诸臣罪状：杨廷和削籍，大学士蒋冕、毛纪，尚书汪俊各夺官闲住。

　　八年，桂萼入阁。

　　十年，征帑金七万两购金珠宝石。

　　　　　兴建神祇坛、帝王庙、西苑仁寿宫等，开纳助工银两。

　　　　　敕改皇帝出生地安陆州为承天府，县曰钟祥。

　　　　　礼部右侍郎顾鼎臣上《步虚词》七章，又言青词直通神明最为重要，自此朝臣竞上青词。

　　十二年，致一真人邵元节加俸百石，给役四十人，掌道教。

　　十三年，嘉靖皇帝久不视朝，宣称"静摄"。

　　五年和十一年，湖广荆州均地震。

　　自五年至十四年，湖广荆州连年水灾，大饥，灾民流劫为患。

事迹

　　四年五月初三日，张居正出生在湖广荆州府江陵县隶属军籍的不第秀才家庭。祖父张镇为辽王府护卫卒，父亲张文明读书入庠，但七试均不第。

　　居正自少聪慧，3 岁识字，5 岁能句读，10 岁通六经大义，文字通顺。

嘉靖十五年（1536） 12岁

政局

嘉靖皇帝在本年内四次亲往天寿山谒陵，"自择寿宫"。

谕购红黄玉于西域。

西苑清虚殿完工，建金篆大醮于玄极殿。

宣府、大同、延宁均报警，蒙古俺答部分兵来犯。

延绥凶饥。

礼部尚书夏言入阁。

以道士邵元节为礼部尚书。

事迹

居正补博士弟子高第。知府李士翱，学使田顼盛称其才。初名白圭，始改名为居正，字叔大，别号太嶽（太岳）。自是有"荆州张秀才"之称。

嘉靖十六年（1537） 13岁

政局

皇子载垕出生，此即他日的明穆宗隆庆皇帝。

嘉靖皇帝在本年内又两次亲往天寿山，选定"寿宫"。

藩邸在荆州的辽王致格去世，其妃毛氏掌权，对年幼的张居正特别看重，并用以激励其子宪㸌。

俺答部四万余人进犯宣府、大同。

礼部尚书严嵩摘指广东试录句有失崇上之义，逮捕巡按御史余光等下法司。

事迹

参加乡试，受湖广巡抚顾璘特别赏识，许以国士。顾璘又欲老其才，俾成大器，有意暂不取录。

嘉靖十七年（1538） 14岁

政局

敕开云南大理、河南宜阳等地银矿，以应大工之需。

嘉靖又两次亲赴天寿山，"营寿陵"。

嘉靖皇帝亲送其母蒋太后的灵柩归葬承天，行大享礼。

车驾至卫辉，行宫失火，锦衣指挥陆炳排闼负帝出险，自是受宠信逾常。

夏言任首辅。

辽东、大同相继发生兵变。

邵元节死，赠少师，谥文康荣靖，是为方士有谥之始。

进邵元节之徒陶仲文（典真）为真人，总领道教。

嘉靖十九年（1540） 16 岁

政局

秉一真人陶仲文立雷坛，斋醮大兴。

太仆寺卿杨最疏谏勿误信方士，指揭白日升天之说、黄白金丹之术均为无稽荒诞，被杖死。

事迹

参加乡试成举人，巡抚顾璘赠以诗文玉带，勉励为国努力，缔结忘年交。

嘉靖二十年至二十二年（1541—1543） 17 岁至 19 岁

政局

嘉靖皇帝称疾，经年不视朝，日事斋醮。

工程繁兴，相继构建元极宝殿、大享殿、大高元（玄）殿。

二十年正月，河南道御史杨爵痛陈四方饥馑相仍，小民委命沟壑，请停妖诞邪妄之术，斥退方士，被下诏狱，反复杖责。户部广东司主事周天佐、陕西道御史浦铉亦以为言，均被杖死。

二十一年七月，礼部尚书严嵩兼武英殿大学士，预机务。

十月，发生宫婢杨金英等因不堪凌辱，企图用绳索勒死嘉靖的异常事件。事败，均被磔于市，仍剉尸枭示，收斩族属。端妃曹氏、宁嫔王氏均处死。嘉靖受此刺激，自此移住西苑，不复还宫。

严嵩初入内阁，夏言与严嵩的矛盾冲突从此展开。

二十二年，夏言一度失宠，被勒闲住。

严嵩之子世蕃任尚宝司少卿。

辽东、延绥、宣大诸边皆告急。

贵州铜仁苗族被地方官绅激变，攻掠湖广麻阳等地。

嘉靖二十三年（1544） 20 岁

政局

敕派右副都御史万镗率师镇压贵州铜仁苗族。

秉一真人陶仲文进少傅兼少保，支正一品俸。

进严嵩太子太傅，又进吏部尚书兼谨身殿大学士，"事取独断"。

谕礼部，谓"擒叛销氛，俱朕祷玄之功，即设醮谢上帝"。自此，凡有大事，俱谢玄。

事迹

参加会试，不第。自言因为"驰骛古典"，未在科举时文中下功夫所致。

嘉靖二十四年至二十五年（1545—1546） 21岁至22岁

政局

二十四年，敕召夏言再入阁兼吏部尚书，位在严嵩上。夏骄矜，严诶忌，关系恶化。

陆炳署锦衣卫事。

二十五年，陕西总督曾铣上修边墙、复河套二策，受夏言支持。

俺答遣使诣大同求贡，不准。又率兵来犯宣府。

吏部尚书熊浃以谏仙箕，被罢官除名，押还乡里。

嘉靖二十六年至二十八年（1547—1549） 23岁至25岁

政局

二十七年，秉一真人陶仲文六年考满，特授光禄大夫柱国，兼大学士俸，荫其子世恩尚宝司丞。不久，又增赐陶仲文支伯爵俸。

曾铣再上边务十八策，重点仍在恢复河套，一度受嘉靖嘉许，但不旋踵，又罢复套议，并逮治。夏言亦以私荐曾铣论罪，严嵩、陆炳乘隙力攻之，与曾铣俱被杀于西市。

严嵩为首辅。

徐阶从吏部侍郎拔擢为礼部尚书。

赐辽王宪㸅清微忠教真人金印。

二十八年，俺答率部侵犯宣府，射书求款，且归还所掠人畜，声言如不许贡，将大举侵掠。拒之。

事迹

二十六年，会试成进士，选入翰林院为庶吉士。徐阶任教习。读中秘书，"潜求国家典故与政务之要切者"，致力了解枢垣政情，官场风气，边塞防务，民生动态，撰写《翰林院读书说》，针对时弊，阐述学术旨在经世的主张。深受其师徐阶的器重。

二十八年，升授翰林院编修。上《论时政疏》，历陈宗室骄恣、庶官瘝旷、吏治因循、边务未修、财用大匮等所谓五大弊，吁请从速采取整治措施。不报。

嘉靖二十九年（1550） 26岁

政局

俺答纠合各部，兴兵十余万人，分途间道攻掠密云、怀柔、顺义，直薄北京。

京师被困，戒严，敕各路兵马入援。

国子监司业赵贞吉主张积极御敌，不可屈为城下之盟。一度受嘉靖认可，被派出城劳军，鼓舞士气，但却受严嵩、仇鸾刁难诬陷，反指为罪，被谪荔浦典史。

俺答饱掠辎重后退兵，京师解严，是为"庚戌大变"。

刑部郎中徐学诗愤"大变辱国戕民"，疏劾首辅严嵩"奸贪饵敌"，乞罢嵩以息外患，被革职，下诏狱。

嘉靖三十年至三十二年（1551—1553） 27岁至29岁

政局

三十一年，建立内府营，以军制操练内侍。

西苑产嘉谷，各地藩王及官吏亦纷纷献上嘉谷瑞兔等，奏告太庙。以秉一真人陶仲文"阴兵慑虏"功，加岁禄百石，荫子入太学。

徐阶入内阁，仍兼礼部尚书。

徐阶串连陆炳共同揭发仇鸾"通虏误国"，仇鸾败死后被枭示。

严嵩嫉忌徐阶地位上升，阴柔笼络而密切监控之；徐则对严外托恭谨，中怀警惕，双方从此展开了长达十余年的明争暗斗。

三十二年，翰林院编修高拱、检讨陈以勤任裕王载垕侍讲官。

张四维、马自强会试得中，选为翰林院庶吉士。

锦衣卫经历沈炼、兵部武选司员外郎杨继盛、云贵巡抚御史赵锦等先后上疏弹劾严嵩父子贪贿鬻官、结党营私等罪状，均被廷杖。沈炼谪佃保安；继盛论死囚禁；赵锦削籍。

财政危机严重，岁入不能充岁出之半。京边军费用至596万两，备倭、营建、采木、斋醮费用又倍增，敕行加派，有箕敛、财贿、题增、派估、赃赎、算税契、折民壮、提编、均徭、推广事例诸多名目。

倭寇连年入掠浙江、南直隶、福建城邑，参将卢镗、解明道、李元律先后阵亡，守军望风而溃，东南大震。

俺答、吉能、小王子等部分道来犯，经紫荆关突入山西；自平型关入掠代州、繁峙，窥泾原；自宣府柴沟堡溃墙入胁京畿，守军多溃败。

把都儿台吉求互市，不许。

事迹

继续在翰林院编修任内，仍密切关心时事发展，思考扶危济倾之对策。对徐阶入阁曾寄予厚望，与徐的关系进一步密切，有时亦参与谋议。

嘉靖三十三年（1554） 30 岁

政局

司礼太监黄佐、锦衣卫左都督陆炳各荫子锦衣百户，奖励其侦伺缉捕立功。

山东、河南大饥，民相食。河南农民军师尚诏部连陷归德、柘城、鹿邑。湖广襄樊间流民结寨自保，抗拒官军。

贵州苗民武装反对苛扰暴敛。

事迹

深怀消沉失落，告假回乡"养病"。行前致书徐阶，表达对时局的忧虑以及本人的焦灼，希望徐阶能以在位之身，毅然采取对策。

嘉靖三十四年至三十八年（1555—1559） 31 岁至 35 岁

政局

嘉靖皇帝猜刻迷信暴虐贪婪更甚，以刑杀立威。

三十四年，严嵩、赵文华构陷作战有功的总督张经、巡抚李天宠，指为失误戎机，擅自纵敌，并将杨继盛附入案内，同日处死于西市。

三十五年，吏部尚书李默坐诽谤下锦衣狱，论死；户科左给事中杨允绳被指为"谤讪玄修"，论死；锦衣卫经历沈錬被处决于宣府；副总兵陈凤被斩首于延绥。众言官被斥革、除籍、廷杖、遣谪者甚多。

徐阶虽渐升为"次辅"，但因皇帝喜怒不常，曾两度受谗而几陷于危，"但精修青词以自保"。"严氏之焰尚炎"，徐阶之力尚不足与抗，在外表上仍采取"诎节卑礼"的低姿态，"而阴谋挠嵩权者久矣"。

给事中吴时来、刑部主事张翀、董传策交章弹劾严嵩，三人俱发烟瘴卫所远戍，徐阶几被指为主使者而罹祸。严徐关系进一步恶化。

俺答等部分兵攻犯辽东、宣大、蓟州，最多时集中兵力达二十余万人，边防告急。

倭警频传。这数年是明代倭患最严重的时期。倭兵及海盗合流，分道连犯乍浦、海宁，趋杭州；自闵行、钱塘进迫苏州，过江犯扬州；南京皇陵及漕运均受威胁；两浙俱燃战火；另一股又南下广东潮州。总兵俞大猷等力战，但未能稳定东南局面。

三十七年，翰林院修撰李春芳、侍读严讷等直西内撰玄，自是词官多舍本职，专注供奉玄文。

翰林院编修高仪署国子监司业。

敕派工部右侍郎刘伯跃总督四川湖广，专责采办大木；另一侍郎张舜臣专责采石于大石窝。

三十八年，指派顺天市珠四十万颗，广东采珠九十万颗进奉。

指派广东、福建进龙涎香。

诏礼部采芝名山。

敕开四川、山东、河南银矿，矿使开始为患。

设"大工开纳例"，凡交纳一定数目银两，可得世袭官。

湖广大旱又大水。

事迹

乡居六年，表面上闭门蛰居，表示有终老田间之意，但出世与入世，遁世与经世的矛盾一直交战于胸臆之间。中怀郁郁，未有忘情于政治。对于"北虏南倭，并为国患"，奸佞当朝，政事蜩螗，民生憔悴，道殣相望，无日不系念于怀。"目极心如惄，顾望但怀愁"。"抱火寝薪非一日，病夫空切杞人忧"。人在江湖，心驰廊庙。荆州故园，终非隐退之乡。

嘉靖三十九年（1560） 36 岁

政局

时局酝酿重大变化；一为嘉靖皇帝本人衰病相寻，昏愦狂悖愈甚；二为徐阶在与严嵩的持久斗争中，已逐渐取得主动，从劣势转为相对优势。

秉一真人陶仲文、锦衣卫都督陆炳相继去世。

严世蕃护送其母灵柩回籍，严嵩留京，因耄昏，回奏及办事多有不如嘉靖意之处。

俺答出兵喜峰口，攻蓟镇，进入通州、顺义、密云，直指京师以北。小王子等以五万余骑攻陷辽东广中前卫，破一片石关，进入山西、陕西，大杀掠。

倭寇在福建流劫各州县，大埔之"密贼"，南湾之"水贼"，尤溪之"山贼"，龙岩之"矿贼"，南塘、永定之"流贼"，均乘间蜂起。

事迹

回京复职，升右春坊右中允，署国子监司业，祭酒由太常寺卿高拱兼任，是为二人共事之始。

嘉靖四十年（1561） 37 岁

政局

原万寿宫火灾，徐阶规划利用三殿余材从速重建，得嘉靖欢心。史家谓"阶虽任智数，要为不失其正"。

吏部侍郎袁炜以能巧撰青词得殊宠，被拔擢礼部尚书，进太子太保，入直西苑，供奉玄修。不久，又改为户部尚书武英殿大学士，入阁预机务。

戚继光誓师台州，严军纪、重训练，设伏歼灭来犯浙江之倭寇，军威稍振。

巡按御史潘季驯在广东倡行均平里甲之法，广人便之。

淳安知县海瑞在境内推行丈田，为均平赋役之初步。

嘉靖四十一年（1562） 38 岁

政局

重建西苑万寿宫成，徐阶又请修建永寿宫，十旬而成，嘉靖嘉许徐阶忠，其子徐璠亦超擢太常寺少卿。自是严嵩乃日屈。

方士蓝道行诈为卜语，指严嵩为奸臣，御史邹应龙又抗疏专劾严世蕃，尽揭其贪贿擅权、鬻官卖爵诸罪恶，世蕃被下狱，严嵩亦被罢官。

徐阶为首辅，榜揭三语以为执政纲领，曰："以威福还主上，以政务还诸司，以用舍刑赏还公论。"言路得发舒，朝士多拥戴。

严嵩败后，嘉靖意绪消沉，一度扬言要传位，退居西内以专祈长生。

诏求方书，派御史姜儆、王大任等分行天下，访求方士及符箓秘书。

戚继光与广东总兵刘显阻击来犯福建的大股倭寇，相持激战，报捷。继光还浙江。

事迹

高拱奉敕任重校《永乐大典》总校官，张居正为分校官。

当时，高张二人"谋断相资，豪杰自命""相期以相业""其始相得甚欢，如出一口""即丙魏、房杜，未肯多让也"。

嘉靖四十二年（1563） 39 岁

政局

李春芳从吏部侍郎转升为礼部尚书。

大股倭寇侵掠福建长乐、平海，总兵刘显、俞大猷邀击于平海卫，戚继光率浙兵至，与刘、俞合攻，大挫倭焰，战绩为二十余年仅见。

蒙古另部锡林阿、巴图尔等拥众窥蓟州，声言犯辽阳，突破墙子岭，大掠顺义、三河、通州，京师戒严。嘉靖皇帝惊呼："庚戌事又见矣！"急召各方勤王师。房饱掠去。

事迹

升右春坊右谕德，任《承天大志》修撰，因文字受知于嘉靖。作《承天大志纪赞》等文。

升授裕王府侍读学士，深受日后的隆庆皇帝朱载垕器重。

"阶代嵩首辅，倾心委居正。"居正当时虽仅为一翰林院兼裕王府侍读官，但已与徐阶经常参议机要国政。

嘉靖四十三年（1564） 40 岁

政局

裕王府侍读、太常寺卿陈以勤署国子监祭酒。

福建总兵戚继光追击倭寇于仙游、同安、漳浦；广东总兵俞大猷破倭于海丰。

山东巡抚张鉴以行均田保甲法招怨，被罢官。

嘉靖老病恍惚，内侍诈于御幄后放置一桃，嘉靖谓"天赐"，诏修迎恩醮五日。白兔、白鹿各生二子，连仙桃合称为"奇祥三锡"。

采访法秘御史王大任、姜儆还报命，上法秘数十册及方士数人，皆升翰林院侍读学士，赐第京师。

逮捕严世蕃及其党罗龙文入京，揭查其诸不法罪，指控为大逆不道。

嘉靖四十四年（1565） 41 岁

政局

景王载圳去世，嘉靖八子仅余一子载垕，即日后的隆庆皇帝。

徐阶设谋入实严世蕃逆罪。严世蕃、罗龙文伏诛。

抄没严嵩家产，得黄金三万二千九百余两，白银二百零二万七千余两，其他玉带金珠、田宅等俱数量惊人。

高拱升任礼部尚书，高仪为左侍郎，陈以勤为右侍郎。

户部主事海瑞上《治安策》，激烈抨击嘉靖诸多弊政败行，嘉靖欲杀之，因徐阶巧为辩脱，得不死，因于锦衣卫狱。

大封方士王中敬、李中阳、陶傲等，祈祷却病长生。

嘉靖四十五年（1566） 42 岁

政局

嘉靖病势沉重，曾提出"南幸承天，拜陵取药"，自称回到原出生地，必可康复，经徐阶等力谏，暂时搁置，但此念至死未息。

高拱与郭朴入内阁。

高仪为礼部尚书。

陈以勤为吏部左侍郎，教习庶吉士。

裕王府讲读官，先后出任政府要职。

献芝献瑞献兔不绝，来献者均受重赏。真庆殿、大玄都殿、紫宸殿相继落成。

命户部购大小珍珠，着不惜重价以购宝玉。

高拱入阁后即与首辅徐阶不协调，二人关系渐趋紧张。吏科都给事中胡应嘉疏劾高拱不忠，拱以应嘉为徐阶同乡，疑为阶所主使。

嘉靖去世，裕王载垕入主丧事。

颁布嘉靖《遗诏》，颇多引疚之词，宣布赦免和恤录建言得罪诸臣，驱逐方士，停止斋醮、营建、采办诸弊政，咸与维新。受到朝野热烈欢迎。

朱载垕登极，改元隆庆，颁发《即位诏》，大体上是引申《嘉靖遗诏》之意而具体化，"最为收拾人心机括"。

海瑞出狱。

事迹

为翰林院侍读学士，署院事。

参与了嘉靖去世前后诸多策划，与徐阶共同制订大政方针。徐阶在草拟《遗诏》时，摒置阁、部所有大臣于外，只与张居正一人密议定稿，并立即颁布。正如居正日后写给徐阶的信中所说："丙寅之事，老师手扶日月，照临寰宇，沉机密谋，相与图议于帷幄者，不肖一人而已。"当此时局巨变之际，张居正的实际政治地位和作用急剧上升，但亦因此而激化了高拱、郭朴与徐阶之间的矛盾，徐高张恩怨，由此掀开了新的一页。

隆庆元年（1567） 43 岁

政局

赐皇子名翊钧，是即他日的明神宗万历皇帝。出生已四年，因祖父嘉靖皇帝栗于迷信，未得命名。

新帝刚嗣位，内阁中以徐阶、李春芳为一方，和以高拱、郭朴为另一方的斗争白热化。徐、高的门下御史各疏劾对方。高派指斥徐阶所撰《遗诏》过分贬斥嘉靖，亦不同意嘉靖之死是由于方士王金妄进药物，按弑君罪论处之议，两方意见相左。

陈以勤、张居正入阁参大政。

高拱受劾请休，得准。郭朴不久后亦被罢。

俺答纳汉奸赵全等之议，避开谭纶以雄兵固守的辽蓟，主攻守军势弱而亭障稀疏的大同，山西屡被攻掠，损失人畜数十万。

广东海盗曾一本骚乱于沿海。

命宣府巡按御史追理屯牧占田，饬核江南寄田洒粮之弊。

兵部郎中邓洪震对隆庆登极后"游幸无时""后车充斥"，提出疏谏。工部主事杨时乔请隆庆勤朝讲，亲裁章奏、警惕宦寺。

事迹

张居正以一五品衔的翰林院侍讲学士，经礼部、吏部侍郎而超擢为礼部尚书、武英殿大学士。在内阁，他"最后入，独引相体，倨见九卿，无所延纳。间出一语辄中肯，人以是严惮之，重于他相"。

隆庆二年（1568）44岁

政局

隆庆嗣位一年，其怠懒，贪逸乐、好财色的本质即有了充分的暴露。吏科给事中石星、南京户科给事中张历治、御史詹仰庇等均上疏请其"勤政""广听纳""崇俭戒奢"等。石星之疏文语极严峻，谓："陛下清心寡欲，渐不如初。今为鳌山之乐，必纵饮，必耽声色。皓齿蛾眉，伐性之斧；甘脆肥浓，腐肠之药。倘不亟戒，万一起居失调，悔将奚及。"隆庆怒其轻讪，杖六十，削籍。张历治等被下所司切责。

命户部进银三十万两，供内廷使用。

命太监李佑往苏杭织造，赵玢往南京织造，工部止之，不听。

谕户部购宝石，限三日，尚书马森言难办到，不听。

徐阶因屡进谏渐失隆庆意，给事中张齐等又猛揭其当年赞襄嘉靖神仙土木之事，对其挤走高拱、郭朴亦有人为鸣不平，阶难安其位，请辞获准。

废辽王宪㸅为庶人。

江西巡抚刘光济请行一条鞭法。

事迹

徐阶退休后一个月，张居正上《陈六事疏》，即省议论、振纪纲、重诏令、核名实、固邦本、饬武备六事。受到隆庆嘉许，下部院勘议。各部院复陈，多表示赞同。此疏为居正施政之纲领，系统地表明了他要求进行全面改革的观点，言："积习生弊，有颓靡不振之渐，有积重难反之几，若不稍加改易，恐无以新天下之耳目，一天下之心志。"

上《请停取银两疏》。开始以函牍形式与各省大吏、边关将帅交流情况，指挥军政机宜，贯彻朝廷政令，此为居正治国最常用且有效的方式。

致函蓟北巡抚刘应节，力荐上年调到北方，负责镇守蓟州至山海关一线的总兵戚继光"才略在今诸将中诚为希有"。又一再密函蓟辽总督谭纶，请其用戚之长而戒其短，贯彻用戚保戚，为天下惜才之心意。

隆庆三年（1569）45岁

政局

隆庆皇帝无心国事，"临朝未尝发言"，但对高拱和张居正信任不移，放手让他们施展和部署政事。

礼部尚书赵贞吉入阁，预机务。

海瑞以右佥都御史巡抚应天十府。

高拱重新入阁并兼吏部尚书，在张居正大力襄助下，全面推行改革。但颇快恩怨，当年追随徐阶以排挤拱者，多惊怖求退。

俺答部犯大同，掠山阴、应州、怀仁、浑源等处。

广东曾一本部陷碣石卫，围攻惠州，裨将周云翔杀参将耿宗元，叛入贼中。诏广东总兵官郭成等渡海击之。

事迹

高拱再相，居正曾大力为之斡旋活动。一因主张整顿改革之政纲相同；二因与倡议恢复祖宗旧军制、宣扬陆王心学的理学家赵贞吉格格不入，拟联合高拱以挤抑之，并孤立李春芳。

陈以勤不愿卷入内阁互斗，坚求休致，得准。

居正致函蓟辽总督谭纶，具体指挥抗虏军事。着重建议立即改变蓟镇支放军粮旧制，命改士卒远途关支的办法为就近坐派，并革"抚赏""採柴"等名色，令"士皆饱食，折冲御侮"。

致函广东巡抚熊桴，着令专意海上征剿。

开始具体考虑如何对付背叛明朝，投靠鞑靼贵族，反戈指向内地的"板升叛人"赵全、李自馨等的问题，密谕宣大总督及边将，"受降如受敌，不可轻忽"。

按《陈六事疏》第六条《饬武备》的精神，请隆庆亲临校场大阅兵。骆问礼等批评此举徒然粉饰雄武，无益实际。

隆庆四年（1570） 46岁

政局

高拱大力改革传统兵制，在兵部添设侍郎二人，平日则熟习中央军务，如边防需要，则可兼任前线总督，时出时入，育成畅晓兵机而又富实战经验的军事帅才。边方军职不必拘资格，但以战果为准，应优擢用当地边民，择年富力强兼通武事者任用。

在文官人事制度上，高拱建言不必过分重视科第资格，应以实政成绩优劣作为任免升降的标准，大力加强考核。官吏有贪虐渎职者，追究荐主。

俺答的孙儿把汉那吉因家族纠纷，率十余骑来降。是否纳降，边将意见不一，"诸将畏虏，皆以为不可"，独宣大总督王崇古及巡抚方逢时，认为是奇货可居，应巧为运用。内阁方面，高拱、张居正极力赞成此议，主张一方面对把汉那吉馆饩舆马接待从优，并允赐尊荣官爵；另一方面，则用以胁迫俺答逮捕板升逆人首领赵全、李自馨等人来赎换，并输诚息兵，封贡开市，实现汉蒙民族的和睦。自九月至年底，高、张与王、方等加紧政策磋商；汉蒙双方信使反复往来，为当年头等大事。

俺答执叛人赵全等九人来献，磔赵全等于市。隆庆登殿行受俘礼，祭告郊庙。

海瑞在应天巡抚任内，大力打击豪强，勒令退田追赃，推行一条鞭法，受到官僚地主的猛烈攻击，被迫退职。

高拱与赵贞吉矛盾白热化，互相指责为"横臣"，门下言官亦哄然而斗。高拱因有隆庆的特殊宠信，又有张居正的支持，在斗争中占压倒优势，赵负气而去。

裕王府旧臣殷士儋以礼部尚书兼文渊阁大学士，预机务。

事迹

居正认为，"板升叛逆，倚虏为患"，是边方重忧。"今东患在属夷，西患在板升。二患不除，我终无安枕之日。"由于赵全等据古丰州地，招逃亡数万，为俺答出谋划策，有时更以兵力配合内犯，剿抚两难。故知悉把汉那吉来降事，便襄助高拱决策，谋划借此以促成擒叛和虏，在两利基础上开市封贡，取得较长时期和平安定的办法。为此事，他在本年内写了九封信给王崇古和方逢时，具体指示一方面应加强战备，"并堡坚守，勿轻与战"；另一方面应积极进行谈判，"纳降和戎，须自有体""务令执送诸逆，誓必不犯"，然后"当以礼遣还那吉，厚其赏赉，以结其心。""彼若寻盟，则我示羁縻之义；彼若背盟，则兴问罪之师。胜算在我，数世之利也。"居正配合高拱，表现出高超的策略胆识和具体灵活的谈判部署。

为海瑞被罢官，无力挽回，致函曰："仆谬忝钧轴，得与参庙堂之末议，而不能为朝廷奖奉法之臣，摧浮浮之议，有深愧焉。"

以考绩优秀，加太子太傅，旋又因殊勋，加少傅，兼建极殿大学士，官一子尚宝司丞。

隆庆五年（1571） 47岁

政局

俺答遣使奉表称臣，封之为顺义王，对其弟子若孙各部落长，均授官赐金帛。除于宣大外，又在陕西三边进行互市。内地以缎布茶叶铁锅等换取马匹皮张，贸易不断，两方皆蒙实利。东自滨海始，西尽甘州，延袤五千余里，已无烽火警，西塞以宁。

李春芳位为首辅，但无能发挥作用。徐阶刚罢时，"春芳叹曰：'徐公尚尔，我安能久！容旦夕乞身耳。'居正遽曰：'如此，庶保令名。'春芳愕然，三疏乞休，得准"。

殷士儋入阁后，因不满高拱拟选拔张四维入阁，与高拱交恶。高拱嗾御史赵应龙、都给事中韩楫等讥讽其通过走内官陈洪的门路入阁，并疏劾之。士儋面诟楫，并及拱，几挥拳以击之，势难再共事，乃疏请退位。其入阁复出阁，匆匆仅一年。

高拱任首辅。内阁仅有高拱、张居正二人。

俺答虽受封，西线无战事，但东北部土蛮部仍屡犯辽东，总兵李成梁率军狙击之，辽东报捷。

广西巡抚殷正茂集中土、汉大军十万人进剿古田僮族，擒斩僮族首领韦银豹等，血洗僮寨，斩获八千余级。

倭寇与广东曾一本、蓝一清、赖元爵等纠合数万人，分道犯化州、石城，大掠吴川、阳江、茂名诸州县。

隆庆自即位以来，岁取太仓银入承运库供采办，视嘉靖之末征求愈急，库藏枯竭。本年又诏江西烧造瓷器十二万，陕西织造羊绒三万二千，用费逾百万。朝臣谏阻，不听。

事迹

兵部尚书郭乾、兵科都给事中章甫端、给事中宋应昌等均反对贡市，"异议纷纷，几至颠踬"。居正与高拱坚决顶住此类阻力，饬令边帅如期进行开市贸易。居正屡在函牍中历言开贡之利，驳斥异议。

针对俺答部问题已基本解决，居正指示边疆督抚密切监视蒙古另部土默特（土蛮）、俺答侄子吉能、侄孙黄台吉等部的动向，设牵制戒备之策。

摒斥浮言，坚定支持两广总督殷正茂在古田用兵。

隆庆六年（1572） 48岁

政局

隆庆皇帝健康恶化，闰二月一度病危，召高拱、张居正入乾清宫，言及身后事。

高拱与张居正间的矛盾逐渐扩大，有难以继续协力共事之势。与双方关系俱密切的吏部左侍郎张四维曾多次分函两方调解，吁请以国事为重，各宜克制。

户科给事中曹大埜疏劾高拱大不忠十事。工科给事中程文反劾曹大埜设谋倾陷，朝论认为各有背景，实为高张矛盾难以调和之反映。

礼部尚书高仪兼文渊阁大学士，是为隆庆朝第九位辅臣。

五月二十五日，隆庆皇帝去世，传《遗诏》，以冯保为司礼监，与高拱、张居正、高仪等三辅臣同顾命。太子翊钧即皇帝位，以明年为万历元年。

当隆庆去世前夕，张居正与冯保密商应对处分，未及拱、仪，拱恚甚，曾当面质问居正。

高拱激切上疏力斥冯保，要求新帝将政务统交内阁裁办，不容宦臣插手，更引起隆庆帝陈皇后、翊钧生母李贵妃的疑虑，担心高拱擅权，加以冯保进谗，乃于万历帝登位后第六天，紧急斥罢高拱。

高拱被斥逐，张居正为首辅。李贵妃（即其后的李太后）、张居正、冯保三人结成的政治铁三角逐渐形成。

朝议多有认为，张居正"祖保抑拱"，对当时的政治变局起过重大的作用。

高仪虽预顾命，但未介入矛盾冲突，及高拱被逐，太息而死。

礼部尚书吕调阳兼文渊阁大学士。六部、都察院主官多调动。通过吏部京察，部院司官及给事中、御史等八十余人调外或闲住，"高拱之党略尽"。

事迹

张居正收到张四维劝请与高拱和解的头两封信后，在复信中无明确表态，仅空泛而言"念知己之辽阔，晤话语之无从也。"实质上是不愿他人过问。

万历皇帝登极前夕，张居正即同太监冯宪前往天寿山"营视山陵"，斥罢高拱当日，居正又"引疾"，屡促之然后入，似为预设避嫌之局。宣布斥罢旨意后，又表白："仆犹冒死为之营诉，为之请驿，仅得解脱"，云云。

但在与潘晟、王崇古等的通信中，居正却流露出因与高拱失和的苦恼，以及对高拱的不满。答王崇古的信说："主少国疑，艰难之会"，指高拱"一切皆易其道，又昵比谗佞，弃绝石交，语之忠告，不惟不纳，反致疑怒，竟至于此，岂非天哉！"

万历登极一月之内，两次特召见张居正于平台，慰劳之曰："皇考屡称先生忠臣"，居正顿首谢，表示必鞠躬尽瘁以效忠报国。君臣知遇自此始。"帝虚己委居正，居正亦慨然以天下为己任，中外想望丰采。"

"居正为政，以尊主权，课吏职，信赏罚，一号令为主。虽万里外，朝下而夕奉行"。仅在接任当年，即多重要举措。

大力整饬官常，严申纲纪，先命两京文武官四品以上各总督巡抚等，俱自陈去留。继又代草诏书戒谕百官："诸臣宜被除前愆，共维新政。若溺于故习，背公徇私，获罪祖宗，朕不敢赦。"诏下，百官惕然。

加强对幼年皇帝的培养教育，张居正请从八月份起"开经筵"，距隆庆之丧未过百日。又乞更定常朝三六九日御门听政，余日"听日讲"。

疏请暂停购买金珠宝石。

万历俱从之。

居正进《帝鉴图说》，将前史所载兴亡治乱之事，撮其善可为法者八十一事，恶可为戒者三十六事，每一事前绘为一图，供万历皇帝参阅，用为特殊的帝皇教材。

万历元年（1573） 49 岁

政局

正月，发生了王大臣闯宫事件。冯保阴谋借此以陷高拱于死地，举朝汹汹。后因机事不密，王大臣又翻供，大臣杨博、葛守礼等均出面制止，此事才寝息，仅杀王大臣一人结案。

土蛮犯铁岭、镇西等堡，李成梁击退之。

广西怀远瑶族聚众反抗，总督殷正茂、巡抚郭应联等率二万人进攻，未有战果。

南京工部尚书张瀚因"柔慎"，被拔擢为吏部尚书。

召宣大总督王崇古入为兵部尚书，以兵部侍郎方逢时总督宣大、山西军务。

"始，逢时与崇古共定贡市议，及代崇古，仍申明约信。两人首尾相济，边境遂安。"

事迹

实任首辅，从建极殿大学士进中极殿大学士、左柱国。万历先后赐御书大字七幅：曰元辅、良臣、尔惟盐梅、汝作舟楫、宅揆保卫、社稷之臣、股肱之助。盖以伊（尹）周（公）相期许，待以师相之礼。君臣关系处在政治蜜月期。

当王大臣事起，张居正亦曾上疏请追究"主使勾引之人"，其后又急转为主张不必扩大株连。

颁布对各级官员亏赋、住俸、降级、改调、革职的规例。

制定并颁行《考成法》。规定各抚按奉行事件，有迟延者该部院举之；各部院注销册有隐蔽者，该科举之；六科缴奉有隐蔽者，内阁举之。务求做到月有考，岁有稽，随事考成，上下左右互为制约，保证办事质量和效率。"江陵立考成法，以为制治之本。向者因循玩愒，至是始中外淬砺，莫敢有偷心焉。"

严格财政纪律。规定各直省所报岁入岁用数籍，必须算明立限，其中解部旧额若干、支用若干、余剩若干，本折色见贮若干、亏欠若干，与部册核对明白。内阁根据国家需要，酌令以一定数目解京或济边。"江陵志在富强，当积弛之后，钱谷阴耗不可问，力振其弊，务责实效，中外凛凛，毋敢以虚数支塞。行之十年，太仓之积，足备数载"。

万历二年（1574） 50岁

政局

诏行内外官久任法，务求才宜于官，官宜于地（位）。

建州王杲大举入犯，辽东巡抚张学颜、总兵李成梁派劲卒以火器攻之，先后斩馘一千一百余级，擒斩王杲，报捷。

广东潮州林道乾之党诸良宝既抚复叛，袭杀官民，掠六百人入海，又回扰潮州，居高山巅不出战。广东总兵官张元勋积草土与其垒平，用火攻之，斩首千余级，于是惠、潮事平，亦报捷。

倭寇犯浙东宁波、绍兴、台州、温州四郡，又陷广东铜鼓卫、双鱼所，总兵官张元勋大破之，俘斩八百余级。

四川巡抚曾省吾、总兵刘显平定了盘踞在叙州六县的都掌蛮，由用兵剿杀转为着重安抚，"从容绥定"。

是秋，河海并溢。恶风暴雨，江海骤涨，人畜淹没，庐舍倾圮，两淮、徐州、扬州均受重灾，各予蠲赈。

给事中赵参鲁激论南京守备少监张进酗酒禁地，追辱科臣，又猛烈攻击内竖骄横不法，张居正将之谪外为典史。时论认为此为取悦冯保，但又借此说其裁抑内官。

事迹

张居正疏请恢复每岁决囚的制度。虽李太后倡议本年度再次停刑，居正仍坚持执法，谓："春生秋杀，天道之常。稂莠不除，反害嘉谷；凶恶不去，反害良民。刑期无刑，为治道之正。"李太后无奈从之。"江陵本申韩之学，其佐治信赏必罚，捷于风雷。天听转圜，而姑息之政诎矣。威行万里，坐致富强。"

又请仿照明太祖引见廉能官的办法，引见朝觐廉能官浙江布政使谢鹏举等二十五人，面加奖励，各赐金币钞宴。对贪酷有据的保定知府贾淇等十八人，命下法司。

张居正奏上御屏，上绘全国疆域，旁列公侯而下、郡守以上文武群臣姓名简历，按时更换，俾万历能及时省览。诏设于文华殿后。

精简徒具形式的南京留都部分部院官。

对辽东、广东、浙东、四川诸用兵地区，居正屡函吴兑、方逢时、殷正茂、曾省吾等指示用兵方略。

漕运经整顿后大有起色，是年，"计太仓之粟一千三百余万石，可支五六年"。

对苏、松地区田赋不均，侵欺拖欠严重，"私家日富，公室日贫，国匮民穷"的情况给予严重注意。特委派宋仪望为应天巡抚，责成他着手丈量田地，均平赋役，为进行大规模改革作准备，致函勉励他坚决"剔刷宿弊""杜绝贿门，痛惩贪墨""清理逋欠，严治侵渔揽纳之奸。"

万历三年（1575） 51岁

政局

以礼部侍郎张四维为礼部尚书兼东阁大学士，预机务。万历在诏书中加注"随元辅等入阁办事"，于是四维恂恂若属吏，不敢以同僚自处。

礼部尚书万士和因不同意张居正欲越例赠朱希忠王爵，亦未允冯保为方士求官，同情给事中余懋学以言事得罪等事，积忤居正，被罢官。

翰林院有白燕一双，献于内阁，阁中又有白莲早开，张居正因作颂以献。南京户科给事中余懋学抗疏论之，居正已不悦。懋学又言政事，谓"法严则苦，法密则扰"，对当前进行的改革显露不满。在"防谀佞"条中，更认为兵部"题覆边功，往往首列阁臣"；工部建桥成功，亦"夸述阁臣司礼……词涉献谀"，攻击锋芒指向张居正和冯保，被切责，削籍。

御史傅应祯请复赵参鲁、余懋学官，为人臣进言者劝。疏中又谓应以王安石之误宋为深戒，居正认为讽己。应祯被执下诏狱，刑求党与。傅下狱时，给事中徐贞时偕御史李祯、乔岩入视，亦皆坐谪。

诏派南京工部尚书刘应节、侍郎徐栻前往山东，会同巡抚李世达开胶莱河，一为缓解黄河泛滥，二为保证漕运。

改定南京编审铺户之期，五年一更，借以减轻商累。

事迹

整顿驿递制度。提高各省驿传道职权地位，颁给专敕关防，同于兵备道、提学道。官吏非公出不许乘传。公出驰驿亦有对日程、路程、供应待遇等的严格规定，违者法办。居正以身作则，谓："驿递一事，近例颇严，人似无敢犯者。大抵为政必贵身先。顷小儿回籍应举，自行顾倩。昨冬遣仆归寿老亲，身负仪物，策蹇而行，盖不敢身自犯之也。"

居正请敕吏部，申严贡士之法，减少郡县入学名额，对士子加严监督管束，"务在敦本务实，毋得群聚徒党，虚论横议，其有讪时好评、市语道谤、敢行称乱者，令有司论如法"。

辽东巡抚张学颜等曾飞报，谓北虏二十余万来犯，请兵请粮，万历颇为震恐。张居正镇静分析，正确判断出，此不过是"敌以虚声恐我，使我惊惶疲于奔命"之策，批评了边帅们"仓惶失措，其与风声鹤唳草木皆兵何异"，饬引为儆戒。居正自谓"仆内奉宸衷，外忧边境，一日之内，神游九塞，盖不啻一再至而已。"

万历四年（1576） 52 岁

政局

张居正门生、巡按辽东御史刘台上章严劾居正专擅威福，如逐故辅高拱，私赠成国公朱希忠王爵，引用张瀚、张四维为党，斥逐言官余懋学、傅应祯等，并及固宠黩货诸不法状。"张居正怒请辞政，万历诏捕刘台至京师，下诏狱，命廷杖百，远戍广西。其父弟俱坐罪。"

敕司礼监太监兼理东厂事冯保会同三法司堂上官录囚。

黄河决韦家楼，又决沛县缕水堤，丰、曹二县长堤，于是徐、丰、沛、睢宁、金乡、鱼台、单、曹八州县，田庐淹没无算。

潘季驯受任江西巡抚，大力推行丈田，行一条鞭法。

事迹

九年考满，进左柱国太傅，加伯爵，荫子尚宝司丞。居正恳辞。万历赐敕曰："先生亲受先帝顾命辅朕冲年，今四海升平，外夷宾服，实赖先生匡弼之功。精忠大勋，朕言不能述，官不能酬，惟我祖宗列圣阴祐先生子孙，世世与国休戚也。"居正固辞，许辞太傅伯爵。是为君臣关系最热切之时，张居正权位最隆盛之际。

刘台事件发生后，居正颇受刺激，因为"反噬出于门墙，怨敌发于知厚"，是他始料不及的。当时人言藉藉，居正亦自言"处于危地"。

万历五年（1577） 53 岁

政局

户科给事中光懋上疏攻击一条鞭法为"不分贫富，一例摊派""商贾享逐末之利，农民丧乐生之心。"又有人言："条鞭之法，或宜于南而不宜于北"。

张居正驳斥曰："条鞭之法，近旨已尽事理，其中言不便，十之一二耳。法当宜民，政以人举，民苟宜之，何分南北？"仍请已行各省继续推行。

李太后以万历皇帝明年"大婚"吉期，谕示从本年开始停刑。张居正力言："稂莠不锄，嘉禾不茂；冤愤不泄，戾气不消。"坚请如常行刑，得准。

张居正父丧讣闻至京，引发出应否"夺情"的廷争。

当此改革成败关键之时，议论纷纭之际，张居正如离任守制，改革诸举措难免夭折。居正"阳乞守制，露意冯保使留之"，似无可非议。

居正继续入阁理政，及侍经筵。

"在官守制"颇悖于传统纲常，反对者亦利借此以逐之去。编修吴中行、检讨赵用贤、员外郎艾穆、主事沈思孝、进士邹元标等先后上疏，严词批斥"夺情"之议，先后被廷杖发戍。人情汹汹，指目居正。

事迹

次子张嗣修高中丁丑科进士一甲第二名（榜眼）。

因"夺情"而引发的事故，使居正大受震动。自言："辞官守制，予定归葬之请，诚不得已也。乃二三少年，不达皇上恳切勉留之意，又不白孤委曲顺命之心，妄行渎扰，遂致上干天怒，赫然震撼，伤动圣心，亏损国体，此又孤不幸中之大不幸也。伤痛之余，加以震惧，形神俱瘁，病势转增，奈何，奈何！"

万历六年（1578） 54 岁

政局

万历"大婚"，李太后退出与万历同住的乾清宫，还居慈宁宫，淡出政治，意味着对成年皇帝的"松绑"。

请增补阁员，因推礼部尚书马自强、吏部右侍郎申时行入阁。得旨："马自强兼文渊阁大学士，申时行兼东阁大学士，俱着随元辅等在内阁办事。"

张居正回籍葬亲。万历指示次辅吕调阳等："大事还待先生来行"，遇有军机急事，则"着兵部马上差人星夜前去与张先生看"。期中，辽东告捷，万历复归功居正，其赏赉事宜，亦着遣使驰请居正条列。留京的内阁仅是名副其实的看守内阁。吕调阳意气消沉，本年内曾十次上疏乞休，终辞官去。

马自强入阁数月即去世。其入阁后，"亦不能有为，充位而已"。

张居正回籍期间，万历一再要求取太仓银入内库，又每年加派金花银二十万两；内承运库亦着户部拨巨款购买金珠及猫睛宝石，吕、张、马、申等大学士谏而未准，请俟张居正回京再议，亦不准，只好刮库以应。

辽东李成梁屡报大捷，在京已庆贺告庙。张居正在籍据战报分析，认为来敌"望风奔溃，骈首就戮""此中情状，大有可疑"，判断成梁有杀降冒功之嫌，饬令兵部今后对边功必宜详查核实。此为居正识见过于其他阁部大臣之处。

诏示对全国田亩通行丈量，限三载竣事。

用潘季驯为工部侍郎兼右都御史，总理河漕。

潘季驯上《两河经略疏》，中心内容是"导河以归之海，用水冲沙，以水治水，浚海安澜"。张居正力排横议，对潘氏根治水患之策给予大力支持。以漕粮改折之法提供充裕的经费。

对限制讲学和书院进一步采取措施。居正自言："孤近日严禁各处创造书院，聚徒冗食。"

事迹

居正穿吉服参加"大婚"典礼，违背当时礼仪规定，受到给事中李涞疏劾。

居正回籍所过，守臣皆长跪，抚、按大吏越界迎送，身为前驱。道经襄阳，襄王出候，宴请。原规定，虽公、侯，谒王执臣礼，居正具宾主而出。过南阳，唐王亦如之。

归葬时，湖广诸司毕集，唯巡按御史赵应元未来。其后，都御史陈炌劾应元规避，遂除名。

居正尚在假中，户部员外郎王用汲上疏为赵应元申辩，且旁及因刘台、吴中行、赵用贤、艾穆、邹元标诸案受株连各人的案件，指"所挫抑者，半不附宰臣之人"，斥"宰臣酬恩报怨之私"，请万历今后独揽大权，防止太阿倒持，大权旁落。居正回京后，虽仍在休假期中，但即急草长达三千言的奏章以驳斥王用汲。王用汲被削籍。

夺情和回籍葬亲引发事件不断，而居正仍自言："孤数年以来所结怨于天下者不少矣。恰夫恶党显排阴嗾，何尝一日忘于孤哉！念己既已忘家狥国，遑恤其他。虽机穽满前，众镞攒体，孤不畏也。"

万历七年（1579） 55岁

政局

万历出疹，李太后命召僧设戒坛说法，居正以嘉靖曾有禁革旨，请停开戒坛，事寝息。

万历疹愈，中旨征光禄寺十万金。内阁张居正等言："以后望痛加搏节。若再征，臣等不敢奉诏矣。"

万历一再索要太仓所储银两入内用，命工部铸钱输入内库，又命太监孙隆在苏、杭加派织造七万余匹，均被居正劝阻。张居正上户部编制的《御览钱粮数目》，请万历"留心"。

土蛮以四万骑复犯辽东，李成梁命诸将坚壁以遏其冲，蓟镇总兵戚继光驰援击其背，报捷。

诏度田。厉行宗室勋戚庄田世次递减之限。对逾额或隐占者严加清丈，抗拒者按法治之。

潘季驯治两河有成。筑坚堤、建大坝，设闸分流，导水入海，"能确有定见，不为异议所惑""自后数年，河道无大患"。

诏毁天下书院。前常州府知府施观民敛民财以建书院，坐罪免官。通令各省将书院改为公廨。凡先后毁应天等府书院六十四处。

南方有流传托名海瑞上弹劾张居正的奏疏稿，宁国府生员吴仕期曾因此受嫌被捕。张居正要求主办此案的南京都察院右佥都御史胡槚不可过事株连，不宜扩大事态。

事迹

辽东之捷，很重要的是由于张居正从中央及时调度，以辽蓟合兵配合进击，得以重创土蛮。"是役也，张居正实予授方略"。张在给大同巡抚贾应元的信中说道："先报土蛮大举犯边，即驰语该镇戒备，坚壁清野。李帅持重勿出，使戚帅选锐出关应援，而自以重兵驻一片石，伺间出奇邀击。……自此辽蓟声援相通，二将协和，势若常蛇。不谷于此，颇殚心力。"

潘季驯治水之能成功，实与张居正的坚定有力支持分不开。居正曾对季驯总结此中原委，言："追忆庀事之初，言者蜂起，妒功幸败者，旁摇阴煽，盖不啻筑室道谋而已。仰赖圣明英断，俯纳謇言，一举而裁河道，使事权不分；再举而逮王、杨（按，将治河不力的淮安府通判王宏化，淮安水利道、河南佥事杨化隆革职查办），使冥顽褫魄；三举而讪林道之妄言（按，驳回了御史林碧潭反对潘季驯主张堵塞决口，筑坚固堤坝以导引洪流之议），仆异议之赤帜，使无稽之徒，无所关其说。然后公得以展其宏猷，底于成绩。……"

限学额、毁书院、禁讲学，是张居正一贯的主张。他还主张将各书院所有的房舍、土地等财产一概没收："查改书院并田粮事，一一明悉。必如是，而后为芟草除根，他日亦不得议复矣。"

布衣名士何心隐私立求仁书院，张居正示意湖广巡按御史郭思敬捕治之，何心隐死于狱中。江西永丰人梁汝元聚徒讲学，扬言张居正专政，当入都昌言逐之，居正微闻其语，露意有司捕之，亦毙于狱。

万历八年（1580） 56岁

政局

万历皇帝更耽于玩乐享受，一再索要巨额款项，增选民女，"夜间游宴别宫，释去法服，身着窄袖小衣，长街走马，挟持刀杖"，搜寻"奇巧戏玩之物"。夜宴乾清宫，为近侍孙海、客用所惑，杖二内使几毙。李太后获知，立命冯保捕海、用等，杖而罚之。更切责万历，命长跪受教，冯保又属居正草《罪己诏》颁示阁臣。"时上迫于太后，不得已皆报可，而心颇嗛居正及保矣。"

全面清丈田土。户部颁布八款以为准则。

进一步整顿驿递。革除徒为民害的站马军旧制。对袭封衍圣公孔尚贤严重骚扰驿政，亦一体参究。本年内，因"违例乘传"或超额使用驿马驿丁而受弹劾、降级、调用、削籍处分的，有苑马寺监、江西布政使、浙江按察使、福建盐运使，严州、淮安、汀州、庆远等府知府及州县官数十人。因官亲官眷不法而受牵累的官员亦不在少数。

事迹

万历奉李太后旨处分孙海、客用二人，降之为小火者后，张居正奏谓"降黜未尽其辜，宜发充净军"，万历只得听从。两日后，张居正又面奏："谄佞希宠，放肆无忌者尚不止此二人，如司礼监太监孙德秀、温泰、兵仗局掌印周海者，皆不良之人，其罪亦不在孙海、客用之下。今皇上既将此二人寘之于法，以示悔过自新之意，则孙德秀等亦不宜姑容。"万历亦只好听从，将孙德秀等驱逐出宫。张居正面奏时自比于诸葛亮，谓"宫中府中俱为一体，陟罚臧否不宜异同。臣等待罪辅弼，宫中之事皆宜与闻"。万历"虽虚己以听，而内顾不堪"。

张居正改革驿递制度，坚持以身作则。其弟张居谦在京去世，将灵柩运回江陵，其子回籍乡试，俱辞免用驿。有家仆擅自骑坐官马，即擒送锦衣卫，榜之至百。自称"忝在执政，欲为朝廷行法，不敢不以身先之"。

居正长子敬修、第三子懋修俱中进士。万历特拔擢懋修为一甲第一名（状元）。

万历九年（1581） 57岁

政局

继续通行丈量田地。严查溢额、脱漏、诡寄诸弊，清出勋戚庄田22700余顷，一律按册征赋。代王府"镇国中尉廷塽、奉国将军俊㭐等阻挠丈田，称赴阙，擅出城树旗，不许拦截。巡抚贾应元以闻。有旨：废俊㭐庶人，余革禄，仍丈田如故"。

丈田基本结束。总计全国田数7013976顷，较弘治时期超出300万顷。丈田对增加国赋，均平负担均有巨大贡献，但在进行中，亦有以溢额为功，人为制造虚额，使部分地区人民蒙受损失的。

宣布将一条鞭法推行于全国，使之成为全国统一的新赋役制度。"总括一州县之赋役，量地计丁，丁粮毕输于官，一岁之役，官为佥募"。

进一步整顿吏治纲纪。以丈田弛缓，革松江、池州、安庆等知府职；逮治亏欠输京银两、锭式不依部样的河南知府赵于敏。察处不职的朝臣264人，又大量裁革冗官，包括户、礼、兵、刑、工五部司员，各院、寺、监、府职官，两直隶，各省、府、州、县佐贰杂职等官。

宫闱用度太侈，征索更频繁，除一再勒取太仓银外，更将岁增金花银二十万两定为例贡，云南贡金亦要求增额。

事迹

为指挥全国丈田，张居正本年内多有指示："清丈事，实百年旷举，宜及仆在位，务为一了百当。""功臣家除拨赐公田外，但有田土，尽数报官，纳粮当差。……若自置田土，自当与齐民一体办纳粮差，不在优免之数也。近据南直隶册开：诸勋臣地土，除赐田外，其余尽数查出，不准优免。""居正以江南大豪怙势，及诸奸猾吏民善逋赋，请遣大吏精悍者严行督责，赋以时输。于是国藏日充裕，而豪猾者辄以是怨居正。"

在清丈基本结束，推行一条鞭法又见成效的基础上，张居正请免自隆庆元年至万历七年（1567—1579）各省未完纳的钱粮一百余万两，而税粮最重的苏州、松江两府即占七十余万，"与其腴民以实奸贪之橐，孰若尽蠲以施旷荡之恩。""是时帑藏充盈，国最完富，故有是举。"

当此改革处于成败的关键时期，居正更强调从严治吏。"昔之治蜀者，皆以严效。""今治吏亦然。科条既布，以身先之，有不如令者，姑令之，申之；申令已熟，则不问官职崇卑，出身资格，一体惩之，必罪无赦。……若徒以言语教谕之，虽口破唇焦，毕竟何益？"

张居正的健康，本年内有明显的恶化。在给已离任的兵部尚书王崇古的信中，说到自己勉强支撑病体视事，身心交瘁的情况："贱体入夏即病，荏苒数月，殊觉委顿。今虽眠食稍复，然病根未除。缘弱质谫才，久肩重任，筋力既竭，而鞭策不已，遂致颠蹶耳。"

万历十年（1582） 58岁

政局

杭州兵变，缚辱巡抚都御史吴善言，几与当地"乱民"结合。诏派兵部右侍郎张佳胤往讨。佳胤先以兵力扑剿"乱民"，再诱杀乱兵首领马文英、刘廷用等，平定了二乱。

灵州亦发生兵变，参将等被杀。

张居正扶病上疏，请废除深为民害的带征钱粮陋习，得准后颁行全国。

户部议准减税契、宽铺行、恤商人三事，是惠商政策的继续。

叙辽左功，进张居正为太师，荫子一人为锦衣卫指挥同知。

张居正自度不起，推荐前礼部尚书潘晟、吏部侍郎余有丁入阁。潘晟与居正及冯保素有渊源，居正荐其入阁，亦有为自己身后计。但晟素有不廉之名，且不协清议，前两度任礼部尚书，均被劾罢，此次受命，言官相继劾之，被迫中途疏辞。张四维即拟旨准辞。

六月二十日，张居正病逝于邸。享年 58 岁。万历皇帝表示震悼，辍朝一日，赐赙金楮币，赠上柱国，谥文忠；遣官致祭，赐祭十六坛，两宫太后及皇后各赐金币。遣官护送灵柩回籍归葬，备极哀荣。

但，居正丧仪未毕，政治风云即已变幻。

居正亲信吏部尚书王国光、吏部左侍郎王篆首先被劾罢，革职闲住。前因居正事被罢职谪戍的吴中行、赵用贤、艾穆、沈思孝、邹元标、余懋学、赵应元、傅应祯、孟一脉、王用汲等俱加起用。

山东道御史江东之揭劾冯保家仆、锦衣卫指挥同知徐爵擅入宫闱，妄参票拟诸大罪，被下锦衣狱论死。词连刚继任吏部尚书的梁梦龙，亦一度被囚刑部狱。江西道御史李植劾司礼监冯保十二大罪，当诛，恰中万历积怒，乃将冯保降为奉御，安置南京。随后，又籍其家，得金银百余万，以及珠宝瑰异等。

清算冯保的锋芒转向张居正。"时潞王将婚，所需珠宝未备，太后间以为言，上曰：'年来无耻臣僚，尽货以献张、冯二家，其价骤贵也。'"于是弹击居正者纷起。

陕西道御史杨四知弹劾张居正十四大罪，主要指其"欺君蔽主，奢僭侈专，招权树党，忘亲"等。万历亦在诏旨中指斥居正"怙宠行私，殊负恩眷"，等等。

以上重大变故，俱发生在张居正身后半年之内。

事迹

张居正病情转重，求私宅票拟。病中力言"带征逋赋，苦累有司，仆亦久知之，目下方欲面奏，请恩蠲豁"。后得旨允予废除，此为居正为解除民生疾苦建言的最后一大事。

病笃，犹为边防事数函宣大总督郑洛、大同巡抚贾应元及其他边关将帅，嘱针对俺答初死，敌情未卜，宜密切戒备，防止他变。

四月以后，居正病情渐见危殆，一再上疏请求退休，言："今日精力已竭，强留于此，不过行尸走肉耳。……伏望皇上怜臣十年拮据尽瘁之苦，早赐骸骨，生还乡里。……"其言也哀！

万历一再派人视疾、赐金、赠蟒衣等，但不准退休。朝臣上下纷纷为居正康复设醮祈祷。

万历十一年至十二年（1583—1584）

政局

清算张居正进入高潮，万历皇帝泄愤报复、怠政放纵亦进入高潮。

十一年三月，命追夺张居正赠官，其子张简修原荫锦衣卫指挥除名。八月，追夺张居正原赐"文忠"谥号。十二年四月，加张居正"侵盗王府金宝，又占王坟"等罪名，命司礼监太监张诚、刑部左侍郎丘橓等籍其家。居正长子敬修被追赃至自缢死，财产充入内库。同年八月，下诏榜示张居正罪状于天下，谓本应"剖棺戮尸"，姑准恩免。将其弟居易及子孙等多人，俱发烟瘴之地。

史家谓张居正"身没未寒，遽婴大僇"，其最主要的原因是"权高震主"，使万历自认为皇权受到威胁，导致恩仇中变，狠加毒手。"盖检约觝戾，动不自繇。慈训饬于上，规瑱迫于外，嫌忌日积，乘隙而溃，遂莫可救矣。"其言亦切近问题的实质。

张居正死后，时局急转直下。张四维为首辅，与申时行共同主持内阁政务。二人对张居正所持政纲本隐藏着很大的保留，"心不善其所为"。又为迎合万历意图和当时的政治气候，"务倾江陵以自见，尽反其所为。所裁冗官秕政一切复之"。

十一年四月，张四维丁忧守制，申时行继任为首辅，"亦踵其故智，使纪纲陵迟，侵渔日恣，吏贪而民玩，将惰而兵骄，国储荡然，基无穷之祸"。

居正既死败，万历皇帝便"乾纲独揽，操纵如意"了。

南京刑部尚书殷正茂、前后任兵部尚书吴兑、王国光，两广总督陈瑞，湖广巡抚陈省，左佥都御史王宗载，礼部尚书徐学谟等均被指为"私张氏"，先后被削籍罢官；蓟永总兵官戚继光亦被指"党张居正"，被移镇广东，削夺了兵权；刑部尚书潘季驯为请宽缓对居正家属的处置，竟被革职。"居正诸所引用者，先后斥削殆尽。"

恢复京省裁革官，诏示缓决录囚，御赐书院名匾，增补贡生名额，俱是有针对性地一反张居正所为而行的。财政由盈转亏："万历十年，岁入三百六十七万六千一百八十金，岁出四百二十二万四千七百三十金，视所入多五十四万。万历十一年，蠲免共一百七十六万一千有奇，所入又减，其太仓抵补共二百三十万一千有奇。"

隆万大改革的成果迅速耗消，而万历的贪奢嬉息和任性，则充分暴露。他开始稀视朝、讲读，一再下诏"采民女""停民间嫁娶""取骟马三千匹，供内操用"；先后三次亲上天寿山，"自择寿宫"，下诏营建大规模的"寿宫"工程。贪财好货，竭泽而渔，仅据载在史册的，便有：

十一年二月，"征云南库贮矿银二十万"；

闰二月，"户部停买金珠，折价五万两入内库"；

四月，命制陶器如弈局、屏、礁、笔管、盒、炉等器，共九万六千有奇；

十二月，"征太仓十万金，光禄寺五万金。"

十二年四月，"征零陵香千斤"。

八月，征户部、太仆寺各三十万金。阁臣力请减，遂半之。又因秋祭山陵，征太仓五万金、太仆寺十万。兵部复持不可，不听。"房山人史锦请开矿，命下抚、按复之。"此为不日普征矿税的先导。当时，"公私交骛矿利""至是奸民屡以矿利请，廷臣力陈其弊，上从之，然意殊怏怏。不及十年后，矿使四出矣。"

以上，仅为反映万历政治取向的部分事实，说明"由治入乱"的格局已经形成，已经酿成"明亡于万历"的最初基础。其后，皇帝更深居不出，宫闱丑闻传遍城邑，国家机器陷于瘫痪，官缺不补，朝议不行，征敛及于骨髓，兵变民变相继爆发，流民蜂起于山、陕、湖广，满洲新兴势力崛起于东北，明朝国将不国，已无可避免地走向衰亡。每当内忧外患相纠结，而又无能解脱之际，时人多有缅怀隆万大改革时期的兴旺隆盛，多有追诵张居正及高拱等人丰功的。

引用文献和参考资料

引用书籍依编著者的姓氏笔画顺序排列，官修不具名或不著撰人者依书名笔画顺序排入，地方志按成书年代顺序排列。

一、文献

○于慎行:《谷山笔麈》，江苏人民出版社《明史资料丛刊》点校本。

○〔清〕于准:《明儒学案序》，《明儒学案》，中华书局点校本附录。

○万历《大明会典》，万历刊本。

○《万历起居注》，北京大学影印本。

○《万历邸抄》，江苏广陵古籍刻印社影印本。

○万恭:《洞阳子再续集》，天启刊本。

○王士性:《广志绎》，中华书局点校本。

○〔清〕张廷玉等:《清圣祖实录》，中华书局影印本。

○〔清〕王士禛:《池北偶谈》，乾隆刊本。

○王世贞:《嘉靖以来内阁首辅传》，万历刊本;《弇州山人四部稿》，万历刊本;《觚不觚录》，万历刊本。

○王守仁:《阳明先生全书》，万历刊本;《传习录》，万历刊本。

○〔清〕王夫之:《读通鉴论》，中华书局点校本;《噩梦》，民国广益书局铅印本。

○王文禄:《百陵学山》，天启刊本。

○王邦瑞:《王襄毅公集》，万历刊本。

○王宗沐:《海运志》，万历刊本。

○王艮:《王心斋先生全集》，万历刊本。

○王圻:《续文献通考》，现代出版社影印本。

○王国宪:《海忠介公年谱》，《海瑞集》，中华书局点校本附录。

○王国光:《万历会计录》，万历刊本。

○王崇古:《公余漫稿》，万历刊本;《王督抚集》，万历刊本;《王氏族谱》，山西社会科学院藏本。

○〔隋〕王通：《中说》，康熙刊本。

○王锜：《寓圃杂记》，《玄览堂丛书》三集本。

○王锡爵：《王文肃公文草》，万历刊本。

○〔清〕王鸿绪（据万斯同稿）：《明史稿》，雍正敬慎堂版。

○〔清〕尹守衡：《明史窃》，华世出版社影印本。

○〔春秋〕孔丘：《论语》，世界书局《新编诸子集成》本。

○〔春秋〕左丘明：《左传》，《四部备要》本。

○史梦兰：《全史宫词》，崇祯刊本。

○辽宁省档案馆、辽宁省社科院合编：《明代辽东档案汇编》，辽沈书社点校本。

○叶廷琯：《瓯波渔话》，崇祯刊本。

○叶盛：《水东日记》，中华书局点校本。

○叶权：《贤博篇》，江苏人民出版社《明史资料丛刊》点校本。

○叶向高：《蘧编》，崇祯刊本。

○文秉：《定陵注略》，传抄本。

○邓士龙：《国朝典故》，北京大学出版社排印本。

○支大纶：《支华平先生集》，万历刊本；《明永陵编年信史》，万历刊本。

○〔清〕计六奇：《明季北略》，中华书局点校本。

○丘濬：《大学衍义补》，嘉靖刊本。

○〔清〕龙文彬：《明会要》，中华书局点校本。

○〔清〕印鸾章、李介人：《明鉴》，北京中国书店影印本。

○申时行等：《明会典》，万历刊本。

○申时行：《赐闲堂集》，万历刊本；《召对录》，万历刊本。

○田艺蘅：《留青日札》，上海古籍出版社影印本。

○〔汉〕刘向编订：《战国策》，乾隆刊本。

○刘仲达：《刘氏鸿书》，万历刊本。

○刘应箕：《款塞始末》，万历刊本。

○刘绍恤：《云中降虏传》，万历刊本。

○刘若愚：《明宫史》，北京古籍出版社点校本；《酌中志》，《海山仙馆丛书》本。

○刘基：《郁离子》，嘉靖刊本。

○刘菘：《清水先生文集》，嘉靖刊本。

○〔清〕刘献廷：《广阳杂记》，《畿辅丛书》本。

○〔清〕任源祥：《鹤鸣堂文集》，康熙刊本。

○〔汉〕司马迁：《史记》，中华书局点校本。

○〔清〕孙承泽：《春明梦余录》，江苏广陵古籍刻印社影印本；《天府广记》，北京古籍出版社点校本。

○〔战国〕孙武：《孙子兵法》，中华书局《十一家注孙子》载录。

○〔清〕包世昌：《中衢一勺》，乾隆刊本。

○冯汝弼：《祐山杂说》，天启刊本。

○艾穆：《艾熙亭先生文集》，万历刊本。

○乔世宁：《丘隅集》，《百陵学山丛书》本。

○伍袁萃：《林居漫录》，天启刊本。

○〔战国〕吕不韦：《吕氏春秋》，万历虞德烨重校本。

○吕坤：《实政录》，嘉庆重刊本；《呻吟语》，嘉庆重刊本。

○〔清〕吕毖：《明朝小史》，光绪重刊本。

○许重熙：《嘉靖以来注略》，天启刊本。

○〔朝鲜〕许葑：《荷谷先生朝天记》，韩国重刊本。

○〔战国〕庄周：《庄子》，世界书局《新编诸子集成》本。

○〔清〕全祖望：《鲒埼亭文集》，齐鲁书社点校本。

○许国：《许文穆公全集》，万历刊本。

○江东之：《端阳阿集》，万历刊本。

○朱元璋：《洪武御制文集》，黄山书社点校本。

○朱怀吴：《昭代纪略》，天启刊本。

○朱国祯：《涌幢小品》，天启刊本；《皇明大事记》，天启刊本。

○朱健：《古今治平略》，万历刊本。

○〔宋〕朱熹：《朱子语录》，嘉靖重刊本。

○朱朝瑛：《垒庵杂述》，万历刊本。

○朱衡：《漕河奏议》，万历刊本。

○〔清〕谷应泰：《明史纪事本末》，中华书局点校本。

○李乐：《见闻杂记》，中华书局点校本；《续见闻杂记》，中华书局点校本。

○〔春秋〕李耳：《老子》，光绪刊本。《道德经》，广西民族出版社点译本。

○〔梁〕肖子显等：《南齐史》，中华书局点校本。

○李清：《三垣笔记》，中华书局点校本。

○李诩：《戒庵老人漫笔》，中华书局点校本。

○李春芳：《赐闲堂集》，万历刊本；《贻安堂集》，万历刊本。

○〔清〕李显罡：《南吴旧话录》，上海古籍出版社影印本。

○李梦阳：《空同先生文集》，嘉靖刊本。

○李贽：《藏书·续藏书》，中华书局点校本；《焚书·续焚书》，中华书局点校本。

○李植：《言事纪略》，日本尊经阁藏万历刊本。

○〔清〕李慈铭：《越缦堂日记》，光绪刊本。

○李维祯：《大泌山房集》，天启刊本。

○李腾芳：《李文庄公全集》，万历刊本。

○〔宋〕李觏：《刑禁》，万历重刊本。

○〔现代〕吴晗辑：《朝鲜李朝实录中的中国史料》，中华书局点校本。

○〔现代〕吴廷燮：《明督抚年表》，中华书局点校本。

○吴时来：《吴悟斋先生摘稿》，万历刊本。

○沈錬：《青霞集》，乾隆重刊本。

○沈朝阳：《嘉隆两朝闻见录》，天启刊本。

○沈德符：《万历野获编》，中华书局点校本；《敝帚斋丛谈》，《学海类编》本；《敝帚轩剩语》，《学海类编》本。

○〔清〕沈德潜：《明诗别裁集》，上海古籍出版社影印本。

○沈鲤：《沈文端公集》，万历刊本；《亦玉堂稿》，康熙刊本。

○沈榜：《宛署杂记》，北京古籍出版社本。

○沈瓒：《近事丛残》，万历刊本。

○余继登：《典故纪闻》，中华书局点校本。

○严嵩：《钤山堂集》，嘉靖刊本。

○严讷：《严文靖公集》，万历刊本。

○何乔远：《名山藏》，中华书局点校本。

○何良俊：《四友斋丛说》，中华书局点校本。

○何塘：《何文定公全集》，万历刊本。

○何心隐：《何心隐集》，中华书局点校本。

○陈于陛：《意见》，万历刊本。

○陈子龙：《明经世文编》，中华书局点校本。

○陈仁锡：《皇明世法录》，崇祯刊本。

○〔清〕陈田：《明诗纪事》，上海古籍出版社本。

○陈继儒：《眉公笔记》，万历刊本。

○〔清〕陈鹤：《明纪》，康熙刊本。

○宋濂等：《元史》，中华书局点校本。

○杨士聪：《玉堂荟记》，中华书局点校本。

○杨爵：《斛山杨先生遗稿》，万历刊本。

○〔宋〕陆九渊：《象山全集》，嘉靖重刊本。

○陆容：《菽园杂记》，万历刊本。

○陆深：《玉堂漫笔》，万历刊本；《传疑录》，历史语言研究所抄本。

○陆树声：《陆文定公集》，万历刊本；《清暑笔谈》，万历刊本。

○陆楫：《兼葭堂杂著摘抄》，万历刊本。

○陆光祖：《陆庄简公遗稿》，天启刊本；《耄余杂识》，天启刊本。

○庞尚鹏：《审编事宜》，万历刊本；《百可亭摘稿》，万历刊本。

○辛应乾：《山西丈地简明文册》，北京大学图书馆藏抄本。

○邹元标：《邹忠介公奏疏》，日本内阁文库藏崇祯刊本；《邹子存真集》，天启刊本。

○张居正：《张太岳集》，万历张嗣修等编纂，上海古籍出版社影印本。

○张居正：《张文忠公全集》，道光陶澍等重刻本。

○张居正：《张居正集》，现代人张舜徽、吴量恺校注，湖北人民出版社本。

○张居正等：《明世宗实录》，历史语言研究所校印本。

○张居正等：《明穆宗实录》，历史语言研究所校印本。

○张敬修等：《太师张文忠公行实》，（附在《张太岳集》后）。

○〔清〕张廷玉等：《明史》，中华书局点校本。

○〔清〕张廷玉等：《清圣祖实录》，中华书局影印本。

○张四维：《条麓堂集》，万历刊本。

○张卤：《嘉隆新例附万历》，万历刊本；《嘉隆疏钞》，万历刊本。

○张萱：《西园闻见录》，哈佛燕京社影印本。

○张燮：《东西洋考》，崇祯刊本。

○张缵宗：《愿学编》，万历刊本。

○张瀚：《松窗梦语》，中华书局点校本。

○〔现代〕张新民等：《法华经今释》，中国社会科学出版社本。

○〔清〕张维屏：《国朝诗人征略》，道光刊本。

○范濂：《云间据目钞》，中华书局点校本。

○郑仲夔：《偶记》，崇祯刊本。

○郑晓：《今言》，中华书局点校本。

○林潞：《张江陵论》，载康熙《荆州府志》，卷七九。

○林时对：《荷牐丛谈》，江苏广陵古籍刻印社影印本。

○林太乙：《皇明政纪汇编》，日本东京内阁文库抄本。

○茅坤：《茅鹿门先生文集》，天启刊本。

○罗洪先：《念庵文集》，万历刊本。

○罗钦顺：《整庵先生存稿》，历史语言研究所藏抄本。

○〔战国〕孟轲：《孟子》，光绪重刊本。

○周永春：《丝纶录》，日本东京内阁文库明刊本。

○周元暐：《泾林续记》，天启刊本。

○姚叔祥：《见只编》，万历刊本。

○〔宋〕欧阳修等：《新五代史》，中华书局点校本。

○〔清〕贺长龄:《清经世文编》,道光刊本。

○〔清〕查继佐:《罪惟录》,浙江古籍出版社点校本。

○赵贞吉:《赵文肃公文集》,万历刊本。

○赵官等:《后湖志》,南京图书馆藏抄本。

○〔清〕赵翼:《廿二史劄记》,中华书局点校本;《瓯北文集》,嘉庆刊本。

○〔朝鲜〕赵宪:《重峰集》,《朝天日记》本。

○〔战国〕荀况:《荀子》,世界书局《新编诸子集成》本。

○珠海大学编刊:《广东文徵》。

○夏言:《夏桂洲文集》,万历刊本。

○〔清〕夏燮:《明通鉴》,中华书局点校本。

○〔清〕费宏等:《明武宗实录》,历史语言研究所校印本。

○顾鼎臣:《顾文康公疏草》,万历刊本。

○顾璘:《息园存稿》,隆庆刊本。

○〔清〕顾炎武:《天下郡国利病书》,道光刊本;《日知录集释》,道光刊本;《亭林余论》,道光刊本。

○顾起元:《客座赘语》,《金陵丛刻》本。

○〔清〕谈迁:《国榷》,中华书局点校本;《枣林杂俎》,光绪刊本。

○侯玄汸:《月蝉笔露》,天启刊本。

○骆问礼:《万一楼集》,万历刊本。

○徐阶:《世经堂集·续集》,万历刊本;《少湖先生文集》,万历刊本;《学则》,万历刊本。

○徐复祚:《三家邨老委谈》,万历刊本。

○徐学聚:《国朝典汇》,万历刊本。

○徐威:《西园杂记》,天启刊本。

○徐学谟:《世庙识余录》,万历刊本;《辽废王事纪》,历史语言研究所藏抄本。

○徐光启:《农政全书》,康熙重刊本。

○郭棐:《粤大记》,中山大学藏南州书楼刊本。

○高拱:《高文襄公集》,万历刊本;《高拱论学四种》,中华书局点校本。

○高仪:《高文端公奏议》,万历刊本。

○高岱:《鸿猷录》,万历刊本。

○海瑞:《海瑞集》,中华书局点校本。

○梁梦龙:《海运新考》,《玄览堂丛书》本。

○耿定向:《耿天台先生文集》,民国刊本。

○倪岳:《青谿漫稿》,万历刊本。

○〔战国〕晏婴:《晏子春秋》,世界书局《新编诸子集成》本。

○黄景昉：《国史唯疑》，历史语言研究所藏手抄本。

○黄汝良：《野纪矇搜》，万历刊本。

○〔清〕黄宗羲：《宋元学案》，中华书局点校本；《明儒学案》，中华书局点校本；《明文海》，中华书局影印本。

○黄汴：《统一路程图记》，复旦大学图书馆藏本。

○黄光升：《昭代典则》，万历刊本。

○焦竑：《国朝献征录》，上海书店影印本；《焦氏澹园录》，万历刊本；《焦氏笔乘》，万历刊本；《玉堂丛话》，中华书局点校本。

○聂豹：《双江聂先生文集》，万历刊本。

○董其昌：《神庙留中奏疏会要》，天启刊本。

○〔汉〕董仲舒：《春秋繁露》，四库全书本。

○〔清〕乾隆帝：《御选明臣奏议》，乾隆刊本。

○〔清〕乾隆帝审定：《明鉴纲目》，乾隆刊本。

○〔清〕钱大昕：《潜研堂文集》，嘉庆刊本。

○〔清〕钱谦益：《牧斋初学集》，上海古籍出版社点校本。

○〔梁〕萧子显：《南齐书》，中华书局点校本。

○戚继光：《止止堂集》附《横槊稿》，光绪重刊本。《纪效新书》，道光重刊本。

○〔晋〕傅玄：《傅子·法刑》，清刊本。

○〔清〕傅维麟：《明书》，《万有文库》本。

○〔战国〕商鞅：《商君书》，万历周孔教校刊本。

○屠衡、卜世昌：《皇明通纪述遗》，崇祯刊本。

○湛若水：《甘泉湛先生文集》，万历刊本。

○崔嘉祥：《崔鸣吾纪事》，天启刊本。

○〔宋〕程颐、程颢：《二程遗书》，嘉靖刊本。

○程春宇：《士商类要》，日本东京大学东洋文化研究所图书馆藏崇祯刊本。

○嵇元甫：《白鹤园集》，万历刊本。

○温体仁等：《明神宗实录》，历史语言研究所校印本。

○舒化：《万历问刑条例》，美国国会图书馆藏万历刊本。

○霍韬：《谓臣文集》，万历刊本。

○〔清〕道忞：《北游录》，康熙刊本。

○〔清〕蒋棻：《明史纪事》，江苏广陵古籍刻印社影印本。

○〔战国〕韩非：《韩非子》，万历周孔教校刊本。

○〔唐〕韩愈：《昌黎集》，四部备要本。

○谢肇淛：《五杂俎》，中华书局点校本。

○谭纶：《谭襄敏公奏议》，万历刊本。

○谭希思:《明大政纂要》,光绪重刊本。

○葛守礼:《葛端肃公文集》,万历刊本。

○〔晋〕葛洪:《抱朴子》,乾隆重刊本。

○翟九思:《万历武功录》,天启刊本。

○〔清〕翟铢庵:《钝庐所闻录》,乾隆刊本。

○潘季驯:《留余堂集》,万历刊本;《两河经略考》,万历刊本;《河防一览》,万历刊本;《行水金鉴》,万历刊本。

○〔清〕潘耒:《遂初堂文集》,康熙刊本。

○〔清〕薛福成:《薛福成选集》,中华书局点校本。

○戴金:《皇明条法事类纂》,历史语言研究所。

○魏学伊:《茅詹集》,万历刊本。

○嘉靖《嘉兴府志》。

○嘉靖《韶州府志》。

○嘉靖《真定府志》。

○嘉靖《永嘉县志》。

○嘉靖《通州志》。

○嘉靖《清河县志》。

○嘉靖《海宁县志》。

○嘉靖《平凉府志》。

○嘉靖《安化县志》。

○嘉靖《海宁县志》。

○隆庆《赵州志》。

○万历《广东通志》。

○万历《东昌府志》。

○万历《嘉兴府志》。

○万历《徐州府志》。

○万历《南昌府志》。

○万历《承天府志》。

○万历《汉阳府志》。

○万历《福州府志》。

○万历《保定府志》。

○万历《福宁州志》。

○万历《余姚县志》。

○万历《汉阳县志》。

○万历《新会县志》。

○万历《南海县志》。

○万历《顺德县志》。

○万历《嘉定县志》。

○万历《海盐县志》。

○万历《海盐县图经》。

○万历《惠安县志》。

○万历《宁化县志》。

○万历《来安县志》。

○万历《东阿县志》。

○万历《榆次县志》。

○万历《汶上县志》。

○万历《邯郸县志》。

○万历《沛县志》。

○万历《武进县志》。

○万历《章丘县志》。

○万历《南河志》。

○天启《海盐图》。

○崇祯《梧州志》。

○崇祯《嘉兴县志》。

○康熙《镇江府志》。

○康熙《荆州府志》。

○康熙《嘉兴府志》。

○康熙《永康县志》。

○康熙《浦江县志》。

○康熙《荔浦县志》。

○康熙《常山县志》。

○康熙《宁化县志》。

○雍正《湖广通志》。

○雍正《义乌县志》。

○乾隆《江南通志》。

○乾隆《陕西通志》。

○乾隆《江陵县志》。

○道光《安徽通志》。

○道光《高州县志》。

○光绪《荆州府志》。

○光绪《嘉善县志》。

○光绪《平湖县志》。

○光绪《义乌县志》。

○宣统《琼山县志》。

○民国《临清县志》。

○民国《潮州府志》。

二、参考资料

○马楚坚:《明清边政与治乱》,天津人民出版社 1994 年版。

○邓之诚:《中华二千年史》,第 5 卷(上),中华书局 1958 年版。

○王家俭:《晚明的实学思潮》,载《汉学研究》,第 7 卷,第 2 期。

○韦庆远:《明代黄册制度》,中华书局 1961 年版;《隆庆皇帝大传》,辽宁教育出版社 1997 年版;《论万历早年》,载《明清史新析》,中国社会科学出版社 1995年版。

○江士杰:《里甲制度考》,商务印书馆 1935 年版。

○刘志琴:《论张居正改革的成败》,载《明史研究论丛》第三辑。

○石绍勋、韦道昌:《元明散曲选》,山西人民出版社 1984 年版。

○苏同炳:《明史偶笔》,台湾商务印书馆 1995 年修订本;《明代驿递制度》,中华丛书编审委员会 1969 年版;《张居正的是非与恩怨》,载《人物与掌故丛谈》,1974 年版。

○朱东润:《张居正大传》,湖北人民出版社 1957 年版;《我为什么写〈张居正大传〉》,载《文化先锋》,1947 年第 5、6 卷,24 期;《我怎样写《张居正大传》的),载《社会科学战线》,1983 年第 3 期。

○任冠文:《论张居正毁书院》,载《晋阳学刊》,1995 年第 5 期。

○牟钟鉴:《高拱的实政论及其理论基础》,载陈鼓应、葛荣晋主编:《明清实学思潮史》,第 9 章。

○陈登原:《国史旧闻》,第三分册,中华书局 1980 年版。

○陈翊林:《张居正评传》,台湾中华书局 1979 年版。

○陈鼓应、葛荣晋主编:《明清实学思潮史》,齐鲁书社 1989 年版。

○杨正泰:《明代驿站考》,上海古籍出版社 1994 年版。

○杨铎:《张江陵年谱》,《华北编译馆馆刊》,1942 年第 1 期。

○吴缉华:《明代的海陆兼运及运河的浚通》,载《历史语言研究所集刊》,第 29 本(下),1958 年版。

○吴量恺:《明代的改革家张居正》,载《华中师院学报》,1985 年第 1 期;《明代改革家张居正的意志、性格与思维方式》，载《华中师大学报》，1991 年第 4 期；《明代张居正改革的理论构想》，载《广东社会科学》，1993 年第 1 期。

○李绍强：《张居正与冯保》，载《文史哲》，1990 年第 4 期。

○李洵：《试论明代的流民问题》，载《社会科学辑刊》，1980 年第三期。

○李洵：《下学集》，中国社会科学出版社 1995 年版。

○张海瀛：《张居正改革与山西万历清丈研究》，山西人民出版社 1993 年版；《论张居正的考成法》，载《晋阳学刊》，1987 年第 5 期。

○张广仁：《潘季驯治黄河主张之分析与研究》，载《清华周刊》，第 45 卷第 3 期，1936 年。

○林丽月：《读〈明史纪事本末·江陵柄政〉——兼论明末清初几种张居正传的史论》，载《台湾师范大学历史学报》，第 24 期。

○其其格：《张居正与"俺答封贡"》，载《内蒙古师大学报》，1996 年第 2 期。

○茅海建、宋坚之：《张居正综核名实的思想和他的方法》，载《中国古代史论丛》，1981 年第 2 期。

○秦佩珩：《明代驿传的组织和管理》，载《历史教学》，1963 年第 11 期。

○唐新：《张江陵新传》，台湾中华书局 1968 年版。

○唐文基：《张居正的丈田运动》，载《福建师大学报》，1988 年第 4 期；《明代赋役制度史》，中国社会科学出版社 1991 年版。

○郭厚安、田澍：《对张居正权力之剖析》，载《中国社会科学》，1989 年第 2 期。

○钱穆：《中国历代政治得失》，香港大学 1980 年单行本。

○钱穆：《宋明理学概论》，台湾学生书局 1962 年版。

○徐复观：《明代内阁制度与张江陵的权奸问题》，载《民主评论》17 卷 8 期，1966 年。

○梁启超：《中国历史研究法》，载《饮冰室合集》专集，第 6 册，世界书局版。

○梁启超主编：《中国六大政治家》，1911 年《新民丛报》汇印单行本。

○梁方仲：《梁方仲经济史论文集》，中华书局 1989 年版；《梁方仲经济史论文集补编》，中州古籍出版社，1994 年版；《梁方仲经济史论文集集遗》，广东人民出版社，1990 年版；《明代粮长制度》，上海人民出版社 1959 年版。

○嵇元甫：《晚明思想史论》，东方出版社 1994 年版。

○黄彰健：《明代律例汇编》，历史语言研究所专刊之七十五。

○韩仲文：《潘季驯年谱》，载《华北编译馆刊》第 1 卷 1 期，1942 年。

○鲍彦邦：《明代漕运研究》，暨南大学出版社 1995 年版。

○蔡泰彬：《明代漕河之整治与管理》，台湾商务印书馆 1992 年版。

○樊树志：《明代荆襄流民与栅民》，载《中国史研究》，1980 年第 3 期；《帝王心理：明神宗的个案》，载《学术月刊》，1995 年第 1 期。

○〔日本〕小野和子：《东林党と张居正》，载《明清时代の政治と社会》，1983 年。

○〔日本〕山根幸夫：《明代徭役制度の展开》，东京女子大学学会 1966 年刊。

○〔日本〕川胜守：《张居正丈量策の展开》（一）（二），载《史学杂志》80—3、4，1971 年。

○〔日本〕夫马进：《明末反地方官士变》，载《东方学报》（京都）第 52 期，1980 年。

○〔日本〕西村元照：《张居正の土地丈量》，载《东洋史研究》，1970 年。

○〔日本〕谷山规矩雄：《明代にちゐ明代徭役制度の研究》，载《中国史学》第 3 卷，1993 年。

○〔日本〕铃木正：《张居正の研究——人物と思想》，郑永昌氏翻译为中文，载《台湾师大史学会刊》，第 33 期，1989 年。

○〔日本〕黑木国泰：《一条鞭法成立の生产力基础》，载《明代史研究》，第 4 期，1976 年。

○〔日本〕森正夫：《明代の乡绅》，载《名古屋大学文学部研论集》，第 77 期，1980 年。

○〔日本〕森纪子：《何心隐论——名教逸脱の构图》，载《史林》60—5，1977 年。

○〔日本〕滨岛敦俊：《明代江南农村社会の研究》，东京大学出版会，1982 年。

○〔韩国〕吴金城：《明代社会经济史研究》，汲古书院日译本，渡昌弘译，1990 年。

○〔韩国〕金钟博：《明末万历时张居正之土地丈量》，中文本，载《祥明女子大学论文集》，第 17 期，1994 年。

后 记

　　《张居正与明代中后期政局》一书终于脱稿了，颇有如释重负的感觉。回忆这一段工作历程，首先是对多年来一直对此关心督促，并给予大力支持和帮助的师友们充满感激之情。

　　自己多年来养成一种习惯，即每到一处，必到当地图书馆去利用它们的藏书。自着手本专题研究以来，当然更以收集与本书传主张居正直接间接有关的资料作为重点。十多年来，除了在本单位中国人民大学图书馆以外，我还先后在北京图书馆、广州中山图书馆、广东省社会科学院图书馆、美国哈佛大学哈佛燕京图书馆、英国牛津大学东亚研究系图书馆、香港科技大学图书馆、台湾政治大学图书馆、台北"中央图书馆"和汉学研究中心、台北"中央研究院"历史语言研究所图书馆等处较系统地阅读图书。正是由于各馆各具特色的丰富藏书，才使我掌握的研究资料，逐渐增加积累，并在收集资料的过程中，逐步加深思考。

　　特别是，在1995年秋天到1996年春天，我应邀到台湾政治大学历史系、所教书和到其他单位作学术访问，当时正处于本书已草拟出部分初稿，同时又是收集资料最关键的时刻。手上虽已积累了一定资料，但又担心另一些最基本最原始的资料仍未看到，担心由此做出的判断易于偏颇。其中较为薄弱的，是一些与张居正关系较密切或冲突最突出的人物的文集，和在推行全国经济政治改革过程中，反映各个地区发展不平衡的地方志，以及一些孤本、抄本等。为填充以上空白，除了要上课的日子外，我差不多每天都到台北"中央图书馆"善本室或汉学研究中心藏书室借阅图书资料。承图书馆工作人员张锦郎先生、卢锦棠先生、方美芬小姐、罗金梅小姐；汉学研究中心刘显叔先生、张琏小姐等热情帮助，经常为我解决借调、复印、制图等问题，提供各种方便。有一些照顾是令人难忘的。例如，我有一次提出，希望了解近四十年台湾学术界对张居正问题的研究成果，不几天，图书馆就为我提供出一份历年在台湾各报刊发表的、所有有关张居正问题论文的完整复印件。又例如，汉学研究中心多年来一直致力于影印我国流散于域外的已佚古籍，这批影印本是该中心的珍藏之一。但他们不仅给我提供借阅的方便，而且还免费为我重新复印选中的材料。我之所以能在 1996 年春季基本结束了收集资料的工作，可以集中精力和时间转入写作和修订书稿，实与他们的鼎力帮助分不开。我一直为他们以及其他图书馆许多同仁的服务和敬业精神所鼓舞，为他们致力于促进两岸学术交流的热忱所鼓舞。

另外，我还由衷地感谢许多同行师友，他们是李洵、吴量恺、叶显恩、梁希哲、杜婉言、刘重日、林金树、吕士朋、张德言、赵毅、徐泓、张哲郎、赵令扬、苏同炳、吴智和、林丽月、朱鸿、何冠彪、叶泉宏、柏桦、余兴安、李克毅、李春明等。他们都是明史研究工作者，又都是我在进行本专题研究时经常交流意见，进行咨询和请教的人。和以上诸位的历次见面和通信，差不多都离不开张居正这个话题。我们曾多次在双方或多方之间进行过坦诚愉快的讨论。他们对初稿提出的批评和补充意见，对我都是很好的启迪，从中得到不少教益。特别是杜婉言、叶显恩、徐泓、苏同炳四位，分别为我审阅了全部手稿，提出了许多积极的建议，纠正了一些谬误。叶泉宏先生为我提供了 16 世纪朝鲜国人士对明朝国政民情记载的汉文文献；柏桦先生为我提供了日本的史学界有关评述张居正的多篇文章，都有助于扩大我的视野，有助于争取能较全面地观察和论述有关问题。

应该说，《张居正与明代中后期政局》之能成书，实凝聚着以上师友的大量心力。在他们深厚情谊的策励下，本人不敢不勉力前驱。

本书定稿之日，恰好是自己年届七十之期。时间是非常宝贵的，我应该更努力工作。

韦庆远

1998 年 12 月